Veröffentlichungen des *rism-österreich*
Reihe B
Band 6

Veröffentlichungen des *rism-österreich*
Herausgegeben von Michael Jahn
Reihe B – Band 6

MICHAEL JAHN

DIE WIENER HOFOPER VON 1810 BIS 1836
DAS KÄRNTHNERTHORTHEATER ALS HOFOPER

VERLAG DER APFEL

Die Drucklegung dieses Bandes wurde durch
großzügige finanzielle Unterstützung des

Jubiläumsfonds der
Österreichischen Nationalbank
(Projekt Nr. 11317)

und der
Wiener Philharmoniker

ermöglicht

© Verlag Der Apfel, Wien 2007
Umschlaggestaltung: Walther Götlinger
Layout: Michael Jahn
ISBN: 978-3-85450-286-9

Meinen Eltern

INHALT

Vorwort	9
Zeittafel	11
Leitung der Wiener Hoftheater	15
Opernrepertoire	29
Kapellmeister und Orchester	35
Dekorationen und Kostüme	45
Sängerinnen und Sänger	49
Von Umarbeitungen, Einlagearien und abgebrochenen Vorstellungen .	75
Ballett	83
Konzerte und andere Veranstaltungen	89
Kuriosa	93
Louis Antoine Duport: Ein Theaterdirektor, wie er sein soll	97
Bekanntmachungen und Theater-Anzeigen	99
Rezensionen	109
Statistiken	233
A. Musikdramatische Werke	235
B. Tanzdramatische Werke	355
C. Aufführungen der k. k. Hof-Schauspieler	412
D. Aufführungen der Schauspielergesellschaft des k. k. priv. Theaters in der Josephstadt, unter der Direktion des Carl Friedrich Hensler ..	421
E. Aufführungen der französischen Vaudeville-Gesellschaft	425
F. Aufführungen des Hrn. Alexandre	434
G. Konzertveranstaltungen	435
H. Sonstige Veranstaltungen	497
Täglicher chronologischer Spielplan des Kärnthnerthortheaters von 12. November 1810 bis 31. März 1836	503
Ausgewählte Literatur	696
Personen	699

VORWORT

Die wissenschaftliche Aufarbeitung der Wiener Operngeschichte von 1794 bis 1945 steht im Mittelpunkt der Forschungstätigkeit des gemeinnützigen Vereins *rism-österreich*. In vorliegendem Band wird die Geschichte der Wiener Hofoper von 12. November 1810 bis 31. März 1836 vorgestellt. Mit der Erstaufführung von Gaspare Spontinis großer Oper *Die Vestalin* am 12. November 1810 wurde die Trennung von Burg und Oper vollzogen: Ab diesem Zeitpunkt war – mit wenigen Ausnahmen – das Kärnthnerthortheater Schauplatz der Darbietungen von musik- und tanzdramatischen Werken, das Burgtheater hingegen jener der Schauspiele.

Stand das Kärnthnerthortheater, von nun an die Spielstätte der Wiener Hofoper, bis 1821 unter der Leitung einer adeligen Hoftheaterunternehmungsgesellschaft bzw. des Hofkommissärs des Finanzministeriums, so wurde das Theater ab Dezember 1821 verpachtet: Zunächst an den Italiener Domenico Barbaja, dann an Wenzel Robert Graf von Gallenberg (1829/30) und an den französischen Tänzer und Choreographen Louis Antoine Duport (1830–36). Mit 1. April 1836 übernahmen die Italiener Carlo Balochino und Bartolomeo Merelli die Pacht des Kärnthnerthortheaters. Deren Pachtära wurde im Band B/1 der „Veröffentlichungen des *rism-österreich*" vorgestellt.

In den Zeitraum von November 1810 bis März 1836 fallen die Renaissance der Opern Mozarts ebenso wie die Uraufführung der letzten Fassung des *Fidelio*, der berühmte „Rossini-Taumel", die ersten Aufführungen von Werken Donizettis oder Bellinis und der Siegeszug der französischen Grand-Opéra. Gesangstars wie Giuditta Pasta, Isabella Colbran, Anna Milder-Hauptmann, Wilhelmine Schröder-Devrient, Henriette Sontag, Giovanni Battista Rubini, Luigi Lablache, Franz Wild oder Joseph Staudigl prägten die Epoche ebenso wie Tänzerinnen vom Range einer Fanny Elßler und Maria Taglioni, Kapellmeister wie Joseph Weigl, Conradin Kreutzer oder Franz Lachner oder Solisten wie Niccolò Paganini oder Franz Liszt.

Im Mittelpunkt der Forschungstätigkeit steht die Erschließung der Theaterzettel, wobei der Bestand des Österreichischen Theatermuseums die wichtigste Quelle darstellt. Der Inhalt der Theaterzettel wurde meist zur Gänze aufgenommen, die daraus gewonnen Statistiken nehmen einen großen Teil der Publikation ein. Die täglichen Besetzungen der musik- und tanzdramatischen Werke wurden ebenso zum ersten Mal ausgewertet wie jene der Konzertveranstaltungen. Alle anderen Veranstaltungen wie etwa die Darbietungen der k. k. Hof-Schauspieler und jene des Ensembles des Theaters in der Josephstadt (dem das Kärnthnerthortheater kurze Zeit als Spielort zur Verfügung gestellt wurde) sowie der französischen Vaudeville-Gesellschaft werden ohne Besetzungen aufgelistet, eine Ausnahme bilden die Aufführungen von französischen komischen Opern in der Originalsprache, deren Ausführende ebenfalls berücksichtigt wurden.

Diesen statistischen Abschnitten steht eine kurzgefaßte Geschichte der Wiener Hofoper im bearbeiteten Zeitraum voran. Die leitenden Persönlichkeiten und die wichtigsten Künstler werden ebenso vorgestellt wie das Opernrepertoire, Dekorationswesen und Ballett. Zeitgenössischen Zeitschriften sind ausgewählte Rezensionen entnommen, die einen Überblick über die künstlerischen Leistungen liefern sollen.

Der Jubiläumsfonds der Österreichischen Nationalbibliothek unterstützte die Forschungstätigkeit in großzügiger Art und Weise (Projekt Nr. 11317). Dem Gouverneur der Österreichischen Nationalbank, Dr. Klaus Liebscher, und allen beteiligten Mitarbeitern sei herzlichster Dank für die Förderung ausgesprochen. Ebenso großzügig unterstützten die Wiener Philharmoniker die Drucklegung dieses Bandes, wofür ihrem Vorstand Dr. Clemens Hellberg und allen Mitgliedern des Orchesters aufrichtig gedankt sei.

Mein besonderer Dank gilt der ehemaligen Präsidentin der Österreichischen Nationalbank, Dr. Maria Schaumayer, welche die Aktivitäten des *rism-österreich* tatkräftig unterstützt. Othmar Barnert (Österreichisches Theatermuseum) danke ich für seine Hilfsbereitschaft in bibliothekarischen und wissenschaftlichen Angelegenheiten. Dr. Angela Pachovsky sei Dank für die Überlassung von Verzeichnissen aus dem Haus-, Hof- und Staatsarchiv ausgesprochen, Gerhard Magenheim für die Bereitstellung von Abbildungen aus seinem Privatarchiv. Kurt Krischke, Peter Jahn, Thomas Berold und Thomas C. Cubasch danke ich für die Hilfe in wissenschaftlichen und organisatorischen Angelegenheiten sowie für Korrekturen. Dem Vorstand des *rism-österreich* und seinem Präsidenten Dr. Clemens Jabloner danke ich herzlichst für die finanzielle und organisatorische Bewerkstelligung dieser Publikation.

Wien, im Oktober 2007   Michael Jahn

ZEITTAFEL

1792–1835	Kaiser Franz II. (I. als Kaiser von Österreich)
01. 08. 1794–31. 12. 1806	Wiener Hoftheater unter Pacht von Baron Peter von Braun
30. 12. 1806–29. 10. 1823	Oberste Hoftheaterdirektion: Oberstkämmerer Rudolf Graf Wrbna-Freudenthal
01. 01. 1807–31. 03. 1817	Wiener Hoftheater unter Leitung der Hoftheaterunternehmungsgesellschaft
1809	Krieg gegen Frankreich, Friede von Schönbrunn
12. 11. 1810	Trennung der Wiener Hoftheater: Schauspiel im Burgtheater, Oper und Ballett im Kärnthnerthortheater EA *Die Vestalinn* (Spontini)
1811	Staatsbankrott
02. 01. 1811	NI *Titus der Gütige* (Mozart)
24. 04. 1811	UA *Quinto Fabio Rutiliano* (Nicolini)
01. 10. 1811	UA *Der Augenarzt* (Gyrowetz)
01. 02. 1812	„Wiener Währung" eingefügt
01. 02. 1812	NI *Medea* (Cherubini)
07. 02. 1812	UA *Franzisca von Foix* (Weigl)
06. 05. 1812	EA *Ferdinand Cortez* (Spontini)
28. 08. 1812	EA *Johann von Paris* (Boieldieu)
05. 03. 1813	UA *Salem* (Mosel)
14. 10. 1813	EA *Die Bajaderen* (Catel)
16. 10.–19. 10. 1813	Völkerschlacht bei Leipzig
24. 01. 1814	EA *Lodoiska* (Cherubini)
05. 05. 1814	Debüt von Franz Wild in *Johann von Paris*
23. 05. 1814	UA *Fidelio* (Beethoven), 3. Fassung
18. 09./01. 11. 1814–09. 06. 1815	Wiener Kongreß
20. 10. 1814	UA *Die beyden Kalifen* (Meyerbeer)
06. 11. 1814	EA *Nina, oder: Die Wahnsinnige aus Liebe* (Milon)
10. 12. 1814	UA *Die Jugend Peter's des Großen* (Weigl)
02. 03. 1815	EA *Semiramis* (Catel)
01. 04. 1815	EA *Joconde, oder: Die Abenteurer* (Isouard)
14. 06. 1815	EA *Joseph und seine Brüder* (Méhul)
16. 10. 1815	EA *Die Pagen des Herzogs von Vendome* (Aumer)
01. 06. 1816	„Privilegierte Österreichische Nationalbank" gegründet
20. 07. 1816	NI *Faniska* (Cherubini)
06. 11. 1816–28. 03. 1817	Gastspiel einer italienischen Operngesellschaft unter Leitung von Antonio Cera
17. 12. 1816	EA *Tancredi* (Rossini)
15. 02. 1817	EA *L'italiana in Algeri* (Rossini)
01. 04. 1817–30. 11. 1821	Wiener Hoftheater unter Leitung von Claudius Fuljod, Hofkommissär des Finanzministeriums

11

09. 09. 1817	NI *Don Juan* (Mozart)
04. 10. 1817	NI *Iphigenia auf Tauris* (Gluck)
20. 04. 1818	Debüt von Fanny Elßler in *Die Hochzeit der Thetis und des Peleus*
18. 05. 1818	EA *Aline, Königinn von Golconda* (Aumer)
13. 06. 1818	UA *Cyrus und Astyages* (Mosel)
30. 07. 1818	NI *Die Hochzeit des Figaro* (Mozart)
03. 10. 1818	EA *Ferdinand Cortez* (Spontini), 2. Fassung
03. 11. 1818	NI *Die Zauberflöte* (Mozart)
27. 03. 1819	EA *Rothkäppchen* (Boieldieu)
29. 04. 1819	EA *Othello, der Mohr von Venedig* (Rossini)
24. 07. 1819	NI *Mädchentreue (Così fan tutte)* (Mozart)
03. 10. 1819	EA *Richard und Zoraide* (Rossini)
25. 11. 1819	NI *Idomeneus* (Mozart)
13. 04. 1820	UA *Baals Sturz* (Weigl)
24. 04. 1820	EA *Alfred der Große* (Aumer)
14. 06. 1820	UA *Die Zwillingsbrüder* (Schubert)
05. 07. 1820	EA *Die diebische Elster* (Rossini)
16. 12. 1820	EA *Der Barbier von Sevilla* (Rossini)
20. 01. 1821	Debüt von Wilhelmine Schröder-Devrient in *Die Zauberflöte*
24. 02. 1821	Debüt von Karoline Unger in *Mädchentreue*
08. 10. 1821	EA *Das Schweizer-Milchmädchen* (F. Taglioni)
04. 11. 1821	EA *Der Freyschütze* (Weber)
01. 12. 1821– 31. 03. 1825	Kärnthnerthortheater unter Pacht von Domenico Barbaja
11. 02. 1822	EA *Das Fräulein vom See* (Rossini)
07./09. 03. 1822	Carl Maria von Weber dirigiert seine Oper *Der Freyschütze*
23. 03.–22. 06. 1822	Gioachino Rossini in Wien
30. 03. 1822	EA *Aschenbrödel* (Rossini)
13. 04. 1822	EA *Zelmira* (Rossini) Debüt von Isabella Colbran, Andrea Nozzari, Giovanni David
07. 05. 1822	EA *Corradino, ossia: Bellezza e cuor di ferro* (Rossini)
26. 05. 1822	Debüt von Johann Nestroy in einer *Musikalischen Akademie*
30. 05. 1822	EA *Elisabetta, Regina d'Inghilterra* (Rossini)
10. 06. 1822	Debüt von Maria Taglioni in *Ein neues anacreontisches Divertissement*
26. 07. 1822	Debüt von Henriette Sontag in *Der Barbier von Sevilla*
04. 12. 1822	UA *Libussa* (Kreutzer)
06. 12. 1822	Debüt von Franz Liszt in einer *Musikalischen Akademie*
22. 01. 1823	EA *Mahomet der Zweyte* (Rossini)
14. 04. 1823	Debüt von Luigi Lablache in *Il barbiere di Siviglia*
28. 06. 1823	UA *Abufar, ossia: La famiglia araba* (Carafa)
04. 09. 1823	EA *Semiramide* (Rossini)
25. 10. 1823	UA *Euryanthe* (Weber)
01. 11. 1823– 23. 04. 1845	Oberste Hoftheaterdirektion: Oberstkämmerer Johann Rudolf Graf Czernin zu Chudenitz
24. 01. 1824	UA *Der Taucher* (Kreutzer)
20. 04. 1824	Debüt von Giovanni Battista Rubini in *L'italiana in Algeri*
07. 05. 1824	UA der *Neunten Symphonie* und dreier Teile der *Missa solemnis (Kyrie, Credo, Agnus Dei)* von Ludwig van Beethoven

10. 07. 1824	EA *Elisa e Claudio* (Mercadante)
18. 09. 1824	UA *Doralice* (Mercadante)
06. 10. 1824	EA *Mosè in Egitto* (Rossini)
17. 02. 1825	EA *Agnese* (Paër)
01. 03. 1825	EA *Il turco in Italia* (Rossini)
05. 04. 1825–10. 05. 1825; 01. 07. 1825–31. 07. 1825	Aufführungen der Schauspielergesellschaft des k. k. priv. Theaters in der Josephstadt, unter der Direktion des Carl Friedrich Hensler
01. 04. 1826–30. 04. 1828	Kärnthnerthortheater unter Pacht von Domenico Barbaja
24. 06. 1826	EA *Der Fasching in Venedig* (Milon)
06. 07. 1826	EA *Die weiße Frau* (Boieldieu)
13. 07.–28. 09. 1826	Aufführungen einer französischen Vaudeville-Gesellschaft
02. 08. 1826	EA *Der Maurer und der Schlosser* (Auber)
10. 11. 1826–11. 02. 1827	Aufführungen der französischen Vaudeville-Gesellschaft im Kleinen Redoutensaal
11. 08. 1826	EA *Danina, oder: Joko, der brasilianische Affe* (F. Taglioni)
28. 03. 1827	EA *L'ajo nell'imbarazzo* (Donizetti)
22. 05. 1827	EA *L'ultimo giorno di Pompei* (Pacini)
07. 08. 1827	EA *Faust* (Spohr)
07. 11. 1827	EA *Ottavio Pinelli, oder: Schimpf und Rache* (Samengo)
25. 02. 1828	EA *Il pirata* (Bellini)
17. 04. 1828	EA *Das befreite Jerusalem* (Samengo)
06. 06.–30. 06. 1828	Fünf Konzerte des Niccolò Paganini
06. 01. 1829–05. 05. 1830	Kärnthnerthortheater unter Pacht von Graf Wenzel Robert von Gallenberg
06. 01. 1829	EA *Mathilde, Herzoginn von Spoleto* (Astolfi)
17. 01. 1829	NI *Der Freyschütze* (Weber), zum ersten Mal nach dem Original
04. 02. 1829	EA *Oberon, König der Elfen* (Weber)
23. 02. 1829–23. 03. 1829	Zwölf Gastvorstellungen der Giuditta Pasta
26. 04. 1829	Debüt von Joseph Staudigl in *Uniform und Schlafrock*
24. 05. 1829	EA *Der Kreuzritter in Egypten* (Meyerbeer)
01. 09. 1829	EA *Der Vampyr* (Lindpaintner)
03. 11. 1829	EA *Graf Ory* (Rossini)
08. 01. 1830	Debüt von Sebastian Josef Binder in *Die weiße Frau*
30. 01. 1830	EA *Die Nachtwandlerinn* (Coralli)
12. 02. 1830	EA *Die Stumme von Portici* (Auber)
17. 04. 1830–16. 06. 1830	Gastvorstellungen der Giuditta Pasta
24. 05. 1830–31. 08. 1830	Kärnthnerthortheater unter provisorischer Oberregie von Georg Friedrich Treitschke
25. 06. 1830	EA *Wilhelm Tell* (Rossini), 1. Abteilung
22. 07. 1830	EA *Wilhelm Tell* (Rossini), 2. Abteilung
01. 09. 1830–31. 03. 1836	Kärnthnerthortheater unter Pacht von Louis Antoine Duport
18. 09. 1830	EA *Fra Diavolo, oder: Die Räuber in Terracina* (Auber)
1831	Cholera-Epidemie in Wien

01. 06. 1831	EA *Moses* (Rossini)
11. 06. 1831	EA *Theodosia* (Samengo)
04. 07. 1831	EA *Die Bestürmung von Corinth* (Rossini)
10. 08. 1831	UA *Felix und Adele* (Gyrowetz)
24. 11. 1831	EA *Die Unbekannte (La straniera)* (Bellini)
05. 01. 1832	EA *Adelheid von Frankreich* (Henry)
03. 02. 1832	EA *Brama und die Bayadere* (Auber)
23. 02. 1832	EA *Die Maskerade im Theater* (Henry)
03. 05. 1832	EA *Zampa, oder: Die Marmorbraut* (Hérold)
12. 06. 1832	EA *Das Fest der Handwerker* (Angely)
03. 08. 1832	EA *Acht Monathe in zwey Stunden, oder: Die Macht der kindlichen Liebe* (Donizetti); Debüt von Sophie Löwe
01. 12. 1832	EA *Die Montecchi und Capuleti* (Bellini)
26. 02. 1833	EA *Anna Boleyn* (Donizetti)
11. 05. 1833	EA *Norma* (Bellini)
31. 08. 1833	EA *Robert, der Teufel* (Meyerbeer)
28. 09. 1833	Debüt von Jenny Lutzer in *Othello, der Mohr von Venedig*
06. 03. 1834	EA *Die Schreiber-Wiese bey Paris, oder: Der Zweykampf* (Hérold)
19. 04. 1834	EA *Liebe, stärker als Zaubermacht* (Campilli)
22. 07. 1834	EA *Clara von Rosenberg* (L. Ricci)
29. 10. 1834	EA *Der Schwur* (Auber)
29. 01. 1835	EA *Der Wahnsinnige auf der Insel San Domingo* (Donizetti)
1835–1848	Kaiser Ferdinand I.
04. 04.–16. 06. 1835	Italienische Stagione unter Leitung von Bartolomeo Merelli
09. 04. 1835	EA *L'elisir d'amore* (Donizetti)
15. 05. 1835	EA *La sonnambula* (Bellini)
26. 09. 1835	EA *Die Ballnacht* (Auber)
05. 01. 1836	EA *Das Pferd von Erz* (Auber)
05. 02. 1836	EA *Sylphide* (F. Taglioni)
03. 03. 1836	EA *Die Jüdin* (Halévy)

UA = Uraufführung
EA = Erstaufführung
NI = Neuinszenierung

LEITUNG DER WIENER HOFTHEATER

Im Süden der Stadt Wien, neben dem alten Kärnthnerthor, wurde am 30. November 1709 ein Theater eröffnet, das der geeignete Veranstaltungsort für die Schauspieldarbietungen der in die Stadt ziehenden Wandertruppen sein sollte: Das „Comoediehaus nächst dem Kärntnerthore".[1] Eigentlich als Spielstätte für die deutsche Komödientruppe des Joseph Anton Stranitzky gedacht, fanden zunächst Aufführungen einer italienischen Operngesellschaft unter der Leitung eines in den Grafenstand erhobenen florentinischen Unternehmers, Antonio Francesco Pecori, statt. Die Wiener nahmen die Veranstaltungen nicht an, die Gesellschaft machte schlechte Geschäfte und bereits im Frühjahr 1710 wurde das Kärnthnerthortheater seinem eigentlichen Zweck übergeben: Stranitzky, der gebürtige Grazer, der als wienerischer Hanswurst in die Geschichte einging, bespielte mit seiner Truppe das Theater bis zu seinem Tode (1726). Für kurze Zeit übernahm seine Witwe die Geschäfte, danach bespielten deutsche Schauspielgesellschaften und italienische Operntruppen das Haus abwechselnd. Ab 1742 standen das Kärnthnerthortheater und das Hofburgtheater unter einer von Maria Theresia angeordneten Oberdirektion, die 1754 Graf Giacomo Durazzo, ein Liebhaber des französischen Schauspiels, übernahm. 1761 brannte das Kärnthnerthortheater während einer Ballettaufführung ab, 1763 wurde das Theater an jenem Ort, an welchem heute das berühmte Hotel Sacher steht, als zweites Hoftheater wieder eröffnet. An den beiden Theatern, Burg und Kärnthnerthor, wurden deutsche Schauspiele und italienische Oper dargeboten; unter Joseph II. gab es ab 1782 keine Ballettaufführungen mehr, während sich das 1778 ins Leben gerufene deutsche Nationalsingspiel zunächst ebenso nicht durchsetzen konnte wie zuvor französisches Sprech- und Singspieltheater. 1788 wurde das Kärnthnerthortheater geschlossen und erst unter Leopold II. 1792 wieder eröffnet. Das Repertoire bestand aus drei Gattungen: Italienischer Oper, deutschem Sprechtheater und Ballett; 1795 kam die deutsche Oper hinzu, die von nun an gleichberechtigt neben dem italienischen Musiktheater bestand.

Im Jahre 1794 verlor Kaiser Franz II. (I.) die Lust, den beiden Hoftheatern nicht nur als Eigentümer, sondern – wie seine Vorgänger Joseph II.

---

[1] Als das Theater 1709 eröffnet wurde, lautete die Bezeichnung des Stadttores, durch welches der Weg aus der Stadt gegen Süden führte, tatsächlich „Kärntnerthor". Im Laufe der Zeit veränderte sich die Orthographie, im Zeitraum von 1810 bis 1836 wurde das Theater als „Theater nächst dem Kärnthnerthore" bezeichnet. In der vorliegenden Publikation wird daher die Schreibweise „Kärnthnerthortheater" mit drei „th" beibehalten.

und Leopold II. – auch als Direktor vorzustehen und sich um die Angelegenheiten des täglichen Betriebs zu kümmern. Kurzerhand verpachtete der Kaiser die Theater an Baron Peter von Braun (1758–1819), zunächst Beamter, dann Großunternehmer und als dieser extrem erfolgreich, also ein Mann, der die finanziellen Voraussetzungen für die Übernahme der Hoftheater mitbrachte. Braun stand den Hoftheatern Burg und Oper bis 1806 vor, daneben wurde er 1804 auch Eigentümer des Theaters an der Wien – eine ungeheure Machtfülle und Verantwortung im musikalischen Leben der Stadt. Der Kaiser behielt allerdings über das Oberstkämmereramt und die diesem unterstellte Oberste Hoftheaterdirektion die Führung seiner Bühnen. Oberstkämmerer war von 1796 bis 1806 Franz Graf Colloredo (1731–1807).

Baron Braun beschäftigte gleich vier Ensembles: Zu den deutschen Schauspielern und einer deutschen Singspielgesellschaft kamen eine Gesellschaft von italienischen Sängern und das Ballettensemble. Braun, der ausgezeichnet wirtschaftete, führte zehn Jahre lang seine Theater zur Zufriedenheit des Kaisers. Er beschäftigte Georg Friedrich Treitschke (1776–1842) als Dramaturgen an den Hoftheatern; in gleicher Position war Joseph Sonnleithner (1776–1835) am Theater an der Wien tätig. Berühmte Musiker waren für die Hoftheater tätig: Mit Peter von Winter, Ferdinando Paër oder Giovanni Simone Mayr schrieben die berühmtesten Komponisten Werke eigens für Wien, Luigi Cherubini konnte nach Wien engagiert werden und ließ hier seine *Faniska* (1806) im Kärnthnerthortheater uraufführen, die Premieren von Ludwig van Beethovens *Die Geschöpfe des Prometheus* (1801 im Burgtheater) und *Fidelio* (1805 im Theater an der Wien) gingen in die Musikgeschichte ein. Die Opernaufführungen standen u. a. unter der Leitung der Kapellmeister Antonio Salieri, Franz Xaver Süßmayr und Joseph Weigl.

Im Jahre 1804 begann der finanzielle Abstieg des Baron Braun, als er auf die ihm zustehende jährliche Subvention des Hofes verzichtete. Im Oktober 1806 schlossen neun Adelige einen Gesellschaftsvertrag und beschlossen, dem Baron das Theater an der Wien abzukaufen und seinen Pachtvertrag für die Hoftheater zu übernehmen. Der Vertrag wurde mit 1. Jänner 1807 wirksam, er dauerte für die beiden Hoftheater bis 31. Juli 1819 (bis dahin hatte Braun seine Pacht verlängert gehabt), für das Theater an der Wien bis 31. Dezember 1817. Am 30. Dezember 1806 wurde Nikolaus Fürst Esterházy (1765–1833) dem neuen Oberstkämmerer (Rudolf Graf Wrbna-Freudenthal, 1761–1823) als Präses der Gesellschaft bekanntgegeben; unter seiner Führung leiteten Ferdinand Graf Pálffy (1774–1840) das deutsche Schauspiel, Franz Joseph Fürst Lobkowitz (1772–1816) die Oper und das Musikwesen sowie Stephan Graf Zichy (1757–1841) das Ballett.

Nachdem bereits wenige Monate später erste Ungereimtheiten unter den Gesellschaftsmitgliedern entstanden waren und der Regierungsrat Joseph Hartl Edler von Luchsenstein (1760–1822) mit der Leitung der Hoftheater betraut worden war (er legte diese nach kurzer Zeit zurück) flohen die Adeligen vor der Invasion der Franzosen im Mai 1809 aus der Stadt; interimistisch leitete Hartl die Geschicke der Hoftheater noch einmal unter den schwierigsten Bedingungen der französischen Besatzung – Theaterzettel, auf welchen die Titel der aufgeführten Werke nun in der Sprache der Invasoren angeführt wurden, zeugen von der Ausnahmesituation. Dekorationen und Kostüme waren entweder unbrauchbar oder entwendet; das Burgtheater war an mehreren Wochentagen einer französischen Schauspielergesellschaft überlassen worden.

Kaum waren die Franzosen abgezogen, kehrte Graf Pálffy in die Stadt zurück; die Hoftheaterunternehmungsgesellschaft stand vor ihrer Auflösung, fünf der neun Mitglieder traten Anfang des Jahres 1810 aus. Die Gesellschaft wurde – mit einigen neuen adeligen Mitgliedern – neu gegründet. Der Betrieb sollte schlanker werden, von den geplanten Einsparungsmaßnahmen (diese waren aufgrund der durch die Belagerung aufgetretenen Schäden und der geringen Einnahmen notwendig geworden) sollten insbesondere die Oper und das Ballett betroffen sein. Die volle Konzentration sollte hingegen dem Schauspiel gelten, dem man vertraglich verpflichtet war. Pálffy erklärte sich zur Übernahme der Hoftheaterdirektion bereit, die anderen verbliebenen Gesellschaftsmitglieder, Franz Joseph Fürst Lobkowitz und Joseph Johann Nepomuk Fürst Schwarzenberg (1769–1833), ernannten Pálffy zum „Präses". Am 11. Februar bestellte der Kaiser Pálffy zum k. k. Hoftheaterdirektor, Rudolf Graf Wrbna-Freudenthal war als Oberster Hoftheaterdirektor dessen Vorgesetzter.

Bereits im Oktober 1810 beschloß die Theaterunternehmungsgesellschaft, die Schauspiele von Oper und Ballett zu trennen und eine gestaffelte Preiserhöhung durchzusetzen. Im Burgtheater sollten von nun an (mit wenigen Ausnahmen) zu niedrigeren Preisen nur deutsche Schauspiele gegeben werden, im Kärnthnerthortheater zu höheren Preisen musik- und tanzdramatische Darbietungen. Am 25. Oktober fand die letzte Schauspielaufführung im Kärnthnerthortheater statt (aufgeführt wurden die Lustspiele *Der Verräther* und *Wiedervergeltung*), zur festlichen Eröffnung des nunmehrigen Hofopentheaters zu den neuen, höheren Preisen wurde Gaspare Spontinis Pariser Erfolgsoper *Die Vestalin* (*La Vestale*) gewählt; die Premiere auf den 7. November 1810 festgelegt.

Die Vorbereitungen zu Spontinis Oper zogen sich jedoch in die Länge, am 7. November mußte *„wegen plötzlicher Unpässlichkeit des Herrn Siboni"* (des für die Partie des Licinius vorgesehenen Tenors) die angekündigte große

Oper abgesagt werden, stattdessen wurde – zu gewöhnlichen Preisen – die *Agnes Sorel* von Adalbert Gyrowetz aufgeführt. Am 12. November 1810 war der Tenor insoweit gesundet, als die erste Aufführung der *Vestalin „mit den oben angekündigten Preisen"* stattfinden konnte; die Trennung zwischen Burg und Oper war somit vollzogen. Musikalische Veranstaltungen im Burgtheater waren jedoch weiterhin keine Seltenheit, so fand etwa am 15. November 1810 eine *Musikalische Akademie zum Vortheile der öffentlichen Wohlthätigkeits-Anstalten* statt (eine Veranstaltung, die in den nächsten Jahren meist in der Oper stattfinden sollte), und am 22. und 23. Dezember 1810 wurde Haydns beliebte *Schöpfung* durch ein aus 200 Tonkünstlern bestehendes Orchester und mit Solisten der Hofoper aufgeführt. Bis 1821 fanden im Kärnthnerthortheater immer wieder Aufführungen der k. k. Hof-Schauspieler statt; diese Tradition fand erst mit der Verpachtung der Hofoper ihr Ende.

Geldnot und schwache Publikumsresonanz bestimmten den Grafen Pálffy im August 1812 ebenso dazu, die Hoftheaterdirektion zurückzulegen, wie verletzte Eitelkeit (der Kaiser ernannte ihn nicht zum Obersten Hoftheaterdirektor). Für zehn Monate leitete Franz Joseph Fürst Lobkowitz die Geschicke der Hoftheater, dann wurde der Konkurs über ihn verhängt. Die Fürsten Schwarzenberg und Anton Isidor Lobkowitz (1773–1819) übernahmen die Verwaltung von dessen Vermögen und waren als Administratoren für die Hoftheater verantwortlich, der Hof gab einen Zuschuß und bestimmte einen Hofrat der Hofkammer, Claudius Ritter von Fuljod (1771–1827), als Aufsichtsorgan über die Verwendung der Gelder.

Während dieses Provisoriums wartete der Hof auf einen Pächter, der sich zu Beginn des Jahres 1814 auch tatsächlich fand. Es war ein alter Bekannter: Graf Pálffy, der zunächst das Theater an der Wien gekauft hatte. Der Kaiser, der sich im Feld gegen Napoleon befand, stimmte der Übertragung des Hoftheaterpachtvertrages an Pálffy zu und gewährte ihm sogar einen ansehnlichen finanziellen Zuschuß. Pálffy, der am 1. Juli 1814 die Direktion der Hoftheater antrat, war nun mit einer ähnlichen Machtfülle gesegnet wie zuvor Baron Braun.

Pálffy bestellte mit 1. April 1814 den Schriftsteller und Dramatiker Joseph Schreyvogel (1786–1832) zum *„wirklichen Hoftheater-Präsidial-Sekretär, Kanzlei-Director und Beisitzer der Central-Commission wegen Regulierung der vereinigten Theater"*, also sozusagen zu seinem „Vize-Direktor". Auch dieser konnte den Tatsachen nicht entgegensteuern, daß sich die Hoftheater zur Zeit des Wiener Kongresses in einem äußerst schlechten Zustand befanden; daß sich das Publikum weniger für Theater als dafür interessierte, das Notwendigste zum Überleben zu erhaschen (die Teuerung verdreifachte die Ausgaben für Lebensmittel); und daß das Theaterpersonal übelgelaunt war, weil es von seinem geringen Gehalt kaum zu leben vermochte. Mit 1. Oktober 1815 wurde das Ensemble des Burgtheaters von jenem des Theaters an der Wien getrennt, jenes des Kärnthnerthortheaters verblieb jedoch in Personalunion mit dem des Vorstadttheaters. Die Lage der Theater verschlechterte sich jedoch weiterhin zusehends, sodaß Pálffy einem „Hoftheaterpachtverzichtvertrag" zustimmte. Pálffy erreichte mit diesem Kontrakt immerhin, daß der Hof u. a. sämtliche rückständige Gebühren des Personals und sämtliche für Lieferungen an die Hoftheater rückständigen Forderungen übernahm. Pálffy erhielt eine freie Loge in den beiden Hoftheatern bis 1824 (dem offiziellen Ende des Pachtvertrages) und eine jährliche Pension in der Höhe von 6000 Gulden. Pálffy war von nun an nur noch für das Theater an der Wien verantwortlich, die Ensembles der Theater wurden endgültig getrennt und Fuljod wurde zum Hofkommissär und somit zum Verantwortlichen für die Hoftheater ernannt.

Als die Hoftheater am 1. April 1817 unter der Leitung eines Hofbeamten wieder eröffnet wurden, gab es eine einschneidende Änderung: Von nun an bis zur neuerlichen Verpachtung der Hofoper gab es an diesem Institut keine italienische Oper. Das Hauptaugenmerk lag von nun an auf der deutschen Operngesellschaft, die es zu erneuern und zu verstärken galt: Im Verlaufe der Saison 1817/18 gab es zahlreiche Neuengagements, das Repertoire wurde erweitert und zu Anfang jedes Monats wurde eine Sitzung der Regie abgehalten. (Des Kaisers Vorhaben, das Ballettensemble zu entlassen, konnte dem Monarchen von findigen Ministern glücklicherweise ausgeredet werden.) Kommissär Fuljod beschränkte sich auf seine wirtschaftlichen Aufgaben, für die künstlerische Entwicklung der Hofoper waren der Dramaturg Schreyvogel und die Mitglieder der Opern-Regie (neben Dramaturg Treitschke und Kapellmeister Weigl der Bariton Johann Michael Vogl und der Dichter und Sänger Matthias Stegmayer) verantwortlich. Konkurrenz erwuchs der Hofoper durch das Opernensemble des Pálffyschen Theaters an der Wien, in dem nach dem 1. April 1817 sogar noch für kurze Zeit italienische Sänger zu hören waren und wo traditionell das Hauptaugenmerk auf eine prachtvolle Ausstattung gelegt wurde.

Trotz aller Bemühungen blieb die finanzielle Lage der Hoftheater trist: Die Ergänzungen des Ensembles und die Anschaffungen für Dekorationen und Kostüme hatten Kosten verursacht, ältere und verdiente Künstler durften nicht gekündigt werden; die Eintrittspreise waren zu niedrig, konnten aber nicht erhöht werden, weil das gesunkene Niveau der Veranstaltungen eine solche Maßnahme nicht gerechtfertigt hätte. Es blieb nur ein Ausweg: Die neuerliche Verpachtung der Hofoper, während das Burgtheater durch vom Kaiser bestellte Direktoren geführt werden sollte. Für die

Verpachtung der Hofoper meldeten sich zwei Interessenten: Domenico Barbaja, der umtriebige und gefinkelte Impresario aus Neapel und Louis Antoine Duport, der in Wien äußerst beliebte Tänzer und Choreograph.

Im Mai 1820 erfuhr Oberstkämmerer Wrbna-Freudenthal, daß die Verpachtung des Kärnthnerthortheaters beschlossene Sache sei. Zuvor mußte jedoch noch eine neue Direktion für die Theater bestellt werden. Die Entscheidung des Kaisers wurde im Februar 1821 der Öffentlichkeit mitgeteilt: Der „Hofmusikgraf" Moritz Graf von Dietrichstein (1775–1864) wurde zum Direktor der Hoftheater im Range eines k. k. Hofdienstes ernannt, er trat sein Amt zu Ostern 1821 an. Nach dem Abschluß des Vertrages mit dem neuen Pächter des Kärnthnerthortheater wurde Dietrichstein von 1. Dezember 1821 bis 31. Mai 1826 Direktor des Burgtheaters. Vize-Direktor der Hoftheater im Range eines Hofrats wurde der bisherige Hofsekretär im Obersthofmeisteramt, Ignaz Franz Edler von Mosel (1772–1844). Mosel, gebürtiger Wiener, war seit seinem 16. Lebensjahr als Beamter im Staatsdienst tätig, bereits als Kind hatte er Violinunterricht erhalten, als Komponist sollte er autodidaktisch tätig sein. Seit 1801 war er im k. k. Obersthofmeisteramt tätig, 1818 wurde er in den Adelsstand erhoben. Sehr angesehen war Mosel (der 1829 erster Kustos der k. k. Hofbibliothek wurde) als Bearbeiter fremder Werke (etwa einiger Oratorien von Händel), aber auch als Musikschriftsteller, der sich entschieden gegen den in Wien vorherrschenden italienischen Geschmack wandte.

Dietrichstein und Mosel wehrten sich mit aller Anstrengung gegen eine Verpachtung des Kärnthnerthortheaters, zu ihrem Gegenspieler wurde Wenzel Robert Graf Gallenberg, der einheimische Vertrauensmann von Barbaja und Duport. Gallenberg (1783–1839), der bei dem angesehenen Johann Georg Albrechtsberger Komposition studiert hatte, war mit der Gräfin Giuditta Giucciardi (der von Beethoven eine Klaviersonate gewidmet wurde) verheiratet. In Italien, wohin er mit seiner Frau übersiedelte, machte sich Gallenberg im ersten Dezennium des neuen Jahrhunderts einen Namen als Ballettkomponist, in Neapel lernte er Barbaja kennen. Gallenberg war ein fruchtbarer Komponist, dessen Ballettmusiken (insbesondere *Alfred der Große*) in Wien sehr viel Anklang fanden. Zusammen mit dem mächtigen Präsidenten der Polizei- und Zensurhofstelle, dem Grafen Sedlnitzky, lenkte Gallenberg die Verhandlungen mit Barbaja und Duport – der nun als Associé des Italieners auftrat – in die gewünschten Bahnen: Nach mehrmonatigen Gesprächen wurde am 6. November 1821 ein Pachtvertrag mit Barbaja abgeschlossen.

Domenico Barbaja (1778–1841), aus armen Verhältnissen stammend, machte sein Vermögen mit einem von ihm erfundenem Getränk mit Schokolade und Kaffee (die „Barbajata") sowie mit der Konzession für die

Glückspiele im Foyer des Mailänder Teatro alla Scala. Durch drei Jahrzehnte führte er als Impresario die Geschäfte der königlichen Theater in Neapel, von 1826 bis 1832 pachtete er zusätzlich die Mailänder Scala. Gioachino Rossini, den Barbaja auch nach Wien engagierte, schrieb für den Impresario in Neapel zahlreiche seiner berühmtesten Opern, Vincenzo Bellini und Gaetano Donizetti wurden von Barbaja ebenso gefördert wie die großen Sänger Luigi Lablache, Giovanni Battista Rubini, Andrea Nozzari, Giovanni David, Adolphe Nourrit oder Rossinis erste Frau, Isabella Colbran.

In Wien verpflichtete sich Barbaja, das ganze Jahr hindurch täglich deutsche Oper und zumindest dreimal in der Woche Ballett zu spielen. Ob Barbaja italienische Oper nach Wien brachte, stand ihm frei, ebenso die Dauer der Stagione. Sollte diese zumindest drei Monate dauern, erhielt Barbaja eine Subvention von 140.000 Gulden, in Jahren mit weniger als drei Monaten italienischer Oper immerhin noch 125.000 Gulden. Bei Bildung des Repertoires und bei Engagements hatte Barbaja vollkommen freie Hand. Die Pacht des Italieners wurde für zwölf Jahre, von 1. Dezember 1821 bis 30. November 1833, festgesetzt, allerdings unter Vereinbarung von Kündigungsterminen. Die Zusammenarbeit mit dem Theater an der Wien wurde wieder aufgenommen, der vereinigten Administration der beiden Theater gehörten Barbaja, Duport sowie die Grafen Pálffy und Gallenberg an; gemeinsame Theaterzettel zeugen von dem Zusammenschluß von Hof- und Vorstadttheater. Graf Dietrichsteins Direktion des Kärnthnerthortheaters endete am 30. November 1821, einige Mitglieder des alten Ensembles erhielten von Barbaja sofort die Kündigung oder wurden pensioniert, während die Besitzer von Freibilletten diese zurückgeben mußten; freier Eintritt mit bestehenden Ausweisen war ab 1. Dezember 1821 untersagt.

Barbaja war ängstlich darauf bedacht, dem Geschmack des Publikums so weit als möglich entgegenzukommen. Er ließ auf der linken Seite des Zuschauerraumes im dritten Stock sechs neue Logen errichten[2] und versuchte mit allen Mitteln, nur ja nicht den Eindruck zu erwecken, einseitig die italienische Oper zu fördern. Er eröffnete seine Pachtära mit einem neuen Ballett seines Vertrauten Gallenberg und ließ in den Zeitungen veröffentlichen, daß bei Carl Maria von Weber, dessen *Freischütz* seit kurzem die Wiener begeisterte, eine neue Oper bestellt worden sei.[3] Der Männerchor, aufgrund mehrerer Entlassungen erheblich geschwächt, wurde bereits nach

---

2 Vgl. *Theaterzettel*, 26. 12. 1821.
3 Vgl. *Allgemeine musikalische Zeitung, mit besonderer Rücksicht auf den österreichischen Kaiserstaat*, 8. 12. 1821, Sp. 773–775.

kurzer Zeit wieder verstärkt, da sich anläßlich der häufigen Vorstellungen von Webers *Freischütz* herausgestellt hatte, daß die Chöre in kleinerer Besetzung keinen guten Eindruck hinterließen.[4] Um die Pflege der deutschen Oper besonders hervorzuheben, wurde mit 1. Juli 1822 ein Komitee für diese ins Leben gerufen, unter der Leitung von Gallenberg gehörten diesem Ausschuß neben dem Kapellmeister Weigl die Herren Joseph Kupelwieser (Theatersekretär) und Joseph Gottdank (Sänger und Regisseur) an.[5] Im August 1822 wurde die Oper des Theaters an der Wien mit jener des Kärnthnerthortheaters vereinigt, in das neue Komitee traten von Seiten des Vorstadttheaters Kapellmeister Ignaz von Seyfried und der Sänger und Regisseur Friedrich Demmer ein.[6]

Mit Beginn der Verpachtung der Hofoper wurden auch die Sommerferien der Operisten abgeschafft. Bis 1821 war es üblich gewesen, im August keine Opern- oder Ballettveranstaltungen abzuhalten, während die Hofschauspieler im Juli Ferien erhielten. (In manchen Jahren wurden die Ferien um einige Tage verkürzt, in anderen wieder verlängert.) Während der Sommerpause des Kärnthnerthortheaters gab es im Burgtheater manchmal einige Aufführungen von Singspielen und Balletten, im August 1819 wiederum bespielte das Schauspielensemble das Opernhaus; unter den Pächtern Barbaja, Gallenberg und Duport gab es das ganze Jahr hindurch Opern- und Ballettaufführungen. Einzelne Schließtage, die sogenannten „Normatage", konnten jedoch nicht umgangen werden: Dazu zählten Aschermittwoch, die Osterzeit (Palmsonntag bis Ostersonntag), Mariä Verkündigung (25. März), Pfingstsonntag, Mariä Geburt (8. September), Leopoldstag (15. November) und Weihnachten (22. bis 25. Dezember). Mit Bewilligung der Behörden durften an manchen dieser Tage Veranstaltungen (meist „Musikalische Akademien") zu wohltätigen Zwecken abgehalten werden. Die Hoftheater blieben auch nach Todesfällen in der kaiserlichen Familie und an Gedenktagen geschlossen (etwa an den Sterbetagen Joseph II. oder Leopold II.). Von 8. bis 17. Juni 1814 wurde das Kärnthnerthortheater *„wegen den Voranstalten zu dem Spektakel, welches bey der glücklichen Zurückkunft Sr. Majestät des Kaisers aufgeführt werden wird"* nicht bespielt und am 18. Juni mit einem *„Allegorischen Gemälde mit Gesang und Tänzen zur Feier der glorreichen Zurückkunft Sr. Majestät des Kaisers"* mit dem Titel *Die Weihe der Zukunft* wieder eröffnet.

---

[4] Vgl. *Allgemeine musikalische Zeitung, mit besonderer Rücksicht auf den österreichischen Kaiserstaat*, 8. 12. 1821, Sp. 773–775.

[5] Vgl. *Circulare*, in: *Allgemeine musikalische Zeitung, mit besonderer Rücksicht auf den österreichischen Kaiserstaat*, 10. 7. 1822, Sp. 438–439.

[6] Vgl. *Circulare*, in: *Allgemeine musikalische Zeitung, mit besonderer Rücksicht auf den österreichischen Kaiserstaat*, 30. 8. 1822, Sp. 558–560.

Für seine zweite Pachtsaison, beginnend mit dem 1. Dezember 1822, kündigte Barbaja für vier bis sechs Monate italienische Vorstellungen an; während die deutsche Oper das gesamte Jahr hindurch geboten werden sollte.[7] Da die wohlhabenden Wiener während der heißen Sommermonate die Stadt verließen und auf ihre Anwesen am Land zogen, wurde für diese Zeit eine neue Regelung getroffen: Italienische Oper wurde am Montag, Mittwoch und Samstag gegeben, große deutsche Oper am Donnerstag und an den restlichen Tagen gab es Ballette, denen entweder ein Akt einer abendfüllenden deutschen Oper und ein einaktiges Singspiel vorangingen.[8]

Trotz seiner erfolgreichen Tätigkeit erhielt Barbaja Mitte 1823 auf sein Ansuchen um eine Verlängerung der Pacht abschlägigen Bescheid; in Pálffy war ihm ein Konkurrent erwachsen, der nicht nur das Kärnthnerthortheater, sondern gleich beide Hoftheater pachten wollte. Der Kaiser ordnete an, daß der Vertrag mit Barbaja zu kündigen sei, man wolle neue Bewerber anhören. Da sich jedoch außer dem finanziell unzuverlässigen Pálffy kein Interessent meldete, wurde mit Barbaja im November 1824 ein neuer Vertrag abgeschlossen. Barbaja, der in der Zwischenzeit alle Verträge gekündigt hatte, legte ein neues Abonnement auf – zunächst bis Ende Februar 1825, dann bis zu Beginn der Karwoche dieses Jahres. Während einige der deutschen Sänger die Stadt verließen, blieben die italienischen Künstler (ausgenommen der Tenor Giovanni David) in Wien. Barbaja erhielt einen solch geringfügigen Zuschuß vom Hof, daß finanzielle Einbußen unausweichlich waren. Am 26. März 1825 wurde ein Schlußstrich gezogen, die erste Pachtära Barbajas war zu Ende – die Wiener Hofoper schloß ihre Pforten.

Während verzweifelt nach einem neuen Pächter gesucht wurde, stellte der Hof dem Direktor des Theater in der Josephstadt, Carl Friedrich Hensler (1761–1825), das leere Haus zur Verfügung – das 1822 eröffnete Vorstadttheater war gerade wegen Umbauarbeiten geschlossen. Hensler bespielte das Kärnthnerthortheater mit der „Schauspielgesellschaft des k. k. priv. Theaters in der Josephstadt" von 4. April bis 10 Mai und von 1. bis 31. Juli 1825. In der Zwischenzeit waren zwei Anträge auf Pacht des Theaters eingegangen: Während Pálffy wieder chancenlos war, stand eine Verpachtung der Hofoper an Franz Edler Holbein von Holbeinsberg (1779–1855) im Raum. Holbein jedoch lehnte die ihm diktierten Voraussetzungen für eine Pacht ab – Jahrzehnte später, nach den revolutionären Ereignissen des Jahres 1848, wurde er tatsächlich Direktor der Wiener Hofoper –, das

---

7 Vgl. *Bekanntmachung*, in: *Theaterzettel*, 20. 11. 1822.
8 Vgl. *Allgemeine Theaterzeitung und Unterhaltungsblatt für Freunde der Kunst, Literatur und des geselligen Lebens*, 10. 6. 1823, S. 275.

Kärnthnerthortheater stand leer, nur einige Konzertveranstaltungen konnten stattfinden. Die Verhandlungen mit Barbaja wurden wieder aufgenommen, und im November 1825 konnte vermeldet werden:[9]

> Das Kärnthnerthortheater soll binnen sechs Wochen seine Pforten öffnen, und der Vertrag mit Barbaja für mehre Jahre bereits ins Reine gebracht seyn. So bekommen denn die Wiener auch wieder eine italienische Oper, den heissersehnten Ohrenschmauss, zu hören und Prachtballets zu sehen; sogar von französischen Vaudevilles, Lust- und Singspielen wird gezischelt.

Ein neuer Pachtvertrag mit Barbaja – der in Wien von seinem Bevollmächtigten Duport und seinem Assistenten Carlo Balochino vertreten wurde – kam am 18. Februar 1826 zustande. Als Dauer wurden drei Jahre (April 1826 bis 1829) festgesetzt, allerdings mit der Möglichkeit, jedes halbe Jahr aus dem Vertrag auszusteigen. Wieder verpflichtete sich der Pächter, das Theater das ganze Jahr hindurch zu bespielen, entweder mit deutscher oder italienischer Oper sowie mit Balletten.[10] Barbaja erhielt das Privileg, als einziges Theater Wiens Oper, Ballette und Divertissements mit Tanz zu geben, ausgenommen wurde nur das Theater in der Josephstadt, welches Bewilligungen für Tänze erhielt. Am 29. April 1826 wurde das Kärnthnerthortheater mit der Oper *Die Jugend Peter's des Großen* von Joseph Weigl, einem bereits während der Zeit des Wiener Kongresses im Dezember 1814 aufgeführten Werk, wieder eröffnet; das in der Zwischenzeit renovierte Theater erstrahlte in festlichem Glanz:[11]

> Ueberraschend ist die geschmackvolle Eleganz im äussern Schauplatze; wer ihn früher sah, erkennt ihn kaum wieder. Die Grundfarben sind weiss, grau und Gold; die Drapaerien Carmoisin; jede Bogenreihe ist anders verziert, theils mit grandiosen Arabesken, theils mit Basreliefs, Scenen darstellend aus den Oper *Titus, Iphigenia, Vestalin, Joseph, Achilles, Moses, Zelmira, Semiramis* und *Zauberflöte*, als Sinnbilder, dass in diesen Tempelhallen die Meister Mozart, Gluck, Spontini, Méhul, Pär, Rossini und Chérubini [!] das Hohepriester-Amt verwalten. Ein kolossaler Astral-Luster, vergoldete Armleuchter an sämmtlichen Gallerien, die roth-sammtne Vordercortine nebst den prachtvoll ornirten Hof-Logen vollenden den eben so reizenden, als imposanten Eindruck.

---

[9] *Allgemeine musikalische Zeitung*, 23. 11. 1825, Sp. 785.
[10] Vgl. *Bekanntmachung*, in: *Theaterzettel*, 5. 4. 1826.
[11] *Allgemeine musikalische Zeitung*, 31. 5. 1826, Sp. 364/365.

Ab 13. Juli 1826 machte Barbaja auch von seinem Recht Gebrauch, Aufführungen in französischer Sprache zu geben; eine französische Gesellschaft führte den Wienern neben kleineren Vaudevilles auch komische Opern (etwa *Ma tante Aurore* von Boieldieu) in der Originalsprache vor. Ab November 1826 traten die Franzosen im Kleinen Redoutensaal auf, einem der Pachtobjekte Barbajas. Leiter der französischen Darbietungen war der Unternehmer Hyacinth Brice (auch Price), seines Zeichens Sänger der Hofoper in St. Petersburg und den Wienern von Auftritten im Theater an der Wien (1819) bekannt. Für die Vaudeville-Gesellschaft wurde ein eigenes Abonnement aufgelegt.[12]

Länger als ursprünglich geplant wechselten einander deutsche Oper, französische Vaudevilles und Ballett im Spielplan ab, erst am 20. Februar 1827 begannen die italienischen Opernaufführungen (mit *Amazilia* von Giovanni Pacini). Obwohl wieder zahlreiche namhafte italienische Künstler nach Wien kamen, konnte Barbajas Unternehmen nicht an frühere Erfolge anknüpfen. Die vormals in Wien tätige und von dem Impresario nach Italien engagierte zur ersten Primadonna ausgebildete Karoline Unger etwa reiste zwar nach Wien, wurde aber von Barbaja sofort wieder nach Italien berufen; die Unger konnte nur ein einziges Mal in einer Konzertveranstaltung in Wien mitwirken. Künstlerisch weniger erfolgreich als früher, verschärften finanzielle Schwierigkeiten die Situation; Barbaja beendete wieder einmal vorzeitig seine Pacht mit Ende April 1828 – über eine Verpachtung des Theaters an Duport wurde spekuliert.[13]

Während sich Barbaja nun auf seine Aufgaben in Neapel und Mailand konzentrieren konnte, stand das Kärnthnerthortheater von 1. Mai 1828 bis 5. Jänner 1829 leer, nur einige Konzertveranstaltungen (u. a. des Ritters Niccoló Paganini) wurden abgehalten. Mit Graf Gallenberg hatte sich zwar sofort ein neuer Pachtbewerber gefunden, jedoch die Verhandlungen zogen sich in die Länge und erst im Oktober 1828 wurde der Vertrag (auf eine Dauer von zehn Jahren) geschlossen. Für 6. Jänner 1829 wurde die Wiedereröffnung des Theater angekündigt.

Waren in der letzten Pachtperiode Barbajas zum ersten Mal Opern von Donizetti (*L'ajo nell'imbarazzo*) und Bellini (*Il pirata*) am Kärnthnerthortheater aufgeführt worden, so kam es in der Direktion des Grafen Gallenberg zu Auftritten der Primadonna Giuditta Pasta, die Februar/März 1829 einen vielbeachteten Zyklus von Gastvorstellungen gab; 1830 konnte sogar das „Traumpaar" Pasta und Giovanni Battista Rubini (der für den ursprünglich vorgesehenen Giovanni David einsprang) nach Wien engagiert

---

12 Vgl. *Theater-Anzeige*, in: *Theaterzettel*, ohne Datum (1826).
13 Vgl. *Allgemeine musikalische Zeitung*, 29. 8. 1827, Sp. 608.

werden. Dennoch war die finanzielle Lage Gallenbergs derart angespannt, daß dieser vor seinem zweiten Pachtjahr Preiserhöhungen ankündigen mußte.[14] Während die Italiener ihr umjubeltes Gastspiel absolvierten, wurde Gallenberg am 2. Mai 1830 vom Kaiser aus seinem Pachtvertrag entlassen, von 16. bis 23. Mai blieb das Theater geschlossen. Unter der provisorischen Leitung des Hoftheater-Ökonoms Georg Friedrich Treitschke wurde das Kärnthnerthortheater am 24. Mai 1830 (mit der letzten Vorstellung des *Otello*) wieder eröffnet; in die Zeit dieses Provisoriums fällt auch die Erstaufführung von Rossinis Pariser Meisterwerk *Wilhelm Tell*.

Der ehemalige Teilhaber Barbajas, Louis Antoine Duport (1785c–1853), seit seinem ersten Auftritt in Wien im Jahre 1808 ein unvergessener Tänzer und Choreograph, legte ein Pachtangebot vor: Er wollte an drei Tagen der Woche Vorstellungen deutsche Opern geben, sonst Ballett oder italienische Oper, und gleichzeitig versprach er, die Ausgaben stark zu reduzieren. Duport pachtete das Kärnthnerthortheater auf zehn Jahre ab 1. September 1830, Kündigungsklauseln waren im Vertrag enthalten; der jährliche Zuschuß des Hofes betrug 75.000 Gulden. Von seinem Recht, italienische Oper zu spielen, machte der Pächter nur einmal (im Jahre 1835) Gebrauch; französische Oper wurde wie bisher in deutscher Sprache gegeben.

Duports Pachtära, die bis Ende März 1836 dauern sollte, verlief im Allgemeinen erfolgreich. Mit Aubers *Fra Diavolo*, *Die Ballnacht* und *Die Stumme von Portici* (letztere noch unter Gallenberg), Hérolds *Zampa*, Rossinis *Moses*, Halévys *Die Jüdin* und insbesondere Meyerbeers *Robert der Teufel* kamen französische Opern in das Repertoire, die teilweise jahrzehntelang den Spielplan bereichern und für ein volles Opernhaus sorgen sollten. Italienische Opern (meist von Bellini und Donizetti) wurden zunächst auf deutsch, dann in der Originalsprache geboten (*Norma*, *La sonnambula*, *Anna Bolena* und *L'elisir d'amore* sind in erster Linie zu nennen), Wiederaufnahmen älterer Opern wie *Medea*, *Die Vestalin* oder *Ferdinand Cortez* erweiterten den Spielplan. Das Interesse an Ballettaufführungen ließ seltsamerweise gerade während der Ära des ehemaligen Tänzers Duports Ära nach. Erklärungen dafür mögen der Abgang der Schwestern Fanny und Therese Elßler (seit Jahren die Lieblinge der Wiener) und die rasant wachsende Beliebtheit der großen französischen Oper mit ihren kürzeren Divertissements sein; für längere Ballette und deren weitschweifige pantomimische Abschnitte und manchmal beinahe undurchschaubaren Handlungsstränge reichte damals die Geduld der Zuschauer nicht. – Die unbestreitbar höhere Qualität der Opernmusik Rossinis, Meyerbeers, Halévys oder Aubers wird den Wienern wohl auch bekömmlicher gewesen sein.

---

[14] Vgl. *Bekanntmachung*, in: *Theaterzettel*, ohne Datum (1829).

Problematisch wurde für Duport das engagierte und aufstrebende Wirken des Theaters in der Josephstadt unter dem Direktor Johann August Stöger (1791–1861), einem ehemaligen Sänger der Hofoper. Ab 1832 kam in der Vorstadt ein Opernspielplan zustande, der jenem des Kärnthnerthortheaters qualitativ kaum nachstand. Stöger gelang es sogar manchmal, dem Hoftheater mit der Einstudierung wichtiger neuer Werke zuvorzukommen: Meyerbeers *Robert, der Teufel* mag als berühmtes Beispiel gelten.

Der Tod von Kaiser Franz I. ebnete den Weg für zwei einschneidende Veränderungen an der Wiener Hofoper: Franz war nicht unbedingt als Freund der italienischen Oper bekannt; kaum war der Monarch tot, konnte die alte Tradition von italienischen Opernaufführungen in Wien fortgesetzt werden, diesmal allerdings sogar in einer eigenen – von der deutschen Saison getrennten Stagione –, die von 4. April bis 31. Mai 1835 dauerte und im Juni (durchsetzt mit deutschen Vorstellungen) fortgesetzt wurde. Organisiert wurde diese Stagione von Bartolomeo Merelli (1794–1879), dem Impresario der Mailänder Scala; bis 1847 gab es von nun an eine strikte Trennung einer dreimonatigen italienischen Stagione (meist von 1. April bis 30. Juni) und einer neunmonatigen deutschen Opernspielzeit – Ballette wurden in beiden Saisonen gegeben.

Der neue Kaiser, Ferdinand I., wünschte aber auch einen Wechsel des Pächters des Kärnthnerthortheaters. Nach Zusicherung einer lebenslänglichen Rente erklärte sich Duport bereit, vorzeitig aus seinem Vertrag auszusteigen; am 26. März 1836 fand die letzte Vorstellung seiner Pachtära statt. Die neuen Pächter waren Italiener: Die routinierten Theaterunternehmer Carlo Balochino (1770–1850), der ehemalige Assistent Barbajas, und Bartolomeo Merelli, unter welchen niemand Geringerer als Gaetano Donizetti vier Jahre lang als „Kammerkapellmeister und Hofcompositeur" in Wien wirken und das Kärnthnerthortheater von 1836 bis 1848 eine neue Blütezeit erleben sollte.

Die Vestalinn von Gaspare Spontini, 12. November 1810
Wien, Theatermuseum

OPERNREPERTOIRE

Von 11. Mai 1795 (dem Datum der ersten Aufführung der zweiaktigen komischen Oper *Die gute Mutter* von Paul Wranitzky) bis 20. März 1806 (*La donna ve la va* von Francesco Gardi) wurden an den beiden Hoftheatern abwechselnd sowohl deutsche als auch italienische Opern aufgeführt, danach gab es nur noch vereinzelte italienische Opernaufführungen; das eigentliche Ensemble bildeten von nun an die einheimischen Künstler, welche die musikdramatischen Werke in deutscher Sprache zu Gehör brachten. Italienische Sänger kamen nun als Gäste nach Wien, einige von ihnen traten jedoch dem deutschen Opernensemble bei. Diese Struktur brachte es mit sich, daß sich zu Beginn des 19. Jahrhunderts langsam so etwas wie ein „stehendes" Opernrepertoire bildete, allerdings ein Repertoire in deutscher Sprache. Diesem Repertoire gehörten zur Zeit der Eröffnung des Kärnthnerthortheater als alleinige Spielstätte der Hofoper, also Ende 1810, folgende Werke an: Joseph Weigls Erfolgsopern *Das Waisenhaus* (Erstaufführung 1808) und *Die Schweizer-Familie* (1809), *Agnes Sorel* (1806) von Adalbert Gyrowetz sowie Mozarts *Die Entführung aus dem Serail*, die 1808 wieder in den Spielplan aufgenommen worden war. Von den Werken, die während der Gluck-Renaissance 1808–1810 einstudiert worden waren, hielt sich nur *Iphigenia auf Tauris* für längere Zeit im Repertoire. Neben der *Iphigenia* zählte eine weitere ursprünglich französische Oper zu den beliebten Werken dieser Zeit: Luigi Cherubinis *Der Wasserträger*, eine Oper, die am Kärnthnerthortheater unter dem Titel *Graf Armand* gezeigt wurde – französische Opern wurden nicht in der Originalsprache, sondern in deutschen Übersetzungen dargeboten.

War es bis gegen Ende des 18. Jahrhunderts äußerst unüblich gewesen, ältere Werke neu einzustudieren – der Spielplan lebte von Novitäten –, so wurden nun einige als „klassisch" bewertete Opern wieder in das Repertoire aufgenommen. Als berühmtestes Beispiel mag Mozart gelten: *Titus der Gütige* (1811), *Die Zauberflöte* (1812), *Die Hochzeit des Figaro* (1814) wurden nach längerer Zeit wieder aufgeführt. Ab 1817 gab es einen regelrechten Mozart-Zyklus: *Don Juan*, *Titus der Gütige* (1817), *Die Hochzeit des Figaro*, *Die Zauberflöte* (1818), *Così fan tutte* (unter dem deutschen Titel *Die Mädchentreue*) und *Idomeneus* (1819) wurden neu einstudiert. Im Repertoire halten konnten sich jedoch nur drei Werke: *Die Zauberflöte*, *Don Juan* und *Die Hochzeit des Figaro*.

Von den deutschen Originalwerken, die von 1810 bis zur Verpachtung der Hofoper im Dezember 1821 erstaufgeführt wurden, sind nur zwei

Opern auch heute noch im gängigen Repertoire: Beethovens *Fidelio*, dessen dritte und letzte Fassung am 23. Mai 1814 im Kärnthnerthortheater uraufgeführt wurde und Webers *Der Freischütz*, unter dem Titel *Der Freyschütze* am 3. November 1821 zum ersten Mal zu hören. Zu ihrer Zeit gerne aufgeführt, aber heute vollkommen vergessen sind die Werke der an der Hofoper tätigen Kapellmeister: *Der Augenarzt* (1811) und *Helene* (1816) von Adalbert Gyrowetz, *Der Bergsturz* (1812) und *Die Jugend Peter's des Großen* (1814) von Joseph Weigl gehören zu den einst beliebten großen Opern.

Einen großen Teil des „deutschen" Repertoires nahmen französische Werke ein: Gaspare Spontinis *Vestalin* war ab 1810 während eines Jahrzehnts eines der Lieblingswerke der Wiener, sein *Ferdinand Cortez* folgte 1812. Opern von Cherubini (*Medea* 1812, *Lodoiska* 1814, *Faniska* 1816, *Der portugiesische Gasthof* 1819) wurden wiederaufgenommen oder erstaufgeführt, von Charles Simon Catel kamen *Die Bajaderen* (1813) und *Semiramis* (1815) zur Aufführung. Von Boieldieu gehörte *Johann von Paris* (1812), von Isouard *Joconde, oder: Die Abenteurer* (1815) und von Méhul *Joseph und seine Brüder* (1815) zum ständigen Repertoire. portugiesisch

Neben diesen abendfüllenden Werken kam eine Vielzahl von kleineren Singspielen, auch Operetten genannt, zur Aufführung. Den meist 40- bis 50-minütigen Werken folgte ein größeres Ballett oder es ging eine Konzertdarbietung (eine sogenannte „Musikalische Akademien") voraus. In der Regel bestand das Personal dieser kurzen Opern (die oft Operetten genannt wurden) aus vier bis sechs Personen: einem Liebespärchen (Sopran und Tenor), einem Gegenspieler des Liebhabers (Bariton) und einem väterlichen Baß, der durchaus ein Vormund oder Onkel sein durfte. Ergänzt wurde dieses Personenverzeichnis öfters durch eine alte Hausmagd (Mezzosopran), einen Diener (Tenor) oder eine weitere lustige Person (Baß). Musikalisches Beiwerk dieser Singspiele waren eine Ouverture und vier bis sechs Nummern (Arien, Duette, Terzette und ein größeres Ensemble als Finale). Die Titel dieser einaktigen Werke, die uns heute vollkommen unbekannt sind, lauten etwa *Der Sammtrock*, *Der betrogene Betrüger*, *Emerike, oder: Die Zurechtweisung*, *Ostade*, *Die Prüfung* oder auch ganz einfach *Das Singspiel*. Das heute noch berühmteste Werk dieser Gattung ist wohl *Der Dorfbarbier* (Musik von Johann Baptist Schenk), der von 1796 bis 1836 aufgeführt und 1890/91 sogar an der Neuen Hofoper am Ring einstudiert wurde. Die Musik zu diesen Stücken lieferten zumeist die Kapellmeister, oftmals handelte es sich allerdings nicht um deutsche Originalwerke, sondern um französische Singspiele, die mit einem neuen deutschen Text versehen wurden: *Uthal* (von Méhul), *Milton* (von Spontini), *Das Lotterielos* (Isouard), *Der neue Gutsherr* (Boieldieu) seien als Beispiele genannt.

Vereinzelte Aufführungen italienischer Opern fanden bis 1814 statt. Der berühmte Kastrat Giovanni Battista Velluti etwa gastierte 1810/11 und brachte drei Opern des ebenfalls nach Wien gereisten Giuseppe Nicolini zur Aufführung (*Coriolano, Trajano in Dacia, Quinto-Fabio Rutiliano*). Von Ferdinando Paër standen *Sargino, Achille* und *Griselda, ossia: La virtù al cimento* auf dem Programm, von Valentino Fioravanti wurde das Dramma giocoso *La capricciosa pentita* aufgeführt, Domenico Cimarosa war mit *Gli Orazi e Curiazi* vertreten, Giovanni Simone Mayr mit *Ginevra di Scozia* und *Adelasia ed Aleramo*, Stefano Pavesi mit *Fingallo e Comala*, Gyrowetz mit *Federica ed Adolfo*, Weigl mit *Il rivale di se stesso*, Pietro Guglielmi mit *La scelta dello sposo*.

Am 26. November 1816 eröffnete eine italienische Operngesellschaft unter der Leitung des Impresario Antonio Cera ihr Gastspiel mit einer Aufführung der beiden Einakter *Adelina* (Pietro Generali) und *L'inganno felice* (Gioachino Rossini). Dem Mißerfolg des ersten Abends folgte eine Sensation: Rossinis *Tancredi* versetzte ganz Wien in ein Delirium, der sogenannte „Rossini-Taumel" setzte ein und wurde durch die Erstaufführung der *Italiana in Algeri* bekräftigt. Die Aufführungen der Italiener im Kärnthnerthortheater währten bis Ostern 1817, einige Mitglieder der Gesellschaft setzten das Gastspiel im Theater an der Wien fort. Nach ihrer Abreise sollte es nicht lange dauern, bis *Tancred* in das deutsche Repertoire der Hofoper (1818) übernommen wurde. In den nächsten Jahren beherrschten Rossinis Opern das Repertoire: *Othello, der Mohr von Venedig, Richard und Zoraide* (1819), *Die diebische Elster* und *Der Barbier von Sevilla* (1820) wurden im Kärnthnerthortheater aufgeführt, viele andere Werke des Pesareser Meisters im Theater an der Wien. – Daß es in Wien kritische Stimmen gab, die eine Anhäufung von italienischen Werken in deutscher Sprache ablehnten, liegt auf der Hand.

Mit der Verpachtung des Kärnthnerthortheaters an Domenico Barbaja drohte die Stimmung zu kippen: Zu Beginn der Pachtära, im Dezember 1821, gab es Mißfallenskundgebungen während so mancher Aufführung, die Wiener vermißten einige ihrer alteingesessenen Lieblinge und fürchteten um das Niveau der Vorstellungen. Barbaja war jedoch klug genug, sofort allen antiitalienischen Angriffen gute Argumente entgegenzusetzen: Mit Carl Maria von Weber wurde der führende deutsche Opernkomponist nach Wien engagiert; zunächst, um im März 1822 zwei Aufführungen seines wenige Monate zuvor erstaufgeführten *Freischütz* zu dirigieren, dann, um eigens für Wien eine neue Oper zu komponieren. Daß *Euryanthe* 1823 den überragenden Erfolg des *Freischütz* nicht wiederholen konnte und über einen succès d'estime nicht hinauskommen sollte, hatte Barbaja nicht voraussehen können.

Eine einseitige Förderung der italienischen Oper war Barbaja nicht vorzuwerfen: Er begann seine Pachtära mit der Premiere von *Zemire und Azor* von Louis Spohr (einem berüchtigten Gegner aller italienischer Musik), brachte dessen *Faust* 1827 heraus und hatte mit Opern seines neuen Kapellmeisters Conradin Kreutzer Erfolg (*Libussa* 1822, *Cordelia* 1823, *Der Taucher* 1824). Die Aufführungen von Mozarts Werken wurden hingegen unter Barbaja seltener, jene von Beethovens *Fidelio* waren Raritäten.

Die französische Oper hatte unter Barbaja einen geringeren Stellenwert: Trotz Erstaufführungen von Werken Aubers (*Der Schnee* 1824, *Der Maurer und der Schlosser* 1826, *Leicester, oder: Das Schloß Kenilworth* 1826, *Das Debüt im Concerte* 1827, *Anatolie* 1827) und von Hérolds *Marie, oder: Verborgene Liebe* (1826) war das einzige bemerkenswerte Ereignis die Premiere von Boieldieus *Die weiße Frau*, einer Oper, die sich lange Zeit großer Beliebtheit erfreuen sollte.

Von 1822 bis 1825 und 1827/28 kamen jeweils für einige Monate italienische Künstler nach Wien, den Höhepunkt der Ära Barbaja bildete sicher die Anwesenheit Rossinis im Frühjahr 1822. Der Meister kümmerte sich zunächst um eine Einstudierung der *Cenerentola* in deutscher Sprache und brachte dann *Zelmira*; *Corradino*; *Elisabetta, Regina d'Inghilterra*; *La gazza ladra* und *Ricciardo e Zoraide* in italienischer Sprache zur Aufführung, dirigierte jedoch selbst keine einzige Vorstellung in Wien. Nach Rossinis Abreise folgten die Erstaufführungen von *Mahomet der Zweyte* (1823) in deutscher Sprache, von *Semiramide* (1823), *Eduardo e Cristina*, *Mosè in Egitto* (1824), *Bianca e Falliero* und *Il turco in Italia* (1825) in italienischer Sprache, die Begeisterung für diese Werke war allerdings nicht sonderlich groß.

Barbaja setzte seine Politik, die führenden italienischen Opernkomponisten nach Wien zu verpflichten, fort: 1823 kam Michele Carafa de Colobrano und brachte hier seine Oper *Abufar, ossia: La famiglia araba* zur Aufführung, 1824 schrieb Saverio Mercadante für Wien zwei Opern (*Doralice* und *Il podestà di Burgos*) und stellte ein Stück (die Azione teatrale *Le nozze di Telemaco ed Antiope*) aus Werken anderer Komponisten zusammen. Den größten Erfolg feierte er allerdings mit einer älteren Oper, *Elisa e Claudio*. 1827 folgte Giovanni Pacini seinen Kollegen nach Wien; der Erstaufführung von *Amazilia* folgten unter der Anleitung des Komponisten *La gelosia corretta*, *Gli Arabi nelle Gallie* und *L'ultimo giorno di Pompei*. Die beiden Nachfolger Rossinis, Gaetano Donizetti und Vincenzo Bellini kamen zwar unter Barbaja nicht nach Wien, ihre Werke waren jedoch erstmals hier zu hören (*L'ajo nell'imbarazzo* 1827 bzw. *Il pirata* 1828).

Während der Pacht des Grafen Gallenberg (1829/30) wurden deutsche und französische Oper gefördert: Von Weber wurde *Der Freischütz* zum ersten Mal in der Originalfassung gespielt und *Oberon, König der Elfen* erstaufgeführt. Conradin Kreutzer brachte drei Opern zur Aufführung, Lindpaintners *Der Vampyr* hatte wenig Erfolg, verstellte aber Marschners Vertonung desselben Stoffes den Weg nach Wien. Französische Werke von Boieldieu, Berton, Hérold und Rossini (*Graf Ory*) wurden einstudiert, den einzig bleibenden Erfolg feierte man mit Aubers *Die Stumme von Portici*. Erstaufführungen in italienischer Sprache gab es nicht, einzig Meyerbeers italienische Oper *Der Kreuzritter in Ägypten* und Stefano Pavesis *Das Mayfest* wurden in deutscher Sprache aufgeführt. – Während der kurzen Zeit der provisorischen Leitung durch Georg Friedrich Treitschke kam Rossinis Pariser Meisterwerk *Wilhelm Tell* zur Erstaufführung.

Louis Antoine Duport förderte die französische Oper: Auber (*Fra Diavolo* 1830, *Brama und die Bayadere* 1832, *Der Schwur* 1834, *Die Ballnacht* 1835, *Das Pferd von Erz* 1836), Hérold (*Zampa* 1832, *Die Schreiber-Wiese bey Paris* 1834) und Halévy (*Die Jüdin* 1836) beherrschten nun den Spielplan, Rossini kam mit *Moses* und *Die Bestürmung von Corinth* (1831) zu Gehör; zur größten Sensation wurde allerdings die Erstaufführung von Meyerbeers *Robert, der Teufel* (1833). Während sich keine einzige neue abendfüllende deutsche Oper im Repertoire halten konnte, wurden zumindest einige Singspiele aus der Feder des Kapellmeister Wilhelm Reuling (*Der Lügner und sein Sohn, Der Weiberfeind in der Klemme*) gerne gehört und oft aufgeführt. Noch beliebter waren allerdings die Possen des Berliners Louis Angely: *Das Fest der Handwerker* etwa, als „komisches Gemälde mit Gesang" bezeichnet, wurde nach seiner erfolgreichen Premiere monatelang beinahe en suite gespielt.

Kurze Zeit nach der französischen Grand-Opéra begann sich auch die italienische romantische Oper in Wien durchzusetzen: 1831 wurde Bellinis *Die Unbekannte* erstaufgeführt, 1833 folgten Donizettis *Anna Boleyn* und Bellinis *Norma*. Während der einzigen italienischen Stagione der Ära Duport, 1835, kamen mit Donizettis *L'elisir d'amore* und Bellinis *La sonnambula* zwei weitere Werke zur Erstaufführung, die während der nächsten Jahrzehnte nicht aus dem Repertoire verdrängt werden sollten.

Tancredi von Gioachino Rossini, 17. Dezember 1816
Wien, Theatermuseum

KAPELLMEISTER UND ORCHESTER

Einem *Status der k. k. Hoftheater* ist der Personalstand des Hofopernorchesters wie der leitenden Persönlichkeiten des Jahres 1814 zu entnehmen.[1] Als Kapellmeister werden vier Musiker angeführt: Antonio Salieri, Joseph Weigl, Adalbert Gyrowetz und Michael Umlauf. Von diesen Künstlern waren allerdings nur drei nach 1810 tatsächlich an der Hofoper tätig; Antonio Salieri (1750–1825) leitete zwar noch einige Jahre Konzerte der Tonkünstler-Societät, seine Tätigkeit als Opernkapellmeister hatte er jedoch bereits beendet.

Einer der zahlreichen Schüler Salieris war Joseph Weigl (1766–1846), Sohn des mit Joseph Haydn befreundeten bayerischen Cellisten Joseph Franz Weigl. 1786 studierte der jüngere Weigl Mozarts *Le nozze di Figaro* mit den Sängern ein, 1790 wurde er als Kapellmeister-Substitut an den Hoftheatern angestellt. 1792 folgte die Ernennung zum Kapellmeister, ab 1794 war Weigl verpflichtet, jährlich eine Oper und zwei Ballettmusiken zu komponieren, 1820 wird Weigl auf den Theaterzetteln als *„Hofopern-Capellmeister und Operndirector"* geführt. Er schuf deutsche und italienische Opern (u. a. für Mailand), am erfolgreichsten wurden *L'amor marinaro* (1797), *Vestas Feuer* und *Ostade* (beide 1807), *Das Waisenhaus* (1808) und *Die Schweizer-Familie* (1809). 1826 wurde Weigl Ehrenmitglied der Gesellschaft der Musikfreunde und 1827 Vize-Hofkapellmeister in der Hofburgkapelle. Zahlreiche kirchenmusikalische Werke zeugen von seiner Fruchtbarkeit in dieser Anstellung.

Zwischen 1810 und 1823 kamen zahlreiche größere und kleinere Werke Weigls am Kärnthnerthortheater zur Aufführung: Die heroisch-komische Oper *Franzisca von Foix* (1812), die Singspiele in drei Aufzügen *Der Bergsturz* (1812) und *Die Jugend Peter's, des Großen* (1814), das allegorische Gemälde *Die Weihe der Zukunft* (1814), das Schäferspiel *Nachtigall und Rabe* (1818), die großen ernsthaften Opern *Margaretha von Anjou* (1819) und *Baals Sturz* (1820), das Singspiel *König Waldemar* (1821), die romantische Oper *Die eiserne Pforte* (1823), daneben zahlreiche Ballettmusiken; an den Erfolg des *Waisenhauses* und der *Schweizer-Familie* konnte Weigl mit all diesen Werken nicht anschließen. Eine der wichtigsten Aufgaben der Kapellmeister war jedoch die Einstudierung und Einrichtung fremder Werke, wofür die ein-

---

[1] Wien, Haus-, Hof- und Staatsarchiv (HHStA), Gen. Int. 6 (1814–15). 1814/Z.131. Die Verzeichnisse aus dem Haus-, Hof- und Staatsarchiv stellte Dr. Angela Pachovsky, welcher der Autor zu größtem Dank verpflichtet ist, zur Verfügung.

heimischen Musiker nicht selten Einlagenummern lieferten. Weigl brachte sehr fleißig in den unterschiedlichsten Opern seine eigene Musik unter: Für die Erstaufführung der *Vestalin* von Spontini (1810) etwa schuf er eine Einlagearie für den Tenor Giuseppe Siboni, für Mozarts *Titus der Gütige* (1817) lieferte er eine Arie für Titus und ein Duett für Titus und Sextus.

Weigls Kompetenz als Operndirigent war unbestritten; wenn er das Hofopernorchester leitete, wie z. B. in der Erstaufführung von Webers *Der Freischütz* (1821), war höchstes Niveau gesichert. Nach der Erstaufführung von Rossinis *Othello, der Mohr von Venedig* (1819) stand etwa in einer Rezension zu lesen:[2]

> Das Orchester, in welchem freylich fast lauter Meister vereinigt sind, kann unter der trefflichen Oberleitung des Opern-Directors Herrn *Weigls*, nur mit höchster Auszeichnung erwähnt werden, denn hier ist Kraft, Präcision und Virtuosität bey jeder Execution in steigendem Grade sichtbar [...].

Ähnlich schaffensfreudig wie Weigl war Adalbert Gyrowetz (1763–1850). Der Sohn eines böhmischen Regens chori kam aus seiner Heimatstadt Budweis über Prag und Brünn nach Wien, wo er in den 1780er-Jahren Musiker wie Joseph Haydn, Mozart, Albrechtsberger und Dittersdorf kennenlernte. Gyrowetz wurde zu einer europäischen Berühmtheit und wirkte in Italien, Paris oder London, wo er an den Haydn-Salomon-Konzerten 1791 und 1792 beteiligt war. Nach ausgedehnten Reisen erhielt er 1804 eine Stelle als „Compositeur und Kapellmeister" an den k. k. Hoftheatern, die er bis 1831 innehaben sollte. 1818 komponierte er die Oper *Il finto Stanislao* für die Mailänder Scala, 1844 gab er in Wien sein letztes Konzert. Für die Wiener Hofoper komponierte Gyrowetz zahlreiche größere und kleinere musikdramatische Werke, etwa die 1806 uraufgeführte, sehr erfolgreiche dreiaktige Oper *Agnes Sorel*. 1810 brachte Gyrowetz das einaktige Singspiel *Das zugemauerte Fenster* heraus, 1811 das abendfüllende Singspiel *Der Augenarzt*. 1812 folgte das Dramma serio in italienischer Sprache *Federica ed Adolfo*, 1813 wiederum ein Singspiel mit dem Titel *Die Prüfung*. 1816 folgte die große Oper *Helene*, 1819 das Singspiel *Aladin*, 1827 *Der blinde Harfner*, ebenfalls ein Singspiel, und 1828, anläßlich des Geburtstages des Kaisers, die ländliche Szene mit Gesang und Tanz *Der Geburtstag*. Seinen Abschied vom Kärntnerthortheater feierte Gyrowetz 1831 mit der romantischen Oper *Felix und Adele*.

Daneben schuf Gyrowetz etwa 40 Ballettmusiken für Wien, etwa jene zu *Der flatterhafte Page, oder: Figaro's Hochzeit* (1819), einem Ballett von Jean-

---

[2] *Allgemeine musikalische Zeitung mit besonderer Rücksicht auf den österreichischen Kaiserstaat*, 8. 5. 1819, Sp. 298.

Pierre Aumer, in welches auch Musik aus Mozarts Oper übernommen wurde. Anläßlich der Erstaufführung von *Castor und Pollux* (1827) von Salvatore Taglioni wurde Gyrowetz' unermüdliche Tätigkeit gelobt. Daß nicht alle seiner zahlreichen Werke von erstklassiger Qualität sein konnten, wurde nicht bestritten:[3]

> Wenn man erwägt, wie viele Werke dieser Gattung unser fleissiger Meister eine Reihe von Jahren hindurch geliefert hat, und dabey die Fesseln in Anschlag bringt, welche ihn hier auf bestimmte Formen und Rhythmen nach Vorschrift des Choreographen, oder nach den Launen der ersten Tänzer, beschränken, so wird es begreiflich, wenn sich der Tonsetzer mitunter – vielleicht unwissend – selbst wiederholt. Bey Ballet-Musik muss man ohnehin im Allgemeinen – Ausnahmen gehören zu den Seltenheiten, und eine Schwalbe macht, wie das Sprichwort sagt, noch keinen Sommer – auf Originalität verzichten, und wenn man dafür, wie Hr. Gyrowetz gethan, durch liebliche Melodieen, durch brillantes Instrumentenspiel, wobey die ersten Virtuosen ihr Kunsttalent bewähren, entschädigt, so ist einer Spectakel-Gattung, welche der Musik ohnehin nur die zweyte, subordinirte Rolle zutheilt, hinreichend volles Recht widerfahren.

Auch Michael Umlauf (1781–1842) komponierte zahlreiche Ballettmusiken. Michael war der Sohn des Ignaz Umlauf (1746–1796), des Komponisten des berühmten deutschen Singspieles *Die Bergknappen*. Von seinem Vater und von Joseph Weigl ausgebildet, erhielt der junge Musiker eine Stelle als Geiger im Hofopernorchester, wurde danach Substitut im Kapellmeisteramt und schließlich zum Opernkapellmeister (1810) ernannt. Michael Umlauf galt als einer der besten Kapellmeister seiner Zeit, er leitete u. a. die erste Aufführung der letzten Fassung des *Fidelio* 1814 und die berühmte Uraufführung der Beethovenschen *Neunten Symphonie* 1824, jeweils hinter dem tauben Komponisten stehend. Umlauf schied 1825 aus dem Dienst der Hofoper aus, wurde aber 1840 noch einmal (allerdings nur für die Dauer einer Saison) als Kapellmeister engagiert. Für die Wiener Hofoper schuf Umlauf u. a. das Singspiel *Der Grenadier* (1812) sowie die Ballettmusiken zu *Der Faßbinder* (1810), *Aeneas in Carthago* (1811) und *Lodoiska* (1821), zu letzterem allerdings nur die ersten beiden Akte, während die Musik zu dem dritten Akt von seinem Kollegen Gyrowetz stammte.

Als Orchesterdirektor (also als Konzertmeister) war 1814 Anton Wranitzky (1761–1820) tätig, ein berühmter Violin-Virtuose und lange Zeit Kapellmeister des Beethoven-Gönners Fürst Lobkowitz. Der Ballett-Direktor Joseph Katter (1771–1841) war für die Leitung der Ballette verantwortlich,

---

[3] *Allgemeine musikalische Zeitung*, 21. 2. 1827, Sp. 135.

als Orchester-Direktors-Adjunkt war Johann Kleczinsky (1756–1828) Wranitzkys Untergebener, nach dessen Tod wird Kleczinsky 1820 auf den Theaterzetteln als *„prov. k. k. Hof-Opern-Orchester-Director"* angeführt. Dem Orchester gehörten 1814 laut *Status der k. k. Hoftheater* an:

Violino I (4):	Fackel; Breymann; Schreiber; Otter
Violino II (6):	Menzel; Fux; Pösinger; Hirsch; Tuttowitsch; Leitner
Viole (4):	Altmütter; Stichay; Barton; Oster
Vcl. (3):	Kraft; Deabis; Dont
Kb. (3):	Metzer; Barta; Grams
Flauti (2):	Scholl; Ehler
Ob. (2):	Czerwenka; Kayll
Klar. (2):	Pürebl; Dobihal
Fagotti (2):	Höllmayer; Cziharz
Hr. (4):	Kovalovsky; Radezky; Bellungi; Starke
Pos. (3):	Seegner, Vater; Seegner, Sohn; Keesmayer
Trp. (2):	Plock; Khayl
Pk.:	Hudler, der ältere
Concert- u. Solospieler:	Mayseder, Violinist; Romberg, Fagottist
Ballett-Correpetitoren:	Band; Posser
Instrumentendiener:	Ortner

Daneben können den Theaterzetteln bis 1814 als Mitglieder entnommen werden: Raphael Dreßler als Solo-Flötist (1811) und Joseph Drechsler (1782–1852) als Kapellmeister (1813). Joseph Mayseder (1789–1863), der Sologeiger des Hofopernorchesters, ein Schüler Anton Wranitzkys, wurde 1810 an die Hoftheater engagiert und kam 1816 zur Hofkapelle. Er gab als Violin-Virtuose auch eigene Konzerte und war in diversen Konzertveranstaltungen oft im Kärnthnerthortheater zu erleben. 1835 wurde Mayseder zum k. k. Kammervirtuosen ernannt, 1836 wurde er Vize-Direktor der Hofkapelle. Anton Romberg (1771–1842), der Solo-Fagottist, war bis 1802 Mitglied der Kapelle zu Münster, dann kam er nach Wien, wo er auch als Kammervirtuose des Fürsten Lobkowitz tätig war. Anton Khayll (1787–1834) war Hoftrompeter und ab 1831 Mitglied der Tonkünstler-Societät.

Aus dem Jahre 1819 existiert ein weiterer *Personal- und Besoldungsstand der k. k. Hoftheater.*[4] Als Konzertmeister ist weiterhin Anton Wranitzky tätig, als Direktions-Adjunkt Johann Kleczinsky, als Ballett-Direktor Joseph Katter (1821 wird er *„Hofopern-Orchester-Directions-Adjunct"*, 1822 *„Hofopern-Orchester-Director"*) und als Solo-Geiger Joseph Mayseder. Unter den weiteren Orchestermitgliedern sind die drei Violoncello-Virtuosen Joseph Va-

---

4   Wien, HHStA, Gen. Int. 10 (1819–1820). 1819/318.

lentin Dont (1776–1833), Franz Deabis (1747c–1838) und Joseph Merk (1795–1852) zu finden:

Vl. I (6):	Breimann, Anton; Schreiber, Anton; Otter, Ludwig; Ziegelhauser; Band, Ignatz; Mayer, Mathias
Vl. II (7):	Pössinger, Franz; Menzel, J.; Fux, Peter; Hirsch, Leopold; Leitner, Karl; Tuttowitz, Karl; Posser, Johann
Vla. (4):	Altmütter, Mathias; Stichay, Joseph; Barton, Johann; Oster, Karl
Vc. (3):	Dont, Joseph; Deabis, Franz; Merk, Joseph
Kb. (3):	Mölzer, Joseph; Grams, Anton; Leitner, Franz
Fl. (2):	Scholl, Karl; Oeller, Georg
Ob. (2):	Czerwenka, Joseph; Khayl, Joseph
Klar. (2):	Purebl, Joseph; Dobihall, Joseph
Fg. (2):	Hällmayer, Franz; Merkusch, Wenzel
Hr. (4):	Kowalofsky, Johann; Radetzky, Friedrich; Bellonoy, Kamillo; Starke, Friedrich
Trp. (2):	Plock, Franz; Khayl, Anton
Pos. (3):	Seegner, Vater; Seegner, Anton; Kässmayer
Hrf.:	Katschirek
Pk.:	Hudler, Anton

Auch aus dem Jahre 1822 ist eine *Übersicht des Personal und Besoldungsstandes [...] des Hofschauspieles in der Hofoper* erhalten, allerdings unvollständig und jenen Stand nachweisend, *„wie er vor der Verpachtung des k. k. Kärnthnerthortheater bestanden hat"*:[5]

Orch.-Dir.:	Jekel
Vl. I:	Kail; Strohmayer; Wranitzky, Ant.
Vl. II:	Schweigel; Reissert; Bernard; Gebhard
Vla:	Ruczizka; Wschiansky
Vc.:	Huber; Wranitzky, Friedrich
Kb.:	Pollack; Raab
Fl.:	Kayl[, Alois]; Hoheker
Ob.:	Krämer; Rast
Klar.:	Mosch; Ruttinger
Fg.:	Schimak; Clement; Mittag
Waldhr.:	Schmidt; Bauchinger
Trp.:	Fischer; Poppel
Pk.:	Hudler
Instrumentendiener:	Böhm

---

[5] Wien, HHStA, Gen. Int. 12/1822, Nr. 405–431.

Den Theaterzetteln sind weitere Künstler zu entnehmen: Joseph Kinsky, der 1815 als „Kapellmeister-Adjunkt", 1817 als Kapellmeister des Theaters an der Wien und ab 1819 als Vizekapellmeister des Hofoperntheaters angeführt wird; weiters Matthias Strebinger (1807–1874), der bereits im Alter von 15 Jahren, 1822, als Geiger dem Orchester beitrat und von 1847 bis 1869 als Ballett-Dirigent an der Hofoper tätig war. Johann Janatka, der Waldhornist, und der Orchesterdirektor Johann Hildebrand werden 1823 erwähnt, Theodor Hürt, der Fagottist 1824, die Hornisten Carl und Eduard Lewy 1826, der Kapellmeister Wenzel Wilhelm Würfel 1826, der Geiger Joseph Treichlinger 1827, der Klarinettist Georg Klein 1829. Georg Hellmesberger (1800–1873) wird 1829 als zweiter Orchester-Direktor angeführt, die Geiger Schorsch, Johannis und J. Leppen im gleichen Jahr als Orchestermitglieder. 1830 scheint der Cellist Bauer auf, ebenfalls 1830 der Flötist Franz Ziehrer, 1832 der Geiger J. Nottes und 1835 der Cellist Josef Hartinger. Ignaz Schuppanzigh (1776–1830), der berühmte Geiger, bekleidete die Stelle eines Orchester-Direktors des Kärnthnerthortheaters.

Aus dem Jahre 1828 ist ein „*Verzeichniß jener Musiker des ehemaligen Hofoperntheaters, welche der neue Pächter in Dienst zu nehmen gedenkt*" erhalten,[6] das folgende Künstler nennt:

Mayseder, Violinospieler
Merk, Violoncellist
Scholl, erster Flötist
Oehler, zweiter dto
Dobihal, Clarinettist
Hudler, Timpanist
In Beil. 6, datiert mit 22. 12. 1828, ergänzt um:
Schreiber, Anton, Violinspieler
Khayll, Anton, Trompetter

In der Zwischenzeit waren gewichtige Künstler als Kapellmeister an die Hofoper engagiert worden: Conradin Kreutzer (1780–1849) etwa, der erstmals 1804 in Wien anzutreffen war und dessen Singspiel *Jery und Bätely* am 19. Mai 1810 im Kärnthnerthortheater zur Uraufführung kam. Ab 1812 war Kreutzer als Hofkapellmeister in Stuttgart und ab 1818 als Kapellmeister in Donaueschingen tätig. 1821/22 unternahm er Konzertreisen nach Deutschland, in die Schweiz und nach Wien und kündigte seine Stelle in Donaueschingen. Am 4. Dezember 1822 wurde seine romantische Oper in drei Aufzügen *Libussa* am Kärnthnerthortheater uraufgeführt. Der Erfolg des Werkes führte zu einer Anstellung als Kapellmeister, ein Posten, den er

---

[6] Wien, HHStA, Gen. Int. Kart. 71 (Hofoper 1828–29).

zunächst bis zum Ende der Ära Barbaja, dann wieder unter Gallenberg innehatte. Ab 1833 war Kreutzer Kapellmeister am Theater in der Josephstadt, wo 1834 seine berühmteste Oper, *Das Nachtlager in Granada*, zur uraufgeführt wurde. Von 1836 bis 1840 stand Kreutzer nochmals dem Kärnthnerthortheater als Kapellmeister zur Verfügung, brachte hier wieder eigene Werke zur Aufführung und leitete 1839 die Erstaufführung von Meyerbeers *Hugenotten* (unter dem Titel *Die Welfen und Gibellinen*).

Im Jahre 1827 war Franz Lachner als Vizekapellmeister an das Kärnthnerthortheater engagiert worden. Lachner (1803–1890) kam 1823 als Organist an der evangelischen Kirche nach Wien, wo er Simon Sechter als Lehrer und Franz Schubert als Freund gewann. 1829 wurde Lachner erster Kapellmeister, eine Position, die er bis 1834 innehatte. Unter seiner Leitung fanden 1833 jene vier Konzerte des Orchester- und Chorpersonals des Hofoperntheaters im Großen Redoutensaal statt, die als Vorgänger der philharmonischen Konzerte gelten. 1834 ging Lachner als Kapellmeister nach Mannheim, am 31. Oktober 1835 kehrte der Musiker an seine ehemalige Wirkungsstätte zurück und dirigierte im Kärnthnerthortheater seine *Symphonie Nr. 4 E-Dur*:[7]

> Einen andern Hochgenuss bereitete uns Hr. Kapellmeister Lachner aus Mannheim, indem er während einer allzukurzen Anwesenheit seine vierte Symphonie in E dur, ein gediegenes, herrlich gearbeitetes Meisterwerk, zu Gehör brachte. Das Orchester, den einstigen geliebten Führer an der Spitze, und auf dem Podium wieder zweckmässig geordnet, zeigte sich endlich einmal in seiner frühern Vollendung, welche man mit Bedauern so oftmals inzwischen vermisst.

Neben Kreutzer und Lachner war seit 1830 Wilhelm Reuling (1802–1877) als Kapellmeister am Kärnthnerthortheater tätig. Der aus Darmstadt stammende Künstler war 1824 nach Wien gekommen, studierte hier bei Ignaz Ritter von Seyfried und wurde 1829 für ein Jahr Kapellmeister am Theater in der Josephstadt, wo seine Werke bereits zuvor aufgeführt worden waren. Reuling wurde 1830 von Duport an die Hofoper engagiert und blieb bis 1854 als Kapellmeister im Amt. Das erste Werk, das Reuling für das Kärnthnerthortheater schrieb, war die Operette in einem Akt *Des Herzens Wahl* (1832), es folgte die komische, ebenfalls einaktige Oper *Der Weiberfeind in der Klemme, oder: Der Hofmeister in tausend Aengsten* (1833). Der Komponist dieses Werkes wurde auf dem Theaterzettel zwar verheimlicht, doch der Mundfunk verbreitete bereits vor der Premiere den Namen des Kapellmeisters. Es konnte Reulings Ansehen nicht schaden, als Tonsetzer

---

[7] *Allgemeine musikalische Zeitung*, 17. 2. 1836, Sp. 107/108.

dieses Werkes bekanntzuwerden, gab es doch bis 1849 immerhin 81 Vorstellungen! 1837 folgte ein erstes Ballett (*Die Vestalin*, nach dem Libretto von Spontinis Oper), dem weitere, teilweise sehr erfolgreiche Ballettmusiken folgen sollten (*Elisa, oder: Die Rückkehr ins Dorf* 1846). Von Reulings großen Opern war *Alfred der Große* (1840) mit acht Aufführungen am erfolgreichsten.

Der Nachfolger von Kapellmeister Franz Lachner wurde 1834 dessen Bruder Vincenz (1811–1893), der allerdings kaum als Komponist in Erscheinung trat. Von Franz Xaver Grutsch, seit 1831 der zweite Orchester-Direktor, kam immerhin eine Operette mit dem Titel *Der Nachtwächter* zur Aufführung, die allerdings nach einer einzigen Aufführung wieder abgesetzt wurde. Friedrich Wilhelm Telle, 1834 noch als *„Zögling des Herrn Cherubini"* angekündigt, wurde 1835 zum *„Kapellmeister an diesem k. k. Hoftheater"* befördert.

Als Carl Maria von Weber am 7. und 9. März 1822 zweimal seinen *Freischütz* an der Hofoper dirigierte, kannte der Jubel um den Komponisten keine Grenzen. Eine minutiöse Beschreibung von Webers Dirigat ist in dem Kapitel „Rezensionen" nachzulesen, hier sei nur ein Gedicht zitiert, das in einer der beiden *Freischütz*-Aufführungen von der Galerie gestreut wurde:[8]

Erschaffend dringt aus lichten Äther Räumen
Der Töne süssbewegte Zaubermacht;
Sie weckt den Geist aus trüber Lebensnacht,
Sie führt ihn himmelwärts in süssen Träumen.

Und schaut er auf mit trosterfüllten Blicken,
Dann quillt der Sühne heil'ger Strahl herab:
Durch's Leben wallt er freyer bis zum Grab,
Weil er gefühlt der Seligkeit Entzücken.

Und der den Drang erweckt in stiller Brust,
Die Erde bindend an des Himmels Ferne,
Was ist des hohen Sängers würd'ger Preis?

Ihn labt der Töne reichgeschaffne Lust,
Und jedem Erdenlohn entsagt er gerne,
Denn seine Krone blinkt im Sternenkreis.

---

[8] *Allgemeine musikalische Zeitung, mit besonderer Rücksicht auf den österreichischen Kaiserstaat*, 16. 3. 1822, Sp. 175.

Wenige Monate vor Webers Gastspiel wurde im Kärnthnerthortheater die bis dahin gültige Anordnung des Orchesters geändert und mit 1. September 1821 durch eine neue, zweckmäßigere Einrichtung ersetzt.

Das den Orchesterton oft störende Klavier wurde abgeschafft, die Leitung des Orchesters wurde nun einzig durch den taktierenden Kapellmeister (mit Unterstützung des Konzertmeisters) beschränkt. Der Dirigent erhielt einen neuen Platz, von welchem aus er das gesamte Personal sowohl auf der Bühne als auch im Orchester sehen konnte. Die Kontrabässe, deren Zahl von drei auf vier erhöht wurde, standen nun in der Nähe des Kapellmeisters; früher durften die Kontrabassisten sitzend agieren.

Die Violinen wurden über die gesamte Länge des Orchesters verteilt und die Harmonie auf den rechten Flügel konzentriert. Die bisher an diesem Platz aufgestellten Blechbläser kamen auf die linke Seite, die Harfe wurde (ebenfalls links) in die Nähe des Kapellmeisters gerückt.

Die Wirkung dieser neuen Aufstellung wurde in einem Aufsatz in der *Allgemeinen musikalischen Zeitung, mit besonderer Rücksicht auf den österreichischen Kaiserstaat* gewürdigt:[9]

In der That, die Wirkung dieser veränderten Stellung ist vortheilhaft, und zeigt sich besonders in solchen Stellen gut, wo der Wechsel des streichenden und blasenden Orchesters vom Tonsetzer mit Absicht zur Schattirung der Farben stark verwendet wurden; denn die sanften Hauche der *gewöhnlichen* Harmonie kommen mehr vereinigt und von einem Puncte aus, indess das Violinen-Orchester die Haltbarkeit und Festigkeit der ganzen Fronte durch seine Ausdehnung gleichsam garantirt. Zu grösserer Verstärkung wirken dann die auf dem Ende des linken Flügels stehenden Macht-Instrumente, als die Trompeten, Pauken und Posaunen auch wieder vereinigend, und die Gesammtheit des Tons gleichsam einfassend.

Dass die Contrabässe von dem Subjecte nicht wie bisher sitzend, sondern stehend gehandhabt werden, verbürgt die grössere Freyheit und Kraft des Spielers.

Es sey uns vergönnt, in Beziehung auf kleinere Theater, des Umstandes noch zu erwähnen, dass die Harmonie auf einem Flügel vereinigt und nicht durch das Orchester vertheilt ist.

[…] In dieser von uns beschriebenen neuen Organisation des Orchesters, hat aber nicht allein der Effect etwas gewonnen, sondern es ruhet auch das Auge mit mehr Wohlgefallen auf der wohlanständigen Anordnung des Ganzen. Man sieht, dass die Spielenden wirklich mehr Spielraum haben, und diess ist schon ein bedeutender Gewinn für die Execution einer Musik.

Ganz besonders aber ist die Stellung des dirigirenden Capellmeisters, der nun die ganze Bühne im Auge hat, und nicht mehr seitwärts hinaufzublicken genöthigt ist, dem Ganzen vortheilhaft und eigentlich unumgänglich nothwendig.

---

[9] *Allgemeine musikalische Zeitung, mit besonderer Rücksicht auf den österreichischen Kaiserstaat*, 19. 9. 1821, Sp. 596–598; 22. 9. 1821, Sp. 603/604.

Im Jahre 1835 legte Kapellmeister Telle eine neue Aufstellung des Orchesters fest, welche die Mißbilligung der Sachverständigen nach sich zog: Die vier Kontrabässe und sieben Violoncelli, die früher (als Fundament) im Mittelpunkt konzentriert waren, wurden nun auf die entgegengesetzten Enden verwiesen, wodurch die Gesamtwirkung der tiefen Streicher bedeutend geschwächt wurde. Seit 1821 nahmen die Violinen die gesamte Länge des Orchesters ein, die Holzbläser saßen rechts, die Hörner, Trompeten, Posaunen, Pauken, Violen und die Harfe links. Nun wurde das Orchester durcheinander gesetzt, auf einer Seite einige Geigen, daneben die Fagotte etc. Der Konzertmeister (oder Orchesterdirektor) wurde nun nahe der Bühne postiert, sah die Sänger nicht und konnte von diesen nicht gesehen werden. Der Kapellmeister stand nun vor dem Souffleurkasten, hatte den Großteil des Orchesters in seinem Rücken und mußte sich nun umdrehen, wenn er erfahren sollte, war hinter ihm vorging. Die Reaktionen waren vernichtend:[10]

> Diese widersinnige Einrichtung besteht nunmehr schon seit Monden, und es ist unglaublich, dass alle ernstliche Rügen, alle vernünftige Vorstellungen bisher erfolglos geblieben. Reformiren ist wahrlich keine Kunst; aber besser machen eine desto grössere.

---

[10] *Allgemeine musikalische Zeitung*, 18. 11. 1835, Sp. 771.

DEKORATIONEN UND KOSTÜME

Es lag im Ermessen des Kaisers, ob an den Wiener Hoftheatern auf szenische Gestaltung, Bühnentechnik oder Ausstattung viel Wert gelegt wurde. Joseph II. wandte sich von der prächtigen Dekorationspracht der Barockoper ab und hielt die Kosten gering, Leopold II. hingegen ließ in das Ausstattungswesen oft das Dreifache der früheren Kosten investieren. Franz II. erinnerte sich wieder an die Josephinische Sparfreude und entließ einige der von Leopold engagierten Theatermaler. Als Baron von Braun die Hoftheater pachtete, wurden die offenen Posten nachbesetzt, für ansehnliche Dekorationen wurde wieder ausreichend gesorgt. Wer allerdings wirklich prächtige Ausstattungen sehen wollte, besuchte das 1801 eröffnete Theater an der Wien:[1]

> Dass das neue Theater an der Wien, nach dem Ausspruche gültiger Kenner, mit zu den schönsten Theatern Deutschlands gehört, ist hier allgemein angenommen. [...] Ein zahlreiches wohlbesetztes Orchester, ein ununterbrochener Wechsel neuer Stücke, Dekorationen, prachtvoller Kleider u. s. w. zeigen von dem immer regen Bestreben der Unternehmer, sich das Publikum gefällig zu machen. Die Wohlhabenheit und der Ueberfluss, welche aus allen Theilen dieses Theaters hervorleuchten, erheitern und erfreuen die Anwesenden; es ist daher leicht begreiflich, warum das geschmackvolle Publikum in großer Menge dahin strömet. [...] Verwandlungen und Zaubereyen, denen zu folge die handelnden Personen von der Erde verschlungen, oder durch die Luft entführt werden – schreckende Gewitter, stürmende Meere, mit einem Worte: das ganze Reich der Maschinen, wobey alle Elemente toben und in Aufruhr sind u. dgl. zeiget kein hiesiges Theater in gleicher Vollkommenheit.

Unabhängig von der Person des Kaisers wurde auf die Ausstattung und auf die szenischen Effekte der Oper wesentlich mehr Wert gelegt als auf das Schauspiel, nicht zufällig waren Italiener für die Bühnendekoration und die Maschinerie zuständig. Bis zur Trennung von Burg und Oper wurden im Burg- und im Kärnthnerthortheater die gleichen Dekorationen verwendet, die beiden Hoftheater hatten einen *„Hoftheater-Costume- und Decorations-Director"*, nämlich Philipp von Stubenrauch (1784–1848). Dieser hatte die Akademie der bildenden Künste in Wien besucht und zunächst Kostümentwürfe für das Theater an der Wien gemalt und war 1809 als Kostümdirektor an die Hoftheater berufen worden. Bis zu seinem Tode entwarf

---

[1] *Allgemeine musikalische Zeitung*, 6. 10. 1802, Sp. 26.

Stubenrauch die Kostüme für das Kärnthnerthortheater, oft war er jedoch auch für die Dekorationen zuständig. – Bis 1816 erscheint auch der Name von Friedrich Treml, dem Gatten der Sängerin Therese Treml, als *„Decorations-Director der k. k. Hoftheater"* auf den Theaterzetteln.

Die Ausstattung der einzelnen Werke wurde zumeist nicht von einem Maler entworfen, sondern deren zwei oder drei teilten sich die Arbeit. Einer der bedeutendsten Dekorationsmaler war Lorenzo Sacchetti, der bereits seit 1793 für die Hoftheater tätig war. Nach der Trennung von Burg und Oper schuf Sacchetti für das Kärnthnerthortheater die Dekorationen zu *Achille* von Paër (1811), *Quinto Fabio Rutiliano* von Nicolini (1811) und jene zum letzten Akt der *Medea* von Cherubini (1. Jänner 1812). Die Ausstattung zum zweiten Aufzug dieser Oper verfertigte Sacchettis Kollege Kaspar Melchior, während gleich vier Maler für die Ausstattung an Nicolinis Oper beschäftigt wurden: Sacchetti, Melchior, der Italiener Graziosi und der Einheimische Janitz. Johann Janitz (auch Janitsch oder Ianitsch) war von 1806 bis 1821 an den Hoftheatern beschäftigt, wurde mit Beginn der Pacht des Domenico Barbaja pensioniert, schuf jedoch auch im Ruhestand noch einige Dekorationen (etwa jene zur Uraufführung der *Euryanthe* 1823). Neben Janitz wirkte Matthias Gail, der ebenfalls 1821 in Pension ging, aber in seinem Sohn Johann (1796–1866) bereits einen geeigneten Nachfolger gefunden hatte. Anton Arrigoni, ein gebürtiger Wiener, war von 1812 bis 1814 in Wien tätig und ging danach als Hoftheatermaler nach Dresden. Gemeinsam mit seinem Kollegen Wenzel Scharhan (auch Scharrhan, †1836) schuf Arrigoni 1814 die Ausstattung des *Fidelio*. Neben den Genannten war auch der Theatermaler Franz Scheyrer (Scheuerer) an den Hoftheatern tätig; sein Name scheint anläßlich der Erstaufführung von Spontinis *Vestalin* auf dem Theaterzettel auf.

Anton de Pian (1784–1851) war von 1812 bis 1830 für die Hofoper, am Burgtheater war er bis 1848 tätig. Seine erste Arbeit betraf die Dekorationen zu dem Ballett *Figaro, oder: Der Barbier von Sevilla* von Duport (1812), 1830 gestaltete er die Dekorationen zum zweiten und vierten Akt des *Wilhelm Tell* von Rossini. Jene zu den beiden anderen Aufzügen stammten von Karl Millitz (auch Militz), seit 1829 an den Hoftheatern engagiert, und von Johann Schlegel (auch Schlegl oder Schlögl), seit 1830 hier beschäftigt. Von 1826 bis 1830 war zudem der Hoftheatermaler Institoris am Kärnthnerthortheater angestellt.

Die Dekorationsmaler arbeiteten mit verschiedenen Partnern: Für die Ausstattung der *Zauberflöte* waren etwa 1812 die Herren Melchior, Arrigoni und Scharhan zuständig, 1818 jedoch Janitz und de Pian. Rossinis *Othello, der Mohr von Venedig* wurde 1819 von Janitz, de Pian und Matthias Gail ausgestattet, 1824 arbeitete Matthias' Sohn, Johann Gail, mit den selben

Kollegen an den Dekorationen für *Mosè in Egitto*. Bei dieser Oper wich man den erheblichen Schwierigkeiten, welche die Darstellung des Zuges durch das Rote Meer am Ende des Stückes bot, einfach aus und beendete das Werk mit dem Gebet des Moses. Der Theaterzettel verkündete: *„Wegen der großen Unbequemlichkeit wird der Feuerregen wegbleiben."* In den Rezensionen wurde die Kürzung durchaus positiv bewertet:[2]

> Dass die Oper mit der effektvollen Preghiera endigte, und die eigentliche Katastrophe, die Vernichtung des Egypter-Heeres im rothen Meere, der Einbildungskraft des Zuschauers überlassen wurde, war wohlgethan, da dergleichen scenisches Spektakel ohnehin auf dieser, hiezu keineswegs geeigneten, Bühne nur zu oft ins Lächerliche fällt.

Ab 1830 wurde auf die Ausstattung der französischen Grand-Opéra besonderer Wert gelegt, als Beispiel kann die Erstaufführung von Aubers *Die Stumme von Portici* gelten: Auf dem Theaterzettel wird – zu dieser Zeit eine Rarität – mit Friedrich Demmer ein Regisseur angegeben, die Kostüme stammten von Stubenrauch, die Dekorationen von de Pian, Institoris und Scharhan. Die Ansicht von Neapel wurde nach einer Aufnahme des k. k. Landschaftsmalers Johann Nepomuk Schödelberger ausgeführt. – Ein gewaltiger Aufwand, der für Begeisterung sorgte:[3]

> […] Der Markt-Chor, die Barcarolen, das Gebet, die Verschwörung werden mit ergreifender Wahrheit ausgeführt; die Nationaltänze, Boleros, Guarrache und Tarantella, athmen ganz die wollüstig-sinnliche Lebendigkeit des südlichen Himmelstrichs; rechnet man nun noch dazu: die Schönheit der nach der Natur aufgenommenen Decorationen, den Reichthum des Vestiariums und der Comparserie, das meisterhafte Arrangement durch Herrn Regisseur Demmer, welches jede scenische Täuschung entschwinden macht und ins wirkliche, stürmische Weltleben versetzt; zuletzt endlich – als Knalleffect – des Vulcans furchtbare Eruption – und es wird klar, dass ein solch complicirtes Spectakel der Menge imponiren müsse […].

In den 30er-Jahren wirkten die Herren Millitz, Scharhan und Schlegel oft zusammen: Von den drei Theatermalern stammten u. a. die Dekorationen zu Aubers Oper *Brama und die Bayadere* (1832), zu den Balletten *Adelheid von Frankreich* (1832) und *Aline, Königin von Golconda* (1833) oder zu dem überaus erfolgreichen komischen Divertissement *Die Maskerade im Theater* (1833). Einen Höhepunkt ihrer Zusammenarbeit bildete die Erstaufführung von Meyerbeers *Robert, der Teufel* (1833), der so prächtig als möglich

---

[2] *Allgemeine musikalische Zeitung*, 9. 12. 1824, Sp. 815.
[3] *Allgemeine musikalische Zeitung*, 28. 4. 1830, Sp. 271/272.

ausgestattet werden mußte, war das Werk doch zuvor bereits im Theater in der Josephstadt zu sehen gewesen:[4]

> Nachdem die in diesen Blättern schon soviel besprochene Oper gegen dreißig Mal im Theater der Josephstadt bei immer vollem Hause und vielem Beifall aufgeführt worden war, erschien sie endlich im Hofoperntheater, und überraschte das Publikum, das sich außerordentlich zahlreich versammelt hatte, nicht allein durch ihre schöne Aufführung sondern auch besonders durch die kostbare und geschmackvolle Ausstattung, mit welcher sie von der Direction versehen worden war.
>
> [...] Im dritten Acte erregte die scenische prachtvolle Ausstattung bei dem Grabgewölbe allgemeine, ehrenvolle Würdigung, so wie auch die Belebung der Geister durch Zauberruf [...] einen ganz neuen außerordentlichen Eindruck machte. [...]
>
> Die erste Scene des vierten Actes war durch scenische, prachtvolle Ausstattung abermals höchst imposant. Der Prachtsaal der Prinzessin Isabella, mit dem weiblichen Chore ihrer Damen in der schönsten, geschmackvollsten Anordnung. Allgemeine Anerkennung sprach sich aus. [...]

Robert, der Teufel wurde nicht zuletzt aufgrund der großartigen Ausstattung zu einem „Kassenschlager" und war zwischen August 1833 und März 1836 in 94 Aufführungen zu sehen.

---

[4] *Allgemeine Theaterzeitung und Originalblatt für Kunst, Literatur, Musik, Mode und geselliges Leben*, 3. 9. 1833, S. 710/711.

SÄNGERINNEN UND SÄNGER

In der als prunkvolle Eröffnung des Kärnthnerthortheaters als ausschließliche Spielstätte der Wiener Hofoper gewählten Oper *Die Vestalin* von Gaspare Spontini waren die führenden Künstler des Wiener Opernensembles zu erleben: Giuseppe Siboni als römischer Feldherr Licinius, Johann Michael Vogl als Kriegstribun Cinna, Ignaz Saal als Pontifex Maximus, Kathinka Buchwieser als Oberpriesterin der Vesta und Therese Wilhelmine Fischer als Julia, die junge Vestalin.

Giuseppe Siboni (1780–1839) war als Licinius zum ersten Mal in einer deutschsprachigen Aufführung an der Wiener Hofoper zu hören. Siboni war ein in ganz Europa angesehener Tenor, der in Mailand, Bologna, Florenz und Neapel ebenso erfolgreich tätig war wie in St. Petersburg und London. Eine besondere Rolle spielte der Sänger für das Musikleben in Kopenhagen, wo er Direktor des Königlichen Opernhauses und des von ihm gegründeten Konservatoriums wurde. In Wien debütierte Siboni am 26. Mai 1810 in der Titelpartie von Nicolinis Oper *Trajano in Dacia* und war danach sowohl in italienischen Opern von Paër, Mayr, Paisiello, Gyrowetz oder Weigl als auch in deutschen Aufführungen (*Salem* von Mosel, *Titus der Gütige* von Mozart, *Medea* und *Lodoiska* von Cherubini, *Die Bajaderen* von Catel) zu hören. Nach dem Licinius kreierte Siboni für Wien auch die Titelpartie in Spontinis *Ferdinand Cortez* (1812). Der Künstler gehörte dem Ensemble der Wiener Hofoper von 1810 bis 1814 an, 1817 gastierte Siboni als „Kammer-Virtuose am Herzogl. Hof zu Parma" nochmals in seinen beiden Paradepartien, dem Licinius und dem Cortez, am Kärnthnerthortheater. Für Siboni, der als Licinius insbesondere für seine deutliche und verständliche Aussprache gelobt wurde, komponierte Joseph Weigl eine neue Arie mit Chor (*Schwört mir Rache und Verderben*), die im dritten Akt der *Vestalin* eingelegt wurde.

Johann Michael Vogl (auch Vogel, 1768–1840), als Freund und Interpret Schuberts in die Musikgeschichte eingegangen, gehörte von 1794 bis 1821 dem Ensemble der Hoftheater an. Der Bariton war in zahlreichen deutschen und italienischen Erstaufführungen zu hören, zu seinen Paradepartien gehörten der Jakob Friburg in Weigls beliebter *Schweizer-Familie*, der Micheli in Cherubinis *Wasserträger* (am Kärnthnerthortheater unter dem Titel *Die Tage der Gefahr* aufgeführt), der Orest in Glucks *Iphigenia auf Tauris* und insbesondere die Titelpartie in Spontinis *Milton*, die der Künstler in allen 141 Aufführungen dieser Oper zwischen 1805 und 1822 interpretierte. In Mozarts *Die Hochzeit des Figaro* war Vogl nicht nur als Graf Almaviva, sondern auch – ein seltener Ausflug ins Tenor-Fach – als Basilio zu hören.

Ignaz Saal (1761–1836) erlangte durch seine Mitwirkung an den Uraufführungen von Joseph Haydns Oratorien *Die Schöpfung* (1798) und *Die Jahreszeiten* (1801) seinen fixen Platz in der Musikgeschichte. An den Wiener Hoftheatern, denen er von 1782 bis 1821 angehörte, sang der Bassist Partien wie Osmin in *Die Entführung aus dem Serail*, Kreon in *Medea*, Micheli in *Der Wasserträger*, aber auch den Minister in den *Leonore*-Vertonungen von Ferdinando Paër (1809) und Beethoven (Uraufführung der Letztfassung des *Fidelio* 1814).

Die aus Koblenz stammende Kathinka Buchwieser (1785c–1828) war zum ersten Mal am 11. Dezember 1806 (in der Oper *Helene* von Méhul) am Kärnthnerthortheater zu hören. Von 1809 bis 1815 gehörte die Sopranistin dem Ensemble – übrigens auch als Schauspielerin – an und war u. a. in den Titelrollen von Paërs *Leonore* und *Camilla* sowie als Mozarts Susanne in *Die Hochzeit des Figaro* und Sextus in *Titus* zu erleben; 1814 sang sie die Irene in *Die beyden Kalifen* von Meyerbeer, mit dem sie ein Verhältnis hatte. Die Buchwieser war äußerst beliebt, besonders von ihrer Interpretation der Susanne schwärmten die Rezensenten noch nach Jahrzehnten.

Die 1784 in Wien geborene Therese Wilhelmine Fischer war die Tochter des berühmten Bassisten und ersten Interpreten von Mozarts Osmin, Ludwig Fischer (1745–1825). Die junge Sopranistin feierte ihre ersten Erfolge in Graz und am Hoftheater in Stuttgart und gehörte dem Wiener Hofopernensemble von 1807 (Debüt als Adelasia in der Oper *Adelasia ed Aleramo* von Mayr) bis 1812 (letzte Rolle Colmira in *Trajano in Dacia* von Nicolini) an. Sie war hier u. a. in *Griselda* und *Sargino* von Paër, *Die Pilger von Mekka* von Gluck und *Faniska* von Cherubini zu hören; 1815 kehrte die Fischer als Gast vom ständischen Theater in Graz als Emmeline in Weigls *Schweizer-Familie* und auch wieder als Julia an das Kärnthnerthortheater zurück.

Als Julia in der *Vestalin* war ursprünglich Anna Milder-Hauptmann vorgesehen gewesen, eine Schwangerschaft verhinderte jedoch ihr Auftreten. Die Milder (1785–1838, ab 1810 verheiratete Hauptmann) war zunächst am Theater an der Wien zu hören gewesen, wo sie die Leonore in den beiden ersten Fassungen von Beethovens *Fidelio* (1805/06) interpretierte. An den Hoftheatern debütierte die Künstlerin am 2. August 1806 als Dilara in der Oper *Gulistan, oder: Der Hulla von Samarcanda* von Dalayrac. Sie sang die wichtigsten Partien von Gluck (Titelrollen in *Iphigenia auf Tauris, Armida, Alceste,* Klytämnestra in *Iphigenia in Aulis*), Cherubini (Medea, Lodoiska, nicht jedoch, wie öfters zu lesen, die Faniska) und Catel (Semiramis) und war in den Uraufführungen von Weigls *Das Waisenhaus* (als Therese) und *Die Schweizer-Familie* (als Emmeline) zu hören, aber auch in der Tenorpartie des Tamino in der *Zauberflöte* zu hören. Am 21. März 1811 übernahm die Milder zum ersten Mal die Julia in der *Vestalin*, am 23. Mai 1814 war sie die Leonore in der dritten und letzten Fassung des *Fidelio*. 1816 wurde die Künstlerin an die Berliner Hofoper engagiert, wo sie insbesondere in den großen Sopranpartien des Berliner Generalmusikdirektors Spontini Begeisterung erregte. Als die Milder im März 1836 als Iphigenia an die Stätte ihrer einstigen Triumphe, das Kärnthnerthortheater, zurückkehrte, hatte sie ihren stimmlichen Höhepunkt längst überschritten.

Über die großartige Wirkung der Künstlerin berichtet der Tenor Franz Wild in seiner Autobiographie. Die Milder sang am 2. März 1815, während des Wiener Kongresses, die Titelrolle in der Erstaufführung der *Semiramis* von Charles Simon Catel, ihre Partner waren Wild (Arsace) und Vogl (Assur). Nicht nur die Milder machte gewaltigen Eindruck, sondern auch die von den mächtigsten Staatsmännern gefüllten Logen:[1]

[...] Anfangs März d. J. hatte ich mein Benefiz am Hofopernhteater; ich wählte dazu „Semiramis" von Catel. Die Milder-Hauptmann, einzig in der Darstellung heroischer Rollen wie Iphigenia, Medea, Fidelio ec., sang die Titelrolle. Die Wirkung, welche diese Künstlerin, im Besitze der schönsten Sopranstimme, die ich während meiner langjährigen Künstlerlaufbahn gehört, an diesem Abend erzielte, war eine überwältigende, und es heißt der Leistungen der übrigen Mitwirkenden mit Auszeichnung gedenken, wenn ich sage, daß sie durch ihren Gesang nicht in [den] Schatten gestellt werden konnte; das größte Lob neben ihr gebührte aber unstreitig dem besten Recitativsänger jener Zeit Vogl, der den Assur übernommen hatte; es war diese Vorstellung übrigens auch in anderer Beziehung eine der glänzendsten, welche vor und nachher in den Räumen dieses Theaters gesehen worden. Man kann sagen, der Reichthum, die Schönheit und die Macht des damaligen Europa saßen in den Logen und auf dem Parterre. Den [!] allem entsprach die Einnahme, welche mehr als 7000 Gulden betrug. [...]

Die Milder war nicht die einzige Dame, die sich an die Partie des Tamino heranwagte: Am 16. Dezember 1812 begann ein Gastspiel der Marianna Schönberger-Marconi (1785–1882), die, von Salieri engagiert, zwischen

---

[1] Franz Wild, *Autobiographie II*, in: *Recensionen und Mittheilungen über Theater und Musik*, 25. 1. 1860, S. 55.

1805 und 1809 an den Wiener Hoftheatern engagiert gewesen war. Sang die Künstlerin damals Partien wie Elektra in Mozarts *Idomeneo* oder Luise bzw. Gertrude in den Uraufführungen von Weigls *Das Waisenhaus* und *Die Schweizer-Familie*, so lauteten die Rollen 1812/13: Tamino, Belmonte und Titus. Ihre pastose Altstimme eignete sich jedenfalls besser für Mozarts Tenorrollen als der Sopran der Milder, das Spiel und die deutliche Aussprache der Madame Schönberger wurden jedenfalls als musterhaft bezeichnet.

Marianna Auenheim (eigentlich von Auernhammer, verehelichte Czejka oder Czegka, 1780/82–1850) war die Tochter der berühmten Pianistin Josepha von Auernhammer und von 1809 bis 1813 Mitglied der Wiener Hofoper. Am 8. Februar 1809 debütierte die Künstlerin (noch unter dem Namen Auernhammer) als Marzelline in Paërs *Leonore*, danach war sie u. a. in Spontinis *Vestalin* – als Oberpriesterin, die sie aufgrund einer Erkrankung der Buchwieser erstmals am 23. November 1810 (also nur elf Tage nach der Erstaufführung) übernahm – zu hören. Die Auenheim war auch als Konzertsängerin, Komponistin und Gesangslehrerin anerkannt; zu ihren Schülerinnen zählte die weltberühmte Henriette Sontag.

Der führende Baß des Wiener Opernensembles war Carl Friedrich Clemens Weinmüller (auch Weinmiller, 1764–1828). Der Künstler war zunächst in Kirchenchören und kleineren österreichischen Theatern tätig, bis er nach Pesth engagiert wurde. Am 29. Juni 1796 gastierte der Bassist als Apotheker Stößel in *Der Apotheker und der Doktor* von Dittersdorf in Wien und hatten solchen Erfolg, daß er sofort ein Engagement an die Hoftheater erhielt. Weinmüller blieb bis 1823 Mitglied der Wiener Hofoper und erhielt den Titel „Kammersänger" und die Ehrenbürgerschaft der Stadt Wien. Zu seinen Paradepartien zählten Mozarts Osmin, Leporello, Figaro, Bartolo und Sarastro, Thoas in Glucks *Iphigenia auf Tauris*, Oberpriester in Spontinis *Ferdinand Cortez* sowie Rollen in den ungemein beliebten deutschen Stücken *Der Augenarzt* (Gyrowetz), *Der Dorfbarbier* (Schenk) sowie in Weigls *Die Schweizer-Familie* und *Das Waisenhaus*. Der Künstler trat in den Wiener Uraufführungen von Cherubinis *Faniska* (als Zamoski), von der letzten Fassung des *Fidelio* (Rocco) und in der Erstaufführung von Webers *Freischütz* (Kuno) auf. – Ein Kollege Weinmüllers im Baßfach war Leopold Zeltner, der von 1802 bis 1805 und von 1812 bis 1828 an der Hofoper engagiert war.

Viele der in Wien tätigen Sänger waren Schüler von Antonio Salieri. Zu diesen zählte auch Maria Theresia (auch Therese) Gaßmann (1774–1837), eine Tochter des Komponisten Florian Anton Gaßmann, des Förderers Salieris. Nach ihrer Hochzeit mit Joseph Carl Rosenbaum (1800) trat die Künstlerin unter dem Namen ihres Gatten auf. Zu ihren Paraderollen gehörten Mozarts Gräfin Almaviva und Donna Elvira, 1812 waren ihre stimmlichen Mittel den Anforderungen der Königin der Nacht jedoch nicht mehr gewachsen. Ihre ältere Schwester Anna Maria Gaßmann (1771–1858), ebenfalls Salieris Schülerin, trat zumeist in kleineren Partien auf. Der Höhepunkt der Karrieren der beiden Gaßmann lag vor 1810.

Schwestern waren auch die beiden Damen Laucher. Die Ältere, Antonie (1786–1836), sang Partien wie Pamina in der *Zauberflöte*, Annius in *Titus der Gütige* oder Pippo in Rossinis *Die diebische Elster*, während Cäcilie (die Jüngere, geboren nach 1786), neben dem Cherubin in *Die Hochzeit des Figaro* meist kleinere Partien übernahm.

Zwei weitere Schwestern begegnen uns unter dem Namen Bondra: Unter den Töchtern des Tenors und Chordirektors Bartholomäus Bondra war Therese (1795–1816) die ältere. Sie trat bereits seit 1802 am Theater in der Leopoldstadt in Kinderrollen auf, später war sie am Theater an der Wien und an der Hofoper zu hören. Seit 1814 war sie mit dem Dekorationsdirektor des Wiener Hofburgtheaters Friedrich Treml verheiratet, starb jedoch bereits im Alter von 21 Jahren. Anna Bondra (1798–1836), die jüngere Schwester, war in Wien in deutschen wie in italienischen Aufführungen zu hören und sang u. a. Partien wie Amazily in *Ferdinand Cortez*, Julia in der *Vestalin*, Pamina in der *Zauberflöte* oder Gräfin in *Die Hochzeit des Figaro*. Gegen Ende ihrer Karriere übernahm sie auch Mezzosopran-Partien wie die Lady Pamela in Aubers *Fra Diavolo* und die Emilia in Rossinis *Otello*. In der Uraufführung der letzten Fassung des *Fidelio* sang sie die Marzelline.

Ausgesprochen musikalisch war die Familie Demmer, deren Mitglieder uns in vorliegender Publikation in zahlreichen Stücken begegnen. Die Vornamen der Demmer sind schwer auseinander zu halten, Christian etwa wird meist als „der Jüngere, d. J." angeführt und ist somit von seinem Bruder Carl Demmer („der Ältere", „d. Ä") zu unterscheiden. Nach dem Debüt seines Sohnes Friedrich Demmer (1803–1859), der als „Demmer Sohn" bezeichnet wird, scheint Christian als „Demmer Vater" auf. Auch weibliche Familienmitglieder waren an der Hofoper tätig: Thekla Demmer-Kneisel (1795c–1832) war nicht nur als Sängerin am Kärnthnerthortheater zu erleben, sie wirkte zwei Jahre als Schauspielerin am Burgtheater und danach als Soubrette am Theater in der Josephstadt. Ihre Schwestern Johanna (Jeannette) und Josepha sangen ebenfalls an der Hofoper.

Der Tenor Anton Neumann (1771–1827) debütierte am Kärnthnerthortheater am 24. Februar 1801 als Tamino in der Erstaufführung der *Zauberflöte* und blieb dem Ensemble der Hofbühnen bis 1814 erhalten. Interpretierte er zunächst Partien wie Rasinski in der Uraufführung von Cherubinis *Faniska*, Jason in *Medea*, Graf Armand in *Der Wasserträger*, Don Ottavio, Ferrando oder Belmonte, so wechselte er später in das Tenorbuffo-Fach und sang Pedrillo und Monostatos. Seine Tochter war die Tänzerin Therese Neumann, die 1812 den Ballettmeister und späteren Pächter des Kärnthnerthortheaters, Louis Antoine Duport, heiratete.

Bis 1814 standen sowohl deutsche als auch italienische Opernaufführungen auf dem Programm der Hofoper. Für die italienischen Werke wurden eigens Künstler aus dem Heimatland der Oper engagiert, oftmals konnten italienische Partien aber auch von einheimischen Sängern übernommen werden. Eine der Künstlerinnen, die sowohl im deutschen als auch im italienischen Fach sehr erfolgreich wirkte, war die Koloratursopranistin Campi.

Antonia Campi (1773–1822), eine gebürtige Polin, war zunächst in Warschau und Prag (wo sie den Buffo Gaetano Campi heiratete) engagiert, am 13. Juni 1801 wirkte sie anläßlich der Eröffnung des Theaters an der Wien in der Oper *Alexander* von Franz Teyber mit. Die Campi, die nicht weniger als 17 Kinder gebar, wurde 1818 zur ersten kaiserlichen Sängerin ernannt. An den Hoftheatern war die Künstlerin u. a. als Königin der Nacht, Donna Anna, Konstanze, Gräfin Almaviva, als Leonore in *Fidelio* und als Amenaide in Rossinis *Tancredi* zu hören. Ihr Gatte Gaetano erfreute die Wiener im Jänner und Februar 1811 mit seiner Darstellung des Baron Castagni di Velletri in Fioravantis Oper *La capricciosa pentita*.

Der Tenor Giulio Radicchi (1763–1846) debütierte 1808 in Mayrs Oper *Adelasia ed Aleramo* an den Wiener Hoftheatern, wo er bis 1819 zu hören war. Radicchi sang in Wien sowohl in seiner Muttersprache (in Opern von Paër, Cimarosa, Paisiello oder Fioravanti) als auch in deutscher Sprache (in Werken von Gluck, Spontini oder Catel). Er war Mozarts Don Ottavio und Tamino, und in die Musikgeschichte fand er Eingang durch seine Interpretation des Florestan in der Uraufführung der letzten Fassung des *Fidelio* (1814). In den Jahren 1826 bis 1829 kehrte Radicchi an das Kärnthnerthortheater zurück, um hier neben dem Argirio in *Tancredi* kleinere Partien in Werken Paërs, Rossinis und Pacinis zu übernehmen.

Giovanni Battista Velluti (1780–1861), der als der letzte große Kastrat gilt, sang nach erfolgreichen Auftritten in Neapel und Rom am 26. Dezember 1808 die Titelrolle in der Uraufführung von Nicolinis *Coriolano* an der Seite von Isabella Colbran; genau fünf Jahre später war er der Arsace in der Uraufführung von Rossinis *Aureliano in Palmira*. Giacomo Meyerbeer schrieb für den großen Künstler die Partie des Armando in der Oper *Il crociato in Egitto*, die 1824 am Teatro la Fenice in Venedig uraufgeführt wurde – diesmal war Maria Malibran Vellutis Partnerin. In Wien debütierte Velluti am 26. Mai 1810 als Decebalo in Nicolinis *Trajano in Dacia*, in derselben Aufführung war auch Giuseppe Siboni erstmals am Kärnthnerthortheater zu hören.

Lodovico Verri, Baß, war fürstlich Lobkowitzischer Kammersänger sowie Hofkapellsänger in Modena und an den Wiener Hoftheatern von 1807 bis 1814 engagiert. In Cimarosas *Il matrimonio segreto* sang der Künstler den Conte Robinson, in Mozarts *Le nozze di Figaro* den Bartolo, in Paisiellos *Il barbiere di Siviglia* den Basilio. – Ein weiterer italienischer Bassist, Nicola Bassi (1767–1825), gastierte zunächst 1807 in der Titelrolle von Mozarts *Le nozze di Figaro* in Wien und kehrte 1809/1810, 1812–1814 und 1822–1825 an die Wiener Hofoper zurück. Bassi sang hier zahlreiche Partien in Opern von Paër, Cimarosa, Weigl, Rossini oder Mercadante.

Der Tenor Antonio Giovanni Maria Brizzi (1770–1854) war als Kammersänger des Herzogs von Parma und königlicher bayerischer Hof- und Kammersänger eine europäische Berühmtheit. In Wien war der Künstler in der Uraufführung von Ferdinando Paërs *Achille* (Titelrolle) am 6. Juni 1801 erstmals zu hören, es folgten bis 1806 umjubelte Auftritte in zahlreichen Opern Paërs, Mayrs, Paisiellos, Weigls, Fioravantis oder Zingarellis, aber auch in Mozarts *La clemenza di Tito*. Seine mit großem Interesse aufgenommene Rückkehr im Jahre 1811 mit vier Auftritten als Achille fiel weniger erfolgreich aus, da seine Stimme in der Zwischenzeit den Glanz in der höheren Lage eingebüßt hatte.[2]

Am 3. April 1811 debütierte eine junge Künstlerin mit großem Erfolg als Griselda in Ferdinando Paërs gleichnamiger Oper: Anna Maria Sessi (1790–1864) war Sproß einer höchst musikalischen Familie, der zahlreiche in Wien erfolgreiche Sängerinnen angehörten. Der große Umfang ihrer Stimme (zweieinhalb Oktaven), die Reinheit ihrer höheren Lage, die einwandfreie Intonation und der einfache, schnörkellose Vortrag entzückten

---

[2] Vgl. *Allgemeine musikalische Zeitung*, 24. 4. 1811, Sp. 287/288.

die Wiener, insbesondere, weil die junge Künstlerin in Wien ausgebildet wurde und daher auch in deutschen Opern einzusetzen war. Dies war auch bald der Fall, die Julia in *Die Vestalin* oder die Prinzessin von Navarra in *Johann von Paris* von Boieldieu gehörten zu ihren Paraderollen. In der Erstaufführung des *Ferdinand Cortez* von Spontini übernahm die Sessi die Partie der Amazily. Die Künstlerin, die von 1816 bis 1823 in Leipzig engagiert war, lebte nach Beendigung ihrer Karriere in Wien, wo sie auch starb.

Die ältere Schwester der Anna Maria Sessi, Marianna Sessi, sang am 18. November 1811 den Curiazio in einer Neueinstudierung der Oper *Gli Orazi e Curiazi* von Domenico Cimarosa und erhielt ungeteilten Beifall.[3] Marianna Sessi (1776–1847) hatte bereits 1794 an den Wiener Hoftheatern debütiert und war hier in Opern von Paër, Zingarelli, Portogallo, Farinelli, Sarti oder Anfossi aufgetreten. In der szenischen Erstaufführung von Mozarts *La clemenza di Tito* (12. April 1804) war sie der Sextus, an ihrer Seite sangen Viktoria Sessi (ebenfalls eine Schwester) die Vitellia und Antonio Brizzi die Titelpartie.

Eine weitere Dame des Namens Sessi debütierte am 24. September 1812 in der Oper *La scelta dello sposo* von Pietro Guglielmi; bei Maria Teresia Sessi dürfte es sich allerdings um keine Verwandte der oben genannten Künstlerinnen handeln. Am 25. Februar 1813 eiferte Maria Theresia Sessi ihrer Namenskollegin Anna Maria nach und trat als Julia in der beliebten *Vestalin* erstmals in einer deutschsprachigen Opernaufführung vor das Wiener Publikum.

Am 20. Februar 1813 eröffnete Helene Harlas (1786–1818, erste Kammersängerin des Königs von Bayern) als Curiazio in Cimarosas *Gli Orazi e Curiazi* ein Gastspiel mit großem Erfolg. Die Künstlerin begeisterte insbesondere durch ihr Piano und ihre geschmackvollen Koloraturen in der höheren Lage. Die Harlas war in Wien bis Anfang Mai als Sargino (der Sohn) in der gleichnamigen Oper von Paër, als Adolfo in *Federica ed Adolfo* von Gyrowetz und als Sextus in *Titus der Gütige* von Mozart zu hören.

Der Sommer war die beliebteste Zeit für Gastspielreisen: Während die einheimischen Künstler im Ausland auftraten, kamen fremde Sänger nach Wien. Im Juli 1811 gastierten z. B. die Geschwister Röckel als Emmeline und Jakob in Weigls *Schweizer-Familie* an der Hofoper. Elisabeth (Betty) Röckel (1793–1883, die spätere Gattin von Johann Nepomuk Hummel)

---

[3] Vgl. *Allgemeine musikalische Zeitung*, 12. 2. 1812, Sp. 111.

war somit die erste Sängerin, die es wagte, in einer Partie aufzutreten, welche bisher nur die Milder interpretiert hatte. Die junge Künstlerin löste die schwierige Aufgabe zur vollsten Befriedigung und mußte eine Cavatine, die mit rauschendem Beifall aufgenommen wurde, sogar wiederholen. Ihr Bruder Joseph August (1783–1870) hingegen, 1806 der Florestan in der Zweitfassung des *Fidelio* am Theater an der Wien, konnte den beliebten Vogl nicht vergessen lassen. Dennoch wurde auch er, wie seine Schwester, an das Kärnthnerthortheater engagiert.

Ein weiteres Gastspiel führte den königlich bayerischen Kammersänger Georg Weixelbaum (auch Weichselbaum, 1787–1841) nach Wien. Der Tenor sang mit wechselndem Erfolg den Pylades in *Iphigenia auf Tauris*, den Karl VII. in *Agnes Sorel* (von Gyrowetz) und den Belmonte in *Die Entführung aus dem Serail*. Seine Gattin Josephine (geborene Marchetti, geb. 1786) erhielt als Sextus in Mozarts *Titus* mäßigen Beifall.[4] Nach einem kurzen Gastspiel wurde der Tenor Otto Mohrhardt an die Hofoper engagiert, der hier u. a. die Titelpartie in der Erstaufführung des *Johann von Paris* von Boieldieu (1812) interpretierte. Kurz vor seinem Tod (1814) wurde der Künstler von Carl Maria von Weber nach Prag verpflichtet. – Ein weiterer Tenor, Anton Rösner (1770–1841), war von 1801 bis 1814 Ensemblemitglied der Hofoper und zugleich als Chordirektor an den Hoftheatern tätig.

Wilhelm Ehlers (1774–1845) war von 1805 Mitglied der Wiener Hoftheater, zuvor war der Künstler, der ebenso als Sänger (Tenor) wie als Schauspieler zum Einsatz kam, in Weimar engagiert gewesen. In Wien debütierte Ehlers am 8. November 1805 (in dem Singspiel *Das zweyte Kapitel* mit Musik von Solier), danach war er u. a. als König Karl VII. in *Agnes Sorel*, als Pylades in *Iphigenia auf Tauris* von Gluck, als Graf Armand in *Der Wasserträger* von Cherubini, als Pedrillo in Mozarts *Die Entführung aus dem Serail* und als Idamantes in *Idomeneo* zu hören. Zunächst war Ehlers, dessen Gattin Christine ebenfalls in Wien auftrat, bis 1811 engagiert, dann kehrte er 1813/14 sowie 1820 (u. a. als Mozarts Don Juan) an das Kärnthnerthortheater zurück. – Ehlers Tenorkollege Viktor Rosenfeld (1790–nach 1835) war von 1815 bis 1822 am Kärnthnerthortheater engagiert.

Einer der beliebtesten Künstler der damaligen Zeit war Friedrich Baumann (1763–1841). Baumann war eigentlich Schauspieler und trat zunächst im Theater in der Leopoldstadt auf. An den Hoftheatern war der Künstler von 1795 bis 1822 engagiert, hier war er auch als Sänger zu erleben. Seine

---

[4] Vgl. *AmZ*, 14. 8. 1811, Sp. 561–562.

Paraderolle war der Adam in *Der Dorfbarbier*, der eigens für ihn geschrieben wurde. Oft aufgeführt wurde auch das einaktige Singspiel *Die beyden Savojarden* mit Musik von Dalayrac, in welchem die Damen Elisabeth Röckel und Treml sowie die Herren Rösner und Saal Baumanns Partner waren.

Während der verkürzten Sommerpause des Jahres 1814 (1. bis 15. August) bespielten die Hofoperisten an einigen Tagen ausnahmsweise wieder das Burgtheater; hier wurde am 8. August 1814 die komische Oper *Die beyden Füchse* von Méhul (die bereits 1809 aufgeführt worden war) neu einstudiert. In diesem Stück brillierten die beiden Schauspieler Wenzel Scholz (1788–1857), der beliebte Komiker der Wiener Vorstadttheater, und Josef Caché (1770–1841), der auch als Dichter tätig war.

Auch der Startenor der Epoche war zuerst in Vorstadttheatern aufgetreten: Franz Wild, 1790 in Hollabrunn (Niederösterreich) geboren, war zunächst als Sängerknabe im Stift Klosterneuburg, dann als Chorist im Theater in der Josephstadt und als Solist der Esterházyschen Kapelle tätig gewesen. Erfolgreichen Auftritten als Solist im Theater an der Wien folgte am 5. Mai 1814 das Debüt am Kärnthnerthortheater in der Titelrolle des *Johann von Paris*. 1816 verließ Wild Wien, einer langen und erfolgreichen Tätigkeit im Ausland folgte 1831 das fixe Engagement an die Wiener Hofoper, wo Wild bis 1845 im Ensemble verblieb. Zu seinen Paraderollen zählten Florestan, Licinius, Max oder Orest ebenso wie die Titelrollen in Meyerbeers *Robert, der Teufel* und Aubers *Fra Diavolo*. Mozarts Tamino gehörte genauso zu seinem Repertoire wie der Don Juan, den Wild oft und gerne sang. Seinen Abschied von der Opernbühne nahm der Künstler, der zuletzt auch als Regisseur tätig war, 1845 mit einer Darbietung des Abayaldos in Donizettis *Dom Sebastien*.

Der Baß-Bariton Anton Forti, in Wien 1790 geboren und 1859 gestorben, debütierte am Opernhaus in Preßburg und wurde 1807 Mitglied der Fürstlich Esterházyschen Kapelle in Eisenstadt und Esterháza. 1811 kam Forti nach Wien, wo er zunächst am Theater an der Wien, dann an der Hofoper auftrat und bald zu den beliebtesten Künstlern gehören sollte. Fortis Repertoire umfaßte Partien wie Mozarts Don Juan, Figaro, Almaviva und Papageno, Beethovens Pizarro, Webers Kaspar, Cinna in Spontinis *Vestalin*, Micheli in Cherubinis *Der Wasserträger* (am Kärnthnerthortheater unter dem Titel *Die Tage der Gefahr* aufgeführt), Zamoski in *Faniska*, die Titelpartien in Peter von Winters *Die Jugend Peter's, des Großen*, Spohrs *Faust* und Rossinis *Barbier von Sevilla*, Pharao in *Moses*, Kaidamà in Donizettis *Der Wahnsinnige auf der Insel San Domingo*, Gaveston in Boieldieus *Die weiße Frau* oder Waldeburg in Bellinis *Die Unbekannte* (*La straniera*). In der Uraufführung von Webers *Euryanthe* kreierte Forti die Partie des Lysiart. Selten übernahm Forti auch tiefe Baß-Partien wie den Sarastro in der *Zauberflöte*.

Der Abschied von Franz Wild im August 1816 riß eine tiefe Lücke in das Ensemble der Hofoper, und Forti sah sich nun gezwungen, Tenorpartien zu übernehmen. Er sang nun Mozarts Titus, Spontinis Cortez, den Baron Rodolphe in Boieldieus *Rotkäppchen* sowie Rossinis Othello, Argorante in *Richard und Zoraide* und Paolo Erisso in *Mahomet der Zweyte*. Nachdem er das große Los in den österreichischen Staatslotterien gewonnen hatte, beendete Forti offiziell seine Sängerkarriere, trat aber weiterhin als Gast (zum ersten Mal am 19. Jänner 1831) an der Wiener Hofoper auf. Noch 1842 war Forti in der Erstaufführung von Adolphe Adams *Königin für einen Tag* zu hören. – Seine Gattin, die Sopranistin Henriette Forti (1796–1818, geborene Teimer), wurde im Alter von 22 Jahren aus einer hoffnungsvollen Karriere gerissen.

Zu den Partnerinnen Fortis im Sopranfach gehörten die Töchter des Komponisten und Orchesterdirektors Anton Wranitzky: Karoline Seidler-Wranitzky (1790–1872) war zunächst in ihrer Geburtsstadt Wien tätig und wurde dann nach Berlin engagiert, wo sie in den Uraufführungen von Webers *Der Freischütz* (als Agathe, 1821) und Spontinis *Nurmahal* (1822) zu hören war. Im Jahre 1822 führte ein längeres Gastspiel die Künstlerin zurück an das Kärnthnerthortheater. Ihre jüngere Schwester Anna Katharina Kraus-Wranitzky (1801–1851), debütierte am 16. November 1816 an der Hofoper. Die erste Rolle der blutjungen Künstlerin, die damals noch unter dem Namen Nanette Wranitzky (bzw. Wranizky) auftrat, war die Edile in Isouards *Joconde*, eine Partie, die ihr auf Anhieb großen Applaus einbrachte. Zu ihren späteren Bühnenrollen zählten Mozarts Donna Anna, Pamina, Ilia und Susanna ebenso wie Rossinis Desdemona, Rosine, Semiramis und Amenaide (in *Tancred*) oder die Rezia in Webers *Oberon*.

Eine andere Primadonna der Hofoper war Therese Grünbaum (1791–1876). Die gebürtige Wienerin war die Tochter des Komponisten Wenzel Müller und wurde zunächst 1807 an das ständische Theater, danach von Carl Maria von Weber an das deutsche Theater in Prag engagiert. 1813 gastierte sie erstmals am Kärnthnerthortheater, 1818 wurde die Künstlerin Ensemblemitglied und einer der gefeierten Lieblinge der Wiener. Ihr Gatte Johann Christoph Grünbaum (1785–1870), der sie 1813 nach Wien begleitete, war Tenor und Übersetzer vieler Libretti (u. a. von Rossinis *Otello*) ins Deutsche.

Elisabeth Teyber (auch Elise Tayber, 1792–1831), eine Tochter des Komponisten Anton Teyber, betrat am 4. Juli 1816 in der Oper *Sargines* von Paër erstmals die Bühne des Kärnthnerthortheaters und gehörte dem Ensemble der Hofoper einige Jahre an. Daneben war sie in Graz, Pesth, Prag und im Theater an der Wien zu hören.

Die führende Altistin war zu dieser Zeit Katharina Waldmüller (eigentlich Weidner, 1792–1850), die Gattin des Malers Ferdinand Waldmüller. Die Künstlerin debütierte am 8. November 1817 in der Rolle der Therese in Weigls *Das Waisenhaus* an der Hofoper und übernahm in der Folge die wichtigsten Partien des Mezzosopran-Faches wie Tancred, Idamantes, Sextus oder Arsazes in Rossinis *Semiramis*. 1835 kreierte sie für Wien die Wahrsagerin in Aubers *Die Ballnacht*, die zu ihrer berühmtesten Rolle werden sollte.

Während die Waldmüller 1818 die Titelpartie in der ersten deutschen Aufführung des *Tancred* übernommen hatte, so war der eigentliche Sensationserfolg dieses Werkes und somit der Beginn des legendären „Rossini-Taumels" durch die Gentile Borgondio, die erste Interpretin des *Tancredi* in Wien, ausgelöst worden. Die Borgondio (geboren um 1795), deren Paraderolle der Tancredi war, sang in München und Dresden, in Brünn und Riga. Ihren ersten Auftritten in Wien (nicht nur an der Hofoper, sondern auch im Theater an der Wien) folgte 1826 ein zweites Gastspiel. Ihre tiefe Kontraalt-Stimme begeisterte die Wiener, die alsbald so berühmte Arie *Di tanti palpiti* mußte die Künstlerin wiederholen.[5]

Die wichtigsten Partner der Borgondio während des Gastspiels der italienischen Operntruppe unter Antonio Cera waren: Luigia Valsovani-Spada (1786c in Parma geboren), eine angesehene Sopranistin, die in Venedig in mehreren Uraufführungen zeitgenössischer Opern mitwirkte; ihr Gatte, der Bassist Filippo Spada (1789–1838); der Buffo Vincenzo Graziani, der von 1819 bis 1833 am Théâtre Italien in Paris tätig war und in der Pariser Uraufführung der Rossinischen *Viaggio a Reims* (1825) den Barone di Trombonok kreierte; mit Nicola de Grecis (1773–nach 1826) ein weiterer Buffo, der u. a. an der Mailänder Scala tätig war und in Venedig in drei Uraufführungen von Farse aus der Feder Rossinis mitwirkte.

Der Baß Carlo Zucchelli (1793–1879) war der Lord Sidney der *Viaggio*-Uraufführung und galt als bester Darsteller des Don Magnifico in *La Cenerentola*, er war in Mailand, Rom, München, Paris und London tätig; die

---

5 Vgl. *Der Sammler*, 24. 12. 1816, S. 631.

Tenoristen Francesco de Vecchi, Vittorio Isotta und Giuseppe Passanti sowie der Baß-Comprimario Pietro Zambelli ergänzten das Wiener Ensemble.

Der große Star der Truppe war allerdings Niccolò Tacchinardi (1772–1859), einer der berühmtesten Tenoristen seiner Zeit. Tacchinardi trat an allen bedeutenden Opernhäuser der italienischen Halbinsel auf und wurde nach Beendigung seiner Bühnenkarriere ein bedeutender Gesangslehrer, der u. a. seine Tochter Fanny Tacchinardi-Persiani (1812–1867) und Erminia Frezzolini (1818–1864), zwei große Primadonnen der 1830er- und 40er-Jahre, ausbildete. Zu Tacchinardis Paraderollen gehörte der Rossinische Otello, obwohl er sich standhaft weigerte, sich schwarz zu schminken. In Wien debütierte der Tenor in Rahmen einer „Musikalischen Akademie" am 11. Dezember 1816 mit einer Szene aus einer Oper von Giovanni Simone Mayr.

Von April 1817 bis März 1822 gab es in an der Wiener Hofoper keine Opernvorstellungen in italienischer Sprache. Das deutsche Repertoire wurde durch „klassische" Werke der älteren Literatur bereichert, neben Glucks *Iphigenia auf Tauris* und Cherubinis *Medea* standen die Werke Wolfgang Amadeus Mozarts im Mittelpunkt des Interesses.

Johann Michael Weinkopf (1780–1862), ein bewährter Baßbariton, interpretierte den Masetto, die Sopranistin Josepha Hönig die Donna Elvira, und zu den Comprimari zählten Hauskräfte wie Joseph Frühwald (1814 der Jaquino in Beethovens *Fidelio*), Joseph Gottdank (1774–1849), der vielseitige Künstler, der auch als Regisseur tätig war, oder Matthias Stegmayer (1771–1820), der sich auch als Dichter profilieren konnte.

Der Baß Vincenz Mager (von 1817 bis 1819 im Ensemble) sang den Publius in *Titus der Gütige*, der unermüdliche Friedrich Sebastian Meier (1773–1835) spielte den Bassa Selim in der *Entführung aus dem Serail*. Um die Aufführung dieser Oper zu bewerkstelligen, mußten zwei Gäste engagiert werden: Samuel Friedrich Gerstäcker (1788–1825), vom Hoftheater in Hamburg, sang den Belmonte, und der gleichaltrige Franz Siebert (1788–1858), vom Stadttheater in Leipzig, den Osmin. Bereits am 14. Juli 1818, vor einer Auufführung des Paërschen *Sargines*, war auf dem Theaterzettel die Bezeichnung „als Gast" vor dem Namen Sieberts, der ein beliebtes Ensemblemitglied werden sollte, verschwunden. – Friedrich Sebastian Miller, der in der *Zauberflöte* den Tamino übernahm, war nur 1818 an der Hofoper tätig.

In der *Mädchentreue*, einer entschärften Fassung des im 19. Jahrhundert als anrüchig abgelehnten Librettos der *Così fan tutte*, waren Betty Vio (gestorben 1872, die Tochter eines italienischen Adeligen und von 1819 bis 1824 an der Wiener Hofoper engagiert) als Despina und der Tenor Anton Babnigg (1793–1872, ein gebürtiger Wiener) als Ferrando zu hören, während die Sopranistin Wilhelmine Lembert, die von 1817 bis 1821 an das Kärnthnerthortheater gebunden war, neben der Elektra in *Idomeneus* Partien wie Medea oder Iphigenia übernahm. Als die Künstlerin in Wien debütierte, wurde sie noch als „königlich württembergische Hofsängerin" angekündigt.

Von 1817 bis 1823 war die Mezzosopranistin Katharina Altenburger an der Hofoper engagiert, von 1820 bis 1823 ihre Kollegin Katharina Vogel (geboren um 1780), die zuvor am Theater an der Wien zu hören gewesen, wo sie 1819 den Jago (!) in der Wiener Erstaufführung des Rossinischen *Othello* gesungen hatte. Als die Vogel in der Premiere der *Diebischen Elster* 1820 die Partie der Lucia sang, war Ignaz Carl Dirzka, lange Jahre ein unverzichtbares Mitglied des Hofopernensembles, als Fabrizio ihr Bühnengatte. Den Giannetto sang der neuengagierte Tenor Franz Rosner (1800–1841), der zunächst im Chor von St. Stephan gewirkt hatte und nach seinem Bühnendebüt am Theater in der Leopoldstadt von Joseph Weigl sofort an die Hofoper geholt wurde. Der Künstler, der bis 1824 dem Ensemble des Kärnthnerthortheaters angehörte, war 1820 der erste Almaviva in Rossinis *Der Barbier von Sevilla* und 1821 der erste Wiener Max in Webers *Freischütz*.

Karoline Unger (1803–1877), später verehelichte Sabatier, studierte u. a. bei Mozarts Schwägerin Aloysia Weber-Lange und bei Johann Michael Vogl Gesang. Von 1821 bis 1825 gehörte sie dem Ensemble des Kärnthnerthortheaters an, danach ging sie mit Domenico Barbaja nach Italien und startete dort unter dem Namen Caroline Ungher eine große Karriere, während der die Künstlerin u. a. in Uraufführungen von Opern Donizettis, Bellinis, Pacinis und Mercadantes auftrat. Ihr Debüt an der Wiener Oper feierte die Unger am 24. Februar 1821 als Isabella (Dorabella) in Mozarts *Mädchentreue* – diese Partie hatte Franz Schubert mit der Sängerin einstudiert.

Nicht nur die Unger debütierte zu Beginn des Jahres 1821 an der Hofoper, auch Wilhelmine Schröder (verehelichte Devrient, 1804–1860), in späteren Jahren Primadonna der Hofoper in Dresden, wo sie drei Partien in Opern Richard Wagners kreieren sollte (Adriano, Senta und Venus), war zu Beginn ihrer großen Karriere am Kärnthnerthortheater zu hören. Ihr Debüt feierte sie am 20. Jänner 1821 als Pamina in der *Zauberflöte*, am 3. März sang die Künstlerin erstmals die Emmeline in Weigls *Schweizer-Familie*. Zu ihren Paraderollen sollten die Agathe im *Freischütz* und die Leonore im *Fidelio* werden.

Die Pachtära Barbajas begann turbulent. Das Publikum mußte auf etliche seiner alten Lieblinge verzichten, die entweder in Pension geschickt oder von Barbaja nicht mehr verpflichtet worden waren, und blieb den Vorstellungen fern (es wurden wesentlich weniger Freikarten als bisher ausgegeben), und wenn es das Opernhaus betrat, verhielt es sich gegenüber der neuen Direktion sehr ungünstig. So kam es bei der ersten Aufführung der Oper *Zemire und Azor* von Louis Spohr (20. Dezember 1821) zu heftigen Debatten zwischen Befürwortern der neuen Oper und Gegnern, wobei die Minderheit die Mehrheit durch ungestümen Beifall reizte und so erst recht den Fall des Werkes förderte. Die vereinigte Administration von Kärnthnerthortheater und Theater an der Wien brachte eine Vermengung der Ensembles mit sich, zahlreiche neue Sängerinnen und Sänger kamen somit an die Hofoper: Die Oper *Die Müllerinn, oder: Die Launen der Liebe* (*La molinara*) von Giovanni Paisiello wurde beinahe ausschließlich vom Ensemble des Theaters an der Wien bestritten (21. Dezember).

Zu den neuengagierten Sängern zählten: Amalie Schütz (1804–1852), die, von Antonia Campi entdeckt, wenige Monate nach ihrem Debüt am Theater an der Wien bereits in einem Konzert an der Hofoper gastiert hatte (15. November 1820) und später (unter dem Namen Schütz-Oldosi) in Italien zu einer gefeierten Primadonna werden sollte; deren Gatte, der Bariton Joseph Carl Schütz (1794–1850); der Tenor Franz Jäger (1796–1852), eine Entdeckung Joseph Weigls und insbesondere als Rossini-Tenor sehr geschätzt (als Gast hatte Jäger zusammen mit der Schütz in dem oben erwähnten Konzert debütiert); der Baß Joseph Seipelt (1787–1847), der bereits am 4. Februar 1813 als Sarastro am Kärnthnerthortheater gastiert hatte, ab 1821 als erster Baß in zahlreichen Erstaufführungen mitwirken und später die Ehrenbürgerschaft der Stadt Wien erhalten sollte; Joseph Spitzeder (1796–1832), zunächst als Schauspieler ausgebildet, dann aber von Weigl im Gesang unterrichtet und ein erfolgreicher Papageno und Leporello; dessen jung verstorbene Gattin Henriette Spitzeder-Schüler (1800–1828), die das Kunststück zuwege brachte, in Mozarts *Don Juan* in allen drei Sopranpartien aufzutreten; die Sopranistin Caroline Hornick-Pistrich und deren Schwester Johanna Hornick; schließlich der beliebte Volksschauspieler Neubruck (Pseudonym für Karl Ritter von Zahlhas, 1795–1872), der als Adam im *Dorfbarbier* Erfolge feierte. Die Schütz und Spitzeder debütierten in der *Müllerinn*, Jäger als Johann von Paris, die Hornick in *Der kleine Matrose*, Seipelt als Amtmann in der *Diebischen Elster*.

Als Gioachino Rossini im März 1822 in Wien eintraf, brachte er die berühmtesten Künstler Italiens nach Wien, an der Spitze die Primadonna Isabella Colbran, seit 15. März 1822 Gattin des Komponisten. Die Colbran (1785–1845), deren Antlitz den Umschlag der vorliegenden Publikation ziert, stammte aus Madrid und wurde in Neapel eine Schülerin des berühmten Kastraten Girolamo Crescentini. Nach Auftritten in Mailand, Venedig, Rom und Paris wurde sie von Barbaja, mit dem sie ein Verhältnis hatte, nach Neapel engagiert. Dort kreierte sie die weiblichen Hauptrollen in Rossinis für die königlichen Theater komponierten Opern (u. a. Elisabetta, Desdemona, Armida, Ermione und Zelmira) ebenso wie die Titelrolle in Mayrs *Medea in Corinto* (1813). Als die Colbran in Wien auftrat, hatte sie ihren Zenit bereits überschritten, ihre Stimme wurde als *„Contra-Alt"* bezeichnet, ihr empfindsamer Vortrag und ihre überwältigende Persönlichkeit zogen das Publikum dennoch in ihren Bann.

Andrea Nozzari (1775–1832), einer der großen Tenoristen seiner Zeit, kreierte in Neapel Partien wie Otello, Rinaldo in *Armida*, Rodrigo in *La donna del lago* oder Antenore in *Zelmira*. Seine Stimme wurde immer wieder als Bariton bezeichnet, mit einem Umfang von zwei Oktaven bis zum „hohen A". Nozzari war für seine besonders ausdrucksvolle Gestaltung der Rezitative und für seine kunstvolle Abstufung von forte, piano und mezza voce bekannt. Sein Kollege Giovanni David (1790–1864), Sohn des berühmten Tenors Giacomo David (1750–1830) besaß eine leichtere, sehr höhensichere Stimme, mit welcher er die außerordentlichen Schwierigkeiten der von ihm kreierten Partien wie Ricciardo in *Ricciardo e Zoraide*, Oreste in *Ermione*, Giacomo in *La donna del lago* oder Ilo in *Zelmira* meisterte. Wie Nozzari begeisterte auch David die Wiener, insbesondere in der Titelrolle von *Corradino, ossia: Bellezza e cuor di ferro*.

Ester Mombelli (geboren 1794) war eine Tochter des mit Rossini befreundeten Tenors Domenico Mombelli (1751–1835) und Nichte des Tänzers und Choreographen Salvatore Viganò. Ester wirkte an der Uraufführung der für die Familie Mombelli komponierten ersten Oper Rossinis, *Demetrio e Polibio* (Rom 1812), mit und sollte 1825 die Madama Cortese in der Uraufführung der *Viaggio a Reims* singen.

Der Baß Antonio Ambrogi (auch Ambrosi, geboren 1786 in Venedig) war der Podestà in der Uraufführung der *Gazza ladra* (Mailand 1817), der Ginardo in jener von *Matilde di Shabran* (oder, wie in Wien, *Corradino*, Rom 1821) und der Polidoro in der Uraufführung der *Zelmira* (Neapel 1822). In Wien war der beliebte Künstler von 1822 bis 1827 zu hören, sein Kollege Pio Botticelli, der u. a. der erste Selim in *Il turco in Italia* in Wien war, von 1822 bis 1825. Nicola Bassi war den Wienern bereits bekannt, während die Mezzosopranistin polnischer Abstammung Fanny Eckerlin (1802–1842), die trotz ihrer Jugend insbesondere an der Mailänder Scala bereits eine große Karriere gemacht hatte, erstmals nach Wien kam. Für sie schrieb Rossinis die Arie *Ciel pietoso, ciel clemente*, welche sie in der Rolle der Emma im zweiten Akt der *Zelmira* vortrug.

1823 kam die Primadonna Joséphine Fodor-Mainvielle (oft Mainville, 1789–1870) in Wien, eine gebürtige Pariserin, die bis 1825 europaweit und insbesondere in Wien zu den beliebtesten Künstlerinnen zählte. Ihre Karriere endete tragisch: Kurz nach ihrem letzten Auftritt in Wien verlor die Sängerin während einer Aufführung der *Semiramide* in Paris (9. Dezember 1825) die Stimme. Alle Versuche, auf die Bühne zurückzukehren, schlugen fehl. Die Fodor debütierte als Rossinis Desdemona, ihr Otello war der Tenor Domenico Donzelli (1790–1873), wie Donizetti aus Bergamo stammend und im Laufe seiner langen Karriere in Uraufführungen von Opern nicht nur seines Landsmannes, sondern auch von Rossini, Mercadante, Bellini (Pollione in *Norma*) oder Otto Nicolai zu erleben. Um 1824 eine Aufführung von Mozarts *Le nozze di Figaro* zu ermöglichen, übernahm Donzelli auch die Baßbariton-Partie des Conte Almaviva. In der Uraufführung der von Saverio Mercadante eigens für Wien geschriebenen Opera seria *Doralice* wagte Donzelli Außerordentliches, denn *„er ließ uns bey einer sich wiederholenden Stelle das hohe C mit ganzer Kraft des Tones hören"* – möglicherweise also ein Nachweis für ein „do di petto", ein mit Bruststimme gesungenes „hohes C"![6] – Der Tenor sang noch 1841/42 den Rossinischen Otello in Wien prachtvoll.

Eine wichtige Persönlichkeit war auch Giuseppe Ciccimarra (oder Ciccimara, 1790–1836), der den Jago – wie bereits anläßlich der neapolitanischen Uraufführung – interpretierte. Der Künstler war an der Wiener Hofoper bis 1828 zu hören und sang hier sogar den Licinius in der *Vestalin* in deutscher Sprache. Nachdem er sich von der Bühne zurückgezogen hatte, wirkte Ciccimarra in Wien als Gesangslehrer und unterrichtete u. a. Sophie Löwe, Jenny Lutzer, die Schwestern Heinefetter, Joseph Tichatscheck und Joseph Staudigl.

Eine wahre Sensation erregte das Debüt von Luigi Lablache (1794–1858), dem führenden italienischen Baß seiner Zeit. Lablache wirkte in zahlreichen Uraufführungen (u. a. *I puritani* und *Don Pasquale* in Paris 1835 bzw. 1843) mit und war ein wahrhaft großer Künstler, der sich nicht scheute, für erkrankte Kollegen in Wien untergeordnete Partien (den Dogen in *Otello* und den Leucippo in *Zelmira*) zu übernehmen. Als Lablache in

---

[6] Vgl. *Allgemeine Theaterzeitung und Unterhaltungsblatt für Freunde der Kunst, Literatur und des geselligen Lebens*, 23. 9. 1824, S. 459/460.

Wien zum ersten Mal den Figaro in Rossinis *Barbiere di Siviglia* interpretierte, kannte das Staunen über seine gewaltige Stimme keinen Grenzen. Während der nächsten Jahrzehnte mußten sich alle Nachfolger den Vergleich mit Lablache als Figaro gefallen lassen. – Teresa Lablache-Pinotti, die Gattin des beliebten Basses, war in Wien ebenfalls zu hören.

Im Jahre 1824 debütierte der später weltberühmte Tenor Giovanni Battista Rubini (1794–1854) in Wien, seine erste Partie war der Lindoro in Rossinis *L'italiana in Algeri*. Der Künstler, der durch seine Mitwirkung in zahlreichen Uraufführungen der Opern von Bellini und Donizetti bis heute unvergessen blieb, war in den Jahren 1824/25, 1828 und 1830 an der Wiener Hofoper zu hören. Seine Gattin, die Primadonna Adelaide Comelli-Rubini (1794–1874), hatte bereits 1823 in *La Cenerentola* in Wien debütiert.

1824 kam auch die Sopranistin Girolama Dardanelli (geboren um 1792) nach Wien, die in der Uraufführung von Rossinis *Elisabetta* 1815 in Neapel die Matilde dargestellt hatte. Die Künstlerin war 1824/25 und 1827 an der Hofoper zu hören. Am 19. Februar 1825 betrat in Rossinis *Bianca e Falliero* mit Giuditta Grisi (1805–1840) eine Künstlerin zum ersten Mal eine Opernbühne, die 1830 in Venedig der erste Romeo in Bellinis *I Capuleti e i Montecchi* werden sollte. Die Sopranistin war die ältere Schwester der später noch berühmteren Giulia Grisi.

Als am 20. Februar 1827 die italienischen Opernaufführungen der zweiten Pachtära des Domenico Barbaja mit der Oper *Amazilia* von Giovanni Pacini eröffnet wurden, trat mit Henriette Clémentine Méric-Lalande (1799–1867) eine neue Primadonna vor das Wiener Publikum, die zu diesem Zeitpunkt bereits in Uraufführungen von Opern Meyerbeers, Bellinis und Donizettis mitgewirkt hatte und deren größte Triumphe noch bevorstanden: Die weiblichen Hauptrollen in den Mailänder Uraufführungen von *Il pirata* (1827) und *La straniera* (1829) von Bellini sowie *Lucrezia Borgia* (1833) von Donizetti. Der tenorale Partner der Méric-Lalande in Wien war Raffaele Monelli (1782–1859), der 1812 in Venedig in den Uraufführungen zweier Farse von Rossini mitgewirkt hatte. Für Wien neu waren auch der Baß Arcangelo Berretoni, der insbesondere mit seiner Interpretation der Aria della calunnia im *Barbier von Sevilla* (die sonst von einem stimmlosen Buffo parlante gesungen wurde) für Furore sorgte, und der Buffo Luigi Pacini (1767–1837). Ebenfalls 1827 debütierte die Sopranistin Adelaide Tosi (1800–1859)in Wien, eine Künstlerin, deren Stammhaus das Teatro San Carlo in Neapel war, wo sie in zahlreichen Uraufführungen mitwirkte.

Ein sehr prominenter italienischer Künstler kam im Dezember 1827 erstmals nach Wien: Der Basso cantante Antonio Tamburini (1800–1876), der als Mitwirkender an zahlreichen Uraufführungen in die Operngeschichte eingegangen ist: Donizettis *L'ajo nell'imbarazzo* (Rom 1824), *Fausta* (Neapel 1832) oder *Don Pasquale* (Paris 1843, als Malatesta), Bellinis *Il pirata* (Mailand 1827), *La straniera* (Mailand 1829) und *I puritani* (Paris 1835) sowie Mercadantes *I briganti* (Paris 1842) sind nur einige der Werke, an deren Erfolg Tamburini maßgeblich beteiligt war. Sein Partner in diesen Uraufführungen war oftmals Luigi Lablache, in dessen Paraderolle, dem Figaro in Rossinis *Barbiere di Siviglia*, Tamburini am Kärnthnerthortheater debütierte.

Zwei Tage nach letzten italienischen Opernaufführung des Jahres 1822 folgte bereits Rossini in deutscher Sprache: Im unverwüstlichen *Barbier von Sevilla* gruppierten sich die bereits bekannten Interpreten der männlichen Hauptpartien um einen neuen Stern am Opernhimmel, der noch während Rossinis Anwesenheit in Wien aufgegangen war: Henriette Sontag (auch Sonntag, 1806–1854). Die blutjunge, aus Koblenz stammende Künstlerin hatte 1821 in Prag (wo sie ausgebildet worden war) debütiert und erregte am 20. Juli 1822 als Prinzessin von Navarra in Boieldieus *Johann von Paris* im Theater an der Wien Aufsehen. Am 24. folgte dort die Agathe im *Freischütz* und am 26. Juli das Debüt an der Hofoper als Rosine in der erwähnten Aufführung des *Barbier von Sevilla*. 1823 übernahm die Sontag die Titelrolle in der Uraufführung der *Euryanthe*, 1824 war sie die Sopransolistin in Beethovens *Neunter Symphonie*, sie war aber auch in zahlreichen italienischen Aufführungen zu erleben. Ihren Wiener Auftritten folgte eine Karriere, welche die Künstlerin bis Nordamerika und Mexico City (wo sie verstarb) führen sollte.

Im Jahre 1822 kam auch der junge Tenor Jakob Wilhelm Rauscher (1802–1866) an das Kärnthnerthortheater, der ein Jahr zuvor im Theater an der Wien sein Debüt gefeiert hatte. Zu seinen Paraderollen zählten Max und Don Ottavio, in der Uraufführung der *Euryanthe* übernahm er die Partie des Rudolph. In zahlreichen italienischen Aufführungen war Rauscher in kleineren Partien zu erleben, so etwa in allen fünf Rossini-Opern, die unter Leitung des Maestro 1822 aufgeführt wurden.

Johann Nestroy (1801–1862), der große Volksschauspieler und Dichter, feierte sein Bühnendebüt am 24. August 1822 als Sarastro in der *Zauberflöte* in einer Aufführung, in welcher Karoline Seidler-Wranitzky als Gast von der Berliner Hofoper die Pamina sang und Catharina Sigl-Vespermann (1802–1877), die Primadonna der Münchener Hofoper, als Königin der Nacht zu hören war. Sein eigentliches Debüt im Kärnthnerthortheater hatte Nestroy jedoch bereits am 26. Mai 1822 im Rahmen einer „Musikalischen Akademie" begangen, als er gemeinsam mit drei Sängerkollegen Schuberts *Geist der Liebe* interpretierte.

Der Tenor Anton Haizinger (auch Haitzinger, 1796–1869), war in Wien ein Schüler von Salieri. Wie sein Kollege Rauscher hatte er 1821 am Theater an der Wien debütiert und kam 1822 an die Hofoper. Zu seinen Paradepartien gehörten neben Don Ottavio und Florestan zahlreiche Rollen in Opern von Rossini, Auber und Kreutzer, 1823 war er der Adolar in der Uraufführung der *Euryanthe*. Nach seinem Engagement in Wien war der Künstler in zahlreichen Städten Deutschlands ebenso zu hören wie in Paris, St. Petersburg oder London. In den Jahren 1838 und 1840 gastierte Haizinger nochmals am Kärnthnerthortheater. Seine Gattin Amalie war ein gefeiertes Mitglied des Burgtheaters.

Am 25. Februar 1824 debütierte ein weiterer Tenor, dem eine große Karriere bevorstehen sollte: Ludwig Cramolini (auch Kramolini, 1805–1884). Seiner ersten Partie, dem Joconde in der gleichnamigen Oper von Isouard, folgten Rollen wie Dickson in der *Weißen Frau*, Franz in *Faust*, Max im *Freischütz*, Adolar in *Euryanthe*, Rossinis Otello (in italienischer Sprache als Partner der Giuditta Pasta), Alphonso in der *Stummen von Portici*, Lorenzo in *Fra Diavolo* oder Beethovens Florestan und Sever (Pollione) in *Norma*. Nach dem Ende seines Wiener Engagements (1837) wurde Cramolini erster Tenor in Braunschweig und Darmstadt, wo er 1864 sein 40jähriges Bühnenjubiläum feierte.

Zu den weiteren während der ersten Pachtära Barbaja an die Hofoper engagierten Künstlern zählten: Die Bässe August Fischer (1798–1865), von 1837 bis 1851 ein angesehenes Mitglied der Berliner Hofoper, Carl Sieber, der 1822 am Kärnthnerthortheater gastierte und 1823 in das Ensemble eintrat, und Joseph Preisinger (1792–1865), der in Italien studiert hatte und am Kärnthnerthortheater u. a. den Mephisto in der Erstaufführung von Louis Spohrs *Faust* (1827) sang; der Tenor Matthias Schuster (1804–1850), der Graf Hugo in *Faust*; die Mezzosopranistin Elise Beisteiner (1806–1866), die ebenso wie die Primadonna Beatrix Fischer-Schwarzböck (1806–1885) eine große Karriere im Ausland machte; die Sopranistin Caroline Achten (1806–1896), die 1830 den Baß Friedrich Fischer heiratete und während der Ära Duport unter dem Namen Fischer-Achten auftrat; die Schwestern Caroline und Barbara Teimer sowie die Mezzosopranistin Elise Dermer. Der Komiker Anton Hasenhut (1766–1841), der Erfinder des einfältigen Bedienten „Thaddädl", war ebenfalls Ensemblemitglied des Kärnthnerthortheaters, ebenso die Sopranistin Magdalene (Lina) Roser

(1809–1888), die Tochter des Komponisten Franz de Paula Roser und spätere Gattin des Komponisten Michael William Balfe.

Adolph Müller (1801–1886) hingegen sah seine Tätigkeit als Sänger am nicht als Erfüllung an, er komponierte Lieder, Klavierstücke und Operetten, u. a. eine Parodie auf Boieldieus *Weiße Frau* mit dem Titel *Die schwarze Frau*. Das Singspiel *Die erste Zusammenkunft* (nach Scribe), am 29. März 1827, dem Tage des Begräbnisses Beethovens, an der Hofoper uraufgeführt, war so erfolgreich (es stand bis 1832 auf dem Spielplan), daß Müller zum Kapellmeister aufrückte. Ab 1828 wurde er Kapellmeister und Komponist an den Theatern an der Wien und in der Leopoldstadt. Seine Werke (u. a. mit Texten von Nestroy und Ludwig Anzengruber) beherrschten lange Zeit den Spielplan mehrerer Theater Wiens.

Während der zweiten Ära des Domenico Barbaja wurden engagiert: Der aus Böhmen stammende Tenor Joseph Eichberger (1801–1862), der nach seinem kurzen Engagement am Kärnthnerthortheater 1827 an das Deutsche Theater in Pesth engagiert wurde (dessen Direktor war der aus Wien bekannte Tenor Anton Babnigg), der Baß Franz Borschitzky sowie die Sopranistinnen Fanny Heckermann (die gemeinsam mit Eichberger in der Erstaufführung von Boieldieus *Weißer Frau* auf der Bühne stand), Anna Uetz, Betty Schröder, Hechenthaler und Fortunata Franchetti-Walzel (1801–1876), die Mutter des bekannten Theaterdirektors Camillo Walzel (1829–1893). Georg Fürst und Madame Töpfermann kamen von der Oper in Preßburg, Peter Walser (1800–1827), der vom Schauspieler zum Sänger avancierte Künstler vom Theater an der Wien. Als Schauspieler und Sänger war auch Eduard Weiß (1800–1869) tätig, als Tenor Johann Hoffmann 1802/05–1865), der spätere Direktor des Theaters in der Josephstadt und des Thalia-Theaters, der 1857 mit dem *Tannhäuser* die erste Oper von Richard Wagner nach Wien brachte.

Anna Schechner (1806–1860, später verehelichte Waagen und Primadonna der Hofoper München), gastierte von Mai 1826 bis Mai 1827 in Wien, zunächst als Emmeline in der seit 1822 nicht mehr aufgeführten *Schweizer-Familie*, Ninetta in der *Diebischen Elster* und Donna Anna. Ihre Darstellung der Emmeline sorgte für großes Aufsehen; vollendeter hatte man diese Partie noch nie erlebt, nicht einmal von der unvergessenen Anna Milder. Ludwig Cramolini (für kurze Zeit der Verlobte der Schechner) sang damals den Friburg.

Unter Graf von Gallenberg wurden engagiert: Der Baß Friedrich Fischer (1805–1871), der Gatte der Sopranistin Caroline Fischer-Achten; sein Namens- und Fachkollege Ferdinand Fischer; der Baß-Buffo Nicolaus Alois Hölzel (1785–1814), der Vater des berühmteren Gustav Hölzel; der Bariton Franz Hauser (1794–1870), der sich später um die Bach-Forschung verdient machen sollte; der Baß-Bariton Joseph Hillebrand und dessen Gattin Nanette; der Tenor Eduard Holzmiller (1806 geboren), der erste Wiener Hüon in Webers *Oberon*; die Sopranistinnen Hardmeier (auch Hardmayer, die erste Rezia) und Lindenheim; die Mezzosopranistin Amalie Hähnel (1807–1849), eine der Partnerinnen der Pasta während deren Gastspiele 1829/30; die Sopranistin Caroline Grünbaum (1814–1868), die Tochter der Therese Grünbaum und spätere Primadonna der Berliner Hofoper; die Sopranistin Marianne Katharina Ernst (1808–1869), die als blutjunges Mädchen bereits 1822/23 am Kärnthnerthortheater aufgetreten war und 1829 zunächst als Gast vom Deutschen Theater in Prag nach Wien kam. Ihr Debüt als neuerliches Hofopernmitglied feierte die Künstlerin am 12. Mai 1829 als Konstanze in *Die Entführung aus dem Serail*. Im Laufe ihrer Tätigkeit bis 1836 sollte sie einige der wichtigsten Partien ihres Faches (wie etwa die Norma) für Wien kreieren.

Gastspiele führten unter Gallenberg drei berühmte Tenoristen nach Wien: Den uns bereits bekannten Franz Wild, nunmehr Mitglied des kurfürstlichen Hoftheaters in Kassel, dessen Kollegen Franz Xaver Vetter (1800–1844) vom Hoftheater in Darmstadt, und Sebastian Josef Binder (1792–1845) vom ständischen Theater in Prag, der nach Gallenbergs Abgang einen Vertrag mit der Wiener Hofoper schließen und unter dessen Nachfolger Duport zu einem der führenden Tenoristen Wiens werden sollte.

Einer der größten Künstler seiner Zeit wurde ebenfalls unter Gallenberg an das Kärnthnerthortheater engagiert: Joseph Staudigl (1807–1861), der wie sein Kollege Binder zunächst im Chor der Hofoper tätig war. Am 26. April 1829 feierte der Bassist sein Debüt als Solist in der Partie des Notars in der komischen Oper *Uniform und Schlafrock* von Henri-Montan Berton; seine erste tragende Rolle sollte der Pietro eben in der *Stummen von Portici* werden, den er am 17. Oktober 1830 kurzfristig für den offiziell erkrankten, tatsächlich aber sturzbetrunkenen Kollegen Franz Siebert übernahm. Weitere Hauptrollen folgten, Staudigl stieg zum ersten Bassisten der Hofoper auf und übernahm die wichtigsten Partien seines Faches wie Sarastro, Rocco, Kaspar, Bertram in *Robert, der Teufel*, Brogni in *Die Jüdin* und Marcel in den *Hugenotten*. Von 1845 bis 1848 war Staudigl an das Theater an der Wien engagiert (wo er an der Seite der umjubelten Jenny Lind in der Uraufführung von Meyerbeers *Vielka* sang), danach kehrte er an die Hofoper zurück, wo er bis 1854 im Ensemble verblieb und zusehends in das Baritonfach wechselte. Durch Gastspiele in ganz Europa zu Ruhm gelangt, starb Staudigl in geistiger Umnachtung.

Den Höhepunkt der Ära Gallenberg bildete das zweimalige Gastspiel einer der berühmtesten Primadonnen aller Zeiten: Giuditta Pasta (1797–1865), Donizettis erste Anna Bolena (1830), Bellinis erste Amina in der *Sonnambula* (1831), Norma (1831) und Beatrice di Tenda (1833). Der außerordentlicher Ruhm der Pasta wurde 1821 am Théâtre Italien in Paris begründet, wo sie 1825 in der Uraufführung von Rossinis *Il viaggio a Reims* die Corinna sang. – Mit der Künstlerin, die in Wien u. a. als Desdemona, Semiramide, Tancredi oder Imogene in *Il pirata* zu hören war, kamen der Baß Goffredo Luigi Zuccoli (u. a. als Assur in *Semiramide* und Ernesto in *Il pirata*) und der Tenor Mussati (etwa als Rodrigo in *Otello* und Idreno in *Semiramide*) an die Hofoper.

Während der Pachtära des Louis Antoine Duport begannen die Karrieren einiger Sopranistinnen, die noch in der Ära Balochino/Merelli die führenden Primadonnen der Wiener Hofoper sein sollten: Sabine und Clara Heinefetter, Sophie Löwe und Jenny Lutzer.

Sabine Heinefetter (1809–1872) debütierte 1830 als Desdemona in Wien; ihr Partner als Othello war Franz Wild, der unter Duport ab 1831 ebenfalls wieder dem Ensemble der Hofoper angehören sollte. Es folgten Partien wie Romeo in den *Montecchi und Capuleti*, Susanne, Donna Anna, Pamira in Rossinis *Bestürmung von Corinth* oder Leonore in *Fidelio*. Einen Höhepunkt ihrer Karriere bildete die Uraufführung von Donizettis *L'elisir d'amore* (Mailand 1832), als die Künstlerin die Partie der Adina kreierte. Als ihre jüngere Schwester Clara Heinefetter (1816–1857) in Wien die Agathe im *Freischütz* sang, übernahm Sabine bereitwillig das Ännchen. Clara war bereits im Alter von 15 Jahren, 1831, am Kärnthnerthortheater zu hören; nach dem Debüt als Agathe sang die Künstlerin u. a. Elvira in der *Stummen von Portici*, Romeo, Smeton in *Anna Bolena* und Donna Elvira, aber auch die Neris in *Medea* und die Emilia in *Othello*. 1836 war Clara Heinefetter die Rachel (in Wien: Sara) in der Erstaufführung von Halévys *Die Jüdin*.

Wie die Schwestern Heinefetter war auch Sophie Löwe eine Schülerin des Giuseppe Ciccimarra. Sophie Löwe (1812–1866), die Nichte des Komponisten Carl Loewe (1796–1869), studierte Gesang in Mailand und wurde 1832 an die Wiener Hofoper engagiert (Bühnendebüt am 3. August 1832 in Donizettis *Acht Monathe in zwey Stunden, oder: Die Macht der kindlichen Liebe*). 1833 sang sie hier die Prinzessin Isabella in Meyerbeers *Robert, der Teu-*

fel, 1835 die Amalie in Aubers *Die Ballnacht*, 1836 die Prinzessin in Halévys *Die Jüdin*. 1844 kreierte sie an der Mailänder Scala die Titelrolle in Donizettis *Maria Padilla* und am Teatro La Fenice in Venedig die Elvira in Giuseppe Verdis *Ernani*, 1846 war sie die Odabella in der Uraufführung von Verdis *Attila*. 1848 heiratete die Löwe den Fürsten Friedrich von Liechtenstein und gab ihre Karriere auf.

Jenny Lutzer (1816–1877), eine gebürtige Pragerin und ebenfalls eine Schülerin von Ciccimarra, wurde zwar erst 1837 an die Hofoper engagiert, gastierte hier jedoch bereits 1833 unter Duport: Dem Debüt als Desdemona folgten Auftritte in *Die Bestürmung von Corinth* (als Pamira), *Fra Diavolo* (Zerlina), *Die Stumme von Portici* (Elvira) und *Zampa* (Camilla) und *Die Montecchi und Capuleti* (Giulietta). Die Lutzer wirkte an der Hofoper in den Erstaufführungen von Werken wie Adams *Der Postillon von Lonjumeau* (1837), Meyerbeers *Die Hugenotten* (1839), Donizettis *Die Favoritin* (1841) oder Lortzings *Zar und Zimmermann* (1842) mit. Nach ihrer Hochzeit mit dem späteren Direktor der Hofoper (1867–1870) und des Burgtheaters, Franz von Dingelstedt, beendete sie frühzeitig ihre große Bühnenkarriere.

Zu den erwähnten jungen Künstlerinnen gesellten sich: Róza Schodel (1811–1854), die spätere Primadonna des ungarischen Nationaltheaters in Pesth, die Sopranistinnen Marie Henkel (ebenfalls 1811 geboren), Marie Ehnes (geboren um 1817) und Louise Gentiluomo (1809–1886, die spätere Primadonna Louise Spatzer-Gentiluomo) die Mezzosopranistinnen Karoline Botgorscheck (1815–1875) und Karoline Frontini, der vielseitig einsetzbare Carl Wilhelm Just (1808–1861) sowie der Bassist Karl Joseph Oberhoffer, der von 1831 bis 1835 Ensemblemitglied war.

Der Baß-Bariton Gustav Hölzel (1813–1883), Sohn des Nicolaus Alois Hölzel und der als Altistin ebenfalls am Kärnthnerthortheater tätigen Elisabeth Hölzel-Umlauf, war zunächst von 1833 bis 1837, dann von 1840 bis 1863 an der Wiener Hofoper engagiert; 1868 sollte er in München die Partie des Beckmesser anläßlich der Uraufführung von Wagners *Die Meistersinger von Nürnberg* kreieren. Bernhard Börner, vom großherzoglichen Hoftheater in Karlsruhe, wurde für das „komische Gemälde mit Gesang" *Das Fest der Handwerker* des Berliners Louis Angely nach Wien engagiert, das am 12. Juni 1832 Premiere hatte. In der Rolle eines komischen Preußen hatte der Komiker einen grandiosen Erfolg, den er allerdings in keiner anderen Partie wiederholen konnte. In Singspielen wirkte auch Anton Karl Discant sehr erfolgreich, während der Tenor Schäffer so manch schwierig auszuführende Partie in großen Opern übernahm.

Neben Wild und Binder war Hermann Breiting der führende Tenor der Ära Duport. Breiting (1804–1860), *„königlich preußischer Hofsänger"*, sang in Mannheim, Berlin, München, Wiesbaden, Prag, London und St. Petersburg, war Besitzer einer gewaltigen Stimme und insbesondere in dramatischen Tenorpartien sehr geschätzt. Er begann sein Wiener Gastspiel in Wien mit Partien wie Georges Brown, Masaniello, Licinius und Johann von Paris. In der Folge stand Breiting in der Ära Duport eigentlich in fixem Engagement, trat aber beinahe durchgehend „als Gast" auf. Zu den Höhepunkten seiner Wiener Tätigkeit gehörten die Erstaufführungen von Meyerbeers *Robert, der Teufel* (1833), Aubers *Die Ballnacht* (1835) und Halévys *Die Jüdin* (1836). Der Eléazar, wie geschaffen für den dramatischen ausladenden Tenor Breitings, sollte die eigentliche Paraderolle des Künstlers werden.

Gastspiele führten Henriette Carl (1805–1890), durch Vermittlung des Saverio Mercadante als erste Sopranistin am Teatro Real in Madrid engagiert, die Mezzosopranistin Francilla Pixis (geboren 1816) und die altbekannten Wilhelmine Schröder, nunmehr verehelichte Devrient, und Anna Milder-Hauptmann an das Kärnthnerthortheater.

An der Spitze der von Bartolomeo Merelli für die italienische Stagione 1835 engagierten Künstlern stand eine einheimische, längst bekannte Sängerin: Amalie Schütz, die in Italien unter dem Namen Schütz-Oldosi (nach ihrem Geburtsnamen Holdhaus) an der Mailänder Scala und dem Teatro San Carlo in Neapel eine große Karriere gemacht hatte. Im Laufe der Wiener Stagione wurde ihr jedoch der Rang von Eugenia Tadolini (1808–1872) abgelaufen. Die Gattin des Komponisten Giovanni Tadolini (1785–1872), die in Paris, London, Mailand und Venedig gefeiert wurde und 1845 in Neapel die Titelrolle in Verdis *Alzira* kreieren sollte, feierte insbesondere als Adina in Donizettis *L'elisir d'amore* einen gigantischen Erfolg. Die Tadolini sollte bis 1847 beinahe jährlich nach Wien kommen und hier die Titelpartien in den Uraufführungen der Donizetti-Opern *Linda di Chamounix* (1842) und *Maria di Rohan* (1843) interpretieren.

Die dritte im Bunde der Primadonnen war keine Geringere als Giuseppina Strepponi (1815–1897), die spätere (zweite) Gattin Giuseppe Verdis. Die Künstlerin, die auch ein Verhältnis mit dem Intendanten Merelli hatte, sollte an der Mailänder Scala die Partien der Leonora in *Oberto* (1839) und der Abigaille in *Nabucodonosor* (1842) kreieren. Carolina Franchini, als „primo musico", also für Rollen „en travesti" nach Wien engagiert, sang von 1823 bis 1829 an der Mailänder Scala. Am Kärnthnerthortheater war sie nicht nur in Hosenrollen, sondern auch als Isoletta in Bellinis *La straniera* zu hören.

Der Tenor Antonio Poggi (1806–1857), der in den Uraufführungen von Donizettis *Torquato Tasso* (Rom 1833) und Verdis *I lombardi alla prima crociata* (1843) zu erleben war, kam in den Jahren 1835 und 1837 bis 1839 nach Wien, wo er u. a. die Partien des Edgardo in *Lucia di Lammermoor* (1837) und des Gennaro in *Lucrezia Borgia* (1839) kreierte. Sein Kollege Giacomo Santi, in Wien immerhin der erste Nemorino in *L'elisir d'amore*, ist 1836 an der Mailänder Scala (Goffredo in Rossinis *Armida*) und am Teatro Comunale in Bologna (Elvino in Bellinis *Sonnambula*) nachweisbar.

Wesentlich berühmter war der Basso cantante Giovanni Orazio Cartagenova (1800c–1841), der in mehreren Uraufführungen von Opern Saverio Mercadantes ebenso zu erleben war wie in jenen von Bellinis *Beatrice di Tenda* (Venedig 1833) und Pacinis *Saffo* (Neapel 1840). Cartagenova kam 1838 ein zweites Mal nach Wien und kreierte die Baritonpartien in Mercadantes *Il giuramento* und Donizettis *Gemma di Vergy*. Der Buffo Giuseppe Frezzolini (1789–1861) wirkte in zahlreichen Uraufführungen von Opern Donizettis mit, als Höhepunkt ist jene des *Elisir d'amore* 1832 am Teatro Cannobiana in Mailand anzusehen, als er den Dulcamara kreierte. Der Künstler, der 1838, 1840 und 1841 nach Wien zurückkehrte, war der Vater der Primadonna Erminia Frezzolini und der Schwiegervater des Tenors Antonio Poggi.

Zu diesen Künstlern gesellten sich in zweiten Partien: Der Tenor Rigola sowie die Bassisten Giuseppe Catalano und Valtelina (immerhin der Belcore in *L'elisir d'amore* und der Oroveso in *Norma*), ferner, aus dem einheimischen Ensemble: Anna Bondra, Marie Ehnes, Marie Fux, Karoline Stetter und Ignaz Tomaselli.

Zum Abschluß dieses Kapitels sei zweier Tenoristen gedacht, deren Karrieren Anfang der 30er-Jahre im Chor der Wiener Hofoper begannen: Zunächst Josef Erl (1811–1874), der am Kärnthnerthortheater wichtige Partien wie Raoul in Meyerbeers *Die Hugenotten* (1839), die Titelrolle in Donizettis *Dom Sebastian* (1845) und den Lyonel in der Uraufführung von Flotows *Martha* (1847) übernehmen sollte. Erl war unter Duport von 1833 bis 1835 bereits als Solist in kleineren Rollen zu hören. Erls Fachkollege Joseph Tichatscheck (1807–1886), in Dresden Richard Wagners erster Rienzi (1842) und Tannhäuser (1845), wie Erl Schüler von Ciccimarra und zunächst als Chorist an das Kärnthnerthortheater engagiert, durfte von 1831 bis 1834 ebenfalls zweite Tenorpartien interpretieren. Tichatscheck war aber in dieser Zeit immerhin auch schon als Raimbaut in *Robert, der Teufel* und als Hidrenus in *Semiramis* zu hören.

VON UMARBEITUNGEN, EINLAGEARIEN UND ABGEBROCHENEN VORSTELLUNGEN

Im Gegensatz zu der im letzten Drittel des 20. Jahrhunderts aufgekommenen Gepflogenheit, mit allen Mitteln nach „Originalfassungen" älterer Werke zu forschen und diese auch auf die Bühne zu bringen, wurde im 19. Jahrhundert kaum eine Oper nach ihrer Uraufführung jemals wieder in der Originalgestalt gegeben. In Wien wurde besonders gerne gestrichen, gekürzt oder umgestellt, einige der auffälligsten Beispiele sollen hier behandelt werden.

Die allmächtige Wiener Zensurbehörde sorgte aufgrund politischer und moralischer Bedenken für zahlreiche Konflikte mit Komponisten, Librettisten und Ausführenden der beanstandeten Opern. Insbesondere bei den ab 1830 in Wien aufgeführten großen französischen Opern lassen sich weitgehende Änderungen nachvollziehen: So wurde etwa die allen heutigen Opernbesuchern durch Verdis Vertonung (*Un ballo in maschera*, Rom 1859) bekannte Handlung von Aubers fünfaktiger Grand-Opéra *Gustav III ou Le bal masqué* (Paris 1833) aus der schwedischen Hauptstadt in eine *„nordische Seestadt und Residenz"* im 16. Jahrhundert verlegt, aus dem König Gustav wurde in Wien ein fiktiver Herzog Olaf, aus dem Mörder Ankarstrom ein Graf Reuterholm, der Page Oskar erhielt den ursprünglichen Namen seines Königs, Gustav. Der Mord an dem Herrscher durfte nicht auf der Bühne eines Hoftheaters gezeigt werden, die Kartenaufschlägerin vereitelt die Tat und Reuterholm ersticht sich selbst. Da kein Mitglied der kaiserlichen Familie auf der Bühne erscheinen durfte, modifizierte man die Rolle der Habsburgerin Mathilde des originalen Librettos des Rossinischen *Guillaume Tell* zu Schillers unverfänglichem Fräulein von Bruneck.

Doch nicht nur die habsburgische Familie, sondern auch die kirchliche Sphäre war für die Wiener Hoftheater sakrosankt: In Halévys *La juive* (Paris 1835, in Wien 1836) wurde die Handlung aus dem Konstanz des Jahres 1414 an einen undefinierten Ort in das 13. Jahrhundert verlegt, die im ersten Akt vorgesehene Kirche durfte nicht auf der Bühne gezeigt werden und mußte den *„Vorhallen des königlichen im gotischen Style erbauten Palastes"* weichen. Konsequenterweise entfiel das *Te Deum* zu Beginn und zu Ende des ersten Aktes; die Oper begann mit dem Jubelchor *Hosanna, plaisir, ivresse*. Der Kardinal Brogni wurde zu einem Komtur des Maltesischen Templerordens mit dem Namen Gilbert de St. Mars; aus dem Neffen des Kaisers Sigismund, Léopold, wurde ein Graf Arnauld, Neffe des Statthalters, die Prinzessin Eudoxie erhielt den Namen Isabelle und wurde zur Nichte des Statthalters. Rachel, Eléazars vermeintliche Tochter, hieß in Wien Sara, Ruggiero wurde zu Theobald.

Auch das „frivole" Libretto zu Mozarts *Così fan tutte* war den strengen Sittenrichtern ein Dorn im Auge: Das Verwirrspiel um die untereinander den Partner wechselnden Paare wurde in Wien – aber auch in vielen anderen deutschen Städten – unter dem Titel *Mädchentreue* in einer Fassung aufgeführt, in welcher der Inhalt des Stückes auf den Kopf gestellt und die Treue der weiblichen Hauptpersonen gepriesen wurde.

Eine andere Da Ponte-Oper, *Don Giovanni*, wurde in einer deutschen Singspielfassung unter dem Titel *Don Juan* aufgeführt. Die ursprünglich vorgesehenen Rezitative wichen dem gesprochenen Dialog; in einer dieser Dialog-Szenen im ersten Akt mußte sich der Titelheld vor neu eingeführten Personen (u. a. einem Gerichtsdiener) für seine Schandtaten rechtfertigen. Wurden die Dialoge unter dem damaligen Hofoperndirektor, den Dirigenten Carl Anton Florian Eckert, 1858 auch in den deutschen Aufführungen des *Don Juan* durch Rezitative ersetzt, so blieben zwei Änderungen bis zu Beginn des 20. Jahrhunderts wirksam: Um eine dramatischere Wirkung zu erzielen, blieb der Chor während des gesamten Finale I auf der Bühne und verstärkte die Solostimmen, und die Scena ultima nach dem Tode des Juan wurde nicht aufgeführt, die Oper endete also während des gesamten 19. Jahrhunderts an der Wiener Hofoper mit der Höllenfahrt. – Gerne wurden in den *Don Juan* auch Tanznummern eingelegt.

Während des Mozart-Zyklus der Jahre 1817–1819 wurde auch ein Werk neu einstudiert, das im 19. Jahrhundert ausgesprochen selten zu hören war: *Idomeneo*, in deutscher Fassung *Idomeneus*. Der Opera seria-Charakter dieses Werkes war dem Publikum des Biedermeier bereits sehr fremd, um einen annehmbaren Publikumszuspruch zu erreichen, wurden einige der zahlreichen Arien weggelassen: Elektra etwa büßte ihre Arien im ersten und dritten Akt ein, Ilia jene im ersten Aufzug, Idamante seine zweite Arie *Il padre adorato*, Idomeneo die Arie im zweiten Akt, und Arbace durfte keine seiner beiden Arien singen. Doch nicht nur die Soloszenen wurden gestrichen, die Verantwortlichen griffen in die Struktur auch insofern ein, als die Rezitative auch im *Idomeneus* dem gesprochenen Dialog weichen mußten – man kann also durchaus von Kompromissen in Richtung der deutschen Dialogoper sprechen.

Eine andere Ursache hatte die Änderungen, die vor der Uraufführung der letzten Fassung des *Fidelio* vorgenommen wurde: Den geringen Erfolg der ersten Aufführungen in den Jahren 1805/06. Georg Friedrich Treitschke bearbeitete den Text Sonnleithners, kürzte die Dialoge und verlegte den ersten Akt in einen freien Hof. Die Nummern 1 und 2 (Arie der Marzelline und Duett) wechselten ihre Stelle, Leonores Arie erhielt eine andere Einleitung, einige Nummern wurden weggelassen und das erste Finale geändert. Im zweiten Akt erhielt Florestan eine neue Arie und das Finale, das bisher im Kerker gespielt hatte, wurde auf einen Platz des Schlosses verlegt. (Dies nur die wichtigsten Änderungen.) Die neue Ouverture in E-Dur (passend zu dem nun den Anfang bildenden Duett in A-Dur) war am Tage der Uraufführung, dem 23. Mai 1814, noch nicht fertig und durch jene zu den *Ruinen von Athen* ersetzt. – Dem Theaterzettel der zweiten Aufführung am 26. Mai ist zu entnehmen: *„Die das Vorigemahl wegen Hindernissen weggebliebene neue Ouverture dieser Oper wird heute zum ersten Mahl vorgetragen werden."* Für den 18. Juli 1814 wurde Beethoven eine Benefizvorstellung bewilligt, der Komponist bereicherte sein Werk durch zwei Nummern, die umgearbeitete Arie der Leonore und die seit der Neubearbeitung 1806 weggelassene und ein wenig veränderte Arie des Rocco.

Manche Opern mußten erheblich gekürzt werden, um die in Wien gewohnte Länge eines Theaterabends von etwa drei Stunden (von 19 bis 22 Uhr) zu erreichen: Als Paradebeispiel können die fünfaktigen großen französischen Opern gelten: Wer den Theaterzettel der Premiere von Meyerbeers *Robert, der Teufel* studiert, wird zwar eine *„große romantische Oper in fünf Acten"* angekündigt sehen, wer aber glaubt, daß tatsächlich alle fünf Akte dieser Grand-Opéra zur Aufführung kamen, unterliegt einem Irrtum. Der zweite Akt wurde nämlich vollkommen gestrichen, während man den dritten Aufzug in zwei Teilen (also Akt 2 und 3) zeigte; die Arie der Prinzessin Isabelle *Il me délaisse* wurde aus dem zweiten in den vierten Akt übernommen. – Eine Rekonstruktion des zweiten Aktes fand an der Hofoper erst im Oktober 1854 statt.

Andere Werke wiederum wurden zwar nicht bereits vor der Premiere gekürzt, sondern erst danach: Als etwa Carl Maria von Weber Wien nach den ersten Aufführungen der *Euryanthe* verlassen hatte, wurde die (wenig erfolgreiche) Oper sofort auf ein für das Publikum erträgliches Maß eingestrichen. Ähnlich verhielt es sich mit Rossinis *Corradino, ossia: Bellezza e cuor di ferro*. Nach der vier Stunden in Anspruch nehmenden Premiere mußte das Werk ebenfalls stark gekürzt, allerdings mit dem Unterschied, daß diesmal die Striche vom anwesenden Komponisten selbst bewilligt wurden. In der Einstudierung Rossinis wurde 1822 auch *Ricciardo e Zoraide* kräftig abgekürzt: Die ursprünglich zweiaktige Oper wurde in Wien *„in einen Act zusammengezogen, mit Beybehaltung und Veränderung der besten Musikstücke und des vorzüglichsten Theils der Handlung"*. Ebenfalls in Rossinis Einstudierung wurde *Elisabetta, Regina d'Inghilterra*, mit der Gattin des Komponisten in der Titelrolle, aufgeführt. Die Ankündigung auf dem Theaterzettel *„Für diese Oper ist ein ganz neues Quartett und ein Duett aus einer andern Oper für zwey*

Tenorstimmen eingelegt worden. Die Ouverture, obschon bereits bey einem andern Werke gehört, ist dennoch ursprünglich hierher gehörend." bedarf einiger Erläuterungen: Das auch auf dem Frontispiz des Klavierauszuges – der bei Artaria (Nr. 2687) erschien – als *„neues Quartett"* bezeichnete Musikstück ersetzte die Auftrittsarie der Elisabetta; es handelte sich tatsächlich um das umtextierte Quartett *Cielo il mio labbro ispira* aus *Bianca e Falliero*. Das Duett für zwei Tenoristen stammte aus der Oper *Ricciardo e Zoraide* (Duett Agorante/Ricciardo); die Ouverture war den Wienern aus den Aufführungen des *Barbier von Sevilla* bekannt. – Obwohl die Colbran 1822 den Höhepunkt ihrer Karriere bereits überschritten haben dürfte (sie ließ nicht nur ihre erste Arie aus, sondern sang die Aria finale auch noch um einen Halbton tiefer als vorgesehen), waren die Wiener Musikkritiker von der Künstlerin hingerissen.

Rossinis *Wilhelm Tell* wurde 1830 in zwei Abteilungen aufgeführt: Im Juni die ersten beiden Akte, im Juli die Akte 3 und 4. Abgesehen von dem Kuriosum, daß der Interpret des ersten Abends (August Fischer) knapp nach der Premiere aus dem Ensemble der Hofoper ausschied und durch Franz Hauser ersetzt werden mußte (den Tell kreierten im Kärnthnerthortheater also gleich zwei Sänger!), wurde die Oper, als endlich alle vier Akte an einem Abend zur Aufführung kamen, erheblich gekürzt. Auf dem Theaterzettel der Premiere der Akte 1 und 2 war ja auch ausdrücklich hingewiesen worden: *„Um den geehrten Theaterfreunden den Genuß dieser Oper ohne Abkürzung zu verschaffen, wird sie, wie auf mehreren Bühnen Deutschlands, in zwey Abtheilungen ausgeführt."* – Wurde *Wilhelm Tell* einer einzigen „Abteilung" dargestellt, mußten natürlich Abkürzungen vorgenommen werden.

Auf die Kürzung des Schlusses von Rossinis *Moses* wurde bereits hingewiesen – sowohl in der italienischen Fassung (*Mosè in Egitto* 1824) als auch in der (in deutscher Übersetzung aufgeführten) französischen Fassung 1831 wurde die letzte Szene mit dem Marsch durch das rote Meer gestrichen, die Oper endete mit dem Gebet des Moses. Diesmal hatte der Strich allerdings keinen musikalischen, sondern einen szenischen Grund: Die Darstellung der Wanderung durch das Wasser hätte die Ausstatter vor unüberwindliche Probleme gestellt; bevor diese Szene zur Erheiterung des Publikums führen konnte, ließ man sie lieber weg.

Die Wiener Kapellmeister – die Namen sind austauschbar – gewährleisteten im 19. Jahrhundert ein hohes musikalisches Niveau, sie fügten aber auch mit Freude eigene Musik in die von ihnen einstudierten Werke fremder Komponisten ein. Hier können nur einige wenige Beispiele aufgezählt werden: Joseph Weigl schrieb für den Tenor Siboni eine bereits erwähnte Arie, die in die Partitur der *Vestalin* eingeschoben wurde, und verfaßte für Mozarts *Titus der Gütige* 1817 eine Arie für Anton Forti (Titus) und ein

Duett des Kaisers mit Sextus (Waldmüller); eine weitere Arie mit Chor, die in diese Oper eingelegt wurde, stammte aus der Feder von Giovanni Simone Mayr, einem ausgewiesenen Liebhaber von Mozarts Musik. In Aubers Oper *Fra Diavolo* wurde für den Darsteller des Lorenzo, Ludwig Cramolini, eine Arie in den dritten Akt eingefügt. Die Musik zu dieser Szene stammte ebenso von Franz Lachner wie eine Arie, die Cramolini als Franz in *Faust* von Louis Spohr singen durfte. Lachner schrieb für *Faust* auch einen Marsch, Conradin Kreutzer wiederum zu Rossinis *Graf Ory* eine Ouverture, laut Kritik eine der schwächeren Kompositionen des Kapellmeisters.[1] – Eine Sopranarie, die 1826 in den dritten Akt von Boieldieus *Die weiße Frau* eingelegt wurde, stammte hingegen nicht aus der Feder eines einheimischen Kapellmeisters, sondern von Johann Kaspar Aiblinger, seines Zeichens Hofkapellmeister in München.

Für die Mezzosopranistin Fanny Eckerlin schrieb Rossini seine einzige explizit für Wien komponierte Opernszene, die Arie *Ciel pietoso, ciel clemente*, mit welcher er die Rolle der Emma in *Zelmira* (1822) aufwertete. Daß diese Szene von einer Solo-Harfe eingeleitet und begleitet wird, läßt auf einen Zusammenhang mit der Anwesenheit der berühmten Harfen-Virtuosin Celestine Boucher (geborene Gallyot) schließen, die im April und Mai 1822 gemeinsam mit ihrem Gatten, dem Geiger Aléxandre-Jean Boucher (1778–1861) einige Konzerte im Kärnthnerthortheater gab. Möglicherweise schrieb Rossini die Arie also nicht nur für die Eckerlin, sondern auch für die Harfenistin. Der Text zu dieser Szene stammt jedenfalls von dem berühmten, in Wien tätigen Dichter Giuseppe Carpani (1752–1825).

Als die gefeierte Giuditta Pasta 1829 zwölf Gastvorstellungen an der Hofoper gab, interpretierte sie keine einzige vollständige Oper: Aus Niccolò Antonio Zingarellis *Giulietta e Romeo* erklangen Teile des zweiten Aktes und der dritte Akt, aus Rossinis *Otello* ebenfalls Szenen aus dem zweiten Aufzug und der komplette dritte Akt, *Tancredi* und *Semiramide* wurden in stark gekürzten Fassungen aufgeführt. Ein Jahr später, als die Pasta (gemeinsam mit Rubini) in Bellinis *Il pirata* auftrat, sang sie am Ende der Oper die Aria finale aus *La straniera*. 1831 wurde die *Straniera* in deutscher Sprache einstudiert (*Die Unbekannte*) und 1835 folgte die Erstaufführung in italienischer Sprache. Die Mitglieder des Hofopernchors hatten jedoch nicht die Muße, den Text des Werkes im Original zu lernen, und so kam es während der Aufführung zu erheiternden Szenen, als die Solisten ihre Partien auf Italienisch vortrugen, der Chor jedoch in bestem Wienerisch antwortete.

---

[1] Vgl. *Allgemeine musikalische Zeitung*, 23. 12. 1829, Sp. 846.

Einige Arien, wie jene der Königin der Nacht in der *Zauberflöte*, erklangen in der Regel transponiert, andere wurden häufig weggelassen: Als Sebastian Josef Binder 1831 den Don Ottavio in *Don Juan* interpretierte, wurde in den Rezensionen mit Begeisterung darauf hingewiesen, daß der Tenor die sonst gestrichene nachkomponierte Arie *Dalla sua pace* sang. – Der Titelheld war in dieser Aufführung übrigens auch ein Tenor: Franz Wild.

Als Giovanni Battista Rubini den Almaviva in Rossinis *Barbiere di Siviglia* darstellte, sang er am Schluß der Oper die Arie „*Al fianco al mio tesoro*", eine Szene, mit welcher der Tenor immer für Furore sorgte. Joseph Gottdank, der von 1820 bis 1835 in allen deutschen Aufführungen des *Barbier von Sevilla* den Basilio sang, verzichtete hingegen gerne darauf, die später so berühmte „Verleumdungsarie" zu singen und überließ diese dem Interpreten des Bartolo, der die Arie mit dem neuen Text *Ach der Liebe bitt're Schmerzen* vortrug. Es muß natürlich auch in Betracht gezogen werden, daß öfters gastierende Sänger Arien, die ihre stimmlichen Qualitäten ins beste Licht rückten, in Wien als Einlagen zu Gehör brachten. Da die reisenden Sänger das Notenmaterial dieser „Kofferarien" („Arie di baule") aber immer mit sich führten, ist das Material in den seltensten Fällen in Wien erhalten.

Trotz aller Güte der täglichen Aufführungen an der Wiener Hofoper – vor den unvermeidlichen Zwischenfällen des Opernalltags war man nicht gefeit: So betritt am 12. September 1822 Therese Grünbaum, die an sich sehr geschätzte Sopranistin, als Gräfin Almaviva in Mozarts *Hochzeit des Figaro* die Bühne. Das Ritornell zu ihrer ersten Arie erklingt, da applaudiert ein Teil des Publikums, worauf der andere wütend zu zischen beginnt. Dieses Ereignis verwirrt die Künstlerin so sehr, daß sie pantomimische die Unfähigkeit zu singen äußert und die auf ihren Auftritt wartende Susanne aus den Kulissen zieht. Somit endet die Arie, bevor sie im eigentlichen Sinne angefangen hat. Im Laufe des Abends versuchte die Grünbaum vergeblich, diesen Skandal durch ihre Gesangskunst im Brief-Duett und in ihrer zweiten Arie vergessen zu machen, das Publikum jedoch verhielt sich von nun an der Künstlerin gegenüber eher ablehnend.[2]

Am 13. März 1823 debütierten der Tenor Domenico Donzelli und die Primadonna Joséphine Fodor-Mainvielle in Rossinis *Otello* in Wien. Die Fodor betrat, von der Reise bei naßkalter Witterung geschwächt, indisponiert die Bühne, feierte aber dennoch einen beachtenswerten Erfolg und wurde – wie ihr Tenorpartner – nach einer einzigen Aufführung zu einem erklärten Liebling der Wiener. Ihr Gesundheitszustand jedoch besserte sich auch während der nächsten Tage nicht. Am 17. März wagte man, *Otello*

---

[2] Vgl. *Allgemeine musikalische Zeitung*, 30. 10. 1822, Sp. 717.

wieder anzusetzen, das Opernhaus war ausgezeichnet besucht. Doch schon in ihrem ersten Duett mit Emilia wurde die Primadonna ohnmächtig, der Vorhang fiel und die Aufführung fand nach etwa 30 bis 40 Minuten ihr abruptes Ende. In der dritten Vorstellung (am 22. März) war die Fodor-Mainvielle zwar noch immer nicht im Vollbesitz ihrer Kräfte, die Künstlerin sang aber dennoch zur allgemeinen Zufriedenheit. Dem Publikum war der Genuß der gesamten Oper dennoch verwehrt, ließ Desdemona doch diesmal ihre große Arie am Ende des zweiten Aktes aus.[3]

---

[3] Vgl. *Allgemeine musikalische Zeitung*, 30. 4. 1823, Sp. 277.

Giuditta Pasta
Privatbesitz

Domenico Donzelli
Privatbesitz

BALLETT

1776 war die Tänzergesellschaft der Hoftheater entlassen worden, unter der Regierungszeit Kaiser Joseph II. gab es fortan keine Ballettaufführungen mehr. Erst unter Leopold II. wurde 1791 wieder ein Ballettensemble engagiert, dessen führende Mitglieder Italiener waren. Die Ballette waren damals nicht abendfüllend, konnten aber dennoch bis zu fünf Akten umfassen. Äußerst beliebt waren auch Divertissements, also Folgen von Tänzen ohne durchgehende Handlung oder Einzeltänze. Vor den Balletten wurden Schauspiele (bis 1810), einaktige Singspiele oder (nach 1810) kleinere Konzerte, die sogenannten „Musikalischen Akademien" gegeben. – Von 16. Mai 1813 bis 15. August 1814 gab es am Kärnthnerthortheater kein Ballettensemble, da auf unbestimmte Zeit ein Verbot für Ballettaufführungen in diesem Theater ausgesprochen wurde. Einzig für das Gastspiel der Familie Kobler und des Fortunato Bernardelli wurde während dieser Zeit eine Ausnahme gemacht.

Die „Erfinder", besser gesagt, die Choreographen der Ballette waren zumeist gleichzeitig die an das (oder bis 1810 an die) Theater engagierten Ballettmeister. In dieser Funktion wirkte zunächst Antonio Muzzarelli (1744–1821), der bis 1811 an den Hoftheatern tätig war. Seine letzte Arbeit war die Einstudierung des heroisch-pantomimischen Balletts *Gustav Wasa, König von Schweden* (1811), mit Musik von Kapellmeister Gyrowetz. Muzzarellis Nachfolger war Salvatore Viganò (1769–1821), der von 1792 bis 1803 und dann wieder 1807 in Wien tätig war. Dessen jüngerer Bruder Giulio Viganò (geboren 1772 in Neapel) studierte 1810 die Tänze zu der Erstaufführung von Spontinis Oper *Die Vestalin* ein und war bis 1815 in Wien engagiert.

Als erster französischer Ballettmeister kam Sebastien Gallet 1803 nach Wien, sein Nachfolger war Jean Coralli (1779–1854), der von 1805 bis 1808, dann 1829/39 und von 1842 bis 1845 als Tänzer wie als Choreograph gleichermaßen erfolgreich war. Coralli schuf Ballette wie *Paul und Rosette* (1810), *Die Nachtwandlerinn* (1830) oder *Childerich, König der Franken* (1830) ab 1806).

Von Louis Antoine Duport haben wir bereits ausführlich berichtet, der nachmalige Pächter wurde 1808 und 1812/13 als Tänzer wie als Choreograph bejubelt. Er studierte Werke wie *Zephir, oder: Der wiederkehrende Frühling* oder *Lise und Colin, oder: Das übelgehüthete Mädchen* (beide 1812) ein.

Jean Pierre Aumer (1774/76–1832/33) wirkte ab 1814 in Wien, als er das Ballett *Zephyr, oder: Der wiederkehrende Frühling* einstudierte. Zu seinen erfolgreichsten Werken zählten das Divertissement *Die Pagen des Herzogs von Vendome* (1815), das große Ballett *Aline, Königinn von Golconda* (1818) und das heroisch-pantomimische Ballett *Alfred der Große* (1820). 1819 hatte sein heroisch-komisches Ballett in drei Akten *Der flatterhafte Page, oder: Figaro's Hochzeit* Premiere, für welches, neben neuer Musik von Gyrowetz, auch Passagen aus Mozarts Oper übernommen wurden.

Neben den Franzosen wirkten auch Italiener als Ballettmeister: So etwa die Brüder Ferdinando Gioja (1778–1855) und Gaetano Gioja (geb. 1784c), die allerdings in erster Linie als Tänzer erfolgreich waren. Filippo Taglioni (1777/78–1871) kam bereits 1805 nach Wien, wo er zunächst bis 1809 an den Hoftheatern wirkte. Von 1819 bis 1824, dann wieder 1826/27 kehrte er an das Kärnthnerthortheater zurück, und 1839 und 1855 folgten weitere Gastspiele, diesmal allerdings nur in der Eigenschaft als Choreograph, nicht mehr als Tänzer. 1821 schuf Taglioni *Lodoiska* und *Das Schweizer-Milchmädchen*, 1822 *Margarethe, Königinn von Catanea*, 1826 *Danina, oder: Joko, der brasilianische Affe*. Das von Taglioni erfundene Ballett *Sylphide* wurde 1836 in Wien von der Tänzerin Mimi Dupuy einstudiert.

Während der glanzvollenPachtära von Domenico Barbaja wirkten am verdienstvollsten: Louis Henry (1784–1836), als Tänzer bereits 1810, als Ballettmeister ab 1822 in Wien tätig und darüberhinaus damals bereits Choreograph so beliebter Stücke wie *Hamlet* (1822) oder *Die Amazonen* (1823), und Armand Vestris (1787–1825), von 1823 bis zu seinem frühen Tode Ballettmeister am Kärnthnerthortheater und Schöpfer von Werken wie *Die Fee und der Ritter* (1823), *Alcine* (1824) oder *Alexander in Indien* (1825).

Eines der am häufigsten aufgeführten Ballette war *Der Fasching in Venedig, oder: Die erprobte Treue* (1826), erfunden von Louis Milon und einstudiert von Ballettmeister Jean Baptist Petit (1785–1827). In den Jahren 1826/27 waren auch Ballette von Salvatore Taglioni (1790/95–1868), dem Bruder des Filippo, und von Paolo Samengo (1799–1879), der 1827 das große Ballett *Ottavio Pinelli, oder: Schimpf und Rache*, das bis 1831 66mal aufgeführt wurde, herausbrachte.

Der beliebteste Choreograph der Ära Gallenberg war Ludwig Astolfi, der *Mathilde, Herzoginn von Spoleto* (mit Fanny Elßler in der Titelrolle) und *Cäsar in Ägypten* einstudierte. Gallenbergs Nachfolger Duport choreographierte während seiner Pacht (1830–1836) selbst keine neuen Werke; neben dem wieder an Wien gebundenen Coralli war Louis Henry der wichtigste Ballettmeister dieser Epoche. Von Henry stammten Ballette wie *Orpheus und Eurydice* (1831), *Adelheid von Frankreich* (1832) und das äußerst beliebte Divertissement *Die Maskerade im Theater* (1832), ein Faschingsstück, das als einziges Werk der Epoche von 1810 bis 1836 an der Wiener Hofoper acht

Tage lang en suite gespielt wurde. Neben den Franzosen wirkte der Italiener Pietro Campilli (geboren 1791c) als Ballettmeister; von ihm stammte etwa das beliebte Feen-Ballett *Liebe, stärker als Zaubermacht*.

Die Tänzergesellschaft umfaßte zwischen 45 und 50 Mitglieder: Einen oder mehrere Ballettmeister, Solotänzerinnen, Solotänzer, zwei oder drei Grotesktänzer, öfters eine Grotesktänzerin und eine Koryphäe sowie etwa 30 Figurantinnen und Figuranten. Zu den beliebtesten Künstlerinnen und Künstlern der Jahre 1810 bis 1836 gehörten in alphabetischer Reihenfolge:

Die Schwestern Theodore Alexandrine Aumer (1797–1837), die spätere Gattin des Tänzers Jean François Rozier, und Julie Aumer (engagiert von 1814 bis 1821); Eleonore Baseg (1812–1874), eine Schülerin Duports; Emilia Bigottini (1783/84–1858), die insbesondere in der Titelrolle des Balletts *Nina, oder: Die Wahnsinnige aus Liebe* (1814) die Wiener verzückte; Jeannette Bretèl (1794/97–1873); Amalie Brugnoli (geboren 1802), die Gattin des Paolo Samengo; Amalie Cesari-Gioja (geboren 1787), eine Tochter des Antonio Muzzarelli, zunächst Gattin des Tänzers Filippo Cesari, ab 1823 verheiratet mit Ferdinando Gioja; Alexandrine Marie Courtin (engagiert 1822/23); die Schwestern Francesca Decaro (auch De Caro, 1784–1819) und Magdalena Decaro (1788–1816), die Gattin des Georg Friedrich Treitschke; Aline Dorsey (engagiert 1834–1836); Mimi Dupuy (geboren 1810, von 1828 bis 1836 in Wien zu erleben), die erste Fenella in Aubers Oper *Die Stumme von Portici* und eine beliebte Lise in *Das übelgehütete Mädchen*; Anna Elßler (1804–1863); Hermine Elßler (1811–1895); Louise Groll (geboren 1817); Pauline Hasenhut (1809–1844), die 1831 den Tänzer Dominik Mattis heiratet; die Schwestern Therese Heberle (1805–1840) und Caroline Heberle (1795/96–1819); Barbara (Babette) Horschelt (1801/04 geboren, von 1806 bis 1821 engagiert); Katharina Horschelt, geborene Koberwein (1838c gestorben, von 1806 bis 1821 engagiert); Angioletta (Angiolina) Mayer (1807c geboren und bereits als Kind seit 1813 engagiert); Luigia Mazza-Auregio (1814 geboren, engagiert von 1833 bis 1835); Angelica Mees St. Romain (1826/27 und 1832/33 engagiert); Zelia Micheler (auch Michäler, von 1822 bis 1841 engagiert); Antonie Millière (engagiert von 1817 bis 1824); Antonie Mogyer (1809–1833); Cajetana Muratori (geboren 1809), die Gattin des Tänzers Johann Baptist Lasina; Adelheid Muzzarelli (1811c–1885), Therese Neumann (1797/98–1876), ab 1812 die Gattin des Louis Antoine Duport; Katharina Neuwirth (engagiert von 1805 bis 1822); Pauline Péan (1808–1833); Aimée Apoline Petit (geborene Duport, engagiert 1814/15 und 1822); Louise Ludovika Pierson (1807–1831); Fanny Rabel (um 1810 geboren, von 1818 bis 1836 engagiert); die

Schwestern Giuditta Ramacini (geboren um 1802, engagiert von 1822 bis 1827) und Annunciata Ramacini (geboren 1804); Angelika Maria Rozier-Kohlenberg (geboren 1797); Wilhelmine Schäffel (1808–1851); Helene Schlanzofsky (1812–1897); Karoline Sedini (1794/86–1838); Antonia Torelli (geboren 1797; von 1822 bis 1827 engagiert); Angelika Rosa Vanier 1787–1814); Marianne Viganò (geboren 1782, von 1798 bis 1815 engagiert).

Franz Kilian Aichinger (1760–1833) und Carl Aichinger (1791–1837); die Grotesktänzer Niccolò Angiolini (1765–1815) und Pasquale Angiolini (1766–1817); Nicolaus van der Berg (1784–1822), ebenfalls als Grotesktänzer engagiert; Fortunato Bernardelli (gestorben 1830 oder 1832); Pierre Bretèl (1793/94–1867); Jean Briol (engagiert 1826/27), der in der Rolle eines Affen in *Danina, oder: Joko, der brasilianische Affe* für Furore sorgte; Gustav Caray (geboren 1819), der während der Ära Balochino/Merelli zu den beliebtesten Solotänzern zählen sollte; Giovanni Casati (geboren 1811); die Brüder François Crombé (der Ältere, engagiert von 1828 bis 1838) und Joseph Crombé (der Jüngere, engagiert 1830–1835); Titus Dauchy (1811 engagiert); der Grotesktänzer Domenico Degiorgi (engagiert 1804 bis 1814); André Jean-Jaques Deshayes (1776/77–1846); Gaetano Destefani (1760/62–1845); Johann Eßlauer (1789c–1863); der Solotänzer Fleury (engagiert 1826/27); Pierre Gabriel Gardel (1758–1840); Antonio Guerra (1810–1846); Friedrich Horschelt (1793–1876), der Begründer des berühmten Kinderballetts im Theater an der Wien und Vizeballettmeister an der Hofoper; Jean Baptist Hullin (engagiert von 1824–1826); Franz Kobler (geboren 1795), der gemeinsam mit seinen Kindern und mit Fortunato Bernardelli 1813/14 im Kärnthnerthortheater gastierte und 1817 Ensemblemitglied war; Josef Kohlenberg (1797–1846); Federico Massini (1800 geboren, 1829–1831 engagiert); Dominik Mattis (geb. 1803c, engagiert von 1829–1834); Joseph Minetti (1782–1858); Fernando Occioni (geboren 1805), Ballettmeister am Theater in der Josephstadt; Jean Baptist Marie Petit (1785–1827); Dominik Pitrot (1786/88–1862); Anton Rabensteiner (1810–1859); Paolo Rainoldi (1784–1853), der beliebte Grotesktänzer, der auch als Ballettmeister am Theater in der Leopoldstadt tätig war; die Brüder Franz Reiberger (1783–1850) und Michael Cajetan Reiberger (1787–1853); Jean François Rozier (1789–1861); Rupert Segatta (1781–1826); Josef Stempfel (geboren 1797); Franz Xaver Stöckl (geboren 1812), Gatte der Sängerin Clara Heinefetter; Anton Stullmüller (1804–1871); Paul Taglioni (1808–1884), der Bruder der Maria Taglioni; Anton Weissenböck (1796–1868).

Der Nachwelt blieben vor jedoch allem drei Namen im Gedächtnis: Jene der Schwestern Fanny und Therese Elßler sowie Maria Taglioni.

Fanny Elßler (1810–1884), die Tochter von Haydns Notenkopisten und Kammerdiener Johann Elßler, tritt bereits im Alter von acht Jahren am Kärnthnerthortheater auf (Debüt in der Rolle des Hymen in dem Ballett *Die Hochzeit der Thetis und des Peleus*). Als das Kärnthnerthortheater unter Graf von Gallenberg am 6. Jänner 1829 wiedereröffnet wird, tanzt die junge Künstlerin die Titelrolle in dem Ballett *Mathilde, Herzoginn von Spoleto* von Ludwig Astolfi. Ab 1830 unternimmt die Elßler gemeinsam mit ihrer älteren Schwester Therese (1808–1878), die ebenfalls ab 1818 am Kärnthnerthortheater zu sehen war, Gastspielreisen. Die Rückkehr der beiden beliebten Tänzerinnen von diesen Reisen sorgt in Wien immer wieder für Begeisterung. Als die beiden Elßlers Wien verlassen und 1832 ihre große Gastspielreise nach London und Paris antreten, läßt das Interesse an den Ballettaufführungen in Wien schlagartig nach. Zu den wichtigsten Partien der Fanny Elßler zählten bis 1832: Die Fee Viviane in *Die Fee und der Ritter*, die Titelrolle in *Theodosia*, die Angeline in *Der Fasching in Venedig*, die Eurydice in *Orpheus und Eurydice*, die Cleopatra in *Cäsar in Ägypten* sowie die Fenella in Aubers *Die Stumme von Portici*.

Maria Taglioni (1804–1884), Tochter des Filippo Taglioni, eine der berühmtesten Tänzerinnen der Geschichte, die in Paris 1831 die Rolle der sündigen Äbtissin Hélène in Meyerbeers Erfolgsoper *Robert le diable* und 1832 die Sylphide in dem gleichnamigen Ballett kreierte und in ganz Europa für Aufsehen sorgte, feierte am 10. Juni 1822 ihr Bühnendebüt am Kärnthnerthortheater in einem neuen, von ihrem Vater choreographierten *Anacreontischen Divertissement*. Die junge Künstlerin, deren große Karriere damals noch niemand vorhersehen konnte, konnte anläßlich ihres Debüts noch froh sein, von ihren bereits angesehenen Kolleginnen Antonie Millière und Therese Heberle nicht in den Schatten gestellt zu werden. Die Taglioni war von 1822 bis 1826 am Kärnthnerthortheater u. a. in folgenden Rollen zu sehen: Titelpartie in *Arsena*, Chloe in *Der neue Narziß*, Lucinde in *Rinaldo d'Asti*, Venus in *Paris, oder: Der Triumph der Schönheit*, ebenfalls die Venus in *Psyche*, Martha in *Die ländliche Probe, oder: Der gefoppte Liebhaber* und Zemire in *Zemire und Azor*.

Ein Gedicht mit dem Titel *Dem. Fanny Elßler als Fee Viviane*:[1]

Soll ich nicht an Feen glauben,
Wenn der Zauber mich umflicht?
Wer den Wahn mir möchte rauben –
Schau' in Fanny's Angesicht!
Was sie immer mag gestalten
Wirkt mit magischen Gewalten!
An den Feen zweifl' ich nicht –
Schau' ich ihr in's Angesicht!

Wenn, die Anmuth in den Zügen,
Sie mit Zephir-Schritten schwebt,
Muß dem Zauber unterliegen,
Wer zu ihr den Blick erhebt!
Sehet siegreich sie vollbringen,
Was nur Selt'nen mag gelingen –
An den Feen zweifl' ich nicht –
Schau' ich ihr in's Angesicht!

Wenn die ernste Muse waltet,
Fesselt sie wohl jedes Herz.
Jede Form sie neu gestaltet,
Bey Thalien's heit'rem Scherz.
Doch im Wechsel herrschet immer,
Holder Anmuth Rosenschimmer!
An den Feen zweifl' ich nicht –
Schau' ich ihr in's Angesicht!

---

[1] *Allgemeine Theaterzeitung und Originalblatt für Kunst, Literatur, Mode und geselliges Leben*, 22. 3. 1832, S. 231.

KONZERTE UND ANDERE SONDERVERANSTALTUNGEN

Für den 8. April 1811 wurde dem k. k. Hofschauspieler Friedrich Reil die Erlaubnis erteilt, zu seinen Gunsten im Kärnthnerthortheater eine *„declamatorische und musikalische Abendunterhaltung"* zu veranstalten. Der musikalische Teil des Abends wurde mit Werken von Mozart, Bayer, Isouard und Winter bestritten, die Einnahmen kamen dem Gastgeber zugute. Diese Veranstaltung fiel in die traditionelle Schließzeit der Hoftheater vor Ostern (es handelte sich um den Montag der Karwoche) und machte Schule: Am 22. Dezember desselben Jahres, den Sonntag vor Weihnachten, gab das Schauspielerehepaar Korn ebenfalls eine Abendunterhaltung, wieder wechselten Deklamation und Musikstücke ab. Am 12. Februar 1812 gab es eine Wohltätigkeitsveranstaltung für die *„Gesellschaft adeliger Frauen zur Beförderung des Guten und Nützlichen"*, deren finanzieller Gewinn für die Betreuung von Waisenkindern verwendet wurde. Im Rahmen dieses Konzertes wurde Beethovens *Klavierkonzert Es-Dur* zum ersten Mal in Wien aufgeführt, der Solist war Carl Czerny. Von nun an wurden Benefizabende immer häufiger, die teilnehmenden Künstler stellten sich in den Dienst der guten Sache und verlangten für ihr Auftreten keine Entlohnung.

Handelte es sich bei den genannten Veranstaltungen um abendfüllende Unterhaltungen, so wurden ab Februar 1812 kurze Musikstücke in Form eines Konzertes auch vor (oder seltener nach) einaktigen Singspielen oder Balletten gegeben, oft in Verbindung mit der Darstellung *„berühmter Gemälde"*, die meist vom Dekorationsdirektor zusammengestellt wurden. Die musikalischen Nummern wurden unter dem Titel „Musikalische Akademie" zusammengefaßt, wenn Deklamationen dazukamen, sprach man von „Deklamatorisch-musikalischen Akademien", handelte es sich um abendfüllende Veranstaltungen, von „Großen musikalischen Akademien". Meist wurden die Akademien von einer Ouverture eingeleitet, es folgten Arien, Ensembles oder Chöre aus Opern oder Oratorien, komplette Symphonien und Konzerte oder einzelne Sätze aus diesen. Bestand ein Konzert aus zwei Teilen, so begann die zweite Hälfte wieder mit einer Ouverture. Stand ein Künstler im Mittelpunkt einer Veranstaltung, so handelte es sich um ein „Konzert des Künstlers X oder Y". Ein Solist bestritt jedoch nie einen ganzen Abend, er lud immer Freunde und Kollegen ein, an seinen Konzerten mitzuwirken.

Als berühmteste „Musikalische Akademie" ging wohl jene des 7. Mai 1824 ein, als Ludwig van Beethoven, *„Ehrenmitglied der königl. Akademie der Künste und Wissenschaften zu Stockholm und Amsterdam, dann Ehrenbürger von*

Wien" eine solche veranstaltete. Nach der Ouverture *Die Weihe des Hauses* erklangen zum ersten Mal drei Teile aus der *Missa solemnis* (*Kyrie, Credo* und *Agnus Dei*) und die *Neunte Symphonie* mit Schillers *Ode an die Freude*. Die Solostimmen sangen die Hofopernsänger Henriette Sontag, Karoline Unger, Anton Haizinger und Joseph Seipelt, Ignaz Schuppanzigh hatte die *„Direction des Orchesters"* über, Kapellmeister Umlauf *„die Leitung des Ganzen"* und der *„Musik-Verein die Verstärkung des Chors und Orchesters aus Gefälligkeit übernommen"*. Ludwig van Beethoven *„selbst, wird an der Leitung des Ganzen Antheil nehmen."*

Im Rahmen der musikalischen Akademien, deren Zahl sich im Laufe der Jahre kontinuierlich steigerte, traten neben den Mitgliedern der Hofoper berühmte Gäste auf, als Beispiele unter vielen seien Ignaz Moscheles, Giuditta Pasta, John Field oder Henri Vieuxtemps erwähnt. Auffallend ist die Vielzahl der musikalischen Wunderkinder, die sich dem staunenden Publikum präsentierte; doch nicht jeder junge Künstler wurde ein Franz Liszt, der als elfjähriger Bub zum ersten Mal in Wien zu bewundern war.

Zwischen den Pachtperioden der Herren Barbaja und Gallenberg, in der Zeit von 1. Mai 1828 bis 5. Jänner 1829 fanden überhaupt nur vereinzelte Konzertveranstaltungen im Hofoperntheater statt, darunter (wie schon 1825) große Konzerte der *„Zöglinge des vaterländischen Musik-Conservatoriums"*. Den Höhepunkt bildeten jedoch die Auftritte des sagenumwobenen Geigers Niccolò Paganini, der, am Zenith seiner Karriere angelangt, nicht nur Wien als romantische Persönlichkeit und mit sensationellen Gerüchten über sein Privatleben in Atem hielt. Begleitet wurde er von der Sopranistin Antonia Bianchi, der Mutter eines gemeinsamen Sohnes. Gerade während ihres Aufenthaltes in Wien trafen die beiden in einer wilden Ehe zusammenlebenden Künstler eine Vereinbarung über ihre Zukunft: Paganini erhielt das Sorgerecht für den Sohn und zahlte seiner Gefährtin eine einmalige Entschädigung. Daß in dieser Stimmung nicht immer die besten künstlerischen Leistungen zu erwarten waren, liegt auf der Hand, die Bianchi wurde im Laufe der Konzertreihe durch eine andere Sängerin, Karoline Frontini, ersetzt.

Nachdem Domenico Barbaja zum ersten Mal Wien verlassen hatte, wurde die Hofoper am 3. April 1825 mit einer „Großen musikalischen Akademie" unter Mitwirkung von Henriette Sontag wiedereröffnet; von 4. April bis 11. Mai und von 1. bis 31. Juli 1825 bespielte, wie bereits erwähnt, das Ensemble des Theater in der Josephstadt unter der Leitung von Carl Friedrich Hensler das Kärnthnerthortheater. Zu ungewohnt niederen Eintrittspreisen ergötzte sich das Publikum an Stücken wie dem Zaubermärchen mit Gesang und Tanz *Arsenius, der Weiberfeind* von Carl Meisl. Die Musik zu diesem Stück stammte vom Kapellmeister des Vorstadttheaters,

Franz Gläser, der vor und nach seiner Tätigkeit in der Josefstadt auch an den Theatern in der Leopoldstadt und an der Wien engagiert war:[39]

> [...] Ebendaselbst, am 4ten, von der Josephstädter-Schauspieler-Gesellschaft: *Arsenius, der Weiberfeind*. Herr Director Hensler, welche genöthigt ist, in seiner Bühne wesentliche Veränderungen zu treffen, hat nämlich vom Kaiser die Erlaubnis erhalten, einige Wochen in diesem Locale Vorstellungen zu geben, weil, wie die Enthusiasten aus zuverlässigen Quellen wissen wollen, die italienischen Opern ohnehin erst wieder mit der Stagione del autunno beginnen werden. – So wird denn nun das Stadtpublikum mit möglichster Bequemlichkeit, und für einen wahren Spottpreis (die Entrée ins Parterre noble ist nicht mehr als acht Groschen Münze) von allen den Herrlichkeiten profitiren können [...].

Lokale Zauberparodien und Singspiele wie *Aline, oder: Wien und Baden in einem andern Welttheile* von Adolph Bäuerle mit Musik von Wenzel Müller, waren nun im Kärnthnerthortheater ebenso zu erleben wie ein „großes chinesisches Divertissement", große komische Pantomimen *„mit Maschinen, Flugwerk, Tänzen und Tableaux"*, komische Ballette, aber auch das bereits früher an der Hofoper aufgeführte Singspiel *Das Lotterielos* von Isouard. Von 1. August 1825 bis 28. April 1826 wurde das Theater einzig für Konzertveranstaltungen geöffnet, etwa für Große Konzerte, *„gegeben von den Zöglingen des vaterländischen Musicconservatoriums"*, die unter der Leitung der Professoren ihr Talent unter Beweis stellten; am 15. November wurde die alljährliche Tradition des Konzertes zum Vorteil der „öffentlichen Wohltätigkeits-Anstalten" beibehalten.

Von 13. Juli 1826 bis 28. September 1826 gastierte die französische Vaudeville-Gesellschaft des Hyacinth Brice im Kärnthnerthortheater und wechselte sich nun in diesem Zeitraum mit deutschen Opernaufführungen und Balletten ab, von 10. November 1826 bis 17. Februar 1827 traten die Franzosen im Kleinen Redoutensaal auf. Die gesanglichen Qualitäten der Gäste sorgten für Aufsehen – allerdings im negativen Sinne. Immerhin konnten die Wiener nunmehr Werke wie *Ma tante Aurore* von Boieldieu auch in der Originalsprache erleben.

---

[39] *Allgemeine musikalische Zeitung*, 25. 5. 1825, Sp. 344.

Isabella Colbran
Privatbesitz

Wegen plötzlicher Unpäßlichkeit des Herrn Lablache wird statt der für heute angekündigten Oper: Il Barbiere di Siviglia, gegeben mit gewöhnlichen Preisen:

Der Freyschütze.

Romantische Oper in drey Acten, von Friedrich Kind.

Preise in Conv. Münze.

Eine Loge im Parterre, dann 1. u. 2. Stock 10 fl. — kr.	Ein gesperrter Sitz im vierten Stock 1 fl. — kr.
Eine Loge im dritten Stock 6 fl. — kr.	Eintritt in das Parterre oder die Gallerie 1 fl. — kr.
Ein gesperrter Sitz im ersten Parterre oder Gallerie 1 fl. 36 kr.	Eintritt in den vierten Stock 36 kr.
	Eintritt in den fünften Stock 16 kr.

Spielplanänderung, 21. März 1828
Der Freyschütze von Weber statt *Il barbiere di Siviglia* von Rossini
Wien, Theatermuseum

KURIOSA

Das Hofoperntheater beherbergte nicht nur die hehrste Kunst, immer wieder zogen auch Veranstaltungen das Publikum in den Bann, als deren Schauplätze eher Vorstadttheater zu vermuten wären: Bereits wenige Monate nach der Trennung der Hoftheater in Burg und Oper wurde das Kärnthnerthortheater zur Bühne einer *Gesellschaft gymnastischer Künstler unter der Direktion des Herrn Blondin*, die offiziell die Auftritterlaubnis erhielten, weil fast alle ersten Sängerinnern und Sängern erkrankt waren und somit Opernaufführungen beinahe unmöglich wurden. Neben ihren gymnastischen Künsten erfreute die gastierende Gesellschaft das Publikum der Hofoper auch mit einer pantomimischen Vorstellung: *Die Wilden von Otahiti* mit folgendem Inhalt:[1]

> Ein spanisches Schiff kommt an der Küste von Otahiti im Sturm in Gefahr. Die Gemalin des Capitains rettet sich ans Land, kommt aber in die Hände von Wilden, die sie umbringen wollen. Die Kinder der Wilden retten sie, aber nur auf einen Augenblick. Die Wilden finden sie wieder, und sie wäre verloren, wenn nicht ihr Gemal gelandet wäre, und sie befreyte. Die Spanier wollen sich durch die Ermordung der Wilden rächen, aber die Kinder, welche die Gemalin des Capitains gerettet hatten, erflehen ihre Verzeihung. Die Vorstellung schloss mit einem Feste der Wilden, welches in einer Reihe von Menschengruppen bestand, von welchen einige die ganze Höhe des Theaters einnahmen.

An anderen Abenden zogen die Gymnastiker durch aufsehenerregende Kunststücke die Aufmerksamkeit auf sich: Salto mortale; Tänze auf einem gespannten Seil; Tänze mit Körben an den Füßen der Künstler, deren Hände und Beine gefesselt waren; ein großes *„Equiliberstück mit dem Waldhorn"*; Menschenpyramiden; *„überraschende Stellungen"*; Sprünge einer jungen Polin über vier Bänder; Kampfeinlagen; *„merkwürdige"* Tänze und Überraschungen am Ende der Vorstellungen (*„Zum Schlusse wird Herr Chanselay mit einem Ballon vom Hintergrunde des Theaters bis in den vierten Stock aufsteigen, mit dem Kopfe auf den Ballon gestützt, und die Füße nach aufwärts gekehrt. Dieses Equiliberstück gehört zu den merkwürdigsten in seiner Art"*). – Ähnliche Darbietungen sahen die Wiener von einer *Gesellschaft von Seiltänzern und gymnastischen Künstlern*, die unter der Leitung des Alexander Terzi in November 1813 im Kärnthnerthortheater auftrat.

---

[1] *Allgemeine musikalische Zeitung*, 30. 1. 1811, Sp. 82.

1819 wurde die Hofoper von einem „*berühmten Indianer*" heimgesucht, der zum Vorteile des Ballettmeisters Aumer Kunststücke mit Messern und mit einem Kreisel, ein Spiel „*mit der 14pfündigen Kugel, die derselbe mehrere Kreise- und Kegelschnittlinien machen läßt, indem er sie willkührlich auf verschiedenen Theilen des Körpers umherrollt, und im überraschendsten Gleichgewichte erhält*", oder die „*Evolution mit den Kugeln, die für sich allein von seiner unerreichbaren, fast wundervollen Stärke zeigt*" zum Besten gab. Der berühmte Indianer mußte seine Darbietungen an sechs Abenden wiederholen.

1827 trumpfte Herr Lebesnier, ein Kämpfer der Pariser Akademie, mit außergewöhnlichen Kunststücken auf: Er spielte, ein Gewicht von 100 Pfund tragend, die Flöte; er tanzte auf einer eisernen, 50 Pfund schweren Stange und vollführte nebenbei Übungen mit schwersten Gewichten, er hob einen Tisch mit den Zähnen, auf welchem mehrere Personen saßen; er trug, auf den Händen gehend, zwei Männer über die Bühne.

Auch Bauchredner hatten die Ehre, ihre Kunst im Hofoperntheater vorzuführen. 1829 stellte Johann Faugier aus Paris u. a. einen Streit zwischen einem Herrn und seinem Diener, ein Gespräch des Bauchredners mit „*einer andern Person, die gewaltsam in den Saal dringen will*" oder eine Szene zwischen einem Zahnarzt, einem Kranken, einem Säugling, einer Amme und einem Diener dar. Zwischen den Kunststücken wurden „*ausgesuchte physikalische Darstellungen*" gezeigt, am Ende der Vorstellung zwei Musikstücke von Rossini auf der Violine vorgetragen, welche Faugier, ohne die Lippen zu bewegen, durch „*Bauchsprach-Töne*" begleitete.

Zu kuriosen Darbietungen konnte es auch im täglichen Repertoirebetrieb kommen: Im November 1815 hatte ein „*national-ungarisches*" Divertissement von der Erfindung des Herrn Aumer Premiere. Dieses bestand aus verschiedenen „*charakteristischen Tänzen*" und *überraschenden Gruppierungen*", die Musik stammte von Joseph Kinsky und „*machte dem Verfasser alle Ehre*". Am 22. Jänner 1816 führte ein Oberst des Husaren-Regiments eine Eskadron von etwa 160 Mann zu einer Aufführung dieses Balletts in das Hofoperntheater. Die wackeren Soldaten hatten von ihrem Obersten die Weisung erhalten, sich vollkommen ruhig zu verhalten und erst dann zu applaudieren, wenn das Publikum durch Klatschen seinen Beifall äußert. Anfangs hielten sich die Männer auch streng an diese Order; als aber die ihnen bekannten Nationaltänze begannen, vergaßen sie den Befehl, sangen und pfiffen und schlugen die Sporen zusammen. Das Publikum kümmerte sich fortan wenig um die Tänzer auf der Bühne, sondern schenkte seine volle Aufmerksamkeit den ungekünstelten Freudenrufen der Husaren.[2]

---

[2] Vgl. *Allgemeine musikalische Zeitung*, 21. 2. 1816, Sp. 118.

1834, als Künstler wie der geigende Wunderknabe Henri Vieuxtemps das Publikum begeisterten, betraten auch vier Geschwister aus Stockholm, Ulrike, Gustav, Johann und Oskar Pratte, in alter Nationaltracht die Bühne des Kärnthnerthortheaters und gaben mit Begleitung von drei schottischen Harfen verschiedene schwedische Gesänge zum Besten. Besonderes Aufsehen erregte jedoch ein Stück auf der *„sogenannten afrikanischen Lippentrommel".* Als Pendant zu dieser Darbietung durfte ein Bauer aus Berchtesgaden, Herr Franz Graßl, mit seinen sechs Kindern die Bühne der Hofoper bevölkern und die erstaunten Besucher mit Märschen, Variationen, „Gamsbockliedern" oder Salzburger und Berchtesgadener Ländlern ergötzen.[3] Wenige Monate später präsentierte sich Alexander Marosowf, seines Zeichens Direktor der kaiserlichen russischen Hornmusik, mit seiner aus 20 Personen bestehenden und von dem Kapellmeister Koslowf geleiteten Gesellschaft:[4]

Die Seltenheit lockte viele Neugierige herbey; der Anblick dieser stämmigen Künstlerschaar im National-Costume überraschte; man bewunderte die ungemeine Präcision und den eisernen Fleiss des Einübens, da jedes Instrument nur einen einzigen Ton angibt; das characteristische Charivari der nordischen Sänger interessirte momentan; allein der Totaleindruck konnte bey einer gewissen fast ermüdend monotonen Gleichförmigkeit keineswegs bleibend seyn.

Im Februar 1835 produzirte sich eine spanische Tänzergesellschaft im Nationalkostüm. Die Künstler zeigten sich u. a. in dem Ballett *Der Fasching in Venedig* und übernahmen die Tänze in der *Stummen von Portici*. Die charakteristische Eigenart der Spanier interessierte die Wiener schon alleine durch *„den Reiz der Neuheit",* dennoch konnte man sich mit *„der südlichglühenden Derbheit des Ausdrucks nicht recht eigentlich"* anfreunden und die ganze Geschichte kam den wienerischen *„an Grazie und dezente Eleganz gewohnten"* Augen doch etwas spanisch vor.[5]

Nicht nur ungarische, schwedische oder spanische Nationaltrachten sorgten für Aufsehen, sondern auch die Toilette einer beliebten Primadonna: Im 19. Jahrhundert waren die Künstler selbst für ihre Kostüme verantwortlich und mußten auch für deren Kosten aufkommen. Wenn eine Sängerin jedoch einmal nicht die geeignete Toilette wählte, wurde dieser Fehlgriff sofort von aufmerksamen Beobachtern bemerkt und auch gerne in Zeitschriften veröffentlicht. Kathinka Buchwieser passierte solch ein „ent-

---

3   Vgl. *Allgemeine musikalische Zeitung*, 11. 6. 1834, Sp. 398/399.
4   *Allgemeine musikalische Zeitung*, 29. 10. 1834, Sp. 746/747.
5   Vgl. *Allgemeine musikalische Zeitung*, 3. 6. 1835, Sp. 363.

setzlicher" Fehler 1814 während einer Aufführung der *Camilla* von Ferdinando Paër, als sie eine falsche Farbe für ihr Kostüm wählte:[6]

> In der letzten Vorstellung der Camilla hat Demoiselle Buchwieser die Farbe ihres Kostums nicht beobachtet. Ihr Kleid hätte grau, nicht schwarz seyn sollen. Von einer so vollendeten Schauspielerinn müssen auch die kleinsten Nuanzen beobachtet werden, und sie muß es nur ihrer Vollkommenheit zuschreiben, wenn selbst kleine Fehler bei ihr bemerkt werden.

---

[6] Vgl. *Theaterzeitung*, 26. 5. 1814, S. 246.

LOUIS ANTOINE DUPORT:
EIN DIREKTOR, WIE ER SEIN SOLL

Ferdinand Ritter von Seyfried charakterisiert Duport in seiner *Rückschau in das Theaterleben Wiens seit den letzten fünfzig Jahren* (Wien 1864) als „*Theaterdirector, wie er sein soll*". Duport sah z. B. exorbitante Gagen-Forderungen der Künstler voraus und machte es sich zum Grundsatz, junge Talente heranzuziehen, die noch bescheidenere Ansprüche hatten. Er ließ sie von Giuseppe Ciccimarra, der als Gesangslehrer fest an die Hofoper gebunden wurde, ausbilden, und entdeckte so Sänger wie Caroline Fischer-Achten und Joseph Staudigl, aber auch Helene Schlanzofsky, seine Favorit-Tänzerin. Die größten Stars seiner Ära wie die Primadonnen Sophie Löwe und Clara Heinefetter oder die Tenoristen Franz Wild, Sebastian Josef Binder und Hermann Breiting bezogen nicht über 4000 Gulden Gage, Staudigl zunächst gar nur 600 Gulden. – Zum Vergleich: Unter Duports Nachfolger Balochino waren Gagen von 10000 Gulden bei drei Monaten Urlaubsanspruch häufig, und in den 50er-Jahren verlangten übermütige Primadonnen bereits 90000 Gulden Jahresgage!

Es war Duports Grundsatz, alle Partien in Opern mehrfach zu besetzen, um keines der Mitglieder unentbehrlich zu machen. War es früher üblich gewesen, ein Stück nur dann, wenn es neu war, zweimal nacheinander aufzuführen, so scheute sich Duport nicht, ein erfolgreiches Ballett (*Die Maskerade im Theater*) sogar achtmal en suite zu spielen. Daß er damit die Abonnenten verärgerte, war ihm klar und lieb, denn:[1]

Er haßte die Abonnenten gründlich und versäumte nichts, was diese ärgern konnte, denn er wollte sich derselben, wenn es nur gegangen wäre, um jeden Preis entäußern. Sein richtiger Tact überzeugte ihn, daß die Abonnenten dem Theater in doppelter Beziehung, in materieller, wie in moralischer, schadeten; für ihn waren sie Schmarotzer, denen der Theaterbesuch zu wohlfeil gemacht war, oder wüthende Raisonneurs, die der häufige Theaterbesuch blasirt gemacht hatte und die über Alles schimpften, was wiederum nur ein nachtheiliges Licht auf das Theater werfen konnte. Wenn andere Pächter darüber erfreut waren, die Liste ihrer Abonnenten anwachsen zu sehen, die sie fälschlich als den wahren Capitalstock ihres Unternehmens betrachteten, kostete Duport jeder Zuwachs eines einzigen Sperrsitz-Abonnenten immer einen schweren Seufzer, denn ein gutgeleitetes Theater schien ihm ohne Abonnenten einträglicher als mit denselben. Endlich war es ihm gelun-

---

[1] Ferdinand Ritter von Seyfried, *Rückschau in das Theaterleben Wiens seit den letzten fünfzig Jahren*. Wien 1864, S. 26/27.

gen, die Abonnements für den Eintritt abzuschaffen, weiter konnte er es nicht bringen. Sein Groll gegen die Abonnenten war auch Mitursache, daß er so gerne Beneficen an Mitglieder zweiten und dritten Ranges bewilligte, wobei es ihm frei stand, das Abonnement aufzuheben. So sind auch unter seiner Direction nie Fälle vorgekommen, daß den Abonnenten eine Serie von Vorstellungen über die stipulirten 300 im Jahre zugestanden worden wäre; es hätte diesen lieber einige Vorstellungen abgezwickt, wenn es sich nur hätte thun lassen.

Aber auch dem besten und aufmerksamsten Theaterdirektor konnte ein Mißverständnis unterlaufen:[2]

„Wie eißen?" fragte Duport eines Tages einen jungen Mann, einen Tenoristen, der von Dresden angekommen war, im k. k. Hofopherntheater ein Gastspiel auf Engagement suchend und sich dem Director aus diesem Grunde vorgestellt hatte. „Drska", lautete die Antwort des Angeredeten. Duport trat einen Schritt zurück, machte eine artige Verbeugung und wiederholte nach einigen Augenblicken, da der Fremde weiter nichts gesprochen, seine frühere Frage: „Nu, wie eißen?" – „Drska", gab Jener wieder zurück. Abermalige Verbeugung Duport's, wieder mit einem Schritte zurück, und das kurze Zwiegespräch hätte sich vielleicht noch etliche Male wiederholt, wäre nicht der joviale Regisseur Gottdank als Dolmetsch zwischen Beide getreten, dem guten Duport, dessen französischen Ohren das harte Wort „Drska" gerade so klang, als hätte Jener genießt, die Aufklärung gebend, der Fremde habe seinem Director über dessen Aufforderung nur seinen Namen genannt. Da hätte sich der so artige Duport freilich noch oft verbeugen können, denn der Angeredete würde ihm jede solche Frage mit dem vermeintlichen „Nießer" haben beantworten müssen.

---

[2] Ibidem, S. 316/317.

BEKANNTMACHUNGEN UND THEATER-ANZEIGEN

Die „Bekanntmachungen" bzw. „Theater-Anzeigen" wurden den Ankündigungszetteln des Kärnthnerthortheaters entnommen. (Bestand des Österreichischen Theatermuseums, Signaturen 773.042-D.Th. bzw. 822.371-D.Th.).

BEKANNTMACHUNG, 6. November 1811

Wegen der nöthigen Vorbereitungen zur ersten, auf morgen festgesetzten Vorstellung der Oper: Die Vestalinn, bleibt dieses Theater heute verschlossen.

Von morgen an werden in diesem Theater folgende Eintrittspreise bestehen:

Eine Loge	15 fl. – kr.
Erstes Parterre	2 fl. 30 kr.
Gesperrter Sitz	3 fl. 30 kr.
Zweytes Parterre	1 fl. 20 kr.
Dritter Stock	1 fl. 40 kr.
Gesperrter Sitz	2 fl. 40 kr.
Vierter Stock	1 fl. – kr.
Fünfter Stock	– fl. 30 kr.

Die Herrn Garnisonsoffiziere bezahlen das Doppelte ihres gewöhnlichen Eintrittspreises.

ANZEIGE, 9. Jänner 1814

Am 7. Jän. abends ist in dem 1. Parterre des k. k. Kärnthnerthor-Theaters eine ganz glatte und mittelgroße goldenen Minutenuhr, mit einem einzigen Gehäuse, und an ein modernes schwarzseidenes, bey jedem Rande mit sehr schmaler rother, und zu Ende mit Figuren auf ganz gelber Seide eingearbeitetes Uhrband gebunden, sammt einem dabey, an einem sehr schmalen, runden, schwarzseidenen Schnürl, angehängten ganz ordinären messingenen kleinen Schlüssel verloren worden. Der redliche Finder wird ersucht, diese Uhr gegen einen Rekompens von 10 fl. W. W. bey der k. k. Hoftheaterkasse gefälligst abzugeben.

ANZEIGE, 26. Dezember 1821

Zur größeren Bequemlichkeit des Publikums sind im dritten Stocke linker Hand, noch sechs neue Logen errichtet worden.

BEKANNTMACHUNG, 20. November 1822

Bekanntmachung
zur Erneuerung eines Abonnements
im k. k. Hoftheater nächst dem Kärnthnerthore.

1. Dasselbe beginnt mit 1. December 1822, und dauert bis letzten November 1823.

2. Werden den P. T. Abonnenten, mit Berücksichtigung der bey dem Logen-Abonnement noch vorkommenden besonderen Bedingnisse, eine Anzahl von 300 Vorstellungen zugesichert, und die darüber ausfallenden, bleiben, mit Ausnahme der Beneficen, zu ihrem Vortheile, wie dieses in dem gegenwärtigen Abonnements-Jahre der Fall war; wo beynahe alle im Monathe November zu gebenden Vorstellungen, die ebenfalls versicherten 300 übersteigen. Es wird überdieß den P. T. Abonnenten freystehen, von ihren Abonnements-Karten für die Logen, Sperrsitze und den Eintritt, bey allen Beneficen zu den gewöhnlichen Eintrittspreisen, gegen dem Gebrauch zu machen, daß sie die Anzeige davon, Tags zuvor an die Theaterkasse gefälligst abgeben wollen.

3. Die deutsche Oper und das Ballet werden im Laufe des ganzen Abonnements-Jahres fortwährend gegeben, die italienische Oper aber, durch vier bis sechs Monathe, von den ersten Tagen des Monathes März gerechnet, mit den ersten beyden Gattungen der Spectakel abwechseln.

4. Die Abonnements-Karten der Sperrsitze bleiben zur freyen Disposition der P. T. Abonnenten, und können daher an andere Personen überlassen werden, ohne daß dieselben noch besonders eine Eintrittskarte zu lösen nöthig haben. Das Abonnement für den Eintritt bleibt persönlich, und die dießfälligen Karten können daher unter keiner Bedingung von den Besitzern abgetreten werden.

5. Sowohl zur Sicherheit der P. T. Abonnenten, als zur Handhabung der Ordnung bey der Administration, werden dieselben ersucht, die Abonnements-Karte sowohl für Sperrsitze, als für den Eintritt den Billeteurs jedesmahl vorzuzeigen, welche letztere für die Beobachtung dieser Maßregel verantwortlich gemacht werden.

6. Bey Unterzeichnung des Abonnements wird die erste Hälfte der ganzjährig bestimmten Abonnements-Beträge sogleich, die zweyte Hälfte aber am 1. März 1823, da in dieser Zeit für die Administration die bedeutendsten Lasten erwachsen, an der Kasse dieses k. k. Hoftheaters gefälligst erlegt. Bey Erlag der ersten Abonnements-Rate, sind die P. T. Abonnenten gebeten, die dießfälligen Reverse für die zweyte Rate entweder persönlich zu unterzeichnen, oder die hiemit beauftragten Personen mit Vollmachten zu versehen.

7. Endlich wird das Abonnement vom 20. bis letzten November an der Kasse dieses k. k. Hoftheaters, Kärnthnerstraße Nr. 1038, in dem Hause zum fliegenden Rössel, im ersten Stocke, bey dem hierzu beauftragten Kassa-Controlleur, Herrn Anton Kantzler, unterzeichnet, und es werden daselbst auch zugleich die Geldbeträge entrichtet.

Abonnement.

	Conv. Mze.
Eine Loge	800 fl.
Ein gesperrter Sitz im ersten Parterre oder der ersten Gallerie	200 fl.
detto im vierten Stock	120 fl.
Eintritt ins erste Parterre oder die erste Gallerie	80 fl.

Anmerkungen.

Für die italienischen Opern-Vorstellungen kommen noch in jedem Monathe, vom 1. März 1823 anzufangen, während der Zeit ihrer Dauer 100 fl. Conv. Mze. für eine abonnirte Loge im voraus zu erlegen, welcher Betrag vom Monath Februar 1823 immer in den letzten Tagen des vorhergehenden Monaths, für das nächstfolgende gefälligst zu entrichten ist.

Zur Vermeidung jedes Mißverständnisses gibt man sich die Ehre zu bemerken, daß diejenigen P. T. Logen-Abonnenten, welche während der Dauer der italienischen Opern-Vorstellungen gegen Vorausbezahlung der für jedes Monath festgesetzten 100 fl. in Conv. Mze. entweder gar nicht, oder für ein oder mehrere Monathe von ihren Logen keinen Gebrauch machen wollen, und solche daher bey den Vorstellungen der italienischen Opern der Administration zur Verfügung überlassen, auf die versicherten 300 Vorstellungen keinen Anspruch machen können. Sollte daher bis zum 1. jedes eintretenden Monathes der für eine abonnirte Loge im voraus bestimmte Betrag nicht erlegt worden seyn, so wird die Administration dieselbe für die in diesen Monath statt findenden italienischen Opern-Vorstellungen, als zu ihrer freyen Disposition gestellt ansehen, und sohin weiter vergeben.

Diejenigen P. T. Abonnenten endlich, welche ihre bisherigen Logen oder Sperrsitze für das eintretende Abonnements-Jahr beyzubehalten gesonnen sind, werden gebeten, längstens bis 25. November davon gefälligst an der obenbenannten Theaterkasse Nachricht geben zu wollen. Nach Verlauf dieser Zeitfrist würde sich die Administration gleichfalls ermächtiget finden, mit diesen Logen oder Sperrsitzen für das neu eröffnete Abonnement weiter zu verfügen.

Wien, den 20. November 1822.

Die Administration
des k. k. Hoftheaters nächst dem Kärnthnerthore.

NACHRICHT, 10. März 1823

Nachricht.

Die Beschwerden der Reise sowohl, als der nunmehr zur möglichsten Beschleunigung der italienischen Opernvorstellungen von Seite der Mad. Fodor, so wie aller übrigen Sänger angewandte verdoppelte Eifer, haben der Erstern plötzlich eine heftige Halsentzündung zugezogen. Da durch dieses unerwartete Ereigniß die bereits auf heute angekündigte erste Vorstellung der Oper Otello bis zur Herstellung der Mad. Fodor verschoben bleiben muß, so werden die P. T. Logen-Abonnenten hiermit ergebenst verständiget, daß das erste Monath des während der Dauer der italienischen Opernvorstellungen für die abonnirten Logen zu entrichtenden monathlichen Betrages, vom Tage der ersten stattfindenden Vorstellung beginnen werde.

NACHRICHT, 1. April 1823

Preise in Conventions-Münze.

Eine Loge – – – –	16 fl. – kr.
Ein gesperrter Sitz um Parterre und Gallerie –	2 fl. 24 kr.
Ein gesperrter Sitz im vierten Stock – –	1 fl. 36 kr.
Eintritt ins Parterre und Gallerie – –	1 fl. 20 kr.
Eintritt im vierten Stock – – –	1 fl. – kr.
Eintritt im fünften Stock – – –	– fl. 30 kr.

Zufolge höheren Auftrages wird die bestehende Theaterordnung, welche im Jahre 1800 auf allerhöchsten Befehl bekannt gemacht worden, insbesondere aber
die §. §. 17 und 18, wodurch die Wiederholung eines Gesang- oder Tanzstückes, da solche das Theaterpersonale ermüdet, und die Vorstellungen übermäßig verlängert,
der §. 19, wodurch das wiederholte Applaudiren, so wie das wiederholte Hervorrufen und Herausklatschen des Theaterpersonals, dann
der §. 20, wodurch das Pfeifen, Zischen, Stoßen mit den Stöcken und Füßen u. dgl. untersagt wird, hiermit in Erinnerung gebracht.

BEKANNTMACHUNG, 5. April 1826

Bekanntmachung.

Die Pachtungs-Administration gibt sich hiemit die Ehre anzuzeigen, daß das k. k. Hoftheater nächst dem Kärnthnerthore in der zweyten Hälfte des Monats April d. J. eröffnet werden wird.

Die deutsche Oper und das Ballet werden im Laufe des ganzen Jahres gegeben, die italienischen und allenfalls auch französischen Opern-Vorstellungen werden mit den ersten beyden Spectakeln abwechseln, daß im ganzen Jahre 300 Vorstellungen, worunter wenigstens 50 große italienische Opern mitbegriffen sind, Statt finden.

Die Abonnementsbedingnisse für die im 3. Stock noch zu vermiethenden Logen, wie auch überhaupt für die Sperrsitze, können von heute an im Eckhause in der Kärnthnerstraße Nro. 1038 im ersten Stock, bey dem Kassier des genannten Theaters, Herrn Anton Kantzler, eingesehen und unterzeichnet werden, welcher auch die Geldbeträge zu empfangen und zu bestätigen ermächtiget ist.

Wien den 5. April 1826.

THEATER-ANZEIGE, Juli 1826

Theater-Anzeige.

Die Vorstellungen der französischen Oper und Vaudevilles werden in den Monathen July, August und September d. J. mit der deutschen Oper und Balleten abwechselnd Statt finden. Es ist daher, vom 1. July d. J. anfangend, ein Abonnement für die Logen eröffnet worden, welches für eine Loge, nur für einen Monath gemiethet, 200 fl. C. M., für alle drey Monathe gemiethet 400 fl. C. M. beträgt, welche Summe in 3 Raten mit 133 fl. 20 kr. voraus zu entrichten ist.

Die P. T. Herren Subscribenten, welche auch diesem neuen Abonnement beytreten, für alle 3 Monathe, oder auch nur monathweise, genießen den Vortheil, ihre dermaligen Logen beybehalten zu können, und haben im Abonnement für einen Monath 133 fl. 20 kr., für alle drey Monathe aber nur 266 fl. 40 kr. in monatlichen Raten pr. 88. fl. 53 kr. voraus zu entrichten, jedoch werden sie ersucht, bis inclusive 28. d. M. ihre Erklärung bey der Theater-Kasse gefälligst abzugeben.

Die P. T. Herren Theilnehmer an diesem neuen Abonnement genießen alle im Laufe dieser drey Monathe täglich stattfindenden Vorstellungen, mit Ausnahme einiger den Herren Künstlern bewilligten Beneficen.

ANNONCE, November 1826

Annonce.

M$^{r.}$ H. Brice à l'honneur de prévenir MM. les Souscripteurs et Amateurs des Spectacles français que les representations commenceront Vendredi prochain 10. Novembre à 9 heure ½ precise du soir.

Elles auront lieu dans la petite Salle de Redoute Imp. Et Roy.

Le repertoire sera varié et composé de Comedies et Vaudevilles etc. etc.

S'adresser pour retirer les Billets de Souscription chez Mr. Brice à l'adm$^{tion.}$ sur le Graben N$^{ro.}$ 1122, 2me etage, 2me escalier.

THEATER-ANZEIGE, Jänner 1829

K. K. Hoftheater n. d. Kärnthnerthore.

Die unterzeichnete Pacht-Verwaltung hat mit lebhaftem Danke die Theilnahme erkannt, welche ihre erste vorläufige Anzeige über die Wiedereröffnung des k. k. Hoftheaters nächst dem Kärnthnerthore bey einem hohen Adel und dem verehrungswürdigen Publikum erregte. Seitdem war dieselbe rastlos bemüht, die vielfältigen Theile ihrer Kunstanstalt nach ordnungsmäßiger Grundlage zu einem neuen Ganzen zu verbinden. Mancherley Hindernisse, deren Aufzählung zu weitläufig seyn würde, konnten nur mit großen Kosten und Zeitverlust beseitigt werden. Letzterer, durch den Einfluß der ungünstigsten Witterung auf die Reisen der engagirten Mitglieder und die Vorbereitungen der Bühne erzeugt, soll dennoch nur wenig die früher angegebenen Tage der Eröffnung verzögern.

Die Pacht-Verwaltung bittet alle Theaterfreunde, vorzüglich aber ihre P. T. Geehrten Abonnenten, um kurze Nachsicht, und kündigt an, daß

die erste Vorstellung im k. k. Hoftheater nächst dem Kärnthnerthore
den 6. Jänner 1829
gewiß erfolgen werde.

Die Pacht-Verwaltung nimmt wiederholt die bekannte allgemeine Huld und Güte der Bewohner dieser Kaiserstadt, vorzüglich bey ihren ersten Schritten, in Anspruch.

Die Pacht-Verwaltung
des k. k. Hoftheaters nächst dem Kärnthnerthore.

BEKANNTMACHUNG, Dezember 1829

K. K. Hoftheater n. d. Kärnthnerthore.

Indem die unterzeichnete Pachtverwaltung dieses k. k. Hoftheaters die P. T. Abonnenten auf Logen, Sperrsitze und Eintritte geziemend zur Erneuerung des Abonnements einladet, ersucht sie Dieselben, einen Rückblick auf ihre bey dem Beginnen dieser Unternehmung erlassene Bekanntmachung zu richten, um daraus die Ueberzeugung zu schöpfen, daß keine der darin gemachten Zusagen unerfüllt geblieben sey. Wenn es der Beharrlichkeit der Verwaltung gelang, schon im ersten Pachtungsjahre, in welchem, der Natur der Sache nach, Schwierigkeiten mancherley Art ihre Bemühungen erschwerten, den übernommenen Verbindlichkeiten pünktlich nachzukommen, so hofft sie mit desto größerer Zuversicht, für die Folge die Zusage ertheilen zu können, daß sie ihrem ausgesprochenen Zwecke, der Erhebung und Belebung der beyden Kunstzweige: Oper und Ballet, immer näher zu kommen sich bestreben werde. Ohne sich in näheren Details einzulassen, mögen die P. T. Abonnenten sich versichert halten, daß mit mehreren der bedeutendsten Künstler für Gesang und Tanz Einleitungen getroffen sind, um der Kaiserstadt im Verlaufe des zweyten Pachtjahres den Genuß ihrer Talente zu verschaffen.

Obwohl die Pachtverwaltung, welcher wohl Niemand den Vorwurf des Eigennutzes machen wird, nichts anderes beabsichtigt, als den ehrenvollen Fortbestand eines, dem hohen Adel und dem Publikum, so wie den zahlreichen Fremden, welche Wien mit ihrem Besuche beehren, interessanten Institutes, auf eine Art sicher zu stellen, wie sie dem Glanze der Hauptstadt einer großen Monarchie und der Würde eines k. k. Hoftheaters gebührt, sieht sie sich dennoch genöthiget, um zwischen Ausgabe und Einnahme ein annäherndes Verhältniß herzustellen, die Abonnementspreise etwas zu erhöhen, wobey sie jedoch die Versicherung ertheilt, dass dieselben, sobald die Umstände es nur einigermaßen gestatten, wieder herabgesetzt werden sollen.

Das jährliche Logen-Abonnement
wird von heute an eröffnet, und die Kasse des k. k. Hoftheaters nächst dem Kärnthnerthore (in der Kärnthnerstraße Nr. 1038, im ersten Stocke) ist angewiesen, in den gewöhnlichen Amtsstunden, nähere Nachricht zu geben.

Auch ist daselbst weitere Auskunft über
ein jährliches Abonnement auf gesperrte Sitze und über den Eintritt allein
zu erhalten.

Uebersicht der Preise.

Abonnement
Für dreyhundert Vorstellungen im Jahre.

Eine Loge jährlich, zahlbar in zwey halbjährigen Raten
(1. Jänner und 1. July)   1300 fl. C. M.

Ganzjährig, vorhinein:

Ein gesperrter Sitz im Parterre	180 fl.
Deßgleichen im dritten Stock	140 fl.
Deßgleichen im vierten Stock	120 fl.
Eintritt in das erste Parterre	100 fl.

Auf sechs Monathe, vorhinein:

Ein gesperrter Sitz im Parterre	100 fl.
Deßgleichen im dritten Stock	80 fl.
Deßgleichen im vierten Stock	70 fl.
Eintritt in das erste Parterre	60 fl.

Täglicher Eintritt.

Eine Loge	8 fl. – kr. C. M.
Ein gesperrter Sitz im ersten Parterre	1 fl. 24 kr.
Deßgleichen im dritten Stock	1 fl.
Deßgleichen im vierten Stock	– fl. 40 kr.
Eintritt in das erste Parterre	1 fl.
Eintritt in das zweyte Parterre und den dritten Stock	– fl. 36 kr.
Eintritt in den vierten Stock	– fl. 24 kr.
Eintritt in den fünften Stock	– fl. 12 kr.

Die Abonnement-Zahlungen werden bey dem Cassier, Herrn Anton Kantzler, erlegt, und von demselben darüber quittirt.

Wien, im December 1829.

Die Pachtverwaltung
des k. k. Hoftheaters nächst dem Kärnthnerthore.

ANZEIGE, 1. September 1830

Die Kasse dieses k. k. Hoftheaters befindet sich von heute an in der Sattlergasse, Nr. 1037, neben dem Theatergebäude, zu ebener Erde, wohin man sich sowohl wegen dem täglichen Verkaufe der Logen und Sperrsitze, als auch wegen dem Abonnement gefällig wenden wolle.

ABONNEMENTS-ANZEIGE, 30. Juli 1831

K. K. Hoftheater n. d. Kärnthnerthore.
Abonnements-Anzeige.
Bedingungen des Abonnements.

1. Dasselbe beginnt mit dem 1. September 1831 und dauert bis zum letzten August 1832, in welchem Zeitraume deutsche Opern und Ballete abwechselnd zur Darstellung gebracht werden sollen.
2. Wird den P. T. Abonnenten im Laufe dieses Jahres eine Anzahl von wenigstens 300 Vorstellungen zugesichert.
3. Wenn Bey Ankunft Eines oder mehrerer italienischen Künstler von Auszeichnung, italienische Opern zur Ausführung gebracht werden sollten, könnten doch diese Darstellungen nie länger als durch drey sich folgende oder getrennte Monathe im Jahre Statt finden, während welchem Zeitraume die P. T. Abonnenten ersucht werden, folgende Daraufzahlungen monathlich zu leisten:

Für eine Loge	100 fl. C. M.
Für einen Sperrsitz im Parterre	10 fl. C. M.
Für einen Sperrsitz im 3ten Stocke	7 fl. C. M.
Für einen Sperrsitz im 4ten Stocke	5 fl. C. M.

   Die P. T. Abonnenten, welchen es nicht gefällig wäre, diese Daraufzahlungen zu entrichten, würden das Recht verlieren, von ihren Logen oder Sperrsitzen bey den angeführten italienischen Vorstellungen Gebrauch zu machen, und sofort nur auf 280 Darstellungen im Abonnement Anspruch machen können.
4. Das Abonnement für Sperrsitze und den Eintritt ist nur für die auf dem Billete bemerkte Person gültig; die Abonnements-Karte kann daher unter keiner Bedingung abgetreten werden.
5. Zur Handhabung der Ordnung und zur Sicherheit der P. T. Abonnenten werden dieselben ersucht, die Abonnements-Karten beym Eintritte den Billeteurs jedes Mahl vorzuzeigen, da diese für die Beobachtung dieser Maßregel verantwortlich gemacht werden.
6. Bey Unterzeichnung des Logen-Abonnements wird die erste Hälfte des bestimmten ganzjährigen Betrages alsogleich, die zweyte Hälfte aber am letzten Februar 1832 erlegt.

7. Das Abonnement wird, vom 7. August d. J. angefangen, an der Kasse dieses k. k. Hoftheaters, Sattlergasse Nro. 1037 zu ebener Erde, unterzeichnet, wo auch zugleich die Geldbeträge entrichtet werden.

Abonnements-Preise.

	Conv. Mze.
Eine Loge, ganzjährig, im ersten und zweyten Stocke, oder im Parterre	1000 fl.
Ein Sperrsitz im Parterre, ganzjährig	160 fl.
Ein Sperrsitz im Parterre, für 6 Monathe	90 fl.
Ein Sperrsitz im 3ten Stocke, ganzjährig	120 fl.
Ein Sperrsitz im 3ten Stocke, für 6 Monathe	70 fl.
Ein Sperrsitz im 4ten Stocke, ganzjährig	100 fl.
Ein Sperrsitz im 4ten Stocke, für 6 Monathe	60 fl.
Eintritt in das Parterre, ganzjährig	80 fl.
Eintritt in das Parterre, für 6 Monathe	50 fl.

8. Die P.T. Abonnenten können wohl ihre Logen nach Gefallen veräußern, doch sind sie nicht berechtigt, den Verkauf derselben unter dem von der Administration bestimmten Preise öffentlich bekannt zu machen.

Wien, am 30. July 1831. L. Duport.

ANZIGE, 26. August 1834

Da es wahrscheinlich ist, daß im Monathe März 1835: Opernvorstellungen in italienischer Sprache in diesem k. k. Hoftheater beginnen werden, so wird den verehrten P. T. Herren Abonnenten für Logen, Sperrsitze und Eintritt zur vorläufigen Kenntniß gebracht, daß in diesem Falle nur 270 bis 280 Vorstellungen im jährlichen Abonnement für deutsche Opern und Ballete Statt finden können; daß die an der Zahl von 300 fehlenden Vorstellungen nach dem jährlichen Abonnementspreise vergütet werden, und daß die P. T. Herren Abonnenten, bei einer zu errichtenden Unterzeichnung für italienische Opernvorstellungen, auf ihre Logen und Sperrsitze vorzüglichen Anspruch zu machen haben.

ANZEIGE, April 1835

K. K. Hof-Theater
Nächst dem Kärnthnerthore.

Die italienische Operngesellschaft wird noch im Laufe des gegenwärtigen Monathes, oder doch spätestens in den ersten Tagen des Monathes April mit ihren Vorstellungen, 32 an der Zahl, beginnen.

Sie besteht aus den Sig.^re. Schütz-Oldosi, Tadolini, erste Sängerinnen, Franchini, als Musico, und noch einer vierten – aus den ersten Tenorsängern Sig.^ri. Poggi und Santi, den ersten Basssängern Sig.^ri. Cartagenova und Frezzolini – dann noch 3 anderen Sängern für zweite Partien, und dem Director Sig.^r. Merelli.

Die darzustellenden Opern werden aus den dermal in Italien beliebtesten, nämlich: Scaramuccia, Elisire d'Amore, Anna Bolena, Furioso, Sonnambula, Norma u. s. w. gewählt werden.

Folgende Preise sind bestimmt:

Im Abonnement:

	Conv. Mze.
Eine Loge mit dem Rechte der Cession	500 fl.
Ein gesperrter Sitz im Parterre oder auf der 1. Gallerie mit dem Rechte der Cession	80 fl.
detto detto im dritten Stocke mit dem Rechte der Cession	60 fl.
detto detto im vierten Stocke mit dem Rechte der Cession	40 fl.
Eintritt in das Parterre oder auf die 1. Gallerie, doch ohne dem Rechte der Cession	40 fl.

Täglich:

Eine Loge	25 fl. – kr.
Ein gesperrter Sitz im Parterre oder auf der ersten Gallerie	3 fl. – kr.
detto detto im dritten Stocke	2 fl. 20 kr.
detto detto im vierten Stocke	1 fl. 40 kr.
Eintritt in das Parterre oder auf die erste Gallerie	2 fl. – kr.
detto in den dritten Stock	1 fl. 20 kr.
detto in den vierten Stock	1 fl. – kr.
detto in den fünften Stock	40 kr.

ANZEIGE, 23. Mai 1835

Da die italienische Operngesellschaft nach geendeten zugesagten 32 Vorstellungen bis zum Schlusse des Monates May 1835 in Wien zu verbleiben hat, so werden, mit Beibehaltung der bei deutschen Opern und Balleten gewöhnlichen Preise und im Abonnement für deutsche Opern und Ballete, noch einige italienische Opernvorstellungen Statt finden, welche zur Zahl der den P. T. verehrten Hrn. Abonnenten für deutsche Opern und Ballete zugesicherten jährlichen 300 Vorstellungen gerechnet werden.

ANZEIGE, 2. Juni 1835

Da mit der dermal hier anwesenden italienischen Operngesellschaft eine neue Uebereinkunft getroffen wurde, so werden, mit Beibehaltung der bei deutschen Opern und Balleten gewöhnlichen Preise und im Abonnement für deutsche Opern und Ballete, noch einige italienische Opernvorstellungen Statt finden, welche zur Zahl der den P. T. verehrten Herren Abonnenten für deutsche Opern und Ballete zugesicherten 300 Vorstellungen gerechnet werden.

REZENSIONEN

Ausgewählte Rezensionen sollen einen Überblick über die Darbietungen der Wiener Hofoper im Zeitraum von 12. November 1810 bis 31. März 1836 bieten. Die Kritiken werden, soweit es der Rahmen der Publikation zuläßt, in ihrer kompletten Gestalt wiedergegeben, Auslassungen gekennzeichnet ([…]). Zusätze sind in [eckige] Klammer gesetzt, Fußnoten so sparsam als möglich eingefügt. Als wichtigste Quellen seien die Leipziger *Allgemeine musikalische Zeitung* (deren Korrespondenten in sehr übersichtlicher Form über die Aufführungen berichteten), die *Allgemeine musikalische Zeitung, mit besonderer Rücksicht auf den österreichischen Kaiserstaat* und die von Adolph Bäuerle herausgegebene *Wiener Theaterzeitung* genannt. Sofern die Verfasser der Rezensionen angegeben sind, werden sie (auch mit Initialien) angeführt. Die Rezensionen sind nach den Daten der Aufführungen geordnet.

Das K. K. Hoftheater nächst dem Kärnthnerthor
Privatbesitz

Giovanni David
Privatbesitz

Norma von Vincenzo Bellini, 11. Mai 1833
Wien, Theatermuseum

12. November 1810: *Die Vestalinn* (Gaspare Spontini)[1]

Wien. – Am 12. d. M. sahen wir im k. k. Hof-Theater nächst dem Kärnthnerthore (welches nun ausschlüßig zum Opern-Theater, so wie jenes nächst der Burg bloß für die deutschen Schauspiele bestimmt zu seyn scheint) zum ersten Mahle: Die Vestalin, eine große Oper mit Ballet in 3 Aufzügen. Nach dem Französischen metrisch bearbeitet von J. R. Seyfried. Musik von G. Spontini, Director der kais. Opern in Paris. Decorationen von Melchior und Scheuerer. Ballets von Herrn Julius Vigano.

[...] Was die Musik betrifft, müssen wir vor Allem bemerken, daß es unmöglich sey, über ein so großes und kompliziates [!] Musikwerk, vom bloßen hören, zumahl von ein Paar Mahl hören, im Detail zu sprechen; wozu es durchaus nöthig ist, die Partitur vor sich zu haben, die uns fehlt.

Wir können daher nur von dem ersten Eindrucke reden, den diese Musik auf uns gemacht hat; und so sey es uns erlaubt, einige Bemerkungen im Allgemeinen vorauszuschicken, und dann diejenigen Tonstücke anzuführen, die uns von vorzüglicher Wirkung geschienen haben.

[...] Die größtentheils tief studirte Instrumentirung dürfte in manchen Stellen überladen scheinen; die Recitative (diese am schwersten zu lösende Aufgabe im dramatischen Tonsatze) dünken uns hie und da zu manierirt, durch einen zu großen Umfang von Tönen und zu häufige Ausweichungen von der Declamation zu entfernt, der sie doch so nahe als möglich kommen sollen, wie Gluck uns durch Wort und Beyspiel lehrt; auch in den zeitgemessenen Tonstücken scheinen uns die Ausweichungen zu liberal, und manchmal gezwungen angebracht; ja, wenn wir anders unserm Gehör trauen dürfen, sind einige derselben sogar unregelmäßig geleitet.

Das Feuer, das einige Tonstücke so trefflich erhebt, scheint anderen wieder abgeborgt zu seyn, die gegen jene um vieles schwächer sind; wodurch der Charakter des Ganzen ungleich wird.

Die Chöre sind sehr schön, doch ist unter den weiblichen Chören keiner zu finden, der neben einem Gluck'schen Chor der Priesterinnen in: Iphigenia gesetzt werden könnte, und unter den vierstimmigen Chören keiner wie der Chor der Argonauten, oder der göttliche Vermählungschor in Cherubini's Medea.

Nichts desto weniger ist dieses Singspiel von hohem Verdienste. Der so seltene, und so achtungswerthe Stempel der Originalität ist ihm durchaus

---

[1] *Der Sammler*, 17. 11. 1810, S. 562.

aufgedrückt; viele Stellen, besonders zärtliche und rührende, sind von hinreißender Schönheit.

Den ausgezeichnetsten Beyfall erhielten: Das Duett des Licinius und Cinna in der ersten Scene des ersten Acts; (welches von den Herren Siboni und Vogl meisterhaft vorgetragen wurde); die zweyte Hälfte der großen Scene Julia's im zweyten Aufzuge (zu deren vollendeten Ausführung uns Mlle. Fischer, so eine schätzenswürdige Sängerinn sie auch ist, dennoch zu schwach scheinet); das Terzett der Julia, des Licinius und Cinna gegen Ende dieses Acts; der Finalchor desselben, welcher einen unbeschreiblich großen Effect macht, und, nach unserer Meinung, das vorzüglichste Tonstück der ganzen Oper ist; endlich im dritten Acte das meisterhafte, mit dem ebenerwähnten Chor um den Rang streitende Duett des Licinius und des Pontifex; der Trauerchor; und die Abschieds-Scene der Julia.

Die mit einem Chor der Krieger verbundene Arie des Licinius im letzten Aufzuge dünkte uns mit der übrigen Musik nicht eines Geistes, und dürfte vielleicht eingelegt seyn.

Herr Siboni, dem wir schon als ausgezeichneten italienischen Sänger kannten, hat als deutscher Sänger unsere Erwartung weit übertroffen. Er spricht nicht nur sehr deutlich aus, sondern er declamirt sogar vortrefflich. Wenn man die Schwierigkeiten der Declamation in einer fremden Sprache erwägt, und sich die Mühe denkt, die es Hrn. Siboni gekostet haben muß, es hierin beynahe zur Vollkommenheit zu bringen; verdient derselbe die wärmste Erkenntlichkeit des Publicums. Auch hat sich dieser verdienstvolle Künstler noch durch den verständigen Unterschied, den er im Vortrage des deutschen Gesanges gegen den italienischen beobachtete, ein Recht auf erhöhten Beyfall erworben. Die Recitative trug er mit edler Simplicität vor; und auch in den Arien brachte er nur sparsame und wohlgewählte Verzierungen an. Überhaupt riß sein Gesang, voll Empfindung und Ausdruck, zum regsten Mitgefühle hin.

Die heroische deutsche Oper hat an Hrn. Siboni eine überaus glückliche Acquisition gemacht; und es ist zu hoffen, dass seine fortgesetzten, mit so schönem Erfolg gekrönnten [!] Bemühungen in Kurzem auch noch den ohnehin kaum merklichen fremden Accent, der zwar sehr selten, aber doch manchmal, zu hören war, gänzlich verbannen werden.

Herr Vogl sang und spielte seiner würdig.

Mlle. Fischer, als Julia, und Mlle. Buchwieser als Oberpriesterinn erhielten, und verdienten allen Beyfall.

Herr Saal sang zwar den Part des Oberpriesters mit gewohnter Kunstrichtigkeit; doch glauben wir; daß diese Rolle durch Hrn. Weinmüller (dem wir für die Liebe zur Kunst, welche ihn, unsern vorzüglichsten deutschen Sänger, den Chor der Priester durch seine unvergleichliche Baßstimme zu vervollkommnen bewog, die lebhafteste Erkenntlichkeit schuldig sind) noch vortheilhafter erschienen wäre.

Die Ballets erhoben sich nicht über die Mittelmäßigkeit.

Hohe Ehre aber gebührt der Direction, welche diese Oper mit einer, an Verschwendung gränzenden Pracht in die Scene setzte. Die Decorationen sind sehr schön, das Costüm eben so getreu als prunkvoll, die Chöre ungewöhnlich stark besetzt, die Statisten zahlreich. Wir können uns in dieser Rücksicht kaum einer vollendeteren Vorstellung auf den Hof-Theatern erinnern. [...] M.

2. Jänner 1811: *Titus der Gütige* (Wolfgang Amadeus Mozart)[2]

Theater. In dem k. k. Hof-Opertheater wurde am 2ten *zum ersten Male* Mozarts Titus in deutscher Sprache gegeben, und erst am 14ten und 17ten wiederholt. Schwer lässt es sich erklären, warum diese Oper, welche vor einigen Jahren in dem Theater an der Wien oft und gern gesehen wurde, auf dem Hoftheater so geringen Beyfall und so wenige Zuhörer sich erwirbt, wenn wir nicht die Ursache in der zum Theil ungünstigen Rollen-Besetzung und in den unverständlich gegebenen Recitativen suchen, wodurch dem Zuhörer die Uebersicht des Zusammenhangs des Ganzen erschwert wird. Es ist wahr, die italienischen Opern werden alle recitirt: aber der Italiener giebt sich auch alle Mühe, jedes Wort deutlich auszusprechen, indess die meisten deutschen Sänger und Sängerinnen diese Gattung Musik als Nebensache betrachten, und alles gethan zu haben glauben, wenn sie ihre Arien, Duetten etc. gut singen. – Im Einzelnen erhält Hr. Siboni (Titus) den ihm gebührenden Beyfall; ganz vortrefflich aber ist Dem. Buchwieser (Sextus), sowol dem Gesange als dem Spiele nach, welches letztere ihre schöne Gestalt und ihre treffliche Haltung in jeder Hinsicht erhöht. Sie wurde mehrmals während des Stücks, und vorzüglich nach der Arie: Ich schwöre! (*Parto!* in B dur mit obligater Clarinette), mit rauschendem Zuklatschen hervorgerufen. Aber das Verdienst einer Einzigen ist nicht für das Ganze der Darstellung entscheidend. Mad. Campi als Vitellia *sang* mit Anstrengung – ja, wir glauben mit zu viel Anstrengung; denn kaum erkannte man die Partie, so wie Mozart sie geschrieben, vor Ueberladungen: aber auch Worte zu verstehen bemühte man sich vergebens; daher ward ihr nur wenig Beyfall. Die übrigen Sänger können füglich mit Stillschweigen übergangen werden. Auch der Brand des Capitols ist den Hoftheater-

---

[2] *Allgemeine musikalische Zeitung*, 20. 2. 1811, Sp. 145/146.

Malern, Hrn. Janitz und Melchior – obgleich *der Rauch* dabey natürlich vorgestellt wird! – nicht vorzüglich gelungen.

9. März 1811: *Achille* (Ferdinando Paër)[3]

Am 9ten trat Hr. Brizzi vom Münchner Hoftheater als Achill in der Pär'schen Oper gleichen Namens zum ersten Mal auf. Die Direction hatte die Gefälligkeit für Hrn. Brizzi, demselben die erste Vorstellung zu seinem Vortheile zu überlassen. Das Haus war voll, folglich die Einnahme bedeutend. Bey jeder der späteren Wiederholungen würde dieselbe ohne Vergleich geringer gewesen seyn, da schon bey der dritten (und bis jetzt *letzten*) Vorstellung das Haus leer war. Hrn. B. schätzte man mit Recht als Künstler sehr, in früheren Jahren; jetzt aber, nachdem seine Höhe so viel verloren hat, und an die Stelle der Tenor-Stimme ein (nicht sonorer) Bass getreten ist, ist man von dem ehemaligen unmässigen Enthusiasmus für ihn zurückgekommen. Er wurde am Ende des Stückes, vermuthlich wegen des Genusses, den er uns bey seiner früheren Anwesenheit verschaffte, hervorgerufen. Statt der Dem. Fischer (oder Buchwieser) sang Mad. Campi die Rolle der Briseis; da man aber bey vollstimmigen Musikstücke nur einzelne Töne zu hören bekommt, und ihre Stimme nichts durchzudringen vermag; man sich auch vergebens anstrengt, *was sie singt* zu verstehen: so brachten uns diese und die folgenden Darstellungen nur zu sehr die früheren, ungleich besseren Aufführungen dieser Oper in Erinnerung. Obgleich die Hoftheater-Direction mit gewohnter Liberalität dieser Oper mit sieben neuen Decorationen, prächtiger Kleidung, athletischen Spielen, durch zahlreiche Chöre und noch zahlreichere Statisten, allen Reitz zu verschaffen suchte: so bewährte es sich doch abermals, dass der Geschmack des Publicums zu italienischen Opern grösstentheils im Abnehmen ist.

24. April 1811: *Quinto Fabio Rutiliano* (Giuseppe Nicolini)[4]

Am 24sten wurde zum ersten Mal die von Hrn. Nicolini für das hiesige k. k. Hofopern-Theater componirte heroische italienische Oper: *Quinto Fabio Rutiliano*, in zwey Aufzügen, von Hrn. Giuseppe Rossi, unter der Leitung des Componisten gegeben, worin Hr. Velluti zum ersten Mal auftrat. Obgleich die Musik, wie uns däucht, für besser gehalten werden könn-

---

[3] *Allgemeine musikalische Zeitung*, 24. 4. 1811, Sp. 287/288.
[4] *Allgemeine musikalische Zeitung*, 22. 5. 1811, Sp. 356.

te, als die zwey früher hier gehörten Opern dieses Componisten: (Trajan und Coriolan)[5] so ist doch die Handlung des Süjets höchst gedehnt und langweilig. Was aber Hr. Nicolini mit seiner Ouverture hat sagen wollen, und was für Zwecke er durch seine Janitscharen-Musik (in einem römischen Stücke!) hat erreichen wollen: das ist schwer zu errathen. Bey Hrn. Velluti bemerkten wir mit Vergnügen, dass seine Stimme sowol an Biegsamkeit, als an Reinheit und Höhe gewinne, und dass der Fleiss desselben, auf der begonnenen Künstlerbahn fortzuschreiten, von gutem Erfolg ist. Die zweyte Vorstellung war zum Vortheile des Hrn. Siboni, dieses auch um die deutsche Oper verdienten Sängers. Nur bedauerten wir, dass seine Wahl auf *diese* Oper gefallen war, bey welcher das Haus beynahe zur Hälfte leer blieb. Hr. Velutti wurde vier Mal hervorgerufen; am Ende erschienen nebst demselben, Dem. Fischer (die sehr brav sang, und aufs Neue für die nächsten fünf Monate engagirt ist), und Hr. Siboni, mit dem Hrn. Nicolini in ihrer Mitte.

1. Jänner 1812: *Medea* (Luigi Cherubini)[6]

Hofoperntheater. Mit dem ersten Tage dieses Jahres wurde der Wunsch so vieler Kenner und Liebhaber der theatralischen Musik auf eine sehr angenehme Art erfüllt: man gab an diesem Tage – nach einer Pause von mehr als neun Jahren – zum ersten Mal wieder die schon seit einigen Monaten erwartete grosse tragische Oper: *Medea*, in drey Aufz., mit Musik von Cherubini. Das Sujet ist bekannt: nicht so bekannt ist die Musik. Ref. erinnert sich nicht, dass ausser Wien, und Berlin vor geraumer Zeit, dieses Meisterwerk – das *Höchste*, was im Tragischen die Musik neuerer Zeit hervorbrachte – auf einer Bühne Deutschlands aufgeführt worden wäre. Freylich sind der Schwierigkeiten, dieses Werk nach Würde darzustellen, nicht wenige zu überwinden; und nur grössere Theater, ausgerüstet mit einem trefflichen Orchester, wohlbesetzten Chören, u. s. w. dürfen dies unternehmen, und erwünschten Erfolg erwarten. Aber auch, welch ein Genuss wird einem gebildeten, für ächte Musik empfänglichen Publicum bereitet, wenn die Darstellung so gelungen heissen kann, als diejenige war, wodurch sich unser Hofoperntheater auszeichnete. Obgleich alle mitspielenden Personen rühmlichst erwähnt zu werden verdienen; so strahlt doch Mad. Milder-Hauptmann als Medea, durch ihren edlen Anstand, ihre treffliche Haltung,

---

[5] Nicolinis *Trajano in Dacia* war am 26. 5. 1810, sein *Coriolano* am 10. 9. 1810 zum ersten Mal im Kärntnerthortheater aufgeführt worden.
[6] *Allgemeine musikalische Zeitung*, 26. 2. 1812, Sp. 140/141.

meisterhafte Mimik, richtige Declamation, und vorzüglich durch ihren hinreissenden, alles bezaubernden Gesang, über alle hervor. Man kann sagen, sie feyerte ihren Triumph und dürfte in dieser Rolle jetzt unübertrefflich seyn. Sie wurde mit Enthusiasmus nach dem ersten und letzten Acte, nebst Hrn. Siboni (Jason) hervorgerufen; auch bey allen späteren Wiederholungen verlangte sie das Publicum nach dem ersten Acte, welcher mit einem Duett (E moll) Medea's und Jasons schliesst, zu sehen. Alle einzelnen Schönheiten, die Cherubini's grosser Geist in dieses Werk zu bringen wusste, umständlich zu beschreiben, sey uns erlassen, da es als ein vollendetes Ganze[s] selbst gehört werden will. Eine neue Arie v. Cherubini (A moll), von Hrn. Siboni im zweyten Act eingelegt, und von ihm gesungen, war von vieler Wirkung. Einige Abänderungen jedoch, die bey der Musik vorgenommen wurden, können wir geradezu nicht loben. So vermissten wir sehr ungern die drey letzten Takte beym Schlusse der Arie der Medea des ersten Acts: Sieh die Gattin vor dir – welche der Componist wohl berechnet zur Verstärkung des Effects mit dem in der Arie öfters vorkommenden Worte: „Barbar!" endet. […] Die Chöre gingen ausgezeichnet gut; das Orchesters spielte mit Fleiss und Anstrengung: nur wünschten wir es bey dieser Oper noch mehr verstärkt, besonders die Bässe. Die Decorationen machten Wirkung; eben so war der Zug in den Tempel geschmackvoll angeordnet. Das Haus ist stets, bey jeder Aufführung, gedrängt voll, ob dies gleich bey vielen andern, selbst bey ebenfalls guten Opern, wegen der so sehr erhöhten Theater-Preise, nicht immer der Fall ist.

12. Februar 1812: *Concert*[7]

Am 12ten wurde in dem Hofoperntheater ein Concert veranstaltet, wobey die Vorstellung dreyer berühmter Gemählde statt fand. 1) Eine Ouverture von Hrn. Cartellieri […] war von wenig eingreifender Bedeutung. 2) Das erste Tableau […]. 3) Eine Scene und Cavatine aus *Adelasia und Aleramo*,[8] gesungen von Dem. Ther. Sessi, welche sich an diesem Tage zum ersten Mal öffentlich hören liess. 4) Grosses, ganz neues Concert für das Pianoforte (Es dur), componirt, und Se. K. k. Hoheit, dem Erzherzog Rudolph gewidmet, von Louis van Beethoven, gespielt von Hrn. Carl Czerny. Hr. Cz. spielte mit vieler Sicherheit und Geläufigkeit; er zeigte,

---

[7] *Allgemeine musikalische Zeitung*, 26. 2. 1812, Sp. 210/211.
[8] *Adelasia ed Aleramo* von Giovanni Simone Mayr, am 23. 6. 1807 erstmals im Kärnthnerthortheater aufgeführt.

dass er es in seiner Macht habe, auch die grössten Schwierigkeiten zu besiegen. Mehr Reinheit im Vortrage wäre jedoch seinem Spiele zu wünschen, und würde demselben noch mehr Rundung geben. Die übermässige Länge der Composition verminderte den Total-Effect, den dieses herrliche Geistesproduct sonst ganz gewiss hervorgebracht hätte. 5) Das zweyte Tableau […]. 6) Eine Arie von Guglielmi, aus *Deborah* und *Sisara*, vorgetragen von Hrn. Siboni. 7) Variationen auf der Violin, componirt und gespielt von Hrn. Maiseder. […] 8) Ein Duett aus *Adelasia und Aleramo*, ges. von Dem. Th. Sessi und Hrn. Siboni. Dem. S. sang dieses Duett mit mehr Ausdruck, als die erste Arie. Sie besitzt eine seltene Höhe, und ziemlich viel Geläufigkeit der Kehle; mehr Fertigkeit in der Intonation ist ihr noch anzuempfehlen. Ihr Gesang fand Beyfall. 9) Das dritte Tableau […]. Die Einnahme dieses Abends wird von der *Gesellschaft adelicher Frauen zur Beförderung des Guten und Nützlichen* zur besseren Verpflegung der Findlinge verwendet.

22. Februar 1812: *Zephir, oder: Der wiederkehrende Frühling*
(Louis Antoine Duport)[9]

Am 22sten trat Hr. Duport, Solotänzer in Paris, bey seiner Rückreise von Petersburg, in einem Divertissement, *Zephyr*, oder *der wiederkehrende Frühling* betitelt, auf, und erhielt abermals, wie bey seinem ersten Hierseyn, die lautesten Beweise des Entzückens des sehr zahlreich versammelten Publicums. Er wurde dreymal hervorgerufen. Die Preise der Logen, der gesperrten Sitze, und des ersten Parterre, sind jedes Mal um das Ganze verdoppelt. Wie man sagt, wird Hr. D. in allem zwölf Mal tanzen, und erhält von unserer liberalen Direction, nebst einer Benefiz-Vorstellung, jedes Mal sechzig Ducaten in Golde.

März 1812: *Gastspiel des Herrn Duport*[10]

Hofoperntheater. Hr. Duport, welcher uns im *Zephyr* durch seine Anmuth und bezaubernde Grazie, seine ausdrucksvolle Mimik, und seinen kunstvollen Tanz entzückte, trat noch in folgenden neuen Ballets und Divertissements auf: am 3ten zum ersten Mal in: *Lise und Colin*, oder das übelgehütete Mädchen, in zwey Acten, von der Erfindung des Hrn. d'Auberval und

---

[9] *Allgemeine musikalische Zeitung*, 26. 2. 1812, Sp. 209.
[10] *Allgemeine musikalische Zeitung*, 22. 4. 1812, Sp. 278.

von ihm in die Scene gesetzt. Er hatte für sich die Rolle des Colin gewählt. Das Ballet erhielt allgemeinen Beyfall. Am 16ten war zum ersten Mal: der *spanische Abend*, ein Divertissement in einem Acte; und am 18ten, der *Unbefangene*, ein Ballet von Hrn. D.s eigener Erfindung. Diese beyden letzteren gefielen weniger, als *Zephyr* und *Lise und Colin*. Hr. D. zeichnete sich dennoch auch in diesen Tanzscenen als Meister seiner Kunst aus, und wurde mehrere Male hervorgerufen. Bey allen diesen Ballets verdient unsere Dem. Therese Neumann, ihres Fleisses und ausdrucksvollen Tanzes wegen, eine rühmliche Erwähnung; und wir stimmen recht gern mit in den Beyfall ein, den sie – eine Deutsche, erst siebzehn Jahre alt, und hier ausgebildet – in reichem Maasse von dem jederzeit sehr zahlreich anwesenden Publicum erhielt.

26. Mai 1812: *Ferdinand Cortez, oder: Die Eroberung von Mexico*
(Gaspare Spontini)[11]

Hofoperntheater. Das Merkwürdigste, was ich ihnen von dem hiesigen Musikwesen im verflossenen Monate zu berichten habe, ist die Aufführung des Werks: *Ferdinand Cortez*, oder die Eroberung von Mexico – einer grossen, heroischen Oper in drey Aufzügen, nach dem Französischen von I. F. Castelli, mit Musik von G. Spontini, welche am 26sten zum ersten Male gegeben wurde. Die Erwartung war *gross*, da die *Vestalin*, die erste bedeutende, uns bekannte Oper dieses Componisten, mit so unglaublich grossem Beyfall aufgenommen wurde, und noch immer fortwährend aufgeführt wird; sie war aber auch um so mehr *gespannt*, da wir die verschiedenen, einander fast geradezu entgegengesetzten Urtheile von Paris aus in Ihren Blättern lasen. [...] Das Süjet dieser Oper ist aus lockern Fäden zusammengewebt, u. muss in jeder Hinsicht, im Fortschreiten und in der Entwickelung, der einfachen Handlung in der *Vestalin* nachstehen. Wenn bey vielen andern Opern das Publicum sich mit Arien und Duetten begnügte: so rissen hier, im *Cortez*, die unwiderstehlichen, kraftvollen Chöre dasselbe zur lauten Bewunderung hin. Obgleich einige Duetten, vorzüglich das zwischen Amazilly und Cortez (E dur, No. 3.), äusserst charakteristisch und von grosser Wirkung sind: so sind es doch nur die Chöre, welche allgemeine Sensation machen, und des Kenners Aufmerksamkeit im hohen Grade fesseln. Der Laye indess wird betäubt, und weiss nicht, was er aus den, nur gar zu oft ohne alle Vorbereitung – das Ohr zerreissenden Accorden und Uebergängen machen soll. Wirklich können auch wir uns manche

---

[11] *Allgemeine musikalische Zeitung*, 1. 7. 1812, Sp. 439–441.

Härten nicht anders erklären, als, Sp[ontini] wollte damit eine *besondere*, hohe Wirkung erzwecken, und liess es darum darauf ankommen, was die Kritik dazu sagen werde. So sind z. B. selbst in der Hymne der Priester und Mexicaner des dritten Aufzugs – wo sie das Orakel wegen des Schicksals der drey Gefangenen befragen – Harmonienfolgen, wovor nicht nur der Systematiker, sondern wol auch jedes musikalisch gebildete Ohr erschrickt. – Die Ausführung der äusserst schweren Chöre gereicht dem ganzen Chor-Personale zur Ehre: es war ein Ensemble, welches auch den strengsten Kritiker befriedigen musste. Von schöner und hinreissender Wirkung war eine Hymne der drey Gefangenen (in C moll, welches sich in der Folge sanft in C dur auflöset, und blos von der Harmonie begleitet wird), wobey Hr. Mohrhardt die Hauptstimme sehr schön vortrug. Die Ouverture ist dem Ganzen nicht würdig genug angepasst. Uebrigens sind, sowol in dieser, als in der Oper, mitunter viele ganz gemeine Gedanken, und Wiederholungen aus der *Vestalin*, was uns befürchten lässt, Spontini's Erfindungskraft dürfte sich nur zu bald erschöpfen. – Hr. Siboni (welchem die Direction die erste Aufführung zu seinem Vortheile überliess, und welcher ein gedrängt volles Haus hatte), hatte die Rolle des Cortez, und die Hrn. Vogel und Weinmüller die des Telasco und des Oberpriesters. Schade, dass wir, wegen fortwährender Heiserkeit des Hrn. Siboni, auf manchen Genuss nur halb rechnen können. Die Rolle der Dem. A. Maria Sessi (Amazilly), ist offenbar für sie zu anstrengend, und ihre Stimme vermag nicht durch das starke Accompagnement durchzudringen. Die Ballete sind von der Erfindung des Hrn. Duport, und Hr. Rainoldi, als mexikanischer Possenreisser, wurde für seinen charakteristischen Tanz mit rauschendem Beyfall belohnt. Wir glauben nicht, dass sich diese Oper in dem Maasse, wie die *Vestalin*, auf dem Repertoire erhalten werde.

27. Juni 1812: *Die Zauberflöte* (Wolfgang Amadeus Mozart)[12]

Hofopertheater. Da wir in diesem Theater am 27sten Jun., nach einer langen Pause, Mozarts *Zauberflöte* mit neuer Rollen-Besetzung, neuen Decorationen und Costümen zu sehen bekamen, auch bekannt ward, dass die Direction des Theaters an der Wien diese Oper ebenfalls neu einstudiren liess: so wollte ich die Aufführung im letzteren Theater (am 7ten Jul.) abwarten und Ihnen dann meinen Bericht über beyde Darstellungen zugleich mittheilen.

---

12   *Allgemeine musikalische Zeitung*, 19. 8. 1812, Sp. 558/559.

In der Stadt war folgende Rollen-Austheilung: *Sarastro*: Hr. Weinmüller. Sein Verdienst in dieser Rolle ist zu bekannt, als dass wir noch etwas hinzusetzen sollten. Gesang und Spiel waren auch dieses Mal mit einer würdevollen Haltung durchaus im schönsten Einklang. *Tamino*: Mad. Milder. So gut sie ihre Rolle inne hatte, ja so gut sie dieselbe sang, und mit so viel männlicher Haltung sie diesen, nach Weisheit dürstenden, gefühlvollen, liebenden Jüngling darstellte: so hätten wir doch gewünscht, dass Mad. M. diese Partie nicht übernommen hätte und überhaupt nicht aus ihrem Gleise getreten wäre. Beyde Quintetten, das Terzett: Soll ich die Theure nicht mehr sehn – und alle Duetten mit Pamina gingen durch Uebersteigung der Sopran-Stimme verloren. Die Kunst hätte vor allem von der Direction berücksichtigt werden sollen. *Pamina*: Dem. Antonie Laucher. So sehr wir Dem. L. in einigen kleinern Opern zu schätzen wissen, so fehlt es ihrer Stimme doch durchaus an einer vollen Höhe, wodurch wir so manche Schönheiten in dieser Rolle entbehren mussten. *Königin der Nacht*: Mad. Rosenbaum, geb. Gasmann. Rücksichtlich dieser verdienstvollen, und in früheren Zeiten mit Recht geschätzten Künstlerin, welche auch jetzt noch eine vortreffliche Schule verräth, können wir den Wunsche nicht unterdrücken, sie in Ruhestand gesetzt zu wissen. Sie trat nach einer langen Abwesenheit vom Theater wieder in dieser Rolle auf. Ihre erzwungene Höhe, und die Veränderung der acuten Töne in der Arie: Der Hölle Rache u. s. w. waren für den Kunstfreund keine erfreuliche und gewiss keine geschmackvolle Erscheinung. *Monostatos*: Hr. Neumann. Sein Spiel war leidlich, man war aber im Zweifel, ob das, womit er sang, Stimme genannt werden könne. Mit *Papageno*, Hrn. Demmer d. j. und *Papagena*, Dem. Bondra d. ält. hatte man volle Ursache zufrieden zu seyn. Die Chöre gingen trefflich. Das Orchester verdiente alles Lob. Das ägyptische Costume war geschmackvoll, bis auf die Kopfbekleidung des Tamino, welche für das Auge nichts Vortheilhaftes hatte.

16. Dezember 1812: *Die Zauberflöte* (Wolfgang Amadeus Mozart)[13]

Hofoperntheater. Vieles, und mitunter auch Merkwürdiges, habe ich Ihnen von dem verflossenen Monate zu berichten. Mad. Schönberger, geb. Marconi, ist hier angekommen, und am 16ten zum ersten Male als Tamino in der *Zauberflöte* aufgetreten. Sie ist, und bleibt eine seltene Erscheinung. Ihre ersten Töne: „Zu Hülfe! Zu Hülfe!" machten nicht den angenehmsten Eindruck, und nur nach längerem Anhören söhnte man sich mit der Tiefe

---

[13] *Allgemeine musikalische Zeitung*, 20. 1. 1813, Sp. 49/50.

ihrer, übrigens überaus schönen, reinen und biegsamen Contre-Altstimme aus. Obgleich bey den mehrstimmigen Musikstücken der Werth der Composition nicht so viel verlor, als wenn Tamino von einem Sopran wäre vorgetragen worden: so vermissten wir doch eben so durchgängig die *eigentliche* Tenorstimme, durch welche, und zwar durch *welche allein* wir in den Geist der Composition ganz eindringen, und diese vollkommen zu geniessen in den Stand gesetzt werden können. Das Spiel der Mad. Sch. und ihre deutliche Aussprache können mit Recht als musterhaft gepriesen werden. Sie wurde am Ende einstimmig herausgerufen. […]

19. Dezember 1812: *Der Bergsturz* (Joseph Weigl)[14]

Am 19ten sahen wir zum ersten Mal *den Bergsturz*, ein neues Singspiel in drey Aufz., von Hrn. Friedr. Reil, Schauspieler des k. k. Hoftheaters, in Musik ges. von dem eben so fleissigen als verdienstvollen Hrn. Joseph Weigl, Opern-Director und Kapellm. der k. k. Hoftheater. Der Dichter wählte zu seinem Gegenstande eine wirkliche Begebenheit aus der Geschichte unserer Tage, nämlich den schrecklichen Bergsturz in der Schweiz, bey Goldau, unweit des Rigiberges, wodurch bekanntlich am 2ten Septembr. 1806 eine ganze Familie, welche auf einem einsamen Bauer[n]hofe wohnte, und zwar, wie hier der Dichter sagt, in eben dem Augenblicke verschüttet wurde, wo die älteste Tochter, Josephine (Dem. Bondra d. ält.) des Landmanns Hatwyl (Hr. Weinmüller) mit dem Sohne des ehemaligen Retters ihres Vaters, Willer (Hr. Mohrhardt), zum Traualtare gehen sollte. – Wäre der zweyte und dritte Act eben so interessant, als der erste, so würden wir dem Verfasser für dieses sein Original-Singspiel vielen Dank wissen. Eben so sagte das Idyllische des ersten Actes der Individualität des Componisten an besten zu, und unter die gelungenen Stücke gehören in demselben eine Bassarie (F dur), ein Duett (Es dur), und vorzüglich ein Terzett (A dur). Auch die Musik beym Einsturz des Berges machte Wirkung, und wurde allgemein als trefflich anerkannt. Die beyden folgenden Aufzüge sprachen jedoch uns weniger an. […] Auf die Ouverturen verwendet weder Hr. Weigl, noch Hr. Gyrowetz, die gehörige Sorgfalt, und beyde bleiben, rücksichtlich des neuern Geschmacks, in diesen Musikstücken gewöhnlich zurück. Auch die Ouverture zu diesem *Bergsturz* ist sehr unbedeutend. Beyde, der Componist und der Dichter, wurden am Schlusse des Singspiels gerufen. Bey den späteren Wiederholungen aber war des Beyfalls immer weniger – was schliessen lässt, dass sich dieses

---

[14] *Allgemeine musikalische Zeitung*, 20. 1. 1813, Sp. 50/51.

Stück nicht lange auf dem Repertoire erhalten dürfte. Die Decoration des Bergsturzes, mit der Ansicht der himmelhohen Schweizeralpen [...] war überraschend, und gewährte für den ersten Moment einen herrlichen Anblick. Die im Schluss-Chor ausgedrückte Freude über die Rettung der unglücklichen Familie hätte wol mit anderen Worten, als mit *Alleluja* können gegeben werden.

23. Mai 1814: *Fidelio* (Ludwig van Beethoven) [15]

Wien. Theater nächst dem Kärnthnerthor. Den 23. May: Fidelio, eine Oper in zwey Aufzügen, nach dem Französischen neu bearbeitet, in Musik gesetzt von Ludwig van Beethoven, zum Vortheile der Herren Regisseurs Saal, Vogel und Weinmüller. Die Handlung dieser bereits im Jahre 1805 im Theater an der Wien gegebenen Oper ist äußerst einfach. Florestan, der die Verbrechen des Pizarro, Gouverneur eines Staatsgefängnisses, dem Minister Ferrando entdecken will, wird zur Verhüthung dessen in ein Gefängniß geworfen, und soll in dem Augenblick gemordet werden, als der Minister, um sich von dem Zustande der Gefangenen zu überzeugen, anlangt. Leonore, die in männlicher Kleidung von Sevilla gekommen, und unter dem Nahmen Fidelio in die Dienste des Kerkermeisters getreten ist, erkennt im entscheidenden Momente ihren Gatten. Er wird durch sie und Ferrando gerettet, und Pizarro der gerechten Strafe überliefert. Die Ausführung dieses Handlung, die weiter keine Episode hat, als daß Marcelline, die Tochter des Kerkermeisters, den Fidelio liebt, hat durch eine zweckmässige Abkürzung, Verbesserung und Motivirung der Charaktere von der Hand des Herrn Fr. Treitschke sehr gewonnen; sie erhielt indessen immer doch den größern Werth dadurch, daß Herr van Beethoven eine wahrhaft classische Musik dazu lieferte. Sie ist reich an Originalität und Instrumentirung, und verräth in jedem einzelnen Stücke den ausgezeichneten Künstler, den Wiens kunstsinnige Bewohner schon lange zu bewundern Gelegenheit hatten. Besonders schön ist der Chor der Gefangenen im Finale des ersten Aufzuges:
> O welche Lust, in freyer Luft
> Den Athem leicht zu heben!

die Arie des Florestan im zweyten Aufzuge:
> In des Lebens Frühlingstagen
> Ist das Glück von mir gefloh'n!

und das Quartett ebendaselbst:

---

[15] *Der Sammler*, 2. 6. 1814, S. 351/352.

> Er sterbe! doch er soll erst wissen,
> Wer ihm sein stolzes Herz zerfleischt.

Man kann in musikalischer Hinsicht nichts Vortrefflicheres bey gleicher Klarheit hören; doch hemmt die glänzende Instrumentirung zuweilen die Deutlichkeit der Töne, und der Sänger vermag nicht durchzudringen, welches vorzüglich in der Arie des Florestan, die Herr Radicchi vortrug, bemerkbar war.

Die Darstellung war fleißig, obgleich das eigentliche Spiel der Mad. Milder (Fidelio) und des Herrn Radicchi einige Lücken verrieth, die bey der Erstern jedoch auf Rechnung einer Unpässlichkeit zu schreiben sind. Herr Saal als Ferrando füllte seinen Platz, der aber nicht bedeutend ist, gut aus, Herr Vogel (Pizarro), Herr Weinmüller (Kerkermeister) und Marcelline (Dlle. Bondra d. j.) bewährten ihren erworbenen Ruhm.

Die Musik wurde sehr präcise durchgeführt. Die bey der ersten Darstellung beygegebene Ouverture gehört nicht zur Oper, und ist ursprünglich zur Eröffnung des Pesther Theaters geschrieben.

Herr van Beethoven wurde bereits nach dem ersten Acte stürmisch vorgerufen und enthusiastisch begrüßt.

18. Juli 1814: *Fidelio* (Ludwig van Beethoven)[16]

Theater nächst dem Kärnthnerthore. Die Direction der k. k. Hoftheater bewilligte Hrn. v. Beethoven, als Compositeur der beliebten und meisterhaft gearbeiteten Oper, *Fidelio*, am 18ten eine freye Einnahme, wozu derselbe noch zwey Arien neu componirte und in den ersten Act einschaltete. Die erste Arie ward Hrn. Weinmüller (Kerkermeister) zugetheilt, und machte keine grosse Wirkung, ob sie gleich von diesem braven Künstler mit Fleiss vorgetragen wurde. Schön und von vielem Kunstwerthe ist die zweyte Arie, mit vier obligaten Waldhörnern (E dur), welche Mad. Milder-Hauptmann (Fidelio) mit Kraft und Gefühl vortrug. Doch dünkt es Ref.[,] als verlöre nun der erste Act am raschen Fortschreiten, und würde, durch diese zwey Arien in der Handlung aufgehalten, unnöthig in die Länge gezogen. Wegen Unpässlichkeit des Hrn. Vogel, übernahm die Rolle des Gouverneurs Hr. Forti, und genügte in derselben vollkommen. Hrn. van B. wurde abermals die Ehre zu Theil, nach dem ersten und nach dem zweyten Aufzuge hervorgerufen zu werden.

---

[16] *Allgemeine musikalische Zeitung*, 17. 8. 1814, Sp. 550.

20. Oktober 1814: *Die beyden Kalifen* (Giacomo Meyerbeer)[17]

Am 20sten wurde zum ersten und letzten Male gegeben: *Die beyden Kalifen*, eine komische Oper in zwey Aufzügen von Wohlbrück, mit Musik von Hrn. Meyer-Beer. Obgleich unsere besten Künstler an der Aufführung dieser Oper theilnahmen, und die Direction, rücksichtlich der Decorationen und des Costume's, sich äusserst liberal zeigte: so war doch nichts vermögend, das aus *Tausend und einer Nacht* bekannte Märchen, von dem Verfasser gemein und ohne Interesse bearbeitet und auf die Dauer einiger Stunden zusammengedrängt, vor dem Falle zu schützen, und das um so weniger, da die Musik gleichfalls keineswegs dazu geeignet war, das triviale und matte Gedicht zu erheben. Hr. Meyer-Beer hat hier in Privatcirkeln (öffentlich spielte er nie) seinen Ruhm, als einen der grössten, jetzt lebenden Klavierspieler gegründet, und ist als solcher allgemein geschätzt und werth geachtet: als Componist, vorzüglich für grössere Werke, scheint er seinem Genius noch keine bestimmte Richtung angewiesen zu haben. Um originell zu seyn, fällt er nicht selten ins Bizarre und Gesuchte, um seinen Gesangstücken einen Anstrich von Charakteristik zu geben, wird er oft gemein, läppisch, wie dies der Fall bey dem Chor dem Imans im 2ten Acte war. Dabey ist sein Gesang hart, voll greller Uebergänge, und schwer von dem Sänger vorzutragen, noch viel schwerer aber von dem Zuhörer aufzufassen, da Melodie keineswegs die Sache dieses Componisten zu seyn scheint. Ausser einem Pas de Deux, welches Mad. Treitschke de Caro mit ihrer Schülerin, Demois. Gritti, im zweyten Acte tanzte, und das tumultuarisch beklatscht wurde, missfiel diese Oper gänzlich. […]

6. November 1814: *Nina, oder: Die Wahnsinnige aus Liebe* (Louis-Jacques-Jesse Milon)[18]

Am 6ten wurde zum Vortheil der Demois. Bigottini zum erstenmal gegeben: *Nina, oder die Wahnsinnige aus Liebe*, ein Ballet in zwey Aufzügen, das sich des vollsten und ungetheiltesten Beyfalls zu erfreuen hatte. Dem. B. war Nina. Alles, wodurch solch ein Charakter mimisch ausgedrückt werden kann, hatte diese Künstlerin bis in die feinsten Nuancen erschöpft; die Gebehrdensprache kann wol nicht wahrer und verständlicher, die Bewegungen können wol nicht natürlicher, anmuthiger und malerisch schöner seyn, als bey ihr. So musste sie rühren und erfreuen. Noch hat kein Ballet,

---

[17] *Allgemeine musikalische Zeitung*, 23. 11. 1814, Sp. 789.
[18] *Allgemeine musikalische Zeitung*, 21. 12. 1814, Sp. 865/866.

von diesen Künstlern in die Scene gesetzt, so viel Sensation gemacht, als dieses. Die Musik von Persuis gefiel, und zeugte von Kraft und Charakter. Wiederholt wurde dasselbe in diesem Monate schon mehr als zwölfmal. Wie man sagt, betrug die Einnahme über 15000 Guld. W. W. Wann dürfte ein *deutscher Künstler* sich einer solchen Einnahme zu erfreuen haben?

   14. Juni 1815: *Joseph und seine Brüder* (Étienne Nicolas Méhul)[19]

Hoftheater. Am 14ten sahen wir mit grossem Vergnügen *Méhuls* anerkanntes Meisterwerk, *Joseph, und seine Brüder*, nach einer neuen, ganz vorzüglich zweckmässigen Besetzung.[20] Hr. Wild, in der Rolle Josephs, übertraf sich selbst. Alle Kunstdarstellungen, welche uns dieser wahrhaft einzige Tenorsänger in nicht geringer Anzahl bisher lieferte, verschwinden beynahe gegen diese, wirklich vollendete. Nur, wer von ihm die erste Romanze vortragen hört, empfängt ganz das zarte Gefühl und den innigen Ausdruck, welchen Méhul mit voller Seele in diesen einfach rührenden Gesang legte. [..] Hr. Vogel gab [den Jacob] nun ganz so, wie er aus der Feder und dem Herzen des Componisten geflossen ist, und riss besonders in dem Duett des dritten Acts (E dur) unwiderstehlich hin; obgleich er im Ganzen diesen ehrwürdigen, patriarchalischen Charakter nicht mit jener meisterhaften Umsicht darstellte, welche wir sonst an seinem Vorgänger zu bewundern Gelegenheit hatten. Benjamin, Dem. Bondra, war ganz Unschuld und Liebe. In der Romanze des zweyten Acts (A dur), im Terzett, und dem obengenannten Duett mit Jacob, störte auch kein unnützer Vorschlag die reine, kindliche Empfindung. Hr. Gottdank gab den, vom Gewissen zerknirschten Simeon mit einer tief erschütternden Wahrheit. Der Ausruf in der ersten Scene (F moll) *„Ich bin verflucht!"* erregte wahres Grauen, und der Moment, als er dem alten, blinden Vater den Verrath an seinem Bruder entdeckt, liess kein Auge trocken. Angenehm überraschend war das Tableau beym Anfang des dritten Actes, wo Joseph seiner Familie das glänzende Gastmahl giebt; musterhaft die Ausführung von Seiten des Orchesters und der Chöre; allgemein der lauteste Beyfall von der ersten bis zur letzten Note.

---

19 *Allgemeine musikalische Zeitung*, 19. 7. 1815, Sp. 492/493.
20 Die Wiener Erstaufführung von *Joseph und seine Brüder* hatte am 5. 12. 1809 im Theater an der Wien stattgefunden.

16. Februar 1816: *Helene* (Adalbert Gyrowetz)[21]

Hoftheater. [...] Am 16ten hatte Mad. Seidler ihr Benefice. Es war die erste Vorstellung einer neuen Oper: *Helene*, von G. v. Hofmann, mit Musik v. Hrn. Adalbert Gyrowetz. Die Handlung fällt in die unruhigen Zeiten des schottischen Königs, Jacob II, aus dem Hause Stuart. *Douglas* (Hr. Weinmüller), des Prinzen ehemaliger Lehrer und treuer Rathgeber, aber ungerecht verleumdet und scheinbar überwiesen, entflieht vor dem Zorn seines fürstlichen Zöglings auf ein wüstes, unbewohntes Küsteneiland, begleitet von seiner Tochter, Helene (Mad. Seidler), seinem Sohne, Malcolm (Hrn. Forti), und seinem alten Jugendfreunde, dem Barden Allan (Hrn. Vogel). Allein, auch ein Fremder, Namens Normann (Hr. Rosenfeld), hat den Weg zu dieser einsamen Insel und Helenens Herzen gefunden, ohne dass diese Liebe von den übrigen Bewohnern bemerkt worden wäre. Alle sind glücklich in ihrer Verborgenheit: nur Malcolm nicht, den ein Durst nach Thaten und Rache quält. Diese Gefühle noch mehr anzuspornen, landet Roderich, der Anführer der Gegenpartey mit einem zahlreichen Heerhaufen, und giesst durch glatte Worte und kühne Vorspieglungen Oel in die Glut des verblendeten Jünglings. In dem Augenblick, als er völlig gerüstet das Schiff besteigen will, überrascht ihn sein Vater, und sucht vergebens durch Drohungen und Bitten den raschen, verderbenbringenden Entschluss des bethörten Sohnes zu bekämpfen. Malcolm fährt ab, und auch die übrigen beschliessen, ihre Verborgenheit zu verlassen, um, wo möglich, die Schritte des Unbesonnenen zu vereiteln. Um Helenen vor den Gefahren des Kriegs zu bewahren, wird sie in ein Kloster gebracht. In diese stillen Mauern flüchtet sich auch Normann, verfolgt von einem Trupp zügelloser Krieger. Helene verbirgt ihn in die Gruft, und nach überstandener Gefahr verehrt ihr der dankbare Gerettete einen Siegelring, durch dessen Vorzeigung sie einst in ruhigern Zeiten vom König Jakob die Gewährung jeder Bitte erhalten würde. Indessen die Soldaten, in Wuth über ihre fehlgeschlagene Erwartung, das Gotteshaus in Brand stecken, haben die königlich Gesinnten in offnem Kampfe entscheidend gesiegt, der Verräther Roderich ist auf dem Schlachtfelde gefallen, und der verführte Malcolm ist unter den gefesselten Gefangenen. Schwesterliebe bestimmt Helenen, zur Rettung des Bruders Gebrauch von dem erhaltenen Geschenke zu machen. Sie wirft sich zu den Stufen des Throns, und erkennt in dem gekrönten Jüngling ihren geliebten Unbekannten. Verzeihung dem Schuldigen, Ehrenerklärung dem Verkannten, und Lohn der treuen Liebe durch Erhebung zur Herrscherin, beschliessen das Ganze. Dem Dichter

---

[21] *Allgemeine musikalische Zeitung*, 20. 3. 1816, Sp. 193/194.

gebührt das Lob, einer würdigen, wahrhaft poetischen Diction. Was sonst in der Ausführung hier und da mangelhaft erscheint, deutet auf Mangel an Kenntnis des Theatereffets, welche Kenntnis aber von einem Schriftsteller bey seinem ersten dramatischen Versuche im Opernfache auch nicht zu verlangen ist. So tadelt man z. B., nicht mit Unrecht, die Leerheit des zweyten Acts, in welchem die Handlung fast still steht; die zu häufige Anwendung der Gebete und Apostrophen, an die Sonne, die Freundschaft, den Morgen, die Liebe u. s. w., wodurch nothwendig eine gewisse Monotonie entstehen musste. Die Musik verdient, nach des Ref. Ansicht, mehr Beyfall, als sie erhält. Unverkennbar zwar ist darin die Manier, ich möchte beynahe sagen die Personalität, des Componisten; lebhaft wird man mitunter an den Vater der *Agnes Sorel*, des *Augenarztes* erinnert:[22] aber dagegen herrscht durchaus ein edler Gesang und eine verständige Instrumentirung; mehrere Momente, z. B. ein Terzett, ein Quartett, und vorzüglich das erste Finale sind trefflich aufgefasst, und von ergreifender Wirkung. Unter den Darstellenden wurde Mad. Seidler, und die beyden Veteranen, Weinmüller und Vogel, nach Verdienst ausgezeichnet. Die Decorationen, und besonders das Costüme, liessen nichts zu wünschen übrig.

17. Dezember 1816: *Tancredi* (Gioachino Rossini)[23]

(K. K. Hof-Operntheater.) – *Tancredi. Dramma serio per Musica in due Atti.* – Manche Umstände vereinigten sich, diese Vorstellung zu einer der anziehendsten zu machen. Zu der bey ersten Vorstellungen gewöhnlichen Neugierde hatte sich das Verlangen gesellt, eine gegenwärtig in ganz Italien ausgezeichnet beliebte Oper zu hören, der Wunsch, zwey neue Mitglieder zu beurtheilen, und wohl mitunter auch die Schadenfreude, welche hoffen mochte, eine frühere Scene werde sich mit anmuthigen Variationen wiederhohlen [!]. Von allen diesen Classen der Neugierigen sah sich keine getäuscht, als die Schadenfrohen; denn die Oper hatte einen so vollständigen Erfolg, daß die Annalen des Theaters wenig ähnliche aufweisen dürften. Die zur Münchener-Gesellschaft gehörende Mad. Borgondio trat darin zum ersten Mahle auf, und gleich mit den ersten Tönen hatte sie alle Parteyen für sich gewonnen. Sie besitzt die schönste Alt-Stimme, die man hören kann. Ihr Umfang ist vom tiefen *As* bis zu jenem der eingestrichenen Octave, folglich 16 Töne; alle sind gleich stark, rein und wohlklingend.

---

[22] *Agnes Sorel* wurde am 4. 12. 1806 im Kärnthnerthortheater uraufgeführt, *Der Augenarzt* am 1. 10. 1811.
[23] *Der Sammler*, 24. 12. 1816, S. 631.

Ihr Vortrag ist über allen Ausdruck wahr, reitzend und hinreißend. Wenn man sagt, diese Sängerinn habe außerordentlich gefallen, die Wiederholung ihrer Cavatine wurde verlangt, man rief sie am Schlusse der beyden Acte, und mehrere Mahle während der Oper selbst vor, so kann man mit allem dem den Grad von Enthusiasmus noch nicht bezeichnen, mit welchem die Borgondio von unserm kunstliebenden und musikverständigen Publicum in immer wachsendem Verhältnisse empfangen wurde. In diesem Falle, wo das Lob nicht Worte genug finden könnte, genüge die Anzeige der Gesangstücke, worin Mad. Borgondio ganz besonders ausgezeichnet wurde. Im ersten Acte: die Cavatine: *Di tanti palpiti* (welche, wie schon bemerkt, wiederholt werden mußte) aus *Es dur*; das Duett mit Amenaide: *Lasciami, non t'ascolto* (*Es dur*, Mittelsatz in *G dur*). Im zweyten Acte: das Duett mit Argirio: *Ah, se de' mali miei* (*D dur*), die Scene mit Chor: *Perchè turbar la calma* (*F dur*), in Anlage und Vortrag eines der schönsten Stücke.

Mad. Valsovani-Spada, schon aus der ersten Vorstellung der italienischen Gesellschaft rühmlich bekannt, ist an diesem Abend der Borgondio würdig an der Seite gestanden, und verdient ebenfalls die größten Lobeserhebungen. Ihre Stimme beherrscht zwey volle Octaven (von *H* bis *H*) und darüber. Ihre Manieren sind angenehm und werden mit Sicherheit vorgetragen. Sie scheint sehr fest musikalisch. Außer dem eben erwähnten Duett mit Tancred, sind ihre vorzüglichsten Musikstücke im zweyten Aufzuge, die Arie: *Ah che non serve il piangere* (*E dur* mit Violinsolo), die Scene mit Chor: *Giusto Dio che umile adoro* (*E dur*; auch recht brav componirt, der einfallende Chor in *C dur* von theatralischer Wirkung). Auch die Valsovani wurde gleich der Borgondio und Tacchinardi am Schlusse der Acte und nach ihren Forcestücken gerufen. Tacchinardi hat keine bedeutende natürliche Höhe; im Falsett geht er bis hoch *C*. Seine Tiefe ist wohlklingend, seine Declamation lobenswerth. Außer den genannten Musikstücken wurden auch alle übrigen lebhaft beklatscht, worunter die von dem Orchester meisterhaft vorgetragene Ouverture und der Chor im zweyten Acte: *Regna il terror nella città* (*Es dur* Dreyvierteltact), welcher sehr effectvoll ist. Der Tonsetzer Rossini hat dadurch, daß auch das mit seinem Beyfalle bey musikalischen Werken mit Recht geitzige Publicum unserer Hauptstadt vortheilhaft über seine Arbeit entschied, seinen Ruhm für immer begründet. Tancredi wird, so vorgetragen, stets der Liebling aller Freunde des Gesanges bleiben.

15. Februar 1817: *L'italiana in Algeri* (Gioachino Rossini)[24]

Die italienische Operngesellschaft gab am 15. im k. k. Hoftheater eine für uns neue Oper in 2 Acten: *l'Italiana in Algeri*, mit Musik von *Rossini*, welche im Ganzen so beyfällig aufgenommen wurde, als es das an sich sehr matte Buch, und der keineswegs befriedigende Schluss nur immer gestatten wollte. Mad. *Borgondio* hatte dieses Mahl weniger als im *Tancred* Gelegenheit, ihre reichen Kunstschätze zu entfalten, erhielt jedoch, wie immer, in ihren Scenen die ermunterndsten und wohlverdienten Beweise der allgemeinen Zufriedenheit. Hr. *de Grecis* bewährte neuerdings den umsichtigen, verständigen Schauspieler; der Buffo, Hr. *Graziani*, ergetzte durch seine muntere, anständige Laune, und der Tenor, Hr. *de Vecchi*, welcher zwar keine sonore, aber eine umfangreiche Stimme besitzt, entschädigte durch seinen gebildeten, echt italienischen Vortrag.

Rossini's Musik enthält heitere, angenehme Sätze; besonders gelingen ihm die parlanten Stellen; die Instrumentirung ist immer, und hier mit Recht, den Singstimmen untergeordnet, und diese sind, so zu sagen, unumschränkte Gebiether. Nach dem, was uns von diesem jungen, hoffnungsvollen Künstler bekannt ist, wäre zu wünschen, dass er, um mannigfaltiger zu bleiben, weniger und sorgfältiger ausgefeilt schreiben möge. Folgende Musikstücke erhielten besonders Beyfall: 1) Die Tenorarie: *„Soffri o cor per qualche istante"*, von Hrn. *de Vecchi* mit vieler Anmuth und Grazie gesungen. 2) Das Duett: *„Se inclinassi a prender moglie"* – ein Probierstein der Schwatzkunst. 3) Die Sortita der *Isabelle*: *„Fra questi luoghi barbari"*. 4) Das Duett von Mad. *Borgondio* und Hrn. *Graziani*: *„Ai capricci della sorte"*. 5) Die Stretta des ersten Finale: *„Nella testa ho un campanello"*, wo der Scherz in den komisch verwebten Endsylben: *„dindin"*, *„bumbù"*, *„cracra"*, *„tacta"* liegt. 6) Die von Mad. *Borgondio* so reitzend vorgetragene Cavatine: *„Per lui che adoro"*. 7) Das grosse Quintett: *„Ti presento di man mia"*. 8) Das meisterhaft durchgeführte, bereits als Lieblingsstück erklärte, und von den drey Männern so recht *con amore* gegebene Terzett: *„Pappataci? che mai sento!"* Endlich 9) Die Scene mit Chor der *Isabella*: *„Pensa alla patria, e intrepido"*.

---

[24] *Allgemeine musikalische Zeitung mit besonderer Rücksicht auf den österreichischen Kaiserstaat*, 6. 3. 1817, Sp. 79/80.

9. September 1817: *Don Juan* (Wolfgang Amadeus Mozart)[25]

Wien. Die k. k. Hoftheaterdirection hat sich durch die Aufführung von Mozarts **Don Juan** neuerdings das ganze Publicum zum Danke verpflichtet. In Scharen strömte es zum Schauspielhause, um das Wunder der Tonkunst zu hören, und ihrem Schöpfer die Apotheose der Bewunderung in das Grab nachzurufen. Geschlechter werden kommen und vergehen; Don Juan und die Zauberflöte werden allen theuer seyn, und nichts von dem Wechsel der Zeiten erfahren. Dieß ist die Probe des höchsten Genie's, welche nur die Auserwählten bestehen können. – Über die Besetzung dieser Oper ist wenig zu sagen; sie war beynahe dieselbe, in der wir sie in letzterer Zeit auf dem Theater an der Wien sahen: nur Dlle. **Wranitzky** erschien in der Rolle der Donna Anna, worin vorher Mad. **Campi** den Tonsetzer selbst zu verbessern wagte, welches nur ihrer zauberischen Kehle nachgesehen werden konnte. Dlle. W., eine sehr hoffnungsvolle Anfängerin, blieb bey der Partitur stehen, enthielt sich alles überflüssigen Schmuckes, und errang auf diese Art – wo alle Vergleichung wegfallen mußte – sich durch zarten Vortrag und eine angenehme Stimme gerechten Beyfall. Hrn. **Forti** haben wir als Don Juan nie so vollkommen gesehen als diesen Abend. Ein lebhaftes, dennoch in den Schranken des Anständigen bleibendes Spiel unterstützte seiner herrliche Stimme; nur in der Scene mit dem Kaufmann Martes schien er zu übertreiben, und überhaupt sollte diese Scene auf dem Hoftheater gänzlich wegbleiben, weil Don Juan, dessen Wesen sich seit dem Ja des Geistes gänzlich verändert, durch diesen Zwischenauftritt aus seinem Charakter geworfen wird, und die darauf folgenden Scenen Haltung und Verbindung verlieren. Auch wünschten wird, daß Hr. **Forti**, welcher einen glühenden Verehrer des schönen Geschlechtes darstellt, auf die Tänze der Damen etwas mehr Aufmerksamkeit verwenden möchte. – Hrn. **Weinmüllers** Leporello ist zwar nicht der Leporello des Dichters; indessen hat sich das Publicum an seine kräftige Komik so sehr gewöhnt, daß hier die Gewohnheit die Natur ergänzt. Man könnte ihn vielleicht richtiger spielen, aber schwerlich besser gefallen. Mad. **Forti** ist eine der lieblichsten Zerlinen, die man sehen kann. Der immer lächelnde Mund kommt ihr hier trefflich zu statten, – mit Ausnahme der Scene, wo sie aus dem Cabinet gerissen wird; – ihre Stimme hat wieder an Klarheit und Kraft gewonnen. Hr. **Radicchi** als Ottavio, Hr. **Weinkopf** als Commandant und die Herren **Stegmayer** und **Demmer** d. j. haben ihre untergeordneten Rollen gut ausgeführt; nur vermißte man in der Geisterscene einmahl Hrn. **Weinkopfs** sonstige musikalische Sicherheit.

---

[25] *Der Sammler*, 13. 9. 1817, S. 440.

Fast alle Piecen dieser herrlichen Oper wurden mit rauschendem Beyfall aufgenommen; die Ouverture, von dem Orchester vollkommen gut exequirt, das beliebte Duett und die Champagnerarie (beyde mußten wiederholt werden)[,] das Finale des ersten und zweyten Actes, die Arien Zerlinens, das Sextett ec. ec. wurden vorzüglich ausgezeichnet, und es war den zahllosen Freunden Mozartscher Musik äußerst erfreulich, in dem letztgenannten Musikstücke einige fugirte Tacte am Schlusse, die sonst aus unbekannten Ursachen weggelassen werden, hören zu können. [...]

4. Oktober 1817: *Iphigenia auf Tauris* (Christoph Willibald Gluck)[26]

Glucks Meisterstück, Iphigenia in Tauris, dieses Musterbild einer heroischen Oper[,] wurde im k. k. Hoftheater nächst dem Kärnthnerthor mit größtem Beyfalle gegeben. Mad. Lembert, welche die Iphigenie sang, bestätigte unsere jüngst geäußerte Vermuthung, daß sie zur Ausführung solcher Rollen Stimme und Geschick habe. Sie declamirt vorzüglich, ihr Gesang rührt, ergreift, erschüttert wechselweise; ihre Action ist passend. Sie wurde nach dem zweyten Acte und am Schlusse gerufen. Hrn. Vogl's Darstellung des Orest ist bekannt; er gibt diesen von den Furien des Gewissens gepeinigten Muttermörder mit einem Aufwande von Kunst und Kraft, welche Bewunderung erregen. Das Duett im 3. Act und das darauf folgende Recitativ Orest's ist Hrn. Vogl's Triumph. Er war nebstdem vortrefflich costumirt, welches man seinem Bruder nicht nachrühmen konnte; eine hellblaue Farbe, statt der verwitterten dunkelblauen würde Pylades ein gefälligeres Ansehen geben. – Hr. Radichi sang diesen Pylades mit sanftem Ausdruck, und gefiel so sehr, daß er seine erste Arie – aber freylich ist diese auch die Krone des frommen Gesanges – wiederhohlen mußte. Hr. Forti als Thoas war eine willkommene Erscheinung. Die Chöre gingen gut, besonders jener vortreffliche im 4. Acte; das Orchester behauptete nicht bloß seinen wohlerworbenen Ruhm, es vermehrte ihn noch. Hr. Aumer hat die Ballets gesetzt, welche gut sind aber nichts Ausgezeichnetes enthalten.

---

[26] *Der Sammler*, 7. 10. 1817, S. 480.

27. November 1817: *Titus der Gütige* (Wolfgang Amadeus Mozart)[27]

Hof-Oper nächst dem Kärnthnerthore.
Das Bestreben der k. k. Hof-Oper, dem Publicum die besten Meisterwerke des In- und Auslandes in einem neuen würdigen Gewande anzubiethen, hat sich im vergangenen Herbste bereits an zwey Opern, an *Don Juan* und *Iphigenia auf Tauris* erfreulich geoffenbaret. Die Aufführung von *Titus dem Gütigen*, die ganz neu besetzt, decorirt und costumirt, am 27. Nov. zum ersten Mahle Statt fand, vollendete das Kleeblatt hohen Genusses, welches, wenn wir der Sage trauen dürfen, die noch in diesem Winter *Cherubini's Medea*, *Elisa*, *Mozarts Figaro* u. s. w. verspricht, nicht allein bleiben, sondern zum duftenden Blumenstrauss verbunden werden wird.

Herr *Forti* war *Titus*. Als Schauspieler leistete er ungleich mehr, als die kühnste Forderung von ihm in einem seinen bisherigen Darstellungen fernen und fremden Fache begehren konnte. Man gab die Oper diessmahl nicht mit Recitativen, sondern mit Dialog, und zwar grössten Theils nach der Bearbeitung, die sich dem bey *Breitkopf* und *Härtel* erschienenen Clavier-Auszuge beygedruckt findet. Herr *Forti* bewegte sich mit Anstand und Würde. Ganz besonders hob er die Milde (Clemenza) des trefflichen Herrschers hervor, als Hauptzug im Leben und in der dargestellten Begebenheit. Seine süsse Gesangsmethode schloss sich trefflich an sein Spiel, und obgleich wir in dem Zeitraume von sechzehn Jahren viele berühmte und unberühmte Vorgänger in dieser Rolle zählen (auch eine *Vorgängerinn*, in Mad. *Schönberger-Marconi!*), so gestehen wir doch unbedenklich Herrn *Forti* neben Herrn *Brizzi* den ersten Preis zu.

Mit ihm wetteiferte in ihrem Fache Mad. *Waldmüller* als *Sextus*. Sie fand hier mehr Gelegenheit, als bey ihrem ersten Auftritte im *Waisenhause*, ihre volle, kräftige Stimme wirken lassen zu können. Mässigung bey manchen Stellen, eine genauere Anwendung von Licht und Schatten im Vortrage, auch im declamatorischen allein, muss ihr empfohlen werden. An ihr und an Mad. *Lembert* hat die Hof-Oper zwey wichtige Acquisitionen gemacht. Mad. *Lembert* gab *Vitellia*. Begünstigt durch äussere Erscheinung und grössere theatralische Beholfenheit, stritt sie mit Mad. *Waldmüller* einen interessanten Kampf, der auch unser leicht entzündbares Publicum in zwey Parteyen theilen wollte. Beyde Theile haben eigene Vorzüge, und wir wünschen beyde öfter zu Einem Zwecke vereinigt zu finden.

Mad. *Forti* und Dlle. *Laucher* versahen die zweyten Rollen, *Servilia* und *Annius*. In gewöhnlichen italienischen Opern wird die Composition und

---

[27] *Allgemeine musikalische Zeitung mit besonderer Rücksicht auf den österreichischen Kaiserstaat*, 4. 12. 1817, Sp. 418–420.

die Ausführung dieser *Confidenti* vernachlässigt. Nicht so bey *Mozart*. Der einzige göttliche Meister stattete stets, und auch hier, die Nebenstimmen aus seinem nie versiegenden Schatze mit verschwenderischer Fülle aus. Darum ward es nothwendig, zwey beliebte und der Aufgabe entsprechende Sängerinnen auf diese Plätze zu stellen. Das Ganze gewann damit ungemein. So musste das schöne Duett im ersten Aufzuge: *Ah perdona al primo affetto*, wiederholt werden.

Herrn *Mager* war die Rolle des *Publius* übertragen. Hätte er nicht noch eine frühere Sünde an der fehlgeschlagenen Darstellung des *Don Juan* zu büssen, so würde man ihm Zufriedenheit bezeigt haben. Indessen lasse er es bey Einer bitteren Erfahrung genügen und denke: *Tel brille au second, qui sèclipse [!] au prèmier.*

Das Costume war zweckmässig und reich. Die Arrangements gingen genau; weniger gut die Verwandlungen, deren einige bey dieser ersten Vorstellung ganz oder theilweise stockten.

Mozart schrieb diese Oper zur Krönung Sr. Maj. des Kaisers *Leopold* für das Prager Theater, und die Rolle des *Titus* musste einem Sänger ohne Stimme zugetheilt werden. Daher lässt es sich entschuldigen, dass man ihr gewöhnlich Compositionen anderer Meister einlegt. Die Arie von *J. Weigl*: *Rom, wie erglänzt dein Schicksal!* Und das *Duett* mit *Sextus*: *Wenn dein Herz nach Ehre strebet*, stehen ehrenvoll auf ihren Stellen. Die Arie mit Chor im zweyten Aufzuge ist von *Simon Mayer*, und sehr bekannt. Zur Zeit ist aber noch keine schicklichere für die Situation gefunden worden. F. K.

30. Juli 1818: *Die Hochzeit des Figaro* (Wolfgang Amadeus Mozart)[28]

Die Hochzeit des Figaro. Schöner konnte die hohe Theaterindendanz die Vorstellungen der Hofoper bey dem Eintritte der Ferien nicht schliessen, als durch *Mozarts* höchst geniales Meisterwerk, *Figaro*. Eine ganz neue Besetzung, durchaus neue Decorationen und ein prachtvolles Costume zeichneten die Aufführung dieser Oper in so hohem Grade aus, dass das anwesende sehr zahlreiche Publicum in der That von der in vieler Rücksicht so gelungenen Aufführung ganz bezaubert war. Der Eintritt so vieler trefflichen Mitglieder macht es möglich, dass man die Meisterwerke der Oper in immer neuem Glanze zu sehen bekommt. Dlle. *Wranitzky*, deren besondere Talente und reitzende Eigenschaften uns schon zur innigsten Theilnahme bewegten, hatte hier die Hauptparthie, die der Susanna, über-

---

[28] *Allgemeine musikalische Zeitung, mit besonderer Rücksicht auf den österreichischen Kaiserstaat*, 8. 8. 1818, Sp. 298–300.

nommen. Wenn wir ihr auch volle Gerechtigkeit in Rücksicht ihres Gesangs widerfahren lassen, so ist es uns doch unmöglich zu verschweigen, dass wir diese Rolle, wie sie sonst gegeben wurde, in noch zu lebhaftem Andenken haben. Dlle. *Buchwieser* hat es durch ihr unnachahmliches Spiel jeder ihrer Nachfolgerinnen schwer gemacht, einen gleichen Enthusiasmus zu erregen. Dlle. *Wranitzky* sang ihre Parthie mit sehr viel Grazie und manche Stellen entzückten den Zuhörer durch eine besondere Naivetät; jedoch will diese Rolle ein ganz routinirte Schauspielerinn, die mit allen Geheimnissen der feinsten Intrigue in der That auch bekannt ist. Ihre Stimme drang sogar in Ensemblestücken, selbst wenn sie ganz im Hintergrunde stand, wie in dem Terzett, wo der Graf den Pagen im Cabinet glaubt, und sie dazu kommt, mit solcher Kraft durch, dass wir ihres Gesanges ehrenvoll erwähnen, und besonders in dem ziemlich tief liegenden Part, dieselbe rühmlich auszeichnen müssen. Einige Töne, die dem Contraalt angehören, wusste sie mit solcher Sicherheit anzuschlagen, dass sie allgemeine Freude erweckte. Ihr Costume scheint sie der Eitelkeit zum Opfer gebracht zu haben. – Herr *Forti* als Figaro stand ganz an seinem Platze, und war in der That der junge listige Diener der Frauen, der überall Rath zu schaffen weiss. Er entzückte das Publicum dadurch, dass er, Hrn. *Weinmüllers* Sitte getreu, bey der verlangten Repetition seiner Arie dieselbe italienisch sang. Er hatte nämlich zum ersten Mahl diese Rolle, welche sonst Herr *Weinmüller* gab, übernommen. Würdig seines Vorgängers, und mit noch mehr Gewandtheit und biegsamerer Stimme gab er seine Rolle, und erweckte Enthusiasmus. Den ersten Tag repetirte er seine zweyte Arie, welches den zweyten Tag, trotz alles Applaudirens, unterblieb. – Herr *Weinmüller* ward bey seinem Auftreten mit grossem Applaus empfangen, weil man ihm die Freude über sein bescheidenes Zurücktreten in eine kleinere Rolle [Bartolo] zu erkennen geben wollte. In der Rolle des Oberpriesters in der *Vestalinn* und einigen anderen hätte dieses Vorrecht der Anciennität schon längst aufhören sollen; denn: *Tempora mutantur et nos mutamur in illis.* – Mad. *Grünbaum* sang mit vieler Präcision, und schien in den Ensemblestücken mit Susannen in einen Hauch verschmolzen zu seyn. Allgemeiner Beyfall ward ihr gleichfalls in ihren Solo-Stellen. – Der Page war ein wenig zu schwach in der Stimme und hatte vieler Anstrengung von nöthen. – Hr. *Gottdank* war höchst originell anzuschauen, und sein Vortrag in den vielstimmigen Stücken kraftvoll und durchdringend. – Besondere Auszeichnung verdient Hr. *Vogel* (Graf Almaviva); denn bey ihm stand Gesang und Spiel in vollkommenem Einklang. Meisterhaft war sein Vortrag in dem Finale, wo sein Zorn und seine Zärtlichkeit in immerwährendem Wechsel sich steigern. – Dlle. *Thekla Demmer* gab die kleine Rolle der Barbara recht artig. – Da einige Stücke der Oper ausgelassen werden, so konnte man das öftere Repetiren der so trefflich gesungenen Piecen wohl hingehen lassen, sonst möchte es doch ein für allemahl der Oper und ihrem Vollkommenwerden nachtheilig seyn. – Das Orchester zeichnete sich aus durch seine Präcision des Vortrages.

3. November 1818: *Die Zauberflöte* (Wolfgang Amadeus Mozart)[29]

Am Nahmensfeste unserer allerhöchsten Landesmutter Ihrer Majestät der Kaiserinn führte die k. k. Hofoper *Mozart's Zauberflöte* auf.

Unter dem singenden Personale müssen wir Dlle. *Wranitzky* (Pamina) rühmlichst erwähnen, welche durch körperliche Anmuth und künstlerische echte Bildung zu dieser schönen Königstochter vorzüglich geeignet war. Sie erhielt bey ihren Gesängen grossen Beyfall, und sogar bey der trefflichen Arie im zweyten Acte, von welcher eine alte Theaterfabel herumgeht, die sich von Amme zu Amme fortpflanzt, nämlich die: *als ob* diese Arie nicht dankbar wäre. Wir waren der trefflichen Sängerinn sehr dankbar, dass sie dieselbe so schön sang, und in ihrer Natur nichts veränderte. Wir müssen nachträglich erwähnen, dass sie einmahl in der Oper vom tiefen C sich auf das dreymahl gestrichene schwang, und zwar mit ziemlicher Rundung.

Herr *Siebert* (Sarastro) schien bey seinem Auftreten nicht die gehörige Quadratur und Stärke des Basses zu besitzen; als er aber an die Solo-Sachen kam, zu deren Vortrag *weiter nichts* gehört, als eine gute Stimme und die ganze Ausbildung der Singkunst, erfüllte er unsere Erwartung nicht bloss, sondern übertraf sie besonders in der Arie: „In diesen heil'gen Hallen", welche er sogar wiederholen musste. Herr *Siebert* fing den siebzehnten Ton einmahl von unten auf, und schlug das Tenor-Gis sehr rein an. Stürmischer Beyfall ward ihm gezollt bey seinen Abgängen.

Mad. *Campi* (Königinn der Nacht), unsere Meisterinn in solchen Parten, war erst vor zwey Tagen von ihrer Reise eingetroffen und schien etwas erschöpft. Doch erwarb ihr ihr schöner Gesang lauten Beyfall.

Herr *Miller* (Tamino) hatte mit sichtbarer Kränklichkeit zu kämpfen, die ihn unfähig machte, allen Forderungen zu genügen.

Herr *Forti* (Papageno) singt seinen Part sehr gut, allein der Charakter scheint ihm nicht anzupassen.

---

[29] *Allgemeine musikalische Zeitung mit besonderer Rücksicht auf den österreichischen Kaiserstaat*, 14. 11. 1818, Sp. 423/424.

Herr *Weinmüller* (ein Priester) trug das grosse Recitativ mit Tamino ganz vortrefflich vor, und machte dieses zwar lange, aber unentbehrliche Tonstück höchst bedeutend.

Dlle. *Demmer* (Papagena) war sehr liebenswürdig in ihrer muntern Beweglichkeit, und trug das schnell laufende Duett sehr gut vor.

Herr *Gottdank* (der Mohr) war zweckmässig.

Die drey Damen (Dlls. *Bondra*, *Altenburger* und *Laucher*) waren trefflich einstudiert; die erste etwas schwach, aber in höchster Präcision. Die Altstimme der Dlle. *Laucher* wirkte ausgezeichnet gut.

Costumes und Decorationen waren meisterhaft ausgeführt und mit kaiserlicher Pracht ausgestattet, so wie vom feinsten Kenner der Kunst und der Sitten anderer Völker vorgezeichnet.

29. April 1819: *Othello, der Mohr von Venedig* (Gioachino Rossini)[30]

Theater nächst dem Kärnthnerthore. Am 29. April zum Vortheile der Mad. Grünbaum: Othello, der Mohr von Venedig. Oper in 3 Acten von *Rossini.*

Wenn die k. k. Hofoper je auf einer glänzenden Höhe stand, so ist es der jetzige Augenblick, welcher unsere Forderungen und Wünsche in einem solchen Grade erfüllt, dass nur hö[h]nische Schelsucht das freudige Gefühl der Bewunderung unterdrücken, und mit der ernsten Miene der Kritik sich brüstend, gallsüchtigen Tadel aussprechen könnte. Othello, *Rossini's bestes* Werk, ist kein kleiner Probierstein für Sänger, denn diese Oper ist gleichsam auf allen Puncten auf den höchsten Grad der Virtuosität berechnet. [...]

Othello ist eine Parthie, deren Tonumfang (weil jedes Ding seine Gränzen hat) manchen hohen Bass erschrecken wird, die aber durch unsern *Forti* mit aller möglichen Kunstfertigkeit und Präcision gegeben wurde. Alle die bunten oft komischen Verzierungen, welche die üppige Phantasie des Tonsetzers diesem Charakter in den Mund zu legen sich erlaubt, und welche oft die höchsten Nuançen der Zärtlichkeit aussprechen sollen, und schnell in wüthende Eifersucht gewaltig ausströmen, alle die kühnen Aufschwünge der Stimme zu der ihr gefährlichen Tenorhöhe, aus welcher sie sich wieder in die Tiefe mit gleicher Geschwindigkeit stürzen muss, wurden von ihm so trefflich gegeben, und durch eine so gute Disposition der Kehle an dem heutigen Tage unterstützt, dass wir uns des Wohlgefallens

---

[30] *Allgemeine musikalische Zeitung mit besonderer Rücksicht auf den österreichischen Kaiserstaat,* 5. 5. 1819, Sp. 289–291; 8. 5. 1819, Sp. 295–298.

an diesem musikalischen, nicht aber dramatischen, sonderbaren Charakter nicht erwehren konnten, und ihm allen möglichen Beyfall zullen mussten.

Herrn *Forti's* Gestalt, sein männliches Äusseres, sein Talent zur Darstellung kam ihm hier in gleichem Grade zu statten, und er erschien in seiner orientalischen Tracht so prächtig als liebenswürdig. Bey seinen Abgängen wurden ihm laute Beyfallsbezeigungen zu Theil.

Desdemona (Mad. *Grünbaum*) ist eine eben so kühne Aufgabe, zu deren Lösung nicht gemeine Talente und Kunstfertigkeit gehört; denn der Tonsetzer hat hier die Leidenschaft durch so eigene Züge gemahlt, und eine solche Beweglichkeit der Stimme vorausgesetzt, dass es schwer fallen dürfte[,] auf anderen Theatern in *dem Tempo* wie hier, diese Singparthie zu leisten. Rouladen im chromatischen Geschlechte, von der Soprantiefe zur höchsten Höhe hinauf sich schwingend, nehmen alle physische Kraft der Lunge und alle künstliche Biegsamkeit der Kehle in solchem Grade in Anspruch, dass nur eine Meisterinn diess mit Erfolg geben kann, aber jede nicht ganz eingeweihte Sängerinn daran scheitern muss, kurz, es ist eine Parthie, welche durch eine nicht ganz vollendete Sängerinn verdorben werden, durch eine Virtuosinn aber verherrlicht werden kann. Mad. *Grünbaum* bewährte ihren Ruhm, und empfing die unzweydeutigsten Beweise des Beyfalls.

Rodrigo (Herr *Radichi*) hat eine nicht minder schwere Aufgabe zu lösen, denn bekanntlich ist auch diese Parthie im verziertesten blumenreichen Style geschrieben, und er entwickelte in dieser Rolle sehr viel Gewandtheit, doch leidet seine Stimme mit der des Herrn *Jäger*, von dem wir im Theater an der Wien früher diese Rolle sahen, keine Vergleichung.[31] Der unnachahmliche schöne Ton, und der Schmelz in Herrn *Jägers* Stimme, verdunkelt leicht einen Nachfolger, wenn man einmahl nur die Arie: *Othello kannst du lieben?* von ihm gehört hat. Herr *Radichi* und Herr *Forti* befriedigten in dem Duett, wo jener diesen zum Zweikampf fordert, nicht allein die Wünsche der Zuhörer, sondern man kann sagen, sie übertrafen die Erwartung.

Brabantio (Herr *Siebert*) ist ein ebenso schwieriger Probierstein, ob der Bass aller der Beweglichkeit fähig sey, *welche man nur vom Sopran und Tenor fordern kann?* und wir gestehen, dass Herr *Siebert* daran mit allen Ehren bestand, und die Rolle auf eine recht würdige Art gab. *Rossini* hat im *Finale* durch contrapunctische Nachahmungen (d. h. ohne Umkehrung), welche er sich auf einer *Gradation* heben, in der plötzlich den Bass mit langen, tiefen gehaltenen Tönen braucht, keine kleine Gelegenheit gegeben, diese

---

31 Die Wiener Erstaufführung des *Othello, der Mohr von Venedig* fand am 19. 1. 1819 im Theater an der Wien statt. Franz Jäger sang dort die Partie des Rodrigo.

Bassstimme in aller Kraft zu zeigen, welche er vorher in den kühnsten Figuren sich bewegen liess.

Jago (Herr *Rosenfeld*) schien die Höhe der Vollkommenheit zu fühlen, mit welcher er sich in dem übrigen Personale der Vergleichung angestellt sah, und alle seine concentrirten sich, um hier nicht zurück zu bleiben. Wir müssen ihm alles Lob ertheilen, denn sogar auch seine Stimme bewies eine ungewöhnliche Stärke und Reinheit.

Der Doge (Herr *Vogel*) war in den Händen eines Meisters, der die kleinste Parthie zur grossen zu erheben weiss, und an dem wir besonders bedauern, dass solche Trefflichkeit einst vergänglich wird. Möge solch ein Meister, der die Wahrheit der Darstellung und die Schönheit des Vortrags im Gesang in so seltenem Grade vereinigt, noch lange das Vorbild anderer und der Stolz unserer Oper bleiben.

Emilia (Dlle. *Bondra*) hat als *Soubrette* keine ganz unbedeutende Parthie, welche sie mit vielem Anstand und Geschicklichkeit ausführte. Auch ihr ward die Ehre des Beyfalls.

Lucio (Herr *Frühwald*) ist gleichfalls zu erwähnen, wegen des gut getragenen Gesangs seines Fischerliedchens im 3. Act.

[…] Höchst lobenswerth ist der Chor, und nur ein solcher ist die Zierde der Oper; denn nicht allein, dass die Schönheit des Gesanges nie verletzt wird, weil die einzelnen Glieder desselben in der Singkunst grössten Theils sehr bewandert sind, sondern auch zugleiche erfreulich ist es zu sehn, wie diese Masse nicht leblos den Gang der Handlung fortschreiten lässt.

Wo eine solche Anzahl so kräftiger Stimmen vereint ist, da kann der Chor imponiren. Das Orchester, in welchem freylich fast lauter Meister vereinigt sind, kann unter der trefflichen Oberleitung des Opern-Directors Herrn *Weigls*, nur mit höchster Auszeichnung erwähnt werden, denn hier ist Kraft, Präcision und Virtuosität bey jeder Execution in steigendem Grade sichtbar, Costüme und Decorationen zeigten [!] vom feinsten Geschmack, und gaben dem Ganzen ein prachtvolles Äusseres.

Die Aufführung gewährte viel Sinnenreitz, ohne durch die innere Tiefe und den organischen Bau des Kunstwerks gerade das Gemüth zu bewegen, und ihm *den* Eindruck zu hinterlassen, welchen wahres musikalisches Drama von *Gluck*, *Mozart* etc. auf die Verehrer der *echten dramatischen Tonkunst* zu machen pflegt.   *A. B.*

24. Juli 1819: *Mädchentreue* (Wolfgang Amadeus Mozart)[32]

Theater nächst dem Kärnthnerthore. Am 24. July nach einem Zeitraume von mehrern Jahren die Reprise von *Mädchentreue*, eine Oper in zwey Aufzügen nach *Così fann' tutte*, Musik von *W. A. Mozart.* Das Werk ist allen Lesern dieser Blätter zu bekannt, als dass es sich hierüber zu sprechen lohnte und ein Scherflein zu *Mozart's* Lobe beytragen wollen, hiesse Wasser zum Meere giessen. Wir bemerken also bloss, dass das an sich unbedeutende Opernbuch schon seinem Ursprunge nach ein lebendiges, auf italienische Manier etwas chargirtes Spiel erfordert und dass wir zwischen der jetzigen und der vor mehrern Jahre Statt gehabten Aufführung um so weniger eine Parallele ziehen wollen, als dergleichen Vergleichungen immer misslich sind, und die ältere Production bey ältern Kunstfreunden, die neue immer bey jüngern den Sieg davon tragen wird. Die jetzige Darstellung war in vieler Hinsicht gelungen zu nennen. Mad. *Grünbaum* (Laura), Dlle. *Wranitzky* (Isabella) und Dlle. *Vio* (Kammerjungfer) zeichneten sich durch Stimme und Vortrag sehr aus; den beyden erstern wäre im Spiele etwas mehr Lebendigkeit und Feuer zu wünschen gewesen. Unter den Männern verdient Herr *Forti* (Carlo) durch Gesang und Darstellungsgabe den Vorzug. Herr *Weinmüller* (Doctor Alfonso) ist im Besitze der komischen Rollen in ältern Opern und es wird ihn nicht leicht Jemand darin ersetzen. Herr *Babnigg* (Fernando), von der Natur mit einem schwachen Organ begabt, liess auch im Spiele vieles zu wünschen übrig: dennoch wurde das Terzett zwischen den drey Männern im ersten Acte stürmisch beklatscht und wiederholt, und am Ende alle Mitspielenden gerufen. Möge uns die kunstsinnige Oberdirection bald wieder mit Reprisen verdienstvoller Werke erfreuen! Indem sie ihre Einnahme erhöht, wird sie den echten Genius der Musik wieder über die Bret[t]er führen und dem sich immer mehr verirrenden Zeitgeschmack in der edeln, schönen Einfachheit älterer Tonsetzer wohlthätige Schranken ziehen.

25. November 1819: *Idomeneus* (Wolfgang Amadeus Mozart)[33]

Am 25. Nov. d. J. wurde im k. k. Hof-Opern-Theater zum Vortheile der Mad. *Waldmüller* aufgeführt: *Idomeneus*, eine tragische Oper in 3 Aufzügen. Nach dem Italienischen frey bearbeitet von *F. Treitschke*, Musik von *Mozart*.

---

[32] *Allgemeine musikalische Zeitung mit besonderer Rücksicht auf den österreichischen Kaiserstaat*, 4. 8. 1819, Sp. 496.
[33] *Allgemeine musikalische Zeitung mit besonderer Rücksicht auf den österreichischen Kaiserstaat*, 4. 12. 1819, Sp. 779–784.

[...] Die deutsche Bearbeitung dieses Gedichtes ist, so viel man vernehmen konnte, edel, kraftvoll, dem musikalischen Ausdrucke entsprechend, und steht der musterhaften Übersetzung der Medea (zu Cherubini's Musik) würdig zur Seite.

Die Musik scheint den Liebhabern des neuesten Italienischen Opern-Styls veraltet. Abgerechnet, dass dieses, nach der Zeit, in welcher sie geschrieben ward, schon an und für sich unmöglich wäre, spricht sich hierin bloss eine vorgefasste Meinung aus, die wahrscheinlich daher entsprungen ist, dass man weiss, Idomeneus sey eine der frühesten Arbeiten des unsterblichen Mozart gewesen. Allein, sie ist darum nicht nur nicht weniger gehaltvoll, als seine übrigen Werke, sondern sie nimmt vielmehr durch die Erhabenheit und das echt tragische Pathos, welche in der Anlage des Ganzen walten, so wie durch die kunstreiche Ausführung und die ganz besonders geschmack- und wirkungsvolle Instrumentirung, einen vorzüglichen Platz unter seinen Arbeiten ein. [...] Indessen sind bey der gegenwärtigen Vorstellung alle Gesänge, deren Form ihrem sonstigen Werthe Eintrag thun konnte, hinweggelassen, und so der mehrerwähnten Behauptung auch der kleinste Grund genommen. Diese Gesänge sind: Die beyden grossen Arien des *Arbaces* im zweyten und dritten Acte, welche, da sie einer Nebenrolle zugetheilt sind, eben so gewiss durch besondere persönliche Verhältnisse veranlasst wurden, als der Umstand, dass alle drey Männer-Rollen (Idomeneus, Arbaces und der Oberpriester) im Tenor geschrieben sind. Ferners: Eine mit vielen Tonläufen (jedoch weder auf *i* noch *u*) geschriebene, sehr breit ausgeführte Arie des Idomeneus im zweyten, und eine ähnliche am Schlusse des dritten Actes; endlich eine kleinere, aber ebenfalls auf Bravour berechnete Arie der Elektra im zweyten Acte.

Wie jedoch dergleichen, aus verschiedenen Rücksichten oft nothwendige, und manchmal dem Ganzen nützende Veränderungen fast niemahls gemacht werden können, ohne, um den dadurch gestörten Zusammenhang wieder herzustellen, auch andere Musikstücke, die man ungern vermisst, mit auszuschliessen; so finden sich auch hier einige in der Original-Partitur, deren Verlust bey der Aufführung man bedauern darf. Hierunter gehören besonders: Im ersten Acte, die erste Arie der *Ilia*, worin sie den Verlust ihrer Verwandten beklagt, und die zweyte Arie des Idamant, voll des innigsten Ausdrucks, in welcher von den Versen:
   Il padre adorato
   Ritrovo – e lo perdo!
die letzten drey Worte, die sich klagend in die Moll-Tonart wenden, bey gemüthlichem Vortrag, zu Thränen bewegen müssten. Das obligate Recitativ des Idomeneus im zweyten Acte, worin ihm Ilia's geheime Liebe zu seinem Sohne klar wird, und welches ein weit würdigeres Abtreten dieser

Hauptperson, als das gegenwärtige mit den gesprochenen Worten: „Sie liebt!" gewährt hätte. Im dritten Acte: Ein sehr schönes obligates Recitativ des Idamant und der Ilia kurz vor dem Duett dieser Beyden; ein anderes kurzes, welches dem darauffolgenden Quartette zur Einleitung dient, und in wenig Tacten das tiefste Gefühl enthält; eine Arie des Idomeneus, worin er sich flehend an Neptun wendet, der Chor der Priester im unissono [!] sein Flehen unterstützt, und die Instrumental-Begleitung eben so originell als wirkungsvoll ist; endlich eine Arie der Elektra, voll Kraft und Pathos. Diese letztere hat jedoch, durch die Schuld des italienischen Dichters, das gegen sich, dass sie erst nach schon eingetretener Katastrophe kömmt, folglich in dramatischer Hinsicht kein Interesse mehr erregen kann.

Ausser diesen Gesangstücken und obligaten Recitativen vermisst man aber auch noch das *Recitativ überhaupt*; denn, wenn der Wechsel von Singen und Sprechen in jedem musikalischen Schauspiele widerlich ist: so wird er es besonders in heroischen oder tragischen Opern, wo man der vor uns auftretenden Heroen gern eine Art von Zauber-Idiom zutraut, und gleichsam so oft wieder entzaubert wird, als sie in die gewöhnliche Sprache zurückfallen. […]

Die Aufführung der Oper *Idomeneus*, von welcher hier die Rede ist, war übrigens in jeder Rücksicht dieses Meisterstücks würdig. Unter den Solo-Gesängen erfordern eine besondere Erwähnung: Die erste Arie des *Idomeneus*, worin er das unschuldige Opfer seines Eides schon vor sich sehen, seine Klagen schon zu hören wähnt, und welche von dem Ersten der tragisch-dramatischen Sänger [Hr. Vogl] ganz so meisterhaft vorgetragen wurde, als sie componirt ist. Über alle Beschreibung erhebt sich der rührende Ausdruck, der Ton der Natur und Wahrheit, womit er in diesem Gesange sich der Herzen der Zuhörer bemächtigt, und eben so gewiss feyert er hier einen seiner schönsten Triumphe, als das obligate Recitativ des dritten Acts, in dem Momente, wo er seinen Sohn opfern soll, als classisches Vorbild dieses schweren, jetzt meistens so vernachlässigten Zweiges des dramatischen Gesangs betrachtet werden kann: Das obligate Recitativ der *Elektra* im ersten Acte, welches von der, durch ihre treffliche musikalische Declamation ausgezeichneten Künstlerinn [Mad. Lembert], so wie die darauf folgende Arie, echt dramatisch gesungen ward, wozu sie, bey der sehr reichen Instrumentirung und dem zu laut erschollenen Donner, aller Fülle ihrer schönen Stimme bedurfte: Die Arie der *Ilia* im zweyten Acte, die ungemein zart entworfen ist, und nicht minder zart vorgetragen wurde. Die wenigen hinzugesetzten Verzierungen waren völlig im Charakter der Composition, bestanden nur in wenig Noten, und wurden mit Grazie ausgeführt. Dasselbe würde man von ihrer Arie im dritten Acte rühmen müssen, wären hier im Vortrage nicht, statt kleiner Verzierungen, wirkliche Abänderungen in der Cantilene gemacht worden [...]. Nun lässt sich aber die Absicht, einen *Mozart* verbessern zu wollen, bey dieser jungen Sängerinn [Dlle. Wranitzky], deren Bescheidenheit bekanntlich den Werth ihres glücklichen Talents noch erhöht, durchaus nicht vermuthen, und die gegenwärtige Bemerkung soll daher auch ohne persönliche Beziehung, bloss im Allgemeinen, ausgesprochen seyn. Zuletzt muss noch das Quartett im dritten Act angeführt werden, wobey alle vier Stimmen im schönsten Verhältnisse, jede mit der vollen Wirkung, auf welche der Meister in diesem, durch das erhabenste Pathos und die höchste Kunst des Tonsatzes überaus herrlichen Gesangstücke gerechnet hat, zusammen wirken, und worin ein Theil der Instrumental-Begleitung – ohne eine fremde Note hinzu zu setzen – mit so gutem Erfolge zu einem Männer-Chor verwendet wurde, dass *Mozart* selbst dieser Zugabe seinen Beyfall nicht versagen könnte.

Die Chöre und das Orchester befriedigten bey dieser ersten Aufführung die strengsten Forderungen. Auch von Seite des Costüms, der Decorationen und der übrigen theatralischen Attribute, worunter besonders der durch die grosse Anzahl von Chor-Sängern, Tänzern und Statisten imponirende Fest-Einzug gegen das Ende des ersten Acts, dann die Erscheinung des Neptun, im dritten Acte, gehört, wurde dieses Meisterwerk würdig ausgestattet.
v. Mosel.

24. April 1820: *Alfred der Große* (Jean-Pierre Aumer)[34]

K. K. Hofopern-Theater. Dlle. *Julie Aumer* gab am 24. April zu ihrem Vortheile die erste Vorstellung des heroischen-pantomimischen Balletes: *Alfred der Grosse*, von der Erfindung des Herrn Balletmeisters *Aumer*, mit Musik von Herrn *W. Robert Grafen von Gallenberg*; vorher: der Vetter aus Bremen, von *Körner*. Der Stoff ist bekannt und schon oft behandelt, ein ab- und später wieder eingesetzter Fürst, der sich verbirgt, kämpft und siegt. Hierzu gesellen sich ein ländliches Fest, ein Ritterschlag, eine Schlacht, viele angenehme, wohl geordnete, verständig gestellte, aber keine neuen Elemente. Der erste Act ist vorzüglich und beurkundet das Anordnungs-Talent des Herrn *Aumer*. Die Scenen reihen sich natürlich an einander, jede ist gehörig exponirt, ver- und entwickelt. Im zweyten sind schon derbere theatralische Behelfe angewendet; so kommt zum Beyspiel die ganze Musikbande eines Angelsächsischen Regimentes vor, und vermengt ihre

---

[34] *Allgemeine musikalische Zeitung, mit besonderer Rücksicht auf den österreichischen Kaiserstaat*, 29. 4. 1820, Sp. 273/274.

Klänge mit jenen des Orchesters. Die Sache war schon einmahl da, wenn wir nicht irren, im *Quinto Fabio*,[35] aber was schadet es? das Publicum war entzückt, dass man seinem Kunstsinne auf eine so zarte und feine Art huldige, und verlangte laut die Wiederholung, eine Auszeichnung, auf welche man, der hohen Idee unbeschadet, die man von seinem Geschmacke hat, nicht gefasst schien, denn es entstanden Irrungen, und alles stockte. Wahre Freunde der Tonkunst hatten indessen das Vergnügen, die türkische Pieçe drey Mahl zu hören. Im dritten Aufzuge ist die Kampf-Scene lebendig, und das Schluss-Tableau sehr gut geordnet. Einige Längen und kleinere Verstösse wollen wir nicht rügen. Das Ganze, dünkt uns, gleicht einem elegant und symmetrisch gestellten Holzstosse, oder, um galanter zu seyn, Pygmalions steinerner Galathea, überall fehlt nichts – als ein Fünkchen, doch diess Fünkchen ist ein Gabe der hohen Unsterblichen. Wie im Ballette, so sind auch in der Musik viele Kräfte angewendet, und verschwendet. Nebst dem ganzen Orchester, Posaunen, Hörner, Harfe, Contra-Fagott, Trompetten, eine zahlreiche Musik-Bande, und doch keine Ballet-Musik. Wenn wir uns auch auf die mässigsten, billigsten Forderungen beschränken, so glauben wir doch in einem Werke von drey Acten auf einige frische, neue, Ohr und Sinn vergnügende, fassliche Melodien Anspruch machen zu dürfen. Keineswegs; nimmt man das *Pas-de-deux* im ersten Acte aus, so besteht das Ganze aus Rhapsodien, jeder Satz ist zerhackt, uninteressant und formlos, die Ouverture, wo sich doch der Tonsetzer zeigen könnte, eine *rudis, indigestaque moles*, kaum dass die Empfindungen sich nothdürftig in den Tönen mahlen, kaum dass die Tanz-Stücke den Tanz gestatten. Von Satz und Führung ist bey einem Ballete ohnediess nie die Rede. Die Direction hat das ihrige mit kaiserlicher Munificenz gethan. Die Decorationen sind herrlich, mit Ausnahme der etwas kleinlichen Feuersbrunst, welche an die zum Schieben eingerichteten Billete erinnerte. Das Costüm ist frisch und glänzend, die scenische Anordnung musterhaft. Unter den Tanzenden zeichneten sich besonders Herr und Mad. *Rozier* und Dlle. *Aumer* aus. Beyfall errangen und verdienten ebenfalls Dlle. *Millière*, Herr *Taglioni* und Mad. *Bretel*. Sie wurden nach ihren Solo's und Ensemble-Stücken mehrmals gerufen, so auch Herr *Aumer*, dem das Publicum viele Beweise seines Wohlwollens gab. Auch der kunstreiche Decorations-Mahler, in diesem Theater ein seltener Fall, wurde gerufen und erschien.

---

[35] *Quinto Fabio Rutiliano*, Dramma serio in due atti mit Musik von Giuseppe Nicolini, zum ersten Mal am 24. 4. 1811 aufgeführt.

14. Juni 1820: *Die Zwillingsbrüder* (Franz Schubert)[36]

K. K. Hofopern-Theater. Am 14. Juny zum ersten Mahle: *die Zwillingsbrüder*, Posse mit Gesang in einem Aufzuge, Musik von Herrn *Franz Schubert.* Nachher das Ballet: *die zwey Tanten, oder Ehemahls und heute.* [...] Herr *Schubert*, um den es sich hier hauptsächlich handelt, war uns nur bisher durch einige verdienstvolle Romanzen bekannt; von seiner Oper, die er bescheiden unter dem Titel: Posse erscheinen lässt, wurde zwar schon Ende 1818 gesprochen, doch bekamen wir sie trotz mächtiger Verwendung erst jetzt zu Gesichte. Sie beurkundet ihren Verfasser als einen talentvollen Kopf, voll Kraft und Erfindungsgabe, ein Hauptvorzug, da sich alles andere *erringen* lässt; sie beweiset aber zugleich, dass Herr *Schubert* mehr Fähigkeit zum Tragischen als zum Komischen hat, daher wir ihm sehr rathen, das erstere Fach für jetzt wenigstens zu wählen. Die Musik der Zwillingsbrüder hat viel Originalität, manche interessante Parthien, und ist declamatorisch richtig; darin liegt aber ein Flecken des Werkes, dass die Empfindungen einfacher Landleute in einem komischen Sujet viel zu ernsthaft, wir möchten sagen schwerfällig aufgefasst, sind. *Medium tenuere beati.* Eben so wenig man zugeben kann, dass Helden Polonaisen singen und in Rouladen weinen, eben so wenig kann man gestatten, dass in der leichten Operette die Leidenschaften tragisch aufgefasst werden. Wir wollen hier von deutschen Tondichtern und *Mozart*, diesem Muster der *romantischen* und *einzig wahren* Musik gar nicht sprechen, aber wenn wir auch die Franzosen als Beyspiel aufstellen, so wird man doch in *Méhul's* beyden Füchsen einen gewaltigen Abstand von seinen grössern Arbeiten, in *Cherubini's* Meisterwerke, die Tage der Gefahr, eine ganz andere Composition als in seiner *Medea* finden. [...] Herr *Schubert* ist an die Einzelnheiten des Textes zu sehr gefesselt, was ihn und den Zuhörer rastlos durch Modulationen jagt, und keinen Ruhepunct gestattet; er will die Worte durch Töne ausdrücken, statt den Charakter des *ganzen Stückes* zu mahlen, was doch, wie *Mozart* beweiset, das einzige Mittel ist, der Kunst höchstes Ziel zu erreichen, und ihre grösste Schwierigkeit zu besiegen, indem man regelrechte, geründete Stücke verfasst, und doch *durch das Ganze* die Empfindung hervorbringt, die man soll. Hierzu hat sich Herr *Schubert* durch das löbliche Bestreben, seine eigene Bahn zu wandeln, zu weit führen lassen, und die gewöhnlichen Endformeln der Stücke zu sehr beseitigt. [...] Überhaupt muss man sogar den Schein vermeiden, dass man originell seyn will, man muss es seyn. Was nun auch vielfach die oft unvorbereiteten und daher harten Modulationen

---

[36] *Allgemeine musikalische Zeitung, mit besonderer Rücksicht auf den österreichischen Kaiserstaat*, 17. 6. 1820, Sp. 385–388.

noch schneidender erscheinen macht, ist die zu zerstreute Instrumentirung. Mögen die Saiten- oder Blas-Instrumente, welche Figur, welchen Nebengesang sie immer wollen, verfolgen, der eine oder der andere Theil muss den Faden der Harmonien halten und nicht auslassen, bis ihn der andere aufnimmt, und Einheit herrsche im Ganzen. Dieser Mangel war vorzüglich in der Ouverture (D-dur) bemerkbar. Die darauf folgende Introduction in B-dur (Chor mit Tenor-Solo) ist melodisch und harmonisch zugleich, sie wurde auf allgemeines Verlangen wiederhohlt; was indessen der ein Paar Mahle gerade vor der Cadenz vorkommende, und sich sogleich wieder auflösende Moll-Accord soll, begreifen wir nicht; uns schien er bloss sonderbar. Im Duett (einige Tacte G-dur, dann bis zum Ende Es-dur) sind die Stimmen künstlich gesetzt, doch wohl auch der Modulationen zu viel. Dasselbe kann man von der Sopran-Arie in G-dur sagen, die ein pikantes Motiv hat, aber ganz der Ruhe entbehrt; in Strophen gearbeitet hätte sie mit dem Refrain gewiss vielmehr gefallen. Des Seemannes recht brave Arie in C-dur wird kaum gefasst, als sie schon schliesst; sie kommt zu plötzlich, um gehörig begriffen zu werden. Das Quartett in B-dur gab Stoff zu Canons und andern contrapunctischen Wendungen; so wurde es indessen nicht benützt, aber es hat Ruhe und Einheit, und gefiel. Das Letztere gilt auch von dem Terzette in E-dur, was kräftig und bezeichnend ist. Des sanftern Spiesses Eintritts-Arie hat treffliche Parthien, die aber vom Tonsetzer anders dargebothen, noch mehr ergriffen hätten. Von dem Chore in D ist wenig, vom Finale nichts zu sagen, und so hätten wir, wenn das Gedächtnis getreu war und keine Nummer ausgelassen hat, unsere Analyse vollendet, und dem Verfasser einen Beweis unserer Aufmerksamkeit dadurch gegeben. […] Die Darstellung ging gut; Herr *Rosenfeld* und Dlle. *Vio* zeichneten sich durch Spiel und Gesang aus. Herr *Vogl* gab die beyden Spiesse echt künstlerisch, ohne Übertreibung, eben darum aber weniger komisch. Der Schluss gab zu einem Parteyenkriege Anlass, indem Herrn *Schubert's* Freunde ihn herausrufen wollten, viele Schlangen aber dagegen sich vernehmen liessen. Der grössere Theil der Zuhörer blieb ruhig bey diesem Streite, der die Kunst nicht eigentlich betraf, denn der Verfasser hatte weder das Eine noch das Andere, sondern bloss Ermunterung verdient. Herr *Vogl*, dessen Sorgfalt und Pflege wir grössten Theils den jungen Tonsetzer verdanken, erschien, meldete, dass Herr *Schubert* nicht zugegen sey, und dankte in dessen Nahmen.

November/Dezember 1820: *Gastspiel des Franz Wild*[37]

Wien. […] Hofoper. Hier giebt der grossherzogl. Hessische Kammersänger Franz Wild Gastrollen. Wir sahen unseren einstigen Liebling bisher als Joseph, Othello, Licinius und Baron Rodolphe im *Rothkäppchen*, von welchen Rollen er drey wiederholte. Den herrlichsten Triumph feyerte er durch die klassische Darstellung des Mohren, worin er nicht nur das Gerücht, als ob seine Stimme gelitten hätte, bündigst widerlegte, sondern auch besonders den leidenschaftlichen Scenen des 2ten und 3ten Aktes in declamatorischer Hinsicht ein Colorit zu verleihen wusste, das man früher nicht darin gesucht hätte, und wodurch er seinen glänzenden Standpunkt als Mime ehrenvoll bewährte. Solchen melodischen Klang in den Mitteltönen, – denn in den höhern Regionen, die gegenwärtig den Menschenstimmen angemuthet werden, excellirte er nie besonders – solchen zauberischen Wohllaut, Anmuth, Schmelz, Biegsamkeit und imponirende Kraft des Ausdrucks mussten wir lange entbehren, und den einzigen Genuss kann nur der schmerzliche Gedanke einer allzuschnellen Vergänglichkeit trüben, weil uns Herr Wild, der auch als dramatischer Künstler an Haltung, Stetigkeit, Auffassung und Durchführung der Charaktere bedeutend gewonnen hat, im nächsten Monat schon wieder verlassen wird. […]

Hr. Wild setzte seine Gastspiele bis zum letzten Male dieses Monats zur allgemeinen Freude seiner zahlreichen Bewunderer fort. Er gab nebst Wiederholungen mehrerer bereits schon dargestellter Rollen, als: *Joconde, Othello,* u. s. w. noch den *Tamino* und *Arsaz* in Catel's: *Semiramis*. Der dritte Akt dieser herrlichen Oper war der Glanzpunkt aller seiner Leistungen, und in den meisterhaften Recitativen des letzten Final's rührte die Wahrheit des Ausdrucks, die Innigkeit des Gefühls bis zu Thränen. Unvergesslich wird uns dieser Muttermörder, der von Eifersucht zerfleischte Mohr, so wie der liebenswürdige Schelm Joconde bleiben; nie hat sich ein Sänger, so wie Er, unwiderstehlich aller Herzen bemeistert, und laut und einstimmig sprach sich der Wunsch aus, ihn, den Beherrscher der Töne, den Seelenmahler zum zweytenmale den Unsrigen nennen zu dürfen. So schmeichelhaft solche unzweydeutige Beweise von Liebe und gerechter Würdigung seltener Talente ihm auch seyn mussten, so waren sie doch nicht vermögend, ihn zur Entsagung jener Verbindlichkeiten zu bewegen, die den Dankbaren an den Hof seines kunstliebenden und lohnenden Grossherzogs fesseln, und somit verliess er uns denn am ersten Tage des neuen Jahres, begleitet von Segenswünschen und Empfindungen heissen Dankes für so viele, durch Ihn, den Einzigen, verschönte Stunden.

---

[37] *Allgemeine musikalische Zeitung*, 3. 1. 1821, Sp. 7/8; 26. 1. 1821, Sp. 54.

16. Dezember 1820: *Der Barbier von Sevilla* (Gioachino Rossini)[38]

K. K. Hoftheater nächst dem Kärnthnerthore: *Der Barbier von Sevilla*, komische Oper in zwey Aufzügen, nach dem Italienischen von *Kollmann*, Musik von *Rossini*. Über das Werk selbst haben wir schon unsere Ansicht in diesen Blättern niedergelegt, so auch über die verschiedenen Darstellungen desselben im Theater an der Wien. Wir können uns also über die jetzige Aufführung kürzer fassen. Rosine war Mad. *Grünbaum*, welche die Oper zu ihrer Einnahme gab, Almaviva Herr *Rosner*, Figaro Herr *Forti*, Bartolo Herr *Siebert*, Basilio Herr *Gottdank*, untergeordnete Rollen hatten Mad. *Vogel*, die Herren *Dirzka* und *Frühwald*. Die Partie der *Rossine* [!] ist zu tief für Mad. *Grünbaum*, sie konnte daher in derselben nicht wie gewöhnlich glänzen, was wir sehr bedauerten. Das Publicum rief sie am Schlusse hervor und sie erschien mit den vier zuerst genannten Herren; aus diesem Kreise hätten wir Herrn *Siebert* hinweggewünscht, denn er befriedigte keinesweges. Sein Spiel war wie gewöhnlich, sein Gesang länger als gewöhnlich, denn er hatte zwey Arien eingelegt, man kann sich also unser Vergnügen denken![39] Herr *Rosner* ist brav als Almaviva, sein Spiel ist decent und verdient Lob, so auch sein Gesang. Diess gilt ebenfalls von Herrn *Forti*, der ganz an seinem Platze stand. Dennoch machte die Oper kein sonderliches Glück, was zum Theile der Erinnerung, zum Theile aber den zu hoch gespannten Erwartungen des Publicums beyzumessen ist.

28. Juli 1821: *Lodoiska* (Filippo Taglioni)[40]

Wien. […] *Hofoper.* […] Der neue Balletmeister Taglioni debutirte auf eine wahrhaft glänzende Weise mit einer neuen Composition der *Lodoiska*, welche, so wie die treffliche Musik von Hrn. Umlauf, allgemeine Würdigung erhielt und zu dem Ausgezeichnetsten gehört, was in dieser Gattung das jüngstentwichene Jahrzehend uns darbot. Schade, dass der geniale Tonsetzer, dessen Muse leider viel zu lange verstummte, durch Beschränktheit der Zeit verhindert wurde, sein herrliches Werk zu vollenden,

---

[38] *Allgemeine musikalische Zeitung mit besonderer Rücksicht auf den österreichischen Kaiserstaat*, 23. 12. 1820, Sp. 820/821.
[39] Genau genommen legte sich Siebert keine einzige Arie ein: Im ersten Akt sang er eine Arie mit dem Text *Ach der Liebe bitt're Schmerzen* auf die Musik der für Basilio vorgesehenen *Aria della calunnia*, im zweiten Akt die Arie *Seh ich die holde Miene*. Die Arie *Einen Doctor meines Gleichen* war zwar vorgesehen, wurde aber gestrichen. Vgl. das Nachlesebuch (Wien, Musiksammlung der Österreichischen Nationalbibliothek, Mus. Hs. 32.149).
[40] *Allgemeine musikalische Zeitung*, 26. 9. 1821, Sp. 664/665.

und Hr. Kapellmeister Gyrowetz den dritten Akt ergänzen musste, dessen Arbeit zwar verdienstlich ist, welcher aber dennoch jene höhere Begeisterung, jene originelle Charakteristik, jene glühende Phantasie, jener wahrhaft poetische Aufschwung mangelt, wodurch Umlaufs Composition den Stempel der Meisterschaft erhält. […]

3. November 1821: *Der Freyschütze* (Carl Maria von Weber)[41]

Wien. […] *Hofoper.* Wunder über Wunder! In unserer, mit Recht verrufenen, Afterkunst-Periode, in einem Zeitpunkte, wo nur musikalische Seiltänzerey, sinnloses Tongewirre und abgedroschene Klingklangs-Tiraden auf Beyfall rechnen zu können schienen, hat Webers *Freyschütze* einen eminenten Sieg davon getragen, und einen Enthusiasmus hervorgebracht, der bey jeder Wiederholung gleich der ins Thal rollenden Lawine sich vergrössert, und Deutschlands Tonsetzern dadurch das erfreulichste Prognostikon stellt, dass sie nur etwas recht gediegenes zu liefern brauchen, um in ihren Landsleuten das durch italienische Leckerey eingelullte bessere Selbstgefühl, wenn auch etwas gewaltsam, aufzurütteln, und den unverdorbenen Sinn für das einzig Wahre und Schöne aus seinem lethargischen Schlummer zu erwecken. Freylich waren nebst dem anziehenden Stoffe, der – trotz einer nicht zu rechtfertigenden Verstümmelung, indem das gute und böse Princip herausgestrichen, die Handlung um ein paar Jahrhunderte zurückverlegt, und das, Weidmännern allbekannte Kugelgiessen in verzauberte Armbrustbolzen metamorphosirt wurde, – dennoch inhaltsreich genug ist, um das Interesse auf das lebhafteste zu fesseln, freylich waren es besonders einige populäre Melodieen, hauptsächlich der Neck-Chor, des wilden Kaspers teuflisch frivoles Trinklied und die jubelnde Jäger-Fanfare im letzten Akte, wodurch die Menge sich angezogen fühlte; aber diese erklärten Favoritstücke verschafften auch allmählig den übrigen Theilen des herrlichen Ganzen gerechte Anerkennung, und jetzt wird auch die meisterliche Ouverture, eine treue Charakterzeichnung des ganzen Werkes, die grosse Scene mit dem Gebete, so die ächt satanische Triumpharie des Verführers, ferner Agathens leidenschaftliche Scenen, das schöne Trio des zweyten Aktes, das grausend effektvolle Finale mit den Spuk-Erscheinungen in der Wolfsgrube, endlich der wunderliebliche Gesang der Brautjungfern, nach Verdienst gewürdigt, und alle Stimmen vereinen sich zum Lob und Preise des denkenden, originellen, wahrhaft genialen Componisten, der das Vaterland gerade in dem Momente des dringensten Bedarfes mit

---

[41] *Allgemeine musikalische Zeitung*, 2. 1. 1822, Sp. 12/13.

dieser köstlichen Geistesgeburt beschenkte, worin sich Harmonie und Melodie brüderlich verzweigen, und die ganze Kraft eines kunstgerechten deutschen Instrumentalisten in glänzender Herrlichkeit sich entfaltet. Die für das Orchester schwer auszuführende Musik wurde von dem wackern Künstlerverein mit grosser Präcision und Energie vorgetragen; in den Singrollen excellirte[n] Dem. Schröder, Hr. Forti und Rosner, so wie auch in den kleinern Partieen Dem. Thekla Demmer, die Herren Vogel, Weinmüller und Gottdank nebst den tüchtig besetzten und eingeübten Chören trefflich zusammenwirkten.

7. März 1822: *Der Freyschütze* (Carl Maria von Weber)[42]

Am 7. dieses Monats hatten wir die Freude, den königl. Sächsischen Hof-Capellmeister Herrn *Carl Maria von Weber* seine Oper „*der Freyschütze*" selbst dirigiren zu sehn. Ihn in der Mitte des Hofopern-Orchesters, umgeben von lauter Künstlern zu erblicken, die durch ihre kunstmässige Mitwirkung seine Oper zu Tage fördern halfen, die Solo-Sänger mit verdoppelter Begeisterung ihre Parten ausführen hören, die feurige Kraft und Präcision des Chors durch seine Direction belebt sehen und den Eindruck wahrnehmen, welchen diess alles vereint, auf das zahlreiche versammelte Publicum machte – diess war eine Freude für jeden Gefühlvollen, der die endliche, verspätete Anerkennung eines so ausgezeichneten Talentes als eine der Wahrheit schuldige Genugthuung betrachten musste. […]

Das kunstsinnige Publicum Wiens, welches nun gerade für den Fremden den höchsten Grad von edler Hingebung zu beweisen pflegt, hat ebenfalls schon manches noch nicht gewürdigte Kunst-Talent in das gehörige Licht gehoben, besonders aber hat es sein Wohlwollen heute dem gefühl- und kunstvollen Melodiendichter, *Carl Maria von Weber* zu erkennen gegeben. Als er in das Orchester trat, empfing ihn ein Beyfallssturm, wie wir uns nicht erinnern können, gesehen zu haben. Man kann die Fortschritte des Jahrhunderts in Ausübung der Tonkunst unstreitig daraus abnehmen, denn ein Vergleich mit den Zeiten, in welchen *Mozart* schrieb, wird uns augenscheinlich von der Wahrheit des Gesagten überzeugen. Die Oper hat eine tiefere Wurzel im Herzen der ganzen deutschen Nation gefasst!

Weber's Direction hat an mehreren Stellen dem Werke einen neuen Reitz verliehen, der nicht sowohl in der Veränderung der Tempo's, sondern vielmehr in der Nüançirung einzelner Stellen liegt, welche durch charakte-

---

[42] *Allgemeine musikalische Zeitung, mit besonderer Rücksicht auf den österreichischen Kaiserstaat*, 16. 3. 1822, Sp. 172–174; 20. 3. 1822, Sp. 182/183.

ristische Unterscheidung gewisse Momente des Drama's besser vor das Auge des Zuschauers bringen. Es lässt sich denken, dass der Tonsetzer bey der so braven Aufführung unseres Opern-Directors *Weigl*, durch seine individuelle Anschauung immer noch einige, obgleich kleine Veränderungen nöthig finden konnte, die aber, wohl zu merken, doch nur immer dem Kunstvertrauten bemerkbar sind. Denn wenn der Musiker schreibt: *un poco ritartando*, so kann leicht der Fall eintreten, dass er sich dasselbe doch noch *un poco piu ritartando* gedacht hat, als der kunstgerechteste Capellmeister es nimmt. Man sah aber auch sehr deutlich, wie *Weber* mit aller Ruhe viele Tonstücke ihren Gang gehen liess, nachdem er durch wenige Tacte einmahl schon den rechten Tact gegeben hatte.

Er verschmäht alles überflüssige Tactiren, und benimmt sich dabey mit grosser Ruhe, zugleich aber haucht er sein geniales Feuer in jede Stelle, welche damit erschaffen wurde.

Was die Markirung seines Tactviertels betrifft, so ist diese sehr präcis und deutlich, doch muss gesagt werden, dass im Crescendo bisweilen die Hand im zweyten Viertel sich fast wieder gerade bis zu der Tiefe herabsenkt, von welcher sie ausgegangen ist. Diess wiederholt sich beym dritten und vierten Viertel. Wer diese Worte in ihrer musikalischen Bedeutung versteht, wird keinen bittern Tadel darin finden. Wir glauben übrigens unsere wahre Hochachtung des Meisters gar nicht besser an den Tag legen zu können, als wenn wir das frey aussprechen, was uns an ihm charakteristisch scheint.

Die Tactirung seines Recitativs ist ausgezeichnet gut, und bey allen Ensemble-Stücken spielt sein lebendiges Auge mit der Geschwindigkeit des Blitzes, um die Einfallenden zu ermuntern und ihren etwa fragenden Auge zu begegnen. Über alles müssen wir lobend erwähnen die Stille, mit der diess Ganze vor sich geht. Kein Geräusch, kein Klopfen, kein Forterufen, kein Pianoschreyen und dergleichen andere Dinge wird man bey ihm gewahr, sondern er thut seine Pflicht als Capellmeister im edelsten Style. [...]

Es versteht sich freylich auch von selbst, dass eine Oper, die so viele Aufführungen in so kurzer Zeit erlebte, bey so guter Besetzung der Hauptrollen, und bey einem so braven Orchester keiner grossen Mittel bedarf, um die Executirung im besten Gange zu halten.

Das Publicum zeichnete an diesem Abend fast jede schöne Stelle aus, und beehrte vorzüglich die Tonstücke mit grossem Beyfall, in welchen der Gesang der Dlle. *Schröder*, der Herren *Rosner* und *Forti* wirkte. Dlle. *Schröder* war den Abend recht schön bey Stimme und zeigte grosse Kraft im Ausdrucke. An und für sich spricht sich die Eigenthümlichkeit ihres Gesanges durch eine gewisse tiefe innere Bewegung aus, welche den oft schönen Corden ihrer Stimme einen ganz besondern Reitz gibt, und dem Charakter der Agathe sehr zu Statten kommt. Herr *Rosner* gibt die Rolle des Max mit viel Glück, und der Schmelz seiner Stimme dringt in gewissen Tonlagen recht zum Herzen. Hr. *Forti*, der gleich bey den ersten Aufführungen den Charakter des Geisterbanners mit viel Energie gab, nahm die ganze Kraft seiner wohlklingenden Stimme in Anspruch, und machte seinen schauerlichen Charakter dadurch sehr anziehend. So schön muss diese Parthie gesungen werden, und der unheimliche, Verderben brütende Charakter wird höchst interessant.

Der Enthusiasmus des Publicums *nach jedem Actschlusse*, konnte nur durch das endliche Erscheinen des Tonsetzers auf der Bühne gestillt werden. Die Theilnahme was dann allgemein, und sprach sich durch lautes Applaudiren und Bravorufen in so hohem Grade und mit solcher Freyheit aus, dass der Tonsetzer diesen in Wien erlebten Tag gewiss unter die schönsten seines Lebens zählen wird. […]

30. März 1822: *Aschenbrödel* (Gioachino Rossini)[43]

[…] Dagegen befindet sich Rossini hier; in seiner Gesellschaft die Herren Nozzari, David, Bassi und seine Frau, Mad. Colbran, mit welcher er sich auf der Hieherreise, in Bologna, trauen liess. Er ist ein sehr gebildeter Mann, von angenehmen Sitten, empfehlender Gestalt, voll Witz und Laune, heiter, zuvorkommend, höflich, und wahrhaft humoristisch. Die Gesellschaften, in welchen er bereits eingefügt worden ist, sind von seinem Umgange und seiner (wenigstens scheinbaren) Anspruchslosigkeit ganz bezaubert. Nach seiner Anordnung wurde die *Aschenbrödel* (*Cenerentola*) am 30sten aufgeführt; für die meisten Sätze bestimmte er ein schnelleres Zeitmaass, was sich mit der schweren deutschen Sprache nicht wohl vertrug; indess erklärte er, dass bey seiner Musik an den Worten wenig gelegen, und allein der Effekt Hauptsache sey; wer wagt es, zu widersprechen? Im Allgemeinen gefiel diese Oper weniger, als früher im Theater an der Wien;[44] nur Hr. Jäger und Mad. Schütz in ihrer Schlussscene wurden ausgezeichnet, Hr. Seipelt und die Damen Spitzeder und Dermer blieben unbemerkt; selbst Hr. Forti, der diese Wahl zu seiner Einnahme getroffen hatte, fand als Dandini eine laue Aufnahme, indem er diesem Buffo-Charakter keine ansprechende Seite abzugewinnen verstand. Nach der Osterwoche werden die italienischen Sänger mit Rossini's: *Zelmira*, welche ganz Neapel exaltirte, debutiren; dann soll dessen *Mathilde von Schabran* folgen.

---

[43] *Allgemeine musikalische Zeitung*, 8. 5. 1822, Sp. 303/304.
[44] *Aschenbrödel* war am 29. 8. 1820 im Theater an der Wien erstmals zu hören.

13. April 1822: *Zelmira* (Gioachino Rossini)[45]

Wien. [...] Kärnthnerthor-Theater. Am 13ten debutirte, bey der gespanntesten Erwartung einer wie Häringe in der Tonne zusammengepressten Volksmenge, die neapolitanische Opera-Seria-Gesellschaft mit Rossini's jüngster Geistesgeburt: *Zelmira*. Der Meister hatte wohl das Ganze einstudirt, und in die Scene gesetzt, dirigirte aber nicht selbst, indem er sich mit seiner Unkunde in diesem Geschäfte, welches in Italien dem ersten Violinspieler obliegt, entschuldigte, und zugleich als feiner Weltmann dem Orchester das Compliment machte, dass es bey eigener Vortrefflichkeit fremder Beyhülfe enthraten, und, ihre gewohnten Heerführer an der Spitze, stets des Sieges gewiss seyn könne. Die Fabel dieses Drama's. von Sigr. Andrea Leone Tottola, ist, was doch wahrlich viel sagen will, vielleicht noch das schaalste Produkt neuerer Zeit, und ohne das nachweisende Textbuch kann sich der Zuhörer gar nicht erklären, um was es sich eigentlich handelt. [...] Diesen magern Stoff belebte Rossini durch eine Musik, welche, ausser jenen Vorzügen, wodurch er sich seine gegenwärtige Celebrität errungen, auch eine Feile verräth, die man bey seinen früheren Werken mit Bedauern vermisste. In allen seinen Werken, die er für Neapel mit Muse [!], ohne auf den Zeitraum einiger Wochen beschränkt zu seyn, schrieb, nämlich, den uns bekannten: *Othello*, *Moses* und *Armida*, stösst man auf weniger Reminiscenzen und oberflächliche Behandlungsweise; vieles scheint reiflich überdacht und erwogen zu seyn, und der Wahrheit wird öfters der Modegötze geopfert; hier, bey seiner *Zelmira*, mag er wohl schon Deutschland vor Augen gehabt haben; das Bestreben nach Correktheit ist nicht zu verkennen, das Instrumentale, obgleich mitunter geräuschvoll, schwächt dennoch nie die Wirkung der Stimmen; es ist äusserst glänzend, reich, und nicht selten originell; ohne sein Grund-Princip: „effetto! effetto!" zu verletzen, suchte er seine Melodieen den Situationen anzupassen, die Leidenschaften wahr und treu auszumahlen, und somit seinem Werke den Stempel der Einheit aufzudrücken. Fänden sich nicht ein paar Crescendo's, einige Cabaletta's mit pizzikirenden Violinen, und gewisse stufenweis fortschreitende Terz-Sextengänge, die durch die Verdoppelung in den erhöhten Oktaven recht fatale, das Ohr beleidigende Quinten auswerfen, so hätten vielleicht die Neapolitaner ihren Liebling in seiner neuesten Schöpfung gar nicht wieder erkannt, oder wohl gar dem mit so vieler Vatersorge grossgezogenen Kindlein die gewohnte freundliche Aufnahme verweigert. Einen besondern Fleiss hat der Meister diessmal auf die Führung der Bässe, und auf eine, man möchte beynahe sagen: contrapunkti-

---

[45] *Allgemeine musikalische Zeitung*, 29. 5. 1822, Sp. 349–353.

sche Ausarbeitung seiner Motive verwendet; rechnet man nun hiezu einen unerschöpflichen Ideenreichthum, die üppig blühende Phantasie, die Allgewalt, womit er sein Orchester zu beherrschen, Harmonie und Melodie zu verzweigen pflegt, endlich einen Vortrag, ganz im Geiste und Sinne des Tonsetzers, von einer Künstlergesellschaft, die, obschon anfänglich einigermassen befang, beym ersten Auftritte in einem fremden Lande, in einem, gegen den Koloss S. Carlo so äusserst beschränkten Lokale, dennoch zur Anerkennung ihrer Meisterschaft hinreisst, so konnte der vollkommenste Triumph nicht entstehen, und alle wurden mehremale, der gefeyerte Componist viermal mit stürmischen Jubel herausgerufen. Am meisten schien am ersten Abende Mad. Rossini-Colbran durch eine kleine Unpässlichkeit in ihrer Kunstleistung gehemmt; obschon ihre Blüthenzeit vorüber ist, so entzückt dennoch ihr voller Contra-Alt und ihr ausdrucksvoller, edler Vortrag. Sigra. Ekerlin, aus einer deutschen Familie, vom Florentiner Theater, ein jugendlich liebliches Geschöpf, mit einer süss flötenden Nachtigallenstimme, gab Zelmiren's Freundin, und ist bereits erklärte Favorite des ganzen Theaterpublikums beyderley Geschlechtes. Ohne eigentlichen Bravourgesang, weiss sie sich durch den Schmelz, Wohllaut, Anmuth und Gleichheit ihrer durchaus netten und eleganten Methode höchst interessant zu machen, obschon sie hier nur eine zweyte Partie auszuführen hatte, und ihr wahres Fach die Prima donna in der opera buffa seyn soll. Ein seltenes Meteor ist Sigr. David (Illo) mit einem unerhörten Stimmenumfang, er versteigt sich bis in das hohe E und Fis, mit einer Leichtigkeit und Stärke, als ob es ihm nicht die geringste Anstrengung kostete; dabey sind seine tiefern Töne eben so klar und rein, seiner Verzierungen deutlich und geregelt, sein Triller ganz vortrefflich; wie ein zweiter Cäsar scheint sein Erscheinen schon den Sieg zu verkünden, denn nichts mißlingt ihm, so grandios das Wagstück auch seyn mag; und wäre, so wie selbst die Sonne nicht fleckenlos ist, auch an diesem Virtuosen ein Tadel aufzufinden, so dürfte es die Übersetzung in den Fasset seyn, woran man sich, vermöge eines gewissen Anklangs des komischen, erst allmählig gewöhnen muss. Die beyden Bässe, Sigr. Ambrogi und Botticelli (Polydoro und Leucippo) sind sonor, und in der Höhe wie in der Tiefe gleich metallreich, klangvoll, und besonders ächte Grundpfeiler in mehrstimmigen Sätzen. Nicht minder vortrefflich ist der Bariton des Hrn. Nozzari (Antenore), der sich in einem Umfange von vollen zwey Octaven (A bis A) mit erstaunenswerther Sicherheit bewegt, und in allen Verzweigungen der Gesangskunst seine Meisterschaft bewährt. Alle Glieder dieses eminenten Künstlervereins zeichnen sich noch vorzüglich in den energischen Recitativen, so wie durch das einzige Zusammenwirken bey Ensemble-Stücken aus; hierin ist das Colorit, die Abstufungen von Licht und Schatten, das

Aneinanderschmiegen der Stimmen, die Behandlung des forte und piano, ein mezza voce, welches man den Culmunationspunkt der Vollendung nennen möchte, über jedes Lob erhaben. [...] Um auch dem einheimischen Verdienste volle Gerechtigkeit widerfahren zu lassen, muss gesagt werden, dass Orchester und Chöre, nebst den Herren Rauscher und Weinkopf, welchen die kleineren Partieen anvertraut waren, entscheidend zum Totaleffekt mit einwirkten, und in ihren Leistungen den kühnsten Anforderungen entsprachen.

7. Mai 1822: *Corradino, ossia: Bellezza e cuor di ferro* (Gioachino Rossini)
30. Mai 1822: *Elisabetta, Regina d'Inghilterra* (Gioachino Rossini)[46]

Wien. [...] Theater nächst dem Kärnthnerthore. Auf die stets mit gleichem Beyfall gekrönten Wiederholungen der Rossini'schen *Zelmira* folgte dessen *Corradino, ossia: Bellezza e cuor di ferro* [...] Die erste Vorstellung währte über vier Stunden; das wollte den lebensfrohen Wienern, die vor Mitternacht auch noch den Tafelfreuden zu huldigen pflegen, keineswegs zusagen; viele wechselten um zehn Uhr, nach dem ersten Akte, das schweisstreibende Lokale mit jenem ungemein einladendern der Restaurateur's und Hotels garnis; somit war die Aufnahme bey einer ziemlich allgemein sich ausbreitenden Verstimmung einigermaassen lau, weswegen der Autor für den nächsten Abend beträchtliche Abkürzungen vornahm, wodurch die ewigen Wiederholungen, die für den Componisten beym Instrumentiren gar so bequemen come sopra's, in die Brüche fielen, und das Ganze an Gedrängtheit und Ründung gewann. Von den Sängern erhielt und verdiente Sign. David (Corradino) die grösste Auszeichnung; diese Kraft, Tonfülle, Ausdauer, diese Biegsamkeit, Leichtigkeit und Eleganz, ein solcher Stimmumfang (er berührte in seiner brillanten Arie, die wir nun schon in der dritten Oper verspeisen mussten, das Violin G über der fünften Linie) sind eine wahre cosa rara; das Metall der beyden Bässe, Sigr. Ambrogi (Dottore Aliprando) und Signor Botticelli (Ginardo) ist in mehrstimmigen Gesängen von der imposantesten Wirkung, und nur die so beliebte Sigra. Ekerlin hatte zum grössten Missvergnügen ihrer zahlreichen Verehrer in der Partie des Eduardo einen allzubeschränkten Wirkungskreis. Dem. Mombelli erschien zum erstenmale als Matilda und der Buffo Bassi als Poëta Isidoro; die Stimme der Donna ist etwas dünn, ihre Intonation mitunter schwankend, doch macht sie manche Sächelchen recht nett und präcise; das freye, ungezwungene Spiel, die lebendige Mimik und der heitere Humor des

---

[46] *Allgemeine musikalische Zeitung*, 10. 7. 1822, Sp. 456–459.

genannten Komikers erinnerten mich unwillkürlich an seinen wackern Namenscollegen, der uns, selbst als er statt zu singen nur zu sprechen vermochte, dennoch in Dresden und Leipzig so oft durch seine, der Natur abgelauschten, Kunstdarstellungen entzückte.[47] Dem. Unger, welche zur Besetzung der Rolle der Gräfin als Nothbehelf verwendet wurde, zog sich recht honett aus der Affaire, und dominirte zuweilen über ihre Nebenbuhlerin, was auch alle jene Vorurtheilsfreye, denen der Prophet im Vaterlande etwas gilt, dankbarlich anerkannten. [...] Uebrigens versteht es sich von selbst, dass alle Sänger nach jedem Musikstück ein oder auch zweymal, und der Maestro am Schlusse der Aufführung fora – gebrüllt wurde. Dieser scheint auf das Sprichwort: omne trinum perfectum etwas zu halten, und gab zum Benefice seiner Frau als trifolium dieses Geschwisterpaares seine *Elisabetta, Regina d'Inghilterra*, welche Partie dieselbe wirklich mit künstlerischer Vollendung gab, und eine wahre Königin des Abends war; Sigre. David (Norfolc), Sigre. Nozzari (Leicester) rangen mit ihr um die Palme und das Ganze gewann durch ein neu dazu (?) componirtes Quartett, nebst dem aus *Ricciardo e Zoraide* eingelegten Duett für zwey Tenöre. Ersteres kam auf den Platz von Elisabeths Eintritts-Arie, weil solche vielleicht nicht so ganz mehr für den Umfang der Donna Isabella Rossini, geb. Colbran, passen mochte, wesswegen [!] wohl auch die Schlussscene um einen halben Ton tiefer stand; somit büssten wir eine oft gehörte Arie, und ein ziemlich gewöhnliches Duett ein, erhielten bessere Waare dafür, und solcher Verlust ist Gewinn. Das Publikum nahm diese Oper, welche in deutscher Sprache, freylich bey mangelhafter Besetzung, ziemlich unbeachtet vorüber zog, mit rauschendem Beyfall auf; sie, und ihre jüngste Schwester *Zelmira* werden den tragi-komischen *Cuor di ferro* wohl bald zum Rückzug zwingen.

10. Juni 1822: *Ein neues anacreontisches Divertissement* (Filippo Taglioni)[48]

Den 10. [...] Kärnth. Zum ersten Mal: „ein neues anacreontisches Divertissement". Dies ist eine sehr angenehme Erscheinung von Herrn Taglioni, k. k. Hoftheater-Balletmeister, auch wurde ein sehr talentvolles junges Frauenzimmer, Dem. Marie Taglioni, dem Publikum zum ersten Male vorgeführt. Die Natur scheint sie recht deutlich zu dieser Bahn berufen zu haben, welche sie betrat. Eine angenehme Gestalt, Grazie in ihren Bewegungen und schon ein bedeutender Grad von mechanischer

---

47 Luigi Bassi (1766–1825) war 1787 der Don Giovanni in der Prager Uraufführung von Mozarts Oper

48 *Allgemeine Theaterzeitung und Unterhaltungsblatt für Freunde der Kunst, Literatur und des geselligen Lebens*, 18. 6. 1822, S. 291.

Fertigkeit machen sie schon jetzt zu einer brauchbaren Tänzerinn und zeigen sie der höchsten Ausbildung fähig. Es ist genug, daß sie neben Dem. Milliere und Dem. Heberle nicht im Schatten zurück blieb, sondern sich recht glänzend zeigte. Der Schnitt ihrer Schritte ist scharf, bestimmt und mit Sicherheit contourirt. Sie fällt ohne Wanken aus complicirten Bewegungen in schwierige Attitüden und wird bei sich mehr erstarkendem Körper, an Kraft gewinnen, obwohl sie schon jetzt alle nöthige physische Disposition hat. Das Publikum munterte die junge Tänzerinn verdientermaßen freundlich auf. Die Composition des Divertissement war allegorisch und recht passend und angenehm. [...] Herr Mayseder componirte zu einem reizenden Pas de trois eine liebliche Musik, dessen Solo er mit seiner glänzenden Virtuosität vortrug.

21. Juni 1822: *La gazza ladra* (Gioachino Rossini)[49]

Wien. [...] Kärnthnerthortheater. Die vierte italienische Oper war Rossini's: *Gazza ladra*, mit folgender Besetzung: Podestà: Sigr. Ambrogio [!], – Fernando: Sigr. Botticelli, – Giannetto: Sigr. David[,] – Ninetta: Sigra. Mombelli, – Pippo: Sigra. Ekerlin, [–] Isacco: Sigr. Bassi, – Fabrizio: Hr. Seipelt, – Lucie: Dem. Unger. Die Fanatiker erhoben wieder ein stentorisches Geschrey; der Meister musste sich gleich nach der Ouverture zeigen, andere wurden nach beliebten Piecen vier bis fünfmal hervorgerufen, wie es nun schon die grassirende Epidemie mit sich bringt, gegen welche noch kein Arzt ein heilsames Präservativ herausgeklügelt hat, weil sich die Patienten in ihrem exaltirten Zustande wohlgefallen, und hartnäckig jedes, die nüchterne Besonnenheit zurückbringende Mittel verschmähen. Es soll aber jedoch keinesweges geläugnet werden, dass es auch – freylich dünn angesäet – Indifferenten giebt, die da meinen: diese Oper hätte sich sonst, von Deutschen dargestellt, theilweise hübscher ausgenommen; Sigr. David reisse zwar, wie immer, mit seinen moussirenden Coloraturen zur Bewunderung hin, vermöge aber nicht, wie Hrn. Jägers seelenvoller Gesang,[50] Thränen stiller Rührung zu entlocken; Dem. Ekerlin, dem Gerüchte zufolge, mittelst Beystandes der Polizey-Behörde von der Administration zur Uebernahme ihrer kleinen Partie gezwungen, liesse die Unlust nur zu deutlich gewahren, und könne mit Dem. Laucher keinen Vergleich aushalten;[51]

---

[49] *Allgemeine musikalische Zeitung*, 31. 7. 1822, Sp. 510/511.
[50] Franz Jäger sang die Partie des Giannetto anläßlich der Wiener Erstaufführung der *Diebischen Elster* am 23. 5. 1819 im Theater an der Wien.
[51] Antonie Laucher war der Pippo in der Erstaufführung der *Diebischen Elster* im Kärnthnerthortheater am 5. 7. 1820.

auch übe im Allgemeinen die liebe Gewohnheit ihr altes Recht, und es sey eben nicht leicht, sich mit dem veränderten Zeitmaasse der meisten Tonstücke so schnell zu befreunden, in dem Andante's rascher, die Allegro's gemässigter genommen werden, woraus ein entfremdendes Gefühl entsteht, welches selbst die nicht zu bestreitende Wahrheit: dass dem Autor hierin das votum exclusivum mit vollem Rechte gebühre, nur einigermaassen zu beschwichtigen im Stande ist. Auf der andern Seite zollen diese Moderatisten den beyden kräftigen Basssängern Ambrogio und Botticelli gerechtes Lob, welches bedingungsweise auch Dem. Mombelli verdient, wenn sie nemlich mit der reinen Intonation nicht in offner Fehde lebt.

8. Juli 1822: *Ricciardo e Zoraide* (Gioachino Rossini) [52]

Wien. [...] Kärnthnerthortheater. Verwais't ist nun diese Bühne, in tiefer Trauer die Kaiserstadt, denn die italienischen Gesangshelden haben ihren Rückzug angetreten; Maestro Rossini sammt Gattin bildeten den Vortrab, die übrigen machten paarweise die Nachhut. Ersterer erhielt noch eine Benefice, obschon Niemand eigentlich weiss: wofür? und wählte dazu seinen *Ricciardo e Zoraide*, in einen Akt zusammengezogen, mit Beybehaltung und Veränderung der besten Musikstücke, wie sich die Annonce eben nicht sonderlich bescheiden ausdrückte; auch war am Schlusse das letzte Tempo, die Cabaletta nemlich, des beliebten Duetts aus *Armida*: „Cara, per te quest'anima" angehängt, und die Aufführung geschah, was im Allgemeinen der ganzen Gesellschaft zum Ruhme nachgesagt werden muss, mit grossem Fleisse und ausserordentlicher Genauigkeit; Sigr. Nozzari – Agorante, Sigr. David – Ricciardo, Sigra. Ekerlin – Zomira, sangen vortrefflich; dasselbe Zeugniss könnten wir auch der Sigra. Rossini Colbran ertheilen, wenn ihr nicht in der Partie der Zoraide häufiger als sonst der Unfall, zu detoniren, begegnet wäre, woran sich selbst unsere deutschen Ohren nicht gewöhnen wollen, die doch als weniger delikat verschrieen sind. Nebst dieser Oper wurden auch die früher dargestellten: *Zelmira, Corradino, Elisabetta, la gazza ladra*, jede noch zweymal wiederholt, so zwar, dass der am wenigsten goutirte Cuor di ferro den Kehraus machte. Da ging es denn in der That voll und toll genug zu; als ob die ganze Versammlung von der Tarantel gestochen wäre, glich die ganze Vorstellung einer Vergötterung; das Lärmen, Jubeln, Jauchzen, viva und fora Brüllen nahm gar kein Ende; David allein musste, wenn ich nicht irre, zehn oder eilfmal erscheinen, seine anstrengende Scene, so wie das grosse Septett im zweyten Akte wie-

---

[52] *Allgemeine musikalische Zeitung*, 4. 9. 1822, Sp. 585–587.

derholen,⁵³ tutta la compagnia ward einigemale in corpore und einzeln mit stürmischem Beyfall überschüttet, und hätte die Polizeystelle keinen Strich durch die Rechnung gemacht, so würde es zweifelsohne Huldigungs-Sonette geregnet haben. Einen schnurrigen Vorfall, welcher sich am Abend nach Rossini's Einnahme zutrug, kann ich unmöglich unsern Lesern vorenthalten, da er so ganz die Physiognomie jener extravaganten Leidenschaftlichkeit hat, die im innersten Wesen des südlichen Nationalcharakters gegründet ist. Es hatte nämlich der Meister nach der Vorstellung des *Ricciardo* die dabey beschäftigten Mitglieder zu sich zum Souper gebeten, und da zugleich mit dem Zuwachs in utili et honorifico das Namensfest seiner Frau gefeyert wurde, so ging es lustig und flott zu, bis ein zunehmendes Geräusch auf der Strasse ihre Aufmerksamkeit erregte, und sie bestimmte, diessfalls Erkundigung einzuziehen. Der Rapport des von der Recognoscirung wiederkehrenden Domestiken lautete, wie folgt: Vor dem Hause befinde sich eine grosse Menschenmenge, meistens compatriotische Gemüther, die vernommen hätten, es würde von den ersten Künstlern Wiens ihrem Lieblinge ein Ständchen gebracht werden, und die nun der Dinge harrten, die da kommen sollten. Rossini, wohlmerkend, wie seine Landsleute entweder zufällig oder absichtlich durch ein ausgestreutes Gerücht irre geleitet worden wären, machte seinen, vom Champagner jovial gestimmten Gästen den Vorschlag, als Ersatz der vereitelten Hoffnung dem kunstliebenden Strassenpublikum selbst etwas zum Besten zu geben, öffnet das Piano, und accompagnirt seiner Isabella eine Scene aus *Elisabetta*. Freudengeschrey von Unten hinauf „viva! viva! sia benedetto! ancora! ancora!" David und Ekerlin singen ein Duett; neuer Jubel; verstärktes: „ancora!" Nozzari lässt seine Sortita aus der *Zelmira* ertönen; das Entzücken auf dem Trottoir kennt keine Gränzen, als endlich auch die Nominalizante mit ihrem *Rinaldo* das schmelzende: Cara, per te quest'anima, girrt; die ganze Singerstrasse ist mit Menschen übergesäet;⁵⁴ fora! fora! il maestro! donnerts im schmetternden unisono; unser Gioacchino tritt, dankbar sich verneigend ans offne Fenster, – höchster Ausbruch des Enthusiasmus: Viva! Viva! Cantare! Cantare! schallts durch die Lüfte; da trillert ihnen der gutmüthige Meister in seiner allerlieblichsten Manier das frivole: Figaro qui! Figaro quà, und denkt damit des Guten übergenug gethan zu haben. Doch nicht also das Parterre, welches à la maniera italiana diesen Kunstschmauss gar zu gerne bis zum anbrechenden Morgen hinaus verlängert hätte. Indess vermeinen die da oben, wenn man eine grosse Oper

---

53 Es handelt sich um das Sextett *E' palese il tradimento*.
54 Die Singerstraße im heutigen 1. Wiener Gemeindebezirk verbindet die Kärntnerstraße mit der Seilerstätte. Rossini wohnte während seines Wiener Aufenthaltes im Hotel „Zum goldenen Ochsen", später genannt „Zur Stadt Frankfurt".

herabgesungen, und noch obendrein ex abrupto eine piccola Academia musicale als Zuwage gratis hinzugethan habe, so wäre zwey Stunden nach der Geisterstunde allenfalls einem jedem [!] Christenmenschen die heilsame Ruhe zu gönnen; weil sich nun der Klumpen auf der Strasse gar nicht entwirren will, so hebt man die Tafel auf, thut die Lichter aus, und zieht sich in die innern Gemächer zurück. Doch damit wollen sich die Heisshungrigen unten nicht beschwichtigen lassen; anfangs herrscht jene gefährliche Stille, die den nahen Sturm als unausbleiblich verkündet; da nun die egyptische Finsternis in den Zimmern auf einen totalen Rückzug deutet, so entsteht vorläufig ein dumpfes, unwilliges Gemurmel; dieses wächst allmählig zu einem furchtbaren Crescendo heran, wie der Meister selbst in allen seinen Werken so zahlreiche Muster davon giebt; man moquirt sich, schimpft, lärmt, tobt, und würde auch zweifelsohne das Projekt, so viele zuvorkommende Gefälligkeit mit Steinwürfen zu vergelten, in Ausführung gebracht haben, wenn es nicht den zahlreichen Sicherheitswachen, die sich schon früher unbemerkt in diese Congregation gemengt hatten, mit Vernunftsgründen und Androhung ernstlicher Maassregeln gelungen wäre, den fanatischen Haufen endlich zu zerstreuen. So endete ein für Wien wirklich ganz neues Aben-theuer, welches jedoch weniger befremdendes für einen welschen Componisten hat, der es ja in seinem Vaterlande gewohnt ist, an einem Abende mit einer Oper, die durch eine unselige Constellation missfällt, solemniter ausgepocht, und dagegen am nächsten in einer accreditirten Lieblings-Piece wieder a stelle gehoben, und bey Fackelschein mit Janitschaarenmusik im Triumphe nach seiner Wohnung accompagnirt zu werden, wie Schreiber dieses in Mailand, Rom, Turin und Neapel selbst des öftern Augen- und Ohrenzeuge war.

26. Juli 1822: *Der Barbier von Sevilla* (Gioachino Rossini)[55]

Ungeachtet man erwarten darf, dass nach Abgang der italienischen Operngesellschaft, die von derselben erst kürzlich in mancher Hinsicht mit wirklicher Vollendung aufgeführten *Rossini*'schen Opern von der Administration der Theater einige Zeit in Ruhestand versetzt werden, wodurch alle Vergleichungen und daraus folgende Urtheile vermieden werden können, so liegt es nicht in der Macht der Verwaltung, mit einem Mahle in ganzer Strenge diese Vorsichtsmassregel auszuüben. […]

---

[55] *Allgemeine musikalische Zeitung, mit besonderer Rücksicht auf den österreichischen Kaiserstaat*, 7. 8. 1822, Sp. 497–500.

Ganz natürlich, dass also auch die uns sehr werthe und vielbewunderte Dlle. *Sonntag* von Prag die Aufführung dieser Opern in deutscher Sprache herbeygeführt, weil gerade ihre Stimme für den Vortrag derselben recht viel Klang und Biegsamkeit besitzt. Es half also nichts, und Doctor Bartolo musste seinen steifen, altmodischen Dressenrock anziehn, sein Gesicht mit grimmigen Löwenfalten bemahlen und Figaro seine Barbierschüssel unter den Arm nehmen.

Es gelang, und die Jovialität unseres Forti, verbunden mit seinem wirklich schönen Gesange hielt das Publicum in einer recht munteren Stimmung. Mehr noch entzückte die in der Rolle der Rosine ganz neue Erscheinung der Dlle. *Sonntag*.

Hatte sie uns als Prinzessin von Navarra schon mit ihrer feinen Galanterie und siegreichen Liebenswürdigkeit, wir sprechen von der musikalischen, für sich gewonnen,[56] so schien doch *Rossini's* Rosine durch ihren naiven, listigen und dennoch graziösen Charakter für ihre Eigenthümlichkeit noch anpassender, und die feine, in dieser Singparthie liegende musikalische Coquetterie zu Erwerbung eines neuen Sieges über die Herzen des Publicums noch mehr geeignet.

[…] Wir müssen gestehen, dass wir diese ausserordentliche Bildung der Stimme erfordernde Geschicklichkeit, eine Reihenfolge von acht und mehr Tönen so fein gestossen und so zart angeschlagen, lange bey keiner Sängerinn bemerkt haben. […]

Wir meinen die grosse Mässigung der Kraft, welche in das Staccato, also in das oft aufeinander folgende Stossen sogleich auch den Reitz des Sanften legt, und eine ungewöhnliche Schnellkraft der Stimme voraussetzt. Ein kaum hörbarer Ton, der doch mit grosser Kraft gebildet werden muss, weil er gestossen wird.

Hiervon gab Dlle. *Sonntag* als Rosine in ihrer Arie einen sehr schönen Beweis, und erreichte damit eine so entschiedene und schnelle Wirkung, dass die Beyfallsbezeigungen während dem Gesange durch ein leises Bravo schon sich zu erkennen geben, welches aber nach dem Ritornelle in ein so meisterhaftes Crescendo ausbrach, als ob der berühmte *Rossini* es selbst gesetzt hätte. Ja, auch die grosse Trommel, ein zu jedem Sturme nöthiges Instrument, war bey diesem Beyfallsschweller wirksam, denn das in andern Ländern, als ein Zeichen des Missfallens anerkannte, in Wien aber beym Applaus als Beyfallszeichen der höchsten Potenz anerkannte Klopfen, nöthigte die Sängerinn ihre Arie zu wiederholen.

---

[56] Henriette Sontag hatte am 20. 7. 1822 als Prinzessin von Navarra in *Johann von Paris* von Boieldieu am Theater an der Wien debütiert und ebendort am 24. 7. 1822 die Agathe in Webers *Freischütz* gesungen.

Wir müssen noch der Scene, als höchst gelungen erwähnen, in welcher Rosine den, alle Hülfsmittel der Pädagogik anwendenden Figaro durch ihre Geschicklichkeit in einer Kunst überrascht, in der er sie so eben zu unterrichten glaubt. Ja, das Duett mit dem Liebesbriefchen war ein Glanzpunct ihrer Darstellung und ihres Gesanges.

Auch Herr *Forti* gab diess unübertrefflich. Dieser Sänger hat die Eigenthümlichkeit seines Organs jetzt ganz kennen gelernt und ganz besonders in der letzten Zeit sich auf Bezähmung der Kraft gelegt. Man wird nicht leicht einen geschrieenen Ton bey ihm wahrnehmen, und gibt es nicht Sänger, bey denen die gesungenen als eine Seltenheit zu betrachten sind. Wer wie Herr *Forti*, im Don Juan bey der Ariette mit der Zither unter dem Fenster, die von jeher in der Theaterwelt als ein undankbares Tonstück betrachtete wurde, alle Herzen durch schönen Vortrag im Gesange rühren kann, der hat eine schwere Aufgabe gelöst.

Das Publicum beehrte auch diesen Sänger durch eclatante Beweise seines Wohlwollens. Herr *Seipelt* [Bartolo] wirkte in den Finales besonders verdienstlich und wurde durch Herrn *Gottdank*, der die Rolle des Basil mit ausserordentlich komischer Kraft gibt, trefflich unterstützt.

24. August 1822: *Die Zauberflöte* (Wolfgang Amadeus Mozart)[57]

Die Aufführung der Zauberflöte ist seit einiger Zeit zu einem musikalischen Feste geworden, und hat schon mehrere Abende eine in mancher Hinsicht vollendete Kunst-Darstellung veranlasst, ganz besonders aber darf sich die letzte Aufführung dieses grossen Meisterwerks sowohl einer seit langer Zeit nicht Statt gefundenen Vollendung rühmen, als auch die höchst lebhafte Theilnahme des kunstsinnigen Publicums durch eine ganz ungewöhnliche Einstimmigkeit merkwürdig ward. […]

Die Darstellung begann schon auf eine höchst vollendete Weise, und dadurch wurde eigentlich die frohe Empfänglichkeit aller Anwesenden erst recht erregt und befestigt. Die wunderschöne Arie Tamino's, welche doch schon lange Zeit als etwas längst Bekanntes betrachtet, und desshalb immer mit weniger Interesse angehört wurde, gewann durch des trefflichen Sängers, durch unsres *Jägers* Vortrag eine solche Bedeutung, und drang durch ihre Wunderkraft so tief zum Herzen, dass die Wiederholung mit stürmischem Beyfall verlangt und von dem Sänger mit besonderem Glück geleistet wurde. Seine Stimme war von einer vorzüglichen Reinheit und

---

[57] *Allgemeine musikalische Zeitung, mit besonderer Rücksicht auf den österreichischen Kaiserstaat*, 30. 8. 1822, Sp. 553–556.

angenehmen Wohlklange. Sein Vortrag war durch einige kleine, aber mit grosser Lieblichkeit und Sicherheit ausgeführte Nüançirungen höchst anmuthsvoll. Das hohe As wurde auf sehr delicate Weise von Herrn *Jäger* in einer sehr bescheidenen Verzierung berührt und C mit grosser Festigkeit und schönem Klange gebraucht. Wir haben die Arie seit langer Zeit nicht so trefflich vortragen gehört.

Dlle. *Sigel* als Königinn der Nacht, schien ganz von demselben künstlerischen Geiste beseelt und von gleichem Glücke begleitet. Sie trug ihre beyden Arien mit grosser Bravour, Sicherheit und mit einer solchen Kraft vor, die sich auch wiederum in den gefährlichsten Momenten höchst gemässigt und doch mit ziemlicher Kühnheit zu gebrauchen wusste.

Die grosse Auszeichnung durch einstimmigen Beyfall – wir pflegen in unsern Berichten das gewöhnliche Hervorrufen weder zu numeriren, noch zu addiren – hatte die junge, muthige Sängerinn redlich verdient, und man bemerkte den Zuwachs an Ruhe und stärkendem Bewusstseyn im Vortrage der zweyten Arie, den sie durch so einstimmige Gunstbezeigungen erworben hatte, sehr deutlich. [...]

Mad. *Seidler* als Pamina, erschien uns in dieser Rolle höchst interessant, und sang mit sehr viel Lieblichkeit des Tons und gelungenem, bescheidenen Vortrage. Auch die Variationen, welche gewöhnlich jede Pamina, seit Anbeginn der Welt, dieser Wunderwelt in Sarastro's Reiche, sich in der zweyten Strophe des Duetts erlaubt, waren geschmackvoll [...] Der Vortrag der Pamina war durch eine besondere Rundung, durch Grazie und Tiefe des Gefühls ausgezeichnet. Auch das Duett Paminens, das durch Herrn *Forti's* schöne Mitwirkung als Papageno nicht wenig gehoben wurde, musste wiederholt werden. Eine eben so wunderbare Erscheinung, die man doch wahrhaftig nicht auf Rechnung des im Texte *den gefühlvollen Männern* zugeschriebenen guten Herzens schieben darf. Der schöne Vortrag bewirkte diese, die Aufführung verzögernde Wiederholung. Mad. *Seidler* führte die Rolle mit vieler Kunst und mit entschiedenem Glücke durch, und erhielt grossen Beyfall.

Auch Sarastro war durch einen neuen Sänger besetzt. Herr *Nestroy*, den wir als Dilettant in mehreren Oratorien schon öfter mit Vergnügen hörten, betrat zum ersten Mahl die Bühne.

Seine hübsche, männliche Gestalt empfiehlt ihn beym ersten Anblick.

Die Stimme ist wohllautend in der Höhe und ziemlich biegsam. Die Tiefe hat noch zu wenig Kraft und wirklichen Klang. Das berühmte, allen schwachen Bassisten Grauen erregende „doch" gelang Herrn *Nestroy* weniger, als das Anschlagen des um einen Ton tieferen E. Das Publicum ermunterte den jungen Sänger, der manche Stellen, trotz seiner sehr natürlichen Befangenheit, doch recht angenehm vortrug. Herr *Weinmüller* sang das Recitativ als Priester ganz vortrefflich. [...]

Monostatos, Herr *Gottdank*, sang seine Arie in C mit sehr viel Glück. Diese Arie, so schnell und doch so moderat in der Kraft vortragen, ist eine schwierige Aufgabe.

Die ganze Vorstellung ging im Allgemeinen höchst musterhaft.

3. November 1822: *Fidelio* (Ludwig van Beethoven) [58]

Wien. [...] Kärnthnerthor-Theater. Nach einer nur zu langen Ruhe ging Beethovens herrlicher *Fidelio* endlich wieder einmal stra[h]lend wie Phöbus an unserm musikalischen Horizonte auf, und der Musik-Comitée verdient den innigsten Dank aller Kunstfreunde für diese sinnige Wahl, welche laut das rühmliche Bestreben ausspricht, anerkannte Meisterwerke zur bleibenden Zierde des Repertoriums in die Scene zu bringen, wenn gleich eine Privatunternehmung nur zu oft genöthigt ist, schon der leidigen ökonomischen Rücksichten wegen, dem entarteten Zeitgeschmacke wieder Willen und bessere Ueberzeugung zu fröhnen. Die Darstellung dieser classischen Oper war in allen Theilen zweckmässig, rasch in einander greifend, voll Leben und dem Geiste der ächt poëtischen Tondichtung entsprechend; die Partie des Fidelio ist eine der ausgezeichnetsten Leistungen der Dem. Schröder; Dem. Thekla Demmer giebt die Marzelline allerliebst; die Herren Haizinger – Florestan, – Zeltner – Rocco, – Nestroy – Don Fernando, – Rauscher – Jaquino, [–] Forti – Pizarro – sind im Gesang und Spiele lobenswerth; obschon die geräuschvolle Instrumentirung den Letztern mitunter incommodirt, so wirkte doch sein feuriger Vortrag in den Hauptmomenten, und das entzückte Publikum sprach laut den Dank für den schönen Kunstgenuss dadurch aus, dass es nicht nur jeden Einzelnen durch Beyfall lohnte, sondern auch die Ouverture, den Canon und das Jubel-Duett im Kerker wiederholen liess.

7. November 1822: *Hamlet* (Louis Henry) [59]

Wien. [...] Kärnthnerthor-Theater. [...] Der neue Balletmeister, Hr. Henry debutirte sehr glänzend mit seiner in Italien hochgefeierten Composition des *Hamlets*, welche auch, trotz der nothwendig gewordenen Abweichun-

---

[58] *Allgemeine musikalische Zeitung*, 25. 12. 1822, Sp. 837.
[59] *Allgemeine musikalische Zeitung*, 25. 12. 1822, Sp. 837/838.

gen von Shakespeare's Tragödie, diese ausgearbeitete Celebrität durch ächt dramatische Behandlung rechtfertigt und in chor[e]ographischer Hinsicht einen hohen Standpunkt einnimmt. Der Meister selbst führt die Hauptrolle mit grossem Kunstaufwand aus; ihm würdig zur Seite steht seine Frau als Königin, und beyden gebührt das Lob einer ausdrucksvollen, sehr verständlichen Pantomime. Die ersten Tänzer und Tänzerinnen wetteiferten um den Siegeskranz, und der scenische Schmuck an herrlichen Dekorationen, köstlichen Kleidern und wohlgeordneten Ensemble's ist wahrlich auch keine unbedeutende Augenweide. In der Musik des Hrn. Grafen von Gallenberg zeichnen sich besonders die Ballabile's durch gefällige Motive aus.

4. Dezember 1822: *Libussa* (Conradin Kreutzer)[60]

Wien. [...] Kärnthnerthor-Theater. Abermals hat eine Original-deutsche Oper Glück gemacht, nämlich Conradin Kreutzer's: *Libussa*, welche am 4ten in die Scene ging, und bey jeder Wiederholung eine noch erhöhtere Theilnahme gewinnt. Freylich ist nicht in Abrede zu stellen, dass der Meister den Mantel nach dem Winde gedreht, und vielleicht hie und da etwas zu freygebig seine Bonbonniere geöffnet hat; doch kann ihm ein solches Hinneigen zu dem Zeitgeschmacke um so weniger als tadelhaft angerechnet werden, da dieses keineswegs auf Kosten der Wahrheit geschah, und ein edler, fliessender Gesang, reine Harmonie, und ein lebendiges, zuweilen sogar üppiges Instrumentenspiel wesentliche Vorzüge seiner Arbeit sind. Auch das Buch, von J. C. Bernard, trug kein unbedeutendes Scherflein zum günstigen Erfolge bey, und der aus der böhmischen Regentengeschichte bekannte Moment der Herzogswahl ist hier ächt romantisch eingekleidet, indem für den Tonsetzer äusserst glückliche, theatralisch interessante Situationen herbeygeführt wurden, welche von demselben auch grösstentheils richtig aufgefasst, und effectvoll ausgearbeitet worden sind. Vorzugsweise verdient die wahrhaft meisterlich angelegte Stelle im zweyten Finale ausgehoben zu werden, als Libussa die Gewissheit erhalten hat, dass das geheimnisvolle Kästchen sich in den Händen ihre Lieblings Wladislaw befindet, und die verschworenen Wladiten, den mächtigen Kronenwerber Domoslaw an der Spitze, schon in Geheim als Sieger triumphiren; die künstliche Verwebung der Singstimmen sowohl, als die Zeichnung der contrastirenden Charaktere, und das leise Gemurmel des Orchesters ist von der reizendsten Wirkung und erregt jedes Mal laut ausbrechenden

---

[60] *Allgemeine musikalische Zeitung*, 22. 1. 1823, Sp. 49/50.

Enthusiasmus. Auch ein Kriegslied, von Domoslaw und dem Chor vorgetragen, dessen grosse Jubelscene, Botaks, Wladislaw Pflegevaters, Traumerzählung, ein canonisch geführtes Trio, Libussa's hochaufjauchzende Arie, und ein Marschchor im dritten Akte, recht pikant durch eigenthümliche Rhythmen, sind Glanzpunkte, welche nie ihre Tendenz verfehlen. Nur mit Wladislaws letzter Arie, selbst bis auf die charakteristische Cadenz genau in Form einer Polonaise, mag sich Ref. nicht so recht befreunden; doch, – liegt vielleicht gar ein tieferer Sinn darin verborgen, und wird mit dieser Nationalmelodie etwa auf die sarmatische Abstammung der Heldentochter Kroks angespielt? – Mit der Darstellung wird unser Componist wohl zufrieden gewesen seyn; wenigstens arbeiteten alle mit Lust und Liebe. Dem. Unger excellirte als Libussa, und verdiente die Ehre des mehrmaligen Hervorrufens; Mad. Pistrich (Dobra, ihre Vertraute) wusste sich da geltend zu machen, wo ihr die dominirende Stimme anvertraut war; Hr. Haizinger (Wladislaw), Hr. Forti (Domoslaw), Hr. Weinmüller (Botak), trugen wesentlich zum schönen Ganzen bey, und der Fleiss, womit die wirksam benützten Chöre, so wie das reichlich beschäftigte Orchester ihre Pflichten erfüllten, war gewiss für den dirigirenden Meister die würdevollste Anerkennung seiner Verdienste.

Dezember 1822: *Musikalische Akademien mit Franz Liszt*[61]

[…] Wieder ein junger Virtuose, gleichsam aus den Wolken herunter gefallen, der zur höchsten Bewunderung hinreisst. Es gränzt ans Unglaubliche, was dieser Knabe für sein Alter leistet, und man wird in Versuchung geführt, die physische Möglichkeit zu bezweifeln, wenn man den jugendlichen Riesen Hummels schwere und besonders im letzten Satze sehr ermüdende Composition mit ungeschwächter Kraft herabdonnern hört;[62] aber auch Gefühl, Ausdruck, Schattirung und alle feinere[n] Nuancen sind vorhanden, so wie überhaupt dieses musikalische Wunderkind alles a vista lesen, und jetzt schon im Partitur-Spielen seines Gleichen suchen soll. Polyhymnia möge die zarte Pflanze schützen, und vor entblätternden Stürmen bewahren, auf dass sie wachse und gedeihe. […]

---

61 *Allgemeine musikalische Zeitung*, 22. 1. 1823, Sp. 52/53.
62 Gemeint ist Hummels *Klavierkonzert a-Moll*, welches Liszt am 1. 12. 1822 im landständischen Saal interpretierte.

13. März 1823: *Otello* (Gioachino Rossini)[63]

Am 13ten: Im Kärnthnerthor-Theater: *Otello* (erste Vorstellung der italienischen Operngesellschaft), Besetzung: Otello, Sigr. Donzelli; Desdemona, Sigra. Fodor-Mainville; Elmiro, Sigr. Ambrogi; Rodrigo, Sigr. David; Jago, Sigr. Ciccimarra; Emilia, Dem. Unger; Lucio, Hr. Rauscher; Doge, Hr. Nestroy. Das Haus war, wie vorauszusehen, überfüllt; da alle Logen und Sperrsitze zum voraus auf dreyssig Abende vergeben sind, so konnte man schon um sechs Uhr nicht einmal mehr ein kleines Stehplätzchen ausfinden. Der Empfang unserer alten Bekannten, David's und Ambrogi's, glich einem Wolkenbruche von Beyfallsbezeugungen; ersterer ist noch immer Johannes in eodem, im vollen Besitz seiner unverwüstlichen Stimme, derselbe Waghals, für den es keine Klippe giebt, und welcher gerade diessmal eine ungeheure Kraft anwandte, ja beynahe alles aufs Spiel setzte, um über seinen Nebenbuhler zu triumphiren. In Wahrheit ist auch Donzelli kein gewöhnlicher Rival, vielmehr ein ebenbürtiger Kämpe, der sich die Siegespalme nicht so wohlfeilen Preises entreissen lässt. Er besitzt eine schöne, wohlklingende Tenorstimme, mit welcher er das hohe A aus voller Brust anschlägt, ohne nur ein einzigesmal einen Falsetton zu gebrauchen, indess Sigr. David gerade sich in diesen hohen Regionen wohlgefällt, heute sogar ins Sopran F hinaufkletterte; sein Spiel ist tief gedacht, der Vortrag geregelt, voll Leben und Ausdruck, seine Declamation, besonders im Recitative, ganz vortrefflich. Da konnte es denn auch nicht fehlen, dass ein Künstler mit solchen eminenten Vorzügen furore machen musste; glückt es ihm im Verlaufe seines hiesigen halbjährigen Aufenthaltes, in den Besitz mehrerer, seinen Talenten entsprechenden Rollen zu kommen, so dürfte die Wagschale des jungen Schreyhalses, der sich ohnehin nur vorzugsweise der Protection des schönen Geschlechtes erfreuet, aller Wahrscheinlichkeit nach, bemerkbar zu sinken anfangen, da von jeher die Gunst des Publikums dem Wetterglase zu vergleichen ist, worin das Quecksilber zum öftesten auf Veränderlich hinweist. – Obschon auch Mad. Fodor sich von den Beschwerden einer forçirten Reise in einer so rauen Jahreszeit vielleicht noch nicht ganz vollkommen erholt hatte, so zeigte sie sich doch als Sängerin vom ersten Range, und rechtfertigte vollkommen jene einstimmigen Lobeserhebungen, welche ihr Frankreich, Italien und erst kürzlich das eben nicht leicht zu befriedigende Parthenope so ganz unbedingt zollten. Das ist ein Ton, der ans Herz dringt, da er aus dem innersten Gefühle entspringt. Gebildet in einer musterhaften Schule, hat ihre Stimme eine Biegsamkeit erlangt, wodurch sie jede Passage mit einer Leichtigkeit, mit

---

[63] *Allgemeine musikalische Zeitung*, 23. 4. 1823, Sp. 269–271.

einer unbeschreiblichen Zartheit auszuführen im Stande ist, für welche es keine Worte giebt; sie verziert mit Geschmack und Verstand, ohne zu überladen, intonirt haarscharf, lässt auch dem Texte sein Recht widerfahren, und berücksichtigt bey ihren ökonomisch gebrauchten Ausschmückungen stets die Situation und die vorwaltende Leidenschaft. Der Culminationspunkt ihrer heutigen Kunstausstellung war der dritte Akt, und in diesem vor allen die Romanze mit Harfenbegleitung, das Gebet und mehrere recitativische Stellen; wahrlich, nur ein unempfindlicher Klotz könnte bey solch einem seelenvollen Sphärengesange ungerührt bleiben; wer nur immer einige Wahrheitssinn im Busen trägt, muss bis ins Innerste ergriffen werden, und die zur Natur ungewandelte Kunst in stummer Bewunderung anstaunen. Als in der vierten Strophe der angeführten Canzonette ihre Gedanken sich allmählig verwirren, bange Ahnungen sie unfähig machen, das Lied zu endigen, erstickt von einem Thränenstrom die Stimme bricht, da war alles elektrisirt, und kein Auge trocken; ein wehmüthiger Jubelruf durchzitterte die Luft; doch wie verschieden von jenem, womit endlose Gurgeleien, und stentormässig herausgebrüllte Bettelcadenzen belohnt werden! – Auch der zweyte Tenor, Sigr. Ciccimarra, benahm sich taktfest, und wirkte anspruchslos zum schönen Ensemble, vorzüglich in der Scene mit Othello, so wie im ersten Finale. Von den Einheimischen überraschte allgemein Dem. Unger; für diese junge Künstlerin, die in kurzer Zeit so bedeutende Fortschritte gemacht hat, kann ein Vorbild, wie Mad. Fodor nur von dem entschiedensten Nutzen seyn; ihr segensreicher Einfluss bewährte sich schon heute in der genauesten Uebereinstimmung und der allerzartesten Schattirung des Duettino mit Desdemonen, welches, hier wenigstens, noch nie so lieblich, so himmlisch zart gehört wurde. Das Applaudiren bey jedem Auftritt, Vorrufen bey jedem Abgange und: Fora tutti nach jedem Akt, versteht sich, wie gewöhnlich von selbst.

14. April 1823: *Il barbiere di Siviglia* (Gioachino Rossini)[64]

Am 14ten: Im Kärnthnerthortheater: *Il Barbiere di Seviglia* [!], Opera buffa del Sigr. Maestro Rossini. – Almaviva: Sigr. Donzelli; Bartolo: Sigr. Ambrogi; Rosina: Sigra. Fodor; Basilio: Sigr. Sieber; Figaro: Sigr. Lablache. Da diese Vorstellung bereits schon zwey Tage zuvor Statt finden sollte, aber plötzlich wieder abgesagt wurde, so war die Erwartung aufs Höchste gespannt, oder, bestimmter zu sagen: so sehr überspannt, dass ihr auf natürlichem Wege nicht einmal Genüge geleistet werden konnte. Für Mad. Fodor

---

[64] *Allgemeine musikalische Zeitung*, 4. 6. 1823, Sp. 360–362.

liegt diese Partie zu tief; es wurde daher manches um eine Terz höher gespielt; bey Hrn. Donzelli tritt das umgekehrte Verhältnis ein; dieser sang z. B. seine Canzonette, welche in D dur steht, in B, das Duett mit Figaro in F statt G, wodurch nothwendigerweise das frische Colorit verloren ging, und gleich Anfangs auf das verwöhnte Ohr ein fremdartiger, unbehaglicher Eindruck gemacht wurde. Auch ist nicht in Abrede zu stellen, dass sich der zuletzt genannte Sänger in seiner ersten Verkleidung gar zu leicht benahm, dass man unter dieser Hülle viel eher einen lockern Valet gesucht hätte, als den liebeskranken Grafen Almaviva, der seiner Herrin ein Morgenständchen bringt. Diess war aber auch alles, was selbst die allerstrengste Tadelsucht an dieser im Uebrigen so ganz vollendeten Production zu rügen auffinden konnte. Sigra. Fodor sang und spielte vortrefflich; Geschmack und Lieblichkeit sind in ihr personificirt; die höchste Kunst tritt so scheinbar ungekünstelt hervor, dass sich gerade darin die grosse Meisterin offenbart; ein nie gehörtes mezza voce lässt sich nicht mit Worten beschreiben. Hr. Lablache besitzt eine Riesenstimme; sein erster Ton setzte in Erstaunen und der Beyfallssturm wuchs gleich einer Schneelawine. Wie herrlich muss dieser wunderbar kräftige, dennoch so äusserst sonore und wohlklingende Bass in den geräumigen Hallen zu San Carlo, der Fenice, oder alla Scala wirken. Hier war das Bestreben, sich zu mässigen, nicht zu verkennen, und doch konnte ihm Rossini mit seinem Instrumentendonner nichts anhaben. Trotz seiner kolossalen Gestalt ist er ungemein flink und beweglich, und die, selbst im schnellsten parlando äusserst deutliche Aussprache gewiss sehr verdienstlich. Als Buffo stand ihm Hr. Ambrogi rühmlichst zur Seite, und das sonst so ennuyante Recitativo secco von diesen routinirten Künstlern zu hören, ist ungemein ergötzlich. In der Maske des betrunkenen Dragoners, so wie des blöden Singmeisters, war Sigr. Donzelli ausgezeichnet brav, und seine unvergleichlich schmelzende Tenorstimme schmiegte sich besonders in den Ensemble's recht innig an Rosinens Sphärengesang. Ueberhaupt ist gerade dieses Zusammenwirken, dieses Ineinandergreifen, diese engste Vereinigung aller einzelnen Theile zu einem Gesammtkörper der erste, allerwesentlichste Vorzug der Italiener, und was auch deutsche Sänger, isolirt gestellt, Bedeutendes zu leisten im Stande sind, – wenn es sich um die precise Aufführung einer mehrstimmigen Periode, bis in das kleinste Detail abgerundet, mit allen Nuancen, Licht und Schattenpunkten, gleichsam von einer Seele ausgehaucht, handelt, – wahrlich, darin werden sie doch immer ihren Nebenbuhlern das Feld räumen müssen. Ehre, dem Ehre gebühret!

25. Oktober 1823: *Euryanthe* (Carl Maria von Weber)[65]

Am 25sten: im Kärnthnerthor-Theater: unter persönlicher Leitung des Componisten: *Euryanthe*, grosse romantische Oper in drey Aufzügen, von Helmine von Chezy, geb. Freyinn von Klenke; Musik von C. M. von Weber, königl. Sächsischem Kapellmeister. – Das Buch erfüllte die Erwartungen keineswegs, zu welchen ein gefeyerter Name berechtiget. Sowohl die Novelle als der Operntext ist gedruckt, und ich darf darauf wegen des Inhaltes verweisen. Es kann nicht geleugnet werden, dass vieles zu breit gehalten, und besonders durch die recitativische Form manches unverständlich geworden ist: ein Uebelstand, welcher selbst nachtheilig auf den Tonsatz zurückwirkt. Ueber diesen nun, in seiner Grossartigkeit und Originalität, nach einmaligem Anhören mich genügend auszusprechen, gestehe ich mein Unvermögen; doch soll der nächste Monatsbericht das jetzt versäumte nachholen. Ein Werk wie dieses, welches sich kühn mit Cherubini's *Medea* und Beethovens *Fidelio* messen darf, will, um verstanden zu seyn, öfter gehört werden; daher konnte auch der Total-Eindruck nicht so allgemein seyn, wie bey dem volksthümlichen *Freyschütz*. Doch sprach sich der Enthusiasmus bey allen Tonstücken, vorzüglich bey den Chören laut aus, und der Meister musste unter Jubelruf viermal auf der Bühne erscheinen. Die Rollenvertheilung war so gut als möglich, aber darum dennoch nicht gut. Am meisten befriedigte Dem. Sonntag als Euryanthe, obschon (ich spreche nur vom ersten Abend) ihre Intonation eben nicht die reinste war. Mad. Grünbaum (Eglantine) überschrie sich; eben so Hr. Forti (Lysiart), dessen Benehmen man zu gemein und keineswegs dem Geiste der Chevalerie entsprechend fand. Hr. Haizinger (Adolar) hat wenig Gelegenheit, in seinen hohen Chorden zu glänzen, da der Tonsatz, rein deklamatorisch gehalten, sich oft in der Mittellage bewegt, weil der denkende Componist mit vollem Rechte verschmähte, der Singstimme Seiltänzer-Kunststückchen zuzumuthen; Herr Seipelt (König Karl der Sechste) hat eine ziemlich trockene Rolle darzustellen und gab sie auch trocken genug; (überhaupt wissen unsere deutschen Artisten mit den Recitativen wenig umzuspringen), aber den Leistungen der Chöre gebührt grosses Lob; auch das Orchester hatte manche schwere Aufgabe zu lösen, wobey es sich noch ziemlich mit Ehren aus der Sache zog. […] – Es ist kein Zweifel, dass durch diese Vielgestaltigkeit ein Kunstprodukt, worauf unser deutsches Vaterland stolz seyn darf, in Kurzem die grösste Ausbreitung gewinnen wird.

---

[65] *Allgemeine musikalische Zeitung*, 19. 11. 1823, Sp. 764/765.

15. Dezember 1823: *Zum Vortheile des Herrn I. Moscheles: Eine große musikalische Akademie*[66]

Herr *Moscheles* gab noch eine dritte musikalische Academie in diesem Theater, und der Zulauf der Menschen war so gross, da dieselbe Academie nach wenig Tagen wiederholt wurde, dass wir wohl noch einige Mahle das Vergnügen haben werden, ihn zu hören. Er spielte diess Mahl sein Concert in Es, von dem wir in Ansehung seines musikalischen Werthes nur Rühmliches sagen können. Eine wirklich schöne musikalische Arbeit, in welcher sich seine Gewandtheit in der Harmonie recht deutlich beurkundet.

Mit raffinirtem Erfindungsgeiste waren die ungeheuersten Schwierigkeiten in dieser Composition angehäuft, und wurden von dem grossen Fortepiano-Virtuosen auf eine eminente Weise gelöst. Man kann nicht mit mehr Sicherheit, Kühnheit und correcter Eleganz spielen, als Herr *Moscheles*. […] Als zweyte Nummer spielte er die brillanten Variationen über den Alexander-Marsch, welche ihn hier in Wien vor einigen Jahren zum Virtuosen stämpelten. Seine Bravour überstieg alle Gränzen, sein schnelles Tempo alle Begriffe, und dennoch war Alles nett, rund und zierlich. Sein Wechsel im Piano und Forte war sehr anmuthig. […] Sein drittes Tonstück war eine freye Fantasie […].

Herr *Moscheles* hatte Geistesgegenwart genug, eine gleich Anfangs springende Discantsaite während des Trillers seiner linken Hand herauszunehmen, und führte seine Phantasie mit vieler Geschicklichkeit und Kunst durch.

[…] Als Zwischenstücke sangen Mad. *Grünbaum*, dann Dlle. *Sonntag* und Herr *Haitzinger* mit vieler Virtuosität und verdientem Beyfalle.

Herr *Mayseder* erregte durch sein ausserordentlich schönes Violinspiel einen enthusiastischen Beyfallssturm. Man muss diesen Violinspieler zu den grössten Virtuosen unserer Zeit rechnen. Sein Bogen ist einem jeden Kenner eine bewundernswerthe Erscheinung. Die Lieblichkeit und Zartheit seines Tons ist unvergleichlich.

Herr *Moscheles* hat sich in diesem Concerte abermahls grossen Beyfall erworben.

---

[66] *Allgemeine musikalische Zeitung, mit besonderer Rücksicht auf den österreichischen Kaiserstaat*, 27. 12. 1823, Sp. 829/830.

7. Mai 1824: *Große musikalische Akademie von Herrn. L. van Beethoven*[67]

Am 7ten ebendaselbst: Grosse musikalische Akademie des Hrn. Ludwig van Beethoven, Ehrenmitgliedes der königl. Akademieen der Künste und Wissenschaften zu Stockholm und Amsterdam, dann Ehrenbürgers von Wien, worin seine neuesten Werke producirt wurden, nämlich: 1. Grosse Ouverture; 2 Drey grosse Hymnen, mit Solo- und Chorstimmen; 3. Grosse Symphonie, mit im Finale eintretenden Solo- und Chorstimmen auf Schillers *Lied an die Freude*. Die Solo's sangen die Demoiselles Sonntag und Unger, die Herren Haitzinger und Seipelt; der Musikverein verstärkte das Orchester und den Chor, Hr. Schuppanzigh dirigirte an der Violine, Hr. Kapellmeister Umlauf führte den Commandostab, und der Tonsetzer selbst nahm an der Leitung des Ganzen Antheil: er stand nämlich dem amtirenden Marschall zur Seite, und fixirte den Eintritt eines jeden Tempo, in seiner Original-Partitur nachlesend, denn einen höhern Genuss gestattet ihm leider der Zustand seiner Gehörswerkzeuge nicht. Aber wo soll ich Worte hernehmen, meinen theilnehmenden Lesern Bericht zu erstatten über diese Riesenwerke, und zwar nach einer, hinsichtlich der Gesangparte wenigstens noch keinesweges genugsam abgerundeten, Production, wozu auch die statt findenden drey Proben bey so aussergewöhnlichen Schwierigkeiten, nicht hinreichen, mithin auch weder von einer imponirenden Gesammtkraft, noch von einer gehörigen Vertheilung von Licht und Schatten, vollkommener Sicherheit der Intonation, von feineren Tinten und nuancirtem Vortrag eigentlich die Rede seyn konnte. Und dennoch war der Eindruck unbeschreiblich gross und herrlich, der Jubelbeyfall enthusiastisch, welcher dem erhabenen Meister aus voller Brust gezollt wurde, dessen unerschöpfliches Genie uns eine neue Welt erschloss, nie gehörte, nie geahndete Wunder-Geheimnisse der heiligen Kunst entschleyerte! [...]

20. Mai 1824: *L'italiana in Algeri* (Gioachino Rossini)[68]

Am 20sten ebendaselbst: *L'Italiana in Algeri.* Mustafà – Sigr. Botticelli; Elvira – Mad. Grünbaum; Zulma – Dem. Unger; Lindoro – Sigr. Rubini; Isabella – Sigra. Comelli-Rubini; Taddeo – Sigr. Bassi; Haly – Sigr. Rauscher. – Der neue Tenor, Rubini, fand eine glänzende Aufnahme; seine Stimme ist zwar nicht stark, aber angenehm, umfangreich, und vollkom-

---

[67] *Allgemeine musikalische Zeitung*, 1. 7. 1824, Sp. 437–438.
[68] *Allgemeine musikalische Zeitung*, 8. 7. 1824, Sp. 451.

men gebildet. Seine Gattin liess, wie weiland in der *Semiramis*, auch diessmal kalt und theilnamslos; Bassi war vortrefflich; wer mit dem deklamatorischen Vortrag so umzuspringen weiss, braucht gar keine Stimme. Botticelli sang aus Leibeskräften. Das Publikum war im Allgemeinen sehr befriedigt.

28. August 1824: *Le nozze di Figaro* (Wolfgang Amadeus Mozart)[69]

Am 28sten, im Kärnthnerthor-Theater, zum Benefiz der Mad. Fodor, Mozarts: *Le Nozze di Figaro*; Conte Almaviva: Sigr. Donzelli; la Contessa: Sigra. Dardanelli; Susanna: Sigra. Fodor-Mainvielle; Figaro: Sigr. Lablache; Cherubino: Sigra. Unger; Marcellina: Sigra. Vogel; Bartolo: Sigr. Ambrogi; Basilio: Sigr. Ciccimarra; Curzio: Sigr. Rauscher; Barbarina: Sigra. Teimer; Antonio: Sigr. Bassi. – Drey Sommer hindurch, seitdem uns nämlich die kunstreichen Fremdlinge besuchen, wurde von der Darstellung einer Mozart'schen Oper, als Versöhnungsmittel beyder Parteyen, gesprochen, ohne jedoch das gehoffte Resultat herbey zu führen; endlich brach Madame Fodor die Bahn, und sie hat wahrlich keine Ursache, ihre klug berechnete Wahl zu bereuen. In der einen Wagschale Gold in Hülle und Fülle; in der andern Ruhm und Ehre. Dem Verdienste seine Kronen! Das nennt man con amore zusammenwirken. Susanna, die Gräfin, Figaro, Bartolo, Basil, und Antonio waren unübertrefflich, und würdig des Enthusiasmus, den ihre meisterhaften Gebilde hervorzauberten. Nur der Unzufriedene, dem nichts genügt, der überall eine Schattenseite aufzufinden sich abmüht, dessen Element die Tadelsucht ist, freylich, dieser würde allenfalls, und auch nicht ganz ohne Grund anmerken, dass die Partie des Almaviva für Donzelli's Tenor zu tief liegt, und manche Stellen verändert werden musste; ferner, dass man ungleich lieber Dem. Sonntag als Cherubin gehört hätte. Der erste Punkt hat vollkommen seine Richtigkeit, allein es blieb keine andere Wahl; entweder musste die Oper so besetzt werden, oder die Aufführung gänzlich unterbleiben. Ueberdiess wird jeder billig denkende Hrn. Donzelli unbedingte Gerechtigkeit widerfahren lassen, da er alle Kräfte aufbot, um auch in einem Wirkungskreise ausser seiner eigentlichen Sphäre den Anforderungen des Tonmeisters zu entsprechen; wenn schon in Ensemble-Sätzen der Grundbass mitunter etwas schwach zu vernehmen war, so gewährte dagegen manche in hoher Begeisterung in silberreiner Bruststimme vorgetragene Phrase hinreichende Entschädigung. Auf den zweyten Punkt muss ich die Antwort schuldig bleiben; denn welcher Sterb-

---

[69] *Allgemeine musikalische Zeitung*, 30. 9. 1824, Sp. 651/652.

liche vermag einzudringen in die Geheimnisse der Bühnen-Diplomatik? Darum geniesse jeder nach Herzenslust das Dargebotene, ohne durch ungemässigte Wünsche sich selbst das Vergnügen zu verkümmern.

6. Oktober 1824: *Mosè in Egitto* (Gioachino Rossini)[70]

Am 6ten, im Kärnthnerthor-Theater: *Mosè in Egitto*, Azione tragica in 3 Atti; Musica del Maestro Rossini. Personaggi: Faraone – Sigr. Lablache; Amaltea – Sigra. Dardanelli; Osiride – Sigr. David; Elcia – Sigra. Fodor-Mainvielle; Mosè – Sigr. Ambrogi; Aronne – Sigr. Ciccimarra; Amenofi – Sigra. Unger; Mambre – Sigr. Rauscher. Eine, in allen Theilen beyfallswerthe, höchst gelungene, wahrhaft imposante Darstellung; jedes war an seinem Platze, und wirkte mit ächtem Kunstenthusiasmus. Dass die Oper mit der effektvollen Preghiera endigte, und die eigentliche Katastrophe, die Vernichtung des Egypter-Heeres im rothen Meere, der Einbildungskraft des Zuschauers überlassen wurde, war wohlgethan, da dergleichen scenisches Spektakel ohnehin auf dieser, hiezu keineswegs geeigneten, Bühne nur zu oft ins Lächerliche fällt. Ueber den Werth der Composition ist schon öfters und ausführlich gesprochen worden.[71] Rossini hat vielleicht nirgends so unwiderlegbar dargethan, was er seyn könne, wenn er nur ernstlich wollte, oder so viele Selbstverleugnung besässe, den momentanen Huldigungsweihrauch einem wohlbegründeten, bleibenden Ruhme aufzuopfern. Man betrachte z. B. die rein tragisch gehaltene Introduction, zusammengestellt mit den folgenden zahllosen Gemeinplätzen: welches Uebermaass von Spreu und gesundem Waizen! Es ist unendlich zu bedauern, dass ein so reichbegabter, eminenter Geist sich selbst aus sträflichem Leichtsinn so muthwillig erniedrigt.

6. Juli 1826: *Die weiße Frau* (François-Adrien Boieldieu)[72]

Am 6ten, im Kärnthnerthortheater: *Die weisse Frau*, Oper in drey Akten, nach dem Französischen des Scribe, von Castelli; Musik von Boieldieu. Dem Dichter muss das Verdienst zugestanden werden, […] ein interessantes Opernbuch zusammengestellt zu haben, welches, wiewohl keinesweges frey von Unwahrscheinlichkeiten, dem Tonsetzer doch so manche drama-

---

[70] *Allgemeine musikalische Zeitung*, 9. 12. 1824, Sp. 814/815.
[71] Die Wiener Erstaufführung hatte am 28. 3. 1821 im Theater an der Wien (in deutscher Sprache) stattgefunden.
[72] *Allgemeine musikalische Zeitung*, 13. 9. 1826, Sp. 603–608.

tisch effectvolle Momente darbot, die dieser auch mit der ganzen ihm eigenen Kraft aufzufassen und wiederzugeben verstand. […]

Wenden wir uns nun zur Musik. Boieldieu schreibt langsam, aber äusserst fleissig und sorgfältig; seine Instrumentirung ist glänzend, wahrhaft elegant gearbeitet; die Mittelstimmen, besonders die Violen und Celli verständig, wirkungsvoll, oft originell geführt; das blasende Orchester stets im schönsten Verhältnisse und reizenden Wechselspiele mit dem Saitenquartett; dem Gesange, der edel, ausdrucksvoll und rhethorisch wahr ist, widerfährt immer sein volles Recht. […] Hätte unser Meister seine Eigenthümlichkeit auch in Kleinigkeiten nicht verläugnet, wäre er seinem reich begabten Genius, ohne mitunter dem Modegötzen zu opfern, unwandelbar treu geblieben, und nicht im Ganzen, vielleicht vom Dichter verleitet, allzu breit geworden – die *weisse Frau* währt 3 1/2 Stunden – so könnte ihn nicht der kleinste Vorwurf treffen. […] Unter den Darstellenden stand Dem. Schechner (Anna) obenan; ihre sonore Stimme und ihr herrlich gebildeter Vortrag bezauberten vorzüglich im Duett und Terzett des zweyten Aufzugs, so wie in der von Aiblinger für sie gesetzten Scene.[73] Hr. Forti hauchte der undankbaren Rolle des Gaveston dramatische Bedeutendheit ein; wo er beschäftigt ist, da herrscht Leben, Wärme und Energie; in dieser wahren Basspartie fand er Gelegenheit, seine wohlklingenden tiefen Saiten ansprechen zu lassen. Hr. Eichberger (Georges Brown) konnte als Anfänger seiner Aufgabe unmöglich genügen; zu dieser Rolle gehört ein tüchtiger, kraftvoller Sänger (Haut Contre), ein gewandter Schauspieler. Was in seinen Kräften lag, hat er indess gethan. Hr. Cramolini (Pachter Dickson) entwickelte ein noch ungekanntes, recht erfreuliches komisches Talent; er hatte seinen Charakter richtig aufgefasst, und stellte mit vieler Natürlichkeit die angeborne Geisterfurcht und das biedere, geradsinnige Wesen eines ehrlichen Schotten dar, wie uns Walter Scott's Meisterpinsel die Hochländer nach dem Leben zeichnet. Dem. Heckermann war als Jenny eine liebliche Erscheinung; die Romanze, das Duett mit Brown, und mehreren Solostellen in den Finale's und Ensemble-Sätzen erwarben ihr lauten Beyfall. Hr. Preisinger (Friedensrichter Mac-Irton) und Dem. Bondra (Margaretha) verdarben nichts; doch hätte letztere bedenken sollen, dass sie Julius von Avenels Amme gewesen, daher sich nicht so jung kleiden und geberden sollen. Der Chor war ausgezeichnet brav; das Orchester

---

[73] Über diese eingelegte Szene aus der Feder von Johann Kaspar Aiblinger (1779–1867) berichtet die *Allgemeine musikalische Zeitung*: „Den dritten Akt eröffnete eine eingelegte, von Hrn. Aiblinger in München componirte Arie der Anna (Recitativ Es dur, Arie H dur). Sie ist ursprünglich eine italienische Bravourscene; recht hübsch und dankbar, doch hier an diesem Platze nichts mehr und nichts weniger als ein Lückenbüsser, und daher vom Uebel, weil der rasche Gang der Handlung unnöthigerweise durch sie in's Stocken geräth."

spielte mit Aufmerksamkeit und Discretion. Doch war das Haus nie gefüllt, denn die schönen Sommerabende locken in's Frey; die aber zugegen waren, waren es auch mit Leib und Seele, und genossen die mannigfaltigen Schönheiten eines Kunstwerkes, mit welchem der geachtete Meister die Tonwelt und auch unsere armen deutschen Bühnen – wenn auch diese nur mit einem Adoptiv-Kinde – beschenkt hat.

13. Juli 1826: *Ma tante Aurore* (François-Adrien Boieldieu)[74]

Am 13ten, im Kärnthnerthortheater: Erste Vorstellung der französischen Gesellschaft unter der Leitung des Hrn. Brice: *Ma tante Aurore*, Opéra bouffon en deux Actes, Musique de Boieldieu und *Gastronome sans argent*, Vaudeville en un Acte. Wäre nicht die minder gebildete Classe durch die hohen Eintrittspreise gewissermaassen von dieser Spectakelgattung ausgeschlossen, so hätten wir heute tumultuarische Auftritte erlebt, und die fremden Künstler wären, statt mitleidig belächelt, mit Schimpf und Schande von den Brettern gejagt worden. Dieser Singsang ist auch in der That erbärmlich, vom Primo Tenore Mr. Dorville und der Prima Donna Dem. Eloise Lavaquerie, welche man nie hört, ausser wenn sie unausstehlich detonirt, bis zum seynsollenden Bassisten Mr. César, der die Töne nur spricht, und zur Soubrette, Mad. Brice. Die einzige Ausnahme macht Hr. Brice, der zwar wenig Stimme, aber eine gefällige Methode hat. [...] Was dieser Gesellschaft hauptsächlich zum Nachtheile gereicht, ist, dass sie nicht genug eingespielt und zusammengewöhnt zu seyn scheint, und eben darum des gerühmten Vorzugs der Franzosen, bey denen in der Regel alles so frisch, rund und rasch von Statten geht, entbehrt. Unter solchen Auspicien dürften die accordirten dreissig Vorstellungen wohl schwerlich zu Stande kommen.

11. August 1826: *Danina, oder: Joko, der brasilianische Affe* (Philipp Taglioni)[75]

Am 11ten, ebendaselbst: *Danina, oder Joko, der brasilianische Affe*, Ballet in drey Akten, von Taglioni; Musik von Lindpaintner, königlich württembergischem Kapellmeister. Gewissermaassen ein sentimentaler Stoff, der aber sehr glücklich aufgefasst und mit einer seltenen Klarheit und Verständlichkeit scenisch eingekleidet ist. Die Fabel [...] ist kürzlich diese: Danina, mit

---

74 *Allgemeine musikalische Zeitung*, 20. 9. 1826, Sp. 621/622.
75 *Allgemeine musikalische Zeitung*, 11. 10. 1826, Sp. 672/673.

Don Alvar, dem Sohne eines reichen Pflanzers, heimlich vermählt, wandelt eben mit ihrem fünfjährigen Knaben Zabi in Brasiliens üppigen Hainen, als eine riesige Schlange einen Affen, den Bewohnern unter dem Namen Joko bekannt, gierig verfolgt. Die beherzte Amerikanerin tödtet mit einem sichern Pfeilschusse das giftige Unthier, und bringt mitleidig den vom Schreck betäubten Joko wieder in's Leben zurück. Jeauffre, ein freygelassener Mulatte, hat von Daninen einen Korb erhalten; Rachsucht und Eifersucht lassen ihn seinen beglückten Nebenbuhler entdecken, und er verräth dem Vater das Geheimnis; dieser, erzürnt über die Verbindung des Sohnes mit einer gebornen Sklavin, trennt die Gatten; Jeauffre findet den in einer Grotte verborgenen Knaben, und ist eben im Begriff, mit diesem Liebespfande zu entfliehen, als Joko, der aus angeborner Neugierde mit dessen Flinte spielt, dieselbe zufällig losdrückt, und den Räuber am Arme verwundet; der rettende, dankbare Affe bringt den Kleinen seinen bekümmerten Eltern; Don Alonzo wird gerührt, lässt sich erbitten, verzeiht und segnet seine Kinder, und unter fröhlichen Tänzen wird zum zweytenmale das Hochzeitsfest gefeiert. Dass dieses unterhaltende Ballet mit ausserordentlichem Beyfall aufgenommen wurde, verdankt es, nebst der sinnigen Composition und den eben so reizenden als nationell characteristischen Tanzstücken, vorzüglich Hrn. Briol, der seinen Joko mit einer Natürlichkeit und Gewandtheit darstellt, die an's Unglaubliche gränzt. Wer mehr als Augenweide sucht, findet an Lindpaintners trefflicher Musik einen hohen Genuss; in der That verdient sie mehr beachtet zu werden, als es bey Ballets zu geschehen pflegt. [...]

22. Mai 1827: *Gli arabi nelle Gallie, o sia Il trionfo della fede* (Giovanni Pacini)[76]

Am 22sten ebendaselbst: *Gli Arabi nelle Gallie, o sia: Il Trionfo della fede*, Melodramma serio in 2 Atti; Musica del Signore Cavaliere Giovanni Pacini, Maestro di Cappella alla Corte di S. A. R. l'Infante di Spagna, Duca di Lucca; e Socio corrispondente dell'Accademia di Scienze ed Arti di Napoli. Ein Titel, lang und breit, wie das Werk selbst! Der Introductions-Chor macht Miene, etwas zu versprechen, doch das Nachkommende straft ihn Lügen. Zu den mattesten Stücken gehört das erste Finale. Mad. Lalande, deren Benefice diese sehr wenig besuchte Vorstellung war, und Sigr. David sangen fleissig und schön; beyde wurden nach ihrem Duo des zweyten Actes vorgerufen und brachten Ehren halber den Componisten mit: eine Auszeichnung, die von Rechtswegen Rossini, dem unbarmherzig geplünderten,

---

[76] *Allgemeine musikalische Zeitung*, 27. 6. 1827, Sp. 455.

gebührt hätte. Schlimm erging's der Dardanelli, welche vermuthlich zum erstenmale als Musico auftrat, sich gewaltig linkisch im Männercostume benahm und sehr falsch sang. Dem Schlusschore – gegen eilf Uhr – wohnten nur noch leere Bänke bey, da das Publikum allmählig schon früher aus langer Weile truppweise emigrirt war.

7. August 1827: *Faust* (Louis Spohr)[77]

Am 7ten, im Kärnthnerthortheater: *Faust*, grosse romantische Spectakel-Oper in drey Aufzügen, von J. C. Bernard; Musik von Louis Spohr. Gerade vor neun Jahren wurde uns diess musikalische Meisterwerk im Theater an der Wien zum erstenmale vorgeführt, wiewohl, bey schon geschwächten Kräften, theilweise mangelhaft, dennoch im Ganzen befriedigend.[78] Hier war man allerdings berechtigt, mehr zu erwarten, und musste sich mit noch viel wenigerem abfertigen lassen. Nicht einmal Hr. Forti leistete Genüge in der Titelrolle; er schien mit sich selbst im Zwiespalt; Preisingers ton- und kraftlose Stimme liess Mephisto's wundersame Gesänge kaum errathen; Hr. Schuster schickte sich nicht im Geringsten zum Grafen Hugo, eben so verfehlten Mad. Fink und Dem. Hechenthaler, als Kunigunde und Röschen, ihre wichtigen Rollen; Hr. Cramolini rettete noch mit seinem Goldschmiedgesellen die Ehre des Ganzen. Besonders gefiel er in seinem Ariettchen, welches nebst dem Marsche beym Trauungszuge von Hrn. Lachner, einem unserer hoffnungsvollen Kunstjünger, ziemlich im Geiste der Tondichtung, neu componirt war. Ob indess dergleichen anmaassliche Einschiebsel bey einem rein in sich abgeschlossenen Kunstproducte auf irgend eine Weise zulässig, selbst bey wirklich innerm Werthe jemals zu entschuldigen seyen, unterliegt wohl vor dem Tribunale der dem Künstler-Eigenthum Achtung zollenden Gerechtigkeit keiner Streitfrage. Wenn nun übrigens diese Oper, bey all' ihrer innern Gediegenheit, trotz der splendiden Ausstattung und den wackern Leistungen des Orchesters und der Chöre, kalt, ohne bleibenden Eindruck vorüberging, wen wird es bey solchen Missgriffen in der Besetzung wohl Wunder nehmen? [...]

---

[77] *Allgemeine musikalische Zeitung*, Sp. 664.
[78] *Faust* wurde am 7. 7. 1818 im Theater an der Wien aufgeführt.

26. Dezember 1827: *Il barbiere di Siviglia* (Gioachino Rossini)[79]

Im Kärnthnerthortheater: neu in die Scene gesetzt: *Il Barbiere di Siviglia*. Signore Tamburini debütirte in der Titelrolle. Das allgemeine Urtheil über ihn concentrirt sich darin, dass er der beste Figaro seyn würde, wenn sich Lablache als solcher nicht gar zu unvergesslich gemacht hätte. Er ist ein fester Sänger, und weiss mit seiner höchst sonoren und geschmeidigen Stimme Alles zu machen; was er macht, klingt so stattlich, geht mit solcher Volubilität, Lieblichkeit und Grazie aus dem schönsten, edel geformten Antonios Kopf hervor, dass er sich in dieser Beziehung zum ebenbürtigen Waffenbruder des herrlichen Rubini gestaltet, welcher als Conte Almaviva, sonderlich mit einer eingelegten Schluss-Arie wie immer furore erregte. Die übrige Besetzung war die frühere, Sigra. Comelli Rubini ausgenommen, welche als Rosina auch ziemlich befriedigte.

25. Februar 1828: *Il Pirata* (Vincenzo Bellini)[80]

Am 25sten, im Kärnthnerthortheater: *Il Pirada* [!]; Melodramma in 2 Atti; Musica del Sigre Maestro Bellini. – Wunderbar! ein italienischer Name, der, dem Vernehmen nach, einen kaum zwanzigjährigen Componisten angehört, und dabey eine so ungewöhnliche Vertrautheit mit der teutschen Schule, ein so sichtbares Annähern zu teutscher Männlichkeit, eine unleugbare Vorliebe sonderlich für Carl Maria von Weber's Denk- und Setzweise. Bravo, Maestro giovane e garbato! Nur so fortgefahren! Ohne in den Pfuhl eines veräctlichen Plagiators zu stürzen, den Geist klassischer Musterbilder aufgefasst, in ihr innerstes Wesen eingedrungen, wohlgefällige Opfer am Altare der Wahrheit dargebracht: es kann nur zu Gutem führen, und vielleicht einen heilbringenden Umschwung des Geschmackes im gefeyerten Mutter-Lande der Töne zur wünschenswerthen Folge haben. Die Oper soll hauptsächlich für Hrn. Rubini geschrieben seyn; das merkt man denn auch sogleich ab [!]; denn dieser herrliche Sänger brillirt als Stern erster Grösse darin, und bezaubert alles, ohne Cabaletten, und Crescendo's. Einen schweren Stand hat seine Frau, welche die Lalande suppliren soll. Tamburini, Ciccimarra und Berettoni verschönen die glänzende Einfassung. Die Aufnahme war sehr günstig, und dem ungeachtet – die Wiederholungen spärlich besucht.

---

[79] *Allgemeine musikalische Zeitung*, 13. 2. 1828, Sp. 110.
[80] *Allgemeine musikalische Zeitung*, 2. 4. 1828, Sp. 227/228.

6. Juni 1828: *Concert des Ritters Niccolò Paganini*[81]

[…] Am 6ten, ebendaselbst: Concert des Ritters Nicolo Paganini, Kammer-Virtuosen Sr. Maj. des Kaisers von Oesterreich. Er wiederholte, dem allgemeinen Wunsche zu begegnen, das H moll Concert mit Glöckchenbegleitung, die Sonata variata auf der G Saite über die Preghiera des Mosè;[82] und spielte als Schlussstück zum ersten Male neue Variationen auf ein Rossini'sches Motiv, in welchen er – wenn die Anwendung eines so oft missbrauchten Gemeinplatzes bey einem solchen Meister anwendbar wäre – sich selbst übertroffen zu haben schien. Signora Bianchi sang zwey Arien, und die grosse Mozart'sche C dur Symphonie wurde in vier Abschnitten gegeben. Der Zudrang war abermals unbeschreiblich; sämmtliche Logen und Sperrsitze wurden schon mehre Tage früher gleichsam im Sturme erobert; mancher beym Theater angestellte Subaltern öffnete seinen Begünstigten ein heimliches Hinterpförtchen, so dass man die Plätze bey Eröffnung des Hauptthores grösstentheils besetzt fand. Die Sprache ist zu arm, den Enthusiasmus zu beschreiben, welchen des Meister-Künstlers jedesmaliges Wiedererscheinen in allen Gemüthern mit unwiderstehlicher Gewalt hervor bringt; vorzüglich, wenn er bey Anwesenheit der erlauchten Herrscher-Familie so ganz unerwartet das allen treuen Unterthanen so überaus theure Volkslied: „Gott erhalte Franz den Kaiser!" anstimmt, jetzt in den leisesten Schwingungen ätherischer Zauberklänge diese edle Nationalmelodie als reinste Sphären-Musik erklingen lässt, und dann sie wieder – mit hinreissender Kraft allein ein volles Orchester repräsentirend – zur wahren Jubel-Hymne aller, unter einem Scepter beglückt vereinten Völker umwandelt. […] Also beherrscht Paganini, auf dem Gipfel seiner Künstlergrösse thronend, die Herzen Aller, denen das Gefühl für die himmlische Kunst nicht versagt ward. Es ist kein Zauber eines augenblicklichen Reizes, der die Sinne blendet, und einen flüchtigen Enthusiasmus gebirt. Die Bewunderung dieses Künstlers wurzelt um so tiefer, je mehr man sich durch wiederholtes Hören von seiner Grösse überzeugt. […]

---

[81] *Allgemeine musikalische Zeitung*, 30. 7. 1828, Sp. 510–513.
[82] Paganini hatte zuvor in anderen Konzertsälen Wiens musiziert. Am 6. April 1828 trat er zum ersten Mal im Kärnthnerthortheater auf.

6. Jänner 1829: *Das geheime Fenster* (Engelbert Aigner) / *Mathilde, Herzoginn von Spoleto* (Ludwig Astolfi)[83]

Das k. k. Hoftheater nächst dem Kärnthnerthore wurde am 6. Jänner eröffnet. Die Erwartung der Dinge, die da kommen sollten, hatte ein großes Publikum versammelt, alle Logen, alle Sperrsitze waren besetzt, und man kann sagen, was Theil nimmt an Gesang- und Tanzkunst, ein großer Theil des Adels, und der Kunstfreunde Wiens hatte sich eingefunden. [...] Zum Vorspiele gab man eine Operette „das verborgene Fenster", Musik von Engelbert Aigner. Der Plan dieses Opernbuches ist höchst einfach. Ein Ehemann (Hr. Schuster) der mit seiner Gattinn seit Kurzem nach Madrid gekommen, beginnt ein Liebesabentheuer. Ein Fenster in seiner eigenen Wohnung, von dem er nichts weiß, und die spanische Tracht seiner Frau, in die sie sich ohne sein Vorwissen geworfen, sind die Veranlassung, daß er seine eigene Frau mit Liebeserklärungen, Ständchen ec. fetirt. Er steigt endlich durch besagtes Fenster in seinem eigenen Hause – und findet dort die verdiente Beschämung und die unverdiente Verzeihung. Die Anlage gäbe Gelegenheit genug zu artigen Scenen, man wird aber nicht sehr frappirt. Uebrigens ist der Text dieser Operette nicht ganz verwerflich, und die leichte und gefällige Musik unterstützte sie. Hr. Aigner, ein junger, gründlicher Componist, lieferte eine artige Composition. Nebst mehreren andern sehr anziehenden Musikstücken verdient besonders die Ouverture herausgehoben zu werden.

Der Componist fand hinreichende Aufmunterung um sich für die Zukunft zur redlichen Verwendung seiner Kräfte angespornt zu finden.

Unter den Mitwirkenden ist vor allem Dem. Achten, aus einer früheren Zeit schon vortheilhaft bekannt, sehr zu beachten. [...] Hr. Schuster und Dem. Lindenheim konnten weniger durchgreifen. [...] Hr. Fischer und Hr. Hölzel benahmen sich gut – hatten aber keinen so glücklichen Moment, der ihnen gestattet hätte, Gesang oder Spiel zu entfalten. [...]

Hrn. Astolfi's Ballet folgte, dem Genre nach wohl zur Hälfte der Pantomime angehörig. [...]

Ausgezeichnet war das Zusammenwirken. – Lautes Lob ärnteten Massini und Elßler – enthusiastischen Beyfall fand Hr. Mattis. [...] Seine Geschmeidigkeit, Gewandtheit und Grazie erinnern an das Schönste, das Wien in diesem Fache gesehen hat. [...]

Gerufen wurden Dem. Elsler [!] und Hr. Mattis – so wie Hr. Massini und [...] Hr. Astolfi nach dem dritten und fünften Act. [...] M. K.

---

[83] *Allgemeine Theaterzeitung und Originalblatt für Kunst, Literatur und geselliges Leben*, 13. 1. 1829, S. 22/23.

17. Jänner 1829: *Der Freyschütze* (Carl Maria von Weber)[84]

Den 17. Jänner sahen wir C. M. v. Webers „Freyschütz" [...] zum ersten Mahle nach dem Originale aufführen.

[...] Das Feuer, das unsern genialen Kapellmeister Kreutzer belebt, scheint sich auch seiner Umgebung mitgetheilt zu haben – denn die Präzision, mit der die Musik dieser schwierigen Oper ausgeführt wurde, ist und bleibt ein nachahmungswerthes Beyspiel. Die Chöre waren kräftig, frisch und rein – wenn wir den der Brautjungfern ausnehmen, welcher den ersten Abend mißglückte [...].

Hr. Schuster (Max), that auch heute, wie immer, sein Bestes und ließ es weder an Fleiß noch Studium fehlen, Spiel und Gesang – wenn auch keines von beyden vollkommen heißen kann, – stellten doch das Publikum zufrieden und es läßt sich sogar sagen[,] sie gehörten zu Hrn. Schusters besten Leistungen.

Hr. und Mad. Hillebrand (Kaspar und Agathe)[,] beyde das erste Mahl in Wien auftretend – sprachen nicht durchgehends, wenigstens nicht in dem Maße an, wie wir nach der vorausgegangenen Empfehlung und dem Rufe dieses Künstlerpaares erwartet. [...]

Sehr beyfällig wurde unsere fleißige und liebenswürdige Dem. Achten (Anna) aufgenommen [...].

Dekorationen und Maschinerien waren sehr schön und befriedigten allgemein.

Und so geht das k. k. Hoftheater nächst den Kärnthnerthore zwar mit langsamen aber sichern Schritten, auf die gute Grundlage seines Orchesters und Chores sich kräftig stützend, seiner allmähligen Vervollkommnung entgegen. K. M.

4. Februar 1829: *Oberon, König der Elfen* (Carl Maria von Weber)[85]

Im Kärnthnerthor-Theater: unsers unvergesslichen Carl Maria von Weber's Schwanengesang: *Oberon, König der Elfen.* Die Aufnahme war zwar ehrenvoll, doch keineswegs enthusiastisch. Den grössten Theil der Schuld trägt das matt sich fortschleppende Textbuch, so wie die, wohl den bestehenden noch geringen Kräften entsprechende, doch für die Ansprüche des Tondichters unzulänglich genügende Rollenvertheilung. Hr. Holzmüller,

---

[84] *Allgemeine Theaterzeitung und Originalblatt für Kunst, Literatur und geselliges Leben*, 3. 2. 1829, S. 59.
[85] *Allgemeine musikalische Zeitung*, 1. 4. 1829, Sp. 213/214.

ein junger Mediciner aus Augsburg, ist zwar im Besitze einer reinen, volltönenden Tenorstimme, welche sich indessen mehr für zarte Partieen, als für die, Kraft und Ausdauer bedingenden, Gesänge des Helden Hüon eignet. Bey den späteren Darstellungen wurde die, dem Ganzen vortheilhafte Abänderung getroffen, dass Herr Schuster diesen Part, Herr Holzmüller dagegen jenen des Oberon übernahm. Mad. Waldmüller, Puck, Dem. Achten, des Publicums Liebling, Fatime [recte: Oberon], und Hr. Hölzel, Scherasmin, lösten ihre Aufgaben zur allgemeinen Zufriedenheit. Dem. Hardmeier erhielt als Rezia in ihren Arien wohlverdienten Beyfall; Spiel und Mimik liessen freylich manche Lücken gewahren, so wie der fremdartige Schweizer-Dialect die Verständlichkeit gefährdet. Das Orchester spielte mit unverkennbarer Liebe und wahrer Begeisterung, in brausendem Forte den Sturm, im Piano dem Gelispel der Aeolsharfe vergleichbar; und über die Trefflichkeit der Chöre muss sich der entschlafene Meister im Grabe noch erfreuen. Für die scenische Ausstattung hat die Direction mit der splendidesten Liberalität alles Mögliche gethan. Costume und Decorationen, nach der kunstsinnigen Anordnung des Herrn von Stubenrauch, sind eben so wahr, als prachtvoll, und die zweckmässige Verkürzung des im Originale gewaltig breiten Dialoges kann nur eine wohlthätige Amputation genannt werden.

23. Februar 1829: *Erste Gastvorstellung der Madame Pasta* [86]

Am 25sten [recte: 23sten] im Kärnthnerthor-Theater: Erste Gastvorstellung der Signora Pasta. Dass eine Künstlerin, deren Meisterschaft aus Frankreich, England und Italien zu uns erschollen, auch ungewöhnliches Interesse erregen müsse, war vorauszusehen. So kam es denn, dass binnen zwey Tagen alle Logen und Sperrsitze, trotz der hohen Preise – erstere für 120 Silbergulden auf sechs Darstellungen – abonnirt wurden, und das Haus […] sich bis zum Erdrücken überfüllte. Da wegen Mangel an Individuen keine ganze italienische Oper zu Stande gebracht werden konnte, so ging voraus eine musikalische Akademie, worin nach der Ouverture zu Beethoven's *Fidelio* der 11jährige Carl Stöber eine freye Phantasie auf dem Pianoforte, der 12jährige Carl Wittmann das Romberg'sche Divertimento über schwedische Nationallieder, und Mad. Pasta zwey Gesangstücke vortrug. Zur Einführung war Morlacchi's Romanze aus *Tebaldo und Isolina* nichts weniger als vortheilhaft gewählt, denn diess, wenn gleich reizende Pezzetto ist keinesweges geeignet, die gespannten Erwartungen, zu denen

---

[86] *Allgemeine musikalische Zeitung*, 8. 4. 1829, Sp. 232/233.

eine Sängerin von solchem Rufe berechtigt, zu realisiren. Desto grösser hingegen, ja ohrenbetäubend brach das fanatische Entzücken los bey dem bezaubernd hinreissenden Vortrage des beynahe schon bis zum Gassenhauer herabgesunkenen: „Di tanti palpiti". Einen schönern Triller, mit solch fein schattirten Abstufungen, und einer an's Unglaubliche gränzenden Ausdauer, wie jener bey dem Wiedereintritte des Motivs, diesen, gleich dem Vogel Phönix in unseren Tagen selten gewordenen Probirstein einer ächten Schule, hat Wien lange nicht gehört. Den höchsten Triumph feyerte jedoch die Meister-Künstlerin als Romeo, in dem, den Schluss bildeten zweyten und dritten Akte der Oper gleichen Namens von Zingarelli. Hier erschien sie als vollendete dramatische Gesangs-Virtuosin; ein ausdruckvolleres Recitativ ist rein undenkbar […]. Der Eindruck lässt mit Worten sich nicht beschreiben, so wie das vielfältige Hervorrufen nur als ein schwacher, der Kunst, Wahrheit und Natur gezollter Tribut galt. Unserer wackern Dem. Hähnel gereicht es wahrlich zu nicht geringem Ruhme, dass sie in der Partie der Giulietta selbst an der Seite einer so furchtbaren Rivalin nicht unbemerkt blieb.

1. März 1829: *Dritte Gastvorstellung der Madame Pasta*[87]

Am 1sten im Kärnthnerthor-Theater: Dritte Gastvorstellung der Mad. Pasta; eröffnet mit Cherubini's Ouverture zum *Anacreon*, nach welcher die Heldin des Abends in einer effectvollen Arie aus Pacini's *Niobe* ihre ganze Meisterschaft entfaltete, und neue Lorbeern errang. Dann folgten Variationen für das Pianoforte von Kalkbrenner, u. desgl. über das Thema: „nel cor più non mi sento", erstere von Dem. Fürth, die letzteren von Herrn Vimercati auf der Mandoline beyfällig vorgetragen, und den Beschluss machte der zweyte und dritte Aufzug aus Rossini's *Otello*. Hier ergab sich fast unwillkürlich die Gelegenheit, Vergleichungen mit der früher gesehenen, nicht minder trefflichen Leistung der Signora Fodor-Mainvielle anzustellen, welche, hinsichtlich des Wohllauts der Stimme, allerdings zum Vortheile derselben ausfallen musste, wenn dagegen anderer Seits als declamatorisch-mimische Sängerin Madame Pasta ihre Vorgängerin weit überflügelte; denn, es mag nicht geläugnet werden, dass die tieferen Corden dieser Contra-Altistin, sonderlich bis man sich mit ihrem Organe näher befreundet hat, etwas bedeckt, beynahe rau klingen, und erst in der Decimen-Scala – vom Mittel F bis hoch A in glockenreiner Klarheit hervorgehen. Ihr eminentester Vorzug besteht aber, nebst dem tiefen Gefühle und

---

[87] *Allgemeine musikalische Zeitung*, 29. 4. 1829, Sp. 279/280.

innigsten Ausdrucke, mit ergreifender Wahrheit der jedesmaligen Situation, in der schweren, nur durch unablässige Uebung zu erringenden Kunst, alle Töne so unnachahmlich reizend zu verbinden, und in Eins zu verschmelzen, wie solches kaum dem Virtuosen ersten Ranges gleich vollendet auf seinem Instrumente gelingen kann. Dem Finale des zweyten Aktes: „il padre m'abbandoni", der Romanze mit Harfenbegleitung, dem Gebete, und endlich dem charakteristischen Schluss-Duette gebührte heute die Krone; Todesstille waltete im Auditorium, – die Brust fühlte sich beengt, – kein Athemzug war hörbar, und erst, als die Cortine gefallen, löste sich der magische Zauber, und damit trat auch die Möglichkeit ein, der so lange gezähmten Begeisterung freyen Zügel schiessen zu lassen. [...]

18. März 1829: *Semiramide* (Gioachino Rossini)[88]

Am 19ten [recte: 18ten] im Kärnthnerthor-Theater: Neunte Gastvorstellung der Signora Pasta [...], *Semiramide* (mit einigen Abkürzungen). Unter allen bisher statt gefundenen trefflichen Kunstleistungen entschieden die allervortrefflichste. Darüber herrscht wenigstens nur eine Stimme, und der Geist des Widerspruchs muss rein verstummen. Den Gesammt-Eindruck zu verstärken, war auch die Umgebung ausgezeichnet brav: Dem. Hähnel (Arsace); Herr Hauser, gewandt, als ob er bey der italienischen Oper aufgewachsen wäre (Assur); Hr. Schuster (Idreno); Hr. Friedrich Fischer (Oroe) und Hr. Weinkopf (Ninus Schatten); das herrliche Orchester und die gewaltig durchgreifenden Chormassen waren des erhaltenen, ungezügelten Beyfalls höchst würdig, und bildeten ein Ensemble, das selbst die kühnsten Erwartungen überwog.

9. April 1829: *Cäsar in Egypten* (Ludwig Astolfi)[89]

Am 9ten im Kärnthnerthor-Theater: *Cäsar in Egypten*, grosses, heroisch-historisches Ballet in fünf Aufzügen von Astolfi, Musik vom Grafen von Gallenberg. Seit Jahren das schönste, grossartigste Werk der Art, welches ganz ungeheuer furore machte, und seinem sinnreichen Erfinder die wohlverdiente Ehre des vielmaligen Hervorrufens verschaf[f]te. Der scenische Schmuck, die Pracht der Costume's und Decorationen, die Eleganz der solo- und das Imposante der Chor-Tänze übertrifft beinahe noch alles, was

---

[88] *Allgemeine musikalische Zeitung*, 6. 5. 1829, Sp. 297.
[89] *Allgemeine musikalische Zeitung*, 16. 9. 1829, Sp. 616.

wir bisher gesehn; und das will in der That sehr viel sagen. Die Composition ist höchst melodieenreich; äusserst brillant, nur, dem Modegeschmacke huldigend, gar zu geräuschvoll instrumentirt; die ersten Tänzer und Tänzerinnen sind so employirt, dass sie in ihrem vollen Lustre erscheinen. Das Publicum schwamm in einem Meere von Entzücken, und die Direction wird für den kostspieligen Aufwand zweifelsohne überreiche Entschädigung finden.

24. Mai 1829: *Der Kreuzritter in Egypten* (Giacomo Meyerbeer)[90]

In diesem Theater ging Mayerbeers große Oper: „Die Kreuzritter in Aegypten" in die Scene. Die Partie der Palma war in den Händen der Dem. Hardmeier, Dem. Hähnel gab den Armando oder Elmireno, Dem. Frontini die Felicia, Hr. Schuster den Adrian, und Hr. Siebert den Sultan. Wirklich leisteten diese Sänger Außerordentliches, und wenn sie nicht das Geschick träfe, auf einer Bühne zu singen, von welcher herab noch immer die Rückerinnerungen an die größten italienischen Gesangs-Virtuosen, die hier in einem Vereine, wie sie auch in Italien nur selten gehört wurden, zusammen auftraten, auf das Publikum wirkten, so würde man eine solche Vorstellung für eine ganz unübertreffliche erklärt haben. Es ist hier vorzüglich von der zweyten Vorstellung dieser Oper die Rede, denn bey der ersten traten mehrere kleine Störungen ein, auch war damahls Dem. Hardmeier, wegen Unpäßlichkeit, nicht am besten bey Stimme. Bey der zweyten Vorstellung zeigte sie aber, daß sie wirklich eine Sängerinn sey, die mehr gelernt hat, als viele ihrer Comilitonen nicht können, und nicht kennen. Obwohl ihre Stimme keine so großen Anstrengungen auf die Länge ertragen mag, als das Einstudiren und Produziren einer so ungemein schwierigen Partie, als die der Palma ist, so ist sie doch sehr biegsam, vortrefflich für alle Arten von Passagen gebildet, und von großem Umfang. [...] Wenn Dem. Hardmeier eine Opposition zu überwinden hat, so rührt dieß daher, weil man in ihrer Art, und in ihrem Style unübertreffliche Sopransängerinnen hörte, aber Alt-Sängerinnen, welche von der Natur von Seite der Stimme, und des Darstellungsvermögens günstiger ausgerüstet gewesen wären, als Dem. Hähnel, haben wir noch nicht gehört und gesehen [...].

Hr. Schuster als Komthur führte seine Partie mit dem rühmlichsten Fleiße durch. Das ist eine Partie, die gar sonderbar construirt ist, ein Mahl

---

[90] *Allgemeine Theaterzeitung und Originalblatt für Kunst, Literatur und geselliges Leben*, 6. 6. 1829, S. 276–278.

liegt sie in den höchsten Tönen der Kopf-Stimme des Tenors, dann wieder in der Tiefe des Bariton. Hr. Schuster leistete Unglaubliches und trug alle seine Nummern, wenn auch nicht ganz fehlerfrey, dennoch mit sehr viel Kraft, Bravour, Geschmack und mit innigem, zarten Gefühle vor. Es ist in diesen Blättern schon mehrmahlen der Fleiß dieses Sängers und sein Fortschreiten rühmend besprochen worden, aber noch nirgends hat er es so auffallend als in dieser Partie bewiesen, die er noch überdieß sehr schnell einstudierte.

Dem. Frontini sang ihre kleine Partie recht brav; sie erwies sich als ein sehr brauchbares Subjekt für Partien in tiefer Stimmlage.

Hr. Si[e]bert machte seine Stimme mit Erfolg geltend, und nirgend wird ihm dieß besser gelingen, als wenn er einfach singt, und nicht mehr Noten bringt, als er muß. Chor und Orchester waren sehr brav. Bey der zweyten Produktion dieser Oper müssen auch die Musik-Banden auf dem Theater gerühmt werden, denen Mayerbeer keine leichten Aufgaben setzte.

Der Componist hat in dieser Oper ein Werk geliefert, in welchem er bemüht war, einen Glanz und die Wirksamkeiten moderner italienischer Musik mit deutscher Wahrheit und Gründlichkeit zu verbinden, dieß gelang ihm; in dieser Bemühung streifte es aber so nahe an die Eigenthümlichkeiten Rossinis und der deutschen und französischen Klassiker in seinem Fache, daß gar viel von derselben in sein Opus überging. Demungeachtet wird der „Kreuzritter" überall gefallen, wo er mit einiger Zulänglichkeit gegeben wird, denn der großen musikalischen Effekte sind sehr viele, und gerade die wirksamsten in seinem Werke. Was aber vor allem anderen den Erfolg sichert, ist, daß es für den Sänger schreibt, und diesem die reiche, schöne und interessante Instrumentirung überall unterordnet; das Orchester macht nie Lärm, wenn dem Sänger ganz vorzüglich daran gelegen seyn muß, gehört zu werden. Dabey sind die Motive fast aller Nummern dieser Oper wirklich sehr schön und ansprechend. Es wäre schwer, die schönsten Nummern auszuzeichnen; wer sich nicht an Reminiscenzen stößt, und auch Sinn für moderne Musik hat, dem werden sie alle gefallen; vielleicht wäre aber dennoch die Introduktion des ersten, und das Todesgebeth im zweyten Acte ganz besonders auszuzeichnen. Italienische Lieblichkeit ist in den Arien, deutsches Gemüth, und deutsche Kunstwürde in den Ensemble-Stücken, und in den herrlichen Chören vorherrschend.

Die liberale Direktion hatte keine Kosten gespart, die Oper von Seite der Garderobe wie der Dekorationen auf das Glänzendste auszustatten. [...]

Die erste Produktion des „Kreuzritters" wurde mit der Anwesenheit unsers innigst geliebten Herrscher-Paares beglücket. Das auf das freudigste überraschte Publikum brach in einen dreymahligen Jubel aus, der nicht enden wollte, obwohl die Introduktion im Gange war.

Der Beyfall des Publikums steigerte sich sehr für die Oper bey der zweyten Vorstellung, obwohl schon bey der ersten sehr viel applaudieret wurde.

Juni/Juli 1829: *Gastspiel des Franz Wild*[91]

Am 17ten [recte: 16ten], im Kärnthnerthor-Theater: „Die weisse Frau", worin Hr. Wild mit der Rolle des Georges Browne den Cyclus seiner Gastdarstellungen eröffnete. Der Empfang des geliebten Landsmannes gränzte an Enthusiasmus, und dieser wurde im Verfolge seiner herrlichen Kunstleistung wo möglich noch gesteigert. Wohl hat sich, seit unserm letzten Widersehen, dem Laufe der Natur gemäss, seiner Stimme Jugendfrische etwas weniges vermindert; dagegen gewann sie sichtlich an Wohllaut, Schönheit, Geschmeidigkeit, Umfang, energischer Kraft und Silberklang. Mit der Anwendung der Falset-Töne, selbst in den höchsten Corden, ist er vollkommen im reinen, so wie der höchst deutliche Vortrag, die überaus herrliche Declamation, Ausdruck, Spiel, Manieren, Theaterroutine, die feinsten Nuançen, ganz meisterhaft sind.

Am 20ten, ebendaselbst: „Der Kreuzritter in Egypten". Auch im italienischen Genre zeigte sich heute Hr. Wild in hoher Vollendung. Eine uns unbekannte, eingelegte Scene war von imposanter Wirkung. [...]

Am 24sten, im Kärnthnerthor-Theater: „Otello"; worin Hr. Wild als Stern erster Grösse glänzte; seine Sortita, die beyden Duos mit Jago und Desdemonen, so wie das erste Finale sind wirklich unübertreffliche Momente; eine solche Correctheit, so tiefes Gefühl und hinreissende Leidenschaft im Recitative dürfte man wohl bey den meisten deutschen Sängern vergebens suchen. Madame Kraus-Wranitzky wurde als eine werthe alte Bekannte aufgenommen; sie versteht allerdings zu singen, aber selten, oder nie zu rühren. Dass ihr die Erinnerung an die unerreichbare Pasta mächtig Eintrag that, unterliegt übrigens keinem Zweifel.

Am 27sten, ebendaselbst: „Joseph und seine Brüder": eine Vorstellung, wie man sie nicht vollendeter wünschen mag; Wild's seelenvoller Gesang muss gehört, kann nicht beschrieben werden; Dem. Achten ist ganz der unschuldsvolle, kindlich fromme Benjamin, welchen Dichter und Tonsetzer so einfach gemüthlich charakterisirt haben. Wie wunderherrlich im Spiele wie im Gesange Herr Hauser den Erzvater Jakob gibt, könnte er nur mit dem in dieser Rolle einst klassischen Vogel verglichen werden; höheres

---

[91] *Allgemeine musikalische Zeitung*, 14. 10. 1829, Sp. 683/684.

lässt sich wohl kaum zu seinem Ruhme sagen. Orchester, Chöre und Ensemble bildeten ein ächt antikes Ganzes. [...]

Am 1sten July, ebendaselbst: „Don Juan". Man hat es vormals getadelt, dass Hr. Wild an eine Bass-Rolle sich wagte, und solches um so gegründeter, als dadurch störende Transpositionen nothwendig wurden. Jetzt fällt obige Rüge von selbst weg, indem er in den tiefen Scalen ungleich kräftiger geworden, und gleichsam als förmlicher Baritonist alles in den ursprünglichen Tonarten auszuführen im Stande ist. Sein Spiel war lebendig und anstandsvoll; die öfters wechselnde Costumirung elegant und mit sinnigem Geschmacke gewählt.

1. September 1829: *Der Vampyr* (Peter Joseph von Lindpaintner)[92]

Am 1sten September, im Kärnthnerthor-Theater: „Der Vampyr", romantische Oper von Heigel und Lindpaintner. Wiewohl die Aufnahme im Ganzen beyfällig war, so dürfte dennoch diese Oper, wenn gleich ein schönes, gedachtes, kunstreich gearbeitetes Tonwerk, sich schwer nur zu einem bleibenden Repertoire-Stück qualificiren. Die Composition ist von der Art, dass sie nur nach mehrmaligem, aufmerksamen Anhören vollständigen Genuss gewähren kann; leider leben wir aber in Zeiten, wo man höchst ungern über etwas nachdenken, vielmehr alles mit einem Male wegkriegen möchte; indessen ist jedoch diese, freylich ungemein bequeme Methode nicht jeden Ortes anwendbar [...] – Von der Darstellung lässt sich nur Gutes sagen; Dem. Achten, Isolde; Hr. Schuster, Hypolit; August Fischer, Aubri; Siebert, Port d'Amour, bildeten ein treffliches Quadricinium; die Leistung des gewaltigen Chors, so wie des überreich beschäftigten Orchesters erhielt volle Würdigung.

3. November 1829: *Graf Ory* (Gioachino Rossini)[93]

Am 3ten November, im Kärnthnerthor-Theater: „Graf Ory"; Oper in zwey Acten, von Rossini. Wunder über Wunder! Diessmal sind wir nicht, wie gewöhnlich, das Echo der Pariser; denn, was diese vergötterten, konnte uns nicht einmal erwärmen. Der Meister hat sich abermals wie im Spiegelbilde selbst portraitirt. Hübsch hört es sich allerdings, aber, ausser dem Septette im ersten Finale, und den Trink-Chören dürfte wenig nur Aus-

---

[92] *Allgemeine musikalische Zeitung*, 25. 11. 1829, Sp. 778.
[93] *Allgemeine musikalische Zeitung*, 23. 12. 1829, Sp. 846.

zeichnung verdienen. Hr. Cramolini ist dem reich colorirten Gesange nicht gewachsen. Dem. Hähnel, als Page, subordinirt; Herr Siebert, Gouverneur, seiner unlöblichen Gewohnheit nach, ekelhaft pretiös; Dem. Hardmayer, im Gesange gut; Herr Hauser und Dem. Bondra durchaus vortrefflich. Die Ouverture, von Kreutzer, war eingelegt. Bis zur Stunde hörten wir von diesem Componisten noch nicht solch Mittelmässiges.

12. Februar 1830: *Die Stumme von Portici* (Daniel-François-Esprit Auber)[94]

Im Hofopentheater nächst dem Kärnthnerthore herrscht, durch die persönliche Energie des Intendanten, Grafen von Gallenberg, eine beyspiellose Thätigkeit. Gleich einem Wunder hat sich diese Kunstanstalt seit ihrem Entstehen in dem kaum glaublichen Zeitraume von zwölf Monaten auf eine Stufe geschwungen, welche ihr mit den ersten Bühnen Deutschlands zu rivalisiren erlaubt, und von deren Wirklichkeit nur der Augenzeuge Bürgschaft leisten kann, ohne schwerlich jedoch die Möglichkeit davon zu begreifen. Eine wahre Glanzvorstellung war „die Stumme von Portici", welche Oper, so wie aller Orten, furore im wörtlichen Sinne machte, und worin die Titel-Rolle von Dem. Mimi Dupui ausgeführt wird, derselben mimischen Künstlerin, für die diese Partie in Paris geschrieben. Herr Binder, Tenorist vom Prager Theater, welcher bereits früher als Georges Browne, Graf Ory, Armand, Don Ottavio, Max, Hüon, Almaviva u. s. w. wiederholt und höchst beyfällig gastirte, setzte als Masaniello seinen Leistungen die Krone auf, vorzüglich im Gesange, weniger im Spiele, z. B. der Wahnsinnscene. Aber hier wird der Sieg, wie einst zur Zeit des französischen Kaiserreichs, durch gewaltsame Massen errungen, und in dieser Beziehung – um den damals cursirenden Bülletins einen stereotypen Ausdruck abzuborgen – haben Orchester und Chöre mit Ruhm sich bedeckt. Der feurige, scharf conturirte Vortrag der – was nicht geläugnet werden mag – wirklich brillanten Ouverture verschaffen ihr jedes Mal die Ehre des Dacapo-Rufens; die Präcision in den Ensemble's und Finale's trägt den Stempel der dankbarsten Vollkommenheit; der Markt-Chor, die Barcarolen, das Gebet, die Verschwörung werden mit ergreifender Wahrheit ausgeführt; die Nationaltänze, Boleros, Guarrache und Tarantella, athmen ganz die wollüstig-sinnliche Lebendigkeit des südlichen Himmelstrichs; rechnet man nun noch dazu: die Schönheit der nach der Natur aufgenommenen Decorationen, den Reichthum des Vestiariums und der Comparserie, das meisterhafte Arrangement durch Herrn Regisseur Demmer,

---

[94] *Allgemeine musikalische Zeitung*, 28. 4. 1830, Sp. 271/272.

welches jede scenische Täuschung entschwinden macht und ins wirkliche, stürmische Weltleben versetzt; zuletzt endlich – als Knalleffect – des Vulcans furchtbare Eruption – und es wird klar, dass ein solch complicirtes Spectakel der Menge imponiren müsse; ja selbst den unbestochenen Richter, dessen Begriffe vom ächten Opernstyle mit dieser, dem entnervenden Zeitgeiste fröhnenden Tondichtung aus festen Gründen unmöglich harmoniren können, wenigstens momentan zu verblenden, oder eigentlicher: zu mystificiren im Stande sey.

17. April bis 14. Juni 1830: *Gastspiel der Madame Pasta*[95]

Die Leser dieser Blätter haben zweifelsohne schon aus anderen Zeitungen die unwillkommene Kunde erfahren, wie die unter der Aegide des Grafen von Gallenberg so hoffnungsreich heranblühende Kunstanstalt der k. k. Hofoper plötzlich wieder ins Stocken gerieth, weil die mit den Einnahmen ausser Verhältnis stehenden Zahlungen schon im Monate April nicht mehr voll geleistet werden konnten [...].

Wenn es möglich gewesen wäre, die Dauer der schwankenden Anstalt noch zu verlängern, so hat die Stumme von Portici redlich die Hand dazu geboten; denn diese Prunk-Oper überfüllte einige zwanzig Male das Haus. Solches war jedoch nicht durchgehends der Fall bey den Gastspielen der Sign. Pasta, welche die Administration, verblendet von dem vorjährigen glänzenden Erfolge und aus Gefälligkeit gegen die Logen-Abonnenten, zum zweyten Male, und – da der Reiz der Neuheit wegfiel – jedenfalls gar zu schnell wieder verschrieb. Sie kam gegenwärtig begleitet von Hrn. Rubini, dem Basso cantante Zuccoli und einem höchst mittelmässigen zweyten Tenor, Mussati. Im ersten Debut – Desdemona – entrang ihr, wenigstens nach dem Urtheile der Menge, Rubini beynahe die Siegespalme. Dieser Sänger ist unleugbar der erste italienische Tenorist unserer Zeit, da er nunmehr auch besitzt, was ihm früher nicht in solchem Maasse zu Gebote stand: ausdauernde Kraft und Stärke. Aller eminenten Vorzüge unbeschadet, und trotz jener Volubilität, womit er selbst die ungeheuren Schwierigkeiten fast spielend nur überwindet, und von deren Möglichkeit bloss nur der Ohrenzeuge Rechenschaft geben kann, muss Referent jedoch bekennen, dass dieser Otello jenen bleibenden Eindruck, welchen Wild's seelenvolle Durchführung in seinem Gefühle hervorbrachte, weder zu schwächen, viel weniger noch zu verlöschen im Stande war. – Nun folgte: Nina, la pazza per amore. Paisiello's Musik ist – wie man's zu nennen beliebt,

---

[95] *Allgemeine musikalische Zeitung*, 8. 9. 1830, Sp. 586–589.

veraltet; freylich allzu einfach und geräuschlos, im Vergleiche mit unseren modernen Opern-Partituren; desshalb suchte man ihr durch Einlagen aufzuhelfen; diese wurden freylich am lebhaftesten applaudirt. Wahrhaft klassisch ragte die Pasta hervor; jede Nüançe war der Natur abgelauscht; man vergass der Darstellerin hohe Kunst, und zollte dem gemüthskranken Mädchen heisse Mitleidsthränen. – Wiederholungen des Romeo, der Semiramide und des Tancredi verschafften der Meisterin zwar neue Triumphe; allein man hatte sie in diesen Partien schon früher gesehen, gehört und bewundert, und zwar in der günstigsten Theaterzeit, wogegen jetzt, nach den Drangsalen eines langen Winters, die milden Frühlingslüfte fast gewaltsam ins Freye ziehen; – so war es denn nur Bellini's Piraten vorbehalten, den damaligen Enthusiasmus wieder ins Leben zu rufen, und den Cyclus der Gastspiele auch mit pecuniären Vortheilen zu beendigen. Als diese schöne dramatische Composition vor einigen Jahren neu in die Scene ging, machte sie schon entschiedenes Glück, wenn gleich Madama Comelli als Prima Donna fühlbare Blössen gab. So erschien uns denn die Pasta als ein zweyter Prometheus, welcher diesem tragischen Tongebilde wahres Leben, Wärme, Geist und Seele einhauchte, sonderlich in der grossen Schlussscene, die aus der Straniera desselben Meisters hierher transferirt wurde, da es zum Einstudiren dieser Oper an Zeit gebrach. Dass Rubini's Pirata unübertrefflich ist, dass er in dieser Rolle kaum einen Nebenbuhler finden wird, darüber hat sich bereits unser Vorfahr in seinen Referaten ausgesprochen, und wir können ihm nur beystimmen. – Signor Zuccoli gehört zum Mittelgute; die Stimme gesund, klangvoll, übrigens ohne bedeutende Höhe und Tiefe, auch wenig ausgebildet. Giovine Mussati scheint erst kürzlich mutirt, und die heissen Bre[t]ter erst kennen gelernt zu haben. Sein linkisches Benehmen erzwang zum öftern ein Kichern und Lächeln. Von den Einheimischen füllten Mad. Ernst, Dem. Hähnel und Herr Hauser ehrenvoll ihre Plätze.

25. Juni und 22. Juli 1830: *Wilhelm Tell* (Gioachino Rossini)[96]

Während der gegenwärtigen provisorischen Direction kam Rossini's: Wilhelm Tell zur Darstellung, jedoch, um das die bemessene Dauer weit überschreitende Werk unbeschnitten und unverstümmelt zu geben, nur die beyden Anfangsacte als erste Abtheilung. […] Es ist, wenigstens im Gegensatze zu den früheren, in der Regel etwas gar zu flüchtig hingeworfenen Tondichtungen dieses vielbegabten Meisters jedenfalls eine gedachte, in

---

[96] *Allgemeine musikalische Zeitung*, 8. 9. 1830, Sp. 589/590; 12. 1. 1831, Sp. 21/22.

seiner Weise sogar gefeilte Composition, überreich an schönen Melodieen, die der Handlung und den Worten mindestens doch nicht geradezu widersprechen, oft kräftig analog sind, und durch ein lebhaftes Instrumentenspiel wirksam unterstützt werden. [...] Zu den vorzüglichsten Stellen, hinsichtlich des Entwurfes, der künstlerischen Durchführung und des dramatischen Effectes gehören: die reizende Introduction; das Duett zwischen Arnold und Tell; die Preghiera; theilweise das erste Finale (weniger dessen lärmende, etwas zerhackte Stretta); der Jägerchor, mit dem sanften, aus weiter Ferne herübertönenden Abendsegen der Hirten alternirend; das mit Recht berühmte Trio der Verbündeten, worin die stetige Bassfigur keine der kleinsten Zierden ist; endlich die ganze Verschwörungsscene auf dem Rütli, mit dem grandiosen Schwurchore. [...] Von der Aufführung lässt sich nur Gutes sagen. Oben an, als Tell, steht – richtiger ausgedrückt: stand Hr. August Fischer, welcher bereits einem mit lebenslänglicher Anstellung verbundenen Rufe nach Darmstadt gefolgt ist, und durch Hrn. Hauser remplacirt werden wird. Dem. Grünbaum sang ihre Romanze, so wie das Duo mit Arnold (Hrn. Binder) sehr befriedigend; ein Gleiches gilt von den Dem. Bondra und Achten (Hedwig und Gemmy) nebst Hrn. Siebert (Stauffacher). Die höchst angestrengten Chöre und das trefflich eingeübte Orchester zeichnete[n] sich wie immer ganz besonders aus. Die zwey in der Original-Partitur vorkommenden Ballabile's dürften etwas kürzer seyn; das eingelegte Pas de six, auf eine gräuliche Musik, ist nun vollends gar vom Uebel, und bringt eine langweilig ermüdende Stockung hervor, so sehr sich auch die ersten Tänzer darin abmühen und alle tours de force zur Schau stellen. Den Decorationen, dem Vestiarium, der Scenerie, und dem Arrangement durch Hrn. Regisseur Demmer gebührt alles Lob.

[...] Nach einem Zwischenraume von wenigen Wochen ging auf unserer Hofopernbühne nächst dem Kärnthner Thore endlich auch die zweyte Hälfte von Rossini's Wilhelm Tell mit solch einstimmigem Beyfall in die Scene, dass selbst die hartnäckigsten Widersacher des bald abgöttisch gehuldigten, bald schmählich zum Tartarus hinabgeschleuderten Modegötzen zugeben müssen, wie wohl verdient eine so glänzende Auszeichnung, und das hier gegebene Treffliche, mitunter Meisterhafte, zum mindesten der weit überwiegendere Theil sey. – Bezüglich der graziösen Anmuth, und zarten Lieblichkeit dürfte der Alpen-Chor – von den Parisern Tyrolienne getauft – schwerlich einen Nebenbuhler finden, so wie sämmtlichen Tanzmelodien originelles Leben, noch gehoben durch das reizende Instrumentenspiel, innewohnt. Grossartig aufgefasst, und höchst wirkungsvoll behandelt ist die ganze Scene bey dem Apfelschuss; Tell's Arioso, worin das bange Vaterherz noch einmal in des Sohnes Armen sich letzt, und die durch Thränen halb erstickten Klagelaute mit den ängstlich wogenden Wehmuthstönen des obligaten Violoncells so überaus rührend in Eins zusammenschmelzen, möchten wir als den Culminationspunct annehmen, den der Meister bisher im Ausdrucke von Gefühl und Wahrheit erreichte; daran reihen sich nicht minder preiswürdig: die Preghiera der Hedwig mit Chor, Mathildens leidenschaftliche Arie, und das canonische Trio für drey Soprane. Dagegen macht jene Scene, womit Arnold den letzten Act eröffnet, zwar – wie man zu sagen pflegt – Effect; allein, es ist doch nichts dahinter, und der alte Adam guckt gar zu kenntlich hervor. – Am Gelingen hatte die fleissige Darstellung wesentlich entschiedenen Antheil. Herr Hauser sang und spielte den Tell vorzüglich; besonders in jenen Momenten, wo er sein herrliches portamento di voce geltend machen konnte. Dem. Achten, Grünbaum und Bondra liessen wenig zu wünschen übrig; Herrn Binder – Melchtal – ist ein beschränkter Wirkungskreis angewiesen; dagegen griff die Kraft und Energie des Chors, die Präcision und Delicatesse des Orchesters mächtig zur Totalwirkung mit ein, und indem die Theilnahme an dieser Composition bey jeder Wiederholung sich noch mehr steigerte, so erachtete die provisorische Verwaltung es für vortheilhaft, das ganze Werk, mit Hinweglassung mehrer episodischer Scenen, nach dem Wunsche der Bühnen-Liebhaber, ungetrennt an einem Abende aufführen zu lassen, welche Absicht sich auch in so ferne vollkommen richtig bewährte, als zeither [!] diese Oper einen bleibenden, ergiebigen Artikel des Repertoires bildet. [...]

18. September 1830: *Fra Diavolo, oder: Die Räuber in Terracina* (Daniel-François-Esprit Auber)[97]

Endlich ging Auber's lang versprochener: Fra Diavolo in die Scene. Die erste Aufnahme war ziemlich lau; ja die Scene, worin Zerline Stück für Stück sich auskleidet, und zuletzt sogar im Unterröckchen ihr Bette besteigt, erregte, trotz der beobachteten strengen Decenz, dem ungeachtet Missbilligung. Indessen – man gewöhnt sich an Alles – warum nicht auch an eine etwas extravagante Dichter-Idee, welche übrigens noch in der Lösung des Knotens bedingt ist? Man fand, nach wiederholtem Anhören, die Musik zwar leicht gehalten, und wenig originell, aber sehr melodisch und gefällig; den Stoff, obschon keineswegs reichhaltig, durch Scribe's unversiegbare Witzader recht unterhaltend und geschmackvoll appretirt; so kam es denn, dass diese Räuber-Anecdote, nachdem man von der überspannten Erwartung, einer zweyten Stummen von Portici zu begegnen, geheilt war,

---

[97] *Allgemeine musikalische Zeitung*, 12. 1. 1831, Sp. 26/27; 19. 1. 1831, Sp. 38/39.

immer mehr Antheil gewinnt, und im Conversations-Genre beynahe ein Liebling des Publicums geworden ist. Des meisten Applauses erfreuten sich: die Couplets zwischen dem Lord und der Lady, das Quintett, das Trio, die Romanze der Zerline, ihre ganze Abend-Toilette-Scene und die Barcarole des Fra Diavolo. Die militairische Ouverture hat zwar geringen artistischen Werth, macht jedoch, so bestimmt schattirt, wie hier vorgetragen, gute Wirkung. Herr Hauser war ganz das Portrait-ähnliche Conterfey des bizarren Britten. Costume, Gang, Haltung, Manieren, Geberden, das mühsam geradbrechte Deutsch mit dem eigenthümlichen National-Dialecte, diese Trägheit und derbe Arroganz, der komische Zorn und seine noch drolligere Eifersucht – Alles vereint gab eine [...] Carricatur, und was des Künstlers Leistung noch höher stellt, ist, dass selbe nie in die Charybdis der Uebertreibung fiel, nie die Grenzen des Schicklichen überschritt. Auch Mad. Ernst, Milady Pamela, traf so ziemlich den pittoresken Farbenton und wusste die phlegmatische Liebeständeley mit dem als Marquis verkappten Räuberhauptmanne genau von jener stolzen Verachtung zu sondern, womit sie, im Gefühle der Oberherrschaft, den arg bornirten Herrn Gemahl demüthigend behandelt. [...]

Dem. Achten trug ihre Gesangstücke unverbesserlich vor; im Spiele fand sie an Dem. Henkel, welche während ihrer Gastspielreise nach Pesth den Part der Zerline übernehmen musste, ihre Meisterin. Hr. Cramolini verdirbt in der Regel nichts; er wird als Brigadier Lorenzo auch gern gesehen; nur bemerkt man mit wahrem Bedauern immer mehr das Abnehmen seiner Stimme; hier namentlich in der etwas stark instrumentirten, von Hrn. Kapellmeister Lachner für ihn zum dritten Acte componirten Arie. Hr. Binder, Fra Diavolo, repräsentirt, besonders im Incognito als Cavalier, eine wunderliche Figur, und lässt nur allzu deutlich gewahren, wie ihm nicht wissentlich beywohne, das Ding am rechten Flecke anzufassen, und dass die Zeichnung und Festhaltung eines Doppel-Characters weit über seinen Horizont gehe. Weil nun diese Tenor-Partie mitunter etwas tief gelegt ist, so liess er sich solche grösstentheils punctiren, um mit den beliebten Falsettönen effort machen zu können, was sein eigentliches Steckenpferd ist. Die Nebenrollen waren gleichfalls nicht vernachlässigt. Hrn. Ferdinand Fischer's sonore Bass-Stimme that vorzüglich in Ensemble-Sätzen wohl, mit dem vielseitigen Mimen-Talente Gottdanks, der mit lobenswerther Bescheidenheit sich selbst zum Gedeihen des Ganzen, so oft einen subordinirten Wirkungskreis anweist [...] gelang es, seinem Carbonaro eine veritable Galgen-Physiognomie aufzudrücken, und seinen Confrater, einen gewissen Hrn. Walther, dadurch nur noch mehr in den Schatten zurück zu drängen.

13. Oktober 1830: *Das übelgehüthete Mädchen* (d'Auberval)[98]

[...] Um nun dieser noch obendrein sehr kostspieligen Spectakel-Gattung etwas unter die Arme zu greifen, wurde die beliebte Tanzkünstlerin Mimi Dupuj neuerdings verschrieben und als Fenella, Nachtwandlerin,[99] und übel gehütetes Mädchen wieder vorgeführt. Die Wahrheit ihres Spieles, voll Feuer, Leben, Natürlichkeit, Decenz und Naivetät, stets ungesucht, ausdrucksvoll und liebenswürdig, ihre lautlose, dennoch so beredte Mimik und – hier wahrlich nur Zugabe – eine zephyrgleiche, mechanische Tanzfertigkeit – Alles vereint in so einem niedlichen Figürchen, kann nie wirkungslos bleiben. Als fille malgardée entwickelt sie eine so reiche Dosis von Schalkhaftigkeit und Muthwillen, dass es nur ihr gelingen konnte, den so oftmals aufgewärmten Stoff noch geniessbar zu machen. Ganz unbarmherzig wird über die Musik zu diesem Ballete der Stab gebrochen; allerdings klingt sie etwas einfach, ist aber dabey gewiss characteristischer, als die gegenwärtig cursirende, trotz all ihrem fracasso; wiewohl nicht in Abrede gestellt werden kann, dass die Instrumentirung einer Ueberarbeitung bedürfte.

6. November 1830: *Othello, der Mohr von Venedig* (Gioachino Rossini)[100]

[...] Insbesondere ziehen zwey Magnete mit unwiderstehlicher Gewalt: Wild und Sabine Heinefetter. Beyde prangen zwar nur als Gäste auf den Affichen, um das Publicum zu mystificiren und recht lüstern zu machen; allein es gehört zu den öffentlichen Geheimnissen, dass beyde im fixen Engagement stehen [...]. Das Doppel-Debüt war Otello, worin Herr Wild unübertreffbar genannt werden muss [...].

Dem. Heinefetter hatte fürwahr keinen leichten Stand; es galt ein nur zu gerechtes Vorurtheil, eine mächtige Opposition zu besiegen; denn Mad. Pasta mit ihrer hinreissend tragischen Macht, lebt noch im frischen Andenken, und wird gewiss lange nicht vergessen werden. Dennoch brachte sogleich das erste Erscheinen der jugendlichen, von der gütigen Natur mit mütterlicher Zärtlichkeit ausgestatteten Sängerin einen günstigen Eindruck hervor. Mit Wohlgefallen ruhte das Auge auf den schlanken, durch Hoheit imponirenden Formen, auf den edlen Zügen und dem sprechenden Blicke; zum Ohre drangen die reinen Silberklänge einer hellen, vollen, umfangrei-

---

[98] *Allgemeine musikalische Zeitung*, 9. 3. 1831, Sp. 159/160.
[99] Fenella in *Die Stumme von Portici* von Auber; Therese in *Die Nachtwandlerin* von Jean Coralli.
[100] *Allgemeine musikalische Zeitung*, Sp. 157/158.

chen Glockenstimme, welche zwar noch nicht ganz, doch durch Fleiss und Uebung bereits schon bis zu einem bedeutenden Grade ausgebildet, von den ihr zu Gebote stehenden Kunstmitteln zum zweckmässigsten Gebrauche benützt wurde. […]

Jänner bis März 1831: *Opern-Repertoire* [101]

Der Eintritt des neuen Jahres konnte von Seiten der k. k. Hof-Oper unmöglich würdevoller gefeyert werden, als durch eine gelungene Reprise des Don Juan, jenes nie alternden Meisterwerkes, das, vielmehr stets sich verjüngend, in ewiger Jugendfrische strahlt, und mit geheimnissvoller Macht seine wunderbare Zaubergewalt von Generationen auf Generationen fort vererbt. In der Titelrolle sucht unser Liebling Wild seines Gleichen. […]
Sein Factotum, Leporello, wird von Hrn. Siebert gut gesungen; Gesten und Lazzi gemahnen an Hannswurst. Donna Anna, Elvira und Zerlina wurden von Mad. Fischer, geborne Achten, Mad. Ernst und Dem. Henkel durchaus befriedigend dargestellt. Hr. Binder gab auch die nachträglich für Don Ottavio componirte Arie in G dur zum Besten, um welche wir bisher immerdar verkürzt wurden, und die er mit lobenswerther Simplicität ausführt, ohne uns mit lauter Falsett-Passagen zu übersättigen; eine ihn ehrende Selbstverleugnung und dem unsterblichen Barden gebührende Aufmerksamkeit. –
Auch Figaro's Hochzeit, das Kron-Juwel aller Conversations-Opern, ging neuerdings in die Scene, jedoch, leider nicht unter den günstigsten Auspicien. Der pensionirte Hoftheater-Sänger Forti […] ist wieder zum Vaterheerde zurückgekehrt, und begann als Graf Almaviva den Cyclus einer mit dem Pächter, Hrn. Duport contrahirten unbestimmten Zahl von Gastspielen. Die unerbittliche Zeit hat seiner einst so melodischen Stimme so Manches geraubt, wofür selbst das routinirteste Darstellungs-Vermögen nothdürftig nur zu entschädigen im Stande ist; […] Dem. Heinefetter singt die Susanne in der That recht allerliebst; allein Mad. Fodor sang bezaubernd, gleich einer Sirene; und, wenn man nun einmal auf den Abweg der Vergleichungen geräth, so war Cathinka Buchwieser in ihrer Glanz-Epoche unbestritten die erste, nach der französischen Schule gebildete Soubrette, deren graciöse Gewandtheit, ihr feiner, richtiger Tact, diese lebendige, naturgetreue, haarscharfe Characterzeichnung vielleicht auf lange hinaus mit ihr zu Grabe getragen wurde. Auch an Hrn. Hauser als Figaro ist nichts zu tadeln; indessen, eine Reihe von Jahre privilegirte, so zu sagen,

---

[101] *Allgemeine musikalische Zeitung*, 15. 6. 1831, Sp. 390–393.

den verstorbenen Weinmüller zu allen Mozart'schen Bass-Partien, und obschon ihn Mutter Natur keinesweges zum postillon d'amour ausgerüstet, so wusste der Meistersänger dennoch jeden störenden äussern Eindruck unwirksam zu machen; endlich erschien auch Lablache, der Einzige in dieser Rolle, und muss Allen, die ihn gehört und gesehen, als unübertreffliches Musterbild unvergesslich bleiben. [...] Mad. Ernst, Gräfin, und Dem. Henkel, Cherubin, erhielten und verdienten Beyfall. –

Aus mehrjähriger Ruhe erwachte gleichfalls Cherubini's Wasserträger. Ehre dem Ehre gebührt! Hr. Forti gibt den Mikely mit künstlerischer Vollendung und reicht hier vollkommen aus mit seinem mehr declamatorischen Vortrage. Die Besetzung war durchgehends zweckmässig; Hr. Wild, Armand; Cramolini, Antonio; Borschitzky, Hauptmann; Mad. Ernst, Constanze; Dem. Henkel, Marzelline u. s. w. und das Ganze gewährte einen in unseren Tagen gar selten gewordenen Hochgenuss. – [...]

Mit einem fast an Fanatismus gränzenden Beyfalls-Sturme wurde Beethoven's: Fidelio empfangen; die Ouverture, der Canon, das Jubel-Duett mussten wiederholt werden; allen Tonstücken ward die vollste Würdigung zu Theil, und nichts ging unbemerkt vorüber. [...] Mad. Ernst, Leonore, – Hr. Wild, Florestan, – Hr. Binder, Jaquino, – Dem. Henkel, Marzelline, wetteiferten um die Palme des Vorzuges, und wurden mit Beyfalls-Spenden überschüttet; Hr. Borschitzky, Don Fernando, benahm sich höchst anständig; Hr. Staudigel übertraf als Kerkermeister jede Erwartung; Orchester und Chor gingen wie am Schnürchen, – nur Hr. Forti, Pizarro, erlag seiner Riesen-Aufgabe und kämpfte mit ohnmächtiger Anstrengung gegen Instrumentalmassen, mit welchen nur Stentor-Lungen sich messen und siegreich in den Schranken sich behaupten zu können, hoffen dürfen.

Dem. Sabine Heinefetter, welche auch für die Sommer-Monate gewonnen seyn soll, zeigte sich in Rossini's Semiramis als wirklich grossartige Sängerin. Die Längen und ermüdenden Dehnungen dieser Oper offenbarten sich noch mehr bey der Uebertragung in die deutsche Sprache, und auch die Umgebungen der Königin des Abends beförderten den lauen Eindruck. Dagegen entzückte sie als Annchen im Freyschütz Augen und Ohren; ihr Schwesterchen Clara versuchte sich nicht ohne Erfolg in der Partie Agathen's, wozu jedoch ihre physischen Mittel nicht zureichend scheinen.

1. Juni 1831: *Moses* (Gioachino Rossini)[102]

[…] Die zweyte Novität war, wie bereits erwähnt, Rossini's Moses, nach der französischen Ueberarbeitung, welche jedoch durch Hrn. Duport nochmals eine Restauration erdulden musste, der sämmtliche Tanzstücke wegstrich und desshalb den 3ten und 4ten Act in einen zusammenzog. Wir hatten nichts dagegen einzuwenden, ersparten dabey ermüdende Längen, und zolltem dem Ganzen wohlverdienten Beyfall. Der Meister erfreute uns mit manchem dankenswerten Zuwachse, namentlich die imposante Invocation, das wirkensreiche zweyte Finale, und eine schöne, originell begleitete Arie der Anais. Der höchst vortreffliche Chor während der egyptischen Finsternis, womit sonst die Oper begann, bildet nunmehr die Introduction des zweyten Aufzuges, und entschädigt den Kenner reichlich für einige Gemeinplätze, […] unter denen der triviale, so oft wiederkehrende, fast barocke Marsch der Israeliten obenan steht. Unter den Darstellenden nennen wir zuerst Hrn. Forti als Pharao, und ihm zunächst Hrn. Staudigel, der den hebräischen Gesetzgeber mit Würde und Anstand repräsentirte, und dessen eben so gewaltige als sonore und umfangreiche Bassstimme ganz vorzüglich zur Ausführung dieser Kraft-Partie sich eignet. Hr. Binder, Amenophis, dürfte seine Glanzperiode wohl schon überlebt haben; […] Die beyden Frauen, Ernst, Sinaide, und Fischer-Achten, Anais, befriedigten im vollen Maasse, und wenn je etwas den Total-Eindruck zu schwächen vermochte, so war es die schon gar zu oft gehörte Preghiera anstatt des eigentlichen, auf den Zauber der Scenerie berechneten Schluss-Momentes, wofür der auf der Hintercortine als Vision gemalte Durchzug durch das rothe Meer als kleinliches Surrogat erschien, und an die Marionettenbude gemahnend befunden wurde.

4. Juli 1831: *Die Bestürmung von Corinth* (Gioachino Rossini)[103]

[…] Theilweise erfreute sich auch Rossini's „Bestürmung von Corinth" eines günstigen Erfolges. In der That findet sich des Guten mancherley darin, aber auch leider, wie gewöhnlich, viel Schlacken; und nochmals leider! dass diese immer wieder aufgewärmten Gemeinplätze, die nichtssagenden, in einen tumultuarischen Bombast sich hüllenden Floskeln und Trödellappen gerade eben einer vielmehr entehrenden Auszeichnung gewürdigt werden, welche der grandiosen Introduction, den meistens treffli-

---

[102] *Allgemeine musikalische Zeitung*, 7. 9. 1831, Sp. 594/595.
[103] *Allgemeine musikalische Zeitung*, 23. 11. 1831, Sp. 781.

chen Recitativen, dem gefühlvollen Trio und der imposanten, höchst originellen Scene des prophezeienden Grabwächters unbilligermaassen entzogen wird. Dass der Meister dankbar für die Sänger zu schreiben versteht, ist längst bekannt; so auch hier, und die Namen: Heinefetter – Pamira, Wild – Cleomenes, Forti – Mahomet, Binder – Neocles und Staudigel – Hiero, verbürgten schon zum voraus der keinesweges leichten Aufgabe erwünschte Lösung. Seit die Erstgenannte von uns geschieden, wird ihre Partie ohne die geringste nachtheilige Einwirkung auf das Ganze durch Mad. Ernst remplacirt, welche schon früher über ihre gefährliche Rivalin als Fidelio einen vollständigen Sieg errang.

24. August 1831: *Iphigenia auf Tauris* (Christoph Willibald Gluck)[104]

[…] Obenan stehend und Alles überwiegend erschien Gluck's wunderherrliche Iphigenia auf Tauris, welche […] auch nach einem halben Säculum noch in unverwelkter Jugendschöne erblüht, und mit der ihr inwohnenden hinreissenden Kraft der ewigen Wahrheit den reinsten Kunst-Enthusiasmus zu entflammen vermochte. Doch Ehre dem Ehre gebührt! Auch die Darstellenden haben ein wesentliches Verdienst an dem so überaus glänzenden Erfolge. Mad. Ernst sang und spielte die Iphigenia mit Meisterschaft; Hr. Wild übertraf als Orest selbst noch die gespanntesten Erwartungen; Hr. Binder fasste den gemüthlich sanften Character des Pylades von der richtigsten Seite auf und vermied klüglich jede heterogene Beymischung; Hr. Staudigel entwickelte als Thoas ein so schönes Talent, das nirgends den Anfänger gewahren liess; das Orchester spielte mit jenem Feuereifer, wovon der echte Künstler bey dem Vortrage eines echten Kunstproductes beseelt wird, und das Chorpersonale blieb nicht zurück; besonders ward der gewaltige Scythenchor mit einer Energie herabgedonnert, welche ihm jedes Mal die Ehre der Wiederholung erwirbt.

10. September 1831: *Orpheus und Eurydice* (Louis Henry)[105]

Das einzige neue Ballet: Orpheus und Euridice, von Henry, gehört bezüglich der Erfindung, Darstellung und prachtvollen Ausschmückung zu den schönsten, die wir je gesehen zu haben uns erinnern. Es herrscht wirklich Geist, Phantasie und poetische Weihe darin und muss bey zu hoffen-

---

[104] *Allgemeine musikalische Zeitung*, 23. 11. 1831, Sp. 780/781.
[105] *Allgemeine musikalische Zeitung*, 30. 11. 1831, Sp. 793.

der Wendung der Zeitverhältnisse zum Lieblingsgerichte sich gestalten. Unter den vielen gelungenen Ballet-Compositionen des Grafen von Gallenberg möchten wir dieser sonder Vergleich den ersten Rang zugestehen.

24. November 1831: *Die Unbekannte (La straniera)* (Vincenzo Bellini)[106]

[…] Endlich, endlich, und endlich wurde Bellini's lange versprochene und begierig erwartete Straniera vom Stapel gelassen, unter dem Titel: Die Unbekannte, nach dem Italienischen des Romani übersetzt von Ott. Der Inhalt dieser romantischen Oper war auf dem Anschlagzettel abgedruckt worden, eine Maassregel, welche sonst nur bey mimischen Compositionen statt finden, hier aber, da Niemand den Gang der für ein musikalisches Drama etwas verwirrten Handlung enträthseln konnte, gleichfalls für unumgänglich nothwendig erachtet wurde. Der Stoff neigt sich mehr, als es dem Tonsetzer wahrscheinlich lieb seyn mochte, zum sentimental-tragischen hin, und zwang diesen gewissermaassen, uns über die Gebühr mit Lamentoso's zu bewirthen. Um so mehr gibt es ein günstiges Omen für den dramatischen Gehalt dieser Composition, dass sie bey näherer Bekanntschaft immer mehr anspricht, und jede Woche mehrere Male mit steigendem Antheile gehört und gewürdigt wird. Die Gesang-Partie der Alaide ist ungemein anstrengend, ja ermüdend, und für die hohe Stimmlage einer Lalande berechnet. Um so verdienstlicher gestaltet sich die Kunstleistung der trefflichen Mad. Ernst, welche selbst in der grossen Final-Scene, die von der grossen Pasta im Pirata eingelegt mit furchtbar erschütternder Wahrheit ausgeführt wurde, noch einen glänzenden Triumph feyerte, und sonderlich in den folgenden Darstellungen als fester Stützpfeiler des Ganzen sich erwies. Ein Gleiches muss auch den Herren Wild und Forti nachgerühmt werden, deren künstlerischer Wettstreit die lauteste, ungetheilteste Anerkennung fand. Unter den Tonstücken vermisste man ungern die Ouverture und eine imponierende Einleitung; dagegen machten zwey Duetten, die Wahnsinns-Scene, ein herrliches Terzett, Herrn Forti's Arie und zwey sehr effectvolle, musterhaft vorgetragene Männerchöre fortwährend vogue, und letztere erfreuen sich der Ehre, da capo gefordert zu werden. Unbedingt hat Hr. Forti den härtesten Stand, denn die Rolle des Baron Waldburg ist für den, gleich Rubini, als Barytonisten in seiner Art einzigen Tamburini geschrieben, dessen beyspiellose Kehlen-Volubilität selbst den unglaublichsten Anforderungen Hohn spricht. Nun aber raubte die nichts verschonende Zeit unserm deutschen Sänger Klang der

---

[106] *Allgemeine musikalische Zeitung*, 4. 4. 1832, Sp. 227/228.

Stimme, Wohllaut, Kraft und Portamento, und was übrig bleibt, gute Schule und geläuterter Geschmack vermögen allerdings so manche Mängel zu bedecken, doch keinesweges für jede Entbehrung vollgültigen Ersatz zu bieten. Indessen Lob und Dank dem guten Willen. In der scenischen Ausschmückung war nichts verabsäumt.

5. Jänner 1832: <i>Adelheid von Frankreich</i> (Louis Henry)
23. Februar 1832: <i>Die Maskerade im Theater</i> (Louis Henry)[107]

[…] Die sonst subordinirte Branche, das Ballet, hat dagegen zwey sehr einträgliche Amben gemacht: „Adelheit [!] von Frankreich" und „Die Maskerade im Theater". No. 1 ist dem Kotzebue'schen Schauspiele: „Der Schutzgeist"[108] nachgebildet, und dem Anordner Hrn. Henry, welcher zugleich den Kerkermeister ganz vortrefflich spielt, gebührt unbedingtes Lob, bezüglich der Klarheit und ausdrucksvollen Verständlichkeit, womit er seinen interessanten Stoff behandelte. Die eigentlichen Tänze erscheinen hier blos als Zuthat; wie selbe aber placirt sind, dienen sie jedoch auch zur ausnehmenden Zierde; Alles beruht auf der pantomimischen Handlung, die rasch, ohne ermüdende Längen, fortschreitet, und durch die möglich denkbarste Präcision in der Ausführung den stets wachsenden Eindruck verstärkt. Kräftig einwirkend zeigt sich dabey auch die sehr gehaltvolle Musik von Cesare Pugni, einem jungen, gänzlich unbekannten Componisten, der hier wahrhaft erfreulich debutirt und schlechterdings kein sclavischer Nachtreter auf ausgefahrenen Bahnen zu werden verspricht; denn seine Arbeit ist originell, melodieenreich, gedacht, empfunden und durchaus characteristisch. No. 2 ist ein ungemein ergötzlicher Faschings-Schwank; die stabilen Masken der italienischen Komödie: Arlequin, Colombine, Policinell, Pierot u. a., die Götter des Olymps, Riesen, Zwerge, Chinesen, Ungarn, Figaro, Bartolo, Rosine und Sancho Pansa, belebte Karten, eine drollige Serenade mit kolossalen Instrumenten, deutsche, englische und französische Nationaltänze u. s. w. figuriren darin im tollsten Bunterley, fliehen vorüber wie im Schattenspiele, dass man vor lauter Abwechslung völlig wirr wird, und auf einmal nimmermehr Alles übersehen kann. Die übersprudelnde Lustigkeit wirkt ansteckend, und wenn nun zum Finale das Orchester Walzer von Lanner und Strauss aufspielt, dann kommt's Allen in die Füsse und des Jubilirens ist kein Ende.

---

[107] *Allgemeine musikalische Zeitung*, 6. 6. 1832, Sp. 385/386.
[108] August von Kotzebue, *Der Schutzgeist* (1814).

Der Erfinder, Hr. Henry, wird wiederholt gerufen, und ihm bleibt auch das Verdienst des äusserst glücklichen Arrangements der passend, oft sinnreich gewählten Musikstücke aus Opern und älteren Ballets.

3. Februar 1832: *Brama und die Bayadere* (Daniel-François-Esprit Auber)[109]

[...] So war denn in drei Monaten die einzige Novität Auber's berüchtigte Oper: „Brama und die Bajadere". Sie machte, obwohl die anwesende Berliner Tänzerin, Madame Mees-Saint Romain-Robert darin den pantomimischen Hauptpart ausführte, kein Glück, und die allgemeine Stimme findet diessmal das gefällte Urtheil vollkommen gerecht. Besonders stürmisch ging es am ersten Abende her. Herr Binder ist für die Rolle des Unbekannten viel zu wenig Acteur, und hatte mit mannigfaltigen Fatalitäten zu kämpfen; auch misslang ihm Einiges auf eine nur zu bemerkbare Weise. Eben so Dem. Henkel (Ninka), welche der Componist mit einer Unzahl von Fioretten beglückte, und die, kaum halb genesen von einer schweren Krankheit, keinesweges ihrer Stimme mächtig seyn konnte, und deren sichtliche Anstrengung wahres Beyleid erregte. Hr. Forti (Olifur) gab sich zwar viele Mühe, recht lustig und humoristisch zu scheinen, allein – es war doch nur gemaltes Feuer. Dem. Schlanzovsky, eine Eingeborne, tanzte die zweyte Bajadere; die Patrioten fetirten ihr aus point d'honneur; die Opposition machte der Fremden die Cour, und so geschah es denn, dass wechselseitig die eine Partey wüthend applaudirte, während die andere tumultuarisch zischte, was allerdings dem Erfolge nicht zum Frommen gereichen konnte. – Die Musik ist im Ganzen nur mittelmässig; pikant, frisch, witzig, populär mitunter, aber vorherrschend des Componisten fast zur Natur gewordener Schlendrianismus; den Balletstücken – und aus diesen besteht die Mehrzahl – gebührt unbestritten der Vorzug; sie sind meistens wirksam erfunden und hören sich recht angenehm. – Etwas besser gelangen die Wiederholungen; Uebelstände waren beseitigt und das Ganze ging runder zusammen; die wenigen Zuhörer verhielten sich ruhig und indifferent, und von einem Zwiespalte war fürder keine Rede. [...]

---

[109] *Allgemeine musikalische Zeitung*, 6. 6. 1832, Sp. 385.

14. März 1832: *Adelheid von Frankreich* (Louis Henry)
21. März 1832: *Die Fee und der Ritter* (Armand Vestris)[110]

In dem Henryschen trefflichen Ballet: „Adelheid von Frankreich" zeigte sich Dem. Therese Elßler nach der Rückkehr der Kunstreise nach Berlin, welche sie mit ihrer gefeyerten Schwester, der trefflichen Künstlerinn, Dem. Fanny Elßler, angetreten hatte, zum ersten Mahle wieder in einem Pas de deux mit Hrn. Mattis. Dem. Elßler ward mit regem Beyfalle begrüßt, und entfaltete in dem Tanzstück ihre Meisterschaft auf so glänzende Weise, durch die Kühnheit, Eleganz und Präzision ihrer Pas, daß die Anerkennung des seltenen Talentes dieser ausgezeichneten Tanzkünstlerinn sich in dem lautesten Applause aussprach, und Dem. Elßler stürmisch vorgerufen ward. [...]

Wir sahen nun gestern auch Dem. Fanny Elßler in „Fee und Ritter" wieder erscheinen. Als Viviana zeigte sich die liebenswürdige Künstlerinn schon in Berlin, mit dem enthusiastischsten Beyfall, und diese neue Erscheinung war daher für uns höchst anziehend. [...] So fand das Talent unserer liebenswürdigen Landsmänninen auch auf dieser Reise jene Anerkennung welche den Ausgezeichneten in der Kunst überall gesichert ist, und der Empfang welchen die beyden Schwestern bey ihrem Wiedererscheinen in Wien fanden, wird auch den geschätzten Künstlerinnen die volle Würdigung beweisen, welche das vaterländische Publikum ihnen widmet.   F. C. Weidmann.

11. April 1832: *Die Stumme von Portici* (Daniel-François-Esprit Auber)[111]

Wenn in der Kunst, auf irgend eine Art Ausgezeichnetes und Ungewöhnliches geleistet wird, verdient es auch die allgemeinste Anerkennung. [...] Obwohl nun diese Oper, sehr oft auf unserer Bühne gegeben wurde, so gewährte doch die Ankündigung, dass unsere liebenswürdige Dem. Fanny Elßler die Rolle der Fenella geben würde, erneuertes Interesse. Hr. Wild kann mit vollem Recht als eine der allerersten Zierden unserer Oper betrachtet werden; welche Stimme könnte sich wohl gegen sein ganz ungewöhnliches, in ganz Deutschland anerkanntes Talent erheben? [...] Daß die Partie des Masaniello für die Stimmenlage des Hrn. Wild durchaus zu hoch geschrieben ist, wird man eben so wenig in Zweifel ziehen können,

---

[110] *Allgemeine Theaterzeitung und Originalblatt für Kunst, Literatur, Mode und geselliges Leben*, 22. 3. 1832, S. 232/233.
[111] *Allgemeine Theaterzeitung und Originalblatt für Kunst, Literatur, Mode und geselliges Leben*, 17. 4. 1832, S. 306/307.

als daß er durch seine Kunstfertigkeit die meisten Schwierigkeiten derselben zu überwinden weiß. [...] Hr. Staudigel als Pietro war ausgezeichnet gut. Chor und Orchester waren wie gewöhnlich vortrefflich; nur wurde die Tarantelle im dritten Akte von dem Letztern etwas überjagt.

Nun zu dem eigentlichen Glanzpunkt dieser Vorstellung, nähmlich der Fenella, wie sie eigentlich dargestellt werden soll. Daß ein fein gebildeter Cavalier, wie der Sohn des Statthalters, sich in ein hübsches Fischermädchen verlieben könne, ist sehr möglich; eine wirkliche Leidenschaft aber, wie sie hier zum Grunde liegt, kann nur durch das Persönliche, durch die Individualität des geliebten Gegenstandes gerechtfertigt werden. Fenella ist nichts weniger als ein gewöhnliches Mädchen. Der Liebreiz des Aeußeren muß mit dem Adel des Gemüths, die Sittsamkeit und höchste Dezenz mit der anspruchlosesten Natürlichkeit eng verbunden seyn, und das Ganze von einem Rosenschimmer überglänzt werden, in welchem sich die Grazien spiegeln. Die südliche Gluth der Neapolitanerinn muß in schöner Wechselwirkung mit der sanften Hingebung des liebenden Mädchens, diese holde Erscheinung zu einem Bild der höchsten Anmuth stempeln. So war Dem. Fanny Elßler. [...] Der Glanzpunkt der Darstellung war jedoch im vierten Akt, während der Arie Elvirens, der Uebergang von der höchsten Entrüstung zur allmähligen Rührung, bis zu dem heftigsten Weinen. Lauter stürmischer Beyfall belohnte die denkende, ausgezeichnete Künstlerinn, welche sich während der ganzen Darstellung, und hauptsächlich in dieser effektvollen Scene, als vollendete Schauspielerinn bewies. Im fünften Akte war ihre Leistung bey der Ueberzeugung des Wahnsinns ihres Bruders und in den letzten wirkungsreichen Augenblicken ganz dem Vorhergehenden gleich. Dem. Fanny Elßler hat sich durch diese Darstellung eine der schönsten Rosen in den reichblühenden Kranz ihres Künstlerruhms geflochten, und Referent muß gestehen, daß er seit der Darstellung der Nina, durch Dem. Bigottini,[112] nichts Vollendeteres gesehen hat. Das Haus war gedrängt voll. Dem. Fanny Elßler wurde am Schlusse stürmisch gerufen, und erschien an der Hand des so verdienstvollen Benefizianten Hrn. Wild. [...]

Das neue Pas de trois im ersten Akte von Hrn. Mattis und den Desm. Therese Elßler und Péan, war sehr gelungen. Hr. Mattis war an diesem Abend ganz ausgezeichnet und Dem. Therese Elßler entwickelte neuerdings auf eine vollendete Weise das wirklich Großartige ihres ungewöhnlichen Talentes. [...] Das Pas de deux von Hrn. Alphons mit Dem. Hermine Elßler wurde sehr gelungen ausgeführt; eben so der Bolero von Hrn. Laville und Dem. Schäffel.   C. B.

---

[112] *Nina, oder: Die Wahnsinnige aus Liebe*, Erstaufführung am 6. 11. 1814.

3. Mai 1832: *Zampa, oder: Die Marmorbraut* (Louis Joseph Ferdinand Hérold)[113]

Nunmehr haben wir endlich auch Herold's „Zampa" oder „die Marmorbraut" gehört und gesehen, jene Oper, welche, wie wenigstens öffentliche Blätter mit vollen Backen ausposaunen, fast aller Orten, namentlich in den österreichischen Provinzstädten, eines entschiedenen glücklichen Erfolgs sich rühmen darf. Wenn das alte „Vox populi, vox Dei" gar niemals und unter keiner Beschränkung eine Ausnahme zu erleiden hätte, so müsste dieses musikalische Drama eben darum, weil es gefällt, und volle Häuser – ja gewissermaassen, gleich der Stummen von Portici, so zu sagen, Epoche macht, auch reellen Kunstwerth besitzen. Dazu kann jedoch Ref., der, von keinem günstigen Vorurtheile bestochen, niemals durch den Beyfall der Menge sich verblenden lässt, schlechterdings nicht seine Beystimmung geben; vielmehr müsste er, falls ihm sein freymüthiges Glaubensbekenntniss abverlangt würde, unumwunden sagen, dass er nur allzu sehr geneigt sey, alle ihm bis zur Stunde bekannt gewordenen Werke dieses wirklich achtbaren Componisten ungleich höher zu stellen, als gerade eben dieses vielgefeyerte, der Frivolität des Zeitgeschmackes bis zur Ungebühr huldigende Mixtum, worin bald Mozart, bald Weber, jetzt Cherubini, dann unmittelbar Rossini und Auber Hand in Hand, ironisch lächelnd vorüberziehen, und welches, einer ängstlich mühsam zusammengeklebten Mosaikarbeit vergleichbar, nothwendiger Weise aller und jeder Eigenthümlichkeit des immerdar am schmerzlichsten vermissten Schöpfungsgeistes ermangeln muss. [...]

Den Darstellenden gebührt alles Lob, und es entübrigt nur der fromme Wunsch, dass auf jedes Wahrhafte Kunstproduct immerdar derselbe rühmenswerthe Eifer verwendet werden möchte. Obenan steht Hr. Wild. Dieses Zerrbild des verworfenen Seeräubers gewinnt erst in seinen Händen Form und Haltung; er ist und bleibt gross in jeder Nüance, die er, vom Dichter und Tonsetzer nur angedeutet, mit kräftigen Meisterzügen auf den artistischen Culminationspunct potenzirt. [...] Mad. Fischer-Achten singt die Camilla glockenrein; [...] Fernando's Partie tritt weniger hervor; Cramolini leistet darin das Möglichste. – Der Steuermann, Daniel Capuzzi, hat in Hrn. Forti seinen rechten Mann gefunden [...]. Des Sünders verlassenes Weibchen, die Beschliesserin Ritta, repräsentirt sehr befriedigend Mad. Schodel, welche in Character-Rollen subordinirter Gattung brauchbar zu werden verspricht. – Den seynsollenden Spassmacher, einen hasenherzigen Schlossdiener, gibt Hr. Discant, muthmaasslich dem Chorpersonale ange-

---

[113] *Allgemeine musikalische Zeitung*, Sp. 546 – 550.

hörend, von welchem es uns zur Zeit jedoch noch nicht klar geworden, ob er Tenor oder Bass singt. [...] Die Direction hat in der Scenischen Ausschmückung keinesweges gekargt, vielmehr splendid sich erwiesen, und dadurch eine treffliche Spürkraft verrathen, denn das Geschäft ist vollkommen gelungen, und rentirt mit Wucherzinsen.

12. Juni 1832: *Das Fest der Handwerker* (Louis Angely)

Das lustige „Fest der Handwerker" von Angely unterhält köstlich und zieht fortwährend Lachpublicum herbey. Die Vorstellung geht ungemein rund zusammen, lebendig zwar, doch decent. Ein Fremder, Herr Berner [recte: Börner], hat bereits einen grossen Stein im Brette, er ist Meister im Berliner Jargon, und wirkt Wunder mit seiner trockenen Komik; auch wird er ganz unvergleichlich von seiner Umgebung unterstützt, in welcher vorzugsweise Hr. Cramolini (Hähnchen), Gottdank (Böhme), Dem. Bondra (Wirthin) und Henkel (ihr Töchterlein) sich hervorthun.

1. Dezember 1832: *Die Montecchi und Capuleti* (Vincenzo Bellini)[114]

Von unserm verpachteten Hof-Opernthheater lässt sich abermals nur wenig Interessantes referiren. Die einzige Novität, welche in drey Monaten zur Reife kam, war Bellini's Capuleti und Montecchi. – Jedenfalls steht dieses Tonwerk minder hoch, als die geist- und melodieenreiche Straniera und der an grossen Effecten überreiche Pirata. Demungeachtet fehlt es auch hier keinesweges an genialen Zügen, und das verdienstliche Streben nach einem edlern Ziele tritt öfters im schönsten Lichte hervor. So ist z. B. die Stretta des ersten Finale, wo beyde Liebenden ihre Gefühle im zärtlichen Einklange aushauchen, und die feindlich sich gegenüber stehenden Parteyen den verhaltenen Grimm und die nach Blut lechzende Kampfwuth kaum mehr zu zügeln vermögen, von wirklich imposanter, also hinreissender Wirkung, dass jedes Mal der schon gefallene Vorhang nochmals emporrollen und die begeisternde Scene da capo dargestellt werden muss. In ästhetisch-dramatischer Beziehung gestaltet sich ganz meisterhaft der Schluss-Moment, wenn Julie, nachdem Romeo bereits die Giftphiole geleert, vom Scheintode zu neuem Leben erwacht; da ist Alles, von der ersten bis zur letzten Note, reines, unverkünsteltes Gefühl, und mit kräftig einfachen, naturgetreuen Pinselstrichen in Tönen ausgemalt. Trotz des

---

[114] *Allgemeine musikalische Zeitung*, 27. 2. 1833, Sp. 147/148.

Stoffes hochtragischer Tendenz fand die Oper ungetheilten Anwerth; Dem. Sabine Heinefetter, welche bereits früher in einigen ihrer Lieblings-Rollen gastirte, [...] erschien nunmehr [...] als Romeo, mit stürmischem Beyfalle gekrönt; ist aber gegenwärtig schon wieder auf dem Wege ihrer neuen Bestimmung zur Carnevalsstagione nach Italien, und wird von ihrer Schwester Klara auf eine nimmer erwartete befriedigende Weise supplirt. Dem. Löwe singt und spielt die Julie gleich einer auf den Brettern schon ganz heimischen Mime. Besorgt müssen wir sie jedoch vor solchen anstrengenden Partieen ernstlich warnen, welche, also leidenschaftlich aufgefasst, im Widerspruche mit einer jugendlich schwachen Constitution, ihrer künstlerischen Laufbahn eine allzu schnelle Endschaft prophezeyen. Tybalt, der einzige Tenor, kam, gleich einem Fangballe, von einer Hand in die andere; anfänglich zerarbeitete sich Cramolini damit; dann wurde ein ziemlich indifferenter Herr Schäffer vorgeschoben; jetzt gibt Wild den sogenannten Nebenpart und glänzt darin als Stern erster Grösse; ein neuer Beweis, wie gediegene Meisterschaft auch Unbedeutendes zu adeln vermag. Ueberaus herrlich trägt er seine grosse Arie mit Chor vor, und höchst feurig das Ausforderungs-Duett, welches übrigens auch vom Dichter [...] äusserst glücklich erfunden ist; indem die gewaltsame Unterbrechung durch den monotonen Choral-Gesang des im Hintergrunde langsam feyerlich vorüberwallenden Leichenzuges einen erschütternden Contrast hervorbringt, dass die gezückten Schwerter den schlagfertigen Nebenbuhlern entsinken und der gegenseitige Hass in klagenden Schmerz sich umwandelt. – Orchester und Chor leisteten, wie immer, Vorzügliches; drey ungemein zarte Solosätze für Horn, Violoncell und Clarinette erhielten durch die seelenvolle Ausführung der Virtuosen Lewy, Merk und Klein den höchsten Reiz.

26. Februar 1833: *Anna Boleyn* (Gaetano Donizetti)[115]

Gestern am 26. ging zum Vortheile der Mad. Ernst in die Scene „Anna Boleyn", tragische Oper in zwei Acten, aus dem Italienischen vom Freiherrn v. Braun. Musik von Cajetan Donizetti. [...]

Der dramatische Gang dieser Oper ist theils schon in diesen Blättern bei der Aufführung im Josephstädter Theater besprochen,[116] theils ist er aus dem alten Drama hinlänglich bekannt. Die deutsche Uibersetzung des Hrn.

---

[115] *Allgemeine Theaterzeitung und Originalblatt für Kunst, Literatur, Musik, Mode und geselliges Leben*, 28. 2. 1833, S. 171.
[116] Die Wiener Erstaufführung fand am 31. 1. 1833 im Theater in der Josephstadt statt.

Baron Braun ist in den Gesangstücken recht abgerundet und besonders dadurch wohlthätig, daß der Wohlklang des Verses und des Reimes empfunden wird. [...]

Die Musik ist mit einem eisernen Fleiße gemacht. [...]

Man bewundert die physische Kraft des Sängers, der es aushält, eine so anstrengende Partie ganz zu Ende zu singen. Mad. Ernst leistet hier das Unglaubliche. Sie, die beinahe immer in den hohen Corden angestrengt, und zu drei Stunden langen Klagen bestimmt ist, zeigte sich wirklich groß in dieser, alle physische Kraft aufreibenden Anstrengung. [...] Die außerordentlich fleißige Ausführung dieser Rolle setzte das Publikum in Staunen und Mad. Ernst wurde mehrmals rauschend hervorgerufen. Hr. Breiting stand ihr würdig zur Seite und war mit ihr in dem Duett in B wirklich trefflich. Er wußte seine Kraft so zu bezähmen, daß man mit Vergnügen dieses Streben seiner Selbstbeherrschung bemerkte; das Publikum beehrte beide mit lautem Beifall und Hervorrufen. Mad. Schodel verdient gleichfalls recht aufrichtige Anerkennung, denn nicht nur, daß ihr Gesang besonders ausdrucksvoll in dieser Rolle war, sondern sie zeigte auch ihr wirkliches Talent im Spiele dieser tragischen Partie. [...] Ihr Glanzpunkt war die erste Scene des zweiten Actes mit Mad. Ernst, wo beide Sängerinnen sich einander zu übertreffen suchten. Stürmischer Beifall und die Ehre des Hervorrufens wurde ihnen hier zu Theil.

Hr. Staudigel gab die wirklich schwere Rolle des Königs mit großem Fleiße, und wußte durch das Stück eine ziemlich würdige Haltung zu behaupten. [...] Die Kraft seines schönen Basses wirkt wohlthätig, und erringt stets die Theilnahme des Publikums. Dem. Clara Heinefetter leistete in ihrer Rolle als Page viel Gutes, wenn wir die kurze Zeit, seit welcher sie die Bühne betreten, dabei berücksichtigen. [...] Im Ganzen ging die Aufführung mit allem Fleiße vor sich. Die scenische Anordnung und Ausstattung mit Decorationen war recht würdig und effectvoll. Der Chor war kräftig und präcis, besonders wurde ein Frauenchor im zweiten Acte gut aufgenommen. Das Orchester unter der braven Leitung des Hrn. Capellmeister Reuling verdient die rühmlichste Erwähnung. Das kleine englische Horn-Solo wurde von Hrn. Uhlmann recht hübsch vorgetragen, und erhielt Beifall.

Die lange, lange Oper könnte durch ein strengeres Abkürzen etwas gewinnen. Die Ouverture scheint aus Bescheidenheit, und im Gefühle ihrer Nichtigkeit freiwillig zurückgetreten zu seyn, was wir auch recht dankbar anerkennen. F. A. Kanne.

11. Mai 1833: *Norma* (Vincenzo Bellini)[117]

Vorgestern, am 11. Mai fand hier die neueste Aufführung der Oper „Norma", lyrische Tragödie in zwey Acten gedichtet von Romani, übersetzt von J. R. v. Seyfried, Musik von Bellini statt. [...] Die Ouverture hat das Schicksal der meisten italienischen Ouverturen, d. h. sie geht spurlos vorüber. Die Introduction in welcher Orovist (Hr. Staudigl) imposant aus dem Chore hervortritt, in *G-dur*, macht schönen Effect, denn der starkbesetzte Chorgesang ist sehr melodisch. Das Publikum applaudirte sehr lang, auch verdiente die gute Leistung diese Ehre. Mad. Ernst als Norma that außerordentlich viel in dieser Partie, denn der Gesang liegt fast immer in den hohen Corden und fordert viel Bravour. Die Cavatine des Sever (Hr. Wild) erregte durch den kraftvollen wahrhaft declamatorischen Vortrag lauten Beifall. Der Hinzutritt der Banda gibt den Massen, in denen Orchester und Chor sich bewegen, noch mehr Effect. Sehr schön und ausdruckvoll wurde das Duett zwischen Sever (Hr. Wild) und Adalgisa (Dem. Löwe) gesungen, und vom Publikum mit großer Auszeichnung aufgenommen. Beide Sänger wurden unter lautem Beifall hervorgerufen. Dem. Löwe verdient neben dem trefflichen Meistersänger Wild eine höchst ehrenvolle Erwähnung, und zeichnete sich ganz besonders durch ihr Spiel in dieser kräftigen und bedeutenden Rolle aus. Ihr Gesang war sehr gelungen, doch sollte die junge talentvolle Sängerin etwas weniger eilen im Tempo. Sie beweist ihre Ausdauer in dem gleich darauffolgenden Duett mit Norma, denn hier hat der Tonsetzer die junge, liebeglühende Schöne neben der Rache schnaubenden Norma in alle Fieber der Leidenschaft versetzt. Beide Stimmen umschlingen sich sehr häufig in parallel laufenden Terzen und Sexten, welche freilich mit der allerhöchsten Reinheit gemacht werden sollen. Die beiden Sängerinnen leisteten wirklich, was bei einer ersten Vorstellung beinahe unglaublich ist, und erhielten stürmischen Beifall. Den meisten Eindruck machte das Terzett im Finale, zwischen Hrn. Wild, Mad. Ernst und Dem. Löwe. Alle Kraft der Leidenschaft ist hier aufgeboten, sich in kühner Freiheit zu bewegen. Der Satz in *B* scheint im Anfange ein Canon werden zu wollen. Es ist aber nur die Wiederholung des Themas mit ganz freier Seitenbewegung der Stimmen, die nur im schlechten Contrapunkt dazu erfunden sind. Beifall erschallte nach dem 1. Act beim Fallen der Cortine. Das Duett in *C*, im Anfange des zweiten Actes nimmt abermals durch die gewaltigsten Anstrengungen die ganze Körperkraft der Mad. Ernst und Dem. Löwe in Anspruch. Ein-

---

[117] *Allgemeine Theaterzeitung und Originalblatt für Kunst, Literatur, Musik, Mode und geselliges Leben*, 13. 5. 1833, S. 387/388.

fach und charakteristisch war der Männerchor. Den größten Eindruck machte das Duett in *G* zwischen Mad. Ernst und Hrn. Wild, theils des schönen kunstvollen Pianos wegen im Vortrage, theils wegen der zweckmäßigen, gelungenen Instrumentirung. Großen, stürmischen Beifall erhielten die beiden Sänger. Am Schlusse ertönte wieder lauter Applaus und Hr. Wild und Mad. Ernst erschienen. Unter dem Personal sind noch zu erwähnen, Mad. Frontini (Clotilde) und Hr. Hölzel (als Flavius), beide sind Charaktere ohne besondere Bedeutung.

Im Ganzen hat die Musik recht viel schöne Momente, und ergreift das Herz oft durch den gefühlvollsten Ausdruck, aber die stets langsame und pathetische Bewegung, in der die Stimmen beständig im Portamento gehalten sind, und mehr durch die Gesangsweise und den öfteren Vortrag parallel laufender Terzen und Sexten imponiren sollen, dies macht die Composition oft monoton. Man sehnt sich nach einer gluthvollen, lebendigen Bewegung, in der der Character der Handlung mächtig hervortritt. Solche Tonstücke sind nur zwei darin vorhanden, nämlich das Terzett im ersten, und das Duett in *G* im zweiten Finale. Assonanzen und Reminiscenzen an den „Pirata" ec. sind genug zu hören. Die Instrumentirung ist zweckmäßig und bisweilen interessant. Die Anstrengung für den Sänger ist außerordentlich. Die Oper wird gefallen ohne gerade bleibenden Eindruck zu machen. Chor und Orchester waren sehr brav unter der Leitung des Hrn. Capellmeister Reuling. Costume und Decorationen, schön und zweckmäßig. F. A. Kanne.

31. August 1833: *Robert, der Teufel* (Giacomo Meyerbeer)[118]

Ehevorgestern, fand in diesem Theater die erste Aufführung Statt von „Robert der Teufel", große romantische Oper in fünf Acten. Aus dem Französischen des Scribe und Delavigne. Musik von J. Mayerbeer, königl. Preußischem Hofcapellmeister. Sämmtliche neue Decorationen nach den Zeichnungen des Herrn v. Stubenrauch. [...]

Nachdem die in diesen Blättern schon soviel besprochene Oper gegen dreißig Mal im Theater der Josephstadt bei immer vollem Hause und vielem Beifall aufgeführt worden war,[119] erschien sie endlich im Hofoperntheater, und überraschte das Publikum, das sich außerordentlich zahlreich versammelt hatte, nicht allein durch ihre schöne Aufführung sondern auch

---

[118] *Allgemeine Theaterzeitung und Originalblatt für Kunst, Literatur, Musik, Mode und geselliges Leben*, 3. 9. 1833, S. 710/711.
[119] Wiener Erstaufführung am 20. 6. 1833 im Theater in der Josephstadt.

besonders durch die kostbare und geschmackvolle Ausstattung, mit welcher sie von der Direction versehen worden war.

Die kurze Einleitung in *E-moll* erregt durch ihren durchaus ernsten Charakter und die darin vorherrschenden ahnungsvollen Dissonanzen die Erwartung einer Tragödie, bricht dann aber bei eröffnetem Vorhange in eine kraftvolle und frohe Scene aus, in welcher der Chor in *F* sich in recht freudigen und bunten Formen bewegt, die durch den einfallenden Zwischengesang Roberts und der Ritter in schönem Wechsel gesteigert werden. Eine sehr schöne und geniale Composition. Die Executirung durch die große Masse der Sänger war präcis und höchst kräftig, das Arrangement im höchsten Grade imposant und prachtvoll, und so erschallte denn gleich nach der ersten Scene lauter Beifall. Die schöne Romanze der Raimbaut wurde von Hrn. Binder sehr ausdrucksvoll gesungen und erhielt ebenfalls allgemeinen lauten Applaus. Dieses Tonstück ist schön und charakteristisch erfunden, und durch sehr wirksames Accompagnement gewürzt. Bei dem Auftritte der Alice hörten wir Mad. Ernst und Hrn. Breiting im Wettstreite ihrer kraftvollen Stimmen und bewunderten die Erstere in ihrer charakteristischen Arie. Diese Partie ist ganz für den dramatischen Gesang geschrieben und weniger für die Kunst der Bravour-Sängerin gearbeitet, weil ein großer Theil der Handlung durch sie entwickelt wird. Mad. Ernst wußte ihre Leistung auch in der Scene mit Hrn. Breiting, in welcher ihr der Brief anvertraut wird, bedeutungsvoll zu machen. Bertram tritt nun in den Vordergrund und in dieser Charakterrolle zeigte Hr. Staudigel seine Gewandtheit, in welcher er sich in den meisten neuern Opern bisher bewegte, in voller Wirksamkeit. Hr. Breiting imponirte als muthiger, kühner Ritter in voller Kraft und ungebeugtem Willen und beide begeisterten das Publikum durch ihren Gesang und wurden während des Actes mehrmals durch Beifallszeichen beehrt. Dies war vorzüglich bei dem frohen charakteristischen Liede in *F* der Fall. Lauter Applaus veranlaßte, daß der Vorhang wieder aufgezogen wurde, bei welcher Gelegenheit man dem ganzen aufgestellten Personal Beifall zuklatschte.

Im zweiten Acte zeichnet sich das Duett in *C* zwischen Raimbaut (Hr. Binder) und Bertram (Hr. Staudigel) sehr aus. Der höhnische Spott des letztern ist von dem berühmten Tonsetzer höchst effectvoll dargestellt und beide Sänger übertrafen sich in ihrer wirklich meisterhaften Leistung und wurden unter lauten Beifallszeichen hervorgerufen. Der Geisterchor wurde mit Sprachrohren executirt, und machte eine wirklich grelle, vom Tonsetzer beabsichtigte Wirkung. Doch scheint es dem Referenten, daß schnell ausgesprochener Chorgesang sich im Sprachrohre verwirrt, und deßhalb zieht er den Effect vor, welchen langsamere Rufe bei späteren Gelegenheiten hervorbrachten, wie z. B. in der Scene der Mad. Ernst mit Hrn.

Staudigel. Das sehr schwierige Terzett ohne Begleitung, eine sehr kunstvolle Piece, wurde von Madame Ernst und den Herren Breiting und Staudigel sehr effectvoll vorgetragen, und erhielt allgemeine Anerkennung. Auch die Schlußscene zwischen den beiden letztgenannten Sängern steigerte den allgemeinen Beifall durch ihre gelungene Executirung.

Im dritten Acte erregte die scenische prachtvolle Ausstattung bei dem Grabgewölbe allgemeine, ehrenvolle Würdigung, so wie auch die Belebung der Geister durch Zauberruf (Hr. Staudigel) einen ganz neuen außerordentlichen Eindruck machte. In allen Costümes und Decorationen herrscht große Pracht und der edelste Geschmack, so wie in den für das Balletpersonal gesetzten Tanzformen sich der Geist des, das Ganze durchschauenden Meisters laut beurkundet. Gerade diese Bewegungen und keine anderen, die dem gewöhnlichen Balletliebhaber etwa mehr heimisch wären – mußten hier den ernsten, furchtbaren Effect hervorbringen. Die Meinungen darüber waren nicht gleich, aber Beifall erschallte, und das gesammte Personal wurde gerufen.

Die erste Scene des vierten Actes war durch scenische, prachtvolle Ausstattung abermals höchst imposant. Der Prachtsaal der Prinzessin Isabella, mit dem weiblichen Chore ihrer Damen in der schönsten, geschmackvollsten Anordnung. Allgemeine Anerkennung sprach sich aus. Der interessante, so schön erfundene Frauenchor zeigt das Genie des Compositeurs auf eclatante Weise. In dem kunstvollen Scherze des Tonsatzes liegt alle Gewalt der Beredsamkeit. Eine reizende Erscheinung war Dem. Löwe als Isabella und ihr Gesang verdient ebenfalls unsere freudige Anerkennung. Höchst ausdrucksvoll war ihr Vortrag und ihre Figuren recht schön ausgearbeitet. Lauter Applaus wurde ihr gezollt. Dasselbe gilt von Mad. Ernst, welche in dieser Partie einen großen Theil ihrer Leistung dem Spiel zuwenden muß, und in ihren Gesangstücken sehr vortrefflich war. Das Recitativ Roberts zeigte Hrn. Breiting in seiner ganzen Kraft und Geschicklichkeit. Sein Spiel ging mit seiner schönen Leistung als Sänger in ganz gleichem Schritte. Das Duett in *E* zwischen ihm und Dem. Löwe erhielt laute Würdigung. Von schönem musikalischem Werthe ist die Scene Isabellens mit Harfenbegleitung und englischem Horn, welche an den religiösen Dienst der Israeliten im Tempel erinnert. Dem. Löwe wurde laut applaudirt. Das Finale ward ziemlich effectvoll executirt. Der Beifall nach dem Fallen des Vorhangs war schwächer, doch wurde der Vorhang wieder aufgezogen und das Personal zeigte sich.

Im fünften Acte zeichnen sich Hr. Breiting, Hr. Staudigel und Mad. Ernst aus. Die Unisono-Stellen wurde besonders goutirt. Hr. Seipelt als Vorsänger bei den Ritterchören ist lobenswerth, und der ganze Chor, sowie das treffliche Orchester unter Hrn. Capellmeister Lachners Leitung verdient die allgemeine Belobung. Die Stimmung des Publikums war hier eben so wenig enthusiastisch als beim vierten Acte, eine Erscheinung, die dem langwährenden, mehr dem Gebet nachkommenden Terzett zuzuschreiben seyn möchte, doch mehrte sich während des Herausgehens aus dem Theater die Stimme des Beifalls wieder, und Hr. Breiting, Hr. Staudigel, Mad. Ernst und Dem. Löwe erschienen. Die genannten Personen sind nach der Rangordnung ihrer heutigen Leistung angeführt. Wir werden über die folgenden Darstellungen ein Weiteres berichten.

F. A. Kanne.

28. September 1833: *Othello, der Mohr von Venedig* (Gioachino Rossini)[120]

Vorgestern, am 28. September fand die Aufführung des „Othello" von Rossini zum Vortheile des Hrn. Wild Statt, zugleich trat Dem. Lutzer, erste Sängerin am ständischen Theater in Prag, zum ersten Male als Desdemona auf. Daß die Rolle des Othello vorzugsweise von Hrn. Wild trefflich gegeben wird, dürfen wir nicht erst erwähnen, und wir gestehen, daß dieser treffliche Sänger auch heute alles anwendete, um unsere Erwartung durch seine schöne Leistung, wo möglich zu übertreffen. Seine erste imposante Scene erhielt lauten Beifall, auch wurde Hr. W. stürmisch hervorgerufen. Derselbe enthusiastische Beifall wurde im zweiten Act der großen Scene zu Theil in welcher Othello und Rodrigo in den Kampf gehen. Hr. Binder führte die Rolle des Rodrigo meisterhaft durch. Er stand in der großen Scene mit Othello dem trefflichen Wild ganz würdig zur Seite. Der Vortrag seiner Arie „So kannst du mich betrüben?" erhielt ebenfalls lauten Beifall, und der Sänger wurde darauf gerufen. Demoiselle Lutzer war eine herrliche Erscheinung als Desdemona. Eine schöne theatralische Gestalt, einladende Gesichtsbildung, eine wohlklingende reizende Sopran-Stimme von der reinsten Intonation und recht schöner Ausbildung, von besonderer, gleich vortheilhafter Kraft, dies sind Vorzüge, welche ihr schon bei ihrem ersten Duett mit Emilia (Mad. Frontini) einstimmigen, enthusiastischen Beifall erwarben. Ihr hübscher Triller zeigt von der feinen Ausbildung, welche ihr zu Theil wurde. [...] In den fürchterlichen Scenen der Verzweiflung und des Schmerzes versteht sie es, ihren Zügen des Gesichts noch den Adel zu verleihen, der das schöne Geschlecht in großartigen Naturen so bewundernswürdig macht, und eine Hauptbedingung der mimischen Kunst ist. [...] Der Eindruck, den sie auf

---

[120] *Allgemeine Theaterzeitung und Originalblatt für Kunst, Literatur, Musik, Mode und geselliges Leben*, 30. 9. 1833, S. 787/788.

das große, zahlreich versammelte Publikum machte, war daher so entschieden, daß ihr die Ehre des Hervorrufens in und nach jedem Acte mehrere Male zu Theil wurde. […] Wir gestehen aufrichtig, daß die ganze Aufführung eine höchstgelungene zu nennen war, denn Chor und Orchester waren auch vom Ganzen begeistert und die kleineren Nebenrollen füllten ihren Platz recht zweckmässig aus. Das ganz abgesondert hervortretende Solo des Waldhorns wurde von Hrn. Lewy meisterlich geblasen und laut applaudirt. Hr. Capellmeister Lachner dirigirte das Ganze mit großer Accuratesse. F. A. Kanne.

4. April 1835: *Anna Bolena* (Gaetano Donizetti)
9. April 1835: *L'elisir d'amore* (Gaetano Donizetti)
22. April 1835: *Il furioso nell'isola di S. Domingo* (Gaetano Donizetti)[121]

Am 4. April eröffnete endlich zur lang ersehnten Consolation aller Dilettanti und Theater-Schmetterlinge die italienische Sängergesellschaft den Cyclus ihrer Gastvorstellungen mit Donizetti's lyrischer Tragödie Anna Bolena. In dieser Debüt-Oper […] erschienen nunmehr: 1. als Protagonista: Signora Schütz-Oldosi, prima Donna assoluta […]; – 2. als Johanna Seymour: Signora Streponi, Prima Donna; – 3. als Page Smeton: Signora Franchini, Prima Donna e Musico; – 4. als flatterhafter König Heinrich: Signore Cartagenova, primo Basso assoluto; – 5. als Richard Percy: Signore Poggi, primo Tenore assoluto; – 6. und 7. als Lord Rochefort und Sir Harvey [!]: die Signori Catalano und Rigola. – Unsere junge Welt meinte, Mad. Schütz schon aus dem Grunde zu vergöttern verpflichtet zu sein, weil sie vermöge des harmonischen Nachsatzes nothwendig einer transalpinischen Familie entstammen müsse. Die besser Unterrichteten aber wissen ganz genau, dass Mad. Sch. eine ehrliche Wienerin, mit dem Geschlechtsnamen Holdhaus ist. Dieser jedoch mußte freilich im Lande des Wohllautes verzweifelt barbarisch klingen, und wurde sofort mittelst einer unsündlichen Wiedertaufe in das süssflötende Oldosi umgewandelt. Nur der Unverstand könnte läugnen, dass unsere Landsmännin seit den 10 bis 12 Jahren, wie sie ihrer Vaterstadt Valet sagte, an Bühnenroutine, Darstellungsvermögen, Kehlenfertigkeit und dramatischem Vortrag bedeutend gewonnen habe; leider muß indessen hinzugesetzt werden – zum Nachtheil und auf Kosten ihrer früher so wohltönenden Stimme. Mit dem, was sie aus dem Schiffbruche gerettet, weiss sie viel, sehr viel zu machen; meisterhaft hat sie es trefflichen Vorbildern abgelernt, die entscheidenden Hauptmomente he-

---

[121] *Allgemeine musikalische Zeitung*, 12. 8. 1835, Sp. 529–532.

rauszuheben, auf diese die Gesammtkraft aller noch zu Gebote stehenden Mittel zu versparen, dagegen die minder wichtigen absichtlich fallen zu lassen, nach dem Grundsatze, dass ununterbrochener Lichtschimmer zuletzt gar nicht mehr blende. [...] Die Strepponi besitzt zwar kein imponirendes, aber ein angenehmes Organ, gute Schule und versteht sich geltend zu machen. – Die Contraaltstimme der Franchini hat wenig Metall; auch kleidet sie das Männercostüme keineswegs vortheilhaft. – Poggi würde zu den ausgezeichnetsten Tenoristen gehören, wenn er sich mehr zu beherrschen, ökonomischer zu mäßigen wüßte. So aber thut er des Guten meist zu viel, überschreit sich unnöthiger Weise und liebt die grell contrastirenden Abstufungen bis zur Ungebühr, so dass die Uebergänge von Kraftstellen zum girrenden Gelispel fast kindisch und widernatürlich erscheinen. – Cartagenova ist ein gewandter, auf den Brettern heimischer Mime, der sich gefällig zu präsentiren und angenehm zu benehmen weiss; der seine eben nicht hervorstechenden Kunstmittel wirksam verwendet, mit Wärme, Gefühl und Ausdruck vorträgt, und dessen, obwohl wenig umfangreicher Bass besonders in den höhern Corden nicht ohne Reiz ist. Die Repräsentanten der beiden Nebenpartieen sind gewöhnliches Mittelgut. – Die Ausführung ging rund zusammen, und dem Ensemble gebührt ungetheiltes Lob. Applaudirt wurde grimmig, und hervorgerufen, dass die Ohren dröhnten. [...]

Nach einigen Wiederholungen ging l'Elisir d'amore in die Scene, gleichfalls vom Maestro Donizetti, der hier, im komischen Style, wenigstens um Vieles vernünftiger und geniessbarer erscheint, als wenn er im Kothurn einher zu stolziren versucht. Manches muß sogar recht wohlgefallen, wenn man, nach jetziger Mode, das Spectaculiren der Blechinstrumente bei einer ländlich einfachen Handlung gutwillig mit in den Kauf nimmt. Hier wurde uns eine andere Prima Donna assoluta, Signora Tadolini, vorgeführt; dieser kann selbst der Neid nichts Schlimmes nachsagen. Sie ist unbestritten die Perle der Gesellschaft, und dürfte sogar in ihrem Vaterlande nur wenige Nebenbuhlerinnen finden. Eine jugendlich frische, glockenreine, in allen Registern durchaus gleiche Stimme, präcise Volubilität, Geschmack, Nettigkeit, Eleganz, ein graziöses Spiel, die deutlichste Pronuntiation, höchst angenehme Persönlichkeit – was bliebe wohl noch zu wünschen übrig? Die kann singen, und einen Componisten, selbst von schwächlicher Constitution, zu Ehren bringen; von ihr muss man einen Sturm-Lauf durch zwei Octaven hören, worin Ton für Ton, ebenmäßig, wie einer Schnur entrollend, klar heraustritt; von ihr zahllose Nüançen, Accente und Schattirungen hören, die sie mit naiv tändelnder Schalkhaftigkeit gleichsam als Bonbons flüchtig nur hinwirft. Hier, wo Vollendung zu Hause ist, war auch ein Superplus von Beifall am rechten Orte angebracht. – In der Partie des Wunder-Doctors Dulcamara präsentirte sich der primo Buffo Signore Frezzolini; ein ächter Komiker aus der guten ältern Zeit, der eine veredelte Carrikatur erschafft, nie übertreibt, die trivialen Lazzi verschmäht, drastisch wirkt durch ergötzlichen Humor, auch für sein Fach einen ganz hübschen Hausbaß singt und in deutlicher Aussprache als Muster gelten kann. Besonders köstlich war er in seiner Auftrittscene, in der Barcarole beim Trinkgelage, so wie in dem wirklich allerliebsten Duette mit Adina, in welchem er von der Tadolini freilich ganz unübertrefflich secundirt wurde. – Den blöden, bornirten Liebhaber Nemorino gab Signore Santi, wieder ein Tenore assoluto, dessen Organ weit sonorer und kräftiger ist, als jenes Poggi's, obwohl er diesem in colorirten Vortrag nachsteht. – Den Sergeanten sang der Primo Basso, Signore Valtelina; auch eine gute, recht gesunde Stimme, übrigens als Acteur noch wenig geübt. Sonderbar genug sprach dieses kurzweilende Melodramma giocoso anfänglich nur theilweise an; desto fester aber bürgerte es sich in der Folge ein und ist zur wahren Favorit-Sultanin geworden.

Nun kam desselben Componisten „Furioso nell'isola di San Domingo" an die Reihe. Was wir davon halten, wissen bereits unsere Leser; doch sei zur Steuer der Wahrheit beigesetzt, dass die gegenwärtige Gesamtwirkung ungleich befriedigender genannt zu werden verdient. Cartagenova geniesst, wie Fama zum Voraus verkündete, in ganz Italien den Ruhm, als Cardenio unübertroffen zu glänzen; wir können nicht widersprechen und würden – wenn es die Sache selbst nur werth wäre, die psychologische Auffassung und künstlerisch-charakteristische Durchführung als klassisch gediegen bezeichnen. Die Tadolini (Eleonore) und Santi (Fernando) sangen vortrefflich; der lustige Frezzolini aber wusste seinem furchtsamen Kaidama einen originellen Farbenton abzugewinnen.

29. April 1835: *Norma* (Vincenzo Bellini)[122]

Ehevorgestern, am 29. April, zum Vortheile der Sigra. Schütz-Oldosi: „Norma". Große Oper, Musik von Bellini. Diese Oper, durch den Reichthum der Composition eine der ausgezeichnetsten Schöpfungen des Meisters, welche bereits in der deutschen Uibertragung zu den beliebtesten Erscheinungen gezählt wird, erregte nun, wo wir sie in der Ursprache hören sollten, die gespannteste Erwartung. Daß eine Künstlerin, wie Mad. Schütz-Oldosi, welche mit Recht sich einen so ausgezeichneten

---

[122] *Allgemeine Theaterzeitung und Originalblatt für Kunst, Literatur, Musik, Mode und geselliges Leben*, 2. 5. 1835, S. 347/348.

Ruf erwarb, und durch den Umstand, daß die gefeierte Künstlerin unsere Landsmännin ist, unseres Antheiles doppelt versichert, in der Titelrolle Treffliches leisten würde, war vorauszusehen, unsere Erwartung ward auch vollkommen gerechtfertigt. Mad. Schütz-Oldosi bewährte sich in der Durchführung dieser riesenmäßigen Gesangspartie als Künstlerin ersten Ranges, welche als Sängerin dem Vergleich mit den größten uns bekannt gewordenen Virtuosinnen ungescheut sich unterziehen darf. Glänzende Bravour, Feuer und Fülle des Vortrages, Kraft vom Anfang bis zum Ende, und eine vollständige Beherrschung aller Schwierigkeiten der Form, waren in der großartigen Leistung überall ersichtlich, und die Künstlerin fand enthusiastische Würdigung. Als Gesangsvirtuosin zeigte sich Mad. Schütz-Oldosi hier auf dem anerkennungswürdigsten Standpuncte. [...] Die Künstlerin riß durch die Vollendung ihres Gesangs, durch die staunenswerthe Virtuosität, welche sie entwickelte, das Publikum zu den Ausbrüchen enthusiastischen Beifalles hin, welcher sich durch jubelndes, wiederholtes Vorrufen aussprach. Mit jugendlicher Kraft dem Wirken dieser Künstlerin nachstrebend, zeigte sich Sigra. Strepponi als Adalgise. Der Vortrag derselben zeigte sich so beseelt von inniger tiefer Empfindung, sie entwickelte bei erfreulicher Kraft und äußerst klangreicher Stimme, bei anerkennungswürdiger Virtuosität so viel Anmuth und Grazie des Gesanges, daß die Wirkung nicht anders als ausgezeichnet seyn konnte, und die talentreiche Künstlerin heute den Ehrenplatz, unmittelbar neben Sigra. Schütz-Oldosi, auf entschiedene Weise einnahm. Besonders trefflich, und hohen Genuß gewährend, erschien das meisterhafte Zusammenwirken der beiden Künstlerinnen sowol im Finale des ersten Aufzuges, als in dem Duette des zweiten, welches der Glanzpunct der heutigen Darstellung genannt werden kann, und einen so stürmischen Beifall erregte, daß dessen Wiederholung geleistet werden und das Sängerpaar vier Mal erscheinen mußte. Sigr. Poggi erschien in der Rolle des Pollione, und führte sie ebenfalls als Gesangskünstler auf die ausgezeichnetste Weise durch. [...] Die kräftigen Stellen sagen ihm minder zu. Doch gab es auch in dieser Hinsicht, besonders in den trefflich vorgetragenen Recitativen, Beweise erfreulichen Kunstvermögens. Was das Spiel betrifft, rücksichtlich welchem dieser Part mit Norma und Adalgisen in gleicher Wichtigkeit steht, so blieb nach den Begriffen, welche wir von dem Standpuncte der Oper haben, auch bei Hrn. Poggi zu wünschen übrig, besonders im Finale des ersten Actes, und im zweiten. [...] Minder glücklich war Sigr. Valtelina, welchem es nicht gelang, den geringsten Antheil in der Rolle des Orovese zu erzielen, in welcher ein mit Recht gefeiertes vaterländisches Talent sich früher auf die ehrenvollste Weise auszeichnend bemerkbar gemacht hatte. Bei alle dem, und obwol wir gerne zugestehen, daß der Vergleich zum

Nachtheile des gegenwärtigen Darstellers ausfallen mußte, glauben wir doch, daß die Stimmung gegen Sigr. Valtelina sich etwas zu strenge aussprach. – In den Nebenrollen erschienen Sigra. Bondra und Sigr. Rigola genügend. – Chor und Orchester zeigten sich heute nicht ganz in jener Auszeichnung, welche diese Körperschaften sonst zu beseelen pflegt. Das Ganze ward mit verdientem, auszeichnendem Beifalle, als eine in vieler Beziehung vollendet meisterhafte, in jeder Rücksicht als eine würdige Darstellung des geistvollen Tonwerkes aufgenommen. Das Haus war außerordentlich voll, und das Publikum bewies der gefeierten Künstlerin, deren Benefizvorstellung diesen ungewöhnlichen Andrang veranlaßt hatte, auch dadurch den lebendigen Antheil, welchen ihre trefflichen Leistungen erregen. Gewiß wird auch die Wiederholung dieser interessanten Darstellung die Freunde der Kunst noch oft anziehen und ihnen erfreuliche Genüsse bieten.   F. C. Weidmann.

<p style="text-align:center">15. Mai 1835: La Sonnambula (Vincenzo Bellini)
20. Mai 1835: <i>La Straniera</i> (Vincenzo Bellini)
10. Juni 1835: <i>Un'avventura di Scaramuccia</i> (Luigi Ricci)[123]</p>

[…] Auch die Sonnambula reussirte nicht vollständig; Cartagenova (Graf Rudolph) u. Poggi (Elvino) waren zwar an ihrem Platze; allein Amina, die Sopranpartie, liegt für die Schütz zu hoch; deshalb blieb das reizende Duett im 2. Acte ganz weg[124] und das Uebrige musste fleissig herabtransponirt werden; in welcher Kunst denn überhaupt das Orchester während dieses Gastbesuches bis zur Perfection sich einüben konnte. Jener grassirende Unfug aber, gegen welchen sämmtliche Componisten in corpore feierlichst protestiren sollten, da ihre Geisteskinder dadurch eine schandbare Verstümmelung erdulden, trat hier besonders im energischen Jubel des Schluss-Moments störend, ja entstellend an's Licht. – Bei der Straniera waltete ein Missgeschick anderer Art, durch eine unverzeihlich widersinnige Vorkehrung veranlasst. Um nämlich die den Abonnenten geleistete Zusage von 6 Novitäten zu erfüllen, brachte man diese Oper in die Scene, ohne die Chöre umzustudiren. Da geschah es denn, dass die Hauptpersonen mit dem Chor italienisch conversirten, wogegen dieser, gewohnter Weise, in gutem Deutsch antwortete, was natürlich den lächerlichsten Contrast bilden musste. Die daraus entsprungene, allgemeine Verstimmung zu

---

[123] *Allgemeine musikalische Zeitung*, 12. 8. 1835, Sp. 532–533.
[124] Gemeint ist wohl das Duett *Son geloso del zeffiro errante* zwischen Amina und Elvino im ersten Akt der Oper.

heben, konnte nicht einmal mehr den vereinten Anstrengungen der Tadolini, Poggi's und Cartagenova's gelingen, welche als Alaide, Arthur und Waldeburg wirklich Ausgezeichnetes leisteten [...]. Nun wurden noch einzelne Acte zusammengemischt, die Stagione hatte ihre Endschaft erreicht und die Logenbesitzer durften glücklich sich preisen, für baar ausgelegte 500 Fl. Münze an 52 Abenden eine neue und fünf alte, oft gehörte Opern aufgetischt erhalten zu haben. – Indessen, kaum waren ein paar Tage in's Land gegangen, als schon ein neues Abonnement mit herabgesetzten, gewöhnlichen Preisen ausgeschrieben wurde. L'Elisir d'amore, il Furioso und la Sonnambula fanden noch einige Reprisen, letztere neu belebt durch die herrliche Tadolini; ja endlich kam sogar auch Ricci's, wiewohl versprochener, noch absichtlich vielleicht vorenthaltener Scaramuzzia auf's Tapet. Die Intrigue dieser Opera buffa ist ungleich besser, denn gewöhnlich; aber manichfaltig verwickelt und darum für exotische Bühnen weniger eingänglich. [...] Dem ersten Aufzug, welchen Witz, Humor, Ideenneuheit und launig capriciöse Musikstücke schmücken, fiel ein glänzendes Beifallsloos; im zweiten ermattet der Gang der Handlung [...] und auch der Componist laborirt an einer schleppenden Hinfälligkeit, welche gleich lethargisch auf den Zuhörer einwirkt. Die Lieblinge Tadolini, Santi und Frezzolini waren ganz in ihrer Sphäre; minder Valtelina, da der Part des Scaramuzzia einen gewandten Schauspieler verlangt; die Franchini detonirte unleidlich, das Arrangement gab manche Blössen und das zusammengreifende Ensemble fehlte grösstentheils. – Wenn man nun den Referaten der hier erscheinenden Tagesblätter Glauben schenken wollte, so haben diese Gastspiele Furore gemacht: – einzelne allerdings; im Durchschnitt wahrlich nicht; so wie denn diese Gesellschaft (die einzige Tadolini abgerechnet) überhaupt mit jener, welche uns vor Jahren Barbaja zuführte, schlechterdings keinen Vergleich aushalten kann; unbeschadet der speciellen Vorzüge mancher Individuen. [...]

August 1835: *Musikalische Akademien des Herrn John Field*[125]

Endlich lächelte auch der österreichischen Kaiserstadt die Glückssonne, John Field, den Sänger unter den Pianisten, in ihren Mauern verehren und bewundern zu können. Er liess sich 4mal im Hofoperntheater hören und trug einzelne Sätze aus seinem 3ten, 5ten, 6ten u. 7ten Concerte, nebst verschiedenen Rondo's und Notturno's vor; – die Werke selbst sind der Kunstwelt bekannt; wer sie aber nicht von ihm ausführen gehört, dem sind

---

[125] *Allgemeine musikalische Zeitung*, 11. 11. 1835, Sp. 749/750.

sie auch wahrlich nie in ihrem ganzen Umfange klar verständlich geworden; denn neu verjüngt, wunderbar verwandelt gehen sie aus seinen Schöpferhänden hervor; es sind nicht mehr die Noten, wie sie auf dem Papiere stehen, – es ist der Geist, der aus ihnen uns entgegen weht, der früher, gleichsam gebannt, erst durch sein Zauberwort entfesselt und in die schimmernde Farbenpracht eines blüthenreichen Blumenlebens gerufen wurde. John Field kann mit keinem seiner Zeit-Kunstgenossen verglichen werden; er steht allein, isolirt, selbstständig, in abgeschlossener Originalität. Der Stempel seines Meisterspiels ist die denkbar möglichste Delicatesse, Grazie, Anmuth, Eleganz, Ruhe, Besonnenheit, Präcision, Milde und Reinheit; selbst in Bravourpassagen, die Andern Schweisstropfen erpressen, gewahrt man nicht die geringste Anstrengung; ohne körperliche Verrenkung, ohne sichtliche Abmühung entrollen die Töne, symmetrisch wie an eine Perlenschnur gereiht, und bringen mit diesem, durch keine Worte zu bezeichnenden Anschlag eine dem widerspenstigen Instrumente als Herrscher abgetrotzte, nie geahnte Wirkung hervor. – Obwohl die Wiener durch ihre brillanten Klaviervirtuosen gleichsam verwöhnt sind, so wurden sie dennoch durch solch bezaubernden Vortrag zur höchsten Bewunderung hingerissen. Mehr noch aber als laut ausbrechende Exclamation u. wiederholtes Hervorrufen galt jenes stille, dem Herzen entströmende Entzücken, das stumm zwar, und dennoch so vielberedt in jedem wonnetrunkenen Antlitz sich abspiegelte. Es war der schönste Siegestriumph der ewigen Wahrheit, wie sie Hand in Hand mit Natur und Kunst gepaart, dahinwandelt und als anspruchsloser Eroberer jedes empfängliche Gemüth sich zinsbar macht.

26. September 1835: *Die Ballnacht* (Daniel-François-Esprit Auber)[126]

Auber's „Gustav", lange versprochen und erwartet (das Textbuch war beiläufig gegen 10 Monate schon gedruckt), kam endlich auf das unbeschreibliche Repertoire des Hofopernthesters, freilich mit wesentlich fühlbaren Varianten, unter dem Titel: „Die Ballnacht"; aber im Durchschnitt dennoch beifällig aufgenommen. Ueber diese Musik ist in diesen Blättern bereits öfter abgeurtheilt worden; sie enthält allerdings vereinzelte gelungene Momente, geniale Züge, pikante Effecte; indessen als Schattenseite auch wieder des Seichten, Oberflächlichen, Verbrauchten, nebst häufigen Reminiscenzen die Hülle und Fülle. Glanz und Schimmer kann jedoch der Instrumentalpartie, wenn man betäubenden Lärm für wahre Kraft gelten

---

[126] *Allgemeine musikalische Zeitung*, 18. 11. 1835, Sp. 769/770.

lassen will, keinesweges abgesprochen werden; wogegen die Solo-Sänger weniger vortheilhaft bedacht sind. Hr. Breiting, Gustav, hier Herzog Olaf, genügte besonders in den energischen Stellen; doch ist ihm sein kolossaler Embonpoint als zärtlichem Amoroso gewaltig hinderlich. Der in einen Grafen Reuterholm metamorphosirte Ankerström war in mimischer Hinsicht für Hrn. Staudigel jedenfalls eine allzu hoch gestellte Aufgabe; obschon dem Sänger die vollste Anerkennung gebührt. Amalie, dessen Gattin, so wie der muntere Page Gustav fanden in den Dlls. Löwe u. Henkel würdige Repräsentantinnen; desgleichen gewann die Scene der Kartenschlägerin durch Mad. Waldmüller, welche nur gar zu selten beschäftigt wird, ein wirksames Colorit. Auch die Nebenrollen machten sich geltend; Orchester und Chor befriedigten wie immer; an Kleiderpracht u. Eleganz der Scenerie hatte diesmal die Direction in der That ein Uebriges gethan; das Ganze lieferte ein höchst sorgfältiges Arrangement; und ungemein geschmackvoll, durch reiche Abwechselung ergötzend, war der splendide Maskenball gruppirt.

31. Oktober 1835: *Große Symphonie Nr. 4* (Franz Lachner)[127]

Einen andern Hochgenuss bereitete uns Hr. Kapellmeister Lachner aus Mannheim, indem er während einer allzukurzen Anwesenheit seine vierte Symphonie in E dur, ein gediegenes, herrlich gearbeitetes Meisterwerk, zu Gehör brachte. Das Orchester, den einstigen geliebten Führer an der Spitze, und auf dem Podium wieder zweckmässig geordnet, zeigte sich endlich einmal in seiner frühern Vollendung, welche man mit Bedauern so oftmals inzwischen vermisst.

5. Jänner 1836: *Das Pferd von Erz* (Daniel-François-Esprit Auber)
3. März 1836: *Die Jüdinn* (Jacques Fromental Halévy)

Mit dem 26sten März endigte nunmehr Hrn. Duport's Pachtadministration des k. k. Hoftheaters nächst dem Kärnthnerthore. [...] Zum Abschiede regalirte er noch das Publikum [...] mit 2 funkelnagelneuen Opern: „Das Pferd von Erz" u. „Die Jüdin". Erstere wurde anfänglich mit entschiedenem Missfallen aufgenommen; nach und nach aber gewöhnte man sich an das widrige Grimassiren, fand, dass Auber hier weder besser noch schlechter sei [...]; endlich suchte man sich einige Favorit-Stückchen her-

---

[127] *Allgemeine musikalische Zeitung*, 17. 2. 1836, Sp. 107/108.

aus, und das öfters wiederholte Ganze wurde zuletzt gern gesehen, da die späteren Vorstellungen immer gerundeter zusammengingen. Die Palme gebührte jedes Mal Hrn. Staudigel, welcher die Partie des Pächters, vorzüglich seine wirklich schöne Arie im 2ten Acte, ganz vortrefflich sang u. auch, sonder Uebertreibung, mit jovialem Humor u. ergötzlichen Nuançirungen durchführte. Ihm zunächst stand Dem. Henkel, als Peki; Hr. Forti, der blödsinnige, verliebte Mandarin, und Mad. Ernst, dessen eifersüchtige Xanthippe. Dem. Löwe, die in das Planetenreich gezauberte Tochter des Grossmuguls, Prinzessin Stella, wird zwar erst im Schlussacte vorgeführt, trug jedoch alles ihr Zugetheilte mit der Bravour einer kunstfertigen Sängerin vor, und bewies das sichtliche Fortschreiten ihrer stets anmuthsvoller sich entwickelten Ausbildung. Hr. Cramolini scheiterte an den Seiltänzer-Pirouetten des ledernen Chinesen Yang; wirkliche, oder blos fingirte Unpässlichkeit hatte zur Folge, dass er gleich bei der zweiten Reprise durch Hrn. Binder vertreten wurde, für dessen hohen Falsett diese Rolle allerdings bequemer liegt, und an welcher, beim Lichte besehen, wenig oder nichts zu verderben ist. – Halévy's „Jüdin" steht unbestritten als absolutes Kunstproduct ungleich höher; das ist doch Musik; keine verbrauchten, abgedroschenen u. ausgeleierten Phrasen; kein knechtisches Nachbeten alltäglicher Formeln, sondern wirkliche, selbsterfundene, gedachte u. besonnen studirte Musik. Wohl kann man den Componisten nicht unbedingt freisprechen von dem Vorwurfe einer beinahe ängstlichen Sucht nach Originalität; wohl hat er seinem, meist vortrefflich gearbeiteten u. an glänzenden Instrumentaleffecten überreichen Orchester, so wie den Chören (in welchen z. B. die Soprane sogar das hohe C erklimmen müssen) bedeutende Schwierigkeiten zugemuthet; wohl vermisst man hier u. da den Goldfaden melodischer Klarheit, Vieles gestaltet sich beim ersten Anhören in unbestimmten, fremdartigen, fast rhapsodischen Umrissen, was erst bei näherer Bekanntschaft eingänglich wird u. allmählig sich ebnet; dem ungeachtet gebührt schon dem verdienstlichen Streben nach Besserem, nach dramatischer Wahrheit volle Anerkennung, und es unterliegt keinem Zweifel, dass uns seit Meyerbeer's „Robert le diable" nicht eine einzige so vielseitig interessante Partitur vom Rheine herüber zugekommen. Schade nur, dass das Buch, wenigstens in der uns vorgeführten Umwandlung, an ermüdenden Längen u. undeutlicher Motivirung laborirt; so wie sich übrigens ein deutsches, ästhetisch sittliches Publikum schwerlich jemals mit der empörend grässlichen Katastrophe versöhnen wird. Die Aufführung zeugte von Fleiss u. einem rühmlichen Eifer, das möglichst Vollkommene zu leisten. Die anstrengendsten Parte, jene des Juweliers Eleazar u. Sara, seiner vermeinten Tochter, waren in den Händen des Hrn. Breiting u. der Dem. Clara Heinefetter. Ersterer entwickelte eine fast zu grosse Summe von Kraftausdauer; besonders in der Fluch-Scene, wo sein grimmiger, lange unterdrückter Christenhass in verzehrenden Flammen losbricht; dagegen sind jene Momente, in welchen er seiner Gemeinde mit patriarchalischer Würde die von dem Tonsetzer wahrhaft charakteristisch aufgefassten Segensgebete vorspricht, höchst auszeichnenswerth. Die arme, schuldlos verkannte u. von ihrem Geliebten hintergegangene Sara fand in der Dem. Heinefetter eine würdige Repräsentantin; ihr Spiel u. Gesang stand im harmonischen Einklang; nur that auch sie des Guten zuweilen gar zu viel, obwohl in der gestellten Aufgabe mitunter schon Manches, gleichsam als Zwangsmittel, bedingt erscheint. Den Tempelcomthur, Gilbert de St. Mars, gab Hr. Staudigel muster- u. meisterhaft; sein herrliches, in allen Regionen wohltönendes Organ, sein ausdrucksvoller, mit den wirksamsten Schattirungen geschmückter Vortrag, die allerdeutlichste Pronuntiation, jene ebenmässige Leichtigkeit, womit er sich von den tiefen Corden in den Bereich des sonorsten Baritons emporschwingt, endlich die feste, unerschütterliche, glockenreine Intonation sichern ihm jederzeit den gelungensten Erfolg; zumal da er bei jeder neuen Darstellung an Sicherheit der Charakterzeichnung gewinnt, und auch auf Körperhaltung, Mienenspiel, so wie auf den rhetorischen Theil der Rollen die lobenswertheste Sorgfalt verwendet. – Hr. Binder hatte die undankbare Liebhaberpartie, hier ein Graf Arnauld, auszuführen; einige leidenschaftliche Exclamationen berührten nahe die Grenzlinien der Parodie, und über die Verbannung dieser fatalen Personage war Niemand ungehalten. Seine Verlobte, Isabelle, des Statthalters Nichte, gehört zu den Glanzpartien unserer beliebten Löwe; tiefes Gefühl und Empfindung spricht ihr inniger Gesang, und sie besitzt die Macht, Herzen zu rühren. – Der Beifall, welchen diese Oper erhielt, war keineswegs tumultuarisch; indessen wuchs bei jeder Wiederholung der Antheil, was immerhin für ein erfreuliches Prognostikon gelten kann.

5. Februar 1836: *Sylphide* (Philipp Taglioni/Mimi Dupuy)
und *Saisonabschluß*[128]

Im Ballete kam die durch Dem. Taglioni berüchtigte Sylphide in die Scene, deren Darstellerin hier Dem. Mimi Dupuy war, welche bei ihrem jüngsten Kunstausfluge nach Paris daselbst Alles in Augenschein genommen hatte u. nunmehr sich selbst dem Arrangement unterzog. Den hochgespannten Erwartungen wurde nicht vollständig entsprochen; Einzelnes gefiel allerdings, das Ganze weniger. Die von Schmitzhoffer dazu gesetzte

---
[128] *Allgemeine musikalische Zeitung*, 15. 6. 1836, Sp. 398.

Musik ist unbedeutend u. erhebt sich selten über die Mittelmässigkeit. […] Vor dem gänzlichen Thorschlusse wurden noch sämmtliche Opern u. Ballete als letzte Vorstellungen angekündigt. Da gab es Benefizen ohne Ende, wovon jedoch die Mehrzahl der Namensträger vielleicht nur unbedeutende Vortheile gehabt haben dürfte, da es sich doch hauptsächlich blos darum handelte, ein feines Sümmchen Abonnement-Suspendu-Abende herauszubringen. […]

Am Ostermontage beginnt die neue Impresa der Pächter Balochino u. Merelli.[129] […]

---

[129] Die Eröffnungsvorstellung der Pächter Carlo Balochino und Bartolomeo Merelli fand am 4. April 1836 statt. Auf dem Programm stand Rossinis *Mosè* (die französische Fassung in italienischer Sprache). Eugenia Tadolini sang die Anaide. Vgl. Michael Jahn, *Die Wiener Hofoper von 1836 bis 1848. Die Ära Balochino/Merelli.* (Veröffentlichungen des rism-österreich B/1). Wien 2004.

Fanny Elßler als Fenella in *Die Stumme von Portici* von Auber
Sammlung Gerhard Magenheim

Franz Siebert, Sebastian Josef Binder und Franz Hauser
in *Wilhelm Tell* von Rossini
Sammlung Gerhard Magenheim

Die Herren Walther, Gottdank, Binder, Cramolini und Hauser sowie die Damen Ernst und Fischer-Achten (v. l. n. r.) in *Fra Diavolo* von Auber
Sammlung Gerhard Magenheim

Franz Wild als Zampa in *Zampa, oder: Die Marmorbraut* von Hérold
Sammlung Gerhard Magenheim

Zampa, oder: Die Marmorbraut von Hérold, Schlußszene
Sammlung Gerhard Magenheim

Der Schwur, oder: Die Falschmünzer von Auber, 3. Akt, 6. Szene
Sammlung Gerhard Magenheim

Ludwig Cramolini als Tebaldo in *Die Montecchi und Capuleti*
sowie als Arthur in *Die Unbekannte* von Bellini
Sammlung Gerhard Magenheim

Marianne Katharina Ernst als Alice in *Robert, der Teufel* von Meyerbeer
Sammlung Gerhard Magenheim

STATISTIKEN

Die täglichen Besetzungen des Kärnthnerthortheaters im Zeitraum von 12. November 1810 bis 31. März 1836 wurden den Theaterzetteln entnommen. Hierbei handelt es sich um reine Ankündigungszettel. Daher mußte der Bestand des Österreichischen Theatermuseums (Signaturen 773.042-D.Th. von 1810 bis 1821 bzw. 882.371-D.Th. von 1822 bis 1836) als Grundlage dienen. Diese Reihe enthält nämlich (wenn auch nicht vollständig) die Abänderungszettel, die als wichtige Korrektur der Ankündigungszettel dienen, sowie die Theaterzettel der Sommermonate Juli und August und die meisten Ankündigungen der Sonderveranstaltungen (Konzerte etc.). Ergänzungen konnten aus dem Bestand der Musiksammlung der Österreichischen Nationalbibliothek sowie aus den Theaterkritiken entnommen werden.

Die Statistik gliedert sich in folgende Abschnitte: A) Musikdramatische Werke, B) Tanzdramatische Werke, C) Aufführungen der k. k. Hof-Schauspieler, D) Aufführungen der Schauspielergesellschaft des k. k. priv. Theaters in der Josephstadt, unter der Direktion des Carl Friedrich Hensler, E) Aufführungen der französischen Vaudeville-Gesellschaft, F) Aufführungen des Hrn. Alexandre, G) Konzertveranstaltungen, H) Sonstige Veranstaltungen. Bei eigenen Veranstaltungen der Hofoper werden die kompletten Besetzungen angegeben, ausgenommen sind nur die beinahe täglich wechselnden kurzen Einlagen (*Pas de deux* etc.) in Balletten, deren Aufzählung den Rahmen der Publikation sprengen würde. Bei den Darbietungen der französischen Vaudeville-Gesellschaft werden die Besetzungen insofern berücksichtigt, soweit es sich um Aufführungen von komischen Opern in französischer Sprache handelt.

Die Statistiken bieten:
1) Titel des Werkes (bei Opern in Klammer der Originaltitel, sofern dieser nicht wörtlich in das Deutsche übersetzt wurde)
2) Werkgattung, Librettist, Übersetzer, Komponist, Choreograph
3) Datum der ersten Aufführung (falls diese in den bearbeiteten Zeitraum fällt)
4) Ausstatter
5) Daten von Neuinszenierungen oder Neueinstudierungen mit allfälligen Änderungen oder Einlagen
6) Daten aller Aufführungen
7) Besetzung

Soweit möglich, wurde die originale Orthographie beibehalten. Namen von Künstlern, die unter verschiedenen Bezeichnungen auftraten (meist Damen, die nach ihrer Verehelichung den Namen des Gatten annahmen), mußten der Lesbarkeit halber vereinheitlicht werden (z. B. Bondra d. Ä. wird zu Treml), im Register wird darauf hingewiesen. Eigenheiten der Orthographie wurden beibehalten, Ausnahmen bilden Künstlernamen, deren abweichende Schreibweise in die Musikgeschichte Eingang fand (so wird etwa der Baß Joseph Staudigl im bearbeiteten Zeitraum immer „Staudigel" geschrieben, die allgemein gültige Orthographie wurde jedoch übernommen). Auf eine Zuordnung nicht eindeutig identifizierbarer Künstler wurde verzichtet (z. B. Demmer oder Hölzel).

Nicht in allen Fällen konnte die komplette Besetzung angegeben werden. Insbesondere bei einaktigen Singspielen wurde oftmals nur der Titel des Werkes auf dem Theaterzettel angeführt, nicht jedoch die Besetzung, ähnlich verhält es sich bei Divertissements. Auch bei größeren Werken fehlen an manchen Tagen einzelne Rollen (etwa in Rossinis *Tancredi*), in einigen Aufführungen wurden gewisse Partien gestrichen. In Mozarts *Zauberflöte* etwa wurde die Rolle der Papagena (Ein altes Weib) an manchen Tagen nicht angeführt, in dem Ballett *Nina, oder: Wahnsinn aus Liebe* z. B. am 16. Jänner 1823 nur die Besetzung der Titelrolle angegeben; in vielen Balletten wurden Partien nach der Premiere entfernt oder hinzugefügt. Die Bezeichnung mancher Rollen ändert sich im Laufe der Aufführungsserien (z. B. in Mozarts *Entführung aus dem Serails* die Sprachrolle des Schiffers bzw. Klaas). Diese Änderungen werden in runder Klammer angeführt. Die Aufführungen einzelner Akte sind durch lateinische Ziffern in Klammer neben dem jeweiligen Werk gekennzeichnet, jene von Szenen in arabischen Ziffern.

Werke, die in verschiedenen Bearbeitungen aufgeführt wurden, werden unter mehreren laufenden Nummern angeführt (z. B. die Oper *Ferdinand Cortez* von Spontini oder das Ballett *Lise und Colin, oder: Das übelgehüthete Mädchen*).

Aufführungen des Ensembles der Hofoper, die im Burgtheater stattfanden, werden durch „BT" gekennzeichnet, jene der französischen Vaudeville-Gesellschaft im Kleinen Redoutensaal durch „KR".

Jahreszahlen sind durch Fettdruck hervorgehoben, Monate durch römische, Tage durch arabische Ziffern.

Alle nicht den Theaterzetteln entnommenen Angaben sind in [eckige] Klammer gesetzt.

A. MUSIKDRAMATISCHE WERKE

A.1. Abufar, ossia: La famiglia araba
Melodramma in due Atti. Musica del Sign. Maestro Carafa.
Zum ersten Mahl: **1823** VI 28.
Die neuen Decorationen sind von den Herren Janitsch und Gail, k. k. Hoftheatermahlern.
Das Costume ist neu nach der Angabe des Herrn Costume- und Decorations-Director Philipp von Stubenrauch.

1823 VI 28, VII 2, 5, 12, VIII 18.

Abufar	Lablache
Faran	David
Odeide	Unger
Salema	Fodor-Mainvielle
Farasmino	Donzelli

A.2. Achille
Dramma Eroico in due Atti. La Musica é del Signor Ferdinando Paer.
Die neuen Dekorationen sind von Herrn Melchior, k. k. Hoftheatermahler, und den Herren Gail und Sacchetti.
[Neu in Scene gesetzt:] **1811** III 9.

1811 III 9, 13, 18, 22.

Achille	Brizzi
Agamennone	Vogl
Briseide	Campi
Briseo	Verri
Patroclo	Radicchi
Ippodamia	Auenheim
Il gran Sacerdote	F. Saal

A.3. Acht Monathe in zwey Stunden, oder: Die Macht der kindlichen Liebe
Romantische Oper in drey Abtheilungen, nach dem Italienischen, von Ott. Musik von Donizetti.
Zum ersten Mahle: **1832** VIII 3.
1832 VIII 3, 5, 7, 9, 12, 15, 18, 24, 30, IX 13, 20.

Peter, Czár von Rußland	Binder
Der Groß-Marschall	Oberhoffer
Graf Gorsky	Bußmayer
Feodore	Schodel
Elisabeth	Löwe
Marie	Bondra
Michele	E. Weiß
Ivan	Staudigl
Altaban	Seipelt
Orzack	Just

A.4. Adelina
Farsa sentimentale in un'Atto. Musica del Signor Generali.
Zum ersten Mahl: **1816** XI 26.
1817 II 13: Mit Abänderungen.
Zum ersten Mahle: **1824** VIII 18.

1816 XI 26, **1817** II 13, III 4, 26, **1824** VIII 18, 19.

Varner	Graziani (**1816** XI 26–**1817** III 26), Bassi (**1824** VIII 18, 19)
Adelina	Valsovani-Spada (**1816** XI 26–**1817** III 26), Dardanelli (**1824** VIII 18, 19)
Carlotta	A. Rossi (**1816** XI 26–**1817** III 26), Unger (**1824** VIII 18, 19)
Erneville	Isotta (**1816** XI 26), De Vecchi (**1817** II 13–III 26), Rubini (**1824** VIII 18, 19)
Simone	Spada (**1816** XI 26–**1817** III 26), Botticelli (**1824** VIII 18, 19)
Firmino	Giovanola (**1816** XI 26–**1817** III 26), Preisinger (**1824** VIII 18, 19)

A.5. Adlers Horst, Des
Romantisch-komische Oper in drey Acten, von Carl v. Holtey.
Musik von Herrn Kapellmeister Franz Gläser.
Zum ersten Mahle: **1833** VI 14.
1833 VI 14, 15, 16, 30.

Richard	A. Fischer (**1833** VI 14–16), Staudigl (**1833** VI 30)
Vater Renner	Forti
Veronika	Bondra
Anton	Schäffer
Marie	M. Henkel
Rosa	Löwe
Cassian	Cramolini
Lazarus	Just

A.6. Agnes Sorel
Eine Oper in drey Aufzügen.
Nach dem Französischen von Sonnleithner.
Die Musik ist von Herrn Gyrowetz, Kapellmeister der k. k. Hoftheater.

1810 XI 17, XII 5, 27, **1811** I 6, 30, III 4, V 20, VI 3, 6, 22, VII 5, 16, 26, IX 22, XI 25, XII 27, **1813** V 25, VI 7, 12, IX 26, XI 16, **1814** I 5, 31, III 12, IV 23, V 1, 15, 30, **1815** III 27, IV 17, VI 3, 18, IX 3, 28, X 6, 22, 29, 31, XI 18, 25, XII 9, **1816** II 24, III 9, 14, 27, V 23, VI 29, IX 19, X 8, 17, XI 16.

Karl der Siebente	Ehlers (**1810** XI 17–**1811** VII 5, IX 22, **1813** IX 26–**1814** V 30), G. Weixelbaum (**1811** VI 16, 26), Mohrhardt (**1811** XI 25, XII 27, **1813** V 25, VI 7, 12), Wild (**1815** III 27, VI 3–IX 3), Rosenfeld (**1815** IV 17, IX 28–**1816** XI 16)
Graf von Dünois	Vogl
Sire de la Meignelais	Weinmüller
Agnes Sorel	A. Laucher (**1810** XI 17–**1814** V 30, **1815** IX 28–**1816** XI 16), Seidler-Wranitzky (**1815** III 27–IX 3)
Bertha	Mlle. Demmer (**1810** XI 17–**1811** I 6, V 20), H. Forti (**1811** I 30, III 4, VI 3–XII 27), Bondra (**1813** V 25–**1815** XII 9), Stummer (**1816** II 24–XI 16)
Ernst	Heym (**1810** XI 17, **1811** I 30, III 4), H. Forti (**1810** XII 5–**1811** I 6, V 20), C. Laucher (**1811** VI 3–XI 25), Bondra (**1811** XII 27), Moreau (**1813** V 25–**1815** III 27, VI 18), Hornick-Pistrich (**1815** IV 17, VI 3, IX 3–**1816** XI 16)
De la Raziniere	C. Demmer (**1810** XI 17–**1811** XII 27), Chr. Demmer (**1813** V 25–**1816** XI 16)
Ein Courier	Perschl
Ein Edelknecht	Kisling

A.7. Agnese
Dramma semiserio in due Atti. Musica del Maestro Paer.
Zum ersten Mahle: **1825** II 17.
1825 II 17: Zwischen dem ersten und zweiten Akt wird Herr Rubini die Ehre haben, die Arie aus der Zauberflöte „Oh! cara imagine" zu singen.

1825 II 17, 24, 26, III 13, **1827** IV 16, 18, 20, 27, V 12, VII 7, 11.

Agnese	Fodor-Mainvielle (**1825** II 17–III 13), Méric-Lalande (**1827** IV 16–VII 11)
Uberto	Lablache
Don Pasquale	Bassi (**1825** II 17–III 13), L. Pacini (**1827** IV 16–VII 11)
Don Girolamo	Botticelli (**1825** II 17–III 13), Radicchi (**1827** IV 16–VII 11)
Ernesto	Rubini (**1825** II 17–III 13), Monelli (**1827** IV 16–VII 11)
Carlotta	Bondra (**1825** II 17–III 13), F. Franchetti (**1827** IV 16–VII 11)
Vespina	Unger (**1825** II 17–III 13), Bondra (**1827** IV 16–VII 11)
Il Custode dei Pazzi	Weinkopf (**1825** II 17–III 13), Preisinger (**1827** IV 16–VII 11)

A.8. Ajo nell'imbarazzo, L'
Melodramma giocoso in due Atti. Musica del Maestro Donizetti.
Zum ersten Mahle: **1827** III 28.

1827 III 28, IV 2, 4, 7, 22, V 18, 20.

Il Marchese Don Giulio	Berettoni
Il Marchese Enrico	Monelli
Madama Gilda	Méric-Lalande
Gregorio Cordebono	Lablache
Il Marchese Pippetto	A. Müller
Leonarda	Bondra
Simone	Preisinger

A.9. Aladin, oder: Das Nothwendige
Ein Singspiel in einem Aufzuge, nach einem Märchen des Sarrazin von I. F. Castelli.
Die Musik ist von Herrn Gyrowetz, Kapellmeister der k. k. Hoftheater.
Zum ersten Mahl: **1819** II 7.
1819 II 17: Im Singspiele werden, nur für diesen Abend allein, folgende Tanzstücke ausgeführt: 1. Ein großes italienisches Pas de deux. 2. Variationen.
1819 V 5: Im Singspiele werden Dlle. Jul. Aumer und Hr. Rozier ein beliebtes Pas de deux tanzen, welches Hr. Mayseder mit der Violine begleiten wird.
1821 I 8: In das Singspiel sind folgende Tanzstücke für diesen Abend eingelegt worden: 1. Terzett, getanzt von Mad. Rozier, Dlle. Jul. Aumer und Hrn. Taglioni. 2. Pas de deux, getanzt von Dlle. Millière und Hrn. Rozier. Beyde Tanzstücke mit Musik vom Hrn. Grafen W. Robert von Gallenberg. 3. Großes Finale, ausgeführt von den ersten Tänzern und dem Balletcorps.
1823 IV 25: Während dem Singspiele werden an diesem Abend folgende Tanzstücke ausgeführt: Pas de deux: Les folies d'Espagne, componirt von Herrn Taglioni, Balletmeister des k. k. Hoftheaters nächst dem Kärnthnerthore, die Musik hiezu ist von Herrn Mayseder, welcher auch das Violinsolo ausführen wird; getanzt von Dlle. Taglioni und Herrn Samengo. Pas de deux, componirt von Herrn Taglioni; getanzt von Dlle. Torelli und Herrn Taglioni. Pas de deux, componirt von Herrn Rozier; getanzt von Dlle. Milliere und Herrn Rozier. Die Musik hierzu ist von Herrn Leidesdorf.

1819 II 7, 8, 17, V 5, VI 30, **1821** I 8, **1823** IV 25, V 2, 6, VI 20, VII 22.

Der Kaliph	Siebert (**1819** II 7–**1821** I 8), Schütz (**1823** IV 25–VII 22)
Giaffar	Meier (**1819** II 7–**1821** I 8), J. Röckel (**1823** IV 25–VII 22)
Aladin	Forti
Azelie	Kraus-Wranitzky (**1819** II 7–VI 30), Vio (**1821** I 8–**1823** VII 22)

A.10. Alamon, Fürst von Catanea
Eine heroische Oper in drey Aufzügen, mit Ballet. Frey nach dem Französischen des Castel, von J. R. v. Seyfried. Die Musik ist von Herrn Nicolo Isouard.
Die Ballets sind von Hrn. Aumer, Balletmeister der k. k. Hoftheater.
Zum ersten Mahl: **1815** IV 11.

1815 IV 11, 16.

Füst Alamon	Wild
Amide	Buchwieser
Emon	Meier
Siffredi	Gottdank
Gennaro	Caché
Abdallah	Forti
Hussem	Weinkopf (**1815** IV 11), Gned (**1815** IV 16)
Ein Stallmeister	Segatta
Ein Türke	Handl

A.11. Alexis
Ein Singspiel in einem Aufzuge, nach dem Französischen. Die Musik ist von Dalayrac.
[Neu in die Scene gesetzt:] **1819** I 20.

1819 I 20, 22, II 1, 3, 13, III 1, 10, IV 12, 26, VI 2, VII 2, 9, IX 10, 22, X 11, 20, XI 5, 19, **1820** I 12, II 4, III 24, IV 3, 21, VI 7, VII 3, 17, 24, IX 4, XII 8, **1821** I 9, III 5, 29, IV 6, 25, VI 18, IX 14, 28, X 16, XI 2, **1822** III 19, 20, VIII 8, 25, **1823** I 7, 31, III 4, VI 6.

Von Nelcour	Meier (**1819** I 20–**1822** VIII 25), Schütz (**1823** I 7–VI 6)
Karoline	Bondra
Ambros	Weinmüller
Alexis	A. Laucher (**1819** I 20–**1821** XI 2), Demmer-Kneisel (**1822** III 19–VIII 25, **1823** III 4, VI 6), Kupfer (**1823** I 7, 31)

A.12. Alle fürchten sich [Le rendezvous bourgeois]
Komisches Singspiel in einem Aufzuge, nach dem Französischen. Die Musik ist von Nicolo Isouard.
[Zum ersten Mahle:] **1822** IV 17.
1826 XII 9: Komisches Singspiel in einem Acte, nach dem Französischen, von I. F. Castelli.
1835 II 21: Komische Oper in einem Acte. Musik von Isouard.
Vgl. E.62.

1822 IV 17, 19, 21, V 4, 8, 16, 19, 27, VI 16, 25, VII 17, 25, VIII 13, 18, IX 26, X 31, XI 27, **1823** IV 21, 30, V 10, VII 6, 13, X 23, 26, XI 26, **1824** I 5, 7, 12, 16, 18, 21, 25, II 8, 22, 29, III 7, 14, 28, VI 13, VII 4, 14, VIII 1, 17, IX 12, X 11, 27, 31, XI 17, 21, XII 5, 20, **1825** I 26, **1826** XII 9, 11, 12, 17, 20, 27, **1827** I 9, 17, 23, 27, II 5, 15, 18, III 2, **1830** IX 28, X 6, 9, 27, XI 21, **1831** I 7, V 20, 24, VI 5, 7, 15, VII 3, VIII 9, 23, IX 23, X 17, XI 5, **1832** II 26, III 1, 11, 19, 27, IV 7, V 13, X 12, XI 13, 23, 30, XII 20, **1833** II 1, IV 24, V 15, 28, VI 8, **1835** II 21, IV 2, VII 24, XI 19, 30, **1836** I 28, II 5.

Breitenbach	Meier (**1822** IV 17–XI 27, **1823** XI 26, **1824** II 22), Zeltner (**1823** IV 21–X 26, **1826** XII 9–**1827** I 17), Gottdank (**1830** IX 28–**1831** XI 5, **1835** II 21–**1836** II 5)
Regine	Bondra (**1822** IV 17–**1823** XI 26, **1824** II 22, **1826** XII 9–**1827** I 17), A. Muzzarelli (**1830** IX 28–**1831** II 7), Rosenberg (**1831** V 20–XI 5, **1835** II 21), Grausgruber (**1835** IV 2, VII 24), Spies (**1835** XI 19–**1836** II 5)
Louise	B. Teimer (**1822** IV 17–**1823** XI 26, **1824** II 22), C. Dirzka (**1826** XII 9–**1827** I 17), Pfeiffer (**1830** IX 28–**1831** XI 5, **1835** VII 24–**1836** II 5), Gentiluomo (**1835** II 21, IV 2)

Cäsar	Mehlig (**1822** IV 17–**1823** XI 26), Rauscher (**1824** II 22), E. Weiß (**1826** XII 9–**1827** I 17), Fr. Demmer (**1830** IX 28–**1831** I 7), Hölzel (**1831** V 20–XI 5, **1835** II 21–**1836** II 5)
Carl	Elzner (**1822** IV 17–VI 25, **1823** XI 26, **1824** II 22), Fr. Demmer (**1822** VII 17–**1823** X 26), Padewieth (**1826** XII 9–**1827** I 17), Köhler (**1830** IX 28–XI 21), Hanotscheck (**1831** I 7), Emminger (**1831** V 20–XI 5), Bergmann (**1835** II 21–**1836** II 5)
Klärchen (Clärchen)	Demmer-Kneisel (**1822** IV 17–**1823** XI 26, **1824** II 22), Leißring (**1826** XII 9–**1827** I 17), Diemar (**1830** IX 28–**1831** I 7), Bruckner (**1831** V 20–XI 5, **1835** II 21–**1836** II 5)
Jobst	Hasenhut
Ludwig	Gottdank (**1822** IV 17–**1823** XI 26, **1824** II 22), A. Müller (**1826** XII 9–**1827** I 17), Adolf (**1830** IX 28–**1831** XI 5), Discant (**1835** II 21–**1836** II 5)

A.13. Aloisia

Große romantische Oper in zwey Aufzügen, gedichtet von Franz v. Holbein, nach einer Erzählung gleiches Namens, und in Musik gesetzt von Louis Maurer.
Zum ersten Mahle: **1829** VII 9.
Die neue Decoration ist nach einer Naturaufnahme des Herrn. D. Quaglio, k. bayrischen Hofmahler, ausgeführt von Herrn Militz, Mahler am k. k. Hoftheater nächst dem Kärnthnerthore.

1829 VII 9.

Domenico Romano	Hauser
Aloisia	Fischer-Achten
Matteo	Hölzel
Cäsar Toraldini	Siebert
Angelika	Kunert
Fernando	Wild
Antonio	A. Fischer
Francesco	Stotz
Marco	Fr. Fischer
Corrado	Bartolemi

A.14. Alpenhütte, Die

Oper in einem Acte. Musik von Hrn. Kapellmeister Conradin Kreutzer.
Zum ersten Mahle: **1822** VII 27.
Die Decorationen sind neu von den Herren Janitz und Gail, k. k. Hoftheatermahlern.
Hr. Kapellmeister Kreutzer wird in dieser Oper das Orchester persönlich leiten.

1822 VII 27, 29, VIII 2.

Altieri	Zeltner
Camilla	Th. Grünbaum
Clara	Vio
Federico	Rosner
Marchese Villanova	Weinmüller
Lenardo	Fr. Demmer

A.15. Alte Schloß, Das

Singspiel in einem Aufzuge, aus dem Französischen des Duval. Musik von Domenico della Maria.
Zum ersten Mahle: **1822** XI 21.

1822 XI 21, 23, 25, XII 1, 30, **1823** II 5, IV 2, 23, VII 15.

Burbando	J. Röckel
Leonisa	Dermer (**1822** XI 21–**1823** II 5), C. Dirzka (**1822** IV 2–VII 15)
Zerbina	Bondra
Salpetro	Hasenhut
Mindal	Rauscher
Guillaume	Fr. Demmer

A.16. Amazilia
Melodramma in due Atti, del Sigr. Schmidt. Musica del Maestro Paccini.
Zum ersten Mahle: **1827** II 20.
Le Scene sono nuove d'invenzione del Sigr. De Stubenrauch, Direttore delle Decorazioni e de' Costumi, e dipinte dal Sigr. Institoris.
1827 VI 29: Opera grande in due Atti. La Musica è del Maestro Pacini.
Der zweyte Act dieser Oper wurde mit einer neuen großen Scene für Herrn David, dann einem neuen großen Duett für Madame Lalande und Herrn Lablache, und andern Zusätzen von demselben Meister vermehrt.

1827 II 20, 24, 26, VI 29, VII 5, 9, 13.

Amazilia	Méric-Lalande
Zadir	Monelli (**1827** II 20–26), David (**1827** VI 29–VII 13)
Cabana	Lablache
Mila	F. Franchetti (**1827** II 20–26), Töpfermann (**1827** VI 29–VII 13)
Alvaro	Radicchi
Orozimbo	Preisinger

A.17. Amtmann in der Klemme, Der, oder: Die beyden Peter
Komische Operette in einem Acte, aus dem Französischen.
Musik von Reuling, Kapellmeister an diesem k. k. Hoftheater.
Zum ersten Mahle: **1833** II 5.

1833 II 5, 7.

Peter I., Czar von Rußland	Cramolini
Peter Flimann	Oberhoffer
Peter van Bett	Börner
Lefort	Schäffer
Marquis Chateauneuf	Bußmayer
Lord Belsham	Just
Marie	Burghard
Brown	Walther
Ein holländischer Offizier	

A.18. Anatolie [Léocadie]
Lyrisches Drama in drey Acten, nach dem Französischen des Herrn Scribe. Musik von D. F. E. Auber.
Zum ersten Mahle: **1827** X 20.

1827 X 20, XII 13.

Don Carlos	Cramolini
Don Fernando	Beer
Philippo de Leeras	Forti
Crespo	Preisinger
Anatolie	Roser
Sanchette	Leißring

A.19. Angriffs-Plan, Der
Operette in einem Aufzuge, aus dem Französischen. Musik von Herrn Engelbert Aigner.
Zum ersten Mahle: **1829** VI 28.

1829 VI 28, 30, VII 2, 8, 28, 30, VIII 13, 23, 27, 31, IX 7, 22, X 2, 23, XI 5, XII 5, **1830** I 3, 27, III 14, VII 4, 9, XI 12, 24, **1831** IV 26, V 7.

Elle	Gottdank
Babette	Halfinger (**1829** VI 28–**1830** VII 9), M. Henkel (**1830** XI 12, 24)
Carl	Wanderer (**1829** VI 28–**1830** III 14), Hanotscheck (**1830** VII 4–XI 24)
Busch	Fr. Fischer
Straube	Holzmiller (**1829** VI 28–**1830** III 14), Heurt (**1830** VII 4, 9), Fr. Henkel (**1830** XI 12, 24)
Ein Gerichtsdiener	Bartolemi (**1829** VI 28–**1830** VII 9), Staudigl (**1830** XI 12, 24)

A.20. Anna Bolena
Tragedia lirica in due Atti. Musica del Sigr. Maestro Gaetano Donizetti.
[Zum ersten Mahle in italienischer Sprache:] **1835** IV 4.
1835 IV 24: Sigr. Poggi wird zwischen dem ersten und zweyten Acte die große Scene und Arie: Tu vedrai la Sventurata, aus der Oper: Il pirata, von Bellini, mit dem Chore vortragen.
Vgl. A.21.

1835 IV 4, 5, 8, 20, 24, 26, V 5, 10, 23, 29, 31 (I).

Enrico VIII.	Cartagenova
Anna Bolena	Schütz-Oldosi
Giovanna Seymour	Strepponi
Lord Rochefort	Catalano
Lord Riccardo Percy	Poggi
Smeton	Franchini
Sir Hervey	Rigola

A.21. Anna Boleyn
Historisch-tragische Oper in zwey Acten.
Aus dem Italienischen ins Deutsche übertragen von Freyherrn v. Braun. Musik von Cajet. Donizetti.
Zum ersten Mahle: **1833** II 26.
Vgl. A.20.

1833 II 26, III 1, 2, 8 (I), 17 (I), 20 (I), **1835** X 11.

Heinrich der VIII.	Staudigl (**1833** II 26–III 20), Just (**1835** X 11)
Anna Boleyn	Ernst (**1833** II 26–III 20), H. Carl (**1835** X 11)
Johanna Seymour	Schodel
Lord Rochefort	Oberhoffer
Lord Percy	Breiting (**1833** II 26–III 20), Binder (**1835** X 11)
Smeton	C. Heinefetter (**1833** II 26–III 20), Botgorscheck (**1835** X 11)
Sir Hervey	Hölzel

A.22. Arabi nelle Gallie, o sia Il trionfo della fede
Melodramma seria in due Atti. Musica del Sign. Cavaliere Giov. Pacini, Maestro di Cappella di S. A. R. l'infante di Spagna, Duca di Lucca, e Socio corrispondente dell'accademia di Scienze ed Arte di Napoli.
Per la prima volta: **1827** V 22.
Die sämmtlich neuen Dekorationen sind von den Herren Depian und Institoris, k. k. Hoftheatermahlern.

1827 V 22, 24, 26, 29, VI 18.

Ezilda	Méric-Lalande
Leodato	Dardanelli
Agobar	David
Gondaïr	Ambrogi
Zarele	F. Dotti
Aloar	Radicchi
Mohamud	Borschitzky

A.23. Arrighetto
Dramma per Musica in un'Atto. Poesia di Anelli. Musica di Coccia.
Zum ersten Mahl: **1817** I 1.

1817 I 1, II 8, 11, 13, III 5, 20.

Corrado	De Grecis
Despina	Valsovani-Spada
Donna Rosa	A. Rossi
Gualtieri	Tacchinardi
Arrighetto	Spada
Il Conte Lodovico	Grazioli
Pasquale	Giovanola

A.24. Aschenbrödel [La Cenerentola, ossia: La bontà in trionfo]
Oper in zwey Aufzügen, nach la Cenerentola übersetzt vom Freyherrn von Biedenfeld.
Musik ist von Hrn. Joachim Rossini.
Zum ersten Mahle: **1822** III 30.
Die neuen Decorationen sind von Herrn Janitz, k. k. Hoftheatermahler.
Herr Joachim Rossini hat die Gefälligkeit gehabt, bey den Proben die Anleitung zur Aufführung dieser Oper zu geben.
1829 VIII 1: Komische Oper in zwey Acten.
Vgl. A.59.

1822 III 30, IV 9, 11, **1829** VIII 1, 2, 4, IX 10, 28.

Prinz Ramiro	Jäger (**1822** III 30–IV 11), M. Schuster (**1829** VIII 1–IX 28)
Dandini	Forti (**1822** III 30–IV 11), Hauser (**1829** VIII 1–IX 28)
Don Magnifico	Seipelt (**1822** III 30–IV 11), Siebert (**1829** VIII 1–IX 28)
Clorinde	H. Spitzeder (**1822** III 30–IV 11), Bondra (**1829** VIII 1–IX 28)
Thisbe	Dermer (**1822** III 30–IV 11), Frontini (**1829** VIII 1–IX 28)
Aschenbrödel	Schütz-Oldosi (**1822** III 30–IV 11), Hähnel (**1829** VIII 1–IX 28)
Alidor	Weinkopf (**1822** III 30–IV 11), Fr. Fischer (**1829** VIII 1–IX 28)

A.25. Augenarzt, Der
Ein Singspiel in zwey Aufzügen. Nach dem Französischen frey bearbeitet.
Die Musik ist von Herrn Adalbert Gyrowetz, Kapellmeister der k. k. Hoftheater.
Zum ersten Mahl: **1811** X 1.

1811 X 1, 2, 4, 9, 13, 17, 25, 28, 31, XI 3, 7, 14, 21, 26, XII 2, 9, 12, 28, **1812** I 2, 6, 23, 27, II 2, 21, III 1, 14, IV 7, 29, V 4, 11, 21, 31, VI 10, 17, 23, VII 13, 22, IX 9, 25, 30, X 25, XII 1, 12, **1813** I 6, 18, 27, II 9, 16, III 17, IV 5, V 18, 27, VI 19, VII 5, 27, IX 15, X 3, 22, XI 9, 25, XII 12, **1814** I 18, III 2, 14, IV 1, 18, 27, V 28, VI 28, VII 5, VIII 25 (BT), IX 27, X 15, 27, XI 14, **1815** I 14, V 17, 21, VI 11, VII 6, IX 9, X 1, XII 3, 17, **1816** I 27, III 2, 12, V 12, VI 20, IX 7, 24, X 20, 29, XI 28, **1817** I 5.

Graf Steinau	Weinmüller
Herr Berg	Vogl (**1811** X 1–**1813** VII 27, XII 12–**1814** IV 27, **1815** V 17–**1816** I 27, III 12, V 12, IX 7–**1817** I 5), Dunst (**1813** IX 15–XI 25, **1814** V 28–**1815** I 14), Rosenfeld (**1816** III 2, VI 20)
Pastor Reinfeld	Saal
Leonore	Karl
Marie	A. Laucher (**1811** X 1–**1814** X 27, **1815** X 1, XII 17, **1816** I 27–V 12, IX 7–**1817** I 5), Sessi-Neumann (**1814** XI 14), Pfeiffer (**1815** I 14), Seidler-Wranitzky (**1815** V 17–IX 9), Stummer (**1815** XII 3, **1816** VI 20)
Philipp	E. Röckel (**1811** X 1–**1812** VII 22, XII 1–**1813** IV 5), Bondra (**1812** IX 25–X 25, **1813** V 18–**1817** I 5)
Wilhelmine	Treml (**1811** X 1–**1812** IX 30, XII 1–**1813** I 27, V 18–**1815** X 1), E. Röckel (**1812** X 25), Bondra (**1813** II 9–IV 5), Moreau (**1815** XII 3–**1817** I 5)
Igel	Chr. Demmer

A.26. Ausgeborgten Frauen, Die

Posse in einem Acte. [Musik von Berton].
Zum ersten Mahle: **1835** X 21.

1835 X 21, 24, 28, XI 3, 17, 26, XII 29, **1836** II 25, III 4.

Sturm	Gottdank
Fittig	Detroit
Madame Gerand	Schlager
Louise	Hochfelner
Reinwald	Hölzel
Frau Steinklee	Bondra

A.27. Avventura di Scaramuccia, Un'

Melodramma comico in due Atti. La Musica è del Sigr. Maestro Luigi Ricci.
Zum ersten Mahle: **1835** VI 10.

1835 VI 10, 11.

Scaramuccia	Valtelina
Lelio	Santi
Domenico	Catalano
Sandrina	Tadolini
Tomaso	Frezzolini
Il Conte di Pontigny	Franchini
Il Visconte di S. Vallier	Rigola
Elena	M. Fux
Uno Staffiere	Tomaselli

A.28. Baals Sturz

Große ernsthafte Oper in drey Aufzügen. Die Musik ist von Joseph Weigl.
Zum ersten Mahle: **1820** IV 13.
Die Decorationen sind neu von den Herren Janitz, de Pian und Gail, k. k. Hoftheatermahlern.
Das Costume ist nach der Angabe des Herrn von Stubenrauch.

1820 IV 13, 14, **1821** IV 5, 7, 26.

Darius	Forti
Daniel	Vogl
Medes	Siebert
Sinus	Rosenfeld
Dina	Th. Grünbaum
Rechab	Frühwald
Eine Israelitinn	Demmer-Kneisel
Der Oberpriester	Weinkopf

A.29. Bär und der Pascha, Der
Komische Oper in einem Acte, aus dem Französischen des Scribe und Xavier.
Zum ersten Mahle: **1833** IX 15.

1833 IX 15, 17, 23, 29, X 13, 27, XI 10, **1834** I 19, II 16, VI 22, **1836** I 4, II 16.

Scha-ha-bam	Gottdank
Maulschellino	Detroit
Roxelane	Burghard (**1833** IX 15–**1834** VI 22), F. Fux (**1836** I 4, II 16)
Zetulbe	Grausgruber (**1833** IX 15–X 13, XI 10–**1834** VI 22), Nevie (**1833** X 27), Spies (**1836** I 4, II 16)
Pfauenfeder	Discant
Schwalbe	E. Weiß (**1833** IX 15–**1834** VI 22), Hölzel (**1836** I 4, II 16)
Ali	Heim (**1833** IX 15–XI 10), Erl (**1834** I 19, II 16), Bergmann (**1834** VI 22–**1836** II 16)

A.30. Bajaderen, Die
Eine große heroische Oper in drey Aufzügen. Nach dem Französischen des Jouy von I. F. Castelli.
Die Musik ist von Herrn Catel, einem der Inspektoren des k. Conservatoriums in Paris.
Zum ersten Mahl: **1813** X 14.
Die Dekorationen sind sämmtlich neu, von den Herren Janitsch, Arrigoni, Pian und Scharrhan, k. k. Hoftheatermahlern gemahlt.
Das Costume ist nach der Angabe des Herrn von Stubenrauch, Costumdirector der k. k. Hoftheater verfertigt.

1813 X 14, 15, 17, 19, XI 4.

Demaly	Siboni
Olkar	Vogl
Rustan	Radicchi
Narsea	Saal
Rutrem	Frühwald
Phylam	Zeltner
Lamea	A. Laucher
Ixora	Treml
Divane	Bondra
Deveda	Moreau
Anführer der Indianer	Griebel
1. Anführer der Maratten	Groswald
2. Anführer der Maratten	Handl

A.31. Balduin
Oper von Herrn Kapellmeister Zingarelli
Mad. Marianna Sessi wird eine große Szene zu singen und zu spielen haben.

1811 XI 22, 23.

A.32. Ballnacht, Die [Gustave III ou Le bal masqué]
Große Oper in fünf Acten, nach dem Französischen des Scribe. Musik von Auber.
Zum ersten Mahle: **1835** IX 26.
Die Tänze sind von Hrn. Fr. Stöckl, nach der von ihm in Paris genommenen Ansicht, eingerichtet.
Die scenarische Ausstattung ist nach den Zeichnungen des Herrn Philipp v. Stubenrauch, k. k. Hoftheater-Decorations- und Costume-Directors, und die Ausführung der Decorationen von den k. k. Hoftheatermahlern Millitz, Scharhan und Schlögl.
1836 I 22: Dlle. Mimi Dupuy und Herr Stöckl werden die Ehre haben, einen ungarischen Tanz auszuführen.
1836 III 26: Mit Hinweglassung des dritten Actes, des eingelegten großen Divertissements wegen.

1835 IX 26, 28, 30, X 2, 5, 7, 9, 14, 17, 19, 22, 25, 27, XI 9, 12, 16, 20, 22, 25, 29, XII 2, 6, 11, 14, 18, 20, **1836** I 3, 6, 22, 26, 30, II 4, 29, III 23, 26.

Herzog Olaf	Breiting
Graf Reuterholm	Staudigl
Dehorn	Just (**1835** IX 26–**1836** II 4, III 23, 26), Bieling (**1836** II 29)
Warting	Schäffer
Ribbing	Seipelt
Stolpe	Tomaselli (**1835** IX 26–XII 11, 20–**1836** I 22, II 29–III 26), Hölzel (**1835** XII 14, 18, **1836** I 26–II 4)
Christian	Gottdank
Amalie	Löwe (**1835** IX 26–**1836** I 3, III 23, 26), C. Heinefetter (**1836** I 6–II 29)
Ardverson	Waldmüller (**1835** IX 26–X 14, 22–XI 25, XII 6–14, **1836** I 3, 22–II 4), Botgorscheck (**1835** X 17, 19, XI 29, XII 2, 20, **1836** I 6, II 29–III 20)
Gustav	M. Henkel

A.33. Barbier von Sevilla, Der
Komische Oper in zwey Aufzügen, nach dem Italienischen, von Kollmann.
Musik von Joachim Rossini.
Zum ersten Mahle: **1820** XII 16.
Die neue Decoration ist von den Herren Janitz und de Pian, k. k. Hoftheatermahlern.
1822 VIII 19: Im zweyten Acte: Variationen über ein beliebtes Thema von Caraffa.
1831 I 8, 10: Dlle. Heinefetter wird die Ehre haben, im zweyten Acte Variationen aus der Oper: La Donna del Lago (Tanti affetti in tal momento), dann mit Herrn Binder ein Duett von Blangini (per Valli), auszuführen. Herr Binder wird die Ehre haben, im ersten Acte die Romanze: Se il mio nome saper voi bramate, und im zweyten Acte die Arie: Al fianco al mio tesoro, vorzutragen.
1831 I 27–IV 16, V 21: Dlle. Heinefetter wird die Ehre haben, im zweyten Acte Variationen von Rhode, dann mit Herrn Binder ein Duett von Blangini vorzutragen. Herr Binder wird die Ehre haben, im ersten Acte die Romanze: Se il mio nome saper voi bramate, und im zweyten Acte die Arie: Al fianco al mio tesoro, vorzutragen.
1835 III 31: In einen Act zusammengezogen und mit dem Quintett endend.
Vgl. A.35.

1820 XII 16, 17, **1821** I 7, 11, 21, 25, II 22, III 1, 17, IV 1, 30, VI 25, 27, VII 14, 24, X 1, 3, 9, 30, XII 29, **1822** I 7, 17, II 26, VII 26, 30, VIII 12, 19, IX 5, 27, X 10, 17, 29, XI 30, **1823** I 10, II 1, 11, **1829** II 7, 8, 10, 13, 20, 26, III 7, 13, 27, IV 3, VI 12, VII 6, 7, 17, 27, VIII 19, X 30, **1830** I 4, 21, 26, VI 15, VII 17, VIII 6, X 2, XI 13, 16, 25, **1831** I 8, 10, 27, II 25, IV 16, V 5 (I), 21, 27, VI 30, VIII 5, XI 9, **1832** VII 3, X 6, 13, **1833** VII 9, VIII 17, 30, **1834** V 28, VII 4, 21, IX 6, X 4, XI 17, **1835** III 31.

Graf Almaviva	Rosner (**1820** XII 16–**1822** VIII 12, X 29–**1823** II 11), Jäger (**1822** VIII 19–X 17), Cramolini (**1829** II 7–IV 3, **1830** X 2–XI 25, **1831** V 27, VIII 5, **1833** VII 9, **1834** VII 4), M. Schuster (**1829** VI 12, VII 17–**1830** I 4), Wild (**1829** VII 6, 7), Binder (**1830** I 21–VIII 6, **1831** I 8–V 21, VI 30, XI 9, **1832** VII 3–X 13, **1833** VIII 17–**1834** V 28, VII 21–**1835** III 31)

Doctor Bartolo	Siebert (**1820** XII 16–**1821** IV 30, **1829** II 7–**1831** V 27), Götz (**1821** VI 25–X 30), Seipelt (**1821** XII 29–**1823** II 11, **1831** VI 30–**1835** III 31)
Rosine	Th. Grünbaum (**1820** XII 16–**1821** IV 30, VII 14, 24, X 30–**1822** I 17), Metzger-Vespermann (**1821** VI 25, 27), Krüger-Aschenbrenner (**1821** X 1–9), Schütz-Oldosi (**1822** II 26, IX 27–**1823** II 11), Sontag (**1822** VII 26–VIII 12), Seidler-Wranitzky (**1822** VIII 19, IX 5), Hähnel (**1829** II 7–VII 17, X 30–**1830** VIII 6), Kraus-Wranitzky (**1829** VII 27), Veltheim (**1829** VIII 19), Krainz-Hoffmann (**1830** X 2), S. Heinefetter (**1830** XI 13–**1831** V 27, **1832** X 6, 13), Frisch (**1831** VI 30), Beisteiner (**1831** VIII 5, **1832** VII 5), M. Henkel (**1831** XI 9), Ernst (**1833** VII 9), Ehnes (**1833** VIII 17, 30, **1834** VII 4–XI 17), Schneider (**1834** V 28), Pixis (**1835** III 31)
Figaro	Forti (**1820** XII 16–**1822** VIII 19, IX 27, XI 30, **1823** I 10, II 11, **1831** XI 9, **1832** VII 3–X 13), J. Röckel (**1822** IX 5, X 10–29, **1823** II 1), A. Fischer (**1829** II 7–26, III 13–**1830** VI 15), Hauser (**1829** III 7, **1830** VII 17–**1831** V 27, VIII 5), Frisch (**1831** VI 30), Pezold (**1833** VII 9), Oberhoffer (**1833** VIII 17, 30, **1834** VII 21–XI 17), Illner (**1834** V 28), Gey (**1834** VII 4), F. Weinkopf (**1835** III 31)
Basilio	Gottdank
Marcelline	K. Vogel (**1820** XII 16–**1823** II 11), Bondra (**1829** II 7–**1831** V 5, 27–**1834** XI 17), Berg (**1831** V 21)
Fiorillo	Frühwald (**1820** XII 16–**1821** X 30), Prinz (**1821** XII 29–**1822** VII 26, IX 27–**1823** II 11), Ruprecht (**1822** VII 30–IX 5, **1829** II 7–**1834** XI 17)
Anführer der Wachen (Ein Offizier)	I. Dirzka (**1820** XII 16–**1823** II 11), Weinkopf (**1832** X 6, 13), Heim (**1833** VII 9), Erl (**1834** V 28–XI 17)

A.34. Barbiere di Siviglia, Il
Opera comica in tre Atti. Musica del Signor Cav. Giovanni Paisiello.
1813 XI 12, XII 9: Bey der heutigen Vorstellung sind folgende Abänderungen getroffen worden: 1. Eine neue Ouverture von Pavesi. 2. Eine neue Arie im 2. Act von Kapellmeister Mayer, gesungen von Dlle. Sessi. 3. Ein neues Duett im 3. Act, von Kapellmeister Giordaniello, gesungen von Dlle. Sessi und Hrn. Siboni.

1813 X 29, XI 2, 12, XII 9, 17, **1814** I 8, III 18, IV 15.

Il Conte d'Almaviva	Siboni
Bartolo	Bassi
Rosina	M. T. Sessi
Figaro	Vogl
Basilio	Verri
L'Arcade	Frühwald
Notaro	Handl

A.35. Barbiere di Siviglia, Il
Opera buffa in due Atti. La musica è del Sign. Maestro G. Rossini.
Zum ersten Mahl [in italienischer Sprache:] **1823** IV 14.
1827 XII 26–**1828** II 19: Am Schlusse wird Herr Rubini die Ehre haben, die Arie zu singen: „Al fianco al mio tesoro".
Vgl. A.33.

1823 IV 14, 16, 22, 27, 29, V 1, 26, 31, VI 5, 11, 21, VII 7, 9, 19, VIII 4, 7, 11, 20, 25, 30, IX 13, 22, **1824** VI 24, 26, 28, VII 7, 13, 23, 29, VIII 12, IX 24, 29, X 19, 28, XI 3, 9, XII 6, 14, 17, 19, **1825** I 9, 23, II 7, III 8, **1827** VII 30, VIII 1, 6, 10, 13, 15, XII 26, 28, 30, **1828** I 1, 6, 8, 10, 17, 24, 29, II 3, 11, 15, 19, III 5, 8, 19, IV 21.

Il Conte Almaviva	Donzelli (**1823** IV 14–**1825** III 8), Monelli (**1827** VII 30–VIII 15), Rubini (**1827** XII 26–**1828** IV 21)
Bartolo	Ambrogi (**1823** IV 14–**1825** III 8), L. Pacini (**1827** VII 30–**1828** IV 21)

Rosina	Fodor-Mainvielle (**1823** IV 14–**1825** III 8), Cori-Paltoni (**1827** VII 30–VIII 15), Comelli-Rubini (**1827** XII 26–**1828** IV 21)
Basilio	Sieber (**1823** IV 14–IX 22), Difranco (**1824** VI 24–**1825** III 8), Berettoni (**1827** VII 30–**1828** I 8, 17–IV 21), Preisinger (**1828** I 10)
Elisa	Unger (**1823** IV 14–**1825** III 8), F. Franchetti (**1827** VII 30–**1828** I 24), L. Franchetti (**1828** I 29–IV 21)
Figaro	Lablache (**1823** IV 14–**1827** VIII 15, **1828** III 19, IV 21), Tamburini (**1827** XII 26–**1828** III 8)
Fiorello (Fiorillo)	Rauscher (**1823** IV 14–**1825** III 8), A. David (**1827** VII 30–**1828** IV 21)
Un Capitano	I. Dirzka (**1823** IV 14–**1825** III 8), Prinz (**1827** VII 30–**1828** IV 21)
Un Alquazil	Groswald (**1823** IV 14–22)

A.36. Baron Luft

Operette in einem Acte, aus dem Französischen, mit Musik von Herrn Kapellmeister Conradin Kreutzer.
Zum ersten Mahle: **1830** I 20.

1830 I 20, 22, 25, II 2, 8, 15, 18, III 17.

Herr von Langer	Gottdank (**1830** I 20–25, III 17), Stotz (**1830** II 2–18)
Ernestine	Fischer-Achten
Frau von Dallen	Bondra
Adolph	Holzmiller
Baron Luft	Fr. Demmer
Heinrich	Stotz (**1830** I 20–25), Hölzel (**1830** II 2–III 17)
Frau Bernard	Berg

A.37. Beiden Hofmeister, Die

Komische Oper in einem Acte, aus dem Französischen, von Louis Angely.
Zum ersten Mahle: **1833** VII 29.

1833 VII 29, 31, VIII 6, 10, 14, 29, IX 25, X 25, XI 16, 28, XII 31, **1834** I 28, II 15, III 15, IV 28, VI 20, VIII 20, X 18, 24, XII 4, **1835** I 9, III 24, VI 19, VIII 1.

Herr von Schwach	Gottdank
Carl	Discant
Elise	Burghard (**1833** VII 29–**1834** XII 4), Rosenberg (**1835** I 9), Au (**1835** III 24–VIII 1)
Zachäus Schlaglieb	Walther
Johann Quirl	E. Weiß
Hannchen	Löffler
Anton	Fischer (**1833** VII 29–VIII 29), Erl (**1833** IX 25–**1834** IV 28, X 18–**1835** I 9), Bergmann (**1834** VI 20, VIII 20, **1835** III 24–VIII 1)

A.38. Beiden Nächte, Die

Komische Oper in drey Acten.
Nach Bouilly und Scribe, und zur Musik des Boieldieu bearbeitet von I. F. Castelli.
Zum ersten Mahle: **1834** V 17.

1834 V 17, 19, 20.

Lord Fingar	Forti
Sir Eduard Acton	Binder
Dunkan	Hölzel
Mac-Dowel	Tichatscheck
Blakfort	Just
Falgar	Tomaselli
Duglas	Bognar

Walter	Erl
Malwina von Morven	Ernst
Struen	Walther
Betty	M. Henkel
Carill	Schäffer
Victor	Cramolini
Jakmann	E. Weiß
Jobson	Gottdank

A.39. Bergsturz, Der
Ein Singspiel in drey Aufzügen. Von J. A. Friedrich Reil.
Die Musik ist von Herrn Joseph Weigl, Operndirector und erstem Kapellmeister der k. k. Hoftheater.
Zum ersten Mahl: **1812** XII 19.
Das Costume ist nach den Zeichnungen des Herrn von Stubenrauch verfertigt.
Die neuen Decorationen sind von Herrn Janitsch, k. k. Hoftheatermahler gemahlt.
Neu in die Scene gesetzt: **1815** V 24.
Die Maschinerie des Bergsturzes ist von der Erfindung der Herrn Decorations-Director Treml.

1812 XII 19, 21, 26, 27, 30, **1813** I 3, 8, 13, 17, 26, II 14, 23, III 7, 12, 28, IV 28, V 16, 26, VI 9, 24, VII 20, IX 21, X 10, XI 1, 21, XII 20, **1814** III 6, IV 2, 21, **1815** V 24, VI 5, VII 2, **1816** III 16, 17, 24, V 26, VI 6, X 10.

Hatwyl	Weinmüller
Gertrud	Karl
Josephine	Treml (**1812** XII 19–**1813** I 26, II 23–**1815** VII 2), Bondra (**1813** II 14), Stummer (**1816** III 16–X 10)
Christine	Bondra (**1812** XII 19–**1813** I 26, II 23–**1814** IV 21), Kiker (**1813** II 14), Hornick-Pistrich (**1815** V 24–**1816** X 10)
Franz	J. Demmer (**1812** XII 19–**1814** IV 21), Winter (**1815** V 24–VII 2), Benda (**1816** III 16–X 10)
Grethe	Demmer-Kneisel
Willer	Mohrhardt (**1812** XII 19–**1813** VII 20), A. Neumann (**1813** IX 21–**1814** IV 21), Schelble (**1815** V 24–VII 2), Rosenfeld (**1816** III 16–X 10)
Wunibald	Vogl
Ein Reisender	Chr. Demmer
Der Einsiedler	Saal
Ein Taglöhner	Handl (**1812** XII 19–**1815** VII 2), Perschl (**1816** III 16–X 10)

A.40. Bestürmung von Corinth, Die
Große Oper in drey Aufzügen, aus dem Französischen des Soumet und Balocchi, mit Musik von Joachim Rossini.
Zum ersten Mahle: **1831** VII 4.
1833 X 11: Hr. Crombé und Dlle. Rabel werden die Ehre haben, im zweyten Acte ein Pas de deux auszuführen.

1831 VII 4, 6, 8, 10, 13, 23, VIII 2, 8, 20, IX 1, X 29, XI 4, **1832** III 8, 9, XI 3, 10, **1833** I 16, II 6, X 11.

Mahomet der Zweyte	Forti (**1831** VII 4–13, **1832** XI 3–**1833** II 6), Oberhoffer (**1831** VII 23–**1832** III 9, **1833** X 11)
Cleomenes	Wild
Pamira	S. Heinefetter (**1831** VII 4–23), Ernst (**1831** VIII 2–**1833** II 6), Lutzer (**1833** X 11)
Neokles	Binder
Omar	Donua (**1831** VII 4–**1832** III 9), Hölzel (**1832** XI 3, 10, **1833** II 6, X 11), Bußmayer (**1833** I 16)
Ismene	Frontini (**1831** VII 4–10), Berg (**1831** VII 13–**1833** X 11)
Hiero	Staudigl

A.41. Betrogene Betrüger, Der
Ein Singspiel in einem Aufzuge. Nach dem Französischen von Sonnleithner.
Die Musik ist von Herrn Gyrowetz, Kapellmeister der k. k. Hoftheater.
1810 X 18: Ein Singspiel in einem Aufzuge, nach dem Französischen des Bernard Valville.

1810 X 14, 18, 21, 29, **1811** I 12, II 4, 10, 16, 26, III 5, 8, IV 1, 5, 20; V 26, VI 29, VII 10, 25, IX 15, 19, 27, XII 5.

Jocard	I. Dirzka
Simonin	Saal
Beaupre	C. Demmer
Dueval	A. Neumann
Agathe	Heym (**1810** X 14–IV 20), Treml (**1811** V 26–XII 5)

A.42. Beyden Ehen, Die
Komisches Singspiel in einem Aufzuge, nach dem Französischen des Etienne, von I. F. Castelli.
Die Musik ist von Nicolo Isouard.
Zum ersten Mahle: **1819** VII 30.
1829 II 21: Komische Oper in einem Aufzuge.

1819 VII 30, IX 1, 6, 9, XI 9, 22, **1820** V 17, 26, **1821** XII 1, 3, 17, 28, **1822** I 10, 30, III 2, IV 12, V 25, **1829** II 21, III 5, 16, IV 11, V 10, 19, VI 4.

Herr von Drohm	Rosenfeld (**1819** VII 30–**1822** V 25), Wanderer (**1829** II 21–VI 4)
Sophie	Bondra
Von Meller	Babnigg (**1819** VII 30–**1820** V 26), Mehlig (**1821** XII 1–**1822** V 25), Hölzel (**1829** II 21–VI 4)
Marie	Vio (**1819** VII 30–**1822** V 25), Fischer-Achten (**1829** II 21–VI 4)
Ein Bedienter	Prinz (**1819** VII 30–**1822** V 25), A. Schuster (**1829** II 21–VI 4)

A.43. Beyden Füchse, Die [Une folie]
Eine komische Oper in zwey Aufzügen, nach *une Folie* des Bouilly. Die Musik ist von Hrn. Mehul.
1831 X 13: Neu in die Scene gesetzt. Komische Oper in zwey Aufzügen. Frey bearbeitet nach Une folie des Bouilly, von Joseph Ritter v. Seyfried. Musik von Mehul.
1831 X 16: Die beyden Füchse, oder: Die Vetter aus Schwaben.
1834 I 29: Die beiden Füchse, oder: Die Vetter aus Schwaben.

1814 VIII 8 (BT), 12 (BT), 31, IX 19, X 6, 8, XI 2, 18, 26, XII 15, **1815** I 18, **1817** VII 26, 27, 31, IX 27, XI 23, 29, **1818** I 1, 12, 19, II 3, 17, III 26, IV 30, V 31, VI 29, X 11, **1819** I 17, IV 14, **1831** X 13, 14, 16, 23, 24, 27, XI 14, 23, XII 5, **1832** I 20, **1834** I 29, II 2, 9, 18, **1835** II 24, **1836** III 13, 16, 24.

Herr Werner	Meier (**1814** VIII 8–**1819** IV 14), Walther (**1831** X 13–**1836** III 24)
Antonie	Hönig (**1814** VIII 8–IX 19, XI 18–**1815** I 18), Milder-Hauptmann (**1814** X 6–XI 2), Altenburger (**1817** VII 26–IX 27, **1818** IV 30–**1819** IV 14), H. Forti (**1817** XI 23–**1818** III 26), M. Henkel (**1831** X 13–**1832** I 20, **1836** III 13–24), Ehnes (**1834** I 29–**1835** II 24)
Kleefeld	Ehlers (**1814** VIII 8–31), Schmidtmann (**1814** IX 19–**1815** I 18), Töpfer (**1817** VII 26–**1819** IV 14), Wild (**1831** X 13–**1832** I 20), Schäffer (**1834** I 29–**1836** III 24)
Franz	Caché (**1814** VIII 8–**1819** IV 14), Cramolini (**1831** X 13–**1836** III 24)
Nikola	Scholz (**1814** VIII 8–**1815** I 18), Weinmüller (**1817** VII 26–**1819** IV 14), Gottdank (**1831** X 13–**1836** III 24)
Jakele (Jackele)	Hasenhut (**1814** VIII 8–**1815** I 18), Gottdank (**1817** VII 26–**1819** IV 14), J. Röckel (**1831** X 13–**1832** I 20), Discant (**1834** I 29–**1835** II 24), Bergmann (**1836** III 13–24)
Ein gemeiner Husar	Segatta (**1814** VIII 8–X 8), Handl (**1814** XI 2–**1815** I 18), Prinz (**1817** VII 26–**1819** IV 14), Hölzel (**1831** X 13–**1836** III 24)

A.44. Beyden Geitzigen, Die
Ein komisches Singspiel in zwey Aufzügen. Nach dem Französischen.
Die Musik ist nach Gretry, bearbeitet von Fischer.
[Zum ersten Mahl:] **1817** IX 20.

1817 IX 20, 21, 24, X 1, 5, XI 14, 24, XII 12, **1818** II 1, 25, III 3, IV 15, V 8, VI 30, VII 22, IX 23, X 7, XI 18, **1819** I 4, 22, II 15, X 13, 29, XII 15, **1820** III 5, V 22.

Gripon	C. Demmer
Martin	Meier
Jettchen	Bondra
Jeremis	Kastner
Madelon	Moreau
Ali	Chr. Demmer
Mustapha	Weinkopf

A.45. Beyden Kalifen, Die
Eine komische Oper in zwey Aufzügen, von Wohlbrück. Die Musik ist von Hrn. J. Meyerbeer. Die Chortänze sind von Erfindung des Hrn. Horschelt. Die neuen Decorationen sind von Hrn. Janitsch und de Pian k. k. Hoftheatermahlern.
Zum ersten Mahl: **1814** X 20.
Mad. Treitschke de Caro wird die Ehre haben, mit ihrer Schülerinn Dlle. Gritti, im zweyten Aufzuge der Oper, ein Pas de deux von ihrer Erfindung, Musik von Hrn. Kapellmeister von Seyfried, auszuführen.

1814 X 20.

Harun al Raschid	Weinmüller
Irene	Buchwieser
Giaffar	Schelble
Alimelek	Forti
Ibrahim	C. Demmer
Ein Vezir	Saal
Der Ober-Iman	Krüger
Misis	Moreau
Mutis	J. Demmer
Jussuf	Stegmayer
Kobad	Chr. Demmer
Ein Kerkermeister	Gottdank
Ein Diener Alimeleks	Bondra
Ein Kiaga	Leeb

A.46. Beyden Savojarden, Die
Ein Singspiel in einem Aufzuge, nach dem Französischen von Schmieder. Die Musik ist von Dalayrac.

1813 I 28, III 4, 13, 18, 23, IV 27, V 5, 13, 31, **1814** I 2, 10, 23, II 15, IV 12, V 14, 24.

Der Baron	Saal
Der Amtmann	Baumann
Pietro	Treml (**1813** I 28–III 18), E. Röckel (**1813** III 23, IV 27), Bondra (**1813** V 5–**1814** V 24)
Joseph	E. Röckel (**1813** I 28–III 18), Treml (**1813** III 23, IV 27), Moreau (**1813** V 5–**1814** V 24)
Clermont	A. Rösner (**1813** I 28–**1814** V 14), Chr. Demmer (**1814** V 24)
Friedel	Kisling
Ein Dorfkomödiant	Perschl (**1813** I 28–V 31), Handl (**1814** I 2–V 24)
Ein junges Mädchen	Kiker (**1813** I 28–**1814** IV 12), Kühnel (**1814** V 14, 24)

A.47. Beyden Troubadours, Die [Le prince troubadour]
Singspiel in einem Aufzuge, nach dem Französischen des Duval. Die Musik ist von Mehul.
Zum ersten Mahle: **1819** IX 24.

1819 IX 24.

Graf Wilhelm	Rosenfeld
Berengar	Babnigg
Freyherr de la Touraisse	Zeltner
Adelheid	K. Vogel
Lauretta	Vio
Der Seneschall	Meier

A.48. Bianca e Falliero
Melodramma in due Atti. Musica del Maestro Rossini.
Zum ersten Mahle: **1825** II 19.
Diese Oper, eigends von Rossini für das Theater alla Scala in Mayland componirt, wird eben so in diesem k. k. Hoftheater, mit Ausnahme der Arie von Bianca im zweyten Akte, welche von einem andern Meister, und aus der Oper la Donna del lago, in welche Rossini sie eingelegt hat, schon bekannt ist, gegeben werden.

1825 II 19, 21.

Priuli	A. Fischer
Falliero	G. Grisi
Bianca	Sontag
Costanza	K. Vogel
Contareno	Donzelli
Capellio	Ambrogi
Un Cancelliere	Rauscher

A.49. Blaue Barrett, Das
Komische Oper in einem Acte, aus dem Französischen.
Zum ersten Mahle: **1835** VIII 20.

1835 VIII 20, 22, IX 21, 23.

Der Herzog von Alagon	Just
Isabella	M. Henkel
Mercado	E. Weiß
Don Rodrigo	Swoboda
Ines	Ehnes
Laura	T. Hölzel

A.50. Blinde Harfner, Der
Operette in einem Aufzuge. Musik von A. Gyrowetz.
Zum ersten Mahle: **1827** XII 19.

1827 XII 19, 21, 27, 31, **1828** I 2, 14, 22, 30, **1831** V 14.

Gräfin Weltheim	Bondra
Adolph	Cramolini
Thomas	Meier (**1827** XII 19–**1828** I 30), Fischer (**1831** V 14)
Rosa	Fischer-Achten (**1827** XII 19–**1828** I 30), Au (**1831** V 14)
Schwebel	Preisinger (**1827** XII 19–**1828** I 30), Walther (**1831** V 14)
Frau Rund	Karl (**1827** XII 19–**1828** I 30), Berg (**1831** V 14)
Streicher	Gottdank

A.51. Brama und die Bayadere [Le dieu et la bayadère]
Oper mit Ballet und Pantomime, in zwey Aufzügen, nach dem Französischen des Scribe, von Freyherrn v. Lichtenstein. Mit Musik von D. F. E. Auber.
Zum ersten Mahle: **1832** II 3.
Sämmtliche neue Decorationen sind, nach der Angabe des Herrn Ph. v. Stubenrauch, k. k. Hoftheater-Decorations- und Costume-Directors, von den k. k. Hoftheatermahlern Millitz, Scharhan und Schlegel ausgeführt.

1832 II 3, 6, 8, 10, 14, V 8, VI 22.

Ein Unbekannter	Binder
Olifur	Forti
Ein Tschobadar	Donua
Ein Offizier	Hölzel
Ein Aufseher	Huß
Ninka	M. Henkel
Fatme	Schlanzofsky (**1832** II 3–14), Th. Elßler (**1832** V 8, VI 22)
Zoloe	Mees St. Romain (**1832** II 3–14), F. Elßler (**1832** V 8, VI 22)

A.52. Braut, Die
Oper in drey Acten, aus dem Französischen des Scribe, von F. A. Ritter. Musik von Auber.
Zum ersten Mahle: **1831** IV 21.
Dlle. Heinefetter wird die Ehre haben, am Schlusse der Oper eine Arie mit Chor, von Rossini, vorzutragen.

1831 IV 21, 23, 25, 27, 29, V 11, VI 18, 21, 27, VII 16, IX 28, 30, X 3, 8, 18, 26, XI 16, XII 12, **1832** I 13, II 1, 7, IV 24, V 23, VII 13, IX 7, X 5, 27, XI 14, **1833** III 18, IX 5, **1834** II 5, V 15, X 14, 22, XII 12, **1835** VI 24.

Von Saldorf	Forti
Von Löwenhaupt	Cramolini
Madame Charlotte	Bondra
Henriette	S. Heinefetter (**1831** IV 21–VII 16), M. Henkel (**1831** IX 28–**1832** I 13, IV 24, V 23, IX 7, X 27, **1833** III 18–**1834** X 14), Schodel (**1832** II 1, 7, VII 13, X 5, XI 14, **1834** X 22–**1835** VI 24)
Fritz	Wild (**1831** IV 21–29, VII 18–**1833** IX 5, **1834** X 14–**1835** VI 24), Binder (**1831** V 11, **1834** II 5, V 15)
Minna	Diemar (**1831** IV 21–27), Berg (**1831** IV 29–**1835** VI 24)
Ein Diener	Huß (**1831** IV 21–**1832** X 5), Fischer (**1832** X 27–**1833** IX 5), Erl (**1834** II 5–XII 12), Bergmann (**1835** VI 24)

A.53. Bräutigam aus Canada, Der [La cambiale di matrimonio]
Komische Oper in einem Acte, nach dem Italienischen. La cambiale di matrimonio, von Chr. Grünbaum. Musik von Rossini.
Zum ersten Mahle: **1834** X 2.

1834 X 2, 7.

Tobias Mill	Just
Fanny	Ehnes
Eduard Milfort	Tichatscheck
Samuel Slook	Oberhoffer
Morton	Tomaselli
Clarina	F. Fux

A.54. Cadet, Der
Komische Oper in einem Acte. Musik von W. Reuling, Kapellmeister an diesem k. k. Hoftheater.
Zum ersten Mahle: **1834** XI 11.

1834 XI 11.

Sturm	Just
Seeburg	Stolte
Winter	Hölzel
Hohenfeld	F. Heinefetter
Johann	Löffler
Kreuzhieb	Fr. Demmer
Erster Unteroffizier	Hoffmann
Zweiter Unteroffizier	Tomaselli
Marie	Au

A.55. Camilla, oder: Das geheime Gewölbe
Eine Oper in drey Aufzügen. Nach dem Italienischen des Carpani. Die Musik ist von F. Pär.
[Zum ersten Mahl in deutscher Sprache:] **1814** V 9.
Vgl. A.56.

1814 V 9, VII 9, 30, VIII 10 (BT), VIII 28, X 5, XI 16, 29, XII 20, 31, **1817** VII 24, 29, IX 23, X 12, 23, XI 13, **1818** II 21, 28, V 16, 29, IX 13, 22, X 2, 31, XII 10, **1819** I 25, II 10, III 26, IV 17, VI 9, 12, 22, **1820** X 28.

Camilla	Buchwieser (**1814** V 9, X 5), Hönig (**1814** VII 9–VIII 28, XI 16–**1817** VII 29), Lembert (**1817** IX 23–**1820** X 28)
Der Herzog	Forti (**1814** V 9–**1818** V 29, **1819** VI 12), Siebert (**1818** IX 13–**1819** VI 9, 22, **1820** X 28)
Adolph	Demmer-Kneisel
Graf Loredano	Schelble (**1814** V 9), Wild (**1814** VII 9), Radicchi (**1814** VII 30–**1819** IV 17), Nieser (**1819** VI 9–22), Löhle (**1820** X 28)
Cola	Gned (**1814** V 9–XII 31), I. Dirzka (**1817** VII 24, 29, X 12–**1820** X 28), Chr. Demmer (**1817** IX 23)
Ghitta	Hölzel-Umlauf (**1814** V 9–XII 31), Hornick-Pistrich (**1817** VII 24–XI 13), Müller-Wilhelm (**1818** II 21–V 29), Altenburger (**1818** IX 13–**1820** X 28)
Antonio	Weinkopf
Bernardo	Prinz
Ein Offizier	Hofmann (**1814** V 9–XII 31), Dobler (**1817** VII 24–**1818** V 29), Groswald (**1818** IX 13–**1820** X 28)

A.56. Camilla, ossia: Il sotteraneo
Eine Oper in drey Aufzügen. Die Musik ist von Herrn Kapellmeister F. Pär.
Vgl. A.55.

1814 II 9, 11.

Il Duca Uberto	Bassi
Camilla	M. T. Sessi
Adolfo	J. Demmer
Il Conte Loredano	Siboni
Colla	Verri
Gennaro	Saal
Ghitta	Kiker
Cienzo	Frühwald
Un Uffiziale	Handl

A.57. Cantatrici villane, Le
Opera buffa in due Atti. Musica del Sigr. Fioravanti.
Zum ersten Mahle [in italienischer Sprache]: **1824** XII 27.
Vgl. A.243.

1824 XII 27, 28, **1825** I 5, 10, II 13.

Rosa	Dardanelli
Agatta	Sontag
Gianina	Unger
Carlino	Rubini
Bucephalo	Lablache
Giansimone	Rauscher

A.58. Capricciosa pentita, La
Dramma Giocoso per Musica in due Atti. La Musica e del Sign. Maestro Valentino Fioravanti.
Mad. Ferlendis wird auf ihrer Durchreise die Ehre haben, einige Mahle aufzutreten. Herr Ferlendis wird die erste Arie seiner Frau mit der Hoboe, und die zweyte mit dem Englischen Horn begleiten.

1811 I 8, 18, 23, II 5.

Attori:
Lindora	Ferlendis
Baron Castagna	G. Campi
Giulia	Auenheim
Valerio	Radicchi
Simone	Verri
Bernardo	F. Saal
Giannina	Demmer minore

A.59. Cenerentola, La, ossia: La bontà in trionfo
Melodramma giocoso in due Atti. Musica del Sign. Maestro G. Rossini.
Zum ersten Mahl [in italienischer Sprache]: **1823** V 17.
Die neuen Decorationen sind von den Hrn. Janitz und Gail, k. k. Hoftheatermahlern.
Neu in die Scene gesetzt: **1824** XI 30.
1824 XI 30: La Cenerentola.
Neu in die Scene gesetzt: **1827** IX 15.
Vgl. A.24.

1823 V 17, 19, 22, 25, 30 (II), VI 7, 14, 18, 30, VII 3 (II), 8, 18, VIII 2, 26, IX 26, **1824** XI 30, XII 4, 16, **1825** II 1, III 5, **1827** IX 15, 17, 19, **1828** I 12, 13, 15, 27, 31, II 6, 8, 13, 18, 21, III 4, 15, IV 15, 16, 26 (II), 27 (I).

Don Ramiro	David (**1823** V 17–IX 26), Rubini (**1824** XI 30–**1825** III 5, **1828** I 12–IV 27), Monelli (**1827** IX 15–19)
Dandini	Lablache (**1823** V 17–**1825** III 5), Berettoni (**1827** IX 15–19, **1828** IV 15–27), Tamburini (**1828** I 12–III 15)
Don Magnifico	Ambrogi (**1823** V 17–IX 26, **1825** III 5), Bassi (**1824** XI 30–**1825** II 1), L. Pacini (**1827** IX 15–19), Berettoni (**1828** I 12–III 4), Lablache (**1828** III–IV 27)
Clorinda	Bondra
Tisbe	Unger (**1823** V 17–**1825** III 5), F. Franchetti (**1827** IX 15–19, **1828** IV 15–27), Roser (**1828** I 12–III 15)
Angelina	Comelli-Rubini (**1823** V 17–**1825** III 5, **1828** I 12–IV 27), Cori-Paltoni (**1827** IX 15–19)
Alidoro	Sieber (**1823** V 17–IX 26), Difranco (**1824** XI 30–**1825** III 5), Preisinger (**1827** IX 15–**1828** II 21), Borschitzky (**1828** III 4–IV 27)

A.60. Clara von Rosenberg
Oper in zwey Acten, übersetzt aus dem Italienischen, von G. Ott. Musik von L. Ricci.
Zum ersten Mahle: **1834** VII 22.

1834 VII 22, 30, VIII 14, IX 16, **1835** I 13.

Graf von Rosenberg	Just
Eufemia	Bondra
Clara	Löwe
Marchese von Valmore	Cramolini (**1834** VII 22, 30), Schäffer (**1834** VIII 14–**1835** I 13)
Montalban	Staudigl (**1834** VII 22, 30), Oberhoffer (**1834** VIII 14–**1835** I 13)
Micheletto	Forti
Marzel[l]ine	Burghard (**1834** VII 22–VIII 14), Rosenberg (**1834** IX 16, **1835** I 13)

A.61. Contessa di colle erboso, La
Dramma Buffo in due Atti. Musica del Sign. P. Generali.
Zum ersten Mahle: **1817** III 9.

1817 III 9, 13, 15.

Ernestina	Valsovani-Spada
Giancola	Grazioli
Bortolaccio	Spada
Tenente	De Vecchi
Rosalba	A. Rossi
Lisaura	Pescatori
Filippuccio	Giovanola

A.62. Cora
Große Oper in drey Aufzügen, nach dem Italienischen.
Musik von den Herren Simon Mayer und Joseph Weigl.
Der erste Chor, und der Auftritt des Herrn Jäger im ersten Act, die Arie des Herrn Jäger, das darauf folgende Duett der Mad. Grünbaum mit Herrn Jäger, und die Scene des Herrn Forti im zweyten Act, dann das Duett der Herren Jäger und Haizinger und der Schlußchor im dritten Act, sind von Herrn Joseph Weigl.
Zum ersten Mahle: **1822** X 3.
Die Dekorationen sind neu von den Herren Janitz, de Pian und Gail, k. k. Hoftheatermahlern.
Das Costume ist nach der Angabe des Herrn Hoftheater-Costume-Director Ph. von Stubenrauch.

1822 X 3, XI 17, 20.

Ataliba	Forti
Cora	Th. Grünbaum
Alonzo	Jäger
Rolla	Haizinger
Der Oberpriester	Seipelt
Zoroe	C. Teimer

A.63. Cordelia
Lyrisch-tragische Oper mit Chören, in einem Aufzuge, von Wolff. Musik von Conradin Kreutzer.
Zum ersten Mahl: **1823** II 15.
1823 II 15–22, III 6: Unter persönlicher Leitung des Tonsetzers.

1823 II 15, 17, 20, 22, 26, III 6, 11, 14, 21, VII 29, VIII 1, 5, 14, 21, 31, XI 20, **1824** II 10, **1827** X 4, 23, 25.

Cordelia	Schröder-Devrient (**1823** II 15–III 21), Schütz-Oldosi (**1823** VII 29–VIII 31), Bondra (**1823** XI 20, **1824** II 10), Fink (**1827** X 4–25)
Ein Kind	L. Groll

A.64. Coriolano
Opera italiano in due Atti. Musica del Signor Nicolini.

1811 V 15, 16, 24, VI 1, 15, 21, 28, VII 11, 17, 22, XII 7, **1812** I 4.

Coriolano	Velluti
Volumnia	Sessi-Neumann
Sicinio	Siboni
Veturia	Auenheim (**1811** V 15–XII 7), Buchwieser (**1812** I 4)
Azzio	Verri
Sempronio	Saal
Aquilio	Anders

A.65. Corradino, ossia: Bellezza e cuor di ferro
Dramma semi-serio in due Atti. Musica del Signor Gioachino Rossini.
Zum ersten Mahle: **1822** V 7.
Die Decorationen sind neu von den Herren Janitz und Gail, k. k. Hoftheatermahlern.
Das Costume ist nach der Angabe des Hrn. von Stubenrauch.
1822 V 11: Mit Abkürzungen. Die dieser Oper vorausgehende, früher bereits bey der Oper Eduard und Christine gehörte Ouverture, ist von Herrn Rossini eigends für die Oper Corradin geschrieben worden.
1824 IV 10–V 28: Die Oper wird mit dem Duett aus Armida, gesungen von Mad. Dardanelli und Herrn David, schließen.
1827 VI 23: Corradino, o sia Bellezza e cuor di ferro.

1822 V 7, 11, 13, 15, 28, VI 9, VII 4, 16, 24, **1824** IV 10, 20, 24, V 2, 8, 11, 15, 28, VII 16, VIII 11, 26, IX 9 (II), 28, X 2, 16 (II), XI 2, 12 (II), **1827** VI 23, 25.

Matilde di Chabran	Mombelli (**1822** V 7–VII 24), Dardanelli (**1824** IV 10–**1827** VI 25)
Edoardo	Eckerlin (**1822** V 7–VII 24, **1824** VII 16–XI 12), Beisteiner (**1824** IV 10–V 28), N. Dotti (**1827** VI 23, 25)
Corradino	David
Ginardo	Botticelli (**1822** V 7–VII 24), Preisinger (**1824** IV 10–**1827** VI 25)
Aliprando	Ambrogi
Isidoro	Bassi (**1822** V 7–**1824** XI 12), L.. Pacini (**1827** VI 23, 25)
Contessa d'Arco	Unger (**1822** V 7–**1824** XI 12), F. Franchetti (**1827** VI 23, 25)
Rodrigo	Rauscher (**1822** V 7–**1824** XI 12), Radicchi (**1827** VI 23, 25)
Raimondo Lopez	Groswald (**1822** V 7–**1824** IV 10)
Egoldo	A. David (**1827** VI 23, 25)

A.66. Corsar aus Liebe, Der [L'amor marinaro]
Komische Oper in zwey Aufzügen, nach l'amor marinaro bearbeitet.
Musik von Herrn Joseph Weigl, Opern-Director der k. k. Hof-Theater.
[Zum ersten Mahl in deutscher Sprache:] **1821** VII 28.

1821 VII 28, 29, 31, XI 8, 16.

Kapitain Libeccio	Vogl
Dorimante	Rosner
Lucilla	Unger
Claretta	Th. Grünbaum
Merlino	Gottdank
Cisolfaute	Götz

Graf Quaglia	Chr. Demmer
Pasquale	Siebert
Ein Matrose	Perschl

A.67. Cyrus und Astyages
Große Oper in drey Aufzügen. Frey nach Metastasio. Musik von Herrn I. F. Mosel.
Zum ersten Mahl: **1818** VI 13.
Die Decorationen sind neu von Herren Janitsch und de Pian.
Das Costume nach den Zeichnungen des Herrn von Stubenrauch.

1818 VI 13, 14, **1819** I 2, 6, 12, III 11.

Astyages	Vogl
Mandane	Lembert
Kambyses	Forti
Cyrus	Waldmüller
Harpagus	Weinmüller
Mitradates	Miller (**1818** VI 13, 14), Radicchi (**1819** I 2–III 11)

A.68. David, oder: Goliaths Tod
Eine biblische Oper in zwey Aufzügen. Aus dem Italiänischen des Herrn de Antoni, übersetzt. Die Musik ist von Herrn Kapellmeister Liverati, Mitglied der philharmonischen Gesellschaft in Bologna.
Zum ersten Mahl: **1813** IV 8.
Die Decorationen sind neu von Herrn Pian und Arrigoni, k. k. Hoftheatermahlern.
Das Costume ist nach den Zeichnungen des Herrn von Stubenrauch verfertigt.

1813 IV 8, 10, 23, V 22, 29, VI 5, 13.

Saul	Siboni
Jonathas	Treml
Michol	A. Laucher
David	Milder-Hauptmann
Abner	Vogl
Achimelech	Saal
Der Riese Goliath	Zeltner

A.69. Debüt im Concerte, Das [Le concert à la cour]
Komische Oper in einem Aufzuge, nach dem Französischen des Scribe. Musik von Auber.
Zum ersten Mahle: **1827** III 9.

1827 III 9, 11, 14, 19, 21, 26, IV 3, VI 19.

Der Fürst	J. Hoffmann
Viktor	Eichberger
Adele	Schnitt
Astucio	Preisinger
Karoline	Hanff
Bedienter des Astucio	Gned

A.70. Deserteur, Der
Ein Singspiel in drey Aufzügen. Nach dem Französischen des Sedaine und der Musik von Monsigny, neu bearbeitet von Wilhelm Ehlers, und mit neuen Musikstücken versehen.
Zum ersten Mahl: **1813** XI 24.

1813 XI 24, XII 8, 13.

Johann Wigand	Saal
Louise	Treml
Anton Brunner	Ehlers
Margareth	Grünberg
Bertram	Baumann
Hannchen	J. Demmer
Sprenger	Dunst
Krick	Chr. Demmer
Himmelssturm	Weinmüller
Erster Dragoner	Frühwald
Zweyter Dragoner	A. Rösner
Dritter Dragoner	Groswald

A.71. Dichter und der Tonsetzer, Der
Ein komisches Singspiel in drey Aufzügen, frey nach Dupaty. Die Musik ist von Hrn. Dalayrac.
Zum ersten Mahl: **1816** VII 11.
Die neue Decoration ist von Herrn Janitsch erstem k. k. Hoftheatermahler.

1816 VII 11, 13, 16, 18, 25, 27, IX 3, 12, X 3, 22, XI 3, 23, XII 8, 29, **1817** I 14, II 4, IV 19, 26, VI 8, 16, XII 7, 31, **1818** I 29, VI 7, IX 7, 27.

Leuthold	Rosenfeld
Rebenkranz	Forti
Florbach, Onkel	Weinmüller
Florbach, Neffe	Töpfer
Waldmann	C. Demmer
Sophie	Bondra
Elise	H. Forti (**1816** VII 11–X 22); A. Laucher (**1816** XI 3–**1818** IX 27)
Mad. Schnell	L. Müller (**1816** VII 11–**1817** II 4), Moreau (**1817** IV 19–**1818** IX 27)
Packfest	Stegmayer (**1816** VII 11–**1817** II 4, **1818** I 29–IX 27), Gottdank (**1817** IV 19–XII 31)

A.72. Diebische Aelster, Die
Oper in zwey Aufzügen, nach dem Italienischen von Chr. Grünbaum. Musik von J. Rossini.
Zum ersten Mahle: **1820** VII 5.
Neu in die Scene gesetzt: **1823** XI 11.
1832 III 23–XII 18: Die Oper wird, ihrer Länge wegen, mit dem Quintett geendet.
Vgl. A.120.

1820 VII 5, 7, 11, 13, 22, 25, IX 9, 12, 17, 23, 26, X 8, 13, 15, 21, 26, XI 4, 12, 20, XII 3, 14, **1821** I 2, 14, 28, II 8, 25, III 11, IV 8, V 2, VI 3, IX 5, X 17, 25, XII 14, **1823** XI 11, 16, XII 2, 4, **1824** I 2, 4, 31, II 23, **1826** VI 3, 5, 10, **1830** VIII 11, 20, XII 28, **1831** I 3, III 3, IX 24, 27, X 11, **1832** III 23, VII 14, X 20, XII 18.

Fabrizio Vingradito	I. Dirzka (**1820** VII 5–**1821** XII 14, **1823** XII 2–**1826** VI 10), Sieber (**1823** XI 11, 16), Borschitzky (**1830** VIII 11–**1832** X 20), Just (**1832** XII 18)
Lucia	K. Vogel (**1820** VII 5–**1823** XI 16), Unger (**1823** XII 2–**1824** II 23), Bondra (**1826** VI 3–**1832** XII 18)
Gianetto	Rosner (**1820** VII 5–**1821** XII 14), Jäger (**1823** XI 11, 16), Haizinger (**1823** XII 2–**1824** II 23), Eichberger (**1826** VI 3–10), Binder (**1830** VIII 11–**1832** XII 18)
Ninetta	Kraus-Wranitzky (**1820** VII 5–25), Vio (**1820** IX 9–**1824** II 23), Schechner (**1826** VI 3–10), Ernst (**1830** VIII 11, 20, **1831** IX 24–**1832** VII 14, XII 18), S. Heinefetter (**1830** XII 28–**1831** III 3, **1832** X 20)
Fernando Villabella	Forti (**1820** VII 5–**1826** VI 10), Hauser (**1830** VIII 11–**1831** III 3), Oberhoffer (**1831** IX 24–**1832** XII 18)

Der Amtmann	Siebert (**1820** VII 5–**1821** VI 3, X 17, 25, **1830** VIII 11–**1831** III 3), Götz (**1821** IX 5), Seipelt (**1821** XII 14–**1823** XI 16), Preisinger (**1823** XII 2–**1826** VI 10), Staudigl (**1831** IX 24–**1832** XII 18)
Pippo	A. Laucher (**1820** VII 5–**1821** X 25), Unger (**1821** XII 14), Waldmüller (**1823** XI 11–**1830** VIII 20, **1832** X 20, XII 18), Frontini (**1830** XII 28–**1832** VII 14)
Isak	Gottdank
Antonio	Chr. Demmer (**1820** VII 5–**1821** XII 14), Elzner (**1823** XI 11–**1824** II 23), A. Müller (**1826** VI 3–10), Stotz (**1830** VIII 11, 20), Hölzel (**1830** XII 28–**1831** X 11, **1832** VII 14–XII 18), Huß (**1832** III 23)
Ernest	Prinz (**1820** VII 5–**1826** VI 10), Fr. Demmer (**1830** VIII 11–**1831** III 3)
Marco	Zeltner (**1820** VII 5–**1823** XI 11, **1824** I 31–**1826** VI 10), Groswald (**1823** XI 16–**1824** I 4), Bartolemi (**1830** VIII 11, 20), Ruprecht (**1830** XII 28–**1832** XII 18)
Der oberste Richter	Weinkopf (**1820** VII 5–**1821** XII 14), Reichel (**1823** XI 11–XII 4), Ruprecht (**1824** I 2–II 23, **1830** VIII 11, 20)

A.73. Diener aller Welt, Der
Ein Singspiel in einem Aufzuge, nach dem Französischen. Mit Musik von A. Catrufo.
Zum ersten Mahl: **1818** III 27.
1833 VII 1: Komisches Singspiel in einem Aufzuge, nach dem Französischen. Musik von Catrufo.

1818 III 27, 30, VI 4, 10, 17, 30, VII 6, 20, X 16, XI 1, 20, **1819** I 11, 24, II 26, III 24, IV 16, V 19, VII 19, IX 13, **1820** I 19, II 22, III 23, IV 5, VI 12, 23, **1821** IV 29, **1833** VII 1, 17.

Johann	Caché (**1818** III 27–**1821** IV 29), E. Weiß (**1833** VII 1, 17)
Wiesenfeld	Meier (**1818** III 27–**1821** IV 29), Walther (**1833** VII 1, 17)
Sophie Thalhof	Altenburger (**1818** III 27–**1821** IV 29), Au (**1833** VII 1, 17)
Rittmeister Thalhof	J. Müller (**1818** III 27–VII 20), Chr. Grünbaum (**1818** X 16–**1821** IV 29), G. Hölzel (**1833** VII 1, 17)
Rittmeister Florstädt	Rosenfeld (**1818** III 27–**1821** IV 29), N. Hölzel (**1833** VII 1, 17)
Säuerlich	C. Demmer (**1818** III 27–**1821** IV 29), Discant (**1833** VII 1, 17)
Lisette	A. Laucher (**1818** III 27–**1820** VI 23), Demmer-Kneisel (**1821** IV 29), Löffler (**1833** VII 1, 17)

A.74. Domestiquen-Ball, Der
Posse mit Gesang in einem Acte, nach dem Französischen der Herren Villeneuve und Charles.
Zum ersten Mahle: **1836** II 16.

1836 II 16.

A.75. Don Juan (Il dissoluto punito, o sia: Il Don Giovanni)
Eine heroisch-komische Oper in zwey Aufzügen. Nach dem Italienischen von Großmann.
Die Musik ist von Amadé Mozart, weil. Kapellmeister und k. k. Kammerkompositeur.
[Neu in die Scene gesetzt:] **1817** IX 9.
Die neuen Decorationen sind von Herren Janitsch und de Pian, k. k. Hoftheater-Mahlern.
1823 XI 21: Im ersten Akte werden Herr Samengo und Dlle. Ramacini ein Pas de deux, und Herr Rozier, Dlles. Milliere und Herberle ein Pas de trois auszuführen die Ehre haben.
1823 XII 21: Im ersten Acte wird Herr Taglioni mit Dlle. Taglioni ein Pas de deux, und Herr Rozier mit Dlle. Torelli ebenfalls ein Pas de deux auszuführen die Ehre haben.
1833 VIII 5, **1834** IV 13: Herr und Mad. Mattis werden die Ehre haben, ein Pas de deux auszuführen.
1834 X 20: Herr Crombé und Dlle. Rabel werden die Ehre haben, im Finale des ersten Actes ein Pas de deux auszuführen.

1817 IX 9, 18, 25, X 9, 16, 28, XI 18, 30, XII 16, **1818** I 22, IV 28, V 3, 19, 26, VII 21, IX 9, XI 29, XII 12, **1819** III 4, 7, VI 15, IX 12, 21, X 12, XI 2, 21, **1820** V 11, 18, **1822** VIII 28, IX 2, 17, 25, X 6, **1823** VII 17, XI 21, XII 10, 21, 28, **1824** I 15, III 8, 29, **1825** III 18, **1826** VI 13, 15, 18, 20, 25, 29, VIII 16, 20, X 22, 26, **1827** IX 9, 11, 16, XI 4, 9, 22, 28, **1829** IV 1, 5, 23, 30, V 11, 23, VII 1, 25, **1830** I 17, VI 6,

1831 I 1, 2, 26, IV 14, 30, IX 18, 25, XI 2, XII 18, **1832** I 1, 16, II 19, XI 1, XII 2, 8, **1833** I 29, IV 14, VI 18, VIII 5, **1834** IV 13, 20, VI 25, VII 6, X 10, 20, XI 1, XII 14, 21, **1835** I 1, 25, II 16, VII 4, 12, VIII 15, XI 2, **1836** II 15, 21.

Don Juan	Forti (**1817** IX 9–X 28, XI 30–**1819** XI 21, **1822** VIII 28–**1823** XI 21, XII 28–**1827** XI 28), Mager (**1817** XI 18), Ehlers (**1820** V 11, 18), Wächter (**1823** XII 10, 21), Hauser (**1829** IV 1–V 23, VII 25–**1830** VI 6), Wild (**1829** VII 1, **1831** I 1–**1833** IV 14, **1834** X 20–**1835** VII 12), A. Fischer (**1833** VI 18), Pezold (**1833** VIII 5), F. Weinkopf (**1834** IV 13–VI 25, X 10, **1836** II 15, 21), Gey (**1834** VII 6), Hammermeister (**1835** VIII 15, XI 2)
Der Kommandant	Weinkopf (**1817** IX 9–**1819** III 7, **1825** III 18, **1830** I 17), Zeltner (**1819** VI 15–**1820** V 18), Seipelt (**1822** VIII 28–**1823** VII 17, XII 21, 28, **1831** IV 14–**1836** II 21), Reichel (**1823** XI 21, XII 10, **1824** I 15–III 29), Fürst (**1826** VI 13–X 26), Borschitzky (**1827** IX 9–XI 28, **1830** VI 6–**1831** I 26), Hillebrand (**1829** IV 1–VII 25)
Donna Anna	Kraus-Wranitzky (**1817** IX 9–**1818** I 22, **1819** X 12, XI 21), Campi (**1818** IV 28–V 26, XI 29–**1819** III 4, VI 15, **1820** V 18), Th. Grünbaum (**1818** VII 21, IX 9, **1819** III 7, IX 12, 21, XI 2, **1820** V 11, **1822** VIII 28–IX 25, **1823** VII 17–**1825** III 18, **1830** I 17, VI 6), H. Spitzeder (**1822** X 6), Heckermann (**1826** VI 13–X 26), Seher (**1827** IX 9–16), Schnitt (**1827** XI 4–28), C. Siebert (**1829** IV 1–VII 25), Fischer-Achten (**1831** I 1–26), S. Heinefetter (**1831** IV 14); Piehl-Flache (**1831** IV 30), Schodel (**1831** IX 18–**1833** I 29, VI 18, **1834** X 10–**1835** XI 2), Ernst (**1833** IV 14, VIII 5–**1834** IV 20), Fischer-Schwarzböck (**1834** VI 25, VII 6), Schröder-Devrient (**1836** II 15, 21)
Don Ottavio	Radicchi (**1817** IX 9–**1819** VI 15), Babnigg (**1819** IX 12–XI 21, **1820** V 18), G. Weixelbaum (**1820** V 11), Haizinger (**1822** VIII 28–**1824** III 29), Rauscher (**1825** III 18), M. Schuster (**1826** VI 13–**1829** V 11, VII 1), Vetter (**1829** V 23, **1833** VIII 5), Wanderer (**1829** VII 25), Binder (**1830** I 17–**1833** I 29, **1834** VI 13–**1835** I 25, VII 4–**1836** II 21), Schäffer (**1833** IV 14, VI 18, **1835** II 16)
Donna Elvira	Hönig (**1817** IX 9–**1818** XII 12, **1819** IX 12–**1820** V 18), Lembert (**1819** III 4–VI 15), Sigl-Vespermann (**1822** VIII 28), Hornick-Pistrich (**1822** IX 2–X 6), Bondra (**1823** VII 17, XI 21, **1825** III 18), H. Spitzeder (**1823** XII 10–**1824** III 29), Schechner (**1826** VI 13–VIII 20), Fink (**1826** X 22–**1827** XI 22), Hechenthaler (**1827** XI 28), Ernst (**1829** IV 1, 4, V 23, **1830** I 17–**1832** IV 16, XI 1–**1833** I 29, VI 18, **1835** I 1, II 16, VII 4–VIII 15, **1836** II 15, 21), Krainz-Hoffmann (**1829** IV 23–V 11, VII 1, 25), C. Heinefetter (**1832** II 19, **1833** IV 14, VIII 5–**1834** XII 21, **1835** I 25, XI 2)
Leporello	Weinmüller (**1817** IX 9–**1819** III 7, IX 12–**1820** V 18, **1823** XI 21), Siebert (**1819** VI 15, **1831** I 1–26), Mosewius (**1822** VIII 28, IX 2), J. Spitzeder (**1822** IX 17–**1823** VII 17, XII 10–28), Preisinger (**1824** I 15–III 29, **1826** VI 13–**1827** XI 28), Zeltner (**1825** III 18), A. Fischer (**1829** IV 1–**1830** VI 6), Forti (**1831** IV 14, 30, **1834** XII 14–**1835** VII 12, XI 2–**1836** II 21), Staudigl (**1831** IX 18–**1834** XI 1, **1835** VIII 15)
Masetto	J. Müller (**1817** IX 9–**1818** IX 9), Mager (**1818** XI 29, XII 12), Groswald (**1819** III 4, 7), Weinkopf (**1819** VI 15–**1820** V 18), Zeltner (**1822** VIII 28–**1823** VII 17, **1826** VI 13–VIII 20, **1827** IX 9–XI 28), Sieber (**1823** XI 21), A. Fischer (**1823** XII 10–**1825** III 18), A. Müller (**1826** X 22, 26), Fr. Fischer (**1829** IV 1–**1832** II 19), Just (**1832** XI 1–**1834** X 10, XII 14–**1836** II 21), E. Weiß (**1834** X 20, XI 1)
Zerline	H. Forti (**1817** IX 9–**1818** I 22), Müller-Wilhelm (**1818** IV 28, V 3, 26–IX 9), Böhler-Devrient (**1818** V 19), Bondra (**1818** XI 29, XII 12), H. Spitzeder (**1819** III 4, 7), Vio (**1819** VI 15–**1823** XI 21, XII 28–**1824** III 29), Wächter-Wittmann (**1823** XII 10, 21), Sontag (**1825** III 18), F. Franchetti (**1826** VI 13–VIII 20, **1827** IX 9–16), Hanff (**1826** X 22, 26, **1827** XI 4–28), Diemar (**1829** IV 1–**1830** VI 6), M. Henkel (**1831** I 1–**1832** I 16, XI 1–**1834** IV 20, **1835** VIII 15–**1836** II 21), Fischer-Achten (**1832** II 19), Bruckner (**1834** VI 25–X 10, XI 1, XII 14), Ehnes (**1834** X 20, XII 21–**1835** VII 12)

Martes	Stegmayer (**1817** IX 9–**1818** XII 12, **1819** VI 15–X 12, XI 21), Gottdank (**1819** III 4, 7, XI 2, **1820** V 11–**1822** IX 17), Groswald (**1822** IX 25–**1824** III 29), Prinz (**1825** III 18), Meier (**1826** VI 13–**1827** XI 28), S. Wagner (**1829** IV 1–V 23)
Ein Gerichtsdiener	Chr. Demmer (**1817** IX 9–**1822** X 6), Gottdank (**1823** VII 17–**1824** III 29, **1826** VI 13–**1836** II 21), Meier (**1825** III 18)

A.76. Donna del lago, La

Melodramma in due Atti. Musica del Maestro G. Rossini.
Zum ersten Mahl [in italienischer Sprache]: **1823** VII 23.
1823 VII 25: Die Schluß-Decoration ist neu von Hrn. Janitsch, k. k. Hoftheatermahler.
1824 X 20, 21: Im zweyten Akte wird Herr David eine Arie von der Composition des Herrn Mercadante zu singen die Ehre haben.
Vgl. A.113.

1823 VII 23, 25, 30, VIII 6, 8, 23, **1824** X 20, 21, **1827** XII 20, **1828** I 3.

Giacomo V.	David (**1823** VII 23–**1824** X 21), Rubini (**1827** XII 20, **1828** I 3)
Douglas D'angus	Lablache (**1823** VII 23–VIII 23), Ciccimarra (**1824** X 20, 21), Berettoni (**1827** XII 20, **1828** I 3)
Rodrigo di Dhu	Donzelli (**1823** VII 23–**1824** X 21), Ciccimarra (**1827** XII 20, **1828** I 3)
Elena	Sontag (**1823** VII 23–**1824** X 21), Comelli-Rubini (**1827** XII 20, **1828** I 3)
Malcolm Graeme	Comelli-Rubini (**1823** VII 23–**1824** X 21), M. Tamburini (**1827** XII 20, **1828** I 3)
Albina	Unger (**1823** VII 23–**1824** X 21), F. Franchetti (**1827** XII 20, **1828** I 3)
Serano	Weinkopf (**1823** VII 23–VIII 23), Preisinger (**1824** X 20, 21), Radicchi (**1827** XII 20, **1828** I 3)
Bertram	Rauscher (**1823** VII 23–**1824** X 21), Beck (**1827** XII 20, **1828** I 3)

A.77. Doppel-Duell, Das

Komische Operette in einem Acte, nach dem Französischen. [Musik von Reuling]
Zum ersten Mahle: **1835** XII 9.

1835 XII 9, 12.

Kreide	Walther
Martha	Bondra
Marie	Bruckner
Halden	F. Weinkopf
Pulverlein	Detroit
Hopfen	Gottdank
Johann	Hölzel

A.78. Doralice

Opera seria in due Atti. Musica del Sign. Mercadante.
Zum ersten Mahle: **1824** IX 18.
1824 IX 18, 20: Am Schlusse der Oper wird Herr Henry mit Mad. Bretel und Dlle. Ramacini ein Pas de trois, dann Herr Hullin mit Dlle. Vaquemoulin ein Pas de deux zu tanzen die Ehre haben.

1824 IX 18, 20.

Doralice	Eckerlin
Oggiero	Rubini
Ubaldo	Lablache
Il Conte Monforte	Donzelli
Uberto	Preisinger
Riccardo	Rauscher

A.79. Dorfbarbier, Der
Ein Singspiel in einem Aufzuge. Die Musik ist von Schenk.

1810 XI 22, 25, 29, **1811** I 13, 22, 27, II 3, 20, III 19, IV 5, 21, V 1, IX 29, X 12, 20, XI 17, XII 15, 29, **1812** I 15, 26, III 10, IV 5, 17, 24, V 24, VI 7, XI 30, XII 7, **1813** I 24, 31, II 15, III 2, 15, IV 25, V 3, 15, **1814** I 21, II 1, 13, III 4, 21, **1815** I 7, 13, 17, 30, II 10, 25, III 5, V 4, VI 2, 12, 17, 30, VII 10, 19, IX 11, 22, X 9, 18, **1816** I 12, II 8, 18, III 6, 20, V 17, VI 3, 28, IX 6, 30, X 21, XI 1, 29, **1817** I 3, 6, 12, II 3, III 19, IV 13, V 4, 26, VI 11, X 6, **1819** II 22, III 19, VII 12, 14, IX 9, 27, XI 1, 28, XII 20, 31, **1820** I 21, 30, II 14, III 3, 19, IV 7, VII 31, IX 27, X 20, 29, XII 19, **1821** I 1, II 1, XII 9, 15, 27, **1822** I 6, 20, III 18, 24, VII 1, VIII 29, XI 19, **1823** I 1, II 10, IV 6, 13, VI 1, VII 20, X 12, **1829** V 17, 27, VI 17, X 5, 25, **1830** II 22, VII 21, 24, 30, **1831** II 14, 15, 27, IV 4, VIII 7, **1832** I 2, 9, 15, 23, 29, III 4, 18, IV 1, V 20, VII 29, XII 9, **1833** V 1, **1834** II 6, 16, V 27, **1835** II 26, **1836** I 10, 12, 31, II 22, 28.

Herr Lux	Weinmüller (**1810** XI 22–**1823** X 12), Siebert (**1829** V 17–VI 17), Bartolemi (**1829** X 5–**1830** VII 30), Walther (**1831** II 14–VIII 7, **1834** II 6–**1836** II 28)
Jungfer Suschen	F. Rösner (**1810** XI 22–**1811** I 13, X 12), Treml (**1811** I 22–IX 29, X 20–**1812** XII 7), Bondra (**1813** I 24–**1814** III 21, **1822** VII 1–XI 19), Hornick-Pistrich (**1815** I 7–**1817** X 6, **1821** XII 9–**1822** I 20), Altenburger (**1819** II 22–**1821** II 1), Diemar (**1822** III 18, 24), Dermer (**1823** I 1, II 10), C. Dirzka (**1823** IV 6–X 12), Diemar (**1829** V 17–**1831** VIII 7), Löffler (**1834** II 6–V 27), Bruckner (**1835** II 26–**1836** II 28)
Herr Rund	C. Demmer (**1810** XI 22–**1812** XI 30, **1813** I 24, 31, III 2–V 3, **1815** I 7–**1816** III 6, V 17, IX 6–**1817** I 6, III 19–V 26, X 6–**1820** IV 7, XII 19–**1821** II 1), Vogl (**1812** XII 7, **1813** II 15, V 15, IX 27–X 29), Chr. Demmer (**1814** I 21–III 21, **1816** III 20, VI 3, 28, **1817** I 12, II 3, VI 11, **1820** VII 31, **1821** XII 9–**1822** XI 19), Zeltner (**1823** I 1–X 12), Fr. Fischer (**1829** V 17–**1831** VIII 7), Hoffmann (**1834** II 6–**1836** II 28)
Joseph	A. Rösner (**1810** XI 22–**1811** V 1, X 20–**1814** III 21), A. Neumann (**1811** IX 29, X 12), Gottdank (**1815** I 7–**1823** X 12), Holzmiller (**1829** V 17–**1830** II 22), Hölzel (**1830** VII 21–**1831** VIII 7, **1834** II 6–**1836** II 28)
Adam	Baumann (**1810** XI 22–**1821** II 1), Neubruck (**1821** XII 9–**1823** X 12), Hasenhut (**1829** V 17–**1830** II 22, **1831** II 14–VIII 7, **1834** V 27, **1835** II 26–**1836** II 28), Nestroy (**1830** VII 21–30), E. Weiß (**1834** II 6, 16)
Frau Margareth	Gaßmann (**1810** XI 22–**1817** II 3), Fux (**1817** III 19–X 6), Karl (**1819** II 22–**1823** X 12), Berg (**1829** V 17–**1831** VIII 7, **1834** II 6–**1836** II 28)
Peter	Wallascheck (**1810** XI 22–**1812** IV 17–**1813** III 15), Perschl (**1812** IV 24, **1813** IV 25, V 3, **1814** I 21–**1820** I 30, VII 31–**1822** I 20), Handl (**1813** V 15), Groswald (**1820** II 14–IV 7, **1822** III 18–**1823** X 12), Bartolemi (**1829** V 17–VI 17), A. Schuster (**1829** X 5–**1830** II 22, **1831** II 14–VIII 7), Stotz (**1830** VII 21–30), Benesch (**1834** II 6–V 27), Tomaselli (**1835** II 26–**1836** II 28)
Thomas	Perschl (**1810** XI 22–**1812** IV 17, V 24, VI 7, XII 7, **1813** III 2, 15), Plank (**1812** IV 24), Groswald (**1812** XI 30, **1813** I 24–II 15), Kisling (**1813** IV 25–**1815** VII 19, **1816** I 12–**1823** X 12), Handl (**1815** IX 11–X 18), Staudigl (**1829** V 17–**1830** II 22), A. Schuster (**1830** VII 21–30), Heim (**1831** II 14–VIII 7), Erl (**1834** II 6–**1835** II 26), Bergmann (**1836** I 10–II 26)
Philipp	Kisling (**1810** XI 22–**1812** VI 7, **1815** IX 11–X 18), Plank (**1812** XI 30–**1815** III 5, VI 2–VII 19), Handl (**1815** V 4), Brichta (**1816** I 12–**1821** II 1), Urzwimmer (**1821** XII 9), Groswald (**1821** XII 15–**1822** I 20), Gschlenk (**1822** III 18–**1823** X 12), Ruprecht (**1829** V 17–**1831** VIII 7, **1834** II 6–**1836** II 28)

A.80. Dreyzehnte Mantel, Der
Operette in einem Aufzuge, aus dem Französischen des Herrn Scribe.
Musik von Herrn A. Gyrowetz, Kapellmeister am k. k. Hoftheater nächst dem Kärnthnerthore.
Zum ersten Mahle: **1829** I 12.

1829 I 12, 13, 14, 20, 25, 30, II 6, 14, III 3, 22, IV 9, 22, V 9, VI 19, 23, IX 18, 27, X 19, XI 25, XII 6, 1830 I 5, III 20, IV 23, VI 13, VII 7, 1831 XII 10, 17, 29, 1832 I 5, 6, 14, 21, II 4, 18, 1833 VI 12, 13, 19, 25.

Crispinus	S. Wagner (**1829** I 12–V 9), Stotz (**1829** VI 19–**1830** VII 7), E. Weiß (**1831** XII 10–29, **1833** VI 12–25)
Brigitta	Bondra (**1829** I 12–**1831** XII 29, **1833** VI 12–25)
Balthasar	Bartolemi (**1829** I 12–II 6, III 3–**1830** VII 7), Fr. Fischer (**1829** II 14, **1831** XII 10–29), Just (**1833** VI 12–25)
Anna	Fischer-Achten (**1829** I 12–VI 23), Halfinger (**1829** IX 18–**1830** VII 7), Burghard (**1831** XII 10–29, **1833** VI 12–25)
Sturmfeld	Hölzel (**1829** I 12–**1831** XII 29, **1833** VI 12–25)

A.81. Drillinge, Die
Singspiel in einem Acte, aus dem Französischen, eingerichtet von Eduard Detroit.
Zum ersten Mahle: **1834** VIII 6.

1834 VIII 6, 8.

Ferdinand Wertheim	Detroit
Ferdinand, der Seefahrer	Detroit
Ferdinand, aus Meißen	Detroit
Wallmer	Walther
Julie	Löffler
Die Wirthinn	Rosenberg
Ein Gerichtsrath	Gottdank
William	Discant
Eine Unbekannte	Bondra
Johann	Hoffmann

A.82. Due Prigioneri, I
Dramma giocoso in un Atto. Musica del Sign. Vincenzo Puccitta.
Zum ersten Mahle: **1817** III 16.

1817 III 16, 17, 10, 29.

Il Barone di Castelsecco	Spada
Chiara	Valsovani-Spada
Adolfo	Tacchinardi
Barilotto	De Grecis
Rosinetta	Pescatori
Lumacone	Giovanola

A.83. Edmund und Caroline
Singspiel in einem Aufzuge, frey nach Marsollier, von Friedrich Treitschke.
Musik von Herrn Joseph Weigl, Opern-Director der k. k. Hof-Theater.
Zum ersten Mahle: **1821** IX 21.

1821 IX 21, X 14, 18.

Van der Hoost	Weinmüller
Edmund	Forti
Caroline	Schröder-Devrient
Lucas	Rosenfeld
Frau Lucas	Unger

A.84. Edoardo e Cristina [Eduardo e Cristina]
Dramma in due Atti. Musica del Maestro Rossini.
Per la prima volta: **1824** V 4.

1824 V 4, 6, 13, VI 1.

Carlo	Donzelli
Cristina	Dardanelli
Edoardo	Unger
Giacomo	Ambrogi
Atlei	Rauscher
Gustavo	C. Groll
La sua Governante	C. Teimer

A.85. Ehepaar aus der alten Zeit, Das
Localer Scherz in einem Acte, als Vaudeville behandelt von Louis Angely.
Zum ersten Mahle: **1835** VI 30.

1835 VI 30, VII 3, 7.

Haycint Duval	Huray
Madame Rose Duval	Detroit
Hortense	Löffler
Klapper	Just
Madame Klapper	Bondra
August	Hölzel

A.86. Ehrenpforten, Die
Ein Singspiel in einem Aufzuge, von Friedrich Treitschke.
Musikstücke: Ouverture aus der guten Nachricht von Hummel. 1. Chor von Weber. 2. Ungarische National-Melodie. 3. Jägerlied von J. Weigl. 4. Sextett von Seyfried. 5. Lied von Gyrowetz. 6. Marsch als Duett. 7. Chor von Seyfried. 8. Chor von Händel. 9. Schlußgesang von Beethoven.
Zum ersten Mahl: **1815** VII 15.
Die neue Decoration ist von Herrn Janitsch, k. k. Hoftheatermahler.
1815 IX 3, 4: Mit Veränderungen.: Nr. 1–4 w. o., Nr. 5. Marsch als Duett. Nr. 6. Chor von Seyfried. Nr. 7. Chor von Hummel. Nr. 8. Schlußgesang: Germania, von Beethoven.

1815 VII 15, 16, 23, IX 3, 4.

Teutschmann	Weinmüller
Rosalie	Bondra
Mathilde	Treml
Sophie	Seidler-Wranitzky
Horst	Forti
Walter	Wild
Eduard	E. Schröder
Fröhlich	Chr. Demmer

A.87. Eiserne Pforte, Die
Romantische Oper in drey Acten, von Joseph Ritter von Seyfried.
Musik von Joseph Weigl.
Zum ersten Mahl: **1823** II 27.
Die neuen Decorationen sind von den Herren Janitsch und Gail, k. k. Hoftheatermahlern.
Das Costume nach Angabe des Herrn Philipp v. Stubenrauch, Costume-Director der k. k. Hoftheater.

1823 II 27, III 1.

Ruthard	Forti
Adelheid von Ebersburg	Schröder-Devrient
Adolpho	Haizinger
Der Schultheiß von Genf	Zeltner
Theobald	Kleine Noisten
Marton	K. Vogel
Wulf	Weinmüller
Bertha	Demmer-Kneisel
Leupold	Rauscher
Daniel	Schütz

A.88. Elisa e Claudio, ossia: L'amore protetto dall'amicizia

Melodramma semiserio in due Att. Musica del Sign. Maestro Mercadante, von demselben in die Scene gesetzt.
Zum ersten Mahle: **1824** VII 10.
1824 VII 10, 12: Dlle. Ekerlin hat obige Rolle übernommen, und wird die Arie „Ah! d'amor se accorte siete", obiger Oper angehörig, welche früher in Italiana in Algeri eingelegt, und von Th. Grünbaum gesungen wurde, vorzutragen die Ehre haben.

1824 VII 10, 12, 25, 27, VIII 8, 14, 23, IX 2, XI 25, XII 11.

Elisa	Dardanelli
Claudio	Donzelli
Conte Arnoldo	Lablache
Carlotta	Eckerlin
Il Marchese Tricotazio	Ambrogi
Silvia	Unger
Celso	Rauscher
Luca	Preisinger (**1824** VII 10–XI 25), Difranco (**1824** XII 11)

A.89. Elisabetta, Regina d'Inghilterra

Opera seria in due Atti. Musica del Signor Gioacchino Rossini.
Zum ersten Mahle: **1822** V 30.
Die neuen Decorationen sind von den Herren Janitz und de Pian, k. k. Hoftheatermahlern.
Das Costume nach der Angabe des Herrn von Stubenrauch, k. k. Hoftheater-Costume- und Decorations-Director.
Für diese Oper ist ein ganz neues Quartett und ein Duett aus einer andern Oper für zwey Tenorstimmen eingelegt worden. Die Ouverture, obschon bereits bey einem andern Werke gehört, ist dennoch ursprünglich hierher gehörend.
Neu in die Scene gesetzt: **1824** XII 8.
1825 III 4: Elisabetta.

1822 V 30, VI 1, 3, 5, 13, 17, VII 13, **1823** IV 24, 28, VI 13, 25, VII 26, 31, VIII 27, **1824** XII 8, 12, **1825** I 11, III 4.

Elisabetta	Colbran (**1822** V 30–VII 13), Fodor-Mainvielle (**1823** IV 24–**1825** I 11), Dardanelli (**1825** III 4)
Leicester	Nozzari (**1822** V 30–VII 13), Donzelli (**1823** IV 24–**1825** III 4)
Matilde	Mombelli (**1822** V 30–VII 13), Comelli-Rubini (**1823** IV 24–**1825** III 4)
Enrico	Unger
Norfolc	David (**1822** V 30–**1823** VIII 27), Rubini (**1824** XII 8–**1825** III 4)
Guglielmo	Rauscher

A.90. Elisir d'amore, L'
Melodramma giocoso in due Atti. La Musica è del Sigr. Maestro Gaetano Donizetti.
[Zum ersten Mahle:] **1835** IV 9.

1835 IV 9, 11, 21, 25, V 1, 4, 7, 9, 12, 17, 19, 22, 26, 28, 30, 31 (II), VI 2, 6, 12, 15 (I), 16 (II).

Adina	Tadolini
Nemorino	Santi
Belcore	Valtelina
Il dottore Dulcamara	Frezzolini
Giannetta	M. Fux

A.91. Emerike, oder: Die Zurechtweisung
Eine komische Oper in einem Aufzuge, nach dem Französischen von Sonnleithner.
Die Musik ist von Herrn Gyrowetz, Kapellmeister der k. k. Hoftheater.

1810 XI 19, 30, **1811** I 25, III 7, 24.

Major Olters	Chr. Demmer
Emerike	A. Laucher
Fritz von Busch	Ehlers
Heinrich	C. Demmer
Lisette	C. Ehlers
Bruno	Baumann

A.92. Emma, oder: Die Uebereilung [Le testament et les billets doux]
Singspiel in drey Acten, nach Planard, aus dem Französischen, von Carl Freyherrn v. Braun.
Musik von Auber.
Zum ersten Mahle: **1835** X 20.

Raimond	Forti
Edmund	Cramolini
Carl	Schäffer
Baron Ernst	Hölzel
Frau von Palmer	Schodel
Sorgsam	Gottdank
Louise	Ehnes
Emma	Löwe
Julie	Bruckner
Rosa	M. Henkel

A.93. Entführung aus dem Serail, Die
Eine Oper in drey Aufzügen. Die Musik ist von Mozart.

1810 XII 6, **1811** IV 17, V 23, VI 8, 30, VII 14, 23, 31, **1812** IV 23, **1813** VI 1, 14, **1818** VII 2, 4, 11, 26, 29, **1819** V 11, 15, 28, VI 6, **1820** IV 25, 30, V 4, 14, **1821** V 12, VI 1, VII 5, **1822** V 12, **1829** IV 4, 8, 25, V 7 (I).

Selim, Bassa	Saal (**1810** XII 6–**1813** VI 14), Meier (**1818** VII 2–**1822** V 12), Fr. Fischer (**1829** IV 4–V 7)
Constanze	Campi (**1810** XII 6, **1811** IV 17, VI 8–**1821** V 12), Ambrosch-Becker (**1811** V 23), Fröhlich (**1821** VI 1, VII 5), Ernst (**1822** V 12), C. Siebert (**1829** IV 4–V 7)
Blondchen	F. Rösner (**1810** XII 6), Treml (**1811** IV 17–**1813** VI 14), Bondra (**1818** VII 2–**1822** V 12), Diemar (**1829** IV 4–V 7)
Belmonte	Anders (**1810** XII 6–VII 14, 31, **1812** IV 23), G. Weixelbaum (**1811** VII 23, **1820** IV 25–V 14), Schönberger-Marconi (**1813** VI 1, 14), Gerstäcker (**1818**

	VII 2–29, **1821** V 12, VI 1), Stümer (**1819** V 11, 15), Nieser (**1819** V 28, VI 6), Moltke (**1821** VII 5), Rosner (**1822** V 12), M. Schuster (**1829** IV 4–V 7)
Osmin	I. Dirzka (**1810** XII 6–**1812** IV 23, **1818** VII 29, **1820** IV 25–V 14, **1822** V 12), Weinmüller (**1813** VI 1, 14), Siebert (**1818** VII 2–**1819** VI 6, **1821** V 12–VII 5, **1829** IV 4–V 7)
Pedrillo	Chr. Demmer (**1810** XII 6, **1811** VI 8, 30, VII 31, **1812** IV 23, **1813** VI 1), A. Neumann (**1811** IV 17, V 23, VII 14, 23, **1813** VI 14), Gottdank (**1818** VII 2–**1822** V 12), Stotz (**1829** IV 4–V 7)
Ein Schiffer (Klaas)	Griebel (**1810** XII 6–**1813** VI 14), Prinz (**1818** VII 2–**1822** V 12), Huß (**1829** IV 4–25)

A.94. Erste Zusammenkunft, Die
Singspiel in einem Aufzuge, nach Scribe.
Musik von A. Müller, Mitglied des k. k. Hoftheaters n. d. Kärnthnerthore.
Zum ersten Mahle: **1827** III 29.

1827 III 29, 31, IV 1, 17, 21, V 10, 31, VI 28, VII 6, VIII 2, X 10, XI 23, XII 29, **1828** I 16, **1831** I 4, 31, II 6, III 9, 21, IV 13, IX 19, 21, X 4, XI 29, **1832** I 12.

Herr von Buchau	Zeltner (**1827** III 29–**1828** I 16), Walther (**1831** I 4–XI 29)
Clara	Bondra
Emilie	B. Schröder (**1827** III 29–VIII 2), Leißring (**1827** X 10–**1828** I 6), M. Henkel (**1831** I 4–XI 29)
Eduard von Münster	Cramolini
Schnell	Preisinger (**1827** III 29–**1828** I 16), Fischer (**1831** I 4–XI 29)
Thomas	Gottdank

A.95. Euphemie von Avogara
Oper in drey Aufzügen. Musik von Herrn Kapellmeister Riotte.
Zum ersten Mahle:**1823** X 3.
Die neuen Decorationen sind von den Herren Janitsch und Gail, k. k. Hoftheatermahlern.

1823 X 3, 6, 15.

Herzog von Nemour	Jäger
Bayard	Forti
Allegre	Rauscher
Graf von Avogara	Zeltner
Euphemie	Sontag
Beatrice	Bondra
Altomuro	Weinkopf
Ein Greis	Weinmüller

A.96. Euryanthe
Große romantische Oper in drey Aufzügen, von Helmine von Chezy, geborne Freyinn von Klencke.
Musik von Herrn Carl Maria von Weber, königl. sächsischen Hof-Kapellmeister.
Zum ersten Mahle: **1823** X 25.
Die neuen Decorationen sind von den Herren Janitsch und Gail, k. k. Hoftheatermahlern.
Das Costume ist nach Angabe des Herrn Ph. v. Stubenrauch, k. k. Hoftheater-Costume- und Dekorations-Director.
Die Tänze und Gruppirungen vom Herrn Balletmeister Taglioni.
1823 X 25–29: Unter persönlicher Leitung des Compositeurs.
1823 XI 14: Mad. Grünbaum, obwohl von ihrer Unpäßlichkeit noch nicht gänzlich hergestellt, wird, mit Hinweglassung ihrer Arie im ersten Acte, obige Rolle darstellen.

1823 X 25, 27, 29, XI 1, 14, 19, 23, 30, XII 5, 12, 30, **1824** I 17, **1828** IV 29.

König Ludwig VI.	Seipelt (**1823** X 25–**1824** I 17), Zeltner (**1828** IV 29)
Adolar	Haizinger (**1823** X 25–**1824** I 17), Cramolini (**1828** IV 29)
Lysiart	Forti
Euryanthe von Savoyen	Sontag (**1823** X 25–**1824** I 17), Schröder-Devrient (**1828** IV 29)
Eglantine von Pustet	Th. Grünbaum
Rudolph	Rauscher (**1823** X 25–**1824** I 17), Λ. Müller (**1828** IV 29)
Bertha	C. Teimer (**1823** X 25–**1824** I 17), Fischer-Achten (**1828** IV 29)

A.97. Fanchon, das Leyermädchen
Ein Vaudeville in drey Aufzügen.
Nach dem Französischen des Bouilly, von Herrn Sta[a]tsrath A. v. Kotzebue.
Die Musik ist von Herrn Himmel, weil. Königl. preusischen Kapellmeister.
Zum ersten Mahl: **1817** VI 18.
Die Decoration ist neu von Hrn. Janitz und de Pian, k. k. Hoftheatermahlern.

1817 VI 18, 19, 24, 28, VII 2, 8, 14, 22, X 11, 19, 30, XI 20, XII 4, **1818** I 6, 15, II 10, 22, IV 19, V 17, VII 24, IX 3, X 1, XII 31, **1819** I 16, IX 4, **1820** II 20, **1834** XII 3, 6, 18, **1835** I 10.

Fanchon	Bondra (**1817** VI 18–**1820** II 20), Löwe (**1834** XII 3–**1835** I 10)
Obrist von Francarville	Töpfer (**1817** VI 18–**1818** V 17, X 1–**1820** II 20), Gerstäcker (**1818** VII 24, IX 3), Binder (**1834** XII 3–**1835** I 10)
Saint Val	Forti (**1817** VI 18–**1820** II 20), Cramolini (**1834** XII 3–**1835** I 10)
Dichter Lattaignant	I. Dirzka (**1817** VI 18–**1820** II 20), Fritze (**1834** XII 3–**1835** I 10)
Frau von Roussel	Grünthal (**1817** VI 18–28, X 19, **1818** I 6–II 22, V 17, X 1, XII 31), Lefevre (**1817** VII 2–X 11, 30–XII 4, **1818** IV 19, VII 24, IX 3, **1819** I 16–**1820** II 20), Bondra (**1834** XII 3–**1835** I 10)
Andree (André)	Caché (**1817** VI 18–**1820** II 20), Schäffer (**1834** XII 3–**1835** I 10)
Bertrand	Chr. Demmer (**1817** VI 18–**1820** II 20), Walther (**1834** XII 3–**1835** I 10)
Adele	Hornick-Pistrich (**1817** VI 18–X 30), Müller-Wilhelm (**1817** XI 20–**1818** VII 24), Demmer-Kneisel (**1818** IX 3–**1819** IX 4), Vio (**1820** II 20), Löffler (**1834** XII 3–**1835** I 10)
Augustin	Gottdank (**1817** VI 18–**1820** II 20), Discant (**1834** XII 3–**1835** I 10)
Martin	C. Demmer (**1817** VI 18–**1820** II 20), E. Weiß (**1834** XII 3–**1835** I 10)
Florine	Moreau (**1818** VI 18–**1818** VII 24, X 1–**1820** II 20), Müller-Wilhelm (**1818** IX 3), M. Henkel (**1834** XII 3, 6, **1835** I 10), Bruckner (**1834** XII 18)
Vinzent (Vincent)	Saal (**1817** VI 18–**1820** II 20), Fr. Demmer (**1834** XII 3–**1835** I 10)
Champagne	Prinz (**1817** VI 18–**1820** II 20), Tomaselli (**1834** XII 3–**1835** I 10)
Gerichtskomissär	Perschl (**1817** VI 18–**1820** II 20), Hoffmann (**1834** XII 3–**1835** I 10)

A.98. Faniska
Eine große Oper in drey Aufzügen. Nach dem Französischen. Die Musik ist von Hrn. Cherubini.
Neu in die Scene gesetzt: **1816** VII 20.
Die Decorationen sind neu von Herren Janitsch und de Pian k. k. Hoftheatermahlern.

1816 VII 20, 21, IX 5, 10, 21, 29, X 26.

Rasinski	Rosenfeld
Zamoski	Forti
Faniska	H. Forti
Hedwig	Josepha Demmer
Oranski	Vogl
Moska	L. Müller
Rasno	Gottdank
Manoski	Chr. Demmer
Zwey Kosaken	Perschl
	Prinz

A.99. Faust
Große romantische Spectakel-Oper in drey Aufzügen, von J. C. Bernard. Musik von Louis Spohr.
Zum ersten Mahle: **1827** VIII 7.
Die neuen Decorationen sind nach Angabe des Hrn. Ph. v. Stubenrauch, k. k. Hoftheater Costume- und Decorations-Director, gemahlt von den Herren Institoris und Scharhan, k. k. Hoftheatermahlern.

1827 VIII 7, 9, 11, 18, 19, 22, 26, IX 13, 23, XI 18.

Faust	Forti
Mephistopheles	Preisinger
Graf Hugo	M. Schuster
Kunigunde	Fink
Gulf	Zeltner
Kaylinger	Ziegler
Wohlhaldt	A. Müller
Wagner	J. Röckel
Moor	Gned
Röschen	Hechenthaler
Franz	Cramolini
Sykorax	Bondra
Kunigundens Dienerinn	Berg
Ein Knappe	Prinz

A.100. Federica ed Adolfo
Dramma Serio in due Atti di Giuseppe Rossi, Poeta al Servizio di questi Imp. R. Teatri.
Musica del Sign. Adalberto Gyrowetz, Maestro di Capella presso questi Imp. R. Teatri.
Zum ersten Mahl: **1812** IV 6.
Le Decorazioni del tutto nuove sono disegnate, e dipinte dai Signori Melchior, Arrigoni, e Scharhan, Pittori degl'Imp. R. Teatri.

1812 IV 6, 21, 25, V 1, 8, **1813** V 17, 19.

Ernesto	Siboni
Federica di Düsseldorf	Sessi-Neumann
Adolfo di Verdau	Velluti (**1812** IV 6–V 8), Harlas (**1813** V 17, 19)
Gottardo di Drakenberg	Vogl
Ottone di Rembach	Saal
Tecla	Sigra. Kiker
Enrico	Frühwald
Villibaldo	Anders

A.101. Feldmühle, Die
Ein Singspiel in einem Aufzuge.
Die Musik ist von Hr. Jos. Drechsler, Kapellmeisters-Adjunkt bey den k. k. Hoftheatern.
Zum ersten Mahl: **1812** IX 29.

1812 IX 29.

Von Tulpenheim	Mohrhardt
Von Mohnkopf	Zeltner
Frau von Sternfels	Treml
Jakob	Saal
Röschen	Bondra
Hanns	Baumann
Weinglas	Chr. Demmer

A.102. Felix und Adele
Romantische Oper in drey Aufzügen, von Mdme. Weissenthurn, k. k. Hofschauspielerinn.
Musik von Adalbert Gyrowetz.
Zum ersten Mahle: **1831** VIII 10.

1831 VIII 10, 12, 17, 28.

Graf Selmar	Oberhoffer
Graf Bellmonte	Binder
Robert	Fischer
Martha	Bondra
Adele	Fischer-Achten
Felix	Cramolini
Der Castellan	Walther
Mathilde	Rosenberg
Zwey Wildschützen	Gottdank
	Seipelt

A.103. Feodora
Ein Singspiel in einem Aufzuge, von Herrn Staatsrath A. v. Kotzebue.
Die Musik ist von Herrn Kapellmeister Conradin Kreutzer.
Zum ersten Mahl: **1818** II 23.

1818 II 23, III 2, 6, 10, 24, VI 5, 26, IX 18, 30, X 19, XI 16, 27, XII 7, **1819** III 22, **1820** VII 12, 19, 28, IX 13, 29, X 14, XI 17, XII 15, **1821** I 5, 22, 27, II 19, III 26, VII 30.

Der Kaiser	W. Lembert (**1818** II 23–X 19), Chr. Grünbaum (**1818** XI 16–**1820** VII 19, IX 13), Meier (**1820** VII 28, IX 29–**1821** VII 30)
Major Willikoff	Rosenfeld
Marie	Hönig
Iwan Petrowitsch	Weinmüller
Feodora	Bondra

A.104. Ferdinand Cortez, oder: Die Eroberung von Mexico
Eine große heroische Oper mit Ballett in drey Aufzügen. Nach dem Französischen von I. F. Castelli. Die Musik ist von Herrn G. Spontini, Kapellmeister des Conservatoriums in Neapel und Generaldirektor der Musik bey dem Theater Ihrer Majestät der Kaiserinn von Frankreich.
Zum ersten Mahl: **1812** V 26.
Das Costume ist nach den Zeichnungen des Herrn von Stubenrauch verfertigt.
Die Decorationen sind neu von den Herren Melchior, Arrigoni und Scharrhan, k. k. Hoftheatermahlern gemahlt.
[Neu in die Scene gesetzt:] **1815** XII 20.
Die neuen Decorationen sind von Hrn. Janitsch und de Pian, k. k. Hoftheatermahlern.
Die Tänze sind von Hrn. Aumer, Balletmeister der k. k. Hoftheater.
1833 II 15: Große heroische Oper in drey Aufzügen, aus dem Französischen, von I. F. Castelli. Musik von Spontini.
Vgl. A.105.

1812 V 26, 27, 30, VI 1, 6, 11, 13, 18, 24, 26, VII 1, 6, 10, X 17, 20, 24, XI 9, 21, **1813** II 11, 13, 18, III 24, IV 3, 30, V 10, VII 8, 13, 24, IX 25, X 2, 21, XII 14, 19, **1814** I 1, 16, II 5, 27, III 7, 31, **1815** XII 20, 21, 27, **1816** I 5, II 5, 21, III 11, V 22, VI 19, **1817** X 17, 25, XII 18, **1833** II 15, 17, 24, III 12.

Ferdinand Cortez	Siboni (**1812** V 26–**1814** III 31, **1817** X 17–XII 18), Rosenfeld (**1815** XII 20–**1816** VI 19), Breiting (**1833** II 15–III 12)
Alvaro	Mohrhardt (**1812** V 26–**1813** VII 24), Radicchi (**1813** IX 25–**1817** XII 18), Schäffer (**1833** II 15–III 12)

Moralez	Zeltner (**1812** V 26–**1814** III 31), Wendt (**1815** XII 20–**1816** III 11), Weinkopf (**1816** V 22–**1817** XII 18), Oberhoffer (**1833** II 15–III 12)
Telasko	Vogl (**1812** V 26–**1817** XII 18), Wild (**1833** II 15–III 12)
Der Oberpriester	Weinmüller (**1812** V 26–**1817** XII 18), Staudigl (**1833** II 15–III 12)
Amazily	Sessi-Neumann (**1812** V 26–**1813** V 10, IX 25–X 21), Th. Grünbaum (**1813** VII 8–24), Bondra (**1813** XII 14–**1817** XII 18), Ernst (**1833** II 15–III 12)
Spanische Offiziere	Saal (**1812** V 26–**1817** XII 18), Discant (**1833** II 15–III 12)
	Frühwald (**1812** V 26–**1817** XII 18), Seipelt (**1833** II 15–III 12)
Mexikanischer Anführer	Handl (**1812** X 17–**1814** III 31)

A.105. Ferdinand Cortez, oder: Die Eroberung von Mexico
Eine große heroische Oper mit Ballett in drey Aufzügen. Nach dem Französischen von I. F. Castelli. Die Musik ist von Herrn G. Spontini.
Nach der zweyten Bearbeitung des Componisten neu in die Scene gesetzt: **1818** X 3.
Die Ballets von Herrn Aumer, Balletmeister der k. k. Hoftheater.
Die Decorationen sind sämmtlich neu von Herren Janitsch und de Pian, k. k. Hoftheatermahlern.
Das Costume ist nach den Zeichnungen und der Angabe des Herrn v. Stubenrauch.
1820 III 13: Neue Pas de deux von Herrn Aumer, Musik von Herrn Grafen von Gallenberg.
Vgl. A.104.

1818 X 3, 4, 10, 18, 27, XI 24, XII 6, 26, **1819** II 21, 28, III 14, **1820** II 11, 13, 24, III 13 (II), VII 18, 20, IX 14, X 3, XI 11.

Ferdinand Cortez	Forti
Montezuma	Chr. Grünbaum (**1818** X 3–**1820** II 24, VII 18–XI 11)
Telasko	Vogl
Alvaro	Radicchi (**1818** X 3–**1819** III 14), Kastner (**1820** II 11–24), Rosner (**1820** VII 18–XI 11)
Amazilly	Th. Grünbaum
Der Oberpriester	Siebert (**1818** X 3–**1820** II 24, VII 18–XI 11)
Moralez	Weinkopf
Spanische Offiziere	Frühwald (**1818** X 3–**1820** II 24, VII 18–XI 11)
	Mager (**1818** X 3–**1819** II 21), Groswald (**1819** II 28, III 14), Zeltner (**1820** II 11–24, VII 18–XI 11)
Ein Mexicaner	Prinz (**1818** X 3–**1820** II 24, VII 18–XI 11)

A.106. Fest der Handwerker, Das
Komisches Gemählde mit Gesang, von Louis Angely.
Zum ersten Mahle: **1832** VI 12.

1832 VI 12, 13, 14, 16, 18, 20, 23, 24, 25, 29, VII 1, 2, 4, 6, 10, 12, 17, 19, 21, 26, 27, 28, 31, VIII 20, 23, 25, 27, 31, IX 3, X 17, 19, 21, 28, 29, XI 2, 4, 9, 11, 17, 19, 23, **1833** I 7, 14, 15, 18, 20, 21, 25, 27, 28, II 2, 3, 10, 14, 18, 19, III 19, IV 17, VII 12, 14, 19, 22, 25, VIII 4, 12, 18, 25, IX 1, 15, 29, X 22, 27, XI 10, 19, 24, XII 1, 19, **1834** I 13, 19, II 10, 24, IV 27, V 4, 23, VI 22, VII 20, VIII 4, 11, 16, 25, IX 1, 7, 15, XI 5, XII 1, **1835** II 1, 9, 25, III 30, VI 21, VII 13, VIII 3, IX 13, 27, X 18, 26, XI 23, XII 26, **1836** I 1, 17, II 2, III 6, 21, 24.

Herr Wohlmann	Fischer (**1832** VI 12–VIII 31), Hoffmann (**1832** IX 3–**1836** III 24)
Kluck	Börner (**1832** VI 12–**1833** IX 1), Buch (**1833** IX 15–X 22), Just (**1833** X 27–**1835** X 26, XII 26–**1836** III 24), Nonne (**1835** XI 23)
Hähnchen	Cramolini (**1832** VI 12–**1833** IV 17, **1836** III 24), Detroit (**1833** VII 12–**1836** III 21)
Stehauf	Walther
Krepelka	Gottdank

Wilhelm Kind	Donua (**1832** VI 12–VII 26), Hölzel (**1832** VII 27–**1833** I 7, IX 29, X 27–**1834** II 24, V 4–VIII 11, IX 15–**1835** VIII 3, **1836** III 6–24), Discant (**1833** I 14–IX 15, X 22, **1834** IV 27, VIII 16–IX 7, **1835** IX 13–**1836** II 2)
Madame Kluck	Berg (**1832** VI 12–25, **1833** IX 29–**1835** X 26), Rosenberg (**1832** VI 29–**1833** IV 17), M. Fischer (**1833** VII 12–IX 15), Hochfelner (**1835** XI 23–**1836** III 24)
Madame Stehauf	Grausgruber (**1832** VI 12–IX 3, **1833** XI 10, 19, XII 19, **1834** VII 20–**1835** I 25), Bruckner (**1832** X 17–**1833** I 7), Nevie (**1833** I 14–X 27, XI 24, XII 1, **1834** I 13–VI 22, **1835** III 30–X 26), Spies (**1835** XI 23–**1836** III 24)
Madame Krepelka	Schlager
Frau Mietzeln	Bondra
Lenchen	M. Henkel (**1832** VI 12–XI 9), Burghard (**1832** XI 11–**1834** VIII 16), F. Heinefetter (**1834** VIII 25–**1836** I 17, III 21, 24), Bruckner (**1836** II 2, III 6)

A.107. Feuerprobe, Die

Ein komisches Singspiel in einem Aufzuge. Nach dem Lustspiel gleiches Namens von August von Kotzebue. In Musik gesetzt von Herrn I. F. Mosel.
Zum ersten Mahl: **1811** IV 28.

1811 IV 28, V 12, 19, VI 23, VII 21, 30, IX 25, X 10, 16, 30, XI 22, XII 11, 19, 31.

Klara	A. Laucher
Margaretha	Treml
Cordula	H. Forti (**1811** IV 28–VII 30, X 10, 16), C. Teimer (**1811** IX 25, X 30, XI 22), Bondra (**1811** XII 11, 19, 31)
Willfried	Ehlers
Ritter Wenzel	Vogl
Gelasius	Baumann (**1811** IV 28–IX 25), Chr. Demmer (**1811** X 10, 16, 30, XI 22, XII 11, 19, 31)

A.108. Fidelio

Eine Oper in zwey Aufzügen. Nach dem Französischen neu bearbeitet.
Die Musik ist von Herrn L. van Beethoven.
Zum ersten Mahl: **1814** V 23.
Die neuen Decorationen sind von Herren Arrigoni und Scharrhan k. k. Hoftheater-Mahlern.
1814 V 26: Die das Vorigemahl wegen Hindernissen weggebliebene neue Ouverture dieser Oper wird heute zum ersten Mahl vorgetragen werden.
Neu in die Scene gesetzt: **1822** XI 3.
1832 III 26: Die Oper beginnt mit der von Herrn L. van Beethoven für diese Oper ursprünglich geschriebenen, in diesem k. k. Hoftheater noch nicht gehörten Ouverture.

1814 V 23, 26, VI 2, 4, 7, 21, VII 18, 22, 27, VIII 24, IX 4, 16, 20, 26, X 4, 9, 18, 28, XI 3, 22, 27, XII 27, **1815** I 3, II 18, 26, III 10, IV 9, 21, V 12, XII 11, 14, 31, **1816** I 7, 20, 25, II 3, 20, III 3, 7, 21, V 9, VI 22, **1817** V 15, 22, 31, VII 7, 22, VIII 6, IX 1, 28, XI 1, XII 6, **1818** II 26, III 13, IV 25, VI 21, VII 5, **1819** I 23, III 2, V 23, **1822** XI 3, 4, 26, XII 2, 17, **1823** I 28, III 3, 18, **1831** III 22, 23, VII 30, VIII 4, 6, IX 9, 22, **1832** II 11, 15, III 26, 28, **1833** I 8, VII 16, XII 13, **1834** VI 23, VII 5, 15, X 25, XI 3, **1835** VII 29, XII 21, 28, **1836** II 10.

Don Fernando	Saal (**1814** V 23–**1819** V 23), Nestroy (**1822** XI 3–**1823** III 18), Borschitzky (**1831** III 22–**1832** III 28), Oberhoffer (**1833** I 8, XII 13, **1834** X 25–**1835** XII 28), Just (**1833** VII 16, **1834** VI 23–VII 15, **1836** II 10)
Don Pizarro	Vogl (**1814** V 23–VI 21, **1815** II 18–**1816** I 7, II 3, 20, III 7–V 9, **1817** V 15–IX 28, XII 6, **1818** III 13–VI 21, **1819** III 2, V 23), Forti (**1814** VII 18–**1815** I 3, **1816** I 20, 25, III 3, VI 22, **1817** XI 1, **1818** II 26, VII 5, **1819** I 23, **1822** XI 3–XII 17, **1823** III 18–**1831** III 23), Seipelt (**1823** I 28, III 3, **1831** VII 30–**1833** VII 16, **1834** VI 23–**1836** II 10), Just (**1833** XII 13)

Florestan	Radicchi (**1814** V 23–**1818** VI 21, **1819** I 23–V 23), Gerstäcker (**1818** VII 5), Haizinger (**1822** XI 3–**1823** III 18), Wild (**1831** III 22–**1833** I 8, **1834** X 25–**1835** VII 29), Vetter (**1833** VII 16), Binder (**1833** XII 13–**1834** VII 15, **1835** XII 21–**1836** II 10)
Leonore	Milder-Hauptmann (**1814** V 23–**1815** V 12), Campi (**1815** XII 11–**1816** VI 22, **1817** VI 7, **1819** I 23–V 23), Hönig (**1817** V 15–31, VI 22–**1818** VII 5), Schröder-Devrient (**1822** XI 3–**1823** III 18, **1835** XII 21–**1836** II 10), Ernst (**1831** III 22, 23, VIII 4–**1834** VI 23, X 25–**1835** VII 29), S. Heinefetter (**1831** VII 30), Fischer-Schwarzböck (**1834** VII 5, 15)
Rocco	Weinmüller (**1814** V 23–**1819** V 23), Zeltner (**1822** XI 3–**1823** III 18), Staudigl (**1831** III 22–**1833** XII 13, **1834** VII 5–**1836** II 10), Illner (**1834** VI 23)
Marzelline	Bondra (**1814** V 23–**1819** V 23), Demmer-Kneisel (**1822** XI 3–**1823** III 18), M. Henkel (**1831** III 22, 23, **1833** I 8–XII 13, **1834** X 25, XI 3, **1835** XII 21–**1836** II 10), Stetter (**1831** VII 30–**1832** II 15, **1835** VII 29), Fischer-Achten (**1832** III 26, 28), Bruckner (**1834** VI 23–VII 15)
Jaquino	Frühwald (**1814** V 23–**1819** V 23), Rauscher (**1822** XI 3–**1823** III 18), Binder (**1831** III 22–**1832** III 28), Hölzel (**1833** I 8–XII 13, **1834** XI 3, **1835** VII 29–**1836** II 10), Tichatscheck (**1834** VI 23–X 25)

A.109. Fingallo e Comala

Dramma Serio per Musica in due Atti. La Musica è del Sign. Stefano Pavesi.
Zum ersten Mahl: **1812** I 28.
Die neuen Decorationen sind von Herrn Arigoni, die Stadt-Decoration im zweyten Act ist von Herrn Scharhan. I Costumi sono secondo il dissegno du Sign. de Stubenrauch.

1812 I 28, 29, II 4.

Attori:	
Morval	Radicchi
Fingallo	Velluti
Comala	Sessi-Neumann
Sarno	Saal
Morna	Kiker
Idarto	Anders
Lamor	Verri

A.110. Fiorella

Komische Oper in drey Acten.
Nach dem Französischen des Scribe, und zur Musik des Auber, bearbeitet von I. F. Castelli.
Zum ersten Mahle: **1831** III 5.

1831 III 5, 6, 7, 10.

Fiorella	Ernst
Rodolphe	Binder
Alberto	Cramolini
Zerbine	M. Henkel
Pietro	Hauser
Arpaya	Gottdank
Ein Diener Fiorella's	Huß

A.111. Fra Diavolo, oder: Die Räuber in Terracina
Oper in drey Acten. Text von Scribe. Für die deutsche Bühne bearbeitet von F. A. Ritter.
Musik von D. E. Auber.
Zum ersten Mahle: **1830** IX 18.
Sämmtliche neue Decorationen sind nach der Angabe des Herrn Ph. v. Stubenrauch, k. k. Hoftheater-Decorations- und Costume-Directors, ausgeführt von den k. k. Hoftheatermahlern Millitz und Schlegl.

1830 IX 18, 19, 20, 22, 26, X 1, 5, 8, 12, 15, 22, 26, 30, XI 17, 30, XII 4, 16, 30, **1831** I 11, 25, II 10, III 2, 16, IV 15, V 6, VI 6, VII 11, 25, VIII 31, XI 18, 19, 21, XII 15, **1832** I 26, II 16, IV 30, V 18, VII 15, VIII 29, X 11, 16, XII 11, 29, **1833** VI 2, 20, VIII 20, IX 10, X 1, 8, XII 4, 27, **1834** I 9, II 25, VI 11, VII 19, 27, VIII 5, IX 13, X 1, XII 2, **1835** I 3, 27, VII 11, 18, VIII 14, 29, IX 22, X 3, XI 1, 28, XII 27.

Fra Diavolo	Binder (**1830** IX 18–**1832** VIII 29, **1833** X 1–**1834** X 1, **1835** I 27–VIII 14, IX 22–XII 27), Wild (**1832** X 11, 16, **1833** IX 10, **1834** XII 2, **1835** I 3), Breiting (**1832** XII 11–**1833** VI 20, **1835** VIII 29), Wurda (**1833** VIII 20)
Lord Kokburn	Hauser (**1830** IX 18–**1831** VIII 31), Forti (**1831** XI 18–XII 15, **1832** IV 30–VII 15, **1835** X 3–XII 27), E. Weiß (**1832** I 26, II 16, VIII 29–**1835** IX 22)
Pamela	Ernst (**1830** IX 18–**1831** I 25, **1832** X 11), Bondra (**1831** II 10–**1832** VIII 29, X 16–**1835** XII 27)
Lorenzo	Cramolini (**1830** IX 18–**1832** X 16, XII 29, **1834** X 1, **1835** VII 18), Schäffer (**1832** XII 11, **1833** VI 2–**1834** IX 13, XII 2–**1835** VII 11, VIII 14–XII 27)
Matheo	Ferd. Fischer (**1830** IX 18–**1832** VIII 29), Just (**1832** X 11–**1835** XII 27)
Zerlina	Fischer-Achten (**1830** X 18–20, X 30–**1831** I 11, III 2, IV 15, V 6, VII 11–VIII 31, **1832** I 26, II 16, VIII 29), M. Henkel (**1830** IX 22–X 26, **1831** I 25, II 10, III 16, VI 6, XI 18–XII 15, **1832** IV 30–VII 15, X 11–**1833** IX 10, XII 4–**1834** II 25, VII 19–VIII 5, **1835** I 3), Lutzer (**1833** X 1, 8), Schneider (**1834** VI 11), Bruckner (**1834** IX 13–XII 2, **1835** I 27), Ehnes (**1835** VII 11–XII 27)
Giacomo	Walther
Beppo	Gottdank
Francesco	Huß (**1830** IX 18–**1832** VIII 29), Fischer (**1832** X 11–**1833** VIII 20), Gruber (**1833** X 1)
Ein Bauer	Staudigl (**1830** IX 18–**1831** VIII 31)

A.112. Franzisca von Foix
Eine heroisch-komische Oper in drey Aufzügen. Nach einer französischen Idee ganz frey bearbeitet von I. F. Castelli. Die Musik ist von Herrn Joseph Weigl, Operndirector und Kapellmeister.
Zum ersten Mahl: **1812** II 7.
Die Decorationen sind neu, und zwar der Wald und der Garten von Herrn Arrigoni, der Saal und der Turnirplatz von Herrn Melchior gemahlt.
Das Costume ist nach den Zeichnungen des Herrn von Stubenrauch verfertigt.

1812 II 7, 8, 16, IV 27, V 3, VII 21, 27, IX 14, XII 5.

Franz I.	Vogl
Margaretha von Navarra	Treml
Graf Bellois	Weinmüller
Franzisca	Buchwieser
Graf Valmont	Chr. Demmer
Edmund	E. Röckel

A.113. Fräulein vom See, Das [La donna del lago]

Große Oper in zwey Aufzügen, nach dem Italienischen von C. Grünbaum.
Die Musik ist von Joachim Rossini.
Zum ersten Mahle: **1822** II 11.
Die Decorationen sind sämmtlich neu von der Ausführung der Herren Janitz und Gail, k. k. Joftheatermahlern, das Costume nach der Angabe des Herrn von Stubenrauch, Decorations- und Costume-Director der beyden k. k. Hoftheater.
Vgl. A.76.

1822 II 11, 14, 16, 21, III 10, 12, 14, 17, 23, VIII 9, IX 19, 23, X 22, 27, XI 1, 22, XII 20, **1823** I 17, II 23, III 10.

Jakob der Fünfte	Jäger
Douglas	Forti (**1822** II 11–IX 23, XI 22–**1823** III 10), Nestroy (**1822** X 22–XI 1)
Helene	Th. Grünbaum
Roderich von Dhu	Rosner (**1822** II 11–VIII 9, **1823** I 17, II 23), Haizinger (**1822** IX 19–XII 20, **1823** III 10)
Malcolm Graeme	Schütz-Oldosi
Albina	Bondra (**1822** II 11–21, III 17–**1823** III 10), Demmer-Kneisel (**1822** III 10–14)
Seran	Weinkopf
Bertram	Prinz

A.114. Freyschütze, Der

Romantische Oper in drey Aufzügen, von Friedrich Kind.
Musik von Herrn Carl Maria von Weber, königl. sächs. Kapellmeister.
Zum ersten Mahle: **1821** XI 3.
Das Costume ist nach der Angabe des Herrn von Stubenrauch, k. k. Hoftheater-Costumes- und Decorations-Director.
Die neuen Decorationen sind von den Herren Janitz, de Pian und Gail, k. k. Hoftheatermahlern.
1822 III 7, 9: Unter der Leitung des Herrn Compositeurs selbst.
1829 I 17: Zum ersten Mahle nach dem Originale.

1821 XI 3, 4, 6, 12, 18, 20, 24, 27, 30, XII 2, 6, 8, 10, 16, 18, 30, **1822** I 5, 9, 13, II 2, 4, 9, 19, 24, III 7, 9, 16, 26, 28, IV 14, V 5, 9, VII 28, VIII 3, 7, IX 9, 13, 29, X 5, 13, XI 6, 10, 24, XII 26, **1823** I 18, II 2, 9, III 5, 12, IV 26, V 3, 21, VI 26, IX 1, 13, 18, XI 5, 25, XII 8, **1824** I 6, 22, II 6, 21, VI 10, X 7, XI 7, 28, **1825** I 6, II 15, III 16, 20, **1826** V 6, 7, 16, 21, VII 1, X 19, XII 1, **1827** I 16, II 3, V 16, VII 4, 12, VIII 28, IX 6, 27, X 1, 29, XI 6, 26, **1828** II 14, III 17, 21, IV 10, **1829** I 17, 18, 19, 23, 24, 31, II 2, 9, 17, III 2, 20, 29, IV 7, 21, V 20, 31, VI 10, VII 12, VIII 10, IX 9, 17, 24, XI 2, 27, XII 18, **1830** I 15, III 23, IV 15, V 2, VI 20, VII 12, VIII 1, X 18, **1831** I 16, 23, II 20, V 1, 9, 25, 29, VIII 22, XI 6, XII 19, **1832** II 20, V 1, VII 22, VIII 22, XII 6, **1833** IV 29, V 10, VI 23, VIII 16, 26, XI 18, **1834** I 21, V 5, VI 1, 15, VII 11, VIII 3, 9, 24, 30, XI 25, 30, XII 31, **1835** II 8, VI 28, VII 26, VIII 16, 31, XII 13, 31, **1836** I 11

Ritter Hugo	Vogl (**1821** XI 3–**1822** I 9, II 2–III 7, 26–V 9), Zeltner (**1822** I 13, III 9, 16, VII 28–**1823** XI 25, **1824** VI 10–**1825** I 6, III 16–**1828** IV 10), A. Fischer (**1823** XII 8), Ruprecht (**1824** I 6–II 21, **1825** II 15, **1829** III 29, **1832** II 20–VIII 22, **1833** VIII 16–XI 18, **1834** VIII 24, 30, XII 31, **1836** I 11), Hölzel (**1829** I 17–III 20, IV 7–**1831** XII 19, **1832** XII 6–**1833** VI 23, **1834** I 21–VIII 9, XI 25, XII 31), **1835** II 8–XII 31)
Cuno	Weinmüller (**1821** XI 3–**1823** XI 25), I. Dirzka (**1823** XII 8–**1825** III 20), Preisinger (**1826** V 6–**1828** II 14), Beck (**1828** III 17–IV 10), Fr. Fischer (**1829** I 17–**1830** VII 12), Bartolemi (**1830** VIII 1), Walther (**1830** X 18–**1833** VI 23, **1834** I 21–**1836** I 11), Seipelt (**1833** VIII 16–XI 18)

Agatha	Schröder-Devrient (**1821** XI 3–**1822** V 9, IX 29–**1823** III 12, **1828** IV 10, **1835** XII 31), Hornick-Pistrich (**1822** VII 28), Sontag (**1822** VIII 3, 7, **1823** IV 26–**1825** III 20), Seidler-Wranitzky (**1822** IX 13), F. Franchetti (**1826** V 6–**1827** II 3, **1828** III 17, 21), Fink (**1827** V 16–IX 6, X 29), Mad. Roser (**1827** IX 27, X 1, XI 26), Pfuhl (**1827** XI 6), Roser (**1828** II 14), N. Hillebrand (**1829** I 17–24, II 9, 17, III 29–IV 21, VI 10), C. Siebert (**1829** I 31, II 2), Ernst (**1829** III 2, 20, V 31, **1833** VIII 16), Schindler (**1829** V 20, VII 12, XI 2), Veltheim (**1829** VIII 10), C. Grünbaum (**1829** IX 9, 17, XI 27, **1830** I 15–VIII 1), Fischer-Achten (**1829** IX 24, XII 18), Krainz-Hoffmann (**1830** X 18), C. Heinefetter (**1831** I 16–V 9, VIII 22, XII 19, **1832** II 20, VII 22–**1833** VI 23, VIII 26–**1834** VI 1, VIII 3, 24–**1835** II 8, XII 13–**1836** I 11), Stetter (**1831** V 25), Puk (**1831** V 29), Schnitt (**1831** XI 6), Gley (**1832** V 1), Ehnes (**1834** VI 15, VIII 9, **1835** VI 28–VIII 31), Fischer-Schwarzböck (**1834** VII 11)
Annchen	Demmer-Kneisel (**1821** XI 3–XII 6, **1822** III 16–**1823** IV 26, V 21–IX 1, XI 5, **1824** I 6, 22, II 21), Vio (**1821** XII 8–**1822** III 9, **1823** V 3, X 1–18, XI 25, **1824** II 6, VI 10–XI 28), Wächter-Wittmann (**1823** XII 8), Unger (**1825** I 6–III 20), Uetz (**1826** V 6–VII 1), Hanff (**1826** X 19–**1827** IX 6, XI 6–**1828** II 14), Hechenthaler (**1827** IX 27–X 29), Fischer-Achten (**1828** III 17–**1829** VIII 10, IX 17, XI 2, 27, **1830** I 15–VIII 1, **1831** V 1, VIII 22, **1832** II 20, VII 22, VIII 22), Diemar (**1829** IX 9, 24, XII 18), M. Henkel (**1830** X 18, **1831** V 25, 29, XI 6, XII 19, **1832** XII 6, **1833** VI 23–VIII 26), S. Heinefetter (**1831** I 16–II 20, V 9), Bruckner (**1832** V 1, **1835** VI 28–XII 31), Ernst (**1833** IV 29), Peregeon (**1833** V 10), F. Heinefetter (**1833** XI 18–**1834** VI 1, VIII 3, 24–**1835** II 8, **1836** I 11), Burghard (**1834** VI 15, VII 11, VIII 9)
Caspar	Forti (**1821** XI 3–**1822** VIII 7, IX 13–**1823** I 18, III 5–VI 26, X 1–18, **1824** I 6, 22, II 21, X 7, XI 7, **1825** III 16, 20, **1827** V 16–X 1, XI 6–**1828** IV 10), Mosewius (**1822** IX 9), Seipelt (**1823** II 2, 9, IX 1, XI 5, 25, **1824** II 6, VI 10), Wächter (**1823** XII 8), A. Fischer (**1824** XI 28–**1825** II 15, **1829** IX 9–24), Fürst (**1826** V 6–**1827** II 3), Borschitzky (**1827** X 29, **1830** III 23–VII 12), Hillebrand (**1829** I 17–24, II 2–VII 12), Siebert (**1829** I 31, XI 2–**1830** I 15), Birnbaum (**1829** VIII 10), Fr. Fischer (**1830** VIII 1–**1831** II 20, V 9–**1832** VIII 22), Sommer (**1831** V 1), Staudigl (**1832** XII 6–**1834** VII 11, XI 25, **1835** VI 28, VII 31, XII 13), Just (**1834** VIII 3–30, XI 30–**1835** II 8, VII 26, VIII 16, XII 31, **1836** I 11)
Max	Rosner (**1821** XI 3–**1822** VIII 7, XI 6–**1823** II 9, III 12–X 18, XI 25–**1824** I 6), Jäger (**1822** IX 9–X 13, **1823** III 5), Rauscher (**1823** XI 5, **1824** I 22–**1825** III 20), M. Schuster (**1826** V 6–**1827** XI 6, **1828** II 14, **1829** I 17–24, II 9, IV 21, XII 18), Beils (**1827** XI 26), Cramolini (**1828** III 17–IV 10, **1829** I 31, II 2, 17–IV 7, VIII 10, IX 17, 24, **1830** IV 15–VIII 1, **1831** V 9–VIII 22, **1832** II 20, **1833** IV 29–VI 23, XI 18–**1834** VI 15, XII 13, **1835** XI 26–VIII 31), Vetter (**1829** V 20–VI 10), Wild (**1829** VII 12, **1834** XI 25, 30, **1835** II 8), Watzinger (**1829** IX 9), Holzmiller (**1829** XI 2, 27, **1830** III 23), Binder (**1830** I 15, **1831** I 16–V 1, XI 6, XII 19, **1832** V 1–VIII 22, **1833** VIII 26, **1834** VIII 3, 9, **1835** VI 28, XII 13–**1836** I 11), J. Hoffmann (**1830** X 18), Breiting (**1832** XII 6, **1834** VII 11), Wurda (**1833** VIII 16), Forner (**1833** VIII 9), Schäffer (**1834** VIII 24, 30)
Kilian	Gottdank (**1821** XI 3–**1825** I 6, **1826** V 6–**1835** XII 31), Prinz (**1825** II 15–III 20), Hölzel (**1836** I 11)
Zwey Jäger	Prinz (**1821** XI 3–**1825** I 6, **1826** V 8–**1828** IV 10) Albert (**1821** XI 3–**1822** VIII 7), Hr. Grill (**1822** IX 9–**1824** II 21), Ruprecht (**1824** VI 10, XI 7–**1825** I 6, **1826** V 6–**1828** IV 10), Groswald (**1824** X 7)
Ein Klausner	Staudigl (**1829** I 17–**1830** V 2, **1831** V 25–VIII 22), Just (**1832** XII 6–**1834** VII 11, XI 25), Gerl (**1834** VIII 3–30), Seipelt (**1834** XI 30, XII 31–**1836** I 11)

A.115. Frühere Recht, Das
Ein komisches Singspiel in einem Aufzuge, nach dem Französischen. Musik von Catél.
Zum ersten Mahl: **1819** VI 4.

1819 VI 4, 7, 14.

Baron von Corval	Meier
Florvel	Rosenfeld
Emilie von Sainlieu	A. Laucher
Sophie von Gennville	Bondra
Madame Kirsch	Moreau

A.116. Fünf sind Zwey
Eine Posse mit Gesang in einem Aufzuge. Frey nach dem Französischen von I. F. Castelli.
Die Musik ist von folgenden Meistern:

Ouverture	von	Hrn. Dallayrac
Nro. 1. Arie	von	Hrn. Moscheles
Nro. 2. Duett	von	Hrn. Umlauf
Nro. 3. Rondo	von	Hrn. Drechsler
Nro. 4. Arie	von	Hrn. v. Seyfried
Nro. 5. Duett	von	Hrn. Mosel
Nro. 6. Duett	von	Hrn. N**
Nro. 7. Arie	von	Hrn. Hummel
Nro. 8. Wiederhohlung des Duettes Nro. 5.		
Nro. 9. Lied	von	Hrn. Gyrowetz
Nro. 10. Schluß-Duett	von	Hrn. Grafen Moritz v. Dietrichstein

Zum ersten Mahl: **1813** III 20.

1813 III 20, 21, 27, 31, IV 22, VI 11, VII 2, **1814** IX 3, **1815** VII 25, 29.

Johann	Mohrhardt (**1813** III 20–VII 2), Ehlers (**1814** IX 3), Töpfer (**1815** VII 25, 29)
Lisette	Treml

A.117. Furioso nell'isola di S. Domingo, Il
Melodramma in due Atti. Musica del Sigr. Maestro Gaetano Donizetti.
[Zum ersten Mahle in italienischer Sprache:] **1835** IV 22.
1835 V 6: Die Vorstellung beginnt mit dem Finale des ersten Aktes.
Vgl. A.293.

1835 IV 22, 23, 28, V 6, 11, 14, 24, VI 9, 16 (I, Finale).

Cardenio	Cartagenova
Eleonora	Tadolini (**1835** IV 22–V 24), Strepponi (**1835** VI 9, 16)
Fernando	Santi
Bartolomeo	Catalano
Marcella	Ehnes (**1835** IV 22–V 6), Stetter (**1835** V 11–VI 16)
Kaidama	Frezzolini

A.118. Gabriella di Vergi
Opera seria in due Atti. Rappresentata per la prima volta nell'anno 1816 nel real Teatro di Napoli.
Musica del Sign. Maestro Carafa.
Zum ersten Mahle: **1824** IV 1.

1824 IV 1, 3, 5, 7, 22, 30, V 19, VI 5, XI 23.

Filippo Augusto	Ambrogi
Fayel	Donzelli
Gabriella di Vergi	Dardanelli
Raoul di Couci	David
Almeide	Unger
Armand	Rauscher

A.119. Gastfreundschaft, Die, oder: Der Chorist in Equipage
Komisches Singspiel in einem Acte, aus dem Französischen.
Zum ersten Mahle: **1832** VIII 23.
1832 VIII 23, 25, 27, XI 23, **1833** I 12, IV 11, **1833** IV 11.

Herr von Falkenfeld	Gottdank
Amaranzia	Bondra
Louise	Burghard
Baron Herbert	Just
Rühmlich	Börner
Ein Kutscher	Walther
Susanne	Rosenberg
Robert	Discant

A.120. Gazza ladra, La
Melodramma in due Atti. Musica del Signore Gioacchino Rossini.
Zum ersten Mahle [in italienischer Sprache]: **1822** VI 21.
1825 I 19–III 9: Wegen langer Dauer der Oper werden einige Musikstücke ausgelassen.
1828 IV 25: Herr Rubini wird die Ehre haben, zwischen dem ersten und zweyten Acte Adelaide, von weiland L. van Beethoven, zu singen.
1828 IV 30: Um diese Vorstellungen in den gewöhnlichen Zeitraum zu fassen, wird die Oper: La gazza ladra mit dem Terzette enden.
Vgl. A.72.

1822 VI 21, 22, 24, 26, 28, 29, VII 2, 11, 19, 22, 23, **1824** VI 2, 4, 8, 12, **1825** I 19, 21, 27, 30, III 9, **1828** IV 25, 30 (I).

Fabrizio Vingradito	Seipelt (**1822** VI 21–**1824** VI 12), Lablache (**1825** I 19–III 9), Borschitzky (**1828** IV 25, 30)
Lucia	Unger (**1822** VI 21–**1825** III 9), F. Franchetti (**1828** IV 25, 30)
Giannetto	David (**1822** VI 21–VII 23), Rubini (**1824** VI 2–**1828** IV 30)
Ninetta	Mombelli (**1822** VI 21–VII 23), Sontag (**1824** VI 2–12), Fodor-Mainvielle (**1825** I 19–III 9), Faveli (**1828** IV 25, 30)
Fernando Villabella	Botticelli (**1822** VI 21–**1825** III 9), Berettoni (**1828** IV 25, 30)
Gottardo	Ambrogi (**1822** VI 21–**1825** III 9), Lablache (**1828** IV 25, 30)
Pippo	Eckerlin (**1822** VI 21–VII 23), Comelli-Rubini (**1824** VI 2–**1825** III 9), N. Dotti (**1828** IV 25, 30)
Isacco	Bassi (**1822** VI 21–**1825** III 9), L. Pacini (**1828** IV 25, 30)
Antonio	Rauscher (**1822** VI 21–**1825** I 27, III 9), Prinz (**1825** I 30), Radicchi (**1828** IV 25, 30)
Giorgio	Groswald (**1822** VI 21–VII 23), Zeltner (**1824** VI 2–12), Difranco (**1825** I 19–III 9), Beck (**1828** IV 25, 30)

A.121. Gebesserte Lorenz, Der
Posse mit Gesang in einem Aufzuge. Musik von Sigora.
Zum ersten Mahle: **1824** VI 27.
1827 II 21: Musik von Sigora v. Eulenstein.
1831 X 19: Der gebesserte Lorenz, oder: Dießmahl fehlt immer der Herr.

1824 VI 27, 29, VII 2, 6, 11, 18, 26, IX 14, 27, X 23, XI 8, **1827** II 21, 23, 25, 27, III 4, IV 19, VI 17, 24, VII 31, VIII 25, IX 5, 28, 30, X 6, XII 16, **1828** I 7, II 10, IV 24, **1831** X 19, 21, **1832** II 24, 28, III 3, IV 5, **1833** I 23, IV 22.

Kraft	Meier (**1824** VI 27–**1827** XII 16), Walther (**1831** X 19, 21)
Lorenz	Hasenhut
Sabine	Demmer-Kneisel (**1824** VI 27–XI 8), Janatka (**1827** II 21–XII 16), Rosenberg (**1831** X 19, 21)
Peter Wiesner	Gottdank
Kaspar Feldreich	Preisinger (**1824** VI 27–XI 8, **1827** IV 19–XII 16), E. Weiß (**1827** II 21–III 4), Weinkopf (**1831** X 19, 21)
Ein Schmidgeselle	Prinz (**1824** VI 27–**1827** III 4), Gned (**1827** IV 19–XII 16), Heim (**1831** X 19, 21)

A.122. Geburtstag, Der
Ländliche Scene mit Gesang und Tanz. Musik von A. Gyrowetz, Kapellmeister des k. k. Hoftheaters n. d. Kärnthnerthore.
[Zum ersten Mahle:] **1828** II 11.

1828 II 11, 12.

Graf Albert	Forti
Baron Hermann	Cramolini
Leopoldine	Fischer-Achten
Veit	Gottdank

Tanzende Personen: Die Herren Samengo und Garay, Mesd. Brugnoli-Samengo, Rozier und Bretell, Dlles. Therese [nur 11: und Fanny] Elßler, und Pierson

A.123. Gefangene, Der
Ein Singspiel in einem Aufzuge, von Duval. Die Musik ist von Herrn Domenico della Maria.
[Zum ersten Mahl:] **1815** X 2.

1815 X 2, 3, 11, XI 1, 6, 22, 28, XII 2, **1816** I 8, 15, 22, II 9.

Durand	Saal
Blinval	Rosenfeld
Merville	Chr. Demmer
Madame Belmont	Karl
Rosine	Hornick-Pistrich
Germain	Gottdank
Ein Korporal	Handl (**1815** X 2–XII 12), Perschl (**1816** I 8–II 9)

A.124. Gefangene, Die
Ein komisches Singspiel in einem Aufzuge. Nach dem Französischen. Mit Musik von Cherubini.
[Zum ersten Mahl:] **1817** XII 26.
Neu in die Scene gesetzt: **1822** IX 14.

1817 XII 26, 29, **1818** I 2, II 6, 16, V 27, VI 8, 15, VII 1, 15, **1822** IX 14, 16, 22, X 2, 11, 14, 21, 28, XI 5, 9, 16, XII 28, **1823** I 23, 27, IV 17, 28, V 4, VI 27, VIII 24, IX 5, 27, X 14, **1824** II 3, 24, III 10, 13, 30, IV 29, V 30, VI 15, VIII 13, IX 3, 17, 23, X 15, XI 10, 19, XII 9, **1825** I 24, III 7, **1826** V 29, VI 8, 12, 26, VII 25, VIII 7, 10, 15, 21, IX 11, 19, 24, 30, XI 25, XII 6, **1827** I 2, 13, V 23, VIII 21, 30, XI 8, **1828** IV 9.

Gustav	Kastner (**1817** XII 26–**1818** VII 15), Rauscher (**1822** IX 14–**1823** X 14), A. Müller (**1826** V 29–XII 6)
Emma	Hönig (**1817** XII 26–**1818** VII 15), Bondra (**1822** IX 14–**1823** X 14, **1826** V 29–XII 6)

Emmerick	Meier (**1817** XII 26–**1822** XII 28, **1826** V 29–IX 30), J. Röckel (**1823** I 23–XII 6)
Polly	H. Forti (**1817** XII 26–**1818** II 16), Müller-Wilhelm (**1818** V 27–VII 15), Ernst (**1822** IX 14–X 2), Dermer (**1822** X 11–**1823** I 27), C. Dirzka (**1823** IV 17–X 14, **1826** V 29–XII 6)
Ludwig	Gottdank (**1817** XII 26–**1818** VII 15), Hasenhut (**1822** IX 14–**1823** X 14, **1826** V 29–IX 11, 24–XII 6), E. Weiß (**1826** IX 19)

A.125. Geheime Fenster, Das
Oper in einem Aufzuge, aus dem Französischen, von Berling. Musik von Herrn Engelbert Aigner.
Zum ersten Mahle: **1829** I 6.

1829 I 6, 7, 9, 27, 28, II 3, III 10, IV 10, 20, VI 6, 26, VIII 21, 26.

Der Baron	Fr. Fischer
Julie	Lindenheim
Florville	M. Schuster (**1829** I 6–IV 20), Wanderer (**1829** VI 6–VIII 26)
Philipp	N. Hölzel
Fiorella	Fischer-Achten

A.126. Geheimniß, Das
Eine Operette in einem Aufzuge, nach dem Französischen von Matthäus Stegmayer.
Die Musik ist von Herrn Solie.
[Zum ersten Mahl:] **1815** I 17.
[Neu einstudirt:] **1822** VI 4.

1815 I 17, II 7, IV 15, **1822** VI 4, 8, 12, 14, 20, 30, VII 6, 12, 21, 31, VIII 6, 11, 15, 17, 21, IX 1, 11, 28, X 9, 16, 26, XI 7, 18, XII 27, **1823** II 24, III 2, 9, 16, 31, IV 11, 19, V 13, VI 29, VIII 28, IX 3, 23, 30, **1824** II 5, 26, IV 4, VI 9, VIII 9, 20, XII 2, 18, **1825** I 20, III 30, **1826** V 23, 27, 31, VI 6, 9, 16, 28, VII 7, 20, VIII 11, 17, IX 7, 17, X 4, 13, 29, 31, XI 13, 20, 23, 29, XII 14, **1827** I 3, 31, II 11, 17, 23, V 21, VI 6, VIII 5, 29, IX 4, X 26, XI 7, **1828** I 11, III 22, IV 7, **1830** X 16, 19, XI 26, **1831** II 3, 8, IV 6, 18, 22, V 3, 26, 31, VII 1, 21, 29, VIII 13, X 1, 12, XII 6, **1832** I 25, II 23, 29, III 10, 14, 29, V 17, VIII 6.

Rath Frank	Meier (**1815** I 17–**1822** XII 27), J. Röckel (**1823** II 24–IX 30), Zeltner (**1825** III 30–**1826** XII 14), Fischer (**1830** X 16–**1831** V 31)
Cäcilie	Buchwieser (**1815** I 17–IV 15), Bondra (**1822** VI 4–**1823** IX 30, **1825** III 30–**1826** XII 14, **1830** X 16–**1831** V 31)
Lieutenant Waller	Gottdank (**1815** I 17–IV 15), Mehlig (**1822** VI 4–IX 28, **1823** III 2–IX 30), Fr. Demmer (**1822** X 9–**1823** II 24), Rauscher (**1825** III 30), A. Müller (**1826** V 23–XII 14), Köhler (**1830** X 16, 19), Fr. Henkel (**1830** XI 26–**1831** V 31)
Sophie	J. Demmer (**1815** I 17, IV 15), Moreau (**1815** II 7), B. Teimer (**1822** VI 4–**1823** IX 30, **1825** III 30–**1826** XII 14), Hofer (**1830** X 16, 19), A. Muzzarelli (**1830** XI 26–**1831** V 31)
Thomas	Hasenhut (**1815** I 17–**1826** IX 7, **1830** X 16–**1831** V 26), E. Weiß (**1826** IX 17–XII 14), Mayer (**1831** V 31)
Ein Träger	Groswald (**1822** VI 4–**1823** IX 30), Mahler (**1826** V 23–XII 14)

A.127. Gelegenheit macht Diebe [L'occasione fa il ladro]
Komische Oper in einem Acte, aus dem Italienischen. Musik von Joachim Rossini.
Zum ersten Mahle: **1834** VIII 27.

1834 VIII 27, 29, IX 3, 12.

Marchese Angelo	Seipelt
Antonia	Ehnes
Rosa	F. Fux
Graf Alma	Tichatscheck

Marchese Oberto	F. Weinkopf
Pietro	Walther

A.128. Gelosia corretta, La
Melodramma semiseria in due Atti, di Luigi Romanelli. Musica del Maestro Pacini.
Per la prima volta: **1827** V 2.

1827 V 2, 4, 13 (II).

Enrico II.	David
La Contessa Clotilde	Dardanelli
Conte Anselmo	L. Pacini
Il Duca Ernesto	Berettoni
Eleonora	F. Franchetti
Edmondo	N. Dotti

A.129. Gemahl von ungefähr, Der
Ein komisches Singspiel in einem Aufzuge, nach dem Französischen.
Die Musik ist von Herrn Gyrowetz, Kapellmeister der k. k. Hoftheater.
Zum ersten Mahl: **1816** IX 26.

1816 IX 26, 27, X 7.

Freyherr von Dahlen	Weinmüller
Sophie	Bondra
Herr von Walter	Rosenfeld
Herr von Frohberg	Töpfer
Dübois	Caché
Bastian	Gottdank

A.130. General, Der
Ein komisches Singspiel in drey Aufzügen. Frey nach dem Französischen von Castelli.
Die Musik ist von Bochsa, Mitglied des Conservatoriums in Paris.
Zum ersten Mahl: **1815** IX 16.

1815 IX 16, 17, 19, 30, X 8, XI 5.

Kasimir Rißberg	Weinmüller
Frau von Riffenstein	Karl
Luise	Treml
Philipp Rißberg	Rosenfeld
Ulrich	Gottdank
Rochus	Chr. Demmer
Sauerstrauch	Perschl

A.131. Ginevra di Scozia
Opera italiana in due Atti. Poesia del Signor Rossi. Musica del Signor Mayer.
La gran Scena ed Aria nell 2do Atto della Signora Campi è composta tutt'afatto nuova dal Signor Maestro Liverati.

1811 V 8, 9, 31, VI 12, 26, VII 19, XII 10, 16, **1812** I 7.

Il Rè di Scozia	Saal
Ginevra	Campi
Polinesso	Siboni
Ariodante	Velluti

Lurcanio	Verri
Dalinda	C. Laucher (**1811** V 8–VII 19), Bondra (**1811** XII 10, 16, **1812** I 7)
Vafrino	Anders
Gran Solitario	A. Rösner

A.132. Giulietta e Romeo
Oper. Musik von Zingarelli.
[Zum ersten Mahle:] **1829** II 23.
1830 V 1: Melodramma tragico in tre Atti. Musica del Maestro Nicolo Zingarelli.

1829 II 23 (II/Szenen, III), 25 (II/Szenen, III), **1830** V 1, 3, 5, 10, 27.

Everardo	Rubini (**1830** V 1–27)
Romeo	Mdme. Pasta
Giulietta	Hähnel
Gilberto	Zuccoli (**1830** V 1–27)
Matilde	Frontini (**1830** V 1–27)
Teobaldo	Hölzel (**1830** V 1–27)

A.133. Glückliche Täuschung [L'inganno felice]
Oper in einem Aufzuge, aus dem Italienischen: L'inganno felice, übersetzt von Chr. Grünbaum.
Musik von Rossini.
Zum ersten Mahle [in deutscher Sprache]: **1823** X 30.
Vgl. A.150.

1823 X 30, 31, XI 2, 4, 6, 13, **1824** I 29, III 31, IV 21, 23, **1826** VI 19, VII 5, 9, 11, 17, VIII 29, IX 1, 5, X 9, XI 22, 27, XII 4, 16.

Herzog Bertrand	Jäger (**1823** X 30–XI 13), Haizinger (**1824** I 29–IV 23), M. Schuster (**1826** VI 19–XII 16)
Isabella	Vio (**1823** X 30–**1824** IV 23), F. Franchetti (**1826** VI 19–XII 16)
Ormondo	Weinkopf (**1823** X 30, 31), A. Fischer (**1823** XI 2–6, **1824** I 19), Elzner (**1823** XI 13), Preisinger (**1824** III 31–IV 23), J. Röckel (**1826** VI 19–XII 16)
Batton	Sieber (**1823** X 30–XI 13), Preisinger (**1824** I 29), A. Fischer (**1824** III 31–IV 23), Borschitzky (**1826** VI 19–XII 16)
Tarabotto	Zeltner

A.134. Graf Armand [Les deux journées]
Ein Schauspiel mit Gesang in drey Aufzügen. Nach den deux journées des Bouilly von Treitschke.
Die Musik ist von Cherubini.
Vgl. A.268.

1810 XI 27, XII 2, **1811** II 1, 18, III 6, 29, V 21, VI 16, VII 29, IX 16, 28, **1813** XI 7, 13, 22, **1814** III 13, VIII 17 (BT), 21 (BT).

Graf Armand	Ehlers (**1810** XI 27, **1811** II 1–VII 29, **1814** VIII 17, 21), Anders (**1810** XII 2), A. Neumann (**1811** IX 16–**1814** III 13)
Constanze	C. Ehlers (**1810** XI 27–**1811** V 21), Heurteur (**1811** VI 16), A. Laucher (**1811** VII 29–**1814** VIII 21)
Mikeli	Saal (**1810** XI 27–**1811** III 6, VI 16–**1814** VIII 21), I. Dirzka (**1811** III 29, V 21)
Daniel	Griebel (**1810** XI 27–**1811** IX 28, **1814** VIII 17, 21), Perschl (**1813** XI 7–**1814** III 13)
Antonio	A. Rösner (**1810** XI 27–**1811** VII 29, **1813** XI 7–**1814** III 13), J. Röckel (**1811** IX 16, 28), Gottdank (**1814** VIII 17, 21)
Marzelline	H. Forti (**1810** XI 27–**1811** VII 29), C. Laucher (**1811** IX 16, 28), Bondra (**1813** XI 7–**1814** VIII 21)

Semos	Wallascheck (**1810** XI 27–**1811** IX 28), Handl (**1813** XI 7–**1814** VIII 21)
Luise	F. Rösner (**1810** XI 27–**1814** III 13), Hölzel-Umlauf (**1814** VIII 17, 21)
Ein Hauptmann	Weinmüller (**1810** XI 27, XII 2, **1811** III 29, V 21, **1813** XI 7–**1814** III 13), I. Dirzka (**1811** II 1–III 6, VI 16–IX 28), Weinkopf (**1814** VIII 17, 21)
Ein Lieutenant	Frühwald
Erster Soldat	Perschl (**1810** XI 27–**1811** IX 28)
Zweiter Soldat	Kisling (**1810** XI 27–**1811** IX 28)

A.135. Graf Ory
Oper in zwey Acten, aus dem Französischen. Musik von Joachim Rossini.
Zum ersten Mahle: **1829** XI 3.

1829 XI 3, 4, 8, 11, 16, **1830** I 9, 19, VII 29, VIII 13.

Graf Ory	Cramolini (**1829** XI 3–16), Binder (**1830** I 9–VIII 13)
Dessen Gouverneur	Siebert
Isolier	Hähnel
Raimbaud	Hauser
Gräfinn Formontiers	Hardmeier
Ragonde	Bondra
Ein Landmädchen	Halfinger

A.136. Grenadier, Der
Ein Singspiel in einem Act, nach einer wahren Begebenheit.
Die Musik ist von Herr[n] Umlauff, Kapellmeister der k. k. Hoftheater.
Zum ersten Mahl: **1812** VII 8.
Die neue Decoration ist von den k. k. Hoftheatermahlern Melchior und Arrigoni gemahlt.

1812 VII 8, 9, 12, 14, 20, 24, 30, IX 1, 6, 15, 20, X 12, 26, XI 13, 24, **1813** I 4, 22, III 29, IV 20, IX 16, XI 17, XII 30, **1814** I 15, II 2, 17, III 17, IX 25, X 22, XI 7, **1815** II 15, VI 6, VII 5, 24, X 30, XI 17, **1816** VI 14, IX 11, X 18.

Der Grenadier	Vogl (**1812** VII 8–**1813** XII 30, **1815** VI 6–**1816** VI 14–X 18), Dunst (**1814** I 15–**1815** II 15)
Der Kaufmann	Weinmüller
Seine Tochter	Bondra
Seine Ladendienerinn	Treml (**1812** VII 8–**1815** XI 17), L. Müller (**1816** VI 14–X 18)
Ein Offizier	A. Neumann (**1812** VII 8–**1814** III 17), Stöger (**1814** IX 25–XI 19), Schelble (**1815** II 15–VII 24), E. Schröder (**1815** X 30–**1816** X 18)
Zwey Unteroffiziere	Saal
	Troger (**1812** VII 8–XI 24), Perschl (**1813** I 4–**1816** X 18)
Ein Gemeiner	Handl (**1812** VII 12–**1815** X 30)

A.137. Griselda, ossia: La virtu al cimento
Opera in due Atti. La Musica del Signor Ferdinando Paer.

1811 IV 3, 4, 6, 16, 18, V 4, XI 6, XII 6, **1813** XII 3.

Gualtieri	Siboni (**1811** IV 3–XII 6), Radicchi (**1813** XII 3)
Griselda	Sessi-Neumann
Giannucole	Verri (**1811** IV 3–XII 6), Bassi (**1813** XII 3)
La Ducchessa	Auenheim
Il Conte di Panago	Saal
Doristella	H. Forti (**1811** IV 3–XII 6), Kiker (**1813** XII 3)
Lisetta	A. Laucher
Lesbino	Frühwald

A.138. Guerra aperta, La
Dramma giocoso in due Atti. Musica del Signor Guglielmi.
Zum ersten Mahl: **1817** III 22.

1817 III 22, 24, 27.

Lucila	Valsovani-Spada
Capitano	Passanti
Marchese di Dorsan	Zucchelli
Barone	De Grecis
Baronessa	A. Rossi
Buttafoco	Giovanola
Frontino	Zambelli

A.139. Gulistan, oder: Der Hulla von Samarcanda
Oper in drey Aufzügen, aus dem Französischen des Herrn Etienne. Musik von Dalayrac.
[Neu einstudirt:] **1827** X 3.

1827 X 3, 5, 9, 22, XI 12.

Gulistan	Cramolini
Taher	Preisinger
Ein Unbekannter	Forti
Dilara	Fischer-Schwarzböck
Calaf	Beck
Ein Gesandter	Prinz

A.140. Gunst der Kleinen, Die, oder: Die Hintertreppe
Komische Oper in einem Aufzuge, aus dem Französischen. [Musik von Reuling.]
Zum ersten Mahle: **1833** X 4.

1833 X 4, 10, 13, 20, XI 19, XII 1, 14, **1834** I 12, II 10, IV 10, 19, V 12, VI 17, 26, VII 8, 24, VIII 18, IX 18, XI 26, XII 10, 30, **1835** VI 17, VII 28.

Ferdinand Wallbach	Discant
Peregrinus	E. Weiß
Ernestine	Burghard (**1833** X 4–**1834** VIII 18), Rosenberg (**1834** IX 18–XII 30), Au (**1835** VI 17, VII 28)
Edler von Blasius	Gottdank
Feinmann	Detroit
Nettchen	Löffler
Charles	Hölzel (**1833** X 4–**1834** VII 24, IX 18, XII 10–**1835** VII 28), Erl (**1834** VIII 18, XI 26)
Jean	Just
George	Tomaselli

A.141. Gute Nachricht
Ein Singspiel in einem Aufzuge von Friedrich Treitschke.
Die Musikstücke sind: Ouverture von J. N. Hummel. Nro. 1. von Mozart, 2. von Gyrowetz, 3. von Jos. Weigl, 4. und 5. von Hummel, 6. von Kanne, 7. von Hummel, und Schlußgesang 8. von Beethoven.
Zum ersten Mahl: **1814** IV 11.

1814 IV 11, 12, 14, 17, 24, V 3, 11 (BT), 14 (BT).

Bruno	Weinmüller
Hannchen	Treml

Robert	Ehlers
Stürmer	C. Demmer
Süßlich	Chr. Demmer
Ruthe	Saal
Schnepper	Perschl

A.142. Hausgesinde, Das
Komische Oper in einem Aufzuge, nach einer französischen Idee. Musik von weiland Fischer.
[Zum ersten Mahle:] **1824** V 1.
1831 IX 12: Komische Oper in einem Acte.

1824 V 1, 5, 9, 12, 16, VI 20, VII 28, VIII 27, **1825** II 10, **1827** V 27, **1831** IX 12, 14, 26, X 6, **1832** II 2, 25, III 5, IV 2, **1833** IV 25.

Kraft	Meier
Louise	C. Teimer (**1824** V 1–**1825** II 10), C. Dirzka (**1827** V 27)
Werner Vater	Prinz (**1824** V 1–**1825** II 10), Gned (**1827** V 27)
Werner Sohn	Elzner (**1824** V 1–**1825** II 10), Padewieth (**1827** V 27)
Lorenz	Hasenhut
Sabine	Demmer-Kneisel (**1824** V 1–**1825** II 10); Janatka (**1827** V 27)
Margarethe	Zapf (**1824** V 1–**1825** II 10), Berg (**1827** V 27)

A.143. Helene
Eine große Oper in drey Aufzügen.
Die Musik ist von Herrn Gyrowetz, Kapellmeister des k. k. Hoftheaters.
Zum ersten Mahl: **1816** II 16.
Die Decorationen sind sämmtlich neu von Hrn. Janitsch und de Pian k. k. Hoftheater-Mahlern.
Das Costüme ist nach den Zeichnungen des Hrn. v. Stubenrauch verfertigt.

1816 II 16, 17, 22, III 31, IV 2, 4, V 28, VI 8, 11, 18, 27, VII 2, IX 1, 17, X 1, 24.

Duglas	Weinmüller
Helene	Seidler-Wranitzky (**1816** II 16–IV 4), H. Forti (**1816** V 28–X 24)
Malcolm	Forti
Allan	Vogl
Normann	Rosenfeld
Roderich	Gottdank
Erster Feldherr	Chr. Demmer
Zweyter Feldherr	Prinz
Ein Krieger	Perschl

A.144. Herzens Wahl, Des
Operette in einem Aufzuge, nach einer Erzählung von K. G. Präzel.
Mit Musik von Reuling, Kapellmeister an diesem k. k. Hoftheater.
[Zum ersten Mahle:] **1832** IV 27.

1832 IV 27, V 2, 5, VI 2, 8.

Graf Erlach	Just
Gotthard	Gottdank
Margarethe	Bondra
Ulricke	Burghard
Thomas	Fischer
Robert	Fr. Henkel

A.145. Herzog von gestern, Der
Komische Oper in einem Aufzuge, nach St. Schütze's Lustspiel des gleichen Namens.
Zum ersten Mahle: **1834** VI 9.

1834 VI 9, 12, VIII 2, **1835** VI 25, VII 20, XI 5, XII 16.

Der Herzog	Just
Merg	Gottdank
Lischen	Löffler (**1834** VI 9–**1835** VII 20), F. Heinefetter (**1835** XI 5, XII 16)
Christian Wohlgemuth	Hölzel
Hochtrapp	Detroit
Schnellfuß	Discant

A.146. Hochzeit des Figaro, Die
Eine große Oper in zwey Aufzügen.
Die Musik ist von weil. Herrn Amade Mozart, Kapellmeister und k. k. Kammerkompositeur.
[Neu in die Scene gesetzt:] **1814** VII 1.
Neu in die Scene gesetzt: **1818** VII 30.
Neu in die Scene gesetzt: **1823** XII 14. Oper in zwey Aufzügen. Musik von W. A. Mozart.
Neu in die Scene gesetzt: **1829** XII 20.
Vgl. A.212.

1814 VII 1, 11, 15, X 25, **1815** VII 7, 12, 27, IX 2, 23, X 21, **1818** VII 30, 31, IX 2, 15, X 8, 20, 29, XI 19, XII 17, **1819** I 5, III 21, IV 20, V 2, VII 8, **1820** II 26, 27, IV 4, 6, V 30, VI 20, VII 1, **1821** VI 29, X 11, 15, **1822** IX 12, **1823** XII 14, 16, 19, **1829** XII 20, 27, **1830** I 2, 23, **1831** I 19, 21, IV 9, V 30.

Graf Almaviva	Forti (**1814** VII 1–**1815** X 21, **1822** IX 12, **1831** I 19–V 30), Vogl (**1818** VII 30–**1821** X 15), Wächter (**1823** XII 14–19), A. Fischer (**1829** XII 20–**1830** I 23)
Die Gräfinn	Hönig (**1814** VII 1–15, **1815** VII 7–IX 2), Milder-Hauptmann (**1814** X 25), Campi (**1814** IX 23, X 21), Th. Grünbaum (**1818** VII 30–**1830** I 23), Ernst (**1831** I 19–V 30)
Susanne	Buchwieser (**1814** VII 1–X 25), Treml (**1815** VII 7–X 21), Kraus-Wranitzky (**1818** VII 30–**1820** VII 1), Metzger-Vespermann (**1821** VI 29), Krüger-Aschenbrenner (**1821** X 11, 15), Seidler-Wranitzky (**1822** IX 12), Sontag (**1823** XII 14–19), Ernst (**1829** XII 20–**1830** I 23), S. Heinefetter (**1831** I 19–V 30)
Cherubin	H. Forti (**1814** VII 1–X 25), Bondra (**1815** VII 7–**1819** I 5, IV 20–**1821** X 15), H. Spitzeder (**1819** III 21), Vio (**1822** IX 12), Wächter-Wittmann (**1823** XII 14–19), C. Grünbaum (**1829** XII 20–**1830** I 23), M. Henkel (**1831** I 19–V 30)
Figaro	Weinmüller (**1814** VII 1–**1815** X 21), Forti (**1818** VII 30–**1819** VII 8, **1820** V 30–**1821** X 15, **1823** XII 14–19), J. Fischer (**1820** II 26–IV 6), Mosewius (**1822** IX 12), Siebert (**1829** XII 20), Hauser (**1829** XII 27–**1831** V 30)
Marzelline	Grünberg (**1814** VII 1–**1815** X 21), Hönig (**1818** VII 30–**1819** VII 8), K. Vogel (**1820** II 26–**1822** IX 12), Ball (**1823** XII 14–19), Bondra (**1829** XII 20–**1831** V 30)
Bartolo	Weinkopf (**1814** VII 1–**1815** X 21), Weinmüller (**1818** VII 30–**1822** IX 12), I. Dirzka (**1823** XII 14–19), Fr. Fischer (**1829** XII 20–**1831** V 30)
Basil	Gottdank
Gänsekopf (Gusmann)	Chr. Demmer (**1814** VII 1–**1822** IX 12), Elzner (**1823** XII 14–19), Stotz (**1829** XII 20–**1830** I 23), Huß (**1831** I 19–V 30)
Bärbchen	Spiri (**1814** VII 1–15), J. Demmer (**1814** X 25–**1815** VII 27, IX 23), L. Weber (**1815** IX 2, X 21), Demmer-Kneisel (**1818** VII 30–**1819** VII 8, **1820** IV 4–**1821** X 15, **1823** XII 14–19), Vio (**1820** II 26, 27), C. Teimer (**1822** IX 12), Diemar (**1829** XII 20–**1831** IV 9), Bruckner (**1831** V 30)
Antonio	P. Teimer (**1814** VII 1–**1815** X 21), Meier (**1818** VII 30–**1823** XII 19), Bartolemi (**1829** XII 20–**1830** I 23), Walther (**1831** I 19–V 30)

A.147. Hochzeit-Concert, Das
Singspiel in einem Acte. Musik von Herrn Engelbert Aigner.
Zum ersten Mahle: **1829** XI 28.
1829 XI 28, 29: Herr Leppen, Mitglied des Orchesters dieses k. k. Hoftheaters, wird die Ehre haben, in dem vorkommenden Concerte Variationen für die Violine, componirt von Bériot, vorzutragen.
1829 XII 2: Herr Nottes, Mitglied des Orchesters dieses k. k. Hoftheaters, wird die Ehre haben, in dem vorkommenden Concerte ein Potpourri, von Herrn Jansa für die Violine componirt, vorzutragen.
1829 XII 8: Herr Hellmesberger, zweyter Orchesterdirector an diesem k. k. Hoftheater, wird die Ehre haben, in dem vorkommenden Concerte neue Variationen, von Herrn Mayseder für die Violine componirt, vorzutragen.
1829 XII 21: Dlle. Josephine Eder wird die Ehre haben, die in dem Concerte vorkommenden Larghetto und Rondeau, für das Pianoforte von Herrn Ferdinand Ries componirt, vorzutragen.
1830 I 16: Herr Max Erlanger, Schüler des Herrn Mayseder, wird die Ehre haben, eine Polonaise, für die Violine componirt von Herrn Mayseder, in dem vorkommenden Concerte vorzutragen.
1830 I 31: Herr Schorsch, Mitglied des Orchesters dieses k. k. Hoftheaters, wird die Ehre haben, in dem vorkommenden Concerte ein Concertino für die Violine, componirt von Pechatscheck, vorzutragen.
1830 II 7: Herr Leppen, Mitglied des Orchesters dieses k. k. Hoftheaters, wird die Ehre haben, ein Concert für die Violine, componirt von L. Maurer, vorzutragen.
1830 III 11: Herr Franz Lang, Mitglied der k. Bayrischen Hofkapelle, wird die Ehre haben, ein Concertino für den Fagott, componirt von Cramer, vorzutragen.
1830 IV 20: Herr Carl Guschl, Schüler des Herrn Professors Helmesberger, wird die Ehre haben, Variationen für die Violine, von Herrn Mayseder componirt, vorzutragen.
1830 IV 30: Herr Schorsch, Mitglied des Orchesters dieses k. k. Hoftheaters, wird die Ehre haben, ein Adagio und Rondo für die Violine, componirt von Herrn Jansa, vorzutragen.
1830 V 13: Herr Joseph Jany wird die Ehre haben, Variationen für das Pianoforte, mit Begleitung des Orchesters, von ihm componirt, vorzutragen.
1830 V 31: Madame Rosa Ludwig wird die Ehre haben, den ersten Satz des Concertes aus H-moll, von Hummel, auf dem Pianoforte vorzutragen.

1829 XI 28, 29, XII 2, 8, 21, **1830** I 16, 31, II 7, III 11, IV 20, 30, V 13, 31.

Henriette	C. Grünbaum
Baron Waldberg	Fr. Fischer (**1829** XI 28–**1830** I 31, III 11–V 31), Hr. Demmer (**1830** II 7)
Marquis St. Emile	Cramolini
Lord Howard	Hr. Demmer (**1829** XI 28–**1830** I 16, III 11–V 31), Hölzel (**1830** I 31), Fr. Fischer (**1830** II 7)
Robert Buckson	Gottdank (**1829** XI 28–**1830** I 16, III 11–V 31), Fr. Demmer (**1830** I 31), Stotz (**1830** II 7)
Betty	Diemar
Egwin	Holzmiller (**1829** XI 28–XII 2, **1830** II 7, III 11), Wanderer (**1829** XII 8–**1830** I 31), Hölzel (**1830** IV 20–V 31)

A.148. Hölzerne Säbel, Der
Singspiel in einem Acte. Die Musik ist aus den Werken W. A. Mozart's gezogen, und von Hrn. Kapellmeister I. R. v. Seyfried zur scenischen Darstellung eingerichtet.
Zum ersten Mahle: **1830** VIII 21.
Herr F. Demmer, Regisseur an diesem k. k. Hoftheater, hat das Singspiel in die Scene gesetzt.

1830 VIII 21, 22, 24, 28, 30.

Der Herzog	Fr. Demmer
Obrist Erlen	Hölzel
Lamm	Gottdank
Mieke	Bondra
Rose	Fischer-Achten

Heinrich Frisch	Hauser
Peter Wacker	Hanotscheck
Krug	Stotz

A.149. Idomeneus

Ernsthafte Oper in drey Aufzügen. Nach dem Italienischen frey bearbeitet von Friedrich Treitschke.
Musik von W. A. Mozart.
[Neu in die Scene gesetzt:] **1819** XI 25.
Die neuen Decorationen sind von den Herren Janitz, de Pian und Gail, k. k. Hoftheatermahlern.
Das Costume nach der Angabe des Herrn von Stubenrauch.

1819 XI 25, 30, XII 18, 28, **1820** I 27.

Idomeneus	Vogl
Idamant	Waldmüller
Ilia	Kraus-Wranitzky
Electra	Lembert
Arbaces	Saal
Der Oberpriester	Siebert
Ein Bothe	Frühwald

A.150. Inganno felice, L'

Farsa Semiseria in un'Atto. Musica del Sign. Gioacchino Rossini.
Zum ersten Mahl: **1816** XI 26.
1817 II 8, 11: Mit Abkürzungen.
Zum ersten Mahle: **1824** VIII 18.
1824 IX 6: Zum Schlusse wird Herr Henry mit Mad. Bretel und Dlle. Ramacini ein Pas de trois, dann Herr Hullin mit Dlle. Vaquemoulin ein Pas de deux zu tanzen die Ehre haben.
Vgl. A.133.

1816 XI 26, **1817** II 8, 11, 18, 24, III 4, 7, 17, 26, **1824** VIII 18, 19, IX 6, **1825** II 11, **1827** III 17, VIII 16, 17.

Bertrando	De Vecchi (**1816** XI 26–**1817** III 26), David (**1824** VIII 18–IX 6), Rubini (**1825** II 11), Monelli (**1827** III 17–VIII 17)
Isabella	Valsovani-Spada (**1816** XI 26–**1817** III 26), Fodor-Mainvielle (**1824** VIII 18–**1825** II 11), Schechner (**1827** III 17), Krainz-Hoffmann (**1827** VIII 16, 17)
Ormondo	Zambelli (**1816** XI 26–**1817** III 26), Ciccimarra (**1824** VIII 18–**1825** II 11), Radicchi (**1827** III 17–VIII 17)
Batone	Zucchelli (**1816** XI 26–**1817** III 26), Botticelli (**1824** VIII 18–**1825** II 11), Santini (**1827** III 17), Berettoni (**1827** VIII 16, 17)
Tarabotto	Graziani (**1816** XI 26–**1817** III 26), Bassi (**1824** VIII 18–**1825** II 11), Lablache (**1827** III 17–VIII 17)

A.151. Insulanerinnen, Die

Oper in zwey Aufzügen, nach Metastasio.
Musik von Herrn Conradin Kreutzer, Kapellmeister am k. k. Hoftheater nächst dem Kärnthnerthore.
Zum ersten Mahle: **1829** II 11.

1829 II 11, 12, III 30, 31, IV 24, V 25.

Constanze	N. Hillebrand
Laura	Fischer-Achten
Fernando	Holzmiller
Alphonso	Wanderer
Pedro	Fr. Fischer

A.152. Iphigenia auf Tauris

Eine tragische Oper in 4 Aufzügen mit Ballett.
Die Musik der Oper und der Balletts ist von Ritter Gluck.
[Neu in die Scene gesetzt:] **1817** X 4.
Die Tänze sind von Hrn. Aumer, Balletmeister der k. k. Hoftheater.
1831 VIII 24: Tragische Oper in drey Aufzügen, nach dem Französischen des Guillard.

1811 VI 11, 20, VII 1, 12, 24, X 11, 24, XI 5, 28, **1812** I 14, II 26, V 9, 15, VI 20, VII 17, XI 2, **1813** I 5, 23, **1814** II 12, 24, III 22, V 19, **1815** IV 5, 13, 23, V 6, VII 1, **1817** X 4, 7, XI 4, 11, **1818** VII 27, XI 21, XII 27, **1819** II 6, 27, IV 1, V 6, **1831** VIII 24, 26, 29, IX 6, X 5, **1832** III 15, IX 6, **1834** XII 17, 27, **1835** I 5, VII 27, **1836** III 17.

Iphigenia	Milder-Hauptmann (**1811** VII 11–**1815** V 6, **1836** III 17), Seidler-Wranitzky (**1815** VII 1), Lembert (**1817** X 4–**1819** V 6), Ernst (**1831** VIII 24–**1835** VII 27)
Orestes	Vogl (**1811** VII 11–**1819** V 6), Wild (**1831** VIII 24–**1835** VII 27), F. Weinkopf (**1836** III 17)
Pylades	Anders (**1811** VI 11, 20, VII 24–XI 5, **1812** II 26–**1813** I 23), Ehlers (**1811** VII 1), G. Weixelbaum (**1811** VII 12), Mohrhardt (**1811** XI 28, **1812** I 14), Radicchi (**1814** II 12–**1817** XI 11, **1818** XI 21–**1819** IV 1), Gerstäcker (**1818** VII 27), Stümer (**1819** V 6), Binder (**1831** VIII 24–**1836** III 17)
Thoas	Weinmüller (**1811** VI 11–**1815** VII 1), Forti (**1817** X 4–**1819** V 6), Staudigl (**1831** VIII 24–**1832** IX 6), Oberhoffer (**1834** XII 17–**1835** VII 27), Bieling (**1836** III 17)
Diana	Grünberg (**1811** VI 11–**1815** VII 1), A. Laucher (**1817** X 4–**1819** V 6), Schodel (**1831** VIII 24–X 5), Schnitt (**1832** III 15, IX 6), Ehnes (**1834** XII 17–**1835** VII 27), M. Henkel (**1836** III 17)
Zwey Priesterinnen	C. Laucher (**1811** VI 11–XI 28), Bondra (**1812** V 9–**1813** I 23), **1831** VIII 24–**1836** III 17), Karl (**1815** IV 5–VII 1), Hornick-Pistrich (**1817** X 4–XI 11), Moreau (**1818** VII 27–XII 27, **1819** II 27, V 6), Altenburger (**1819** II 6, IV 1)
	Bondra (**1811** VI 11–VII 24, **1812** I 14, II 26), Kiker (**1812** V 9–**1814** III 22), Karl (**1814** V 19), Hornick-Pistrich (**1815** IV 5–VII 1), J. Hornick (**1817** X 4–XI 11), Müller-Wilhelm (**1818** VII 27), Wächter-Wittmann (**1818** XI 21–**1819** V 6), Rosenberg (**1831** VIII 24–**1835** I 5), T. Hölzel (**1835** VII 27)
Ein Scythe	A. Rösner (**1811** VI 11–VII 24, X 24–**1814** III 22), Saal (**1811** X 11), Frühwald (**1814** V 19–**1815** VII 1), Weinkopf (**1817** X 4–**1819** V 6), Hölzel (**1831** VIII 24–X 5, **1832** IX 6–**1836** III 17), Donua (**1832** III 15)
Scythen	Laville (**1831** VIII 24–29, **1832** III 15, **1834** XII 17–**1836** III 17)
	F. Massini (**1831** VIII 24–X 5)
	Kohlenberg (**1831** VIII 24–**1835** I 5), Pitrot (**1835** VII 27, **1836** III 17)
	Pitrot (**1831** VIII 24–**1835** I 5), Opfermann (**1835** VII 27, **1836** III 17)
	Francesko (**1832** IX 6)

A.153. Irrsinn und Irrthum

Komische Oper in einem Acte, aus dem Französischen des Desaugiers.
Musik von W. Reuling, Kapellmeister an diesem k. k. Hoftheater.
Zum ersten Mahle: **1834** III 21.

1834 III 21, IV 1.

Doctor Groll	Gottdank
Lorchen	Burghard
Eduard Flaus	Discant
Ocularius	Detroit
Peter	E. Weiß

A.154. Italiana in Algeri, L'
Opera in due Atti. Musica di G. Rossini.
Zum ersten Mahl: **1817** II 15.
1824 V 20: Melodramma giocoso in due Atti.
1828 I 20–III 13: Am Schlusse wird Herr Tamburini die Ehre haben, eine Arie, von Herrn Pacini componirt, zu singen.
Vgl. A.155.

1817 II 15, 17, 22, III 1, **1824** V 20, 22, 24, 26, 31, VI 7 (II), 19, 23, VII 20, **1825** I 31, II 4, 27 (I), III 2, 15, 19, **1827** VIII 20, 31, IX 3, 22 (I), X 11, 14 (I), 16 (II), 24, 30 (I), XI 14 (I), 17 (II), XII 4 (II), 6 (I), 8 (II), **1828** I 20, 21, 25, II 4, 16, III 7, 13.

Mustafà	De Grecis (**1817** II 15–III 1), Botticelli (**1824** V 20–**1825** III 19), Berettoni (**1827** VIII 20–XII 8), Tamburini (**1828** I 20–III 13)
Elvira	A. Rossi (**1817** II 15, 17), Fontana (**1817** II 22, III 1), Th. Grünbaum (**1824** V 20–VII 20), Dardanelli (**1825** I 31–III 19), F. Franchetti (**1827** VIII 20–XII 8), Schnitt (**1828** I 20–III 13)
Zulma	Pescatori (**1817** II 15–III 1), Unger (**1824** V 20–**1825** III 19), F. Dotti (**1827** VIII 20–**1828** III 13)
Haly	Giovanola (**1817** II 15–III 1), Rauscher (**1824** V 20–VII 20, **1825** III 15, 19), Difranco (**1825** I 31–III 2), Preisinger (**1827** VIII 20–**1828** II 16), Beck (**1828** III 7, 13)
Lindoro	De Vecchi (**1817** II 15–III 1), Rubini (**1824** V 20–**1825** III 19, **1828** I 20–III 13), Monelli (**1827** VIII 20–XII 8)
Isabella	Borgondio (**1817** II 15–III 1), Comelli-Rubini (**1824** V 20–**1825** III 19, **1828** I 20–III 13), Cori-Paltoni (**1827** VIII 20–IX 22), De-Vechi (**1827** X 11–XII 8)
Taddeo	Graziani (**1817** II 15–III 1), Bassi (**1824** V 20–**1825** III 19), L. Pacini (**1827** VIII 20–**1828** III 13)

A.155. Italienerinn in Algier, Die
Komische Oper in zwey Aufzügen. Die Musik ist von Joachim Rossini.
[Zum ersten Mahle in deutscher Sprache:] **1822** II 18.
Vgl. A.154.

1822 II 18, III 13, IV 23, XI 11, XII 10, **1823** VI 8, VII 10.

Mustapha	Seipelt (**1822** II 18, III 13, XI 11), Gned (**1822** IV 23), Sieber (**1822** XII 10–**1823** VII 10)
Elvira	Fröhlich (**1822** II 18, III 13), H. Spitzeder (**1822** IV 23–**1823** VII 10)
Zulma	Dermer (**1822** II 18–XII 10), C. Teimer (**1823** VI 8, VII 10)
Aly	Schwarzböck (**1822** II 18–IV 23), Weinkopf (**1822** XI 11, XII 10, **1823** VII 10), Urban (**1823** VI 8)
Lindoro	Jäger (**1822** II 18, **1823** VI 8, VII 10), Haizinger (**1822** III 13–XII 10)
Isabella	Schütz-Oldosi (**1822** II 18, XI 11–**1823** VII 10), Hornick-Pistrich (**1822** III 13, IV 23)
Thaddäus	J. Spitzeder

A.156. Jeannot und Colin
Eine komische Oper in drey Aufzügen. Nach Etienne, von I. F. Castelli.
Die Musik ist von Nicolo Isouard.
Zum ersten Mahl: **1815** XI 9.
Die Decorationen sind neu von Hrn. Janitz und de Pian, k. k. Hoftheater-Mahlern.

1815 XI 9, 11, 14, 16, 19, XII 5, 10, 26, **1816** I 4, 16, 30.

Jeannot	Forti
Therese	Seidler-Wranitzky
Colin	Wild (**1815** XI 9–19), Rosenfeld (**1815** XII 5–**1816** I 30)
Colette	Bondra
Die Gräfinn	Treml (**1815** XI 9–19), A. Laucher (**1815** XII 5–**1816** I 30)
Chevalier Lucival	E. Schröder
Pierre	Gottdank
Henry	Perschl
Charles	Prinz
Picard	Dunst

A.157. Jery und Baetely

Ein Singspiel in einem Aufzuge, von Goethe. In Musik gesetzt von Conradin Kreutzer.

1811 III 17, 30.

Ein Bauer	I. Dirzka
Bätely	A. Laucher
Jery	Ehlers
Thomas	Chr. Demmer

A.158. Joconde, oder: Die Abenteurer

Eine komische Oper in drey Aufzügen. Nach Etienne, von J. R. von Seyfried.
Die Musik ist von Nicolo Isouard.
Zum ersten Mahl: **1815** IV 1.
Die neuen Decorationen sind von Hrn. Janitz und Scharhan, k. k. Hoftheatermahlern.
Neu in die Scene gesetzt: **1824** II 25.

1815 IV 1, 2, 6, 24, V 5, 10, 20, VI 1, 9, VII 18, 30, X 12, 17, 26, XI 7, 23, **1816** I 18, III 23, XI 30, XII 1, 14, 31, **1817** II 1, 12, 23, III 6, VI 15, 21, VI 3, 14, 21, XI 9, 16, **1818** I 18, **1819** XII 30, **1820** I 2, 8, 13, II 1, 15, XII 5, 7, 28, 31, **1822** III 1, 5, **1824** II 25, III 1, 6, 12, **1831** I 28, 30, II 9, 17, 19, 26, III 11, 18, VI 29, VII 2, 19, XI 11, **1832** I 24, III 24, **1833** I 24, IV 23, V 19, VI 11, IX 7, **1834** XII 19.

Graf Robert	Forti
Joconde	Wild (**1815** IV 1–**1816** III 23, **1820** XII 5–31, **1831** I 28–**1833** I 24, IX 7, **1834** XII 19), Rosenfeld (**1816** XI 30–**1820** II 15), Rosner (**1822** III 1, 5), Cramolini (**1824** II 25–III 12, **1833** IV 23–VI 11)
Lysander	Weinkopf (**1815** IV 1–**1820** XII 31, **1824** III 1–12, **1833** IV 23, VI 11), Zeltner (**1822** III 1–**1824** II 25), Fischer (**1831** I 28–**1832** III 24), Just (**1833** I 24, V 19, IX 7, **1834** XII 19)
Der Amtmann	Meier (**1815** IV 1–**1816** III 23, **1820** I 8–**1822** III 5, **1824** II 25–III 12), Chr. Demmer (**1816** XI 30–**1820** I 2), Walther (**1831** I 28–III 18, VII 2–**1834** XII 9), Seipelt (**1831** VI 29)
Rond	Gottdank
Mathilde	H. Forti (**1815** IV 1–**1816** III 23, **1817** III 6–IV 21, **1818** I 18), Teyber (**1816** XI 30–**1817** II 23, VI 3–XI 16), Bondra (**1819** XII 30–**1824** III 12), M. Henkel (**1831** I 28, 30, III 18, **1833** V 19), Hofer (**1831** II 9–III 11), Schodel (**1831** VI 29–**1833** I 24, **1834** XII 19), H. Henkel (**1833** IV 23, VI 11, IX 7)
Edile	Seidler-Wranitzky (**1815** IV 1–**1816** III 23), Kraus-Wranitzky (**1816** XI 30–**1820** II 15), Th. Grünbaum (**1820** XII 5–31), Schröder-Devrient (**1822** III 1, 5), Sontag (**1824** II 25–III 12), Ernst (**1831** I 28, 30, III 18–**1834** XII 19), M. Henkel (**1831** II 9–III 11)

Hannchen	Bondra (**1815** IV 1–**1818** I 18), Vio (**1819** XII 30–**1824** III 12), Fischer-Achten (**1831** I 28–VII 19, **1832** I 24, III 24), M. Henkel (**1831** XI 11, **1833** I 24, IV 23, VI 11, IX 7), Au (**1833** V 19), Bruckner (**1834** XII 19)
Lucas	Treml (**1815** IV 1–**1815** XI 23), A. Laucher (**1816** I 18–**1820** XII 31), Unger (**1822** III 1), Demmer-Kneisel (**1822** III 5–**1824** III 12), Frontini (**1831** I 28–**1833** IX 7), Botgorscheck (**1834** XII 19)

A.159. Johann von Paris

Eine komische Oper in zwey Aufzügen. Nach dem Französischen des St. Just von I. F. Castelli.
Die Musik ist von Herrn Boieldieu.
Zum ersten Mahl: **1812** VIII 28.
Die neuen Decorationen sind von den Herren Melchior und Arrigoni, k. k. Hoftheatermahlern gemahlt. Das Costume ist nach den Zeichnungen des Herrn von Stubenrauch verfertigt.
[Neu einstudiert:] **1817** IV 10.
Nach dem Französischen des St. Just, von J. R. v. Seyfried.
1821 XII 4: Dlle. Milliere, Dlle. Heberle und Hr. Rozier werden im zweyten Aufzuge der Oper, ein Terzett von der Erfindung des Hrn. Rozier, Musik vom Hrn. Grafen W. Robert von Gallenberg tanzen.
1823 VI 15: Dlle. Perceval wird die Ehre haben, während der Oper ein Pas de deux mit Herrn Samengo zu tanzen.
1835 X 23, XI 13: Dlle. Carl wird die Ehre haben, im zweiten Acte eine Arie aus der Oper Sigismondo, von Rossini, und eine Arie aus der Oper Bianca e Fernando, von Bellini, beide in italienischer Sprache vorzutragen.

1812 VIII 28, 29, 31, IX 3, 7, 11, IX 13, 16, 18, 23, 27, X 2, 8, 11, 18, XI 17, 23, 25, XII 6, 8, 13, 18, 28, **1813** I 1, 11, 25, II 21, 28, IV 2, V 12, VI 15, 26, 30, VII 31, XI 3, XII 16, 28, **1814** I 14, 27, II 16, V 5, XI 8, 13, XII 8, 13, 28, **1815** I 4, 11, **1816** II 10, 13, 25, **1817** IV 10, 12, 24, 29, V 17, IX 11, XI 2, 25, XII 14, 30, **1818** I 13, II 2, 8, V 28, VI 1, VII 9, 19, 25, VIII 5, X 10, XI 22, 28, XII 5, 11, **1819** I 30, II 12, III 13, IV 27, V 25, VI 8, 16, VII 18, IX 7, X 8, 23, XI 27, **1820** I 11, 20, II 17, IV 20, V 23, VI 18, VII 2, 30, IX 3, 28, XI 26, **1821** V 16, XI 22, 28, XII 4, **1822** III 21, VIII 23, IX 7, **1823** VI 15 (II), VII 1 (I), 27 (I), VIII 10 (I), IX 14 (I), X 21 (I), **1827** XI 1 (I), 2 (I), 20 (I), 24 (I), X 8 (I), XI 11 (I), 27 (I), **1828** I 18, **1832** VI 30, XI 16, **1833** I 17, II 12, III 23, V 8, VII 10, **1835** X 23, XI 13.

Prinzessinn von Navarra	A. Laucher (**1812** VIII 28–X 18, XII 6–**1813** VI 15, XI 3–**1814** II 16), Milder-Hauptmann (**1812** XI 17–25), Th. Grünbaum (**1813** VI 26–VII 31, **1818** VII 25, XII 11, **1819** IX 7, **1820** IX 28–**1822** III 21, IX 7, **1823** VII 1–X 21), Sessi-Neumann (**1814** V 5–XII 28), Pfeiffer (**1815** I 4, 11), Seidler-Wranitzky (**1816** II 10–25, **1822** VIII 23), Kraus-Wranitzky (**1817** IV 10–**1818** VII 19, IX 10–XII 5, **1819** I 30–VII 18, X 8–**1820** VII 30), Ambrosch-Becker (**1820** IX 3), H. Spitzeder (**1823** VI 15), Fink (**1827** IX 1–XI 27), Schnitt (**1828** I 18), Ernst (**1832** VI 30), Löwe (**1832** XI 16–**1833** VII 10), H. Carl (**1835** X 23, XI 13)
Der Großseneschal	Chr. Demmer (**1812** VIII 28–**1814** V 5, **1816** II 25, **1820** IX 3), Forti (**1814** XI 8–XII 13, **1832** VI 30–**1833** V 8, **1835** X 23), C. Demmer (**1814** XI 28–**1816** II 13, **1817** IV 10–**1818** VI 1, **1819** IX 7, **1820** IV 20, VI 18), Siebert (**1818** VII 9–**1819** VII 18, X 8–**1820** II 17, V 23, VII 2, 30, IX 28–**1821** XI 28), Seipelt (**1821** XII 4, **1823** VI 15–X 21, **1833** VII 10), Zeltner (**1822** III 21), Mosewius (**1822** VIII 23, IX 7), Borschitzky (**1827** IX 1–**1828** I 18), Hammermeister (**1835** XI 13)
Johann von Paris	Mohrhardt (**1812** VIII 28–**1813** VI 15), Chr. Grünbaum (**1813** VI 26–VII 31), Ehlers (**1813** XI 3–**1814** II 16), Wild (**1814** V 5–**1815** I 11, **1820** XI 26), Stöger (**1816** II 10–25), Rosenfeld (**1817** IV 10–V 17, XI 2–XII 14, **1818** IX 10–**1819** IV 27, **1820** I 11–II 17, VI 18–IX 3, **1821** XI 22, 28), Babnigg (**1817** IX 11, **1819** V 25, VII 18–XI 27, **1820** IV 20, V 23), Miller (**1817** XII 30–**1818** VI 1, VII 19, 25), Gerstäcker (**1818** VII 9, **1821** V 16), Nieser (**1819** VI 8, 16), Löhle (**1820** IX 28), Jäger (**1821** XII 4–**1823** X 21), Beer (**1827** IX 1–XI 27), Beils

	(**1828** I 18), Breiting (**1832** VI 30–**1833** V 8), Vetter (**1833** VII 10), Binder (**1835** X 23, XI 13)
Olivier	Treml (**1812** VIII 28–**1815** I 11), H. Forti (**1816** II 10–**1817** IX 11, XI 25, XII 14, **1818** I 13–II 8), Müller-Wilhelm (**1817** XI 2, XII 30, **1818** V 28–IX 10), A. Laucher (**1818** XI 22, XII 5–**1819** XI 27), Nowack (**1818** XI 28), Vio (**1820** I 11–**1821** XII 4, **1822** VIII 23–**1823** X 21), Hornick-Pistrich (**1822** III 21), Leißring (**1827** IX 1–**1828** I 18), M. Henkel (**1832** VI 30–**1833** II 12), C. Heinefetter (**1833** III 23–VI 10), Bruckner (**1835** X 23, XI 13)
Pedrigo	Weinmüller (**1812** VIII 28–**1823** X 21), Preisinger (**1827** IX 1–**1828** I 18), Walther (**1832** VI 30–**1833** VII 10, **1835** XI 13), Seipelt (**1835** X 23)
Lorezza	Bondra (**1812** VIII 28–**1814** V 5), Josepha Demmer (**1814** XI 8–**1816** II 25), Hornick-Pistrich (**1817** IV 10–XI 2), Müller-Wilhelm (**1817** XI 25), Demmer-Kneisel (**1817** XII 14–**1819** XI 27, **1820** IV 20–**1821** V 16, XII 4, **1822** VIII 23–**1823** VII 1), Altenburger (**1820** I 11–II 17, **1821** XI 22, 28), Berg (**1822** III 21, **1823** VII 27–X 21), Janatka (**1827** IX 1–**1828** I 18), Stetter (**1832** VI 30, XI 16), Löffler (**1833** I 17–VII 10), Au (**1835** X 23, XI 13)
Ein Aufwärter	Handl (**1812** VIII 29–**1815** I 11), Perschl (**1816** II 10–**1820** I 20, IV 20–**1821** XII 4), Kisling (**1820** II 17, **1822** III 21–**1823** X 21), Prinz (**1827** IX 1–**1828** I 18)

A.160. Joseph und seine Brüder
Eine Oper in drey Aufzügen. Aus dem Französischen des Alexander Duval, von F. J. Hassaureck.
Die Musik ist von Herrn Mehul, einem der Inspectoren des Conservatoriums zu Paris.
Zum ersten Mahl: **1815** VI 14.
[Neu in die Scene gesetzt:] **1818** III 31.
Die Decorationen sind neu von Herrn Janitsch und de Pian.
1828 I 19: Historisches Drama mit Musik, in drey Aufzügen.

1815 VI 14, 16, 19, 24, 28, VII 11, 20, 28, 31, IX 1, 5, 12, 21, 26, X 5, 14, 24, XI 4, 12, **1816** I 2, 13, III 26, 30, IV 6, V 7, 11, 25, VI 1, 4, VII 30, IX 28, X 12, 15, 19, 31, XI 7, 18, 24, XII 5, **1817** I 26, IV 8, V 3, 8, 29, VI 12, 26, IX 6, 13, **1818** III 31, IV 2, 9, 18, 21, V 2, 11, VI 16, VII 7, 16, IX 6, 17, 26, X 6, 15, XI 12, XII 8, 15, **1819** I 14, II 4, 20, III 6, 20, VI 13, 17, IX 18, X 2, 30, XII 16, **1820** I 6, 22, II 12, III 12, IV 16, V 2, 25, VI 24, XI 19, X 1, 23, XI 16, 23, 25, XII 21, **1821** II 6, III 13, 27, VI 17, VII 8, **1822** I 31, II 6, **1828** I 19, 23, 26, II 2, 24, III 29, **1829** VI 27, VII 4, 11, VIII 8, 20, **1830** III 5, IV 28, VI 27, **1831** I 15, 22, II 5, **1832** IX 15, 29, **1833** VII 20.

Jakob	Vogl (**1815** VI 14–**1822** II 6), Forti (**1828** I 19–III 29), Hauser (**1829** VI 27–**1831** II 5), Oberhoffer (**1832** IX 15–**1833** VII 20)
Joseph	Wild (**1815** VI 14–**1816** VI 4, **1820** XI 16–XII 21, **1829** VI 27–VII 11, **1831** I 15–II 5), Rebenstein (**1816** VII 30), Zimmermann (**1816** IX 28), Rosenfeld (**1816** X 12–**1817** VI 26, **1818** XI 12–**1819** III 20, IX 18, **1820** I 6–III 12, IX 19, X 23, **1821** II 6–VI 17, **1822** II 6), Babnigg (**1817** IX 6, 13, **1819** X 2–XII 16, **1820** IV 16, V 2), Miller (**1818** III 31–VI 16, IX 6–X 15), Gerstäcker (**1818** VII 7, 16), Stümer (**1819** VI 13, 17), Ehlers (**1820** V 25), Bergmann (**1820** VI 24), Löhle (**1820** X 1), Moltke (**1821** VII 8), Cramolini (**1828** I 19–III 29, **1829** VIII 8–**1830** VI 27), Schäffer (**1832** IX 15, 29), Vetter (**1833** VII 20)
Simeon	Gottdank (**1815** VI 14–19, 28–**1829** VIII 20, **1830** VI 27–**1833** VII 20), E. Schröder (**1815** VI 24), A. Fischer (**1830** III 5, IV 28)
Benjamin	Bondra (**1815** VI 14–**1822** II 6), Krainz-Hoffmann (**1828** I 19–II 24), Fischer-Achten (**1828** III 29–**1831** II 5), Au (**1832** IX 15–**1833** VII 20)
Ruben	Weinkopf (**1815** VI 14–**1821** VII 8), Prinz (**1822** I 31, II 6), J. Röckel (**1828** I 19–II 24), Ruprecht (**1828** III 29–**1833** VII 20)
Nephtali	Chr. Demmer (**1815** VI 14–**1817** IX 6, **1818** III 31–**1822** II 6), C. Demmer (**1817** IX 13), A. Müller (**1828** I 19–III 29), Stotz (**1829** VI 27–**1830** VI 27), Fr. Demmer (**1831** I 15–II 5), Hölzel (**1832** IX 15–**1833** VII 20)

Manasses	Frühwald (**1815** VI 14–**1819** III 20, VI 17–**1821** VII 8), Prinz (**1819** VI 13), Grill (**1822** I 31, II 6), Ruprecht (**1828** I 19–II 24), Strauß (**1828** III 29), Emminger (**1829** VI 27–**1831** II 5), Tichatscheck (**1832** IX 15–**1833** VII 20)
Utobal	Saal (**1815** VI 14–**1821** VII 8), Weinkopf (**1822** I 31, II 6), Beck (**1828** I 19–III 29), Bartolemi (**1829** VI 27–**1830** VI 27), Walther (**1831** I 15–**1833** VII 20)
Ein Anführer	Handl (**1815** VI 14–24), Segatta (**1815** VI 28), Perschl (**1815** VII 11–**1821** VII 8), Kisling (**1822** I 31, II 6), Prinz (**1828** I 19–III 29), Huß (**1829** VI 27–**1832** IX 29), Heim (**1833** VII 20)
Ein junges Mädchen	Hornick-Pistrich (**1815** VI 14–**1816** XII 5, **1817** VI 12–IX 13), J. Hornick (**1817** I 26–V 29), Wächter-Wittmann (**1818** III 31–**1819** VI 17), Ball (**1820** VI 24–**1821** VII 8)

A.161. Jüdinn, Die
Große Oper in fünf Aufzügen, mit Divertissement, nach dem Französischen des Scribe. Musik von Halevy.
Zum ersten Mahle: **1836** III 3.
Die neuen Decorationen sind von den Herren Millitz, Scharhan und Schlögl, k. k. Hoftheatermahlern.

1836 III 3, 5, 7, 10, 12, 15, 20.

Graf Arnauld	Binder
Isabelle	Löwe
Gilbert de St. Mars	Staudigl
Albert	Hölzel
Eleazar	Breiting
Sara	C. Heinefetter
Theobald	Seipelt

A.162. Jugend Peter's, des Großen, Die
Ein Singspiel in drey Aufzügen. Nach Bouilly frey bearbeitet von F. Treitschke.
Die Musik ist von Hrn. Joseph Weigl, erstem Kapellmeister der k. k. Hoftheater.
Zum ersten Mahl: **1814** XII 10.
Die Decorationen sind neu von Hrn. de Pian und Arrigoni k. k. Hoftheatermahlern.
1826 IV 29: Jugend Peter des Großen, Die

1814 XII 10, 11, 14, 18, 26, **1815** I 2, 8, **1826** IV 29, 30, V 3, 5, VI 23.

Peter der Große	Forti (**1814** XII 10–**1815** I 8), Cramolini (**1826** IV 29–VI 23)
Lefort	Saal (**1814** XII 10–**1815** I 8), Fürst (**1826** IV 29–VI 23)
Menzikoff	Laroche (**1814** XII 10–**1815** I 8), Walser (**1826** IV 29–VI 23)
Chatinka	Milder-Hauptmann (**1814** XII 10–**1815** I 8), B. Schröder (**1826** IV 29–VI 23)
Gregori	Weinmüller (**1814** XII 10–**1815** I 8), Preisinger (**1826** IV 29–VI 23)
Feodora	Karl (**1814** XII 10–**1815** I 8), Bondra (**1826** IV 29–VI 23)
Marina	Bondra (**1814** XII 10–**1815** I 8), Töpfermann (**1826** IV 29–VI 23)
Iwan	Frühwald (**1814** XII 10–**1815** I 8), A. Müller (**1826** IV 29–VI 23)
Wasili	C. Demmer (**1814** XII 10–**1815** I 8), Meier (**1826** IV 29–VI 23)
Der Gerichtsschreiber	Chr. Demmer (**1814** XII 10–**1815** I 8), Gottdank (**1826** IV 29–VI 23)

A.163. Junge Onkel, Der
Operette in einem Aufzuge. Aus dem Französischen. Musik von Schoberlechner.
Zum ersten Mahle: **1822** I 14.

1822 I 14, 19, 21, 25, 29, II 3, III 16, IV 13, **1823** VI 3.

Herr von Dupont	Rosner
Folleville	Nestroy

Sophie von Dupont	Bondra
Nancy	K. Vogel
Germain	Zeltner
Champagne	Chr. Demmer
Ein Jokey	Heckermann (**1822** I 14, 19, II 3–IV 13), Kupfer (**1822** I 21–29), Berg (**1823** VI 3)

A.164. Junggesellen-Wirthschaft, Die
Ein komisches Singspiel in einem Aufzuge, von Fr. Treitschke. Musik ist von Hrn. Gyrowetz.
[Neu in die Scene gesetzt:] **1816** III 3.
[Neu einstudirt:] **1822** I 2.

1816 III 3, 4, 10, 20, 31, VI 10, 24, IX 13, 23, XI 27, XII 18, **1817** I 17, II 7, III 12, 21, IV 7, V 14, XI 7, 19, **1818** I 4, **1822** I 2, 4, 8, 12, 16, 18, 28, II 10, III 11, 15, 22.

Waldström	Rosenfeld
Freudenthal	Forti (**1816** III 3–**1818** I 4), Mehlig (**1822** I 2–III 22)
Billing	Weinmüller (**1816** III 3–**1818** I 4), Zeltner (**1822** I 2–III 22)
Allmann	Chr. Demmer
Mad. Stillfeld	A. Laucher (**1816** III 3–**1818** I 4), Fröhlich (**1822** I 2–III 22)
Leuthelm	Saal (**1816** III 3–**1818** I 4), Weinkopf (**1822** I 2–III 22)

A.165. Kätly
Singspiel in einem Aufzuge, nach dem Französischen des Herrn Paul Duport.
Musik von Freyherrn v. Lannoy.
Zum ersten Mahle: **1827** IV 24.
Vgl. E.36.

1827 IV 24, V 1, 3, VII 1, 14, 28, VIII 14.

Franz	Zeltner
Kätly	Fischer-Schwarzböck
Frau Werner	Bondra
Ruttly	A. Müller
Senneville	Cramolini
Henry	Gned

A.166. Kaisers Genesung, Des
Cantate von Johann Christian Mikan, Doctor und Professor an der k. k. Universität zu Prag.
In Musik gesetzt von Adalbert Gyrowetz, k. k. Hoftheater-Kapellmeister.
[Zum ersten Mahle:] **1826** V 1.

1826 V 1, 2.

Th. Grünbaum, Uetz, Preisinger, Dietz.

A.167. Kaliph von Bagdad, Der
Oper in einem Aufzuge, nach St. Just. Die Musik ist von Boieldieu.
[Neu einstudirt:] **1820** XI 3.
1820 XI 21: Dlle. Millière und Hr. Rozier, werden die Ehre haben, in der Oper ein Pas de deux (Musik von Herrn Grafen W. Robert von Gallenberg) zu tanzen.
1820 XII 29: Mad. Rozier und Dlle. Jul. Aumer werden mit Hrn. Taglioni im Singspiele ein neues Terzett mit Musik von Hrn. Grafen W. Robert von Gallenberg zu tanzen die Ehre haben.
1821 XI 21: In dem Singspiele wird Herr Philipp Taglioni ein Pas de deux mit dem Shawl von seiner Erfindung, mit Dlle. Heberle zu tanzen die Ehre haben.

1820 XI 3, 6, 21, 29, XII 29, **1821** I 9, 19, 31, II 28, III 6, 29, IV 9, 13, V 25, VII 25, XI 21, **1822** III 8.

Isaun	Rosenfeld
Heibethullah	K. Vogel
Fatma	Vio
Aischa	Demmer-Kneisel
Hassan	Chr. Grünbaum
Der Cadi	Gottdank
Ein Fremder	Chr. Demmer
Ein Richter	Prinz

A.168. Kammerdiener, Der
Singspiel in einem Aufzuge, aus dem Französischen des Hrn. Scribe, mit Musik von Ritter v. Carafa.
Zum ersten Mahle: **1830** XII 14.

1830 XII 14, 20, 27, 29, **1831** I 29, II 22, III 17, 24, IV 11, VIII 16, 19, 25.

Graf Adolph	Cramolini
Emilie	Ernst
Friedrich	Hauser
Rosa	M. Henkel (**1830** XII 14–**1831** IV 11), Bruckner (**1831** VIII 16–25)

A.169. Kirchtag im benachbarten Dorfe, Der [La fête du village voisin]
Eine komische Oper in drey Aufzügen. Nach dem Französischen des Sewrin, von I. F. Castelli.
Die Musik ist von Hrn. Boieldieu.
Zum ersten Mahl: **1817** V 5.
Die neue Decoration ist von Herren Janitz und de Pian, k. k. Hoftheatermahlern.

1817 V 5, 6, 10, 24.

Baron von Brick	Saal
Herr von Felding	Rosenfeld
Heinrich	Forti
Gregor	Weinmüller
Frau von Dorst	Kraus-Wranitzky
Rose	H. Forti
Apollonia	Grünthal
Eine Kleinhändlerinn	Demmer-Kneisel

A.170. Klausner auf dem wüsten Berge, Der [Le solitaire]
Romantische Oper in drey Aufzügen, nach dem Französischen des D'arlincourt und Planard.
Musik von Ritter Carafa.
Zum ersten Mahle: **1826** XI 28.
Die neuen Decorationen des ersten und zweiten Actes sind von Herrn de Pian, und die des dritten Actes von Herrn Institoris, k. k. Hoftheatermahlern, gemahlt; und sind, so wie das Costume, nach Angabe des Herrn Philipp v. Stubenrauch, k. k. Hoftheater-Costume- und Decorations-Director.

1826 XI 28, 30, XII 3, 5, 8, 10, 13, 15, **1827** I 4, 12, 20, 24, IX 21, XI 2.

Der Klausner	Hr. Hoffmann
Die Gräfinn Elodie	Schechner (**1826** XI 28–**1827** I 24), Krainz-Hoffmann (**1827** IX 21, XI 2)
Ritter Palzo	Borschitzky
Anton	Cramolini
Marie	Heckermann (**1826** XI 28–**1827** I 12), Leißring (**1827** I 20–XI 2)
Marcelline	Bondra
Alberti	Preisinger

Erster Lanzknecht	Prinz
Zweyter Lanzknecht	Gned
Ein Bauer	Kisling (**1826** XI 28–**1827** I 24)

A.171. Kleine Matrose, Der
Singspiel in einem Aufzuge, nach dem Französischen.
[Neu in die Scene gesetzt:] **1821** X 22.

1821 X 22, 24, 26, XI 17, XII 7, 13, 31, **1822** I 14, 26, IV 8.

Thomas	I. Dirzka
Frau Thomas	K. Vogel
Lischen	Fröhlich
Hannchen	Vio
Basil	Rosenfeld
Sabord	Meier (**1821** X 22–XI 17), Chr. Demmer (**1821** XII 7–**1822** IV 8)
Leopold	Demmer-Kneisel (**1821** X 22–XI 17, **1822** IV 8), Hornick-Pistrich (**1821** XII 7–**1822** I 26)

A.172. König Theodor in Venedig
Eine komische Oper in zwey Aufzügen.
Nach dem Italienischen frey bearbeitet von J. R. v. Seyfried. Die Musik ist von Paisiello.

1814 V 17, 21, VI 3, **1815** I 6, 29, **1817** VII 13, 20, IX 2, 14, XI 22, **1818** I 14, III 28, IX 11, 29.

Theodor	Forti
Gafforio	Gottdank
Achmet der Dritte	Weinkopf
Thaddäus	Meier
Lisette	H. Forti (**1814** V 17–VI 3), Bondra (**1815** I 6–**1818** IX 29)
Sandrino	Wild (**1814** V 17–**1815** I 29), Radicchi (**1817** VII 13–**1818** IX 29)
Belisa	Hönig
Anführer der Sbirren	Leeb (**1815** V 17–**1815** I 29), Perschl (**1817** VII 13–**1818** IX 29)

A.173. König Waldemar, oder: Die dänischen Fischer
Singspiel in einem Aufzuge von Herrn I. F. Castelli.
Musik von Herrn Joseph Weigl, Operndirector der k. k. Hoftheater.
Zum ersten Mahle: **1821** V 11.

1821 V 11, 13, 15, 21, 29, VI 8, VII 13, IX 6, X 4, **1822** II 12, 17, 27, IV 25.

Waldemar	Vogl
Harald	Zeltner
Esbern	Weinmüller
Maria	Vio
Erich	Rosner
Victor	Demmer-Kneisel (**1821** V 11–X 4, **1822** IV 25), B. Teimer (**1822** II 12–27)
Kron	Weinkopf
Luken	I. Dirzka
Ein Fischer	Perschl (**1821** V 11–X 4), Groswald (**1822** II 12–IV 25)

A.174. Kreuzritter in Egypten, Der
Große heroische Oper in zwey Acten, aus dem Italienischen. Musik von Herrn Meyerbeer.
Zum ersten Mahle: **1829** V 24.
Die neuen Decorationen sind, nach der Angabe des k. k. Hoftheater-Directors Herrn Philipp v. Stubenrauch, ausgeführt von den k. k. Hoftheater-Mahlern de Pian, Institoris und Scharhan.

1829 V 24, 30, VI 1, 5, 9, 20, 22, VII 10, 14, VIII 6, 24, IX 14, 21, X 22, XI 30, **1830** I 11, VII 6, XII 9, 11, 15, 21, **1831** I 12.

Aladin	Siebert
Palma	Hardmeier (**1829** V 24, 30, VI 5–XI 30, **1830** VII 6), Ernst (**1829** VI 1, **1830** I 11, XII 9–**1831** I 12)
Osmin	Stotz (**1829** V 24–**1830** VII 6), Hanotscheck (**1830** XII 9–**1831** I 12)
Almeide	Berg
Adrian von Montbarry	M. Schuster (**1829** V 24–VI 9, VIII 6–XI 30), Wild (**1829** VI 20–VII 14, **1830** VII 6–**1831** I 12), Binder (**1830** I 11)
Armand d'Orville	Hähnel (**1829** V 24–IX 21, XI 30–**1830** VII 6), La-Roche (**1829** X 22), S. Heinefetter (**1830** XII 9–**1831** I 12)
Felicie	Frontini

A.175. Küchen-Regiment, Das
Singspiel in einem Acte. Nach Lemberts Posse: Der Ehrgeiz in der Küche, von Casche.
Zum ersten Mahle: **1833** I 4.

1833 I 4, 9.

Vatel	Caché
Cesar	Discant
Hasenbein	Walther
Regine	Löffler
Laridon	Fischer

A.176. Lagrime d'una vedova, Le
Farsa giocosa in un Atto. Musica del Sigr. Generali.
Zum ersten Mahle [in italienischer Sprache]: **1824** IX 6.

1824 IX 6, 9, X 16, XI 14, 26, XII 10, **1825** III 6, 17, 23.

La Contessa Ermelinda	Dardanelli
Il Conte Fernando	Rubini
Don Solitario	Lablache (**1824** IX 6–**1825** III 6), Botticelli (**1825** III 17, 23)
Aristippo	Bassi
Finetta	Unger
Il Conte Alberto	Rauscher

A.177. Leicester, oder: Das Schloß Kenilworth
Oper in drey Acten, nach dem Französischen der Herren Scribe und Melesville frey bearbeitet von I. F. Castelli. Musik von Auber.
Zum ersten Mahle: **1826** X 30.

1826 X 30, XI 7, 9.

Elisabeth	Schechner
Graf von Leicester	Cramolini
Sir Walter Raleigh	Eichberger
William Robsart	Zeltner
Amy	B. Schröder
Molly	Heckermann
Doboobie	Preisinger
Lord Schrewsbury	Walser
Lord Stanley	Prinz
Lord Hundsdon	Ruprecht

A.178. Libussa
Romantische Oper in drey Aufzügen, von J. C. Bernard. Musik von Conradin Kreutzer.
Zum ersten Mahle: **1822** XII 4.
Die neuen Dekorationen sind von den Herren Janitz und Gail, k. k. Hoftheatermahlern. Das Costume ist neu nach der Angabe des Herrn Hoftheater-Costume-Directors Philipp von Stubenrauch.
1823 I 2: Unter persönlicher Leitung des Tonsetzers.

1822 XII 4, 5, 7, 8, 12, 14, 15, **1823** I 2, 3, 6, 11, 15, 20, 26, II 4, 16, 21, III 7, 15, IV 12, 24, V 8, VIII 22, IX 29, X 16, 22, XI 7, **1829** I 10, 11, 21, 26, III 12 (I), 24 (I), 26 (I).

Libussa	Unger (**1822** XII 4–15, **1823** I 3–XI 7), Schütz-Oldosi (**1823** I 2), Hardmeier (**1829** I 10–26), Krainz-Hoffmann (**1829** III 12–26)
Dobra	Hornick-Pistrich (**1822** XII 4–15), Bondra (**1823** I 2–XI 7), Frontini (**1829** I 10–III 26)
Schima	Zeltner (**1822** XII 4–**1823** XI 7), Weinkopf (**1829** I 10–III 26)
Ziak	Mehlig (**1822** XII 4–**1823** I 6, I 15–XI 7), J. Röckel (**1823** I 11), Bartolemi (**1829** I 10–III 26)
Domoslaw	Forti (**1822** XII 4–**1823** V 8), Seipelt (**1823** VIII 22–XI 7), Siebert (**1829** I 10–III 26)
Tursko	Rauscher (**1822** XII 4–**1823** XI 7), Hölzel (**1829** I 10–III 26)
Wladislaw	Haizinger (**1822** XII 4–**1823** XI 7), M. Schuster (**1829** I 10–III 26)
Botak (Botack)	Weinmüller (**1822** XII 4–**1823** XI 7), Ferd. Fischer (**1829** I 10–26)
Ein Priester	Reichel (**1822** XII 4–**1823** XI 7)
Eine Jungfrau	C. Teimer (**1822** XII 4–**1823** XI 7)
Erster Verschworner	Grill (**1822** XII 4–**1823** XI 7)
Zweyter Verschworner	Kisling (**1822** XII 4–**1823** XI 7)
Dritter Verschworner	Groswald (**1822** XII 4–**1823** XI 7)

A.179. Liebe und Ruhm
Eine Oper in zwey Aufzügen. Nach dem Französischen von Theodor Hell.
Die Musik ist von Boieldieu und Herold.
Zum ersten Mahl: **1818** II 12.
Die neue Decoration ist von Herren Janitsch und de Pian, k. k. Hoftheatermahlern.
Das Costume nach den Zeichnungen des Herrn v. Stubenrauch.

1818 II 12, 13, 15, III 1, 5, 7, 29, IV 23, VI 11, IX 12, 20, X 13, **1819** VI 5, VII 13, X 14.

Carl von Frankreich	Miller (**1818** II 12–X 13), Babnigg (**1819** VI 5–X 14)
Margarethe von Sicilien	Kraus-Wranitzky
Gräfinn Alton	A. Laucher
Graf Bianco	Forti
Freyherr von Montalfiero	Meier
Fioretta	H. Forti (**1818** II 12–15), Altenburger (**1818** III 1–**1819** X 14)
Antonio	C. Demmer
Anna	Moreau (**1818** II 12–**1819** VI 5), K. Vogel (**1819** VII 13, X 14)
Gianettina	Demmer-Kneisel

A.180. Liebesproben [Le nozze in campagna]
Komische Oper in zwey Acten, aus dem Italienischen. Musik von Guglielmi.
Zum ersten Mahle: **1832** VIII 14.
1832 VIII 14, 16, 19, IX 4.

Marquis Ormindo	Bußmayer
Baroninn Gelinde	C. Heinefetter
Aristo	Staudigl
Candida	Beisteiner

Biasione	E. Weiß
Jaquaniello	Discant
Orsolina	Bondra
Raphael	Heim

A.181. Liebestrank, Der [Le philtre]
Komische Oper in zwey Acten, aus dem Französischen des Scribe. Musik von Auber.
[Zum ersten Mahle:] **1832** IV 3.

1832 IV 3, 4, 10, 13, 23 (I), VI 13 (I).

Wilhelm	Binder
Jolicœur	Forti
Fontanarose	Staudigl
Theresine	Schodel
Jeannette	Stetter

A.182. List und Phlegma
Komische Oper in einem Acte, von Louis Angely.
Zum ersten Mahle: **1832** IX 22.
1832 IX 22, 25, X 2.

Herr von Ruhleben	Gottdank
Louise	Rosenberg
Adolphine	M. Henkel
Baron Palm	Cramolini

A.183. Lodoiska
Eine Oper in drey Aufzügen. Nach dem Französischen neu bearbeitet.
Die Musik von Cherubini. (Nach der Original-Partitur.)
Zum ersten Mahl: **1814** I 24.
Die neuen Dekorationen sind von Hrn. Janitz, Arrigoni und de Pian, k. k. Hoftheatermahlern.

1814 I 24, 25, 28, 30, II 3, 7, 18, III 1, 9, 24.

Graf Durlinsky	Vogl
Lodoiska	Milder-Hauptmann
Graf Floresky	Siboni
Narko	Zeltner
Altamoras	Saal
Lysinka	Bondra
Titzikan	C. Demmer
Sein Vertrauter	Dunst
Erster Offizier	A. Neumann
Zweyter Offizier	A. Rösner
Dritter Offizier	Groswald

A.184. Lotterielos, Das [Le billet de loterie]
Ein Singspiel in einem Aufzuge, nach dem Französischen von I. F. Castelli.
Die Musik ist von Herrn Isouard.
Zum ersten Mahl: **1812** II 5.
1830 VIII 7: Das Lotterieloos; **1831** VII 5: Das Lotterielos.
Vgl. D.17.

1812 II 5, 6, 9, 20, III 3, 7, 20, IV 2, 17, 22, 26, V 10, 20, VI 2, 19, 25, VII 23, IX 19, X 4, XII 4, **1813** I 2, 16, II 12, III 11, IV 29, V 9, 20, VII 9, **1814** III 26, 30, IV 11, 14, 25, V 7, 11, VII 8, VIII 27, **1815** XI

29, 30, XII 29, **1816** I 1, 17, 26, II 2, 14, III 1, VI 7, 12, 21, IX 2, X 9, 16, XII 30, **1817** I 11, 24, 29, II 25, III 2, 14, IV 22, 28, V 28, VI 13, VII 5, IX 10, 26, X 20, XII 5, **1818** I 16, II 11, IV 29, V 22, VII 17, IX 21, X 22, **1830** VIII 7, 10, 18, IX 3, **1831** VII 5, 7, VIII 1, IX 7.

Adele	A. Laucher (**1812** II 5–**1815** XI 30), Seidler-Wranitzky (**1815** XII 29–**1816** III 1), Bondra (**1816** VI 7–**1818** VII 17), Th. Grünbaum (**1818** IX 21, X 22), Ernst (**1830** VIII 7–**1831** IX 7)
Betty	Treml (**1812** II 5–**1813** IV 29), Bondra (**1813** V 9–**1814** VIII 27), Moreau (**1815** XI 29–**1818** X 22), Diemar (**1830** VIII 7–IX 3), Bruckner (**1831** VII 5–IX 7)
Plinville	Mohrhardt (**1812** II 5–20, III 7–**1813** VII 9), Liber (**1812** III 3), Ehlers (**1814** III 26–VIII 27), Rosenfeld (**1815** XI 29–**1816** III 1), Töpfer (**1816** VI 7–**1817** VII 5, IX 26–**1818** IV 29, VII 17), J. Müller (**1817** IX 10, **1818** V 22), Chr. Grünbaum (**1818** IX 21, X 22), Cramolini (**1830** VIII 7–**1831** IX 7)
Jackson	Chr. Demmer (**1812** II 5–**1818** X 22), Stotz (**1830** VIII 7–18), Walther (**1830** IX 3–**1831** IX 7)

A.185. Lügner und sein Sohn, Der
Komische Oper in einem Aufzuge.
Zum ersten Mahle: **1833** VIII 2.

1833 VIII 2, 4, 8, 18, 27, IX 12, 21, 27, X 25, XI 24, XII 6, 31, **1834** I 29, II 10, 15, IV 23, V 2, 12, VI 3, 18, 28, VII 20, 28, VIII 18, XI 26, XII 11, **1835** II 13, VI 13, IX 11, **1836** I 15, 21, II 18.

Herr von Crac	Detroit
Julius	E. Weiß (**1833** VIII 2–**1835** IX 11), G. Hölzel (**1836** I 15–II 18)
Josephine	Löffler (**1833** VIII 2–**1835** VI 13), Au (**1835** IX 11–**1836** II 18)
Belthal	N. Hölzel (**1833** VIII 2–8), Just (**1833** VIII 18–X 25, XII 31, **1834** I 29–V 2, VI 28, VIII 18, **1836** I 15–II 18), G. Hölzel (**1833** XI 24, XII 6, **1834** V 12–VI 18, VII 20, 28, XI 26–**1835** IX 11)
Herr von Schmaling	Gottdank
Jakob	Hoffmann

A.186. Lustige Felix, Der, oder: Der geprellte Förster
Posse in einem Acte, mit Gesang, von Louis Angely.
Zum ersten Mahle: **1832** VIII 11.
1835 I 24: Komische Oper in einem Acte, von Louis Angely.

1832 VIII 11, 13, 17, 23, 25, 27, IX 5, 11, 19, X 4, XI 7, **1833** IV 10, **1835** I 24, 30.

Baroninn Rosen	Bondra
Felix	M. Henkel
Victor	Bruckner (**1832** VIII 11–**1833** IV 10), Rosenberg (**1835** I 24, 30)
Eugen	M. Fischer (**1832** VIII 11–**1833** IV 10), Gentiluomo (**1835** I 24, 30)
Leon	Nevie
Gustav	Grausgruber (**1832** VIII 11–IX 5), Rosenfeld (**1832** IX 11–**1833** IV 10), F. Fux (**1835** I 24, 30)
Julius	Rosenberg (**1832** VIII 11–**1833** IV 10), M. Fux (**1835** I 24, 30)
Albrecht	K. Mayer
Karl	Rosenfeld (**1832** VIII 11–17), Springer (**1832** VIII 23–IX 5), Bruckner (**1832** IX 11–**1833** IV 10), Putz (**1835** I 24, 30)
Heinrich	Elmann (**1832** VIII 11–**1833** IV 10), Blacho (**1835** I 24, 30)
Matois	Walther
Mutter Delorm	Schlager
Ninette	Burghard (**1832** VIII 11–**1833** IV 10), Löffler (**1835** I 24, 30)
Andres	Discant
Der Gerichtsschreiber	Gottdank

A.187. Lustige Schuster, Der [Il calcolaio allegro]
Eine komische Oper in zwey Aufzügen, nach dem Italienischen, von Matthäus Stegmayer.
Die Musik ist von Herrn Kapellmeister F. Pär.
Zum ersten Mahl: **1814** VII 24.
Neu in die Scene gesetzt: **1824** I 8.
1831 X 30: Der lustige Schuster, oder: Die Weibercur. Komische Zauber-Oper in zwey Aufzügen, nach dem Italienischen, von Math. Stegmayer, mit Musik von F. Paer.
1834 I 23: Der lustige Schuster, oder: Die Weiberkur.

1814 VII 24, X 24, XII 4, 7, 16, **1815** I 12, 24, II 5, 14, 19, **1824** I 8, 11, **1831** X 30, 31, XI 1, 13, **1832** VI 17, 24, **1834** I 23, 26, II 3, 11, III 3.

Herr von Waller	Forti (**1814** VII 24, X 24), Dunst (**1814** XII 4–**1815** II 19), Seipelt (**1824** I 8, 11), Oberhoffer (**1831** X 30–**1834** III 3)
Louise	Buchwieser (**1814** VII 24–**1815** II 19), Vio (**1824** I 8, 11), Ernst (**1831** X 30–**1832** VI 24), Rosenberg (**1834** I 23–III 3)
Baron Kronthal	Schelble (**1814** VII 24–**1815** II 19), Rosner (**1824** I 8, 11), Binder (**1831** X 30–**1832** VI 24), Schäffer (**1834** I 23–III 3)
Sebastian Brandel	Meier (**1814** VII 24–**1815** II 19), Preisinger (**1824** I 8, 11), Forti (**1831** X 30–**1834** III 3)
Rosine	H. Forti (**1814** VII 24, X 24), Treml (**1814** XII 4–**1815** II 19), Beisteiner (**1824** I 8, 11), M. Henkel (**1831** X 30–**1834** III 3)
Ein Pilger	Weinkopf (**1814** VII 24–**1815** II 19), Ruprecht (**1824** I 8, 11), Staudigl (**1831** X 30–**1832** VI 24), Just (**1834** I 23–III 3)
Jakob	Hasenhut (**1814** VII 24–**1824** I 11, **1834** I 23–III 3), E. Weiß (**1831** X 30–**1832** VI 24)
Babette	Spiri (**1814** VII 24), Josepha Demmer (**1814** X 24–**1815** II 19), C. Teimer (**1824** I 8, 11), Bruckner (**1831** X 30–**1832** VI 24), Löffler (**1834** I 23–III 3)
Hanns	Leeb (**1814** VII 24–**1815** II 19), I. Dirzka (**1824** I 8, 11), Weinkopf (**1831** X 30–**1834** III 3)

A.188. Mädchen von Montfermeuil, Das
Singspiel in fünf Acten, nach dem Französischen, von A. Schumacher.
Die Musik ist von Conradin Kreutzer, Kapellmeister am k. k. Hoftheater nächst dem Kärnthnerthore.
Zum ersten Mahle: **1829** X 3.

1829 X 3, 4, 6, 10, 28.

August Dalville	Cramolini
Bertrand	A. Fischer
Denise Fleury	Hähnel
Frau Margarethe	Bondra
Colin	P. Demmer
Destival	Fr. Demmer
Comtois	Ferd. Fischer
Peter	Huß
Stephan	Stotz
Celine	Hardmeier
Elodie	Frontini
Theodor	Holzmiller
Arquille	Wanderer
Charles	Bartolemi
Juliette	Demling
Ein Laquay	A. Schuster

A.189. Mädchentreue [Così fan tutte o sia: La scuola degli amanti]
Oper in zwey Aufzügen, nach dem Italienischen. Die Musik ist von W. A. Mozart.
[Neu in die Scene gesetzt:] **1819** VII 24.

1819 VII 24, 25, X 21, 26, XI 7, 14, **1820** III 3, 8, **1821** II 24, III 4, 10, 24, V 6, XII 12.

Laura	Th. Grünbaum
Isabella	Kraus-Wranitzky (**1819** VII 24–**1820** III 8), Unger (**1821** II 24–XII 12)
Rosina	Vio
Fernando	Babnigg (**1819** VII 24–**1820** III 8), Rosenfeld (**1821** II 24–XII 12)
Carlo	Forti
Doctor Alfonso	Weinmüller

A.190. Mahomet der Zweyte
Große tragische Oper in zwey Aufzügen, aus dem Italienischen übersetzt von Christ. Grünbaum. Musik von Herrn Joachim Rossini.
Zum ersten Mahle: **1823** I 22.
Die neuen Dekorationen sind von den Herrn Janitz und de Pian, k. k. Hoftheatermahlern.

1823 I 22, 24, II 6, 13, 18, III 20, VII 24, X 10.

Mahomet der Zweyte	Sieber
Paolo Erizzo	Forti
Anna	Th. Grünbaum
Calbo	Unger
Condulmiero	Rauscher
Selim	J. Röckel

A.191. Margarethe von Anjou
Große ernsthafte Oper in zwey Aufzügen. Nach dem Italienischen des Romanelli, von Chr. Grünbaum. Musik von Joseph Weigl, Operndirector und Kapellmeister der k. k. Hoftheater.
Zum ersten Mahl: **1819** III 16.
Die Decorationen sind neu von den Herren Janitsch, de Pian und Gail, k. k. Hoftheatermahlern.
Das Costume nach der Angabe des Herrn von Stubenrauch.

1819 III 16, 18, 23.

Margarethe von Anjou	Th. Grünbaum
Eduard	Demmer-Kneisel
Herzog von Lavarenne	Forti
Isaura	Waldmüller
Herzog von Glocester	Weinkopf
Bernard	Weinmüller
William	Vogl
Gertrude	Bondra
Rambald	Frühwald
Clotilde	Wächter-Wittmann

A.192. Marie, oder: Verborgene Liebe
Singspiel in drey Acten, nach dem Französischen des Planard, von I. F. Castelli. Musik von Herold.
Zum ersten Mahle: **1826** XII 18.
Neu in die Scene gesetzt: **1829** X 8.
1829 X 8: Die Arie der Marie im ersten Acte ist von der Composition des Herrn Kapellmeisters Conradin Kreutzer.

1826 XII 18, 19, 21, 26, 28, **1827** I 1, 6, 28, II 1, 6, 10, XI 10, 13, **1829** X 8, 9, 21, XI 6, 13, XII 11, **1830** VII 10, 16, VIII 25, IX 25.

Der Baron	Gottdank
Die Baroninn	Bondra
Emilie	Heckermann (**1826** XII 18–**1827** I 6), Schnitt (**1827** I 28–XI 13), Hardmeier (**1829** X 8–**1830** VIII 25), M. Henkel (**1830** IX 25)
Marie	Krainz-Hoffmann (**1826** XII 18–**1827** XI 13, **1830** IX 25), C. Grünbaum (**1829** X 8–**1830** VIII 25)
Baron Adolph Kranz	M. Schuster (**1826** XII 18–**1827** II 10), J. Hoffmann (**1827** XI 10, 13, **1830** IX 25), Cramolini (**1829** X 8–**1830** VIII 25)
Baron Heinrich Kranz	Eichberger (**1826** XII 18–**1827** II 10), M. Schuster (**1827** XI 10–**1829** XII 11), Binder (**1830** VII 10–IX 25)
Georg Müller	Preisinger (**1826** XII 18–**1827** XI 13), Fr. Demmer (**1829** X 8–**1830** IX 25)
Besli	Cramolini (**1826** XII 18–**1827** II 1, XI 10, 13, **1830** IX 25), A. Müller (**1827** II 6, 10), Stotz (**1829** X 8–**1830** VIII 25)
Susi	B. Schröder (**1826** XII 18–**1827** II 10), Hanff (**1827** XI 10, 13), Diemar (**1829** X 8–**1830** VIII 25)

A.193. Matrimonio segreto, Il
Dramma giocoso in due Atti. Musica del Maestro Cimarosa.
Zum ersten Mahl: **1823** VII 14.
1823 VII 16, 21: Wegen Abkürzung bleibt das Terzett im zweyten Act weg.
1823 VIII 9: Zur Vermeidung einer ungewöhnlich langen Dauer, wird die Vorstellung dieser Oper mit dem Duett der Herren Lablache und Ambrogi, im zweyten Akte, endigen.
1823 VIII 16, IX 21: Zur Abkürzung bleibt das Duett der Herren David und Ambrogi im ersten Acte, und das Terzett im zweyten Act weg.
1824 VII 31–VIII 25: Um die Oper des rühmlich bekannten Cimarosa auf eine noch befriedigendere Art darzustellen, haben Mad. Dardanelli und Mad. Comelli-Rubini die Rollen der Elisetta und Fidalma übernommen, und sind auch diese ursprünglich für zwey prime donne gesetzten Parthien für obige Vorstellung abgekürzet worden.

1823 VII 14, 16, 21, VIII 9, 16, IX 21, **1824** VII 31, VIII 2, 6, 10, 16, 21, 25, IX 7, 15, X 14, 22, XI 16, XII 1, **1825** I 2, 15, II 2, III 11, **1827** V 9, 17, 25, 28, 30, VI 4, 8, 16, 21 (I), 26 (II).

Geronimo	Lablache
Carolina	Fodor-Mainvielle (**1823** VII 14–**1825** III 11), Dardanelli (**1827** V 9–VI 26)
Elisetta	Unger (**1823** VII 14–IX 21), Dardanelli (**1824** VII 31–**1825** III 11), F. Franchetti (**1827** V 9–VI 26)
Fidalma	Lablache-Pinotti (**1823** VII 14–IX 21), Comelli-Rubini (**1824** VII 31–**1825** III 11), N. Dotti (**1827** V 9–VI 26)
Il Conte Robinson	Ambrogi
Paolino	David (**1823** VII 14–IX 21, **1827** V 9, 17), Rubini (**1824** VII 31–**1825** III 11), Monelli (**1827** V 25–VI 26)

A.194. Maurer und der Schlosser, Der [Le maçon]
Romantisch-komische Oper in drey Aufzügen, nach Scribe und Delavigne, von J. G. Seidl.
Musik von Auber.
Zum ersten Mahle: **1826** VIII 2.
Neu in die Scene gesetzt: **1829** XI 23. Maurer und Schlosser. Komisches Singspiel in drey Aufzügen.

1826 VIII 2, 3, 5, 6, 8, 28, IX 27, X 2, 6, 10, 24, 28, XI 1, 14, 21, 24, XII 7, **1827** I 2, 8, 14, 18, II 14, 16, III 5, VI 22, VII 2, 20, 22, 29, VIII 12, 24, IX 25, 29, X 27, XI 20, **1828** II 9, **1829** XI 23, 24, XII 1, 14, 29, **1830** II 3, III 16, IX 2, X 20, **1831** I 18, IX 5, 17, XII 1, **1832** I 4, II 22, IX 1, **1833** IV 20, V 6, **1834** VI 5, IX 2.

Leone di Peralto	Eichberger (**1826** VIII 2–IX 27), M. Schuster (**1826** X 2–**1830** II 3), Spiro (**1830** III 16), Binder (**1830** IX 2–**1832** IX 1), Schäffer (**1833** IV 20–**1834** IX 2)
Irma	F. Franchetti (**1826** VIII 2–**1827** VII 20), Fischer-Schwarzböck (**1827** VII 22–IX 29, XI 20, **1828** II 9), Roser (**1827** X 27), Ernst (**1829** XI 23–**1830** II 3, IX 2, X 20), Hardmeier (**1830** III 16), Hofer (**1831** I 18, XII 1), C. Heinefetter (**1831** IX 5, 17, **1832** I 4–**1834** IX 2)
Pietro	Cramolini
Paolo	Preisinger (**1826** VIII 2–**1828** II 9), Hauser (**1829** XI 23–**1831** I 18), Fischer (**1831** IX 5, 17, **1832** II 22), E. Weiß (**1831** XII 1, **1832** I 4, IX 1–**1834** IX 2)
Marianina	B. Schröder (**1826** VIII 2–**1827** III 5), Leißring (**1827** VI 22–**1828** II 9), Fischer-Achten (**1829** XI 23–**1830** IX 2, **1831** I 18–IX 17, **1832** II 22), M. Henkel (**1830** X 20, **1831** XII 1, **1832** I 4, IX 1, **1833** V 6), Bruckner (**1833** IV 20, **1834** VI 5, IX 2)
Zobeide	Töpfermann (**1826** VIII 2–28, **1827** VI 22–IX 29, XI 20, **1828** II 9), C. Dirzka (**1826** IX 27–**1827** III 5, X 27), Berg (**1829** XI 23–**1834** IX 2)
Brigitta	Uetz (**1826** VIII 2–28), Bondra (**1826** IX 27–**1834** IX 2)
Usbek	Zeltner (**1826** VIII 2–IX 27, X 10–**1828** II 9), J. Röckel (**1826** X 2, 6), Fr. Fischer (**1829** XI 23–**1830** III 16)
Rika	A. Müller (**1826** VIII 2–**1828** II 9), Stotz (**1829** XI 23–**1830** III 16)
Ein Kellner	Prinz (**1826** VIII 2–**1828** II 9), Huß (**1829** XI 23–**1830** III 16)
Drey Sklaven	Gottdank (**1830** IX 2), Köhler (**1830** X 20), Hölzel (**1831** I 18)
	Fr. Demmer (**1830** IX 2, X 28), Fischer (**1831** I 18)
	Fischer (**1830** IX 2, X 28), Gottdank (**1831** I 18)
Zwey Sklaven	Hölzel (**1831** IX 5–**1834** IX 2)
	Walther (**1831** IX 5–**1833** V 6), Just (**1834** VI 5, IX 2)
Ein Diener	Huß (**1830** IX–**1832** IX 1), Benesch (**1833** IV 20–**1834** IX 2)

A.195. Mayfest, Das [La fest della rosa]
Oper in zwey Aufzügen. Aus dem Italienischen, von Karl Freyherrn von Braun.
Musik von Herrn Kapellmeister Pavesi.
Zum ersten Mahle: **1829** V 2.

1829 V 2, 3, 5, 8, 13, XII 9, 19 (I), **1830** I 14 (I).

Der Erbgraf von Salency	Siebert
Herr von Vibrack	A. Fischer
Karl	M. Schuster
Friedrich	Fr. Fischer
Der Amtmann	Stotz
Klärchen	Fischer-Achten
Lieschen	Diemar
Kätchen	Demling
Der Richter	Staudigl

A.196. Medea
Eine tragische Oper in drey Aufzügen. Nach dem Französischen frey bearbeitet von F. Treitschke.
Die Musik ist von Cherubini.
[Neu in die Scene gesetzt:] **1812** I 1.
Die neue Decoration im zweyten Act ist von Herrn Melchior, k. k. Hoftheatermahler, und die letzte von Herren Gail und Sacchetti.
Neu in die Scene gesetzt: **1818** I 3.
Die neuen Decorationen sind von Herren Janitsch und de Pian, k. k. Hoftheater-Mahlern.

1812 I 1, 3, 9, 21, II 15, 29, III 9, 21, IV 4, V 5, VI 8, 22, **1814** IV 19, **1818** I 3, 5, 8, 20, 31, III 14, V 5, VI 9, VII 12, IX 4, X 17, XI 17, XII 3, 19, **1819** II 2, **1832** V 24, VI 5.

Kreon	Vogl (**1812** I 1–**1819** II 2), Oberhoffer (**1832** V 24, VI 5)
Dirce	E. Röckel (**1812** I 1–VI 22), A. Laucher (**1814** IV 19), Kraus-Wranitzky (**1818** I 3–**1819** II 2), Schnitt (**1832** V 24, VI 5)
Jason	Siboni (**1812** I 1–**1814** IV 19), Radicchi (**1818** I 3–**1819** II 2), Binder (**1832** V 24, VI 5)
Medea	Milder-Hauptmann (**1812** I 1–**1814** IV 19), Lembert (**1818** I 3–**1819** II 2), Ernst (**1832** V 24, VI 5)
Zwey Kinder der Medea	Therese Rustia (**1812** I 1–VI 22), Kleine Koberwein (**1814** IV 19), Auguste Schröder (**1818** I 3–**1819** II 2)
	Kleiner Demmer (**1812** I 1–VI 22), Kleine Demmer (**1814** IV 19), Alexander Schröder (**1818** I 3–**1819** II 2)
Neris	Treml (**1812** I 1–**1814** IV 19), Bondra (**1818** I 3–**1819** II 2), C. Heinefetter (**1832** V 24, VI 5)
Erste Gesellschafterinn	Bondra (**1812** I 1–VI 22), Kühnel (**1814** IV 19), Moreau (**1818** I 3–III 14, X 17–**1819** II 2), Müller-Wilhelm (**1818** V 5–IX 4)
Zweyte Gesellschafterinn	Kiker (**1812** I 1–VI 22), Bischof (**1814** IV 19), Müller-Wilhelm (**1818** I 3–III 14), Moreau (**1818** V 5–VII 12), Wächter-Wittmann (**1818** X 17–**1819** II 2)
Eine Gesellschafterin	Bruckner (**1832** V 24, VI 5)
Arcas	Frühwald (**1812** I 1–**1819** II 2), Just (**1832** V 24, VI 5)

A.197. Michael Angelo

Ein Singspiel in einem Aufzuge, nach dem Französischen. Die Musik ist von Herrn Nicolo Isouard.
Zum ersten Mahl: **1812** I 10.
Die neue Decoration ist von Herrn Melchior, k. k. Hoftheatermahler.

1812 I 10, 12, 16, 30, II 11, 25, III 30, IV 12, 19, V 2, 13, 29, VI 14, VII 18, IX 12, 26, XI 6, 19, **1813** I 7, 12.

Michael Angelo	Mohrhardt
Skopa	I. Dirzka
Fiorina	A. Laucher (**1812** I 10–VII 18), Bondra (**1812** IX 12–**1813** I 12)
Zerbine	Treml
Pasquino	Baumann
Leonardo	Frühwald

A.198. Miethsmann, Der

Komische Oper in einem Aufzuge, aus dem Französischen, von Ihlée.
Musik von Kinsky, Vice-Kapellmeister des k. k. Hoftheaters nächst dem Kärnthnerthore.
Zum ersten Mahle: **1822** XII 13.

1822 XII 13, 16.

Herrmann	J. Röckel
Julie	Demmer-Kneisel
Sacken	Rauscher
Mehlmann	Mehlig
Johann	Hasenhut

A.199. Milton

Ein Singspiel in einem Aufzuge, nach Joui und Dieulafoi von Treitschke.
Die Musik ist von G. Spontini.

1811 II 15, III 2, IX 17, 23, X 7, 27, XI 12, XII 20, **1812** I 8, II 22, III 15, IV 1, 15, 20, V 22, VI 9, 29, VII 28, IX 17, X 14, XI 22, XII 11, **1813** I 19, II 6, IV 24, V 7, VII 6, XII 10, **1814** I 19, III 10, IV 17, 25, **1815** XI 10, 13, 20, 28, XII 6, **1816** I 3, 31, II 8, 26, IV 1, V 6, 15, VI 17, VII 3, IX 9, 20, XII 16, **1817** I 22, III 10, VI 4, 20, XI 3, XII 1, **1818** I 9, III 9, V 14, VI 22, X 12, 26, XII 9, 18, **1819** I 13, II 8,

III 8, V 10, 16, X 4, **1820** III 17, IV 26, IX 25, XII 18, **1821** IV 14, V 3, 31, VI 14, VII 20, IX 4, X 31, XI 9, 23, **1822** II 3, 5, 8, 25, III 27, IV 10.

Milton	Vogl
Emma	A. Laucher (**1811** II 15–**1812** IV 1, IX 17, **1813** V 7–**1814** IV 25, **1815** XI 10–**1821** XI 23), E. Röckel (**1812** IV 15–VII 28, X 14–**1813** IV 24), Unger (**1822** II 3–IV 10)
Lord Davenant	A. Neumann (**1811** II 15–X 7, **1813** IV 24–**1814** IV 25), J. Röckel (**1811** X 27–**1813** II 6), Rosenfeld (**1815** XI 10–**1822** IV 10)
Godwin	Weinmüller
Sara	Kaiser (**1811** II 15, III 2), C. Laucher (**1811** IX 17–XI 12), Bondra (**1811** XII 20–**1814** IV 25), Hornick-Pistrich (**1815** XI 10–**1817** XI 3), Müller-Wilhelm (**1817** XII 1–**1818** VI 22), Altenburger (**1818** X 12–**1821** XI 23), B. Teimer (**1822** II 3–IV 10)
Ein Bedienter Davenants	Plank (**1811** II 15–**1813** VII 6, **1814** IV 25), Kisling (**1813** XII 10–**1814** IV 17, **1815** XI 10–28), Perschl (**1815** XII 6–**1821** XI 23)
Ein Bedienter Godwins	Perschl (**1811** II 15–**1815** XI 28), Kisling (**1815** XII 6–**1822** IV 10)

A.200. Montecchi und Capuleti, Die [I Capuleti e i Montecchi]
Tragische Oper in zwey Acten, von Romani. Musik von Bellini.
Zum ersten Mahle: **1832** XII 1.
1835 XII 7–**1836** II 13: Tragische Oper in 4 Acten, mit Divertissement.

1832 XII 1, 3, 5, 7, 10, 13, 19, 21, **1833** I 1, 3, 10, 13, 22, III 28, IV 16, VI 4, 22, 28, VIII 9, IX 26, X 31, XI 3, **1834** I 22, II 4, 21, IV 8, V 16, VIII 7, IX 4, X 27, XI 8, **1835** I 22, II 11, X 10, XII 7, 10, 19, **1836** I 2, 29, II 13, 21 (IV).

Capulet	Staudigl (**1832** XII 1–**1833** IX 26, **1834** I 22–X 27), Just (**1833** X 31, XI 3, **1834** XI 8–**1836** II 21)
Giulietta	Löwe (**1832** XII 1–**1833** IX 26, **1834** I 22–IX 4), Lutzer (**1833** X 31, XI 3), Schodel (**1834** X 27, XI 8), Stetter (**1835** I 22, II 11), Ehnes (**1835** X 10–**1836** II 21)
Romeo	S. Heinefetter (**1832** XII 1–10), C. Heinefetter (**1832** XII 13–**1835** X 10), Schröder-Devrient (**1835** XII 7–**1836** II 21)
Tebaldo	Cramolini (**1832** XII 1–5, **1833** VI 4–VIII 9, X 31–**1834** II 21, V 16, **1835** II 11–**1836** I 29), Schäffer (**1832** XII 7–13, **1834** IV 8, VIII 7, IX 4, **1835** I 22, **1836** II 13), Wild (**1832** XII 19–**1833** IV 16, IX 26, **1834** X 27, XI 8)
Lorenzo	Forti (**1832** XII 1–**1833** VI 28, **1834** IV 8–**1836** II 21), Oberhoffer (**1833** VIII 9–**1834** II 21)

A.201. Mosè in Egitto
Azione tragica in tre Atti. Musica del Maestro Rossini.
Zum ersten Mahle: **1824** X 6.
1824 X 8: Die Decorationen sind neu von den Herren Janitsch, de Pian und Gail, k. k. Hoftheatermahlern. Wegen der großen Unbequemlichkeit wird der Feuerregen wegbleiben.
1827 IV 29, 30: Um die Dauer dieser Vorstellung abzukürzen, wird diese Oper wie in den vorausgegangenen Jahren gegeben werden.
Vgl. A.202.

1824 X 6, 8, 12, 24, XI 27, XII 26, **1825** I 17, **1827** IV 25, 29, 30, V 7, 15, VI 13, **1828** II 1.

Faraone	Lablache (**1824** X 6–**1827** VI 13), Tamburini (**1828** II 1)
Amaltea	Dardanelli (**1824** X 6–**1825** I 17), F. Franchetti (**1827** IV 25–VI 13), Bondra (**1828** II 1)
Osiride	David (**1824** X 6–XI 27, **1827** IV 25–VI 13), Donzelli (**1824** XII 26, **1825** I 17), Rubini (**1828** II 1)

Elcia	Fodor-Mainvielle (**1824** X 6–**1825** I 17), Méric-Lalande (**1827** IV 25–VI 13), Biagioli (**1828** II 1)
Mosè	Ambrogi (**1824** X 6–**1827** VI 13), Berettoni (**1828** II 1)
Aronne	Ciccimarra
Amenofi	Unger (**1824** X 6–**1825** I 17), N. Dotti (**1827** IV 25–**1828** II 1)
Mambre	Rauscher (**1824** X 6–**1825** I 17), A. David (**1827** IV 25–**1828** II 1)

A.202. Moses [Moïse et Pharaon]
Große Oper in drey Aufzügen, aus dem Französischen, von Joseph R. v. Seyfried.
Musik von Joachim Rossini, von ihm neu bearbeitet.
Zum ersten Mahle: **1831** VI 1.
Vgl. A.201.

1831 VI 1, 3, 4, 8, 10, 16, 23, VII 22, VIII 18, 21 (I), IX 3, 20, **1832** III 13, IV 28.

Der Pharao	Forti (**1831** VI 1–23), Oberhoffer (**1831** VII 22–**1832** IV 28)
Sinaide	Ernst
Amenophis	Binder
Osiris	Seipelt (**1831** VI 1–VIII 18, IX 3–**1832** IV 28)
Auphides	Hölzel (**1831** VI 1–IX 20), Huß (**1832** III 13, IV 28)
Moses	Staudigl
Eliasar	Donua
Maria	Frontini (**1831** VI 1–VII 22), Bondra (**1831** VIII 18–**1832** IV 28)
Anais	Fischer-Achten

A.203. Müllerinn, Die, oder: Die Launen der Liebe
Komische Oper in zwey Aufzügen, nach dem Italienischen. Musik von Paisiello.
[Neu in die Scene gesetzt:] **1821** XII 21.
1824 V 3: Die Müllerinn.
1832 VI 27: Komisches Singspiel in zwey Acten, aus dem Italienischen.

1821 XII 21, **1822** I 1, 11, 29, III 3, V 2, VIII 26, IX 15, X 1, **1823** II 25, VI 19, VIII 3, 12 (II), 15 (I), XII 6, 7, 9, 18, 26, **1824** III 11, V 3, **1826** XII 29, 31, **1832** VI 27, 28, VII 8.

Baroninn Eugenia	Bondra (**1821** XII 21–**1823** VIII 15, **1826** XII 29–**1832** VII 8), H. Spitzeder (**1823** XII 6–**1824** V 3)
Baron Felsenherz	Jäger (**1821** XII 21–**1824** III 11), Rauscher (**1824** V 3), M. Schuster (**1826** XII 29, 31), Fr. Henkel (**1832** VI 27–VII 8)
Röschen	Schütz-Oldosi (**1821** XII 21–**1823** VIII 15), Beisteiner (**1823** XII 6–**1824** V 3), Emmering (**1826** XII 29, 31), Beisteiner (**1832** VI 27–VII 8)
Lieschen	Hornick-Pistrich (**1821** XII 21–**1823** II 25), Demmer-Kneisel (**1823** VI 19–**1824** V 3), Hanff (**1826** XII 29, 31), Rosenberg (**1832** VI 27–VII 8)
Pistofolus	Seipelt (**1821** XII 21–**1824** V 3, **1832** VI 27–VII 8), E. Weiß (**1826** XII 29, 31)
Knoll	J. Spitzeder (**1821** XII 21–**1824** V 3), Preisinger (**1826** XII 29, 31), E. Weiß (**1832** VI 27–VII 8)
Ferdinand	Elzner (**1821** XII 21–**1822** V 2, **1823** XII 6–**1824** V 3), Fr. Demmer (**1822** VIII 26–**1823** VIII 15), A. Müller (**1826** XII 29, 31), Donua (**1832** VI 27–VII 8)

A.204. Musikalische Akademie, Die
Singspiel in einem Aufzuge, frey nach Marsollier. Musik von Herrn Hieronymus Payer.
Zum ersten Mahle: **1822** IV 26.

1822 IV 26, 28, 30, V 6, 18, 31, VI 10, VII 10.

Waller	Meier
Amalie	Fröhlich

Cäcilie	Bondra
Lindorf	Rosenfeld
Alfred	Mehlig
Trolich (Redlich)	Zeltner
Moses Süß	Gottdank
Jakob	Prinz

A.205. Nachtigall und Rabe

Ein Schäferspiel in einem Aufzuge. Nach Lafontaine und Etienne frey bearbeitet von Friedrich Treitschke. Die Musik ist von Herrn Joseph Weigl, Opern-Director der k. k. Hof-Theater.
Zum ersten Mahl: **1818** IV 20.
Neu in die Scene gesetzt: **1823** IX 10.

1818 IV 20, 22, V 1, 6, 14, VI 4, 27, VII 8, X 22, XI 9, XII 13, 21, **1819** I 8, 15, V 12, 20, VI 18, VII 7, XI 3, 9, XII 12, **1820** II 7, X 4, 18, 30, XI 10, 14, 19, XII 6, 19, **1821** I 27, II 1, 9, 16, III 16, 23, 31, IV 23, V 17, VI 6, 12, VII 2, 6, 16, IX 16, 30, X 29, XI 11, 25, **1823** IX 10, 12, 16, 20, 25, X 7, 9, 19, 24, 28, XI 8, 17, **1824** I 10, 14, **1825** I 8, **1826** VII 31, X 7, 11, 20.

Der Amtmann	Meier (**1818** IV 20–XI 9, **1819** I 8–**1821** XI 25, **1826** VII 31–X 20), Gottdank (**1818** XII 13, 21), Seipelt (**1823** IX 10–**1824** I 14)
Lukas	Weinmüller (**1818** IV 20–**1824** I 14), Preisinger (**1826** VII 31–X 20)
Phillis	Kraus-Wranitzky (**1818** IV 20–**1820** II 7), Vio (**1820** X 4–**1821** XI 25. **1823** X 7–XI 17), Sontag (**1823** IX 10–25, **1824** I 10, 14), Heckermann (**1826** VII 31–X 20)
Damon	Waldmüller (**1818** IV 20–**1821** XI 25, **1823** X 7–19, 28, XI 8, **1824** I 10, 14, **1826** VII 31–X 20), Unger (**1823** IX 10–25, X 24, XI 17)

A.206. Nachtwächter, Der

Nach Theodor Körners Posse in einem Acte als Operette eingerichtet von C. F. W. Die Musik ist von F. Grutsch, zweytem Orchesterdirector dieses k. k. Hoftheaters.
Zum ersten Mahle: **1835** IX 3.

1835 IX 3.

Tobias Schwalbe	Walther
Röschen	Bruckner
Ernst Wachtel	Hölzel
Carl Zeisig	Discant
Der Bürgermeister	Gottdank

A.207. Nephtali, oder: Die Macht des Glaubens

Eine große Oper in drey Aufzügen. Nach dem Französischen von Herrn J. R. von Seyfried.
Die Musik ist von F. Blangini.
Zum ersten Mahl: **1816** V 16.
Die Decorationen sind neu von Herren Janitz und de Pian, k. k. Hoftheater-Mahlern.

1816 V 16, 18, 19, 30.

Hareb	Vogl
Nephtali	Wild
Eleazar	Forti
Rachel	Bondra
Ein Krieger	Prinz

A.208. Neue Gutsherr, Der [Le nouveau seigneur de village]
Ein komisches Singspiel in einem Aufzuge, frey nach dem Französischen von I. F. Castelli.
Die Musik ist von Herrn Boieldieu.
Zum ersten Mahl: **1814** V 24.
1830 VII 13: Der Gutsherr.
1835 IX 16: Oper in einem Aufzuge.

1814 V 24, 25, 27, VI 1, 17 (BT), VII 20, VIII 4 (BT), 16, XI 24, 30, XII 6, 19, **1815** I 10, 26, II 3, III 3, 9, V 30, VI 15, VII 13, X 27, **1816** VII 15, IX 18, 25, X 4, 11, 28, XI 19, XII 2, 12, 27, **1817** I 8, II 10, IV 11, 18, 25, V 19, IX 5, 17, 29, X 10, 22, XI 17, XII 8, 12, **1818** I 26, II 20, III 3, IV 24, V 4, 20, VII 10, **1819** I 29, II 5, 9, III 3, 15, IV 23, V 31, VI 28, VII 21, 28, IX 20, 26, XI 8, **1820** I 5, 24, II 2, 10, 21, 28, VI 16, 28, IX 11, X 11, 27, XI 8, XII 1, 4, 13, **1821** I 15, III 12, 28, IV 4, 11, V 23, VII 9, IX 18, **1822** V 10, 21, VI 18, VIII 27, IX 6, X 7, 18, XI 12, XII 19, **1823** IV 4, XII 1, 13, **1824** I 1, **1830** VII 13, 15, 20, 26, VIII 3, 12, 16, IX 1, 7, X 7, XI 2, 8, XII 10, 31, **1831** I 13, II 18, III 19, 26, IV 8, V 10, 16, VI 13, 24, VII 12, IX 10, XI 12, **1832** I 9, III 12, IV 8, **1833** I 30, III 4, 6, 26, IV 9, 12, 24, 27, VI 3, 21, **1835** IX 16, 19, 25, 29, **1836** I 23, 25, II 26, III 2, 8, 11.

Baron Formann	C. Demmer (**1814** V 24–**1815** X 27, **1816** IX 18, X 4, 28–**1821** I 15, IV 11, IX 18), Schwarzböck (**1816** VII 15, IX 25, X 11), Zeltner (**1821** III 12–IV 9, V 23, VII 9, **1822** V 10–XII 19), Weinkopf (**1823** IV 4), A. Fischer (**1823** XII 1–**1824** I 1, **1831** IV 8–XI 12), Fr. Demmer (**1830** VII 13–**1831** III 26), Just (**1833** I 30–**1836** I 25), Hoffmann (**1836** II 26–III 11)
Johann	Ehlers (**1814** V 24–VIII 16), Caché (**1814** XI 24–**1817** V 19, IX 29, X 10, XII 12, **1818** IV 24–**1821** IX 18), J. Müller (**1817** IX 5, 17, X 22–**1818** III 3), Fr. Demmer (**1822** V 10–**1824** I 1), Cramolini (**1830** VII 13–**1831** XI 12, **1833** I 30–VI 21, **1836** I 23–III 11), Swoboda (**1835** IX 16–29)
Der Verwalter	Zeltner (**1814** V 24–**1815** III 9), Hölzel (**1815** V 30–VII 13), Gottdank (**1815** X 27–**1831** XI 12, **1833** I 30–**1836** III 11)
Babette	Treml (**1814** V 24–**1815** X 27), L. Müller (**1816** VII 15–**1817** II 10), Hornick-Pistrich (**1817** IV 11–V 19, IX 29–X 22), Müller-Wilhelm (**1817** IX 5, 17, XI 17–**1818** V 4, VII 10), Böhler-Devrient (**1818** V 20), Altenburger (**1819** I 29–III 3, IV 23–**1821** IX 18), H. Spitzeder (**1819** III 15), Demmer-Kneisel (**1822** V 10–**1824** I 1), Diemar (**1830** VII 13–**1831** IV 8), Bruckner (**1831** V 10–XI 12, **1833** I 30–IV 27, **1835** IX 16–**1836** III 11), H. Henkel (**1833** VI 3), Löffler (**1833** VI 21)
Hanns	Chr. Demmer (**1814** V 24–**1822** XII 19), J. Röckel (**1823** IV 4), Elzner (**1823** XII 1–**1824** I 1), Stotz (**1830** VII 13–VIII 16), Hölzel (**1830** IX 1–**1831** XI 12, **1833** IV 27–VI 21, **1836** II 26–III 11), Discant (**1833** I 30–IV 24, **1835** IX 16–**1836** I 25)
Franz	Dunst (**1814** V 24–**1815** VII 13), Frühwald (**1815** X 27–**1821** IX 18), Elzner (**1822** V 10–VI 18), Grill (**1822** VIII 27–**1824** I 1), Hölzel (**1830** VII 13–VIII 16, **1833** III 4–IV 24), Hanotscheck (**1830** IX 1–**1831** III 26), Huß (**1831** IV 8–XI 12), Tichatscheck (**1833** I 30, IV 27), Discant (**1833** VI 3, 21), Bergmann (**1835** IX 16–**1836** III 11)

A.209. Nina, o: La pazza per amore
Dramma semi-serio in due Atti. Musica del Maestro Paesiello.
1830 VI 3: Nina, la pazza per amore.

1830 IV 24, 25, VI 3.

Nina	Pasta
Lindoro	Rubini
Il Conte	Zuccoli
Elisa	C. Grünbaum
Giorgio	Hauser

A.210. Norma
Lyrische Tragödie in zwey Acten, gedichtet von Felix Romani, übersetzt von J. R. v. Seyfried.
Musik vom Kapellmeister Bellini.
Zum ersten Mahle: **1833** V 11.
Vgl. A.211.

1833 V 11, 14, 16, 18, 21, 23, 25, 29, 31, VII 24, 27, 30, VIII 1, 7, 13, 19, 22, IX 11, 13, 16, 18, 24, 30, X 5, 14, XI 4, 12, 14, 20, XII 3, 7, 11, 17, 20, 28, **1834** I 3, 24, 31, II 7, 13, IV 2, 11, 22, V 1, 14, 24, VI 6, 18, 30, VII 7, 14, 25, VIII 12, IX 11, 20, 30, X 3, 17, 30, XI 19, 27, XII 5, **1835** I 16, 23, II 7, 14, VI 20, 26, VII 25, VIII 7, 25, X 1, 12, XII 1, 8, 30, **1836** II 1, 3, 6.

Sever	Wild (**1833** V 11–31, IX 11–X 14, **1834** IX 20–XII 5, **1835** II 14–VII 25), Cramolini (**1833** VII 24–VIII 22, XI 4–**1834** I 24, II 7–IV 2, 22–VII 14, IX 11, **1835** I 16–II 7, VIII 7–**1836** II 6), Schäffer (**1834** I 31, IV 11, VII 25, VIII 12)
Orovist	Staudigl
Norma	Ernst (**1833** V 11–**1835** VI 26, VIII 7–XII 30), Löwe (**1835** VII 25), Schröder-Devrient (**1836** II 1–6)
Adalgisa	Löwe (**1833** V 11–**1835** II 14, XII 8), Ehnes (**1835** VI 20, 26, VIII 7–XII 1, 30–**1836** II 6), Stetter (**1835** VII 25)
Clotilde	Frontini (**1833** V 11–**1834** VI 30), Bondra (**1834** VII 7–**1835** X 12, XII 8–**1836** II 6), T. Hölzel (**1835** XII 1)
Flavius	Hölzel (**1833** V 11–VIII 13, 22–XII 20, **1834** I 3–IV 22, V 14, VI 6–IX 20, X 30–**1836** II 6), Schäffer (**1833** VIII 19), Heim (**1833** XII 28), Erl (**1834** V 1, 24, IX 30–X 17)

A.211. Norma
Tragedia lirica in due Atti, di Felice Romani. La Musica è del Sigr. Maestro Vincenzo Bellini.
[Zum ersten Mahle in italienischer Sprache:] **1835** IV 29.
Vgl. A.210.

1835 IV 29, 30, V 2, 3, 8, 13, 27.

Pollione	Poggi
Oroveso	Valtelina
Norma	Schütz-Oldosi
Adalgisa	Strepponi
Clotilde	Bondra
Flavio	Rigola

A.212. Nozze di Figaro, Le
Opera in due Atti. Musica di Mozart.
Zum ersten Mahle: **1824** VIII 28.
Vgl. A.146.

1824 VIII 28, 30, IX 4, 11, 16, 26, X 10, 17, XI 1, XII 3, **1825** I 4, II 5, 22.

Il Conte di Almaviva	Donzelli
La Contessa di Almaviva	Dardanelli
Susanna	Fodor-Mainvielle
Figaro	Lablache
Cherubino	Unger
Marcellina	K. Vogel
Bartolo	Ambrogi
Basilio	Ciccimarra
D. Curzio	Rauscher
Barbarina	C. Teimer
Antonio	Bassi

A.213. Nozze di Telemaco ed Antiope, Le
Azione lirica in due parti. La poesia è di Calisto Bassi. La musica è stata tra quella di vari autori, e riunita dal Sign. Maestro Mercadante. Il Ballo analogo è di composizione del Sign. A. Vestris.
Zum ersten Mahle: **1824** XI 5.

1824 XI 5, 11.

Ulisse	Lablache
Penelope	Comelli-Rubini
Telemaco	David
Idomeneo	Ambrogi
Antiope	Fodor-Mainvielle
Minerva	Eckerlin
Mentore	Ciccimarra
Marte	Donzelli
Venere	Dardanelli
Apollo	Rubini

Personaggi del Ballo analogo:
I Signori Rozier, Hullin, Samengo. Signore Brugnoli, Vaquemoulin, Bretel, Ramacini.

A.214. Nur mit Maß und Ziel, oder: Die Neuvermählten [Rien de trop]
Ein komisches Singspiel in einem Aufzuge, nach dem Französischen des Joseph Pain. Die Musik ist von Herrn Boieldieu, kaiserl. Rußischen Kapellmeister und Mitglied des Conservatoriums zu Paris.
Zum ersten Mahl: **1812** IV 8.

1812 IV 8.

Graf Nolt	Mohrhardt
Eveline	A. Laucher
Graf Pensing	Saal
Fritz	A. Neumann

A.215. Oberon, König der Elfen
Romantische Feen-Oper in drey Aufzügen.
Nach dem Englischen, der Tondichtung des Herrn Kapellmeister Carl Maria v. Weber unterlegten, Originale von J. R. Planché, für die deutsche Bühne von Theodor Hell.
Zum ersten Mahle: **1829** II 4.
Neu in die Scene gesetzt: **1835** VIII 26. Romantische Feen-Oper in drey Aufzügen, mit Divertissement.

1829 II 4, 5, 15, 16, 22, 24, 28, III 15, V 6, 21, 28, VII 23, XI 21, **1830** I 24, II 1, III 30, **1835** VIII 26, 27, 30, IX 2, 4, 6, 10, 14, 17, 24, X 4, 15, 29, XII 3.

Oberon	Fischer-Achten (**1829** II 4, 5), Holzmiller (**1829** II 15–**1830** III 30), F. Fux (**1835** VIII 26–XII 3)
Titania	M. Weiß (**1829** II 4–V 28), Hofbauer (**1829** VII 23, XI 21–**1830** III 30), L. Hasenhut (**1835** VIII 26–XII 3)
Puck	Waldmüller (**1829** II 4–V 28, XI 21), Frontini (**1829** VII 23, **1830** I 24–III 30), Botgorscheck (**1835** VIII 26–XII 3)
Harun al Raschid	S. Wagner (**1829** II 4–V 28), Bartolemi (**1829** VII 23–**1830** II 1), Gottdank (**1830** III 30), Hoffmann (**1835** VIII 26–XII 3)
Rezia	Hardmeier (**1829** II 4–16), Ernst (**1829** II 22–III 15, V 21, 28, XI 21–**1830** III 30, **1835** IX 2–XII 3), N. Hillebrand (**1829** V 6), Kraus-Wranitzky (**1829** VII 23), Löwe (**1835** VIII 26–30)
Fatime	Lindenheim (**1829** II 4–III 15, V 21–XI 21), Fischer-Achten (**1829** V 6), Hähnel (**1830** I 24–III 30), M. Fux (**1835** VIII 26–XII 3)
Namuna	Bondra (**1829** II 4–**1835** X 29), Schlager (**1835** XII 3)

Babeckan	Fr. Fischer (**1829** II 4–XI 21), Hanotscheck (**1830** I 24–III 30), Tomaselli (**1835** VIII 26–XII 3)
Almansor	Hillebrand (**1829** II 4–28, V 6–VII 23), A. Fischer (**1829** III 15), Fr. Demmer (**1829** XI 21–**1830** III 30), Just (**1835** VIII 26–XII 3)
Roschana	Dlle. Felder (**1829** II 4–VII 23), Dlle. Demling (**1829** XI 21–**1830** III 30), T. Hölzel (**1835** VIII 26–XII 3)
Erster Sarazene	Ruprecht (**1835** VIII 26–XII 3)
Zweyter Sarazene	Leitner (**1835** VIII 26–XII 3)
Hüon von Bourdeaux	Holzmiller (**1829** II 4, 5), M. Schuster (**1829** II 15–V 6, VII 23, XI 21), Vetter (**1829** V 21, 28), Binder (**1830** I 24–**1835** XII 3)
Scherasmin	N. Hölzel (**1829** II 4–V 21, VII 23), Hölzel (**1835** IX 6), Stotz (**1829** V 28, XI 21), Hauser (**1830** I 24–III 30), Cramolini (**1835** VIII 26–IX 4, 10, X 15–XII 3), Schäffer (**1835** IX 14–X 4)

A.216. Ochsen-Menuet, Der

Singspiel in zwey Acten, nach einer wahren Anecdote und dem Vaudeville: Haydn, ou: le menuet du bœuf. Die Musik ist aus den Werken Joseph Haydn's gezogen, und von Hrn. Kapellmeister I. R. v. Seyfried zur scenischen Darstellung eingerichtet.
Zum ersten Mahle: **1829** IX 12.
Mit dem hierzu gehörenden Divertissement: Das Winzerfest.
Vgl. B.152.

1829 IX 12, 13, 15, 20, 26, X 7, 11, 12, 15, 27, XI 1, 9, **1830** I 7, 18, II 23.

Haydn	Fr. Demmer
Frau Barbara	Bondra
Therese	Fischer-Achten
Jantschi	Hölzel
Eduard	Holzmiller
Istòck	A. Fischer

A.217. Orazi e Curiazi, Gli

Dramma tragico per Musica del Maestro Cimarosa.
Die neuen Decorationen sind von Herrn Melchior, k. k. Hoftheatermahler.
[Neu in Scene gesetzt:] **1811** XI 18.

1811 XI 18, 23 (Finale II), 24 (Finale II), 27, **1813** II 20, 22, III 8, 16, IV 21, V 4.

Publio Orazio	Verri
Marco Orazio	Siboni (**1811** XI 18, 27–**1813** V 4), Verri (**1811** XI 23, 24)
Orazia	Sessi-Neumann
Curiazio	Mar. Sessi (**1811** XI 18–27), Harlas (**1813** II 20–V 4)
Sabina	Auenheim
Licinio	Frühwald
L'Augure Sommo	Saal

A.218. Ostade

Ein komisches Singspiel in einem Aufzuge, von Treitschke.
Die Musik ist von J. Weigl, Operndirector und Kapellmeister.
1812 III 19, V 16: Statt der gewöhnlichen Introduction dieser Oper, wird heute ein Divertissement damit verbunden seyn, worin Herr Duport mit Dlle. Neumann ein Pas de deux und verschiedene Solo's tanzen wird.

1810 XI 21, XII 7, **1811** I 31, III 16, IX 11, X 14, XI 19, XII 21, **1812** I 18, 25, II 14, III 19, IV 11, 28, V 16, VI 5, VII 4, 16, 26, IX 10, 22, X 1, XI 18, XII 14, **1813** II 2, **1814** I 4, 12, 17, 29, II 8, 26, **1816** III 8, 15, 29, V 24, VI 5, 26, VII 7, IX 4, 16, X 2, 23, XI 8, XII 6, 12, 20, **1817** I 10, 27, III 23, IV 9, V 21, VI

10, XI 26, **1818** I 11, V 6, IX 25, XI 13, 30, XII 30, **1819** V 21, XII 5, **1820** III 7, IV 9, VII 6, 26, XI 14, XII 11, **1821** II 16, IX 24, X 2, **1822** III 6.

Adrian von Ostade	Vogl
Doktor Cajus	Saal (**1810** XI 21–**1821** X 2), Zeltner (**1822** III 6)
Marie	Heym (**1810** XI 21), A. Laucher (**1810** XII 7–**1812** III 19, **1813** II 2–**1814** I 29, II 26, **1816** V 24, **1817** I 10–III 23), Treml (**1812** IV 11–XII 14, **1814** II 8), Bondra (**1816** III 8–29, VI 5–XII 20, **1817** IV 9–**1821** X 2), Fröhlich (**1822** III 6)
Paul	Baumann (**1810** XI 21–**1821** X 2), Gottdank (**1822** III 6)

A.219. Otello
Opera seria in tre Atti. La musica è del Sign. Maestro Gioacchino Rossini.
Zum ersten Mahl [in italienischer Sprache]: **1823** III 13.
[**1823** III 17: Die Vorstellung endete wegen Ohnmacht der Mad. Fodor-Mainvielle während des Duetts Desdemona/Emilia im ersten Akt.]
1823 IV 20–V 7: Der zweite Act wird, wie bey den letzteren Vorstellungen dieser Oper, mit dem Terzett endigen.
1829 III 11, 14: Die Oper endet mit der Preghièra der Mdme. Pasta.
1830 IV 17: Dramma tragico in tre Atti.
Vgl. A.220.

1823 III 13, 17, 22, IV 1, 3, 5, 7, 10, 18, 20, V 5, 7, 9, 11, VII 3 (II, III), IX 11, 15, **1824** VII 3, 5, 15, IX 21, XI 18, 29, XII 21, 29, **1825** II 9, **1829** III 1 (II/Szenen, III), 11 (II/Szenen, III), 14 (II/Szenen, III), 17 (II/Szenen, III), **1830** IV 17, 18, 21, 27, V 24.

Otello	Donzelli (**1823** III 13–**1825** II 9), Cramolini (**1829** III 1–17), Rubini (**1830** IV 17–V 24)
Desdemona	Fodor-Mainvielle (**1823** III 13–**1825** II 9), Pasta (**1829** III 1–**1830** V 24)
Elmiro	Ambrogi (**1823** III 13–IX 15, **1824** XI 18–**1825** II 9), Botticelli (**1824** VII 3–IX 21), A. Fischer (**1829** III 1–17), Zuccoli (**1830** IV 17–V 24)
Rodrigo	David (**1823** III 13–**1824** XI 29), Rubini (**1824** XII 21–**1825** II 9), M. Schuster (**1829** III 1–17), Mussati (**1830** IV 17–V 24)
Jago	Ciccimarra (**1823** III 13–**1825** II 9), Hauser (**1830** IV 17–V 24)
Emilia	Unger (**1823** III 13–**1825** II 9), Frontini (**1829** III 1–17), Hähnel (**1830** IV 17–V 24)
Lucio	Rauscher (**1823** III 13–**1825** II 9)
Doge	Nestroy (**1823** III 13–VII 3), Lablache (**1823** IX 11, 15), A. Fischer (**1824** VII 3–**1825** II 9), Weinkopf (**1830** IV 17–V 24)

A.220. Othello, der Mohr von Venedig
Tragische Oper in drey Aufzügen. Aus dem Italienischen von C. Grünbaum.
Die Musik ist von Joachim Rossini.
Zum ersten Mahle: **1819** IV 29.
Die neuen Decorationen sind von den Herren Janitsch, de Pian und Gail, k. k. Hoftheatermahlern.
Das Costume nach der Angabe des Herrn von Stubenrauch.
Vgl. A.219.

1819 IV 29, V 1, 4, 8, 17, 29, VI 24, VII 10, 17, 29, IX 5, 23, XII 21, **1820** IX 21, 30, X 7, XI 9, 18, XII 20, 30, **1821** VII 10, IX 11, X 21, **1822** I 3, **1829** VI 24, 25, VII 3, 15, **1830** VII 8, XI 1, 3, 6, 11, 18, 23, XII 2, 17, **1831** I 5, II 7, III 1, 8 (I, II), VI 25, VII 28, **1832** IX 26, 28, X 3, 18, 25, **1834** XI 6, 13.

Der Doge von Venedig	Vogl (**1819** IV 29–VI 24, IX 23–**1822** I 3), Meier (**1819** VII 10–IX 5), Fr. Fischer (**1829** VI 24–VII 15), Weinkopf (**1830** VII 8–**1834** XI 13)
Rodrigo	Radicchi (**1819** IV 29–VI 24), Babnigg (**1819** VII 10–XII 21), Rosner (**1820** IX 21–XII 30, **1821** IX 11–**1822** I 3), Moltke (**1821** VII 10), M. Schuster (**1829** VI 24–VII 15), Binder (**1830** VII 8–**1834** XI 13)

Othello	Forti (**1819** IV 29–**1820** XI 9, **1821** VII 10–**1822** I 3), Wild (**1820** XI 18–XII 30, **1829** VI 24–**1834** XI 13)
Brabantio	Siebert (**1819** IV 29–VII 29, XII 21–**1820** XII 20, **1821** VII 10, X 21, **1829** VI 24–**1831** VI 25), Weinkopf (**1819** IX 5, 23, **1820** XII 30, **1821** IX 11, **1822** I 3), Borschitzky (**1831** VII 28), Staudigl (**1832** IX 26–**1834** XI 13)
Desdemona	Th. Grünbaum (**1819** IV 29–**1821** VII 10, X 21, **1822** I 3, **1829** VII 15, **1830** VII 8), Krüger-Aschenbrenner (**1821** IX 11), Kraus-Wranitzky (**1829** VI 24–VII 3), Ernst (**1830** XI 1, 3), S. Heinefetter (**1830** XI 6–**1832** X 25), Löwe (**1834** XI 6, 13)
Jago	Rosenfeld (**1819** IV 29–**1822** I 3), Hölzel (**1829** VI 24–VII 3), Hauser (**1829** VII 15–**1831** VII 28), Schäffer (**1832** IX 26–**1834** XI 13)
Lucio	Frühwald (**1819** IV 29–**1821** X 21), Prinz (**1822** I 3)
Emilia	Bondra (**1819** IV 29–**1822** I 3), Frontini (**1829** VI 24–**1831** VII 28, **1832** X 18), C. Heinefetter (**1832** IX 26–X 3, 25), Botgorscheck (**1834** XI 6, 13)

A.221. Pachter Robert [Marcelin]
Komische Oper in einem Aufzuge, frey nach dem Französischen des Bernard Valville, von Joseph Ritter v. Seyfried. Musik von Lebrun.
Zum ersten Mahle: **1822** IX 20.

1822 IX 20, 30, X 4, 23, XI 2, 29, XII 3, 9, 18, **1823** VI 10.

Robert	Weinmüller
Magdalena	Karl
Justine	Fröhlich (**1822** IX 20), Demmer-Kneisel (**1822** IX 30–**1823** VI 10)
Georg	E. Ehlers
Thomas	Lotte Rottmüller
Franz	L. Ehlers
Skapel	J. Spitzeder
Viktor	Fr. Demmer
Ein Meyerknecht	Groswald

A.222. Paris in Pommern, oder: Die seltsame Testaments-Klausel
Vaudeville-Posse in einem Acte, mit Gesang, von Louis Angely.
Zum ersten Mahle: **1832** VIII 2.
1832 VIII 2, 4, 8, 10, 28.

Wacker	Hoffmann
Kätchen	Bruckner
Miekchen	Burghard
Röschen	Rosenberg
Peter Bock	Hölzel
Hans Schwalbe	J. Röckel
Wilhelm Lips	Fischer
Actuarius Ziegenfuß	Walther
Leberecht Klarauge	Gottdank
Herz Levi	Börner
Jobst	Erl

A.223. Pferd von Erz, Das
Zauberoper in drey Aufzügen, aus dem Französischen des Scribe. Musik von Auber.
Zum ersten Mahle: **1836** I 5.

1836 I 5, 13, 14, 16, 18, 20, 24, II 11, 14, 24, 27, III 14.

Yang	Cramolini (**1836** I 5), Binder (**1836** I 13–III 14)
Tsing-sing	Forti
Tao-jin	Ernst
Tschin-kao	Staudigl
Peki	M. Henkel
Yanko	Schäffer
Stella	Löwe
Lo-Mangli	Gentiluomo

A.224. Pirata, Il
Melodramma in due Atti. Musica del Sign. Maestro Vincenzo Bellini.
Zum ersten Mahle: **1828** II 25.

1828 II 25, 26, 27, III 1, 2, 10, 11, IV 23, 30 (I), **1830** VI 8, 9, 11, 12, 14, 16.

Ernesto	Tamburini (**1828** II 25–III 11), Berettoni (**1828** IV 23, 30), Zuccoli (**1830** VI 8–16)
Imogene	Comelli-Rubini (**1828** II 25–IV 30), Pasta (**1830** VI 8–16)
Gualtiero	Rubini
Itulbo	Ciccimarra (**1828** II 25–IV 30), Mussati (**1830** VI 8–16)
Goffredo	Berettoni (**1828** II 25–III 11), L. Pacini (**1828** IV 23, 30), Hauser (**1830** VI 8–16)
Adele	N. Dotti (**1828** II 25–IV 30), Frontini (**1830** VI 8–16)

A.225. Podestà di Burgos, Il
Melodramma giocoso in due atti. Poesia di Calisto Bassi. Musica del Sign. Maestro Mercadante.
Zum ersten Mahle: **1824** XI 20.
Die neuen Dekorationen sind von Herrn Janitsch, k. k. Hoftheatermahler.
Das Costume neu nach Angabe des k. k. Hoftheater-Costume- und Decorations-Director Herrn Ph. von Stubenrauch.
1824 XI 20: Zwischen beyden Akten wird Herr David die Arie „L'addio Rossini ai Viennesi", von demselben komponiert, aus besonderer Gefälligkeit für den Benefizianten, zu singen die Ehre haben.

1824 XI 20, 22, **1825** I 7.

D. Agapito Corcillo	Bassi
Angelica	Fodor-Mainvielle
D. Panfilio Vildrega	Ambrogi
Eduardo de Isunza	Rubini
Sinfonario	Lablache
Rebecca	Unger
Tiburzio	Difranco

A.226. Portugisische Gasthof, Der
Komisches Singspiel in einem Aufzuge, nach dem Französischen. Musik von Cherubini.
[Neu einstudirt:] **1819** XII 3.
1819 XII 3, 6, 17, 29, **1820** I 26, 30, II 22, 25, III 7, 15, 24.

Don Roselbo	Zeltner
Gabriele	Vio
Don Carlos	Kastner
Rodrigo	Meier
Ines	Altenburger
Pedrillo	Gottdank
Inigo	Chr. Demmer

A.227. Pretendenti delusi, I
Opera buffa in due Atti. Musica del Maestro Mosca.
Zum ersten Mahle: **1825** III 21.

1825 III 21, 22, 26 (II).

Il Conte Odoardo	Donzelli
Emilia	Dardanelli
Barone Andronico	Difranco
Donna Eufemia	Unger
Don Procopio	Ambrogi
Il Marchese Don Fausto	Botticelli
Il Burgravio di Friedberg	Rauscher
Lisetta	Beisteiner

A.228. Prüfung, Die
Eine Oper in zwey Aufzügen, von Herrn Franz Xaver Huber.
Die Musik ist von Herrn Adalbert Gyrowetz, Kapellmeister der k. k. Hoftheater.
Zum ersten Mahl: **1813** VII 15.
Die Decoration des ersten Akts ist von Herrn Arrigoni.

1813 VII 15, 16, 19, 23, 25, 29, IX 23, X 9, 31, XI 30.

Liebreich	Weinmüller
Valentin	Mohrhardt (**1813** VII 15–29), Dunst (**1813** IX 23–XI 30)
Martha	Auenheim
Nannette	A. Laucher
Schröpfer	C. Demmer
Der Verwalter	Zeltner (**1813** VII 15–X 9), Frühwald (**1813** X 31, XI 30)
Ein Advokat	A. Rösner
Der Schulmeister	Saal
Michel	Chr. Demmer
Grete	Karl
Ein Bauer	Handl
Eine Bäuerinn	Kiker

A.229. Quäker-Familie
Komische Oper in einem Aufzuge, aus dem Französischen der Herren Leuven und Lherie.
Die Musik ist von Herrn W. Reuling, Kapellmeister an diesem k. k. Hoftheater.
Zum ersten Mahle: **1835** I 2.

1835 I 2, 4, 6, 10, 17, 28, II 5.

Jakobson	Fr. Demmer
Eduard Walker	Cramolini
Rebecka	Bondra
Camilla	F. Fux
Eva	Löffler
Arabella	F. Heinefetter
Susanna	Ehnes
Brigitta	Putz
Anna	M. Fux
Betty	Gentiluomo

A.230. Quinto Fabio Rutiliano
Dramma Serio in due Atti di Giuseppe Rossi, Poeta al Servizio di questi Imp. R. Teatri.
Musica del Maestro Giuseppe Nicolini.
Le Decorazioni del tutto nuove sono disegnate e dipinte dai Sign. Melchior, Sacchetti, Ianitsch, e Graziosi.
Zum ersten Mahl: **1811** IV 24.

1811 IV 24, 29, 30, V 2, 11, 27, VI 10.

Lucio Papirio	Siboni
Emilia	Th. Fischer
Quinto Fabio	Velluti
Marco Fabio	Verri
Sabina	Auenheim
Appio	Anders
Sommo Sacerdote	F. Saal

A.231. Rafael
Oper in drey Aufzügen, nach dem Französischen bearbeitet von Dr. Arendt.
Musik von Herrn Kapellmeister W. Telle, Zögling des Herrn Cherubini.
Zum ersten Mahle: **1834** X 8.
1835 IX 9: Musik von W. Telle, Kapellmeister an diesem k. k. Hoftheater.
1834 X 8–13: Der Herr Compositeur wird die Ehre haben, zu dirigiren.

1834 X 8, 11, 13, **1835** IX 9.

Lara	Schäffer
Donna Elvira	Rosenberg (**1834** X 8–13), T. Hölzel (**1835** IX 9)
Marguita	M. Henkel
Donna Serafina	Bondra
Leonore	Ehnes
Don Réal	Hoffmann
Pedro	Walther
Tonino	Gottdank
Rafael	Forti (**1834** X 8–13), Hammermeister (**1835** IX 9)
Brigitta	Schlager
Anführer der Wache	Fr. Demmer (**1834** X 8–13)

A.232. Raoul der Blaubart
Heroische Oper in drey Aufzügen, nach dem Französischen neu bearbeitet.
Musik von Gretry und Fischer.
Zum ersten Mahle: **1821** IV 12.
Die Decorationen sind neu von den Herren Janitz, de Pian und Gail, k. k. Hoftheatermahlern.
1833 X 2: Neu in die Scene gesetzt. Raul, der Blaubart.
Heroische Oper in drey Aufzügen, mit Tanz, aus dem Französischen, von Dr. Schmieder. Musik von Gretry.

1821 IV 12, 24, 28, VI 13, VII 12, IX 1, 17, X 5, 7, 23, 28, XI 14, **1822** VI 23, IX 21, X 8, 12, 25, XI 8, XII 31, **1823** I 8, III 8, **1833** X 2, 12.

Fürst Raoul	Forti (**1821** IV 12–**1822** X 12, XI 8–**1823** III 8), Seipelt (**1822** X 25, **1833** X 2, 12)
Marie	Schröder-Devrient (**1821** IV 12–**1823** III 8), C. Heinefetter (**1833** X 2, 12)
Ritter Vergy	Waldmüller (**1821** IV 12–XI 14), Fröhlich (**1822** VI 23, IX 21), Unger (**1822** X 8–**1823** III 8), Cramolini (**1833** X 2, 12)
Marquis von Carabi	Zeltner (**1821** IV 12–**1823** III 8), Just (**1833** X 2, 12)
Graf von Carabi	Weinkopf (**1821** IV 12–**1823** III 8), Tomaselli (**1833** X 2, 12)

Kurt	Vogl (**1821** IV 12–**1822** VI 23), Nestroy (**1822** IX 21–**1823** III 8), Forti (**1833** X 2, 12)
Junges Bauernmädchen	B. Teimer (**1821** IV 12–**1823** III 8)
Laura	Ball (**1821** IV 12–**1823** III 8), Berg (**1833** X 2, 12)
Ein Knappe	Perschl (**1821** IV 12–XI 14), Kisling (**1822** VI 23–**1823** III 8), Erl (**1833** X 2, 12)
Ein Knappe von Raoul	Hr. Groswald (**1821** IV 12–**1823** III 8), Heim (**1833** X 2, 12)

A.233. Räuber und der Sänger, Die
Romantische Operette in einem Aufzuge, nach einer wahren Begebenheit.
Musik von Leopoldine Blahetka.
Zum ersten Mahle: **1830** III 22.

1830 III 22.

Elena	Fischer-Achten
Salvatore Sylva	Binder
Der Anführer der Räuber	A. Fischer
Battista	Fr. Fischer

A.234. Räuberhauptmann, Der
Komische Oper in einem Acte.
Zum ersten Mahle: **1833** XII 10.

1833 XII 10, 31, **1834** II 22, **1835** VII 15, 17, XI 11, **1836** I 7, II 20.

Michál Lefort	Walther
Louison	Au
Gertrude	Bondra
Bonveil	Detroit
Martial	Bergmann
Ein Unbekannter	Just
Cuno	Gottdank (**1833** XII 10–**1835** XI 11), Hoffmann (**1836** I 7, II 20)
Ein Knecht	Erl (**1833** XII 10–**1834** II 22), Tomaselli (**1835** VII 15–**1836** II 20)

A.235. Reisende Sängerinn, Die
Komische Oper in einem Acte.
Zum ersten Mahle: **1833** X 16.

1833 X 16, 18, 20, 22.

Athanasius Büffel	Detroit
Armantine	Burghard
Franz von Rosen	Discant
Kettler	Dorach
Stein	Hölzel
Stern	Just
Frau Doppelkreide	Bondra

A.236. Ricciardo e Zoraide
Dramma. Musica del Signor Gioacchino Rossini.
In einen Act zusammengezogen, mit Beybehaltung und Veränderung der besten Musikstücke und des vorzüglichsten Theils der Handlung.
Dem Schlusse der Oper ist das Duett aus Armida: Cara per te quest'anima, beygefügt.
Zum ersten Mahle: **1822** VII 8.
Vgl. A.237.

1822 VII 8, 9, 18.

Agorante	Nozzari
Zoraide	Colbran
Ricciardo	David
Zomira	Eckerlin
Ernesto	Rauscher
Fatime	Unger

A.237. Richard und Zoraide
Große Oper in zwey Aufzügen. Aus dem Italienischen von C. Grünbaum.
Die Musik ist von Joachim Rossini.
Zum ersten Mahle: **1819** X 3.
Die Decorationen sind neu von den Herren Janitsch, de Pian und Gail, k. k. Hoftheatermahlern.
Das Costume ist nach der Angabe des Herrn von Stubenrauch.
Neu in die Scene gesetzt: **1824** II 7.
Vgl. A.236.

1819 X 3, 5, 7, 19, 24, 31, **1821** V 22, VI 11, 15, VII 7, 19, **1822** II 7, **1824** II 7, 9.

Agorant	Forti
Zomira	Waldmüller (**1819** X 3–31), Unger (**1821** V 22–**1824** II 9)
Hyrkan	Weinkopf (**1819** X 3–**1822** II 7), Zeltner (**1824** II 7, 9)
Zoraide	Th. Grünbaum
Richard	Babnigg (**1819** X 3–31), Rosner (**1821** V 22–**1822** II 7), Haizinger (**1824** II 7, 9)
Ernest	Rosenfeld(**1819** X 3–**1822** II 7), Rauscher (**1824** II 7, 9)
Fatime	A. Laucher (**1819** X 3–**1821** VII 19), Berg (**1822** II 7–**1824** II 9)
Elmira	Altenburger (**1819** X 3–**1821** VII 19), B. Teimer (**1822** II 7–**1824** II 9)
Zamorre	Frühwald (**1819** X 3–**1821** VII 19), Prinz (**1822** II 7–**1824** II 9)

A.238. Rivale di se stesso, Il
Dramma giocoso in due Atti, tradotto dal Idioma Tedesco dal Signore Romanelli, e messo in Musica dal Signore Giuseppe Weigl per il Teatro della scala a Milano l'anno 1808.
Zum ersten Mahl: **1812** X 29.
Die neue Decoration ist von Herrn Janitz, k. k. Hoftheatermahler.

1812 X 29, 31, XI 3, 12, 20, **1813** VI 18, VII 12, 28, IX 27, X 8, XI 5.

Il Conte Adolfo	Siboni
Rosina	M. T. Sessi
Pasquale	Bassi
Bernardo	Saal
Donna Rosalba	Auenheim
Il Cavaliere Ferrando	Radicchi
Giorgio	Verri
Sandrina	Gaßmann

A.239. Robert, der Teufel
Große romantische Oper in fünf Acten. Aus dem Französischen des Scribe und Delavigne.
Musik von J. Mayerbeer, königl. Preußischen Hof-Kapellmeister.
Zum ersten Mahle: **1833** VIII 31.
Sämmtliche neue Decorationen sind nach den Zeichnungen des Herrn Ph. v. Stubenrauch, k. k. Hoftheater-Decorations- und Costume-Directors, von den Hoftheatermahlern Millitz, Scharhan und Schlegel ausgeführt.

1833 VIII 31, IX 2, 4, 6, 9, X 17, 19, 23, 28, 30, XI 1, 5, 9, 11, 21, 23, 25, 27, 29, XII 2, 5, 9, 12, 15, 18, 21, 26, 29, **1834** I 1, 5, 7, 10, 14, 17, 27, 30, II 8, 17, 26, III 1, 4, 9, 13, 20, IV 4, 6, 18, 29, V 3, 11, 21, 26, 30, VI 4, 10, 19, 29, VII 16, 23, 26, VIII 21, 28, IX 25, X 5, 9, 12, 19, 26, XI 10, 16, 23, XII 20, 26, **1835** I 8, 11, 15, 18, II 20, III 26, 29, VI 29, VII 1, 31, VIII 4, 9, IX 1, 7, 12, 18, X 30, XI 8, **1836** II 7, 19, III 18.

Robert	Breiting (**1833** VIII 31–XI 11, 29–XII 9, 18–**1834** I 1, 7–30, II 17–III 20, V 21–VI 10, 29–VII 26, IX 25–XII 26, **1835** VIII 4–IX 7, 18, **1836** II 7–III 18), Binder (**1833** XI 21–27, XII 12, 15, **1834** I 5, II 8, IV 4–V 11, VI 19, VIII 21, 28, **1835** III 26, 29, IX 12, X 30, XI 8), Wild (**1835** I 8–II 20, VI 29–VII 31)
Bertram	Staudigl (**1833** VIII 31–**1834** XI 23, **1835** II 20–**1836** III 18), Just (**1834** XII 20–**1835** I 18)
Raimbaut	Binder (**1833** VIII 31–X 28, XI 1–11, **1834** V 21–VI 10, 29–VII 26, IX 25–XI 23, **1835** II 20, VIII 9, **1836** II 19, III 18), Schäffer (**1833** X 30, XI 21, XII 26–**1834** V 11, VIII 21, 28, XII 20–**1835** I 18, III 26–VIII 4, IX 1–**1836** II 7), Tichatscheck (**1833** XI 23–XII 21, **1834** VI 19)
Isabella	Löwe
Alice	Ernst (**1833** VIII 31–**1834** I 10, I 27–VII 26, IX 25–**1835** II 20, VI 29–VII 31, IX 1–XI 8, **1836** II 19, III 18), M. Henkel (**1834** I 14, 17, VIII 21, 28, **1835** III 26, 29), Schodel (**1835** VIII 4, 9, **1836** II 7)
Fünf Ritter	Seipelt Just (**1833** VIII 31–**1834** XI 23) Hölzel (**1833** VIII 31–XII 21, **1834** I 5–IV 29, IX 25–**1835** III 29, X 30–**1836** III 18), Tichatscheck (**1833** XII 26–**1834** I 1), Bognar (**1834** V 3–VIII 28, **1835** VI 29–VIII 9), Anger (**1835** IX 1–18) Bognar (**1833** VIII 31–XI 1), Tichatscheck (**1833** XI 5–21, **1834** I 5–V 30, VIII 21–IX 26), Hölzel (**1834** VI 4–VII 26, **1835** VI 29–IX 7), Tomaselli (**1834** XI 10–**1835** III 29, X 30–**1836** III 18), Bergmann (**1835** IX 12, 18) Tomaselli (**1833** VIII 31–**1834** IX 26, **1835** VI 29–IX 18), Erl (**1834** XI 10–**1835** II 20), Anger (**1835** III 26, 29, X 30–**1836** III 18)

A.240. Romeo e Giulietta [Giulietta e Romeo]
Der dritte Act der tragischen Oper. (In italienischer Sprache). Musica del Sign. Maestro Vaccaj. [Zum ersten Mahle:] **1835** III 28.

1835 III 28 (III).

Romeo	Pixis
Giulietta	Ehnes

A.241. Rothkäppchen [Le petit chaperon rouge]
Zauber-Oper in drey Aufzügen. Nach Theaulon von Friedrich Treitschke. Die Musik ist von Boieldieu. Zum ersten Mahle: **1819** III 27.
Die Decorationen sind neu von den Herren Janitsch, de Pian und Gail, k. k. Hoftheatermahlern.
Das Costume nach der Angabe des Herrn von Stubenrauch.
Das Arrangement des vorkommenden Traums ist von Herrn Aumer, Balletmeister der k. k. Hoftheater. Tanzende Genien: Dlles. Louise Didié, Essler [!] d. ä., Essler d j. u. a. m.
1832 XI 22: Romantische Oper in drey Aufzügen, nach Théaulon, von Friedrich Treitschke.

1819 III 27, 28, 30, IV 3, 13, 15, 25, VII 3, 20, IX 14, 19, 30, X 10, 16, XI 6, 17, XII 11, **1820** I 16, 25, II 8, 19, III 20, IV 11, VI 10, 22, 29, VII 16, IX 2, 7, X 5, 19, XI 28, 30, **1821** I 6, 18, 23, II 15, IX 7, **1832** XI 22, 24.

Baron Rodolphe	Forti (**1819** III 27–**1820** X 19, **1821** I 6–IX 7), Wild (**1820** XI 28, 30, **1832** XI 22, 24)
Graf Roger	Rosenfeld (**1819** III 27–**1821** IX 7), Schäffer (**1832** XI 22, 24)
Magister Job	Meier (**1819** III 27–**1821** IX 7), E. Weiß (**1832** XI 22, 24)
Lieb' Röschen	Kraus-Wranitzky (**1819** III 27–VII 20, X 10–**1820** II 19, VI 29), Vio (**1819** IX 14–30, **1820** IV 11–VI 22, VII 16–**1821** IX 7), M. Henkel (**1832** XI 22, 24)
Bertha	Hönig (**1819** III 27–XII 11), K. Vogel (**1820** I 16–**1821** IX 7), Bondra (**1832** XI 22, 24)
Nannette	Demmer-Kneisel (**1819** III 27–XII 11, **1820** II 8, III 20–**1821** IX 7), Vio (**1820** I 16, 25, II 19), Löffler (**1832** XI 22, 24)
Der Alte im Walde	Vogl (**1819** III 27–VII 3, IX 19–XII 11, **1820** I 25, II 8, III 20–X 5, XI 28–**1821** IX 7), Zeltner (**1819** VII 20, IX 14, **1820** I 16, II 19, X 19), Staudigl (**1832** XI 22, 24)
Edmond	Chr. Demmer (**1819** III 27–**1821** IX 7), Hölzel (**1832** XI 22, 24)
Ein Offizier	Weinkopf (**1819** III 27–**1821** IX 7)
Erster Holzhauer	Hoffmann (**1832** XI 22, 24)
Zweyter Holzhauer	Benesch (**1832** XI 22, 24)

A.242. Sänger und der Schneider, Der
Komische Operette in einem Aufzuge, nach dem Französischen bearbeitet.
Musik von verschiedenen Meistern.
Zum ersten Mahle: **1830** VII 28.
Vgl. E.10.

1830 VII 28.

Cavatini	Cramolini
Sacchini	Stotz
Meister Strax	Nestroy
Cölestine	Diemar

A.243. Sängerinnen auf dem Lande, Die
Komische Oper in zwey Aufzügen. Nach dem Italienischen frey bearbeitet. Musik von Fioravanti.
Zum ersten Mahle: **1819** XII 7.
Vgl. A.57.

1819 XII 7, 9, 14, 19, **1820** II 6, III 6, 14, 16, IV 8, V 27, VI 6, 27, VII 9, 23, IX 16, X 31, **1821** II 13, III 20, IX 13, XI 1, **1822** V 29, VI 2, VII 7, VIII 14.

Rosa	Th. Grünbaum (**1819** XII 7–**1821** III 20, XI 1–**1822** VIII 14), Krüger-Aschenbrenner (**1821** IX 13)
Agathe	Lembert (**1819** XII 7–**1821** XI 1), Vio (**1822** V 29–VIII 14)
Giannina	Demmer-Kneisel (**1819** XII 7–19, **1820** IV 8–**1821** IX 13, **1822** V 29–VIII 14), Altenburger (**1820** II 6–III 16, **1821** XI 1)
Carlino	Babnigg (**1819** XII 7–**1820** II 6, V 27, VI 6), Rosenfeld (**1820** III 6, IX 16, **1821** II 13–XI 1), Siebert (**1820** III 14–IV 8, VI 27–VII 23), Löhle (**1820** X 31), Rauscher (**1822** V 29–VIII 14)
Bucephalo	Siebert (**1819** XII 7–**1820** II 6), J. Fischer (**1820** III 14–IV 8), I. Dirzka (**1820** V 27–**1822** VIII 14)
Marco	Meier
Giansimone	Gottdank
Ein Sänger	Rosner (**1820** VI 27)
Ein Anführer der Sbirren	Chr. Demmer

A.244. Salem
Eine lyrische Tragödie in vier Aufzügen, von I. F. Castelli. In Musik gesetzt von Herrn I. F. Mosel.
Zum ersten Mahl: **1813** III 5.
Die neuen Decorationen sind von Hrn. Pian, k. k. Hoftheatermahler.
Das Costume ist nach den Zeichnungen des Herrn von Stubenrauch verfertigt.

1813 III 5, 6, 10, 14, 19, 26, IV 19, V 6, VI 2.

Salem	Siboni
Tur	Vogl
Homai	Milder-Hauptmann
Sulicha	A. Laucher
Der Obermagier	Saal
Markad	Chr. Demmer

A.245. Sammtrock, Der
Ein Singspiel in einem Aufzuge, nach einem Lustspiele des Herrn A. v. Kotzebue.
Die Musik ist von Herrn Gyrowetz, Kapellmeister der k. k. Hoftheater.

1810 X 14, 19, XII 4, **1811** I 10, 15, 24, II 9, 19, 24, III 8, 11, IV 15, 25, V 7, 17, VI 9, VII 4, 28, IX 9, 21, X 5, 18, XI 2, 20, XII 1, 8., 14, **1812** II 27, III 13, IV 13, VII 7, **1813** V 1, VI 22, **1814** I 7, 26, II 4, 10, III 11, V 4, VIII 22, XI 1, 9, 28, XII 17, **1815** I 21, 28, V 13, VI 8, 27, VII 3, IX 6, 27, X 23, XII 13, 18, **1816** II 23, V 27, XI 4, 22, XII 9, **1817** I 19, V 2, 23.

Magister Kranz	Weinmüller
Sibille	A. Laucher (**1810** X 14–**1811** IX 9, X 5, **1814** V 4, **1815** XII 13–**1817** V 23), Treml (**1811** IX 21, X 18–**1815** X 23)
Advocat Blum	Frühwald
Graf Lunger	Chr. Demmer

A.246. Sargines
Eine heroisch-komische Oper in zwey Aufzügen, aus dem Italienischen übersetzt von C. M. Heigel.
Die Musik ist von Herrn Kapellmeister F. Pär.
Vgl. A.247.

1815 IV 29, V 1, 7, 28, VI 13, 20, VII 8, 14, IX 14, X 15, 19, 28, XI 21, 27, XII 7, 16, 19, 28, **1816** II 1, VII 4, 6, 14, **1818** VII 14, 23, 28, IX 1, 5, XI 10, **1819** I 5, 19, 28, II 18, **1820** IX 24, **1821** V 18, VI 7, **1822** IX 3.

Philipp August	Saal (**1815** IV 29–**1821** VI 7), Weinkopf (**1822** IX 3)
Sargines	Vogl (**1815** IV 29–**1816** VII 14, **1819** II 18–**1821** VI 7), Siebert (**1818** VII 14–**1819** I 28), Nestroy (**1822** IX 3)
Karl Sargines	Campi (**1815** IV 29–**1816** VII 14, **1818** XI 10–**1819** II 18), Gerstäcker (**1818** VII 14–IX 5, **1821** V 18, VI 7), Löhle (**1820** IX 24), Sigl-Vespermann (**1822** IX 3)
Elise (Sophie)	Seidler-Wranitzky (**1815** IV 29–**1816** II 1), Teyber (**1816** VII 4–14), Th. Grünbaum (**1818** VII 14–**1822** IX 3)
Montigny	Radicchi (**1815** IV 29–**1819** II 18), Siebert (**1820** IX 24), Rosenfeld (**1821** V 18, VI 7), Rauscher (**1822** IX 3)
Betaille	Meier (**1815** IV 29–**1821** VI 7), Zeltner (**1822** IX 3)
Rosine	Hornick-Pistrich (**1815** IV 29–**1816** VII 14), Müller-Wilhelm (**1818** VII 14–IX 5), Altenburger (**1818** XI 10–**1821** VI 7), C. Teimer (**1822** IX 3)
Isidor	Frühwald (**1815** IV 29–**1821** VI 7), Fr. Demmer (**1822** IX 3)
Ein Ritter	Hr. Groswald (**1822** IX 3)

A.247. Sargino
Opera in due Atti, Musica del Signor Paer.
Vgl. A.246.

1810 XII 3, 20, **1811** I 11, 21, 28, **1813** IV 26, V 21, VII 3, 7, 14, 22, IX 24, X 5, 16, 23, XI 20, 26.

Filippo Augusto	Saal
Sargino Padre	Vogl
Sargino Figlio	Siboni (**1810** XII 3–**1811** 28), Harlas (**1813** IV 26, V 21), Sessi-Neumann (**1813** VII 3–XI 26)
Sofia	Th. Fischer (**1810** XII 3–**1811** I 28), M. T. Sessi (**1813** IV 26–XI 26)
Montigny	Anders (**1810** XII 3–**1811** I 28), Radicchi (**1813** IV 26–XI 26)
Pietro	Verri
Isella	Auenheim (**1810** XII 3–**1813** IV 26), Kiker (**1813** V 21–XI 26)
Isidoro	Frühwald

A.248. Scelta dello sposo, La
Opera comica in due Atti di Signor Buonavoglia. La Musica del Maestro Pietro Guglielmi.
Zum ersten Mahl: **1812** IX 24.

1812 IX 24, 28, X 3, 6, 9, 15, 21, XI 7, 26, XII 2, 9, **1813** II 10, VI 28, VII 17, X 1, XI 10, **1814** IV 29.

La Contessa Dejanira	M. T. Sessi
Il Cavaliere Ernesto	Radicchi
Il Conte Orlando	Bassi
Il Cavaliere Pistone	Verri
Alberto	Frühwald
Lauretta	Kiker (**1812** IX 24–**1813** XI 10), Gassmann (**1814** IV 29)

A.249. Schatzgräber, Der [Le trésor supposé]
Eine komische Oper in einem Aufzuge, nach dem Französischen bearbeitet von Jos. R. v. Seyfried.
Die Musik ist von Hrn. Mehul.
1835 VIII 5: Komische Operette in einem Acte.

1814 VII 19, **1817** VI 23, VII 1, 9, IX 12, 22, X 13, XI 5, 21, XII 3, 17, **1818** I 17, II 18, III 11, IV 8, 17, V 13, VI 24, IX 16, X 5, 23, 30, XI 6, 25, **1819** IV 30, V 24, VI 25, IX 17, 26, X 1, 15, 27, XI 11, 29, **1820** I 14, 31, IV 17, V 31, VI 5, 15, 20, X 9, XI 27, **1821** I 12, 24, II 2, 14, 23, III 2, 6, 21, 30, V 1, VII 11, 23, IX 12, 26, X 10, XI 5, 19, 29, **1824** V 21, 23, VI 3, VII 8, 30, VIII 24, 31, **1831** XI 8, 10, 17, 22, **1832** I 11, 17, 31, V 22, 26, VI 6, IX 17, X 10, XI 21, 27, XII 31, **1833** III 7, V 9, VI 10, 17, **1835** VIII 5, 24, X 6, 13, XI 18, **1836** I 19, II 9.

Hahn	Meier (**1814** VII 19–**1824** VIII 31), Walther (**1831** XI 8–22, **1835** VIII 5–**1836** II 9)
Sophie	Hönig (**1814** VII 19–**1821** III 30, VII 23–XI 29), Bondra (**1821** V 1, VII 11), Vio (**1824** V 21–VIII 31), Rosenberg (**1831** XI 8–22), F. Fux (**1835** VIII 5–**1836** II 9)
Von Wahlen	Gottdank (**1814** VII 19–**1818** IX 16, **1819** IV 30–X 1, **1820** IX 6, **1821** II 14, IX 12, 26), Chr. Grünbaum (**1818** X 5–XI 25, **1819** X 15–**1820** VI 5, IX 15–**1821** II 2, II 23–VII 23, X 10–XI 29), Elzner (**1824** V 21–VIII 31), Donua (**1831** XI 8–22), Hölzel (**1835** VIII 5–**1836** II 9)
Dorchen	H. Forti (**1814** VII 19), Moreau (**1817** VI 23–VII 9, **1818** IV 8–**1821** XI 29), Müller-Wilhelm (**1817** IX 12–**1818** III 11), Demmer-Kneisel (**1824** V 21–VIII 31), Bruckner (**1831** XI 8–22, **1835** VIII 5–**1836** II 9)
Fritz	Caché (**1814** VII 19–**1818** IX 16, **1819** IV 30–X 1, **1820** IX 6, 15, **1821** I 24, II 14, III 6, VII 11, IX 12–X 10, XI 19, 29), Gottdank (**1818** X 5–XI 25, **1819** X 15–**1820** VI 5, IX 20–**1821** I 12, II 2, 23, III 2, 21–V 1, VII 23, XI 5, **1824** V 21–VIII 31), Hölzel (**1831** XI 8–22), Discant (**1835** VIII 5–**1836** II 9)

A.250. Scheidewand, Die
Sinnspiel in einem Aufzuge, nach dem Französischen. Die Musik ist von Fischer.
[Zum ersten Mahle:] **1821** VI 26.

1821 VI 26, 28, VII 27.

Dörner	Meier
Josephine	Bondra
Fritz Bach	Rosenfeld

A.251. Schnee, Der
Oper in vier Aufzügen, aus dem Französischen von I. F. Castelli. Musik von Auber.
Zum ersten Mahle: **1824** III 19.
Die neue Decoration ist von den Herren Janitsch und Gail, k. k. Hoftheatermahlern.
1830 III 18: Komische Oper in vier Aufzügen, nach dem Französischen der Herren Scribe und Delavigne, von I. F. Castelli.

1824 III 19, 20, 22, 24, IV 19, 25, 28, V 10, 17, 27, X 4, 9, **1826** V 10, 12, VI 1, 7, 27, VII 3, **1830** III 18.

Gaugraf Otto	A. Fischer (**1824** III 19–X 9), Zeltner (**1826** V 10–VII 3), Borschitzky (**1830** III 18)
Lydia	Unger (**1824** III 19–X 9), B. Schröder (**1826** V 10–VII 3), C. Grünbaum (**1830** III 18)
Graf Egbert	Forti (**1824** III 19–**1826** VII 3), Cramolini (**1830** III 18)
Ritter Wellau	Haizinger (**1824** III 19–X 9), Cramolini (**1826** V 10–VII 3), Binder (**1830** III 18)
Ritter Wallhorn	Rauscher (**1824** III 19–X 9), A. Müller (**1826** V 10–VII 3), Wanderer (**1830** III 18)
Bertha von Waldheim	Sontag (**1824** III 19–X 9), Uetz (**1826** V 10–VII 3), Ernst (**1830** III 18)
Fräulein von Rollberg	Heldenreich (**1824** III 19–X 9), Töpfermann (**1826** V 10–VII 3), Berg (**1830** III 18)
Wilhelm	Preisinger (**1824** III 19–**1826** VII 3), A. Fischer (**1830** III 18)
Ein Knappe	Prinz (**1824** III 19–**1826** VII 3)

A.252. Schreiber-Wiese bey Paris, oder: Der Zweykampf [Le pré aux clercs]
Komische Oper in drey Aufzügen, nach dem Französischen: Le pré aux clercs, des Planard, von J. R. v. Seyfried. Musik von Herold.
Zum ersten Mahle: **1834** III 6.

1834 III 6, 7, 10, 12, 16, 19, 22, 31, IV 15, 17, 24, 26, V 8, VI 27, VII 3, 10, VIII 1, 23, IX 22, X 28, XI 18, 29, XII 15, **1835** I 7, II 3, IV 1, VII 2, 8, 14, 30, VIII 10, 19, XI 6, 14, XII 4.

Margaretha	C. Heinefetter (**1834** III 6–**1835** IV 1, XI 6–XII 4), Schodel (**1835** VII 2–VIII 19)
Isabella	Löwe
Mergy	Binder
Comminge	Forti (**1834** III 6–**1835** VII 30, XI 6–XII 4), Just (**1835** VIII 10, 19)
Cantarelli	Cramolini
Girot	E. Weiß (**1834** III 6–VII 10, VIII 23–**1835** VIII 19), Just (**1834** VIII 1, **1835** XI 6–XII 4)
Nicette	M. Henkel (**1834** III 6–VIII 1, IX 22, X 28, **1835** II 3, IV 1), Ehnes (**1834** VIII 23, XI 18–**1835** I 7, VII 2–XII 4)
Ein Unteroffizier	Seipelt (**1834** III 6–X 28, XII 15–**1835** XII 4), Just (**1834** XI 18, 29)

A.253. Schweizer-Familie, Die
Eine Oper in drey Aufzügen.
Frey nach dem Französischen von I. F. Castelli.
Die Musik ist von J. Weigl, Operndirector und Kapellmeister.

1811 III 12, 23, IV 2, 19, 26, V 3, 10, 25, 30, VI 4, 17, 27, VII 8, 18, 27, IX 10, 14, 18, 24, X 3, 15, 21, XI 1, 9, **1812** I 11, 31, II 18, 23, III 4, 17, IV 3, 16, 30, V 6, VI 12, 21, VII 2, 29, IX 4, X 7, 19, 27, XI 4, 28, XII 15, 29, **1813** I 14, 29, II 5, 17, V 2, 24, VI 4, 21, VII 11, 21, 30, IX 19, 30, X 12, 18, 26, XI 28, XII 4, 21, **1814** I 22, III 3, 16, 29, IV 16, 28, V 6, 13, VI 26, VII 14, 31, VIII 7 (BT), IX 22, X 3 (BT), 12, 23, 31, XI 5, 20, XII 1, 9, 30, **1815** I 1, 9, 15, 31, III 1, 13, IV 25, V 9, 26, VI 25, VII 17, IX 10, 24, X 10, XI 2, 26, XII 1, 12, **1816** I 6, 21, II 4, 15, 27, III 5, 10, V 21, VI 16, 23, IX 15, X 6, XI 2, XII 7, 15, **1817** I 9, II 16, III 11, V 27, VI 15, VII 4, 18, IX 7, X 26, XI 6, XII 28, **1818** II 24, V 24, VI 18, XI 2, XII 20, **1819** II 23, **1820** III 4, 9, VI 11, 17, X 17, XI 5, XII 2, **1821** II 3, III 3, 8, 15, 22, V 4, 30, VI 5, VII 26, IX 3, 20, **1822** I 21, 25, **1826** V 22, 24, 28, 30, VI 22, VIII 14, **1827** I 22, II 12, VII 23, 26, **1829** VIII 22, 25, 30, IX 4, 25, X 24, XII 16, **1830** II 4, III 2, **1831** V 19, VII 14, 18 (I), 24 (I), **1833** III 27, IV 26, V 4, **1836** I 27, II 8.

Graf Wallstein	Saal (**1811** III 12–**1821** II 3, V 30), Vogl (**1821** III 3–V 4, VI 5–**1822** I 25), Forti (**1826** V 22–VIII 14, **1831** VII 19), J. Röckel (**1827** I 22–VII 26), A. Fischer (**1829** VIII 22–**1830** III 2), Seipelt (**1831** VII 14–**1836** II 8)
Durmann	C. Demmer (**1811** III 12–**1812** VI 21, X 7, 27–XI 28, **1813** I 14–II 5, VII 21, **1814** X 3, XI 5, **1815** IV 25, **1818** II 24), Chr. Demmer (**1812** VII 2–IX 4, X 19, XII 15, 29, **1813** II 17–VII 11, 30–**1814** IX 22, X 12–31, XI 20–**1815** III 13, V 9–**1817** XII 28, **1818** V 24–**1822** I 25), Gottdank (**1826** V 22–**1836** II 8)
Richard Boll	Weinmüller (**1811** II 12–**1813** I 29, II 17–V 24, VI 21–**1814** V 6, VI 26, VII 14, IX 22–**1822** I 25), Zeltner (**1813** I 5, VI 4, **1814** V 13, VII 31, VIII 7), Preisinger (**1826** V 22–**1827** VII 26), Hauser (**1829** VIII 22–**1831** V 19), Fischer (**1831** VII 14–24), Forti (**1833** III 27–**1836** II 8)
Gertrude	Auenheim (**1811** III 12–VII 18), Karl (**1811** VII 27–**1820** X 17), K. Vogel (**1820** XI 5–**1822** I 25), Bondra (**1826** V 22–**1833** III 27, V 4–**1836** II 8), Riegelbauer (**1833** IV 26)
Emmeline	Milder-Hauptmann (**1811** III 12–VI 27, VII 18, 27, X 3–**1812** I 11, II 18–III 4, IV 16–VI 12, VII 29, X 7–27, XII 29–**1813** VII 11, XII 21–**1814** IV 16, V 13–VII 31, IX 22–X 31, XII 1, 30, **1815** I 15, 31, III 13), E. Röckel (**1811** VII 8, IX 10–24, **1812** I 31, III 17, IV 3, VI 21, VII 2, IX 4, XI 28, XII 15), Schmidt (**1812** XI 4), Th. Grünbaum (**1813** VII 21, 30), Treml (**1813** IX 19–X 18, XI 28, XII 4, **1814** III 29, V 6, VIII 7, XI 20, **1815** I 1, IV 25, V 9, VII 17–XI 2), Korntheuer (**1813** X 26), Willmann (**1814** IV 28), Sessi-Neumann (**1814** XI 5, XII 9), Pfeiffer (**1815** I 1, 9), Th. Fischer (**1815** V 26), Horny (**1815** VI 25), Stummer (**1815** XI 26–**1816** XI 2), A. Laucher (**1816** XII 7–**1817** VI 15), Altenburger (**1817** VII 4–X 26, **1818** XII 20), Lembert (**1817** XI 6–**1818** XI 2, **1819** II 23–**1821** II 3), Schröder-Devrient (**1821** III 3–IX 3, **1822** I 21, 25, **1836** I 27, II 8), Krüger-Aschenbrenner (**1821** IX 20), Schechner (**1826** V 22–**1827** II 12), Hechenthaler (**1827** VII 23, 26), C. Grünbaum (**1829** VIII 22–X 24), Ernst (**1829** XII 16, **1830** II 4, **1833** IV 26, V 4), Schindler (**1830** III 2), S. Heinefetter (**1831** V 19), Puk (**1831** VII 14), Fischer-Achten (**1831** VII 18, 24), Löwe (**1833** III 27)
Jakob Friburg	Vogl (**1811** III 12–VI 27, VII 18–**1812** III 17, IV 16–VI 12, VII 29, IX 4, X 19–**1813** V 2, VI 21–VII 30, XII 21–**1814** V 13, **1815** I 31, III 13–XII 1, **1816** I 6, II 4, 15, III 5–**1817** I 9, III 11–VII 18, XII 28, **1818** VI 18, XI 2, **1819** II 23–**1820** VI 17, XII 2, **1821** II 3), J. Röckel (**1811** VII 8, **1812** IV 3, VI 21, VII 2, X 7), Dunst (**1813** V 24, VI 4, IX 19–XII 4, **1814** VI 26–**1815** I 15, III 1), Rosenfeld (**1815** XII 12, **1816** I 21, **1817** II 16, **1818** XII 20, **1820** X 17, **1822** I 21, 25), Stöger (**1816** XII 27), Forti (**1817** IX 7–XI 6, **1821** III 3–V 4, VII 26–IX 20), J. Müller (**1818** II 24, V 24), Löhle (**1820** XI 5), Gerstäcker (**1821** V 30, VI 5), Cramolini (**1826** V 22–**1833** V 4, **1836** II 8), A. Anschütz (**1836** I 27)

Paul   Chr. Demmer (**1811** III 12–VI 27, VII 18–**1812** VI 21, X 27–XI 28, **1813** I 14–II 5), Frühwald (**1811** VII 8, **1812** VII 2–X 19, XII 15, 29, **1813** II 17–**1814** IX 22, X 12–XI 5, XII 1, 9, **1815** I 1–15, III 13, IV 25, VI 25–**1820** X 17, XII 2, **1821** II 3, V 30), Hasenhut (**1814** X 3, XI 20, XII 30, **1815** I 31, III 1, V 9, 26), Brock (**1820** XI 5), Gottdank (**1821** III 3–V 4, VI 5–**1822** I 25), A. Müller (**1826** V 22–**1827** VII 26), Stotz (**1829** VIII 22–**1830** III 2), Hr. Mayer (**1831** V 19), Discant (**1831** VII 14–**1833** IV 26, **1836** I 27, II 8), E. Weiß (**1833** V 4)

A.254. Schwur, Der, oder: Die Falschmünzer
Komische Oper in drey Aufzügen, nach dem Französischen des Scribe, von Dr. Petit.
Musik von D. F. E. Auber.
Zum ersten Mahle: **1834** X 29.

1834 X 29, 31, XI 2, 4, 7, 12, 20.

Andiol	Staudigl
Marie	Ernst
Edmund	Breiting
Kapitän Johann	Forti
Remy	Just
Ein Brigadier	Seipelt (**1834** X 29–XI 4), Hölzel (**1834** XI 7–20)
Ein Offizier	Tomaselli

A.255. Semiramide
Melodramma tragico in due Atti. Musica del Sign. G. Rossini.
Zum ersten Mahle: **1823** IX 4.
Die Decorationen sind neu von den Herren Janitsch, de Pian und Gail, k. k. Hoftheatermahlern. Das Costume nach Angabe des Herrn Ph. v. Stubenrauch, k. k. Hoftheater-Costume- und Dekorations-Director.
1823 IX 6–24: Mit Abkürzungen.
1823 IX 19: Da Mad. Comelli von ihrer Unpäßlichkeit noch nicht vollkommen hergestellt ist, so muß die Arie derselben im zweyten Acte bey dieser Vostellung wegbleiben.
1829 III 18–23: Mit einigen Abkürzungen.
1829 III 23: Zuvor: Gluck, Orphée, Arie, vorgetragen von Mdme. Pasta.
1830 VI 3: Der zweyte Act der Oper, welcher nach dem Duette der Semiramide mit Arsace geschlossen wird.
Vgl. A.257.

1823 IX 4, 6, 9, 19, 24, **1824** VII 17, 19, 21, VIII 4, IX 13, X 26, 30, XI 13, XII 31, **1825** I 13, 25, **1827** III 1, 3, 6, 8, 13, 15, 18, 22, 24, 30, V 5, VI 15, 20, 27, VII 15, 21, **1829** III 18, 19, 23, VII 18, 21, X 16, 20, **1830** V 7, VI 3 (II).

Semiramide	Fodor-Mainvielle (**1823** IX 4–**1825** I 25), Méric-Lalande (**1827** III 1–VII 21), Pasta (**1829** III 18–23, **1830** V 7, VI 3), Kraus-Wranitzky (**1829** VII 18, 21), Th. Grünbaum (**1829** X 16, 20)
Arsace	Comelli-Rubini (**1823** IX 4–**1825** I 25), Schechner (**1827** III 1–V 5), De-Vechi (**1827** VI 15–VII 21), Hähnel (**1829** III 18–23, **1830** V 7, VI 3), Bourgeois-Schiroli (**1829** VII 18, 21), La-Roche (**1829** X 16, 20)
Assur	Lablache (**1823** IX 4–**1827** VII 21), Hauser (**1829** III 18–X 20), Zuccoli (**1830** V 7, VI 3)
Idreno	David (**1823** IX 4–24), Ciccimarra (**1824** VII 17–**1827** VII 21), M. Schuster (**1829** III 18–X 20), Mussati (**1830** V 7)
Azema	C. Dirzka (**1823** IX 4–**1825** I 25), F. Franchetti (**1827** III 1–VII 21), A. Muzzarelli (**1829** III 18–**1830** V 7)
Oroe	Ambrogi (**1823** IX 4–**1825** I 25), Preisinger (**1827** III 1–VII 21), Ferd. Fischer (**1829** III 18–**1830** VI 3)
Mitrane	Rauscher (**1823** IX 4–**1825** I 25), Radicchi (**1827** III 1–VII 21)
L'ombra di Nino	Weinkopf (**1823** IX 4–24, **1824** XII 31–**1825** I 25, **1829** III 18–**1830** V 7), Preisinger (**1824** VII 17–XI 13), Borschitzky (**1827** III 1–VII 21)

A.256. Semiramis
Eine heroische Oper in drey Aufzügen, mit Ballets. Nach dem Französischen von I. F. Castelli.
Die Musik ist von Herrn Catel, einem der Professoren des musikalischen Conservatoriums zu Paris.
Die Ballets sind von Hrn. Aumer, Balletmeister der k. k. Hoftheater.
Zum ersten Mahl: **1814** II 2.

1814 II 2, 16, IV 30, **1818** X 24, 25, **1819** V 22, 27, VI 29, XI 13, 20, XII 26, **1820** I 4, 29, II 5, III 2, IV 18, V 6, 28, VII 4, IX 5, XII 12, 26.

Semiramis	Milder-Hauptmann (**1814** II 2–IV 30), Lembert (**1818** X 24–**1820** XII 26)
Ninias (Arsaz)	Wild (**1814** II 2–IV 30, **1820** XII 12, 26), Miller (**1818** X 24, 25), Stümer (**1819** V 22–VI 29), Rosenfeld (**1819** XI 13–**1820** IX 5)
Azema	Bondra (**1814** II 2, 16, **1818** X 24–**1820** XII 26), Hönig (**1814** IV 30)
Assur	Vogl (**1814** II 2–IV 30, **1819** V 22–**1820** XII 26), Siebert (**1818** X 24, 25)
Oroes	Saal (**1814** II 2–IV 30), Weinkopf (**1818** X 24–**1820** XII 26)
Der Schatten des Ninus	Weinkopf (**1814** II 2–IV 30), Mager (**1818** X 24, 25), Hr. Groswald (**1819** V 22–**1820** XII 26)
Otane	Hornick-Pistrich (**1814** II 2–IV 30), Wächter-Wittmann (**1818** X 24–**1819** VI 29), B. Teimer (**1819** XII 26–**1820** XII 26)

A.257. Semiramis
Tragische Oper in zwey Acten. Musik von J. Rossini.
[Zum ersten Mahle in deutscher Sprache:] **1831** II 12.
Vgl. A.255.

1831 II 12, III 12, VII 20, **1832** X 31, **1834** III 17, IV 9, 16, V 10, VII 9.

Semiramis	S. Heinefetter (**1831** II 12–**1832** X 31), Ernst (**1834** III 17–VII 9)
Arsazes	Waldmüller (**1831** II 12, III 12, **1832** X 31), Emmering (**1831** VII 20), Botgorscheck (**1834** III 17–VII 9)
Assur	Hauser (**1831** II 12, III 12), Staudigl (**1831** VII 20–**1834** VII 9)
Hidrenus	Fr. Henkel (**1831** II 12–VII 20), Schäffer (**1832** X 31), Tichatscheck (**1834** III 17–VII 9)
Azema	A. Muzzarelli (**1831** II 12, III 12)
Oroes	Fr. Fischer (**1831** II 12–VII 20), Seipelt (**1832** X 31–**1834** VII 9)
Mitranes	Hölzel (**1831** II 12–**1832** X 31)
Der Schatten des Ninus	Weinkopf (**1831** II 12–**1834** III 17, VII 9), Just (**1834** IV 9–V 10)

A.258. Singspiel, Das
Ein Singspiel in einem Aufzuge, nach dem Französischen von Treitschke.
Die Musik ist von Domeniko della Maria.

1810 XI 20, **1811** I 7, II 10, 20, 28, IV 27.

Blumenberg	Saal
Laure	Heym
Armfeld	A. Neumann
Bedienter	Kisling

A.259. Singspiel auf dem Dache, Das
Komisches Singspiel in einem Aufzuge, frey nach Dumersan, von Fr. Treitschke. Musik von A. Fischer.
Zum ersten Mahle: **1822** VI 27.
Die neue Decoration, Ansicht der Stadt Prag, ist von Hrn. Janitz, k. k. Hoftheatermahler.

1822 VI 27, VII 3, VIII 4, IX 4.

Güldenfeld	Weinkopf
Henriette	Demmer-Kneisel
Eduard	Mehlig
Schnellsinger	J. Spitzeder
Meister Simon	Zeltner
Johann	Gottdank

A.260. Soldat allein, Der
Musikalisch-dramatische Kleinigkeit in einem Acte, nach einer Anecdote, von I. F. Castelli.
Zum ersten Mahle: **1830** X 11.

1830 X 11.

Person:
Thomas Kuhn	Fr. Demmer

A.261. Soliman der Zweyte, oder: Die drey Sultaninnen
Ein Singspiel in zwey Aufzügen. Nach dem Französischen des Favart, von Huber.
Die Musik ist von Süßmeyer.
[Neu in die Scene gesetzt:] **1816** I 9.

1816 I 9, 11, 14, 23, 28, II 6, 11.

Soliman, der Zweyte	Forti
Marianne	L. Müller
Elmire	Seidler-Wranitzky
Delia	A. Laucher
Osmin	Gottdank
Der Mufti	Perschl
Großvezier	Groswald
Ein Schiffskapitän	Prinz

A.262. Sonnambula, La
Melodramma in due Atti, di Felice Romani. La Musica è del Sigr. Maestro Vincenzo Bellini.
[Zum ersten Mahle:] **1835** V 15.

1835 V 15, 16, 18, 21, 25, VI 4, 5, 8, 14, 15 (II), 16 (I).

Il Conte Rodolfo	Cartagenova
Teresa	Bondra
Amina	Schütz-Oldosi (**1835** V 15–25), Tadolini (**1835** VI 4–16)
Elvino	Poggi
Lisa	Strepponi
Alessio	Rigola

A.263. Ständchen, Das
Singspiel in einem Aufzuge, aus dem Französischen. Musik von A. Gyrowetz.
Zum ersten Mahl: **1822** II 7.

1822 II 7, 8.

Herr von Minuta	Zeltner
Therese	Schütz-Oldosi
Lisette	Demmer-Kneisel
Herr von Amberg	Nestroy
Herr von Belau	Rosner

Christoph	Hasenhut
Ein Stadtwachtmeister	I. Dirzka
Ein Notar	Groswald

A.264. Straniera, La
Melodramma in due Atti. La Musica è del Sigr. Maestro Vincenzo Bellini.
[Zum ersten Mahle in italienischer Sprache:] **1835** V 20.
Da die Kürze der Zeit dem Chorpersonale nicht gestattet, die vielen bedeutenden Gesangstücke in italienischer Sprache zu erlernen, so wird es seine Partie in deutscher Sprache vortragen.
Vgl. A.280.

1835 V 20.

Alaide (La Straniera)	Tadolini
Isoletta	Franchini
Arturo	Poggi
Il Barone di Valdeburgo	Cartagenova
Il Commendatore	Catalano
Osburgo	Rigola

A.265. Strickleiter, Die
Eine komische Oper in einem Aufzuge, nach dem Französischen. Die Musik ist von Gaveaux.
Zum ersten Mahl: **1814** II 19.
[Neu einstudirt:] **1823** VII 17.

1814 II 19, 21, 22, III 5, 8, 15, 23, IV 24, 26, V 2, 8, 22, VI 5, VII 21, VIII 6 (BT), 18 (BT), **1815** II 1, 3, 6, III 5, **1823** VI 17, 22, 24, VII 4, 11, VIII 29.

Herr Prell	Zeltner
Marie	Treml (**1814** II 19–**1815** III 5), Vio (**1823** VI 17–VIII 29)
Julie	Bondra
Waller	Dunst (**1814** II 19–**1815** III 5), Nestroy (**1823** VI 17–VIII 29)
Rund	Ehlers (**1814** II 19–VIII 18), Laroche (**1815** II 1–III 5), J. Röckel (**1823** VI 17–VIII 29)
Thomas	Chr. Demmer (**1814** II 19–**1815** III 5), Hasenhut (**1823** VI 17–VIII 29)

A.266. Stumme von Portici, Die
Große Oper mit Tänzen, in fünf Acten, von Scribe und Delavigne, für die deutsche Bühne bearbeitet von F. A. Ritter. Musik von Auber.
Zum ersten Mahle: **1830** II 12.
Die Oper ist von Herrn F. Demmer, Regisseur an diesem k. k. Hoftheater, in die Scene gesetzt, und die vorkommenden Tänze sind von Herrn J. Coralli, Balletdirector an diesem k. k. Hoftheater, eingerichtet. Das Costume ist nach der Zeichnung des Hrn. Ph. v. Stubenrauch, k. k. Hoftheater-Decorations- und Costume-Directors, verfertigt, und sämmtliche neue Decorationen sind, nach dessen Angabe, von den k. k. Hoftheater-Mahlern de Pian, Institoris und Scharhan ausgeführt. Die Ansicht von Neapel ist nach einer Naturaufnahme des k. k. Landschaftsmahlers, Herrn Schödelberger, ausgeführt.
Vorkommende Tanzstücke: Guarrache, Pas de deux, Bolerò, Tarantella.
1835 II 17: Im ersten Acte: Manschegas de la pia, Danse de la cour de Madrid. Bolerò. Im dritten Acte: Miscelania, zusammengesetzt aus dem Bolerò und Zapateado. Tarantella.
1835 II 23: Im ersten Acte: Lo Fandango della Tirana, im andalusischen Costume. La Scorraleras di Sevilla, im Costume von Sevilla. Im dritten Acte: Englischer Tanz mit acht an den Beinen befestigten Dolchen. Tarantella.

1830 II 12, 13, 14, 17, 20, 25, 28, III 4, 7, 10, 15, 19, 21, 26, 29, IV 1, 3, 22, V 6, 9, 11, 15, 29, VI 2, 18, 28, VII 5, 14, 19, 31, VIII 8, 17, 23, 29, IX 6, 9, 13, 23, 27, 29, X 3, 10, 14, 17, 24, 28, 31, XI 7, 19, 28, XII 5, 8, 13, 19, 26, **1831** I 6, 9, 24, II 1, 2, 11, 13, III 13, 20, IV 10, 17, 24, V 15, 23, VI 12, 19, 26, VII

17, 31, VIII 15, IX 4, 11, X 2, 15, XI 7, 20, 27, XII 26, **1832** I 8, 22, II 5, IV 11, 14, 29, V 31, VI 7, 9, 11, VII 23, VIII 26, IX 2, 9, 24, 30, X 8, 15, XI 5, 12, 18, 25, XII 17, **1833** I 11, IV 18, V 5, 12, VI 9, VII 3, VIII 15, IX 14, X 6, XI 7, **1834** I 20, II 23, V 6, 22, VI 2, 13, 21, VIII 10, 17, 26, 31, IX 9, 29, X 15, 23, XI 9, XII 8, 28, **1835** I 12, II 17, 23, III 23, VII 6, 19, VIII 2, 17, XI 21, 24, **1836** I 8, III 19.

Alphonso	M. Schuster (**1830** II 12–17), Holzmiller (**1830** II 20–IV 3), Hauser (**1830** IV 22–VI 2), Cramolini (**1830** VI 18–**1832** VII 23), Bußmayer (**1832** VIII 26–X 8), Schäffer (**1832** X 15–**1836** III 19)
Elvira	Ernst (**1830** II 12–28, IX 23–X 28, **1833** V 5–VI 9, **1834** V 6–VI 2, IX 29, X 23, **1836** III 19), Hofer (**1830** III 4–10, **1831** II 11, 13), Fischer-Achten (**1830** III 15–IX 13, X 31–**1831** VIII 15, **1832** IV 11, 14, V 31–VIII 26), Schnitt (**1831** IX 4–XI 27), Schodel (**1831** XII 26–**1832** II 5, IV 29, IX 2, 9, **1834** IX 9, XII 8, **1835** I 12–**1836** I 8), Löwe (**1832** IX 24–**1833** IV 18, VII 3–IX 14, XI 7, **1834** II 23, VI 13–IX 9, X 15, XII 28), Lutzer (**1833** X 6), C. Heinefetter (**1834** I 20)
Lorenzo	Holzmiller (**1830** II 12–17), Fr. Demmer (**1830** II 20), Hölzel (**1830** II 25, 28, III 10–IV 22, V 29–**1831** IV 17, V 23–VII 17, VIII 15–XI 27, **1832** I 8–II 5, V 31–IV 17, **1833** IV 18–VII 3, IX 14–**1834** VIII 10), Wanderer (**1830** III 4, 7), Stotz (**1830** V 6–15), Huß (**1831** IV 24, V 15, VII 31, XII 26, **1832** IV 11–29), Bußmayer (**1833** I 11), Heim (**1833** VIII 15), Erl (**1834** VIII 17, 26, **1835** II 17), Tomaselli (**1834** VIII 31–**1835** I 12, II 23, VII 6–**1836** III 19), Anger (**1835** III 23)
Selva	Hölzel (**1830** II 12–14, **1834** IX 9, X 15–**1836** III 19), Borschitzky (**1830** II 17–**1832** X 15), Just (**1832** XI 5–**1834** VIII 31, IX 29)
Eine Dame	Berg (**1830** II 12–**1834** VIII 26, **1836** I 8, III 19), T. Hölzel (**1834** VIII 31–**1835** XI 24)
Masaniello	Binder (**1830** II 12–VI 2, 28–IX 23, X 3–XII 8, **1831** III 13–IV 10, 24–VII 31, X 2, 15, XI 27, XII 26, **1832** V 31, VII 23, IX 2–XI 5, 25, XII 17, **1833** VIII 15–**1834** VI 2, 21–**1836** III 19), Wild (**1830** VI 18, XII 13–**1831** II 13, IV 17, VIII 15–IX 11, XI 7, 20, **1832** I 8–IV 29, **1833** IV 18, V 5), J. Hoffmann (**1830** IX 27, 29), Breiting (**1832** VI 7–11, XI 12, 18, **1833** I 11, V 12, VI 9, **1834** IV 13), Drska (**1832** VIII 26), Vetter (**1833** VII 3)
Fenella	Dupuy (**1830** II 12–V 15, X 10–**1831** I 9), Hasenhut-Mattis (**1830** V 29–VII 19, VIII 23–IX 9), Pierson (**1830** VII 31–VIII 17, IX 13–X 3, **1831** I 24), Baseg (**1831** II 1–**1832** II 5, VI 11, VII 23, IX 2, 9, **1833** I 11, VI 9–**1834** XI 9, **1835** VII 6, 19), F. Elßler (**1832** IV 11–VI 9, VIII 26), Lasina-Muratori (**1832** IX 24–XII 17, **1833** IV 18–V 12), Gauthier (**1834** XII 8–**1835** III 23, VIII 2, 17), A. Mayer (**1835** XI 21–**1836** III 19)
Pietro	A. Fischer (**1830** II 12–VI 28), Siebert (**1830** VII 5–X 14), Staudigl (**1830** X 17–**1834** VIII 31, IX 29–X 23, **1835** VII 6, VIII 2), Just (**1834** IX 9, XI 9–**1835** III 23, VII 19, VIII 17–**1836** III 19)
Borella	Fr. Fischer (**1830** II 12–XI 7, 28–XII 13, 26–**1832** VIII 26), Walther (**1830** XI 19, XII 19, **1832** IX 2, 9, XI 5–**1834** IX 29, X 23–**1836** III 19), Just (**1832** IX 24–X 15, **1834** X 15)
Moreno	Staudigl (**1830** II 12–V 15), Ruprecht (**1830** V 29–**1836** III 19)

A.267. Tag voll Abenteuer, Der

Ein komisches Singspiel in drey Aufzügen. Nach dem Französischen. Die Musik ist von Mehul.
Zum ersten Mahl: **1818** IV 11.
Die neue Decoration ist von Herrn Janitsch und de Pian.
Das Costume ist nach den Zeichnungen des Herrn von Stubenrauch.

1818 IV 11, 12.

Gercour	Forti
Florval	Miller

Danville	J. Müller
Bertrand	Meier
Antonin	Gottdank
Die Marquise	A. Laucher
Frau von Surville	Kraus-Wranitzky
Frau Germaine	Grünthal
Rosette	Bondra
François	Prinz
Anführer der Wachen	Weinkopf

A.268. Tage der Gefahr, Die
Ein Schauspiel mit Gesang in drey Aufzügen. Nach Bouilly, von Friedrich Treitschke. Musik von Cherubini.
1831 II 23: Frey nach den Deux journées des Bouilly, von G. F. Treitschke.
1831 X 9: Der Wasserträger, oder: Die Tage der Gefahr.
Vgl. A.134.

1819 VI 26, 27, VII 1, 6, IX 25, 28, X 17, 28, XI 4, 23, XII 4, **1820** II 3, III 22, IV 27, V 9, VI 13, **1822** VIII 22, **1828** III 9, 23, 26, IV 8, **1831** II 23, 24, III 4, 14, IV 5, V 17, X 9, **1832** I 30.

Graf Armand	Stümer (**1819** VI 26–VII 1), Babnigg (**1819** VII 6–**1820** VI 13), Rauscher (**1822** VIII 22), Beils (**1828** III 9–IV 8), Wild (**1831** II 23–IV 5, **1832** I 30), Binder (**1831** V 17, X 9)
Constanze	Th. Grünbaum (**1819** VI 26–**1820** VI 13), Roser (**1828** III 9–IV 8), Ernst (**1831** II 23–X 9)
Michely (Micheli)	Vogl (**1819** VI 26–**1820** II 3, IV 27–VI 13), J. Fischer (**1820** III 22), Mosewius (**1822** VIII 22), Forti (**1828** III 9–**1832** I 30)
Daniel	Saal (**1819** VI 26–**1820** VI 13), Gottdank (**1828** III 9–IV 8), Staudigl (**1831** II 23–**1832** I 30)
Antonio	Rosenfeld (**1819** VI 26–**1820** VI 13), Fr. Demmer (**1822** VIII 22), Cramolini (**1828** III 9–**1832** I 30)
Marcelline	Bondra (**1819** VI 26–**1820** VI 13), Fischer-Achten (**1828** III 9–IV 8, **1831** V 17, **1832** I 30), M. Henkel (**1831** II 23–IV 5, X 9)
Semos	Chr. Demmer (**1819** VI 26–**1820** VI 13), Glöggl (**1828** III 9–IV 8), Walther (**1831** II 23–**1832** I 30)
Louise	Altenburger (**1819** VI 26–**1820** IV 27, VI 13), Demmer-Kneisel (**1820** V 9), Blacho (**1828** III 9–IV 8, **1831** V 17, X 9), Diemar (**1831** II 23–IV 5), Grausgruber (**1832** I 30)
Ein Hauptmann	Weinmüller (**1819** VI 26–**1820** VI 13), Borschitzky (**1828** III 9–**1832** I 30)
Ein Lieutenant	Weinkopf (**1819** VI 26–**1820** VI 13), Zeltner (**1828** III 9–IV 8), Hölzel (**1831** II 23–**1832** I 30)
Erster Soldat	Perschl (**1819** VI 26–**1820** VI 13), Heim (**1828** III 9–**1832** I 30)
Zweyter Soldat	Hr. Groswald (**1819** VI 26–**1820** VI 13), Ruprecht (**1828** III 9–**1831** II 23, X 9, **1832** I 30), A. Schuster (**1831** II 24–V 17)

A.269. Talente durch Zufall, Die [Les artistes par occassion]
Eine komische Oper in einem Acte, nach dem Französischen des Alex. Duval, von J. R. v. Seyfried. Die Musik ist von Catèl.
Zum ersten Mahl: **1818** I 28.

1818 I 28, 30, II 9, 14, III 10, IV 1, 10, 27, V 15, VI 19, **1819** III 31.

Fomboni	Meier
Eleonore	Hönig
Zerbine	Bondra
Delmonte	Gottdank

Pedro	Caché
Ein Bedienter	Perschl

A.270. Tancred
Heroische Oper in zwey Aufzügen. Nach dem Italienischen von C. Grünbaum.
Die Musik von Joachim Rossini.
Zum ersten Mahl [in deutscher Sprache]: **1818** III 12.
Das Costume ist nach der Erfindung des Herrn v. Stubenrauch verfertigt.
1835 X 16: Dlle. Carl wird die Ehre haben, im zweyten Acte eine Arie aus der Oper: Bianca e Fernando, von Bellini, in italienischer Sprache vorzutragen.
Vgl. A.271.

1818 III 12, 23, IV 4, 14, V 12, 30, VI 6, 20, VII 18, XI 14, XII 1, 14, 29, **1819** I 9, 21, 31, II 14, 25, III 9, IV 18, 24, V 18, VII 4, 31, IX 2, 16, XI 18, XII 2, **1820** I 1, 9, 18, IV 10, VI 15, VII 15, 29, IX 10, XI 2, **1821** I 4, 16, II 18, III 18, VII 21, IX 23, 27, **1822** VIII 1, 16, 20, 30, X 19, 24, 30, XI 13, 28, **1823** I 4, 13, 30, II 14, VIII 17 (I), 19 (II), IX 7 (I), 18 (II), X 2 (I), 5 (II), 11 (II), 17 (I), XI 10 (I), 12 (II), 18 (I), 28 (I), XII 3 (II), 20 (I), **1824** I 9 (I), III 5 (I), 26 (I), IV 26 (I), X 5 (I), **1825** I 1 (I), III 24 (I), **1827** I 5 (I), 7 (I), 11 (I), 15 (II), 21 (II), VII 17 (I), 19 (I), VIII 4 (I), IX 14 (I), 26 (I), X 2 (I), 17 (I), 28 (I), XII 1 (I), **1834** VIII 22 (I), IX 5 (I), **1835** X 16.

Tancred	Waldmüller (**1818** III 12–**1820** I 18, VI 15–**1821** IX 27, **1823** I 4, 13, X 2, 11, 17, XII 20, **1824** X 5, **1825** III 24–**1827** I 21, X 28), Muck (**1820** IV 10), Schütz-Oldosi (**1822** VIII 1), Unger (**1822** VIII 16–XI 28, **1823** I 30–IX 18, XI 10–XII 3, **1824** I 9), Brunner (**1823** X 5), Töpfermann (**1827** IX 14–X 17, XII 1), Botgorscheck (**1834** VIII 22–**1835** X 16)
Arsir	Forti (**1818** III 12–**1822** VIII 1), Haizinger (**1822** VIII 16–**1824** I 9, X 5), Rauscher (**1825** III 24), M. Schuster (**1827** I 5–21, **1827** IX 14–XII 1), Schäffer (**1834** VIII 22–**1835** X 16)
Amenaide	Kraus-Wranitzky (**1818** III 12–VI 20), Th. Grünbaum (**1818** VII 18–**1820** I 18, VI 15, VII 15, IX 10–**1821** I 16, VII 21, **1822** X 19–**1823** X 17, XI 18, XII 3, **1824** I 9, **1827** I 5–21), Campi (**1820** IV 10, VII 29, **1821** II 18, III 18), Krüger-Aschenbrenner (**1821** IX 23, 27), Sontag (**1822** VIII 1, **1823** XI 10, 12, 28, XII 20, **1824** X 5, **1825** III 24), Sigl-Vespermann (**1822** VIII 16, 20), Seidler-Wranitzky (**1822** VIII 30), Seher (**1827** IX 14), F. Franchetti (**1827** IX 26–XII 1), Ehnes (**1834** VIII 22, IX 5), H. Carl (**1835** X 16)
Orbassan	Vogl (**1818** III 12–V 12, VI 20–**1819** I 9, I 31–VII 4), Weinkopf (**1818** V 30, VI 6, **1819** I 21, VII 31–**1822** VIII 16, **1823** I 4–II 14, **1824** X 5, **1825** III 24), Seipelt (**1822** VIII 20–XI 28, **1823** VIII 17–**1824** I 9, **1834** VIII 22–**1835** X 16), Borschitzky (**1827** I 5–21, IX 14–XII 1)
Isaura	Altenburger (**1818** III 12–**1821** IX 23), Demmer-Kneisel (**1821** IX 27–**1822** X 30), C. Teimer (**1822** XI 13–**1824** I 9, **1824** X 5, **1825** III 24), Töpfermann (**1827** I 5–21), Janatka (**1827** IX 14–XII 1), Putz (**1834** VIII 22–**1835** X 16)
Roderich (Rodrigo)	Frühwald (**1818** III 12–**1821** IX 27), Fr. Demmer (**1822** VIII 1–**1823** I 4, 30–XI 10), Grill (**1823** I 13), Elzner (**1823** XI 12–**1824** I 9), Prinz (**1824** X 5, **1825** III 24–**1827** I 21, IX 14–XII 1), Bergmann (**1834** VIII 22–**1835** X 16)

A.271. Tancredi
Opera seria in due Atti. Musica del Sign. G. Rossini.
Zum ersten Mahl: **1816** XII 17.
1817 III 3: Mad. Spada wird im zweyten Aufzuge eine große Arie von Herrn Sampieri singen.
1826 V 18: Dramma serio in due Atti.
1829 III 6–21: Mit einigen Abkürzungen. Mdme. Pasta wird die Ehre haben, am Schlusse der Oper eine von Herrn Rossini für sie componirte Arie vorzutragen.
Vgl. A.270.

1816 XII 17, 19, 21, 26, 28, **1817** I 4, 7, 13, 16, 18, 21, 25, 28, 30, II 2, 20, 27, III 3, **1826** V 18, 20, 26, VI 2 (I), 4 (II), VIII 23 (I), 25 (I), 27 (I), IX 3 (II), 29 (I), 16 (I), 23 (II), XI 6 (I), 16 (II), **1829** III 6, 8, 9, 21, XII 3, 4, 12 (I), 13 (II), **1830** II 27 (I), V 26, VI 1, 5.

Argirio	Tacchinardi (**1816** XII 17–**1817** III 3), Radicchi (**1826** V 18–**1829** III 21), M. Schuster (**1829** XII 3–**1830** II 27), Rubini (**1830** V 26–VI 5)
Amenaide	Valsovani-Spada (**1816** XII 17–**1817** III 3), F. Franchetti (**1826** V 18–XI 16), Ernst (**1829** III 6–21, **1830** V 26), Hardmeier (**1829** XII 3–**1830** II 27, VI 1, 5)
Tancredi	Borgondio (**1816** XII 17–**1826** VI 4), N. Dotti (**1826** VIII 23–XI 16), Pasta (**1829** III 6–21, **1830** V 26–VI 5), Hähnel (**1829** XII 3–**1830** II 27)
Orbazzano	Grazioli (**1816** XII 17–**1817** I 4), Forti (**1817** I 7–III 3), Preisinger (**1826** V 18–XI 16), Weinkopf (**1829** III 6–21), Hauser (**1829** XII 3–**1830** VI 5)
Isaura	Teyber (**1816** XII 17), Pescatori (**1816** XII 19–**1817** III 3), F. Dotti (**1826** V 18–XI 16), Frontini (**1829** III 6–**1830** VI 5)
Ruggiero	Giovanola (**1816** XII 17–**1817** III 3), J. Röckel (**1826** V 18–XI 16)

A.272. Taucher, Der
Romantische Oper in zwey Aufzügen.
Musik von Herrn C. Kreutzer, Kapellmeister des k. k. Hoftheaters nächst dem Kärnthnerthore.
Zum ersten Mahle: **1824** I 24.
Die neuen Decorationen sind von den Herren Janitsch und Gail, k. k. Hoftheatermahlern.
Die Gruppirungen vom Herrn Balletmeister Ph. Taglioni.

1824 I 24, 26, 28, 30, II 2, 4, 11, 13, 16, 18, III 9, 15, 17.

Lorenzo	Forti
Alphonso	Preisinger
Ivo	Unger
Alphonsine	Sontag
Antonio	Haizinger
Die Fee Morgana	Th. Elßler

A.273. Tausch, Der
Komisches Singspiel in einem Aufzuge, nach dem Französischen von I. F. Castelli.
Die Musik ist von Herold.
Zum ersten Mahle: **1820** V 1.
1829 VII 16: Komisches Singspiel in einem Acte, nach dem Französischen der Herren Dartois und Achille, von I. F. Castelli. Musik von Herrn Herold.
Vgl. D.28.

1820 V 1, 3, 5, 10, 15, 19, 29, VI 2, 9, 26, 30, IX 18, X 2, 16, 25, XI 24, **1821** I 3, 10, II 5, 21, III 9, 14, 31, IV 27, V 5, 9, VI 4, 24, VII 4, IX 2, 10, X 12, XI 7, 13, **1826** X 27, XI 2, 4, 8, **1829** VII 16, 19, 22, 26, VIII 5, 16, IX 5, 29, X 13, 29, XI 7, **1830** II 5, III 1, 8, 28, **1831** VI 20, 22, 28, VII 9, VIII 3. IX 2, **1832** III 16, 21.

Der Gutsherr	Meier (**1820** V 1–**1826** XI 8), Fr. Fischer (**1829** VII 16–**1831** IX 2)
Etienne	Rosenfeld (**1820** V 1–**1821** XI 13), M. Schuster (**1826** X 27–XI 8), Wanderer (**1829** VII 16–**1830** III 28), Donua (**1831** VI 20–IX 2)
Robert	Caché (**1820** V 1–**1821** XI 13), E. Weiß (**1826** X 27–XI 8), Stotz (**1829** VII 16–**1830** III 28), Fr. Henkel (**1831** VI 20–IX 2)
Tiennette	Bondra (**1820** V 1–**1821** XI 13), Hanff (**1826** X 27–XI 8), Diemar (**1829** VII 16–**1830** III 28), Rosenberg (**1831** VI 20–IX 2)
Chatarine	A. Laucher (**1820** V 1–**1821** XI 13), Uetz (**1826** X 27–XI 8), Bondra (**1829** VII 16–**1831** IX 2)

Fanchette	Demmer-Kneisel (**1820** V 1–**1821** XI 13), Leißring (**1826** X 27–XI 8), Lindenheim (**1829** VII 16–XI 7), Halfinger (**1830** II 5–III 28), Bruckner (**1831** VI 20–IX 2)
Paul	Gottdank (**1826** X 27–**1829** VII 16), Urzwimmer (**1829** VII 19–**1830** III 28), Benesch (**1831** VI 20–IX 2)

A.274. Titus der Gütige

Eine ernsthafte Oper in zwey Aufzügen. Nach dem Italienischen. Die Musik ist von Mozart.
Zum ersten Mahl [in deutscher Sprache]: **1811** I 2.
Die neuen Dekorationen sind von Herren Janitz und Melchior, k. k. Hoftheatermahler.
[Neu in die Scene gesetzt:] **1817** XI 27. Nach dem Italienischen des Metastasio.
Die neuen Decorationen sind von Herren Janitsch und de Pian, k. k. Hoftheater-Mahlern.
Neu in die Scene gesetzt: **1823** XI 3.

1811 I 2, 14, 17, II 23, VII 20, **1813** II 27, III 22, 30, IV 6, **1814** III 28, **1817** XI 27, XII 9, 11, 13, 27, **1818** I 10, 24, II 5, 7, IV 7, 16, V 9, 23, VI 28, XI 26, XII 4, **1819** II 11, VI 19, VII 22, IX 11, **1820** I 23, X 10, **1823** XI 3, 27, **1824** I 13, III 27, **1825** III 26 (I), **1827** I 30, III 10, **1830** XI 27, 29, XII 6.

Titus	Siboni (**1811** I 2–VII 20, **1814** III 28), Schönberger-Marconi (**1813** II 27–IV 6), Forti (**1817** XI 27–**1819** II 11, VII 22–**1820** I 23, **1823** XI 3–**1825** III 26), Nieser (**1819** VI 19), Löhle (**1820** X 10), J. Hoffmann (**1827** I 30, III 10), Wild (**1830** XI 27–XII 6)
Sextus	Buchwieser (**1811** I 2–II 23, **1814** III 28), J. Weixelbaum (**1811** VII 20), Brandstätter (**1813** II 27, III 30), Harlas (**1813** III 22, IV 6), Waldmüller (**1817** XI 27–**1827** III 10), S. Heinefetter (**1830** XI 27–XII 6)
Annius	Frühwald (**1811** I 2–**1814** III 28), A. Laucher (**1817** XI 27–**1820** X 10), Unger (**1823** XI 3–**1825** III 26), N. Dotti (**1827** I 30, III 10), Frontini (**1830** XI 27–XII 6)
Vitellia	Campi (**1811** I 2–**1813** IV 6, **1818** V 23, VI 28, **1819** VII 22, **1820** I 23), Willmann (**1814** III 28), Lembert (**1817** XI 27–**1818** II 7, V 9), Pfeiffer (**1818** IV 7, 16), Th. Grünbaum (**1818** XI 26–**1819** VI 19, IX 11, **1820** X 10, **1823** XI 3–**1827** III 10), Ernst (**1830** XI 27–XII 6)
Servilia	Heym (**1811** I 2–II 23), H. Forti (**1811** VII 20, **1817** XI 27, XII 13–**1818** II 7), E. Röckel (**1813** II 27–IV 6), Bondra (**1814** III 28, **1817** XI 9, 11, **1818** IV 7–**1823** XI 3, **1824** III 27, **1825** III 26), Vio (**1824** I 13), F. Franchetti (**1827** I 30, III 10), M. Henkel (**1830** XI 27–XII 6)
Publius	I. Dirzka (**1811** I 2–**1813** II 27), Zeltner (**1813** III 22–**1814** III 28, **1819** VI 19–**1820** X 10), Mager (**1817** XI 27–**1819** II 11), Seipelt (**1823** XI 3–**1824** III 27), A. Fischer (**1825** III 26), Borschitzky (**1827** I 30–**1830** XII 6)

A.275. Todte Neffe, Der

Komisches Singspiel in einem Acte, aus dem Französischen des Lebrün.
Zum ersten Mahle: **1833** VIII 21.

1833 VIII 21, 23, 25, IX 1, 19, 23, X 29, **1834** II 27, IV 25, XII 13, **1835** VII 23.

Müller	Gottdank
Gretchen	Löffler
Fritz	Discant
Brauser	E. Weiß
Karlinsky	Börner (**1833** VIII 21–IX 1), Detroit (**1833** IX 19–**1834** XII 13)
Ein Briefträger	Heim (**1833** VIII 21–X 29), Erl (**1834** II 27–**1834** XII 13)

A.276. Trajano in Dacia
Opera italiana in due Atti. Musica del Signor Nicolini.

1811 V 18, 22, 29, VI 5, 14, 19, 24, VII 2, 9, 13, XI 11, XII 4, 30, **1812** I 20, II 1, 24, III 11.

Trajano	Siboni
Colmira	Th. Fischer
Decebalo	Velluti
Zomusco	Verri
Armonda	C. Laucher (**1811** V 18–XII 4), Kiker (**1811** XII 30–III 11)
Massimo	Anders

A.277. Turco in Italia, Il
Dramma buffo in due Atti. Musica del Maestro Rossini.
Zum ersten Mahle: **1825** III 1.

1825 III 1, 3.

Selim	Botticelli
Donna Fiorilla	Fodor-Mainvielle
Don Geronimo	Lablache
Don Narciso	Ciccimarra
Prosdocino	Difranco
Zaida	Unger
Albazar	Rauscher

A.278. Ultimo giorno di Pompei, L'
Opera seria in due Atti. Musica del Sigr. Maestro Pacini.
Zum ersten Mahle: **1827** VII 18.
Die Decorationen, nach der Natur aufgenommen, sind ganz neu, gemahlt von den Herren Depian, Institoris und Scharhan, k. k. Hoftheatermahlern; nach Angabe des Herrn Ph. v. Stubenrauch, k. k. Hoftheater-Costume- und Decorations-Director.

1827 VII 18, 24, 27, VIII 3, 8, **1828** IV 12, 13, 18, 28.

Salustio	Lablache
Ottavia	Tosi (**1827** VII 18–VIII 8), Favelli (**1828** IV 12–28)
Menenio	F. Franchetti
Appio Diomede	David (**1827** VII 18–VIII 8), Rubini (**1828** IV 12–28)
Pubblio	Ciccimarra
Clodio	N. Dotti
Fausto	Radicchi
Il gran Sacerdote	Borschitzky

A.279. Umgeworfenen Kutschen, Die [Les voitures versées]
Komische Oper in zwey Aufzügen, nach dem Französischen des Dupaty, übersetzt von Kupelwieser. Musik von Boieldieu.
Zum ersten Mahle: **1826** IX 6.
Neu in die Scene gesetzt: **1829** VIII 14.

1826 IX 6, 10, 12, 15, 18, 21, 25, XI 3, **1829** VIII 14, 15, 17, IX 11, X 17, **1830** II 16, III 9, 24 (II), IV 12 (II), **1831** VI 9, 14, X 20, 22, 28.

Dormeuil	Forti (**1826** IX 6–XI 3, **1831** VI 9–X 28), A. Fischer (**1829** VIII 14–**1830** IV 12)
Elise	Heckermann (**1826** IX 6–XI 3), Hardmeier (**1829** VIII 14–**1830** IV 12), Schodel (**1831** VI 9–X 28)

Agathe	F. Franchetti (**1826** IX 6–XI 3), Halfinger (**1829** VIII 14–**1830** IV 12), C. Heinefetter (**1831** VI 9–X 28)
Eugenie	N. Dotti (**1826** IX 6–XI 3), Frontini (**1829** VIII 14–**1831** X 28)
Armand	Eichberger (**1826** IX 6–XI 3), Holzmiller (**1829** VIII 14–**1830** IV 12), Fr. Henkel (**1831** VI 9–X 28)
Florville	Cramolini
Madame Melval	Schechner (**1826** IX 6–XI 3), Hähnel (**1829** VIII 14–**1830** IV 12), S. Heinefetter (**1831** VI 9, 14), Ernst (**1831** X 20–28)
Herr Rund	I. Dirzka (**1826** IX 6–25), Preisinger (**1826** XI 3), Gottdank (**1829** VIII 14–**1831** X 28)
Fräulein Aurora	Bondra
Erster Reisender	A. Müller (**1826** IX 6–XI 3), Wanderer (**1829** VIII 14–**1830** III 9), Hölzel (**1831** VI 9–X 28)
Zweyter Reisender	Gottdank (**1826** IX 6–XI 3), Stotz (**1829** VIII 14–**1830** III 9), Weinkopf (**1831** VI 9–X 28)
Dritter Reisender	J. Röckel (**1826** IX 6–25), E. Weiß (**1826** XI 3), Bartolemi (**1829** VIII 14–**1830** III 9), Walther (**1831** VI 9–X 28)
Niklas	Prinz (**1826** IX 6–XI 3), Huß (**1829** VIII 14–**1831** X 28)

A.280. Unbekannte, Die (La straniera)

Romantische Oper in zwey Acten, nach Romani, übersetzt von Ott. Musik von Vincenzo Bellini.
Zum ersten Mahle: **1831** XI 24.
Die neuen Decorationen sind von den k. k. Hoftheater-Mahlern, den Herren Militz und Scharhan, ausgeführt.
Vgl. A.264.

1831 XI 24, 26, 28, 30, XII 2, 4, 7, 9, 14, 16, 20, 28, 30, **1832** I 3, 10, 18, 27, II 13, 21, III 17, 20, 22, 30, IV 26, V 29, VII 11, 18, IX 10, X 9, 30, XII 12, **1833** III 21, IV 30, V 7, VII 2, 4, 18, VIII 3, 28, IX 20, X 9, XI 22, 30, **1834** IX 23, 27, XI 21, XII 9, **1835** I 14, 19, VII 9, VIII 12, 21, XI 4, XII 17.

Alaide	Ernst (**1831** XI 24–**1834** XII 9, **1835** VII 9–VIII 21, XII 17), C. Heinefetter (**1835** I 14, 19), H. Carl (**1835** XI 4)
Hugo	Borschitzky (**1831** XI 24–**1832** X 30), Just (**1832** XII 12–**1835** XII 17)
Isoletta	Schodel (**1831** XI 24–**1832** II 21, IV 26–**1833** III 21), Fischer-Achten (**1832** III 17–30), C. Heinefetter (**1833** IV 30–XI 30), Ehnes (**1834** IX 23–**1835** XII 17)
Arthur	Wild (**1831** XI 24–**1833** V 7, IX 20, X 9, **1834** IX 23–XII 9, **1835** VII 9), Cramolini (**1833** VII 2–18, VIII 28, XI 22, 30, **1835** I 14, 19, VIII 12–XII 17), Vetter (**1833** VIII 3)
Baron von Waldeburg	Forti (**1831** XI 24–**1832** III 17), Oberhoffer (**1832** III 20–**1833** III 21, VIII 28–X 9), F. Weinkopf (**1833** IV 30, V 7, XI 22–**1835** XII 17), A. Fischer (**1833** VII 2, 4), Pezold (**1833** VIII 18, VIII 3)
Der Comthur	Staudigl (**1831** XI 24–**1833** XI 30, **1834** XI 21), Seipelt (**1834** IX 23, 27, XII 9–**1835** XII 17)
Osburg	Hölzel (**1831** XI 24–XII 16, 28–**1832** II 21, V 29–**1835** XII 17), Huß (**1831** XII 20, **1832** III 17–IV 26)

A.281. Uniform, Die

Eine Oper in zwey Aufzügen. Fray nach Carpani von Treitschke.
Die Musik ist von Herrn Joseph Weigl, Operndirector und Kapellmeister.
[Neu in Scene gesetzt:] **1812** III 5.
Die Decorationen sind neu von den Herren Melchior und Arrigoni gemahlt.

1812 III 5, 8, 12, 31, IV 14, V 7, 18, 23, VI 4, IX 21, **1813** I 15, 30, II 24, X 4, 24, XII 2, **1814** I 9, II 20.

Fabian	Weinmüller
Pauline	A. Laucher

Der Schulmeister	C. Demmer
Bastian	Mohrhardt (**1812** III 5–**1813** II 24), A. Neumann (**1813** X 4–**1814** II 20)
Wachtmeister Malpesta	Vogl
Sandra	Karl
General	Saal
Der Auditeur	Frühwald
Grenadier-Hauptmann	Chr. Demmer

A.282. Uniform und Schlafrock
Komische Oper in einem Aufzuge, nach dem Französischen und zur Musik des Chevalier Berton, von I. F. Castelli.
Zum ersten Mahle: **1829** IV 26.

1829 IV 26, 28, V 1, XI 12, 19, 20, 26, XII 10, 17, 26, **1830** I 30, III 13, IV 16, 26, 29, V 8, 12, VI 4, 24, XI 5.

Baron Reisheim	Hillebrand (**1829** IV 26–V 1), Fr. Demmer (**1829** XI 12–**1830** XI 5)
Amalie	C. Siebert (**1829** IV 26–V 1), Diemar (**1829** XI 12–**1830** VI 24), Schindler (**1830** XI 5)
Stelling	Cramolini
Kranz	A. Fischer (**1829** IV 26–**1830** VI 24), Adolf (**1830** XI 5)
Spitzmaus	Stotz (**1829** IV 26–**1830** VI 24), Walther (**1830** XI 5)
Johann	Fr. Fischer
Ein Notar	Staudigl (**1829** IV 26–**1830** V 12, XI 5), Bartolemi (**1830** VI 4, 24)
Ein Aufwärter	A. Schuster

A.283. Unterbrochene Opferfest, Das
Große Oper in zwey Aufzügen. Die Musik ist von Winter.
[Neu in die Scene gesetzt:] **1820** X 12.

1820 X 12, 24, XI 1, **1821** V 8, 24, VII 15.

Huayna Capac	Siebert
Myrha	Vio
Murney	Löhle (**1820** X 12–XI 1), Gerstäcker (**1821** V 8, 24), Moltke (**1821** VII 15)
Elvira	Lembert (**1820** X 12–**1821** V 24), Fröhlich (**1821** VII 15)
Masseru	Weinkopf
Villac Umu	Vogl
Roka	Gottdank (**1820** X 12); Chr. Grünbaum (**1820** X 24–**1821** VII 15)
Guliru	B. Teimer
Gira	Demmer-Kneisel
Balisa	Dobihal
Ein Bothe	Prinz
Ein Java	Groswald

A.284. Unzertrennlichen, Die, oder: Die besten Freunde
Komische Operette in einem Acte, nach dem Französischen. [Musik von Reuling.]
Zum ersten Mahle: **1832** XII 4.
1832 XII 4, 15.

Graumann	Hoffmann
Eugen	Hölzel
Caroline	Burghard
Köhlert	Walther
Adolf	Bußmayer
Greif	E. Weiß

| Hanne | Rosenberg |
| Füchschen | Heim |

A.285. Uthal
Ein ernsthaftes Singspiel in einem Aufzuge. Nach dem Französischen des St. Victor. Die Musik ist von Mehul.

1810 XI 20, XII 12, **1811** I 3.

Larthmor	Saal
Malvina	A. Laucher
Uthal	Vogl
Ullin	C. Demmer
Vier Barden	Anders
	Frühwald
	A. Rösner
	I. Dirzka

A.286. Vampyr, Der
Romantische Oper in drey Acten. Nach Lord Byron's Dichtung, von C. M. Heigel. Musik von P. Lindpaintner, Kapellmeister S. M. des Königs von Würt[t]emberg.
Zum ersten Mahle: **1829** IX 1.
Die neuen Decorationen sind, nach der Angabe des k. k. Hoftheater-Decorations-Director Herrn Philipp v. Stubenrauch, ausgeführt von den k. k. Hoftheater-Mahlern Institoris, Scharhan und Militz.

1829 IX 1, 2, 6, 19, 23, X 1, 14, 26, XI 10, XII 7, **1830** I 29, **1833** VI 24, 26, 27, VII 6, 11, 15, 21, 28, VIII 11, XI 2, **1834** VII 31.

Graf Aubri	A. Fischer (**1829** IX 1–**1833** VI 27), Pezold (**1833** VII 6–VIII 11), Forti (**1833** XI 2), Oberhoffer (**1834** VII 31)
Ingnerand	Siebert (**1829** IX 1–**1830** I 29), Staudigl (**1833** VI 24–**1834** VII 31)
Isolde	Fischer-Achten (**1829** IX 1–**1830** I 29), Ernst (**1833** VI 24–**1834** VII 31)
Hippolyt	M. Schuster (**1829** IX 1–**1830** I 29), Breiting (**1833** VI 24–XI 2), Binder (**1834** VII 31)
Morton	Bartolemi (**1829** IX 1–**1830** I 29), Just (**1833** VI 24–**1834** VII 31)
Lorette	Diemar (**1829** IX 1–**1830** I 29), M. Henkel (**1833** VI 24–XI 2), Bruckner (**1834** VII 31)
Lavigne	Wanderer (**1829** IX 1–**1830** I 29), Schäffer (**1833** VI 24–**1834** VII 31)
Etienne	Stotz (**1829** IX 1–**1830** I 29), E. Weiß (**1833** VI 24–**1834** VII 31)
Balbine	Berg (**1829** IX 1–**1830** I 29, **1834** VII 31), Frontini (**1833** VI 24–XI 2)

A.287. Vedova contrastata, La
Opera comica in un'Atto. Musica del Signor Guglielmi.
[Zum ersten Mahl:] **1817** III 29.

1817 III 29.

La Contessa Dejanira	Valsovani-Spada
Cavaliere Ernesto	De Vecchi
Il Conte Orlando	Spada
Il Cavaliere Pistone	Grazioli
Alberto	Giovanola
Lauretta	Pescatori

A.288. Verehlichten Freyer, Die
Ein Singspiel in einem Aufzuge, nach dem Französischen des Hrn. Gaugiran Nanteul.
Die Musik ist von Herrn Berton.
1814 VI 1.

Edmond	Wild
Florville	Forti
Emilie	H. Forti
Julie	Hönig
Herr Dugrand	Zeltner
Frau Dugrand	Karl
Ein Kellner	Handl

A.289. Verkaufte Bärenhaut, Die
Singspiel in einem Aufzuge. Musik von verschiedenen Meistern.
Zum ersten Mahle: **1827** IX 10.

1827 IX 10, 12.

Peter	Preisinger
Niklas	Hasenhut
Röschen	Leißring

A.290. Vestalinn, Die
Eine große Oper mit Ballett in drey Aufzügen. Nach dem Französischen metrisch bearbeitet von J. R. v. Seyfried. Die Musik ist von G. Spontini, Direktor der kaiserl. Opern in Paris.
Zum ersten Mahl: **1810** XI 12.
Die Ballets sind von Herrn Giulio Vigano.
Die Dekorationen sind sämmtlich neu von Herren Melchior und Scheyrer.
1810 XI 23: Eine große Oper in drey Aufzügen.
Neu in die Scene gesetzt: **1814** IX 9.
Die Decorationen, sämmtlich neu, sind von Hrn. Janitz und de Pian k. k. Hoftheatermahlern.
Neu in die Scene gesetzt: **1830** I 1.
Nach dem Französischen des Herrn Jouy, metrisch bearbeitet von J. R. v. Seyfried.
Mit dem hierzu gehörenden Divertissement, arrangirt von Herrn Balletdirector J. Coralli.

1810 XI 12, 13, 16, 23, 24, 26, 28, XII 1, 11, 17, 29, **1811** I 9, 19, 26, II 8, 11, III 10, 21, 26, V 5, 13, VI 7, 18, VII 3; X 19, 22, 29, XI 4, 8, 13, 29, XII 13, 26, **1812** I 13, 17, 24, II 3, 13, III 2, IV 8, V 19, VI 15, X 10, 13, XI 5, XI 16, **1813** II 25, III 1, 9, IV 1, V 8, 28, VI 3, 10, 16, 23, VII 4, 18, 26, IX 18, 28, X 7, 28, XI 14, XII 6, 26, **1814** I 3, 11, II 14, III 20, IV 13, IX 9, 12, 18, X 1, 7, 19, 30, XI 25, XII 3, **1815** II 4, 12, 23, III 15, 29, IV 8, 27, V 3, 15, 31, VI 10, 29, VII 9, 22, IX 18, 29, XII 8, 30, **1816** III 19, 28, V 5, VI 9, 15, 25, 30, IX 14, 22, X 5, 13, 27, XI 5, 20, XII 3, 10, **1817** I 2, II 6, IV 17, 23, V 11, VI 30, IX 4, 16, 30, X 2, 14, 21, XII 2, 15, **1818** I 25, III 8, IV 5, 26, VI 23, IX 19, 24, XI 8, **1819** IV 3, VII 15, **1820** IV 23, V 7, XI 22, **1827** XII 7, 9, **1830** I 1, 10, VII 3, IX 21, 30, XI 9, 20, **1832** VI 15, **1834** VII 2, **1835** VII 16, 21.

Licinius	Siboni (**1810** XI 12–**1814** IV 13, **1817** IX 30–X 21, XII 15), Radicchi (**1814** IX 9–X 30, **1815** II 12, III 15, 29–VII 22, XII 8, **1816** VI 9–**1817** VI 30, IX 16, XII 2, **1818** I 25–VI 23, IX 24, XI 8), Deville (**1814** XI 25), Wild (**1814** XII 3, **1815** II 4, 23, IX 18, 29, XII 30–**1816** V 5, **1820** XI 22, **1830** VII 3, XI 9, 20, **1835** VII 16, 21), Babnigg (**1817** IX 4, **1819** VII 15), Rosenfeld (**1818** IX 19), Nieser (**1819** VI 3), G. Weixelbaum (**1820** IV 23, V 7), Ciccimarra (**1827** XII 7, 9), M. Schuster (**1830** I 1), Borda (**1830** I 10), J. Hoffmann (**1830** IX 21, 30), Breiting (**1832** VI 15, **1834** VII 2)
Cinna	Vogl (**1810** XI 12–**1814** IV 13, **1815** II 4–**1817** I 2, V 11, VI 30, IX 16–X 2, XII 2–**1819** VI 3, **1820** IV 23–XI 22), Forti (**1814** IX 9–XII 3, **1817** IV 17, 23,

	IX 4, X 14, 21, **1819** VII 15, **1827** XII 7, 9, **1832** VI 15–**1835** VII 21), Schwarzböck (**1817** II 6), A. Fischer (**1830** I 1, 10), Hauser (**1830** VII 3–XI 20)
Der Pontifex Maximus	Saal (**1810** XI 12–**1816** XI 20, XII 10, **1817** I 2, IV 17–**1818** VI 23), Hillebrand (**1816** XII 3, **1817** II 6), Siebert (**1818** IX 19–**1819** VII 15, **1820** XI 22, **1830** I 1–XI 20), Weinkopf (**1820** IV 23, V 7), Borschitzky (**1827** XII 7, 9), Staudigl (**1832** VI 15, **1834** VII 2), Seipelt (**1835** VII 16, 21)
Die Oberpriesterinn	Buchwieser (**1810** XI 12–16, XII 11–**1811** I 19, II 11, III 21, 26, VI 18–**1812** II 13, IV 8–**1813** V 8, VI 16, IX 28–**1815** IV 8), Auenheim (**1810** XI 23–XII 1, **1811** I 26, II 8, III 10, V 5–VI 7, X 29, **1812** III 2, XI 16, **1813** V 28–VI 10, 23–IX 18), Hönig (**1815** IV 27–**1816** VI 30, XII 3, **1817** II 6, IV 23, VI 30, IX 4, 30–**1820** XI 22), Teyber (**1816** IX 14–XI 20, XII 10, **1817** I 2, IV 17, V 11, IX 16), Bondra (**1827** XII 7–**1835** VII 21)
Julia	Th. Fischer (**1810** XI 12–III 10, XI 8, 13, 29, XII 13, 26, **1812** I 13, 17, 24, II 3, 13, III 2, **1815** V 31), Milder-Hauptmann (**1811** III 21–V 13), Sessi-Neumann (**1811** VI 7–XI 4, **1812** IV 8–XI 16, **1813** IV 1, V 28, VI 10, IX 28–XII 6), M. Th. Sessi (**1813** II 25–III 9, V 8, VI 3, IX 18, XII 26–**1814** IV 13), Th. Grünbaum (**1813** VI 16–VII 26, **1818** IX 19–**1820** XI 22), Bondra (**1814** IX 9–**1815** II 12, III 15–IV 27, V 15, VI 10–**1818** III 8, IV 26, VI 23), Seidler-Wranitzky (**1815** II 23, V 3), Pfeiffer (**1818** IV 5), Roser (**1827** XII 7, 9), Ernst (**1830** I 1–**1832** VI 15), Fischer-Schwarzböck (**1834** VII 2), Schodel (**1835** VII 16, 21)
Der Ober-Aruspex	Beck (**1827** XII 7, 9), Staudigl (**1830** I 1, 10, IX 21–XI 20), Bartolemi (**1830** VII 3), Just (**1832** VI 15, **1834** VII 2), Tomaselli (**1835** VII 16, 21)

A.291. Vornehmen Wirthe, Die
Ein komisches Singspiel in drey Aufzügen. Nach dem Französischen des Jouy von J. R. von Seyfried. Die Musik ist von Catèl. Vor Anfang der Oper geht ein Prolog, gesprochen von Herrn Krüger.
Zum ersten Mahl: **1817** V 20.
Die Decorationen sind neu von Hrn. Janitz und de Pian, k. k. Hoftheatermahlern.
Neu in die Scene gesetzt: **1831** XII 21. Komische Oper in drey Aufzügen. Nach dem Französischen des Herrn de Jouy, von Joseph Ritter v. Seyfried. Die Musik ist von Catèl. Die Arie des Chevalier Villeroi im dritten Acte ist von Herrn Kreutzer, Kapellmeister an diesem k. k. Hoftheater, neu componirt.

1817 V 20, XII 20, 21, **1818** I 27, **1831** XII 21, 27, 31.

Chevalier Villeroi	Rosenfeld (**1817** V 20–**1818** I 27), Binder (**1831** XII 21–31)
Marquis von Ravannes	Forti (**1817** V 20–**1818** I 27), Cramolini (**1831** XII 21–31)
Graf Favancourt	C. Demmer (**1817** V 20–**1818** I 27), Staudigl (**1831** XII 21–31)
Pauline	Kraus-Wranitzky (**1817** V 20–**1818** I 27), Schodel (**1831** XII 21–31)
Bernard	Chr. Demmer (**1817** V 20–**1818** I 27), Walther (**1831** XII 21–31)
Frau Bernard	Karl (**1817** V 20–**1818** I 27), Bondra (**1831** XII 21–31)
Annette	H. Forti (**1817** V 20), Müller-Wilhelm (**1817** XII 20–**1818** I 27), M. Henkel (**1831** XII 21–31)
Charlot	Gottdank (**1817** V 20–**1818** I 27), Huß (**1831** XII 21); Hölzel (**1831** XII 27, 31)
Dutreillage	Krüger (**1817** V 20), Meier (**1817** XII 20–**1818** I 27), E. Weiß (**1831** XII 21–31)
Gerichtsschreiber	Stegmayer (**1817** V 20–**1818** I 27), Gottdank (**1831** XII 21–31)
Kammerdiener	Perschl (**1817** V 20–**1818** I 27), Heim (**1831** XII 21–31)
Ein Postreiter	Groswald (**1817** V 20), Diabelli (**1817** XII 20–**1818** I 27), Ruprecht (**1831** XII 21–31)

A.292. Wahnsinn
Oper in einem Aufzuge, nach dem Französischen des C. Reveroni St. Cyr. Musik von H. Berton.
Zum ersten Mahle: **1831** II 4.
Vgl. E.18.

1831 II 4.

Frau von Volmar	Hofer
Clarisse	Fischer-Achten
Murville	Cramolini
Tillemont	Fischer
Mathilde	Bondra
Peter	Hölzel
George	Walther

A.293. Wahnsinnige auf der Insel San Domingo, Der
Oper in zwey Acten, von Ferretti, nach Cervantes. Musik von Donizetti.
Zum ersten Mahle: **1835** I 29.
Vgl. A.117.

1835 I 29, 31, II 2, 4, 6, 10.

Cardenio	Wild
Eleonora	Ernst
Fernando	Binder
Bartolomeo	Seipelt
Marcella	Ehnes
Kaidama	Forti

A.294. Waisenhaus, Das
Ein Singspiel in zwey Aufzügen.
Die Musik ist von J. Weigl, Operndirector und Kapellmeister.

1810 XII 13, 15, **1811** I 4, 16, II 2, 7, 14, 25, III 15, VI 25, VII 6, IX 12, 26, X 6, 26, XI 16, XII 18, **1812** I 19, II 10, V 12, VI 3, 16, VII 15, X 28, XI 14, **1813** I 9, II 8, V 11, 30, VI 27, VII 10, XI 11, XII 27, **1814** I 13, III 27, IV 30, **1815** I 20, 23, 27, II 2, 9, III 8, IV 14, **1817** I 20, 23, II 9, 14, III 8, 18, IV 16, 27, V 18, VI 1, 9, 29, VII 16, XI 8, 12, **1818** VI 25, X 28.

Wellmann	Saal
Therese	Buchwieser (**1810** XII 13–**1811** III 15, IX 12, 26, XII 18, **1813** XI 11), Milder-Hauptmann (**1811** VI 25, VII 6, X 6–XI 16, **1812** I 19–**1813** VII 10, XII 27–**1815** IV 14), Hönig (**1817** I 20–VII 16), Waldmüller (**1817** XI 8–**1818** X 28)
Von Sternberg	Vogl (**1810** XII 13–**1817** I 23, IV 27–**1818** X 28), Rosenfeld (**1817** II 9–IV 16)
Sturm	C. Demmer (**1810** XII 13–**1812** V 12, X 28, XI 14, **1813** II 8–V 30, VII 10–**1814** I 13, **1815** I 20–**1817** I 23, III 18–IV 27, VI 1–**1818** X 28), Chr. Demmer (**1812** VI 3–VII 15, **1813** I 9, VI 27, **1814** III 27, IV 30, **1817** II 9–III 8, V 18)
Luise	Grünberg (**1810** XII 13–**1811** I 4, VI 25–**1815** IV 14), C. Ehlers (**1811** I 16–III 15), A. Laucher (**1817** I 20–**1818** X 28)
Thomas	Weinmüller
Gustav	H. Forti (**1810** XII 13–**1812** V 12), Bondra (**1812** VI 3–**1814** IV 30), Hornick-Pistrich (**1815** I 20–**1817** VI 29, XI 8, 12), Altenburger (**1817** VII 16), Demmer-Kneisel (**1818** VI 25, X 28)
Ludwig	E. Demmer (**1810** XII 13–**1811** VI 25), Bondra (**1811** VII 6–**1812** V 12), Bischof (**1812** VI 3–**1818** X 28)
Konrad	Harny (**1810** XII 13–**1811** III 15), F. Neumann (**1811** VI 25–**1813** VII 10), Kunstmann (**1813** XI 11), J. Demmer (**1813** XII 27–**1814** IV 30), Meier (**1815** I 20–IV 14), J. Hornick (**1817** I 20–VII 16), Venus (**1817** XI 8–**1818** X 28)
Adolph	J. Demmer (**1810** XII 13–**1811** I 16), Spiri (**1811** II 2–III 15), J. Milder (**1811** VI 25–**1813** II 8), Parsch (**1813** V 11–**1814** IV 30), Thum (**1815** I 20–IV 14), Mink (**1817** I 20–**1818** X 28)

A.295. Wechselbrief, Der
Ein komisches Singspiel in einem Aufzuge, nach Planard. Musik von Bochsa.
Zum ersten Mahle: **1819** IV 19.
[Neu einstudirt:] **1824** VIII 3.
Vgl. E.39.

1819 IV 19, 22, V 3, 7, 14, 20, 21, 26, VI 11, 21, VII 5, 16, IX 3, X 22, XI 10, 26, XII 10, 27, **1820** I 10, IV 19, 28, VII 10, IX 22, X 6, 22, XI 13, XII 27, **1821** I 29, II 17, 26, IV 2, V 7, 27, VI 19, VII 18, **1824** VIII 3, 5, 15, 29, IX 5, 19, 30, X 18, 29, **1825** II 12, 25, III 14.

Dermon	Chr. Grünbaum (**1819** IV 19–**1821** VII 18), A. Fischer (**1824** VIII 3–X 29)
Madame Dermon	Hönig (**1819** IV 19–**1821** IV 2), Bondra (**1821** V 7–**1824** X 29)
Sophie	Altenburger (**1819** IV 19–**1821** VII 18), C. Teimer (**1824** VIII 3–X 29)
Rose	A. Laucher (**1819** IV 19–**1821** VII 18), Demmer-Kneisel (**1824** VIII 3–X 29)
Sainville	Rosenfeld (**1819** IV 19–**1821** VII 18), Rauscher (**1824** VIII 3–X 29)
Pankraz	Meier

A.296. Weiberfeind in der Klemme, Der, oder: Der Hofmeister in tausend Aengsten
Komische Oper in einem Acte, nach Th. Hells Lustspiel gleichen Namens. [Musik von Reuling.]
Zum ersten Mahle: **1833** XI 6.

1833 XI 6, 8, 17, 26, **1834** I 12, II 1, IV 3, 21, V 7, VI 14, VII 1, 17, IX 10, X 21, XI 22, 28, XII 16, **1835** II 18, III 27, VI 1, 27, VII 10, VIII 28, XI 27, XII 5.

Baron Altsach	Detroit (**1833** XI 6–**1835** VIII 28), Hoffmann (**1835** XI 27, XII 5)
Heinrich	Hölzel
Magister Lassenius	E. Weiß (**1833** XI 6–**1835** VIII 28), Detroit (**1835** XI 27, XII 5)
Julie von Saltern	Burghard (**1833** XI 6–**1834** VII 17), F. Heinefetter (**1834** IX 10–**1835** VIII 28), T. Hölzel (**1835** XI 27, XII 5)
Lieschen	Löffler (**1833** XI 6–**1835** VIII 28), F. Heinefetter (**1835** XI 27, XII 5)
Jacob	Discant

A.297. Weihe der Zukunft, Die
Allegorisches Gemälde mit Gesang und Tänzen zur Feier der glorreichen Zurückkunft Sr. Majestät des Kaisers, verfasst von Hrn. Sonnleithner. Musik von Joseph Weigl, Operndirector und Kapellmeister der k. k. Hoftheater.
Zum ersten Mahl: **1814** VI 18.

1814 VI 18, 23.

Irene	Buchwieser
Victoria	Weissenthurn
Gerechtigkeit	Milder-Hauptmann
Freundschaft	A. Laucher
Treue	H. Forti
Geschichte	Grünthal
Muth	Vogl
Ruhm	Wild
Austria	Adamberger

A.298. Weiße Frau, Die
Oper in drey Aufzügen, nach dem Französischen des Scribe, von I. F. Castelli. Musik von Boieldieu.
Zum ersten Mahl: **1826** VII 6.

1826 VII 6, 8, 10, 12, 14, 16, 19, 21, 26, 28, 30, VIII 24, 31, X 3, 8, 12, 15, 17, XI 5, 12, 17, 19, 26, XII 30, **1827** I 10, 26, II 4, 8, 22, III 20, 27, IV 28, V 8, VI 10, 30, XII 3, 5, 11, 15, **1828** I 5, III 6, IV 20,

1829 V 16, 18, 26, VI 2, 16, 29, VII 31, VIII 12, 28, **1830** I 8, 13, II 6, 10, III 12, 27, IV 13, VI 7, 17, 22, VII 2, IX 10, **1831** I 14, IV 7, V 2, IX 13, X 7, XII 3, **1832** VI 1, 3, 19, 26, XI 29, **1833** I 2, 31, V 30 (I, II), VII 5, **1834** VI 7, VII 18, IX 19 (I), 21 (I), **1835** XI 10.

Gaveston	Forti (**1826** VII 6–XI 5, **1827** IV 28–**1828** IV 20, **1832** VI 1–19, XI 29–**1833** V 30), Borschitzky (**1826** XI 12–**1827** III 27, **1830** VI 22, VII 2, **1831** I 14, IV 7, XII 3), A. Fischer (**1829** V 16–VII 31, VIII 28–**1830** VI 17), Höfer (**1830** IX 10), Conti (**1831** V 2), Just (**1831** IX 13, X 7), Börner (**1832** VI 26), Oberhoffer (**1833** VII 5, **1834** VII 18), Illner (**1834** VI 7), Hammermeister (**1835** XI 10)
Anna	Schechner (**1826** VII 6–**1827** IV 28), Fink (**1827** V 8–VI 30), Krainz-Hoffmann (**1827** XII 3–**1828** III 6), Schröder-Devrient (**1828** IV 20), Halfinger (**1829** V 16, 18, VI 2, 16), Ernst (**1829** V 26, **1830** I 8, 13, **1831** IX 13, X 7, **1832** VI 1–**1833** VII 5, **1834** VII 18, **1835** XI 10), Kraus-Wranitzky (**1829** VI 29), C. Siebert (**1829** VII 31), Schindler (**1829** VIII 28), Hofer (**1830** II 6–**1831** I 14, XII 3), Fischer-Achten (**1831** IV 7), Piehl-Flache (**1831** V 2), Schneider (**1834** VI 7)
Georges	Eichberger (**1826** VII 6–**1827** VI 30), Pfeifer (**1827** XII 3–**1828** IV 20), Vetter (**1829** V 16–VI 2, **1833** VII 5), Wild (**1829** VI 16, 29), Bergmann (**1829** VII 31); Watzinger (**1829** VIII 28), Binder (**1830** I 8–VI 17, VII 2–**1831** XII 3, **1832** VI 26, **1833** I 31, **1835** XI 10), Rauscher (**1830** VI 22; **1834** VII 18), Breiting (**1832** VI 1–19, XI 29, **1833** I 2, V 30, **1834** VII 7), Zöhrer (**1834** IX 19, 21)
Mac-Irton	Preisinger (**1826** VII 6–**1827** VI 30), Beck (**1827** XII 3–**1828** IV 20), Fr. Fischer (**1829** V 16–VII 31, VIII 28–**1832** VI 26), Gerl (**1832** XI 29–**1833** VII 5, **1834** VII 18), Tomaselli (**1834** VI 7), Walther (**1835** XI 10)
Dickson	Cramolini (**1826** VII 6–**1827** I 26, II 22–**1828** IV 20, **1830** II 6–**1831** I 14, V 2–**1834** VI 7), Padewieth (**1827** II 4, 8), Hölzel (**1829** V 16–VI 29, **1830** I 8, 13, **1831** IV 7), Stoß (**1829** VII 31, VIII 28), Discant (**1834** VII 18–**1835** XI 10)
Jenny	Heckermann (**1826** VII 6–**1827** I 10), B. Schröder (**1827** I 26–IV 28), Hanff (**1827** V 8–**1828** III 6), Fischer-Achten (**1828** IV 20–**1829** VII 31, VIII 28–**1830** VII 2, **1831** I 14, V 2–X 7, **1832** VI 26), M. Henkel (**1830** IX 10, **1831** IV 7, XII 3–**1833** VII 5), Bruckner (**1834** VII 7–**1835** XI 10)
Margaretha	Bondra (**1826** VII 6–**1829** VII 31, VIII 28–**1835** XI 10)
Gabriel	Prinz (**1826** VII 6–**1828** IV 20), Huß (**1829** V 16–VII 31, VIII 28–**1830** VI 22, IX 10–**1832** VI 26), Stotz (**1830** VII 2), Fischer (**1832** XI 29–**1833** VII 5), Erl (**1834** VI 7–IX 21), Bergmann (**1835** XI 10)

A.299. Wette, Die
Operette in einem Acte, aus dem Französischen der Herren Dumenois und Brunswic.
Zum ersten Mahle: **1835** I 20.

1835 I 20.

Silbermann	E. Weiß
Jettchen	Löffler
Marie	Rosenberg
Zuschlag	Gottdank

A.300. Wilhelm Tell
Heroisch-romantische Oper. Erste Abtheilung: Erster und zweyter Aufzug.
Nach Jouy und Bis frey bearbeitet von Theodor v. Haupt. Musik von Joachim Rossini.
Zum ersten Mahle: **1830** VI 25.
Das Costume ist nach der Zeichnung des Hrn. Ph. v. Stubenrauch, k. k. Hoftheater-Decorations- und Costume-Directors, verfertigt, und nach dessen Angabe sind sämmtliche neue Decorationen, jene des ersten Aufzuges von den Herren Millitz und Schlegl, und jene des zweyten Aufzuges von Herrn de Pian, k. k. Hoftheater-Mahlern, ausgeführt.

Die Oper ist von Herrn F. Demmer, Regisseur an diesem k. k. Hoftheater, in die Scene gesetzt, und die vorkommenden Tänze sind von Herrn J. Coralli, Balletdirector an diesem k. k. Hoftheater, eingerichtet. Um den geehrten Theaterfreunden den Genuß dieser Oper ohne Abkürzung zu verschaffen, wird sie, wie auf mehreren Bühnen Deutschlands, in zwey Abtheilungen ausgeführt.
Vgl. A.301, A.302.

1830 VI 25, 26, 30.

Wilhelm Tell	A. Fischer
Arnold von Melchthal	Binder
Heinrich von Melchthal	Fr. Fischer
Walter Fürst	Siebert
Conrad Baumgarten	Bartolemi
Fräulein von Bruneck	C. Grünbaum
Hedwig	Bondra
Gemmy	Fischer-Achten
Ein Fischer	Huß
Ein Jäger	Ruprecht
Rudolph der Harras	Stotz

A.301. Wilhelm Tell
Heroisch-romantische Oper. Zweyte Abtheilung: Dritter und vierter Aufzug.
Nach Jouy und Bis frey bearbeitet von Theodor v. Haupt. Musik von Joachim Rossini.
Zum ersten Mahle: **1830 VII 22.**
Das Costume ist nach der Zeichnung des Hrn. Ph. v. Stubenrauch, k. k. Hoftheater-Decorations- und Costume-Directors, verfertigt, und nach dessen Angabe sind sämmtliche neue Decorationen, jene des dritten Aufzuges von den Herren Millitz und Schlegl, und jene des vierten Aufzuges von Herrn de Pian, k. k. Hoftheater-Mahlern, ausgeführt.
Die Oper ist von Herrn F. Demmer, Regisseur an diesem k. k. Hoftheater, in die Scene gesetzt, und die vorkommenden Tänze sind von Herrn J. Coralli, Balletdirector an diesem k. k. Hoftheater, eingerichtet. Um den geehrten Theaterfreunden den Genuß dieser Oper ohne Abkürzung zu verschaffen, wird sie, wie auf mehreren Bühnen Deutschlands, in zwey Abtheilungen ausgeführt.
Vgl. A.300, A.302.

1830 VII 22, 23, 25, 27.

Geßler	Fr. Fischer
Wilhelm Tell	Hauser
Arnold von Melchthal	Binder
Conrad Baumgarten	Bartolemi
Fräulein von Bruneck	C. Grünbaum
Hedwig	Bondra
Gemmy	Fischer-Achten
Rudolph der Harras	Stotz
Ein Jäger	Ruprecht

A.302. Wilhelm Tell
Heroisch-romantische Oper in vier Aufzügen. Beyde Abtheilungen zu einer Darstellung eingerichtet.
Nach Jouy und Bis frey bearbeitet von Theodor v. Haupt. Musik von Joachim Rossini.
[Zum ersten Mahle:] **1830 VIII 2.**
Das Costume ist nach der Zeichnung des Hrn. Ph. v. Stubenrauch, k. k. Hoftheater-Decorations- und Costume-Directors, verfertigt, und nach dessen Angabe sind sämmtliche neue Decorationen, jene des ersten und dritten Aufzuges von den Herren Millitz und Schlegl, und jene des zweyten und vierten Aufzuges von Herrn de Pian, k. k. Hoftheater-Mahlern, ausgeführt.

Die Oper ist von Herrn F. Demmer, Regisseur an diesem k. k. Hoftheater, in die Scene gesetzt, und die vorkommenden Tänze sind von Herrn J. Coralli, Balletdirector an diesem k. k. Hoftheater, eingerichtet. Vgl. **A.300, A.301.**

1830 VIII 2, 4, 9, 15, 19, 27, 31, IX 4, 5, 12, 15, XI 4, 10, 14, XII 1, 12, 18, **1831** I 20.

Geßler	Fr. Fischer
Wilhelm Tell	Hauser
Arnold von Melchthal	Binder
Heinrich von Melchthal	Borschitzky (**1830** VIII 2–31), Staudigl (**1830** IX 4–**1831** I 20)
Walter Fürst	Siebert (**1830** VIII 2–31, IX 12–**1831** I 20), Borschitzky (**1830** IX 4, 5)
Conrad Baumgarten	Bartolemi (**1830** VIII 2–19), Hölzel (**1830** VIII 27, 31), Walther (**1830** IX 4–**1831** I 20)
Fräulein von Bruneck	C. Grünbaum (**1830** VIII 2–31), Ernst (**1830** IX 4–**1831** I 20)
Hedwig	Bondra
Gemmy	Fischer-Achten
Rudolph der Harras	Stotz (**1830** VIII 2–31), Hölzel (**1830** IX 4–**1831** I 20)
Ein Jäger	Ruprecht
Ein Fischer	Huß

A.303. Winterquartier in Amerika, Das
Ein Singspiel in einem Aufzuge.
Die Musik ist von Herrn Adalbert Gyrowetz, Kapellmeister der k. k. Hoftheater.
Zum ersten Mahl: **1812** X 30.

1812 X 30, XI 1, 10.

von Bernau	Vogl
Tunder	Chr. Demmer
Frank	Weinmüller
Wilhelmine	E. Röckel
Werner	Mohrhardt
Ein Gerichtsdiener	Perschl

A.304. Wittwen-Trauer
Komische Oper in einem Aufzuge, nach dem Italienischen: Le lagrime d'una Vedova, übersetzt von Chr. Grünbaum. Musik von Generali.
Zum ersten Mahle: **1824** II 12.
1824 II 14: Witwen-Trauer.
1826 V 11: Witwentrauer.

1824 II 12, 14, 15, 17, 20, 28, III 18, 23, IV 6, V 18, VI 22, **1826** V 11, 15, 19, X 14.

Gräfinn Ermelinda	Vio (**1824** II 12–VI 22), Uetz (**1826** V 11–X 14)
Graf Albert	Elzner (**1824** II 12–VI 22), A. Müller (**1826** V 11–X 14)
Graf Fernando	Rauscher (**1824** II 12–VI 22), M. Schuster (**1826** V 11–X 14)
Doktor Solitario	Zeltner
Aristipp	Meier
Rosine	Demmer-Kneisel (**1824** II 12–VI 22), Töpfermann (**1826** V 11–19), Berg (**1826** X 14)

A.305. Zampa, oder: Die Marmorbraut
Große romantische Oper in drey Acten, aus dem Französischen des Melesville, von J. R. v. Seyfried. Musik von Herold.
Zum ersten Mahle: **1832** V 3.

1832 V 3, 4, 6, 7, 9, 10, 12, 14, 16, 19, 21, 25, 27, VII 5, 7, 9, 16, 20, 30, VIII 1, IX 12, 14, 16, 18, 21, 23, X 1, 7, 14, 22, XI 6, 8, 20, 26, 28, XII 14, 16, 30, **1833** I 6, 19, II 8, 11, III 3, 10, 24, IV 8, 21, 28, V 2, 27, VI 29, VII 8, 13, 23, 26, VIII 24, IX 3, 22, X 7, 15, 21, 26, XI 13, XII 16, **1834** I 4, 25, II 14, 20, III 2, IV 12, VI 24, VII 12, 29, VIII 13, 19, IX 17, X 6, XI 14, XII 7, 29, **1835** I 21, II 12, VI 22, VII 23, VIII 6, 23, IX 15.

Zampa	Wild (**1832** V 3–VII 20, IX 12–**1833** V 27, IX 3–X 7, **1834** IX 17, X 6, **1835** I 21–VII 23), Breiting (**1832** VII 30, VIII 1, **1833** VI 29–VIII 24, X 26, XII 16–**1834** II 20, VI 24, VII 29, XI 14–XII 29, **1835** VIII 6–IX 15), Binder (**1833** X 15, 21, XI 13, **1834** III 2, IV 12, VII 12, VIII 13, 19)
Leonardo de Monza	Cramolini (**1832** V 3–X 1, 14–XI 28, XII 30, **1833** I 6, II 11, V 2, 27, **1835** VII 23), Bußmayer (**1832** X 7), Schäffer (**1832** XII 14, 16, **1833** I 19, II 8, III 3–IV 1, VI VII 29–**1835** VI 22, VIII 6–IX 15)
Camilla	Fischer-Achten (**1832** V 3–VIII 1), Schodel (**1832** IX 12–**1833** I 6, II 8–III 10, VI 29, **1834** XII 7, **1835** I 21–IX 15), C. Heinefetter (**1833** I 19, III 24–V 27, VII 8–X 7, XI 13–**1834** XI 14, XII 29), Lutzer (**1833** X 15–26)
Ritta	Schodel (**1832** V 3–VII 5), Bruckner (**1832** VII 7–VIII 1, X 22–**1833** IV 21, **1834** VI 24, VII 29, XI 14, **1835** II 12–IX 15), Ernst (**1832** IX 12–X 1, **1833** IV 29–V 27), Rosenberg (**1833** VI VII 29–VII 26, X 7–**1834** VII 12, VIII 13–X 6, XII 7–**1835** I 21), Nevie (**1833** VIII 24–IX 22)
Daniel Capuzzi	Forti (**1832** V 3–VII 20, IX 12–**1833** IV 8, X 7–**1835** VII 23), E. Weiß (**1832** VII 30, VIII 1, **1833** IV 21–IX 22. **1835** VIII 6–IX 15)
Brandolo	Discant (**1832** V 3–VII 20, VIII 1–**1835** IX 15), J. Röckel (**1832** VII 30)

A.306. Zauberflöte, Die

Eine große romantische Oper in zwey Aufzügen. Von Emanuel Schikaneder.
Die Musik ist von Wailand Herrn Amade Mozart, Kapellmeister und k. k. Kammerkompositeur.
[Neu in die Scene gesetzt:] **1812** VI 27.
Die neuen Decorationen sind von den k. k. Hoftheatermahlern Melchior, Arrigoni und Scharrhan gemahlt.
Das Costume ist nach den Zeichnungen des Herrn von Stubenrauch verfertigt.
[Neu in die Scene gesetzt:] **1818** XI 3.
Eine große Oper in zwey Aufzügen. Von Emanuel Schikaneder. Musik von W. A. Mozart.
Die Decorationen sind sämmtlich neu von Herren Janitsch und de Pian, k. k. Hoftheatermahlern.
Das Costume nach den Zeichnungen des Herrn von Stubenrauch.

1812 VI 27, 28, 30, VII 3, 5, 11, 19, 25, 31, X 5, 23, XI 8, 11, 29, XII 3, 10, 16, 20, **1813** I 10, 20, II 4, 7, IV 4, V 23, VI 20, VII 1, XI 19, XII 5, **1814** I 6, 20, II 6, III 19, IV 20, **1818** XI 3, 5, 7, **1819** I 1, 3, 10, 27, V 9, VI 1, 20, VII 11, 27, XI 12, **1820** IV 29, V 13, 16, 20, VI 4, 25, VII 27, XI 7, XII 9, 10, **1821** I 13, 20, 30, II 4, 11, V 10, 20, 28, VII 3, 17, **1822** I 23, 27, VII 14, VIII 5, 10, 24, 31, X 15, 20, XII 29, **1823** VI 12, X 8, 20, XI 9, **1827** X 7, 13, 15, XI 1, 24, 30, XII 18, **1828** II 17, **1829** VI 3, 8, 14, VII 20, 29, X 18, **1830** I 6, 28, II 21, V 28, **1831** V 8, 12, VIII 14, XII 8, 11, **1832** I 19, II 12, VI 4, VIII 21, **1833** I 26, II 4, VII 7, XII 8, 30, **1834** I 6, V 25, VI 8, 16, VII 13, VIII 15, IX 14, XI 24, **1835** I 26, II 22, VII 5, IX 29, **1836** III 9.

Sarastro	Weinmüller (**1812** VI 27–**1813** I 20, IV 4–**1814** IV 20, **1820** V 13–20, **1822** I 27, VIII 5), Seipelt (**1813** II 4, 7, **1822** VII 14, VIII 10), Siebert (**1818** XI 3–**1820** IV 29, VI 4–**1821** VII 17, **1829** VI 3 III 28, V 28), Forti (**1822** I 23), Nestroy (**1822** VIII 24, 31), Reichel (**1822** X 15–XII 29), Sieber (**1823** VI 12, X 20, XI 9), A. Fischer (**1823** X 8), Borschitzky (**1827** X 7–**1828** II 17, **1830** II 21), Staudigl (**1831** V 8–**1836** III 9)
Tamino	Milder-Hauptmann (**1812** VI 27–XI 11, **1813** I 10–II 7), Mohrhardt (**1812** XI 29–XII 10, **1813** IV 4–VI 20), Schönberger-Marconi (**1812** XII 16, 20), Chr. Grünbaum (**1813** VII 1), Radicchi (**1813** XI 19–**1814** IV 20), Miller (**1818** XI 3–7), Rosenfeld (**1819** I 1–27, VII 11, 27, **1820** VII 27), Stümer (**1819** V 9), Nieser (**1819** VI 1, 20), Babnigg (**1819** XI 12, **1820** IV 29, VI 4), G. Weixel-

347

	baum (**1820** V 13–20), Bergmann (**1820** VI 25), Löhle (**1820** XI 7), Wild (**1820** XII 9, 10), Rosner (**1821** I 13–II 11, **1822** I 23–VII 14, XII 29), Gerstäcker (**1821** V 10–28), Moltke (**1821** VII 3, 17), Jäger (**1822** VIII 5–X 20, **1823** VI 12–XI 9), M. Schuster (**1827** X 7–XI 1, 30, XII 18, **1828** II 17, **1829** VI 14–X 18), Beils (**1827** XI 24), Vetter (**1829** VI 3, 8, **1833** VII 7), Holzmiller (**1830** I 6, II 21), Binder (**1830** I 28, V 28–**1832** VI 4, **1833** I 26, II 4, XII 8–**1834** VI 8, VII 13, VIII 15, **1835** I 26, VII 5–**1836** III 9), Drska (**1832** VIII 21), Schäffer (**1834** VI 16, IX 14), Zöhrer (**1834** XI 24), Kunert (**1835** II 22)
Der Sprecher	Meier (**1818** XI 3–7, **1819** I 27–**1821** VII 17), Chr. Demmer (**1819** I 1–10, **1822** I 23, 27, VIII 5), Weinmüller (**1822** VII 14, VIII 10–**1823** X 8), Weinkopf (**1823** X 20, **1833** I 26, II 4, **1835** I 26, II 22), Prinz (**1823** XI 9), Preisinger (**1827** X 7–XI 1), Fr. Fischer (**1829** VI 3–**1832** VIII 21), Just (**1833** VII 7–**1834** XI 24, **1835** VII 5–**1836** III 9)
Erster Priester	A. Rösner (**1812** VI 27–**1814** IV 20), Weinmüller (**1818** XI 3–**1820** IV 29, VI 4–**1822** I 23), Weinkopf (**1820** V 13–20, **1822** I 27, XII 29), Meier (**1822** VII 14–X 20), J. Röckel (**1823** VI 12, X 8), Grill (**1823** X 20, XI 9), Strauß (**1827** X 7–XI 1), Beck (**1827** XI 24–**1828** II 17), Kinzel (**1829** VI 3–X 18), Emminger (**1830** I 6–II 21, **1831** V 8, 12), Stotz (**1830** V 28), Tichatscheck (**1831** VIII 14–**1834** IX 14), Bergmann (**1834** XI 24, **1835** VII 5–**1836** III 9), Erl (**1835** I 26, II 22)
Zweyter Priester	Zeltner (**1812** VI 27–**1813** VII 1, XII 5–**1814** IV 20), Groswald (**1813** XI 19, **1822** VIII 24–X 20, **1823** X 20, XI 9), Frühwald (**1818** XI 3–**1820** V 20), Weinkopf (**1820** VI 4–**1821** VII 17, **1822** VII 14–VIII 10, **1830** V 28–**1832** VIII 21), Prinz (**1822** I 23, 27), Grill (**1822** XII 29, **1823** VI 12, X 8), Beck (**1827** X 7–XI 1), Strauß (**1827** XI 24–**1828** II 17), Egner (**1829** VI 3–14), Staudigl (**1829** VII 20–**1830** II 21)
Dritter Priester	Weinkopf (**1818** XI 3–**1820** IV 29, **1822** I 23), Frühwald (**1820** VI 4–**1821** VII 17), Grill (**1822** VII 14–X 20), Groswald (**1823** VI 12)
Die Königinn der Nacht	Rosenbaum (**1812** VI 27–**1814** IV 20), Campi (**1818** XI 3–**1820** VI 25, XI 7–**1821** VII 17), Ambrosch-Becker (**1820** VII 27), H. Spitzeder (**1822** I 23–VII 14, VIII 31–XII 29, **1823** X 8–XI 9), Sigl-Vespermann (**1822** VIII 5–24), Vogel (**1823** VI 12), Schnitt (**1827** X 7–**1828** II 17, **1829** X 18, **1831** XII 8–**1832** VI 4), C. Siebert (**1829** VI 3–VII 29), Hardmeier (**1830** I 6–V 28), Ernst (**1831** V 8–VIII 14, **1832** VIII 21–**1836** III 9)
Pamina	A. Laucher (**1812** VI 27–X 23, XII 16–**1813** II 4, IV 4–VI 20, XII 5, **1814** I 6, III 19, IV 20), Schmidt (**1812** XI 8, 11), Treml (**1812** XI 29–XII 10, **1813** XI 19, **1814** I 20, II 6), Bondra (**1813** II 7), Th. Grünbaum (**1813** VII 1), Kraus-Wranitzky (**1818** XI 3–**1820** IV 29, VI 4, 25), Vio (**1820** V 13–20, VII 27–**1821** I 13, **1822** VII 14, **1823** VI 12), Schröder-Devrient (**1821** I 20–**1822** I 27, X 15–XII 29), Sontag (**1822** VIII 5, 10, **1823** X 8–XI 9), Seidler-Wranitzky (**1822** VIII 24, 31), Roser (**1827** X 7–**1828** II 17), Fischer-Achten (**1829** VI 3–VII 29, **1830** I 6–II 21, **1831** V 8–VIII 14, **1832** VI 4), C. Grünbaum (**1829** X 18, **1830** V 28), Schodel (**1831** XII 8–**1832** II 12, VIII 21–**1833** II 4), Löwe (**1833** VII 7), M. Henkel (**1833** XII 8–**1834** VI 16, VIII 15, IX 14), Fischer-Schwarzböck (**1834** VII 13), Ehnes (**1834** XI 24–**1836** III 9)
Erste Dame	Bondra (**1812** VI 27–**1813** II 4, IV 4–**1823** VI 12, X 20, XI 9, **1827** XI 24–**1828** II 17), Grünberg (**1813** II 7), Vio (**1823** X 8), Fink (**1827** X 7–XI 1), N. Hillebrand (**1829** VI 3–VII 29), Halfinger (**1829** X 18–**1830** V 28), C. Heinefetter (**1831** V 8–**1833** VII 7), T. Hölzel (**1833** XII 8–**1835** IX 20), Bruckner (**1836** III 9)
Zweyte Dame	Kiker (**1812** VI 27–**1814** IV 20), Altenburger (**1818** XI 3–**1820** IV 29, VI 25–**1821** I 13, I 30–VII 17), K. Vogel (**1820** V 13–VI 4, **1821** I 20), Berg (**1822** I 23–VII 14, **1827** XI 24–**1828** II 17), Unger (**1822** VIII 5–XII 29, **1823** X 20, XI 9), Demmer-Kneisel (**1823** VI 12, X 8), Bondra (**1827** X 7–XI 1, **1829** VI 3–**1836** III 9)
Dritte Dame	Karl (**1812** VI 27–**1814** IV 20, **1822** VIII 24, 31, **1823** X 20, XI 9), A. Laucher (**1818** XI 3–**1821** VII 17), K. Vogel (**1822** I 23–VIII 10, X 15–XII 29, **1823** X

	8), Schütz-Oldosi (**1823** VI 12), Töpfermann (**1827** X 7–15, XI 24–**1828** II 17), Berg (**1827** XI 1), Frontini (**1829** VI 3–**1831** V 12, XII 8–**1833** II 4, XII 8–**1834** VI 16), C. Kreutzer (**1831** VIII 14, **1833** VII 7), Bortgorscheck (**1834** VII 13–**1836** III 9)
Papageno	Chr. Demmer (**1812** VI 27–**1814** IV 20, **1820** V 20), Forti (**1818** XI 3–**1820** V 16, VI 4–VII 27, XII 9–**1821** VII 17, **1822** VIII 5–31, XII 29, **1823** X 8–**1828** II 17, **1831** V 8, 12, **1833** I 26, II 4, XII 8–**1835** VII 5, **1836** III 9), Brock (**1820** XI 7), J. Spitzeder (**1822** I 23–VII 14, X 20, **1823** VI 12), J. Röckel (**1822** X 15), Hauser (**1829** VI 3–**1830** V 28, **1831** VIII 14), E. Weiß (**1831** XII 8–**1832** VIII 21, **1833** VII 7, **1835** IX 20)
Ein altes Weib	Treml (**1812** VI 27–XI 11, **1813** V 23, VI 12, VII 1), E. Röckel (**1812** XI 29–**1813** IV 4), Moreau (**1813** XI 19–**1814** IV 20), Demmer-Kneisel (**1818** XI 3–**1821** VII 17, **1822** VII 14–VIII 31, X 20, XII 29, **1823** X 20, XI 9), Hornick-Pistrich (**1822** I 23, 27, X 15), Leißring (**1827** X 7–**1828** II 17), Diemar (**1829** VI 3–**1830** V 28), Rosenberg (**1831** V 8–VIII 14, **1833** VII 7–**1834** I 6, VIII 15, IX 14, **1835** I 26), Bruckner (**1831** XII 8–**1833** II 4, **1834** XI 24, **1835** II 22–IX 20), Burghard (**1834** V 25–VII 13)
Monostatos	A. Neumann (**1812** VI 27–**1814** IV 20), Gottdank (**1818** XI 3–**1830** I 6, V 28–**1834** VIII 15, XI 24–**1836** III 9), Stotz (**1830** I 28), Hölzel (**1830** II 21, **1834** IX 14)
Drey Genien	Johanna Milder (**1812** VI 27–**1813** VII 1), Joseph Schmütz (**1813** XI 19–**1814** IV 20), C. Siebert (**1818** XI 3–7), Ehrlich (**1819** I 1–VII 27), Vio (**1819** XI 12, **1820** IV 29), Dobihal (**1820** V 13–**1822** I 27, VIII 5–XII 29, **1823** X 8–XI 9), Joseph Sitzenstätter (**1822** VII 14), J. Rebeck (**1823** VI 12), Herbst (**1827** X 7–XI 1, **1828** II 17), Bartl (**1827** XI 24–XII 18), Au (**1831** V 8, 12), K. Mayer (**1831** VIII 14–**1836** III 9)
	J. Demmer (**1812** VI 27–**1814** IV 20), Mathias Roth (**1818** XI 3–7), Perschl (**1819** I 1–VII 27), B. Teimer (**1819** XI 12, **1820** IV 29–**1822** I 27, VIII 5–XII 29, **1823** X 8–XI 9), L. Tomanik (**1822** VII 14), J. Köpf (**1823** VI 12), Dobihal (**1827** X 7–**1828** II 17), Mayerhofer (**1831** V 8–**1832** VIII 21, **1833** VII 7–**1835** II 22, IX 20, **1836** III 9), Heindl (**1833** I 26, II 4, **1835** VII 5)
	Joseph Winkelbach (**1812** VI 27–**1813** VII 1), Georg Etz (**1813** XI 19–**1814** IV 20), Joseph Sitzenstätter (**1818** XI 3–7, **1819** V 9–VII 27, **1820** IV 29–**1822** I 27, VIII 5–XII 29), Venus (**1819** I 1–27, XI 12), Schnitt (**1822** VII 14), Sitzenstätter (**1823** VI 12, X 8), Huß (**1823** X 20, XI 9), Abfänger (**1827** X 7–XI 1), Putz (**1827** XI 24–**1828** II 17, **1831** V 8, 12, **1833** XII 8–**1836** III 9), H. Staudigl (**1831** VIII 14–**1832** I 19), M. Fischer (**1832** II 12–**1833** VII 7)
Erster Sklave	Perschl (**1818** XI 3–**1821** VII 17), Gschlenk (**1822** I 23–**1823** XI 9), Seidel (**1827** X 7–**1828** II 17), Staudigl (**1829** VI 3–14), Hanotscheck (**1829** VII 20, 29), Ruprecht (**1829** X 18–**1830** II 21), Urzwimmer (**1830** V 28), Huß (**1831** V 8–**1832** VIII 21), Heim (**1833** I 26), Erl (**1833** II 4–**1834** IX 14)
Zweyter Sklave	Groswald (**1818** XI 3–**1822** VIII 10, XII 29), Groswald d. j. (**1822** VIII 24–X 20, **1823** VI 12–XI 9), Ziegler (**1827** X 7–**1828** II 17), Huß (**1829** VI 3–VII 29, **1830** V 28), Hanotscheck (**1829** X 18–**1830** II 21), Bartuscheck (**1831** V 8–VIII 14, **1833** XII 8–**1834** IX 14), Heim (**1831** XII 8, 11), Benesch (**1832** I 19–**1833** VII 7)
Dritter Sklave	Kisling (**1818** XI 3–**1823** XI 9), Gschlenk (**1827** X 7–**1828** II 17), A. Schuster (**1829** VI 3–VII 29, **1830** V 28–**1831** V 12), Huß (**1829** X 18–**1830** II 21), Benesch (**1831** VIII 14, **1833** XII 8–**1834** VI 16), Bartuscheck (**1831** XII 8–**1833** VII 7), Bergmann (**1834** VII 13–IX 14)

A.307. Zauberglöckchen, Das
Zauber-Oper in drey Aufzügen. Nach Theaulon von Friedrich Treitschke.
Die Musik ist von Herold. [Eine Arie und ein Duett von Franz Schubert.]
Zum ersten Mahle: **1821** VI 20.
Das Costume ist nach der Angabe des Herrn von Stubenrauch, k. k. Hoftheater-Costumes- und Decorations-Director; die Ausführung der neuen Decorationen von den Herren Janitz, de Pian und Gail, k. k. Hoftheatermahlern.

1821 VI 20, 22, VII 1, 22, IX 9, 19, 25, X 19.

Sultan der Birmanen	Vogl
Palmira	Schröder-Devrient
Bedur	Siebert (**1821** VI 20–VII 22), Zeltner (**1821** IX 9–X 19)
Zedir	Gottdank
Azolin	Rosner
Nureda	K. Vogel
Ariel	Vio
Nair	Demmer-Kneisel
Oberbramin	Saal
Oberhaupt der Calender	Meier
Hispal	Weinkopf

A.308. Zelmira
Dramma in due Atti. Musica del Sigr. Gioacchino Rossini.
Zum ersten Mahle: **1822** IV 13.
Die Decorationen sind sämmtlich neu, von den Herren Janitz, de Pian und Gail, k. k. Hoftheatermahlern. Das neue Costume ist nach der Angabe des Herrn von Stubenrauch, ausgeführt von Herrn Lucca Piazza.
1822 VI 7: Zwischen dem ersten und zweyten Aufzuge wird, für diesen Abend allein, Herr David die große Tenorscene mit Chor aus der Oper: I misteri eleusini, Musik von Herrn S. Mayer, vorzutragen die Ehre haben.
1824 VI 14–21: Die Oper wird mit den Variationen von Herrn Simon Mayer, gesungen von Mad. Dardanelli, Dlle. Ekerlin und denen Herren David und Ambrogi schließen.

1822 IV 13, 16, 18, 20, 22, 24, 27, 29, V 1, 3, 17, 20, 22, 24, VI 7, 11, 15, 19, VII 5, 15, 20, **1823** VI 2, 9, 16, 23, VII 28, VIII 13, IX 17, **1824** VI 14, 16, 18, 21, VII 1, 22, VIII 22, IX 1, 22, X 3 (I), XI 6, **1827** VI 1, 2, 5, 7, 9, 11.

Attori:	
Polidoro	Ambrogi
Zelmira	Colbran (**1822** IV 13–VII 20), Fodor-Mainvielle (**1823** VI 2–IX 17), Dardanelli (**1824** VI 14–XI 6), Méric-Lalande (**1827** VI 1–11)
Ilo	David
Antenore	Nozzari (**1822** IV 13–VII 20), Donzelli (**1823** VI 2–**1824** XI 6), Winter (**1827** VI 1–11)
Emma	Eckerlin (**1822** IV 13–VII 20, **1824** VI 14–XI 6), Unger (**1823** VI 2–IX 17), De-Vechi (**1827** VI 1–11)
Leucippo	Botticelli (**1822** IV 13–VII 20, **1824** VI 14–IX 1), Lablache (**1823** VI 2–IX 17, **1824** IX 22–**1827** VI 11)
Eacide	Rauscher (**1822** IV 13–**1824** XI 6), A. David (**1827** VI 1–11)
Gran Sacerdote	Weinkopf (**1822** IV 13–**1823** IX 17), Preisinger (**1824** VI 14–**1827** VI 11)
Piccolo figlio di Zelmira	Hasenhut-Mattis (**1822** IV 13–VII 20), A. Muzzarelli (**1824** VI 14–VII 22), Piccola Jungwirth (**1827** VI 1–11)

A.309. Zemire und Azor
Oper in zwey Aufzügen (neu bearbeitet). Musik von Herrn Louis Spohr.
Zum ersten Mahle: **1821** XII 20.
Das Costume ist nach der Angabe des Herrn Philipp von Stubenrauch, Decorations- und Costume-Director der beyden k. k. Hoftheater.
Die Decorationen sind sämmtlich neu von den Herren Janitz und Gail, k. k. Hoftheatermahlern.
1822 I 15: Demoiselle Cosentini, erste Tänzerinn, wird die Ehre haben, in einem Pas de deux mit Hrn. Taglioni, zu Anfange des zweyten Aufzuges, aufzutreten. Die Musik ist vom Herrn Grafen W. Robert von Gallenberg.

1821 XII 20, 26, **1822** I 15.

Azor	Rosner
Sander	Forti
Lisbe	Vio
Fatime	Unger
Zemire	Schröder-Devrient
Ali	Rosenfeld
Eine Fee	K. Vogel

A.310. Zugemauerte Fenster, Das
Ein komisches Singspiel in einem Aufzuge, nach A. von Kotzebue.
Die Musik ist von Herrn Gyrowetz, Kapellmeister der k. k. Hoftheater.
Zum ersten Mahl: **1810** XII 18.

1810 XII 18, 19, 28, **1811** I 1, 5. 20, 29, II 13, 21, III 14, 27, VII 7, 15, IX 13, 30, X 8, 23, XI 24, XII 3, 17, **1812** I 5, 22, II 17, III 6, 16, IV 18.

Paul Lindner	C. Demmer
Malchen	A. Laucher (**1810** XII 18–**1811** IX 30), C. Laucher (**1811** X 8–XII 3), Treml (**1811** XII 17–**1812** IV 18)
Heinrich	Weinmüller
Meister Küper	Saal
Franz	Ehlers (**1810** XII 18–**1811** IX 30), Frühwald (**1811** X 8–**1812** IV 18)

A.311. Zum goldnen Löwen
Ein Original-Singspiel in einem Aufzuge, von Herrn Sonnleithner.
Die Musik ist von Herrn I. v. Seyfried, erstem Kapellmeister des k. k. priv. Theaters an der Wien.
[Zum ersten Mahl:] **1817** VII 19.
Neu in die Scene gesetzt: **1823** XI 24. Komisches Singspiel in einem Aufzuge.
1823 XI 24–**1833** VI 7, **1835** X 8: Zum goldenen Löwen. **1835** VII 22: Zum goldnen Löwen.

1817 VII 19, 23, 30, IX 3, 15, X 8, 15, 24, 29, **1818** I 7, 23, V 25, VI 12, 27, VII 13, IX 14, X 14, 21, XI 11, 23, **1819** I 18, 26, III 12, 29, IV 28, VI 23, VII 26, IX 15, 29, X 9, 25, **1820** I 7, 28, II 9, 23, III 1, 8, IV 15, V 8, 24, **1823** XI 24, XII 11, 31, **1824** I 3, 19, 27, II 1, III 2, 16, 21, IV 27, V 29, VI 11, 25, VII 9, 24, VIII 7, IX 10, 25, X 1, 13, 25, XI 24, **1825** I 12, III 12, **1826** VI 11, 17, 24, VII 2, 23, 27, VIII 13, 19, IX 26, X 5, XI 11, **1827** I 25, II 9, V 6, VIII 27, IX 7, XI 21, **1828** IV 11, 19, **1831** VIII 27, 30, IX 16, 29, X 10, 25, XI 25, **1832** I 7, II 27, III 6, 31, V 15, **1833** III 5, V 20, VI 7, **1835** VII 22, X 8.

Bruno	Meier (**1817** VII 19–**1823** XII 31, **1826** VI 11–XI 11), Walther (**1831** VIII 27–XI 25, **1835** VII 22, X 8)
Marzelline	A. Laucher (**1817** VII 19–**1820** V 24), C. Teimer (**1823** XI 24–XII 31, **1826** VI 11–VII 2), Bondra (**1826** VII 23–XI 11), Rosenberg (**1831** VIII 27–XI 25), Grausgruber (**1835** VII 22, X 8)
Nette (Nettchen)	H. Forti (**1817** VII 19–**1818** I 23), Müller-Wilhelm (**1818** V 25–IX 14), Bondra (**1818** X 14–**1823** XI 24, **1826** VI 1–VII 2), Demmer-Kneisel (**1823** XII 11, 31),

Lönau	C. Teimer (**1826** VII 23–XI 11), Bruckner (**1831** VIII 27–XI 25, **1835** VII 22, X 8)
	Prinz (**1817** VII 19–**1823** XII 31, **1826** VI 11–XI 11), Hölzel (**1831** VIII 27–XI 25), Discant (**1835** VII 22, X 8)
Steinfeld	Kastner (**1817** VII 19–**1820** V 24), Rauscher (**1823** XI 24–XII 31), A. Müller (**1826** VI 11–XI 11), Donua (**1831** VIII 27–XI 25), Hölzel (**1835** VII 22, X 8)
Fritz	Caché (**1817** VII 19–**1820** V 24), Hasenhut (**1823** XI 24–XII 31, **1826** VI 11–XI 11, **1831** VIII 27–XI 25, **1835** VII 22, X 8)

A.312. Zwey Posten

Ein komisches Singspiel in drey Aufzügen. Frey nach Dupaty von Treitschke.
Die Musik ist von Tarchy.
[Neu in Scene gesetzt:] **1811** II 6. Die neue Decoration ist von Herrn Hoftheatermaler Janitz.

1811 II 6, 12, 17, III 3, 20, 28, V 6, 28, IX 20.

Von Schönburg	Weinmüller
Von Wohldorf	A. Neumann
Frau von Helden	A. Laucher
Frau von Ferling	Grünberg
Hector	Vogl
Anton	Stegmayer (**1811** II 6, 12, III 28, IX 20), C. Demmer (**1811** II 17, III 3, 20, V 6, 28)
Friedrich	A. Rösner (**1811** II 6–V 28), F. Saal (**1811** IX 20)
Paul	Perschl

A.313. Zwey Worte, oder: Die Nacht im Walde

Eine Operette in einem Aufzuge, nach dem Französischen des Marsollier.
Die Musik ist von D'Alayrac.
[Neu in die Scene gesetzt:] **1817** VII 10.
Die neue Decoration ist von den Hrn. Janitsch und de Pian, k. k. Hoftheater-Mahler.
Neu in die Scene gesetzt: **1824** XII 13.
Singspiel in einem Aufzuge, Musik von D'alayrac.

1817 VII 10, 11, 25, IX 19, X 5, 18, 27, XI 10, 28, XII 10, 19, **1818** III 4, IV 3, VII 3, IX 28, X 9, XI 4, XII 2, 28, **1819** VII 23, X 6, 18, **1820** I 3, **1824** XII 13, 15, 30, **1825** I 3, 14, 16, 22, 28, 29, II 3, 6, 8, 14, 20, 23, III 10, **1826** V 4, 9, 13, 17, **1827** VII 8, 10, 25, XI 25, 29, XII 12, 17, **1828** I 4, 9, 28, III 18, 24, IV 17, 22, **1829** VI 13, 15, 21, VII 5, 13, 24, VIII 9, 29, IX 3, 16, X 31, XI 14, XII 15, **1830** II 11, V 4, 25, VI 19, 23, VII 11, 18, VIII 5, 14, IX 16, 24.

Valbelle	Töpfer (**1817** VII 10–**1820** I 3), Cramolini (**1824** XII 13–**1825** I 3, **1826** V 4–17, **1829** VI 13, 15), Wanderer (**1829** VI 21–**1830** II 11), Stotz (**1830** V 4–VIII 14), Hölzel (**1830** IX 16, 24)
La France	Gottdank (**1817** VII 10–**1825** I 3, **1826** V 4, **1830** V 4, VI 19, 23, IX 16, 24), A. Müller (**1826** V 9–17), Hölzel (**1829** VI 13–**1830** II 11, V 25, VII 11–VIII 14)
Die Wirthinn	Moreau (**1817** VII 10–**1818** XII 28), K. Vogel (**1819** VII 23–**1820** I 3), Bondra (**1824** XII 13–**1825** I 3, **1826** V 4–17, **1829** VI 13–**1830** IX 24)
Rose	A. Laucher (**1817** VII 10–**1820** I 3), F. Elßler (**1824** XII 13–**1825** I 3), H. Elßler (**1826** V 4–17, **1829** VI 13–**1830** IX 24)
Lafleur	Gradner (**1817** VII 10–**1820** I 3)
Ein Kutscher	Perschl (**1817** VII 10–**1820** I 3)
Erster Räuber	Weinkopf (**1817** VII 10–**1820** I 3)
Zweyter Räuber	Prinz (**1817** VII 10–**1820** I 3)
Dritter Räuber	Rathmayer (**1817** VII 10–XI 28), Ratter (**1817** XII 10–**1820** I 3)
Vierter Räuber	Dobler (**1817** VII 10–XII 19), Groswald (**1818** III 4–**1820** I 3)

A.314. Zwillingsbrüder, Die
Posse mit Gesang in einem Aufzuge. Die Musik ist von Herrn Franz Schubert.
Zum ersten Mahle: **1820** VI 14.

1820 VI 14, 16, 21, VII 8, 14, 21.

Der Schulze	Meier
Lieschen	Vio
Anton	Rosenfeld
Der Amtmann	Gottdank
Franz Spieß	Vogl
Friedrich Spieß	Vogl

Giuseppe Siboni
Privatbesitz

Giovanni Battista Velluti
Privatbesitz

B. TANZDRAMATISCHE WERKE

B.1. Abgeschafften Bachanalien, Die
Historisches Ballet in 5 Abtheilungen, erfunden von Herrn Balletmeister Gaetano Gioja, und in die Scene gesetzt von J. Casati, der nach seiner Rückkunft zum ersten Mahle wieder die Ehre haben wird, aufzutreten. Die Musik ist von verschiedenen Meistern.
Zum ersten Mahle: **1835** VI 17.

1835 VI 17, 19, 21, 23, 27, VII 3, 17, 24, VIII 3, 11, 24, IX 3.

P. Ebucius	J. Casati
Sempronius	Lasina
Minius Cerinius	D. Casati (**1835** VI 17–VIII 11), Baptist (**1835** VIII 24, IX 3)
Jecenia	Lasina-Muratori
Lucius Posthumus	Schier
Lentulus	Kohlenberg (**1835** VI 17–VII 17, VIII 24, IX 3), Baptist (**1835** VII 24–VIII 11)
Hippia	Micheler (**1835** VI 17–21, VII 17–VIII 24), Kröpfel (**1835** VI 23–VII 3, IX 3)

B.2. Achilles
Heroisches Ballet in drey Aufzügen, von der Erfindung des Herrn Aumer, Balletmeister der k. k. Hoftheater. Die Musik ist von Herrn Carl Blum.
Zum ersten Mahl: **1818** XII 16.
Die Decorationen sind von Herren Janitsch und de Pian, k. k. Hoftheatermahlern.
Das Costume nach der Angabe des Herrn von Stubenrauch.

1818 XII 16, 18, **1819** I 18, 20, 26, 29, II 5, III 1, 31, VI 7, 11, 14, 21, 30, IX 13, X 20, 27, **1820** VII 14, 19.

Achilles	J. Rozier (**1818** XII 16–**1819** III 31), T. Rozier (**1819** VI 7–**1820** VII 19)
Chiron	J.-P. Aumer
Thetis	Millière
Vulkan	Pitrot (**1818** XII 16, 18)
Merkur	J. Kohlenberg
Ulyß	F. Reiberger
Ajax	Pitrot
Apollo	J. Rozier (**1819** VI 7–**1820** VII 19)
Terpsichore	Jul. Aumer (**1818** XII 16–**1819** X 27), J. Bretèl (**1820** VII 14, 19)
Erato	Rozier-Kohlenberg
Licomedes	Destefani
Deidamia	Jul. Aumer
Gesellschafterinnen	Rozier-Kohlenberg
	Launer (**1818** XII 16–**1819** I 18), Neuwirth (**1819** I 20–X 27), J. Bretèl (**1820** VII 14, 19)
	B. Horschelt
Anführer der Cyklopen	J. Kohlenberg (**1818** XII 16, 18)
	C. Aichinger
Fürsten und Werber	Neuwirth (**1818** XII 16, 18); Minetti (**1819** I 18–**1820** VII 19)
	J. Kohlenberg
	C. Aichinger
Nymphen	L. Didier (**1818** XII 16–**1819** X 27), Elßler (**1820** VII 14, 19)
	Roiter
	Sedini
	M. Gritti (**1818** XII 16–**1819** X 27), Neuwirth (**1820** VII 14, 19)
	N. Didier (**1818** XII 16–**1819** X 27), Rustia (**1820** VII 14, 19)

B.3. Acht Monathe in zwei Stunden, oder: Lohn kindlicher Liebe
Historisches Ballet in fünf Acten und zwei Abtheilungen, von T. Casati.
Die Musik ist von Herrn Kapellmeister Pugny.
Zum ersten Mahle: **1835** XI 17.

1835 XI 17, 18, 19, 27, 30, XII 5, 16, **1836** I 12.

Der Czar	Kohlenberg
Der Hof-Marschall	Schier
Ivan	Pitrot
Smolof	Stöckl
Graf Gorsky	Lasina
Feodora	Kröpfel
Elisabeth	Lasina-Muratori
Michele	Baptist

B.4. Acis und Galathe, oder Der Riese Polyphem
Ein episodisches Divertissement von Herrn Duport.
Zum ersten Mahl: **1813** IV 20.
Die Decoration ist neu von Herrn Arrigoni, k. k. Hoftheatermahler.

1813 IV 20, 22, 24, 27, V 7, 9.

Acis	Duport
Galathe	Neumann-Duport
Venus	Cesari-Gioja
Amor	A. Mayer
Polyphem	P. Duport
Eine Bachantinn	Vanier
Ein Faun	F. Gioja
Satyren	P. Angiolini
	Rainoldi

B.5. Adelheid von Frankreich
Historisch-pantomimisches Ballet in fünf Abtheilungen, componirt und in die Scene gesetzt von Herrn L. Henry, Balletmeister an diesem k. k. Hoftheater. – Die Musik ist von Cesare Pugni, mit Ausnahme des Pas de deux im dritten Acte, das von Herrn W. R. Grafen v. Gallenberg neu componirt ist.
Zum ersten Mahle: **1832** I 5.
Sämmtliche neue Decorationen sind, nach der Angabe des Herrn Ph. v. Stubenrauch, k. k. Hoftheater-Decorations- und Costume-Directors, von den k. k. Hoftheatermahlern Millitz, Scharhan und Schlegel ausgeführt.
1832 VI 6: 1. Akt: Ein neues Pas de deux, in Musik gesetzt von Herrn Mayseder, der das Violinsolo vortragen wird. 5. Akt: Ein Pas de trois, von der Composition des Herrn Samengo.

1832 I 5, 6, 7, 9, 11, 12, 14, 15, 17, 21, 23, 25, 28, 29, 31, II 2, 4, 9, III 14, 16, VI 6, 8, 12, 25, VII 1, 4, X 12, 17, 19, 21, XI 13, 17, 27, XII 15, **1833** I 30, II 7, 16, 23, VII 22, 29, VIII 6, 12, X 18, 20, 29, XI 6, **1834** I 15, 16, 28, II 1, 6, 27, III 3, VIII 6, 25, IX 7, 19, 28, X 2, **1835** XI 26, XII 15.

Otto der Große	Stöckl
Berengar	P. Campilli (**1832** I 5–II 9, **1833** VII 22–VIII 12, **1835** XI 26, XII 15), Baptist (**1832** III 14–**1833** II 23, X 18–**1834** III 3), Schier (**1834** VIII 6–X 2)
Dessen Stallmeister	Schellenberger
Adelheid von Burgund	Hasenhut-Mattis (**1832** I 5–III 16), Lasina-Muratori (**1832** VI 6–**1835** XII 15)
Deren Sohn	Kleine Herold
Ein Abgesandter Otto's	Weissenböck

Ein Kerkermeister	Henry (**1832** I 5–X 21, **1833** X 18–**1834** I 16), Pitrot (**1832** XI 13–**1833** VIII 12, **1834** I 28–**1835** XII 15)
Dessen Sohn	Schäffel (**1832** I 5–III 16, **1833** I 30–II 23, VII 29–**1834** II 6), H. Elßler (**1832** VI 6–X 12, **1833** VII 22), Leinsler (**1834** II 27–**1835** XII 15)
Ein Landmann	Pitrot (**1832** I 5–X 21, **1833** X 20–**1834** I 16), Fleury (**1832** XI 13–**1833** X 18), Rabensteiner (**1834** I 28–**1835** XII 15)
Dessen Weib	Micheler (**1832** I 5–XI 27, **1833** VII 22–**1835** XII 15), Jung (**1832** XII 15–**1833** II 23)
Ein junger Bauer	Rabel (**1832** I 5–**1833** XI 6, **1835** XI 26), Laville (**1834** I 15–X 2, **1835** XII 15)
Dessen Braut	Schlanzofsky (**1832** I 5–III 16), Hasenhut-Mattis (**1832** VI 6–VII 4), Baseg (**1832** X 12–**1833** II 7, VII 29–**1834** I 16, II 27–**1835** XII 15), H. Elßler (**1834** II 1, 6)
Ein junger Fischer	Baseg (**1832** I 5–VII 4), L. Groll (**1832** X 12–**1835** XII 15)
Ein Müller	Eßlauer
Ein Bauer	G. Willfurt
Zwey Bäuerinnen	A. Elßler (**1832** I 5–VII 4), Weiß (**1832** X 12–**1834** X 2), Campilli (**1835** XI 26, XII 15)
	Greiner
Vier Gedungene	Kohlenberg
	F. Reiberger (**1832** I 5–VII 4, **1833** VIII 6–**1834** IX 7), C. Aichinger (**1832** X 12–**1833** VII 29, **1834** IX 19–**1835** XII 15)
	Stempfel
	H. Springer

B.6. Aeneas in Carthago

Ein heroisch-pantomimisches Ballet in fünf Aufzügen, verfaßt und in die Scene gesetzt von Herrn Ferdinand Gioja. Die Musik ist, mit Ausnahme des Pas de deux, getanzt von Herrn Gioja und Mad. Cesari im zweyten, und jenes des Hrn. und der Mad. Vigano im dritten Acte von Hrn. M. Umlauf, Kapellmeister des k. k. Hoftheaters.
Zum ersten Mahl: **1811** X 5.

1811 X 5, 7, 8, 10, 16, 18, 27, 30, XI 12, 22, XII 11, 14, **1812** I 5, 16.

Dido, Königin von Carthago	Cesari-Gioja
Aeneas	F. Gioja
Illioneus	Degiorgi
Sergestus	Minetti
Frauen	Labassée
	Neuwirth (**1811** X 5–XII 14)
	K. Horschelt
Schatten des Anchises	Destefani
Venus	Frühmann (**1811** X 5–XII 14), Neuwirth (**1812** I 5), Bandini (**1812** I 16)
Amor	M. Gritti
Hymen	A. Gritti
Neptun	F. Gritti
Merkur	C. Aichinger
Solotänzer	Decaro (**1811** X 5, 7)
	M. Viganò (**1811** X 5–XI 22)
	Neumann-Duport (**1811** X 5, 7, 8, XII 11)
	G. Viganò (**1811** X 5–XI 22)
	C. Vestris (**1811** XII 11)
Grotteskänzer	P. Angiolini
	N. Angiolini
	Rainoldi
	Sedini
	Martignoni-Rainoldi

B.7. Agnes und Fitz-Henri
Pantomimisches Ballet in zwey Acten, erfunden und in die Scene gesetzt von Herrn L. Henry.
Musik von Herrn W. R. Grafen v. Gallenberg.
Zum ersten Mahle: **1833** IX 25.

1833 IX 25, 27, X 4, 16.

Graf Fitz-Henri	Henry
Agnes	Lasina-Muratori
Helder	Kohlenberg
Eduard	Stöckl
Eduard, dessen Sohn	Kleine Herold
Ein Landmann	P. Campilli
Ein junger Hirt	Laville
Dessen Geliebte	Baseg
Ein Haushofmeister	Weissenböck
Zwey Stallmeister	F. Reiberger
	Meiller
Drey Sylphiden	Hasenhut-Mattis
	Rabel
	Mazza-Auregio

B.8. Alcine
Großes romantisches Ballet in vier Akten, von der Erfindung des Herrn A. Vestris.
Musik von verschiedenen Meistern.
Zum ersten Mahle: **1824** X 11.
Die Dekorationen sind neu von den Herren Janitsch, de Pian und Gail, k. k. Hoftheatermahlern. Das Arrangement derselben, so wie das Costume neu nach Angabe des Herrn Ph. v. Stubenrauch, k. k. Hoftheater-Costume- und Dekorations-Director.
Im zweyten Acte wird Herr Rozier mit Dlle. Brugnoli ein Pas de deux mit Musik von Herrn Mercadante, zu tanzen die Ehre haben, wobey Herr Merk das Violoncell-Solo spielen wird.
Im dritten Acte wird Herr Samengo mit Dlle. Brugnoli ein Pas de deux zu tanzen die Ehre haben, wobey Herr Mayseder das Violinsolo von seiner Composition spielen wird.
1824 XI 3: Vor Anfang des Ballets wird von der italienischen Opern-Gesellschaft das Volkslied: Serba, o ciel, l'augusta Donna, angestimmt. Musik von Haydn.

1824 X 11, 13, 15, 18, 23, 25, 27, 29, 31, XI 4, 8, 10, **1825** II 23, 25, 27.

Alcine	Brugnoli-Samengo
Astolfo	J. Rozier (**1824** X 11–XI 10), Torelli (**1825** II 23–27)
Roger	Samengo
Bradamante	Torelli (**1824** X 11–XI 10), M. Gioja (**1825** II 23–27)

B.9. Alexander in Indien
Ballet in fünf Akten, von Herrn Balletmeister A. Vestris. Die Musik ist von verschiedenen Meistern.
Zum ersten Mahle: **1825** III 23.
Die sämmtlichen neuen Dekorationen sind nach Angabe des Hrn. Ph. v. Stubenrauch, k. k. Hoftheater-Costume- und Decorations-Direktor, die Ausführung derselben von den Herren Janitz, Depian und Gail, k. k. Hoftheatermahlern.
1825 III 26: Vor Anfang des Ballets wird Herr Rubini eine Arie von Raimondi zu singen die Ehre haben.
1826 V 1–4: Im dritten Acte wurd Hr. Taglioni Sohn, 17 Jahre alt, bei seinem ersten Auftreten mit seiner Schwester Marie Taglioni ein Pas de deux, componirt von Hrn. Taglioni Vater, mit Musik von Lindpaintner, zu tanzen die Ehre haben, wobei Herr Mayseder das Violinsolo ausführen wird.

1825 III 23, 24, 26, **1826** V 1, 2, 4, 9, 11, 17, 19, 23, **1827** IV 17, 19, V 6.

Alexander der Große	F. Gioja (**1825** III 23–26), F. Reiberger (**1826** V 1–**1827** V 6)
Porrhus	Torelli (**1825** III 23–**1826** V 11), Kohlenberg (**1826** V 17–**1827** V 6)
Cleopha	Brugnoli-Samengo (**1825** III 23–26), **1827** IV 17–V 6), Roland (**1826** V 1–23)
Gandart	Josué (**1825** III 23–26), Kohlenberg (**1826** V 1–11), Minetti (**1826** V 17–**1827** V 6)
Timageno	Destefani
Der Oberbramine	F. Aichinger (**1825** III 23–26), Pitrot (**1826** V 1–**1827** V 6)

B.10. Alfred der Große

Heroisch-pantomimisches Ballet in drey Aufzügen, von der Erfindung des Herrn Aumer, Balletmeister der k. k. Hof-Theater. Die Musik ist vom Herrn Grafen W. Robert von Gallenberg.
Zum ersten Mahle: **1820** IV 24.
Die neuen Decorationen sind von den Herren Janitz, de Pian und Gail, k. k. Hoftheatermahlern.
Das Costume ist nach der Angabe des Herrn von Stubenrauch.
1821 XI 26: Der Unterzeichnete [J. Rozier] wird diesen Abend allein, ein neues Terzett von seiner Erfindung mit Dlle. Milliere und Dlle. Heberle zu tanzen die Ehre haben.
Neu in die Scene gesetzt: **1822** IX 10.

1820 IV 24, 26, 28, V 1, 3, 5, 8, 10, 15, 19, 24, 29, VI 2, 7, 9, 16, 21, VII 8, 12, 17, 24, 28, 31, X 4, 9, 16, 30, XI 13, XII 1, 27, 29, **1821** I 1, 5, 17, 26, II 7, 26, III 16, 23, IV 6, 27, V 23, 29, VI 14, VII 11, IX 14, 18, XI 26, XII 7, **1822** I 4, IX 10, 11, 20, 30, X 11, 18, 26, 31, XI 27, **1823** I 9, IV 25, 28.

Alfred	F. Taglioni
Oliver	T. Rozier (**1820** IV 24–VII 31, XII 27–**1821** IV 6, **1822** IX 10–X 18, XI 27–**1823** IV 28), Rozier-Kohlenberg (**1820** X 4–XII 1, **1821** IV 27–IX 18, **1822** I 4, X 26, 31), Wirdisch (**1821** XI 26, XII 7)
Graf Edelberth	Destefani
Alswith	Millière
Freundinn Alswithens	B. Horschelt (**1820** IV 26–**1822** I 4), G. Ramacini (**1822** IX 10–**1823** IV 28)
Odun	J. Rozier
Gothrun	F. Reiberger
Oscitel	Pitrot (**1820** IV 24–**1821** I 5), J. Kohlenberg (**1821** I 17–**1822** X 18, **1823** IV 25, 28), C. Aichinger (**1822** X 26–**1823** I 9)
Amon	J. Kohlenberg (**1820** IV 24–**1821** I 5, **1822** X 26–**1823** I 9), A. Kohlenberg (**1821** I 17–IV 27), Pitrot (**1821** V 23–**1822** X 18, **1823** IV 25, 28)
Jackson	F. Aichinger
Frau Jackson	K. Horschelt (**1820** IV 26–**1822** I 4), Cesari-Gioja (**1822** IX 10–**1823** IV 28)
Betzi	J. Aumer (**1820** IV 24–VII 31, XII 27–**1821** IV 6), T. Rozier (**1820** X 4–XII 1, **1821** IV 27–**1822** I 4), Heberle (**1822** IX 10–**1823** IV 28)
William	P. Bretèl
Fanny	J. Bretèl
Eine Gerichtsperson	Giov. Rossi (**1820** IV 24–**1823** I 9)
Fanny's Mutter	Strohmeyer

B.11. Aline, Königinn von Golconda

Großes Ballet in drey Aufzügen, von Hrn. Aumer, Balletmeister der k. k. Hoftheater.
Die Musik ist von Herrn Carl Blum.
Zum ersten Mahl: **1818** V 18.
Die Decorationen sind von Herren Janitsch und de Pian.
Das Costume ist nach den Zeichnungen des Herrn von Stubenrauch.
1821 I 8–III 30: Herr Taglioni und Dlle. Julie Aumer werden im zweyten Aufzuge ein Pas de deux mit dem Shawl zu tanzen die Ehre haben.
1833 III 5: Aline, Königinn von Golconda. Neu in die Scene gesetzt von Herrn Rozier. Die neuen Decorationen sind nach der Angabe des Herrn Ph. v. Stubenrauch, k. k. Hoftheater-Decorations- und Costume-Directors, ausgeführt von den k. k. Hoftheatermahlern Millitz, Scharhan und Schlegel.
1833 III 7–30: Herr Rozier und Mad. Robert Mees St. Romain werden, als Gäste, die Ehre haben, im zweyten Aufzuge ein Pas de deux auszuführen.

1833 V 20–IX 19: Pas de deux, ausgeführt von Herrn Mattis und Dlle. Mazza.

1818 V 18, 20, 22, 25, VI 3, 5, 10, 12, 19, 24, VII 1, 3, 8, 10, IX 14, 16, 21, 28, 30, X 5, 14, 21, 30, XI 16, XII 13, 21, **1819** II 17, 26, III 3, 12, 24, 29, IV 12, 19, 30, V 19, VI 25, VII 5, IX 11, 29, X 6, 25, **1820** V 17, 26, VI 5, 12, 26, VII 6, 21, 26, X 14, 18, 27, XI 17, 29, XII 11, 18, **1821** I 8, 15, 31, III 12, 30, IV 23, V 7, 25, VII 4, IX 12, 28, X 2, 24, 31, XI 5, **1822** I 12, 26, **1833** III 5, 7, 9, 13, 16, 26, 30, V 20, 22, 28, VI 3, VIII 8, 10, IX 19, **1834** VIII 27, 29, IX 1, 10, 21.

Aline	Millière (**1818** V 18–**1822** I 26), Mees St. Romain (**1833** III 5–30), Lasina-Muratori (**1833** V 20–**1834** IX 21)
Zelie	T. Rozier (**1818** V 18–XII 21, **1819** V 19–**1822** I 26), Jul. Aumer (**1819** II 17–IV 30), Hasenhut-Mattis (**1833** III 5–IX 19), Mazza-Auregio (**1834** VIII 27–IX 21)
St. Phar	J.-P. Aumer (**1818** V 18–**1820** VII 26, **1821** I 8–III 30), F. Taglioni (**1820** X 14–XII 18, **1821** IV 23–X 24, **1822** I 12, 26), P. Bretèl (**1821** X 31, XI 5), Stöckl (**1833** III 5–**1834** IX 21)
Sigiskar	F. Reiberger (**1818** V 18–**1822** I 26), P. Campilli (**1833** III 5–IX 19), Schier (**1834** VIII 27–IX 21)
Osmin	J. Rozier (**1818** V 18–**1833** III 30), F. Crombé (**1833** V 20–**1834** IX 21)
Nadir	Godefritz (**1818** V 18–**1822** I 26), Kleine Herold (**1833** III 5–**1834** IX 21)
Der Chef der Eunuchen	F. Aichinger (**1818** V 18–**1822** I 26), Pitrot (**1833** III 5–**1834** IX 21)
Große des Reichs	Pitrot (**1818** V 18–**1822** I 26), Kohlenberg (**1833** III 5–**1834** IX 21)
	Destefani (**1818** V 18–**1822** I 26), F. Aichinger (**1833** III 5–**1834** IX 21)
	Rabensteiner (**1833** III 5–**1834** IX 21)
Neapolitanische Offiziere	C. Aichinger (**1818** V 18–**1822** I 26), Weissenböck (**1833** III 5–**1834** IX 21)
	Kohlenberg (**1818** V 18–**1822** I 26), Meiller (**1833** III 5–IX 19), Ottinger (**1834** VIII 27–IX 21)

B.12. Allegorisches Tableau
Von der Ausführung des Hrn. Aumer, Balletmeister der k. k. Hoftheater.

1818 II 11.

B.13. Amazonen, Die
Heroisches Ballet in drey Acten, von der Erfindung des Herrn L. Henry.
Zum ersten Mahle: **1823** VIII 9.
Das Arrangement sämmtlicher Dekorationen ist von Herrn Philipp v. Stubenrauch, Costume- und Decorations-Direktor der k. k. Hoftheater, die Ausführung von Hrn. Janitz, de Pian und Gail, k. k. Hoftheatermahlern.
1823 XII 17, 29: Mit Abkürzungen.
1824 III 31: Pas de sept. Musik hiezu von Carafa. Pas de onze. Musik hiezu von Rossini.

1823 VIII 9, 10, 12, 14, 17, 19, 24, IX 3, 10, 12, 18, 20, 25, X 2, 9, 17, 28, XI 6, 10, 26, XII 3, 11, 15, 17, 29, **1824** III 31.

Orithyia	Perceval
Antiope	T. Rozier
Amyntha	M. Gioja
Theseus	J. Rozier
Aristheus	P. Bretèl
Eurikles	F. Gioja (**1823** VIII 9–12), Pitrot (**1823** VIII 14–19), Destefani (**1823** VIII 24–XII 29)

B.14. Amenie
Historisches Ballet in fünf Aufzügen, von Herrn Balletmeister L. Henry.
Musik von Herrn Gyrowetz, k. k. Hoftheater-Kapellmeister.
Zum ersten Mahle: **1825** I 12.
Die Dekorationen sind neu von den Herren Janitsch, de Pian und Gail, k. k. Hoftheatermahlern. Das Arrangement derselben, so wie das Costume neu nach Angabe des Herrn Ph. v. Stubenrauch, k. k. Hoftheater-Costume- und Dekorations-Director.

1825 I 12, 14, 16, 20, 22, 28, 29, II 6, 8.

Herzog Oswald	Henry
Herald	Samengo
Amenie	G. Ramacini
Hermance	Micheler
Graf Lear	F. Gioja

B.15. Aminthas und Lydia
Anacreontisches Divertissement von Herrn Balletmeister L. Henry.
[Zum ersten Mahle:] **1828** II 14.

1828 II 14.

Aminthas	Samengo
Lydia	Brugnoli-Samengo
Amor	L. Groll
Nymphen	T. Rozier
	Th. Elßler
	Pierson
	Rabel
	H. Elßler
	Schäffel
Schäfer	Carey
	Priora

B.16. Amor und Psyche
Ein großes mythologisches Ballet in drey Aufzügen, von der Erfindung des Herrn Gardel, erstem Balletmeister der k. Oper in Paris, und von Herrn Aumer ganz neu in die Scene gesetzt.
Zum ersten Mahl: **1817** II 26.
Die Decorationen sind von Herrn Janitz und de Pian, k. k. Hoftheatermahlern ausgeführt.

1817 II 26, III 2, 10, 14.

Psyche	T. Rozier
Der König	Destefani
Die Königinn	Wittrer
Amor	C. Horschelt (**1817** II 26), Jean. Kobler (**1817** III 2–14)
Venus	J. Gottdank (**1817** II 26), C. Horschelt (**1817** III 2–14)
Jupiter	F. Reiberger
Zephyr	J. Rozier
Flora	Rozier-Kohlenberg
Terpsichore	J. Aumer
Hymen	B. Horschelt
Thisiphone	J.-P. Aumer

B.17. Anacreontisches Divertissment, Ein
worin die ersten Tänzer und Tänzerinnen tanzen werden.

1813 I 21.

B.18. Arsena
Romantisches Ballet von Herrn L. Henry, Balletmeister der königl. Theater von Paris und Neapel.
Musik von verschiedenen Meistern.
Zum ersten Mahle: **1822** XII 18.
Die Angabe des Costume's, so wie das Arrangement der Dekorationen, sind von dem Hrn. Dekorations- und Costume-Direktor der k. k. Hoftheater, Philipp v. Stubenrauch, die Ausführung der Dekorationen von den Herren Janitz, de Pian und Gail, k. k. Hoftheatermahlern.

1822 XII 18, 19, 21, 27, 28, **1823** I 1, 4, 7, 23, II 15, 17, 26, III 2, 11, 31, IV 11, 21, V 2, VI 3, 6, 22, VIII 28, IX 14, 27, X 31, XI 8, 28, **1824** II 17, IV 8.

Prinzessin Arsena	M. Taglioni
Die Fee Aline	M. Henry (**1822** XII 18–**1823** V 2), Micheler (**1823** VI 3–XI 8, **1824** II 17), M. Gioja (**1823** XI 28, **1824** IV 8)
Alcindor	J. Rozier
Arthur	Micheler (**1822** XII 18–**1823** V 2), A. Lachner (**1823** VI 3–**1824** IV 8)
Ein Holzhauer	Pitrot

B.19. Bäcker, Die
Ein Divertissement in einem Aufzuge, worin Dlle. Decaro mit ihrer Schülerinn Dlle. Babette Horschelt ein Pas de deux tanzen wird. Die übrigen Tänze werden von den Herren Grottesktänzern ausgeführt werden.
Zum ersten Mahl: **1812** III 20.

1812 III 20, IV 2, 8, 12, 18, 28, VI 5, 29, VII 4.

B.20. Bajaderen, Die
Ein pantomimisches Ballet in drey Acten, von der Erfindung des Herrn Aumer; mehrere Musikstücke sind aus der Oper gleiches Nahmens entlehnt; die neue Musik ist von Herrn A. Gyrowetz, Kapellmeister der k. k. Hoftheater, componirt.
Zum ersten Mahl: **1815** V 13.

1815 V 13, 16, 19, 22, 27, 30, VI 2, 6, 12, 15, 30, VII 10, 13, 21, IX 27, **1816** I 29, 31, II 2, 18.

Demoly	J. Rozier
Rustan	G. Viganò (**1815** V 13–IX 27), Minetti (**1816** I 29–II 18)
Lamea	T. Rozier
Ixora	Decaro (**1815** V 13–IX 27), B. Horschelt (**1816** I 29–II 18)
Dirida	M. Viganò (**1815** V 13–IX 27), C. Horschelt (**1816** I 29–II 18)
Dirome	Jul. Aumer
Olkar	J.-P. Aumer
Salem	F. Reiberger
Ocroli	F. Horschelt
Anführer der Maratten	Volange
	Minetti
Der erste der Magier	Destefani
Ein Kerkermeister	Rereni
Bajaderen	Laure (**1815** V 13–IX 27)
	Neuwirth
	Sedini
	Roiter

B.21. Befreite Jerusalem, Das
Großes pantomimisches Ballet in fünf Acten, nach Torquato Tasso bearbeitet und für die hiesige Bühne in die Scene gesetzt von Herrn Paul Samengo. Musik von Herrn Grafen W. R. v. Gallenberg.
Zum ersten Mahle: **1828** IV 17.
Sämmtliche neue Decorationen sind nach der Angabe des k. k. Hoftheater-Dekorations-Directors Philipp v. Stubenrauch, ausgeführt von den k. k. Hoftheater-Mahlern de Pian, Institoris und Scharhan.
1828 IV 30: Um diese Vorstellungen in den gewöhnlichen Zeitraum zu fassen, wird das Ballet mit dem vierten Acte enden.
1831 III 17: Großes pantomimisches Ballet, nach Torquato Tasso bearbeitet und neu in die Scene gesetzt von Herrn Balletmeister Paul Samengo. Musik von W. R. Grafen v. Gallenberg.
1832 VII 6: Neu in die Scene gesetzt, zum ersten Mahle.

1827 IV 17, 19, 22, 24, 27, 30, **1831** III 17, 19, 21, 24, 26, IV 4, 6, 18, 22, V 7, 31, VI 5, 7, 24, VIII 1, 3, 16, XI 3, 5, **1832** VII 6, 8, 12, 17, VIII 8, 11, 17, 28, 31, IX 3, 17, X 2, XII 20, **1833** I 4, 9, II 13, 21, III 11, 22, IV 17, VII 1, 31, VIII 14, IX 12, 21, XI 26, **1834** III 18, IV 1, **1835** X 24, 26, XI 3, **1836** III 11.

Pluto	Destefani (**1827** IV 17–30)
Die Zwietracht	Koloschanzky (**1827** IV 17–30)
Der Neid	J. Purzbichler (**1827** IV 17–30)
Die Rache	E. Purzbichler (**1827** IV 17–30)
Die Wuth	Pitrot (**1827** IV 17–30)
Die Eifersucht	G. Willfurth (**1827** IV 17–30)
Der Tod	A. Willfurth (**1827** IV 17–30)
Alet	Stempfel (**1827** IV 17–30)
Gottfried von Bouillon	F. Reiberger (**1827** IV 17–**1831** IV 4), F. Massini (**1831** IV 6–VIII 16), P. Campilli (**1831** XI 3–**1836** III 11)
Eustaz	Kohlenberg (**1827** IV 17–30), M. Reiberger (**1831** III 17–**1832** X 2), Koloschanzky (**1832** XII 20–**1833** III 11), Eßlauer (**1833** III 22–**1834** IV 1), Pitrot (**1835** X 24–**1836** III 11)
Rinald	Samengo (**1827** IV 17–**1831** V 7), F. Crombé (**1831** V 31–**1836** III 11)
Heinrich, der Franke	Dimattia (**1827** IV 17–30), Laville (**1831** III 17–V 7)
Eberhard, der Baier	Pitrot (**1827** IV 17–**1831** XI 3), Baptist (**1834** IV 1–**1836** III 11)
Gernand	Priora (**1827** IV 17–30)
Rambald	Destefani (**1827** IV 17–30)
Artemidor	Weissenböck (**1827** IV 17–30), J. Crombé (**1831** III 17–VIII 3), Laville (**1831** VIII 16), Alphons (**1834** IV 1–**1836** III 11)
Ein Greis	Priora (**1827** IV 17–30), Weissenböck (**1831** III 17–**1836** III 11)
Idroat [!]	Kohlenberg
Armide	Brugnoli-Samengo (**1827** IV 17–**1831** V 7), F. Elßler (**1831** V 31–**1832** VIII 28, IX 17), Hasenhut-Mattis (**1832** VIII 31, IX 3, X 2–**1834** IV 1), Schlanzofsky (**1835** X 24–**1836** III 11)

B.22. Beiden Sergeanten, Die
Pantomime mit Tanz-Divertissement, in die Scene gesetzt von Johann Baptist Lasina.
Die Musik ist von Herrn Kapellmeister Gyrowetz, mit Ausnahme einiger Nummern.
Den Schluß der Pantomime macht ein neues Divertissement, componirt von Herrn Casatti, erstem Tänzer in Mayland, der zum ersten Mahle die Ehre haben wird, aufzutreten, und ein Pas de deux mit Dlle. Schlanzofsky auszuführen.
Zum ersten Mahle: **1834** X 18.

1834 X 18, 21, 24, XI 5, 11, 22, **1835** VII 20, 22, VIII 1, 22.

Der Oberst	Kohlenberg (**1834** X 18–XI 22), J. Casati (**1835** VII 20–VIII 22)
Der Major	Schier
Robert	Stöckl (**1834** X 18–XI 22), Baptist (**1835** VII 20–VIII 22)
Felix	Joh. Lasina
Gustav	Jos. Lasina (**1834** X 18–XI 22), Webersfeld (**1835** VII 20–VIII 22)

Der Profos	Pitrot
Ein Korporal	Rabensteiner
Anna	Lasina-Muratori
Adolf	Kleine Schier
Valentin	Stempfel
Lauretta	Baseg (**1834** X 18–XI 11, **1835** VII 20–VIII 22), Dorsey (**1834** XI 22)

B.23. Berggeist, Der

Großes romantisches Ballet in vier Abtheilungen, erfunden und in die Scene gesetzt von Herrn Friedrich Horschelt, Balletmeister am königl. Bayrischen Hoftheater.
Die Musik ist von Herrn Kapellmeister Riotte.
Zum ersten Mahle: **1829** XII 5.
Das Costume ist nach der Zeichnung des Hrn. Ph. v. Stubenrauch, k. k. Hoftheater-Decorations- und Costume-Directors, verfertigt, und sämmtliche neue Decorationen sind, nach dessen Angabe, von den k. k. Hoftheater-Mahlern de Pian, Institoris, Scharhan und Militz ausgeführt.
Pas de trois. Mit Musik von Herrn Strebinger. Pas de deux. Mit Musik von Herrn W. R. Grafen v. Gallenberg. Pas de trois. Mit Musik von Herrn Romani. Pas de deux. Mit Musik von Herrn Mayseder.
1830 I 3: Pas de trois, mit Musik von Herrn W. R. Grafen v. Gallenberg.

1829 XII 5, 6, 10, 15, 17, 19, 26, 30, **1830** I 3, 12, III 3, 8, VII 7, IX 11.

Der Berggeist	F. Crombé
Prinz Ratibor	Mattis
Prinzessin Emma	F. Elßler (**1829** XII 5, 6, 15–**1830** IX 11), B. Horschelt (**1829** XII 10)
Brunhilde	H. Elßler
Amalgunde	Schäffel

B.24. Bianca's Wahl, oder: Amor's siegreiche Waffen

Romantisch-mythologisches Ballet, erfunden und in die Scene gesetzt von Herrn Balletmeister Pietro Campilli. Die Musik ist neu componirt von Herrn W. R. Grafen von Gallenberg.
Zum ersten Mahle: **1834** XII 10.

1834 XII 10, 11, 13, 16, **1835** III 24, 28.

Alfonso	Kohlenberg
Eufemia	Kröpfel
Prinzessin Bianca	Scribani (**1834** XII 10–16), Dupuy (**1835** III 24, 28)
Robert	Stöckl (**1834** XII 10–16), F. Crombé (**1835** III 24, 28)
Julius	Schier
Amor	Kleine Schier
Vulkan	Pitrot

B.25. Blaubart, Der

Romantisches Ballet von der Erfindung des Herrn Armand Vestris.
Musik von verschiedenen Meistern.
[Zum ersten Mahle:] **1824** III 13.
Die Decorationen sind neu von den Herren Janitsch, de Pian und Gail, k. k. Hoftheatermahlern.
Das Costume ist neu nach Angabe des Hrn. Ph. v. Stubenrauch, k. k. Hoftheater-Costume- und Dekorations-Director.
1827 VII 25: Großes Ballet von weiland A. Vestris.
Neu in die Scene gesetzt: **1830** VII 18.
Neu in die Scene gesetzt von Herrn C. Aichinger, Regisseur an diesem k. k. Hoftheater.

1824 III 13, 14, 16, 18, 21, 23, 26, 28, 30, IV 4, 6, 21, 23, V 1, 5, 9, VII 9, 11, 14, VIII 31, IX 3, X 1, XI 14, 17, 24, XII 9, 10, 13, **1825** I 24, 26, II 3, 10, **1827** VII 25, 28, 31, VIII 5, 21, 25, 27, IX 7, 14, 18, 20, 24, X 19, 21, 28, XII 31, **1828** I 18, III 16, 22, 24, **1830** VII 18, 20, 30, VIII 3, 14, 26, IX 1, 7, 17, **1831** IV 11, 13, 26, V 3, VII 5, 12, XI 12, **1832** IX 22, XI 19, 21, 30, XII 4, **1835** IX 11, 13, 16, 19, 23, 27, X 6, 13, 18, XII 12, 26, **1836** I 7.

Abomelik (Abomelick)	F. Gioja (**1824** III 13–**1825** II 10), Dimattia (**1827** VII 25–**1828** III 24), Mattis (**1830** VII 18–IX 17), F. Massini (**1831** IV 11–XI 12), Francesko (**1832** IX 22), Lasina (**1832** XI 19–XII 4), Stöckl (**1835** IX 11–**1836** I 7)
Isakabak	F. Aichinger (**1824** III 13–**1825** II 10), Pitrot (**1827** VII 25–**1836** I 7)
Selim	Samengo (**1824** III 13–21, 30, XII 9–**1828** III 24), J. Rozier (**1824** III 23–28, IV 4–XI 24), F. Crombé (**1830** VII 18, 20, VIII 26–**1831** XI 12, **1832** XI 19–**1836** I 7), Mattis (**1830** VII 30–VIII 14, **1832** IX 22)
Beda	F. Elßler (**1824** III 13–**1825** II 10), Hasenhut-Mattis (**1827** VII 25–IX 7, 18–XII 31), Abegg (**1827** IX 14), Schäffel (**1828** I 18–**1832** XI 21), Baseg (**1835** IX 11–**1836** I 7)
Ibrahim	Destefani (**1824** III 13–**1828** III 24), F. Reiberger (**1830** VII 18–IX 17), Kohlenberg (**1831** IV 11–**1836** I 7)
Ismela	Brugnoli-Samengo (**1824** III 13–XI 24, **1825** I 24–**1828** III 24, **1831** IV 11–V 3), Torelli (**1824** XII 9–13), F. Elßler (**1830** VII 18–IX 17, **1831** VII 5–**1832** IX 22), Lasina-Muratori (**1832** XI 19–XII 4), Dupuy (**1835** IX 11–**1836** I 7)
Irene	M. Gioja (**1824** III 13–**1825** II 10), Micheler (**1827** VII 25–**1832** XI 21, **1835** IX 11–**1836** I 7), Schäffel (**1832** XI 30, XII 4)

B.26. Blöde Ritter, Der, oder: Die Macht der Frauen
Ein großes Ballett in drey Aufzügen, von der Erfindung des Herrn Duport.
Zum ersten Mahl: **1812** IV 11.

1812 IV 11, 13, 15, 20, 24, 26, V 20, 22, 24, 29, VI 2, 19, **1813** I 16, 19, IV 29, V 1, 3, 15, **1814** VII 8, **1815** I 5, 7, 10, 21, 26, II 1.

Alfred (Sargines)	Duport (**1812** IV 11–**1813** V 15), Treitschke de Caro (**1814** VII 8), J. Rozier (**1815** I 5–II 1)
Leonore (Sophie)	Neumann-Duport (**1812** IV 11–**1813** V 15), Decaro (**1814** VII 8–**1815** II 1)
Der Fürst Alfonso	F. Gioja (**1812** IV 11–**1813** V 15), C. Aichinger (**1814** VII 8–**1815** II 1)
Der Graf von Montfort	Lafargue (**1812** IV 11–**1813** V 15), Destefani (**1814** VII 8–**1815** II 1)
Der Baron Armance	F. Aichinger
Haudegen	Rainoldi
Sphärensang	Rainoldi
Leichtfuß	Rainoldi
Zwey Hofdamen	Cesari-Gioja
	Vanier (**1812** IV 11, 13, V 20–**1813** IV 19), M. Gritti (**1815** I 5– II 1)
Ein Mädchen	Eberl (**1815** I 5– II 1)

B.27. Brigittenau, Die, oder: Der todt geglaubte Soldat
Pantomimisches National-Divertissement in vier Abtheilungen und 14 Bildern, neu componirt und in die Scene gesetzt von L. Henry, Balletmeister an diesem k. k. Hoftheater.
Musik von Herrn Kapellmeister A. Gyrowetz.
Zum ersten Mahle: **1832** X 23.
Sämmtliche 14 neue Decorationen sind nach den Zeichnungen des Herrn Ph. v. Stubenrauch, k. k. Hoftheater-Decorations- und Costume-Directors, ausgeführt von den k. k. Hoftheatermahlern Millitz, Scharhan und Schlegel.
1832 X 23, 24, 26, 28, 29, XI 2, 4, 11, XII 9.

Gutsbesitzer aus Tirol	P. Campilli
Ein Landmann	C. Aichinger
Dessen Weib	Micheler (**1832** X 23–XI 11), Jung (**1832** XII 9)
Marie	Dupuy
Rose	Lasina-Muratori
Joseph	F. Crombé
Max	Baptist
Friedrich	Eßlauer (**1832** X 24–XII 9)

B.28. Cäsar in Egypten

Heroisch-historisches Ballet in fünf Acten, in die Scene gesetzt von Herrn Ludwig Astolfi, Balletmeister am k. k. Hoftheater nächst dem Kärnthnerthor. Musik von Herrn W. R. Grafen v. Gallenberg.
Zum ersten Mahle: **1829** IV 9.
Sämmtliche neue Decorationen sind, nach der Angabe des k. k. Hoftheater-Dekorations-Directors Herrn Philipp v. Stubenrauch, ausgeführt von den k. k. Hoftheater-Mahlern de Pian, Institoris und Scharhan.

1829 IV 9, 10, 11, 20, 22, 24, 26, 28, V 4, 15, 19, 25, VI 6, 13, 19, 30, VII 13, 24, 28, VIII 5, 13, 18, IX 18, **1830** VIII 28.

Cajus Julius Cäsar	L. Astolfi (**1829** IV 9–IX 18), F. Reiberger (**1830** VIII 28)
Publius	Weissenböck
Decius	F. Reiberger (**1829** IV 9–IX 18), H. Springer (**1830** VIII 28)
Tribunen	Eßlauer
	Weissenberger (**1829** IV 9–VII 28), Schellenberger (**1829** VIII 5–**1830** VIII 28)
Cleopatra	F. Elßler
Ptolomäus	Astolfi (**1829** IV 9–IX 18), Kohlenberg (**1830** VIII 28)
Appolodorus	Pitrot
Achilla	Richli (**1829** IV 9–V 25), F. Massini (**1829** VI 6–**1830** VIII 28)
Photinus	Josué (**1829** IV 9–IX 18), Koloschanzky (**1830** VIII 28)
Theodat	Kohlenberg (**1829** IV 9–IX 18), M. Reiberger (**1830** VIII 28)

B.29. Castor und Pollux

Großes mytologisches Ballet, von Herrn S. Taglioni, Balletmeister und erster Tänzer.
Musik, mit Ausnahme einiger Nummern, von Herrn A. Gyrowetz, k. k. Hoftheater-Kapellmeister.
Zum ersten Mahle: **1827** I 3.
Die Dekorationen sind neu von den Herren Depian und Institoris, k. k. Hoftheatermahlern, gemahlt; das Arrangement derselben und das neue Costume nach Angabe des Herrn Philipp v. Stubenrauch, k. k. Hoftheater Costume- und Dekorations-Director.

1827 I 3, 5, 7, 9, 11, 17, 19, 23, 25, 31, II 2, 7, 9, 11, 15, 23, III 7, 9, 17, IV 1, 21, V 19.

Leucippo	F. Reiberger
Telaira	G. Ramacini
Pollux	Fleury
Castor	Guerra
Linceus	Pitrot
Jupiter	Weissenböck
Merkur	Micheler
Charon	M. Reiberger (**1827** I 3, 5), Eßlauer (**1827** I 7–V 19)
Ein Priester	Destefani

B.30. Childerich, König der Franken

Heroisches Ballet in fünf Acten, von Herrn J. Coralli, Balletmeister an diesem k. k. Hoftheater.
Die Musik des ersten Actes ist von Herrn Kapellmeister Riotte, jene der übrigen Acte von Herrn A. Gyrowetz, Kapellmeister an diesem k. k. Hoftheater.
Zum ersten Mahle: **1830** X 21.
Das Costume ist nach der Zeichnung des Hrn. Ph. v. Stubenrauch, k. k. Hoftheater-Decorations- und Costume-Directors, verfertigt, und nach dessen Angabe sind die neuen Decorationen von den Herren Millitz und Schlegl, k. k. Hoftheater-Mahlern, ausgeführt.

1830 X 21, 23, 25, 27, 29, XI 5.

Childerich	Mattis
Humfried	F. Reiberger
Basin	F. Massini
Hirmann	Kohlenberg
Theobard	F. Crombé
Ada	Hasenhut-Mattis
Berthilia	Micheler

B.31. Clari

Romantisches Ballet in drey Akten, von der Erfindung des Hrn. Milon, in die Scene gesetzt von Hrn. Taglioni und Bapt. Petit. Die Musik des Ballets von Hrn. Rudolph Kreutzer. Jene sämmtlicher Tanzstücke von Hrn. Grafen R. W. von Gallenberg.
Zum ersten Mahle: **1822** VII 29.
Das Costume ist nach der Angabe des Herrn von Stubenrauch, ausgeführt von Herrn Lucca Piazza. Die Dekorationen sind neu von den Herren de Pian, Janitz und Gail, k. k. Hoftheatermahlern.

1822 VII 29, 31, VIII 2, 4, 6, 8, IX 26, 28, X 16, XII 11, 13.

Chevalier von Mevilla	Petit (**1822** VII 29–X 16), F. Taglioni (**1822** XII 11, 13)
Clari	Courtin
Germano	J. Rozier
Betti	T. Rozier
Simione	F. Reiberger (**1822** VII 29–VIII 4, IX 26–XII 13), Destefani (**1822** VIII 6, 8)
Simonietta	Cesari-Gioja
Giuleta	Rozier-Kohlenberg
Matturino	Giov. Rossi (**1822** VII 29), F. Aichinger (**1822** VII 31–XII 13)
Der Amtmann	Destefani (**1822** VII 29), Giov. Rossi (**1822** VII 31–XII 13)
Paolo	P. Bretèl
Choregrafico	Pitrot
Choregrafico's Frau	Neuwirth (**1822** VII 29, 31), Th. Muzzarelli (**1822** VIII 2–X 16), Teller (**1822** XII 11, 13)
Erster Liebhaber	P. Bretèl
Erste Liebhaberinn	Rozier-Kohlenberg
Ein Bedienter	Setz (**1822** VII 29), Fenzl (**1822** VII 31–XII 13)

B.32. Danina, oder: Joko, der brasilianische Affe

Ballet in drey Aufzügen, von Herrn Ph. Taglioni, Balletmeister des k. k. Hoftheaters n. d. Kärnthnerthore. Musik von Lindpaintner, Kapellmeister Sr. Maj. des Königs von Würtemberg.
Zum ersten Mahle: **1826** VIII 10.
Die sämmtlich neuen Decorationen sind von den k. k. Hoftheatermahlern Herren de Pian und Institoris gemahlt; das Arrangement derselben von Herrn Ph. v. Stubenrauch, k. k. Hoftheater-Decorations-Director.
Neu in die Scene gesetzt: **1829** VI 4.
Ballet in vier Acten, von Herrn Ph. Taglioni. Neu in die Scene gesetzt von Herrn C. Aichinger, Ballet-Regisseur an diesem k. k. Hoftheater.

1826 VIII 10, 11, 13, 15, 17, 19, 21, 23, 25, 27, 29, IX 1, 3, 5, 7, 11, 17, 19, 24, 26, 29, 30, XII 12, 14, 16, 17, 20, 27, **1827** I 13, 15, 21, 29, II 13, IX 30, X 2, 6, 8, 14, 17, 25, 31, XII 10, 16, **1829** VI 4, 23, 28, VII 5, 19, 26, VIII 16, IX 22, 27, XI 7, **1830** VII 11, 21, **1831** VII 18, 24, VIII 7, XII 29, **1832** I 2.

Don Alonzo	F. Reiberger (**1826** VIII 10–**1827** XII 16), F. Massini (**1829** VI 4–**1831** VIII 7), P. Campili (**1831** XII 29, **1832** I 2)
Don Alvar	A. Stullmüller (**1826** VIII 10–IX 19), Fleury (**1826** IX 24–**1827** XII 16), Mattis (**1829** VI 4, VII 26–**1832** I 2), Th. Elßler (**1829** VI 23–VII 19)

Danina	Pierson (**1826** VIII 10–**1827** II 13), T. Rozier (**1827** IX 30–XII 16), Hasenhut-Mattis (**1829** VI 4–IX 27, **1830** VII 11, 21), B. Horschelt (**1829** XI 7), Péan (**1831** VII 18–VIII 7), Hasenhut-Mattis (**1831** XII 29, **1832** I 2)
Zabi	Kleiner Briol (**1826** VIII 10–IX 30), Kleine Jungwirth (**1826** XII 12–**1827** II 13), L. Groll (**1827** IX 30–XII 16), Kleine Schirr (**1829** VI 4–**1830** VII 21), Kleine Herold (**1831** VII 18–**1832** I 2)
Jeauffre	P. Taglioni (**1826** VIII 10–IX 19), Kohlenberg (**1826** IX 24–**1832** I 2)
Carlos	Pitrot
Floris	Abegg (**1826** VIII 10–**1827** I 21, II 13), Rabel (**1827** I 29), A. Ramacini (**1827** IX 30–X 31), Schäffel (**1827** XII 10, 16), Mogyer (**1829** VI 4–**1830** VII 21), Dingler (**1831** VII 18–**1832** I 2)
Resetta	A. Ramacini (**1826** VIII 10–**1827** II 13), Rabel (**1827** IX 30–XII 16), L. Hasenhut (**1829** VI 4–**1830** VII 21), Weiß (**1831** VII 18–**1832** I 2)
Joko	Briol (**1826** VIII 10–IX 30, **1827** IX 30–XII 16), Stempfel (**1826** XII 12–**1827** II 13, **1829** VI 4–**1832** I 2)

B.33. Daphnis und Cephise
Ballet in zwey Acten, erfunden und in die Scene gesetzt von Herrn Albert, Balletmeister und erstem Tänzer der großen Oper in Paris. Die Musik ist neu vomponirt von Herrn Kapellmeister Léon de Saint Lubin.
Zum ersten Mahle: **1830** II 7.

1830 II 7, 8, 27, III 22, IV 16.

Daphnis	F. Albert
Cephise	E. Albert
Amor	L. Groll
Venus	F. Elßler (**1830** II 7–III 22), Hasenhut-Mattis (**1830** IV 16)
Flora	Pierson
Apollo	F. Crombé
Zephyr	Mattis
Ein Hirte	Laville
Zwey Hirtinnen	Rabel
	H. Elßler

B.34. Divertissement, Ein
Tanzstücke.
Zum ersten Mahl: **1811** IV 25.

1811 IV 25.

B.35. Divertissement, Ein
Tanzstücke.

1811 XII 19, 20, 21.

B.36. Divertissement, Ein
Tanzstücke.

1812 IX 6, 12, 15, 19, X 4, XI 1, 30, XII 14.

B.37. Divertissement, Ein
Tanzstücke.

1814 VII 19.

B.38. Divertissement, Ein
Von Hrn. Philipp Taglioni, Balletmeister der k. k. Hoftheater.

1821 IX 21, 24.

B.39. Divertissement aus Ferdinand Cortez, Das
worinn die Herren Antonin, Rozier, Volange, Minetti und Aichinger Sohn, und Dlles. Theodore und Julie Aumer, Caroline und Babette Horschelt auftreten werden.

1816 II 26.

B.40. Doppel-Duell, Das
Ein komisches Divertissement in einem Aufzuge, von Hrn. Fortunato Bernardelli.
Zum ersten Mahl: **1814** I 10.

1814 I 10, 12.

Ein junger Offizier	J. Kobler
Seine Geliebte	N. Kobler
Ein Incroyable	Bernardelli
Ein dicker Landjunker	F. Kobler
Das Kammermädchen	Rotter
Ein Bedienter	C. Aichinger

B.41. Ehre den Frauen!
Ein ritterliches Divertissement in einem Aufzuge. Die Musik der Gesänge und Chöre ist von Hrn. Persuis, erstem Inspector der Musik, und Orchester-Director in Paris; die Tänze und die allegorischen Tableaux sind von Herrn Aumer, Balletmeister der k. k. Hoftheater und des k. k. priv. Theaters an der Wien. Die Ouverture von Herrn Joseph Weigl, k. k. Opern-Director.
[Zum ersten Mahl:] **1816** XI 13.
Die Decoration ist neu nach der Erfindung des Hrn. Treml, Decorationsdirector der k. k. Hoftheater, von Hrn. Janitsch und de Pian, k. k. Hoftheatermahlern.

1816 XI 13, 14, 17.

1. Recitativ: Herr Vogel. 2. Marsch. 3. Quadrille. 4. Solo. 5. Pas de deux. 6. Terzett, gesungen von Dlles. Bondra, Laucher, Teyber. 7. Pas de deux. 8. Gefecht. 9. Ensemble. 10. Allgemeiner Chor. 11. Schlußgruppe: Allegorische Tableaux.

B.42. Eigensinnige Landmädchen, Das
Ein Divertissement von Herrn Balletmeister Pietro Angiolini.
1810 XII 30: Ein komisches Divertissement von Herrn Ballettmeister Angiolini.

1810 XII 4, 30, **1811** I 10, 20, 25, 31, II 4, 16, 24, III 11, 24, IV 28, V 7.

Thyrsis	G. Viganò
Arethusa	Mad. Treitschke
Phillis	Sedini
Lisa	K. Horschelt (**1810** XII 4) Martignoni-Rainoldi (**1810** XII 30–**1811** V 7)
Ghitta	Neuwirth
Rosa	Labassée
Lico	Rainoldi
Phileno	N. Angiolini (**1810** XII4–**1811** I 25), P. Angiolini (**1811** I 31–V 7)
Omepo	P. Angiolini (**1810** XII4–**1811** I 25), N. Angiolini (**1811** I 31–V 7)
***	Giov. Rossi

B.43. Eleonore
Spanisch-pantomimisches Divertissement von der Erfindung des Herrn A. Vestris.
Musik von verschiedenen Meistern.
Zum ersten Mahle: **1824** II 20.
Am Schlusse des Divertissements werden Dlles. Brugnoli, Heberle und Elßler Fanny mit sämmtlichem Ballet-Corps einen spanischen Tanz auszuführen die Ehre haben.
1824 II 20: Herr Vestris, obschon einige Zeit die Tanzkunst nicht mehr ausübend, wird mit Dlle. Brugnoli einen Boleros [!] zu tanzen die Ehre haben, und empfiehlt sich der allgemeinen Huld und Gewogenheit.

1824 II 20, 22, 24, III 5, 11, V 3.

Der Herzog von Alziras	F. Reiberger
Don Alvar	Samengo
Alfonso	Torelli
Pedrillo	F. Taglioni (**1824** II 20–III 11), J. Rozier (**1824** V 3)
Sebastian	Destefani
Antonio	F. Aichinger
Eleonore	Heberle
Louise	F. Elßler

B.44. Emma, oder: Die heimliche Ehe
Ballet in drey Aufzügen, von Herrn Aumer, Balletmeister der k. k. Hoftheater. Die Musik (mit Ausnahme einiger Tanzstücke von italienischen Meistern) ist neu vom Herrn Vicekapellmeister Kinsky.
Zum ersten Mahle: **1820** I 17.
Die Decorationen sind neu von den Herren Janitz und Gail, k. k. Hoftheatermahlern.
Das Costume ist nach der Angabe des Herrn von Stubenrauch.
Neu in die Scene gesetzt: **1820** XI 21.

1820 I 17, 19, 21, 24, 28, 31, II 4, 7, 28, XI 21, 27, XII 4.

Emma	T. Rozier
Fanny	J. Aumer (**1820** I 17–II 28), Rozier-Kohlenberg (**1820** XI 21–XII 4)
Cibber	J.-P. Aumer (**1820** I 17–II 28), F. Aichinger (**1820** XI 21–XII 4)
John	J. Rozier
Carl	Lammer (**1820** I 17–II 28), A. Muzzarelli (**1820** XI 21–XII 4)
Smith	F. Taglioni
Arthur	F. Reiberger
Schottische Bäuerinn	Millière (**1820** I 17–II 28)
Schottischer Bauer	F. Taglioni (**1820** I 17–II 28)
Betty	J. Bretèl
Jack	P. Bretèl
Ein Fahnenträger	Pitrot

B.45. Erigone, oder der Triumph des Bachus
Ballet in einem Akt von der Erfindung des Herrn Aumer, Balletmeister der k. k. Hoftheater.
Die Musik ist neu komponirt von Herrn Gyrowetz, Kapellmeister der k. k. Hoftheater, und Herrn Kinsky, Kapellmeister des k. k. priv. Theaters an der Wien.
Zum ersten Mahl: **1817** VII 9.
Die neue Decoration ist von den k. k. Hoftheatermahlern Herrn Janitsch und de Pian.

1817 VII 9, 11, 12, IX 10, 12, 19, 29, X 6, 20, 31, XI 14, 24, XII 10, **1818** VII 17, 22, X 12, 23.

Bachus	J. Rozier
Erigone	Millière
Sylen	Van der Berg (**1817** VII 9–XII 10), F. Aichinger (**1818** VII 17–X 23)

Ein Satyr	Van der Berg (**1817** VII 9–XII 10)
Ericie	Jul. Aumer
Eliane	A. M. Kolenberg
Aglaure	B. Horschelt
Irene	J. Kobler (**1817** VII 9–XII 10)
Zelie	Heberle (**1817** VII 9–X 31)
Chronis	Minetti
Waldgötter	F. Kobler (**1817** VII 9–XII 10), Pitrot (**1818** VII 17–X 23)
	C. Aichinger
	J. Kohlenberg
Bachantinnen	Neuwirth
	Roiter
	Sedini
	M. Gritti
	Didier (**1818** VII 17–X 23)
	Eisele (**1818** VII 17–X 23)

B.46. Erste Schiffer, Der
Divertissement von Herrn Guerra, erstem Tänzer des k. k. Hoftheaters nächst dem Kärnthnerthore. Musik von Herrn Gyrowetz, k. k. Hoftheater-Kapellmeister.
Zum ersten Mahle: **1827** VIII 16.

1827 VIII 16, 17.

Aminthe	Hasenhut-Mattis
Mirtil	Guerra
Amor	L. Groll

B.47. Erziehung des Adonis, Die, oder: Dessen Aussöhnung mit Venus
Ein episodisches Divertissement von der Erfindung des Herrn Duport, in welchem er die Rolle des Adonis und Mad. Duport diejenige der Venus darstellen wird.
[Zum ersten Mahl:] **1813** V 13.
Bey Adonis und Venus sind zwey neue Decorationen, die erste von Herrn Arrigoni, und die zweyte von Herrn Pian gemahlt.

1813 V 13.

Nymphen	Cesari-Gioja, Vanier und B. Horschelt
Amor	A. Mayer

B.48. Fasching in Venedig, Der, oder: Die erprobte Treue
Ballet in zwey Akten, von Herrn Milon, k. Balletmeister der großen Oper in Paris; in die Scene gesetzt von Herrn Baptist Petit, eben so wie dieses Ballet 1816 in der großen Oper in Paris aufgeführt wurde. Musik von verschiedenen Meistern, zusammengesetzt von Herrn Kreutzer, Orchester-Direktor in Paris.
Zum ersten Mahl: **1826** VI 24.
Die komischen Scenen, ausgeführt von obigen Masken, werden so nachgeahmt, wie sie in Wirklichkeit im Carneval auf dem Markusplatze in Venedig gesehen werden.
1826 VI 26: Der Fasching in Venedig.
1827 IX 10–22: Im ersten Acte: Pas de trois mit Musik von W. R. Grafen v. Gallenberg.
Neu in Scene gesetzt: **1830** VII 13. Neu in die Scene gesetzt von Herrn C. Aichinger, Regisseur an diesem k. k. Hoftheater.
1835 II 13: Im ersten Acte: Las Boleras Robàdas, im andalusischen Costume. Im zweiten Acte: El Zapateado, im Costume von Itano.

1835 II 18: Im ersten Acte: Las Boleras de Cadiz, im andalusischen Costume. Im zweyten Acte: La Gallegada, Gallicianischer ländlicher Tanz.
1835 XII 29–**1836** I 4: Herr Farkas, Tanzkünstler, und Dlle. Angioletta Mayer werden die Ehre haben, einen ungarischen Tanz auszuführen.

1826 VI 24, 26, 28, 30, VII 4, 5, 9, 11, 20, 31, X 14, 16, 18, 29, 31, XI 8, 22, 25, 27, XII 2, 9, 11, 31, **1827** I 27, II 27, VI 12, 17, 19, 24, 28, VII 8, 19, VIII 4, 14, IX 10, 12, 22, **1830** VII 13, 15, 26, VIII 12, 18, 30, IX 16, **1831** IV 28, **1832** V 15, 17, 22, 26, VI 14, 18, 23, 29, VII 10, **1834** XII 30, **1835** I 2, 4, 6, 9, 28, 30, II 1, 9, 13, 18, XII 29, **1836** I 1, 4, 9, 10, 17, II 23, III 16, 21.

Die Gräfinn	Heberle (**1826** VI 24–VII 31), G. Ramacini (**1826** X 14–XII 31, **1827** VI 12–IX 22), Hasenhut-Mattis (**1827** I 27, II 27, **1830** VII 13–IX 16, **1832** V 15–VII 10), Péan (**1831** IV 28), Dorsey (**1834** XII 30–**1836** I 17), H. Elßler (**1836** II 23–III 21)
Angeline	T. Rozier (**1826** VI 24–**1827** IX 22), F. Elßler (**1830** VII 13–**1832** VII 10), Gauthier (**1834** XII 30–**1836** I 17)
Don Carlos	J. Rozier (**1826** VI 24–VII 31), Guerra (**1826** X 14–**1827** VIII 14), Samengo (**1827** IX 10–22), F. Crombé (**1830** VII 13–**1836** I 17)
Fabrizio	Ferdinand (**1826** VI 24–VII 20), S. Balothe (**1826** VII 31–XI 8), F. Taglioni (**1826** XI 22–**1827** II 27), Carey (**1827** VI 12–IX 22), Mattis (**1830** VII 13–**1832** VII 10), Laville (**1834** XII 30–**1836** I 17)
Harlekin	Torelli (**1826** VI 24–**1827** II 27), Rabel (**1827** VI 12–**1832** VII 10), Alphons (**1834** XII 30–**1836** II 23), Baseg (**1836** III 16, 21)
Colombine	Roland (**1826** VI 24–X 29), Pierson (**1826** X 31–**1827** II 27, **1830** VII 13–IX 16), Mees St. Romain (**1827** VI 12–VIII 14), Abegg (**1827** IX 10, 12), Hasenhut-Mattis (**1827** IX 22), Schlanzofsky (**1831** IV 28), Schäffel (**1832** V 15), Baseg (**1832** V 17–VII 10), L. Groll (**1834** XII 30–**1836** III 21)
Policinell	Fleury (**1826** VI 24–**1827** II 27), J. Purzbichler (**1827** VI 12–IX 22), Raab (**1830** VII 13–**1832** V 15, 22–VII 10), Damé (**1832** V 17), Rabensteiner (**1834** XII 30–**1835** II 18), Riegler (**1835** XII 29–**1836** III 21)
Pierrot (Pierot)	Briol (**1826** VI 24–VII 31), Koloschanzky (**1826** X 14–**1827** IX 22, **1835** II 18), Schellenberger (**1830** VII 13–**1835** II 13, XII 29–**1836** III 21)
Pantalon	H. Springer
Cassander	Destefani (**1826** VI 24–**1827** IX 22), M. Reiberger (**1830** VII 13–**1832** VII 10), Dudzinsky (**1834** XII 30–**1835** II 18), Ottinger (**1835** XII 29–**1836** III 21)
Ein Charletan	Pitrot
Ein Werber	F. Reiberger (**1826** VI 24–**1830** IX 16), Koloschanzky (**1831** IV 28–**1835** II 13, XII 29–**1836** III 21), C. Aichinger (**1835** II 18)

B.49. Faßbinder, Der

Ein komisches Ballet, nach der Oper gleichen Namens, von Hrn. G. Vigano.
Die Musik ist von Herrn Umlauf, Kapellmeister der k. k. Hoftheater.
[Neu in Scene gesetzt:] **1810** XII 27 (BT).

1810 XII 27 (BT), 28, **1811** I 1, 12, 22, 29, II 21, VII 21, 25, 30, IX 11, X 14, XI 17, XII 15, **1812** I 12, 18, II 14, IX 26, 29, X 12, XI 18.

Meister Martin	Hr. Aichinger
Hannchen	Neumann-Duport (**1810** XII 27–**1812** II 14), Decaro (**1812** IX 26–XI 18)
Stephan	Treitschke de Caro (**1810** XII 27–**1811** II 21), M. Viganò (**1811** VII 21–**1812** XI 18)
Niklas	P. Angiolini
Zep	Rainoldi
Velter	Giov. Rossi

B.50. Fee und der Ritter, Die
Großes Zauberballet in vier Aufzügen, von der Erfindung des Herrn Armand Vestris, Balletmeister der k. Theater in Neapel. Musik von Rossini, Paccini und Romani.
Zum ersten Mahle: **1823** XII 31.
Die Dekorationen sind neu, das Arrangement derselben von Herrn Philipp v. Stubenrauch, Costume- und Decorations-Direktor der k. k. Hoftheater, die Ausführung von den Herren de Pian, Janitz und Gail, k. k. Hoftheatermahlern.
1827 III 21: Großes Zauberballet in vier Acten, von weiland A. Vestris. Musik von Rossini, Paccini, Romani und Gyrowetz.
1829 XII 12, 13, 28: Pas de deux, mit Musik von Herrn W. R. Grafen v. Gallenberg.
1829 XII 21: Pas de trois, mit Musik von Herrn W. R. Grafen v. Gallenberg.
1832 II 18: Musik von Rossini, Pacini und Gyrowetz.
1835 VI 3: Das Ballet beginnt mit dem zweyten Acte.

1823 XII 31, **1824** I 1, 3, 5, 7, 9, 10, 12, 14, 16, 18, 19, 21, 25, 27, 29, II 1, 3, 5, 8, 10, 12, 14, 15, 26, 28, 29, III 2, 7, 10, IV 26, 27, 29, V 12, 16, 23, 25, VII 2, 4, 6, 8, 18, VIII 13, 15, 17, 20, 24, 27, 29, IX 17, 19, 23, 25, 27, 30, XI 2, 26, XII 18, 20, 30, **1825** I 8, II 12, 14, 20, III 17, **1827** III 21, 23, 26, 29, IV 3, 5, V 21, 23, VI 21, 26, VII 1, 6, 16, X 10, 12, 16, **1828** I 4, 7, II 12, **1829** X 31, XI 25, 26, 29, XII 8, 12, 13, 21, 28, **1830** I 5, 14, II 15, V 8, 12, VI 21, VII 9, 28, VIII 16, X 3, 28, X 9, XI 12, XII 29, 31, **1831** I 7, 29, V 5, 20, 28, XI 10, **1832** III 21, 27, V 5, VI 16, 27, VII 2, 19, VIII 2, 13, 20, IX 5, **1833** II 1, 5, 9, 25, IV 10, XII 6, 10, 14, 19, **1834** I 2, 23, II 22, 24, III 8, 14, IV 5, V 7, VI 28, VIII 2, 22, IX 15 (II–IV), XII 6, **1835** VI 3, VIII 13, IX 25, XI 5, **1836** III 8.

Amor	A. Muzzarelli (**1823** XII 31–**1824** I 5, 14–**1825** III 17), Hasenhut-Mattis (**1824** I 7–12), L. Groll (**1827** III 21–**1830** XI 12), Kleine Elßler (**1830** XII 29–**1831** V 28), Kleine Herold (**1831** XI 10–**1834** VIII 2), Kleine Schier (**1834** IX 15–**1836** III 8)
Die Fee Viviane	Brugnoli-Samengo (**1823** XII 31–**1828** II 12, **1831** V 5), F. Elßler (**1829** X 31–**1830** IX 3, XII 29–**1831** I 29, V 20–XI 10, **1832** III 21–VIII 20), Hasenhut-Mattis (**1830** IX 28–XI 12, **1832** IX 5), Mees St. Romain (**1832** II 18, **1833** II 1–IV 10), Schlanzofsky (**1833** XII 6–**1836** III 8)
Rosine	T. Rozier (**1823** XII 31–**1824** I 29, **1827** III 21–**1828** I 4, II 12), F. Elßler (**1824** I 1–**1825** III 17, **1828** I 7), Hasenhut-Mattis (**1829** X 31–XII 5, **1830** V 12–VII 9, VIII 16, IX 3), Rabel (**1829** XII 12–**1830** I 14, VII 28, IX 28–**1833** XII 10, **1834** XII 6), Baseg (**1833** XII 14–**1834** IX 15), Gauthier (**1835** VI 3–**1836** III 8)
Alidor	J. Rozier (**1823** XII 31–**1824** I 21, II 3–XI 26, **1833** IV 10, **1834** II 22–III 8), Samengo (**1824** I 25–II 1, **1825** II 12–III 17, **1827** III 27–IV 5, X 10–**1828** II 12), Hullin (**1824** XII 18–**1825** I 8), Guerra (**1827** V 21–VII 16), F. Crombé (**1829** X 31–**1830** III 15, VI 21, VII 9, VIII 16–XII 31, **1832** V 5–IX 5, **1833** II 9, 25, XII 6–**1834** I 23, III 14–**1836** III 8), Th. Elßler (**1830** V 8, 12, VII 28), Mattis (**1832** II 18–III 27, **1833** II 1, 5)
Prinzessin Iseult	Perceval (**1823** XII 31–**1825** III 17), G. Ramacini (**1827** III 21–X 16), Micheler (**1828** I 4–II 12, **1832** IX 5, **1833** XII 10–**1834** VI 28, **1835** VI 3–**1836** III 8), A. Elßler (**1829** X 31–**1832** VIII 20), Lasina-Muratori (**1833** II 1–XII 6)
Eine Hofdame	Millière (**1823** XII 31–**1824** V 25), Th. Elßler (**1824** VII 2–VIII 20)
Ihr Gemahl	Samengo (**1823** XII 31–**1824** I 21, 27–VIII 20)
Zwey Rosenmädchen	Heberle (**1823** XII 31–**1824** IX 23, XI 12, 26), Hasenhut-Mattis (**1824** IX 25–30, **1825** III 17, **1827** III 21–VII 16), J. Bretèl (**1824** XII 18, **1827** X 10–**1828** I 7), G. Ramacini (**1824** XII 20–**1825** II 20), Schäffel (**1828** II 12)
	M. Taglioni (**1823** XII 31–**1824** III 7), Th. Elßler (**1824** III 10–V 25), J. Bretèl (**1824** VII 2–6, 18, VIII 24–XI 26), G. Ramacini (**1824** VII 8, VIII 13–20, XII 10), Abegg (**1824** XII 20–**1827** VII 16), Hasenhut-Mattis (**1827** X 10–**1828** I 7), H. Elßler (**1828** II 12)
Ihre Geliebten	F. Taglioni (**1823** XII 31–**1824** I 29, II 8–V 25) VII 6, 18), Torelli (**1824** VII 2–6, 18–VIII 29, IX 19–**1825** II 20, **1827** III 21–V 23), G. Ramacini (**1824** IX

	17), Rabel (**1825** III 17), Schäffel (**1827** VI 21–VII 16), F. Elßler (**1827** X 10–**1828** I 7), Pierson (**1828** II 12)
	Torelli (**1823** XII 31–**1824** I 27, II 8–III 10), F. Elßler (**1824** I 29, IV 26–V 25, VIII 13–**1825** III 17), F. Taglioni (**1824** VII 2–6, 18), Rabel (**1827** III 21–**1828** II 12)
Ein Rosenmädchen	H. Elßler (**1829** X 31–**1830** XI 12, **1831** V 28, **1832** VI 16–**1833** II 25, XII 6–**1834** III 14), Schäffel (**1830** XII 29–**1831** V 20, **1832** III 21–V 5, **1833** IV 10), L. Groll (**1834** IV 5–IX 15), Dorsey (**1835** IX 25, XI 5), Dingler (**1836** III 8)
Ihr Bräutigam	Laville (**1829** X 31–XII 8, **1830** II 15, VI 21–**1831** V 20, **1833** XII 6–19), Schäffel (**1829** XII 12–**1830** I 14, V 8, 12, **1831** V 28), Alphons (**1832** VI 16–**1833** IV 10, **1834** I 2–IX 15, **1836** III 8), Charles (**1835** IX 25, XI 5)
Ihre Freundinnen	Rabel (**1829** X 31–XII 8, **1830** VII 9, VIII 16, IX 3)
	Schäffel (**1829** X 31–XII 8, **1830** VII 9, VIII 16, IX 3)

B.51. Fels der Liebenden, Der
Anacreontisches Divertissement, componirt zum ersten Debut des Hrn. Hullin und Dlle. Vaquemoulin, von Herrn L. Henry, Balletmeister.
Zum ersten Mahle: **1824** V 18.
Herr Taglioni wird mit seiner Tochter den Shawltanz auszuführen die Ehre haben.

1824 V 18, 21, VI 3.

Palemon	Hullin
Aricia	Vaquemoulin
Menander	F. Gioja
Elatus	Kohlenberg
Amor	A. Muzzarelli
Hymen	Rothmüller

B.52. Fest des Bachus, Das
Ein neues Divertissement [von Herrn Vigano], worinn der Einzug der Bachanten eben so wie in dem Ballete des weil. Herrn Gallet: Die verlassene Ariadne vorgestellt werden wird.
Zum ersten Mahl: **1811** XII 27.

1811 XII 27, 29, 31, **1812** I 10, 26.

B.53. Feyer der Grazien, Die
Ein anacreontisches Divertissement von Hrn. Aumer, Balletmeister der k. k. Hoftheater.
Die Musik (mit Ausnahme einiger Stücke) ist von Herrn Joseph Kinsky.
Zum ersten Mahl: **1815** IX 13.
Die Decorationen sind neu von der Erfindung des Herrn Treml, Decorations-Director der k. k. Hoftheater; ausgeführt von Herrn Janitz, k. k. Hoftheater-Mahler. Die Figuren von Herrn Schülcher.

1815 IX 13, 15, 20, 25, X 4, 13, XI 3, 22, XII 13, **1816** I 17, II 12, VI 17, **1817** I 3, 8, 29, VI 23, VII 19, 30, IX 26, X 13, 29, XI 12, 28, **1819** II 7, 15, III 10, 22, IV 16, V 3, XI 3, **1820** III 8, 23, IV 5, 19.

Apollo	J. Rozier
Ericie	Millière (**1819** II 7–XI 3)
Thalia	T. Rozier (**1815** IX 13–**1817** I 29, VII 19, 30), Millière (**1817** VI 23, IX 26–XI 28, **1820** IV 5, 19), Rozier-Kohlenberg (**1819** II 7–III 22), C. Horschelt (**1819** IV 16)
Terpsichore	J. Aumer
Euterpe	C. Horschelt (**1815** IX 13–**1817** I 29), J. Kobler (**1817** VI 23–XI 28), Launer (**1819** II 7), N. Didier (**1819** II 15–XI 3), J. Bretèl (**1820** III 8–IV 19)
Calliope	Laure (**1815** IX 13–**1816** II 12), B. Pichler (**1816** VI 17–**1820** IV 19)
Elio	Neuwirth
Erato	Sedini

Urania	Roiter
Melpomene	Wittrer
Polyhymnia	Eckmayer
Zephyr	Volange (**1815** IX 13–**1817** I 29), Minetti (**1817** VI 23–**1820** IV 19)
Flora	B. Horschelt
Eine Nymphe	Rozier-Kohlenberg (**1817** I 3–VI 23, IX 26–XI 28)
Amor	A. Mayer (**1815** IX 13–**1817** XI 28), F. Elßler (**1819** II 7–**1820** IV 19)
Hymen	Heberle (**1815** IX 13–**1817** XI 28), L. Didier (**1819** II 7–XI 3), Th. Elßler (**1820** III 8–IV 19)
Ein Hirte	P. Bretèl (**1820** III 8–IV 19)
Merkur	Gärtner (**1815** IX 13–**1816** II 12, **1817** I 3–29), Kohlenberg (**1816** VI 17, **1817** VI 23–**1820** IV 19)

B.54. Figaro, oder: Der Barbier von Sevilla
Ein Ballett in drey Acten, von der Erfindung der Herrn Duport.
[Neu in Scene gesetzt:] **1812** X 14.
Die neuen Decorationen sind von den Herren Janitz und Pian k. k. Hoftheatermahlern.

1812 X 14, 16, 22, XI 27, XII 4.

Figaro	Duport
Der Graf Almaviva	F. Gioja
Bartolo	Hr. Aichinger
Basil	Lafargue
Ein Notar	Giov. Rossi
Rosine	Neumann-Duport
Isabelle	Cesari-Gioja (**1812** X 14–22), Decaro (**1812** XI 27, XII 4)

B.55. Fischer, Der
Ein komisches Ballett in drey Aufzügen.
Von Erfindung des Herrn Titus Dauchy, Mitglied der kaiserl. Akademie zu Paris.
Zum ersten Mahl: **1811** IV 20.
1811 IV 21: Ein kleines komisches Ballett.

1811 IV 20, 21, V 19, VI 9, 23, VII 4, 7.

Herr Titus wird mit Mad. Treitschke mehrere neue Pas von seiner Erfindung tanzen.

B.56. Flatterhafte Page, Der, oder: Figaro's Hochzeit
Heroisch-komisches Ballet in drey Aufzügen.
Nach Beaumarchais und Dauberval frey bearbeitet von Herrn Aumer, Balletmeister der k. k. Hof-Theater. Die neue Musik ist von Herrn Kapellmeister Gyrowetz.
Zum ersten Mahle: **1819** XI 10.
Die Decorationen sind neu von den Herren Janitz, de Pian und Gail, k. k. Hoftheatermahlern.
Das Costume nach der Angabe des Herrn von Stubenrauch.
1821 III 19, 28: Herr Taglioni wird im ersten Aufzuge des Ballets ein Terzett (Les folies d'Espagne) mit der Dlle. Julie Aumer und Dlle. Millière zu tanzen die Ehre haben.

1819 XI 10, 11, 16, 19, 22, 26, 29, XII 6, **1820** I 3, II 2, VI 28, VII 3, **1821** III 19, 28.

Graf Almaviva	J.-P. Aumer (**1819** XI 10–**1820** VII 3), F. Taglioni (**1821** III 19, 28)
Die Gräfinn	J. Aumer
Figaro	J. Rozier
Susanne	Millière
Cherubin	T. Rozier
Fanchette	Rozier-Kohlenberg

Antonio	F. Aichinger
Doctor Bartholo	Destefani
Marcelline	Neuwirth (**1819** XI 10, 11), K. Horschelt (**1819** XI 16–**1821** III 28)
Basil	Pitrot
Gusmann[, Richter]	Giov. Rossi

B.57. Flöte Zaubermacht, Der
Ballet von Herrn Taglioni. Musik von Mercadante.
Zum ersten Mahle: **1826** XI 4.

1826 XI 4, 6, 10.

Die Fee Morgana	Micheler
Doktor Pandolfo	Pitrot
Lucrezia	V. Balothe
Lise	A. Taglioni
Lubino	F. Taglioni
Pasquino	F. Aichinger
Pacifico	Destefani
Der Amtmann	Weissenböck
Sein Diener	Koloschanzky

B.58. Französinn und der Raja, Die
Ballet in drey Acten, von Herrn Balletmeister B. Petit.
Musik, mit Ausnahme zweyer Nummern, von Herrn A. Gyrowetz, Kapellmeister des k. k. Hoftheaters nächst dem Kärnthnerthore.
Zum ersten Mahle: **1827** V 10.
Die neuen Decorationen sind von Herrn Institoris, k. k. Hoftheatermahler, nach Angabe des Herrn Philipp v. Stubenrauch, k. k. Hoftheater Costume- und Dekorations-Director.

1827 V 10, 13, 27, 31, VI 6, VII 3, 10, 14, 17, VIII 2, 23, IX 5, X 30, XI 3, **1828** I 2.

Der Raja	Guerra (**1827** V 10–IX 5), Samengo (**1827** X 30–**1828** I 2)
Amalie	Brugnoli-Samengo
Fatime	G. Ramacini (**1827** V 10–XI 3), Micheler (**1828** I 2)
Der Kislar-Aga	F. Aichinger
Ein Sclavenhändler	Pitrot
Ein Priester	Weissenböck

B.59. Gabriele von Vergy
Tragisches Ballet in fünf Acten, in die Scene gesetzt von Herrn Ludwig Astolfi, mit Musik von verschiedenen Meistern.
Zum ersten Mahle: **1829** IX 29.
Das Costume ist nach der Zeichnung des Herrn Philipp v. Stubenrauch, k. k. Hoftheater-Decorations-Director, verfertigt, und sämmtliche neuen Decorationen sind, nach dessen Angabe, von den k. k. Hoftheater-Mahlern Institoris, Scharhan und Militz ausgeführt.

1829 IX 29, 30, X 2, 5, 13, 23, 29, **1830** I 27, VII 24, **1831** XII 6, 10.

König Philipp August	Kohlenberg
Rudolph von Coucy	Mattis
Gabriele von Vergy	Hasenhut-Mattis
Fayel	F. Massini (**1829** IX 29–**1830** VII 24), P. Campilli (**1831** XII 6, 10)
Almeide	Rabel
Alberich	Pitrot
Zwey Große des Reichs	Eßlauer
	F. Reiberger

B.60. Glückliche Wilde, Die
Ein Divertissement in einem Aufzuge, von Erfindung des Herrn Fortunato Bernardelli.
Zum ersten Mahl: **1813** XII 30.

1813 XII 30, **1814** I 2, 4, 7, 15, 26, III 5, VI 5, 15 (BT), 19 (BT).

Durzenan	Bernardelli
Seine Tochter	N. Kobler
Pesestes	J. Kobler
Ein Sklave	F. Kobler

B.61. Großes Divertissement, Ein
in welchem Herr und Mad. Duport 1) Ein großes spanisches Pas de deux, 2) Den Russischen Tanz, dann 3) Die Gavotte tanzen werden.

1813 V 13.

B.62. Gustav Wasa, König von Schweden
Ein heorisch-pantomimisches Ballet in fünf Acten, von der Erfindung des Herrn Anton Muzarelli, Ballettmeister der k. k. Hoftheater. Die Musik ist von Herrn Gyrowetz, Kapellmeister der k. k. Hoftheater. Die Decorationen sind neu von Herrn Melchior, k. k. Hoftheatermahler.
Zum ersten Mahl: **1811** XI 30.

1811 XI 30, XII 1, 3, 8, **1812** I 22, 30.

König Christiern	Destefani
Prinz Gustav	G. Viganò
Adelheid	Decaro
Casimir	Minetti
Astolph	Degiorgi
Ein Aufseher	F. Aichinger
Solotänzer	Decaro
	G. Viganò
	M. Viganò
	Neumann-Duport
Grottesktänzer	Bido (**1811** XII 1–**1812** I 30)
	Rainoldi
	P. Angiolini
	N. Angiolini
	Sedini
	Martignoni-Rainoldi

B.63. Hamlet
Großes Ballet in fünf Acten, von Herrn L. Henry, Balletmeister der königl. Theater von Paris und Neapel. Musik von Herrn W. Robert Grafen v. Gallenberg.
Zum ersten Mahle: **1822** XI 7.
Die Dekorationen sind neu von den Herren Janitz, de Pian und Gail, k. k. Hoftheatermahlern. Das Costume ist neu nach der Angabe des Herrn Hoftheater-Costume-Directors Philipp von Stubenrauch.
1823 I 25: Hr. Henry wird, seiner fortwährenden Unpäßlichkeit ohnerachtet, die Rolle des Hamlet zu geben, Hr. Samengo aber an dessen Stelle das Pas de trois im ersten Acte zu tanzen die Ehre haben.

1822 XI 7, 9, 12, 16, 18, 19, 23, 25, 29, XII 1, 9, 30, **1823** I 25, II 22, IV 6, 17, V 4.

Hamlet	Henry
Die Königinn	M. Henry
Claudius	F. Reiberger (**1822** XI 7, 9, 29–**1823** I 25, IV 6–V 4), Kohlenberg (**1822** XI 12–25, **1823** II 22)

Ophelia	Heberle
Laertes	P. Bretèl
Der Geist des Königs	Destefani

B.64. Heftige junge Frau, Die
Ballet in drey Acten, vom Hrn. Hoftheater-Balletmeister Philipp Taglioni.
Musik von Herrn Gyrowetz, k. k. Hoftheater-Kapellmeister.
Jene des Pas de trois des Herrn Rozier, vom Herrn Grafen R. W. v. Gallenberg.
Zum ersten Mahle: **1822** VII 6.

1822 VII 6, 10, 12, 21, 27, VIII 11, 15, IX 4, 18.

Graf Sernange	J. Rozier
Die Gräfinn	Courtin
Baron Villemont	P. Bretèl (**1822** VII 6–27), Kohlenberg (**1822** VIII 11–IX 18)
Elise	Th. Elßler (**1822** VII 6–IX 4), Mogyer (**1822** IX 18)
Germain	S. Ramacini
Margarethe	Rozier-Kohlenberg
Mathurin	F. Aichinger
Nicette	T. Rozier
Gertrude	Neuwirth (**1822** VII 6–27), Th. Muzzarelli (**1822** VIII 11–IX 18)
Paulin	F. Taglioni (**1822** VII 6–27), P. Bretèl (**1822** VIII 11–IX 18)
Der Verwalter	Destefani
Ein Notar	Giov. Rossi

B.65. Heinrich des Vierten Fahrt über die Marne
Pantomime mit Tanz-Divertissement, in die Scene gesetzt von Johann Baptist Lasina.
Die Musik ist von verschiedenen Meistern.
Pas de cinq und Finale componirt von Herrn Casatti, erstem Tänzer in Mayland.
Zum ersten Mahle: **1834** XI 26.

1834 XI 26, 28, XII 1, 4, 18, **1835** VII 10, 15, IX 29, X 8.

Heinrich der Vierte	Joh. Lasina (**1834** XI 26, 28, **1835** VII 10–X 8), Kohlenberg (**1834** XII 1–18)
Häupter der Liguisten	Stöckl (**1834** XI 26–XII 18), Schier (**1835** VII 10–X 8)
	Schier (**1834** XI 26–XII 18), Weissenböck (**1835** VII 10–X 8)
Ein Amtmann	Schellenberger
Ein Schiffer	Pitrot
Dessen Sohn	Jos. Lasina (**1834** XI 26, 28), C. Aichinger (**1834** XII 1–**1835** X 8)
Ein Müller	P. Campilli
Dessen Weib	Gauthier

B.66. Heirath aus Vernunft, Die
Pantomimisches Ballet in drey Acten, von Herrn Coralli, Ballet-Director an diesem k. k. Hoftheater.
Die Musik ist von verschiedenen Meistern.
Zum ersten Mahle: **1830** III 13.
Sämmtliche neue Decorationen sind nach der Angabe des Herrn Ph. v. Stubenrauch, k. k. Hoftheater-Decorations- und Costume-Directors, von den k. k. Hoftheatermahlern Scharhan und Millitz ausgeführt.

1830 III 13, 14, 17, IV 20.

Herr von Brémont	F. Massini
Eduard	F. Crombé
Bertrand	Coralli
Pinchon	Kohlenberg
Frau Pinchon	Dupuy
Susette	Hasenhut-Mattis

B.67. Hochzeit auf dem Lande, Die
Ein Divertissement von Herrn Aumer, Balletmeister der k. k. Hoftheater.
Die Musik (mit Ausnahme des Terzetts) ist von Herrn Kapellmeisters-Adjuncten, Jos. Kinsky.
Zum ersten Mahl: **1815** VII 24.

1815 VII 24, 25, 29, VIII 7 (BT), IX 6, 11, 22, X 7, 11, XI 1, 10, 17, XII 6, **1816** I 1, 10, 24, II 9, III 22, IV 1, V 29, VI 7, IX 23, 30, XII 27, **1817** I 22, III 5, V 14, VII 5, 15, 23, IX 5, X 8, 27, XI 7, 26, **1818** VI 17, 26, X 28, XI 18, 27, XII 28, **1819** II 13, 22, III 19, VII 28, XI 5, XII 1, 8, **1820** I 14, III 3, IV 21, X 20, 29, XII 8, **1821** IV 29, V 17, VII 27, IX 16, 28.

B.68. Hochzeit der Thetis und des Peleus, Die
Ein mythologisches Ballet in zwey Acten, von der Erfindung des Herrn Aumer, Balletmeister der k. k. Hoftheater und des Theaters an der Wien.
Die ganz neue Musik ist von der Composition des Herrn Gyrowetz, Kapellmeister der k. k. Hoftheater.
Zum ersten Mahl: **1816** V 3.
Die Decorationen sind neu, von der Erfindung des Herrn Treml, Decorations-Director, gemahlt von Herrn Gail, Decorateur des k. k. priv. Theaters an der Wien.
Neu in die Scene gesetzt: **1819** V 26.

1816 V 3, 4, 6, 8, 13, 15, 20, 31, VI 12, 21, VII 12, 19, 26, X 9, 11, 28, XI 6, XII 11, 18, **1817** I 17, IV 25, 28, V 23, 30, VI 20, XI 5, 10, 17, XII 3, 19, **1818** I 4, IV 20, 22, V 27, **1819** V 26, VI 2, VII 12, 23, X 13, **1820** IX 6, 15.

Paris	J. Rozier
Önone	T. Rozier (**1816** V 3–**1817** VI 20, XII 19, **1818** I 4–**1820** IX 15), Millière (**1817** XI 5–XII 3)
Venus	Jul. Aumer (**1816** V 3–**1819** X 13), Millière (**1820** IX 6, 15)
Peleus	Minetti
Thetis	C. Horschelt (**1816** V 3–**1817** VI 20), Rozier-Kohlenberg (**1817** XI 5–**1818** IV 22), Launer (**1818** V 27), B. Horschelt (**1819** V 26–**1820** IX 15)
Hebe	B. Horschelt (**1816** V 3–**1818** V 27), Rozier-Kohlenberg (**1819** V 26–**1820** IX 15)
Jupiter	F. Reiberger
Juno	Neuwirth (**1816** V 3–VII 26, **1819** V 26–**1820** IX 15), B. Pichler (**1816** X 9–**1818** V 27)
Pallas	J. Pichler (**1816** V 3–XII 18, **1819** V 26–**1820** IX 15), Neuwirth (**1817** IV 28–**1818** V 27)
Amor	A. Mayer (**1816** V 3–**1818** V 27), F. Elßler (**1819** V 26–**1820** IX 15)
Hymen	Heberle (**1816** V 3–**1817** XII 3), Abegg (**1817** XII 19, **1818** I 4), F. Elßler (**1818** IV 20–V 27), L. Didier (**1819** V 26–X 13), Th. Elßler (**1820** IX 6, 15)
Die Zwietracht	Van der Berg (**1816** V 3–**1817** XII 3), Pitrot (**1817** XII 19–**1820** IX 15)
Ein Faun	Volange (**1816** V 3–VII 26), C. Aichinger (**1816** X 9–**1818** V 27), J. Kohlenberg (**1819** V 26–**1820** IX 15)
Zephyr	Volange (**1816** V 3–VII 26), C. Aichinger (**1816** X 9–**1818** V 27), J. Kohlenberg (**1819** V 26–**1820** IX 15)
Flora	B. Horschelt
Merkur	C. Aichinger
Glicere	Jul. Aumer (**1816** V 3–VII 26), Rozier-Kohlenberg (**1816** X 9–**1820** IX 15)
Aglaure	C. Horschelt (**1816** V 3–**1817** VI 20)
Cydipe	B. Horschelt (**1816** V 3–**1818** V 27)
Schäferinnen, Nymphen	Roiter (**1816** V 3–**1819** VI 2), N. Didier (**1819** VII 12–X 13), Th. Muzzarelli (**1820** IX 6, 15)
	Sedini
	M. Gritti (**1816** V 3–**1819** X 13), Rustia (**1820** IX 6, 15)
Ein Satyr	Stiaßny (**1819** VII 12–**1820** IX 15)

B.69. Ismaan's Grab, oder: Die bezauberten Instrumente
Romantisches Feen-Ballet in drey Acten, von Herrn L. Henry.
Die Musik ist neu von Herrn Grafen W. R. v. Gallenberg.
Zum ersten Mahl: **1823** V 12.
Das Arrangement sämmtlicher Dekorationen ist von Herrn Philipp v. Stubenrauch, Costume- und Decorations-Direktor der k. k. Hoftheater, die Ausführung von Hrn. Janitz, de Pian und Gail, k. k. Hoftheatermahlern.
Neu in die Scene gesetzt: **1823** X 5.

1823 V 12, 13, 15, 16, 20, 23, VI 4, 10, 24, 27, 29, VII 27, 29, X 5, 7, 14, 19, 26, XI 2, 12, XII 20.

Ormar	F. Gioja
Eleonore	Heberle
Elvire	Micheler
Leonce	Henry (**1823** V 12–VII 29), F. Taglioni (**1823** X 5–XII 20)
Antonie	Calvarola (**1823** V 12–VII 29), P. Bretèl (**1823** X 5–XII 20)

B.70. Jäger, Der
Ein komisches Divertissement in einem Aufzuge, von Hrn. F. Bernardelli.
Zum ersten Mahl: **1814** III 8.

1814 III 8, 10.

Nikodem	F. Kobler
Leonard	Bernardelli
Pasqual	J. Kobler
Annette	N. Kobler

B.71. Joconde
Ballet in zwey Aufzügen, von Hrn. Armand Vestris, in die Scene gesetzt von Hrn. Hoftheater-Balletmeister Philipp Taglioni. Die Musik arrangirt von Hrn. Hoftheater-Kapellmeister Gyrowetz.
Zum ersten Mahle: **1821** XII 27.

1821 XII 27, 28, **1822** I 16, 20, 24, 30, II 8, 27, III 8, IV 25, 30, V 6, VI 4, 8, 18, 30, XI 5, XII 3.

Graf Robert	Petit (**1821** XII 27, 28), P. Bretèl (**1822** I 16–XII 3)
Mathilde	Millière
Joconde	F. Taglioni
Edile	Heberle
Lucas	J. Rozier
Jeannette	T. Rozier
Der Amtmann	Destefani
Zwey Bediente	Segatta
	Damé

B.72. Johanna d'Arc
Pantomimisches Ballet in vier Aufzügen. Nach Schillers Trauerspiel von Herrn Aumer, Balletmeister der k. k. Hoftheater. Die Musik ist von Herrn Grafen W. Robert von Gallenberg.
Zum ersten Mahle: **1821** II 12.
Die Decorationen sind neu von den Herren Janitz, de Pian und Gail, k. k. Hoftheatermahlern.
Das Costume nach der Angabe des Herrn von Stubenrauch, Costume- und Decorations-Director der k. k. Hoftheater.
1821 XII 1: Neu in die Scene gesetzt mit Veränderung des dritten Aufzugs, von Herrn Balletmeister Philipp Taglioni.

1821 II 12, 14, 17, 19, 21, 23, III 2, 9, 14, 21, IV 4, 14, XII 1, 3, 13, 31, **1822** I 10, 28, II 23, III 4, IV 28.

Carl der Siebente	F. Taglioni
Agnes Sorel	Millière
Graf Dünois	J.-P. Aumer (**1821** II 12–IV 14), F. Reiberger (**1821** XII 1–**1822** IV 28)
La Hire	F. Reiberger d. ält. (**1821** II 12–IV 14), Destefani (**1821** XII 1–**1822** IV 28)
Du Chatel	Pitrot
Talbot	Destefani (**1821** II 12–IV 14), Kohlenberg (**1821** XII 1–**1822** IV 28)
Lionel	J. Rozier
Fastolf	Kohlenberg (**1821** II 12–IV 14), Stiaßny (**1821** XII 1–**1822** IV 28)
Thibaut d'Arc	F. Aichinger
Margot	J. Bretèl
Louison	Rozier-Kohlenberg (**1821** II 12–IV 14, **1822** I 10–IV 28), B. Horschelt (**1821** XII 1–31)
Johanna	T. Rozier
Etienne	Minetti (**1821** II 12–IV 14), Stiaßny (**1821** XII 1–**1822** IV 28)
Claude Marie	Kohlenberg
Raimond	P. Bretèl
Der Amtmann	Giov. Rossi
Ratsherren von Orleans	Segatta (**1821** II 12–17)
	Hr. Damè (**1821** II 12–17)
Ein Troubadour	J. Rozier
Seine Gefährtinn	J. Aumer (**1821** II 12–IV 14), Heberle (**1821** XII 1–**1822** IV 28)

B.73. Kiaking
Pantomimisches Ballet in fünf Aufzügen, von der Erfindung des Hrn. Titus. Die Musik ist von verschiedenen berühmten Musikern, arrangirt von Hrn. Hoftheater-Kapellmeister Adalbert Gyrowetz.
[Zum ersten Mahle:] **1822** VIII 17.

1822 VIII 17, 18, 21, 25, 29, IX 1, 6, X 4.

Hantsou	F. Reiberger
Kiaking	J. Rozier
Min	Cesari-Gioja
Der Gouverneur	Destefani
Lidu	T. Rozier
Ein Offizier Hantsou's	S. Ramacini

B.74. Kranke aus Liebe, Der
Ein komisches Divertissement in zwey Scenen, erfunden und in die Scene gesetzt von den Brüdern Angiolini, Grottestänzern des k. k. Hoftheaters.
Die Musik ist von Herrn Liverati, Kapellmeister der akademisch-philharmonischen Kapelle in Bologna.
Zum ersten Mahl: **1812** II 5.

1812 II 5, 6, 9, 11, V 10, VI 9, 14, 25, VII 7, 16.

Ein Arzt	N. Angiolini
Coelestine	Cesari-Gioja
Ottavio	F. Gioja
Capitän Terremoto	Rainoldi
Laurette	Martignoni-Rainoldi
Pasquino	P. Angiolini

B.75. Ländliche Fest im Wäldchen bey Kis-Bér, Das
Ein national-ungarisches Divertissement von der Erfindung des Herrn Aumer, Balletmeister der k. k. Hoftheater. Die Musik ist ganz neu von Herrn Kinsky.
Zum ersten Mahl: **1815** XI 29.
Vgl. B.145.

1815 XI 29, 30, XII 4, 18, **1816** I 8, 15, 22, II 14, 23, III 18, V 10, VI 3, 10, 24, VII 10, IX 9, 13, 20, X 4, 14, 25, XI 8, 19, XII 4, **1817** I 1, 12, 27, II 10, 18, IV 13, V 4, VII 21, 28, IX 17, X 15, XI 19, **1819** XII 13, 15, 20, 27, **1820** I 7, II 23, IV 9, 15, V 22, VII 10, IX 4, 13, 27, **1821** I 3, 29, III 5, 26, IV 11.

Der Graf von ***	F. Reiberger
Die Gräfinn	Neuwirth (**1815** XI 29–**1816** VII 10, **1817** VII 28–**1821** IV 11), Wittrer (**1816** IX 9–**1817** VII 21)
Drey junge Fräulein	A. Mayer (**1815** XI 29–**1817** XI 19)
	Heberle (**1815** XI 29–**1816** VII 10), d'Luppi (**1816** IX 9–**1817** XI 19)
	B. Schröder (**1815** XI 29–**1816** VII 10), Abegg (**1816** IX 9–**1817** XI 19)
Ein Aufseher	F. Aichinger
Ein Troubadour	J. Rozier (**1815** XI 29–XII 4, **1816** I 8–III 18, **1819** XII 13–**1820** IX 13), Antonin (**1815** XII 18), F. Taglioni (**1821** I 3–IV 11)
Seine Gefährtinn	Jul. Aumer (**1819** XII 13–**1820** VII 10), Millière (**1820** IX 4–**1821** IV 11)
Herren und Damen	F. Taglioni (**1819** XII 13–**1820** I 7, V 22)
	P. Bretèl (**1819** XII 13–**1820** I 7, V 22)
	Millière (**1819** XII 13–**1820** I 7, V 22)
	Rozier-Kohlenberg (**1819** XII 13–**1820** I 7, V 22)
	J. Bretèl (**1819** XII 13–**1820** I 7, V 22)
Ein Herr	F. Taglioni (**1820** II 23), P. Bretèl (**1820** VII 10–**1821** IV 11)
Eine Dame	Millière (**1820** II 23)
Zwey Herren	F. Taglioni (**1820** IV 9, 15)
	P. Bretèl (**1820** IV 9, 15)
Zwey Damen	Millière (**1820** IV 9, 15), Rozier-Kohlenberg (**1820** VII 10–**1821** IV 11)
	J. Bretèl (**1820** IV 9, 15, VII 10–**1821** IV 11)
Ein Tyroler	J. Rozier (**1815** XI 29–**1820** II 23, V 22, IX 4–**1821** I 29, IV 11)
Troubadour-Frauen	Petit-Duport (**1815** XI 29–**1816** I 22)
	Mad. Fligre (**1815** XI 29–**1815** XII 18)
Zwey Tyrolerinnen	J. Aumer (**1815** XI 29–**1817** II 18, VII 21–XI 19), T. Rozier (**1817** IV 13, V 4, **1819** XII 13–**1820** II 23, V 22–**1821** I 29, IV 11)
	T. Rozier (**1815** XI 29–**1816** VII 10), Rozier-Kohlenberg (**1816** IX 9–**1817** XI 19, **1820** IX 4–**1821** I 29, IV 11), J. Aumer (**1819** XII 13–**1820** II 23, V 22, VII 10)
Ein Blumenmädchen	Decaro (**1815** XI 29–XII 4)
Ein Kosack	Volange (**1815** XI 29–**1816** VII 10), Stiaßny (**1816** IX 9–**1820** II 23, V 22–**1821** IV 11)
Eine Kosackinn	T. Rozier (**1815** XI 29–**1816** VII 10, **1819** XII 13–**1820** II 23, V 22–**1821** IV 11), Heberle (**1816** IX 9–**1817** XI 19)
Ein Zigeuner	F. Horschelt (**1815** XI 29–**1819** XII 13)
Eine Zigeunerinn	K. Horschelt
Ein Husar des Grafen	C. Horschelt (**1815** XI 29–**1817** V 4), J. Kobler (**1817** VII 21–XI 19), B. Horschelt (**1819** XII 13–**1821** IV 11)
Ein ungarischer Bauer	F. Horschelt (**1819** XII 13), J. Kohlenberg (**1819** XII 15–**1821** IV 11)
Eine ungarische Bäuerinn	B. Horschelt (**1815** XI 29–**1817** XI 19)
Ein Bauernmädchen	L. Didier (**1819** XII 13–**1820** II 23), Roiter (**1820** V 22, VII 10), Sedini (**1820** IX 4–**1821** IV 11)
Ein junger Geck	C. Aichinger (**1815** XI 29–**1817** XI 19)
Ein Stutzer	C. Aichinger (**1819** XII 13–**1821** IV 11)
Zwey ungarische Bauern	Minetti (**1815** XI 29–**1817** XI 19)
	Roiter (**1815** XI 29–**1817** XI 19)
Eine ungarische Bäuerinn	Sedini (**1815** XI 29–**1817** XI 19)
Ungarn und Ungarinnen	Minetti (**1819** XII 13–**1821** IV 11)
	Kohlenberg (**1819** XII 13–**1821** IV 11)
	Stiaßny (**1820** IV 9, 15)
	Roiter (**1819** XII 13–**1820** IV 15)
	Sedini (**1819** XII 13–**1821** IV 11)
	M. Gritti (**1819** XII 13–27), Labassée (**1820** I 7–VII 10), Rustia (**1820** IX 4–**1821** IV 11)
	Semlizka (**1820** IX 4–**1821** I 29)
	Elßler (**1821** I 3–IV 11)

B.76. Ländliche Probe, Die, oder: Der gefoppte Liebhaber
Komisches Ballet, von Herrn Milon, k. Balletmeister der großen Oper in Paris, in die Scene gesetzt von Herrn Baptist Petit, Balletmeister des k. k. Hoftheaters nächst d. Kärnthnerthore. Musik von weiland Persuis.
Zum ersten Mahle: **1826** VII 17.
1826 XI 18: Die ländliche Probe.

1826 VII 17, VIII 7, X 27, XI 18.

Madame Hubert	V. Balothe
Denis	T. Rozier
Lafrance	Fleury
Andre	Ferdinand (**1826** VII 17), Torelli (**1826** VIII 7), Guerra (**1826** X 27, XI 18)
Mathurin	Pitrot
Martha	M. Taglioni (**1826** VII 17, VIII 7), G. Ramacini (**1826** X 27, XI 18)
Lisette	Roland (**1826** VII 17–X 27), Pierson (**1826** XI 18)
Blasius	Briol (**1826** VII 17–X 27), F. Aichinger (**1826** XI 18)
Ein Wirth	H. Springer

B.77. Ländliche Tag, Der
Ein komisches Ballett in zwey Akten von der Erfindung des Hrn. Duport, in welchem er die Rolle des Alexis vorstellen und verschiedene Solo und Pas de deux mit Dlle. Franceska Decaro tanzen wird.
[Zum ersten Mahl:] **1813** III 11.
Vgl. B.88.

1813 III 11, 13, 15, 18, 21, 29.

Der Gutsherr	F. Gioja
Mathurin	Venturini
Rosette	Decaro
Alexis	Duport
Der Schloßverwalter	F. Aichinger
Nicodemus	Rainoldi
Jeannot	N. Angiolini
Michaud	Lafargue
Alain	Heberle
Bauer	G. Viganò
Bäuerinn	Cesari-Gioja

B.78. Ländliches Divertissement, Ein
in welchem Herr Joseph Schneider, erster Tänzer des königl. Hoftheaters in München, aufzutreten die Ehre haben wird.
[Zum ersten Mahle:] **1821** VI 6.

1821 VI 6, 12, 24, VII 2, 16.

B.79. Lagerfest, Das
Divertissement in einem Acte, arrangirt von Herrn. C. Aichinger, Regisseur an diesem k. k. Hoftheater. Die Musik ist von verschiedenen Meistern.
Cotillon, mit Musik von Herrn Strebinger, Mitglied des Orchesters dieses k. k. Hoftheaters.
[Zum ersten Mahle:] **1830** VIII 21.

1830 VIII 21, 22, 24.

B.80. Liebe, stärker als Zaubermacht
Feenballet von P. Campilli. Musik von Herrn W. R. Grafen v. Gallenberg und P. Romani.
Zum ersten Mahle: **1834** IV 19.

1834 IV 19, 21, 23, 25, 28, 30, V 2, 4, 23, VI 3, 9, VII 1, 24, VIII 4, 11, 16, 20, IX 18, X 7, **1835** VI 1, 13, VIII 5, 8, 18, X 21, 31, XII 9.

Prinz Gustav	F. Crombé
Graf Leo	Kohlenberg
Louise	Schlanzofsky
Delinde	Baseg (**1834** IV 19–IX 18, **1835** VIII 5–XII 9), Dorsey (**1834** X 7–**1835** VI 13)
Mirte	Lasina-Muratori
Almire	Kröpfel
Ali	P. Campilli

B.81. Lise und Colin, oder: Das übelgehüthete Mädchen
Ein Ballett in zwey Acten, von der Erfindung des Herrn D'Auberval, mit verschiedenen neuen Tänzen in die Scene gesetzt von Herrn Duport.
Vgl. B.82, B.141.
[Neu in Scene gesetzt:] **1812** III 3.

1812 III 3, 6, 13, IV 1, 5, V 13, VI 7, XI 13, 19, 22, **1813** IV 25.

Colin	Duport
Lise	Neumann-Duport
Ihre Mutter	F. Aichinger
Ein Dümmling	Rainoldi
Sein Vater	Lafargue

B.82. Lise und Colin, oder: Das übelgehüthete Mädchen
Ein Ballett in zwey Aufzügen, von der Erfindung des Herrn D'Auberval in die Scene gesetzt von Hrn. Aumer, Balletmeister der k. k. Hoftheater.
[Neu in die Scene gesetzt:] **1816** III 6.
1823 II 3, V 10, **1826** VI 14, 19: Das übelgehüthete Mädchen.
1830 X 13: Neu in die Scene gesetzt. Das übelgehüthete Mädchen.
1831 II 27, III 15: Lise und Colin.
1834 V 27: Lise und Colin, oder: Das übelgehüthete Mädchen. Komisches Ballet in zwey Acten, von d'Auberval.
Vgl. B.81, B.141.

1816 III 6, 8, 13, 29, V 17, VI 5, 26, VII 8, 24, **1817** III 23, IV 11, VI 2, **1818** I 2, 11, V 8, **1819** IX 27, X 9, XI 1, 24, XII 31, **1820** II 9, III 1, 5, 10, IV 7, VI 30, X 25, XI 19, **1821** I 22, II 9, IV 2, V 1, 27, VI 4, X 26, XI 7, **1822** II 5, **1823** II 3, V 10, **1826** V 27, 29, VI 14, 19, **1830** X 13, 16, 19, XI 8, XII 10, **1831** II 27, III 15, **1834** V 27, 31, VI 14, 20, 22, IX 5, 26, **1835** VII 7, 13, X 16, XI 23.

Colin	J. Rozier (**1816** III 6–**1819** XII 31), F. Taglioni (**1820** II 9, X 25, **1821** V 27, VI 4, **1823** II 3), P. Bretèl (**1820** III 1–VI 30, XI 19–**1821** V 1, X 26–**1822** II 5, **1823** V 10), Ferdinand (**1826** V 27–VI 19), F. Crombé (**1830** X 13–**1835** XI 23)
Lise	T. Rozier (**1816** III 6–**1820** II 9, X 25, **1821** V 27, VI 4, **1823** II 3), J. Bretèl (**1820** III 1–VI 30, XI 19–**1821** V 1, X 26–**1822** II 5, **1823** V 10), Pierson (**1826** V 27–VI 19), Dupuy (**1830** X 13–**1831** III 15), Gauthier (**1834** V 27–**1835** XI 23)
Die Mutter	F. Aichinger (**1816** III 6–**1823** V 10), Briol (**1826** V 27–VI 19), Stempfel (**1830** X 13–**1835** XI 23)

Ein einfältiger Bauer	Van der Berg (**1816** III 6–**1817** VI 2), C. Aichinger (**1818** I 2–**1826** VI 19), Schellenberger (**1830** X 13–**1835** XI 23)
Sein Vater	Destefani (**1816** III 6–**1826** VI 19), Pitrot (**1830** X 13–**1835** XI 23)
Ein Notar	Mahler (**1816** III 6–**1823** V 10)

B.83. Listige Gärtnermädchen, Das
Ein komisches Divertissement von Herrn F. Bernardelli.
Zum ersten Mahl: **1814** II 19.

1814 II 19, 21, 22, 26, III 21.

Ein alter Gärtner	Bernardelli
Dessen Tochter	N. Kobler
Ein junger Bauer	J. Kobler
Ein alter verliebter Geck	F. Kobler

B.84. Lodoiska
Pantomimisches Ballet in drey Aufzügen, von Herrn Taglioni, Balletmeister der k. k. Hof-Theater.
Die Musik der ersten zwey Aufzüge ist von Herrn Umlauf, die des dritten Aufzugs von Herrn Gyrowetz, k. k. Hof-Theater-Kapellmeistern.
Zum ersten Mahle: **1821** VII 18.
Das Costume ist nach der Angabe des Herrn von Stubenrauch, Costumes- und Decorations-Director der k. k. Hoftheater; die Ausführung der neuen Decorationen von den Herren de Pian, Janitz und Gail, k. k. Hoftheatermahlern.
1821 XI 17: In dem ersten Aufzuge des Ballets wird Millière ein neues Terzett mit Dlle. Herberle und Hrn. Rozier, von der Composition des Letzteren, mit Musik von Herrn Grafen W. Robert von Gallenberg zu tanzen die Ehre haben.

1821 VII 18, 20, 23, 25, 30, IX 2, 4, 10, 26, X 4, XI 17, 19, 29, XII 11, **1822** I 2, 18, II 3, 25, V 8, 10, **1823** I 12, 14, 29, 31, XI 24, XII 1, 13.

Durlinsky	F. Reiberger
Pulausky	C. Aichinger (**1821** VII 18–XI 29), F. Aichinger (**1821** XII 11–**1823** XII 13)
Lodoiska	T. Rozier
Lovzinsky	F. Taglioni
Boleslas	J. Rozier
Rodosky	Pitrot
Lysinska	Neuwirth (**1821** VII 18–**1822** V 10), Cesari-Gioja (**1823** I 12–31), M. Gioja (**1823** XI 24–XII 13)
Valbel	P. Bretèl (**1821** VII 18–IX 2)
Titzikan	Destefani

B.85. Louise und Alexis, oder: Der Deserteur
Ein pantomimisches Ballet in drey Acten, von Hrn. Aumer, mit neuen Scenen und Tänzen vermehrt und wieder auf die Bühne gebracht.
[Neu in die Scene gesetzt:] **1814** IX 28.

1814 IX 28.

Der König	Destefani
Ein General	Rereni
Alexis	J.-P. Aumer
Louise	Bigottini
Jeannette	Petit-Duport
Mont-au-Ciel	Deshayes
Bertrand	Rainoldi

Jean Louis	F. Aichinger
Die Baase	Neuwirth
Ein Bäurinn	Jul. Aumer
Der Kerkermeister	Segatta
Courchemin	Gärtner
Eine Bäurinn	Roiter

B.86. Margarethe, Königinn von Catanea
Pantomimisches Ballet in drey Aufzügen, von der Erfindung des Hrn. Philipp Taglioni, Balletmeister des k. k. Hoftheaters nächst dem Kärnthnerthore. Die Musik ist neu, und zu diesem Ballete eigens componirt, von Hrn. Grafen Wenzel Robert von Gallenberg.
Zum ersten Mahle: **1822** III 15.
Die Decorationen sind neu, von Hrn. Janitz, de Pian und Gail.
Das Costume ist nach der Angabe des Hrn. von Stubenrauch, Costume- und Decorations-Director der k. k. Hoftheater, ausgeführt von Hrn. Lucca Piazza.
Neu in die Scene gesetzt: **1823** VII 15.
Die Musik, mit Ausnahme des Pas de deux von Herrn und Mad. Bretel, ist von Hrn. Grafen Wenzel Robert von Gallenberg.
1823 VII 15: Margaretha, Königinn von Catanea.

1822 III 15, 18, 19, 20, 22, 24, 27, IV 8, 10, 12, 19, 21, V 25, 27, 31, VII 3, IX 16, 22, X 2, 7, 9, 14, 21, 28, XII 6, 16, **1823** VII 15, 22, VIII 29, IX 5, 30.

Wilhelm	Petit (**1822** III 15–VII 3), J. Rozier (**1822** IX 16–**1823** IX 30)
Margarethe	Courtin (**1822** III 15–XII 16), Torelli (**1823** VII 15–IX 30)
Rogger	Hasenhut-Mattis(**1822** III 15–XII 16), L. Groll (**1823** VII 15–VIII 29), A. Muzzarelli (**1823** IX 5, 30)
Majone	F. Reiberger (**1822** III 15–XII 16), F. Gioja (**1823** VII 15–IX 30)
Odofred	F. Taglioni (**1822** III 15–XII 16), Samengo (**1823** VII 15–IX 30)
Ein General	Destefani

B.87. Masken-Ball, Der
Komisches Ballet in zwey Acten, erfunden und in die Scene gesetzt von Herrn Ludwig Astolfi, Balletmeister des k. k. Hoftheaters nächst dem Kärnthnerthore. Musik von verschiedenen Meistern.
Pas de deux und Spanisches Pas de trois mit Musik von Herrn W. R. Grafen v. Gallenberg.
Zum ersten Mahle: **1829** III 30.
1829 XI 5, 12: 2. Akt: Polnische Bauern-Hochzeit, in die Scene gesetzt von Herrn Friedrich Horschelt, k. bayr. Balletmeister.

1829 III 30, 31, IV 2, 29, V 1, 7, 22, 27, VI 17, 26, VIII 3, 11, 21, XI 5, 12, **1830** I 16.

Emilie	Th. Elßler (**1829** III 30–VI 26), F. Elßler (**1829** VIII 3–**1830** I 16)
Joconde	F. Crombé (**1829** III 30–VIII 11), Mattis (**1829** VIII 21–**1830** I 16)

B.88. Maskerade, Die, oder: Der Ball des Gutsherrn
Ein großes Divertissement dem ersten Ballett beygefügt und mit Deutschen, Hungarischen, Englischen, Pohlnischen, Französischen, Spanischen, Lappländischen, Schottischen Tänzen zusammengesetzt von der Erfindung des Hrn. Duport, welcher mit Mad. Cesari und Dlle. Vanier ein Terzett ausführen wird.
[Zum ersten Mahl:] **1813** III 11.
Vgl. B.77.

1813 III 11, 13, 15, 18, 21, 29.

B.89. Maskerade im Theater, Die
Komisches Divertissement von Herrn L. Henry, Balletmeister an diesem k. k. Hoftheater, für den Carneval erfunden und in Scene gesetzt.
Zum ersten Mahle: **1832** II 23.
Die neuen Decorationen sind, nach der Angabe des Herrn Ph. v. Stubenrauch, k. k. Hoftheater-Decorations- und Costume-Directors, von den k. k. Hoftheatermahlern Millitz, Scharhan und Schlegel ausgeführt.
1833 III 10: Herr Farkas, Tanzkünstler, wird die Ehre haben, einen ungarischen Nationaltanz auszuführen.

1832 II 23, 24, 25, 26, 27, 28, 29, III 1, 3, 4, 5, 6, 10, 11, 12, 18, 19, 31, IV 1, 2, 7, 8, 23, V 13, 20, VII 26, 27, 28, 29, 31, **1833** I 14, 15, 18, 20, 21, 25, 27, 28, II 2, 3, 10, 14, 18, 19, XI 16, 17, 19, 24, XII 1, **1834** I 12, 13, 18, 19, 26, II 2, 3, 9, 11, IV 3, **1835** II 24, 25, 26, **1836** I 25, 28, 31, II 2, 16, 26, 28, III 4, 6, 13.

B.90. Mathilde, Herzoginn von Spoleto
Ballet in fünf Acten, erfunden und in die Scene gesetzt von Herrn Ludwig Astolfi, Balletmeister des k. k. Hoftheaters nächst dem Kärnthnerthore. Musik von den Herren Rossini, Pacini und Gyrowetz.
Zum ersten Mahle: **1829** I 6.
Sämmtliche neue Decorationen sind, nach der Angabe des k. k. Hoftheater-Dekorations-Directors Herrn Philipp v. Stubenrauch, ausgeführt von den k. k. Hoftheater-Mahlern de Pian, Institoris und Scharhan.
1829 VII 8: Mit Abänderungen und neuer Besetzung. Neues Pas de trois, mit Musik von Herrn W. R. Grafen von Gallenberg.

1829 I 6, 7, 9, 12, 13, 14, 16, 20, 25, II 6, 14, III 5, 10, 16, 22, 26, VII 8, 16

Mathilde	F. Elßler
Gofreddo	F. Massini (**1829** I 6–III 26), F. Crombé (**1829** VII 8, 16)
Ernesto	Kohlenberg
Leone	Richli (**1829** I 6–III 26), F. Massini (**1829** VII 8, 16)
Frederico	Weissenböck
Alfredo	C. Aichinger

B.91. Monsieur Deschalumeaux
Komisches Ballet in drey Abtheilungen, von Herrn Titus.
Die Musik ist, mit Ausnahme einiger Stücke, von Herrn Kapellmeister Gyrowetz.
Zum ersten Mahle: **1822** V 18.

1822 V 18, 19.

Der Herzog von Villars	F. Reiberger
Die Herzoginn	Millière
Ihre Tochter	T. Rozier
Obrist Valmont	F. Taglioni (**1822** V 18), Samengo (**1822** V 19)
Obrist Duvailler	P. Bretèl
Dessen Gemahlinn	G. Ramacini
Monsieur Deschalumeaux	Dauchy
La Jeunesse	F. Aichinger

B.92. Müllerinn, Die
Eine pantomimische Kleinigkeit in einem Aufzuge, in die Scene gesetzt von Hrn. F. Bernardelli.
Zum ersten Mahl: **1814** II 10, 13.

1814 II 10.

Die Müllerinn	J. Kobler
Arlequinette	N. Kobler
Arlequien	F. Kobler
Pierrot	Bernardelli

B.93. Myrsile und Anteros, oder: Amors Macht
Ein anakreontisches Ballet in einem Act von der Erfindung des Herrn Aumer. Die Musik ist von Herrn Kreutzer.
Zum ersten Mahl: **1814 XI 30**.
Die neue Decoration ist von Hrn. de Pian und Arrigoni, k. k. Hoftheatemahlern.

1814 XI 30, XII 2.

Diana	Bigottini
Amor	T. Rozier
Myrsile	Petit-Duport
Anteros	Antonin
Endymion	Deshayes
Nymphen der Diana	A. Pfeiffer
	J. Aumer
Gefolge der Diana	Neuwirth
	Laure
	Sedini
	Roiter

B.94. Nachtwandlerinn, Die
Ländliches Divertissement von Herrn Ph. Taglioni, Balletmeister des k. k. Hoftheaters n. d. Kärnthnerthore. Musik von Herrn Gyrowetz, Kapellmeister des k. k. Hoftheaters n. d. Kärnthnerthore.
Zum ersten Mahle: **1826 IX 13**.

1826 IX 13, 16, 28, X 21, 25, XII 29.

Gustav	Fleury
Baptist	Briol (**1826** IX 13–28), Baccini (**1826** X 21–XII 29)
Luzie	V. Balothe
Marie	T. Rozier
Justin	S. Balothe
Dormeuil	Pitrot
Thomas	C. Aichinger
Ein Notar	Destefani
Ein Postillon	Damaj

B.95. Nachtwandlerinn, Die
Pantomimisches Ballet in drey Acten, erfunden von den Herren Scribe und Aumer, und in die Scene gesetzt von Herrn J. Coralli, Balletdirector an diesem k. k. Hoftheater.
Die Musik ist von verschiedenen Meistern.
Zum ersten Mahle: **1830 I 30**.
Das Costume ist nach der Zeichnung des Hrn. Ph. v. Stubenrauch, k. k. Hoftheater-Decorations- und Costume-Directors, verfertigt, und die neuen Decorationen sind, nach dessen Angabe, von den k. k. Hoftheater-Mahlern Scharhan und Militz ausgeführt.

1830 I 30, 31, II 2, 5, 11, 18, 22, III 6, 11, 20, 24, 28, IV 12, 14, 23, 26, V 13, VI 4, 13, 19, 29, X 4, 6, 7, 11, XI 2, XII 3, 14, **1831** I 13, II 3, V 16, 24, VIII 19, 25, 30, IX 19, XII 17, **1832** III 29, IV 5, V 30, VI 2, 20, 28, VIII 10, IX 11, 27, X 4, XII 31, **1833** I 23, II 27, III 14, IV 19, 22, V 9, VIII 21, 23, **1834** III 15, 21, IV 10, VI 12, 17, 26, VII 8, 28, IX 3, 12, 24, **1835** II 5, III 31, IX 5, 21, X 28.

Edmund	Mattis (**1830** I 30–IV 26, VI 4–29, XI 2, XII 3, **1831** V 16–**1832** IV 5, VI 20–**1834** IV 10), Th. Elßler (**1830** V 13), F. Crombé (**1830** X 4–11, XII 14–**1831** II 3, **1832** V 30, VI 2, **1834** VI 12–**1835** X 28)
Therese	Dupuy (**1830** I 30–V 13, X 4–**1831** II 3, **1832** V 30–**1833** I 23, **1835** II 5–X 28), Hasenhut-Mattis (**1830** VI 4–29, **1831** XII 17, **1833** II 27–**1834** IV 10), F. Elßler (**1831** V 16–IX 19, **1832** III 29, IV 5), Gauthier (**1834** VI 12–IX 24)
Frau Michaud	Massini (**1830** I 30–XI 2, **1831** V 16–IX 19), Micheler (**1830** XII 3–**1831** II 3, XII 17–**1832** X 4, **1834** III 21–**1835** III 31, **1835** IX 21, X 28), Greiner (**1832** XII 31–**1834** III 15, **1835** IX 5)
Gertrud	Pierson (**1830** I 30–XII 3), Péan (**1830** XII 14–**1831** IX 19), Rabel (**1831** XII 17), Hasenhut-Mattis (**1832** III 29–**1833** I 23), Schäffel (**1833** II 27–VIII 23), Dorsey (**1834** III 15–**1835** X 28)
Herr von Saint-Rambert	F. Massini (**1830** I 30–XI 2, **1831** V 16–IX 19), Kohlenberg (**1830** XII 3–**1831** II 3, XII 17–**1835** X 28)
Olivier	Rabel (**1830** I 30–**1831** V 24, **1832** III 29–**1833** VIII 23), Berger (**1831** VIII 19–XII 17), Leinsler (**1834** III 15–**1835** X 28)
Der Notar des Ortes	Pitrot
Marcelline	Crombé (**1830** I 30–IV 26, VI 4–X 7, XII 14–**1831** II 3), Hasenhut-Mattis (**1830** V 13, X 11–XII 3), H. Elßler (**1831** V 16–**1834** III 21), Baseg (**1834** IV 10–IX 24, **1835** IX 21, X 28), L. Groll (**1835** II 5–IX 5)

B.96. Nächtlichen Liebhaber, Die
Ein pantomimischer Scherz in einem Aufzuge, von Herrn F. Bernardelli.
Zum ersten Mahl: **1814** III 15.

1814 III 15, 17.

Leonore	J. Kobler
Judith	N. Kobler
Lindor	Bernardelli
Anselm	F. Kobler

B.97. Neue Narciß, Der
Anacreontisches Ballet in einem Aufzuge, von der Erfindung des Hrn. Ph. Taglioni, Balletmeister dieses k. k. Hoftheaters. Musik von verschiedenen Meistern.
Zum ersten Mahle: **1823** XI 17.
Die Decorationen sind neu von Herrn Gail, k. k. Hoftheatermahler.

1823 XI 17, 18, 20, 29, XII 7.

Amor	Hasenhut-Mattis
Daphnis	F. Taglioni
Chloe	M. Taglioni
Isse	Heberle
Ein Jäger	J. Rozier
Jägerinnen	Millière, J. Bretèl, G. Ramacini, Perceval, Th. Elßler

B.98. Neue Urtheil des Paris, Das
Allegorisches Divertissement.
Einige darin vorkommende Tänze und Musikstücke sind aus dem Ballet: Zephir, von Herrn L. Duport.
[Zum ersten Mahle:] **1822** II 12.
Das Arrangement des allegorischen Schluß-Tableau ist von Herrn von Stubenrauch, Decorations- und Costume-Director der k. k. Hoftheater. Die Decoration von Herrn Gail.

1822 II 12.

Paris	Petit
Juno	Millière
Minerva	J. Bretèl
Venus	G. Ramacini
Mercur	J. Kohlenberg
Oenone	Petit-Duport
Zelie	Heberle
Amor	Lazarus

B.99. Neues anacreontisches Divertissement, Ein
von Herrn Taglioni, k. k. Hoftheater-Balletmeister.
Zum ersten Mahle: **1822** VI 10.
Die Musik zu dem Pas de trois des Hrn. Taglioni mit Dlles. Heberle und Marie Taglioni ist von der Composition des Hrn. Mayseder, welcher das Violinsolo in demselben ausführen wird.
1822 VI 20: Ein anacreontisches Divertissement.

1822 VI 10, 12, 14, 20, 27, VII 8, 18, 25, VIII 13, 27, IX 14, 24, X 23, XI 2.

Terpsychore	Millière
Amphion	F. Taglioni (**1822** VI 10–VII 25, IX 14–XI 2), J. Rozier (**1822** VIII 13, 27)
Delta	M. Taglioni
Amor	Hasenhut-Mattis (**1822** VI 10–VII 25, IX 14–XI 2), Elßler (**1822** VIII 13, 27)
Apollo	Petit (**1822** VI 10–VII 25), P. Bretèl (**1822** VIII 13–XI 2)
Polihymnia	Courtin (**1822** VI 10–20, VIII 27–X 23), Rozier-Kohlenberg (**1822** VI 27–VIII 13, XI 2)
Ein Bacchant	J. Rozier (**1822** VI 10–VII 25)
Chloris	Heberle
Alcathoe	T. Rozier (**1822** VI 10), G. Ramacini (**1822** VI 12–XI 2)
Dice	Cosentini

B.100. Neues Divertissement, Ein
Von Erfindung des Herrn Titus.
Zum ersten Mahl: **1811** III 2.

1811 III 2, 5, 14, 16, 17, 19.

Tanzstücke:
Erstens. Ein Terzett, getanzt von Dlle. Labassée, und Herrn Degiorgi und Minetti.
Zweytens. Ein Terzett, getanzt von Mad. Treitschke, Dlle. De Caro und Hrn. Titus.
Drittens. Ein Quartett der Grottesktänzer.
Viertens. Ein Pas de deux, getanzt von Herrn und Mad. Vigano.
Fünftens. Ein Solo von Dlle. De Caro.
Sechstens. Ein Pas de deux, getanzt von Mad. Treitschke und Herrn Titus.
Siebentens. Der Schlußtanz.
Herr Titus Dauchy, Künstler der k. Akademie der Musik zu Paris, wird die Ehre haben, sich zum ersten Mahl in obenangezeigten Tanzstücken zu zeigen.

B.101. Nina, oder: Die Wahnsinnige aus Liebe
Ein pantomimisches Ballet in zwey Acten, von der Erfindung des Hrn. Millon, Balletmeister der k. Akademie der Musik.
Die Musik ist von Hrn. Persuis, Director der königl. Kapelle und der k. Akademie der Musik zu Paris.
Zum ersten Mahl: **1814** XI 6.
Die Decorationen sind von dem k. k. Hoftheatermahler Janitsch gemahlt.
Vgl. B.102.

1814 XI 6, 7, 9, 12, 17, 21, 24, 28, XII 5, 6, 12, 17, 21.

Der Graf	J.-P. Aumer
Nina	Bigottini
Germeuil	Deshayes
Der Gouverneur	Destefani
Blinval	G. Viganò
George	F. Aichinger
Elise	Chevigny
Georgette	Petit-Duport (**1814** XI 6–28), T. Rozier (**1814** XII 5–21)
Victor	Antonin
Der Amtmann	Segatta

B.102. Nina, oder: Wahnsinn aus Liebe
Ein pantomimisches Ballet in zwey Acten, von der Erfindung des Hrn. Millon, Balletmeister der k. Akademie der Musik. Neu in die Scene gesetzt von Hrn. Aumer, Balletmeister der k. k. Hoftheater und des k. k. priv. Theaters an der Wien.
Die Musik ist von Hrn. Persuis, erstem Director der k. Akademie der Musik in Paris.
Neu in die Scene gesetzt: 1816 XI 21.
Die Decoration im zweyten Act ist neu nach der Erfindung des Herrn Treml, Decorations-Director der k. k. Hoftheater, von Hrn. de Pian, k. k. Hoftheatermahler.
Vgl. B.101.

1816 XI 21, 22, 25, 27, XII 2, 6, 9, 20, 30, **1817** I 10, 24, II 3, 7, 24, III 12, 21, IV 9, V 19, VI 6, 10, 27, XII 1, 5, 8, 17, 26, **1818** I 7, IV 3, 8, V 1, 13, VI 8, VII 20, IX 18, 25, X 7, 19, XI 13, 25, XII 30, **1819** VI 4, VII 9, IX 22, X 15, 29, XI 8, XII 3, 17, **1820** I 5, V 31, VI 19, **1821** I 10, 24, XI 11, 13, XII 17, **1822** I 19, III 6, V 21, **1823** I 16 (II), VI 15, 17.

Der Graf	J.-P. Aumer (**1816** XI 21–**1821** I 24), F. Reiberger (**1821** XI 11–**1822** V 21), F. Gioja (**1823** VI 15, 17)
Nina	T. Rozier (**1816** XI 21–**1822** V 21), Courtin (**1823** I 16), Perceval (**1823** VI 15, 17)
Germeuil	J. Rozier
Der Gouverneur	Destefani
Blinval	Minetti (**1816** XI 21–**1819** VII 9), P. Bretèl (**1819** IX 22–**1822** V 21, **1823** VI 15, 17)
George	F. Aichinger
Elise	J. Pichler (**1816** XI 21–**1817** I 10), Neuwirth (**1817** I 24–**1822** V 21), M. Gioja (**1823** VI 15, 17)
Georgette	Rozier-Kohlenberg (**1816** XI 21–**1821** I 24, **1822** I 19–V 21, **1823** VI 15, 17), Heberle (**1821** XI 11–XII 17)
Victor	C. Aichinger
Der Amtmann	Giov. Rossi

B.103. Nußbaum von Benevent, Der, oder: Die Zauberschwestern
Allegorisches Feenballet in drey Acten, erfunden von Salvatore Vigano, und in die Scene gesetzt von F. Massini. Die Musik ist von weiland Süßmayr.
Zum ersten Mahle: 1830 XI 21.
Sämmtliche neue Decorationen sind nach der Angabe des Herrn Ph. v. Stubenrauch, k. k. Hoftheater-Decorations- und Costume-Directors, von den k. k. Hoftheatermahlern Millitz und Schlegl ausgeführt.
1830 XI 24: Mit Abänderungen.

1830 XI 21, 24, 26, XII 7, **1831** II 14, 18.

Roberto	F. Crombé
Dorilla	Dupuy
Roberto's Freund	Kohlenberg
Roberto's Diener	Opfermann
Canidia	A. Elßler

Martinazza	Micheler
Untergeordnete Feen	Rabel
	H. Elßler
	Schäffel
Die Jugend	J. Crombé
Das männliche Alter	Laville
Das hohe Alter	Pitrot

B.104. Opfer der Ceres, Das
Divertissement in einem Aufzuge, (mit Ausnahme einiger Tanzstücke) von Herrn Rozier, erstem Tänzer der k. k. Hoftheater. Die Musik (außer einigen eingelegten Stücken) ist von Herrn Kinsky, Vicekapellmeister der k. k. Hoftheater.
Zum ersten Mahle: **1820** XI 3.
Die neuen Decorationen sind von den Herren Janitz, de Pian und Gail, k. k. Hoftheatermahlern.

1820 XI 3, 6, 10, XII 6, 15, **1821** I 19, V 9.

Personen im Tableau:
Ceres	Wittmann (**1820** XI 3–**1821** I 19), Mollitor (**1821** V 9)
Waldgötter	F. Reiberger
	Destefani
Kinder	Theodor Rozier
	A. Muzzarelli

B.105. Orientalisches Divertissement, Ein
Tanzstücke.
[Zum ersten Mahl:] **1814** V 4.

1814 V 4, 7, 8, 10, 14, 22, 27.

B.106. Orpheus und Eurydice
Pantomimisches Ballet in 8 Abtheilungen, erfunden und in die Scene gesetzt von Herrn Balletmeister L. Henry. Musik von Herrn W. R. Grafen v. Gallenberg.
Zum ersten Mahle: **1831** IX 10.
1833 I 5–12: Im zweyten Acte: Neues Pas de deux, ausgeführt von Hrn. Crombe und Dlle. Mimi Dupuy, mit Musik von Herrn W. R. Grafen v. Gallenberg; Herr Mayseder wird das Violinsolo vortragen.

1831 IX 10, 12, 14, 16, 21, 23, 29, X 1, 4, 10, 12, 17, 25, XI 25, 29, **1832** IV 25, 27, V 2, VII 21, VIII 4, 6, **1833** I 5, 7, 12.

Orpheus	F. Crombé
Eurydice	F. Elßler (**1831** IX 10–X 12, **1832** IV 25–VIII 6), Rabel (**1831** X 17–XI 29), Dupuy (**1833** I 5–12)
Arusteus	Alphons
Zephyr	Mattis
Flora	Péan (**1831** IX 10–XI 29), Rabel (**1832** IV 25–**1833** I 12)
Bacchus	F. Massini (**1831** IX 10–X 25), Francesko (**1831** XI 25–**1833** I 12)
Merkur	Berger (**1831** IX 10–X 17), Micheler (**1831** X 25–**1832** V 2), Stöckl (**1832** VII 21–**1833** I 12)
Pluto	Kohlenberg
Amor	Kleine Herold
Hymen	Kleine Schirr
Tisiphone	Pitrot
Megära	F. Reiberger (**1831** IX 10–**1832** VIII 6), Rabensteiner (**1833** I 5–12)
Alecto	H. Springer

B.107. Ossian

Ballett in 2 Aufzügen, von Hrn. Aumer, Balletmeister der k. k. Hoftheater. Die Musik ist aus Werken beliebter Meister gezogen, und von Herrn Kinsky, Vice-Kapellmeister der k. k. Hoftheater, geordnet.
Zum ersten Mahle: **1819** IV 22.
Die Decorationen sind neu von Herren Janitsch, de Pian und Gail, k. k. Hoftheatermahlern.
Das Costume ist nach der Angabe des Herrn von Stubenrauch.

1819 IV 22, 23, 26, 28, V 5, 7, 10, 12, 16, 24, 31, VI 23, VII 7, 21, 26, 30, IX 1, 3, 17, 24, X 4, 11, XII 10, 29, **1820** I 12, 26, III 17, 19, IV 3, IX 1, 11, X 6, XI 24, **1821** II 28.

Ossian	J. Rozier
Evirallina	Millière (**1819** IV 22–VII 7, IX 1–**1821** II 28), T. Rozier (**1819** VII 21–30)
Branno	Destefani
Cormac	F. Reiberger
Ullin	Pitrot

B.108. Ottavio Pinelli, oder: Schimpf und Rache

Großes pantomimisches Ballet in fünf Acten, erfunden und für die hiesige Bühne in die Scene gesetzt von Herrn Paul Samengo. Musik von Herrn W. R. Grafen v. Gallenberg.
Zum ersten Mahle: **1827** XI 7.
Sämmtliche neue Decorationen sind nach der Angabe des k. k. Hoftheater-Dekorations-Directors Philipp v. Stubenrauch, ausgeführt von den k. k. Hoftheater-Mahlern de Pian, Scharhan und Institoris.
Neu in die Scene gesetzt: **1829** V 9.
Neu in die Scene gesetzt von Herrn C. Aichinger, Regisseur an diesem k. k. Hoftheater.

1827 XI 7, 9, 14, 17, 21, 23, 25, 27, 29, XII 1, 4, 6, 8, 12, 17, 19, 21, 27, 29, **1828** I 9, 11, 14, 16, II 28, III 3, 14, 18, 20, 27, IV 7, 9, 26, **1829** V 9, 10, 12, 17, 29, VI 11, 15, 21, VII 2, 22, 30, VIII 9, 23, IX 7, X 19, 25, XI 14, **1830** I 20, 22, 25, III 1, 31, V 4, 25, VI 23, VIII 5, IX 14, XII 20, 27, **1831** I 4, 17, 31, V 14, 18.

Der Herzog Chegliostri	Dimattia (**1827** XI 7–**1828** IV 26), F. Massini (**1829** V 9–**1830** IX 14, **1831** V 14, 18), F. Reiberger (**1830** XII 20–**1831** I 31)
Die Herzoginn	N. Elßler
Giulietta	F. Elßler (**1827** XI 7, 9, XII 4–8, 27–**1828** I 16, IV 26), Hasenhut-Mattis (**1827** XI 14–XII 1, 12–21, **1829** V 9–X 25, **1830** I 20–IX 14), T. Rozier (**1828** II 28–IV 9), B. Horschelt (**1829** XI 14), Th. Elßler (**1830** XII 20–**1831** V 18)
Die Fürstinn Caprani	Micheler (**1827** XI 7–**1828** IV 26, **1830** XII 20–**1831** V 18), Massini (**1829** V 9–**1830** IX 14)
Amalie	Brugnoli-Samengo (**1827** XI 7–**1828** IV 26), F. Elßler (**1829** V 9–**1831** V 18)
Graf Pinelli	Samengo (**1827** XI 7–**1828** IV 26), F. Crombé (**1829** V 9–X 25, **1830** V 4–**1831** I 31), Mattis (**1829** XI 14–**1830** III 31, **1831** V 14, 18)
Ritter Ormondo	Kohlenberg
Almerico	Pitrot

B.109. Pagen des Herzogs von Vendome, Die

Ein Divertissement von der Erfindung des Hrn. Aumer, Balletmeisters der k. k. Hoftheater.
Die Musik ist ganz neu von Herrn Gyrowetz, Kapellmeister der k. k. Hoftheater.
Zum ersten Mahl: **1815** X 16.
Neu in die Scene gesetzt: **1818** II 23.
Neu in die Scene gesetzt: **1824** XI 30.
Ballett von der Erfindung des Herrn Aumer, neu in die Scene gesetzt von Herrn Rozier.
Pas de deux mit Musik von Herrn Grafen v. Gallenberg.
Neu in die Scene gesetzt: **1835** III 27.
Die Pagen des Herzogs v. Vendome. Ballet von der Erfindung des Herrn Aumer. Neu in die Scene gesetzt von Herrn C. Aichinger, Balletregisseur an diesem k. k. Hoftheater. Musik von Herrn Kapellmeister A. Gyrowetz.

1815 X 16, 18, 20, 23, 27, 30, XI 6, 8, 13, 20, 24, XII 2, 15, 29, **1816** I 3, 12, 19, 26, II 7, 26, III 1, 15, 20, V 24, 27, VI 14, 28, VII 17, 22, X 18, 23, XI 1, 29, XII 16, **1817** I 15, 31, III 16, IV 18, V 21, 26, **1818** II 23, 25, III 11, 24, IV 29, VI 22, IX 23, X 9, 16, XI 4, 20, **1819** VI 18, VII 2, 14, 19, IX 20, X 18, **1820** I 10, II 10, 25, III 15, **1824** XI 30, XII 2, 7, 15, **1835** III 27, 30, VI 25, 30, XI 11, **1836** I 21.

Herzog von Vendome	J.-P. Aumer (**1815** X 16–**1820** III 15), F. Gioja (**1824** XI 30–XII 15), Baptist (**1835** III 27–**1836** I 21)
Marimon	Destefani (**1815** X 16–**1824** XII 15), Schier (**1835** III 27–**1836** I 21)
Victor (Viktor)	T. Rozier (**1815** X 16–**1820** III 15), Torelli (**1824** XI 30–XII 15), Dupuy (**1835** III 27–**1836** I 21)
August	C. Horschelt (**1815** X 16–**1817** V 26, **1819** VI 18–VII 19), B. Horschelt (**1818** II 23–XI 20, **1819** IX 20–**1820** III 15), F. Elßler (**1824** XI 30), Rabel (**1824** XII 2–15), Dorsey (**1835** III 27–**1836** I 21)
Eugen	Neuwirth (**1815** X 16–**1816** III 20, XII 16–**1817** V 26), J. Pichler (**1816** V 24–XI 29), Roiter (**1818** II 23–XI 20, **1819** IX 20–**1820** III 15), N. Didier (**1819** VI 18–VII 19), Mogyer (**1824** XI 30–XII 15)
Philipp	Roiter (**1815** X 16–**1817** V 26), Eisele (**1818** II 23–**1819** VII 19), N. Didier (**1819** IX 20–**1820** III 15), G. Ramacini (**1824** XI 30–XII 15)
Graf de Muret	F. Reiberger (**1815** X 16–**1824** XII 15), Kohlenberg (**1835** III 27–**1836** I 21)
Mad. de St. Ange	K. Horschelt (**1815** X 16–**1820** III 15), M. Gioja (**1824** XI 30–XII 15), Micheler (**1835** III 27, 30, XI 11, **1836** I 21), Weiß (**1835** VI 25, 30)
Elise	J. Aumer (**1815** X 16–**1820** III 15), Vaquemoulin (**1824** XI 30–XII 15), Gauthier (**1835** III 27–**1836** I 21)
Ein Müller	F. Aichinger (**1815** X 16–**1824** XII 15), Pitrot (**1835** III 27–**1836** I 21)
Seine Frau	A. Pfeiffer (**1815** X 16–**1817** V 26), Th. Muzzarelli (**1824** XI 30–XII 15)
Babet (Babett)	B. Horschelt (**1815** X 16–**1817** V 26), N. Didier (**1818** II 23–XI 20), L. Didier (**1819** VI 18–**1820** III 15), Hasenhut-Mattis (**1824** XI 30–XII 15), L. Groll (**1835** III 27–**1836** I 21)
Ein Offizier	J. Kohlnberg (**1818** II 23–XI 20), Pitrot (**1819** VI 18–**1820** III 15)
Zwey Offiziere	S. Ramacini (**1824** XI 30–XII 15), Josué (**1824** XI 30–XII 15)

B.110. Pantalon, der Zeichenmeister, oder: Harlekin, der Fischer

Ein pantomimisches Ballett in zwey Aufzügen, erfunden und in die Scene gesetzt von Hrn. Nicolo Angiolini, Grotteskdänzer der k. k. Hoftheater.
Zum ersten Mahl: **1812** VII 8.
Die neuen Decorationen sind von den k. k. Hoftheatermahlern Melchior, Arrigoni und Scharrhan gemahlt. Die Maschinen sind von der Erfindung und Ausführung des Herrn Schmidt, k. k. Hoftheater-Maschinisten.

1812 VII 8, 9, 12, 14, 18, 20.

Pantalon	Destefani
Colombine	Martignoni-Rainoldi
Seine Haushälterinn	F. Aichinger
Pierot	Rainoldi
Harlekin	P. Angiolini
Chevalier Trombetta	N. Angiolini
Ein Magier	Lafargue

B.111. Panurge auf der Laternen-Insel

Komisches Ballet in drey Acten, erfunden und in die Scene gesetzt von Herrn Ludwig Astolfi, Balletmeister des k. k. Hoftheaters nächst dem Kärnthnerthore. Musik von verschiedenen Meistern.
Zum ersten Mahle: **1829** I 27.
Die Decorationen sind, nach der Angabe des k. k. Hoftheater-Dekorations-Directors Herrn Philipp v. Stubenrauch, ausgeführt von den k. k. Hoftheater-Mahlern de Pian, Institoris und Scharhan.

1829 I 27, 28, 30, II 1, 3, 12, 21, III 3, 17 (III), 24, 28.

Panurge	Pitrot
Spinetta	Massini (**1829** I 27)
Mitischi	Mattis (**1829** I 27)
Mildesche	F. Crombé (**1829** I 27)
Cretechisti	Hasenhut-Mattis (**1829** I 27)

B.112. Paris, oder: Der Triumph der Schönheit
Anacreontisches Ballet in einem Akt, von Herrn L. Henry.
Zum ersten Mahl: **1823** III 6.

1823 III 6, 14, 21, IV 2, 9, 19, 30, VI 20, VII 1, VIII 31, IX 23, X 30, XI 4, 22, XII 9, 27, **1824** III 4.

Venus	M. Taglioni
Juno	Micheler (**1823** III 6–XII 27), A. Stullmüller (**1824** III 4)
Pallas	A. Stullmüller (**1823** III 6–XI 22), M. Gioja (**1823** XII 9, 27), Micheler (**1824** III 4)
Die Schönheit	Heberle
Grazien	Rozier-Kohlenberg (**1823** III 6–X 30), Rabel (**1823** XI 4–**1824** III 4)
	Th. Elßler (**1823** III 6–IX 23), Hasenhut-Mattis (**1823** X 30–**1824** III 4)
	F. Elßler
Mercur	P. Bretèl (**1823** III 6–XII 27), Kohlenberg (**1824** III 4)
Pluto	Destefani
Die Stärke	Pitrot
Adonis	F. Taglioni
Paris	Samengo

B.113. Paul und Rosette
Ländliches Ballet in drey Acten, von Corally, in die Scene gesetzt von Herrn Philipp Taglioni, k. k. Hoftheater-Balletmeister. Musik von Herrn Umlauf, k. k. Hoftheater-Kapellmeister.
[Neu in die Scene gesetzt:] **1823** I 16.
Vgl. B.114.

1823 I 16, 19, 21, 27, II 5, III 19.

Paul	F. Taglioni
Rosette	Courtin (**1823** I 16), T. Rozier (**1823** I 19–III 19)
Pauls Vater	F. Aichinger
Rosettens Mutter	Cesari-Gioja
Mathurin	Destefani
Lucas	P. Bretèl
Der Amtmann	Freisinger

B.114. Paul und Rosette, oder: Die Winzer
Ein ländliches Ballett in drey Aufzügen von Herrn Coralli. In die Scene gesetzt von Madame Treitschke und Mlle. Francesca de Caro. Die Musik ist von Herrn Kapellmeister Umlauf.
Vgl. B.113.

1810 XII 12, 18, **1811** I 15, 27, II 9, 13.

Paul	Treitschke de Caro
Ein Bauer	Degiorgi
Paul's Vater	F. Aichinger
Pachter Mathurin	Hornung
Colas	Rainoldi
Rosette	Decaro
Mutter Perin	K. Horschelt
Eine Bäuerinn	B. Horschelt (**1810** XII 12), Neumann-Duport (**1810** XII 18–**1811** II 13)
Der Dorfrichter	Giov. Rossi

B.115. Paul und Virginie
Ein pantomimisches Ballet in drey Akten, von der Erfindung des Herrn Aumer, Balletmeisters der k. k. Hoftheater. Die Musik ist von den Herren Kreuzer und Darondeau.
Zum ersten Mahl: **1815** VI 22.
Die Decorationen sind neu von Herrn Janitsch, k. k. Hoftheatermahler.

1815 VI 22, 23, 27, VII 3, 19.

Paul	T. Rozier
Virginie	Decaro
Dominique	J. Rozier
Betzi	J. Aumer
Mad. de la Tour	Laure
Marie	Neuwirth
Mr. de la Bourdonnaye	Destefani
Der Erzieher	F. Aichinger
Dorval	F. Reiberger
Eine Negerinn	Sedini
Zaby	A. Mayer
Offizier	Rereni

Pilger, Der
Vgl. **B.149**.

B.116. Portugiesen in Indien, Die, oder: Die Eroberung von Malacca
Heroisch-mimisches Ballet in fünf Akten, von Herrn Salvator Taglioni, Balletmeister und erster Tänzer des k. Theaters in Neapel. Musik von verschiedenen Meistern.
Zum ersten Mahle: **1826** X 4.
Die sämmtlich neuen Dekorationen sind von den Herren Depian und Institoris, k. k. Hoftheatermahlern, gemahlt; das Arrangement derselben und das neue Costume nach Angabe des Herrn v. Stubenrauch.

1826 X 4, 5, 7, 9, 11, 13, 20, 23, XI 2, 16, 20, 29, XII 4, 6.

Mazulim-Muhamet	F. Reiberger
Aza	Pierson
Atar-Ali	Kohlenberg
Abdulmalech	Minetti
Schemsedin	Pitrot
Zulima	A. Ramacini
Norucca	Abegg
Herzog von Albuquerque	Destefani
Graf Araujo	Fleury
Alvaro	M. Reiberger (**1826** X 4), Koloschanzky (**1826** X 5–XII 6)
Rodrigo	Hr. Weissenböck

B.117. Psyche
Großes Ballet von der Erfindung des Herrn A. Vestris.
Musik von Rossini, Grafen v. Gallenberg und Romani.
Zum ersten Mahle: **1824** V 29.
Die Decorationen sind neu von den Herren Janitsch, de Pian und Gail, k. k. Hoftheatermahlern.
Das Arrangement derselben, so wie das Costume neu nach Angabe des Herrn Ph. v. Stubenrauch, k. k. Hoftheater-Costume- und Dekorations-Director.

1824 V 29, 30, VI 7, 9, 11, 13, 15, 20, 22, 25, 27, 29, VIII 3, 5, 7, 9, IX 5, 10, 12, 14, X 3, 4 (I), XI 19, 21, XII 5, 7 (I), 15 (I), **1825** I 1, 3.

Venus	M. Taglioni (**1824** V 29, 30), G. Ramacini (**1824** VI 7–**1825** I 3)
Amor	Torelli
Psyche	Brugnoli-Samengo
Der König	F. Gioja
Die Königinn	A. Stullmüller (**1824** V 29–XII 5), Micheler (**1824** XII 7–**1825** I 3)
Psychens Schwestern	J. Bretèl (**1824** V 29–VIII 5, IX 14–XI 21), Th. Elßler (**1824** VIII 7–IX 12), Perceval (**1824** XII 5–**1825** I 3)
	Perceval (**1824** V 29–XI 21), Th. Elßler (**1824** XII 5–**1825** I 3)
Der älteren Gemahl	F. Taglioni (**1824** V 29–VI 29), Samengo (**1824** VIII 3–X 4)
Die Oberpriesterinn	M. Gioja
Prinzen	Pitrot (**1824** V 29–VI 29)
	Kohlenberg (**1824** V 29–VI 29)
	A. Stullmüller (**1824** V 29–VI 29)
	C. Aichinger (**1824** V 29–VI 29)

B.118. Quacksalber und die Zwerge, Der
Ein komisches Divertissement von der Erfindung der Herren Angiolini, Grottesktänzer der k. k. Hoftheater.
1811 I 23: Die neue Decoration vom Divertissement ist von Herrn Melchior, k. k. Hoftheatermahler.

1811 IX 15, 19, 23, 25, 29, X 23, XI 2, 24, **1812** I 8, 15, 25, II 17.

Der Quacksalber wird von Herrn Rainoldi, und die Zwerge von den Herren Angiolini und Herrn Rainoldi vorgestellt werden.

B.119. Raub der Zemira, Der
Ein ernsthaftes Ballet, von Hrn. Fortunato Bernardelli.
Zum ersten Mahl: **1814** II 1.

1814 II 1, 2, 4, 15, III 4, 23, 30.

Zemira	N. Kobler
Abzeram	J. Kobler
Zante	Bernardelli
Minof	F. Kobler
Mitilemina	Neuwirth
Azemia	Rotter
Der Kerkermeister	Destefani

B.120. Rinaldo d'Asti
Ballet in zwey Acten, neu in die Scene gesetzt von Herrn Ph. Taglioni, Balletmeister dieses k. k. Hoftheaters. Die Musik ist, mit Ausnahme einiger Tanzstücke, von Herrn A. Gyrowetz, k. k. Hoftheater-Kapellmeister.
Zum ersten Mahl: **1823** VII 4.
Die neue Decoration ist von Hrn. de Pian, k. k. Hoftheatermahler.

1823 VII 4, 6, 11, 13, 18, 20, VIII 1, 2, 5, 15, IX 7, 16.

Marquis Anselmo	F. Gioja
Lucinde	M. Taglioni
Lisette	T. Rozier
Rinaldo d'Asti	J. Rozier
Frontin	Calvarola
Gilotta	F. Aichinger
Ein Korporal	Segatta

B.121. Ritterliches Divertissement, Ein
Von der Erfindung des Herrn Aumer, Ballettmeister der k. k. Hoftheater.
Zum ersten Mahl: **1816** III 22.
1817 X 3, 18: Mit dem Divertissement ist heute ein allegorisches Tebleau verbunden.

1816 III 22, 27, VII 1, 3, 5, 15, IX 16, 25, X 7, **1817** I 6, II 5, III 6, VII 1, 3, 17, 25, X 3, 18, **1819** I 8, 15, II 3, III 15.

B.122. Rose, Die
Ländliches Ballet von Herrn Henry. Musik von Darondeau, Kapellmeister in Paris.
Zum ersten Mahl: **1823** II 7.
Die neue Dekoration ist von Herrn Gail, k. k. Hoftheatermahler. Ein neues Pas de trois mit Musik von Hrn. Grafen W. R. v. Gallenberg. Ein Pas de deux mit Musik von Hrn. Mayseder.
1834 II 15: Neu in die Scene gesetzt. Die Rose, oder: Der verkleidete Gutsherr.
Ländliches Divertissement, von Herrn Balletmeister L. Henry, neu in die Scene gesetzt von Herrn Rozier. Musik von Darondeau.

1823 II 7, 8, 10, 20, 24, III 4, 9, IV 4, 23, V 6, VIII 21, X 24, XII 6, **1834** II 15, 16, 18, III 11.

Der Gutsherr	J. Rozier
Lise	T. Rozier (**1823** II 7–XII 6), Schlanzofsky (**1834** II 15–III 11)
Lisens Mutter	M. Henry (**1823** II 7–V 6), M. Gioja (**1823** VIII 21–XII 6), Weiß (**1834** II 15–III 11)
Zwey Herren	Giov. Rossi (**1823** II 7–XII 6), Weissenböck (**1834** II 15–III 11)
	Destefani (**1823** II 7–XII 6), Eßlauer (**1834** II 15–III 11)
Der Amtmann	F. Aichinger (**1823** II 7–XII 6), Pitrot (**1834** II 15–III 11)

B.123. Rosenfest, Das, oder: Der Preis der Tugend
Ein ländliches Ballett in einem Acte, von Herrn Aumer.
Zum ersten Mahl: **1815** I 28.

1815 I 28, 30, II 6.

Collin	J. Rozier
Colette	T. Rozier
Justine	Decaro
Bastian	G. Viganò
Liese	J. Aumer
Blaise	M. Viganò
Mad Gervais	Neuwirth
Zwey Kinder	A. Mayer
	Eberl
Nicette	Laure
Lucas	Volange
Der Verwalter	F. Aichinger
Der Ortsherr	Destefani
Ein Jagdhüter	Rereni

B.124. Rosenmädchen, Das
Ein episodisches Divertissement, von der Erfindung des Herrn Gardel.
[Zum ersten Mahl:] **1813** II 1.

1813 II 1, 3.

Das Rosenmädchen	Decaro
Alexis	G. Viganò
Lubin	F. Gioja

Lisette	Cesari-Gioja
Der Gutsherr	Hornung
Nanette	B. Horschelt
Colas	Minetti
Jeanette	Frühmann
Colinet	Degiorgi
Der Verwalter	F. Aichinger

B.125. Schatz im Traume, Der
Ein komisches Ballett in einem Aufzuge, nach dem Singspiele: Die beyden Geitzigen bearbeitet.
Zum ersten Mahl: **1812** VII 23.
Die Dekorationen sind neu von den Herrn Melchior, und Scharrhan k. k. Hoftheatermahlern.

1812 VII 23, 24, 26, 28, 30, IX 1, 10, 17, 20, 22, X 1, XI 10, 24, XII 11, **1813** II 15, III 2, 20.

Martin	F. Aichinger
Sophie	Decaro
Grippon	N. Angiolini
Lucindo	F. Gioja
Lanterna	Rainoldi
Serpeta	Martignoni-Rainoldi
Anführer der Janitscharen	Lafargue

B.126. Schottisches Divertissement, Ein
Auswahl von Tanzstücken aus dem Ballet Emma, von Herrn Aumer, Balletmeister der k. Akademie der Musik in Paris. Das neue Quartett von der Composition der Herrn Taglioni, Balletmeister der k. k. Hoftheater; die Musik von Romani.
[Zum ersten Mahle:] **1821** V 11.

1821 V 11, 13, 15, 21.

B.127. Schweizer-Milchmädchen, Das
Ballet in zwey Aufzügen, von Herrn Philipp Taglioni, Balletmeister der k. k. Hoftheater; Musik vom Herrn Hoftheater-Kapellmeister A. Gyrowetz.
Zum ersten Mahle: **1821** X 8.
Das Costume ist nach der Angabe des Herrn Philipp von Stubenrauch, Costume- und Decorations-Director der k. k. Hoftheater. Die Decoration des ersten Aufzugs ist von den Herren Janitz und Gail, die des zweyten Aufzugs von Herrn de Pian, k. k. Hoftheatermahlern.
1821 XII 15, 19, **1822** II 17–VII 17: Im ersten Aufzuge: Terzett, Musik vom Grafen W. Robert von Gallenberg.

1821 X 8, 10, 12, 14, 16, 18, 22, XI 21, 23, 25, XII 5, 9, 15, 19, **1822** I 6, 14, 22, II 1, 10, 17, III 2, 11, IV 17, 26, V 4, 16, 23, VI 16, 25, VII 1, 17, XI 14, 21, **1823** III 16, IV 13, **1826** V 13, 15, 31, VI 2, 4, 6, **1831** II 4, 6, 8, 15, 22, III 9, IV 8, 19, V 10, 26, VII 9, 29, VIII 13, 27, IX 7, 26, X 6, XI 17, 22, XII 13, **1832** XI 7, 9, **1833** IV 12, 13, VI 5, VII 12, 14, 19, VIII 4, 18, 25, IX 1, 15, XI 10, **1834** VII 17, 20, VIII 8, 18, **1835** I 17, 20, IV 2, VII 28, VIII 20, 28, XI 7.

Herr von Sernange	J. Rozier (**1821** X 8–**1826** VI 6), F. Reiberger (**1831** II 4–III 9), F. Massini (**1831** IV 8–X 6), P. Campilli (**1831** XI 17–**1835** XI 7)
Frau von Sernange	Millière (**1821** X 8–**1822** VI 25, VII 17–**1823** IV 13), Rozier-Kohlenberg (**1822** VII 1), Heberle (**1826** V 13–VI 6), Micheler (**1831** II 4–**1835** VIII 20), Kröpfel (**1835** VIII 28, XI 7)
Alexis	F. Taglioni (**1821** X 8–**1826** VI 6), F. Crombé (**1831** II 4–XI 22, **1832** XI 7–**1835** XI 7), Mattis (**1831** XII 13)
Egerthon	F. Aichinger (**1821** X 8–XII 15, **1822** I 14–**1823** IV 13), Destefani (**1821** XII 19, **1822** I 6, **1826** V 13–VI 6), Pitrot (**1831** II 4–**1835** XI 7)

Brigitta (Brigitte)	Neuwirth (**1821** X 8–**1822** V 23), G. Ramacini (**1822** VI 16–VII 17), Th. Muzzarelli (**1822** XI 14–**1823** IV 13), Greiner (**1826** V 13–**1831** IX 7, XII 13–**1835** XI 7), Massini (**1831** IX 26–XI 22)
Henriette	J. Bretèl (**1821** X 8–**1823** IV 13), Pierson (**1826** V 13–VI 6), F. Elßler (**1831** II 4–X 6), Schlanzofsky (**1831** XI 17–**1834** VIII 18, **1835** VII 28–XI 7), Gauthier (**1835** I 17–IV 2)
Natalie	T. Rozier (**1821** X 8–**1823** IV 13), Hasenhut-Mattis (**1826** V 13–VI 6), Schäffel (**1831** II 4–**1833** IV 13, VIII 25–XI 10), Rabel (**1833** VI 5–VIII 18, **1835** VIII 28), L. Groll (**1834** VII 17–**1835** XI 7)
Nannette	Heberle (**1821** X 8–**1823** III 16), Th. Elßler (**1823** IV 13), Mees St. Romain (**1826** V 13–VI 6), H. Elßler (**1831** II 4–**1832** XI 9, **1833** VI 5–XI 10, **1835** I 17–XI 7), Baseg (**1833** VII 12, 13, **1834** VII 17–VIII 18)
Charles	P. Bretèl (**1821** X 8–**1823** IV 13), Torelli (**1826** V 13–VI 6), Laville (**1831** II 4–IV 8, V 10, VII 9–VIII 27, **1833** IV 12–**1835** XI 7), J. Crombé (**1831** IV 19, V 26), Alphons (**1831** IX 7–**1832** XI 9)
Walther	Pitrot (**1821** X 8–**1822** VII 17, **1826** V 13–VI 6), Kohlenberg (**1822** XI 14–**1823** IV 13)

B.128. Sclavenhändler, Der
Ein großes asiatisches Divertissement. Hr. Deshayes wird in demselben mit Dlle. Bigottini ein neues Pas mit dem Shawl; Hr. Antonin mit den Dlles. Aimee und Francesca Decaro ein neues Terzett mit Begleitung der Guitare tanzen. Hr. Volange wird zum ersten Mahl auftreten, und mit Dlle. Theodore Aumer ein neues Kosakisches Pas de deux zu tanzen die Ehre haben. Die Dlles. Aimee, Francesca Decaro, Julie und Theodore Aumer werden ein Quartett, Hr. Horschelt eine neue Anglaise; und die Hrn. N. u. P. Angiolini mit Mad. Sedini und Dlle. Roiter einen Negertanz ausführen.
Pantomimisten: Der Sultan, Destefani; Osmin, Oberhaupt der Eunuchen, Rereni; Husca, ein Sclavenhändler: F. Aichinger.
Zum ersten Mahl: **1814** IX 28.

1814 IX 28.

B.129. Sonnenfest, Das
Ein Peruvianisches Divertissement von der Erfindung des Herrn Aumer, Balletmeister der k. k. Hoftheater. Die neuen Musikstücke sind von Herrn Kapellmeister Kinsky.
[Zum ersten Mahl:] **1817** VI 11.
Die neue Decoration ist von den k. k. Hoftheatermahlern Herrn Janitsch und de Pian.
1820 IX 18, 20. Dlle. Millière und Herr Rozier werden die Ehre haben, ein neues Pas de deux von der Composition des Herrn Balletmeister Aumer zu tanzen. Die Musik ist von Herrn Grafen W. Robert von Gallenberg.

1817 VI 11, 13, 17, 25, VII 7, IX 15, 22, X 1, 10, 24, XI 3, 21, XII 29, **1818** I 9, **1820** IX 18, 20.

B.130. Spanische Abend, Der
Ein Divertissement in einem Act, in welchen [!] Hr. Duport, Balletmeister und erster Tänzer der großen Oper in Paris ein Pas de deux mit Dlle. Neumann, dann eine Gavotte (de Panurge) und verschiedene Solo's tanzen wird. Die übrigen Tänze werden von den Herren Vigano und Gioja, und den Damen: Vigano, Decaro und Cesari ausgeführt werden.
Zum ersten Mahl: **1812** III 16.

1812 III 16.

B.131. Statue der Venus, Die
Anacreontisches Divertissement von J. Coralli, Balletdirector am k. k. Hoftheater nächst dem Kärnthnerthore. Musik von Herrn W. R. Grafen v. Gallenberg.
Zum ersten Mahle: **1829** XI 19.

1829 XI 19, 20, 22, 28, XII 2, **1830** V 31, VI 24.

Venus	Péan
Die drey Grazien	H. Elßler
	Rabel
	Schäffel
Amor	Kleine Schirr
Adonis	Mattis (**1829** XI 19–XII 2)
Praxiteles	F. Crombé
Myrtho	Hasenhut-Mattis

B.132. St. Clair, oder: Der Verbannte auf die Insel Mull

Großes romantisches Ballet in acht Scenen, erfunden und in die Scene gesetzt von Herrn Ludwig Astolfi, Balletmeister am k. k. Hoftheater nächst dem Kärnthnerthore.
Musik von Herrn Adalbert Gyrowetz, Kapellmeister am k. k. Hoftheater nächst dem Kärnthnerthore.
Zum ersten Mahle: **1829** VIII 26.
Das Costume ist nach der Zeichnung des Herrn Philipp v. Stubenrauch, k. k. Hoftheater-Directors, verfertigt, und sämmtliche neue Decorationen sind, nach dessen Angabe, von den k. k. Hoftheater-Mahlern de Pian, Institoris und Scharhan ausgeführt.
1829 VIII 26, 27: Herr M. Schuster wird die Ehre haben, die vorkommende Romanze vorzutragen.

1829 VIII 26, 27, 29, 31, IX 3, 5, 16.

König Jakob I.	Pitrot
Johanna	A. Elßler
St. Clair	F. Crombé
Eduard	F. Massini
Lady Roshelin	Astolfi
Ambrosia	F. Elßler
Du Bourg	F. Reiberger
Roff	Koloschanzky
Randolf	Eßlauer
Christina	Weiß
Zwey Große des Reichs	Kohlenberg
	Josué

B.133. Sylphide

Feenballet in zwei Abtheilungen, erfunden von Hrn. Balletmeister Ph. Taglioni, und in die Scene gesetzt von Dlle. Mimi Dupuy. Die Musik ist von M. Schneitzhoffer.
Zum ersten Mahle: **1836** II 5.
Die scenarische Ausstattung ist nach den Zeichnungen des Hrn. Philipp v. Stubenrauch, k. k. Hoftheater-Decorations- und Costume-Directors, und die Ausführung der Decorationen von den k. k. Hoftheatermahlern Millitz, Scharhan und Schlögl.

1836 II 5, 9, 18, 20, 22, 25, III 1.

Sylphide	Dupuy
James Reuben	F. Crombé
Anna Reuben	Greiner
Effie	Gauthier
Gurn	P. Campilli
Die alte Madge	Campilli
Eine Hexe	Kröpfel

B.134. Tanz-Divertissement

1831 III 8.

B.135. Tanzsucht, Die
Ein Ballett in zwey Aufzügen, von der Erfindung des Herrn Gardel, in welchem Dlle. Decaro, die Rolle der Elise vorstellen, und im zweyten Act, ein neues Pas de deux mit Herrn Gioja tanzen wird.
[Zum ersten Mahl:] **1813** II 1.
Vgl. B.136.

1813 II 1, 2, 6, III 4.

Der Gutsherr	F. Aichinger
Elise	Decaro
Seine Frau	Lindner
Ein Offizier	F. Gioja
Tanzmeister	Destefani
Sein Gehülfe	Rainoldi
Ein Diener	P. Angiolini
Das Kind des Gutsherrn	E. Vigano
Zwey Dorfleute	G. Viganò
	Cesari-Gioja

B.136. Tanzsucht, Die
Ein komisches pantomimisches Ballet, von Erfindung des Hrn. Gardel, erstem Balletmeister der k. Akademie der Musik zu Paris.
Zum ersten Mahl neu hergestellt: **1814** X 21.
1814 XII 19: Wieder in die Scene gesetzt durch Hrn. Aumer.
Vgl. B.135.

1814 X 21, 22, XI 1, 4, XII 19.

Herr Duleger	F. Aichinger
Madame Duleger	Neuwirth
Ihr Sohn	A. Mayer
Phrosyne	Bigottini
Demarset	Antonin
Herr Flistac	Destefani
Pasmouchette	C. Aichinger
Ein Jokey	Volange
Ein Mann	G. Viganò (**1814** X 21–XI 4), J. Rozier (**1814** XII 19)
Seine Frau	Petit-Duport (**1814** X 21, 22, XII 19), Decaro (**1814** XI 1, 4)
Savojarden	Decaro (**1814** X 21, 22, XII 19)
	M. Viganò
	A. Pfeiffer (**1814** X 21–XI 4), T. Rozier (**1814** XII 19)
	Eberl

B.137. Telemach, auf der Insel der Calypso
Ein neues Ballett von der Erfindung des Herrn Duport, in welchem er die Rolle des Telemach darstellen wird.
Zum ersten Mahl: **1813** I 2.
Die neuen Decorationen sind von Herrn Arrigoni, k. k. Hoftheatermahler gemahlt.

1813 I 2, 4, 7, 12, 22, 28, 31, II 12, III 23, 27, 31, V 5.

Telemach	Duport
Minerva	Lafargue
Calypso	Vanier
Eucharis	Decaro
Amor	A. Mayer

Nymphen, Bachantinnen	M. Viganò
	Cesari-Gioja
	Martignoni-Rainoldi
	Sedini
Frauen und Satyren	G. Viganò
	F. Gioja
	Brüder Angiolini
	Rainoldi

B.138. Theodosia
Historisch-pantomimisches Ballet, erfunden und in Wien zum ersten Mahle in die Scene gesetzt von Paul Samengo. Musik von Herrn W. R. Grafen v. Gallenberg.
Zum ersten Mahle: **1831** VI 11.

1831 VI 11, 13, 15, 17, 20, 22, 28, VII 1, 3, 7, 15, 21, VIII 9, 11, 21, 23, IX 2, X 19, 21, XI 8, **1832** IX 19, 25, X 10, **1833** III 15, 19, V 3, 15, 24, VI 1, XI 28, **1834** I 8, 11, III 5, V 9, **1836** I 19, 23.

Ettore	P. Campilli
Theodosia	F. Elßler (**1831** VI 11–IX 2, XI 8), Péan (**1831** X 19, 21), Lasina-Muratori (**1832** IX 19–**1836** I 23)
Adalberto	F. Massini (**1831** VI 11–XI 8), Stöckl (**1832** IX 19–**1836** I 23)
Gualtiero	Kohlenberg (**1831** VI 11–**1834** I 8), Pitrot (**1834** I 11–**1836** I 23)
Theodoro	Francesko (**1832** IX 19–**1833** III 19), Baptist (**1833** V 3–**1836** I 23)

B.139. Toilette des Alcibiades, Die
Ein Divertissement von der Erfindung des Herrn Aumer, Balletmeister der k. k. Hoftheater.
Zum ersten Mahl: **1816** IX 2.

1816 IX 2, 4, 6, 11, 18, 27, X 2, **1817** IX 3, 24, X 22.

B.140. Triumph der Treue, Der, oder: Die Rose der Schönheit
Großes Feen-Ballet von der Erfindung des Herrn L. Henry. Die Musik ist von verschiedenen Meistern.
Zum ersten Mahle: **1824** VII 24.
Die Decorationen sind neu von den Herren Janitsch, de Pian und Gail, k. k. Hoftheatermahlern.
Das Arrangement derselben nach Angabe des Herrn Ph. v. Stubenrauch, k. k. Hoftheater-Costume- und Decorations-Director.
1824 VII 24: Dlle. Marie Taglioni wird mit ihrem Vater ein Pas de deux zu tanzen die Ehre haben. Dlle. Brugnoli, wiewohl unpäßlich, wird dennoch, um die Vorstellung des Balletes nicht zu unterbrechen, die Rolle der Amelinde spielen, und ihre Tanzstücke, so viel ihr möglich, ausführen; sie bittet daher um gütige Nachsicht.

1824 VII 24, 26, 28, 30, VIII 1.

Fortuna	M. Gioja
Amelinde	Brugnoli-Samengo
Neomphale	M. Henry
Iphanie	Vaquemoulin
Tramenes	Hullin
Hyrkan	J. Rozier
Mezabut	F. Gioja
Nadir	F. Reiberger
Azadir	F. Aichinger
Orfas	Destefani
Amor	A. Muzzarelli
Hymen	H. Elßler
Zebethul	Josué

B.141. Übelgehütete Mädchen, Das
Ein komisches Divertissement von D'Auberval.
Vgl. B.81, B.82.

1814 I 17, 19, 21, 23, 29, II 8, 17, III 11, 26, VI 29, VII 7.

Frau Simon	Bernardelli
Johanna	N. Kobler
Niklas	J. Kobler
Thomas	Destefani
Nikodemus	F. Kobler (**1814** I 17–III 26), C. Aichinger (**1814** VI 29, VII 7)

B.142. Unbefangenen, Die
Ein Ballett von der Erfindung des Herrn Duport.

[Zum ersten Mahl:] **1812** III 18.

Lubin	Duport
Blaise	G. Viganò
Nicoise	Rainoldi
Lucette	Neumann-Duport
Colette	M. Viganò
Franchette	Cesari-Gioja
Mathurin	F. Aichinger
Mathurine	K. Horschelt

B.143. Unbewohnte Haus, Das, oder: Der Poet in Aengsten
Komisches Divertissement von Herrn Campilli. Musik von verschiedenen Meistern.
Zum ersten Mahle: **1833** X 22.
1835 II 15: Im ersten Acte: El Galeo del Tripoli, Nationaltanz, im andalusischen Costume. Im zweyten Acte: La Jota Aragonesa, Nationaltanz, im ländlichen Costume. La Calchucka, Nationaltanz, im andalusischen Costume.
1835 II 21: Las Boleras Robàdas, im andalusischen Costume. La Calchucka, im andalusischen Costume. La Jota Aragonesa, Nationaltanz, im ländlichen Costume.

1833 X 22, 25, 27, XI 8, **1835** I 24, II 15, 21.

Der Fürst Gonsalvo	Kohlenberg
Erminia	Kröpfel
Lesbino	Stöckl (**1833** X 22–XI 8), Schier (**1835** I 24–II 21)
Roberto	Mattis (**1833** X 22–XI 8), Charles (**1835** I 24–II 21)
Clotilde	Hasenhut-Mattis (**1833** X 22–XI 8), Gauthier (**1835** I 24–II 21)
Don Euticchio	P. Campilli
Cinsarosa	Campilli

B.144. Undine
Zauberballet in vier Akten, von der Erfindung des Benefizianten [Balletmeister L. Henry].
Musik von Herrn Gyrowetz, k. k. Hoftheater-Kapellmeister.
Zum ersten Mahle: **1825** III 6.
Die sämmtlichen neuen Dekorationen sind nach Angabe des Hrn. Ph. v. Stubenrauch, k. k. Hoftheater-Costume- und Decorations-Direktor, die Ausführung derselben von den Herren Janitz und Gail, k. k. Hoftheatermahlern.

1825 III 6, 7, 10, 12, 14.

Undine	Brugnoli-Samengo
Ritter Huldbrand	Samengo
Eine Wassernixe	Vaquemoulin
Der oberste Wassergeist	Henry

B.145. Ungarisches Divertissement, Ein

Von Herrn Aumer, Balletmeister der k. Akademie der Musik in Paris.
Die Musik ist von Hrn. Vice-Kapellmeister Kinsky.
[Zum ersten Mahle:] **1821** IV 25.
Vgl. B.75.

1821 IV 25, VI 6, 19, 28, VII 6, 13.

Der Graf	F. Reiberger
Die Gräfinn	Neuwirth
Ein Aufseher	F. Aichinger
Ein Troubadour	F. Taglioni
Seine Gefährtinn	Millière
Ein Herr	P. Bretèl
Zwey Damen	Rozier-Kohlenberg (**1821** IV 25, VII 13)
	J. Bretèl
Ein Kosack	Stiaßny
Eine Kosackinn	T. Rozier
Ein ungarischer Bauer	J. Kohlenberg
Eine Zigeunerinn	K. Horschelt
Ein Husar	B. Horschelt
Ein Bauernmädchen	Sedini
Ein Stutzer	C. Aichinger
Ungarn und Ungarinnen	Minetti
	Kohlenberg
	Sedini
	Dlle. T. Rustia
	Elßler

B.146. Unschuldigen, Die

Komisches Divertissement, neu in die Scene gesetzt von Herrn Philipp Taglioni, Balletmeister dieses k. k. Hoftheaters.
[Zum ersten Mahl:] **1823** V 30.

1823 V 30, VI 1.

Martin	F. Aichinger
Seine Söhne	F. Taglioni
	J. Rozier
	Calvarola
Babette	Cesari-Gioja
Ihre Töchter	T. Rozier
	J. Bretèl
	M. Taglioni

B.147. Vermummte Neffe aus Liebe, Der, oder: Die wiedergefundene Tochter

Ballet von Herrn Baptist Petit.
Musik, mit Ausnahme einiger Nummern, von Herrn A. Gyrowetz, k. k. Hoftheater-Kapellmeister.
Zum ersten Mahle: **1827** II 5.
Die neuen Dekorationen sind von den Herren Depian und Institoris, k. k. Hoftheatermahlern.
1827 II 17: Der aus Liebe vermummte Neffe, oder: Die wiedergefundene Tochter.

1827 IV 24: Der aus Liebe vermummte Neffe. Pas de trois, von der Composition des Herrn Samengo, Musik von Herrn Grafen v. Gallenberg.
1830 VIII 7. Der vermummte Neffe. Ballet von weiland Herrn B. Petit. Neu in die Scene gesetzt von Herrn C. Aichinger, Regisseur an diesem k. k. Hoftheater. Die Musik ist, mit Ausnahme einiger Nummern, von Herrn A. Gyrowetz, Kapellmeister an diesem k. k. Hoftheater.

1827 II 5, 17, 18, 21, 25, III 2, 4, 11, 14, 16, 19, 31, IV 24, 26, V 1, 3, **1828** I 22, 28, 30, II 5, 10, 23, III 12, IV 11, **1830** VIII 7, 10.

Graf Urloffsky	F. Reiberger
Graf Michalowitsch	Fleury (**1827** II 5–**1828** IV 11), Mattis (**1830** VIII 7, 10)
Dalinova	Pierson
Kolosoff	Kohlenberg
Drugoff	Pitrot
Katinka	V. Balothe (**1827** II 5–III 31), Micheler (**1827** IV 24–V 3), N. Elßler (**1828** I 22–**1830** VIII 10)
Iwan	C. Aichinger
Czerloff	Destefani (**1827** II 5–**1828** IV 11), M. Reiberger (**1830** VIII 7, 10)

B.148. Weinlese, Die
Eine pantomimische Posse von den Herren Pasquale und Nikolo Angiolini, Grottesktänzern der k. k. Hoftheater.

1810 XI 22, 25, 30, XII 7, **1811** I 3, 13, II 26, III 27, VII 15.

Madame Treitschke und Mlle. Neumann werden ein Pas de deux, Mlle. Neumann ein Solo, und Mad. Treitschke den ungarischen Nationaltanz ausführen.

B.149. Weiße Pilger, Der
Ballet in drey Acten, von Herrn Gaet. Gioja, in die Scene gesetzt von Herrn F. Gioja.
Musik von verschiedenen Meistern.
Zum ersten Mahle: **1823** X 11.
Die neuen Decorationen sind von den Herren Janitsch und Gail, k. k. Hoftheatermahlern.
1823 X 12: Der Pilger

1823 X 11, 12, 15, 21, XI 13, XII 18, 26, **1824** I 23.

Graf d'Olival	F. Taglioni
Rolando	F. Gioja
Cäcilia	M. Gioja
Baptist	Destefani
Der Verwalter des Gutes	F. Aichinger
Armand	Hasenhut-Mattis
Raimond	A. Muzzarelli
Rosa	G. Ramacini
Anton	Samengo
Eine Wache	Pitrot

B.150. Wiedererkannte Amenophis, Der
Ein tragisches Ballett in fünf Akten, von der Erfindung des Herrn Giulio Vigano.
Die Musik ist von Herrn Adalbert Gyrowetz, Kapellmeister der k. k. Hoftheater.
Die neuen Decorationen sind von Herrn Janitz, k. k. Hoftheatermahler.
Zum ersten Mahl: **1811** III 30.
1811 IX 13: Die dritte Decoration ist neu von Herrn Melchior, k. k. Hoftheatermahler.

1811 III 30, IV 1, 15, 27, V 1, 12, 17, IX 9, 13, 21, 27, 30, X 12, 20, XI 20, 23, XII 5.

Amafis	Bido
Nephte	M. Viganò
Sofis	Destefani
Artesia	Treitschke de Caro
Amenophis	G. Viganò
Ramesses	F. Aichinger
Tesilia	Neumann-Duport
***	Decaro (**1811** IV 27)
Onemos	Labassée (**1811** III 30–IV 15), Minetti (**1811** IV 27–XII 5)
Aifas	Labassée (**1811** III 30–IV 15), Degiorgi (**1811** IV 27–XII 5)
Hoffräulein des Amafis	Labassée (**1811** IV 27–XII 5)
	Sedini
	Martignoni-Rainoldi
	Neuwirth
Hofbediente	N. Angiolini
	Rainoldi
	Hornung (**1811** III 30–IX 9), P. Angiolini (**1811** IX 13–XII 5)
Oberpriester der Isis	Bido

B.151. Wilhelm Tell

Pantomimisches Ballet in fünf Acten, erfunden und in die Scene gesetzt von Herrn Balletmeister L. Henry. Musik von Cesare Pugny, mit Ausnahme der aus der Oper gleichen Namens von Rossini entlehnten Stücke.

Sämmtliche neue Decorationen sind nach der Angabe des Herrn Ph. v. Stubenrauch, k. k. Hoftheater-Decorations- und Costume-Directors, ausgeführt von den k. k. Hoftheatermahlern Millitz, Scharhan und Schlegel.

[Zum ersten Mahle:] **1833** VI 7.

1833 VI 7, 8, 10, 12, 13, 17, 19, 21, 25, VII 17, 25, VIII 2, 27, 29, IX 17, 23, 29, X 10, 13.

Geßler	Kohlenberg
Sarnem	P. Campilli
Wilhelm Tell	Stöckl
Edme	Lasina-Muratori
Gemmi	Kleine Herold
Melchthal	Pitrot
Werner	C. Aichinger
Walther Fürst	Weissenböck

B.152. Winzerfest, Das

Divertissement. Arrangirt von Herrn C. Aichinger, Ballet-Regisseur an diesem k. k. Hoftheater.
[Zum ersten Mahle:] **1829** IX 12.
Pas de deux, mit Musik von Herrn W. R. Grafen v. Gallenberg.
Vgl. A.216.

1829 IX 12, 13, 15, 20, 26, X 7, 11, 12, 15, 27, XI 1, 9, **1830** I 7, 18, II 23.

Die Braut	Hasenhut-Mattis
Die Mutter	Th. Muzzarelli
Der Bräutigam	Mattis
Ein Dümmling	Pitrot
Dessen Vater	Josué

B.153. Zauberflöte, Die
Ein komisches Ballett von der Erfindung des Herrn Gioja.
Zum ersten Mahl: **1813** I 21.

1813 I 21, 24.

Colas	Rainoldi
Sandrino	F. Gioja
Johanna	Cesari-Gioja
Blaizot	F. Aichinger
Margaretha	K. Horschelt
Ein Amor	Rustia

B.154. Zauberring, Der
Feen-Ballet in vier Acten, erfunden und in die Scene gesetzt von Herrn Albert.
Musik von Herrn W. R. Grafen v. Gallenberg.
Zum ersten Mahle: **1830** IV 29.
Das Costume ist nach der Zeichnung des Hrn. Ph. v. Stubenrauch, k. k. Hoftheater-Decorations- und Costume-Directors, und sämmtliche neue Decorationen sind, nach dessen Angabe, von den k. k. Hoftheater-Mahlern de Pian, Scharhan, Millitz und Schlegl ausgeführt.

1830 IV 29, 30, VII 1, 4, IX 24.

Almedor	F. Albert (**1830** IV 29, 30), F. Crombé (**1830** VII 1, 4, IX 24)
Adeline	F. Elßler (**1830** IV 29–VII 4), Péan (**1830** IX 24)
Roderich	Kohlenberg
Strigile	Th. Elßler (**1830** IV 29–VII 4), Pierson (**1830** IX 24)
Morgande	Massini
Morin	Mattis
Brigitte	Dupuy
Ein Notar	Pitrot (**1830** IV 29, 30), Hasenhut-Mattis (**1830** VII 1–IX 24)

B.155. Zauberschlaf, Der
Ein Feenballet in zwey Acten, von der Erfindung des Herrn Aumer, Balletmeister der K. K. Hoftheater. Die ganz neue Musik des ersten Acts ist von Herrn Persuis, Orchester-Director der großen Oper in Paris, die des zweyten Acts und aller Tanzstücke von Hrn. Kapellmeister Gyrowetz.
Zum ersten Mahl: **1818** I 16.
Die neuen Decorationen sind von Herren Janitsch und de Pian. Die Costumes nach den Zeichnungen des Herrn v. Stubenrauch, und die Maschinen von Herrn Dollischek.

1818 I 16, 17, 21, 23, 26, 28, 30, II 6, 9, 11, 14, 18, 20, III 2, 4, 9, 30, IV 15, 27, V 4, VI 15, VII 6, 15, XI 9, 11, 23, XII 2, 9, **1819** I 11, 13, 24, II 1, 9, III 8, 17, V 14, VI 28, VII 16, IX 15, X 22, **1820** III 13, IV 17, IX 22, 25, X 22, XI 8, **1821** I 12, II 5, V 3, 31.

Blanka von Gasseras	Jul. Aumer (**1818** I 16–XII 9, **1819** I 24–VI 28, IX 15–**1820** IV 17), Launer (**1819** I 11, 13), C. Horschelt (**1819** VII 16), J. Bretèl (**1820** IX 22–**1821** V 31)
Der Burgherr	J.-P. Aumer (**1818** I 16–**1820** IV 17), Pitrot (**1820** IX 22, 25), F. Reiberger (**1820** X 22–**1821** V 31)
Amalie	Millière (**1818** I 16–XII 9, **1819** I 24–VI 28, IX 15–**1821** V 31), Jul. Aumer (**1819** I 11, 13, VII 16)
Gerard von St. Leon	Pitrot (**1818** I 16–**1819** X 22, **1820** X 22), F. Taglioni (**1820** III 13, IV 17), P. Bretèl (**1820** IX 22, 25, XI 8–**1821** V 31)
Die Fee Alina	Rozier-Kohlenberg (**1818** I 16–XII 9, **1819** VI 28–IX 15, **1820** IX 22–**1821** V 31), N. Didier (**1819** I 11–V 14, X 22, **1820** III 13), J. Bretèl (**1820** IV 17)
Die Fee Nabote	A. Mayer (**1818** I 16–II 14), T. Rozier (**1818** II 18–XII 9, **1819** V 14–**1821** V 31), Rozier-Kohlenberg (**1819** I 11–II 9), C. Horschelt (**1819** III 8, 17)

Bertrand	J. Rozier
Eine Gesellschaftsdame	B. Pichler (**1818** I 16–**1820** XI 8), Wittrer (**1821** I 12–V 31)
Ein Astrolog	F. Aichinger
Ein Arzt	Destefani
Ein Page	A. Stullmüller (**1818** I 16–**1820** XI 8), F. Elßler (**1821** I 12–V 31)
Amor	Godefritz
Die Königinn der Feen	Neuwirth

B.156. Zemire und Azor

Großes Zauber-Ballet von Herrn Ph. Taglioni, Balletmeister des k. k. Hoftheaters n. d. Kärnthnerthore. Musik von Herrn A. Gyrowetz, Kapellmeister des k. k. Hoftheaters n. d. Kärnthnerthore.
Zum ersten Mahl: **1826** VI 8.
Die sämmtlichen Decorationen sind neu von den Herren Depian und Institoris, die Angabe derselben und das Costüme neu von Herrn Philipp v. Stubenrauch, k. k. Hoftheater Costüme- und Decorations-Director.

1826 VI 8, 9, 11, 12, 16, 17, 21, VII 2, 7, 23, 25, 27, XI 11, 13, 23.

Thaïs	Roland (**1826** VI 8–VII 27), Micheler (**1826** XI 11–23)
Azor	A. Stullmüller (**1826** VI 8–VII 27), Fleury (**1826** XI 11–23)
Sander	Pitrot
Zemire	M. Taglioni (**1826** VI 8–VII 27), Pierson (**1826** XI 11–23)
Fatme	Mees St. Romain (**1826** VI 8–VII 27), Abegg (**1826** XI 11–23)
Lisbe	Hasenhut-Mattis
Aly	Briol (**1826** VI 8–VII 27), Baccini (**1826** XI 11–23)

B.157. Zephir, oder: Der wiederkehrende Frühling

Ein Ballett von der Erfindung des Herrn Duport, Ballettmeister und erster Tänzer der großen Oper in Paris.
Zum ersten Mahl: **1812** II 22.

1812 II 22, 25, 27, III 10, 19, 30, IV 22, V 16, X 26, 30, XI 6, XII 7.

Zephir	Duport
Phrosine	Decaro
Fiora	Neumann-Duport
Aspasia	Cesari-Gioja
Amor	Rustia

B.158. Zephyr und Flora

Ein episodisches Ballet von der Erfindung des Herrn Aumer.
Zum ersten Mahl: **1814** VIII 16.

1814 VIII 16, 18, 22, 27, IX 3, 13, 24, 25, X 14, XI 19, **1815** I 13, 16, 19, II 15, 25, III 9, 31, IV 15, V 4, VI 8, VII 5, 15, IX 4, X 9, 25.

Zephyr	Antonin (**1814** VIII 16–XI 19), J. Rozier (**1815** I 13–X 25)
Flora	Bigottini (**1814** VIII 16–XI 19), T. Rozier (**1815** I 13–X 25)
Erigone	Petit-Duport (**1814** VIII 16–XI 19), Decaro (**1815** I 13–X 25)
Zelie	Decaro (**1814** VIII 16–XI 19), J. Aumer (**1815** I 13–X 25)
Myrsilis	T. Rozier (**1814** VIII 16–XI 19, **1815** II 15–X 25)
Chloe	J. Aumer (**1814** VIII 16–XI 19), Laure (**1815** I 13–X 25)
Aspasia	J. Demmer
Themire	Neuwirth
Irene	Roiter
Amor	A. Mayer

Venus	Petit-Duport (**1814** VIII 16–XI 19), Decaro (**1815** I 13–X 25)
Adonis	Deshayes (**1814** IX 13, 24, X 14, XI 19)
Hymen	Eberl
Die Grazien	T. Rozier (**1814** VIII 16–XI 19), Neuwirth (**1815** I 13–X 25)
	J. Aumer (**1814** VIII 16–XI 19), Roiter (**1815** I 13–X 25)
	J. Demmer
Grotesken	F. Kobler (**1814** VIII 16, 18)
	Bernardelli (**1814** VIII 16, 18)
	Neuwirth (**1814** VIII 16, 18)
	Roiter (**1814** VIII 16, 18)

B.159. Zephyr und Flora
Divertissement in einem Acte, von Herrn Crombé. Musik von verschiedenen Meistern.
Zum ersten Mahle: **1829** II 11.

1829 II 11, 18, III 12, 14.

Flora	Th. Elßler
Venus	Vente (**1829** II 11), Massini (**1829** II 18–III 14)
Die drey Grazien	F. Elßler
	Crombé
	Hasenhut-Mattis
Zephyr	F. Crombé
Mars	Mattis
Amor	L. Groll

B.160. Zögling der Natur, Der
Pantomimisches Ballet in zwey Acten, von Herrn Titus, königl. Preuß. Hoftheater-Balletmeister. Musik von verschiedenen Meistern.
Zum ersten Mahle: **1827** VIII 29.
Die sämmtlich neuen Decorationen sind nach der Angabe des k. k. Hoftheater-Decorations-Directors Ph. v. Stubenrauch, ausgeführt von den Herren Institoris und Scharhan, k. k. Kärnthnerthor-Hoftheatermahlern.

1827 VIII 29, 30, IX 1, 2, 4, 26, 28, X 4, 23, 26, XI 5, 11, XII 2, 14.

Sophie	T. Rozier
Lord Smith	F. Reiberger
Lord Rutland	Dimattia
Sommerset	Destefani
Wilson	Kohlenberg
Genraad	Pitrot
Lady Charlotte Rutland	Micheler
Lady Emilie	N. Elßler

B.161. Zwey kleinen Savoyarden, Die
Ein komisches Ballet in zwey Aufzügen, von der Erfindung des Herrn Aumer, Balletmeister der k. k. Hoftheater. Die neue Musik ist von Herrn Kapellmeister Gyrowetz.
Zum ersten Mahl: **1817** V 1.
Die Decorationen sind von Herrn Janitz und de Pian, k. k. Hoftheatermahlern.

1817 V 1, 2, 7, 16, **1818** II 1, 16, III 6.

Graf von Verseuil	J.-P. Aumer
Laura	J. Aumer
Der Verwalter	F. Aichinger

Charlot	Van der Berg (**1817** V 1–16), C. Aichinger (**1818** II 1–III 6)
Joset	T. Rozier
Michél	Rozier-Kohlenberg
Deren Mutter	K. Horschelt
Ein Troubadour	J. Rozier
Eine Savoyarde	B. Horschelt
Krämer und Marktleute	Destefani
	F. Reiberger (**1817** V 1–16)
	Giov. Rossi (**1817** V 1–16)
	Gärtner (**1817** V 1–16)
	C. Aichinger (**1817** V 1)
	Freisinger

B.162. Zwey Nebenbuhlerinnen, oder: Die allzustrenge Probe
Ein komisches Divertissement in drey Akten. Von Herrn Balletmeister Pietro Angiolini.

1810 XI 18, XII 19, **1811** I 5, 24, II 3, 15, 19, 28, III 7, V 26, VII 10, 28, XI 19, XII 17.

Beltrand	G. Viganò
Carolina	M. Viganò
Quiacinta	Neumann-Duport
Leander	Rainoldi
Omepo	P. Angiolini
Nardone	N. Angiolini
Lipruzio	Degiorgi
Fanetto	Minetti
Anna	K. Horschelt (**1810** XI 18–**1811** I 24), Sedini (**1811** II 3–XII 17)
Cleria	Sedini (**1810** XI 18–**1811** I 24), K. Horschelt (**1811** II 3–XII 17)
Fiorina	Neuwirth
Paola	Labassée

B.163. Zwey Tanten, Die, oder: Ehemals und Heute
Ein komisches Ballett in zwey Aufzügen, von der Erfindung des Hrn. Aumer, Balletmeister der k. k. Hoftheater. Die Musik ist neu von Hrn. Kapellmeister Gyrowetz componirt.
Zum ersten Mahl: **1816** VII 29.
Das Spiegelzimmer im 2ten Act ist neu gemahlt von Hrn. Janitsch, ersten k. k. Hoftheater-Mahler.

1816 VII 29, 31, X 16, 21, 30, XI 4, XII 13, **1817** I 19, III 19, IV 7, V 28, VI 4, **1818** III 27, IV 1, 10, 17, 24, V 15, VII 13, X 26, XI 1, 6, 30, XII 7, **1819** IX 6, X 1, **1820** II 14, 21, VI 14, 23, IX 29, X 2, 11, XII 13, **1821** II 2, IV 9, 13, V 5, VI 18, 26, VII 9, IX 6, 30, X 29, XI 2, 9, **1822** I 8.

Mad. de Vieux-bois	K. Horschelt
Mad. de Sénange	C. Horschelt (**1816** VII 29–**1817** VI 4), Millière (**1818** III 27–**1822** I 8)
Rosalie	Jul. Aumer (**1816** VII 29–**1820** VI 23, **1821** II 2), J. Bretèl (**1820** IX 29–XII 13, **1821** IV 9–**1822** I 8)
Lisette	T. Rozier
Blinval	Minetti (**1816** VII 29–**1819** X 1), F. Taglioni (**1820** II 14–VI 23, **1821** II 2–IX 30), P. Bretèl (**1820** IX 29–XII 13, **1821** X 29–**1822** I 8)
Frontin	J. Rozier
Mr. Lecoq	F. Aichinger
Mr. Conte-pied	Van der Berg (**1816** VII 29–**1817** VI 4), Pitrot (**1818** III 27–**1822** I 8)
Mr. Vielle-Souche	Destefani
Zwey Bediente	P. Angiolini (**1816** VII 29–**1817** I 19), F. Kobler (**1817** III 19–VI 4), Giov. Rossi (**1818** III 27–**1822** I 8)
	Giov. Rossi (**1816** VII 29–**1817** VI 4), Stempfel (**1818** III 27–**1822** I 8)
Ein Notarius	Mahler

C. AUFFÜHRUNGEN DER K. K. HOF-SCHAUSPIELER

C.1. Ahnfrau, Die
Von Grillparzer.

1820 XI 15 (IV).

C.2. Alten Liebschaften, Die
Ein Lustspiel in einem Aufzuge, von A. v. Kotzebue.

1813 V 20, **1817** VII 28.

C.3. Arme Poet, Der
Ein Schauspiel in einem Aufzuge, von August v. Kotzebue.

1813 VI 8, **1814** V 3, IX 13, **1815** V 19, X 7, 20, XI 3, 8, **1817** II 25, **1818** VI 3.

C.4. Axel und Walburg
Eine Tragödie in fünf Acten, von Oehlenschläger.

1814 VII 25, 26, 29.

C.5. Baron Blitz, oder: Er macht keine Umstände
Ein Lustspiel in drey Acten, nach dem Französischen des Severin.

1814 VII 23.

C.6. Beschämte Eifersucht
Ein Original-Lustspiel in zwey Aufzügen, von Madame Weissenthurn.

1814 VII 17.

C.7. Bettelstudent, Der, oder: Das Donnerwetter
Ein Original-Lustspiel in zwey Aufzügen.

1813 VI 29.

C.8. Beyden Eifersüchtigen, Die
Ein Lustspiel in einem Aufzuge, nach dem Französischen.

1814 VII 20, 21.

C.9. Beyden kleinen Auvergnaten, Die
Ein Drama in einem Aufzuge, von A. v. Kotzebue.

1814 XI 12.

C.10. Beyden Offiziere, Die
Ein Lustspiel in einem Aufzuge, nach Duval.

1817 VII 17.

C.11. Blitzstrahl, Der
Ein Lustspiel in Versen und einem Aufzuge, von Dr. Müllner.

1816 VII 5.

C.12. Blonden Locken, Die
Dramatisches Spiel in Versen und einem Aufzuge, von Carl Töpfer, k. k. Hofschauspieler.

1821 II 12.

C.13. Brautschatz, Der
Ein Lustspiel in einem Act, von Ochsenheimer.

1815 III 17.

C.14. Brautwahl, Die
Ein Schauspiel in einem Aufzuge, von A. W. Iffland.

1816 VII 26, 28.

C.15. Caesario, oder: Die bekehrte Spröde
Ein Original-Lustspiel in fünf Aufzügen, von Alexius Wolf, Mitglied des Herzoglich Weimar'schen Hoftheaters.

1815 II 11, 24, VI 4.

C.16. Colomanns Rache
Ein Schauspiel in zwey Aufzügen, von A. v. Kotzebue.

1815 III 6, 17, V 29.

C.17. Coriolan
Ein Trauerspiel in fünf Aufzügen, von weil. Herrn Heinrich von Collin.

1814 VII 2.

C.18. Corsen, Die
Ein Schauspiel in fünf Aufzügen, von A. v. Kotzebue.

1814 VII 6, X 16.

C.19. Deserteur, Der
Eine Posse in einem Akt, von August v. Kotzebue.

1817 II 5, V 7.

C.20. Deutschen Kleinstädter, Die
Ein Lustspiel in vier Aufzügen, von August von Kotzebue.

1814 XI 10.

C.21. Dichter und der Schauspieler, Der, oder: Das Lustspiel im Lustspiele
Ein Lustspiel in drey Aufzügen, frey nach Dupaty von Lembert.

1814 VII 10.

C.22. Domestiken-Streiche
Ein Lustspiel in einem Aufzuge, frey nach dem Französischen des Dubois, von I. F. Castelli.

1816 XII 13, **1817** VI 2, **1820** I 17.

C.23. Don Ranudo de Colibrados
Eine Posse in vier Acten. Nach Holberg frey bearbeitet, von A. v. Kotzebue.

1815 II 20, IV 10, V 18.

C.24. Edelknabe, Der
Ein Lustspiel in einem Aufzuge, von J. J. Engel.

1814 V 25, XI 23, **1815** X 25, XI 24.

C.25. Fähndrich, Der
Ein Original-Lustspiel in drey Aufzügen, von Schröder.

1816 VII 9.

C.26. Fehlgeschossen
Eine Posse in einem Aufzuge, von Costenoble.

1814 X 14, XI 21, **1815** I 5, II 7, V 22, **1816** III 4, XII 4.

C.27. Feuerprobe, Die
Ein Lustspiel in einem Aufzuge, von August v. Kotzebue.

1815 VII 23.

C.28. Folgen des Maskenballs
Ein Lustspiel in einem Aufzuge. Nach dem Französischen frey bearbeitet.

1814 XI 23.

C.29. Folgen einer einzigen Lüge, Die
Ein Schauspiel in vier Aufzügen. Von C. H. Spieß.

1815 IV 20, VI 7.

C.30. Gefährliche Nachbarschaft, Die
Ein Lustspiel in einem Aufzuge, von A. v. Kotzebue.

1818 XII 16.

C.31. Germanias Wort und Gruß
Ein Monolog von Hrn. Doctor Weissenbach (mit einigen Abänderungen).

1813 XI 17.

C.32. Getheilte Herz, Das
Ein Lustspiel in einem Aufzuge, von Herrn A. v. Kotzebue.

1814 IX 24, XII 21.

C.33. Graf von Burgund
Ein Schauspiel in vier Aufzügen. Von August von Kotzebue.

1815 III 30, V 23, VI 26.

C.34. Grüne Domino, Der
Ein Lustspiel in Alexandrinern und in einem Aufzuge, von Theodor Körner.

1812 XI 27, **1813** II 1.

C.35. Hagestolz und die Körbe, Der
Ein komisches Intermezzo in einem Aufzuge, von A. v. Kotzebue.
Die Quodlibet-Ouverture, und die damit verbundene Musik ist von Karl Ranke.

1816 I 24, II 7.

C.36. Hamburgs Befreyung
Ein Schauspiel in fünf Aufzügen, nach Rambach.

1817 V 12.

C.37. Hausdoctor, Der
Ein Original-Lustspiel in drey Aufzügen, von F. W. Ziegler.

1814 X 2.

C.38. Haus zu verkaufen, Das
Ein Lustspiel in einem Aufzuge, nach dem Französischen neu bearbeitet.

1817 VI 10, 12.

C.39. Häusliche Zwist, Der
Ein Lustspiel in Versen und einem Aufzuge von August v. Kotzebue.

1813 VI 25, **1814** XII 5, **1815** I 16.

C.40. Hundertjährigen Eichen, oder: Das Jahr 1914
Ein Vorspiel von Hrn. v. Kotzebue. Die Gesänge von Fr. Treitschke.
Die Musik von Herrn Kapellmeister Seyfried.

1814 X 3.

C.41. Intermezzo, Das, oder: Der Landjunker zum ersten Mahl in der Residenz
Ein Lustspiel in fünf Aufzügen, von A. v. Kotzebue.

1817 IV 30.

C.42. Johann von Calais
Ein Schauspiel in drey Aufzügen.

1815 IV 22, V 8, VII 26.

C.43. Kleine Declamator, Der
Ein Schauspiel in einem Aufzuge, von August v. Kotzebue.

1815 III 31, X 13, **1818** I 21.

C.44. Kleine hübsche Putzmacherinn, Die
Ein Lustspiel in einem Aufzuge, von A. v. Kotzebue.

1814 VI 29.

C.45. Kleine Proteus, Der
Ein Lustspiel in einem Aufzuge, von Albin Flet.

1814 V 2, VII 17.

C.46. König und der Stubenheitzer, Der
Ein Schauspiel in einem Aufzuge, von Vogel.

1815 VII 16.

C.47. Komödie aus dem Stegreif, Die
Ein Lustspiel in einem Aufzuge.

1814 X 21, **1815** XII 4, **1816** VII 7.

C.48. Korb, Der
Ein Schauspiel in zwey Aufzügen, von M. Dilg.

1814 V 11.

C.49. Kunst- und Liebesproben
Eine Original-Posse in einem Akt, von C. M. Heigel, Verfasser der Zeiträume.

1816 VII 24, 28, 31, IX 26, X 30, XI 6, 25, **1817** I 11, VII 3, X 31.

C.50. Laune des Verliebten, Die
Ein Schäferspiel in Versen und einem Acte, von Göthe.

1821 IV 22.

C.51. Leichtsinn und gutes Herz
Ein Lustspiel in einem Aufzuge von Hagemann.

1814 V 10.

C.52. Letzte Pagenstreich, Der
Lustspiel in einem Aufzuge, von W. Vogel.

1819 XII 13.

C.53. Liebhaber und Nebenbuhler in einer Person
Ein Original-Lustspiel in vier Aufzügen, von F. W. Ziegler.

1814 VII 28.

C.54. Lohn und Strafe
Eine ländliche Familien-Scene in einem Aufzuge, von Friedrich Schletter.

1816 VII 5.

C.55. Lügner und sein Sohn, Der
Ein Lustspiel in einem Aufzuge, nach Collin d'Harleville.

1816 VII 12.

C.56. Lustspiel am Fenster, Das
Eine Posse in einem Aufzuge, von A. v. Kotzebue.

1817 VI 17, 25.

C.57. Mädchen von Marienburg, Das, oder: Die Liebschaft Peter des Großen
Ein fürstliches Familiengemählde in fünf Aufzügen, von Kratter.

1814 VII 12, **1815** VII 4, 8.

C.58. Männertreue, oder: So sind sie Alle
Eine dramatische Kleinigkeit in Versen und einem Aufzuge.

1816 III 22.

C.59. Medea
Ein Melodram in einem Aufzuge, die Musik ist von Herrn Georg Benda.

1815 X 16, **1816** VII 22.

C.60. Menschenhaß und Reue
Ein Schauspiel in fünf Aufzügen, von A. v. Kotzebue.

1814 VII 16, **1815** IV 26.

C.61. Neugierigen, Die
Ein Lustspiel in drey Aufzügen. Nach dem Italienischen des Goldoni, frey bearbeitet von Schmidt.

1814 VII 4, **1817** V 13.

C.62. Octavia
Ein Trauerspiel in fünf Aufzügen. Von August von Kotzebue.

1815 III 28.

C.63. Othello, der Mohr von Venedig
Ein Trauerspiel in fünf Aufzügen, von Shakespeare.

1817 IV 20.

C.64. Parteywuth
Ein Original-Schauspiel in fünf Aufzügen, von F. W. Ziegler.

1815 II 13, 16, III 14, IV 4, VI 21, IX 7.

C.65. Proberollen, Die
Eine Posse in einem Aufzuge.

1816 V 8, 13, X 25, XI 21, **1817** I 15, 31, IV 22, V 16.

C.66. Prolog
Für diese Gelegenheit gedichtet von Herrn Castelli, und vorgetragen von dem Regisseur des k. k. Hofburgtheaters, Herrn Anschütz.

1831 VIII 21.

C.67. Puls, Der
Ein Lustspiel in zwey Aufzügen, von Babo.

1814 X 3, **1815** IX 25.

C.68. Räthsel, Das
Ein Lustspiel in einem Aufzuge, von C. W. Contessa.

1814 XII 2, **1815** V 16, IX 15, XII 15.

C.69. Rosen des Herrn von Malesherbes, Die
Ein ländliches Sittengemälde in einem Aufzuge, von August von Kotzebue.

1812 X 16, **1814** VII 10, **1817** V 30.

C.70. Sappho
Trauerspiel in fünf Aufzügen.

1819 XI 15.

C.71. Schelm thut mehr, als er kann, Ein
Ein Lustspiel in einem Akt, nach dem Französischen des Dorvigni, frey bearbeitet von Franz Joseph Theodor Franzky.

1815 VI 17, 23, IX 4.

C.72. Schuld, Die
Ein Trauerspiel in vier Aufzügen, in freyen Versen, von Doctor Müllner.

1816 VII 23.

C.73. Seltene Prozeß, Der. Erster Theil
Eine dialogirte wahre Anecdote in drey Aufzügen, vom Verfasser der Modesitten.

1815 IV 28, V 2.

C.74. Shawl, Der
Ein Lustspiel in einem Aufzuge, von A. v. Kotzebue.

1814 XI 23.

C.75. Sonnet, Das
Ein Lustspiel in Versen und einem Act, von Deinhardstein.

1814 XI 6, **1815** V 27, VI 22, **1816** I 19.

C.76. Strandrecht, Das
Ein Schauspiel in einem Aufzuge, von A. v. Kotzebue.

1815 V 29, IX 20.

C.77. Strelitzen, Die
Ein Schauspiel in fünf Aufzügen, von Babo.

1814 VII 13.

C.78. Tochter Pharaonis, Die
Ein Lustspiel in einem Aufzuge, von August v. Kotzebue.

1816 VII 10, 19, 29, XI 17, **1817** V 1, VII 7.

C.79. Torquato Tasso
Von Göthe.

1820 XI 15 (II/1).

C.80. Trau, schau, wem?
Ein Lustspiel in einem Aufzuge, von Carl Schall

1815 VII 21.

C.81. Uhr und die Mandel-Torte, Die
Eine dramatische Kleinigkeit in einem Aufzuge, von August v. Kotzebue.

1816 VII 7, 10, 28, XI 10, **1817** VI 6, 27.

C.82. Unterbrochene Conzert, Das
Ein Original-Lustspiel in fünf Aufzügen, von Julius v. Voß.

1815 IV 18.

C.83. Unversehene Wette, Die
Ein Lustspiel in einem Aufzuge, nach Sedaine.

1816 VII 17.

C.84. Verräther, Der
Ein Lustspiel in einem Aufzuge, von Holbein.

1814 VII 7, **1816** XI 10.

C.85. Verwundete Liebhaber, Der
Ein Lustspiel in einem Aufzuge, nach dem Französischen des Dupaty, von Franz August v. Kurländer.

1813 I 21.

C.86. Vetter aus Bremen, Der
Ein Lustspiel in einem Aufzuge, von Theodor Körner.

1814 IX 28, XI 17, **1816** XI 10, **1818** V 18, **1820** IV 24.

C.87. Vier Schildwachen auf einem Posten
Ein Lustspiel in einem Aufzuge, nach einer wahren Anecdote bearbeitet.

1815 III 6.

C.88. Wie machen sie's in der Komödie? oder: Die buchstäbliche Auslegung
Ein Lustspiel in einem Aufzuge, von Brömel.

1812 X 22, **1813** II 3, **1815** I 19, **1816** VII 1, **1817** VII 15.

C.89. Wittwer, Der
Ein Lustspiel in Versen und einem Aufzuge, von Deinhardstein.

1815 III 3, IX 13, **1816** I 10, III 13, **1817** X 3.

C.90. Zerstreuten, Die
Ein Lustspiel in einem Act, von A. v. Kotzebue.

1814 IV 26, VII 23, XII 12, **1815** II 10, **1818** III 17.

C.91. Zweiflerinn, Die, oder: Die gefährliche Prüfung
Ein dramatisches Spiel in einem Aufzuge, von Dr. Adolph Müllner, Verfasser der Schuld.

1816 VII 9.

D. AUFFÜHRUNGEN DER SCHAUSPIELERGESELLSCHAFT DES K. K. PRIV. THEATERS IN DER JOSEPHSTADT, UNTER DER DIREKTION DES CARL FRIEDRICH HENSLER

D.1. Aline, oder: Wien und Baden in einem andern Welttheile
Komisches Zauberspiel in drey Aufzügen, von Adolph Bäuerle. Musik von Wenzel Müller, Kapellmeister. Gruppen und das Arrangement der Tänze von Regisseur Fischer und Occioni. Decorationen und Maschinen von Nipperdey und Roller.

1825 IV 16, 17, 19, V 8.

D.2. Alle sind getäuscht, oder: Der Wechsel
Schwank von Georg Lotz.

1825 IV 14.

D.3. Armida, die Zauberinn im Orient
Großes Zaubermärchen in zwey Aufzügen, von Carl Meisl. Musik von Franz Gläser, Kapellmeister. Decorationen von Nipperdey und Arigoni. Maschinen von Roller. Die Tänze von Occioni. Das Arrangement von Regisseur Fischer. Das Kostüm neu.

1825 VII 12, 16.

D.4. Arsenius, der Weiberfeind
Zaubermährchen mit Gesang und Tanz in zwey Aufzügen von Carl Meisl. Musik von Franz Gläser, Kapellmeister. Decorationen von Nipperdey. Maschinen von Andreas Roller. Tänze und Gruppirungen von Occioni. Arrangirt von Fischer, Regisseur.
Demoiselle Hekermann wird die Ehre haben, im zweyten Akt eine Arie von Puccita zu singen.

1825 IV 4, 5, V 2.

D.5. Brief an sich selbst, Der
Komische Oper in einem Akt, von Herrn Carl Meisl. Musik von Herrn Franz Gläser, Kapellmeister.

1825 VII 5, 7, 13, 23.

D.6. Erlenkönig, Der
Romantisches Zauberspiel als Melodram mit Chören, Tänzen, Märschen, Tableaux und Maschinen in 3 Aufzügen von Franz Xav. Told. Musik von Franz Gläser, Kapellmeister. Tänze von Occioni. Decorationen von Nipperdey. Maschinen von Roller. Das Arrangement der Märsche und Tableaux von Regisseur Fischer. Zum Beschluß ein Epilog, gesprochen von Regisseur Fischer.

1825 V 10.

D.7. Falsche Prima Donna in Krähwinkel, Die
Posse mit Gesang in zwey Akten, von Adolph Bäuerle. Musik von Ignaz Schuster, k. k. Hofkapellsänger und Mitglied der Leopoldstädter-Schaubühne.

1825 IV 21, 28, VII 11.

D.8. Fee aus Frankreich, Die, oder: Liebesqualen eines Hagestolzen
Original-Feenmärchen neuerer Zeit in zwey Aufzügen, von Carl Meisl. Musik von Kapellmeister Müller. Decorationen von Engbert. Tänze von Occioni. Das Arrangement der Tableaux von Regisseur Fischer.

1825 IV 29, V 3.

D.9. Fest zu Pecking, Das
Großes chinesisches Divertissement in einem Akte aus beliebten Tanzstücken zusammengestellt durch Herrn Aichinger, Sohn.

1825 VII 1, 2, 3, 4, 9.

D.10. Harlekin und Harlekinette, oder: Die Macht der Feen
Große komische Pantomime mit Maschinen, Flugwerk, Tänzen und Tableaux in drey Abtheilungen, nach Angiolini und Kees, neu bearbeitet von Ferdinand Occioni. Die Musik ist neu komponirt von Johann Faistenberger. Die Decorationen von Nipperdey. Maschinen von Andreas Roller.

1825 IV 14.

D.11. Hochzeit auf dem Lande, Die
Komisches Ballet in einem Aufzuge, von der Erfindung des Hrn. Aumer, Balletmeister der königl. Akademie der Musik zu Paris, neu in die Scene gesetzt von Hrn. Aichinger Sohn. Die Musik ist von Herrn Kapellmeister Kinski, mit Ausnahme des Terzetts von Hrn. Persui.

1825 VII 5, 6, 7, 10, 19, 29.

D.12. Ismaans Grab, oder: Die Zauberinstrumente
Komisches Feenmärchen mit Gesang in zwey Aufzügen, nach dem Sujet des beliebten Ballets bearbeitet. Musik von Franz Gläser, Kapellmeister. Decorationen von Nipperdey. Maschinen von Roller. Tänze von Occioni. Arrangement von Regisseur Fischer.

1825 IV 26, 27.

D.13. Kleine Proteus, Der
Lustspiel in einem Aufzuge, von Albin Flet.

1825 VII 29.

D.14. Kornblümchen, oder: Der verwandelte Liebhaber
Großes Feenmärchen mit Gesang in zwey Aufzügen, nach dem Französischen des Charles Perrault frey bearbeitet. Musik von Herrn Leon de St. Lubin, zweyten Kapellmeister und Solospieler des Josephstädter Theaters. Decorationen von Herrn Nipperdey. Maschinen von Herrn Roller. Die Tänze von Hrn. Occioni. Das Arrangement des Stückes von Hrn. Regisseur Fischer. Das Kostüm neu.

1825 VII 20, 21.

D.15. Liebe aus Haß, oder: Arsena und Arsenius
Romantisches Mährchen mit Gesang in zwey Aufzügen, von Carl Meisl. Musik von Franz Gläser, Kapellmeister. Decorationen von Nipperdey. Maschinen von Andreas Roller. Die Tänze von Occioni. Das Arrangement des Stückes von Regisseur Fischer. Das Kostüm neu.

1825 IV 9, 10.

D.16. Liebe kann Alles, oder: Die bezähmte Widerspänstige
Lustspiel in 4 Abtheilungen, frey nach Shakespeare und Schink von Franz von Hollbein.

1825 VII 25.

D.17. Lotterie Loos, Das
Komische Oper in einem Akt. Musik von Isouard.
Vgl. A.184.

1825 VII 30.

D.18. Mädchen ist's, Ein, und nicht ein Knabe
Lustspiel in 1 Akt, nach dem Französischen vom Verfasser der Modethorheiten.

1825 VII 22.

D.19. Menagerie und optische Zimmerreise in Krähwinkel
Posse mit Gesang in zwey Aufzügen. Musik von Franz Gläser, Kapellmeister. Die neue Landschaft, die Menagerie, die Nordpol-Expedition und der Vesuv in seiner Explosion gemahlt von Nipperdey. Die Maschinen zum Vesuv von Andreas Roller.

1825 IV 6, 7, 8, 12, 15, 18, 23, 24, 25, 30, V 1, 5, 7, 9, VII 8, 27.

D.20. Prise Tobak, Die, oder: Die Vettern als Nebenbuhler
Komisches Singspiel in einem Aufzuge, nach dem Französischen. Musik von Herrn Riotte, Kapellmeister.

1825 VII 15, 17, 18.

D.21. Rettung durch die Sparkasse
Locales Gemählde mit Gesang in drey Aufzügen, von Carl Meisl. Musik von Franz Gläser, Kapellmeister. Der Volksgarten von Nipperdey. Der am Schluß vorkommende militärische Marsch, verbunden mit Tänzen ist arrangirt von Regisseur Fischer. Die Tänze von Occioni.

1825 IV 13.

D.22. Rinaldo d'Asti
Ballet in zwey Akten, von der Erfindung des Herrn Gaetano Gioja, neu in die Scene gesetzt von Herrn Carl Aichinger. Die Musik mit Ausnahme einiger Tanzstücke ist von Herrn A. Gyrowetz, k. k. Hoftheater- Kapellmeister.

1825 VII 13, 14, 15, 17, 18, 22, 28, 31.

D.23. Sieben Mädchen in Uniform
Vaudeville-Posse in einem Aufzuge, nach dem Französischen von L. Angely, Mitglied des Königstädter Theaters in Berlin. Die Musik ist von beliebten Meistern. Der Finalchor von Herrn Kapellmeister Gläser.

1825 VII 1, 2, 3, 4, 6, 10, 14, 28, 31.

D.24. 1725. 1825. 1925.
Phantastisches Zeitgemählde in drey Aufzügen mit Gesang und Tänzen von Carl Meisl. Die Ouverturen, welche jedes Jahrhundert characterisiren, und die übrigen Musikstücke sind von Kapellmeister Franz Gläser arrangirt. Die Tänze sind von Occioni.

1825 IV 20.

D.25. Sonderbare Laune, oder: Sie sind dennoch verheurathet
Komische Oper in einem Aufzuge, nach dem Französischen. Musik von Kapellmeister Gläser.

1825 VII 25, 26.

D.26. Unterhaltung im Weinberge, Die
Komisches Ballet in einem Akt, arrangirt von Herrn Aichinger, Sohn. Die Musik ist von verschiedenen Meistern.

1825 VII 23, 24, 26, 30.

D.27. Verwunschene Prinz, Der
Lokale Zauberparodie der Oper: Zemire und Azor, mit Gesang und Tanz in zwey Acten, von Adolph Bäuerle. Die Musik von Wenzel Müller, Kapellmeister. Die Tänze von Occioni. Decorationen von Nipperdey. Maschinen von Andreas Roller.

1825 V 4.

D.28. Weibertausch, Der
Komisches Singspiel in einem Akt, nach dem Französischen der Herrn D'Artois und Achille, von I. F. Castelli. Die Musik ist von Herold.
Vgl. A.273.

1825 VII 9, 19, 24.

D.29. Zauberhorn, Das
Zauberspiel mit Gesängen und Chören in zwey Aufzügen, von J. N. Vogl. Musik von Leon de St. Lubin, zweyter Kapellmeister und Solospieler dieses Theaters. Decorationen von Nipperdey. Maschinen von Roller. Die Tänze von Occioni. Arrangirt von Regisseur Fischer. Das mit so viel Beyfall aufgenommene Quodlibet im zweyten Akt ist von Regisseur Hopp.

1825 V 6.

E. AUFFÜHRUNGEN DER FRANZÖSISCHEN VAUDEVILLE-GESELLSCHAFT

E.1. Acte de naissance, L'
Comédie en un Acte, de Mr. Picard.

1826 XII 26 (KR), **1827** IV 7 (KR).

E.2. Adolph et Clara
Opéra-Vaudeville en un Acte. Musique de Mr. D'alayrac.
[Zum ersten Mahle:] **1826** IX 4.

1826 IX 4.

[Personnages:]	
Adolph	H. Brice
Clara	J. Brice
Mr. de Limbourg	Mr. Camel
Gaspard	Mr. César

E.3. Ambroise, ou: Voila ma journée
Opera-Vaudeville en un Acte, par Monvel.
Zum ersten Mahle: **1826** VIII 26.

1826 VIII 26.

Personnages:	
Madame de Varonne	Mme. Sarda
Ambroise	Mr. Fradelle
Un médecin	Mr. Leméle
François	Mr. Camel
Suzanne	J. Brice
Mr. Simon	Mr. César
Un particulier	Mr. Casimir

E.4. Ami intime, L'
Vaudeville en un Acte, par Ms. Théaulon, Dartois et Laloue.
1826 XI 16: Vaudeville en un Acte, de Mss. Théaulon et Dartois.

1826 IX 4, 9, 20, XI 16 (KR).

E.5. Angéline, ou: La champenoise
Vaudeville en un Acte, de Mss. Dartois et Léon.

1826 XI 16 (KR).

E.6. Auvergnate, L', ou: La principale locataire
Vaudeville nouveau en un Acte, de Mss. Dumersan et Brazier.

1827 III 23 (KR).

E.7. Baiser au porteur, Le
Vaudeville en un Acte, de Mss. Scribe et de Courcy.

1826 XI 23 (KR).

E.8. Belle mère, La
Vaudeville en un Acte, de Mss. Scribe et Bayard.
1827 III 29: Comédie-Vaudeville en un Acte, de Mss. Scribe et Mélesville.

1826 XII 16 (KR), 28 (KR), **1827** III 29 (KR).

E.9. Billet de logement, Le
Vaudeville en un Acte, par Léger.

1826 IX 28.

E.10. Bouffe et le tailleur, Le
Opéra-Vaudeville en un Acte, par Villiers et Gouffé. Musique de Mr. Gaveaux.
[Zum ersten Mahle:] **1826** VIII 9.
Vgl. A.242.

1826 VIII 9, 12, IX 16.

Personnages:
Cavatini	H. Brice
Benini	Mr. Clément
Barbeau	Mr. Camel
Celéstine	J. Brice

E.11. Cidevant jeune homme, Le
Comédie en un Acte, de Mss. Sevrin et Brazier.

1827 II 15 (KR), 16 (KR).

E.12. Cinq filles à marier, Les
Comédie en trois Actes, de Mr. Picard.

1827 II 3 (KR).

E.13. Coëffeur et le perruquier, Le
Vaudeville nouveau en un Acte, de Mr. Scribe.
1827 I 2: Le coiffeur et le perruquier.

1826 XII 7 (KR), **1827** I 2 (KR).

E.14. Colonel, Le
Vaudeville en un Acte par Scribe et Delavigne.
1827 III 16: Vaudeville en un Acte, de Mss. Scribe et Mélesville.

1826 IX 9, **1827** II 15 (KR), III 16 (KR).

E.15. Comédien d'estampes, Le
Vaudeville nouveau en un Acte, de Mss. Scribe et Mélesville.

1826 XII 26 (KR).

E.16. Confident, Le
Comédie-Vaudeville en un Acte, de Mr. Scribe.

1826 XI 13 (KR), 28 (KR), **1827** II 2 (KR).

E.17. Conscrit, Le
Vaudeville en un Acte, de Mss. Merle et Ferdinand.
1827 I 26: Vaudeville en un Acte, de Mss. Villeneuve et Lafontaine.
1827 III 14: Vaudeville en un Acte, de Mr. Delavigne.
1827 IV 7: Vaudeville en un Acte, de Mss. Carmouche et Lassale.

1827 I 13 (KR), 26 (KR), III 14 (KR), IV 7 (KR).

E.18. Délire, Le
Opera en un Acte, par Mr. Revéroni St. Cyr. Musique de Mr. Berton.
La première representation: **1826** IX 14.
Vgl. A.292.

1826 IX 14, 23.

Personnages:
Madame de Volmar	J. Brice
Clarisse	Mlle. Jamin
Murville	Mr. Fradelle
Tillemont	H. Brice
Pierre	Mr. Camel
Georges	Mr. César
Mathilde	Mme. Sarda

E.19. Deux jaloux, Les
Opéra-Vaudeville en un Acte.
Zum ersten Mahle: **1826** VIII 4.

1826 VIII 4.

Personnages:
Le Président	Mr. Fradelle
La Présidente	Mme. Lavaquerie
Lucie	Mme. Casimir
Damis	Mr. Casimir
Thibault	Mr. Clément
Franchetti	J. Brice
Frontin	H. Brice

E.20. Deux ménages, Les
Comédie nouvelle en trois Actes, de Mss. Wafflard et Fulgence.

1826 XI 30 (KR).

E.21. Deux precepteurs, Le, ou: Asinus asinum fricat
Vaudeville en un Acte, de Mr. Melesville.

1826 XI 13 (KR), **1827** I 4 (KR).

E.22. Duel et le déjeuner, Le
Vaudeville en un Acte. Paroles de Mss. Gouffé et Ledoux.
1826 XI 30: Vaudeville en un Acte, de Mr. Delavigne.

1826 VII 18, 24, XI 30 (KR).

E.23. Empiriques d'autrefois, Les
Vaudeville en un Acte, de Mss. Scribe et Alexandre.

1826 XI 28 (KR).

E.24. Etourdis, Les, ou: Le mort suppose
Comédie en trois Actes et en vers, de Mr. Andrieux.

1827 I 26 (KR).

E.25. Femmes, Les
Comédie en trois Actes et en vers, de Dumoutier.

1827 II 10 (KR).

E.26. Fondé de pouvoirs, Le
Vaudeville en un Acte, par Carmouche.
1826 XII 2: Vaudeville en un Acte, de Mr. Melesville.

1826 IX 23, 28, XII 2 (KR).

E.27. Frontin mari garçon
Vaudeville en un Acte, de Mss. Scribe et Mélesville.

1826 XII 21 (KR).

E.28. Gastronome sans argent, Le
Vaudeville en un Acte. Paroles de Mss. Scribe et Brulay.
1826 XII 12: Vaudeville en un Acte, de Mr. Scribe.

1826 VII 13, 15, 18, 29, VIII 1, IX 4, XII 12 (KR).

E.29. Haine aux femmes
Comédie-Vaudeville en un Acte, de Mr. Bouilly.

1827 I 19 (KR).

E.30. Héritière, L'
Comédie-Vaudeville en un Acte, de Mss. Scribe et Delavigne.

1827 I 27 (KR).

E.31. Homme de 60 ans, L'
Vaudeville en un Acte. Par Mss. Dartois, Simonin et Ferdinand.
1826 XI 20: Vaudeville en un Acte, de Mss. Dartois et Simonin.
1827 I 4: Comédie-Vaudeville en un Acte, de Mss. Théaulon et Dartois.
1827 III 11: Comédie-Vaudeville en un Acte, de Mss. Scribe et Courcy.

1826 VIII 12, 22, XI 20 (KR), **1827** I 4 (KR), III 11 (KR).

E.32. Intérieur d'un bureau, L'
Vaudeville en un Acte, de Mr. Scribe.

1826 XI 10 (KR), XII 9 (KR).

E.33. Jadis et aujourd'hui
Opéra-Vaudeville en un Acte, par Mr. Sewrin. Musique de Mr. Kreutzer.
La première representation: **1826** IX 22.

1826 IX 22.

[Personnages:]
Madame de Vielville	Mme.Sarda
Julie	J. Brice
Madame Leger	Mlle. Eloise Lavaquerie
Edmond	Mr. Fradelle
François	H. Brice
Mr. de Coq	Mr. César

E.34. Jeune femme colère, La
Comédie en un Acte, de Mr. Etienne.

1827 II 17 (KR).

E.35. Jeune homme en loterie, Le
Comédie en un Acte de Mr. Alex. Duval.

1826 XI 10 (KR), XII 19 (KR).

E.36. Kettly, ou: Le retour en Suisse
Vaudeville en un Acte, de Mss. Duvert et Paulin.
Vgl. A.165.

1827 II 17 (KR), III 29 (KR).

E.37. Landaw, Le, ou: L'hospitalité
Vaudeville en un Acte, de Mr. Picard.
1826 XII 28: Vaudeville en un Acte, de Mss. Mazères et Picard.

1826 XI 20 (KR), XII 28 (KR).

E.38. Léonide, ou: La vieille de Suresne
Vaudeville nouveau en trios Actes, par Dupeuty, de Villeneuve et Saint-hilaire.
1827 I 9: Comédie-Vaudeville en trois Actes, de Mss. Villeneuve et St. Hilaire.
1827 I 20: Léonide.

1826 VIII 30, IX 2, **1827** I 9 (KR), 20 (KR).

E.39. Lettre de change, La
Opéra Vaudeville en un Acte. Paroles de Mr. Planard. Musique de Mr. Bochsa.
Zum ersten Mahle: **1826** VII 29.
1826 XII 14: Comédie-Vaudeville en un Acte, de Mr. Planard.
Vgl. A.295.

1826 VII 29, XII 14 (KR).

Personnages:
Mr. Dermon — H. Brice
Madame Dermon — Mlle. Meyer
Eugénie — Mlle. Jamin
Rose — J. Brice
Sainville — Mr. Dorville
Pancrasse — Mr. César

E.40. Lully et Quinault
Opéra Vaudeville en un Acte. Paroles de Mr. Gaugiran-Nanteuil. Musique de Mr. Nicolo.
[Zum ersten Mahle:] **1826** VII 18.

1826 VII 18, 24, VIII 1, IX 2.

Personnages:
Lully — H. Brice
Quinault — Mr. Dorville
Mademoiselle Delabouquinière — Mme. Sarda
Eugenie — Mlle. Eloise Lavaquerie
Victor — J. Brice
Sansonnet — Mr. Camel
Mlle. Laurette — Mlle. Jamin

E.41. Ma tante Aurore
Opéra bouffon en deux Actes. Paroles de Long-champs. Musique de Boieldieu.
Zum ersten Mahl: **1826** VII 13.

1826 VII 13, 15.

Personnages:
Edmond Valsain — Mr. Dorville
Frontin — H. Brice
Georges — Mr. César
Aurore de Germond — Mme. Sarda
Julie de Germond — Dlle. Eloise Lavaquerie
Marton — J. Brice

E.42. Madame de Sévigné
Comédie en trois Actes, de Mr. J. N. Bouilly.

1826 XII 30 (KR).

E.43. Maison à vendre
Comédie-Vaudeville en un Acte, de Mss. Duval et Dalayrac.

1827 III 30 (KR).

E.44. Maison en lotterie, La
Vaudeville en un Acte, par Picard et Radet.
1827 III 21: La maison en loterie. Comédie-Vaudeville en un Acte, de Mss. Picard et Radet.

1826 IX 14, 22, **1827** III 21 (KR).

E.45. Maître de chapelle ou Le soupé imprévu, Le
Opéra bouffon en un Acte, Musique de Mr. Paer.
La première representation: **1826** IX 20.

1826 IX 20.

[Personnages:]
Barnabé	H. Brice
Benetto	Mr. Clément
Firmin	Mr. Dorville
Sans-quartier	Mr. Camel
Coelenie	Mlle. Eloise Lavaquerie
Gertrude	J. Brice

E.46. Malin Bossu, Le, ou: La maison en loterie
Vaudeville en un Acte, de Mss. Picard et Radet.

1826 XII 19.

E.47. Mansarde des artistes, La
Vaudeville en un Acte. Par Mss. Scribe, Dupin et Varner.
1826 XII 7: Vaudeville en un Acte, de Mr. Scribe.
1827 I 12: Comédie-Vaudeville en un Acte, de Mss. Scribe et Dupin.

1826 VII 22, 24, VIII 9, XII 7 (KR), **1827** I 12 (KR).

E.48. Médecin des dames, Le
Vaudeville en un Acte, de Mr. Scribe.
1827 II 2, 9: Vaudeville en un Acte, de Mss. Scribe et Melesville.

1827 I 19 (KR), II 2 (KR), 9 (KR).

E.49. Michel et Christine
Vaudeville en un Acte. Par Mss. Scribe et Dupin.

1826 VIII 4, 9, **1827** I 12 (KR).

E.50. Midi, ou: L'abdication d'une femme
Comédie-Vaudeville en un Acte, de Mss. Scribe et St. Hilaire.

1827 IV 4 (KR).

E.51. Moment d'imprudence, Le
Comédie nouvelle en trois Actes, de Mss. Wafflard et Fulgence.

1826 XII 5 (KR).

E.52. Mon ami Christophe
Vaudeville en un Acte, de Mss. Villeneuve et Lafontaine.
1827 I 20: Vaudeville en un Acte, de Mss. Dupeuty et Lafontaine.
1827 III 10: Vaudeville en un Acte, de Mr. Melesville.

1826 XII 30 (KR), **1827** I 20 (KR), III 10 (KR).

E.53. Monsieur Crédule, Le, ou: Il faut se méfier du vendredi
Vaudevilla nouveau en un Acte, de Mr. Martainville.

1826 XII 9 (KR).

E.54. Nouveau pourceaugnac, Le
Vaudeville en un Acte, de Mss. Scribe et Poirson.

1827 II 3.

E.55. Nouveau seigneur de village, Le
Opéra Vaudeville en un Acte. Musique de Boieldieu.
Zum ersten Mahle: **1826** VII 22.
1826 XII 12: Opéra-Vaudeville en un Acte, de Mss. Planard et Boyeldieu [!].

1826 VII 22, 30, XII 12 (KR).

Personnages:
Le Marquis de Formann	Mr. Fradelle
Frontin	H. Brice
Le Bailli	Mr. César
Babet	J. Brice (**1826** VII 22, 30), Mlle. Jamin (**1826** XII 12)
Colin	Mr. Casimir
Blaise	Mr. Clément

E.56. Opéra comique, L'
Comédie-Vaudeville en un Acte, de Mss. Ségur et Dupaty.
1826 XII 21 (KR).

E.57. Paméla, ou: La fille du portier
Vaudeville en un Acte, de Mr. Scribe.
1827 III 9: Vaudeville en un Acte, de Mss. Gabriel et Melesville.

1826 XII 14 (KR), **1827** III 9 (KR).

E.58. Petit enfant prodigue, Le
Vaudeville en un Acte, par Désaugiers et Gentil.
1826 XII 16: Vaudeville en un Acte, de Mr. Dartois.
1827 II 10: Vaudeville en un Acte, de Mr. Martainville.

1826 VIII 26, IX 22, XII 16 (KR), **1827** I 27 (KR), II 10 (KR).

E.59. Petite somnambule, La
Vaudeville nouveau en un Acte, de Mss. Dupaty et Villeneuve.
1827 IV 2: Comédie-Vaudeville en un Acte, de Mr. Villeneuve.

1827 III 30 (KR), IV 2 (KR).

E.60. Précepteur dans l'embarras, Le
Vaudeville en un Acte, de Mr. Mélesville.

1827 III 21 (KR).

E.61. Premières amours, Les
Vaudeville en un Acte, de Mr. Scribe.

1826 XII 2 (KR), **1827** I 2 (KR), II 16 (KR), IV 1 (KR).

E.62. Rendez-vous bourgeois, Le
Opéra-Vaudeville en un Acte, de Hoffmann. Musique de Nicolo.
Zum ersten Mahle: **1826** VIII 18.
1827 IV 1: Vaudeville en un Acte, de Mss. Dupaty et Nicolo.
Vgl. A.12.

1826 VIII 18, 22, **1827** IV 1 (KR).

Personnages:	
Mr. Dugravier	Mr. Camel
Reine	Mlle. Meyer
Louise	Mlle. Eloise Lavaquerie
César	Mr. Fradelle
Charles	Mr. Casimir
Julie	J. Brice
Bertrand	Mr. César
Jasmin	H. Brice

E.63. Riquet à la houppe
Vaudeville féerie en un Acte, de Mss. Sewrin et Brazier.
1827 III 19: Grand Vaudeville féerie à Spectacle changements etc. en deux Actes, de Mss. Sevrin et Brazier.

1826 VIII 18, 22, IX 9, 23, **1827** III 19 (KR).

E.64. Rodolphe, ou: Le frere et la sœur
Comédie en un Acte, de Mr. Scribe.

1827 III 16 (KR), 26 (KR).

E.65. Roman d'une heure, Le
Comédie en un Acte, de Mr. Hoffmann.

1827 III 9 (KR).

E.66. Roman par letters, Le, ou: Le chapitre XVIII.
Comédie-Vaudeville en un Acte, de Mr. Courcy.

1827 III 10 (KR), 23 (KR), 26 (KR).

E.67. Secret du menage, Le
Comédie en trios Actes et en vers, de Mr. Creuse de Lesser.

1827 I 13 (KR).

E.68. Secrétaire et le cuisinier, Le
Vaudeville en un Acte, par Scribe et Mélesville.

1826 IX 16, 20, XI 23 (KR).

E.69. Simple histoire
Comédie-Vaudeville en un Acte, de Mss. Scribe et Courcy.
1827 III 14, IV 2: Comédie-Vaudeville en un Acte, de Mr. Scribe.

1827 III 2 (KR), 14 (KR), IV 2 (KR).

E.70. Somnambule, La
Vaudeville en deux Actes, de Mss. Scribe et Delavigne.

1826 XI 18 (KR).

E.71. Vatel, ou: Le petit fils d'un grand homme
Vaudeville en un Acte, de Mss. Scribe et Mazères.

1827 III 2 (KR), 11 (KR), IV 4 (KR).

E.72. Vieux garçon et la petite fille, Le
Vaudeville en un Acte. Par Mss. Delavigne et Scribe.

1826 VII 29, VIII 1.

E.73. Visite à Charenton, Une
Folie-Vaudeville en un Acte, de Mr. Désaugier.

1827 II 9 (KR).

F. AUFFÜHRUNGEN DES HRN. ALEXANDRE

F.1. Diable boiteux, Le
Vaudeville en un Acte, par Mr. Alexandre.

1833 III 20, 22, IV 25, 27.

F.2. Listigen Streich des Nicolas, Die
Vaudeville in einem Acte. In deutscher Sprache.
Vgl. F.4.

1833 V 1.

F.3. Paquebot, Le, ou: Sept pour un
Vaudeville en un Acte.
1833 II 23: Le Paquebot, ou: Seul pour sept.

1833 II 21, 23, 27, III 4, 6, 15, 17, IV 11, V 17.

F.4. Ruses de Nicolas, Les
Uebersetzt aus dem Englischen von dem Darsteller.
Vgl. F.2.

1833 II 9, 13, 16, III 8, 11, 13, IV 9.

G. KONZERTVERANSTALTUNGEN

G.1. Montag, 8. April 1811
Zum Vortheile des Herrn Reil, k. k. Hofschauspielers: Deklamatorische und musikalische Abendunterhaltung

Mozart: Symphonie [C-Dur]
Bayer: Concert auf der Flöte aus G moll (Bayer)
[Isouard]: Aschenbrödel, Romanze (Demmer)
Winter: Terzett (Dlle. Meier, Ehlers, Meier)
[Isouard]: Aschenbrödel, Duett (Demmer, Ehlers)

[G.1a. Sonntag, 22. Dezember 1811
Zum Vortheile des Hrn. und der Mad. Korn: Deklamatorisch-musikalische Abendunterhaltung

Gyrowetz: Musikalisches Pot-pourri
Zwei Lieder mit Guitarre-Begleitung (Ehlers)
Schoberlechner: Concert auf dem Pianoforte (Schoberlechner)
Mayr: Adelasia und Aleramo, Arie (Dlle. Minetti)
Paër: I fuorusciti, Duett (A. Laucher, Siboni)
Concert auf der Flöte (Dreßler)]

G.2. Mittwoch, 12. Februar 1812
[Zum Besten der Gesellschaft adelicher Frauen zur Beförderung des Guten und Nützlichen:] Ein Concert, und die Vorstellung drey berühmter Gemählde

Cartellieri: Ouverture
Mayr: Adelasia und Aleramo, Scene und Cavatine (M. T. Sessi)
Beethoven: Großes ganz neues Concert für das Pianoforte [Es-Dur] (Czerny)
Guglielmi: Deborah und Sisara, Arie (Siboni)
Mayseder: Variationen auf der Violine (Mayseder)
Mayr: Adelasia und Aleramo, Duett (M. T. Sessi, Siboni)

G.3. Donnerstag, 20. Februar 1812
Die Vorstellung drey berühmter Gemählde

Mozart: La clemenza di Tito, Ouverture
Mayseder: Variationen auf der Violine (Mayseder)
Cherubini: Anacreon, Ouverture

G.4. Samstag, 7. März 1812
Eine Vorstellung von drey Gemählden

Winter: Tamerlan, Ouverture
Umlauf: Variationen auf dem Fagott (A. Romberg)
Vogel: Demophoon, Ouverture
P. Wranitzky: Variationen auf das Dulderlied mit ganzem Orchester

G.5. Sonntag, 15. März 1812
Eine Vorstellung von drey Gemählden

Beethoven: Symphonie Nr. 4 (1., 2. und 4. Satz)
Mayseder: Violin-Concert, Andante und Polonaise

G.6. Mittwoch, 18. März 1812
Eine Vorstellung von zwey Gemählden

Beethoven: Die Geschöpfe des Prometheus, Ouverture
Winter: Maria von Montalban, Ouverture
Mozart: Große Symphonie

[G.6a. Montag, 23. März 1812
Zum Vortheile des Herrn Carl, k. k. Hofschauspielers: Declamatorische musikalische Abendunterhaltung]

G.7. Dienstag, 24. März 1812
[Zum Besten des Fondes für Theater-Arme:] Musikalische Abendunterhaltung

[Beethoven: Egmont, Ouverture
Arie (Campi)
Dreßler: Konzert für die Flöte (Dreßler)
A. Romberg: Andante und Variationen für Fagott (A. Romberg)]

G.8. Sonntag, 29. März 1812
[Zum Vortheile der Wohlthätigkeits-Anstalten: Declamatorische musikalische Abendunterhaltung]

G.9. Mittwoch, 20. Mai 1812

[Mazas:] Concert auf der Violine (Mazas)

[G.9a. Dienstag, 8. September 1812
Zum Vortheile der hiesigen Handlungs- Kranken- und Verpflegungs-Institute: Eine musikalische und declamatorische Academie

Gyrowetz: Mirina, Königin der Amazonen, Ouverture
Steibelt: Duo für Pianoforte und Pedalharfe (C. Mosel, Müllner)
Gyrowetz: Feyer der Wohlthätigkeit]

[G.9b. Mittwoch, 3. März 1813
Zur besseren Verpflegung der Findlinge: Große musikalische Academie

Mayr: Ginevra di Scozia, Arie (Harlas)
Dussek: Concert für das Pianoforte (C. Mosel)
Paër: Numa Pompilius, Duett (Harlas, Klieber)
Gerke: Pot-pourri auf der Violin (Spohr)
Cherubini: Trauergesang auf den Tod Haydn's (Klieber, Lugano, Hofmann)]

G.10. Dienstag, 13. April 1813
Zum Besten des Fondes für Theater-Arme: Eine musikalische declamatorische Abendunterhaltung

Rößler: Ouverture
Portogallo: Arie (M. T. Sessi)
Mayseder: Violin-Concert (Mayseder)
Umlauf: Andante und Variationen für den Fagott (A. Romberg)
Mayr: Arie mit Chor (M. T. Sessi)
Spohr: Ouverture

G.11. Sonntag, 18. April 1813
Zum Vortheile der öffentlichen Wohlthätigkeits-Anstalten: Eine declamatorische musikalische Abendunterhaltung

Haydn: Ouverture
Paër: Arie (Schönberger-Marconi)
Hummel: Concert auf dem Pianoforte (I. Moscheles)
Nasolini: Arie (Harlas)
Weber: Concert auf dem Clarinett (H. Bärmann)
Nasolini: Duett (Harlas, Schönberger-Marconi)
Beethoven: Schlußsymphonie
Sämmtliche obbenannte Künstler und Künstlerinnen haben sich in Rücksicht des wohlthätigen Zweckes aus menschenfreundlicher Gefälligkeit zur Mitwirkung, so wie auch Herr Wranitzky, Fürstl. Lobkowitzischer Kapellmeister und erster Orchester-Director der k. k. Hoftheater, zur Leitung des Orchesters, und Herr Gyrowetz, Kapellmeister der k. k. Hoftheater zu jener des Ganzen am Klavier gütigst herbeygelassen.

G.12. Donnerstag, 20. Mai 1813
Zum Vortheile und unter der Leitung des Philipp v. Stubenrauch, Kostüms-Director der k. k. Hoftheater: Die Vorstellung von fünf großen Tableaux

Beethoven: Egmont, Ouverture

G.13. Montag, 31. Mai 1813

Spohr: Ouverture
Rode: Variationen (Mayseder)
Cherubini: Anakreon, Ouverture

G.14. Dienstag, 8. Juni 1813
Mimisch-plastische Vorstellungen drey neuer Tableaux

Righini: Tigrane, Ouverture
Spohr: Ouverture
Beethoven: Simphonia patetique in E^b

G.15. Freitag, 11. Juni 1813
Mimisch-plastische Vorstellungen drey neuer Tableaux

Umlauf: Ouverture
Dreßler: Concert für die Flöte (Dreßler)
Bernhard Romberg: Ouverture

G.16. Dienstag, 22. Juni 1813
Mimisch-plastische Vorstellungen drey neuer Tableaux

Ouverture
[Romberg:] Variationen auf dem Fagotte (Romberg)
Cherubini: Lodoiska, Ouverture

G.17. Freitag, 25. Juni 1813
Mimisch-plastische Vorstellungen drey neuer Tableaux

Symphonie
Rode: Variationen auf der Violine (Mayseder)
Mozart: Große Symphonie

G.18. Dienstag, 29. Juni 1813

Beethoven: Symphonie Nr. 2

G.19. Freitag, 2. Juli 1813
Mimisch-plastische Vorstellungen drey neuer Tableaux

Haydn: Symphonie

G.20. Dienstag, 6. Juli 1813
Mimisch-plastische Vorstellungen drey neuer Tableaux

Mozart: Symphonie
Dreßler: Variationen auf der Flöte

G.21. Freitag, 9. Juli 1813
Mimisch-plastische Vorstellungen drey neuer Tableaux

Cartellieri: Symphonie
Drechsler, Kapellmeister der k.k. Hoftheater: Concert auf dem Waldhorne (Radetzky)

G.22. Donnerstag, 16. September 1813

Mayseder: Variarionen auf der Violine (Mayseder)
Weigl: Wehrmannslieder (Bondra, Vogl, Weinmüller)

G.23. Montag, 15. November 1813
Akademie zum Besten der öffentlichen Wohlthätigkeits-Anstalten

[Beethoven: Egmont, Ouverture
Gyrowetz: Des Kriegers Abschied von seinem Liebchen, Duett (Treml, Vogl)
Gyrowetz: Des Kriegers Glaube, Terzett mit Chor
Die siegreiche Armee, Szene mit Chor von Castelli, mit der Musik der Introduction aus der Oper Ferdinand Cortez von Spontini (Siboni, Chor)]

G.24. Mittwoch, 17. November 1813

Mayseder: Concert (Mayseder)

G.25. Freitag, 10. Dezember 1813
Declamatorische Unterhaltung des Herrn von Sydow

Gyrowetz: Des Kriegers Abschied von seinem Liebchen, Duett (Treml, Hr. Vogl)

G.26. Freitag, 25. März 1814
Zum Vortheile des Theater-Armenfonds: Eine große musikalisch-declamatorische Abendunterhaltung

Beethoven: Egmont, Ouverture
Mayseder: Variationen für die Violine (Mayseder)
Gyrowetz: Der österreichische Offizier, Terzett (Treml, Ehlers, Weinmüller)
E. Müller: Adagio und Polonaise für Flöte (Gebauer)
Beethoven: Wellingtons Schlacht und Sieg bey Vittoria, eine große Instrumental-Composition
Sämmtliche Künstler und Künstlerinnen haben die Ausführung obiger Gegenstände, so wie Herr van Beethoven die Herleihung und Direction seiner Instrumental-Composition aus Gefälligkeit in Rücksicht auf den wohlthätigen Zweck, übernommen.

[G.26a. Dienstag, 5. April 1814
Zum Vortheile des Hrn. Anton Romberg: Musikalische Abendunterhaltung

A. Romberg: Concert auf dem Fagott (A. Romberg)
Moscheles: Rondo Pastorale für zwei Pianoforte (Moscheles, Frigo)
Dreßler: Variationen für die Flöte (Bogner)
Kraft: Variationen auf dem Violoncell über ein russisches Thema von B. Romberg (Kraft)
Rode: Variationen auf der Violine (Mayseder)
Nicolini: Trajan, Duett (Milder, Buchwieser)
F. Weiß: Variationen für den Fagott (A. Romberg)]

[G.26b. Sonntag, 10. April 1814
Zum Vortheile der öffentlichen Wohlthätigkeitsanstalten: Musikalisch-declamatorische Abendunterhaltung

Mozart: Symphonie C-Moll (Fantasia fugata, von Hrn. I. v. Seyfried für das ganze Orchester eingerichtet)
Mayer: Cavatina (M. T. Sessi)
Moscheles: Phantasie und Potpourri auf dem Pianoforte (Moscheles)
Pechatscheck: Variationen über ein ungarisches Nationalthema (Pechatscheck)
Mosel: Salem, Duett (Milder, A. Laucher)
Bayer: Variationen für die Flöte (Bayer)
Jephte, Duett (M. T. Sessi, Radichi)
Kanne: Rheinübergang, Rundgesang (Chor)]

G.27. Donnerstag, 7. Juli 1814

Dont: Adagio und Rondeau auf dem Violoncell (Dont)

G.28. Montag, 17. Oktober 1814
Im Theater nächst dem Kärnthnerthore werden die beyden Solospieler am k. k. Hoftheater Mayseder und Romberg die Ehre haben, eine große musikalische Akademie zu ihrem Vortheile zu geben

J. Mayseder: Ouverture
A. Romberg: Fagott-Concert (A. Romberg)
Aria (Bondra)
R. Kreutzer: Doppel-Concert arrangirt für Violin und Violoncello (Mayseder, Kraft)
Mayseder: Polonaise (Mayseder)
B. Romberg: Variation über ein russisches Thema (Kraft)
Paër: Duett (Treml, Bondra)
Mayseder: Variationen (Mayseder, A. Romberg, Kraft)

G.29. Mittwoch, 26. Oktober 1814
Im Theater nächst dem Kärnthnerthore wird Herr Carl Bärmann, Königl. Preußischer Kammer-Musiker und erster Fagottist die Ehre haben, eine große musikalische Akademie zu seinem Vortheile zu geben

Beethoven: Ouverture
Cimarosa: Aria (Klieber)
C. Bärmann: Fagott-Concert (C. Bärmann)
Rode: Variationen für Violin (Mayseder)
Paër: Duett (Klieber, Schelble)
Duett-Concert für zwey Fagott (C. Bärmann, A. Romberg)

G.30. Samstag, 29. Oktober 1814
Im Theater nächst dem Kärnthnerthore wird Herr Ferdinand Fraenzl, Königl. Bayerischer Hof-Musik-Director, die Ehre haben, eine große musikalische Akademie zu seinem Vortheile zu geben

Fränzl: Carlo Fioras, Ouverture
Fränzl: Violin-Concert (Fränzl)
Maurer: Arie (Forti)
Romberg: Divertimento für Violoncell (Kraft)
Dußek: Forte-Piano-Concert (Sprinz)
Mayr: Duett (Milder-Hauptmann, Buchwieser)
Fränzl: Das Reich der Töne, Concertino für die Violine mit Begleitung mehrerer Singstimmen, Chöre und dem vollständigen Orchester, componirt (Fränzl, Milder-Hauptmann, Schelble, Forti)

G.31. Freitag, 4. November 1814

Mehul: Hadrian, Ouverture
Mayseder: Variationen (Mayseder)

G.32. Donnerstag, 10. November 1814

Der Brand von Moskau, ein transparentes Gemählde in ganzer Größe der Bühne, ausgeführt nach der Abbildung im Werke des Hrn. Grafen v. Rechberg, durch Hrn. Klotz, königl. bayrischen Hofmahler.

G.33. Freitag, 11. November 1814
Im Theater nächst dem Kärnthnerthore wird Herr Luigi Tomasini, herzogl. Mecklenburg-Strelitzischer Concert-Meister die Ehre haben, eine große declamatorische Vocal- und Instrumental-Akademie zu seinem Vortheile zu geben

Hummel: Die Rückfahrt des Kaisers, Ouverture
Tomasini: Violin-Concert in Es (Tomasini)
Beethoven: Adelaide (Wild)
Leidesdorf: Rondo für 2 Pianoforte (Leidesdorf, Frigo)
Paër: Sargino, Terzett (Bondra, Wild, Forti)
Tomasini: Potpourri mit Janitscharen-Musik (Tomasini)
Die obengenannten Herrn Künstler und Künstlerinnen haben alle die Ausführung der vorkommenden Stücke, ebenso wie Herr Wranitzky, erster Orchester-Director der k. k. Hoftheater die Leitung des Orchesters, und Herr Kapellmeister Umlauf den Platz am Clavier aus besonderer Gefälligkeit für den Concertgeber übernommen.

[G.33a. Dienstag, 15. November 1814
Zum Vortheile der öffentlichen Wohlthätigkeits-Anstalten: Declamatorisch-musikalische Abendunterhaltung]

G.34. Mittwoch, 8. Februar 1815
Große musikalische Akademie mit Declamation und Gemählde-Darstellungen

Cherubini: Faniska, Ouverture
Paër: Griselda, Scene und Arie (C. Mosel)
Moscheles: Variationen über ein beliebtes Thema für das Pianoforte mit Begleitung des Orchesters (Moscheles)
Blangini: Duett (Treml, Bondra)
Pechatscheck: Potpourri für die Violine (Pechatscheck)
Mayr: Ginevra di Scozia, Duett (Buchwieser, Bondra)
Hummel: Rondeau auf der Klappentrompete (Anton Weidinger)
Herr Gyrowetz, Kapellmeister der k. k. Hoftheater, hat die Oberleitung des Orchesters, Herr Treml, Decorations-Director der k. k. Hoftheater und Herr Phil. v. Stubenrauch die Anordnung der Gemählde-Darstellung gefälligst übernommen.
Die Einnahme wird von der Gesellschaft adeliger Frauen zur Beförderung des Guten und Nützlichen zur besseren Verpflegung der Findlinge verwendet.

G.35. Dienstag, 21. März 1815
Zum Vortheile des Theater-Armenfonds: Eine große musikalisch-declamatorische Abendunterhaltung

Righini: Tigrane, Ouverture
Riotte: Potpourri für die Clarinette (Friedlovsky)
Nasolini: Duett (Campi, Radicchi)
Mayseder: Variationen für die Violine (Mayseder)
Cartellieri: Ouverture
Cherubini: [Elisa], Arie mit obligater Oboe (Campi, Czerwenka)
Czeika: Variationen für den Tenorfagott (Czeika)
Paër: Leonore, Quartett (Campi, Radicchi, Gottdank, Weinkopf)

[G.35a. Sonntag, 26. März 1815
Zum Vortheile der öffentlichen Wohlthätigkeits-Anstalten: Declamatorisch-musikalische Abendunterhaltung

Méhul: Bion, Ouverture
Dalayrac: Rondeau für die Harfe (Katschirek)
Paër: Scene mit Chor (Seidler-Wranitzky)
B. Romberg: Potpourri für das Violoncell (Merk)
Spontini: Ferdinand Cortez, Ouverture
Hummel: Variationen für das Pianoforte mit Orchesterbegleitung (Jos. von Szalay, 9jährig)
Nicolini: Duett (Seidler-Wranitzky, Kraus-Wranitzky)
Beethoven: Prometheus, Ouverture]

[G.35b. 15. November 1815
Zum Vortheile der öffentlichen Wohlthätigkeits-Anstalten: Declamatorisch-musikalische Abendunterhaltung

Beethoven: Große Symphonie in B, 1., 2., 4. Satz
Nasolini: Scene (Campi)
Polledro: Violinconcert mit türkischer Musik (A. Wranitzky)
B. Romberg: Rondoletto für das Violoncell (Linke)
Paër: Sophonisbe, Grosses Duett (Seidler-Wranitzky, Wild)]

G.36. Mittwoch, 17. Jänner 1816

Violin-Concert (A. Wranitzky Sohn)

G.37. Freitag, 19. Jänner 1816

Cherubini: Anakreon, Ouverture

G.38. Montag, 29. Jänner 1816
Musikalische Akademie

Beethoven: Coriolan, Ouverture
Thurner: Oboe-Concert (Thurner)
Weigl: Amore marinaro, Arie (Campi)
Thurner: Adagio, Rondo, und Variazionen (Thurner)

G.39. Donnerstag, 8. Februar 1816

Mayseder: Polonaise (Mayseder)

G.40. Montag, 12. Februar 1816
Musikalische Akademie

Mehul: Hadrian, Ouverture
Ant. Khayll: Potpourri für die Trompete mit Begleitung des ganzen Orchesters (Ant. Khayll)
Gyrowetz: Arie (Campi)
B. Romberg: Concert für das Violoncell (Merk)
Wegen Geburtsfeyer Sr. Majestät des Kaisers wird vor dem Anfange der Akademie das Lied: Gott erhalte Franz den Kaiser gesungen.

[**G.40a. Mittwoch, 28. Februar 1816**
Grosse musikalisch-declamatorisch-mimische Abendunterhaltung

Méhul: Ariodant, Ouverture
Weigl: Arie (Bondra)
Weigl: Die Weihe der Zukunft, Quartett (H. Forti, A. Laucher, Vogl, Frühwald)
Cherubini: Faniska, Ouverture
Kramář: Variationen für die Clarinette (Zenker)
Weigl: Die Weihe der Zukunft, Sextett (Seidler-Wranitzky, Forti, A. Laucher, Bondra, Vogl, Frühwald)
Gyrowetz: Der Raub der Europa (erfunden von Hrn. Aumer)]

G.41. Montag, 4. März 1816
Eine musikalische Akademie nebst Tableaux

Cherubini: Lodoiska, Ouverture
B. Romberg: Adagio und Rodeau (Merk)
Guglielmi: Große Arie mit Recitativ (Campi)
Radetzky: Variationen für das Waldhorn (Radetzky)

G.42. Montag, 18. März 1816

Mehul: Hadrian, Ouverture
Rossini: Arie (Bondra)
Kramář: Concert für die Flöte (Al. Khayll)
Mehul: Ariodante, Ouverture

G.43. Mittwoch, 29. Mai 1816

Winter: Tamerlan, Ouverture
Mayseder: Polonaise (Mayseder)
Ant. Khayll: Pot-Pourri für die Trompete, mit ganzem Orchester (Ant. Khayll)

[**G.43a. Sonntag, 2. Juni 1816**
Zum Vortheile der öffentlichen Wohlthätigkeits-Anstalten: Musikalisch-declamatorische Abendunterhaltung

Cherubini: Anacreon, Ouverture
Sarti: Giulio Sabino, Arie (Teyber)
Kreutzer: Adagio und Bolleros für die Violine (A. Wranitzky Sohn)
Moscheles: Ouverture
Moscheles: Pianoforte-Variationen mit Orchesterbegleitung (Moscheles)
Paër: Camilla, Duett (Klieber, Götz)]

G.44. Montag, 14. Oktober 1816
Musikalische Akademie

Mozart: Die Zauberflöte, Ouverture
Mozart: Die Zauberflöte, Arie „In diesen heiligen Hallen" (L. Fischer)
Sarti: Giulio Sabino, Arie (Teyber)
Mozart: Die Zauberflöte, Arie mit Chor „O Isis und Osiris" (L. Fischer)
Faltis: Neue Variationen für das Waldhorn (Radetzky)
Romanze „Zu Stephan sprach im Traume" (L. Fischer)

[**G.44a. Freitag, 15. November 1816**
Zum Vortheile der öffentlichen Wohlthätigkeits-Anstalten: Musikalisch-declamatorische Abendunterhaltung

Boieldieu: Ouverture
Variationen für die Harfe (Katschirek)
Merk: Variationen für das Violoncello (Merk)
Persuis: Ouverture (mit türkischen Instrumenten)
A. Wranitzky: Symphonie, Andante
Nicolini: Trajano in Dacia, Quartett (Bondra, Teyber, Rosenfeld, Forti)
Pechatscheck: Polonaise für die Violine (Pechatscheck)
Tableau nach der Anordnung des Hrn. von Stubenrauch.]

G.45. Mittwoch, 11. Dezember 1816
Musikalische Akademie

Beethoven: Egmont, Ouverture
Mayseder: Das erste Stück eines Concerts (Mayseder)
Mayr: I Misterii Eleusini, Scene mit Chor (Tacchinardi im Costume)
Wegen Verspätung der Oper Tancredi, in welcher Herr Tacchinardi die Rolle des Argirio jetzt einstudiret, hat derselbe indessen die Ausführung obenangezeigter Scene übernommen.

G.46. Mittwoch, 19. Februar 1817
Große musikalische Akademie mit Declamation und Gemählde-Darstellungen

Cherubini: Lodoiska, Ouverture
Worzischek: Rondeau für das Forte-Piano (Worzischek)
Gyrowetz: Federica e Adolfo, Chor und Cavatine (Schwarz)
Stunz: Ouverture
Rovelli: Concertino für die Violine (Rovelli)
Paër: I Fuorusciti, Duett (Kraus-Wranitzky, Forti)
Oberleitung des Orchesters: Gyrowetz
Direction als erste Violine: A. Wranitzky
Anordnung der Gemähle-Darstellungen: Treml, Stubenrauch

G.47. Mittwoch, 26. Februar 1817
Eine musikalische Akademie

Persuis: Ouverture
Mayr: Scene und Arie mit Chor (De Vecchi)
B. Romberg: Adagio und Rondo (Merk)
F. Piggatti: Arie (Valsovani-Spada)

G.48. Samstag, 29. März 1817

Zwischen dem ersten und zweyten Singspiele wird Herr Rovelli, königl. bayr. Kammervirtuos, Variationen auf der Violine vortragen.

[G.48a. Dienstag, 1. April 1817
Zum Vortheile des Theater-Armenfonds: Musikalisch-deklamatorische Abendunterhaltung

Méhul: Hadrian, Ouverture
Mayseder: Polonaise für die Violine (Mayseder)
Naumann: Medea, Ouverture
Naumann: Vater unser]

G.49. Sonntag, 6. April 1817
Zum Vortheile der Wohlthätigkeits-Anstalten: Musikalisch-deklamatorische Abendunterhaltung

Paër: Sofonisba, Ouverture
J. M. Böhm: Polonaise für die Violine (J. M. Böhm)
[Moscheles:] Caprice und Potpourri für Pianoforte und Violoncello (Moscheles, Merk)
Töpfer: Potpourri für die Guitarre (Töpfer)
Cherubini: Medea, Ouverture
Gyrowetz: Arie (Campi)
F. Weiß: Variationen für Flöte, Oboe und Klappentrompete (Gebrüder Khayll)
Dalayrac: Der Thurm von Gothenburg, Ouverture

G.50. Freitag, 24. Oktober 1817

Sellner: Thema mit Variationen auf der Oboe (Sellner)

G.51. Freitag, 7. November 1817

Otter: Polonaise auf der Violine (Otter)

[G.52a. Samstag, 15. November 1817
Zum Vortheile der Wohlthätigkeitsanstalten: Musikalische Abendunterhaltung

Cherubini: Anacreon, Ouverture
Halm: Concert-Rondeau für Pianoforte (Halm)
Stadler: Der 112te Psalm
J. M. Böhm: Violin-Polonaise (J. M. Böhm)
Haydn: Sturmchor
Méhul: Hadrian, Ouverture
Merk: Variationen für das Violoncello (Merk)
Mozart: Heiliger, sieh gnädig hernieder [=KV. 125, Kyrie]
Sellner: Hoboenconcert (Sellner)
Beethoven: Phantasie mit Chor (Halm)]

G.52. Freitag, 21. November 1817

Rode: Variationen auf der Violine (Rudersdorf)

G.53. Freitag, 28. November 1817

Rode: Variationen auf der Violine (Mayseder)

[**G.53a. Mittwoch, 4. Februar 1818**
Declamatorisch-musikalische Abendunterhaltung

Demar: Ouverture
Catel: Semiramis, Arie (Dem. Coda)
Mayseder: Variationen für die Violine (Marsch aus der Oper Aline) (Kaan)
Paër: Arie (Kraus-Wranitzky)
Romanze und Rondeau für die Hoboe (Sellner)
Mayr: I misteri Eleusini, Duett (Coda, Kraus-Wranitzky)]

G.54. Mittwoch, 25. März 1818
Zum Vortheile des Theater-Armenfonds: Declamatorisch-musikalische Abendunterhaltung

Beethoven: Sinfonie in A
F. Weiß: Neues Terzett für Flöte, Oboe und Trompete (Gebrüder Khayll)
Catalani: Variationen „Sul margine del rio" (Kraus-Wranitzky)
Leidesdorf, Bellonci: Variationen für Fortepiano und Waldhorn (Preisinger, Bellonci)
Paër: Sophonisbe, Arie mit Chor (Waldmüller)
A. Wranitzky Sohn: Doppel-Potpourri verschiedener Nationallieder für Violine und Violoncell mit Begleitung des Orchesters (A. Wranitzky Sohn, F. Wranitzky)
Bolleros (Kraus-Wranitzky)

[**G.54a. 15. November 1818**
Zum Vortheile der Wohlthätigkeitsanstalten: Musikalische Abendunterhaltung

Beethoven: Prometheus, Ouverture
Nicolini: Arie (Th. Grünbaum)
Siebert: Der Morgen (Siebert)
Rode: Violinconcert E-moll (J. M. Böhm)
Beethoven: Egmont, Ouverture
Zwei unbekannte Werke (Moscheles, Keller)
Bochsa: Symphonie]

G.55. Freitag, 22. Jänner 1819

Pössinger: Polacca-Concertante

G.56. Montag, 8. Februar 1819

B. Romberg: Capriccio über schwedische National-Lieder für das Violoncell (Kraft)

G.57. Mittwoch, 24. Februar 1819
Große musikalische Akademie, mit Declamation und Gemähldedarstellungen verbunden

Rossini: La Cenerentola, Ouverture
Spohr: Faust, Arie mit Chor (Barth)
Moscheles: Variationen für das Pianoforte (Belleville)
Morlacchi: Arie mit obligater Viole (Campi)
Rode: Violinkonzert E-dur, 1. Satz (Hellmesberger)
Terziani: La Distruzione di Gerusalemme, Duett (Barth, Götz)
Götz: Terzett (Th. Grünbaum, Barth, Götz)
Herr Kapellmeister Umlauff hat die Leitung am Clavier, Herr Anton Wranizky, erster Orchester-Director der k. k. Hoftheater, die Direction des Orchesters, Herr Horschelt, Balletmeister und Regis-

seur des k. k. priv. Theaters an der Wien, die Anordnung der Tableaux, und Herr Katschirek, Mitglied des k. k. Hoftheater-Orchesters, das Harfenspiel während der Gemähldedarstellungen übernommen. Die Einnahme wird von der Gesellschaft adeliger Frauen zur Beförderung des Guten und Nützlichen zur besseren Verpflegung der Findlinge verwendet.

G.58. Donnerstag, 25. März 1819
Zum Vortheile des Theatral-Armenfonds: Musikalisch-declamatorische Akademie

L. van Beethoven. Ouverture in C
Mayr: Arie mit obligater Violine (Campi, Mayseder)
Leidesdorf: Adagio und Polonaise für Flöte, Oboe und Trompete, ohne Orchesterbegleitung, arrangirt von Herrn Jos. Khayll (Gebrüder Khayll)
Gyrowetz: Federico ed Adolfo, Duett (Campi, Kraus-Wranitzky)
Rossini: La Cenerentola, Ouverture
Jos. Khayll: Variationen für Flöte, Oboe und Trompete, ohne Orchesterbegleitung (Gebrüder Khayll)
Mayseder: Rondeau für die Violine (Mayseder)
Rossini: La gazza ladra, Cavatine (Kraus-Wranitzky)

G.59. Sonntag, 4. April 1819
Zum Vortheile der k. k. Hofschauspieler Maximilian und Wilhelmine Korn: Musikalisch-declamatorische Akademie

Cherubini: Lodoiska, Ouverture
Stadler: Achter Psalm Davids, mit Begleitung des Pianoforte (Vogl)
F. Weiß: Adagio und Rondo für Flöte, Oboe und Trompete (Gebrüder Khayll)
Rossini: Aria (Kraus-Wranitzky)
J. M....r: Neue Ouverture
Polledro: Variationen für die Violine (Hellmesberger)
Paër: I Fuorisciti, Duett (Kraus-Wranitzky, Vogl)

G.60. Sonntag, 11. April 1819
Zum Vortheile der öffentlichen Wohlthätigkeits-Anstalten: Musikalisch-declamatorische Abendunterhaltung

Rossini: Sigismondo, Ouverture
Weigl: L'amor marinaro, Aria (Campi)
B. Romberg: Adagio und Variationen (Linke)
Weber: Potpourri für Clarinette mit Begleitung des ganzen Orchesters (Friedlovsky)
Righini: Baßaria, mit Begleitung des Orchesters (Siebert)
Payer: Große Variationen für das Pianoforte mit Begleitung des Orchesters (Keil)
Mozart: Große Phantasia fugata in F minor für das ganze Orchester, eingerichtet von Herrn Ignatz Ritter von Seyfried
Rossini: Othello, Aria (Jäger)
Adagio und Rondeau für das Waldhorn (Radetzky)
Pechatscheck: Concert-Polonaise in E dur, für die Violine (Franz Pechatscheck)
Bochsa: Schluß-Sinfonie
Leitung am Klavier: Gyrowetz

G.61. Montag, 3. Mai 1819

Pössinger: Sinfonie concertante für das ganze Orchester

[G.61a. Mittwoch, 16. Februar 1820
Deklamatorisch-musikalische Abendunterhaltung

Persuis: Der Triumph des Trajan, Ouverture
Rossini: La Cenerentola, Rondo (Canzi)
Maurer: Violinvariationen (Jansa)
Gluck: Alceste, Chor
Paër: Sofonisba, Ouverture
Generali: Arie (Canzi)
Stadler: Der 24ste Psalm
Berbiguier: Adagio für die Flöte (Sedlazek)
Dreßler: Variationen über ein ungarisches Thema für die Flöte (Sedlazek)
Rossini: Armida, Duett (Canzi, Jäger)
Dirigent: Salieri
Leitung des Orchesters: Wranitzky]

G.62. Dienstag, 28. März 1820

Zum Vortheile des Theatral-Armenfonds: Musikalisch-declamatorische Akademie

Fränzl: Ouverture
Doppelconcert für Oboe und Fagott, 1. Satz (E. Krähmer, Mittag)
Weigl: Arie (Campi)
Rossini: Torvaldo und Dorliska (Kraus-Wranitzky, Vogl)
Winter: Colmal, Ouverture
Mayerbeer: Canzonette mit Variationen mit Chor (Kraus-Wranitzky)
Variationen für Violine und Violoncell (Ant. Wranitzky Sohn, F. Wranitzky)
Winter: Timotheus, Großer Chor

G.63. Sonntag, 2. April 1820
Zum Vortheile der öffentlichen Wohltätigkeits-Anstalten: Musikalisch-declamatorische Abendunterhaltung mit Gemählde-Darstellungen

Righini: Il Trionfo D'Arianne, Ouverture
Pacini: Il Barone di Dolsheim, Cavatina mit Recitativ (Canzi)
Ries: Zweytes Concert für Fortepiano (Schunke)
Rossini: Aria (J. Fischer)
Mayr: I Misteri Eleusini, Duett (Th. Grünbaum, Kraus-Wranitzky)
Cherubini: Fanisca, Ouverture
Portogallo: Cavatina (Kraus-Wranitzky)
Vimercati: Variationen auf der englischen Mandolin, über das Thema: Bandiera d'ògni vento (Vimercati)
Rossini: Il Barbiere di Siviglia, Cavatina (Th. Grünbaum)
Rossini: Armida, Duett (Canzi, Jäger)
Leitung am Clavier: Weigl
Direction des Orchesters: A. Wranitzky
Anordnung der Gemählde: Stubenrauch

G.64. Sonntag, 21. Mai 1820
Zum Vortheile der öffentlichen Wohlthätigkeits-Anstalten: Musikalisch-declamatorische Abend-Unterhaltung mit Gemählde-Darstellungen

Spontini: Ferdinand Cortez, Ouverture
Spontini, Ferdinand Cortez, Introductionschor nach der ersten Bearbeitung (G. Weixelbaum, Gottdank, Frühwald, Chr. Demmer, Dirzka)
J. Böhm: Variationen für die Violine (J. Böhm)
Nicolini: Trajano in Dacien, Duett (J. und G. Weixelbaum)
Maurer: Pot-Pourri von mehreren russischen Liedern, komponirt für die Oboe (Czerwenka)
Beethoven: Egmont, Ouverture
Rossini: Torwaldo und Dorliska, Arie (Jäger)
Merk: Rondeau für das Violoncello (Merk)
Nicolini: Carlo magno, Scene und Rondo (J. Weixelbaum)
Weber: Jägerlied, Vocalchor. Gedicht von Herrn J. C. Bernard
Leitung am Clavier: Weigl
Direction des Orchester: Kleczinsky
Anordnung der Gemählde: Stubenrauch

G.65. Freitag, 1. September 1820

Spontini: Ferdinand Cortez, Ouverture
Spontini: Ferdinand Cortez, Introduction nach der ersten Bearbeitung
Rossini: Die diebische Aelster, Ouverture

G.66. Mittwoch, 15. November 1820
Zum Vortheile der öffentlichen Wohlthätigkeits-Anstalten: Musikalisch-dramatische Abendunterhaltung

Cherubini: Anacreon, Ouverture
Rossini: La donna del lago, Scene und Cavatine (Canzi)
Rossini: Eduardo e Cristina, Duett (Schütz-Oldosi, Jäger)
Merk: Variationen für das Violoncell (Merk)
Rossini: Adelaide di Borgogna, Scene und Arie mit Chor (Th. Grünbaum)
Mercadante: L'Apoteosi d'Ercole, Ouverture
Rossini: L'Italiana in Algeri, Scene und Rondo mit Chor (Schütz-Oldosi)
Mayseder: Variationen für die Violine, über ein, von dem Herrn Grafen Moriz von Dietrichstein in Musik gesetztes dänisches Volkslied (Mayseder)
Rossini: Aureliano in Palmira, Scene und Duett mit Chor (Th. Grünbaum, Canzi)
Leitung am Clavier: Weigl
Direction des Orchester: Kleczinsky

G.67. Mittwoch, 17. Jänner 1821

Cherubini: Anacreon, Ouverture
Kummer: Concertino für das Violoncell (Kummer)
Kummer: Divertimento für die Oboe (Dietze)
Kummer: Variationen für das Violoncell (Kummer)
Kummer: Pot-pourri für Oboe und Violoncell (Kummer, Dietze)

G.68. Freitag, 26. Jänner 1821

Beethoven: Prometheus, Ouverture
Kummer: Concert für die Oboe, 1. Satz (Dietze)
Kummer: Variationen für das Violoncell (Kummer)
Kummer: Rondo für die Oboe (Dietze)
B. Romberg: Russische Lieder für das Violoncell (Kummer)

G.69. Mittwoch, 31. Jänner 1821

Zwischen der Oper und dem Ballet:
Canongia: Phantasie mit Variationen (Canongia)

G.70. Mittwoch, 7. Februar 1821

Herold: Liebe und Ruhm, Ouverture
Moscheles: Concertino für Oboe und Flöte (J. Khayll, Al. Khayll)
Mayseder: Variationen für die Violine (Mayseder)
Händel: Timotheus, Großer Chor

G.71. Samstag, 17. Februar 1821

Schoberlechner: La famiglia araba, Ouverture für's ganze Orchester
Schoberlechner: Variationen für's Pianoforte über ein beliebtes Thema aus der Oper Cenerentola von Rossini (Schoberlechner)

G.72. Mittwoch, 7. März 1821
Mit hoher Bewilligung: Große musikalische Akademie mit Declamation und Gemählde-Darstellungen

[Gyrowetz:] Die Templer auf Cypern, Ouverture
Mozart: Arie (Schröder-Devrient)
Spohr: Violinconcert Nr. 2, 1. Satz (Saint Lubin)
Schubert: Das Dörfchen (Götz, Barth, Nejebse, J. Umlauf)
Worzischeck: Variationen für das Pianoforte (Zwey Demoisellen Schadt)
[Herold:] Die Zauberglocke (La Clochette), Ouverture
Mozart: Arie „Da ich einsam vor dir stehe" (Unger)
Schubert: Der Erlkönig (Vogl, Hüttenbrenner)
B. Romberg: Adagio und Rondo für das Violoncell (Pechaczek)
Rossini: Ricciardo e Zoraide, Duett „Invan tu fingi, ingrata" (Schröder-Devrient, Unger)
Schubert: Der Gesang der Geister über den Wassern, Gedicht von Goethe (Götz, Barth, Nejebse, J. Umlauf, Weinkopf, Frühwald und zwei Chorsänger)
Leitung: Gyrowetz
Tableaux: Stubenrauch
Die Einnahme wird von der Gesellschaft adeliger Frauen zur Beförderung ihrer wohlthätigen Zwecke verwendet.

G.73. Montag, 19. März 1821

Spontini: Ferdinand Cortez, Ouverture
Spontini: Ferdinand Cortez, Introduction nach der ersten Bearbeitung, im Costume (Forti, Weinkopf, Gottdank, Dirzka, Frühwald, Chr. Demmer und Chorpersonal)
Cherubini: Faniska, Ouverture

G.74. Sonntag, 25. März 1821
Zum Vortheile des Theatral-Armenfonds: Musikalisch-declamatorische Akademie

Hummel: Paris und Helena, Ouverture
Scholl: Variationen für die Flöte (Aloys Hirsch, 12jährig)
Rossini: La pietra del Paragone, Arie mit Chor (Unger)
Rossini: Il Sigismondo, Cavatina (Vio)
Merk: Rondo für das Violoncell (Groß)
Weigl: Der Bergsturz, Cavatina und Chor (Vogl, Chorpersonal)
Cherubini: Lodoiska, Ouverture
Coccia: La Clotilde, Recitativ und Arie mit Chor (Th. Grünbaum)
Moscheles: Rondeau (C. Dirzka)
Paër: La Griselda, Duett (Vio, Unger)
Cherubini: Medea, Chor (Vio, Rosner, Vogl, Chorpersonal)

G.75. Montag, 26. März 1821

Zwischen dem Singspiele und dem Ballete wird die Ouverture aus Anacreon von Cherubini ausgeführt.

G.76. Sonntag, 22. April 1821
Zum Vortheile der öffentlichen Wohlthätigkeits-Anstalten: Abendunterhaltung

Cherubini: Medea, Ouverture
Generali: Scene und Arie mit Chor der Bacchanten (Canzi)
Lafont: 5. Violinconcert, Andante und Boleros (Hellmesberger)
Rossini: Ricciardo e Zoraide, Terzett mit Chor (Th. Grünbaum, Waldmüller, Forti)
Boieldieu: Les voitures versées, Ouverture
Paër: Arie (Th. Grünbaum)
E. Krähmer: Variationen für ungarischen Czakan (Flûte douce), mit Begleitung des Orchesters (E. Krähmer)
Schubert: Die Nachtigall, eigens für diesen Abend in Vocal-Musik gesetzt (Barth, Götz, J. Umlauf, Nejebse)
Romani: Pas de trois (erfunden von F. Taglioni; Millière, Heberle, F. Taglioni)
Romani: Pas de deux (erfunden von Aumer; T. und J. Rozier)
Leitung am Clavier: Weigl
Direction des Orchesters: Kleczinsky
Direction der während dem Tableau vorkommenden Musikstücke: Katter
Tableaux, Costume: Stubenrauch

G.77. Donnerstag, 31. Mai 1821

Nach dem Singspiel:
Maurer: 2. Violinconcert, 1. Satz (Wexschall)

G.78. Dienstag, 19. Juni 1821

Zwischen dem Singspiele und dem Ballet:
Cherubini: Lodoiska, Ouverture

G.79. Montag, 8. Oktober 1821
Zum Vortheile der Mad. Rozier, geborne Aumer: Eine musikalische Akademie

Kreutzer: Lodoiska, Ouverture
Schubert: Erlkönig (Vogl, Schunke)
Beethoven: Prometheus, Ouverture

G.80. Donnerstag, 15. November 1821
Zum Vortheile der öffentlichen Wohlthätigkeits-Anstalten: Abendunterhaltung

Beethoven: Fidelio, Ouverture
Rossini: Cenerentola, Recitativ und Arie mit Chor (Fröhlich)
Lafont: 2. Violinconcert, 1. Satz (Bocklet)
Rossini: Bianca e Falliero, Duett (Schütz-Oldosi, Haizinger)
De Costa: Variationen für die Guitarre, über ein Thema von Rossini (De Costa)
Aßmayer: Das Mitgefühl, für zwey Tenor- und zwey Baßstimmen (Rosner, Albert, Siebert, Weinkopf)
Cherubini: Der Bernhardsberg, Ouverture
Winter: Variationen über das beliebte Thema von Caraffa (Schütz-Oldosi)
Seyfried: Die Harmonie, für vier Tenor- und vier Baß-Stimmen (Jäger, Haizinger, Rauscher, Albert, Siebert, Weinkopf, Seipelt, Borschitzky)
Payer: Phantasie und Variationen für die von Hrn. Anton Häckel erfundene und zum erstenmal diesen Abend öffenlich gespielte Phys-Harmonica von sechs Octaven (Payer, F. Stegmayer)
Beethoven: Fidelio, Schluß-Chor (Fröhlich, Berg, Haizinger, Albert, Weinkopf, Borschitzky, Chorpersonal)
Leitung: Weigl
Direction des Orchester: Kleczinsky
Tableaux, Costume: Stubenrauch

G.81. Montag, 26. November 1821
Zum Vortheile des Herrn J. Rozier: Eine musikalische Akademie

Cherubini: Faniska, Ouverture
Rossini: Cavatina (C. Siebert)
Mayseder: Variationen für die Violine (Mayseder)
Neues Vocal-Quartett (Rosner, Siebert, Albert, Borschitzky)

G.82. Mittwoch, 5. Dezember 1821
Musikalische Akademie

Ignaz von Seyfried: Moses, Ouverture
Rossini: Aschenbrödel (La Cenerentola), Arie mit Chor (Schütz-Oldosi)
Georg Hellmesberger: Variationen für die Violine (Hellmesberger)
Seyfried: Die Harmonie (Jäger, Haizinger, Rauscher, Albert, Seipelt, Spitzeder, Weinkopf, Borschitzky)

G.83. Dienstag, 11. Dezember 1821

Beethoven: Prometheus, Ouverture
Th. Böhm: Variationen für die Flöte (Th. Böhm)
Rossini: Tancredi, Arie mit Chor (Th. Grünbaum)

G.84. Mittwoch, 19. Dezember 1821

Cherubini: Lodoiska, Ouverture
Spohr: Pot Pourri für die Violine (Grund)
Winter: Variationen für die Singstimme (Schütz-Oldosi)
Th. Böhm: Concertino für die Flöte (Th. Böhm)

G.85. Samstag, 19. Jänner 1822

Cherubini: Die Tage der Gefahr, Ouverture
Scholl: Variationen für die Flöte (Scheibel)
Rossini: Arie aus Torwaldo und Dorliska (Haizinger)
Mayseder: Polonaise für die Violine (Mayseder)

G.86. Dienstag, 22. Jänner 1822

Cherubini: Anakreon, Ouverture
Lafont: 6. Violinconcert, Adagio und Rondeau (Hellmesberger)
Rossini: Die Italienerinn in Algier, Arie mit Chor (Schütz-Oldosi)
Auf Begehren: Scholl: Variationen für die Flöte (Scheibel)

G.87. Donnerstag, 24. Jänner 1822

Herold: Liebe und Ruhm, Ouverture
Pollet: Variationen für die Harfe (Heilingmeyer)
Rossini: La Cenerentola, Arie mit Chor (Hornick-Pistrich)
Hummel: Concert für das Pianoforte A moll, 1. Satz, mit Begleitung des Orchesters (Stauffer)

G.88. Freitag, 1. Februar 1822

Hummel: Paris und Helena, Ouverture
Händel (instr. Mozart): Baß-Arie (Reißiger)
Paër: Agnese, Cavatina (Unger)
Reißiger: Clavier-Concert Es-dur, 1. Satz (Reißiger)

G.89. Dienstag, 5. Februar 1822

Nach dem Singspiele: Cherubini: Lodoiska, Ouverture

G.90. Samstag, 23. Februar 1822
Auf hohes Verlangen: Vocal- und Instrumental-Concert der Herrn Kapellmeister Bernhard Romberg

B. Romberg: Ouverture
B. Romberg: Violoncell-Concert (ein Schweizer-Gemählde) (B. Romberg)
B. Rossini: Arie (Bernhardine Romberg)
B. Romberg: Divertimento für das Violoncell über österreichische National-Lieder (Carl Romberg)
B. Romberg: Cappriccio über schwedische Lieder, für das Violoncell (B. Romberg)

G.91. Montag, 4. März 1822

Beethoven: Prometheus, Ouverture
Göpfert: Concert für die Clarinette, 1. Satz (Schleicher)
Mozart: Arie mit obligater Clarinette [aus Titus der Gütige] (Unger)
Schleicher: Variationen für die Clarinette (Schleicher)

G.92. Sonntag, 7. April 1822
Zum Vortheile der öffentlichen Wohlthätigkeits-Anstalten: Musikalische Akademie

Beethoven: Egmont, Ouverture
Benetti: Arie (Schütz-Oldosi)
Hummel: Concert für das Pianoforte, Adagio und Finale (Lemoch)
Schubert: Frühlingsgesang (Rosner, Tietze, Nejebse, Weinkopf)
Recitativ und Cavatina (Grassini)
Dalayrac: Der Thurm von Gothenburg, Ouverture
Pixis: Ouverture
Pavesi: Selamira, Duett (Schütz-Oldosi, Rosner)
Introduktion, Variationen und Rondo, concertirend für Harfe und Violine (A. und C. Boucher)

Zingarelli: Romeo und Julie, Rondo (Grassini)
Pixis: Almazinde, Chor

G.93. Mittwoch, 17. April 1822

Nach dem Singspiele:
Benesch: Große Polonaise auf der Violine mit Orchesterbegleitung (Benesch)

G.94. Sonntag, 21. April 1822
Mittags: Vocal- und Instrumental-Concert von Hrn. und Madame Boucher

[Weber: Preciosa, Ouverture
Rode: Concert H-moll (A. Boucher)
A. Boucher: Harfenconcert, 1. Satz, nebst Variationen ohne Begleitung (C. Boucher)
Rossini: Arie (Dem. Unger)
A. und C. Boucher: Introduction, Recitativ und grosse Concertant-Variationen über deutsche und russische Themata für Pedalharfe und Violine (A. und C. Boucher)]

G.95. Donnerstag, 23. Mai 1822
Auf Verlangen werden Herr und Madame Boucher vor ihrer nahen Abreise noch ein Concert zu geben die Ehre haben

Herold: Ouverture
Lannoy: Variationen für die Violine über Davids Cavatine in Rossini's Zelmira, für dieses Concert komponirt (A. Boucher)
C. Boucher: Duett für Harfe und Fortepiano (C. Boucher auf beyden Instrumenten, ihre eigene Erfindung)
Rossini: Arie (Hornick-Pistrich)
Introduktion, Variationen und Rondo, concertirend für Harfe und Violine (A. und C. Boucher)

G.96. Sonntag, 26. Mai 1822
Zum Vortheile der öffentlichen Wohlthätigkeits-Anstalten: Musikalische Akademie

Cherubini: Lodoiska, Ouverture
Baillot: Adagio und Rondeau für die Violine (Escudero)
Schubert: Geist der Liebe (Barth, Tietze, Nejebse, Nestroy)
Rossini: La donna del lago, Arie „O tu, ch'io chiamo" (Eckerlin)
Schoberlechner: Ouverture
Schoberlechner: Variationen für das Pianoforte, mit Orchester-Begleitung (Schoberlechner)
Mozart: Die Hochzeit des Figaro, Romanze „Die Ihr die Triebe des Herzens kennt" (Eckerlin)
Bergonzi: Introduktion und Variationen für das Waldhorn, worin derselbe verschiedene Instrumente nachahmen wird (Bergonzi)
Leitung aller Musikstücke: Umlauf
Direktion des Orchester: Katter

G.97. Dienstag, 25. Juni 1822

Mayr: I misteri eleusini, Große Tenor-Scene mit Chor (David)

G.98. Donnerstag, 25. Juli 1822
Concert des Herrn Drouet zum letzten Mahle vor seiner Abreise

Drouet: Neues Concert für die Flöte (Drouet)
Mozart: Arie mit Variationen (Drouet)

G.99. Mittwoch, 18. September 1822
Concert der Herren: Anton Bohrer, königl. preußischer Concertmeister, und Max Bohrer, erster Violoncellist Sr. Majestät des Königs von Preußen

Beethoven: Prometheus, Ouverture
Coccia: Arie (Unger)
M. Bohrer: Violoncell-Concert (M. Bohrer)
Seipelt: Vocal-Quartett (Jäger, Rauscher, Ruprecht, Seipelt)
A. und M. Bohrer: Duett concertant über polnische National-Lieder, für die Violine und Violoncell, ohne Begleitung des Orchesters (A. und M. Bohrer)

G.100. Dienstag, 24. September 1822
Concert der Herren: Anton Bohrer, königl. preußischer Concertmeister, und Max Bohrer, erster Violoncellist Sr. Majestät des Königs von Preußen

Cherubini: Lodoiska, Ouverture
Cavatina (Schütz-Oldosi)
A. Bohrer: Violin-Concert (A. Bohrer)
Schubert: Vocal-Quartett [Geist der Liebe] mit Guitarre-Begleitung (Haizinger, Rauscher, Ruprecht, Seipelt)
A. und M. Bohrer: Große Militair-Symphonie concertante, für die Violine und Violoncell, mit Begleitung des ganzen Orchesters (A. und M. Bohrer)

G.101. Donnerstag, 14. November 1822
Zum Vortheile der Mad. Theodore Rozier: Eine musikalische Akademie

Hummel: Helena und Paris, Ouverture
Paër: Agnese, Cavatina „Tutto e silenzio" (Unger)
Schoberlechner: Große Variationen über ein beliebtes Thema aus der Oper: „Das Fräulein vom See", von Rossini. Für das Pianoforte, mit Begleitung des Orchesters (Schoberlechner)

[G.101a. Freitag, 15. November 1822
Zum Vortheile der Wohlthätigkeits-Anstalten: Musikalisch-Deklamatorische Akademie

Mozart: Titus, Ouverture
Rossini: Zelmira, Arie (Schütz-Oldosi)
Polonaise für die Klarinette (C. Krähmer)
Mercadante: Duett (Haizinger, Sieber)
Rossini: Armida, Terzett (Jäger, Haizinger, Rauscher)
J. M. Böhm: Violinconcert (J. M. Böhm)
Spontini: Die Vestalin, Ouverture
Weigl: Cora, Duett (Jäger, Haizinger)
Moscheles: Pianoforte-Variationen (Mahir)
Pavesi: Terzett (Schütz-Oldosi, Jäger, Sieber)
E. Krähmer: Variationen für den Czakan (E. Krähmer)
Righini: Das befreyte Jerusalem, Quartett (Schütz-Oldosi, Schröder-Devrient, Haizinger, Sieber)]

G.102. Freitag, 6. Dezember 1822
Eine musikalische Akademie

Catel: Semiramis, Ouverture
Legnani: Phantasie für die Guitarre allein (Legnani)
Ries: Rondo für das Pianoforte, mit Orchester-Begleitung (Liszt)
B. Romberg: Adagio und Divertissement (Funk)

G.103. Mittwoch, 11. Dezember 1822
Eine musikalische Akademie

Beethoven: Prometheus, Ouverture
Legnani: Sonate für die Guitarre allein (Legnani)
Pechatscheck: Variationen über ein ungarisches Thema für die Violine, vorgetragen auf dem Contrabaß (Hindle)
Hummel: Larghetto und Rondo für das Pianoforte, mit Orchester-Begleitung (Franz Liszt, 10jährig [tatsächlich 11jährig])

G.104. Samstag, 21. Dezember 1822
Eine musikalische Akademie

Cherubini: Anakreon, Ouverture
Moscheles: Variationen für das Pianoforte, über den Alexander-Marsch, mit Orchester-Begleitung (Mahir)
Mayseder: Violin-Solo, während welchem Herr Taglioni mit seiner Tochter Dlle. M. Taglioni ein Pas de deux von seiner Erfindung tanzen wird
Rossini: La Cenerentola, Arie mit Chor (Schütz-Oldosi, Männerchor)

G.105. Samstag, 4. Jänner 1823
Eine musikalische Akademie

Spontini: Die Vestalinn, Ouverture
Hellmesberger: Variationen für die Violine, über ein Thema von Caraffa (Strebinger)
Rossini: Arie (Sieber)
Phantasie auf dem von Herrn Chladni neu erfundenen Instrumente: Clavicylinder (Concone)

G.106. Donnerstag, 9. Jänner 1823
Eine musikalische Akademie, in welcher Herr Luigi Legnani zum letzten Mahle vor seiner Abreise zu spielen die Ehre haben wird

Spontini: Ferdinand Cortez, Ouverture
Pavesi: Scene und Cavatine, gesungen und mit der Guitarre begleitet von Herrn L. Legnani
Mayseder: Rondo für die Violine (Mayseder)
Legnani: Große Variationen über ein Thema aus der Oper: La Molinara, für die Guitarre allein (Legnani)

G.107. Sonntag, 12. Jänner 1823
Eine musikalische Akademie, in welcher Herr Legnani auf Verlangen noch einmahl zu spielen die Ehre haben wird

Rossini: Die diebische Elster, Ouverture
Rossini: Adelaide di Borgogna, Scene und Arie, mit Begleitung der Guitarre (Legnani)
Czerny: Variationen für das Pianoforte (Franz Liszt, 11jährig)
Rossini: Der Barbier von Sevilla, Arie (Unger)
Legnani: Variationen und Coda für die Guitarre allein (Legnani)

G.108. Donnerstag, 16. Jänner 1823

Mozart: Die Hochzeit des Figaro, Ouverture
Rossini: Arie (Schütz-Oldosi)

G.109. Mittwoch, 12. Februar 1823
Musikalische Akademie zum Besten der Gesellschaft adeliger Frauen zur Beförderung ihrer wohlthätigen Zwecke

Beethoven: Egmont, Ouverture
Rossini: Zelmira, Arie mit Chor (Unger)
Böhm/Pixis: Variationen für Violine und Pianoforte (J. M. Böhm, Pixis)
Kreutzer: Zwey vierstimmige Gesänge (Tietze, Lugano, J. Schoberlechner, Rotter)
Mayr: Ginevra di Scozia, Arie (Lechleithner)
Catel: Semiramis, Chor
Herbst: Variationen auf dem Waldhorne (Herbst)
Spontini: Ferdinand Cortez, Ouverture und Introduktion (Haizinger)
Mayr: La rosa bianca e la rosa rossa, Duett (Unger, Lugano)
Clement: Arie [„O momento fortunato"] (Lechleithner)
Moscheles: Duett für Hoboe und Flöte (Jos. und Al. Khayll)
Kreutzer: [Grosser] Chor [(Dem. Unger)]

G.110. Donnerstag, 6. März 1823

Zwischen der Oper und dem Ballete wird der achtjährige Knabe Joseph Khail, Sohn des k. k. Hof- und Kammer-Oboisten, dann Orchester-Mitgliedes des k. k. Hoftheaters nächst dem Kärnthnerthore, Joseph Khail, ein Thema mit Variationen auf dem Czakan zu spielen die Ehre haben.

[G.110a. Sonntag, 30. März 1823
Zum Vortheile der Wohlthätigkeits-Anstalten: Musikalische Akademie

Paër: Massinissa, Ouverture
Rossini: Armida, Duett (Schütz-Oldosi, Haizinger)
Schoberlechner: Grosses Rondeau für Pianoforte und Orchester (Schoberlechner)
Righini: Arie (Sieber)
Variationen für den Czakan (Jos. Khayll)
Seipelt: Die Warnung, Vocal-Quartett mit Echo (Haizinger, Rauscher, Seipelt, Ruprecht)
Beethoven: Symphonie in D, Allegro
Rossini: Mahomet, Arie (Unger)
Concertstück auf einem Pianoforte (C. Kreutzer)
Vierstimmiger Gesang (Haizinger, Rauscher, Ruprecht, Seipelt)
Hellmesberger: Variationen für die Violine (Hellmesberger)
C. Kreutzer: Maygesang mit Pianoforte- und Clarinette-Begleitung (Unger, Schütz-Oldosi, Haizinger, Sieber)]

G.111. Montag, 12. Mai 1823
Eine musikalische Akademie

Mozart: Mädchentreue, Ouverture
Mayseder: Rondo für die Violine (Hellmesberger)
Rossini: Arie (Unger)
Horzalka: Rondeau pastoral für das Piano-Forte mit Begleitung des Orchesters (Horzalka)

G.112. Donnerstag, 15. Mai 1823

Paër: Sargines, Ouverture
Violin-Solo (Mayseder)

G.113. Freitag, 16. Mai 1823

Mozart: Die Hochzeit des Figaro, Ouverture
Vocal-Quartett (Haizinger, Rauscher, Seipelt, Ruprecht)

G.114. Sonntag, 18. Mai 1823
Zum Vortheile der öffentlichen Wohlthätigkeits-Anstalten: Musikalische Akademie

Seyfried: Saul, Ouverture
Hummel: Concert für das Pianoforte H moll, Adagio und Rondo (Czalay)
Vocal-Quartett (Haizinger, Rauscher, Seipelt, Ruprecht)
Giuliani: 3. Concert für die Guitarre, mit Orchester-Begleitung, 1. Stück (Mendl)
Mayseder: Variationen für die Violine (Strebinger)
Schwarzböck: Vocal-Chor (Dort in den Bergen), mit Begleitung der Harfe (Zöglinge des Musik-Institutes im k. k. priv. Theater an der Wien)
[Vogel: Demophoon, Ouverture]
Rossini: Torwaldo und Dorliska, Arie (Langer)
Fantasie für das Pianoforte (Bocklet)
[Weber: Schwertlied] (Haizinger, Rauscher, Seipelt, Ruprecht)
Lickl: Serenade für die dreyoctavige Phys-Harmonika, mit Begleitung des Pianoforte (Lickl, Zäch)
Schwarzböck: Jäger-Chor, mit Begleitung von 6 Waldhörnern (Zöglinge des Musik-Instituts im k. k. priv. Theater an der Wien)
Leitung aller Musikstücke: Umlauf
Direction des Orchesters: Hildebrand

G.115. Dienstag, 20. Mai 1823

Ouverture
Variationen für den Czakan (Jos. Khayll, 8jährig)

G.116. Freitag, 23. Mai 1823

Ouverture
Waldhorn-Solo (Janatka)

G.117. Dienstag, 27. Mai 1823

Beethoven: Symphonie D dur, 1. Satz
Mozart: Die Entführung aus dem Serail, Arie (Haizinger)

G.118. Mittwoch, 4. Juni 1823

Ouverture
Mayseder: Polonaise für die Violine (Mayseder)
Mozart: Arie (Sieber)

G.119. Donnerstag, 3. Juli 1823

Zwischen den beyden Opern: Carafa: Giovanna d'Arc, Ouverture

[G.119a. Donnerstag, 15. November 1823
Zum Vortheile der Wohlthätigkeitsanstalten: Große musikalische Akademie

Cherubini: Medea, Ouverture
Rossini: Semiramide, Große Arie mit Chor (Unger)
Weber: Concertstück für das Pianoforte mit Begleitung des Orchesters (Stauffer)
Seipelt: [Die Warnung,] Vocal-Quartett mit Echo (Haizinger, Rauscher, Seipelt, Ruprecht)
Drouet: Flöten-Variationen (Al. Khayll)
Winter: Mahomet, Großes Terzett (Sontag, Unger, Seipelt)
Beethoven: Fidelio, Ouverture
Rossini: Große Arie (Sontag)
Potpourri für die Guitarre (Nemetz)
Blangini: Duett (Dem. Unger, Haizinger, begleitet von C. Kreutzer)
Hummel: Rondo brillant in B (Diwald)
Mayseder: Violin-Variationen (Mayseder)
Schwarzböck: Chor (Zöglinge der Musikschule des Theaters an der Wien)]

G.120. Samstag, 22. November 1823
Eine Musikalische Akademie

Beethoven: Symphonie in D, 1. Satz
Moscheles: Neues Concert für das Pianoforte (in E dur) (Moscheles)
Rossini: Semiramis, Arie (Unger)
Freye Phantasie auf dem Pianoforte (Moscheles)

G.121. Samstag, 29. November 1823
Musikalische Akademie

Cherubini: [Lodoiska,] Ouverture
Moscheles: Neues Concert (in G moll), für das Pianoforte (Moscheles)
Rossini: Die Italienerinn in Algier, Duett (Haizinger, Seipelt)
Moscheles: Variationen über das beliebte französische Lied: Au clair de la lune (Moscheles)
Rossini: Arie mit Chor (Sontag)
Freye Phantasie auf dem Pianoforte (Moscheles)

G.122. Montag, 15. Dezember 1823
Zum Vortheile des Herrn I. Moscheles: Eine große musikalische Akademie, worin derselbe zum letzten Mahle sich auf dem Pianoforte hören zu lassen die Ehre haben wird

Beethoven: Ouverture in C (Manuscript)
Moscheles: Concert (in Es dur), für das Pianoforte (Moscheles)
Rossini: Arie mit Chor (Th. Grünbaum)
Auf Verlangen: Moscheles: Die Variationen über den Alexander-Marsch (Moscheles)
[Rossini:] Moses, Duett (Sontag, Haizinger)
Mayseder: Variationen für die Violine, über ein dänisches Lied (Mayseder)
Freye Phantasie auf einem englischen Pianoforte (Moscheles)

G.123. Mittwoch, 17. Dezember 1823
Auf allgemeines Verlangen: Große musikalische Akademie, worin Herr I. Moscheles die Ehre haben wird, auf dem Pianoforte nachstehende Musikstücke auszuführen

Beethoven: Ouverture in C (Manuscript)
Moscheles: Concert (in Es dur), für das Pianoforte (Moscheles)
Rossini: Arie mit Chor (Th. Grünbaum)

Moscheles: Die Variationen über den Alexander-Marsch (Moscheles)
Rossini: Arie (Sontag)
Mayseder: Variationen für die Violine, über ein dänisches Lied (Mayseder)
Freye Phantasie auf dem Pianoforte (Moscheles)

G.124. Samstag, 27. Dezember 1823
Zum Vortheile des Herrn J. Mayseder: Große musikalische Akademie

Rossini: Große Ouverture, eigends zur feyerlichen Aufstellung der Büste Canova's componirt
Mayseder: Violin-Concert, 1. Satz (Mayseder)
Rifaut: Arie (Unger)
Moscheles: Concert (in Es dur), für das Pianoforte (Moscheles, aus Gefälligkeit für den Benefizianten)
Pacini: Arie mit Chor (Sontag, Violinsolo: Mayseder)
Mayseder: Variationen (in Es dur) für die Violine (Mayseder)

G.125. Montag, 29. Dezember 1823
Wiederholung der am Samstage stattgehabten großen musikalischen Akademie

Beethoven: Fidelio, Ouverture
Rifaut: Arie (Unger)
Mayseder: Variationen (in Es dur) für die Violine (Mayseder)
Pacini: Arie mit Chor (Sontag, Violinsolo: Mayseder)

G.126. Freitag, 23. Jänner 1824
Eine musikalische Akademie

Beethoven: Prometheus, Ouverture
Belolli: Concertino für das Waldhorn (Lewy)
Bärmann: Fagott-Concert, Allegro (Hürth)
Rossini: Arie (Th. Grünbaum)
C. Kreutzer: Concertant für Fagott und Waldhorn (Hürth, Lewy)

G.127. Donnerstag, 4. März 1824
Eine musikalische Akademie, worin Herrn Joseph Böhm, Mitglied der k. k. Hofkapelle, und Professor am Oesterreichischen Musik-Conservatorium, von seiner Kunstreise aus Paris zurückgekehrt, die Ehre haben wird, sich auf der Violine hören zu lassen

Ouverture
J. Böhm: Violin-Concert, 1. Satz (J. Böhm)
Payer: Divertissement für die dreyoctavige Physharmonika und Pianoforte (Payer)
R. Kreutzer: Adagio und Rondo für die Violine (J. Böhm)

G.128. Donnerstag, 8. April 1824
Eine musikalische Akademie

Ouverture
Gärtner: Concert für die Guitarre, mit Begleitung des Orchesters, 1. Satz (Gärtner)
Arie mit obligater Violine (Sontag, Mayseder)
Gärtner: Fandango, für die Guitarre Solo, mit Nachahmung des Tambourin de Basque, in einer neueren Art mit hamonischen Tönen (Gärtner)

G.129. Sonntag, 18. April 1824
Zum Vortheile der öffentlichen Wohlthätigkeits-Anstalten: Große musikalische Akademie

Cherubini: Medea, Ouverture
Mercadante: Die Scythen, Duett (Th. Grünbaum, Unger)
C. Kreutzer: Concertantstück für Fagott und Waldhorn (Hürth, Lewy)
Rossini: Die Italienerinn in Algier, Arie mit Chor (Beisteiner)
Jansa: Variationen für die Violine (Jansa)
Payer: Bravour-Variationen für das Pianoforte (Keil)
Beethoven: Fidelio, Ouverture
Seipelt: Das mit so vielem Beyfall aufgenommene Vocal-Quartett (an die Wohlthätigkeit) (Haizinger, Rauscher, Ruprecht, Seipelt)
Payer: Divertissement für die dreyoctavige Physharmonika und Pianoforte (Payer)
Rossini: Arie [mit Chor] (Th. Grünbaum)
[Tulou:] Variationen für die Flöte (Al. Khayl)
Mercadante: Arie (Sontag)
Leitung aller Musikstücke: Weigl
Direction des Orchesters: Hildebrand

G.130. Freitag, 7. Mai 1824
Große musikalische Akademie von Herrn L. van Beethoven, Ehrenmitglied der königl. Akademie der Künste und Wissenschaften zu Stockholm und Amsterdam, dann Ehrenbürger von Wien

Die dabey vorkommenden Musikstücke sind die neuesten Werke des Herrn Ludwig van Beethoven:
Erstens. Große Ouverture [Die Weihe des Hauses]
Zweytens. Drey große Hymnen [Kyrie, Credo, Agnus Dei aus der Missa solemnis], mit Solo- und Chor-Stimmen
Drittens. Große Symphonie, mit im Finale eintretenden Solo- und Chor-Stimmen, auf Schillers Lied, an die Freude
Die Solo-Stimmen werden die Dlles. Sontag und Unger, und die Herren Haizinger und Seipelt vortragen. Herr Schuppanzigh hat die Direction des Orchesters, Herr Kapellmeister Umlauf die Leitung des Ganzen, und der Musik-Verein die Verstärkung des Chors und Orchesters aus Gefälligkeit übernommen. Herr Ludwig van Beethoven selbst, wird an der Leitung des Ganzen Antheil nehmen.

G.131. Mittwoch, 20. Oktober 1824

Zwischen beyden Akten:
Schalk: Variationen auf dem Bassethorn (Schalk)

G.132. Montag, 15. November 1824
Zum Vortheile der öffentlichen Wohlthätigkeits-Anstalten: Große musikalische Akademie

Beethoven: Fidelio, Ouverture
Rossini: La gazza ladra, Cavatina (Ambrogi)
Benedict: Rondeau brillant für das Pianoforte (Benedict)
Mayr: Adelasia ed Aleramo, Duetto (David, Donzelli)
Variationen für die Flöte (Janosch)
Rossini: Tancred, Duetto (Fodor-Mainville, Comelli-Rubini)
Weber: Euryanthe, Jäger-Chor (Chorpersonal)
Catel: Semiramide, Ouverture
Mercadante: L'Apoteose d'Ercole, Terzetto (Dardanelli, Eckerlin, Rubini)
B. Romberg: Polonaise für das Violoncello (J. Fränzl)
Raimondi: Arie (Rubini)
Fioravanti: La Musicomania, Duett (Fodor-Mainville, Lablache)

Mosca: Arie (David)
Rossini: Mosè in Egitto, Preghiera (Fodor-Mainvielle, Unger, Ciccimarra, Ambrogi, Chorpersonal)
Leitung des Ganzen: Weigl
Leitung des Orchesters: Hildebrand

G.133. Freitag, 11. Februar 1825
Bey Beleuchtung des äußern Schauplatzes: Musikalische Akademie

Rossini: Semiramide, Ouverture
Rossini: Edoardo e Cristina, Duett (Dardanelli, Donzelli)
Rossini: Bianca e Falliero, Cavatina (Grisi)
Rossini: L'inganno felice: Arie (Sontag)
Rossini: La gazza ladra, Cavatina (Ambrogi)
Rossini: Bianca e Falliero, Duett (Sontag, Grisi)

G.134. Sonntag, 3. April 1825
Zum Vortheile der öffentlichen Wohlthätigkeitsanstalten: Große musikalische Akademie

Cherubini: Ouverture
C. Kreutzer: Variationen für zwey Waldhörner (Lewy, Leser)
Gärtner: Solo für die Guitarre (Gärtner)
Mercadante: Arie (Sontag)
F. Böhm: Violin-Concert (Hellmesberger)
Seipelt: Vocal-Quartett „Was uns freut"
Beethoven: Ouverture
Sedlaczek: Erinnerung an Simplon und Italien, Phantasiestück für die Flöte, nebst einem Adagio mit Harmonie-Begleitung (Sedlaczek)
Rossini: Arie mit Chor (Sontag)
Blahetka: Bravour-Variationen für das Pianoforte (Blahetka)
Seyfried: Achtstimmiger Vocal-Gesang

[G.134a. 30. Oktober 1825
Grosses Concert, gegeben von den Zöglingen des vaterländischen Musikconservatoriums

Mozart: Titus, Ouverture
Gyrowetz: Vocal-Quartett für zwey Sopran- und zwey Altstimmen
Krause: Adagio und Polonaise für das Waldhorn (Leeb)
Rossini: Corradino, Terzett (Mayerhofer, Mozatti, J. Schoberlechner)
Sellner: Doppelconcert für die Hoboe, 1. Satz (Uhlmann, Pötschacker)
Mosel: Der 120ste Psalm für vier Vocalstimmen
Rossini: Mosè in Egitto, Preghiera (Bendel, Mozatti, J. Schoberlechner)
Mozart: Die Zauberflöte, Ouverture
Kummer: Variationen für das Fagott (Eisler)
Preindl: Vocal-Chor für vier Singstimmen
Merk: Variationen für das Violoncell (L. Böhm)
Rossini: Bianca e Falliero, Duetto (Tewils, Emmering)
Mayseder: Variationen für die Violine (H. Ernst)
Beethoven: Christus am Oehlberg, Chor
Oberste Leitung: Sellner
Direction an der Violine: Hellmesberger]

[**G.134b. 6. November 1825**
Grosses Concert, gegeben von den Zöglingen des vaterländischen Musikconservatoriums

Mozart: Titus, Ouverture
Gyrowetz: Vocal-Quartett für zwey Sopran- und zwey Altstimmen
Krause: Adagio und Polonaise für das Waldhorn (Leeb)
Rossini: Corradino, Terzett (Mayerhofer, Mozatti, J. Schoberlechner)
Sellner: Doppelconcert für die Hoboe, 1. Satz (Uhlmann, Pötschacker)
Mosel: Der 120ste Psalm für vier Vocalstimmen
Rossini: Mosè in Egitto, Preghiera (Bendel, Mozatti, J. Schoberlechner)
Mozart: Die Zauberflöte, Ouverture
Kummer: Variationen für das Fagott (Eisler)
Preindl: Vocal-Chor für vier Singstimmen
Merk: Variationen für das Violoncell (L. Böhm)
Pavesi: Duett (Tewils, Emmering)
Mayseder: Variationen für die Violine (H. Ernst)
Beethoven: Christus am Oehlberg, Chor
Oberste Leitung: Sellner
Direction an der Violine: Hellmesberger]

[**G.134c. 15. November 1825**
Zum Vortheile der öffentlichen Wohlthätigkeits-Anstalten: Grosse Vocal- und Instrumental-Akademie

Beethoven: Fidelio, Ouverture
Arie (Schröder-Devrient)
Giuliani: Variationen und Polonaise für die Guitarre (Stoll)
Mercadante: Elisa e Claudio, Duett (Mozatti, J. Schoberlechner)
Merk: Variationen für das Violoncello (in F) (Groß)
Rossini: Zelmira, Terzett (Schröder-Devrient, Hähnel, J. Schoberlechner)
Boieldieu: Rothkäppchen, Holzhauer-Chor
Cherubini: Les deux journées, Ouverture
Rossini: Cenerentola, Arie (Hähnel)
Kalkbrenner: Phantasie und Variationen für das Pianoforte (Rzehaczek)
Rossini: Semiramide, Duett (Hähnel, J. Schoberlechner)
Mayseder: Violin-Variationen (Wehle)
Rossini: Elisabetta, Quartett mit Chor (Schröder-Schröder, Hähnel, Mozatti, Tietze)]

G.135. Dienstag, 6. Juni 1826

Zwischen der Operette und dem Ballet wird der rühmlich bekannte Künstler Herr Vimercati, große Variationen auf der Mandoline über das Thema: „Bandiera d'ogni vento", von ihm selbst componirt, zu spielen die Ehre haben.

G.136. Mittwoch, 14. Juni 1826
Ohne aufgehobenen Abonnement, zum Vortheile der Mad. Borgondio, bey ihrem letzten Auftreten: Musikalische Akademie

Würfel: Große Ouverture
Rossini: Arie (Borgondio)
Würfel: Rondeau alla polacca für das Pianoforte (E. Wolff, 11jährig)
Pavesi: Duett (Borgondio, F. Franchetti)
Harfen-Solo (Heilingmayer)
Rossini: Cavatina, eigends für sie componirt (Borgondio)

G.137. Mittwoch, 21. Juni 1826
Musikalische Akademie

Beethoven: Fidelio, Ouverture
Mayseder: Variationen concertante, für Pianoforte und Mandoline, über das Thema: „Di tanti palpiti", von Rossini (Stuck, Vimercati)
Rossini: Adelaide di Borgogna, Recitativ und Arie: „Soffri la tua sventura" (Stuck)
Vimercati: Große Variationen für die Mandoline, über das Thema aus Cenerentola: „Non più mesta accanto al fuoco" (Vimercati)

G.138. Freitag, 30. Juni 1826
Musikalische Akademie, worin Herr Vimercati zum letzten Mahl auf der Mandoline zu spielen die Ehre haben wird

Mozart: Le nozze di Figaro, Ouverture
Schoberlechner: Potpourri für die Mandoline, mit Begleitung des Pianoforte (Vimercati, E. Wolff)
Arie (F. Franchetti)
Vimercati: Große Variationen für die Mandoline, über das Thema: „Bandiera d'ogni vento" (Vimercati)

G.139. Dienstag, 4. Juli 1826
Musikalische Akademie

Boieldieu: Johann von Paris, Ouverture
Rode: Violin-Concert in A, 1. Satz (Zocca)
Mercadante: Cavatina „Sì vendetta a un cuor straziato" (Ferranti)
Zocca: Adagio und Variationen für die Violine (Zocca)

G.140. Mittwoch, 13. September 1826
Musikalische Akademie

Beethoven: Fidelio, Ouverture
Mazas: Concert mit Polonaise für die Violine (Mazas)
Rossini: Arie (Heckermann)
Hummel: Großes Concert aus E-dur für das Pianoforte, 1. Satz (Sowinski)
Mazas: Fantasie mit Variationen für die Violine, gänzlich nur auf der G Saite ausgeführt (Mazas)

G.141. Mittwoch, 18. Oktober 1826
Musikalische Akademie, worin Herr Mazas vor seiner Abreise zum letzten Mahle zu spielen die Ehre haben wird

Mozart: Die Hochzeit des Figaro, Ouverture
Große russische Fantasie für die Violine (Mazas)
Rossini: Arie (Schnitt)
Hummel: Rondo brillant für das Pianoforte (Aumüller, 9jährig)
Mazas: Große Variationen für die Violine, componirt und ausgeführt nur auf der G Saite (Mazas)

G.142. Samstag, 21. Oktober 1826
Musikalische Akademie, worin Herr I. Moscheles, Kammervirtuos Sr. Durchlaucht des Herrn Fürsten Paul Eßterhazy, und Ehrenmitglied der königl. Musik-Akademie zu London, die Ehre haben wird, mehrere seiner neuesten Compositionen auf dem Pianoforte vorzutragen

Beethoven: Fidelio, Ouverture
Moscheles: Neues Concert (C dur) für das Pianoforte, 1. Satz (Moscheles)
Paër: Arie (F. Franchetti)
Moscheles: Erinnerungen an Irland, neue Fantasie für das Pianoforte mit Orchester-Begleitung (Moscheles)
Jansa: Variationen für die Violine (Jos. Khayll, 12jährig)
Freye Fantasie auf dem Pianoforte (Moscheles)

G.143. Mittwoch, 25. Oktober 1826
Musikalische Akademie, worin Herr I. Moscheles, Kammervirtuos Sr. Durchl. des Herrn Fürsten Paul Eßterhazy, und Ehrenmitglied der k. Musik-Akademie zu London, sich zum letzten Mahle vor seiner nahen Abreise mit folgenden Compositionen auf dem Pianoforte hören zu lassen die Ehre haben wird

Boieldieu: Johann von Paris, Ouverture
Moscheles: Concert (in G moll)
Raimondi: Arie mit Chor (C. Conti)
Moscheles: Erinnerungen an Irland, neue Fantasie für das Pianoforte mit Orchester-Begleitung (Moscheles)
A. Wranitzky: Variationen für den Czakan (Jos. Khayll, 12jährig)
Auf Verlangen: Moscheles: Variationen über den Alexander-Marsch (Moscheles)

G.144. Freitag, 10. November 1826
Musikalische Akademie, worin Herr Franz Schoberlechner, von seiner Kunstreise aus Petersburg zurückgekommen, mehrere neue Compositionen auf dem Pianoforte vorzutragen die Ehre haben wird

Weber: Euryanthe, Ouverture
Schoberlechner: Neue großes Concert (aus Fis moll) für das Pianoforte (Schoberlechner)
Arie (Schnitt)
Schoberlechner: Variationen über ein beliebtes Thema aus Rossini's Oper: Cenerentola (Schoberlechner)
Mayseder: Polonaise für die Violine (Strebinger)
Freye Fantasien (Schoberlechner)

G.145. Samstag, 18. November 1826
Musikalische Akademie, worin Herr Franz Schoberlechner auf dem Pianoforte zu spielen die Ehre haben wird

Weber: Euryanthe, Ouverture
Schoberlechner: Neues große Concert für das Pianoforte (aus C moll), 1. Satz (Schoberlechner)
Rossini: Arie (Schnitt)
Auf Verlangen: Schoberlechner: Variationen über ein beliebtes Thema aus Rossini's Oper: Cenerentola (Schoberlechner)
Mayseder: Variationen für die Violine in E dur (Strebinger)
Schoberlechner: Adagio und Rondo, mit einem russischen Thema, aus dem obigen Concerte (Schoberlechner)

G.146. Samstag, 2. Dezember 1826
Zum Vortheile der Gebrüder Lewy, Waldhornisten des k. k. Hoftheaters nächst dem Kärnthnerthore: Große musikalische Akademie

Schubert: [Alfonso und Estrella,] Ouverture
Riotte: Concertante für zwey Waldhorn (C. und E. Lewy)
Boieldieu: Die umgeworfenen Kutschen, Duett „Questo cuor ti giura amore" (N. Dotti, F. Franchetti)
Leidesdorf: Variationen für zwey Waldhorn, über ein Thema aus der Oper: „Die weiße Frau" (C. und E. Lewy)
Weber: Euryanthe, Jägerchor (Chorpersonale)
Rossini: Recitativ und Arie (Schechner)

G.147. Mittwoch, 6. Dezember 1826

Zwischen der Operette und dem Ballete:
Potpourri auf dem neuerfundenen Instrumente, Aeolodicon (Kinderfreund)

G.148. Samstag, 13. Jänner 1827
Musikalische Akademie

Weber: Euryanthe, Ouverture
Rode: Concert für die Violine, 1. Satz (Parravicini)
Hummel: Fantasie und Rondeau für das Pianoforte (Stöber[, 9jährig])
Kreutzer: Romanze und Rondeau für die Violine (Parravicini)
Variationen (Schnitt)
Parravicini: Potpourri auf mehrere Rossinische Thema's, für die Violine (Parravicini)

G.149. Freitag, 19. Jänner 1827
Musikalische Akademie

Weber: Oberon, Ouverture
Dusech: Adagio und Polacca, für die Mandoline (Vimercati)
Scholl: Variationen für die Flöte, mit Orchester-Begleitung (Scheibel)
Vimercati: Variationen für die Mandoline (Vimercati)

G.150. Montag, 29. Jänner 1827
Musikalische Akademie

Weber: Oberon, Ouverture
Kreutzer: Adagio und Rondo für die Violine (Parravicini)
Arie (Fürst)
Hindle: Potpourri für den Contrabaß (Hindle)
Variationen für die Violine (Parravicini)

G.151. Mittwoch, 7. Februar 1827
Bey Beleuchtung des äußern Schauplatzes: Musikalische Akademie

Weber: Euryanthe, Ouverture
Dussek: Concert für die Mandoline (Vimercati)
Rossini: L'inganno felice, Arie (Borschitzky)
Hindle: Concert potpourri für den Contrabaß (Hindle)
Vimercati: Große Variationen über ein beliebtes Thema, auf der Mandoline mit Begleitung des Pianoforte (Vimercati)

G.152. Mittwoch, 7. März 1827
Musikalische Akademie

Weber: Oberon, Ouverture
Herz: Große Polonaise für das Pianoforte (Schoberlechner)
Rossini: Il Barbiere di Siviglia, Große Arie (Schoberlechner dall'Occa)
Schoberlechner: Variationen für das Pianoforte über ein Rossinisches Thema (Schoberlechner)
Rossini: Il Turco in Italia, Duett (Schoberlechner dall'Occa, Lablache)

G.153. Freitag, 16. März 1827
Musikalische Akademie, worin Herr Schoberlechner auf dem Pianoforte, und Mad. Dall'Occa Schoberlechner im Gesang zum letzten Mahle vor ihrer Abreise nach Italien, sich hören zu lassen die Ehre haben werden

Weber: Euryanthe, Ouverture
Rossini: La gazza ladra, Cavatine (Schoberlechner dall'Occa)
Herz: Adagio und Rondo eines neuen Concertes für das Pianoforte (Schoberlechner)
Rossini: Il Barbiere di Siviglia, Duett (Schoberlechner dall'Occa, Lablache)
Hummel: Nocturne, für das Pianoforte zu 4 Händen (Schoberlechner, Sprinz)
Paccini: Arie (Schoberlechner dall'Occa)

G.154. Donnerstag, 5. April 1827
Musikalische Akademie, worin Herr J. N. Hummel, großherzogl. Sachsen-Weimar'scher Hofkapellmeister, sich auf dem Pianoforte hören zu lassen die Ehre haben wird

Weber: Euryanthe, Ouverture
Hummel: Erster Satz eines Clavier-Concertes (in A moll) (Hummel)
Mayseder: Variationen für die Violine (Jos. Khayll, 12jährig)
Freye Phantasie auf dem Pianoforte (Hummel)

G.155. Donnerstag, 26. April 1827
Musikalische Akademie

Rossini: Ouverture
Slawik: Erster Satz eines Violin-Concertes (Slawik)
Rossini: Arie mit Chor (B. Schröder)
Lipiński: Variationen für die Violine (Slawik)
Vocal-Quartett (Eichberger, J. Hoffmann, Borschitzky, Ruprecht)
Slawik: Potpourri für die Violine (Slawik)

G.156. Samstag, 19. Mai 1827
Musikalische Akademie, worin [sich] Herr Carl John Schultz, aus London, vor seiner Abreise nach Amerika, auf der Pedal-Harfe hören zu lassen die Ehre haben wird

Beethoven: Fidelio, Ouverture
Bochsa: Concert für die Pedal-Harfe (Schultz)
Rossini: Cenerentola, Arie (Fink)
Potpourri für die Pedal-Harfe (Schultz)

G.157. Freitag, 12. Juni 1827
Musikalische Akademie

Mozart: Le Nozze di Figaro, Ouverture
Duett (Unger, De-Vechi)
Hummel: Concert aus H-moll für das Pianoforte, 2. Satz (Streit)
Arie mit Chor (Unger)

G.158. Dienstag, 3. Juli 1827
Musikalische Akademie, worin der 13jährige Knabe Friedrich Wörlitzer, aus Berlin, sich auf dem Pianoforte, und Mad. Rousseau auf der Flöte hören zu lassen die Ehre haben werden

Ouverture
Kalkbrenner: Concert in D-moll, für das Pianoforte, 2. Satz (Wörlitzer)
Berbiguier: Adagio und Polonaise für die Flöte (Rousseau)
Kalkbrenner: Fantasie und Variationen über ein schottisches Thema, für das Pianoforte (Wörlitzer)
Toulou: Variationen für die Flöte (Rousseau)

G.159. Montag, 16. Juli 1827
Musikalische Akademie

Weber: Euryanthe, Ouverture
Hummel: Concert in H-moll, für das Pianoforte, 1. Satz (Wörlitzer)
Polledro: Variationen für die Violine (Parravicini)
Moscheles: Variationen über den Alexander-Marsch, für das Pianoforte (Wörlitzer)
Tadolini: Scene und Arie mit Chor (Méric-Lalande)

G.160. Donnerstag, 23. August 1827
Musikalische Akademie, worin der 13jährige Friedrich Wörlitzer, aus Berlin, vor seiner Abreise, auf dem Pianoforte zu spielen die Ehre haben wird

Spontini: Ferdinand Cortez, Ouverture
Hummel: Allegro (in A moll) für das Pianoforte (Wörlitzer)
Jansa: Variationen für die Violine (Jos. Khayll, 12jährig)
Rossini: Arie (Schnitt)
Franz: Variationen über ein ungarisches Thema, für den Czakan (Jos. Khayll)
Moscheles: Alexander-Marsch (Wörlitzer)

G.161. Dienstag, 18. September 1827
Musikalische Akademie

Weber: Oberon, Ouverture
Pixis: Bravour-Variationen für das Pianoforte (Pitschmann)
Rossini: Torwaldo e Dorliska, Arie (I. Berg)
Pitschmann: Variationen für die Violine (Pitschmann)
[Paër]: Achilles, Arie (I. Berg)

G.162. Freitag, 12. Oktober 1827
Musikalische Akademie

Weber: Oberon, Ouverture
Maurer: Concert für die Violine (Maurer)
Rossini: Tancredi, Arie (De-Vechi)
Maurer: Variationen über ein russisches Volkslied (Maurer)

G.163. Freitag, 19. Oktober 1827
Musikalische Akademie

Weber: Euryanthe, Ouverture
Maurer: Concert für die Violine (Maurer)
Worzischek: La Sentinelle, Variationen für das Pianoforte (Straßmayer)
Maurer: Concertant für vier Violinen, mit Begleitung des Orchesters (Maurer, J. M. Böhm, Hellmesberger, Saint Lubin)

G.164. Sonntag, 21. Oktober 1827
Musikalische Akademie

Weber: Oberon, Ouverture
Maurer: Adagio und Rondeau für die Violine (Maurer)
Cavatine (Monelli)
Auf Verlangen: Maurer: Concertant für vier Violinen, mit Begleitung des Orchesters (Maurer, J. M. Böhm, Hellmesberger, Saint Lubin)

G.165. Mittwoch, 31. Oktober 1827
Musikalische Akademie

Beethoven: Fidelio, Ouverture
Maurer: Concert für die Violine (Maurer)
Mercadante: Elisa e Claudio, Duett (Berettoni, J.Hoffmann)
Maurer: Concertirende Variationen für zwey Violinen, mit Begleitung des Orchesters (Maurer, Pahl)

G.166. Samstag, 3. November 1827
Bey Beleuchtung des äußeren Schauplatzes: Musikalische Akademie

Weber: Oberon, Ouverture
Paër: Sargines, Arie (Pfuhl)
Maurer: Variationen für die Violine, über ein Thema aus der Oper: Die weiße Frau (Maurer)
Rossini: Il barbiere di Siviglia, Arie (Pfuhl)
Auf Verlangen: Maurer: Concertant für vier Violinen, mit Begleitung des Orchesters (Maurer, J. M. Böhm, Hellmesberger, Saint Lubin)

G.167. Montag, 5. November 1827
Zum Vortheile des Herrn L. Maurer, königl. großbrittanisch-hannöverschen Concertmeisters: Musikalische Akademie, in welcher Herr L. Maurer vor seiner Abreise zum letzten Mahle die Ehre haben wird, auf der Violine sich hören zu lassen

Weber: Euryanthe, Ouverture
Maurer: Concertant für zwey Violinen (Maurer, Jansa)
Czerny: Variationen für das Pianoforte (Stöber, 10jährig)
Maurer: Concertant für vier Violinen, mit Begleitung des Orchesters (Maurer, J. M. Böhm, Hellmesberger, Saint Lubin)

G.168. Sonntag, 2. Dezember 1827
Musikalische Akademie

Spontini: Ferdinand Cortez, Ouverture
Dall'Occa: Andante und Rondeau für den Contrabaß (Dall'Occa)
Rode: Concert für die Violine (Salvati)
Czerny: Concert und Polonaise für das Pianoforte (Stöber, 10jährig)
Messe: Concertant für Violine und Contrabaß (Salvati, Dall'Occa)

G.169. Montag, 10. Dezember 1827
Musikalische Akademie

Weber: Oberon, Ouverture
I. Müller: Drittes Concert für das Clarinett (I. Müller)
Rossini: Il barbiere di Siviglia, Arie (Schnitt)
I. Müller: Variationen über ein italienisches Lied, und Fantasie für das Clarinett mit Begleitung des Pianoforte, über Rossini's Cavatina: „Una voce poco fà" (I. Müller)

G.170. Freitag, 14. Dezember 1827
Musikalische Akademie

Weber: Euryanthe, Ouverture
I Müller: Sechstes Concert für das Clarinett (I. Müller)
Pechatscheck: Variationen für die Violine, über ein ungarisches Thema (Treichlinger)
I. Müller: Adelaide, als Erinnerung an weil. L. van Beethoven, und Variationen über Carafa's Arie: „O cara memorial!" für das Clarinett (I. Müller)
Cavatine (Monelli)
I. Müller: Variationen über ein Originalthema, für das Clarinett, mit Begleitung des Orchesters (I. Müller)

G.171. Dienstag, 5. Februar 1828
Musikalische Akademie

Weber: Euryanthe, Ouverture
Slawik: Variationen für die Violine (Slawik)
Kalkbrenner/Dizi: Duo für Pianoforte und Harfe (Link, Heilingmayer)
Gesangstück (M. Schuster, Borschitzky, Ruprecht, Huß)
Einleitung und Variationen, vorgetragen auf der Reinleinschen Aeol-Harmonika (Link)
Slawik: Rondo für die Violine (Slawik)

G.172. Samstag, 23. Februar 1828
Musikalische Akademie

Weber: Oberon, Ouverture
B. Romberg: Großes Concert in H-moll für das Violoncell, mit Begleitung des Orchesters (B. Romberg)
Rossini: Il barbiere di Siviglia, Arie (Schnitt)
B. Romberg: Introduction und Rondeau à la Mazurka, für das Violoncell, mit Begleitung des Orchesters (B. Romberg)

G.173. Donnerstag, 28. Februar 1828
Zum Vortheile des Herrn Berettoni: Große musikalische Akademie

Beethoven: Neue, noch nicht im Stiche erschienene Symphonie [Ouverture in C]
Mercadante: Elisa e Claudio, Duett (Tamburini, Berettoni)
Boieldieu: Die weiße Frau, Arie: Ah che piacer, d'esser Soldato (Rubini)
Bezdèk: Variationen für die Violine (Bezdèk)
Mozart: Die Hochzeit des Figaro, Arie: Non piu andrai farfalon amoroso (Tamburini)
Herz: Bravour-Variationen für das Pianoforte, mit Begleitung des Orchesters (Stöber, 10jährig)
Rossini: Mosè, Duett: Parlare, spiegare non posso (Tamburini, Rubini)

G.174. Montag, 3. März 1828
Große musikalische Akademie

Reuling: Ouverture
B. Romberg: Neue großes Concert in E-dur für das Violoncell, mit Begleitung des Orchesters (B. Romberg)
Kalkbrenner: Concert in E-moll für das Pianoforte, 1. Satz (Sprinz)
B. Romberg: Capriccio über polnische National-Lieder und Tänze, für das Violoncell, mit Begleitung des Orchesters (B. Romberg)

G.175. Mittwoch, 12. März 1828
Große musikalische Akademie, worin Herr Bernard Romberg die Ehre haben wird, sich auf dem Violoncell hören zu lassen

Weber: Euryanthe, Ouverture
B. Romberg: Schweizer-Concert (ein Tongemälde) für das Violoncell, mit Begleitung des Orchesters (B. Romberg)
Drouet: Variationen für die Flöte (Wehle)
B. Romberg: Variationen über verschiedene russische Themen, für das Violoncell, mit Begleitung des Orchesters (B. Romberg)

G.176. Freitag, 14. März 1828
Musikalische Akademie

Spontini: Ferdinand Cortez, Ouverture
Mozart: Die Hochzeit des Figaro, Arie: Non più andrai farfalon amoroso (Tamburini)
Herz: Variations brillantes für das Pianoforte (Sprinz)
Mozart: Don Juan, Arie: Il mio tesoro intanto (Rubini)

G.177. Sonntag, 16. März 1828
Musikalische Akademie, worin Herr Bernard Romberg vor seiner Abreise zum letzten Mahle die Ehre haben wird, zu spielen

B. Romberg: Ouverture
B. Romberg: Concert brillant in A-dur für das Violoncell, mit Begleitung des Orchesters (B. Romberg)
Paisiello: Die Müllerinn, Variationen: Il cor più non mi sento (Schnitt)
B. Romberg: Erinnerungen an Wien (Souvenirs de Vienne), großes Rondeau für das Violoncell, mit Begleitung des Orchesters (B. Romberg)

G.178. Donnerstag, 20. März 1828
Musikalische Akademie

Weber: Oberon, Ouverture
Variationen für die Violine (Strebinger)
Herz: Rondeau brillant für das Pianoforte, mit Begleitung des Orchesters (Stöber, 10jährig)
Rossini: Il barbiere di Siviglia, Arie: Al fianco al mio tesoro (Rubini)

G.179. Donnerstag, 27. März 1828
Musikalische Akademie

Beethoven: Egmont, Ouverture
Mayseder: Neues Concert für die Violine, 1. Satz (Mayseder)
Ries: Concert in Es-dur für das Pianoforte, 1. Satz (Sallamon)
Mayseder: Neue Variationen für die Violine (Mayseder)

[G.179a. Donnerstag, 29. Mai 1828
Grosses Concert der Zöglinge des vaterländischen Musik-Conservatoriums

Cherubini: Anacreon, Ouverture
Clarinett-Polonaise (Limmer)
Gyrowetz: Zwey Vocalchöre für Sopran- und Altstimme
Concert für zwey Hoboen (Pötschacker, Kröpsch)
Schubert: Der 23ste Psalm
Flöten-Variationen (Hirsch)
Stadler: Das befreyte Jerusalem, vierstimmiger Chor
Catel: Semiramis, Ouverture
Rondoletto für die Violine (Dont)
Mozart: Don Juan, Sextett
Polacca für zwey Violoncells (L. Böhm, Carl Burkhart)
Seyfried: Hallelujah]

[G.179b. Dienstag, 3. Juni 1828
Grosses Concert der Zöglinge des vaterländischen Musik-Conservatoriums

Wolfram: Die bezauberte Rose, Ouverture
Kramář: Doppel-Concert für zwey Fagotts (Eisler, Bischof)
Gesangstücke
Lannoy: Rondeau für die Hoboe (Pötschacker)
Lannoy: Abu, der schwarze Wundermann, Ouverture
Maurer: Variationen für das Violoncell und für zwey Violinen (L. Böhm, Broch, Schreiber)
Händel: Der Messias, Hallelujah]

[G.179c. Freitag, 6. Juni 1828
Concert des Ritters Nicolo Paganini, Kammer-Virtuosen Sr. Maj. des Kaisers von Oesterreich

Mozart: Grosse Symphonie C-dur
Paganini: Violin-Concert H-moll mit Glöckchenbegleitung (Paganini)
Arien (Bianchi)
Pagagini: Sonata variata auf der G-Saite über die Preghiera aus Mosè (Paganini)
Paganini: Neue Variationen auf ein Rossini'sches Motiv (Paganini)]

[G.179d. Donnerstag, 12. Juni 1828
Zum Vortheile der Signora Bianchi: Concert des Ritters Nicolo Paganini, Kammer-Virtuosen Sr. Maj. des Kaisers von Oesterreich

Beethoven: Symphonie D-dur, Allegro und Scherzo
Paganini: Violin-Concert in Es (Paganini)
Paër: Arie (Bianchi)
Paganini: Recitativo con tre Arie variate (Paganini)
Haydn: Symphonie mit dem Paukenschlag, Andante
Romani: Arie (Bianchi)
Paganini: Solo-Variationen über: Nel cor più non mi sento (Paganini)]

[G.179e. Mittwoch, 24. Juni 1828
Concert des Ritters Nicolo Paganini, Kammer-Virtuosen Sr. Maj. des Kaisers von Oesterreich

Beethoven: Sinfonia eroica, Allegro, Marcia funebre und Scherzo
R. Kreutzer: Violin-Concert (Paganini)
Raimondi: Arie (Bianchi)

Paganini. Sonata militare (Paganini)
Mercadante: Arie (Bianchi)
Paganini: Introduction und Variationen über „Di tanti palpiti" (Paganini)]

[G.179f. Samstag, 27. Juni 1828
Concert des Ritters Nicolo Paganini, Kammer-Virtuosen Sr. Maj. des Kaisers von Oesterreich

Cherubini: Faniska, Ouverture
Rode: Violin-Concert (Paganini)
Balducci: Arie (Bianchi)
Paganini: Capriccio über „Là ci darem la mano" (Paganini)
Méhul: Der Blinde von Toledo, Ouverture
Pavesi: Arie (Bianchi)
Paganini: Sonata sentimentale auf der G-Saite, mit Orchesterbegleitung und Variationen über „Gott erhalte Franz den Kaiser" (Paganini)
Catel: Semiramis, Ouverture]

[G.179g. Dienstag, 30. Juni 1828
Concert des Ritters Nicolo Paganini, Kammer-Virtuosen Sr. Maj. des Kaisers von Oesterreich

Mozart: Die Zauberflöte, Ouverture
Viotti: Violin-Concert (Paganini)
Rossini. Arie (Bianchi)
Paganini: Rondo mit Glöckchenbegleitung (Paganini)
Beethoven: Egmont, Ouverture
Rossini: Arie (Bianchi)
Paganini: Sonata sentimentale auf der G-Saite, mit Orchesterbegleitung und Variationen über „Gott erhalte Franz den Kaiser" (Paganini)
Weber: Oberon, Ouverture]

[G.179h. Freitag, 10. Juli 1828
Concert der Dem. Bertrand, erster Kammer-Harfenspielerin Sr. Maj. des Königs von Frankreich

Cherubini: Les deux journées, Ouverture
Bertrand: Harfen-Concert, Allegro (Bertrand)
Rossini: Terzett (Ehnes, Emmering, Ciccimarra)
Grosse Phantasie für Harfe (Bertrand)
B. Romberg: Divertimento
Onslow: L'Alcade de Vega, Ouverture
Pas de trois (Hasenhut-Mattis, Th. und F. Elßler)]

[G.179i. Mittwoch, 22. Juli 1828
Concert der Dem. Bertrand, erster Kammer-Harfenspielerin Sr. Maj. des Königs von Frankreich

Onslow: Le Colporteur, Ouverture
Rossini: Arie
Oginsky: Polonaise (Bertrand)
Mercadante: Cavatine und Terzett
Hildebrand: Festmarsch
Méhul: Jagd-Ouverture
Pacini: Duett
Bochsa: Variationen über ein russisches Thema (Bertrand)
Zwey Tanzstücke
Gesangsolisten: Frontini, Ehnes, Mozatti]

[G.179j. Freitag, 4. September 1828
Concert des Hrn. Hindle

Militair-Ouverture
B. Romberg: Violoncello-Rondo, für Contrabass arrangiert (Hindle)
Neue Variationen (Hindle)
Herz: Pianoforte-Variationen (Sprinz)
Variationen auf der Flöte (Fahrbach)
Hildebrand: Festmarsch
Vocal-Quartett
Gesangstücke (Marra, Frontini, Borschitzky)
Tanzstücke (Ballett des Theaters in der Josephstadt)]

[G.179k. Montag, 26. Oktober 1828
Concert der Dem. Bertrand, erster Kammer-Harfenspielerin Sr. Maj. des Königs von Frankreich

Weber: Oberon, Ouverture
Labarre: Harfen-Concertino (Bertrand)
Rossini: Semiramide, Duettino (Th. Grünbaum, Emmering)
Flöten- und Pianoforte-Variationen (Wagner, Rzehaczek)
Arien (Th. Grünbaum, Emmering)
Herz: Variationen und Rondo für Harfe und Pianoforte (Bertrand, Rzehaczek)
Bertrand: Variationen über „Gott erhalte Franz den Kaiser" (Bertrand)]

[G.179l. Montag, 7. Dezember 1828
Concert des Königl. Sächs. Kammermusikus A. B. Fürstenau

Fürstenau: Flöten-Concert (Fürstenau)
Fürstenau: Variationen über Weber's Preciosa (Fürstenau)
Fürstenau: Variationen über Boieldieu's Weisse Frau (Fürstenau)]

[G.179m. Freitag, 11. Dezember 1828
Concert des Herrn Ferdinando Sebastiani, ersten Kammer-Clarinettisten Sr. Majestät des Königs von Neapel

Catel: Semiramis, Ouverture
Sebastiani: Clarinetten-Concert (Sebastiani)
Cherubini: Anacreon, Ouverture
Sebastiani: Variationen über Themen von Rossini (Sebastiani)]

G.180. Freitag, 16. Jänner 1829
Musikalische Akademie

Gluck: Iphigenie in Aulis, Ouverture
Paganini: Violin-Concert aus H-moll, 1. Satz und Rondo brillant mit Glöckchenbegleitung (Treichlinger)
Arie (Frontini)
Czerny: Concert-Variationen für das Pianoforte (Sprinz)
Preghiera aus der Oper: Mosè, mit Variationen für die Violine, auf der G-Saite allein (Treichlinger)

G.181. Sonntag, 1. Februar 1829
Musikalische Akademie des Herrn Kapellmeisters Leon de St. Lubin

Spontini: Die Vestalinn, Ouverture
Saint Lubin: Neues Concert für die Violine (Saint Lubin)
Blahetka: Bravour-Variationen für das Pianoforte (Bilally)
Saint Lubin: Neues Potpourri über ungarische National-Tänze (Saint Lubin)
Blum: Die Rückkehr eines Schweizer-Hirtenmädchens in ihre Heimath, große musikalisch-dramatische Scene mit Alpenlied (C. Siebert, im Costüme)

G.182. Mittwoch, 18. Februar 1829
Musikalische Akademie des Herrn Kapellmeisters Leon de St. Lubin

Cherubini: Lodoiska, Ouverture
Saint Lubin: Zweytes Concert in Des-dur für die Violine, Adagio grandioso in Cis-moll und Tempo di Polacca in Des-dur (ganz neu) (Saint Lubin)
Paër: Arie mit obligater Clarinette: Una voce al cor mi parla (C. Siebert)
Kalkbrenner: Fantasie und Variationen über ein schottisches Lied, für das Pianoforte (Rzehaczek)
Saint Lubin: Neue Bravour-Variationen über eine italienische Canzonetta, für die Violine (Saint Lubin)

G.183. Montag, 23. Februar 1829

Beethoven: Fidelio, Ouverture
Morlacchi: Tebaldo ed Isolina, Romanze (Pasta)
Freye Phantasie für das Pianoforte (Stöber, 11jährig)
Rossini: Tancredi, Arie (Pasta)
B. Romberg: Divertimento über schwedische National-Lieder, für das Violoncell componirt (Wittmann, 12jährig)

G.184. Mittwoch, 25. Februar 1829

Spontini: Ferdinand Cortez, Ouverture
Meyerbeer: Il Crociato in Egitto, Recitativ und große Arie (Pasta)
Herz: Variations brillantes für das Pianoforte, über die Favorit-Arie: Ma Fanchette est charmante (Ludwig)
Rossini: Tancredi, Arie (Pasta)
Klein: Variationen für die Clarinette (Klein)
Spontini: Die Vestalinn, Ouverture

G.185. Sonntag, 1. März 1829

Cherubini: Anakreon, Ouverture
Pacini: Niobe, Arie: Il soave e bel contento (Pasta)
Kalkbrenner: Variationen für das Pianoforte (Fürth)
Vimercati: Variationen für die Mandoline, über das Thema: Nel cor più non mi sento (Vimercati)

G.186. Freitag, 6. März 1829

Cherubini: Die Tage der Gefahr, Ouverture
Variationen für die Violine, über ein ungarisches Thema von Taborsky (Jos. Khayll)

G.187. Mittwoch, 11. März 1829

Spontini: Ferdinand Cortez, Ouverture
Bonfighi: Arie (Pasta)
Czerny: Variations brillantes über ein Thema aus der Oper: Il Pirata (Straßmayer)
Pacini: Niobe, Arie: Il soave e bel contento (Pasta)
Hellmesberger: Variationen für die Violine (Hellmesberger)

G.188. Samstag, 14. März 1829

Cherubini: Medea, Ouverture
Mayr: Medea, Große Scene (Pasta, A. Muzzarelli, Zwey Kinder, Chor)

G.189. Dienstag, 17. März 1829
Madame Pasta hat der k. k. n. ö. Landesregierung das edle Anerbiethen gemacht, zum Vortheile der hiesigen öffentlichen k. k. Wohlthätigkeits-Anstalten, heute Dienstag den 17. März eine theatralische Vorstellung zu geben, wozu die löbliche Verwaltung des k. k. Hoftheaters nächst dem Kärnthnerthore das Theater mit Bereitwilligkeit überlassen hat

Beethoven: Coriolan, Ouverure
Rossini: Arie (Pasta)

G.190. Samstag, 28. März 1829
Musikalische Akademie

Beethoven: Fidelio, Ouverture
Klein: Variationen für das Clarinett (Klein)
Pacini: Arie (Hardmeier)
Strebinger: Variationen für die Violine (Strebinger)

G.191. Donnerstag, 2. April 1829
Musikalische Akademie des Herrn Benesch, Ehrenmitgliedes der philharmonischen Gesellschaften in Venedig und Laibach

Catel: Semiramis, Ouverture
Benesch: Concert für die Violine, 1. Satz (Benesch)
Arie (C. Siebert)
Benesch: Große Polonaise für die Violine (Benesch)
Friederike Benesch: Concert für das Pianoforte, 1. Satz (Friederike Benesch)
Benesch: Variationen für die Violine, über ein Thema von Rossini (Benesch)

G.192. Mittwoch, 29. April 1829
Zum Vortheile des Fräuleins von Belleville, Pianoforte-Spielerinn von München: Musikalische Akademie

Beethoven: Fidelio, Ouverture
Pacini: Amazilia, Arie (Lindenheim)
Kalkbrenner: Concert für das Pianoforte (Belleville)
Saint Lubin: Variationen für zwey Waldhörner, über das Lied: „An Alexis" (C. und E. Lewy)
Mayseder: Variationen für die Violine (Hellmesberger)
Herz: Große Bravour-Variationen für das Pianoforte (Belleville)

G.193. Montag, 4. Mai 1829
Musikalische Akademie des Herrn Pechatscheck, Concertmeister am Großherzoglich Baden'schen Hofe

Dessauer: Ouverture
Pechatscheck: Concertino für die Violine (Pechatscheck)
Paër: Agnese, Arie (Lindenheim)
Pechatscheck: Variationen für die Violine (Pechatscheck)

G.194. Dienstag, 12. Mai 1829
Musikalische Akademie

Spontini: Ferdinand Cortez, Ouverture
Hummel: Rondeau brillant für das Pianoforte mit Begleitung des Orchesters (Tausig, 9jährig)
Kramář: Concert für den Fagott, 1. Satz (Hürt)
Herz: Variations brillantes für das Pianoforte mit Begleitung des Orchesters (Taußig)

G.195. Freitag, 15. Mai 1829
Zweytes Concert des Herrn Pechatscheck, Concertmeister am Großherzoglich Baden'schen Hofe

Cherubini: Lodoiska, Ouverture
Pechatscheck: Neues Concertino für die Violine (Pechatscheck)
Wehle: Variationen für die Flöte (Wehle)
Pechatscheck: Polonaise für die Violine (Pechatscheck)

G.196. Freitag, 22. Mai 1829
Letztes Concert des Herrn Pechatscheck, Concertmeister am Großherzoglich Baden'schen Hofe

Beethoven: Ouverture (noch Manuscript)
Pechatscheck: Rondo alla Polacca für die Violine (Pechatscheck)
Carafa: Recitativ und Arie mit Variationen und einem Violin-Solo (C. Siebert, Mayseder)
Pechatscheck: Potpourri für die Violine, über Rossinische Themen (Pechatscheck)
Czerny: Variationen für das Pianoforte, über ein Thema aus der Oper: Die Bestürmung von Corinth, von Rossini (Ludwig)
Auf Verlangen: Pechatscheck: Variationen für die Violine in E-dur (Pechatscheck)

G.197. Freitag, 29. Mai 1829
Musikalische Akademie des Fräulein v. Belleville, Pianoforte-Spielerinn von München

Lindpaintner: Der Bergkönig, Ouverture
Hummel: Septuor für das Pianoforte, die Flöte, die Oboe, das Horn, die Viola, das Violoncell und den Contrabaß (Belleville, Scholl, Uhlmann, E. Lewy, Hellmesberger, Merk, Slama)
Mercadante: Arie (Ernst)
Pixis: Variations brillantes für das Pianoforte mit Begleitung des Orchesters, über ein Thema aus der Oper: Der Barbier von Sevilla, von Rossini (Belleville)

G.198. Donnerstag, 11. Juni 1829
Musikalische Akademie der Dlle. Caroline Perthaler, Schülerinn des Tonsetzers Herrn A. Halm

Lindpaintner: Der Bergkönig
Hr. Halm: Neues Concert für das Pianoforte, 1. Satz (Dlle. Perthaler)
Mayr: Recitativ und Arie (C. Siebert)
Heinrich Herz: Rondeau für das Pianoforte (Dlle. Perthaler)

G.199. Freitag, 24. Juli 1829

Zwischen dem Singspiel und dem Ballett:
Neukirchner: Variationen auf dem Fagotte (Hr. Neukirchner)

G.200. Montag, 3. August 1829
Musikalische Akademie des Fräuleins Charlotte Veltheim, königlich Sächsischen Kammersängerinn

Spontini: Die Vestalinn, Ouverture
Auber: Die Stumme von Portici, Cavatine (Veltheim)
Variationen für den Fagott (Neukirchner)
Spohr: Jessonda, Duett (Veltheim, M. Schuster)
Eck: Doppel-Concert für die Violine (Schorsch, Johannis)
Rossini: Ciro in Babilonia, Scene und Arie (Veltheim)

G.201. Freitag, 7. August 1829
Musikalische Akademie zum Vortheile und letzten Auftritte der Sig.ra Bourgeois-Schiroli, ersten Sängerinn am k. Theater in Lissabon

Cherubini: Graf Armand, Ouverture
Pavesi: Das Mayfest, Chor (im Costume)
Nicolini: Anibale in Bytinia, Cavatina mit Begleitung der Violine (Bourgeois-Schiroli im Costume, Mayseder)
Czerny: Variationen für das Pianoforte, mit Begleitung des Orchesters, über ein Thema aus der Oper: Il Pirata (Eder)
Nicolini: Rondo mit Chor (Bourgeois-Schiroli im Costume)
Catel: Semiramis, Ouverture
Morlacchi: Thebaldo und Isolina, Romanze (Bourgeois-Schiroli im Costume)
Eck: Doppel-Concert für die Violine (Schorsch, Johannis)
Vaccaj: Giulietta e Romeo, Scene (Bourgeois-Schiroli, Hardmeier im Costume, Chor)

G.202. Dienstag, 11. August 1829
Musikalische Akademie

Beethoven: Prometheus, Ouverture
Chopin: Großes Rondeau (Chopin)
Rossini: Bianca e Faliero, Arie (Veltheim)
Chopin: Variations brillantes über ein Mozart'sches Thema (Chopin)
Vaccaj: Pietro il Grande, Rondeau mit Variationen und mit Chor (Veltheim)

G.203. Dienstag, 18. August 1829
Musikalische Akademie

Lindpaintner: Der Bergkönig, Ouverture
Chopin: Großes Rondeau für das Pianoforte (Chopin)
Mayseder: Polonaise für die Violine (Jos. Khayll)
Chopin: Variations brillantes für das Pianoforte, über ein Mozart'sches Thema (Chopin)

G.204. Mittwoch, 30. September 1829
Musikalische Akademie

Rennal: Ouverture
Kalkbrenner: Adagio und Rondo für das Pianoforte (Habern)

Bellini: Il Pirata, Arie (Dworzak)
Habern: Concertino für das Pianoforte (Habern)
Bériot: Variationen für die Violine (Leppen)

G.205. Montag, 28. Dezember 1829
Zum Vortheile des Hrn. Mosé Tarquinio, Sopransänger in der Kammer und der Kapelle Sr. Maj. des Königs beyder Sicilien: Musikalische Akademie

Beethoven: Symphonie in D, Allegro, Adagio und Rondeau
Cimarosa: Gli Orazi ed i Curiazi, Arie (Tarquinio)
Rossini: La Donna del lago, Arie (Tarquinio)

G.206. Mittwoch, 30. Dezember 1829
Musikalische Akademie des Herrn Mosé Tarquinio, Sopransänger der Kammer und der Kapelle S. M. des Königs beyder Sicilien

Cherubini: Die Tage der Gefahr, Ouverture
Pechatscheck: Concertino für die Violine (Schorsch)
Raimondi: Arie: Risplendi o Sol beato (Tarquinio)
Herz: Variationen für das Pianoforte, mit Orchesterbegleitung, über ein Thema aus der Oper: Der Kreuzritter (Ludwig)
Zingarelli: Il Trinfo di Davide, Rondeau (Tarquinio)

G.207. Donnerstag, 7. Jänner 1830
Musikalische Akademie der Dlle. Kath. Sprinz

Cherubini: Medea, Ouverture
Moscheles: Concert in E-dur für das Pianoforte (Sprinz)
Mayseder: Variationen für die Violine (H. Wolff)
Pixis: Große Variationen in C-dur, für das Pianoforte (Sprinz)

G.208. Dienstag, 12. Jänner 1830
Musikalische Akademie des Herrn M. Schmidt, Churhessischen Hofmusikus, Kammermusikus des Herzogs v. Braunschweig, und Mitglieds der philharmonischen Gesellschaft in Amsterdam

Cherubini: Der Portugiesische Gasthof, Ouverture
Koch: Adagio und Rondeau für die Posaune (Schmidt)
H. Wolff: Variationen für die Violine (H. Wolff)
Deicher: Introduction und Variationen für die Posaune, über ein Thema aus der Oper: Die Müllerinn (Schmidt)

G.209. Dienstag, 23. Februar 1830

Lindpaintner: Der Bergkönig, Ouverture
Dann werden Herr Schultz, Bauchredner und Sänger, Herr Söllner, Cytherspieler, Herr Debiasy, Violinspieler, und Herr Stark, Guitarrist, die Ehre haben, folgende Stücke auszuführen:
1) Einen Jodler: „Das Geständniß", componirt und vorgetragen von Herrn Schultz, mit Begleitung der Cyther, Violine und Guitarre
2) Fantasie von Herrn Söllner, mit dem Violinbogen auf der Cyther vorgetragen, mit Begleitung der Violine und Guitarre
3) Einen Jodler: „Der Tyroler Teppichhändler", componirt und vorgetragen von Herrn Schultz, mit Begleitung der Cyther, Violine und Guitarre
4) Eine Scene zwischen einem alten Manne, dessen Sohn und Diener, ausgeführt von Herrn Schultz, als Bauchredner

G.210. Mittwoch, 3. März 1830

Beethoven: Egmont, Ouverture
I. Lachner: Zenobia vor der Römerschlacht, dramatische Scene, von Böck (Fischer-Achten, Chor)

G.211. Samstag, 6. März 1830
Musikalische Akademie

Weber: Euryanthe, Ouverture
Merk: Concert für das Violoncell, 1. Satz (Bauer)
Nicolini: Arie mit Begleitung des Chores (Hähnel)
Potpourri für das Violoncell (Bauer)

G.212. Montag, 22. März 1830
Zum Vortheile der Leopoldine Blahetka

Weber: Euryanthe, Ouverture
Blahetka: Neue Bravour-Variationen für das Pianoforte, über ein Thema des Herrn Grafen v. Gallenberg (Blahetka)

G.213. Mittwoch, 31. März 1830
Musikalische Akademie

Würfel: Der Rothmantel, Ouverture
Rossini: Armida, Duett (Binder, Fischer-Achten)
Würfel: Concert für das Pianoforte (Würfel)
Beethoven: Adelaide (Binder)

G.214. Mittwoch, 14. April 1830
Zum Vortheile des Fräuleins v. Belleville, Pianoforte-Spielerinn von München: Musikalische Akademie

Rossini: Wilhelm Tell, Ouverture
Nicolini: Annibale in Bitinia, Arie (Hähnel)
Pixis: Neues Concert für das Pianoforte (Belleville)
Bériot: Variationen für die Violine (Johannis)
Belleville: Neue brillante Variationen für das Pianoforte (Belleville)

G.215. Montag, 21. Juni 1830
Musikalische Akademie der zehnjährigen Dlle. Leonore Neumann, aus Petersburg, Schülerinn des Herrn Kapellmeisters Morandi

Weber: Oberon, Ouverture
R. Kreutzer: Concert für die Violine (L. Neumann)
Bellini: Arie (Hähnel)
Herz: Variationen für das Pianoforte (Reisky)
Rolla: Adagio für die Violine (L. Neumann)

G.216. Dienstag, 29. Juni 1830
Musikalische Akademie der zehnjährigen Dlle. Leonore Neumann, Schülerinn des Herrn Kapellmeisters Morandi, welche zum letzten Mahle die Ehre haben wird, sich vor ihrer Abreise nach Paris auf der Violine hören zu lassen

Weber: Euryanthe, Ouverture
Rode: 7. Concert für die Violine (L. Neumann)
Rossini: Arie (Ernst)
Lafont: Variationen für die Violine, über ein Schweizerthema, zum Angedenken an den Berg Simplon (L. Neumann)

G.217. Donnerstag, 1. Juli 1830
Musikalische Akademie des Herrn Hubert Ries, k. preußischer Kammermusiker und Solospieler der k. Kapelle in Berlin

Rossini: Die diebische Aelster, Ouverture
H. Ries: Concert für die Violine (H. Ries)
Pacini: Amazilli, Arie (Ernst)
Spohr: Pot-pourri über Thema's aus der Oper: Jessonda (H. Ries)

G.218. Donnerstag, 26. August 1830
Musikalische Akademie

Catel: Semiramis, Ouverture
Spohr: Concert für die Violine (in E-moll) (Jäll)
Mercadante: Il podestà di Burgos, Cavatine (Ernst)
Pechatscheck: Polonaise für die Violine (Jäll)

G.219. Samstag, 11. September 1830
Musikalische Akademie

Beethoven: Fidelio, Ouverture
Drouet: Introduction und Variationen über ein Thema aus der Oper: Olimpia, für die Flöte (L. Mayer)
Arie (Hofer)

G.220. Dienstag, 14. September 1830
Musikalische Akademie

Weber: Euryanthe, Ouverture
Maurer: Doppel-Variationen für die Violine (Leppen, Schorsch)
Herz: Variationen über ein Thema aus der Oper: Der Kreuzritter in Egypten, für das Pianoforte (Eder)

G.221. Freitag, 17. September 1830
Musikalische Akademie

Weber: Euryanthe, Ouverture
Pacini: Arie (Hardmeier)
Spohr: Adagio (Ziehrer)
Variationen für die Flöte (Ziehrer)

G.222. Montag, 4. Oktober 1830
Musikalische Akademie

Spontini: Ferdinand Cortez, Ouverture
Hummel: Rondeau brillant in A-dur, für das Pianoforte (Sedlak)
Merk: Adagio und Polonaise für das Violoncell (Hartinger)

G.223. Mittwoch, 13. Oktober 1830
Musikalische Akademie

Catel: Semiramis, Ouverture
Purebl: Polonaise für den Czakan (Purebl)
Rossini: L'inganno felice, Arie (Walther)
Potpourri für die Phisharmonika, mit Begleitung des Pianoforte (Fürth)

G.224. Donnerstag, 21. Oktober 1830

Beethoven: Sinfonia eroica

G.225. Samstag, 23. Oktober 1830

Beethoven: Sinfonia eroica

G.226. Montag, 25. Oktober 1830

Beethoven: Sinfonia eroica

G.227. Freitag, 29. Oktober 1830
Musikalische Akademie

Weber: Euryanthe, Ouverture
Pixis: Concert für das Pianoforte (Dlle. Haydn)

G.228. Sonntag, 21. November 1830

Belcke: Concertino für das neuerfundene chromatische Tenorhorn (Belcke)
Rode: Violin-Variationen (G-dur), auf der Baßposaune (Belcke)

G.229. Freitag, 3. Dezember 1830
Musikalische Akademie

Weber: Oberon, Ouverture
Mayseder: Variationen für die Violine (Ernst Eichhorn, 8jährig)
Moscheles: Große Variationen für das Pianoforte, mit Begleitung des Orchesters (Fürth)
Variationen für zwey Violinen, über ein Thema aus der Oper: Der Maurer und der Schlosser (Ernst und Eduard Eichhorn)
Potpourri für die Physharmonica, mit Begleitung des Pianoforte (Fürth)

G.230. Dienstag, 7. Dezember 1830
Zweyte musikalische Akademie des achtjährigen Ernst und des sechsjährigen Eduard Eichhorn

Weber: Euryanthe, Ouverture
Rode: Variationen für die Violine (Ernst Eichhorn)
Kalkbrenner: Zweytes Concert für das Pianoforte (c-moll), 1. Satz (Tedesko)
Variationen für zwey Violinen, mit Flageolet-Tönen (Ernst und Eduard Eichhorn)

G.231. Montag, 17. Jänner 1831
Musikalische Akademie

Schmitt: Ouverture
Schmitt: Concertino für das Pianoforte, mit Chor (Schmitt und Chorpersonal)
Nicolini: Arie: Il braccio mio conquise (Marra)
Freye Phantasie auf dem Pianoforte (Schmitt)

G.232. Donnerstag, 3. Februar 1831

Mayseder: Variations brillantes für die Violine (Ernst Eichhorn, 8jährig)
R. Kreutzer: Rondeau für zwey Violinen (Ernst, 8jährig, und Eduard Eichhorn, 6jährig)

G.233. Dienstag, 15. März 1831

Weber: Oberon, Ouverture
Lafont: Concert für die Violine (Molique)
Stunz: Rondeau für das Clarinett (Faubel)
Phantasie über Thema's aus der Oper: Die Stumme von Portici (Molique)

G.234. Dienstag, 19. April 1831
Musikalische Akademie

Weber: Oberon, Ouverture
Moscheles: Erinnerungen an Irland (Ludwig)
Kalliwoda: Concertino für die Violine, mit Begleitung des Orchesters (Serwacziński)
Herz: Variationen über ein Thema aus der Oper: La donna del lago, für das Pianoforte (Ludwig)
Pechatscheck: Introduction und Variationen über Schubert's Trauerwalzer, für die Violine mit Begleitung des Orchesters (Serwacziński)

G.235. Donnerstag, 28. April 1831

Weber: Euryanthe, Ouverture
Lipiński: Großes Concert für die Violine, 1. Satz (Serwacziński)
F. Lachner: „Bewußtseyn", von Rellstab, Lied mit Begleitung des Pianoforte und des Waldhorns (Wild, E. Lewy, F. Lachner)
Serwacziński: Variationen über polnische Nationallieder (Serwacziński)

G.236. Mittwoch, 18. Mai 1831
Musikalische Akademie

Proch: Der Müller und sein Kind, Ouverture
Proch: Concertino für die Violine (Proch)
Danhorn: Concert für das Pianoforte, 1. Satz (Danhorn)
Proch: Brillante Variationen für die Violine, über die Volkshymne: „Gott erhalte Franz den Kaiser!" (Proch)

G.237. Samstag, 28. Mai 1831
Musikalische Akademie

Weber: Oberon, Ouverture
Viotti: Characteristisches Concert für die Violine, 1. Satz (F. L. Herz)
Czerny: Neue brillante Variationen für das Pianoforte, mit Begleitung des Orchesters (Döhler)
Phantasie über pohlnische [!] National-Melodien, für die Violine (F. L. Herz)

G.238. Samstag, 11. Juni 1831
Musikalische Akademie

Weber: Euryanthe, Ouverture
Chopin: Concert in E-moll, für das Pianoforte (Chopin)
Vocal-Quartett (Staudigl, Emminger, Ruprecht, Tichatscheck)

G.239. Freitag, 17. Juni 1831
Musikalische Akademie

Grutsch: Ouverture
L. Böhm, fürstlich Fürstenbergischer Kammermusikus: Concertino für das Violoncell (L. Böhm)
Herz: Neue brillante Variationen für das Pianoforte, über ein Thema aus der Oper: Wilhelm Tell (Döhler)
Potpourri für das Violoncell, über Motive beliebter Opern (L. Böhm)

G.240. Freitag, 15. Juni 1831
Musikalische Akademie

Weber: Oberon, Ouverture
Bériot: Variationen für die Violine (F. L. Herz)
Kalkbrenner: Adagio und Rondeau für das Pianoforte (Geißler, 11jährig)
Mazas: L'echo, Barcarole française, für die Violine mit Orchester (F. L. Herz)

G.241. Donnerstag, 11. August 1831
Musikalische Akademie

Wolfram: Der Bergmönch, Ouverture
Rossini: Corradino, Duett (Eugenie Lutzer, Oberhoffer)
Hummel: Oberon's Zauberhorn. Phantasie für das Pianoforte (Döhler)
Raimondi: Arie (Eugenie Lutzer)

G.242. Mittwoch, 31. August 1831

Zwischen dem ersten und zweyten Acte [der Oper Fra Diavolo]:
F. Lachner: Bewußtseyn, von Rellstab, Lied mit Begleitung des Pianoforte und des Waldhorns (Wild, E. Lewy, F. Lachner)
Auber: Fiorella, Duett (Fischer-Achten, Hauser)

G.243. Dienstag, 13. Dezember 1831
Musikalische Akademie, worin Herr J. Treichlinger, vor dem Antritte seiner Kunstreise, zum letzten Mahle die Ehre haben wird, sich hören zu lassen

F. Lachner: Ouverture
Treichlinger: Violin-Concert, aus Fis-moll, 1. Satz (Treichlinger)
Kalkbrenner: Variationen für das Pianoforte, über das Thema: God save the king (Sprinz)
Lipiński: Neue Variationen für die Violine, über ein Rossini'sches Thema (Treichlinger)

G.244. Dienstag, 13. Dezember 1831
Musikalische Akademie, worin Herr J. Treichlinger, vor dem Antritte seiner Kunstreise, zum letzten Mahle die Ehre haben wird, sich hören zu lassen

F. Lachner: Ouverture
Treichlinger: Violin-Concert, aus Fis-moll, 1. Satz (Treichlinger)
Kalkbrenner: Variationen für das Pianoforte, über das Thema: God save the king (Sprinz)
Lipiński: Neue Variationen für die Violine, über ein Rossini'sches Thema (Treichlinger)

G.245. Samstag, 28. Februar 1832
Musikalische Akademie

Habern: Ouverture in Es-dur
Habern: Rondeau brillant für das Pianoforte (Habern)
Mayseder: Großes Rondeau für die Violine (Hr. Nottes)
Habern: Pollacca di bravura für das Pianoforte (Habern)

G.246. Mittwoch, 25. April 1832
Musikalische Akademie

Beethoven: Fidelio, Ouverture
Cremont: Violon-Concert, 1. Satz (Serwaczińsky)
Drouet: Variationen für die Flöte (Brocken)
Serwaczińsky: Variationen für die Violine (Serwaczińsky)
F. Lachner: „Bewußtseyn" von Rellstab, Lied mit Begleitung des Pianoforte und des Waldhorns (Wild, E. Lewy, F. Lachner)

G.247. Mittwoch, 30. Mai 1832
Zum Vortheile des Herrn Conradin Kreutzer, Kapellmeister an diesem k. k. Hoftheater: Musikalische Akademie

C. Kreutzer: Die Jungfrau, Ouverture und großes Duett (Ernst, Schodel)
C. Kreutzer: Der gute Kamerad, Romanze von Uhland, mit Begleitung eines obligaten Violoncells und Pianoforte (Wild, Merk, C. Kreutzer)
F. Stadler: Variationen für das Pianoforte, über ein Thema aus der Oper: Die Braut, von Auber (Eder)
C. Kreutzer: Die Post, Lied von W. Müller, mit Begleitung des Violoncells und des Pianoforte (Wild, Merk, C. Kreutzer)
Kreutzer: Die Jungfrau, Finale (Schodel, Wild, Staudigl, Fischer, Tichatscheck, Chorpersonal)
Herr Wild wird, aus Gefälligkeit für den Beneficianten, noch vor seiner Abreise mitwirken.

G.248. Donnerstag, 27. September 1832
Musikalische Akademie

Weber: Oberon, Ouverture
Duett für die Guitarre (Leitner, Hölzel)
Bellini: Il Pirata, Tenor-Arie (C. Huber)
Variationen für das Clarinett (Girolamo Salieri)

G.249. Samstag, 5. Jänner 1833
Musikalische Akademie

Musikstück, ausgeführt von dem Musikcorps des löbl. k. k. Regiments Prinz Wasa
Weber: Oberon, Ouverture
Taeglichsbeck: Phantasie über polnische Lieder, für die Violine (Taeglichsbeck)
F. Lachner: Der Troubadour, Lied mit Begleitung des Pianoforte und des Violoncells, gedichtet von Freyherrn von Braun (Wild, Merk, F. Lachner)
Musikstück, ausgeführt von dem Musikcorps des löbl. k. k. Regiments Prinz Wasa

G.250. Montag, 25. Februar 1833
Musikalische Akademie des Herrn Bernard Romberg, königl. Preußischer Kapellmeister

Beethoven: Fidelio, Ouverture
B. Romberg: Concertino für das Violoncell (G-moll) (B. Romberg)
Rossini: Duett (C. Heinefetter, Frontini)
B. Romberg: Phantasie über norwegische Alpen-Lieder, für das Violoncell (B. Romberg)

G.251. Montag, 4. März 1833

Beethoven: Symphonie A-dur

G.252. Montag, 6. März 1833

Beethoven: Symphonie Nr. 3, Adagio e Scherzo

G.253. Samstag, 9. März 1833
Musikalische Akademie des Herrn Bernard Romberg, königl. Preußischer Kapellmeister

F. Lachner: Ouverture
B. Romberg: Zweytes neues Concertino für das Violoncell (B. Romberg)
Rossini: Der Barbier von Sevilla, Arie (Ah se è ver) (Peregeon)
B. Romberg: Der Maskenball, humoristisches Tongemählde für das Violoncell, mit Begleitung des Orchesters (Romberg)

G.254. Donnerstag, 14. März 1833
Musikalische Akademie des Churhessischen Kammermusikus Herrn M. Schmidt

Cherubini: Lodoiska, Ouverture
Späth: Concertino für 2 Posaunen (M. Schmidt und dessen Sohn)
Herz: Variationen für das Pianoforte, über den Marsch aus der Oper Wilhelm Tell, von Rossini (Paul)
Ferling: Introduction und Variationen für 2 Posaunen, über ein Thema aus der Oper Corradino, von Rossini (M. Schmidt und dessen Sohn)

G.255. Samstag, 16. März 1833
Musikalische Akademie, worin die Oberösterreicher-Alpen-Quartett-Sänger drey Lieder vorzutragen die Ehre haben werden

Beethoven: Symphonie A-dur
Lieder: Auf d'Alm; Der Schiffer, von G. Seidl; A Standerl

G.256. Samstag, 30. März 1833
Musikalische Akademie des Herrn Franz Schoberlechner, Kammer-Virtuos Sr. k. k. Hoheit des Großherzogs von Toskana, und Sr. k. Hoheit des Herzogs von Lucca; Ehrenmitglied mehrerer philharmonischen Gesellschaften in Italien

F. Lachner: Ouverture
Schoberlechner: Introduction und Rondo für das Pianoforte mit Begleitung des Orchesters (Schoberlechner)
Pacini: Amazilia, Arie (Ernst)
Schoberlechner: Variationen über ein beliebtes Thema von Pacini, für das Pianoforte mit Begleitung des Orchesters (Schoberlechner)

G.257. Samstag, 13. April 1833
Letzte musikalische Akademie des königlich Preußischen Kapellmeisters Herrn Bernard Romberg, vor seiner Abreise nach Prag

Lindpaintner: Der Vampyr, Ouverture
B. Romberg: Drittes neues Concertino für das Violoncell (D-moll) (B. Romberg)
F. Lachner: Das Waldvöglein, Lied für Singstimme, Waldhorn und Pianoforte (C. Heinefetter, E. Lewy, F. Lachner)
B. Romberg: Der Traum, ein Phantasiestück für das Violoncell (B. Romberg)
Hummel: Concert für das Pianoforte, 1. Satz (I. Dirzka)
B. Romberg: Großes Rondò für das Violoncell (Erinnerung an Wien) (B. Romberg)

G.258. Freitag, 19. April 1833
Musikalische Akademie

Weber: Euryanthe, Ouverture
Proch: Neues Concertino für die Violine (Proch)
Herz: Rondeau brillant für das Pianoforte (Ant. v. Kontski)
Proch: Variationen für die Violine, über ein Rossini'sches Thema (Proch)

G.259. Freitag, 3. Mai 1833
Musikalische Akademie der Brüder Carl und Anton v. Kontski

Lindpaintner: Der Vampyr, Ouverture
Ant. v. Kontski: 2. Concert (Gis-moll) für das Pianoforte, 1. Satz (Ant. v. Kontski)
Mayseder: Variations brillantes für die Violine (Carl v. Kontski)
Herz: Rondeau brillant für das Pianoforte (Ant. v. Kontski)
Ant. und C. v. Kontski: Divertissement mit Variationen über einige beliebte Arien aus der Oper: Die Stumme von Portici, für das Pianoforte und die Violine (Ant. und Carl v. Kontski)

G.260. Freitag, 17. Mai 1833
Musikalische Akademie

Rossini: Wilhelm Tell
Saint Lubin: Variationen für die Violine (Apollinar v. Kontski, 7jährig)
Pacini: Amazilia, Introduction (Staudigl, Chor)
Ant. v. Kontski: Variationen über ein Thema aus der Oper: Die Montecchi und Capuleti für das Pianoforte (Ant. v. Kontski)

G.261. Mittwoch, 22. Mai 1833
Concert des Herrn Lafont, Ritter der Ehrenlegion und erster Violinspieler an mehreren Höfen Europa's

Rossini: Wilhelm Tell, Ouverture
Lafont: Neues großes Concert für die Violine (Lafont)
Lafont: Fantaisie brillante aus beliebten Motiven der Oper: Leokadie, von Auber, für die Violine (Lafont)

G.262. Freitag, 24. Mai 1833
Concert des Herrn Lafont

Beethoven: Fidelio, Ouverture
Lafont: Große Fantasie mit Variationen über beliebte Motive aus den Opern: Othello, Cenerentola und diebische Elster, von Rossini (Lafont)
Lafont: Erinnerung an den Simplon, bestehend aus Variationen über Schweizerlieder (Lafont)

G.263. Donnerstag, 30. Mai 1833
Concert des Herrn Lafont

Lafont: Variations brillantes über das beliebte Thema: „La ronde d'Emma", für die Violine (Lafont)
Lafont: Scene, Arie und Rondeau, für die Singstimme und die Violine (Ernst, Lafont)
Czerny: Neue Variationen über ein Thema aus der Oper: „Die Montecchi und Capuleti", für das Pianoforte (Döhler, Kammervirtuos Sr. k. Hoheit des Herzogs von Lucca)
Auf Verlangen: Lafont: Fantaisie brillante aus beliebten Motiven der Oper: Leokadie, von Auber, für die Violine (Lafont)

G.264. Samstag, 1. Juni 1833
Deutsche Improvisation von Langenschwarz

Beethoven: Symphonie A-dur, 1.–3. Satz
Langenschwarz: Lyrische und epische Stegreif-Dichtungen; Improvisation mit gegebenen Endreimen; Improvisation mit gegebenem Refrain

G.265. Mittwoch, 5. Juni 1833
Concert des Herrn Lafont

Cherubini: Anacreon, Ouverture
Rode: Fantasie und characteristische Variationen für die Violine (Lafont)
Herz/Lafont: Duo und Variationen für Pianoforte und Violine (Döhler, Lafont)
Lafont: Neue brillante Variationen für die Violine (Lafont)

G.266. Dienstag, 11. Juni 1833
Letztes Concert des Herrn Lafont

Lafont: Großes Concert für die Violine (Lafont)
Lafont: Scene, Arie und Rondeau für die Singstimme und die Violine (Ernst, Lafont)
Lafont: Große Fantasie mit Variationen über beliebte Themen aus der Oper: Die Stumme von Portici, von Auber (Lafont)

G.267. Donnerstag, 10. Oktober 1833

Zwischen der Oper und dem Ballete:
Rossini: La donna del lago, Arie (Dlle. Fürst)

G.268. Donnerstag, 2. Jänner 1834
Musikalische Akademie des Herrn Dotzauer, Kammermusikus und erster Violoncellspieler der königl. Sächsischen Hofkapelle

Dotzauer: Ouverture
Giuliani: Andante siciliano und Polonaise für die Guitarre, mit Begleitung des ganzen Orchesters (Leittner)
Dotzauer: Cantabile und Rondo für das Violoncell (Dotzauer)
Fantasie aus dem Stegreif (Leittner)
Dotzauer: Erinnerung an Paganini, Fantasie für das Violoncell (Dotzauer)

G.269. Mittwoch, 8. Jänner 1834
Musikalische Akademie der Gebrüder Müller

Weber: Oberon, Ouverture
Kalliwoda: Concertino für die Violine (Carl Müller)
Weber: Concertstück für das Pianoforte (Frl. Nina Sedlak)
Georg Müller (Herzogl. Braunschweigischer Musikdirector): Polonaise für zwey Violinen (Carl und Georg Müller)

G.270. Samstag, 11. Jänner 1834
Musikalische Akademie der Gebrüder Müller

Weber: Euryanthe, Ouverture
Molique: Fantasie über Schweizerlieder, für die Violine (Carl Müller)
Moscheles: Variationen für das Pianoforte (Fanny Schmidt)
Kalliwoda: Variationen für zwey Violinen (Carl und Georg Müller)

G.271. Mittwoch, 15. Jänner 1834
Musikalische Akademie der Gebrüder Müller, aus Braunschweig

Beethoven: Fidelio, Ouverture
Mayseder: Variationen für die Violine (Carl Müller)
Pacini: L'ultimo giorno di Pompei, Arie (Il soave bel contento) (Ehnes)
Georg Müller: Polonaise für 2 Violinen (Carl und Georg Müller)

G.272. Donnerstag, 16. Jänner 1834
Musikalische Unterhaltung der Schwedischen National-Sänger [Ulrike, Gustav, Johann und Oscar Pratte] in ihrer altschwedischen Nationaltracht, mit Begleitung von drey schottischen Harfen

1. Vierstimmiger Schlachtgesang aus der Oper: Gustav Wasa, in schwedischer Sprache
2. wird Oscar Pratte auf der afrikanischen Lippentrommel, unter Harfenbegleitung, sich hören lassen
3. Der Troubadour, vierstimmiger Gesang, aus dem Schwedischen ins Deutsche übersetzt von Hrn. Grafen v. Engelström
4. Chor der Schweden
5. Das vierte Regiment
6. Triumphgesang aus der Oper: Gustav Wasa, in schwedischer Sprache

G.273. Samstag, 18. Jänner 1834
Musikalische Akademie der Gebrüder Müller

Spontini: Ferdinand Cortez, Ouverture
Neue Variatonen über eine Original-Masurka, für das Pianoforte componirt, dem Herrn Carl Czerny gewidmet (Ant. v. Kontski)
Maurer: Concertant für 4 Violinen, mit Begleitung des Orchesters (Carl Müller, Hellmesberger, Georg Müller, Gustav Müller)

G.274. Mittwoch, 5. März 1834
Musikalische Akademie des H. Vieuxtemps, Schüler von Bériot

Weber: Euryanthe, Ouverture
Mayseder: 3te Polonaise für die Violine (Vieuxtemps)
Czerny: Phantasie für das Pianoforte (Fanny Schmidt)
Bériot: Variationen über eine Arie, componirt für die Violine (Vieuxtemps)

G.275. Samstag, 8. März 1834
Zweyte musikalische Akademie des H. Vieuxtemps, Schüler von Bériot

Weber: Oberon, Ouverture
Mayseder: Großes Concertstück für die Violine (Vieuxtemps)
Moscheles: Phantasie und Variationen für das Pianoforte (Leschen)
Bériot: Arie mit Variationen für die Violine (Vieuxtemps)

G.276. Dienstag, 11. März 1834
Dritte musikalische Akademie des H. Vieuxtemps, Schüler von Bériot

Beethoven: Symphonie A-dur, 1.–3. Satz
Rode: Concertstück für die Violine (Vieuxtemps)
Rossini: La gazza ladra, Arie (Di piacer mi balza il cuor) (Ehnes)
Mayseder: Brillante Variationen (Vieuxtemps)

G.277. Freitag, 14. März 1834
Letzte musikalische Akademie des H. Vieuxtemps, vor seiner Abreise, zu seinem Vortheile

Beethoven: Egmont, Ouverture
Bériot: Neue Variationen für die Violine (Vieuxtemps)
F. Lachner: Das Waldvöglein, Lied mit Begleitung des Waldhorns und Pianoforte (C. Heinefetter, Lewy, F. Lachner)
Herz/Lafont: Concertante Variationen für das Pianoforte und die Violine (Döhler, Vieuxtemps)
Spohr: Jessonda, Duett (C. Heinefetter, Binder)
Mayseder: Große Variationen für die Violine (Vieuxtemps)

G.278. Dienstag, 18. März 1834
Musikalische Unterhaltung, worin Franz Graßl, Bauer von Schönau, im k. bayerischen Landgerichte Berchtesgaden, mit seinen sechs Kindern, wovon das älteste 13, und das jüngste 3 Jahre alt ist, die Ehre haben wird, auf mehreren Instrumenten sich hören zu lassen

Beethoven: Egmont, Ouverture
Marsch der k. Bayerischen Truppen bey ihrem Einzuge in Griechenland
Auber: Fra Diavolo, Allegretto
Variationen über ein bekanntes Thema

Galoppe mit einem Posaunen-Solo
Guckguck-Walzer; Salzburger-Ländler; Berchtesgadner-Ländler; Nachtigall-Walzer
Auber: Der Schnee, Allegretto
Gemsbock-Lied mit Ländler für Blech-Instrumente

G.279. Samstag, 5. April 1834
Musikalische Unterhaltung, worin Franz Graßl, Bauer von Schönau, im k. bayerischen Landgerichte Berchtesgaden, mit seinen sechs Kindern, wovon das älteste 13, und das jüngste 3 Jahre alt ist, die Ehre haben wird, auf mehreren Instrumenten sich hören zu lassen

Weber: Euryanthe, Ouverture
Marsch mit Trompeten-Solo
Auber: Fra Diavolo, Allegretto
Auber: Die Stumme von Portici, Fischer-Chor
Nachtigall-Guckguck-Walzer; Galoppe mit einem Posaunen-Solo; Guckguck-Walzer
Allegro für Blech-Instrumente

G.280. Mittwoch, 30. April 1834
Musikalische Akademie der Gebrüder Kölla, aus Zürich, deren einer acht und der andere eilf Jahre alt ist

Weber: Oberon, Ouverture
Paganini: Duett für zwey concertante Violinen, componirt für die Concertgeber (Gebrüder Kölla)
Moscheles: 2. Concert für das Pianoforte, Polonaise (Fanny Schmidt)
Mayseder: Variations brillantes für die Violine (Johann Kölla)

G.281. Freitag, 9. Mai 1834
Musikalische Akademie der Madame de Belleville-Oury und der Herrn Oury, Professor der königl. Akademie und ersten Violinspieler bey der italienischen Oper in London

Weber: Euryanthe, Ouverture
Kalkbrenner: Großes Concert für das Pianoforte, 1. Satz A-moll (Belleville-Oury)
Bériot: Neues Concertstück für die Violine (Oury)
Herz: Fantaisie et Variationes brillantes pour le Pianoforte sur la marche d'Otello (Belleville-Oury)

G.282. Samstag, 31. Mai 1834
Musikalische Akademie des Herrn August Pott, großherzoglich Oldenburgischen Hofkapellmeisters, königl. dänischen Professors, und Mitglieds der königl. schwedischen Akademie zu Stockholm

Weber: Euryanthe, Ouverture
Mercadante: Arie (M. Schneider)
Spohr: Concert für die Violine (Pott)
Rossini: Torvaldo e Dorlisca, Arie (Hr. Pesadori)
Mayseder: Variationen für die Violine (Pott)
Rossini: Cenerentola, Duett (M. Schneider, Pesadori)

G.283. Mittwoch, 24. September 1834
Musikalische Akademie, die Herr Alexander Marosowf, Director der k. russischen Hornmusik, mit einer Gesellschaft von 23 Personen, welche durch drey Jahre in England, gegen ein Jahr lang in Frankreich, dann in Spanien, Portugall, Han[n]over, Holland, Preußen und Sachsen der allgemeinen Zufriedenheit sich erfreute, aufzuführen die Ehre haben wird. Die Musik steht unter der Leitung des Herrn Kapellmeisters Koslowf, und besteht aus 50 russischen gekrümmten Hornen in 5 vollständigen Octaven, welche von einer Länge von 2 Zoll bis zu 11 Schuh anwachsen. Jedes Horn hat nur einen einzigen Ton, und dennoch werden ganze Ouverturen ausgeführt. Die Gesellschaft erscheint im National-Costume

Boieldieu: Der Kalif von Bagdad, Ouverture
Russische Melodie (Gesang)
Variationen von Koslowf (Dudischka)
Russische Melodie (Hornmusik); Russische Melodie (Gesang)
Wolf: Heil dir im Siegerkranz. Preußisches Volkslied (Hornmusik)

G.284. Freitag, 26. September 1834
Zweyte musikalische Akademie, die Herr Alexander Marosowf, Director der k. russischen Hornmusik, mit einer Gesellschaft von 23 Personen auszuführen die Ehre haben wird

Mozart: Die Hochzeit des Figaro, Ouverture (Hornmusik)
Schöne Minka. Russische Melodie (Gesang)
Koslowf: Russische Melodie (Gesang)
Felsner: Variationen über ein Tirolerlied (Hornmusik)
Méhul: Die beiden Blinden, Ouverture (Hornmusik)
Russisches Kosakenlied (Gesang)
Pleyel: Quartett mit Variationen (Hornmusik)
Weber: Der Freyschütze, Jägerchor (Hornmusik)

G.285. Sonntag, 28. September 1834
Dritte und letzte musikalische Akademie, die Herr Alexander Marosowf, Director der k. russischen Hornmusik, mit einer Gesellschaft von 23 Personen auszuführen die Ehre haben wird

Mayr: Adelaide, Ouverture (Hornmusik)
Rossini: Tancred, Arie (Hornmusik)
Russische National-Melodie (Chor)
Variationen über ein Thema von Mozart (Hornmusik)
Rossini: Wilhelm Tell, Walzer (Hornmusik)
Russischer Chor
Müller: Andante und Rondó (Hornmusik)
Russischer Tanz (Hornmusik)

G.286. Mittwoch, 5. November 1834

Herr Jakob Schmölzer, Mitglied des Steyermärkischen Musikvereines, [wird] die Ehre haben, ein Divertissement von seiner Composition auf der Flöte vorzutragen.

G.287. Samstag, 22. November 1834

Der zwölfjährige Joseph Peratoner [wird] die Ehre haben, Variationen von Mayseder auf der Violine vorzutragen.

G.288. Montag, 29. Dezember 1834

Herr M. Rosenthal, ungarischer National-Tondichter, wird in den Zwischenacten die Ehre haben, auf der Violine vorzutragen:
Rosenthal: Variationen über ein ungarisches Thema mit Allegro nationale
Rosenthal: Eine ungarische National-Phantasie unter dem Namen „die Heimsucht" (Honnoágy)

G.289. Samstag, 28. März 1835

Lindpaintner: Ouverture zu Goethe's Faust

G.290. Mittwoch, 6. Mai 1835

Pacini: Sancia di Castiglia, Arie „Se fosse a me vicino" (Schütz-Oldosi)
Pacini: L'ultimo giorno di Pompej, Cavatina (Strepponi)
Bellini: I Puritani, Duetto (Staudigl, Cartagenova)

G.291. Samstag, 31. Mai 1835

Donizetti: Fausta, Ouverture
L. Ricci: Un'avventura di Scaramuccia, Terzetto (Tadolini, Santi, Frezzolini)
L. Ricci: Un'avventura di Scaramuccia, Duetto (Tadolini, Frezzolini)

G.292. Mittwoch, 3. Juni 1835
Musikalische Akademie der Gebrüder Moriz und Leopold Ganz, königlich Preußischen Kammer-Virtuosen, worin Herr Antonio Poggi mitwirken wird

Donizetti: Fausta, Ouverture
M. Ganz: Concertino für das Violoncell (M. Ganz)
L. Ganz: Adagio et Variations brillants für die Violine (L. Ganz)
Donizetti: Anna Bolena, Scena und Arie (Nel veder la tua costanza) (Poggi, Catalano und Rigola im Costume)
L. und M. Ganz: Concertant militaire für die Violine und das Violoncell (L. und M. Ganz)

G.293. Samstag, 8. August 1835
Musikalische Akademie des Herrn John Field

V. Lachner: Ouverture
Field: Concert für das Pianoforte Nr. 6 (Field)
Hartinger: Variationen für das Violoncell (Hartinger)
Field: Concert für das Pianoforte Nr. 3, Pastoral und Rondeau (Field)

G.294. Dienstag, 11. August 1835
Zweite und vorletzte musikalische Akademie des Herrn John Field

Weber: Euryanthe, Ouverture
Field: Concert für das Pianoforte Nr. 3, 1. Teil (Field)
Proch: Wanderlied, von Saphir, für eine Singstimme mit Begleitung des Pianoforte und des Waldhorns (Staudigel, Proch, Lewy)
Field: Concert für das Pianoforte Nr. 5, Nocturne und Rondeau (Field)

G.295. Donnerstag, 13. August 1835
Dritte und letzte musikalische Akademie des Herrn John Field, vor dessen Abreise nach Rußland

Beethoven: Sinfonia eroica, Allegro, Scherzo und Finale
Field: Neues Concert für das Pianoforte (Field)
Field: Neue Notturno und Rondò für das Pianoforte (Field)

G.296. Dienstag, 18. August 1835
Herr John Field, wird, auf Verlangen, vor seiner morgen erfolgenden Abreise, noch eine musikalische Akademie zu geben die Ehre haben

V. Lachner: Ouverture
Field: Concert für das Pianoforte Nr. 3 (Field)
Beethoven: Sinfonia eroica, Scherzo
Field: Pastorale und Rondeau, betitelt „Mittag", für das Pianoforte (Field)

G.297. Samstag, 5. September 1835
Musikalische Akademie

Weber: Euryanthe, Ouverture
E Wolff: Neues Concert für das Pianoforte, 1. Satz (Wolff)
B. Romberg: Concert für das Violoncello, 1. Satz (Knecht)
Chopin: Adagio und Rondeau für das Pianoforte (Wolff)
Merk: Variationen für das Violoncell (Knecht)

G.298. Donnerstag, 8. Oktober 1835

Auber: Die Stumme von Portici, Ouverture
Steinacker: Polonaise
Mozart: Adagio
(Herr und Madame Buschmann auf dem von ersterem verfertigten allgemein berühmten Instrumente Terpodion)

G.299. Samstag, 31. Oktober 1835

F. Lachner: Große Symphonie Nr. 4, in E-dur, hier noch nicht aufgeführt (Dirigent: F. Lachner)

G.300. Dienstag, 3. November 1835

Bériot: Variationen für die Violine (Ottavo, 13jährig)
Adagio und militärisches Gebeth (E. Schmidt, Erfinder der Apollo-Lyra, auf diesem Instrumente)
Auber: Die Stumme von Portici, Cavatine (E. Schmidt)
Deutscher Marsch (E. Schmidt)
Die Jagd, mit entferntem Echo (E. Schmidt)

G.301. Donnerstag, 5. November 1835

Mayseder: Variationen für die Violine (Ottavo, 13jährig)

G.302. Samstag, 7. November 1835
Musikalische Akademie der Demoiselle Henriette Carl, ersten Sängerinn der königl. italienischen Oper in Madrid

Weber: Euryanthe, Ouverture
Pacini: L'ultimo giorno di Pompei, Arie: Basta ad esprimerti il mio contento (H. Carl)
Herz: Variationen für das Pianoforte, über ein Thema aus der Oper: Der Zweykampf, von Herold (Tausig)
Rossini: Semiramide, Arie: Bel raggio lusinghier (H. Carl)
Beethoven: Sinfonia eroica, Scherzo
Nicolini: Rondò: Il braccio mio conquise (H. Carl)

G.303. Mittwoch, 11. November 1835

Paganini: Variationen für die Violine, für dieselbe componirt (Ottavo, 13jährig)

G.304. Samstag, 14. November 1835

Bériot: Variationen für die Violine (Ottavo, 13jährig)

G.305. Dienstag, 15. Dezember 1835
Musikalische Akademie des Hrn. Heinrich Brod, ersten Oboisten des italienischen Theaters in Paris und der k. Akademie der Musik

Weber: Euryanthe, Ouverture
H. Brod: Phantasie über ein Thema von Kapellmeister Winter, für die Oboe (H. Brod)
Bériot: Variationen für die Violine (Nottes)
F. Brod: Phantasie, Erinnerung an die Gebirge von Savoyen, für die Oboe (H. Brod)

G.306. Samstag, 9. Jänner 1836
Musikalische Akademie des Herrn Professors C. Lewy, Mitglied der k. k. Hofkapelle und Solospieler dieses k. k. Hoftheaters

V. Lachner: Ouverture
Thalberg: Duo concertant für Waldhorn und Pianoforte (C. Lewy und dessen Sohn Carl)
Rossini: Die diebische Elster, Arie (Staudigl)
Divertimento über Motive aus den Opern: Il Furioso und L'elisir d'amore, für zwey Waldhörner, Pianoforte und Harfe (C. Lewy, dessen Söhne Carl, Richard Eduard, 7-jährig, dessen Tochter Melanie)

G.307. Donnerstag, 28. Jänner 1836

Zwischen dem Vorspiele und dem Ballete:
Bériot: Variationen auf der Violine (F. Mayer, 10jährig)

G.308. Dienstag, 23. Februar 1836
Musikalische Akademie der Mad. Friedrichs, geb. von Holst, Harfenspielerinn aus London

Weber: Euryanthe, Ouverture
Bochsa: Reminiscences of England, große Fantasie für die doppelte englische Pedalharfe, mit Begleitung des Orchesters (Friedrichs)
Mercadante: Arie (Botgorscheck)
Friedrichs: Erinnerung an Tirol und die Schweiz (Friedrichs)

G.309. Freitag, 26. Februar 1836

Zwischen der Operette und dem Ballete wird Herr Parish Alvars, von der königl. Akademie in London, die Ehre haben, eine Fantasie von seiner Composition über ein Thema aus der Oper: Die Stumme von Portici, auf der Harfe vorzutragen.

G.310. Donnerstag, 24. März 1836

[Nach Die beiden Füchse:] Hierauf wird Herr Theobald Böhm, königl. Bayerischer Kammermusiker, die Ehre haben, eine Fantasie, As-dur seiner Composition, auf der nach seiner Erfindung neuconstruirten Flöte vorzutragen.

H. SONSTIGE VERANSTALTUNGEN

H.1. Samstag, 8. Dezember 1810

Eine Gesellschaft gymnastischer Künstler unter der Direktion des Herrn Blondin wird die Ehre haben, folgende Vorstellungen zu geben.
Erste Abtheilung.
1. Wird Mlle. Blondin auf dem gespannten Seile einen Spanischen Pas tanzen.
2. Wird Herr Portes einen neuen, raschen Englischen Pas tanzen.
3. Tanzt Mad. Chanselay ein Solo der Mad. Gardel.
4. Tanzt Herr Chanselay einen Pas nach Art der Grottesken, und zeigt das große Equiliberstück mit dem Waldhorn.
5. Tanzt Mad. Chanselay ein großes Tanzstück.
6. Tanzt Herr Portes, Körbe an den Füßen, Hände und Füße gebunden, einen Sklaven-Pas.

Zweyte Abtheilung.
1. Wird Mad. Chanselay ohne Balancirstange verschiedene Touren und die doppelten Pirouetten zeigen.
2. Wird Herr Portes verschiedene künstliche Bewegungen mit dem Spielstocke machen, eine Menschenpyramide aufstellen, und mit dem großen Salto mortale vor- und rückwärts auf dem Abhange des Seils endigen.

Die Vorstellung wird mit gymnastischen Künsten, den sogenannten Kräften des Herkules, und überraschenden Stellungen beschlossen.
Die Krankheit beynahe aller Sängerinnen, und der Beyfall, welchen sich obengenannte Künstlergesellschaft erwarb, haben die Bewilligung der heutigen und einiger nachfolgenden Vorstellungen veranlaßt.

H.2. Sonntag, 9. Dezember 1810

Programm wie 8. Dezember 1810.

H.3. Montag, 10. Dezember 1810

Eine Gesellschaft gymnastischer Künstler unter der Direktion des Herrn Blondin wird die Ehre haben, folgende Vorstellung zu geben.
Erste Abtheilung.
1. Wird Mlle. Blondin das Menuet de la Reine tanzen.
2. Wird Herr Portes einen tartaischen Pas tanzen, zum Theil ohne das Seil mit dem Fuße zu berühren.
3. Tanzt Mad. Chanselay die Marechalle mit dem Doppelschlag.
4. Tanzt Herr Chanselay ein Solo, und zeigt ein vorzügliches Equiliberstück.
5. Zeigt die junge Pohlinn ihre Stärke, und springt über 4 Bänder.
6. Wird Herr Portes den großen Salto mortale auf dem Seile machen.

Zweyte Abtheilung.
1. Wird Mad. Chanselay künstliche Touren mit dem Reif und dem Mantel zeigen.
2. Wird Herr Portes nach doppelten Pirouetten den großen Salto mortale vor- und rückwärts, auf dem Abhange des Seils ausführen.

Das Spektakel wird mit einem Kampf der Springer, und Japonesischen Equiliberstücken von 4 Kindern beschlossen.

H.4. Freitag, 14. Dezember 1810

Eine Gesellschaft gymnastischer Künstler unter der Direktion des Herrn Blondin wird die Ehre haben, folgende Vorstellung zu geben.
Erste Abtheilung.
1. Wird Mlle. Blondin auf dem gespannten Seile eine Gavotte tanzen.
2. Tanzt die junge Pohlinn einen Pas nach Art der Grottesken, und springt über zwey Leitern.
3. Tanzt Herr Portes einen tartasischen Pas zum Theil ohne das Seil mit dem Fuße zu berühren.
4. Tanzt Mad. Chanselay eine Anglaise und ein großes Tanzstück.
5. Tanzt Herr Portes einen vorzüglich merkwürdigen Tanz, und zeigt den großen Salto mortale.

Zweyte Abtheilung.
1. Zeigt Mad. Chanselay ohne Balancirstange verschiedene neue Touren.
2. Tanzt Herr Portes mit 2 Fahnen, und macht den großen Salto mortale auf dem Abhange des Seils.

Hierauf folgt:
Die Wilden von Otahiti. Eine pantomimische Vorstellung.

Der Anführer der Wilden	Hr. Blondin
Ein Spanischer Schiffskapitän	***
Seine Frau	Mad. Chanselay
Zwey Wilde	Hr. Portes
	Hr. Chanselay
Kinder der Wilden	C. Blondin
	B. Blondin
	J. Blondin

H.5. Sonntag, 16. Dezember 1810

Eine Gesellschaft gymnastischer Künstler unter der Direktion des Herrn Blondin wird die Ehre haben, folgende Vorstellung zu geben.
Erste Abtheilung.
1. Wird Mlle. Blondin das Menuet de la Reine tanzen.
2. Wird Herr Portes einen sehr hastigen englischen Pas tanzen.
3. Tanzt Mad. Chanselay die Marechalle mit dem Doppelschlag.
4. Wird Hr. Chanselay einen Tanz nach Art der Grottesken ausführen.
5. Wird sich die junge Pohlinn in ihrer ganzen Stärke zeigen.
6. Tanzt Herr Portes einen merkwürdigen Tanz, und zeigt den Salto mortale.
7. Tanzt Mad. Chanselay ohne Balancirstang[e] und zeigt verschiedene Touren mit dem Reife und dem Mantel.
8. Wird Herr Portes ein künstliches Spiel mit den Fahnen, und merkwürdige Sprünge zeigen, und zuletzt den Salto mortale auf dem Abhange des Seils ausführen.

Zweyte Abtheilung.
Mehrere Kinder werden merkwürdige Equiliberstücke zeigen.
Dritte Abtheilung.
Die ganze Gesellschaft wird die manigfaltigen und ausgezeichneten Gruppen aus der Pantomime: die Wilden von Otahiti darstellen.

H.6. Mittwoch, 26. Dezember 1810

Zum vorletzten Mahl wird eine Gesellschaft gymnastischer Künstler unter der Direktion des Herrn Blondin die Ehre haben, folgende Vorstellung zu geben.
Erste Abtheilung.
1. Tanzt Mlle. Blondin das Menuet de la Reine.
2. Tanzt Herr Portes einen tartasischen Pas, zum Theil, ohne das Seil mit dem Fuße zu berühren.

3. Tanzt die junge Pohlinn einen Pohlnischen Pas nach Art der Grottesken.
4. Zeigt Mad. Chanselay einen besonders merkwürdigen Tanz.
5. Tanzt Herr Portes die Gavotte, und zeigt den großen Salto mortale.
6. Zeigt Mad. Chanselay verschiedene neue Touren mit dem Spanischen Mantel.
7. Springt Herr Portes über eine Menschenpyramide, macht künstliche Touren mit dem Spielstocke, und führt endlich den großen Salto mortale vor- und rückwärts auf dem Abhange des Seils aus.

Zweyte Abtheilung.
Der Wettkampf der Springer, Equiliberstücke, und die umgekehrte Welt.
Zum Beschlusse wird Herr Portes, mit Fahnen spielend, auf dem gespannten Seile vom Hintergrunde des Theaters quer über den Saal bis in den vierten Stock gehen.

H.7. Montag, 31. Dezember 1810

Zum letzten Mahl wird eine Gesellschaft gymnastischer Künstler unter der Direktion des Herrn Blondin wird die Ehre haben, folgende Vorstellung zu geben.
Erste Abtheilung.
1. Tanzt Mlle. Blondin das Menuet de la Reine.
2. Tanzt die junge Pohlinn einen munteren Tanz.
3. Wird Herr Portes einen Sclavenpas, Hände und Füße mit Ketten gebunden[,] tanzen.
4. Tanzt Mad. Chanselay eine Angloise mit dem Doppelschlag.
5. Tanzt Herr Portes den großen Tanz, springt über 2 Lichterstangen, und führt den großen Salto mortale aus.
6. Zeigt Mad. Chanselay verschiedene Touren mit dem Spanischen Mantel.
7. Wird Herr Portes verschiedene neue Kunststücke und Wendungen zeigen, und den Salto mortale vor- und rückwärts auf dem Abhange des Seiles ausführen.

Zweyte Abtheilung.
Verschiedene Gruppen.
Zum Schlusse wird Herr Chanselay mit einem Ballon vom Hintergrunde des Theaters bis in den vierten Stock aufsteigen, mit dem Kopfe auf den Ballon gestützt, und die Füße nach aufwärts gekehrt. Dieses Equiliberstück gehört zu den merkwürdigsten in seiner Art.

H.8. Samstag, 6. November 1813
Mit Bewilligung der Hoftheater-Direction: Herr Alexander Terzi mit seiner Gesellschaft von Seiltänzern und gymnastischen Künstlern

H.9. Montag, 8. November 1813
Mit Bewilligung der Hoftheater-Direction: Herr Alexander Terzi mit seiner Gesellschaft von Seiltänzern und gymnastischen Künstlern

H.10. Sonntag, 5. Mai 1816
Zum Vortheile des Herrn Reil, k. k. Hofschauspielers: Mittagsunterhaltung

H.11. Dienstag, 16. November 1819

Zum Vortheile des Herrn Balletmeister Aumer, wird der berühmte Indianer, aus Gefälligkeit für den Obgenannten, folgende Vorstellung zu geben die Ehre haben:
1.) Das Spiel und Gleichgewicht der Pagode. 2.) Die Uebung mit den Messern, die in die Höhe geworfen, und in fortgesetzter Bewegung erhalten werden. 3.) Das Spiel mit der 14pfündigen Kugel, die derselbe mehrere Kreise- und Kegelschnittlinien machen läßt, indem er sie willkührlich auf verschiedenen Theilen des Körpers umherrollt, und im überraschendsten Gleichgewichte erhält. 4.) Die Uebung mit dem Kreisel. 5.) Die Evolution mit den Kugeln, die für sich allein von seiner unerreichbaren, fast wundervollen Stärke zeigt.

H.12. Mittwoch, 24. November 1819

Nach vielfältigem Verlangen:
1.) bis 4.) wie oben. 5.) Das Gleichgewicht des Sonnenschirms, der Fall desselben, und die nicht minder überraschende Versetzung der Fahnen. 6.) wie oben 5.

H.13. Sonntag, 28. November 1819

Programm wie 24. November 1819.

H.14. Mittwoch, 1. Dezember 1819

1.) Das Gleichgewicht der Vögel. 2.) Die Evolution mit den Tellern. 3.) Das Spiel mit den Ringen an der großen Zehe. 4.) Die Uebung mit den Messern 5.) Das Gleichgewicht des Sonnenschirms 6.) Das Spiel mit der 14pfündigen Kugel 7.) Die Uebung mit dem Kreisel. 8.) Die Evolution mit den Kugeln.

H.15. Sonntag, 5. Dezember 1819

1.) Das Spiel und Gleichgewicht der Pagode. 2.) Das Gleichgewicht der Vögel. 3.) Das Spiel mit den Ringen. 4.) Das Gleichgewicht des Sonnenschirms. 5) Die Uebung mit den Messern. 6.) Das Spiel mit der 14pfündigen Kugel. 7.) Die Uebung mit dem Kreisel. 8.) Die Evolution mit den Kugeln.

H.16. Mittwoch, 8. Dezember 1819

Programm wie 5. Dezember 1819.

H.17. Sonntag, 12. Dezember 1819

Programm wie 24. November 1819.

H.18. Dienstag, 27. Februar 1827

Zwischen den [komischen] Scenen wird Herr Lebesnier, Kämpfer der k. Akademie zu Paris, die Ehre haben, folgende Kunststücke auszuführen:
1. Wird Herr Lebesnier, ein Gewicht von 100 Pfund tragend, die Flöte spielen. – 2. Wird er mit einer eisernen Stange, welche 50 Pfund wiegt, tanzen, und außerdem mehrere Uebungen ganz neu mit 50 und 100 Pfund-Gewichtern zur Darstellung bringen. – 3. Wird er einen Tisch, welcher 4 Fuß im Quadrat hat, mit den Zähnen aufheben, auf denselben mehrere Personen sitzen lassen, und damit frey herumgehen, nebst neuen Uebungen, welcher hier nicht näher angegeben werden können. – 4. Wird er zwey Männer, auf freyen Händen schwebend, auf der Bühne herum tragen, und rückwärts über die Lehne eines Stuhles ein Gewicht von 100 Pfund aufheben und wieder niedersetzen.

H.19. Montag, 19. Oktober 1829, halb 1 Uhr Mittags

Mit hoher Bewilligung hat Johann Faugier aus Paris, die Ehre bekannt zu machen, dass er heute Montag den 19. October 1829 zum ersten Mahle als Bauchredner sich produciren werde.

1) Ein Streit zwischen dem Herrn und seinem Diener.
2) Gespräch zwischen dem Bauchredner und einer andern Person, die gewaltsam in den Saal dringen will.
3) Ein Entlaufener, in einem Koffer versteckt, und der Herr des Hauses, der sich der Nachsuchung zweyer Anderer widersetzt.
4) Ein Zahnarzt, ein Kranker, ein Säugling, eine Amme und ein Diener.

5) Ein Hausherr im Zimmer ruft dem Bauchredner zu, er möchte sich den Hausschlüssel vom Bedienten geben lassen, dieser antwortet aus dem oberen Stockwerke. Eine Person auf der Straße, die ins Haus gehen will, ein Diener und eine alte Frau streiten mit dem Bauchredner.
Um Zeit zur Erholung zu gewinnen, werden in den Zwischenräumen ausgesuchte physikalische Darstellungen zur Ausführung gebracht werden.
Der Unterzeichnete wird obige Gespräche italienisch und französisch vortragen, so wie auch seine physikalischen Darstellungen mit Erlärungen in diesen beiden Sprachen begleiten.
Am Ende der Vorstellung werden zwey Musikstücke, componirt von J. Rossini, auf der Violine vorgetragen werden. Der Unterzeichnete wird die Ehre haben, dem Künstler, ohne die Lippen zu bewegen, durch Bauchsprache-Töne zu accompagniren.

H.20. Dienstag, 27. Oktober 1829
Vorher wird Herr Johann Faugier aus Paris die Ehre haben, eine Darstellung zu geben, und hierbey auszuführen:

1) Drey Scenen, drey-, vier- und fünfstimmig, als Bauchredner.
2) Einige mechanische, physikalische Kunststücke.
3) Die Nachahmung des Gesanges der Vögel.

H.21. Sonntag, 1. November 1829
Vorher wird Herr Johann Faugier aus Paris die Ehre haben, eine Darstellung zu geben, und hierbey auszuführen:

1) Drey Scenen, drey-, vier- und fünfstimmig, als Bauchredner.
2) Einige mechanische, physikalische Kunststücke.
3) Die Nachahmung des Gesanges der Vögel.
Herr Faugier ist bereit, den Liebhabern seiner Kunst Unterricht zu ertheilen.

H.22. Sonntag, 22. November 1829
Vorher wird Herr Johann Faugier, aus Paris, die Ehre haben, eine Vorstellung zu geben, und hiebey auszuführen:

1) Den Chevalier St. Firmin. Scene zu 2 Stimmen, den Projectanten. Scene zu 4 Stimmen, die Patrouille in der Ferne. Scene zu 5 Stimmen. Als Bauchredner.
2) Mehrere mechanisch-physikalische Kunststücke.
3) Die Nachahmung des Gesanges der Vögel.

Franz Wild als Cardenio in *Der Wahnsinnige auf der Insel San Domingo* von Donizetti
Privatbesitz

TÄGLICHER CHRONOLOGISCHER SPIELPLAN DES KÄRNTHNERTHORTHEATERS VON 12. NOVEMBER 1810 BIS 31. MÄRZ 1836

Die Titel der aufgeführten Werke werden in der den Theaterzetteln entnommenen Form wiedergegeben, auch wenn sich im Laufe der Zeit Änderungen ergaben (z. B. das Ballett *Lise und Colin, oder: Das übelgehüthete Mädchen* [heute üblicher Titel *La fille mal gardée*], das auch unter den Titeln *Lise und Colin* und *Das übelgehüthete Mädchen* aufgeführt wurde). Die Aufführungen einzelner Akte sind durch lateinische Ziffern in Klammer neben dem jeweiligen Werk gekennzeichnet, jene von Szenen in arabischen Ziffern. Tanzdramatische Werke sind durch kursive Schrift hervorgehoben. Die Opernaufführungen fanden in der Regel in deutscher Sprache statt, jene in italienischer Sprache sind durch einen Asteriskus (*) bezeichnet; zwei Asterisken (**) kennzeichnen Aufführungen der k. k. Hof-Schauspieler, die z. B. den gesamten August 1819 hindurch im Kärnthnerthortheater auftraten. Durch drei Asterisken (***) werden die Aufführungen der Gesellschaft des Theaters in der Josephstadt gekennzeichnet, durch deren vier (****) die Darbietungen der französischen Vaudeville-Gesellschaft in französischer Sprache. Bei zwei Werken mit dem gleichen Titel (z. B. *Il barbiere di Siviglia*) dient ein Verweis auf die laufende Nummer der Statistik (z. B. A.35) zur Unterscheidungshilfe. Darbietungen einzelner Aktes werden durch römische Ziffern, jene einzelner Szenen durch arabische Ziffern gekennzeichnet. Kamen in Konzertprogrammen weniger als drei Musiknummern zur Aufführung, werden diese Darbietungen unter dem Sammeltitel „Musikstücke" zusammengefaßt. Falls an einem Tag zwei Veranstaltungen stattfanden, wurden die Beginnzeiten durch M: (mittags) bzw. A: (abends) gekennzeichnet.

Alle nicht den Theaterzetteln entnommenen Zusätze sind in [eckige] Klammer gesetzt, einige Vereinheitlichungen der Lesbarkeit halber vorgenommen: *declamatorisch* wird zu *deklamatorisch*, *Academie* zu *Akademie*, *Zum ersten Mahle* und *Zum ersten Mahl* zu *Zum ersten Male* sowie *Neu in die Scene gesetzt* zu *Neu in Scene gesetzt*. Aufführungen, die im Burgtheater stattfanden, werden mit „BT" gekennzeichnet, jene im Kleinen Redoutensaal mit „KR".

Giuseppe Nicolini
Privatbesitz

Giovanni Pacini
Privatbesitz

NOVEMBER 1810

12	Zum ersten Male: Die Vestalinn
13	Die Vestalinn
14	Der Sammtrock / Der betrogene Betrüger
15	geschlossen
16	Die Vestalinn
17	Agnes Sorel
18	Der betrogene Betrüger / *Die zwey Nebenbuhlerinnen, oder: Die allzustrenge Probe*
19	Der Sammtrock / Emerike, oder: Die Zurechtweisung
20	Das Singspiel / Uthal
21	Der betrogene Betrüger / Ostade
22	Der Dorfbarbier / *Die Weinlese*
23	Die Vestalinn
24	Die Vestalinn
25	Der Dorfbarbier / *Die Weinlese*
26	Die Vestalinn
27	Graf Armand
28	Die Vestalinn
29	Der betrogene Betrüger / Der Dorfbarbier
30	Emerike, oder: Die Zurechtweisung / *Die Weinlese*

DEZEMBER 1810

01	Die Vestalinn
02	Graf Armand
03	Zum Vortheile der Dlle. Therese Fischer: Sargino*
04	Der Sammtrock / *Das eigensinnige Landmädchen*
05	Agnes Sorel
06	Die Entführung aus dem Serail
07	Ostade / *Die Weinlese*
08	Eine Gesellschaft gymnastischer Künstler unter der Direktion des Herrn Blondin
09	Eine Gesellschaft gymnastischer Künstler unter der Direktion des Herrn Blondin
10	Eine Gesellschaft gymnastischer Künstler unter der Direktion des Herrn Blondin
11	Die Vestalinn
12	Uthal / *Paul und Rosette, oder: Die Winzer*
13	Das Waisenhaus
14	Eine Gesellschaft gymnastischer Künstler unter der Direktion des Herrn Blondin / *Die Wilden von Otahiti*
15	Das Waisenhaus
16	Eine Gesellschaft gymnastischer Künstler unter der Direktion des Herrn Blondin
17	Die Vestalinn
18	Zum ersten Male: Das zugemauerte Fenster / *Paul und Rosette, oder: Die Winzer*
19	Das zugemauerte Fenster / *Die zwey Nebenbuhlerinnen, oder: Die allzustrenge Probe*
20	Sargino*
21–25	geschlossen
26	Eine Gesellschaft gymnastischer Künstler unter der Direktion des Herrn Blondin
27	Agnes Sorel
	BT: [Neu in Scene gesetzt:] *Der Faßbinder*
28	Das zugemauerte Fenster / *Der Faßbinder*

29	Die Vestalinn
30	Der Sammtrock / *Das eigensinnige Landmädchen*
31	Eine Gesellschaft gymnastischer Künstler unter der Direktion des Herrn Blondin

JÄNNER 1811

01	Das zugemauerte Fenster / *Der Faßbinder*
02	Zum ersten Male [in deutscher Sprache]: Titus der Gütige
03	Uthal / *Die Weinlese*
04	Das Waisenhaus
05	Das zugemauerte Fenster / *Die zwey Nebenbuhlerinnen*
06	Agnes Sorel
07	Das Singspiel / *Der Faßbinder*
08	La capricciosa pentita*
09	Die Vestalinn
10	Der Sammtrock / *Das eigensinnige Landmädchen*
11	Sargino*
12	Der betrogene Betrüger / *Der Faßbinder*
13	Der Dorfbarbier / *Die Weinlese*
14	Titus der Gütige
15	Der Sammtrock / *Paul und Rosette*
16	Das Waisenhaus
17	Titus der Gütige
18	La capricciosa pentita*
19	Die Vestalinn
20	Das zugemauerte Fenster / *Das eigensinnige Landmädchen*
21	Sargino*
22	Der Dorfbarbier / *Der Faßbinder*
23	La capricciosa pentita*
24	Der Sammtrock / *Die zwey Nebenbuhlerinnen*
25	Emerike, oder Die Zurechtweisung / *Das eigensinnige Landmädchen*
26	Die Vestalinn
27	Der Dorfbarbier / *Paul und Rosette*
28	Sargino*
29	Das zugemauerte Fenster / *Der Faßbinder*
30	Agnes Sorel
31	Ostade / *Das eigensinnige Landmädchen*

FEBRUAR 1811

01	Graf Armand
02	Das Waisenhaus
03	Der Dorfbarbier / *Die zwey Nebenbuhlerinnen*
04	Der betrogene Betrüger / *Das eigensinnige Landmädchen*
05	La capricciosa pentita*
06	[Neu in Scene gesetzt:] Zwey Posten
07	Das Waisenhaus / *Paul und Rosette*
08	Die Vestalinn
09	Der Sammtrock
10	Der betrogene Betrüger / Das Singspiel

11	Die Vestalinn
12	Zwey Posten
13	Das zugemauerte Fenster / *Paul und Rosette*
14	Das Waisenhaus
15	Milton / *Die zwey Nebenbuhlerinnen*
16	Der betrogene Betrüger / *Das eigensinnige Landmädchen*
17	Zwey Posten
18	Graf Armand
19	Der Sammtrock / *Die zwey Nebenbuhlerinnen*
20	Das Singspiel / Der Dorfbarbier
21	Das zugemauerte Fenster / *Der Faßbinder*
22	geschlossen
23	Titus der Gütige
24	Der Sammtrock / *Das eigensinnige Landmädchen*
25	Das Waisenhaus
26	Der betrogene Betrüger / *Die Weinlese*
27	geschlossen
28	Das Singspiel / *Die zwey Nebenbuhlerinnen*

MÄRZ 1811

01	geschlossen
02	Milton / Zum ersten Male: *Ein neues Divertissement*
03	Zwey Posten
04	Agnes Sorel
05	Der betrogene Betrüger / *Ein neues Divertissement*
06	Graf Armand
07	Emerike, oder Die Zurechtweisung / *Die zwey Nebenbuhlerinnen*
08	Der betrogene Betrüger / Der Sammtrock
09	[Neu in Scene gesetzt]: Zum Vortheile des Herrn Antonio Brizzi: Achille*
10	Die Vestalinn
11	Der Sammtrock / *Das eigensinnige Landmädchen*
12	Zum Vortheile der Herren Inspicienten Saal, Vogl, Weinmüller: Die Schweizer-Familie
13	Achille*
14	Das zugemauerte Fenster / *Ein neues Divertissement*
15	Das Waisenhaus
16	Ostade / *Ein neues Divertissement*
17	Jery und Baetely / *Ein neues Divertissement*
18	Achille*
19	Der Dorfbarbier / *Ein neues Divertissement*
20	Zwey Posten
21	Zum Vortheile der Mad. Anna P. Milder: Die Vestalinn
22	Achille*
23	Die Schweizer-Familie
24	Emerike, oder Die Zurechtweisung / *Das eigensinnige Landmädchen*
25	geschlossen
26	Die Vestalinn
27	Das zugemauerte Fenster / *Die Weinlese*
28	Zwey Posten

29	Graf Armand
30	Zum Vortheile des Herrn und Mad. Vigano: Jery und Baetely / Zum ersten Male: *Der wiedererkannte Amenophis*
31	Der Dorfbarbier / *Die Weinlese*

APRIL 1811

01	Der betrogene Betrüger / *Der wiedererkannte Amenophis*
02	Die Schweizer-Familie
03	Griselda, ossia: La virtu al cimento*
04	Griselda, ossia: La virtu al cimento*
05	Der betrogene Betrüger / Der Dorfbarbier
06	Griselda, ossia: La virtu al cimento*
07	geschlossen
08	Zum Vortheile des Herrn Reil, k. k. Hofschauspielers: Deklamatorische und musikalische Abendunterhaltung
09–14	geschlossen
15	Der Sammtrock / *Der wiedererkannte Amenophis*
16	Griselda, ossia: La virtu al cimento*
17	Die Entführung aus dem Serail
18	Griselda, ossia: La virtu al cimento*
19	Die Schweizer-Familie
20	Der betrogene Betrüger / Zum ersten Male: *Der Fischer*
21	Der Dorfbarbier / *Der Fischer*
22–23	geschlossen
24	Zum ersten Male: Quinto Fabio Rutiliano*
25	Der Sammtrock / Zum ersten Male: *Ein Divertissement (B.34)*
26	Die Schweizer-Familie
27	Das Singspiel / *Der wiedererkannte Amenophis*
28	Zum ersten Male: Die Feuerprobe / *Das eigensinnige Landmädchen*
29	Als Benefize des Herrn Siboni: Quinto Fabio Rutiliano*
30	Quinto Fabio Rutiliano*

MAI 1811

01	Der Dorfbarbier / *Der wiedererkannte Amenophis*
02	Quinto Fabio Rutiliano*
03	Die Schweizer-Familie
04	Griselda, ossia La virtu al cimento*
05	Die Vestalinn
06	Zwey Posten
07	Der Sammtrock / *Das eigensinnige Landmädchen*
08	Ginevra di Scozia*
09	Ginevra di Scozia*
10	Die Schweizer-Familie
11	Quinto Fabio Rutiliano*
12	Die Feuerprobe / *Der wiedererkannte Amenophis*
13	Die Vestalinn
14	geschlossen
15	Coriolano*

16	Coriolano*
17	Der Sammtrock / *Der wiedererkannte Amenophis*
18	Zum Vortheil des Herrn Velluti: Trajano in Dacia*
19	Die Feuerprobe / *Der Fischer*
20	Agnes Sorel
21	Graf Armand
22	Trajano in Dacia*
23	Die Entführung aus dem Serail
24	Coriolano*
25	Die Schweizer-Familie
26	Der betrogene Betrüger / *Die zwey Nebenbuhlerinnen*
27	Quinto Fabio Rutiliano*
28	Zwey Posten
29	Trajano in Dacia*
30	Die Schweizer-Familie
31	Ginevra di Scozia*

JUNI 1811

01	Coriolano*
02	geschlossen
03	Agnes Sorel
04	Die Schweizer-Familie
05	Trajano in Dacia*
06	Agnes Sorel
07	Zum Vortheile der Mlle. Anna M. Sessi: Die Vestalinn
08	Die Entführung aus dem Serail
09	Der Sammtrock / *Der Fischer*
10	Quinto Fabio Rutiliano*
11	Iphigenia auf Tauris
12	Ginevra di Scozia*
13	geschlossen
14	Trajano in Dacia*
15	Coriolano*
16	Graf Armand
17	Die Schweizer-Familie
18	Die Vestalinn
19	Trajano in Dacia*
20	Iphigenia auf Tauris
21	Coriolano*
22	Agnes Sorel
23	Die Feuerprobe / *Der Fischer*
24	Trajano in Dacia*
25	Das Waisenhaus
26	Ginevra di Scozia*
27	Die Schweizer-Familie
28	Coriolano*
29	Der betrogene Betrüger / *Der Fischer*
30	Die Entführung aus dem Serail

JULI 1811

01 Iphigenia auf Tauris
02 Trajano in Dacia*
03 Die Vestalinn
04 Der Sammtrock / *Der Fischer*
05 Agnes Sorel
06 Das Waisenhaus
07 Das zugemauerte Fenster / *Der Fischer*
08 Die Schweizer-Familie
09 Trajano in Dacia*
10 Der betrogene Betrüger / *Die zwey Nebenbuhlerinnen*
11 Coriolano*
12 Iphigenia auf Tauris
13 Trajano in Dacia*
14 Die Entführung aus dem Serail
15 Das zugemauerte Fenster / *Die Weinlese*
16 Agnes Sorel
17 Coriolano*
18 Die Schweizer-Familie
19 Ginevra di Scozia*
20 Titus der Gütige
21 Die Feuerprobe / *Der Faßbinder*
22 Coriolano*
23 Die Entführung aus dem Serail
24 Iphigenia auf Tauris
25 Der betrogene Betrüger / *Der Faßbinder*
26 Agnes Sorel
27 Die Schweizer-Familie
28 Der Sammtrock / *Die zwey Nebenbuhlerinnen*
29 Graf Armand
30 Die Feuerprobe / *Der Faßbinder*
31 Die Entführung aus dem Serail

AUGUST 1811

01–31 geschlossen

SEPTEMBER 1811

01–08 geschlossen
09 Der Sammtrock / *Der wiedererkannte Amenophis*
10 Die Schweizer-Familie
11 Ostade / *Der Faßbinder*
12 Das Waisenhaus
13 Das zugemauerte Fenster / *Der wiedererkannte Amenophis*
14 Die Schweizer-Familie
15 Der betrogene Betrüger / *Der Quacksalber und die Zwerge*
16 Graf Armand
17 Milton / *Der Faßbinder*

18	Die Schweizer-Familie
19	Der betrogene Betrüger / *Der Quacksalber und die Zwerge*
20	Zwey Posten
21	Der Sammtrock / *Der wiedererkannte Amenophis*
22	Agnes Sorel
23	Milton / *Der Quacksalber und die Zwerge*
24	Die Schweizer-Familie
25	Die Feuerprobe / *Der Quacksalber und die Zwerge*
26	Das Waisenhaus
27	Der betrogene Betrüger / *Der wiedererkannte Amenophis*
28	Graf Armand
29	Der Dorfbarbier / *Der Quacksalber und die Zwerge*
30	Zum Vortheile der öffentlichen Wohlthätigkeitsanstalten: Das zugemauerte Fenster / *Der wiedererkannte Amenophis*

OKTOBER 1811

01	Zum ersten Male: Der Augenarzt
02	Der Augenarzt
03	Die Schweizer-Familie
04	Der Augenarzt
05	Der Sammtrock / Zum ersten Male: *Aeneas in Carthago*
06	Das Waisenhaus
07	Milton / *Aeneas in Carthago*
08	Das zugemauerte Fenster / *Aeneas in Carthago*
09	Der Augenarzt
10	Die Feuerprobe / *Aeneas in Carthago*
11	Iphigenia auf Tauris
12	Der Dorfbarbier / *Der wiedererkannte Amenophis*
13	Der Augenarzt
14	Ostade / *Der Faßbinder*
15	Die Schweizer-Familie
16	Die Feuerprobe / *Aeneas in Carthago*
17	Der Augenarzt
18	Der Sammtrock / *Aeneas in Carthago*
19	Die Vestalinn
20	Der Dorfbarbier / *Der wiedererkannte Amenophis*
21	Die Schweizer-Familie
22	Die Vestalinn
23	Das zugemauerte Fenster / *Der Quacksalber und die Zwerge*
24	Iphigenia auf Tauris
25	Der Augenarzt
26	Das Waisenhaus
27	Milton / *Aeneas in Carthago*
28	Der Augenarzt
29	Die Vestalinn
30	Die Feuerprobe / *Aeneas in Carthago*
31	Der Augenarzt

NOVEMBER 1811

01	Die Schweizer-Familie
02	Der Sammtrock / *Der Quacksalber und die Zwerge*
03	Der Augenarzt
04	Die Vestalinn
05	Iphigenia auf Tauris
06	Griselda, ossia La virtu al cimento*
07	Der Augenarzt
08	Die Vestalinn
09	Die Schweizer-Familie
10	Der Augenarzt
11	Trajano in Dacia*
12	Milton / *Aeneas in Carthago*
13	Zum Vortheile der Dlle. Therese Fischer: Die Vestalinn
14	Der Augenarzt
15	geschlossen
16	Das Waisenhaus
17	Der Dorfbarbier / *Der Faßbinder*
18	[Neu in Scene gesetzt:] Gli Orazi e Curiazi*
19	Ostade / *Die zwey Nebenbuhlerinnen*
20	Der Sammtrock / *Der wiedererkannte Amenophis*
21	Der Augenarzt
22	Die Feuerprobe / Balduin (Szene)* / *Aeneas in Carthago*
23	Zum Vortheile der Mad. Marianna Sessi: Balduin (Szene)* / *Der wiedererkannte Amenophis* / Gli Orazi e Curiazi (Finale II)*
24	Das zugemauerte Fenster / Gli Orazi e Curiazi (Finale II)* / *Der Quacksalber und die Zwerge*
25	Agnes Sorel
26	Der Augenarzt
27	Gli Orazi e Curiazi*
28	Iphigenia auf Tauris
29	Die Vestalinn
30	Zum Vortheile der Dlle. Franciska Decaro: Die Feuerprobe / Zum ersten Male: *Gustav Wasa, König von Schweden*

DEZEMBER 1811

01	Der Sammtrock / *Gustav Wasa, König von Schweden*
02	Der Augenarzt
03	Das zugemauerte Fenster / *Gustav Wasa, König von Schweden*
04	Trajano in Dacia*
05	Der betrogene Betrüger / *Der wiedererkannte Amenophis*
06	Griselda, ossia La virtu al cimento*
07	Coriolano*
08	Der Sammtrock / *Gustav Wasa, König von Schweden*
09	Der Augenarzt
10	Ginevra di Scozia*
11	Die Feuerprobe / *Aeneas in Carthago*
12	Der Augenarzt

13	Die Vestalinn
14	Der Sammtrock / *Aeneas in Carthago*
15	Der Dorfbarbier / *Der Faßbinder*
16	Ginevra di Scozia*
17	Das zugemauerte Fenster / *Die zwey Nebenbuhlerinnen*
18	Das Waisenhaus
19	Zum Vortheile des Herrn Carl Vestris: Die Feuerprobe / *Ein Divertissement (B.35)*
20	Milton / *Ein Divertissement (B.35)*
21	Ostade / *Ein Divertissement (B.35)*
22	Zum Vortheile des Hrn und der Mad. Korn: Deklamatiorisch-musikalische Abendunterhaltung
23–25	geschlossen
26	Die Vestalinn
27	Zum Vortheile des Hrn und der Mad. Vigano: Agnes Sorel / Zum ersten Male: *Das Fest des Bachus*
28	Der Augenarzt
29	Der Dorfbarbier / *Das Fest des Bachus*
30	Trajano in Dacia*
31	Die Feuerprobe / *Das Fest des Bachus*

JÄNNER 1812

01	[Neu in Scene gesetzt:] Medea
02	Der Augenarzt
03	Medea
04	Coriolano*
05	Das zugemauerte Fenster / *Aeneas in Carthago*
06	Der Augenarzt
07	Ginevra di Scozia*
08	Milton / *Der Quacksalber und die Zwerge*
09	Medea
10	Zum ersten Male: Michael Angelo / *Das Fest des Bachus*
11	Die Schweizer-Familie
12	Michael Angelo / *Der Faßbinder*
13	Die Vestalinn
14	Iphigenia auf Tauris
15	Der Dorfbarbier / *Der Quacksalber und die Zwerge*
16	Michael Angelo / *Aeneas in Carthago*
17	Die Vestalinn
18	Ostade / *Der Faßbinder*
19	Das Waisenhaus
20	Trajano in Dacia*
21	Medea
22	Das zugemauerte Fenster / *Gustav Wasa, König von Schweden*
23	Der Augenarzt
24	Die Vestalinn
25	Ostade / *Der Quacksalber und die Zwerge*
26	Der Dorfbarbier / *Das Fest des Bachus*
27	Der Augenarzt
28	Zum ersten Male: Fingallo e Comala*

29   Fingallo e Comala*
30   Michael Angelo / *Gustav Wasa, König von Schweden*
31   Die Schweizer-Familie

FEBRUAR 1812

01   Trajano in Dazia*
02   Der Augenarzt
03   Die Vestalinn
04   Fingallo e Comala*
05   Zum ersten Male: Das Lotterielos / Zum ersten Male: *Der Kranke aus Liebe*
06   Das Lotterielos / *Der Kranke aus Liebe*
07   Zum Vortheile des Herrn Operndirectors Joseph Weigl. Zum ersten Male: Franzisca von Foix
08   Franzisca von Foix
09   Das Lotterielos / *Der Kranke aus Liebe*
10   Das Waisenhaus
11   Michael Angelo / *Der Kranke aus Liebe*
12   [Zum Besten der Gesellschaft adelicher Frauen zur Beförderung des Guten und Nützlichen:] Concert und die Vorstellung drey berühmter Gemähle
13   Die Vestalinn
14   Ostade / *Der Faßbinder*
15   Medea
16   Franzisca von Foix
17   Das zugemauerte Fenster / *Der Quacksalber und die Zwerge*
18   Die Schweizer-Familie
19   geschlossen
20   Das Lotterielos / Die Vorstellung drey berühmter Gemälde
21   Der Augenarzt
22   Milton / Zum ersten Male: *Zephir, oder: Der wiederkehrende Frühling*
23   Die Schweizer-Familie
24   Trajano in Dacia*
25   Michael Angelo / *Zephir, oder: Der wiederkehrende Frühling*
26   Iphigenia auf Tauris
27   Der Sammtrock / *Zephir, oder: Der wiederkehrende Frühling*
28   geschlossen
29   Medea

MÄRZ 1812

01   Der Augenarzt
02   Die Vestalinn
03   Das Lotterielos / [Neu in Scene gesetzt:] *Lise und Colin, oder: Das übelgehüthete Mädchen*
04   Die Schweizer-Familie
05   Zum Vortheile der Herren Regisseurs: Saal, Vogl und Weinmüller. [Neu in Scene gesetzt:] Die Uniform
06   Das zugemauerte Fenster / *Lise und Colin, oder: Das übelgehüthete Mädchen*
07   Das Lotterielos / Eine Vorstellung von drey Gemählden
08   Die Uniform

09	Medea
10	Der Dorfbarbier / *Zephir, oder: Der wiederkehrende Frühling*
11	Trajano in Dacia*
12	Die Uniform
13	Der Sammtrock / *Lise und Colin, oder: Das übelgehüthete Mädchen*
14	Der Augenarzt
15	Milton / Eine Vorstellung von drey Gemählden
16	Das zugemauerte Fenster / Zum ersten Male: *Der spanische Abend*
17	Die Schweizer-Familie
18	Eine Vorstellung von zwey Gemählden / [Zum ersten Male:] *Die Unbefangenen*
19	Ostade / *Zephir, oder: Der wiederkehrende Frühling*
20	Zum Vortheile des Herrn Paul Rainoldi: Das Lotterielos / Zum ersten Male: *Die Bäcker*
21	Medea
22	geschlossen
23	Zum Vortheile des Herrn Carl: Deklamatiorisch-musikalische Abendunterhaltung
24	Musikalische Abendunterhaltung
25–28	geschlossen
29	[Zum Vortheile der Wohlthätigkeits-Anstalten:] Deklamatorisch-musikalische Abendunterhaltung
30	Michael Angelo / *Zephir, oder: Der wiederkehrende Frühling*
31	Die Uniform

APRIL 1812

01	Milton / *Lise und Colin, oder: Das übelgehüthete Mädchen*
02	Das Lotterielos / *Die Bäcker*
03	Die Schweizer-Familie
04	Medea
05	Der Dorfbarbier / *Lise und Colin, oder: Das übelgehüthete Mädchen*
06	Zum Vortheile des Herrn Velluti. Zum ersten Male: Federica ed Adolfo*
07	Der Augenarzt
08	Zum ersten Male: Nur mit Maß und Ziel / *Die Bäcker*
09	Die Vestalinn
10	geschlossen
11	Zum Vortheile des Herrn Duport: Ostade / Zum ersten Male: *Der blöde Ritter, oder: Die Macht der Frauen*
12	Michael Angelo / *Die Bäcker*
13	Der Sammtrock / *Der blöde Ritter, oder: Die Macht der Frauen*
14	Die Uniform
15	Milton / *Der blöde Ritter, oder: Die Macht der Frauen*
16	Die Schweizer-Familie
17	Der Dorfbarbier / Das Lotterielos
18	Das zugemauerte Fenster / *Der blöde Ritter, oder: Die Macht der Frauen*
19	Michael Angelo / *Die Bäcker*
20	Milton / *Der blöde Ritter, oder: Die Macht der Frauen*
21	Federica ed Adolfo*
22	Das Lotterielos / *Zephir, oder: Der wiederkehrende Frühling*
23	Die Entführung aus dem Serail
24	Der Dorfbarbier / *Der blöde Ritter, oder: Die Macht der Frauen*
25	Federica ed Adolfo*

26	Das Lotterielos / *Der blöde Ritter, oder: Die Macht der Frauen*
27	Franzisca von Foix
28	Ostade / *Die Bäcker*
29	Der Augenarzt
30	Die Schweizer-Familie

MAI 1812

01	Federica ed Adolfo*
02	Michael Angelo / *Die Bäcker*
03	Franzisca von Foix
04	Der Augenarzt
05	Medea
06	Die Schweizer-Familie
07	Die Uniform
08	Federica ed Adolfo*
09	Iphigenia auf Tauris
10	Das Lotterielos / *Der Kranke aus Liebe*
11	Der Augenarzt
12	Das Waisenhaus
13	Michael Angelo / *Lise und Colin, oder: Das übelgehüthete Mädchen*
14	geschlossen
15	Iphigenia auf Tauris
16	Ostade / *Zephir, oder: Der wiederkehrende Frühling*
17	geschlossen
18	Die Uniform
19	Die Vestalinn
20	Zum Vortheile des Herrn Duport: Das Lotterielos / *Der blöde Ritter, oder: Die Macht der Frauen*
21	Der Augenarzt
22	Milton / *Der blöde Ritter, oder: Die Macht der Frauen*
23	Die Uniform
24	Der Dorfbarbier / *Der blöde Ritter, oder: Die Macht der Frauen*
25	geschlossen
26	Zum Vortheile des Herrn Siboni: Zum ersten Male: Ferdinand Cortez, oder: Die Eroberung von Mexico
27	Ferdinand Cortez, oder: Die Eroberung von Mexico
28	geschlossen
29	Michael Angelo / *Der blöde Ritter, oder: Die Macht der Frauen*
30	Ferdinand Cortez, oder: Die Eroberung von Mexico
31	Der Augenarzt

JUNI 1812

01	Ferdinand Cortez, oder: Die Eroberung von Mexico
02	Das Lotterielos / *Der blöde Ritter, oder: Die Macht der Frauen*
03	Das Waisenhaus
04	Die Uniform
05	Ostade / *Die Bäcker*
06	Ferdinand Cortez, oder: Die Eroberung von Mexico

07	Der Dorfbarbier / *Lise und Colin, oder: Das übelgehüthete Mädchen*
08	Medea
09	Milton / *Der Kranke aus Liebe*
10	Der Augenarzt
11	Ferdinand Cortez, oder: Die Eroberung von Mexico
12	Die Schweizer-Familie
13	Ferdinand Cortez, oder: Die Eroberung von Mexico
14	Michael Angelo / *Der Kranke aus Liebe*
15	Die Vestalinn
16	Das Waisenhaus
17	Der Augenarzt
18	Ferdinand Cortez, oder: Die Eroberung von Mexico
19	Das Lotterielos / *Der blöde Ritter, oder: Die Macht der Frauen*
20	Iphigenia auf Tauris
21	Die Schweizer-Familie
22	Medea
23	Der Augenarzt
24	Ferdinand Cortez, oder: Die Eroberung von Mexico
25	Das Lotterielos / *Der Kranke aus Liebe*
26	Ferdinand Cortez, oder: Die Eroberung von Mexico
27	[Neu in Scene gesetzt:] Die Zauberflöte
28	Die Zauberflöte
29	Milton / *Die Bäcker*
30	Die Zauberflöte

JULI 1812

01	Ferdinand Cortez, oder: Die Eroberung von Mexico
02	Die Schweizer-Familie
03	Die Zauberflöte
04	Ostade / *Die Bäcker*
05	Die Zauberflöte
06	Ferdinand Cortez, oder: Die Eroberung von Mexico
07	Der Sammtrock / *Der Kranke aus Liebe*
08	Zum ersten Male: Der Grenadier / Zum ersten Male: *Pantalon, der Zeichenmeister*
09	Der Grenadier / *Pantalon, der Zeichenmeister*
10	Ferdinand Cortez, oder: Die Eroberung von Mexico
11	Die Zauberflöte
12	Der Grenadier / *Pantalon, der Zeichenmeister*
13	Der Augenarzt
14	Der Grenadier / *Pantalon, der Zeichenmeister*
15	Das Waisenhaus
16	Ostade / *Der Kranke aus Liebe*
17	Iphigenia auf Tauris
18	Michael Angelo / *Pantalon, der Zeichenmeister*
19	Die Zauberflöte
20	Der Grenadier / *Pantalon, der Zeichenmeister*
21	Franzisca von Foix
22	Der Augenarzt
23	Das Lotterielos / Zum ersten Male: *Der Schatz im Traume*

24	Der Grenadier / *Der Schatz im Traume*
25	Die Zauberflöte
26	Ostade / *Der Schatz im Traume*
27	Franzisca von Foix
28	Milton / *Der Schatz im Traume*
29	Die Schweizer-Familie
30	Der Grenadier / *Der Schatz im Traume*
31	Die Zauberflöte

AUGUST 1812

01–27	geschlossen
28	Zum ersten Male: Johann von Paris
29	Johann von Paris
30	geschlossen
31	Johann von Paris

SEPTEMBER 1812

01	Der Grenadier / *Der Schatz im Traume*
02	geschlossen
03	Johann von Paris
04	Die Schweizer-Familie
05	geschlossen
06	Der Grenadier / *Ein Divertissement (B.36)*
07	Johann von Paris
08	Zum Vortheile der hiesigen Handlungs- Kranken- und Verpflegungs-Institute: Musikalische und deklamatorische Akademie
09	Der Augenarzt
10	Ostade / *Der Schatz im Traume*
11	Johann von Paris
12	Michael Angelo / *Ein Divertissement (B.36)*
13	Johann von Paris
14	Franzisca von Foix
15	Der Grenadier / *Ein Divertissement (B.36)*
16	Johann von Paris
17	Milton / *Der Schatz im Traume*
18	Johann von Paris
19	Das Lotterielos / *Ein Divertissement (B.36)*
20	Der Grenadier / *Der Schatz im Traume*
21	Die Uniform
22	Ostade / *Der Schatz im Traume*
23	Johann von Paris
24	Zum ersten Male: La scelta dello sposo*
25	Der Augenarzt
26	Michael Angelo / *Der Faßbinder*
27	Johann von Paris
28	La scelta dello sposo*
29	Zum ersten Male: Die Feldmühle / *Der Faßbinder*
30	Der Augenarzt

OKTOBER 1812

01	Ostade / *Der Schatz im Traume*
02	Johann von Paris
03	La scelta dello sposo*
04	Das Lotterielos / *Ein Divertissement (B.36)*
05	Die Zauberflöte
06	La scelta dello sposo*
07	Die Schweizer-Familie
08	Johann von Paris
09	La scelta dello sposo*
10	Die Vestalinn
11	Johann von Paris
12	Der Grenadier / *Der Faßbinder*
13	Die Vestalinn
14	Milton / [Neu in Scene gesetzt:] *Figaro, oder Der Barbier von Sevilla*
15	La scelta dello sposo*
16	Die Rosen des Herrn von Malesherbes** / *Figaro, oder Der Barbier von Sevilla*
17	Ferdinand Cortez, oder: Die Eroberung von Mexico
18	Johann von Paris
19	Die Schweizer-Familie
20	Ferdinand Cortez, oder: Die Eroberung von Mexico
21	La scelta dello sposo*
22	Wie machen sie's in der Komödie?** / *Figaro, oder Der Barbier von Sevilla*
23	Die Zauberflöte
24	Ferdinand Cortez, oder: Die Eroberung von Mexico
25	Der Augenarzt
26	Der Grenadier / *Zephir, oder: Der wiederkehrende Frühling*
27	Die Schweizer-Familie
28	Das Waisenhaus
29	Zum ersten Male: Il rivale di se stesso*
30	Zum ersten Male: Das Winterquartier in Amerika / *Zephir, oder: Der wiederkehrende Frühling*
31	Il rivale di se stesso*

NOVEMBER 1812

01	Das Winterquartier in Amerika / *Ein Divertissement (B.36)*
02	Iphigenia auf Tauris
03	Il rivale di se stesso*
04	Die Schweizer-Familie
05	Die Vestalinn
06	Michael Angelo / *Zephir, oder: Der wiederkehrende Frühling*
07	La scelta dello sposo*
08	Die Zauberflöte
09	Ferdinand Cortez, oder: Die Eroberung von Mexico
10	Das Winterquartier in Amerika / *Der Schatz im Traume*
11	Die Zauberflöte
12	Il rivale di se stesso*
13	Der Grenadier / *Lise und Colin, oder: Das übelgehüthete Mädchen*

14	Das Waisenhaus
15	geschlossen
16	Die Vestalinn
17	Johann von Paris
18	Ostade / *Der Faßbinder*
19	Michael Angelo / *Lise und Colin, oder: Das übelgehüthete Mädchen*
20	Il rivale di se stesso*
21	Ferdinand Cortez, oder: Die Eroberung von Mexico
22	Milton / *Lise und Colin, oder: Das übelgehüthete Mädchen*
23	Johann von Paris
24	Der Grenadier / *Der Schatz im Traume*
25	Johann von Paris
26	La scelta dello sposo*
27	Der grüne Domino** / *Figaro, oder Der Barbier von Sevilla*
28	Die Schweizer-Familie
29	Die Zauberflöte
30	Der Dorfbarbier / *Ein Divertissement (B.36)*

DEZEMBER 1812

01	Der Augenarzt
02	La scelta dello sposo*
03	Die Zauberflöte
04	Das Lotterielos / *Figaro, oder Der Barbier von Sevilla*
05	Franzisca von Foix
06	Johann von Paris
07	Der Dorfbarbier / *Zephir, oder: Der wiederkehrende Frühling*
08	Johann von Paris
09	La scelta dello sposo*
10	Die Zauberflöte
11	Milton / *Der Schatz im Traume*
12	Der Augenarzt
13	Johann von Paris
14	Ostade / *Ein Divertissement (B.36)*
15	Die Schweizer-Familie
16	Die Zauberflöte
17	geschlossen
18	Johann von Paris
19	Zum ersten Male: Der Bergsturz
20	Die Zauberflöte
21	Der Bergsturz
22–25	geschlossen
26	Der Bergsturz
27	Der Bergsturz
28	Johann von Paris
29	Die Schweizer-Familie
30	Der Bergsturz
31	geschlossen

JÄNNER 1813

01 Johann von Paris
02 Das Lotterielos / Zum ersten Male: *Telemach, auf der Insel der Calypso*
03 Der Bergsturz
04 Der Grenadier / *Telemach, auf der Insel der Calypso*
05 Iphigenia auf Tauris
06 Der Augenarzt
07 Michael Angelo / *Telemach, auf der Insel der Calypso*
08 Der Bergsturz
09 Das Waisenhaus
10 Die Zauberflöte
11 Johann von Paris
12 Michael Angelo / *Telemach, auf der Insel der Calypso*
13 Der Bergsturz
14 Die Schweizer-Familie
15 Die Uniform
16 Zum Vortheile der Mad. Duport, geb. Neumann: Das Lotterielos / *Der blöde Ritter, oder: Die Macht der Frauen*
17 Der Bergsturz
18 Der Augenarzt
19 Milton / *Der blöde Ritter, oder: Die Macht der Frauen*
20 Die Zauberflöte
21 Zum Vortheile des Herrn Ferdinand Gioja und Mad. Cesari: *Ein anacreontisches Divertissement* / Der verwundete Liebhaber** / Zum ersten Male: *Die Zauberflöte*
22 Der Grenadier / *Telemach, auf der Insel der Calypso*
23 Iphigenia auf Tauris
24 Der Dorfbarbier / *Die Zauberflöte*
25 Johann von Paris
26 Der Bergsturz
27 Der Augenarzt
28 Die beiden Savoyarden / *Telemach, auf der Insel der Calypso*
29 Die Schweizer-Familie
30 Die Uniform
31 Der Dorfbarbier / *Telemach, auf der Insel der Calypso*

FEBRUAR 1813

01 Zum Vortheile der Dlle. Francesca Decaro: [Zum ersten Male:] *Das Rosenmädchen* / Der grüne Domino** / [Neu einstudirt:] *Die Tanzsucht*
02 Ostade / *Die Tanzsucht*
03 Wie machen sie's in der Komödie?** / *Das Rosenmädchen*
04 Die Zauberflöte
05 Die Schweizer-Familie
06 Milton / *Die Tanzsucht*
07 Die Zauberflöte
08 Das Waisenhaus
09 Der Augenarzt
10 La scelta dello sposo*
11 Ferdinand Cortez, oder: Die Eroberung von Mexico

12	Das Lotterielos / *Telemach, auf der Insel der Calypso*
13	Ferdinand Cortez, oder: Die Eroberung von Mexico
14	Der Bergsturz
15	Der Dorfbarbier / *Der Schatz im Traume*
16	Der Augenarzt
17	Die Schweizer-Familie
18	Ferdinand Cortez, oder: Die Eroberung von Mexico
19	geschlossen
20	Gli Orazi e Curiazi*
21	Johann von Paris
22	Gli Orazi e Curiazi*
23	Der Bergsturz
24	Die Uniform
25	Die Vestalinn
26	geschlossen
27	Titus der Gütige
28	Johann von Paris

MÄRZ 1813

01	Die Vestalinn
02	Der Dorfbarbier / *Der Schatz im Traume*
03	Zur besseren Verpflegung der Findlinge: Große musikalische Akademie
04	Die beiden Savoyarden / *Die Tanzsucht*
05	Zum Vortheile der Mad. Anna Pauline Milder. Zum ersten Male: Salem
06	Salem
07	Der Bergsturz
08	Gli Orazi e Curiazi*
09	Die Vestalinn
10	Salem
11	Zum Vortheil des Herrn Duport: Das Lotterielos / [Zum ersten Male:] *Der ländliche Tag* / [Zum ersten Male:] *Die Maskerade*
12	Der Bergsturz
13	Die beiden Savoyarden / *Der ländliche Tag* / *Die Maskerade*
14	Salem
15	Der Dorfbarbier / *Der ländliche Tag* / *Die Maskerade*
16	Gli Orazi e Curiazi*
17	Der Augenarzt
18	Die beiden Savoyarden / *Der ländliche Tag* / *Die Maskerade*
19	Salem
20	Zum ersten Male: Fünf sind Zwey / *Der Schatz im Traume*
21	Fünf sind Zwey / *Der ländliche Tag* / *Die Maskerade*
22	Titus der Gütige
23	Die beiden Savoyarden / *Telemach, auf der Insel der Calypso*
24	Ferdinand Cortez, oder: Die Eroberung von Mexico
25	geschlossen
26	Salem
27	Fünf sind Zwey / *Telemach, auf der Insel der Calypso*
28	Der Bergsturz
29	Der Grenadier / *Der ländliche Tag* / *Die Maskerade*

30	Titus der Gütige
31	Fünf sind Zwey / *Telemach, auf der Insel der Calypso*

APRIL 1813

01	Die Vestalinn
02	Johann von Paris
03	Ferdinand Cortez, oder: Die Eroberung von Mexico
04	Die Zauberflöte
05	Der Augenarzt
06	Titus der Gütige
07	geschlossen
08	Zum Vortheile des Herrn Siboni. Zum ersten Male: David, oder: Goliaths Tod
09	geschlossen
10	David, oder: Goliaths Tod
11–12	geschlossen
13	Zum Besten des Fondes für Theater-Arme: Musikalische deklamatorische Abendunterhaltung
14–17	geschlossen
18	Zum Vortheile der öffentlichen Wohlthätigkeits-Anstalten: Deklamatorische musikalische Abendunterhaltung
19	Salem
20	Der Grenadier / Zum ersten Male: *Acis und Galathe, oder Der Riese Polyphem*
21	Gli Orazi e Curiazi*
22	Fünf sind Zwey / *Acis und Galathe, oder Der Riese Polyphem*
23	David, oder: Goliaths Tod
24	Milton / *Acis und Galathe, oder Der Riese Polyphem*
25	Der Dorfbarbier / *Lise und Colin, oder: Das übelgehüthete Mädchen*
26	Sargino*
27	Die beiden Savoyarden / *Acis und Galathe, oder Der Riese Polyphem*
28	Der Bergsturz
29	Das Lotterielos / *Der blöde Ritter, oder: Die Macht der Frauen*
30	Ferdinand Cortez, oder: Die Eroberung von Mexico

MAI 1813

01	Der Sammtrock / *Der blöde Ritter, oder: Die Macht der Frauen*
02	Die Schweizer-Familie
03	Der Dorfbarbier / *Der blöde Ritter, oder: Die Macht der Frauen*
04	Gli Orazi e Curiazi*
05	Die beiden Savoyarden / *Telemach, auf der Insel der Calypso*
06	Salem
07	Milton / *Acis und Galathe, oder Der Riese Polyphem*
08	Die Vestalinn
09	Das Lotterielos / *Acis und Galathe, oder Der Riese Polyphem*
10	Ferdinand Cortez, oder: Die Eroberung von Mexico
11	Das Waisenhaus
12	Johann von Paris
13	Zum Vortheile des Herrn Duport: *Ein großes Divertissement* / Die beiden Savoyarden / [Zum ersten Male:] *Die Erziehung des Adonis*

14	geschlossen
15	Der Dorfbarbier / *Der blöde Ritter, oder: Die Macht der Frauen*
16	Der Bergsturz
17	Zum Vortheile der Anna Maria Neumann, gebornen Sessi: Federica ed Adolfo*
18	Der Augenarzt
19	Federica ed Adolfo*
20	Zum Vortheile und unter der Leitung des Philipp v. Stubenrauch: Die Vorstellungen von fünf großen Tableaux / Die alten Liebschaften** / Das Lotterielos
21	Sargino*
22	David, oder: Goliaths Tod
23	Die Zauberflöte
24	Die Schweizer-Familie
25	Agnes Sorel
26	Der Bergsturz
27	Der Augenarzt
28	Die Vestalinn
29	David, oder: Goliaths Tod
30	Das Waisenhaus
31	Tableaux / Die beiden Savoyarden

JUNI 1813

01	Die Entführung aus dem Serail
02	Salem
03	Die Vestalinn
04	Die Schweizer-Familie
05	David, oder: Goliaths Tod
06	geschlossen
07	Agnes Sorel
08	Mimisch-plastische Vorstellungen drey neuer Tableaux / Der arme Poet**
09	Der Bergsturz
10	Die Vestalinn
11	Fünf sind Zwey / Mimisch-plastische Vorstellungen drey neuer Tableaux
12	Agnes Sorel
13	David, oder: Goliaths Tod
14	Die Entführung aus dem Serail
15	Johann von Paris
16	Die Vestalinn
17	geschlossen
18	Il rivale di se stesso*
19	Der Augenarzt
20	Die Zauberflöte
21	Die Schweizer-Familie
22	Der Sammtrock / Mimisch-plastische Vorstellungen drey neuer Tableaux
23	Die Vestalinn
24	Der Bergsturz
25	Mimisch-plastische Vorstellungen drey neuer Tableaux / Der häusliche Zwist**
26	Johann von Paris
27	Das Waisenhaus
28	La scelta dello sposo*

29	Der Bettelstudent, oder: Das Donnerwetter** / Tableaux
30	Johann von Paris

JULI 1813

01	Die Zauberflöte
02	Fünf sind Zwey / Mimisch-plastische Vorstellungen drey neuer Tableaux
03	Sargino*
04	Die Vestalinn
05	Der Augenarzt
06	Milton / Mimisch-plastische Vorstellungen drey neuer Tableaux
07	Sargino*
08	Ferdinand Cortez, oder: Die Eroberung von Mexico
09	Das Lotterielos / Mimisch-plastische Vorstellungen drey neuer Tableaux
10	Das Waisenhaus
11	Die Schweizer-Familie
12	Il rivale di se stesso*
13	Ferdinand Cortez, oder: Die Eroberung von Mexico
14	Sargino*
15	Zum Vortheile der Dlle. Antonie Laucher. Zum ersten Male: Die Prüfung
16	Die Prüfung
17	La scelta dello sposo*
18	Die Vestalinn
19	Die Prüfung
20	Der Bergsturz
21	Die Schweizer-Familie
22	Sargino*
23	Die Prüfung
24	Ferdinand Cortez, oder: Die Eroberung von Mexico
25	Die Prüfung
26	Die Vestalinn
27	Der Augenarzt
28	Il rivale di se stesso*
29	Die Prüfung
30	Die Schweizer-Familie
31	Johann von Paris

AUGUST 1813

01–31	geschlossen

SEPTEMBER 1813

01–14	geschlossen
15	Der Augenarzt
16	Der Grenadier / Wehrmannslieder
17	geschlossen
18	Die Vestalinn
19	Die Schweizer-Familie
20	geschlossen

21	Der Bergsturz
22	geschlossen
23	Die Prüfung
24	Sargino*
25	Ferdinand Cortez, oder: Die Eroberung von Mexico
26	Agnes Sorel
27	Il rivale di se stesso*
28	Die Vestalinn
29	geschlossen
30	Die Schweizer-Familie

OKTOBER 1813

01	La scelta dello sposo*
02	Ferdinand Cortez, oder: Die Eroberung von Mexico
03	Der Augenarzt
04	Die Uniform
05	Sargino*
06	geschlossen
07	Die Vestalinn
08	Il rivale di se stesso*
09	Die Prüfung
10	Der Bergsturz
11	geschlossen
12	Die Schweizer-Familie
13	geschlossen
14	Zum ersten Male: Die Bajaderen
15	Die Bajaderen
16	Sargino*
17	Die Bajaderen
18	Die Schweizer-Familie
19	Die Bajaderen
20	geschlossen
21	Ferdinand Cortez, oder: Die Eroberung von Mexico
22	Der Augenarzt
23	Sargino*
24	Die Uniform
25	geschlossen
26	Die Schweizer-Familie
27	geschlossen
28	Die Vestalinn
29	Il barbiere di Siviglia (A.34)*
30	geschlossen
31	Die Prüfung

NOVEMBER 1813

01	Der Bergsturz
02	Il barbiere di Siviglia (A.34)*
03	Johann von Paris

04	Die Bajaderen
05	Il rivale di se stesso*
06	Mit Bewilligung der Hoftheater-Direction: Herr Alexander Terzi mit seiner Gesellschaft von Seiltänzern und gymnastischen Künstlern
07	Graf Armand
08	Mit Bewilligung der Hoftheater-Direction: Herr Alexander Terzi mit seiner Gesellschaft von Seiltänzern und gymnastischen Künstlern
09	Der Augenarzt
10	La scelta dello sposo*
11	Das Waisenhaus
12	Il barbiere di Siviglia (A.34)*
13	Graf Armand
14	Die Vestalinn
15	Akademie zum Besten der öffentlichen Wohlthätigkeitsanstalten
16	Agnes Sorel
17	Der Grenadier / Germaniens Wort und Gruß**
18	geschlossen
19	Die Zauberflöte
20	Sargino*
21	Der Bergsturz
22	Graf Armand
23	geschlossen
24	Zum ersten Male: Der Deserteur
25	Der Augenarzt
26	Sargino*
27	geschlossen
28	Die Schweizer-Familie
29	geschlossen
30	Die Prüfung

DEZEMBER 1813

01	geschlossen
02	Die Uniform
03	Griselda, ossia La virtu al cimento*
04	Die Schweizer-Familie
05	Die Zauberflöte
06	Die Vestalinn
07	geschlossen
08	Der Deserteur
09	Il barbiere di Siviglia (A.34)*
10	Milton / Deklamatorische Unterhaltung des Herrn von Sydow
11	geschlossen
12	Der Augenarzt
13	Der Deserteur
14	Ferdinand Cortez, oder: Die Eroberung von Mexico
15	geschlossen
16	Johann von Paris
17	Il barbiere di Siviglia (A.34)*
18	geschlossen

19	Ferdinand Cortez, oder: Die Eroberung von Mexico
20	Der Bergsturz
21	Die Schweizer-Familie
22–25	geschlossen
26	Die Vestalinn
27	Das Waisenhaus
28	Johann von Paris
29	geschlossen
30	Der Grenadier / Zum ersten Male: *Die glückliche Wilde*
31	geschlossen

JÄNNER 1814

01	Ferdinand Cortez, oder: Die Eroberung von Mexico
02	Die beiden Savoyarden / *Die glückliche Wilde*
03	Die Vestalinn
04	Ostade / *Die glückliche Wilde*
05	Agnes Sorel
06	Die Zauberflöte
07	Der Sammtrock / *Die glückliche Wilde*
08	Il barbiere di Siviglia (A.34)*
09	Die Uniform
10	Die beiden Savoyarden / Zum ersten Male: *Das Doppel-Duell*
11	Die Vestalinn
12	Ostade / *Das Doppel-Duell*
13	Das Waisenhaus
14	Johann von Paris
15	Der Grenadier / *Die glückliche Wilde*
16	Ferdinand Cortez, oder: Die Eroberung von Mexico
17	Ostade / *Das übelgehütete Mädchen*
18	Der Augenarzt
19	Milton / *Das übelgehütete Mädchen*
20	Die Zauberflöte
21	Der Dorfbarbier / *Das übelgehütete Mädchen*
22	Die Schweizer-Familie
23	Die beiden Savoyarden / *Das übelgehütete Mädchen*
24	Zum ersten Male: Lodoiska
25	Lodoiska
26	Der Sammtrock / *Die glückliche Wilde*
27	Johann von Paris
28	Lodoiska
29	Zum Vortheile der öffentlichen Wohlthätigkeits-Anstalten: Ostade / *Das übelgehütete Mädchen*
30	Lodoiska
31	Agnes Sorel

FEBRUAR 1814

01	Zum Vortheile der Familie Kobler und des Fortunato Bernardelli: Der Dorfbarbier / Zum ersten Male: *Der Raub der Zemira*
02	Der Grenadier / *Der Raub der Zemira*
03	Lodoiska
04	Der Sammtrock / *Der Raub der Zemira*
05	Ferdinand Cortez, oder: Die Eroberung von Mexico
06	Die Zauberflöte
07	Lodoiska
08	Ostade / *Das übelgehütete Mädchen*
09	Camilla, ossia: Il sotteraneo*
10	Der Sammtrock / Zum ersten Male: *Die Müllerinn*
11	Camilla, ossia: Il sotteraneo*
12	Zur Feyer des Geburtsfestes Sr. Majestät des Kaisers: Iphigenia auf Tauris
13	Der Dorfbarbier / *Die Müllerinn*
14	Die Vestalinn
15	Die beiden Savoyarden / *Der Raub der Zemira*
16	Johann von Paris
17	Der Grenadier / *Das übelgehütete Mädchen*
18	Lodoiska
19	Zum ersten Male: Die Strickleiter / Zum ersten Male: *Das listige Gärtnermädchen*
20	Die Uniform
21	Die Strickleiter / *Das listige Gärtnermädchen*
22	Die Strickleiter / *Das listige Gärtnermädchen*
23	geschlossen
24	Iphigenia auf Tauris
25	geschlossen
26	Ostade / *Das listige Gärtnermädchen*
27	Ferdinand Cortez, oder: Die Eroberung von Mexico
28	geschlossen

MÄRZ 1814

01	Lodoiska
02	Der Augenarzt
03	Die Schweizer-Familie
04	Der Dorfbarbier / *Der Raub der Zemira*
05	Die Strickleiter / *Die glückliche Wilde*
06	Der Bergsturz
07	Ferdinand Cortez, oder: Die Eroberung von Mexico
08	Die Strickleiter / Zum ersten Male: *Der Jäger*
09	Lodoiska
10	Milton / *Der Jäger*
11	Der Sammtrock / *Das übelgehütete Mädchen*
12	Agnes Sorel
13	Graf Armand
14	Der Augenarzt
15	Die Strickleiter / Zum ersten Male: *Die nächtlichen Liebhaber*
16	Die Schweizer-Familie

17	Der Grenadier / *Die nächtlichen Liebhaber*
18	Il barbiere di Siviglia (A.34)*
19	Die Zauberflöte
20	Die Vestalinn
21	Der Dorfbarbier / *Das listige Gärtnermädchen*
22	Iphigenia auf Tauris
23	Die Strickleiter / *Der Raub der Zemira*
24	Lodoiska
25	Zum Vortheile des Theater-Armenfonds: Eine große musikalisch-deklamatorische Abendunterhaltung
26	Das Lotterielos / *Das übelgehütete Mädchen*
27	Das Waisenhaus
28	Titus der Gütige
29	Die Schweizer-Familie
30	Das Lotterielos / *Der Raub der Zemira*
31	Ferdinand Cortez, oder: Die Eroberung von Mexico

APRIL 1814

01	Der Augenarzt
02	Der Bergsturz
03–04	geschlossen
05	Zum Vortheile des Hrn. Anton Romberg: Musikalische Abendunterhaltung
06–09	geschlossen
10	Zum Vortheile der öffentlichen Wohlthätigkeitsanstalten: Musikalisch-deklamatorische Abendunterhaltung
11	Das Lotterielos / Zum ersten Male: Gute Nachricht
12	Die beiden Savoyarden / Gute Nachricht
13	Die Vestalinn
14	Das Lotterielos / Gute Nachricht
15	Il barbiere di Siviglia (A.34)*
16	Die Schweizer-Familie
17	Milton / Gute Nachricht
18	Der Augenarzt
19	Zum Vortheile der Mad. Milder: Medea
20	Die Zauberflöte
21	Der Bergsturz
22	geschlossen
23	Agnes Sorel
24	Die Strickleiter / Gute Nachricht
25	Milton / Das Lotterielos
26	Die Zerstreuten** / Die Strickleiter
27	Der Augenarzt
28	Die Schweizer-Familie
29	La scelta dello sposo*
30	Das Waisenhaus

MAI 1814

01	Agnes Sorel
02	Der kleine Proteus** / Die Strickleiter
03	Der arme Poet** / Gute Nachricht
04	Der Sammtrock / [Zum ersten Male:] *Ein orientalisches Divertissement*
05	Zum Vortheile und letzten Debut der Anna Maria Neumann, gebornen Sessi: Johann von Paris
06	Die Schweizer-Familie
07	Das Lotterielos / *Ein orientalisches Divertissement*
08	Die Strickleiter / *Ein orientalisches Divertissement*
09	Camilla, oder: Das geheime Gewölbe
10	Leichtsinn und gutes Herz** / *Ein orientalisches Divertissement*
11	Der Korb** / Das Lotterielos
12	geschlossen
13	Die Schweizer-Familie
14	Die beiden Savoyarden / *Ein orientalisches Divertissement*
15	Agnes Sorel
16	geschlossen
17	[Zum ersten Male in deutscher Sprache]: König Theodor in Venedig
18	geschlossen
19	Iphigenia auf Tauris
20	geschlossen
21	König Theodor in Venedig
22	Die Strickleiter / *Ein orientalisches Divertissement*
23	Zum Vortheile der Herren Saal, Vogl und Weinmüller. Zum ersten Male: Fidelio
24	Die beiden Savoyarden / Zum ersten Male: Der neue Gutsherr
25	Der Edelknabe** / Der neue Gutsherr
26	Fidelio
27	Der neue Gutsherr / *Ein orientalisches Divertissement*
28	Der Augenarzt
29	geschlossen
30	Agnes Sorel
31	geschlossen

JUNI 1814

01	[Zum ersten Male:] Die verehlichten Freyer / Der neue Gutsherr
02	Fidelio
03	geschlossen
04	Fidelio
05	Die Strickleiter / *Die glückliche Wilde*
06	geschlossen
07	Fidelio
08–17	geschlossen
11	BT: Gute Nachricht
14	BT: Gute Nachricht
15	BT: *Die glückliche Wilde*
17	BT: Der neue Gutsherr
18	Zum ersten Male: Die Weihe der Zukunft

19	geschlossen
	BT: *Die glückliche Wilde*
20	geschlossen
21	Fidelio
22	geschlossen
23	Die Weihe der Zukunft
24–25	geschlossen
26	Die Schweizer-Familie
27	geschlossen
28	Der Augenarzt
29	Die kleine hübsche Putzmacherin** / *Das übelgehütete Mädchen*
30	geschlossen

JULI 1814

01	[Neu in Scene gesetzt:] Die Hochzeit des Figaro
02	Coriolan**
03	König Theodor in Venedig
04	Die Neugierigen**
05	Der Augenarzt
06	Die Corsen**
07	Der Verräther** / *Das übelgehütete Mädchen*
08	Zum Vortheile der Dlle. Francesca de Caro: Das Lotterielos / *Der blöde Ritter, oder: Die Macht der Frauen*
09	Camilla, oder: Das geheime Gewölbe
10	Die Rosen des Herrn von Malesherbes** / Der Dichter und der Schauspieler**
11	Die Hochzeit des Figaro
12	Das Mädchen von Marienburg, oder Die Liebschaft Peters des Großen**
13	Die Strelitzen**
14	Die Schweizer-Familie
15	Die Hochzeit des Figaro
16	Menschenhaß und Reue**
17	Beschämte Eifersucht** / Der kleine Proteus**
18	Zum Vortheile des Herrn L. van Beethoven: Fidelio
19	Zum ersten Male: Der Schatzgräber / *Ein Divertissement (B.37)*
20	Die beyden Eifersüchtigen** / Der neue Gutsherr
21	Die beyden Eifersüchtigen** / Die Strickleiter
22	Fidelio
23	Baron Blitz, oder: Er macht keine Umstände** / Die Zerstreuten**
24	Zum ersten Male: Der lustige Schuster
25	Axel und Walburg**
26	Axel und Walburg**
27	Fidelio
28	Liebhaber und Nebenbuhler in einer Person**
29	Axel und Walburg**
30	Camilla, oder: Das geheime Gewölbe
31	Die Schweizer-Familie

AUGUST 1814

01–15	geschlossen
04	BT: Der neue Gutsherr
06	BT: Die Strickleiter
07	BT: Die Schweizer-Familie
08	BT: Die beyden Füchse
10	BT: Camilla, oder: Das geheime Gewölbe
12	BT: Die beyden Füchse
16	Der neue Gutsherr / Zum ersten Male: *Zephyr und Flora (B.158)*
17	geschlossen
	BT: Graf Armand
18	Die Strickleiter / *Zephyr und Flora (B.158)*
19–21	geschlossen
21	BT: Graf Armand
22	Der Sammtrock / *Zephyr und Flora (B.158)*
23	geschlossen
24	Fidelio
25–26	geschlossen
25	BT: Der Augenarzt
27	Das Lotterielos / *Zephyr und Flora (B.158)*
28	Camilla, oder: Das geheime Gewölbe
29–30	geschlossen
31	Die beyden Füchse

SEPTEMBER 1814

01–02	geschlossen
03	Fünf sind Zwey / *Zephyr und Flora (B.158)*
04	Fidelio
05–08	geschlossen
09	Neu in Scene gesetzt: Die Vestalinn
10–11	geschlossen
12	Die Vestalinn
13	Der arme Poet** / *Zephyr und Flora (B.158)*
14–15	geschlossen
16	Fidelio
17	geschlossen
18	Die Vestalinn
19	Die beyden Füchse
20	Fidelio
21	geschlossen
22	Die Schweizer-Familie
23	geschlossen
24	Das getheilte Herz** / *Zephyr und Flora (B.158)*
25	Der Grenadier / *Zephyr und Flora (B.158)*
26	Fidelio
27	Der Augenarzt

533

28 Zum ersten Male: *Der Sclavenhändler* / Der Vetter aus Bremen** / [Neu in Scene gesetzt:] *Louise und Alexis, oder: Der Deserteur*
29–30 geschlossen

OKTOBER 1814

01 Die Vestalinn
02 Der Hausdoctor**
03 Die hundertjährigen Eichen, oder Das Jahr 1814** / Der Puls**
    BT: Die Schweizer-Familie
04 Fidelio
05 Camilla, oder: Das geheime Gewölbe
06 Die beyden Füchse
07 Die Vestalinn
08 Die beyden Füchse
09 Fidelio
10–11 geschlossen
12 Die Schweizer-Familie
13 geschlossen
14 Fehlgeschossen** / *Zephyr und Flora (B.158)*
15 Der Augenarzt
16 Die Corsen**
17 Zum Vortheile der beyden Solospieler am k. k. Hoftheater Mayseder und Romberg: Große musikalische Akademie
18 Fidelio
19 Die Vestalinn
20 Zum ersten Male: Die beyden Kalifen
21 Die Komödie aus dem Stegreif** / Zum ersten Male neu hergestellt: *Die Tanzsucht*
22 Der Grenadier / *Die Tanzsucht*
23 Die Schweizer-Familie
24 Der lustige Schuster
25 Die Hochzeit des Figaro
26 Zum Vortheile des Herrn Carl Bärmann: Große musikalische Akademie
27 Der Augenarzt
28 Fidelio
29 Zum Vortheile des Herrn Ferdinand Fraenzl: Große musikalische Akademie
30 Die Vestalinn
31 Die Schweizer-Familie

NOVEMBER 1814

01 Der Sammtrock / *Die Tanzsucht*
02 Die beyden Füchse
03 Fidelio
04 [Musikalische Akademie] / *Die Tanzsucht*
05 Die Schweizer-Familie
06 Das Sonnet** / Zum ersten Male: *Nina, oder: Die Wahnsinnige aus Liebe*
07 Der Grenadier / *Nina, oder: Die Wahnsinnige aus Liebe*
08 Johann von Paris
09 Der Sammtrock / *Nina, oder: Die Wahnsinnige aus Liebe*

10	[Akademie] / Die deutschen Kleinstädter**
11	Zum Vortheile des Herrn Luigi Tomasini: Große deklamatorische Vocal- und Instrumental-Akademie
12	Die beiden Auvergnaten** / *Nina, oder: Die Wahnsinnige aus Liebe*
13	Johann von Paris
14	Der Augenarzt
15	Zum Vortheile der öffentlichen Wohlthätigkeits-Anstalten: Deklamatorisch-musikalische Abendunterhaltung
16	Camilla, oder: Das geheime Gewölbe
17	Der Vetter aus Bremen** / *Nina, oder: Die Wahnsinnige aus Liebe*
18	Die beyden Füchse
19	Der Grenadier / *Zephyr und Flora (B.158)*
20	Die Schweizer-Familie
21	Fehlgeschossen** / *Nina, oder: Die Wahnsinnige aus Liebe*
22	Fidelio
23	Der Edelknabe** / Der Shawl** / Die Folgen des Maskenballs**
24	Der neue Gutsherr / *Nina, oder: Die Wahnsinnige aus Liebe*
25	Die Vestalinn
26	Die beyden Füchse
27	Fidelio
28	Der Sammtrock / *Nina, oder: Die Wahnsinnige aus Liebe*
29	Camilla, oder: Das geheime Gewölbe
30	Zum Vortheile der Dlle. Aimee Petit: Der neue Gutsherr / Zum ersten Male: *Myrsile und Anteros*

DEZEMBER 1814

01	Die Schweizer-Familie
02	Das Räthsel** / *Myrsile und Anteros*
03	Die Vestalinn
04	Der lustige Schuster
05	Der häusliche Zwist** / *Nina, oder: Die Wahnsinnige aus Liebe*
06	Der neue Gutsherr / *Nina, oder: Die Wahnsinnige aus Liebe*
07	Der lustige Schuster
08	Johann von Paris
09	Die Schweizer-Familie
10	Zum Vortheile des Herrn Joseph Weigl. Zum ersten Male: Die Jugend Peter's, des Großen
11	Die Jugend Peter's, des Großen
12	Die Zerstreuten** / *Nina, oder: Die Wahnsinnige aus Liebe*
13	Johann von Paris
14	Die Jugend Peter's, des Großen
15	Die beyden Füchse
16	Der lustige Schuster
17	Der Sammtrock / *Nina, oder: Die Wahnsinnige aus Liebe*
18	Die Jugend Peter's, des Großen
19	Zum Vortheile der Dlle. Ant. Pfeiffer: Der neue Gutsherr / *Die Tanzsucht*
20	Camilla, oder: Das geheime Gewölbe
21	Das getheilte Herz** / *Nina, oder: Die Wahnsinnige aus Liebe*
22–25	geschlossen

26	Die Jugend Peter's, des Großen
27	Fidelio
28	Johann von Paris
29	König Theodor in Venedig
30	Die Schweizer-Familie
31	Camilla, oder: Das geheime Gewölbe

JÄNNER 1815

01	Die Schweizer-Familie
02	Die Jugend Peter's, des Großen
03	Fidelio
04	Johann von Paris
05	Zum Vortheile der Dlle. Francesca de Caro: Fehlgeschossen** / *Der blöde Ritter, oder: Die Macht der Frauen*
06	König Theodor in Venedig
07	Der Dorfbarbier / *Der blöde Ritter, oder: Die Macht der Frauen*
08	Die Jugend Peter's, des Großen
09	Die Schweizer-Familie
10	Der neue Gutsherr / *Der blöde Ritter, oder: Die Macht der Frauen*
11	Johann von Paris
12	Der lustige Schuster
13	Der Dorfbarbier / *Zephyr und Flora (B.158)*
14	Der Augenarzt
15	Die Schweizer-Familie
16	Der häusliche Zwist** / *Zephyr und Flora (B.158)*
17	[Zum ersten Male:] Das Geheimniß / Der Dorfbarbier
18	Die beyden Füchse
19	Wie machen sie's in der Komödie?** / *Zephyr und Flora (B.158)*
20	Das Waisenhaus
21	Der Sammtrock / *Der blöde Ritter, oder: Die Macht der Frauen*
22	geschlossen
23	Das Waisenhaus
24	Der lustige Schuster
25	geschlossen
26	Der neue Gutsherr / *Der blöde Ritter, oder: Die Macht der Frauen*
27	Das Waisenhaus
28	Der Sammtrock / Zum ersten Male: *Das Rosenfest, oder Der Preis der Tugend*
29	König Theodor in Venedig
30	Der Dorfbarbier / *Das Rosenfest, oder Der Preis der Tugend*
31	Die Schweizer-Familie

FEBRUAR 1815

01	Die Strickleiter / *Der blöde Ritter, oder: Die Macht der Frauen*
02	Das Waisenhaus
03	Der neue Gutsherr / Die Strickleiter
04	Die Vestalinn
05	Der lustige Schuster
06	Die Strickleiter / *Das Rosenfest, oder Der Preis der Tugend*

07 Fehlgeschossen** / Das Geheimniß
08 Große musikalische Akademie
09 Das Waisenhaus
10 Die Zerstreuten** / Der Dorfbarbier
11 Caesario, oder: Die bekehrte Spröde**
12 Die Vestalinn
13 Parteywuth**
14 Der lustige Schuster
15 Der Grenadier / *Zephyr und Flora (B.158)*
16 Parteywuth**
17 geschlossen (wegen des Sterbtags Sr. Maj. Kaiser Joseph II.)
18 Fidelio
19 Der lustige Schuster
20 Don Ranudo de Colibrados**
21–22 geschlossen
23 Die Vestalinn
24 Caesario, oder: Die bekehrte Spröde**
25 Der Dorfbarbier / *Zephyr und Flora (B.158)*
26 Fidelio
27–28 geschlossen

MÄRZ 1815

01 Die Schweizer-Familie
02 Zum Vortheile des Franz Wild. Zum ersten Male: Semiramis (A.256)
03 Der Witwer** / Der neue Gutsherr
04 geschlossen
05 Die Strickleiter / Der Dorfbarbier
06 Colomanns Rache** / Vier Schildwachen auf einem Posten**
07 geschlossen
08 Das Waisenhaus
09 Der neue Gutsherr / *Zephyr und Flora (B.158)*
10 Fidelio
11–12 geschlossen
13 Die Schweizer-Familie
14 Parteywuth**
15 Die Vestalinn
16 Semiramis (A.256)
17 Colomanns Rache** / Der Brautschatz**
18–20 geschlossen
21 Zum Vortheile des Theater-Armenfonds: Große musikalisch-deklamatorische Abendunterhaltung
22–25 geschlossen
26 Zum Vortheile der öffentlichen Wohlthätigkeits-Anstalten: Deklamatorisch-musikalische Abendunterhaltung
27 Agnes Sorel
28 Octavia**
29 Die Vestalinn
30 Graf von Burgund**
31 Der kleine Deklamator** / *Zephyr und Flora (B.158)*

APRIL 1815

01 Zum ersten Male: Joconde, oder: Die Abenteurer
02 Joconde, oder: Die Abenteurer
03 geschlossen
04 Zum Vortheile des Seniors der k. k. Hofschauspieler F. W. Ziegler: Parteywuth**
05 Iphigenia auf Tauris
06 Joconde, oder: Die Abenteurer
07 geschlossen
08 Die Vestalinn
09 Fidelio
10 Don Ranudo de Colibrados**
11 Zum Vortheile der Dlle. Buchwieser. Zum ersten Male: Alamon, Fürst von Catanea
12 geschlossen
13 Iphigenia auf Tauris
14 Das Waisenhaus
15 Das Geheimniß / *Zephyr und Flora (B.158)*
16 Alamon, Fürst von Catanea
17 Agnes Sorel
18 Das unterbrochene Conzert**
19 geschlossen
20 Die Folgen einer einzigen Lüge**
21 Fidelio
22 Johann von Calais**
23 Iphigenia auf Tauris
24 Joconde, oder: Die Abenteurer
25 Die Schweizer-Familie
26 Menschenhaß und Reue**
27 Die Vestalinn
28 Der seltene Prozeß. Erster Theil**
29 Sargines
30 Semiramis (A.256)

MAI 1815

01 Sargines
02 Der seltene Prozeß. Erster Theil**
03 Die Vestalinn
04 Der Dorfbarbier / *Zephyr und Flora (B.158)*
05 Joconde, oder: Die Abenteurer
06 Iphigenia auf Tauris
07 Sargines
08 Johann von Calais**
09 Die Schweizer-Familie
10 Joconde, oder: Die Abenteurer
11 geschlossen
12 Fidelio
13 Der Sammtrock / Zum ersten Male: *Die Bajaderen*
14 geschlossen
15 Die Vestalinn

16	Das Räthsel** / *Die Bajaderen*
17	Der Augenarzt
18	Don Ranudo de Colibrados**
19	Der arme Poet** / *Die Bajaderen*
20	Joconde, oder: Die Abenteurer
21	Der Augenarzt
22	Fehlgeschossen** / *Die Bajaderen*
23	Graf von Burgund**
24	Neu in Scene gesetzt: Der Bergsturz
25	geschlossen
26	Die Schweizer-Familie
27	Das Sonnet** / *Die Bajaderen*
28	Sargines
29	Colomanns Rache** / Das Strandrecht**
30	Der neue Gutsherr / *Die Bajaderen*
31	Die Vestalinn

JUNI 1815

01	Joconde, oder: Die Abenteurer
02	Der Dorfbarbier / *Die Bajaderen*
03	Agnes Sorel
04	Cäsario, oder: Die bekehrte Spröde**
05	Der Bergsturz
06	Der Grenadier / *Die Bajaderen*
07	Die Folgen einer einzigen Lüge**
08	Der Sammtrock / *Zephyr und Flora (B.158)*
09	Joconde, oder: Die Abenteurer
10	Die Vestalinn
11	Der Augenarzt
12	Der Dorfbarbier / *Die Bajaderen*
13	Sargines
14	Zum ersten Male: Joseph und seine Brüder
15	Der neue Gutsherr / *Die Bajaderen*
16	Joseph und seine Brüder
17	Der Dorfbarbier / Ein Schelm thut mehr, als er kann**
18	Agnes Sorel
19	Joseph und seine Brüder
20	Sargines
21	Parteywuth**
22	Das Sonnet** / Zum ersten Male: *Paul und Virginie*
23	Ein Schelm thut mehr, als er kann** / *Paul und Virginie*
24	Joseph und seine Brüder
25	Die Schweizer-Familie
26	Graf von Burgund**
27	Der Sammtrock / *Paul und Virginie*
28	Joseph und seine Brüder
29	Die Vestalinn
30	Der Dorfbarbier / *Die Bajaderen*

JULI 1815

- 01 Iphigenia auf Tauris
- 02 Der Bergsturz
- 03 Der Sammtrock / *Paul und Virginie*
- 04 Das Mädchen von Marienburg, oder Die Liebschaft Peter des Großen**
- 05 Der Grenadier / *Zephyr und Flora (B.158)*
- 06 Der Augenarzt
- 07 Die Hochzeit des Figaro
- 08 Sargines
- 09 Die Vestalinn
- 10 Der Dorfbarbier / *Die Bajaderen*
- 11 Joseph und seine Brüder
- 12 Die Hochzeit des Figaro
- 13 Der neue Gutsherr / *Die Bajaderen*
- 14 Sargines
- 15 Zum ersten Male: Die Ehrenpforten / *Zephyr und Flora (B.158)*
- 16 Der König und sein Stubenheizer** / *Die Ehrenpforten*
- 17 Die Schweizer-Familie
- 18 Joconde, oder: Die Abenteurer
- 19 Der Dorfbarbier / *Paul und Virginie*
- 20 Joseph und seine Brüder
- 21 Trau, schau, wem** / *Die Bajaderen*
- 22 Die Vestalinn
- 23 Die Feuerprobe** / *Die Ehrenpforten*
- 24 Der Grenadier / Zum ersten Male: *Die Hochzeit auf dem Lande (B.67)*
- 25 Fünf sind Zwey / *Die Hochzeit auf dem Lande (B.67)*
- 26 Johann von Calais**
- 27 Die Hochzeit des Figaro
- 28 Joseph und seine Brüder
- 29 Fünf sind Zwey / *Die Hochzeit auf dem Lande (B.67)*
- 30 Joconde, oder: Die Abenteurer
- 31 Joseph und seine Brüder

AUGUST 1815

- 01–31 geschlossen
- 07 BT: *Die Hochzeit auf dem Lande (B.67)*

SEPTEMBER 1815

- 01 Joseph und seine Brüder
- 02 Die Hochzeit des Figaro
- 03 Agnes Sorel
- 04 Ein Schelm thut mehr, als er kann** / *Zephyr und Flora (B.158)*
- 05 Joseph und seine Brüder
- 06 Der Sammtrock / *Die Hochzeit auf dem Lande (B.67)*
- 07 Parteywuth**
- 08 geschlossen
- 09 Der Augenarzt

10	Die Schweizer-Familie
11	Der Dorfbarbier / *Die Hochzeit auf dem Lande (B.67)*
12	Joseph und seine Brüder
13	Der Wittwer** / Zum ersten Male: *Die Feyer der Grazien*
14	Sargines
15	Das Räthsel** / *Die Feyer der Grazien*
16	Zum ersten Male: Der General
17	Der General
18	Die Vestalinn
19	Der General
20	Das Strandrecht** / *Die Feyer der Grazien*
21	Joseph und seine Brüder
22	Der Dorfbarbier / *Die Hochzeit auf dem Lande (B.67)*
23	Die Hochzeit des Figaro
24	Die Schweizer-Familie
25	Der Puls** / *Die Feyer der Grazien*
26	Joseph und seine Brüder
27	Der Sammtrock / *Die Bajaderen*
28	Agnes Sorel
29	Die Vestalinn
30	Der General

OKTOBER 1815

01	Der Augenarzt
02	[Zum ersten Male:] Der Gefangene / *Zephyr und Flora (B.158)*
03	Der Gefangene / Die Ehrenpforten
04	Die Ehrenpforten / *Die Feyer der Grazien*
05	Joseph und seine Brüder
06	Agnes Sorel
07	Der arme Poet** / *Die Hochzeit auf dem Lande (B.67)*
08	Der General
09	Der Dorfbarbier / *Zephyr und Flora (B.158)*
10	Die Schweizer-Familie
11	Der Gefangene / *Die Hochzeit auf dem Lande (B.67)*
12	Joconde, oder: Die Abenteurer
13	Der kleine Deklamator** / *Die Feyer der Grazien*
14	Joseph und seine Brüder
15	Sargines
16	Zum Vortheile des Herrn Balletmeisters Aumer. Medea** / Zum ersten Male: *Die Pagen des Herzogs von Vendome*
17	Joconde, oder: Die Abenteurer
18	Der Dorfbarbier / *Die Pagen des Herzogs von Vendome*
19	Sargines
20	Der arme Poet** / *Die Pagen des Herzogs von Vendome*
21	Die Hochzeit des Figaro
22	Agnes Sorel
23	Der Sammtrock / *Die Pagen des Herzogs von Vendome*
24	Joseph und seine Brüder
25	Der Edelknabe** / *Zephyr und Flora (B.158)*

26	Joconde, oder: Die Abenteurer
27	Der neue Gutsherr / *Die Pagen des Herzogs von Vendome*
28	Sargines
29	Agnes Sorel
30	Der Grenadier / *Die Pagen des Herzogs von Vendome*
31	Agnes Sorel

NOVEMBER 1815

01	Der Gefangene / *Die Hochzeit auf dem Lande (B.67)*
02	Die Schweizer-Familie
03	Der arme Poet** / *Die Feyer der Grazien*
04	Joseph und seine Brüder
05	Der General
06	Der Gefangene / *Die Pagen des Herzogs von Vendome*
07	Joconde, oder: Die Abenteurer
08	Der arme Poet** / *Die Pagen des Herzogs von Vendome*
09	Zum Vortheile des Anton Forti. Zum ersten Male: Jeannot und Colin
10	Milton / *Die Hochzeit auf dem Lande (B.67)*
11	Jeannot und Colin
12	Joseph und seine Brüder
13	Milton / *Die Pagen des Herzogs von Vendome*
14	Jeannot und Colin
15	Zum Vortheile der öffentlichen Wohlthätigkeits-Anstalten: Deklamatorisch-musikalische Abendunterhaltung
16	Jeannot und Colin
17	Der Grenadier / *Die Hochzeit auf dem Lande (B.67)*
18	Agnes Sorel
19	Jeannot und Colin
20	Milton / *Die Pagen des Herzogs von Vendome*
21	Sargines
22	Der Gefangene / *Die Feyer der Grazien*
23	Joconde, oder: Die Abenteurer
24	Der Edelknabe** / *Die Pagen des Herzogs von Vendome*
25	Agnes Sorel
26	Die Schweizer-Familie
27	Sargines
28	Milton / Der Gefangene
29	Zum Vortheile des Herrn Rozier: Das Lotterielos / Zum ersten Male: *Das ländliche Fest im Wäldchen bey Kis-Bér*
30	Das Lotterielos / *Das ländliche Fest im Wäldchen bey Kis-Bér*

DEZEMBER 1815

01	Die Schweizer-Familie
02	Der Gefangene / *Die Pagen des Herzogs von Vendome*
03	Der Augenarzt
04	Die Komödie aus dem Stegreif** / *Das ländliche Fest im Wäldchen bey Kis-Bér*
05	Jeannot und Colin
06	Milton / *Die Hochzeit auf dem Lande (B.67)*

07	Sargines
08	Die Vestalinn
09	Agnes Sorel
10	Jeannot und Colin
11	Zum Vortheile des Julius Radicchi: Fidelio
12	Die Schweizer-Familie
13	Der Sammtrock / *Die Feyer der Grazien*
14	Fidelio
15	Das Räthsel** / *Die Pagen des Herzogs von Vendome*
16	Sargines
17	Der Augenarzt
18	Der Sammtrock / *Das ländliche Fest im Wäldchen bey Kis-Bér*
19	Sargines
20	Zum Vortheile der Therese Treml geb. Bondra und der Anna Bondra: [Neu in Scene gesetzt:] Ferdinand Cortez, oder: Die Eroberung von Mexico
21	Ferdinand Cortez, oder: Die Eroberung von Mexico
22–25	geschlossen
26	Jeannot und Colin
27	Ferdinand Cortez, oder: Die Eroberung von Mexico
28	Sargines
29	Das Lotterielos / *Die Pagen des Herzogs von Vendome*
30	Die Vestalinn
31	Fidelio

JÄNNER 1816

01	Das Lotterielos / *Die Hochzeit auf dem Lande (B.67)*
02	Joseph und seine Brüder
03	Milton / *Die Pagen des Herzogs von Vendome*
04	Jeannot und Colin
05	Ferdinand Cortez, oder: Die Eroberung von Mexico
06	Die Schweizer-Familie
07	Fidelio
08	Der Gefangene / *Das ländliche Fest im Wäldchen bey Kis-Bér*
09	[Neu in Scene gesetzt:] Soliman der Zweyte, oder: Die drey Sultaninnen
10	Der Witwer** / *Die Hochzeit auf dem Lande (B.67)*
11	Soliman der Zweyte, oder: Die drey Sultaninnen
12	Der Dorfbarbier / *Die Pagen des Herzogs von Vendome*
13	Joseph und seine Brüder
14	Soliman der Zweyte, oder: Die drey Sultaninnen
15	Der Gefangene / *Das ländliche Fest im Wäldchen bey Kis-Bér*
16	Jeannot und Colin
17	Das Lotterielos / *Die Feyer der Grazien*
18	Joconde, oder: Die Abenteurer
19	Das Sonnet** / *Die Pagen des Herzogs von Vendome*
20	Fidelio
21	Die Schweizer-Familie
22	Der Gefangene / *Das ländliche Fest im Wäldchen bey Kis-Bér*
23	Soliman der Zweyte, oder: Die drey Sultaninnen
24	Der Hagestolz und die Körbe** / *Die Hochzeit auf dem Lande (B.67)*

25	Fidelio
26	Das Lotterielos / *Die Pagen des Herzogs von Vendome*
27	Der Augenarzt
28	Soliman der Zweyte, oder: Die drey Sultaninnen
29	Musikalische Akademie / *Die Bajaderen*
30	Jeannot und Colin
31	Milton / *Die Bajaderen*

FEBRUAR 1816

01	Sargines
02	Das Lotterielos / *Die Bajaderen*
03	Fidelio
04	Die Schweizer-Familie
05	Ferdinand Cortez, oder: Die Eroberung von Mexico
06	Soliman der Zweyte, oder: Die drey Sultaninnen
07	Der Hagestolz und die Körbe** / *Die Pagen des Herzogs von Vendome*
08	Milton / Der Dorfbarbier
09	Der Gefangene / *Die Hochzeit auf dem Lande (B.67)*
10	Johann von Paris
11	Soliman der Zweyte, oder: Die drey Sultaninnen
12	Musikalische Akademie / *Die Feyer der Grazien*
13	Johann von Paris
14	Das Lotterielos / *Das ländliche Fest im Wäldchen bey Kis-Bér*
15	Die Schweizer-Familie
16	Zum Vortheile der Mad. Seidler geb. Wranitzky. Zum ersten Male: Helene
17	Helene
18	Der Dorfbarbier / *Die Bajaderen*
19	geschlossen
20	Fidelio
21	Ferdinand Cortez, oder: Die Eroberung von Mexico
22	Helene
23	Der Sammtrock / *Das ländliche Fest im Wäldchen bey Kis-Bér*
24	Agnes Sorel
25	Johann von Paris
26	Zum Vortheile des Herrn Antonin: *Divertissement aus Ferdinand Cortez, oder: Die Eroberung von Mexico* / Milton / *Die Pagen des Herzogs von Vendome*
27	Die Schweizer-Familie
28	Grosse musikalisch-deklamatorisch-mimische Abendunterhaltung

MÄRZ 1816

01	Das Lotterielos / *Die Pagen des Herzogs von Vendome*
02	Der Augenarzt
03	Fidelio
04	Fehlgeschossen** / Eine musikalische Akademie nebst Tableaux
05	Die Schweizer-Familie
06	Der Dorfbarbier / *Lise und Colin, oder:: Das übelgehüthete Mädchen*
07	Fidelio
08	Ostade / *Lise und Colin, oder:: Das übelgehüthete Mädchen*

09	Agnes Sorel
10	Die Schweizer-Familie
11	Ferdinand Cortez, oder: Die Eroberung von Mexico
12	Der Augenarzt
13	Der Wittwer** / *Lise und Colin, oder:: Das übelgehüthete Mädchen*
14	Agnes Sorel
15	Ostade / *Die Pagen des Herzogs von Vendome*
16	Der Bergsturz
17	Der Bergsturz
18	Musikalische Akademie / *Das ländliche Fest im Wäldchen bey Kis-Bér*
19	Die Vestalinn
20	Der Dorfbarbier / *Die Pagen des Herzogs von Vendome*
21	Fidelio
22	Zum Vortheile der Dlle. Francesca Decaro. Zum ersten Male: *Ein ritterliches Divertissement* / Männertreue, oder So sind sie Alle** / *Die Hochzeit auf dem Lande (B.67)*
23	Joconde, oder: Die Abenteurer
24	Der Bergsturz
25	geschlossen
26	Zum Vortheile der öffentlichen Wohlthätigkeits-Anstalten: Joseph und seine Brüder
27	Agnes Sorel / *Ein ritterliches Divertissement*
28	Die Vestalinn
29	Ostade / *Lise und Colin, oder:: Das übelgehüthete Mädchen*
30	Joseph und seine Brüder
31	Helene

APRIL 1816

01	Milton / *Die Hochzeit auf dem Lande (B.67)*
02	Helene
03	geschlossen
04	Helene
05	geschlossen (Vigilien wegen dem Sterbtage weil. Ihrer Majestät der Kaiserinn Maria Theresia)
06	Joseph und seine Brüder
07–30	geschlossen

MAI 1816

01–02	geschlossen
03	Zum Vortheile der Dlles. Julie und Theodore Aumer: [Neu in Scene gesetzt:] Die Junggesellen-Wirthschaft / Zum ersten Male: *Die Hochzeit der Thetis und des Peleus*
04	Die Junggesellen-Wirthschaft / *Die Hochzeit der Thetis und des Peleus*
05	M: Zum Vortheile des Herrn Reil, k. k. Hofschauspielers: Mittagsunterhaltung A: Die Vestalinn
06	Milton / *Die Hochzeit der Thetis und des Peleus*
07	Joseph und seine Brüder
08	Die Proberollen** / *Die Hochzeit der Thetis und des Peleus*
09	Fidelio
10	Die Junggesellen-Wirthschaft / *Das ländliche Fest im Wäldchen bey Kis-Bér*
11	Joseph und seine Brüder

12	Der Augenarzt
13	Die Proberollen** / *Die Hochzeit der Thetis und des Peleus*
14	geschlossen
15	Milton / *Die Hochzeit der Thetis und des Peleus*
16	Zum Vortheile des Franz Wild. Zum ersten Male: Nephtali, oder: Die Macht des Glaubens
17	Der Dorfbarbier / *Lise und Colin, oder: Das übelgehüthete Mädchen*
18	Nephtali, oder: Die Macht des Glaubens
19	Nephtali, oder: Die Macht des Glaubens
20	Die Junggesellen-Wirthschaft / *Die Hochzeit der Thetis und des Peleus*
21	Die Schweizer-Familie
22	Ferdinand Cortez, oder: Die Eroberung von Mexico
23	Agnes Sorel
24	Ostade / *Die Pagen des Herzogs von Vendome*
25	Joseph und seine Brüder
26	Der Bergsturz
27	Der Sammtrock / *Die Pagen des Herzogs von Vendome*
28	Helene
29	[Musikalische Akademie] / *Die Hochzeit auf dem Lande (B.67)*
30	Nephtali, oder: Die Macht des Glaubens
31	Die Junggesellen-Wirthschaft / *Die Hochzeit der Thetis und des Peleus*

JUNI 1816

01	Joseph und seine Brüder
02	Zum Vortheile der öffentlichen Wohlthätigkeits-Anstalten: Musikalisch-deklamatorische Abendunterhaltung
03	Der Dorfbarbier / *Das ländliche Fest im Wäldchen bey Kis-Bér*
04	Joseph und seine Brüder
05	Ostade / *Lise und Colin, oder: Das übelgehüthete Mädchen*
06	Der Bergsturz
07	Das Lotterielos / *Die Hochzeit auf dem Lande (B.67)*
08	Helene
09	Die Vestalinn
10	Die Junggesellen-Wirthschaft / *Das ländliche Fest im Wäldchen bey Kis-Bér*
11	Helene
12	Das Lotterielos / *Die Hochzeit der Thetis und des Peleus*
13	geschlossen
14	Der Grenadier / *Die Pagen des Herzogs von Vendome*
15	Die Vestalinn
16	Die Schweizer-Familie
17	Milton / *Die Feyer der Grazien*
18	Helene
19	Ferdinand Cortez, oder: Die Eroberung von Mexico
20	Der Augenarzt
21	Das Lotterielos / *Die Hochzeit der Thetis und des Peleus*
22	Fidelio
23	Die Schweizer-Familie
24	Die Junggesellen-Wirthschaft / *Das ländliche Fest im Wäldchen bey Kis-Bér*
25	Die Vestalinn

26	Ostade / *Lise und Colin, oder: Das übelgehüthete Mädchen*
27	Helene
28	Der Dorfbarbier / *Die Pagen des Herzogs von Vendome*
29	Agnes Sorel
30	Die Vestalinn

JULI 1816

01	Wie machen sie's in der Komödie?** / *Ein ritterliches Divertissement*
02	Helene
03	Milton / *Ein ritterliches Divertissement*
04	Sargines
05	Lohn und Strafe** / Der Blitzstrahl** / *Ein ritterliches Divertissement*
06	Sargines
07	Die Uhr und die Mandel-Torte** / Die Komödie aus dem Stegreif** / Ostade
08	Lohn und Strafe** / *Lise und Colin, oder: Das übelgehüthete Mädchen*
09	Der Fähndrich** / Die Zweiflerinn, oder: Die gefährliche Prüfung**
10	Die Tochter Pharaonis** / Die Uhr und die Mandel-Torte** / *Das ländliche Fest im Wäldchen bey Kis-Bér*
11	Zum ersten Male: Der Dichter und der Tonsetzer
12	Der Lügner und sein Sohn** / *Die Hochzeit der Thetis und des Peleus*
13	Der Dichter und der Tonsetzer
14	Sargines
15	Der neue Gutsherr / *Ein ritterliches Divertissement*
16	Der Dichter und der Tonsetzer
17	Die unversehene Wette** / *Die Pagen des Herzogs von Vendome*
18	Der Dichter und der Tonsetzer
19	Die Tochter Pharaonis** / *Die Hochzeit der Thetis und des Peleus*
20	Neu in Scene gesetzt: Faniska
21	Faniska
22	Medea** / *Die Pagen des Herzogs von Vendome*
23	Die Schuld**
24	Kunst- und Liebesproben** / *Lise und Colin, oder: Das übelgehüthete Mädchen*
25	Der Dichter und der Tonsetzer
26	Die Brautwahl** / *Die Hochzeit der Thetis und des Peleus*
27	Der Dichter und der Tonsetzer
28	Die Brautwahl** / Die Uhr und die Mandel-Torte** / Kunst- und Liebesproben**
29	Die Tochter Pharaonis** / Zum ersten Male: *Die zwey Tanten, oder: Ehemals und heute*
30	Joseph und seine Brüder
31	Kunst- und Liebesproben** / *Die zwey Tanten, oder: Ehemals und heute*

AUGUST 1816

01–31	geschlossen

SEPTEMBER 1816

01	Helene
02	Das Lotterielos / Zum ersten Male: *Die Toilette des Alcibiades*
03	Der Dichter und der Tonsetzer

04	Ostade / *Die Toilette des Alcibiades*	
05	Faniska	
06	Der Dorfbarbier / *Die Toilette des Alcibiades*	
07	Der Augenarzt	
08	geschlossen	
09	Milton / *Das ländliche Fest im Wäldchen bey Kis-Bér*	
10	Faniska	
11	Der Grenadier / *Die Toilette des Alcibiades*	
12	Der Dichter und der Tonsetzer	
13	Die Junggesellen-Wirthschaft / *Das ländliche Fest im Wäldchen bey Kis-Bér*	
14	Die Vestalinn	
15	Die Schweizer-Familie	
16	Ostade / *Ein ritterliches Divertissement*	
17	Helene	
18	Der neue Gutsherr / *Die Toilette des Alcibiades*	
19	Agnes Sorel	
20	Milton / *Das ländliche Fest im Wäldchen bey Kis-Bér*	
21	Faniska	
22	Die Vestalinn	
23	Die Junggesellen-Wirthschaft / *Die Hochzeit auf dem Lande (B.67)*	
24	Der Augenarzt	
25	Der neue Gutsherr / *Ein ritterliches Divertissement*	
26	Kunst- und Liebesproben** / Zum ersten Male: Der Gemahl von ungefähr	
27	Der Gemahl von ungefähr / *Die Toilette des Alcibiades*	
28	Joseph und seine Brüder	
29	Faniska	
30	Der Dorfbarbier / *Die Hochzeit auf dem Lande (B.67)*	

OKTOBER 1816

01	Helene
02	Ostade / *Die Toilette des Alcibiades*
03	Der Dichter und der Tonsetzer
04	Der neue Gutsherr / *Das ländliche Fest im Wäldchen bey Kis-Bér*
05	Die Vestalinn
06	Die Schweizer-Familie
07	Der Gemahl von ungefähr / *Ein ritterliches Divertissement*
08	Agnes Sorel
09	Das Lotterielos / *Die Hochzeit der Thetis und des Peleus*
10	Der Bergsturz
11	Der neue Gutsherr / *Die Hochzeit der Thetis und des Peleus*
12	Joseph und seine Brüder
13	Die Vestalinn
14	Musikalische Akademie / *Das ländliche Fest im Wäldchen bey Kis-Bér*
15	Joseph und seine Brüder
16	Das Lotterielos / *Die zwey Tanten, oder: Ehemals und heute*
17	Agnes Sorel
18	Der Grenadier / *Die Pagen des Herzogs von Vendome*
19	Joseph und seine Brüder
20	Der Augenarzt

21	Der Dorfbarbier / *Die zwey Tanten, oder: Ehemals und heute*
22	Der Dichter und der Tonsetzer
23	Ostade / *Die Pagen des Herzogs von Vendome*
24	Helene
25	Die Proberollen** / *Das ländliche Fest im Wäldchen bey Kis-Bér*
26	Faniska
27	Die Vestalinn
28	Der neue Gutsherr / *Die Hochzeit der Thetis und des Peleus*
29	Der Augenarzt
30	Kunst- und Liebesproben** / *Die zwey Tanten, oder: Ehemals und heute*
31	Joseph und seine Brüder

NOVEMBER 1816

01	Der Dorfbarbier / *Die Pagen des Herzogs von Vendome*
02	Die Schweizer-Familie
03	Der Dichter und der Tonsetzer
04	Der Sammtrock / *Die zwey Tanten, oder: Ehemals und heute*
05	Die Vestalinn
06	Kunst- und Liebesproben** / *Die Hochzeit der Thetis und des Peleus*
07	Joseph und seine Brüder
08	Ostade / *Das ländliche Fest im Wäldchen bey Kis-Bér*
09	geschlossen
10	Der Verräther** / Die Uhr und die Mandeltorte** / Der Vetter aus Bremen**
11–12	geschlossen
13	[Zum ersten Male:] *Ehre den Frauen!*
14	*Ehre den Frauen!*
15	Zum Vortheile der öffentlichen Wohlthätigkeits-Anstalten: Musikalisch-deklamatorische Abendunterhaltung
16	Agnes Sorel
17	Die Tochter Pharaonis** / *Ehre den Frauen!*
18	Joseph und seine Brüder
19	Der neue Gutsherr / *Das ländliche Fest im Wäldchen bey Kis-Bér*
20	Die Vestalinn
21	Zum Vortheile des Hrn. Rozier: Die Proberollen** / Neu in Scene gesetzt: *Nina, oder: Wahnsinn aus Liebe*
22	Der Sammtrock / *Nina, oder: Wahnsinn aus Liebe*
23	Der Dichter und der Tonsetzer
24	Joseph und seine Brüder
25	Kunst- und Liebesproben** / *Nina, oder: Wahnsinn aus Liebe*
26	Zum ersten Male: Adelina* / Zum ersten Male: *L'inganno felice**
27	Die Junggesellen-Wirthschaft / *Nina, oder: Wahnsinn aus Liebe*
28	Der Augenarzt
29	Der Dorfbarbier / *Die Pagen des Herzogs von Vendome*
30	Joconde, oder: Die Abenteurer

DEZEMBER 1816

01	Joconde, oder: Die Abenteurer
02	Der neue Gutsherr / *Nina, oder: Wahnsinn aus Liebe*

03	Die Vestalinn
04	Fehlgeschossen** / *Das ländliche Fest im Wäldchen bey Kis-Bér*
05	Joseph und seine Brüder
06	Ostade / *Nina, oder: Wahnsinn aus Liebe*
07	Die Schweizer-Familie
08	Der Dichter und der Tonsetzer
09	Der Sammtrock / *Nina, oder: Wahnsinn aus Liebe*
10	Die Vestalinn
11	Musikalische Akademie / *Die Hochzeit der Thetis und des Peleus*
12	Der neue Gutsherr / Ostade
13	Domestiken-Streiche** / *Die zwey Tanten, oder: Ehemals und Heute*
14	Joconde, oder: Die Abenteurer
15	Die Schweizer-Familie
16	Milton / *Die Pagen des Herzogs von Vendome*
17	Zum ersten Male: Tancredi*
18	Die Junggesellen-Wirthschaft / *Die Hochzeit der Thetis und des Peleus*
19	Tancredi*
20	Ostade / *Nina, oder: Wahnsinn aus Liebe*
21	Tancredi*
22–25	geschlossen
26	Tancredi*
27	Der neue Gutsherr / *Die Hochzeit auf dem Lande (B.67)*
28	Tancredi*
29	Der Dichter und der Tonsetzer
30	Das Lotterielos / *Nina, oder: Wahnsinn aus Liebe*
31	Joconde, oder: Die Abenteurer

JÄNNER 1817

01	Zum ersten Male: Arrighetto* / *Das ländliche Fest im Wäldchen bey Kis-Bér*
02	Die Vestalinn
03	Der Dorfbarbier / *Die Feyer der Grazien*
04	Tancredi*
05	Der Augenarzt
06	Der Dorfbarbier / *Ein ritterliches Divertissement*
07	Tancredi*
08	Der neue Gutsherr / *Die Feyer der Grazien*
09	Die Schweizer-Familie
10	Ostade / *Nina, oder: Wahnsinn aus Liebe*
11	Kunst- und Liebesproben** / Das Lotterielos
12	Der Dorfbarbier / *Das ländliche Fest im Wäldchen bey Kis-Bér*
13	Tancredi*
14	Der Dichter und der Tonsetzer
15	Die Proberollen** / *Die Pagen des Herzogs von Vendome*
16	Tancredi*
17	Die Junggesellen-Wirthschaft / *Die Hochzeit der Thetis und des Peleus*
18	Tancredi*
19	Der Sammtrock / *Die zwey Tanten, oder: Ehemals und Heute*
20	Das Waisenhaus
21	Tancredi*

22	Milton / *Die Hochzeit auf dem Lande (B.67)*
23	Das Waisenhaus
24	Das Lotterielos / *Nina, oder: Wahnsinn aus Liebe*
25	Tancredi*
26	Joseph und seine Brüder
27	Ostade / *Das ländliche Fest im Wäldchen bey Kis-Bér*
28	Tancredi*
29	Das Lotterielos / *Die Feyer der Grazien*
30	Tancredi*
31	Die Proberollen** / *Die Pagen des Herzogs von Vendome*

FEBRUAR 1817

01	Joconde, oder: Die Abenteurer
02	Tancredi*
03	Der Dorfbarbier / *Nina, oder: Wahnsinn aus Liebe*
04	Der Dichter und der Tonsetzer
05	Der Deserteur** / *Ein ritterliches Divertissement*
06	Die Vestalinn
07	Die Junggesellen-Wirthschaft / *Nina, oder: Wahnsinn aus Liebe*
08	L'inganno felice* / Arrighetto*
09	Das Waisenhaus
10	Der neue Gutsherr / *Das ländliche Fest im Wäldchen bey Kis-Bér*
11	L'inganno felice* / Arrighetto*
12	Zum Vortheile der öffentlichen Wohlthätigkeits-Anstalten: Joconde, oder: Die Abenteurer
13	Adelina* / Arrighetto*
14	Das Waisenhaus
15	Zum ersten Male: L'Italiana in Algeri*
16	Die Schweizer-Familie
17	L'Italiana in Algeri*
18	L'inganno felice*/ *Das ländliche Fest im Wäldchen bey Kis-Bér*
19	Große musikalische Akademie
20	Tancredi*
21	geschlossen
22	L'Italiana in Algeri*
23	Joconde, oder: Die Abenteurer
24	L'inganno felice*/ *Nina, oder: Wahnsinn aus Liebe*
25	Der arme Poet** / Das Lotterielos
26	Eine musikalische Akademie / Zum ersten Male: *Amor und Psyche*
27	Tancredi*
28	geschlossen

MÄRZ 1817

01	L'Italiana in Algeri*
02	Das Lotterielos / *Amor und Psyche*
03	Zum Vortheile der Luise Spada, geb. Valsovani: Tancredi*
04	Adelina* / L'inganno felice*
05	Arrighetto* / *Die Hochzeit auf dem Lande (B.67)*

06	Joconde, oder: Die Abenteurer
07	L'inganno felice* / *Ein ritterliches Divertissement*
08	Das Waisenhaus
09	Zum ersten Male: La contessa di colle erboso*
10	Milton / *Amor und Psyche*
11	Die Schweizer-Familie
12	Die Junggesellen-Wirthschaft / *Nina, oder: Wahnsinn aus Liebe*
13	La contessa di colle erboso*
14	Das Lotterielos / *Amor und Psyche*
15	La contessa di colle erboso*
16	Zum ersten Male: I due prigionieri* / *Die Pagen des Herzogs von Vendome*
17	I due prigionieri* / L'inganno felice*
18	Das Waisenhaus
19	Der Dorfbarbier / *Die zwey Tanten, oder: Ehemals und heute*
20	Arrighetto* / I due prigionieri*
21	Die Junggesellen-Wirthschaft / *Nina, oder: Wahnsinn aus Liebe*
22	Zum ersten Male: La guerra aperta*
23	Ostade / *Lise und Colin, oder: Das übelgehüthete Mädchen*
24	La guerra aperta*
25	geschlossen
26	Adelina* / L'inganno felice*
27	La guerra aperta*
28	geschlossen
29	Zum Vortheile des Herrn Anton Cera: [Zum ersten Male:] La vedova contrastata* / I due prigionieri*
30–31	geschlossen

APRIL 1817

01	Zum Vortheile des Theater-Armenfonds: Musikalisch-deklamatorische Abendunterhaltung
02–05	geschlossen
06	Zum Vortheile der Wohlthätigkeits-Anstalten: Musikalisch-deklamatorische Abendunterhaltung
07	Die Junggesellen-Wirthschaft / *Die zwey Tanten, oder: Ehemals und Heute*
08	Joseph und seine Brüder
09	Ostade / *Nina, oder: Wahnsinn aus Liebe*
10	Johann von Paris
11	Der neue Gutsherr / *Lise und Colin, oder: Das übelgehüthete Mädchen*
12	Johann von Paris
13	Der Dorfbarbier / *Das ländliche Fest im Wäldchen bey Kis-Bér*
14	geschlossen
15	Joconde, oder: Die Abenteurer
16	Das Waisenhaus
17	Die Vestalinn
18	Der neue Gutsherr / *Die Pagen des Herzogs von Vendome*
19	Der Dichter und der Tonsetzer
20	Othello, der Mohr von Venedig**
21	Joconde, oder: Die Abenteurer
22	Die Proberollen** / Das Lotterielos

23	Die Vestalinn
24	Johann von Paris
25	Der neue Gutsherr / *Die Hochzeit der Thetis und des Peleus*
26	Der Dichter und der Tonsetzer
27	Das Waisenhaus
28	Das Lotterielos / *Die Hochzeit der Thetis und des Peleus*
29	Johann von Paris
30	Das Intermezzo, oder Der Landjunker Zum ersten Male in der Residenz**

MAI 1817

01	Zum Vortheile der Dlle. Julie Aumer und Mad. Theodore Rozier, geb. Aumer: Die Tochter Pharaonis** / Zum ersten Male: *Die zwey kleinen Savoyarden*
02	Der Sammtrock / *Die zwey kleinen Savoyarden*
03	Joseph und seine Brüder
04	Der Dorfbarbier / *Das ländliche Fest im Wäldchen bey Kis-Bér*
05	Zum Vortheile von Henriette und Ant. Forti. Zum ersten Male: Der Kirchtag im benachbarten Dorfe
06	Der Kirchtag im benachbarten Dorfe
07	Der Deserteur** / *Die zwey kleinen Savoyarden*
08	Joseph und seine Brüder
09	geschlossen
10	Der Kirchtag im benachbarten Dorfe
11	Die Vestalinn
12	Hamburgs Befreiung**
13	Die Neugierigen**
14	Die Junggesellen-Wirthschaft / *Die Hochzeit auf dem Lande (B.67)*
15	Fidelio
16	Die Proberollen** / *Die zwey kleinen Savoyarden*
17	Johann von Paris
18	Das Waisenhaus
19	Der neue Gutsherr / *Nina, oder: Wahnsinn aus Liebe*
20	Zum Vortheile des k. k. Hofschauspielers und Regisseurs Carl Krüger. Zum ersten Male: Die vornehmen Wirthe
21	Ostade / *Die Pagen des Herzogs von Vendome*
22	Fidelio
23	Der Sammtrock / *Die Hochzeit der Thetis und des Peleus*
24	Der Kirchtag im benachbarten Dorfe
25	geschlossen
26	Der Dorfbarbier / *Die Pagen des Herzogs von Vendome*
27	Die Schweizer-Familie
28	Das Lotterielos / *Die zwey Tanten, oder: Ehemals und Heute*
29	Joseph und seine Brüder
30	Die Rosen des Herrn von Malesherbes** / *Die Hochzeit der Thetis und des Peleus*
31	Fidelio

JUNI 1817

01	Das Waisenhaus
02	Domestiken-Streiche** / *Lise und Colin, oder: Das übelgehüthete Mädchen*

03   Joconde, oder: Die Abenteurer
04   Milton / *Die zwey Tanten, oder: Ehemals und Heute*
05   geschlossen
06   Die Uhr und die Mandeltorte** / *Nina, oder: Wahnsinn aus Liebe*
07   Fidelio
08   Der Dichter und der Tonsetzer
09   Das Waisenhaus
10   Ostade / *Nina, oder: Wahnsinn aus Liebe*
11   Der Dorfbarbier / [Zum ersten Male:] *Das Sonnenfest*
12   Joseph und seine Brüder
13   Das Lotterielos / *Das Sonnenfest*
14   Joconde, oder: Die Abenteurer
15   Die Schweizer-Familie
16   Der Dichter und der Tonsetzer
17   Das Lustspiel am Fenster** / *Das Sonnenfest*
18   Zum ersten Male: Fanchon, das Leyermädchen
19   Fanchon, das Leyermädchen
20   Milton / *Die Hochzeit der Thetis und des Peleus*
21   Joconde, oder: Die Abenteurer
22   Fidelio
23   Der Schatzgräber / *Die Feyer der Grazien*
24   Fanchon, das Leyermädchen
25   Das Lustspiel am Fenster** / *Das Sonnenfest*
26   Joseph und seine Brüder
27   Die Uhr und die Mandeltorte** / *Nina, oder: Wahnsinn aus Liebe*
28   Fanchon, das Leyermädchen
29   Das Waisenhaus
30   Die Vestalinn

JULI 1817

01   Der Schatzgräber / *Ein ritterliches Divertissement*
02   Fanchon, das Leyermädchen
03   Kunst- und Liebesproben** / *Ein ritterliches Divertissement*
04   Die Schweizer-Familie
05   Das Lotterielos / *Die Hochzeit auf dem Lande (B.67)*
06   Fidelio
07   Die Tochter Pharaonis** / *Das Sonnenfest*
08   Fanchon, das Leyermädchen
09   Der Schatzgräber / Zum ersten Male: *Erigone, oder der Triumph des Bachus*
10   [Neu in Scene gesetzt:] Zwey Worte, oder: Die Nacht im Walde / Ein Haus zu verkaufen**
11   Zwey Worte, oder: Die Nacht im Walde / *Erigone, oder der Triumph des Bachus*
12   Ein Haus zu verkaufen** / *Erigone, oder der Triumph des Bachus*
13   König Theodor in Venedig
14   Fanchon, das Leyermädchen
15   Wie machen sie's in der Komödie?** / *Die Hochzeit auf dem Lande (B.67)*
16   Das Waisenhaus
17   Die beyden Officiere** / *Ein ritterliches Divertissement*
18   Die Schweizer-Familie

19	[Zum ersten Male:] Zum goldnen Löwen / *Die Feyer der Grazien*
20	König Theodor in Venedig
21	Die beyden Officiere** / *Das ländliche Fest im Wäldchen bey Kis-Bér*
22	Fanchon, das Leyermädchen
23	Zum goldnen Löwen / *Die Hochzeit auf dem Lande (B.67)*
24	Camilla, oder: Das geheime Gewölbe
25	Zwey Worte, oder: Die Nacht im Walde / *Ein ritterliches Divertissement*
26	Die beyden Füchse
27	Die beyden Füchse
28	Die alten Liebschaften** / *Das ländliche Fest im Wäldchen bey Kis-Bér*
29	Camilla, oder: Das geheime Gewölbe
30	Zum goldnen Löwen / *Die Feyer der Grazien*
31	Die beyden Füchse

AUGUST 1817

01–31 geschlossen

SEPTEMBER 1817

01	Fidelio
02	König Theodor in Venedig
03	Zum goldnen Löwen / *Die Toilette des Alcibiades*
04	Die Vestalinn
05	Der neue Gutsherr / *Die Hochzeit auf dem Lande (B.67)*
06	Joseph und seine Brüder
07	Die Schweizer-Familie
08	geschlossen
09	[Neu in Scene gesetzt:] Don Juan
10	Das Lotterielos / *Erigone, oder der Triumph des Bachus*
11	Johann von Paris
12	Der Schatzgräber / *Erigone, oder der Triumph des Bachus*
13	Joseph und seine Brüder
14	König Theodor in Venedig
15	Zum goldnen Löwen / *Das Sonnenfest*
16	Die Vestalinn
17	Der neue Gutsherr / *Das ländliche Fest im Wäldchen bey Kis-Bér*
18	Don Juan
19	Zwey Worte, oder: Die Nacht im Walde / *Erigone, oder der Triumph des Bachus*
20	[Zum ersten Male:] Die beyden Geitzigen
21	Die beyden Geitzigen
22	Der Schatzgräber / *Das Sonnenfest*
23	Camilla, oder: Das geheime Gewölbe
24	Die beyden Geitzigen / *Die Toilette des Alcibiades*
25	Don Juan
26	Das Lotterielos / *Die Feyer der Grazien*
27	Die beyden Füchse
28	Fidelio
29	Der neue Gutsherr / *Erigone, oder der Triumph des Bachus*
30	Die Vestalinn

OKTOBER 1817

01 Die beyden Geitzigen / *Das Sonnenfest*
02 Die Vestalinn
03 Der Witwer** / *Ein ritterliches Divertissement*
04 [Neu in Scene gesetzt:] Iphigenia auf Tauris
05 Zwey Worte, oder die Nacht im Walde / Die beyden Geitzigen
06 Der Dorfbarbier / *Erigone, oder der Triumph des Bachus*
07 Iphigenia auf Tauris
08 Zum goldnen Löwen / *Die Hochzeit auf dem Lande (B.67)*
09 Don Juan
10 Der neue Gutsherr / *Das Sonnenfest*
11 Fanchon, das Leyermädchen
12 Camilla, oder: Das geheime Gewölbe
13 Der Schatzgräber / *Die Feyer der Grazien*
14 Die Vestalinn
15 Zum goldnen Löwen / *Das ländliche Fest im Wäldchen bey Kis-Bér*
16 Don Juan
17 Ferdinand Cortez, oder: Die Eroberung von Mexico
18 Zur Feyer des Jahrstages der Schlacht bey Leipzig. Für das hiesige Invalidenhaus: Zwey Worte, oder die Nacht im Walde / *Ein ritterliches Divertissement*
19 Fanchon, das Leyermädchen
20 Das Lotterielos / *Erigone, oder der Triumph des Bachus*
21 Die Vestalinn
22 Der neue Gutsherr / *Die Toilette des Alcibiades*
23 Camilla, oder: Das geheime Gewölbe
24 Zum goldnen Löwen / *Das Sonnenfest*
25 Ferdinand Cortez, oder: Die Eroberung von Mexico
26 Die Schweizer-Familie
27 Zwey Worte, oder die Nacht im Walde / *Die Hochzeit auf dem Lande (B.67)*
28 Don Juan
29 Zum goldnen Löwen / *Die Feyer der Grazien*
30 Fanchon, das Leyermädchen
31 Kunst- und Liebesproben** / *Erigone, oder der Triumph des Bachus*

NOVEMBER 1817

01 Fidelio
02 Johann von Paris
03 Milton / *Das Sonnenfest*
04 Iphigenia auf Tauris
05 Der Schatzgräber / *Die Hochzeit der Thetis und des Peleus*
06 Die Schweizer-Familie
07 Die Junggesellen-Wirthschaft / *Die Hochzeit auf dem Lande (B.67)*
08 Das Waisenhaus
09 Joconde, oder: Die Abenteurer
10 Zwey Worte, oder die Nacht im Walde / *Die Hochzeit der Thetis und des Peleus*
11 Iphigenia auf Tauris
12 Das Waisenhaus / *Die Feyer der Grazien*
13 Camilla, oder: Das geheime Gewölbe

14	Die beyden Geitzigen / *Erigone, oder der Triumph des Bachus*
15	Zum Vortheile der Wohlthätigkeitsanstalten: Musikalische Abendunterhaltung
16	Joconde, oder: Die Abenteurer
17	Der neue Gutsherr / *Die Hochzeit der Thetis und des Peleus*
18	Don Juan
19	Die Junggesellen-Wirthschaft / *Das ländliche Fest im Wäldchen bey Kis-Bér*
20	Fanchon, das Leyermädchen
21	Der Schatzgräber / *Das Sonnenfest*
22	König Theodor in Venedig
23	Die beyden Füchse
24	Die beyden Geitzigen / *Erigone, oder der Triumph des Bachus*
25	Johann von Paris
26	Ostade / *Die Hochzeit auf dem Lande (B.67)*
27	[Neu in Scene gesetzt:] Titus der Gütige
28	Zwey Worte, oder die Nacht im Walde / *Die Feyer der Grazien*
29	Die beyden Füchse
30	Don Juan

DEZEMBER 1817

01	Milton / *Nina, oder: Wahnsinn aus Liebe*
02	Die Vestalinn
03	Der Schatzgräber / *Die Hochzeit der Thetis und des Peleus*
04	Fanchon, das Leyermädchen
05	Das Lotterielos / *Nina, oder: Wahnsinn aus Liebe*
06	Fidelio
07	Der Dichter und der Tonsetzer
08	Der neue Gutsherr / *Nina, oder: Wahnsinn aus Liebe*
09	Titus der Gütige
10	Zwey Worte, oder die Nacht im Walde / *Erigone, oder der Triumph des Bachus*
11	Titus der Gütige
12	Der neue Gutsherr / Die beyden Geitzigen
13	Titus der Gütige
14	Johann von Paris
15	Die Vestalinn
16	Don Juan
17	Der Schatzgräber / *Nina, oder: Wahnsinn aus Liebe*
18	Ferdinand Cortez, oder: Die Eroberung von Mexico
19	Zwey Worte, oder die Nacht im Walde / *Die Hochzeit der Thetis und des Peleus*
20	Die vornehmen Wirthe
21	Die vornehmen Wirthe
22–25	geschlossen
26	[Zum ersten Male:] Die Gefangene / *Nina, oder: Wahnsinn aus Liebe*
27	Titus der Gütige
28	Die Schweizer-Familie
29	Die Gefangene / *Das Sonnenfest*
30	Johann von Paris
31	Der Dichter und der Tonsetzer

JÄNNER 1818

01 Die beyden Füchse
02 Die Gefangene / *Lise und Colin, oder: Das übelgehüthete Mädchen*
03 Zum Vortheile der Dlle. Anna Bondra. Neu in Scene gesetzt: Medea
04 Die Junggesellen-Wirthschaft / *Die Hochzeit der Thetis und des Peleus*
05 Medea
06 Fanchon, das Leyermädchen
07 Zum goldnen Löwen / *Nina, oder: Wahnsinn aus Liebe*
08 Medea
09 Milton / *Das Sonnenfest*
10 Titus der Gütige
11 Ostade / *Lise und Colin, oder: Das übelgehüthete Mädchen*
12 Die beyden Füchse
13 Johann von Paris
14 König Theodor in Venedig
15 Fanchon, das Leyermädchen
16 Das Lotterielos / Zum ersten Male: Der Zauberschlaf
17 Der Schatzgräber / *Der Zauberschlaf*
18 Joconde, oder: Die Abenteurer
19 Die beyden Füchse
20 Medea
21 Zum Vortheile des Balletmeisters Aumer: Der kleine Deklamator** / *Der Zauberschlaf*
22 Don Juan
23 Zum goldnen Löwen / *Der Zauberschlaf*
24 Titus der Gütige
25 Die Vestalinn
26 Der neue Gutsherr / *Der Zauberschlaf*
27 Die vornehmen Wirthe
28 Zum ersten Male: Die Talente durch Zufall / *Der Zauberschlaf*
29 Der Dichter und der Tonsetzer
30 Die Talente durch Zufall / *Der Zauberschlaf*
31 Medea

FEBRUAR 1818

01 Die beyden Geitzigen / *Die zwey kleinen Savoyarden*
02 Johann von Paris
03 Die beyden Füchse
04 Deklamatorisch-musikalische Abendunterhaltung
05 Titus der Gütige
06 Die Gefangene / *Der Zauberschlaf*
07 Titus der Gütige
08 Johann von Paris
09 Die Talente durch Zufall / *Der Zauberschlaf*
10 Fanchon, das Leyermädchen
11 *Allegorisches Tableau* / Das Lotterielos / *Der Zauberschlaf*
12 Zum ersten Male: Liebe und Ruhm
13 Liebe und Ruhm
14 Die Talente durch Zufall / *Der Zauberschlaf*

15	Liebe und Ruhm
16	Die Gefangene / *Die zwey kleinen Savoyarden*
17	Die beyden Füchse
18	Der Schatzgräber / *Der Zauberschlaf*
19	geschlossen
20	Der neue Gutsherr / *Der Zauberschlaf*
21	Camilla, oder: Das geheime Gewölbe
22	Fanchon, das Leyermädchen
23	Zum ersten Male: Feodora / Neu in Scene gesetzt: *Die Pagen des Herzogs von Vendome*
24	Die Schweizer-Familie
25	Die beyden Geitzigen / *Die Pagen des Herzogs von Vendome*
26	Fidelio
27	geschlossen
28	Camilla, oder: Das geheime Gewölbe

MÄRZ 1818

01	Liebe und Ruhm
02	Feodora / *Der Zauberschlaf*
03	Der neue Gutsherr / Die beyden Geitzigen
04	Zwey Worte, oder: Die Nacht im Walde / *Der Zauberschlaf*
05	Liebe und Ruhm
06	Feodora / *Die zwey kleinen Savoyarden*
07	Liebe und Ruhm
08	Die Vestalinn
09	Milton / *Der Zauberschlaf*
10	Feodora / Die Talente durch Zufall
11	Der Schatzgräber / *Die Pagen des Herzogs von Vendome*
12	Zum Vortheile des Anton Forti. Zum ersten Male [in deutscher Sprache]: Tancred
13	Fidelio
14	Medea
15–22	geschlossen
23	Tancred
24	Feodora / *Die Pagen des Herzogs von Vendome*
25	Zum Vortheile des Theater-Armenfonds: Deklamatorisch-musikalische Abendunterhaltung
26	Die beyden Füchse
27	Zum Vortheile der Schwestern Theodore Rozier, geb. Aumer, und Julie Aumer. Zum ersten Male: Der Diener aller Welt / *Die zwey Tanten, oder: Ehemals und Heute*
28	König Theodor in Venedig
29	Liebe und Ruhm
30	Der Diener aller Welt / *Der Zauberschlaf*
31	[Neu in Scene gesetzt:] Joseph und seine Brüder

APRIL 1818

01	Die Talente durch Zufall / *Die zwey Tanten, oder: Ehemals und Heute*
02	Joseph und seine Brüder
03	Zwey Worte, oder: Die Nacht im Walde / *Nina, oder: Wahnsinn aus Liebe*
04	Tancred

05	Die Vestalinn
06	geschlossen
07	Titus der Gütige
08	Der Schatzgräber / *Nina, oder: Wahnsinn aus Liebe*
09	Joseph und seine Brüder
10	Die Talente durch Zufall / *Die zwey Tanten, oder: Ehemals und Heute*
11	Zum ersten Male: Ein Tag voll Abenteuer
12	Ein Tag voll Abenteuer
13	geschlossen
14	Tancred
15	Die beyden Geitzigen / *Der Zauberschlaf*
16	Titus der Gütige
17	Der Schatzgräber / *Die zwey Tanten, oder: Ehemals und Heute*
18	Joseph und seine Brüder
19	Fanchon, das Leyermädchen
20	Zum ersten Male: Nachtigall und Rabe / *Die Hochzeit der Thetis und des Peleus*
21	Joseph und seine Brüder
22	Nachtigall und Rabe / *Die Hochzeit der Thetis und des Peleus*
23	Liebe und Ruhm
24	Der neue Gutsherr / *Die zwey Tanten, oder: Ehemals und Heute*
25	Fidelio
26	Die Vestalinn
27	Die Talente durch Zufall / *Der Zauberschlaf*
28	Don Juan
29	Das Lotterielos / *Die Pagen des Herzogs von Vendome*
30	Die beyden Füchse

MAI 1818

01	Nachtigall und Rabe / *Nina, oder: Wahnsinn aus Liebe*
02	Joseph und seine Brüder
03	Don Juan
04	Der neue Gutsherr / *Der Zauberschlaf*
05	Medea
06	Ostade / Nachtigall und Rabe
07	geschlossen
08	Die beyden Geitzigen / *Lise und Colin, oder: Das übelgehüthete Mädchen*
09	Titus der Gütige
10	geschlossen
11	Joseph und seine Brüder
12	Tancred
13	Der Schatzgräber / *Nina, oder: Wahnsinn aus Liebe*
14	Milton / Nachtigall und Rabe
15	Die Talente durch Zufall / *Die zwey Tanten, oder: Ehemals und Heute*
16	Camilla, oder: Das geheime Gewölbe
17	Fanchon, das Leyermädchen
18	Zum Vortheile der Dlle. Antonie Millière: Der Vetter aus Bremen** / Zum ersten Male: *Aline, Königinn von Golconda*
19	Don Juan
20	Der neue Gutsherr / *Aline, Königinn von Golconda*

21	geschlossen
22	Das Lotterielos / *Aline, Königinn von Golconda*
23	Titus der Gütige
24	Die Schweizer-Familie
25	Zum goldnen Löwen / *Aline, Königinn von Golconda*
26	Don Juan
27	Die Gefangene / *Die Hochzeit der Thetis und des Peleus*
28	Johann von Paris
29	Camilla, oder: Das geheime Gewölbe
30	Tancred
31	Die beyden Füchse

JUNI 1818

01	Johann von Paris
02	Zum Vortheile der öffentlichen Wohlthätigkeits-Anstalten: Titus der Gütige
03	Der arme Poet** / *Aline, Königinn von Golconda*
04	Der Diener aller Welt / Nachtigall und Rabe
05	Feodora / *Aline, Königinn von Golconda*
06	Tancred
07	Der Dichter und der Tonsetzer
08	Die Gefangene / *Nina, oder: Wahnsinn aus Liebe*
09	Medea
10	Der Diener aller Welt / *Aline, Königinn von Golconda*
11	Liebe und Ruhm
12	Zum goldnen Löwen / *Aline, Königinn von Golconda*
13	Zum ersten Male: Cyrus und Astyages
14	Cyrus und Astyages
15	Die Gefangene / *Der Zauberschlaf*
16	Joseph und seine Brüder
17	Der Diener aller Welt / *Die Hochzeit auf dem Lande (B.67)*
18	Die Schweizer-Familie
19	Die Talente durch Zufall / *Aline, Königinn von Golconda*
20	Tancred
21	Fidelio
22	Milton / *Die Pagen des Herzogs von Vendome*
23	Die Vestalinn
24	Der Schatzgräber / *Aline, Königinn von Golconda*
25	Das Waisenhaus
26	Feodora / *Die Hochzeit auf dem Lande (B.67)*
27	Zum goldnen Löwen / Nachtigall und Rabe
28	Titus der Gütige
29	Die beyden Füchse
30	Der Diener aller Welt / Die beyden Geitzigen

JULI 1818

01	Die Gefangene / *Aline, Königinn von Golconda*
02	Die Entführung aus dem Serail
03	Zwey Worte, oder: Die Nacht im Walde / *Aline, Königinn von Golconda*

04	Die Entführung aus dem Serail
05	Fidelio
06	Der Diener aller Welt / *Der Zauberschlaf*
07	Joseph und seine Brüder
08	Nachtigall und Rabe / *Aline, Königinn von Golconda*
09	Johann von Paris
10	Der neue Gutsherr / *Aline, Königinn von Golconda*
11	Die Entführung aus dem Serail
12	Medea
13	Zum goldnen Löwen / *Die zwey Tanten, oder: Ehemals und Heute*
14	Sargines
15	Die Gefangene / *Der Zauberschlaf*
16	Joseph und seine Brüder
17	Das Lotterielos / *Erigone, oder der Triumph des Bachus*
18	Tancred
19	Johann von Paris
20	Der Diener aller Welt / *Nina, oder: Wahnsinn aus Liebe*
21	Don Juan
22	Die beyden Geitzigen / *Erigone, oder der Triumph des Bachus*
23	Zum Vortheile des Herrn Gerstäcker: Sargines
24	Fanchon, das Leyermädchen
25	Johann von Paris
26	Die Entführung aus dem Serail
27	Iphigenia auf Tauris
28	Sargines
29	Die Entführung aus dem Serail
30	Neu in Scene gesetzt: Die Hochzeit des Figaro
31	Die Hochzeit des Figaro

AUGUST 1818

01–31 geschlossen

SEPTEMBER 1818

01	Sargines
02	Die Hochzeit des Figaro
03	Fanchon, das Leyermädchen
04	Medea
05	Sargines
06	Joseph und seine Brüder
07	Der Dichter und der Tonsetzer
08	geschlossen
09	Don Juan
10	Johann von Paris
11	König Theodor in Venedig
12	Liebe und Ruhm
13	Camilla, oder: Das geheime Gewölbe
14	Zum goldnen Löwen / *Aline, Königinn von Golconda*
15	Die Hochzeit des Figaro

16	Der Schatzgräber / *Aline, Königinn von Golconda*
17	Joseph und seine Brüder
18	Feodora / *Nina, oder: Wahnsinn aus Liebe*
19	Die Vestalinn
20	Liebe und Ruhm
21	Das Lotterielos / *Aline, Königinn von Golconda*
22	Camilla, oder: Das geheime Gewölbe
23	Die beyden Geitzigen / *Die Pagen des Herzogs von Vendome*
24	Die Vestalinn
25	Ostade / *Nina, oder: Wahnsinn aus Liebe*
26	Joseph und seine Brüder
27	Der Dichter und der Tonsetzer
28	Zwey Worte, oder: Die Nacht im Walde / *Aline, Königinn von Golconda*
29	König Theodor in Venedig
30	Feodora / *Aline, Königinn von Golconda*

OKTOBER 1818

01	Fanchon, das Leyermädchen
02	Camilla, oder: Das geheime Gewölbe
03	Nach der zweyten Bearbeitung des Componisten Neu in Scene gesetzt: Ferdinand Cortez, oder: Die Eroberung von Mexico
04	Ferdinand Cortez, oder: Die Eroberung von Mexico
05	Der Schatzgräber / *Aline, Königinn von Golconda*
06	Joseph und seine Brüder
07	Die beyden Geitzigen / *Nina, oder: Wahnsinn aus Liebe*
08	Die Hochzeit des Figaro
09	Zwey Worte, oder: Die Nacht im Walde / *Die Pagen des Herzogs von Vendome*
10	Ferdinand Cortez, oder: Die Eroberung von Mexico
11	Die beyden Füchse
12	Milton / *Erigone, oder der Triumph des Bachus*
13	Liebe und Ruhm
14	Zum goldnen Löwen / *Aline, Königinn von Golconda*
15	Joseph und seine Brüder
16	Der Diener aller Welt / *Die Pagen des Herzogs von Vendome*
17	Medea
18	Zur Feyer des Jahrstages der Schlacht bey Leipzig. Für das hiesige Invalidenhaus: Ferdinand Cortez, oder: Die Eroberung von Mexico
19	Feodora / *Nina, oder: Wahnsinn aus Liebe*
20	Die Hochzeit des Figaro
21	Zum goldnen Löwen / *Aline, Königinn von Golconda*
22	Nachtigall und Rabe / *Das Lotterielos*
23	Der Schatzgräber / *Erigone, oder der Triumph des Bachus*
24	Semiramis (A.256)
25	Semiramis (A.256)
26	Milton / *Die zwey Tanten, oder: Ehemals und Heute*
27	Ferdinand Cortez, oder: Die Eroberung von Mexico
28	Das Waisenhaus / *Die Hochzeit auf dem Lande (B.67)*
29	Die Hochzeit des Figaro

30 Der Schatzgräber / *Aline, Königinn von Golconda*
31 Camilla, oder: Das geheime Gewölbe

NOVEMBER 1818

01 Der Diener aller Welt / *Die zwey Tanten, oder: Ehemals und Heute*
02 Die Schweizer-Familie
03 [Neu in Scene gesetzt:] Die Zauberflöte
04 Zwey Worte, oder: Die Nacht im Walde / *Die Pagen des Herzogs von Vendome*
05 Die Zauberflöte
06 Der Schatzgräber / *Die zwey Tanten, oder: Ehemals und Heute*
07 Die Zauberflöte
08 Die Vestalinn
09 Zum Vortheile der Theodore Rozier, geb. Aumer: Nachtigall und Rabe / *Der Zauberschlaf*
10 Sargines
11 Zum goldnen Löwen / *Der Zauberschlaf*
12 Joseph und seine Brüder
13 Ostade / *Nina, oder: Wahnsinn aus Liebe*
14 Tancred
15 Zum Vortheile der Wohlthätigkeitsanstalten: Musikalische Abendunterhaltung
16 Feodora / *Aline, Königinn von Golconda*
17 Medea
18 Die beyden Geitzigen / *Die Hochzeit auf dem Lande (B.67)*
19 Die Hochzeit des Figaro
20 Der Diener aller Welt / *Die Pagen des Herzogs von Vendome*
21 Iphigenia auf Tauris
22 Johann von Paris
23 Zum goldnen Löwen / *Der Zauberschlaf*
24 Ferdinand Cortez, oder: Die Eroberung von Mexico
25 Der Schatzgräber / *Nina, oder: Wahnsinn aus Liebe*
26 Titus der Gütige
27 Zum Vortheile der öffentlichen Wohlthätigkeits-Anstalten: Feodora / *Die Hochzeit auf dem Lande (B.67)*
28 Johann von Paris
29 Don Juan
30 Ostade / *Die zwey Tanten, oder: Ehemals und Heute*

DEZEMBER 1818

01 Tancred
02 Zwey Worte, oder: Die Nacht im Walde / *Der Zauberschlaf*
03 Medea
04 Titus der Gütige
05 Johann von Paris
06 Ferdinand Cortez, oder: Die Eroberung von Mexico
07 Feodora / *Die zwey Tanten, oder: Ehemals und Heute*
08 Joseph und seine Brüder
09 Milton / *Der Zauberschlaf*
10 Camilla, oder: Das geheime Gewölbe

11	Johann von Paris
12	Don Juan
13	Nachtigall und Rabe / *Aline, Königinn von Golconda*
14	Tancred
15	Joseph und seine Brüder
16	Zum Vortheile des Balletmeisters Aumer: Die gefährliche Nachbarschaft** / Zum ersten Male: *Achilles*
17	Die Hochzeit des Figaro
18	Milton / *Achilles*
19	Medea
20	Die Schweizer-Familie
21	Nachtigall und Rabe / *Aline, Königinn von Golconda*
22–25	geschlossen
26	Ferdinand Cortez, oder: Die Eroberung von Mexico
27	Iphigenia auf Tauris
28	Zwey Worte, oder: Die Nacht im Walde / *Die Hochzeit auf dem Lande (B.67)*
29	Tancred
30	Ostade / *Nina, oder: Wahnsinn aus Liebe*
31	Fanchon, das Leyermädchen

JÄNNER 1819

01	Die Zauberflöte
02	Cyrus und Astyages
03	Die Zauberflöte
04	Die beyden Geitzigen / *Ein ritterliches Divertissement*
05	Die Hochzeit des Figaro
06	Cyrus und Astyages
07	Sargines
08	Nachtigall und Rabe / *Ein ritterliches Divertissement*
09	Tancred
10	Die Zauberflöte
11	Der Diener aller Welt / *Der Zauberschlaf*
12	Cyrus und Astyages
13	Milton / *Der Zauberschlaf*
14	Joseph und seine Brüder
15	Nachtigall und Rabe / *Ein ritterliches Divertissement*
16	Fanchon, das Leyermädchen
17	Die beyden Füchse
18	Zum goldnen Löwen / *Achilles*
19	Sargines
20	[Neu in Scene gesetzt:] Alexis / *Achilles*
21	Tancred
22	Die beyden Geitzigen / Alexis
23	Fidelio
24	Der Diener aller Welt / *Der Zauberschlaf*
25	Camilla, oder: Das geheime Gewölbe
26	Zum goldnen Löwen / *Achilles*
27	Die Zauberflöte
28	Sargines

29	Der neue Gutsherr / *Achilles*
30	Johann von Paris
31	Tancred

FEBRUAR 1819

01	Alexis / *Der Zauberschlaf*
02	Medea
03	Alexis / *Ein ritterliches Divertissement*
04	Joseph und seine Brüder
05	Der neue Gutsherr / *Achilles*
06	Iphigenia auf Tauris
07	Zum ersten Male: Aladin, oder: Das Nothwendige / *Die Feyer der Grazien*
08	Milton / Aladin, oder: Das Nothwendige
09	Der neue Gutsherr / *Der Zauberschlaf*
10	Camilla, oder: Das geheime Gewölbe
11	Titus der Gütige
12	Johann von Paris
13	Alexis / *Die Hochzeit auf dem Lande (B.67)*
14	Tancred
15	Die beyden Geitzigen / *Die Feyer der Grazien*
16	geschlossen
17	Zum Vortheile der Dlle. Antonie Millière: Aladin, oder: Das Nothwendige / *Aline, Königinn von Golconda*
18	Sargines
19	geschlossen
20	Joseph und seine Brüder
21	Ferdinand Cortez, oder: Die Eroberung von Mexico
22	Der Dorfbarbier / *Die Hochzeit auf dem Lande (B.67)*
23	Die Schweizer-Familie
24	Große musikalische Akademie, mit Deklamation und Gemähldedarstellungen
25	Tancred
26	Der Diener aller Welt / *Aline, Königinn von Golconda*
27	Iphigenia auf Tauris
28	Ferdinand Cortez, oder: Die Eroberung von Mexico

MÄRZ 1819

01	Alexis / *Achilles*
02	Fidelio
03	Der neue Gutsherr / *Aline, Königinn von Golconda*
04	Don Juan
05	geschlossen
06	Joseph und seine Brüder
07	Don Juan
08	Milton / *Der Zauberschlaf*
09	Tancred
10	Alexis / *Die Feyer der Grazien*
11	Cyrus und Astyages
12	Zum goldnen Löwen / *Aline, Königinn von Golconda*

13	Johann von Paris
14	Ferdinand Cortez, oder: Die Eroberung von Mexico
15	Der neue Gutsherr / *Ein ritterliches Divertissement*
16	Zum Vortheile des Joseph Weigl. Zum ersten Male: Margarethe von Anjou
17	Die Zerstreuten** / *Der Zauberschlaf*
18	Margarethe von Anjou
19	Der Dorfbarbier / *Die Hochzeit auf dem Lande (B.67)*
20	Joseph und seine Brüder
21	Die Hochzeit des Figaro
22	Feodora / *Die Feyer der Grazien*
23	Margarethe von Anjou
24	Der Diener aller Welt / *Aline, Königinn von Golconda*
25	Zum Vortheile des Theatral-Armenfonds: Musikalisch-declamtorische Akademie
26	Camilla, oder: Das geheime Gewölbe
27	Zum Vortheile des Anton Forti. Zum ersten Male: Rothkäppchen
28	Rothkäppchen
29	Zum goldnen Löwen / *Aline, Königinn von Golconda*
30	Rothkäppchen
31	Die Talente durch Zufall / *Achilles*

APRIL 1819

01	Iphigenia auf Tauris
02	geschlossen
03	Rothkäppchen
04	Zum Vortheile der k. k. Hofschauspieler Maximilian und Wilhelmine Korn: Musikalisch-deklamatorische Akademie
05–10	geschlossen
11	Zum Vortheile der öffentlichen Wohlthätigkeits-Anstalten: Musikalisch-deklamatorische Abendunterhaltung
12	Alexis / *Aline, Königinn von Golconda*
13	Rothkäppchen
14	Die beyden Füchse
15	Rothkäppchen
16	Der Diener aller Welt / *Die Feyer der Grazien*
17	Camilla, oder: Das geheime Gewölbe
18	Tancred
19	Zum ersten Male: Der Wechselbrief / *Aline, Königinn von Golconda*
20	Die Hochzeit des Figaro
21	geschlossen
22	Zum Vortheile des J. Rozier: Der Wechselbrief / Zum ersten Male: *Ossian*
23	Der neue Gutsherr / *Ossian*
24	Tancred
25	Rothkäppchen
26	Alexis / *Ossian*
27	Johann von Paris
28	Zum goldnen Löwen / *Ossian*
29	Zum Vortheile der Mad. Grünbaum. Zum ersten Male: Othello, der Mohr von Venedig
30	Der Schatzgräber / *Aline, Königinn von Golconda*

MAI 1819

01 Othello, der Mohr von Venedig
02 Die Hochzeit des Figaro
03 Der Wechselbrief / *Die Feyer der Grazien*
04 Othello, der Mohr von Venedig
05 Zum Vortheile der Dlle. Julie Aumer: Aladin, oder: Das Nothwendige / *Ossian*
06 Iphigenia auf Tauris
07 Der Wechselbrief / *Ossian*
08 Othello, der Mohr von Venedig
09 Die Zauberflöte
10 Milton / *Ossian*
11 Die Entführung aus dem Serail
12 Nachtigall und Rabe / *Ossian*
13 geschlossen
14 Der Wechselbrief / *Der Zauberschlaf*
15 Die Entführung aus dem Serail
16 Milton / *Ossian*
17 Othello, der Mohr von Venedig
18 Auf hohes Begehren: Tancred
19 Der Diener aller Welt / *Aline, Königinn von Golconda*
20 Der Wechselbrief / Nachtigall und Rabe
21 Der Wechselbrief / Ostade
22 Semiramis (A.256)
23 Fidelio
24 Der Schatzgräber / *Ossian*
25 Johann von Paris
26 Der Wechselbrief / Neu in Scene gesetzt: *Die Hochzeit der Thetis und des Peleus*
27 Semiramis (A.256)
28 Die Entführung aus dem Serail
29 Othello, der Mohr von Venedig
30 geschlossen
31 Der neue Gutsherr / *Ossian*

JUNI 1819

01 Die Zauberflöte
02 Alexis / *Die Hochzeit der Thetis und des Peleus*
03 Die Vestalinn
04 Zum ersten Male: Das frühere Recht / *Nina, oder: Wahnsinn aus Liebe*
05 Liebe und Ruhm
06 Die Entführung aus dem Serail
07 Das frühere Recht / *Achilles*
08 Johann von Paris
09 Camilla, oder: Das geheime Gewölbe
10 geschlossen
11 Der Wechselbrief / *Achilles*
12 Camilla, oder: Das geheime Gewölbe
13 Joseph und seine Brüder
14 Das frühere Recht / *Achilles*

15	Don Juan
16	Johann von Paris
17	Joseph und seine Brüder
18	Nachtigall und Rabe / *Die Pagen des Herzogs von Vendome*
19	Titus der Gütige
20	Die Zauberflöte
21	Der Wechselbrief / *Achilles*
22	Camilla, oder: Das geheime Gewölbe
23	Zum goldnen Löwen / *Ossian*
24	Othello, der Mohr von Venedig
25	Der Schatzgräber / *Aline, Königinn von Golconda*
26	[Neu in Scene gesetzt:] Die Tage der Gefahr
27	Die Tage der Gefahr
28	Der neue Gutsherr / *Der Zauberschlaf*
29	Semiramis (A.256)
30	Aladin, oder: Das Nothwendige / *Achilles*

JULI 1819

01	Die Tage der Gefahr
02	Alexis / *Die Pagen des Herzogs von Vendome*
03	Rothkäppchen
04	Tancred
05	Der Wechselbrief / *Aline, Königinn von Golconda*
06	Die Tage der Gefahr
07	Nachtigall und Rabe / *Ossian*
08	Die Hochzeit des Figaro
09	Alexis / *Nina, oder: Wahnsinn aus Liebe*
10	Othello, der Mohr von Venedig
11	Die Zauberflöte
12	Der Dorfbarbier / *Die Hochzeit der Thetis und des Peleus*
13	Liebe und Ruhm
14	Der Dorfbarbier / *Die Pagen des Herzogs von Vendome*
15	Die Vestalinn
16	Der Wechselbrief / *Der Zauberschlaf*
17	Othello, der Mohr von Venedig
18	Johann von Paris
19	Der Diener aller Welt / *Die Pagen des Herzogs von Vendome*
20	Rothkäppchen
21	Der neue Gutsherr / *Ossian*
22	Titus der Gütige
23	Zwey Worte, oder: Die Nacht im Walde / *Die Hochzeit der Thetis und des Peleus*
24	[Neu in Scene gesetzt:] Mädchentreue
25	Mädchentreue
26	Zum goldnen Löwen / *Ossian*
27	Die Zauberflöte
28	Der neue Gutsherr / *Die Hochzeit auf dem Lande (B.67)*
29	Othello, der Mohr von Venedig
30	Zum ersten Male: Die beyden Ehen / *Ossian*
31	Tancred

AUGUST 1819

01	Die Pflegesöhne**
02	Familie Rosenstein**
03	Familie Rosenstein**
04	Prüfung der Treue, oder Die Irrungen**
05	Coreggio**
06	Familie Rosenstein**
07	Der Fähndrich** / Fehlgeschossen**
08	Pagenstreiche**
09	Emilia Galotti**
10	Die blonden Locken** / Shakespeare als Liebhaber** / Die Vertrauten**
11	Die blonden Locken** / Das Testament des Onkels**
12	Die seltsame Heirat**
13	Die blonden Locken** / Toni**
14	Die Schuld**
15	Familie Rosenstein**
16	Der verbannte Amor**
17	Blind geladen** / Maske für Maske**
18	Der Fremde**
19	Welche ist die Braut?**
20	Der Jude**
21	Widervergeltung** / Der Witwer**
22	Das Wirrwarr, oder Der Mutwillige**
23	Donna Diana, oder Stolz und Liebe**
24	Das fünfzigjährige Fräulein** / Der sechzigjährige Jüngling**
25	Das fünfzigjährige Fräulein** / Der sechzigjährige Jüngling**
26	Das Epigramm**
27	Der Amerikaner** / Die blonden Locken**
28	Das Schreibepult, oder Die Gefahren der Jugend**
29	Das Intermezzo, oder Der Landjunker zum ersten Male in der Residenz**
30	Die Jugend Heinrich des V.** / Die Onkelei**
31	Die Rosen des Herrn von Malesherbes** / Toni**

SEPTEMBER 1819

01	Die beyden Ehen / *Ossian*
02	Tancred
03	Auf allerhöchsten Befehl: Der Wechselbrief / *Ossian*
04	Fanchon, das Leyermädchen
05	Othello, der Mohr von Venedig
06	Die beyden Ehen / *Die zwey Tanten, oder: Ehemals und Heute*
07	Johann von Paris
08	geschlossen
09	Die beyden Ehen / Der Dorfbarbier
10	Alexis / *Aline, Königinn von Golconda*
11	Titus der Gütige
12	Don Juan
13	Der Diener aller Welt / *Achilles*
14	Rothkäppchen

15	Zum goldnen Löwen / *Der Zauberschlaf*
16	Tancred
17	Der Schatzgräber / *Ossian*
18	Joseph und seine Brüder
19	Rothkäppchen
20	Der neue Gutsherr / *Die Pagen des Herzogs von Vendome*
21	Don Juan
22	Alexis / *Nina, oder: Wahnsinn aus Liebe*
23	Othello, der Mohr von Venedig
24	Zum ersten Male: Die beyden Troubadours / *Ossian*
25	Die Tage der Gefahr
26	Der Schatzgräber / Der neue Gutsherr
27	Der Dorfbarbier / *Lise und Colin, oder: Das übelgehüthete Mädchen*
28	Die Tage der Gefahr
29	Zum goldnen Löwen / *Aline, Königinn von Golconda*
30	Rothkäppchen

OKTOBER 1819

01	Der Schatzgräber / *Die zwey Tanten, oder: Ehemals und Heute*
02	Joseph und seine Brüder
03	Zum ersten Male: Richard und Zoraide
04	Milton / *Ossian*
05	Richard und Zoraide
06	Zwey Worte, oder: Die Nacht im Walde / *Aline, Königinn von Golconda*
07	Richard und Zoraide
08	Johann von Paris
09	Zum goldnen Löwen / *Lise und Colin, oder: Das übelgehüthete Mädchen*
10	Rothkäppchen
11	Alexis / *Ossian*
12	Don Juan
13	Die beyden Geitzigen / *Die Hochzeit der Thetis und des Peleus*
14	Liebe und Ruhm
15	Der Schatzgräber / *Nina, oder: Wahnsinn aus Liebe*
16	Rothkäppchen
17	Die Tage der Gefahr
18	Zur Feyer des Jahrstages der Schlacht bey Leipzig. Für das hiesige Invalidenhaus: Zwey Worte, oder: Die Nacht im Walde / *Die Pagen des Herzogs von Vendome*
19	Richard und Zoraide
20	Alexis / *Achilles*
21	Mädchentreue
22	Der Wechselbrief / *Der Zauberschlaf*
23	Johann von Paris
24	Richard und Zoraide
25	Zum goldnen Löwen / *Aline, Königinn von Golconda*
26	Mädchentreue
27	Der Schatzgräber / *Achilles*
28	Die Tage der Gefahr
29	Die beyden Geitzigen / *Nina, oder: Wahnsinn aus Liebe*

30   Joseph und seine Brüder
31   Richard und Zoraide

NOVEMBER 1819

01   Der Dorfbarbier / *Lise und Colin, oder: Das übelgehüthete Mädchen*
02   Don Juan
03   Nachtigall und Rabe / *Die Feyer der Grazien*
04   Die Tage der Gefahr
05   Alexis / *Die Hochzeit auf dem Lande (B.67)*
06   Rothkäppchen
07   Mädchentreue
08   Der neue Gutsherr / *Nina, oder: Wahnsinn aus Liebe*
09   Die beyden Ehen / Nachtigall und Rabe
10   Der Wechselbrief / Zum ersten Male: *Der flatterhafte Page, oder: Figaro's Hochzeit*
11   Der Schatzgräber / *Der flatterhafte Page, oder: Figaro's Hochzeit*
12   Die Zauberflöte
13   Semiramis (A.256)
14   Mädchentreue
15   Zum Vortheile der öffentlichen Wohlthätigkeits-Anstalten: Sappho**
16   Zum Vortheile des Herrn Balletmeister Aumer: Der berühmte Indianer / *Der flatterhafte Page, oder: Figaro's Hochzeit*
17   Rothkäppchen
18   Tancred
19   Alexis / *Der flatterhafte Page, oder: Figaro's Hochzeit*
20   Semiramis (A.256)
21   Don Juan
22   Die beyden Ehen / *Der flatterhafte Page, oder: Figaro's Hochzeit*
23   Die Tage der Gefahr
24   Nach vielfältigem Verlangen: Der berühmte Indianer / *Lise und Colin, oder: Das übelgehüthete Mädchen*
25   Zum Vortheile der Madame Waldmüller. [Neu in Scene gesetzt:] Idomeneus
26   Der Wechselbrief / *Der flatterhafte Page, oder: Figaro's Hochzeit*
27   Johann von Paris
28   Der Dorfbarbier / Der berühmte Indianer
29   Der Schatzgräber / *Der flatterhafte Page, oder: Figaro's Hochzeit*
30   Idomeneus

DEZEMBER 1819

01   Der berühmte Indianer / *Die Hochzeit auf dem Lande (B.67)*
02   Tancred
03   [Neu einstudirt:] Der portugisische Gasthof / *Nina, oder: Wahnsinn aus Liebe*
04   Die Tage der Gefahr
05   Ostade / Der berühmte Indianer
06   Der portugisische Gasthof / *Der flatterhafte Page, oder: Figaro's Hochzeit*
07   Zum Vortheile des Franz Siebert. Zum ersten Male: Die Sängerinnen auf dem Lande
08   Der berühmte Indianer / *Die Hochzeit auf dem Lande (B.67)*
09   Die Sängerinnen auf dem Lande

10	Der Wechselbrief / *Ossian*
11	Rothkäppchen
12	Nachtigall und Rabe / *Der berühmte Indianer*
13	Zum Vortheile des J. Rozier: Der letzte Pagenstreich** / *Das ländliche Fest im Wäldchen bey Kis-Bér*
14	Die Sängerinnen auf dem Lande
15	Die beyden Geitzigen / *Das ländliche Fest im Wäldchen bey Kis-Bér*
16	Joseph und seine Brüder
17	Der portugisische Gasthof / *Nina, oder: Wahnsinn aus Liebe*
18	Zum Vortheile der öffentlichen Wohlthätigkeits-Anstalten: Idomeneus
19	Die Sängerinnen auf dem Lande
20	Der Dorfbarbier / *Das ländliche Fest im Wäldchen bey Kis-Bér*
21	Zum Vortheile der Madame Grünbaum: Othello, der Mohr von Venedig
22–25	geschlossen
26	Semiramis (A.256)
27	Der Wechselbrief / *Das ländliche Fest im Wäldchen bey Kis-Bér*
28	Idomeneus
29	Der portugisische Gasthof / *Ossian*
30	Joconde, oder: Die Abenteurer
31	Der Dorfbarbier / *Lise und Colin, oder: Das übelgehüthete Mädchen*

JÄNNER 1820

01	Tancred
02	Joconde, oder: Die Abenteurer
03	Zwey Worte, oder: Die Nacht im Walde / *Der flatterhafte Page, oder: Figaro's Hochzeit*
04	Semiramis (A.256)
05	Der neue Gutsherr / *Nina, oder: Wahnsinn aus Liebe*
06	Joseph und seine Brüder
07	Zum goldnen Löwen / *Das ländliche Fest im Wäldchen bey Kis-Bér*
08	Joconde, oder: Die Abenteurer
09	Tancred
10	Der Wechselbrief / *Die Pagen des Herzogs von Vendome*
11	Johann von Paris
12	Alexis / *Ossian*
13	Joconde, oder: Die Abenteurer
14	Der Schatzgräber / *Die Hochzeit auf dem Lande (B.67)*
15	geschlossen
16	Rothkäppchen
17	Zum Vortheile der Mad. Rozier, geb. Aumer: Domestiken-Streiche** / Zum ersten Male: *Emma, oder Die heimliche Ehe*
18	Tancred
19	Der Diener aller Welt / *Emma, oder Die heimliche Ehe*
20	Johann von Paris
21	Der Dorfbarbier / *Emma, oder Die heimliche Ehe*
22	Joseph und seine Brüder
23	Titus der Gütige
24	Der neue Gutsherr / *Emma, oder Die heimliche Ehe*
25	Rothkäppchen
26	Der portugisische Gasthof / *Ossian*

27	Idomeneus
28	Zum goldnen Löwen / *Emma, oder Die heimliche Ehe*
29	Semiramis (A.256)
30	Der portugisische Gasthof / Der Dorfbarbier
31	Der Schatzgräber / *Emma, oder Die heimliche Ehe*

FEBRUAR 1820

01	Joconde, oder: Die Abenteurer
02	Der neue Gutsherr / *Der flatterhafte Page, oder: Figaro's Hochzeit*
03	Die Tage der Gefahr
04	Alexis / *Emma, oder Die heimliche Ehe*
05	Semiramis (A.256)
06	Die Sängerinnen auf dem Lande
07	Nachtigall und Rabe / *Emma, oder Die heimliche Ehe*
08	Rothkäppchen
09	Zum goldnen Löwen / *Lise und Colin, oder: Das übelgehüthete Mädchen*
10	Der neue Gutsherr / *Die Pagen des Herzogs von Vendome*
11	Ferdinand Cortez, oder: Die Eroberung von Mexico
12	Joseph und seine Brüder
13	Ferdinand Cortez, oder: Die Eroberung von Mexico
14	Der Dorfbarbier / *Die zwey Tanten, oder: Ehemals und Heute*
15	Joconde, oder: Die Abenteurer
16	Deklamatorisch-musikalische Abendunterhaltung
17	Johann von Paris
18	geschlossen
19	Rothkäppchen
20	Fanchon, das Leyermädchen
21	Der neue Gutsherr / *Die zwey Tanten, oder: Ehemals und Heute*
22	Der Diener aller Welt / Der portugisische Gasthof
23	Zum goldnen Löwen / *Das ländliche Fest im Wäldchen bey Kis-Bér*
24	Ferdinand Cortez, oder: Die Eroberung von Mexico
25	Der portugisische Gasthof / *Die Pagen des Herzogs von Vendome*
26	Die Hochzeit des Figaro
27	Die Hochzeit des Figaro
28	Der neue Gutsherr / *Emma, oder Die heimliche Ehe*
29	geschlossen

MÄRZ 1820

01	Zum goldnen Löwen / *Lise und Colin, oder: Das übelgehüthete Mädchen*
02	Semiramis (A.256)
03	Der Dorfbarbier / *Die Hochzeit auf dem Lande (B.67)*
04	Die Schweizer-Familie
05	Die beyden Geitzigen / *Lise und Colin, oder: Das übelgehüthete Mädchen*
06	Die Sängerinnen auf dem Lande
07	Ostade / Der portugisische Gasthof
08	Zum goldnen Löwen / *Die Feyer der Grazien*
09	Die Schweizer-Familie
10	Der neue Gutsherr / *Lise und Colin, oder: Das übelgehüthete Mädchen*

11	geschlossen
12	Joseph und seine Brüder
13	Zum Vortheile der Dlle. A. Milliere: Ferdinand Cortez, oder: Die Eroberung von Mexico (II) / *Der Zauberschlaf*
14	Die Sängerinnen auf dem Lande
15	Der portugisische Gasthof / *Die Pagen des Herzogs von Vendome*
16	Die Sängerinnen auf dem Lande
17	Milton / *Ossian*
18	geschlossen
19	Der Dorfbarbier / *Ossian*
20	Rothkäppchen
21	geschlossen
22	Die Tage der Gefahr
23	Der Diener aller Welt / *Die Feyer der Grazien*
24	Alexis / Der portugisische Gasthof
25–27	geschlossen
28	Zum Vortheile des Theatral-Armenfonds: Musikalisch-deklamatorische Akademie
29–31	geschlossen

APRIL 1820

01	geschlossen
02	Zum Vortheile der öffentlichen Wohlthätigkeits-Anstalten: Musikalisch-deklamatorische Abendunterhaltung mit Gemählde-Darstellungen
03	Alexis / *Ossian*
04	Die Hochzeit des Figaro
05	Der Diener aller Welt / *Die Feyer der Grazien*
06	Die Hochzeit des Figaro
07	Der Dorfbarbier / *Lise und Colin, oder: Das übelgehüthete Mädchen*
08	Die Sängerinnen auf dem Lande
09	Ostade / *Das ländliche Fest im Wäldchen bey Kis-Bér*
10	Tancred
11	Rothkäppchen
12	geschlossen
13	Zum ersten Male: Baals Sturz
14	Baals Sturz
15	Zum goldnen Löwen / *Das ländliche Fest im Wäldchen bey Kis-Bér*
16	Joseph und seine Brüder
17	Der Schatzgräber / *Der Zauberschlaf*
18	Semiramis (A.256)
19	Der Wechselbrief / *Die Feyer der Grazien*
20	Johann von Paris
21	Alexis / *Die Hochzeit auf dem Lande (B.67)*
22	geschlossen
23	Die Vestalinn
24	Der Vetter aus Bremen** / Zum ersten Male: *Alfred der Große*
25	Die Entführung aus dem Serail
26	Milton / *Alfred der Große*
27	Die Tage der Gefahr
28	Der Wechselbrief / *Alfred der Große*

29 Die Zauberflöte
30 Die Entführung aus dem Serail

MAI 1820

01 Zum ersten Male: Der Tausch / *Alfred der Große*
02 Joseph und seine Brüder
03 Der Tausch / *Alfred der Große*
04 Die Entführung aus dem Serail
05 Der Tausch / *Alfred der Große*
06 Semiramis (A.256)
07 Die Vestalinn
08 Zum goldnen Löwen / *Alfred der Große*
09 Die Tage der Gefahr
10 Der Tausch / *Alfred der Große*
11 Don Juan
12 geschlossen
13 Die Zauberflöte
14 Die Entführung aus dem Serail
15 Der Tausch / *Alfred der Große*
16 Die Zauberflöte
17 Die beyden Ehen / *Aline, Königinn von Golconda*
18 Don Juan
19 Der Tausch / *Alfred der Große*
20 Die Zauberflöte
21 Zum Vortheile der öffentlichen Wohlthätigkeits-Anstalten: Musikalisch-deklamatorische Abend-Unterhaltung
22 Die beyden Geitzigen / *Das ländliche Fest im Wäldchen bey Kis-Bér*
23 Johann von Paris
24 Zum goldnen Löwen / *Alfred der Große*
25 Joseph und seine Brüder
26 Die beyden Ehen / *Aline, Königinn von Golconda*
27 Die Sängerinnen auf dem Lande
28 Semiramis (A.256)
29 Der Tausch / *Alfred der Große*
30 Die Hochzeit des Figaro
31 Der Schatzgräber / *Nina, oder: Wahnsinn aus Liebe*

JUNI 1820

01 geschlossen
02 Der Tausch / *Alfred der Große*
03 Mädchentreue
04 Die Zauberflöte
05 Der Schatzgräber / *Aline, Königinn von Golconda*
06 Die Sängerinnen auf dem Lande
07 Alexis / *Alfred der Große*
08 Mädchentreue
09 Der Tausch / *Alfred der Große*
10 Rothkäppchen

11	Die Schweizer-Familie
12	Der Diener aller Welt / *Aline, Königinn von Golconda*
13	Die Tage der Gefahr
14	Zum ersten Male: Die Zwillingsbrüder / *Die zwey Tanten, oder: Ehemals und Heute*
15	Tancred
16	Die Zwillingsbrüder / *Alfred der Große*
17	Die Schweizer-Familie
18	Johann von Paris
19	Der neue Gutsherr / *Nina, oder: Wahnsinn aus Liebe*
20	Die Hochzeit des Figaro
21	Die Zwillingsbrüder / *Alfred der Große*
22	Rothkäppchen
23	Der Diener aller Welt / *Die zwey Tanten, oder: Ehemals und Heute*
24	Joseph und seine Brüder
25	Die Zauberflöte
26	Der Tausch / *Aline, Königinn von Golconda*
27	Die Sängerinnen auf dem Lande
28	Der neue Gutsherr / *Der flatterhafte Page, oder: Figaro's Hochzeit*
29	Rothkäppchen
30	Der Tausch / *Lise und Colin, oder: Das übelgehüthete Mädchen*

JULI 1820

01	Die Hochzeit des Figaro
02	Johann von Paris
03	Alexis / *Der flatterhafte Page, oder: Figaro's Hochzeit*
04	Semiramis (A.256)
05	Zum ersten Male: Die diebische Aelster
06	Ostade / *Aline, Königinn von Golconda*
07	Die diebische Aelster
08	Die Zwillingsbrüder / *Alfred der Große*
09	Die Sängerinnen auf dem Lande
10	Der Wechselbrief / *Das ländliche Fest im Wäldchen bey Kis-Bér*
11	Die diebische Aelster
12	Feodora / *Alfred der Große*
13	Die diebische Aelster
14	Die Zwillingsbrüder / *Achilles*
15	Tancred
16	Rothkäppchen
17	Alexis / *Alfred der Große*
18	Ferdinand Cortez, oder: Die Eroberung von Mexico
19	Feodora / *Achilles*
20	Ferdinand Cortez, oder: Die Eroberung von Mexico
21	Die Zwillingsbrüder / *Aline, Königinn von Golconda*
22	Die diebische Aelster
23	Die Sängerinnen auf dem Lande
24	Alexis / *Alfred der Große*
25	Die diebische Aelster
26	Ostade / *Aline, Königinn von Golconda*
27	Die Zauberflöte

28	Feodora / *Alfred der Große*	
29	Tancred	
30	Johann von Paris	
31	Der Dorfbarbier / *Alfred der Große*	

AUGUST 1820

01–31 geschlossen

SEPTEMBER 1820

01	[Musikalische Akademie] / *Ossian*
02	Rothkäppchen
03	Johann von Paris
04	Alexis / *Das ländliche Fest im Wäldchen bey Kis-Bér*
05	Semiramis (A.256)
06	Der Schatzgräber / *Die Hochzeit der Thetis und des Peleus*
07	Rothkäppchen
08	geschlossen
09	Die diebische Aelster
10	Tancred
11	Der neue Gutsherr / *Ossian*
12	Die diebische Aelster
13	Feodora / *Das ländliche Fest im Wäldchen bey Kis-Bér*
14	Ferdinand Cortez, oder: Die Eroberung von Mexico
15	Der Schatzgräber / *Die Hochzeit der Thetis und des Peleus*
16	Die Sängerinnen auf dem Lande
17	Die diebische Aelster
18	Der Tausch / *Das Sonnenfest*
19	Joseph und seine Brüder
20	Der Schatzgräber / *Das Sonnenfest*
21	Othello, der Mohr von Venedig
22	Der Wechselbrief / *Der Zauberschlaf*
23	Die diebische Aelster
24	Sargines
25	Milton / *Der Zauberschlaf*
26	Die diebische Aelster
27	Der Dorfbarbier / *Das ländliche Fest im Wäldchen bey Kis-Bér*
28	Johann von Paris
29	Feodora / *Die zwey Tanten, oder: Ehemals und Heute*
30	Othello, der Mohr von Venedig

OKTOBER 1820

01	Joseph und seine Brüder
02	Der Tausch / *Die zwey Tanten, oder: Ehemals und Heute*
03	Ferdinand Cortez, oder: Die Eroberung von Mexico
04	Nachtigall und Rabe / *Alfred der Große*
05	Rothkäppchen
06	Der Wechselbrief / *Ossian*

07	Othello, der Mohr von Venedig
08	Die diebische Aelster
09	Der Schatzgräber / *Alfred der Große*
10	Titus der Gütige
11	Der neue Gutsherr / *Die zwey Tanten, oder: Ehemals und Heute*
12	Zum Vortheile des Herrn Franz Löhle. [Neu in Scene gesetzt:] Das unterbrochene Opferfest
13	Die diebische Aelster
14	Feodora / *Aline, Königinn von Golconda*
15	Die diebische Aelster
16	Der Tausch / *Alfred der Große*
17	Die Schweizer-Familie
18	Zur Feyer des Jahrstages der Schlacht bey Leipzig. Für das hiesige Invalidenhaus: Nachtigall und Rabe / *Aline, Königinn von Golconda*
19	Rothkäppchen
20	Der Dorfbarbier / *Die Hochzeit auf dem Lande (B.67)*
21	Die diebische Aelster
22	Der Wechselbrief / *Der Zauberschlaf*
23	Joseph und seine Brüder
24	Das unterbrochene Opferfest
25	Der Tausch / *Lise und Colin, oder: Das übelgehüthete Mädchen*
26	Die diebische Aelster
27	Der neue Gutsherr / *Aline, Königinn von Golconda*
28	Camilla, oder: Das geheime Gewölbe
29	Der Dorfbarbier / *Die Hochzeit auf dem Lande (B.67)*
30	Nachtigall und Rabe / *Alfred der Große*
31	Die Sängerinnen auf dem Lande

NOVEMBER 1820

01	Das unterbrochene Opferfest
02	Tancred
03	[Neu einstudirt:] Der Kaliph von Bagdad / Zum ersten Male: *Das Opfer der Ceres*
04	Die diebische Aelster
05	Die Schweizer-Familie
06	Der Kaliph von Bagdad / *Das Opfer der Ceres*
07	Die Zauberflöte
08	Der neue Gutsherr / *Der Zauberschlaf*
09	Othello, der Mohr von Venedig
10	Nachtigall und Rabe / *Das Opfer der Ceres*
11	Ferdinand Cortez, oder: Die Eroberung von Mexico
12	Die diebische Aelster
13	Der Wechselbrief / *Alfred der Große*
14	Nachtigall und Rabe / *Ostade*
15	Zum Vortheile der öffentlichen Wohlthätigkeits-Anstalten: Musikalisch-dramatische Abendunterhaltung
16	Joseph und seine Brüder
17	Feodora / *Aline, Königinn von Golconda*
18	Othello, der Mohr von Venedig
19	Nachtigall und Rabe / *Lise und Colin, oder: Das übelgehüthete Mädchen*

20	Die diebische Aelster
21	Zum Vortheile der Mad. Rozier: Der Kaliph von Bagdad / Neu in Scene gesetzt: *Emma, oder Die heimliche Ehe*
22	Die Vestalinn
23	Joseph und seine Brüder
24	Der Tausch / *Ossian*
25	Joseph und seine Brüder
26	Johann von Paris
27	Der Schatzgräber / *Emma, oder Die heimliche Ehe*
28	Rothkäppchen
29	Der Kaliph von Bagdad / *Aline, Königinn von Golconda*
30	Rothkäppchen

DEZEMBER 1820

01	Der neue Gutsherr / *Alfred der Große*
02	Die Schweizer-Familie
03	Die diebische Aelster
04	Der neue Gutsherr / *Emma, oder Die heimliche Ehe*
05	Joconde, oder: Die Abenteurer
06	Nachtigall und Rabe / *Das Opfer der Ceres*
07	Joconde, oder: Die Abenteurer
08	Alexis / *Die Hochzeit auf dem Lande (B.67)*
09	Die Zauberflöte
10	Die Zauberflöte
11	Ostade / *Aline, Königinn von Golconda*
12	Semiramis (A.256)
13	Der neue Gutsherr / *Die zwey Tanten, oder: Ehemals und Heute*
14	Die diebische Aelster
15	Feodora / *Das Opfer der Ceres*
16	Zum Vortheile der Mad. Grünbaum. Zum ersten Male: Der Barbier von Sevilla
17	Der Barbier von Sevilla
18	Milton / *Aline, Königinn von Golconda*
19	Nachtigall und Rabe / Der Dorfbarbier
20	Zum Vortheile des Herrn Franz Wild: Othello, der Mohr von Venedig
21	Joseph und seine Brüder
22–25	geschlossen
26	Semiramis (A.256)
27	Der Wechselbrief / *Alfred der Große*
28	Joconde, oder: Die Abenteurer
29	Zum Vortheile des Herrn Philipp Taglioni: Der Kaliph von Bagdad / *Alfred der Große*
30	Othello, der Mohr von Venedig
31	Joconde, oder: Die Abenteurer

JÄNNER 1821

01	Der Dorfbarbier / *Alfred der Große*
02	Zum Vortheile der öffentlichen Wohlthätigkeits-Anstalten: Die diebische Aelster
03	Der Tausch / *Das ländliche Fest im Wäldchen bey Kis-Bér*
04	Tancred

05	Feodora / *Alfred der Große*
06	Rothkäppchen
07	Der Barbier von Sevilla
08	Zum Vortheile des Herrn J. Rozier: Aladin, oder: Das Nothwendige / *Aline, Königinn von Golconda*
09	Alexis / Der Kaliph von Bagdad
10	Der Tausch / *Nina, oder: Wahnsinn aus Liebe*
11	Der Barbier von Sevilla
12	Der Schatzgräber / *Der Zauberschlaf*
13	Die Zauberflöte
14	Die diebische Aelster
15	Der neue Gutsherr / *Aline, Königinn von Golconda*
16	Tancred
17	[Musikalische Akademie] / *Alfred der Große*
18	Rothkäppchen
19	Der Kaliph von Bagdad / *Das Opfer der Ceres*
20	Die Zauberflöte
21	Der Barbier von Sevilla
22	Feodora / *Lise und Colin, oder: Das übelgehüthete Mädchen*
23	Rothkäppchen
24	Der Schatzgräber / *Nina, oder: Wahnsinn aus Liebe*
25	Der Barbier von Sevilla
26	[Musikalische Akademie] / *Alfred der Große*
27	Feodora / Nachtigall und Rabe
28	Die diebische Aelster
29	Der Wechselbrief / *Das ländliche Fest im Wäldchen bey Kis-Bér*
30	Die Zauberflöte
31	Der Kaliph von Bagdad / *Aline, Königinn von Golconda*

FEBRUAR 1821

01	Nachtigall und Rabe / Der Dorfbarbier
02	Der Schatzgräber / *Die zwey Tanten, oder: Ehemals und Heute*
03	Die Schweizer-Familie
04	Die Zauberflöte
05	Der Tausch / *Der Zauberschlaf*
06	Joseph und seine Brüder
07	[Musikalische Akademie] / *Alfred der Große*
08	Die diebische Aelster
09	Nachtigall und Rabe / *Lise und Colin, oder: Das übelgehüthete Mädchen*
10	geschlossen
11	Die Zauberflöte
12	Die blonden Locken** / Zum ersten Male: *Johanna d'Arc*
13	Die Sängerinnen auf dem Lande
14	Der Schatzgräber / *Johanna d'Arc*
15	Rothkäppchen
16	Nachtigall und Rabe / Ostade
17	Zum Vortheile des Herrn und der Dlle. Jul. Aumer: Der Wechselbrief / *Johanna d'Arc*
18	Tancred
19	Feodora / *Johanna d'Arc*

20	geschlossen
21	Der Tausch / *Johanna d'Arc*
22	Der Barbier von Sevilla
23	Der Schatzgräber / *Johanna d'Arc*
24	Mädchentreue
25	Die diebische Aelster
26	Der Wechselbrief / *Alfred der Große*
27	geschlossen
28	Der Kaliph von Bagdad / *Ossian*

MÄRZ 1821

01	Der Barbier von Sevilla
02	Der Schatzgräber / *Johanna d'Arc*
03	Die Schweizer-Familie
04	Mädchentreue
05	Alexis / *Das ländliche Fest im Wäldchen bey Kis-Bér*
06	Der Schatzgräber / Der Kaliph von Bagdad
07	Mit hoher Bewilligung: Große musikalische Akademie mit Deklamation und Gemählde-Darstellungen
08	Die Schweizer-Familie
09	Der Tausch / *Johanna d'Arc*
10	Mädchentreue
11	Die diebische Aelster
12	Der neue Gutsherr / *Aline, Königinn von Golconda*
13	Joseph und seine Brüder
14	Der Tausch / *Johanna d'Arc*
15	Die Schweizer-Familie
16	Nachtigall und Rabe / *Alfred der Große*
17	Der Barbier von Sevilla
18	Tancred
19	Zum Vortheile der Dlle. Millière: [Musikalische Akademie] / *Der flatterhafte Page, oder: Figaro's Hochzeit*
20	Die Sängerinnen auf dem Lande
21	Der Schatzgräber / *Johanna d'Arc*
22	Die Schweizer-Familie
23	Nachtigall und Rabe / *Alfred der Große*
24	Mädchentreue
25	Zum Vortheile des Theatral-Armenfonds: Musikalisch-deklamatorische Akademie
26	Feodora / *Das ländliche Fest im Wäldchen bey Kis-Bér*
27	Joseph und seine Brüder
28	Der neue Gutsherr / *Der flatterhafte Page, oder: Figaro's Hochzeit*
29	Alexis / Der Kaliph von Bagdad
30	Der Schatzgräber / *Aline, Königinn von Golconda*
31	Der Tausch / Nachtigall und Rabe

APRIL 1821

01	Der Barbier von Sevilla
02	Der Wechselbrief / *Lise und Colin, oder: Das übelgehüthete Mädchen*

03	geschlossen
04	Der neue Gutsherr / *Johanna d'Arc*
05	Baals Sturz
06	Alexis / *Alfred der Große*
07	Baals Sturz
08	Die diebische Aelster
09	Der Kaliph von Bagdad / *Die zwey Tanten, oder: Ehemals und Heute*
10	geschlossen
11	Der neue Gutsherr / *Das ländliche Fest im Wäldchen bey Kis-Bér*
12	Zum Vortheile des Herrn Anton Forti. Zum ersten Male: Raoul der Blaubart
13	Der Kaliph von Bagdad / *Die zwey Tanten, oder: Ehemals und Heute*
14	Milton / *Johanna d'Arc*
15–21	geschlossen
22	Zum Vortheile der öffentlichen Wohlthätigkeits-Anstalten: Abendunterhaltung
23	Nachtigall und Rabe / *Aline, Königinn von Golconda*
24	Raoul der Blaubart
25	Alexis / [Zum ersten Male:] *Ein ungarisches Divertissement*
26	Baals Sturz
27	Der Tausch / *Alfred der Große*
28	Raoul der Blaubart
29	Der Diener aller Welt / *Die Hochzeit auf dem Lande (B.67)*
30	Der Barbier von Sevilla

MAI 1821

01	Der Schatzgräber / *Lise und Colin, oder: Das übelgehüthete Mädchen*
02	Die diebische Aelster
03	Milton / *Der Zauberschlaf*
04	Die Schweizer-Familie
05	Der Tausch / *Die zwey Tanten, oder: Ehemals und Heute*
06	Mädchentreue
07	Der Wechselbrief / *Aline, Königinn von Golconda*
08	Das unterbrochene Opferfest
09	Der Tausch / *Das Opfer der Ceres*
10	Die Zauberflöte
11	Zum ersten Male: König Waldemar, oder: Die dänischen Fischer / [Zum ersten Male:] *Ein schottisches Divertissement*
12	Die Entführung aus dem Serail
13	König Waldemar, oder: Die dänischen Fischer / *Ein schottisches Divertissement*
14	geschlossen
15	König Waldemar, oder: Die dänischen Fischer / *Ein schottisches Divertissement*
16	Johann von Paris
17	Nachtigall und Rabe / *Die Hochzeit auf dem Lande (B.67)*
18	Sargines
19	geschlossen
20	Die Zauberflöte
21	König Waldemar, oder: Die dänischen Fischer / *Ein schottisches Divertissement*
22	Richard und Zoraide
23	Der neue Gutsherr / *Alfred der Große*
24	Das unterbrochene Opferfest

25	Der Kaliph von Bagdad / *Aline, Königinn von Golconda*
26	geschlossen
27	Der Wechselbrief / *Lise und Colin, oder: Das übelgehüthete Mädchen*
28	Die Zauberflöte
29	König Waldemar, oder: Die dänischen Fischer / *Alfred der Große*
30	Die Schweizer-Familie
31	Milton / *Der Zauberschlaf*

JUNI 1821

01	Die Entführung aus dem Serail
02	geschlossen
03	Die diebische Aelster
04	Der Tausch / *Lise und Colin, oder: Das übelgehüthete Mädchen*
05	Die Schweizer-Familie
06	Nachtigall und Rabe / *Ein ungarisches Divertissement*
07	Sargines
08	König Waldemar, oder: Die dänischen Fischer / [Zum ersten Male:] *Ein ländliches Divertissement*
09–10	geschlossen
11	Richard und Zoraide
12	Nachtigall und Rabe / *Ein ländliches Divertissement*
13	Raoul der Blaubart
14	Milton / *Alfred der Große*
15	Richard und Zoraide
16	geschlossen
17	Joseph und seine Brüder
18	Alexis / *Die zwey Tanten, oder: Ehemals und Heute*
19	Der Wechselbrief / *Ein ungarisches Divertissement*
20	Zum ersten Male: Das Zauberglöckchen
21	geschlossen
22	Das Zauberglöckchen
23	geschlossen
24	Der Tausch / *Ein ländliches Divertissement*
25	Der Barbier von Sevilla
26	Zum ersten Male: Die Scheidewand / *Die zwey Tanten, oder: Ehemals und Heute*
27	Der Barbier von Sevilla
28	Die Scheidewand / *Ein ungarisches Divertissement*
29	Die Hochzeit des Figaro
30	geschlossen

JULI 1821

01	Das Zauberglöckchen
02	Nachtigall und Rabe / *Ein ländliches Divertissement*
03	Die Zauberflöte
04	Der Tausch / *Aline, Königinn von Golconda*
05	Die Entführung aus dem Serail
06	Nachtigall und Rabe / *Ein ungarisches Divertissement*
07	Richard und Zoraide

08	Joseph und seine Brüder
09	Der neue Gutsherr / *Die zwey Tanten, oder: Ehemals und Heute*
10	Othello, der Mohr von Venedig
11	Der Schatzgräber / *Alfred der Große*
12	Raoul der Blaubart
13	König Waldemar, oder: Die dänischen Fischer / *Ein ungarisches Divertissement*
14	Der Barbier von Sevilla
15	Das unterbrochene Opferfest
16	Nachtigall und Rabe / *Ein ländliches Divertissement*
17	Die Zauberflöte
18	Der Wechselbrief / Zum ersten Male: *Lodoiska*
19	Richard und Zoraide
20	Milton / *Lodoiska*
21	Tancred
22	Das Zauberglöckchen
23	Der Schatzgräber / *Lodoiska*
24	Der Barbier von Sevilla
25	Der Kaliph von Bagdad / *Lodoiska*
26	Die Schweizer-Familie
27	Die Scheidewand / *Die Hochzeit auf dem Lande (B.67)*
28	[Zum ersten Male:] Der Corsar aus Liebe
29	Der Corsar aus Liebe
30	Feodora / *Lodoiska*
31	Der Corsar aus Liebe

AUGUST 1821

01–31 geschlossen

SEPTEMBER 1821

01	Raoul der Blaubart
02	Der Tausch / *Lodoiska*
03	Die Schweizer-Familie
04	Milton / *Lodoiska*
05	Die diebische Aelster
06	König Waldemar, oder: Die dänischen Fischer / *Die zwey Tanten, oder: Ehemals und Heute*
07	Rothkäppchen
08	geschlossen
09	Das Zauberglöckchen
10	Der Tausch / *Lodoiska*
11	Othello, der Mohr von Venedig
12	Der Schatzgräber / *Aline, Königinn von Golconda*
13	Die Sängerinnen auf dem Lande
14	Alexis / *Alfred der Große*
15	geschlossen
16	Nachtigall und Rabe / *Die Hochzeit auf dem Lande (B.67)*
17	Raoul der Blaubart
18	Der neue Gutsherr / *Alfred der Große*
19	Das Zauberglöckchen

20	Die Schweizer-Familie
21	Zum ersten Male: Edmund und Caroline / *Ein Divertissement (B.38)*
22	geschlossen
23	Tancred
24	Ostade / *Ein Divertissement (B.38)*
25	Das Zauberglöckchen
26	Der Schatzgräber / *Lodoiska*
27	Tancred
28	Alexis / *Die Hochzeit auf dem Lande (B.67)* (Z: Aline, Königinn)
29	geschlossen
30	Nachtigall und Rabe / *Die zwey Tanten, oder: Ehemals und Heute*

OKTOBER 1821

01	Der Barbier von Sevilla
02	Ostade / *Aline, Königinn von Golconda*
03	Der Barbier von Sevilla
04	König Waldemar, oder: Die dänischen Fischer / *Lodoiska*
05	Raoul der Blaubart
06	geschlossen
07	Raoul der Blaubart
08	Zum Vortheile der Mad. Rozier, geborne Aumer: Musikalische Akademie / Zum ersten Male: *Das Schweizer-Milchmädchen*
09	Der Barbier von Sevilla
10	Der Schatzgräber / *Das Schweizer-Milchmädchen*
11	Die Hochzeit des Figaro
12	Der Tausch / *Das Schweizer-Milchmädchen*
13	geschlossen
14	Edmund und Caroline / *Das Schweizer-Milchmädchen*
15	Die Hochzeit des Figaro
16	Alexis / *Das Schweizer-Milchmädchen*
17	Die diebische Aelster
18	Zur Feyer des Jahrstages der Schlacht bey Leipzig. Für das hiesige Invalidenhaus: Edmund und Caroline / *Das Schweizer-Milchmädchen*
19	Das Zauberglöckchen
20	geschlossen
21	Othello, der Mohr von Venedig
22	[Neu in Scene gesetzt:] Der kleine Matrose / *Das Schweizer-Milchmädchen*
23	Raoul der Blaubart
24	Der kleine Matrose / *Aline, Königinn von Golconda*
25	Die diebische Aelster
26	Der kleine Matrose / *Lise und Colin, oder: Das übelgehüthete Mädchen*
27	geschlossen
28	Raoul der Blaubart
29	Nachtigall und Rabe / *Die zwey Tanten, oder: Ehemals und Heute*
30	Der Barbier von Sevilla
31	Milton / *Aline, Königinn von Golconda*

NOVEMBER 1821

01	Die Sängerinnen auf dem Lande
02	Alexis / *Die zwey Tanten, oder: Ehemals und Heute*
03	Zum ersten Male: Der Freyschütze
04	Der Freyschütze
05	Der Schatzgräber / *Aline, Königinn von Golconda*
06	Der Freyschütze
07	Der Tausch / *Lise und Colin, oder: Das übelgehüthete Mädchen*
08	Der Corsar aus Liebe
09	Milton / *Die zwey Tanten, oder: Ehemals und Heute*
10	geschlossen
11	Nachtigall und Rabe / *Nina, oder: Wahnsinn aus Liebe*
12	Der Freyschütze
13	Der Tausch / *Nina, oder: Wahnsinn aus Liebe*
14	Raoul der Blaubart
15	Zum Vortheile der öffentlichen Wohlthätigkeits-Anstalten: Abendunterhaltung
16	Der Corsar aus Liebe
17	Zum Vortheile der Dlle. Millière: Der kleine Matrose / *Lodoiska*
18	Der Freyschütze
19	Der Schatzgräber / *Lodoiska*
20	Der Freyschütze
21	Zum Vortheile des Herrn Philipp Taglioni: Der Kaliph von Bagdad / *Das Schweizer-Milchmädchen*
22	Johann von Paris
23	Milton / *Das Schweizer-Milchmädchen*
24	Der Freyschütze
25	Nachtigall und Rabe / *Das Schweizer-Milchmädchen*
26	Zum Vortheile des Herrn J. Rozier: Musikalische Akademie / *Alfred der Große*
27	Der Freyschütze
28	Johann von Paris
29	Der Schatzgräber / *Lodoiska*
30	Der Freyschütze

DEZEMBER 1821

01	Die beyden Ehen / Neu in Scene gesetzt: *Johanna d'Arc*
02	Der Freyschütze
03	Die beyden Ehen / *Johanna d'Arc*
04	Johann von Paris
05	Musikalische Akademie / *Das Schweizer-Milchmädchen*
06	Der Freyschütze
07	Der kleine Matrose / *Alfred der Große*
08	Der Freyschütze
09	Der Dorfbarbier / *Das Schweizer-Milchmädchen*
10	Der Freyschütze
11	[Musikalische Akademie] / *Lodoiska*
12	Mädchentreue
13	Der kleine Matrose / *Johanna d'Arc*
14	Die diebische Aelster

15	Der Dorfbarbier / *Das Schweizer-Milchmädchen*
16	Der Freyschütze
17	Zum Vortheile der öffentlichen Wohlthätigkeits-Anstalten: Die beyden Ehen / *Nina, oder: Wahnsinn aus Liebe*
18	Der Freyschütze
19	[Musikalische Akademie] / *Das Schweizer-Milchmädchen*
20	Zum ersten Male: Zemire und Azor
21	[Neu in Scene gesetzt:] Die Müllerinn, oder: Die Launen der Liebe
22–25	geschlossen
26	Zemire und Azor
27	Der Dorfbarbier/ Zum ersten Male: *Joconde*
28	Die beyden Ehen / *Joconde*
29	Der Barbier von Sevilla
30	Der Freyschütze
31	Der kleine Matrose / *Johanna d'Arc*

JÄNNER 1822

01	Die Müllerinn, oder: Die Launen der Liebe
02	Die Junggesellen-Wirthschaft / *Lodoiska*
03	Othello, der Mohr von Venedig
04	Die Junggesellen-Wirthschaft / *Alfred der Große*
05	Der Freyschütze
06	Der Dorfbarbier / *Das Schweizer-Milchmädchen*
07	Der Barbier von Sevilla
08	Die Junggesellen-Wirthschaft / *Die zwey Tanten, oder: Ehemals und Heute*
09	Der Freyschütze
10	Die beyden Ehen / *Johanna d'Arc*
11	Die Müllerinn, oder: Die Launen der Liebe
12	Die Junggesellen-Wirthschaft / *Aline, Königinn von Golconda*
13	Der Freyschütze
14	Der kleine Matrose / *Das Schweizer-Milchmädchen*
15	Zemire und Azor
16	Die Junggesellen-Wirthschaft / *Joconde*
17	Der Barbier von Sevilla
18	Die Junggesellen-Wirthschaft / *Lodoiska*
19	[Musikalische Akademie] / *Nina, oder: Wahnsinn aus Liebe*
20	Der Dorfbarbier / *Joconde*
21	Die Schweizer-Familie
22	[Musikalische Akademie] / *Das Schweizer-Milchmädchen*
23	Die Zauberflöte
24	[Musikalische Akademie] / *Joconde*
25	Die Schweizer-Familie
26	Der kleine Matrose / *Aline, Königinn von Golconda*
27	Die Zauberflöte
28	Die Junggesellen-Wirthschaft / *Johanna d'Arc*
29	Die Müllerinn, oder: Die Launen der Liebe
30	Die beyden Ehen / *Joconde*
31	Joseph und seine Brüder

FEBRUAR 1822

01 [Musikalische Akademie] / *Das Schweizer-Milchmädchen*
02 Der Freyschütze
03 Milton / *Lodoiska*
04 Der Freyschütze
05 Milton / *Lise und Colin, oder: Das übelgehüthete Mädchen*
06 Joseph und seine Brüder
07 Richard und Zoraide
08 Milton / *Joconde*
09 Der Freyschütze
10 Die Junggesellen-Wirthschaft / *Das Schweizer-Milchmädchen*
11 Zum ersten Male: Das Fräulein vom See
12 König Waldemar, oder: Die dänischen Fischer / [Zum ersten Male:] *Das neue Urtheil des Paris*
13 geschlossen
14 Das Fräulein vom See
15 geschlossen
16 Das Fräulein vom See
17 König Waldemar, oder: Die dänischen Fischer / *Das Schweizer-Milchmädchen*
18 [Zum ersten Male in deutscher Sprache:] Die Italienerinn in Algier
19 Der Freyschütze
20 geschlossen
21 Das Fräulein vom See
22 geschlossen
23 Auf hohes Verlangen: Vocal- und Instrumental-Concert / *Johanna d'Arc*
24 Der Freyschütze
25 Milton / *Lodoiska*
26 Der Barbier von Sevilla
27 König Waldemar, oder: Die dänischen Fischer / *Joconde*
28 geschlossen

MÄRZ 1822

01 Joconde, oder: Die Abenteurer
02 Die beyden Ehen / *Das Schweizer-Milchmädchen*
03 Die Müllerinn, oder: Die Launen der Liebe
04 [Musikalische Akademie] / *Johanna d'Arc*
05 Joconde, oder: Die Abenteurer
06 Ostade / *Nina, oder: Wahnsinn aus Liebe*
07 Zum Vortheile der Dlle. Wilh. Schröder. Unter der Leitung des Herrn Compositeurs selbst: Der Freyschütze
08 Der Kaliph von Bagdad / *Joconde*
09 Unter der Leitung des Herrn Compositeurs selbst: Der Freyschütze
10 Zum Vortheile der Madame Grünbaum: Das Fräulein vom See
11 Die Junggesellen-Wirthschaft / *Das Schweizer-Milchmädchen*
12 Das Fräulein vom See
13 Die Italienerinn in Algier
14 Das Fräulein vom See
15 Die Junggesellen-Wirthschaft / Zum ersten Male: *Margarethe, Königinn von Catanea*

16	Der Freyschütze
17	Das Fräulein vom See
18	Der Dorfbarbier / *Margarethe, Königinn von Catanea*
19	Alexis / *Margarethe, Königinn von Catanea*
20	Alexis / *Margarethe, Königinn von Catanea*
21	Johann von Paris
22	Die Junggesellen-Wirthschaft / *Margarethe, Königinn von Catanea*
23	Das Fräulein vom See
24	Der Dorfbarbier / *Margarethe, Königinn von Catanea*
25	geschlossen
26	Der Freyschütze
27	Milton / *Margarethe, Königinn von Catanea*
28	Der Freyschütze
29	geschlossen
30	Zum Vortheile des Anton Forti. Zum ersten Male: Aschenbrödel
31	geschlossen

APRIL 1822

01–06	geschlossen
07	Zum Vortheile der öffentlichen Wohlthätigkeits-Anstalten: Musikalische Akademie
08	Der kleine Matrose / *Margarethe, Königinn von Catanea*
09	Aschenbrödel
10	Milton / *Margarethe, Königinn von Catanea*
11	Aschenbrödel
12	Die beyden Ehen / *Margarethe, Königinn von Catanea*
13	Zum ersten Male: Zelmira*
14	Der Freyschütze
15	geschlossen
16	Zelmira*
17	[Zum ersten Male:] Alle fürchten sich / *Das Schweizer-Milchmädchen*
18	Zelmira*
19	Alle fürchten sich / *Margarethe, Königinn von Catanea*
20	Zelmira*
21	M: Vocal- und Instrumental-Concert
	A: Alle fürchten sich / *Margarethe, Königinn von Catanea*
22	Zelmira*
23	Die Italienerinn in Algier
24	Zelmira*
25	König Waldemar, oder: Die dänischen Fischer / *Joconde*
26	Zum ersten Male: Die musikalische Akademie / *Das Schweizer-Milchmädchen*
27	Zelmira*
28	Die musikalische Akademie / *Johanna d'Arc*
29	Zelmira*
30	Die musikalische Akademie / *Joconde*

MAI 1822

01	Zelmira*
02	Die Müllerinn, oder: Die Launen der Liebe

03	Zelmira*
04	Alle fürchten sich / *Das Schweizer-Milchmädchen*
05	Der Freyschütze
06	Die musikalische Akademie / *Joconde*
07	Zum ersten Male: Corradino, ossia: Bellezza e cuor di ferro*
08	Alle fürchten sich / *Lodoiska*
09	Der Freyschütze
10	Der neue Gutsherr / *Lodoiska*
11	Mit Abkürzungen: Corradino, ossia: Bellezza e cuor di ferro*
12	Die Entführung aus dem Serail
13	Corradino, ossia: Bellezza e cuor di ferro*
14	geschlossen
15	Corradino, ossia: Bellezza e cuor di ferro*
16	Alle fürchten sich / *Das Schweizer-Milchmädchen*
17	Zelmira*
18	Die musikalische Akademie / Zum ersten Male: *Monsieur Deschalumeaux*
19	Alle fürchten sich / *Monsieur Deschalumeaux*
20	Zelmira*
21	Der neue Gutsherr / *Nina, oder: Wahnsinn aus Liebe*
22	Zelmira*
23	Auf Verlangen: Concert / *Das Schweizer-Milchmädchen*
24	Zelmira*
25	Die beyden Ehen / *Margarethe, Königinn von Catanea*
26	Zum Vortheile der öffentlichen Wohlthätigkeits-Anstalten: Musikalische Akademie
27	Alle fürchten sich / *Margarethe, Königinn von Catanea*
28	Corradino, ossia: Bellezza e cuor di ferro*
29	Die Sängerinnen auf dem Lande
30	Zum Vortheile der Mad. Isabella Rossini, geb. Colbran. Zum ersten Male: Elisabetta, regina d'Inghilterra*
31	Die musikalische Akademie / *Margarethe, Königinn von Catanea*

JUNI 1822

01	Elisabetta, regina d'Inghilterra*
02	Die Sängerinnen auf dem Lande
03	Elisabetta, regina d'Inghilterra*
04	[Wiederaufnahme:] Das Geheimniß / *Joconde*
05	Elisabetta, regina d'Inghilterra*
06	geschlossen
07	Zelmira*
08	Das Geheimniß / *Joconde*
09	Corradino, ossia: Bellezza e cuor di ferro*
10	Die musikalische Akademie / Zum ersten Male: *Ein neues anacreontisches Divertissement*
11	Zelmira*
12	Das Geheimniß / *Ein neues anacreontisches Divertissement*
13	Elisabetta, regina d'Inghilterra*
14	Das Geheimniß / *Ein neues anacreontisches Divertissement*
15	Zelmira*
16	Alle fürchten sich / *Das Schweizer-Milchmädchen*
17	Elisabetta, regina d'Inghilterra*

18	Der neue Gutsherr / *Joconde*
19	Zelmira*
20	Das Geheimniß / *Ein anacreontisches Divertissement*
21	Zum ersten Male [in italienischer Sprache]: La gazza ladra*
22	La gazza ladra*
23	Raoul der Blaubart
24	La gazza ladra*
25	Alle fürchten sich / *Das Schweizer-Milchmädchen*
26	La gazza ladra*
27	Zum ersten Male: Das Singspiel auf dem Dache / *Ein anacreontisches Divertissement*
28	La gazza ladra*
29	La gazza ladra*
30	Das Geheimniß / *Joconde*

JULI 1822

01	Der Dorfbarbier / *Das Schweizer-Milchmädchen*
02	La gazza ladra*
03	Das Singspiel auf dem Dache / *Margarethe, Königinn von Catanea*
04	Corradino, ossia: Bellezza e cuor di ferro*
05	Zelmira*
06	Das Geheimniß / Zum ersten Male: *Die heftige junge Frau*
07	Die Sängerinnen auf dem Lande
08	Zum Vortheile des Herrn Kapellmeister Joachim Rossini. Zum ersten Male [in italienischer Sprache]: Ricciardo e Zoraide* / *Ein anacreontisches Divertissement*
09	Ricciardo e Zoraide*
10	Die musikalische Akademie / *Die heftige junge Frau*
11	La gazza ladra*
12	Das Geheimniß / *Die heftige junge Frau*
13	Elisabetta, regina d'Inghilterra*
14	Die Zauberflöte
15	Zelmira*
16	Corradino, ossia: Bellezza e cuor di ferro*
17	Alle fürchten sich / *Das Schweizer-Milchmädchen*
18	Ricciardo e Zoraide* / *Ein anacreontisches Divertissement*
19	La gazza ladra*
20	Zelmira*
21	Das Geheimniß / *Die heftige junge Frau*
22	La gazza ladra*
23	La gazza ladra*
24	Corradino, ossia: Bellezza e cuor di ferro*
25	Concert des Herrn Drouet / Alle fürchten sich / *Ein anacreontisches Divertissement*
26	Der Barbier von Sevilla
27	Zum ersten Male: Die Alpenhütte / *Die heftige junge Frau*
28	Der Freyschütze
29	Zum Vortheile des Hrn. Bapt. Petit: Die Alpenhütte / Zum ersten Male: *Clari*
30	Der Barbier von Sevilla
31	Das Geheimniß / *Clari*

AUGUST 1822

01 Tancred
02 Die Alpenhütte / *Clari*
03 Der Freyschütze
04 Das Singspiel auf dem Dache / *Clari*
05 Die Zauberflöte
06 Das Geheimniß / *Clari*
07 Der Freyschütze
08 Alexis / *Clari*
09 Das Fräulein vom See
10 Die Zauberflöte
11 Das Geheimniß / *Die heftige junge Frau*
12 Der Barbier von Sevilla
13 Alle fürchten sich / *Ein anacreontisches Divertissement*
14 Die Sängerinnen auf dem Lande
15 Das Geheimniß / *Die heftige junge Frau*
16 Tancred
17 Das Geheimniß / [Zum ersten Male:] *Kiaking*
18 Alle fürchten sich / *Kiaking*
19 Der Barbier von Sevilla
20 Tancred
21 Das Geheimniß / *Kiaking*
22 [Neu einstudirt:] Die Tage der Gefahr
23 Johann von Paris
24 Die Zauberflöte
25 Alexis / *Kiaking*
26 Die Müllerinn, oder: Die Launen der Liebe
27 Der neue Gutsherr / *Ein anacreontisches Divertissement*
28 Don Juan
29 Der Dorfbarbier / *Kiaking*
30 Tancred
31 Die Zauberflöte

SEPTEMBER 1822

01 Das Geheimniß / *Kiaking*
02 Don Juan
03 Zum Vortheile der Dlle. Catharina Sigl: Sargines
04 Das Singspiel auf dem Dache / *Die heftige junge Frau*
05 Der Barbier von Sevilla
06 Der neue Gutsherr / *Kiaking*
07 Johann von Paris
08 geschlossen
09 Der Freyschütze
10 Auf Allerhöchsten Befehl, bey Beleuchtung des äußern Schauplatzes. Neu in Scene gesetzt: *Alfred der Große*
11 Das Geheimniß / *Alfred der Große*
12 Zum Vortheile der Mad. Seidler, geb. Wranitzky: Die Hochzeit des Figaro
13 Der Freyschütze

14	Neu in Scene gesetzt: Die Gefangene / *Ein anacreontisches Divertissement*
15	Die Müllerinn, oder: Die Launen der Liebe
16	Die Gefangene / *Margarethe, Königinn von Catanea*
17	Don Juan
18	Concert / *Die heftige junge Frau*
19	Das Fräulein vom See
20	Zum ersten Male: Pachter Robert / *Alfred der Große*
21	Raoul der Blaubart
22	Die Gefangene / *Margarethe, Königinn von Catanea*
23	Das Fräulein vom See
24	Concert / *Ein anacreontisches Divertissement*
25	Don Juan
26	Alle fürchten sich / *Clari*
27	Der Barbier von Sevilla
28	Das Geheimniß / *Clari*
29	Der Freyschütze
30	Pachter Robert / *Alfred der Große*

OKTOBER 1822

01	Die Müllerinn, oder: Die Launen der Liebe
02	Die Gefangene / *Margarethe, Königinn von Catanea*
03	Zum ersten Male: Cora
04	Pachter Robert / *Kiaking*
05	Der Freyschütze
06	Don Juan
07	Der neue Gutsherr / *Margarethe, Königinn von Catanea*
08	Raoul der Blaubart
09	Das Geheimniß / *Margarethe, Königinn von Catanea*
10	Der Barbier von Sevilla
11	Die Gefangene / *Alfred der Große*
12	Raoul der Blaubart
13	Der Freyschütze
14	Die Gefangene / *Margarethe, Königinn von Catanea*
15	Die Zauberflöte
16	Das Geheimniß / *Clari*
17	Der Barbier von Sevilla
18	Zur Feyer des Jahrstages der Schlacht bey Leipzig. Für das hiesige Invalidenhaus: Der neue Gutsherr / *Alfred der Große*
19	Tancred
20	Die Zauberflöte
21	Die Gefangene / *Margarethe, Königinn von Catanea*
22	Das Fräulein vom See
23	Pachter Robert / *Ein anacreontisches Divertissement*
24	Tancred
25	Raoul der Blaubart
26	Das Geheimniß / *Alfred der Große*
27	Das Fräulein vom See
28	Die Gefangene / *Margarethe, Königinn von Catanea*
29	Der Barbier von Sevilla

30	Tancred
31	Alle fürchten sich / *Alfred der Große*

NOVEMBER 1822

01	Das Fräulein vom See
02	Pachter Robert / *Ein anacreontisches Divertissement*
03	Neu in Scene gesetzt: Fidelio
04	Fidelio
05	Die Gefangene / *Joconde*
06	Der Freyschütze
07	Das Geheimniß / Zum ersten Male: *Hamlet*
08	Raoul der Blaubart
09	Die Gefangene / *Hamlet*
10	Der Freyschütze
11	Die Italienerinn in Algier
12	Der neue Gutsherr / *Hamlet*
13	Tancred
14	Zum Vortheile der Mad. Theodore Rozier: Musikalische Akademie / *Das Schweizer-Milchmädchen*
15	Zum Vortheile der Wohlthätigkeits-Anstalten: Musikalisch-deklamatorische Akademie
16	Die Gefangene / *Hamlet*
17	Cora
18	Das Geheimniß / *Hamlet*
19	Der Dorfbarbier / *Hamlet*
20	Cora
21	Zum ersten Male: Das alte Schloß / *Das Schweizer-Milchmädchen*
22	Das Fräulein vom See
23	Das alte Schloß / *Hamlet*
24	Der Freyschütze
25	Das alte Schloß / *Hamlet*
26	Fidelio
27	Alle fürchten sich / *Alfred der Große*
28	Tancred
29	Pachter Robert / *Hamlet*
30	Der Barbier von Sevilla

DEZEMBER 1822

01	Das alte Schloß / *Hamlet*
02	Fidelio
03	Pachter Robert / *Joconde*
04	Zum ersten Male: Libussa
05	Libussa
06	Musikalische Akademie / *Margarethe, Königinn von Catanea*
07	Libussa
08	Libussa
09	Pachter Robert / *Hamlet*
10	Die Italienerinn in Algier

11	Musikalische Akademie / *Clari*
12	Libussa
13	Zum ersten Male: Der Miethsmann / *Clari*
14	Libussa
15	Libussa
16	Der Miethsmann / *Margarethe, Königinn von Catanea*
17	Fidelio
18	Pachter Robert / Zum ersten Male: *Arsena*
19	Der neue Gutsherr / *Arsena*
20	Das Fräulein vom See
21	Zum Vortheile des Hrn. Ph. Taglioni, k. k. Hoftheater-Balletmeister: Musikalische Akademie / *Arsena*
22–25	geschlossen
26	Der Freyschütze
27	Das Geheimniß / *Arsena*
28	Die Gefangene / *Arsena*
29	Die Zauberflöte
30	Das alte Schloß / *Hamlet*
31	Raoul der Blaubart

JÄNNER 1823

01	Der Dorfbarbier / *Arsena*
02	Zum Vortheile der Amalie Schütz. Unter persönlicher Leitung des Tonsetzers: Libussa
03	Libussa
04	Musikalische Akademie / *Arsena*
05	Tancred
06	Libussa
07	Alexis / *Arsena*
08	Raoul der Blaubart
09	Musikalische Akademie / *Alfred der Große*
10	Der Barbier von Sevilla
11	Libussa
12	Musikalische Akademie / *Lodoiska*
13	Tancred
14	Zum ersten Male: Der junge Onkel / *Lodoiska*
15	Libussa
16	Zum Vortheile der Mad. Marie Alexandrine Courtin, vor ihrer Abreise: *Nina, oder: Wahnsinn aus Liebe* (II) / [Neu in Scene gesetzt:] *Paul und Rosette*
17	Das Fräulein vom See
18	Der Freyschütze
19	Der junge Onkel / *Paul und Rosette*
20	Libussa
21	Der junge Onkel / *Paul und Rosette*
22	Zum Vortheile der Mad. Grünbaum. Zum ersten Male: Mahomet der Zweyte
23	Die Gefangene / *Arsena*
24	Mahomet der Zweyte
25	Der junge Onkel / *Hamlet*
26	Libussa

27 Die Gefangene / *Paul und Rosette*
28 Fidelio
29 Der junge Onkel / *Lodoiska*
30 Tancred
31 Alexis / *Lodoiska*

FEBRUAR 1823

01 Der Barbier von Sevilla
02 Der Freyschütze
03 Der junge Onkel / *Das übelgehüthete Mädchen*
04 Libussa
05 Das alte Schloß / *Paul und Rosette*
06 Mahomet der Zweyte
07 Zum ersten Male: Das Ständchen / Zum ersten Male: *Die Rose*
08 Das Ständchen / *Die Rose*
09 Der Freyschütze
10 Der Dorfbarbier / *Die Rose*
11 Der Barbier von Sevilla
12 Musikalische Akademie zum Besten der Gesellschaft adeliger Frauen
13 Mahomet der Zweyte
14 Tancred
15 Zum Vortheile des Herrn F. Rozier. Zum ersten Male: Cordelia / *Arsena*
16 Libussa
17 Cordelia / *Arsena*
18 Mahomet der Zweyte
19 geschlossen
20 Cordelia / *Die Rose*
21 Libussa
22 Cordelia / *Hamlet*
23 Das Fräulein vom See
24 Das Geheimniß / *Die Rose*
25 Die Müllerinn, oder: Die Launen der Liebe
26 Cordelia / *Arsena*
27 Zum ersten Male: Die eiserne Pforte
28 geschlossen

MÄRZ 1823

01 Die eiserne Pforte
02 Das Geheimniß / *Arsena*
03 Fidelio
04 Alexis / *Die Rose*
05 Der Freyschütze
06 Zum Vortheile der Dlle. Wilhelmine Schröder: Cordelia / Zum ersten Male: *Paris, oder Der Triumph der Schönheit*
07 Libussa
08 Raoul der Blaubart
09 Das Geheimniß / *Die Rose*
10 Das Fräulein vom See

11	Cordelia / *Arsena*
12	Der Freyschütze
13	Zum ersten Male [in italienischer Sprache]: Otello*
14	Cordelia / *Paris, oder Der Triumph der Schönheit*
15	Libussa
16	Das Geheimniß / *Das Schweizer-Milchmädchen*
17	Otello*
18	Fidelio
19	Der junge Onkel / *Paul und Rosette*
20	Mahomet der Zweyte
21	Cordelia / *Paris, oder Der Triumph der Schönheit*
22	Otello*
23–29	geschlossen
30	Zum Vortheile der Wohlthätigkeits-Anstalten: Musikalische Akademie
31	Das Geheimniß / *Arsena*

APRIL 1823

01	Otello*
02	Das alte Schloß / *Paris, oder Der Triumph der Schönheit*
03	Otello*
04	Der neue Gutsherr / *Die Rose*
05	Otello*
06	Der Dorfbarbier / *Hamlet*
07	Otello*
08	geschlossen
09	Der junge Onkel / *Paris, oder Der Triumph der Schönheit*
10	Otello*
11	Das Geheimniß / *Arsena*
12	Libussa
13	Der Dorfbarbier / *Das Schweizer-Milchmädchen*
14	Zum ersten Male [in italienischer Sprache]: Il barbiere di Siviglia (A.35)*
15	geschlossen
16	Il barbiere di Siviglia (A.35)*
17	Die Gefangene / *Hamlet*
18	Otello*
19	Das Geheimniß / *Paris, oder Der Triumph der Schönheit*
20	Otello*
21	Alle fürchten sich / *Arsena*
22	Il barbiere di Siviglia (A.35)*
23	Das alte Schloß / *Die Rose*
24	Libussa
25	Zum Vortheile der Dlle. Antonie Milliere: Aladin, oder: Das Nothwendige / *Alfred der Große*
26	Der Freyschütze
27	Il barbiere di Siviglia (A.35)*
28	Die Gefangene / *Alfred der Große*
29	Il barbiere di Siviglia (A.35)*
30	Alle fürchten sich / *Paris, oder Der Triumph der Schönheit*

MAI 1823

01	Il barbiere di Siviglia (A.35)*
02	Aladin, oder: Das Nothwendige / *Arsena*
03	Der Freyschütze
04	Die Gefangene / *Hamlet*
05	Otello*
06	Aladin, oder: Das Nothwendige / *Die Rose*
07	Otello*
08	Libussa
09	Otello*
10	Alle fürchten sich / *Das übelgehüthete Mädchen*
11	Otello*
12	Zum Vortheile der Dlle. Therese Heberle: Musikalische Akademie / Zum ersten Male: *Ismaan's Grab, oder: Die bezauberten Instrumente*
13	Das Geheimniß / *Ismaan's Grab, oder: Die bezauberten Instrumente*
14	geschlossen
15	[Musikalische Akademie] / *Ismaan's Grab, oder: Die bezauberten Instrumente*
16	[Musikalische Akademie] / *Ismaan's Grab, oder: Die bezauberten Instrumente*
17	Zum ersten Male [in italienischer Sprache]: La Cenerentola, ossia: La bontà in trionfo*
18	Zum Vortheile der öffentlichen Wohlthätigkeits-Anstalten: Musikalische Akademie
19	La Cenerentola, ossia: La bontà in trionfo*
20	[Musikalische Akademie] / *Ismaan's Grab, oder: Die bezauberten Instrumente*
21	Der Freyschütze
22	La Cenerentola, ossia: La bontà in trionfo*
23	[Musikalische Akademie] / *Ismaan's Grab, oder: Die bezauberten Instrumente*
24	Elisabetta, regina d'Inghilterra*
25	La Cenerentola, ossia: La bontà in trionfo*
26	Il barbiere di Siviglia (A.35)*
27	[Musikalische Akademie] / *Ismaan's Grab, oder: Die bezauberten Instrumente*
28	Elisabetta, regina d'Inghilterra*
29	geschlossen
30	La Cenerentola, ossia: La bontà in trionfo (II)* / [Zum ersten Male]: *Die Unschuldigen*
31	Il barbiere di Siviglia (A.35)*

JUNI 1823

01	Der Dorfbarbier / *Die Unschuldigen*
02	Zum Vortheile der Mad. Fodor-Mainvielle: Zelmira*
03	Der junge Onkel / *Arsena*
04	[Musikalische Akademie] / *Ismaan's Grab, oder: Die bezauberten Instrumente*
05	Il barbiere di Siviglia (A.35)*
06	Alexis / *Arsena*
07	La Cenerentola, ossia: La bontà in trionfo*
08	Die Italienerinn in Algier
09	Zelmira*
10	Pachter Robert / *Ismaan's Grab, oder: Die bezauberten Instrumente*
11	Il barbiere di Siviglia (A.35)*
12	Die Zauberflöte

13	Elisabetta, regina d'Inghilterra*
14	La Cenerentola, ossia: La bontà in trionfo*
15	Johann von Paris (II) / *Nina, oder: Wahnsinn aus Liebe*
16	Zum Vortheile des Herrn A. Ambrogi: Zelmira*
17	[Neu einstudirt:] Die Strickleiter / *Nina, oder: Wahnsinn aus Liebe*
18	La Cenerentola, ossia: La bontà in trionfo*
19	Die Müllerinn, oder: Die Launen der Liebe
20	Aladin, oder: Das Nothwendige / *Paris, oder Der Triumph der Schönheit*
21	Il barbiere di Siviglia (A.35)*
22	Die Strickleiter / *Arsena*
23	Zelmira*
24	Die Strickleiter / *Ismaan's Grab, oder: Die bezauberten Instrumente*
25	Elisabetta, regina d'Inghilterra*
26	Der Freyschütze
27	Die Gefangene / *Ismaan's Grab, oder: Die bezauberten Instrumente*
28	Zum ersten Male: Abufar, ossia: La famiglia araba*
29	Das Geheimniß / *Ismaan's Grab, oder: Die bezauberten Instrumente*
30	La Cenerentola, ossia: La bontà in trionfo*

JULI 1823

01	Johann von Paris (I) / *Paris, oder Der Triumph der Schönheit*
02	Abufar, ossia: La famiglia araba*
03	Zum Vortheile des sämmtlichen Opern-Chors: Otello (II, III)* / La Cenerentola, ossia: La bontà in trionfo (II)*
04	Die Strickleiter / Zum ersten Male: *Rinaldo d'Asti*
05	Abufar, ossia: La famiglia araba*
06	Alle fürchten sich / *Rinaldo d'Asti*
07	Zum Vortheil des Herrn L. Lablache: Il barbiere di Siviglia (A.35)*
08	La Cenerentola, ossia: La bontà in trionfo*
09	Il barbiere di Siviglia (A.35)*
10	Die Italienerinn in Algier
11	Die Strickleiter / *Rinaldo d'Asti*
12	Abufar, ossia: La famiglia araba*
13	Alle fürchten sich / *Rinaldo d'Asti*
14	Zum Vortheil des Herrn G. David. Zum ersten Male: Il matrimonio segreto*
15	Das alte Schloß / Neu in Scene gesetzt: *Margaretha, Königinn von Catanea*
16	Il matrimonio segreto*
17	Don Juan
18	La Cenerentola, ossia: La bontà in trionfo (II)* / *Rinaldo d'Asti*
19	Il barbiere di Siviglia (A.35)*
20	Der Dorfbarbier / *Rinaldo d'Asti*
21	Il matrimonio segreto*
22	Aladin, oder: Das Nothwendige / *Margaretha, Königinn von Catanea*
23	Zum ersten Male in italienischer Sprache: La donna del lago*
24	Mahomet der Zweyte
25	La donna del lago*
26	Elisabetta, regina d'Inghilterra*
27	Johann von Paris (I) / *Ismaan's Grab, oder: Die bezauberten Instrumente*
28	Zelmira*

29	Cordelia / *Ismaan's Grab, oder: Die bezauberten Instrumente*
30	La donna del lago*
31	Elisabetta, regina d'Inghilterra*

AUGUST 1823

01	Cordelia / *Rinaldo d'Asti*
02	La Cenerentola, ossia: La bontà in trionfo (I)* / *Rinaldo d'Asti*
03	Die Müllerinn, oder: Die Launen der Liebe
04	Il barbiere di Siviglia (A.35)*
05	Cordelia / *Rinaldo d'Asti*
06	La donna del lago*
07	Il barbiere di Siviglia (A.35)*
08	La donna del lago*
09	Il matrimonio segreto* / Zum ersten Male: *Die Amazonen*
10	Johann von Paris (I) / *Die Amazonen*
11	Il barbiere di Siviglia (A.35)*
12	Die Müllerinn, oder: Die Launen der Liebe (II) / *Die Amazonen*
13	Zelmira*
14	Cordelia / *Die Amazonen*
15	Die Müllerinn, oder: Die Launen der Liebe (I) / *Rinaldo d'Asti*
16	Il matrimonio segreto*
17	Tancred (I) / *Die Amazonen*
18	Zum Vortheile der Dlle. Caroline Unger: Abufar, ossia: La famiglia araba*
19	Tancred (II) / *Die Amazonen*
20	Il barbiere di Siviglia (A.35)*
21	Cordelia / *Die Rose*
22	Libussa
23	La donna del lago*
24	Die Gefangene / *Die Amazonen*
25	Il barbiere di Siviglia (A.35)*
26	La Cenerentola, ossia: La bontà in trionfo*
27	Elisabetta, regina d'Inghilterra*
28	Das Geheimniß / *Arsena*
29	Die Strickleiter / *Margaretha, Königinn von Catanea*
30	Il barbiere di Siviglia (A.35)*
31	Cordelia / *Paris, oder Der Triumph der Schönheit*

SEPTEMBER 1823

01	Der Freyschütze
02	La donna del lago*
03	Das Geheimniß / *Die Amazonen*
04	Zum ersten Male: Semiramide*
05	Die Gefangene / *Margaretha, Königinn von Catanea*
06	Semiramide*
07	Tancred (I) / *Rinaldo d'Asti*
08	geschlossen
09	Semiramide*
10	Neu in Scene gesetzt: Nachtigall und Rabe / *Die Amazonen*

601

11	Zum Vortheile des Herrn Domenico Donzelli: Otello*
12	Nachtigall und Rabe / *Die Amazonen*
13	Il barbiere di Siviglia (A.35)*
14	Johann von Paris (I) / *Arsena*
15	Auf Verlangen: Otello*
16	Nachtigall und Rabe / *Rinaldo d'Asti*
17	Zelmira*
18	Tancred (II) / *Die Amazonen*
19	Auf hohes Begehren: Semiramide*
20	Nachtigall und Rabe / *Die Amazonen*
21	Il matrimonio segreto*
22	Il barbiere di Siviglia (A.35)*
23	Das Geheimniß / *Paris, oder Der Triumph der Schönheit*
24	Auf vielfältiges Verlangen: Semiramide*
25	Nachtigall und Rabe / *Die Amazonen*
26	La Cenerentola, ossia: La bontà in trionfo*
27	Die Gefangene / *Arsena*
28	La donna del lago*
29	Libussa
30	Das Geheimniß / *Margaretha, Königinn von Catanea*

OKTOBER 1823

01	Der Freyschütze
02	Tancred (I) / *Die Amazonen*
03	Zum ersten Male: Euphemie von Avogara
04	Euphemie von Avogara
05	Zum Vortheile des Herrn und der Mad. Bretel: Tancred (I) / Neu in Scene gesetzt: *Ismaan's Grab, oder: Die bezauberten Instrumente*
06	Euphemie von Avogara
07	Nachtigall und Rabe / *Ismaan's Grab, oder: Die bezauberten Instrumente*
08	Die Zauberflöte
09	Nachtigall und Rabe / *Die Amazonen*
10	Mahomet der Zweyte
11	Tancred (II) / Zum ersten Male: *Der weiße Pilger*
12	Der Dorfbarbier / *Der Pilger*
13	Der Freyschütze
14	Die Gefangene / *Ismaan's Grab, oder: Die bezauberten Instrumente*
15	Zum Vortheile des Herrn Franz Jäger: Euphemie von Avogara / *Der Pilger*
16	Libussa
17	Tancred (I) / *Die Amazonen*
18	Zur Feyer des Jahrstages der Schlacht bey Leipzig. Für das hiesige Invalidenhaus: Der Freyschütze
19	Nachtigall und Rabe / *Ismaan's Grab, oder: Die bezauberten Instrumente*
20	Die Zauberflöte
21	Johann von Paris (I) / *Der Pilger*
22	Libussa
23	Alle fürchten sich / *Die Amazonen*
24	Nachtigall und Rabe / *Die Rose*
25	Zum ersten Male. Unter persönlicher Leitung des Compositeurs: Euryanthe

26	Alle fürchten sich / *Ismaan's Grab, oder: Die bezauberten Instrumente*
27	Unter persönlicher Leitung des Compositeurs: Euryanthe
28	Nachtigall und Rabe / *Die Amazonen*
29	Zum Vortheile der Dlle. Henriette Sontag. Zum letzten Mahle unter persönlicher Leitung des Compositeurs: Euryanthe
30	Zum ersten Male [in deutscher Sprache]: Glückliche Täuschung / *Paris, oder Der Triumph der Schönheit*
31	Glückliche Täuschung / *Arsena*

NOVEMBER 1823

01	Euryanthe
02	Glückliche Täuschung / *Ismaan's Grab, oder: Die bezauberten Instrumente*
03	Bey Beleuchtung des äußern Schauplatzes. Neu in Scene gesetzt: Titus der Gütige
04	Glückliche Täuschung / *Paris, oder Der Triumph der Schönheit*
05	Der Freyschütze
06	Glückliche Täuschung / *Die Amazonen*
07	Libussa
08	Nachtigall und Rabe / *Arsena*
09	Die Zauberflöte
10	Tancred (I) / *Die Amazonen*
11	Zum Vortheile des Herrn Karl Sieber. Neu in Scene gesetzt: Die diebische Aelster
12	Tancred (II) / *Ismaan's Grab, oder: Die bezauberten Instrumente*
13	Glückliche Täuschung / *Der Pilger*
14	Euryanthe
15	Zum Vortheile der öffentlichen Wohlthätigkeitsanstalten: Große musikalische Akademie
16	Die diebische Aelster
17	Nachtigall und Rabe / Zum ersten Male: *Der neue Narciß*
18	Tancred (I) / *Der neue Narciß*
19	Euryanthe
20	Cordelia / *Der neue Narciß*
21	Zum Vortheile des Herrn Karl Weinmiller: Don Juan
22	Musikalische Akademie / *Paris, oder Der Triumph der Schönheit*
23	Euryanthe
24	Neu in Scene gesetzt: Zum goldenen Löwen / *Lodoiska*
25	Der Freyschütze
26	Alle fürchten sich / *Die Amazonen*
27	Titus der Gütige
28	Tancred (I) / *Arsena*
29	Musikalische Akademie / *Der neue Narciß*
30	Euryanthe

DEZEMBER 1823

01	Der neue Gutsherr / *Lodoiska*
02	Die diebische Aelster
03	Tancred (II) / *Die Amazonen*
04	Die diebische Aelster
05	Euryanthe

06	Die Müllerinn, oder: Die Launen der Liebe / *Die Rose*
07	Die Müllerinn, oder: Die Launen der Liebe / *Der neue Narciß*
08	Der Freyschütze
09	Die Müllerinn, oder: Die Launen der Liebe / *Paris, oder Der Triumph der Schönheit*
10	Don Juan
11	Zum goldenen Löwen / *Die Amazonen*
12	Euryanthe
13	Der neue Gutsherr / *Lodoiska*
14	Neu in Scene gesetzt: Die Hochzeit des Figaro
15	Zum Vortheile des Herrn I. Moscheles: Große musikalische Akademie / *Die Amazonen*
16	Die Hochzeit des Figaro
17	Auf allgemeines Verlangen: Große musikalische Akademie / *Die Amazonen*
18	Die Müllerinn, oder: Die Launen der Liebe / *Der Pilger*
19	Die Hochzeit des Figaro
20	Tancred (I) / *Ismaan's Grab, oder: Die bezauberten Instrumente*
21	Zum Vortheile des Herrn und der Mad. Wächter: Don Juan
22–25	geschlossen
26	Die Müllerinn, oder: Die Launen der Liebe / *Der Pilger*
27	Zum Vortheile des Herrn J. Mayseder: Große musikalische Akademie / *Paris, oder Der Triumph der Schönheit*
28	Don Juan
29	Große musikalische Akademie / *Die Amazonen*
30	Zum Vortheile des öffentlichen Wohlthätigkeits-Anstalten: Euryanthe
31	Zum goldenen Löwen / Zum ersten Male: *Die Fee und der Ritter*

JÄNNER 1824

01	Der neue Gutsherr / *Die Fee und der Ritter*
02	Die diebische Aelster
03	Zum goldenen Löwen / *Die Fee und der Ritter*
04	Die diebische Aelster
05	Alle fürchten sich / *Die Fee und der Ritter*
06	Der Freyschütze
07	Alle fürchten sich / *Die Fee und der Ritter*
08	Zum Vortheile des Herrn Anton Hasenhut. Neu in Scene gesetzt: Der lustige Schuster
09	Tancred (I) / *Die Fee und der Ritter*
10	Nachtigall und Rabe / *Die Fee und der Ritter*
11	Der lustige Schuster
12	Alle fürchten sich / *Die Fee und der Ritter*
13	Titus der Gütige
14	Nachtigall und Rabe / *Die Fee und der Ritter*
15	Don Juan
16	Alle fürchten sich / *Die Fee und der Ritter*
17	Euryanthe
18	Alle fürchten sich / *Die Fee und der Ritter*
19	Zum goldenen Löwen / *Die Fee und der Ritter*
20	geschlossen
21	Alle fürchten sich / *Die Fee und der Ritter*

22	Der Freyschütze
23	Musikalische Akademie / *Der Pilger*
24	Zum ersten Male: Der Taucher
25	Alle fürchten sich / *Die Fee und der Ritter*
26	Der Taucher
27	Zum goldenen Löwen / *Die Fee und der Ritter*
28	Der Taucher
29	Glückliche Täuschung / *Die Fee und der Ritter*
30	Zum Vortheile des Herrn Kapellmeisters Conradin Kreutzer: Der Taucher
31	Die diebische Aelster

FEBRUAR 1824

01	Zum goldenen Löwen / *Die Fee und der Ritter*
02	Der Taucher
03	Die Gefangene / *Die Fee und der Ritter*
04	Der Taucher
05	Das Geheimniß / *Die Fee und der Ritter*
06	Der Freyschütze
07	Bey Beleuchtung des äußern Schauplatzes. Neu in Scene gesetzt: Richard und Zoraide
08	Alle fürchten sich / *Die Fee und der Ritter*
09	Richard und Zoraide
10	Cordelia / *Die Fee und der Ritter*
11	Bey Beleuchtung des äußern Schauplatzes: Der Taucher
12	Zum ersten Male: Wittwen-Trauer / *Die Fee und der Ritter*
13	Der Taucher
14	Witwen-Trauer / *Die Fee und der Ritter*
15	Witwen-Trauer / *Die Fee und der Ritter*
16	Der Taucher
17	Witwen-Trauer / *Arsena*
18	Der Taucher
19	geschlossen
20	Zum Vortheile der Dlle. Therese Herberle: Witwen-Trauer / Zum ersten Male: *Eleonore*
21	Der Freyschütze
22	Alle fürchten sich / *Eleonore*
23	Die diebische Aelster
24	Die Gefangene / *Eleonore*
25	Zum Vortheile der Mad. Kneisel. Neu in Scene gesetzt: Joconde, oder: Die Abenteurer
26	Das Geheimniß / *Die Fee und der Ritter*
27	geschlossen
28	Witwen-Trauer / *Die Fee und der Ritter*
29	Alle fürchten sich / *Die Fee und der Ritter*

MÄRZ 1824

01	Joconde, oder: Die Abenteurer
02	Zum goldenen Löwen / *Die Fee und der Ritter*

03	geschlossen
04	Musikalische Akademie / *Paris, oder Der Triumph der Schönheit*
05	Tancred (I) / *Eleonore*
06	Joconde, oder: Die Abenteurer
07	Alle fürchten sich / *Die Fee und der Ritter*
08	Don Juan
09	Der Taucher
10	Zum Vortheile des Herrn J. Rozier: Die Gefangene / *Die Fee und der Ritter*
11	Die Müllerinn, oder: Die Launen der Liebe / *Eleonore*
12	Joconde, oder: Die Abenteurer
13	Die Gefangene / [Zum ersten Male:] *Der Blaubart*
14	Alle fürchten sich / *Der Blaubart*
15	Der Taucher
16	Zum goldenen Löwen / *Der Blaubart*
17	Der Taucher
18	Witwen-Trauer / *Der Blaubart*
19	Zum Vortheile des Herrn Anton Forti. Zum ersten Male: Der Schnee
20	Der Schnee
21	Zum goldenen Löwen / *Der Blaubart*
22	Der Schnee
23	Zum Vortheile der Dlle. Brugnoli: Witwen-Trauer / *Der Blaubart*
24	Der Schnee
25	geschlossen
26	Tancred (I) / *Der Blaubart*
27	Titus der Gütige
28	Alle fürchten sich / *Der Blaubart*
29	Don Juan
30	Die Gefangene / *Der Blaubart*
31	Zum Vortheile der Dlle. Milliere: Glückliche Täuschung / *Die Amazonen*

APRIL 1824

01	Zum ersten Male: Gabriella di Vergi*
02	geschlossen
03	Gabriella di Vergi*
04	Das Geheimniß / *Der Blaubart*
05	Gabriella di Vergi*
06	Witwen-Trauer / *Der Blaubart*
07	Gabriella di Vergi*
08	Zum Vortheile der Mad. Rozier: Musikalische Akademie / *Arsena*
09	geschlossen
10	Corradino, ossia: Bellezza e cuor di ferro*
11–17	geschlossen
18	Zum Vortheile der öffentlichen Wohlthätigkeits-Anstalten: Große musikalische Akademie
19	Zum Vortheile des Herrn J. Haitzinger: Der Schnee
20	Corradino, ossia: Bellezza e cuor di ferro*
21	Glückliche Täuschung / *Der Blaubart*
22	Gabriella di Vergi*
23	Glückliche Täuschung / *Der Blaubart*

24	Corradino, ossia: Bellezza e cuor di ferro*
25	Der Schnee
26	Tancred (I) / *Die Fee und der Ritter*
27	Zum goldenen Löwen / *Die Fee und der Ritter*
28	Der Schnee
29	Die Gefangene / *Die Fee und der Ritter*
30	Gabriella di Vergi*

MAI 1824

01	[Zum ersten Male:] Das Hausgesinde / *Der Blaubart*
02	Corradino, ossia: Bellezza e cuor di ferro*
03	Zum Vortheile des Herrn und Mad. Spitzeder. Vor ihrer Abreise von hier nach Berlin: Die Müllerinn / *Eleonore*
04	Per la prima volta: Edoardo e Cristina*
05	Das Hausgesinde / *Der Blaubart*
06	Edoardo e Cristina*
07	Große musikalische Akademie von Herrn L. van Beethoven
08	Corradino, ossia: Bellezza e cuor di ferro*
09	Das Hausgesinde / *Der Blaubart*
10	Der Schnee
11	Corradino, ossia: Bellezza e cuor di ferro*
12	Das Hausgesinde / *Die Fee und der Ritter*
13	Edoardo e Cristina*
14	geschlossen
15	Corradino, ossia: Bellezza e cuor di ferro*
16	Das Hausgesinde / *Die Fee und der Ritter*
17	Der Schnee
18	Zum Vortheile der Dlle. Marie Taglioni: Witwen-Trauer / Zum ersten Male: *Der Fels der Liebenden*
19	Gabriella di Vergi*
20	L'Italiana in Algeri*
21	Der Schatzgräber / *Der Fels der Liebenden*
22	L'Italiana in Algeri*
23	Der Schatzgräber / *Die Fee und der Ritter*
24	L'Italiana in Algeri*
25	Witwen-Trauer / *Die Fee und der Ritter*
26	L'Italiana in Algeri*
27	Der Schnee
28	Corradino, ossia: Bellezza e cuor di ferro*
29	Zum goldenen Löwen / Zum ersten Male: *Psyche*
30	Die Gefangene / *Psyche*
31	L'Italiana in Algeri*

JUNI 1824

01	Edoardo e Cristina*
02	Neu in Scene gesetzt: La gazza ladra*
03	Der Schatzgräber / *Der Fels der Liebenden*
04	La gazza ladra*
05	Gabriella di Vergi*

06	geschlossen
07	Zum Vortheile der Mad. Grünbaum: L'Italiana in Algeri* (II) / *Psyche*
08	La gazza ladra*
09	Das Geheimniß / *Psyche*
10	Der Freyschütze
11	Zum goldenen Löwen / *Psyche*
12	La gazza ladra*
13	Alle fürchten sich / *Psyche*
14	Zum Vortheile des Herrn D. Donzelli: Zelmira*
15	Die Gefangene / *Psyche*
16	Zelmira*
17	geschlossen
18	Zelmira*
19	L'Italiana in Algeri*
20	Das Hausgesinde / *Psyche*
21	Zelmira*
22	Witwen-Trauer / *Psyche*
23	L'Italiana in Algeri*
24	Il barbiere di Siviglia (A.35)*
25	Zum goldenen Löwen / *Psyche*
26	Il barbiere di Siviglia (A.35)*
27	Zum ersten Male: Der gebesserte Lorenz / *Psyche*
28	Il barbiere di Siviglia (A.35)*
29	Der gebesserte Lorenz / *Psyche*
30	geschlossen

JULI 1824

01	Zelmira*
02	Zum Vortheile der Dlle. Perceval: Der gebesserte Lorenz / *Die Fee und der Ritter*
03	Zum Vortheile des Herrn Botticelli: Otello*
04	Alle fürchten sich / *Die Fee und der Ritter*
05	Otello*
06	Der gebesserte Lorenz / *Die Fee und der Ritter*
07	Il barbiere di Siviglia (A.35)*
08	Der Schatzgräber / *Die Fee und der Ritter*
09	Zum goldenen Löwen / *Der Blaubart*
10	Zum ersten Male: Elisa e Claudio, ossia: L'amore protetto dall'amicizia*
11	Der gebesserte Lorenz / *Der Blaubart*
12	Elisa e Claudio, ossia: L'amore protetto dall'amicizia*
13	Il barbiere di Siviglia (A.35)*
14	Alle fürchten sich / *Der Blaubart*
15	Otello*
16	Corradino, ossia: Bellezza e cuor di ferro*
17	Semiramide*
18	Der gebesserte Lorenz / *Die Fee und der Ritter*
19	Semiramide*
20	L'Italiana in Algeri*
21	Semiramide*
22	Zelmira*

23	Il barbiere di Siviglia (A.35)*
24	Zum Vortheile des Herrn Ph. Taglioni: Zum goldenen Löwen / Zum ersten Male: *Der Triumph der Treue, oder: Die Rose der Schönheit*
25	Elisa e Claudio, ossia: L'amore protetto dall'amicizia*
26	Der gebesserte Lorenz / *Der Triumph der Treue, oder: Die Rose der Schönheit*
27	Elisa e Claudio, ossia: L'amore protetto dall'amicizia*
28	Das Hausgesinde / *Der Triumph der Treue, oder: Die Rose der Schönheit*
29	Il barbiere di Siviglia (A.35)*
30	Der Schatzgräber / *Der Triumph der Treue, oder: Die Rose der Schönheit*
31	Il matrimonio segreto*

AUGUST 1824

01	Alle fürchten sich / *Der Triumph der Treue, oder: Die Rose der Schönheit*
02	Il matrimonio segreto*
03	Zum Vortheile der Dlle. Torelli: [Neu einstudirt:] Der Wechselbrief / *Psyche*
04	Semiramide*
05	Der Wechselbrief / *Psyche*
06	Il matrimonio segreto*
07	Zum goldenen Löwen / *Psyche*
08	Elisa e Claudio, ossia: L'amore protetto dall'amicizia*
09	Das Geheimniß / *Psyche*
10	Il matrimonio segreto*
11	Corradino, ossia: Bellezza e cuor di ferro*
12	Il barbiere di Siviglia (A.35)*
13	Die Gefangene / *Die Fee und der Ritter*
14	Elisa e Claudio, ossia: L'amore protetto dall'amicizia*
15	Der Wechselbrief / *Die Fee und der Ritter*
16	Il matrimonio segreto*
17	Alle fürchten sich / *Die Fee und der Ritter*
18	Zum ersten Male [!]: Adelina* / Zum ersten Male [!]: L'inganno felice*
19	Adelina* / L'inganno felice*
20	Das Geheimniß / *Die Fee und der Ritter*
21	Il matrimonio segreto*
22	Zelmira*
23	Elisa e Claudio, ossia: L'amore protetto dall'amicizia*
24	Der Schatzgräber / *Die Fee und der Ritter*
25	Il matrimonio segreto*
26	Corradino, ossia: Bellezza e cuor di ferro*
27	Das Hausgesinde / *Die Fee und der Ritter*
28	Zum Vortheile der Mad. Fodor-Mainvielle: Zum ersten Male [!]: Le Nozze di Figaro*
29	Der Wechselbrief / *Die Fee und der Ritter*
30	Le Nozze di Figaro*
31	Der Schatzgräber / *Der Blaubart*

SEPTEMBER 1824

01	Zelmira*
02	Elisa e Claudio, ossia: L'amore protetto dall'amicizia*

03	Die Gefangene / *Der Blaubart*
04	Le Nozze di Figaro*
05	Der Wechselbrief / *Psyche*
06	Zum Vortheile des Herrn Rubini: Zum ersten Male [in italienischer Sprache]: Le lagrime d'una vedova* / L'inganno felice*
07	Il matrimonio segreto*
08	geschlossen
09	Le lagrime d'una vedova* / Corradino, ossia: Bellezza e cuor di ferro (II)*
10	Zum goldenen Löwen / *Psyche*
11	Le Nozze di Figaro*
12	Alle fürchten sich / *Psyche*
13	Semiramide*
14	Der gebesserte Lorenz / *Psyche*
15	Il matrimonio segreto*
16	Le Nozze di Figaro*
17	Die Gefangene / *Die Fee und der Ritter*
18	Zum Vortheile der Dlle. Fanny Eckerlin. Zum ersten Male: Doralice*
19	Der Wechselbrief / *Die Fee und der Ritter*
20	Doralice*
21	Otello*
22	Zelmira*
23	Die Gefangene / *Die Fee und der Ritter*
24	Il barbiere di Siviglia (A.35)*
25	Zum goldnen Löwen / *Die Fee und der Ritter*
26	Le Nozze di Figaro*
27	Der gebesserte Lorenz / *Die Fee und der Ritter*
28	Corradino, ossia: Bellezza e cuor di ferro*
29	Il barbiere di Siviglia (A.35)*
30	Der Wechselbrief / *Die Fee und der Ritter*

OKTOBER 1824

01	Zum goldenen Löwen / *Der Blaubart*
02	Corradino, ossia: Bellezza e cuor di ferro*
03	Bey Beleuchtung des äußern Schauplatzes: Zelmira* (I) / *Psyche*
04	Bey Beleuchtung des äußern Schauplatzes: Der Schnee / *Psyche* (I)
05	Tancred (I) / *Die Fee und der Ritter*
06	Zum Vortheile des Herrn G. David. Zum ersten Male: Mosè in Egitto*
07	Der Freyschütze
08	Mosè in Egitto*
09	Der Schnee
10	Le Nozze di Figaro*
11	Zum Vortheile des Herrn Samengo: Alle fürchten sich / Zum ersten Male: *Alcine*
12	Mosè in Egitto*
13	Zum goldenen Löwen / *Alcine*
14	Il matrimonio segreto*
15	Die Gefangene / *Alcine*
16	Le lagrime d'una vedova* / Corradino, ossia: Bellezza e cuor di ferro (II)*
17	Le Nozze di Figaro*
18	Der Wechselbrief / *Alcine*

19	Il barbiere di Siviglia (A.35)*
20	Zum Vortheile der Dlle. Sontag: La donna del lago*
21	La donna del lago*
22	Il matrimonio segreto*
23	Der gebesserte Lorenz / *Alcine*
24	Mosè in Egitto*
25	Zum goldenen Löwen / *Alcine*
26	Zum Vortheile des Herrn Ambrogi: Semiramide*
27	Alle fürchten sich / *Alcine*
28	Il barbiere di Siviglia (A.35)*
29	Der Wechselbrief / *Alcine*
30	Semiramide*
31	Alle fürchten sich / *Alcine*

NOVEMBER 1824

01	Le Nozze di Figaro*
02	Corradino, ossia: Bellezza e cuor di ferro*
03	Bey Beleuchtung des äußern Schauplatzes: Il barbiere di Siviglia (A.35)*
04	Bey Beleuchtung des äußern Schauplatzes: *Alcine*
05	Bey Beleuchtung des äußern Schauplatzes: Zum ersten Male: Le nozze di Telemaco ed Antiope*
06	Zelmira*
07	Der Freyschütze
08	Frey: Der gebesserte Lorenz / *Alcine*
09	Auf allerhöchsten Befehl: Il barbiere di Siviglia (A.35)*
10	Die Gefangene / *Alcine*
11	Zum Vortheile des Mad. Dardadelli: Le nozze di Telemaco ed Antiope*
12	Corradino, ossia: Bellezza e cuor di ferro (II)*/ *Die Fee und der Ritter*
13	Semiramide*
14	Le lagrime d'una vedova* / *Der Blaubart*
15	Zum Vortheile der öffentlichen Wohlthätigkeits-Anstalten: Große musikalische Akademie
16	Il matrimonio segreto*
17	Alle fürchten sich / *Der Blaubart*
18	Otello*
19	Die Gefangene / *Psyche*
20	Zum Vortheile des Herrn Lablache. Zum ersten Male: Il podestà di Burgos*
21	Alle fürchten sich / *Psyche*
22	Il podestà di Burgos*
23	Gabriella di Vergi*
24	Zum goldenen Löwen / *Der Blaubart*
25	Elisa e Claudio, ossia: L'amore protetto dall'amicizia*
26	Zum Vortheile der Dem. Heberle: Le lagrime d'una vedova* / *Die Fee und der Ritter*
27	Auf allerhöchsten Befehl: Mosè in Egitto*
28	Der Freyschütze
29	Auf allerhöchsten Befehl: Otello*
30	Auf allerhöchsten Befehl. Zum Vortheile des Herrn Rozier. Neu in Scene gesetzt: La Cenerentola* / Neu in Scene gesetzt: *Die Pagen des Herzogs von Vendome*

DEZEMBER 1824

01 Auf allerhöchsten Befehl: Il matrimonio segreto*
02 Das Geheimniß / *Die Pagen des Herzogs von Vendome*
03 Le Nozze di Figaro*
04 La Cenerentola*
05 Alle fürchten sich / *Psyche*
06 Il barbiere di Siviglia (A.35)*
07 *Psyche* (I) / *Die Pagen des Herzogs von Vendome*
08 Neu in Scene gesetzt: Elisabetta, regina d'Inghilterra*
09 Die Gefangene / *Der Blaubart*
10 Le lagrime d'una vedova* / *Der Blaubart*
11 Elisa e Claudio, ossia: L'amore protetto dall'amicizia*
12 Elisabetta, regina d'Inghilterra*
13 Neu in Scene gesetzt: Zwey Worte, oder: Die Nacht im Walde / *Der Blaubart*
14 Il barbiere di Siviglia (A.35)*
15 *Psyche* (I) / Zwey Worte, oder: Die Nacht im Walde / *Die Pagen des Herzogs von Vendome*
16 La Cenerentola*
17 Il barbiere di Siviglia (A.35)*
18 Das Geheimniß / *Die Fee und der Ritter*
19 Il barbiere di Siviglia (A.35)*
20 Alle fürchten sich / *Die Fee und der Ritter*
21 Otello*
22–25 geschlossen
26 Mosè in Egitto*
27 Zum ersten Male [in italienischer Sprache]: Le cantatrici villane*
28 Le cantatrici villane*
29 Otello*
30 Zwey Worte, oder: Die Nacht im Walde / *Die Fee und der Ritter*
31 Semiramide*

JÄNNER 1825

01 Tancred (I) / *Psyche*
02 Il matrimonio segreto*
03 Zwey Worte, oder: Die Nacht im Walde / *Psyche*
04 Le Nozze di Figaro*
05 Le cantatrici villane*
06 Der Freyschütze
07 Il podestà di Burgos*
08 Nachtigall und Rabe / *Die Fee und der Ritter*
09 Il barbiere di Siviglia (A.35)*
10 Le cantatrici villane*
11 Elisabetta, regina d'Inghilterra*
12 Zum goldenen Löwen / Zum ersten Male: *Amenie*
13 Semiramide*
14 Zwey Worte, oder: Die Nacht im Walde / *Amenie*
15 Il matrimonio segreto*
16 Zwey Worte, oder: Die Nacht im Walde / *Amenie*

17	Mosè in Egitto*
18	geschlossen
19	Zum Vortheile des Herrn Nicolo Bassi: La gazza ladra*
20	Das Geheimniß / *Amenie*
21	La gazza ladra*
22	Zwey Worte, oder: Die Nacht im Walde / *Amenie*
23	Il barbiere di Siviglia (A.35)*
24	Die Gefangene / *Der Blaubart*
25	Semiramide*
26	Alle fürchten sich / *Der Blaubart*
27	La gazza ladra*
28	Zwey Worte, oder: Die Nacht im Walde / *Amenie*
29	Zwey Worte, oder: Die Nacht im Walde / *Amenie*
30	La gazza ladra*
31	L'Italiana in Algeri*

FEBRUAR 1825

01	La Cenerentola*
02	Il matrimonio segreto*
03	Zwey Worte, oder: Die Nacht im Walde / *Der Blaubart*
04	L'Italiana in Algeri*
05	Le Nozze di Figaro*
06	Zwey Worte, oder: Die Nacht im Walde / *Amenie*
07	Bey Beleuchtung des äußern Schauplatzes: Il barbiere di Siviglia (A.35)*
08	Zwey Worte, oder: Die Nacht im Walde / *Amenie*
09	Otello*
10	Das Hausgesinde / *Der Blaubart*
11	Bey Beleuchtung des äußern Schauplatzes: Musikalische Akademie / L'inganno felice*
12	Der Wechselbrief / *Die Fee und der Ritter*
13	Le cantatrici villane*
14	Zwey Worte, oder: Die Nacht im Walde / *Die Fee und der Ritter*
15	Der Freyschütze
16	geschlossen
17	Zum Vortheile des Herrn G. Rubini. Zum ersten Male: Agnese*
18	geschlossen
19	Zum ersten Male: Bianca e Falliero*
20	Zwey Worte, oder: Die Nacht im Walde / *Die Fee und der Ritter*
21	Bianca e Falliero*
22	Le Nozze di Figaro*
23	Zum Vortheile der Dlle. Torelli: Zwey Worte, oder: Die Nacht im Walde / *Alcine*
24	Agnese*
25	Der Wechselbrief / *Alcine*
26	Agnese*
27	L'Italiana in Algeri* (I) / *Alcine*
28	geschlossen

MÄRZ 1825

01 Zum Vortheile des Herrn G. Ciccimarra. Zum ersten Male: Il Turco in Italia*
02 L'Italiana in Algeri*
03 Il Turco in Italia*
04 Elisabetta*
05 La Cenerentola*
06 Zum Vortheile des Herrn Balletmeisters L. Henry: Le lagrime d'una vedova* / Zum ersten Male: *Undine*
07 Die Gefangene / *Undine*
08 Zum Vortheile des Herrn Ambrogi: Il barbiere di Siviglia (A.35)*
09 La gazza ladra*
10 Zwey Worte, oder: Die Nacht im Walde / *Undine*
11 Il matrimonio segreto*
12 Zum goldenen Löwen / *Undine*
13 Zum Vortheile des Herrn Joseph Weigl, k. k. Hoftheater-Kapellmeister: Agnese*
14 Der Wechselbrief / *Undine*
15 L'Italiana in Algeri*
16 Der Freyschütze
17 Zum Vortheile der Dlle. Brugnoli und des Herrn Samengo: Le lagrime d'una vedova* / *Die Fee und der Ritter*
18 Don Juan
19 L'Italiana in Algeri*
20 Zum Vortheile des Herrn Anton Hasenhut: Das Geheimniß / Der Freyschütze
21 Zum ersten Male: I pretendenti delusi*
22 I pretendenti delusi*
23 Zum Vortheile des Herrn Armand Vestris: Le lagrime d'una vedova* / Zum ersten Male: *Alexander in Indien*
24 Tancred (I) / *Alexander in Indien*
25 geschlossen
26 Letzte Vorstellung. Zum Vortheile sämmtlicher Mitglieder des Opern- und Ballet-Chors und des Orchesters: Titus der Gütige (I) / I pretendenti delusi (II)* / *Alexander in Indien*
27–31 geschlossen

APRIL 1825

01–02 geschlossen
03 Zum Vortheile der öffentlichen Wohlthätigkeitsanstalten: Große musikalische Akademie
04 Arsenius, der Weiberfeind***
05 Arsenius, der Weiberfeind***
06 Menagerie und optische Zimmerreise in Krähwinkel***
07 Menagerie und optische Zimmerreise in Krähwinkel***
08 Menagerie und optische Zimmerreise in Krähwinkel***
09 Liebe aus Haß, oder Arsena und Arsenius***
10 Liebe aus Haß, oder Arsena und Arsenius***
11 geschlossen
12 Menagerie und optische Zimmerreise in Krähwinkel***
13 Rettung durch die Sparkasse***

14	Alle sind getäuscht, oder Der Wechsel*** / Harlekin und Harlekinette, oder Die Macht der Feen***
15	Menagerie und optische Zimmerreise in Krähwinkel***
16	Aline, oder: Wien und Baden in einem andern Welttheile***
17	Aline, oder: Wien und Baden in einem andern Welttheile***
18	Menagerie und optische Zimmerreise in Krähwinkel***
19	Aline, oder: Wien und Baden in einem andern Welttheile***
20	1725. 1825. 1925.***
21	Die falsche Prima Donna in Krähwinkel***
22	geschlossen
23	Menagerie und optische Zimmerreise in Krähwinkel***
24	Menagerie und optische Zimmerreise in Krähwinkel***
25	Menagerie und optische Zimmerreise in Krähwinkel***
26	Ismaans Grab, oder Die Zauberinstrumente***
27	Ismaans Grab, oder Die Zauberinstrumente***
28	Die falsche Prima Donna in Krähwinkel***
29	Die Fee aus Frankreich, oder Liebesqualen eines Hagestolzen***
30	Menagerie und optische Zimmerreise in Krähwinkel***

MAI 1825

01	Menagerie und optische Zimmerreise in Krähwinkel***
02	Arsenius, der Weiberfeind***
03	Die Fee aus Frankreich, oder Liebesqualen eines Hagestolzen***
04	Der verwunschene Prinz***
05	Menagerie und optische Zimmerreise in Krähwinkel***
06	Das Zauberhorn***
07	Menagerie und optische Zimmerreise in Krähwinkel***
08	Aline, oder: Wien und Baden in einem andern Welttheile***
09	Menagerie und optische Zimmerreise in Krähwinkel***
10	Letzte Vorstellung. Zum Vortheile der k. k. Invaliden: Der Erlenkönig***
11–31	geschlossen

JUNI 1825

01–30	geschlossen

JULI 1825

01	Sieben Mädchen in Uniform*** / *Das Fest zu Pecking****
02	Sieben Mädchen in Uniform*** / *Das Fest zu Pecking****
03	Sieben Mädchen in Uniform*** / *Das Fest zu Pecking****
04	Sieben Mädchen in Uniform*** / *Das Fest zu Pecking****
05	Der Brief an sich selbst*** / *Die Hochzeit auf dem Lande (D.11)* ***
06	Sieben Mädchen in Uniform*** / *Die Hochzeit auf dem Lande (D.11)* ***
07	Der Brief an sich selbst*** / *Die Hochzeit auf dem Lande (D.11)* ***
08	Menagerie und optische Zimmerreise in Krähwinkel***
09	Der Weibertausch*** / *Das Fest zu Pecking****
10	Sieben Mädchen in Uniform*** / *Die Hochzeit auf dem Lande (D.11)* ***
11	Die falsche Prima Donna in Krähwinkel***

12	Armida, die Zauberinn im Orient***
13	Der Brief an sich selbst*** / *Rinaldo d'Asti****
14	Sieben Mädchen in Uniform*** / *Rinaldo d'Asti****
15	Die Prise Tobak, oder: Die Vettern als Nebenbuhler*** / *Rinaldo d'Asti****
16	Armida, die Zauberin im Orient***
17	Die Prise Tobak, oder: Die Vettern als Nebenbuhler *** / *Rinaldo d'Asti****
18	Die Prise Tobak, oder: Die Vettern als Nebenbuhler *** / *Rinaldo d'Asti****
19	Der Weibertausch*** / *Die Hochzeit auf dem Lande (D.11)* ***
20	Kornblümchen, oder: Der verwandelte Liebhaber***
21	Kornblümchen, oder: Der verwandelte Liebhaber***
22	Ein Mädchen ist's und nicht ein Knabe*** / *Rinaldo d'Asti****
23	Der Brief an sich selbst*** / *Die Unterhaltung im Weinberge****
24	Der Weibertausch*** / *Die Unterhaltung im Weinberge****
25	Liebe kann Alles, oder: Die bezähmte Widerspänstige*** / Sonderbare Laune, oder: Sie sind dennoch verheurathet***
26	Sonderbare Laune, oder: Sie sind dennoch verheurathet *** / *Die Unterhaltung im Weinberge****
27	Menagerie und optische Zimmerreise in Krähwinkel***
28	Sieben Mädchen in Uniform*** / *Rinaldo d'Asti****
29	Der kleine Proteus*** / *Die Hochzeit auf dem Lande (D.11)* ***
30	Das Lotterie Loos*** / *Die Unterhaltung im Weinberge****
31	Sieben Mädchen in Uniform*** / *Rinaldo d'Asti****

AUGUST 1825 – SEPTEMBER 1825

geschlossen

OKTOBER 1825

01–29	geschlossen
30	Grosses Concert
31	geschlossen

NOVEMBER 1825

01–05	geschlossen
06	Grosses Concert
07–14	geschlossen
15	Zum Vortheile der öffentlichen Wohlthätigkeits-Anstalten: Grosse Vocal- und Instrumental-Akademie
16–30	geschlossen

DEZEMBER 1825 – MÄRZ 1826

geschlossen

APRIL 1826

01–28 geschlossen
29 Die Jugend Peter des Großen
30 Die Jugend Peter des Großen

MAI 1826

01 [Zum ersten Male:] Des Kaisers Genesung / *Alexander in Indien*
02 Des Kaisers Genesung / *Alexander in Indien*
03 Die Jugend Peter des Großen
04 Zwey Worte, oder: Die Nacht im Walde / *Alexander in Indien*
05 Die Jugend Peter des Großen
06 Der Freyschütze
07 Der Freyschütze
08 geschlossen
09 Zwey Worte, oder: Die Nacht im Walde / *Alexander in Indien*
10 Der Schnee
11 Witwentrauer / *Alexander in Indien*
12 Der Schnee
13 Zwey Worte, oder: Die Nacht im Walde / *Das Schweizer-Milchmädchen*
14 geschlossen
15 Witwentrauer / *Das Schweizer-Milchmädchen*
16 Der Freyschütze
17 Zwey Worte, oder: Die Nacht im Walde / *Alexander in Indien*
18 Tancredi*
19 Witwentrauer / *Alexander in Indien*
20 Tancredi*
21 Der Freyschütze
22 Die Schweizer-Familie
23 Das Geheimniß / *Alexander in Indien*
24 Die Schweizer-Familie
25 geschlossen
26 Tancredi*
27 Das Geheimniß / *Lise und Colin, oder:: Das übelgehüthete Mädchen*
28 Die Schweizer-Familie
29 Die Gefangene / *Lise und Colin, oder:: Das übelgehüthete Mädchen*
30 Die Schweizer-Familie
31 Das Geheimniß / *Das Schweizer-Milchmädchen*

JUNI 1826

01 Der Schnee
02 Tancredi (I)* / *Das Schweizer-Milchmädchen*
03 Die diebische Aelster
04 Tancredi (II)* / *Das Schweizer-Milchmädchen*
05 Die diebische Aelster
06 Das Geheimniß / *Das Schweizer-Milchmädchen*
07 Der Schnee
08 Die Gefangene / Zum ersten Male: *Zemire und Azor*

09	Das Geheimniß / *Zemire und Azor*
10	Die diebische Aelster
11	Zum goldenen Löwen / *Zemire und Azor*
12	Die Gefangene / *Zemire und Azor*
13	Don Juan
14	Zum Vortheile der Mad. Borgondio, bey ihrem letzten Auftreten: Musikalische Akademie / *Das übelgehüthete Mädchen*
15	Don Juan
16	Das Geheimniß / *Zemire und Azor*
17	Zum goldenen Löwen / *Zemire und Azor*
18	Don Juan
19	Glückliche Täuschung / *Das übelgehüthete Mädchen*
20	Don Juan
21	Musikalische Akademie / *Zemire und Azor*
22	Die Schweizer-Familie
23	Die Jugend Peter des Großen
24	Zum goldenen Löwen / Zum ersten Male: *Der Fasching in Venedig, oder: Die erprobte Treue*
25	Don Juan
26	Die Gefangene / *Der Fasching in Venedig*
27	Der Schnee
28	Das Geheimniß / *Der Fasching in Venedig*
29	Don Juan
30	Musikalische Akademie / *Der Fasching in Venedig*

JULI 1826

01	Der Freyschütze
02	Zum goldenen Löwen / *Zemire und Azor*
03	Der Schnee
04	Musikalische Akademie / *Der Fasching in Venedig*
05	Glückliche Täuschung / *Der Fasching in Venedig*
06	Zum ersten Male: Die weiße Frau
07	Das Geheimniß / *Zemire und Azor*
08	Die weiße Frau
09	Glückliche Täuschung / *Der Fasching in Venedig*
10	Die weiße Frau
11	Glückliche Täuschung / *Der Fasching in Venedig*
12	Die weiße Frau
13	Le gastronome sans argent**** / Zum ersten Male: Ma tante Aurore****
14	Die weiße Frau
15	Le gastronome sans argent**** / Ma tante Aurore****
16	Die weiße Frau
17	Zum Vortheile des Herrn Ferdinand, erster Tänzer der großen Oper in Paris: Glückliche Täuschung / Zum ersten Male: *Die ländliche Probe, oder: Der gefoppte Liebhaber*
18	Le duel et le déjeuner**** / Zum ersten Male: Lully et Quinault**** / Le gastronome sans argent****
19	Die weiße Frau
20	Das Geheimniß / *Der Fasching in Venedig*

21	Die weiße Frau
22	Zum ersten Male: Le nouveau seigneur de village**** / La mansarde des artistes****
23	Zum goldenen Löwen / *Zemire und Azor*
24	La mansarde des artistes**** / Lully et Quinault**** / Le duel et le déjeuner****
25	Die Gefangene / *Zemire und Azor*
26	Die weiße Frau
27	Zum goldenen Löwen / *Zemire und Azor*
28	Die weiße Frau
29	Zum ersten Male: Le lettre de change**** / Le vieux garçon et la petite fille**** / Le gastronome sans argent****
30	Die weiße Frau
31	Zum Vortheile des Herrn Rozier: Nachtigall und Rabe / *Der Fasching in Venedig*

AUGUST 1826

01	Lully et Quinault**** / Le vieux garçon et la petite fille**** / Le gastronome sans argent****
02	Zum ersten Male: Der Maurer und der Schlosser
03	Der Maurer und der Schlosser
04	Zum ersten Male: Les deux jaloux**** / Michel et Christine****
05	Der Maurer und der Schlosser
06	Der Maurer und der Schlosser
07	Die Gefangene / *Die ländliche Probe, oder: Der gefoppte Liebhaber*
08	Der Maurer und der Schlosser
09	La mansarde des artistes**** / Le bouffe et le tailleur**** / Michel et Christine****
10	Die Gefangene / Zum ersten Male: *Danina, oder: Joko, der brasilianische Affe*
11	Das Geheimniß / *Danina, oder: Joko, der brasilianische Affe*
12	La letter de change**** / L'homme de 60 ans**** / Le bouffe et le tailleur****
13	Zum goldenen Löwen / *Danina, oder: Joko, der brasilianische Affe*
14	Die Schweizer-Familie
15	Die Gefangene / *Danina, oder: Joko, der brasilianische Affe*
16	Don Juan
17	Das Geheimniß / *Danina, oder: Joko, der brasilianische Affe*
18	Zum ersten Male: Les rendez-vous bourgeois**** / Riquet à la houppe****
19	Zum goldenen Löwen / *Danina, oder: Joko, der brasilianische Affe*
20	Don Juan
21	Die Gefangene / *Danina, oder: Joko, der brasilianische Affe*
22	L'homme des 60 ans**** / Les rendez-vous bourgeois**** / Riquet à la houpe****
23	Tancredi (I)* / *Danina, oder: Joko, der brasilianische Affe*
24	Die weiße Frau
25	Tancredi (I)* / *Danina, oder: Joko, der brasilianische Affe*
26	Zum ersten Male: Ambroise, ou Voila ma journée**** / Le petit enfant prodigue****
27	Tancredi (I)* / *Danina, oder: Joko, der brasilianische Affe*
28	Der Maurer und der Schlosser
29	Glückliche Täuschung / *Danina, oder: Joko, der brasilianische Affe*
30	Le nouveau seigneur de village**** / Léonide, ou: La vieille de Suresne****
31	Die weiße Frau

SEPTEMBER 1826

01 Glückliche Täuschung / *Danina, oder: Joko, der brasilianische Affe*
02 Léonide, ou La vieille de Suresne**** / Lully et Quinault****
03 Tancredi (II)* / *Danina, oder: Joko, der brasilianische Affe*
04 L*ami intime**** / [Zum ersten Male:] Adolph et Clara**** / Le gastronome sans argent****
05 Glückliche Täuschung / *Danina, oder: Joko, der brasilianische Affe*
06 Zum ersten Male: Die umgeworfenen Kutschen
07 Das Geheimniß / *Danina, oder: Joko, der brasilianische Affe*
08 geschlossen
09 L'ami intime**** / Le colonel**** / Riquet à la houppe****
10 Die umgeworfenen Kutschen
11 Die Gefangene / *Danina, oder: Joko, der brasilianische Affe*
12 Die umgeworfenen Kutschen
13 Musikalische Akademie / Zum ersten Male: *Die Nachtwandlerinn (B.94)*
14 La maison en lotterie**** / La première representation: Le délire****
15 Die umgeworfenen Kutschen
16 Zum Vortheile des Herrn und der Mad. Brice: Le secrétaire et le cuisinier**** / *Die Nachtwandlerinn (B.94)* / Le bouffe et le tailleur****
17 Das Geheimniß / *Danina, oder: Joko, der brasilianische Affe*
18 Die umgeworfenen Kutschen
19 Die Gefangene / *Danina, oder: Joko, der brasilianische Affe*
20 L'ami intime**** / La première representation: Le maître de chapelle, ou Le soupé imprévu**** / Le secrétaire et le cuisinier***
21 Die umgeworfenen Kutschen
22 La maison en lotterie**** / La première representation: Jadis et aujourd'hui**** / Le petit enfant prodigue****
23 Zum Vortheile des Herrn Clement. Le fondé de pouvoirs**** / Le délire**** / Riquet à la houppe****
24 Die Gefangene / *Danina, oder: Joko, der brasilianische Affe*
25 Die umgeworfenen Kutschen
26 Zum goldenen Löwen / *Danina, oder: Joko, der brasilianische Affe*
27 Der Maurer und der Schlosser
28 Le fondé de pouvoirs**** / *Die Nachtwandlerinn (B.94)* / Le billet de logement****
29 Zum Vortheile des Herrn Briol: Tancredi (I)* / *Danina, oder: Joko, der brasilianische Affe*
30 Die Gefangene / *Danina, oder: Joko, der brasilianische Affe*

OKTOBER 1826

01 geschlossen
02 Der Maurer und der Schlosser
03 Bey Beleuchtung des äußern Schauplatzes: Die weiße Frau
04 Das Geheimniß / Zum ersten Male: *Die Portugiesen in Indien, oder: Die Eroberung von Malacca*
05 Zum goldenen Löwen / *Die Portugiesen in Indien, oder: Die Eroberung von Malacca*
06 Der Maurer und der Schlosser
07 Nachtigall und Rabe / *Die Portugiesen in Indien, oder: Die Eroberung von Malacca*
08 Die weiße Frau
09 Glückliche Täuschung / *Die Portugiesen in Indien, oder: Die Eroberung von Malacca*

10	Der Maurer und der Schlosser
11	Nachtigall und Rabe / *Die Portugiesen in Indien, oder: Die Eroberung von Malacca*
12	Die weiße Frau
13	Das Geheimniß / *Die Portugiesen in Indien, oder: Die Eroberung von Malacca*
14	Witwentrauer / *Der Fasching in Venedig*
15	Die weiße Frau
16	Tancredi (I) / *Der Fasching in Venedig*
17	Die weiße Frau
18	Musikalische Akademie / *Der Fasching in Venedig*
19	Der Freyschütze
20	Nachtigall und Rabe / *Die Portugiesen in Indien, oder: Die Eroberung von Malacca*
21	Musikalische Akademie / *Die Nachtwandlerinn (B.94)*
22	Don Juan
23	Tancredi (II) / *Die Portugiesen in Indien, oder: Die Eroberung von Malacca*
24	Der Maurer und der Schlosser
25	Musikalische Akademie / *Die Nachtwandlerinn (B.94)*
26	Don Juan
27	Der Tausch / *Die ländliche Probe, oder: Der gefoppte Liebhaber*
28	Der Maurer und der Schlosser
29	Das Geheimniß / *Der Fasching in Venedig*
30	Zum ersten Male: Leicester, oder Das Schloß Kenilworth
31	Das Geheimniß / *Der Fasching in Venedig*

NOVEMBER 1826

01	Der Maurer und der Schlosser
02	Der Tausch / *Die Portugiesen in Indien, oder: Die Eroberung von Malacca*
03	Bey Beleuchtung des äußern Schauplatzes: Die umgeworfenen Kutschen
04	Der Tausch / Zum ersten Male: *Der Flöte Zaubermacht*
05	Die weiße Frau
06	Tancredi (I)* / *Der Flöte Zaubermacht*
07	Leicester, oder Das Schloß Kenilworth
08	Der Tausch / *Der Fasching in Venedig*
09	Leicester, oder Das Schloß Kenilworth
10	Musikalische Akademie / *Der Flöte Zaubermacht*
	KR: Le jeune homme en loterie**** / L'intérieur d'un bureau****
11	Zum goldenen Löwen / *Zemire und Azor*
12	Die weiße Frau
13	Das Geheimniß / *Zemire und Azor*
	KR: Le confident**** / Les deux precepteurs, ou: Asinus asinum fricat****
14	Der Maurer und der Schlosser
15	geschlossen
16	Tancredi (II)* / *Die Portugiesen in Indien, oder: Die Eroberung von Malacca*
	KR: Angéline, ou La champenoise**** / L'ami intime****
17	Zum Vortheile der öffentlichen Wohlthätigkeits-Anstalten: Die weiße Frau
18	Musikalische Akademie / *Die ländliche Probe*
	KR: La somnambule****
19	Die weiße Frau
20	Das Geheimniß / *Die Portugiesen in Indien, oder: Die Eroberung von Malacca*
	KR: L'homme de 60 ans**** / Le Landaw, ou L'hospitalité****

621

21	Der Maurer und der Schlosser
22	Glückliche Täuschung / *Der Fasching in Venedig*
23	Das Geheimniß / *Zemire und Azor*
	KR: Le baiser au porteur**** / Le secrétaire et le cuisinier****
24	Der Maurer und der Schlosser
25	Die Gefangene / *Der Fasching in Venedig*
26	Die weiße Frau
27	Glückliche Täuschung / *Der Fasching in Venedig*
28	Zum ersten Male: Der Klausner auf dem wüsten Berge
	KR: Les empiriques d'autrefois**** / Le confident****
29	Das Geheimniß / *Die Portugiesen in Indien, oder: Die Eroberung von Malacca*
30	Zum Vortheile des Herrn L. Cramolini: Der Klausner auf dem wüsten Berge
	KR: Les deux ménages**** / Le duel et le déjeuner****

DEZEMBER 1826

01	Der Freyschütze
02	Zum Vortheile der Gebrüder Lewy: Große musikalische Akademie / *Der Fasching in Venedig*
	KR: Le fondé de pouvoirs**** / Les premières amoures****
03	Der Klausner auf dem wüsten Berge
04	Glückliche Täuschung / *Die Portugiesen in Indien, oder: Die Eroberung von Malacca*
05	Der Klausner auf dem wüsten Berge
	KR: Un moment d'imprudence****
06	Die Gefangene / *Die Portugiesen in Indien, oder: Die Eroberung von Malacca*
07	Der Maurer und der Schlosser
	KR: La mansarde des artistes**** / Le coëffeur et le perruquier****
08	Der Klausner auf dem wüsten Berge
09	Alle fürchten sich / *Der Fasching in Venedig*
	KR: L'intérieur d'un bureau**** / Monsieur Crédule, ou: Il faut se méfier du vendredi****
10	Der Klausner auf dem wüsten Berge
11	Alle fürchten sich / *Der Fasching in Venedig*
12	Alle fürchten sich / *Danina, oder: Joko, der brasilianische Affe*
	KR: Le nouveau seigneur de village**** / Le gastronome sans argent****
13	Der Klausner auf dem wüsten Berge
14	Das Geheimniß / *Danina, oder: Joko, der brasilianische Affe*
	KR: Le lettre de change**** / Paméla, ou: La fille du portier****
15	Der Klausner auf dem wüsten Berge
16	Glückliche Täuschung / *Danina, oder: Joko, der brasilianische Affe*
	KR: La belle mère**** / Le petit enfant prodigue****
17	Alle fürchten sich / *Danina, oder: Joko, der brasilianische Affe*
18	Zum ersten Male: Marie, oder: Verborgene Liebe
19	Marie, oder: Verborgene Liebe
	KR: Le jeune homme en loterie**** / Le malin bossu, ou: La maison en loterie****
20	Alle fürchten sich / *Danina, oder: Joko, der brasilianische Affe*
21	Marie, oder: Verborgene Liebe
	KR: L'opéra comique**** / Frontin mari garçon****
22–25	geschlossen
26	Marie, oder: Verborgene Liebe
	KR: L'acte de naissance**** / Le comédien d'estampes****

27	Alle fürchten sich / *Danina, oder: Joko, der brasilianische Affe*
28	Marie, oder: Verborgene Liebe
	KR: La belle-mère**** / Le Landaw, ou L'hospitalité****
29	Die Müllerinn / *Die Nachtwandlerinn (B.94)*
30	Die weiße Frau
	KR: Madame de Sévigne**** / Mon ami Christophe****
31	Die Müllerinn / *Der Fasching in Venedig*

JÄNNER 1827

01	Marie, oder: Verborgene Liebe
02	Der Maurer und der Schlosser
	KR: Les premières amours**** / Le coiffeur et le perruquier****
03	Das Geheimniß / Zum ersten Male: *Castor und Pollux*
04	Der Klausner auf dem wüsten Berge
	KR: L'homme de 60 ans**** / Les deux preceptures, ou: Asinus asinum fricat****
05	Tancred (I) / *Castor und Pollux*
06	Marie, oder: Verborgene Liebe
07	Tancred (I) / *Castor und Pollux*
08	Der Maurer und der Schlosser
09	Alle fürchten sich / *Castor und Pollux*
	KR: Léonide, ou La vieille de Suresne****
10	Die weiße Frau
11	Tancred (I) / *Castor und Pollux*
12	Der Klausner auf dem wüsten Berge
	KR: La mansarde des artistes**** / Michel et Christine****
13	Musikalische Akademie / *Danina, oder: Joko, der brasilianische Affe*
	KR: Le secret du menage**** / Le conscrit****
14	Der Maurer und der Schlosser
15	Tancred (II) / *Danina, oder: Joko, der brasilianische Affe*
16	Der Freyschütze
17	Alle fürchten sich / *Castor und Pollux*
18	Der Maurer und der Schlosser
19	Musikalische Akademie / *Castor und Pollux*
	KR: Haine aux femmes**** / Le médecin des dames****
20	Der Klausner auf dem wüsten Berge
	KR: Léonide**** / Mon ami Christoph****
21	Tancred (II) / *Danina, oder: Joko, der brasilianische Affe*
22	Die Schweizer-Familie
23	Alle fürchten sich / *Castor und Pollux*
24	Der Klausner auf dem wüsten Berge
25	Zum goldenen Löwen / *Castor und Pollux*
26	Die weiße Frau
	KR: Les etourdis, ou Le mort supposé**** / Le conscrit****
27	Alle fürchten sich / *Der Fasching in Venedig*
	KR: L'héritière**** / Le petit enfant prodigue****
28	Marie, oder: Verborgene Liebe
29	Musikalische Akademie / *Danina, oder: Joko, der brasilianische Affe*
30	Titus der Gütige
31	Das Geheimniß / *Castor und Pollux*

FEBRUAR 1827

01 Marie, oder: Verborgene Liebe
02 Die Gefangene / *Castor und Pollux*
    KR: Le confident**** / Le médecin des dames****
03 Der Freyschütze
    KR: Les cinq filles à marier**** / Le nouveau pourceaugnac****
04 Die weiße Frau
05 Alle fürchten sich / Zum ersten Male: *Der vermummte Neffe aus Liebe, oder: Die wiedergefundene Tochter*
06 Marie, oder: Verborgene Liebe
07 Bey Beleuchtung des äußern Schauplatzes: Musikalische Akademie / *Castor und Pollux*
08 Die weiße Frau
09 Zum goldenen Löwen / *Castor und Pollux*
    KR: Une visite à Charenton**** / Le médecin des dames****
10 Marie, oder: Verborgene Liebe
    KR: Les femmes**** / Le petit enfant prodique****
11 Bey Beleuchtung des äußern Schauplatzes: Das Geheimniß / *Castor und Pollux*
12 Die Schweizer-Familie
13 Die Gefangene / *Danina, oder: Joko, der brasilianische Affe*
14 Der Maurer und der Schlosser
15 Alle fürchten sich / *Castor und Pollux*
    KR: Le colonel**** / Le cidevant jeune homme****
16 Der Maurer und der Schlosser
    KR: Les premières amoures**** / Le cidevant jeune homme****
17 Das Geheimniß / *Der aus Liebe vermummte Neffe, oder: Die wiedergefundene Tochter*
    KR: La jeune femme colère**** / Kettly, ou Le retour en Suisse****
18 Alle fürchten sich / *Der aus Liebe vermummte Neffe, oder: Die wiedergefundene Tochter*
19 geschlossen
20 Zum ersten Male: Amazilia*
21 Der gebesserte Lorenz / *Der aus Liebe vermummte Neffe, oder: Die wiedergefundene Tochter*
22 Die weiße Frau
23 Der gebesserte Lorenz / *Castor und Pollux*
24 Amazilia*
25 Der gebesserte Lorenz / *Der aus Liebe vermummte Neffe, oder: Die wiedergefundene Tochter*
26 Amazilia*
27 Der gebesserte Lorenz / *Der Fasching in Venedig*
28 geschlossen

MÄRZ 1827

01 Semiramide*
02 Alle fürchten sich / *Der aus Liebe vermummte Neffe, oder: Die wiedergefundene Tochter*
    KR: Simple histoire**** / Vatel, ou: Le petit fils d'un grand homme****
03 Semiramide*
04 Der gebesserte Lorenz / *Der aus Liebe vermummte Neffe, oder: Die wiedergefundene Tochter*
05 Der Maurer und der Schlosser
06 Semiramide*
07 Musikalische Akademie / *Castor und Pollux*

08	Semiramide*
09	Zum ersten Male: Das Debüt im Concerte / *Castor und Pollux*
	KR: Le roman d'une heure**** / Paméla, ou: La fille du portier****
10	Titus der Gütige
	KR: Le roman par lettres, ou: Le chapitre XVIII**** / Mon ami Christophe****
11	Das Debüt im Concerte / *Der aus Liebe vermummte Neffe, oder: Die wiedergefundene Tochter*
	KR: L'homme de 60 ans**** / Vatel, ou: Le petit fils d'un grand homme****
12	geschlossen
13	Semiramide*
14	Das Debüt im Concerte / *Der aus Liebe vermummte Neffe, oder: Die wiedergefundene Tochter*
	KR: Simple histoire**** / Le conscrit****
15	Semiramide*
16	Musikalische Akademie / *Der aus Liebe vermummte Neffe, oder: Die wiedergefundene Tochter*
	KR: Rodolphe, ou: Le frère et la sœur**** / Le colonel****
17	L'inganno felice* / *Castor und Pollux*
18	Semiramide*
19	Das Debüt im Concerte / *Der aus Liebe vermummte Neffe, oder: Die wiedergefundene Tochter*
	KR: Riquet à la houppe****
20	Die weiße Frau
21	Das Debüt im Concerte / *Die Fee und der Ritter*
	KR: La maison en loterie**** / Le précepteur dans l'embarras****
22	Semiramide*
23	Das Geheimniß / *Die Fee und der Ritter*
	KR: Le roman par lettres, ou: Le chapitre XVIII**** / L'auvergnate, ou: La principale locataire****
24	Semiramide*
25	geschlossen
26	Das Debüt im Concerte / *Die Fee und der Ritter*
	KR: Rodolphe, ou: Le frère et la sœur**** / Le roman par lettres, ou: Le chapitre XVIII****
27	Die weiße Frau
28	Zum ersten Male: L'ajo nell'imbarazzo*
29	Zum ersten Male: Die erste Zusammenkunft / *Die Fee und der Ritter*
	KR: La belle mère**** / Kettly, ou: Le retour en Suisse**
30	Semiramide*
	KR: Maison à vendre**** / La petite somnambule****
31	Die erste Zusammenkunft / *Der aus Liebe vermummte Neffe, oder: Die wiedergefundene Tochter*

APRIL 1827

01	Die erste Zusammenkunft / *Castor und Pollux*
	KR: Les premières amours**** / Les rendez-vous bourgeois****
02	L'ajo nell'imbarazzo*
	KR: La petite somnambule**** / Simple histoire****
03	Das Debüt im Concerte / *Die Fee und der Ritter*

04	L'ajo nell'imbarazzo*
	KR: Midi, ou L'abdication d'une femme**** / Vatel, ou Le petit fils d'un grand homme****
05	Musikalische Akademie / *Die Fee und der Ritter*
06	geschlossen
07	L'ajo nell'imbarazzo*
	KR: L'acte de naissance**** / Le conscrit****
08–15	geschlossen
16	Agnese*
17	Die erste Zusammenkunft / *Alexander in Indien*
18	Agnese*
19	Der gebesserte Lorenz / *Alexander in Indien*
20	Agnese*
21	Die erste Zusammenkunft / *Castor und Pollux*
22	L'ajo nell'imbarazzo*
23	geschlossen
24	Zum ersten Male: Kätly / *Der aus Liebe vermummte Neffe, oder: Die wiedergefundene Tochter*
25	Mosè in Egitto*
26	Musikalische Akademie / *Der aus Liebe vermummte Neffe, oder: Die wiedergefundene Tochter*
27	Agnese*
28	Die weiße Frau
29	Mosè in Egitto*
30	Mosè in Egitto*

MAI 1827

01	Kätly / *Der aus Liebe vermummte Neffe*
02	Zum ersten Male: La gelosia corretta*
03	Kätly / *Der aus Liebe vermummte Neffe*
04	La gelosia corretta*
05	Zum Vortheile der Dlle. Schechner: Semiramide*
06	Zum goldenen Löwen / *Alexander in Indien*
07	Mosè in Egitto*
08	Die weiße Frau
09	Zum Vortheile des Herrn Luigi Lablache: Il matrimonio segreto*
10	Zum Vortheile der Dlle. Torelli: Die erste Zusammenkunft / Zum ersten Male: *Die Französinn und der Raja*
11	geschlossen
12	Agnese*
13	La gelosia corretta (II)*/ *Die Französinn und der Raja*
14	geschlossen
15	Mosè in Egitto*
16	Der Freyschütze
17	Il matrimonio segreto*
18	L'ajo nell'imbarazzo*
19	Musikalische Akademie / *Castor und Pollux*
20	L'ajo nell'imbarazzo*
21	Das Geheimniß / *Die Fee und der Ritter*

22	Per il benefizio della Signora Lalande. Per la prima volta: Gli arabi nelle Gallie, o sia Il trionfo della fede*
23	Die Gefangene / *Die Fee und der Ritter*
24	Gli arabi nelle Gallie, o sia Il trionfo della fede*
25	Il matrimonio segreto*
26	Gli arabi nelle Gallie, o sia Il trionfo della fede*
27	Das Hausgesinde / *Die Französinn und der Raja*
28	Il matrimonio segreto*
29	Gli arabi nelle Gallie, o sia Il trionfo della fede*
30	Il matrimonio segreto*
31	Die erste Zusammenkunft / *Die Französinn und der Raja*

JUNI 1827

01	Per il benefizio del Signor Ambrogi: Zelmira*
02	Zelmira*
03	geschlossen
04	Il matrimonio segreto*
05	Zelmira*
06	Das Geheimniß / *Die Französinn und der Raja*
07	Zelmira*
08	Il matrimonio segreto*
09	Zelmira*
10	Die weiße Frau
11	Zelmira*
12	Musikalische Akademie / *Der Fasching in Venedig*
13	Mosè in Egitto*
14	geschlossen
15	Semiramide*
16	Il matrimonio segreto*
17	Der gebesserte Lorenz / *Der Fasching in Venedig*
18	Gli arabi nelle Gallie, o sia Il trionfo della fede*
19	Das Debüt im Concerte / *Der Fasching in Venedig*
20	Semiramide*
21	Zum Vortheile der Mad. Rozier: Il matrimonio segreto (I)*/ *Die Fee und der Ritter*
22	Der Maurer und der Schlosser
23	Corradino, o sia Bellezza e cuor di ferro*
24	Der gebesserte Lorenz / *Der Fasching in Venedig*
25	Corradino, o sia Bellezza e cuor di ferro*
26	Il matrimonio segreto (II)*/ *Die Fee und der Ritter*
27	Semiramide*
28	Die erste Zusammenkunft / *Der Fasching in Venedig*
29	Zum Vortheile des Herrn Giovanni David: Amazilia*
30	Die weiße Frau

JULI 1827

01	Kätly / *Die Fee und der Ritter*
02	Der Maurer und der Schlosser
03	Musikalische Akademie / *Die Französinn und der Raja*

04	Der Freyschütze
05	Amazilia*
06	Die erste Zusammenkunft / *Die Fee und der Ritter*
07	Agnese*
08	Zwey Worte, oder: Die Nacht im Walde / *Der Fasching in Venedig*
09	Amazilia*
10	Zwey Worte, oder: Die Nacht im Walde / *Die Französinn und der Raja*
11	Agnese*
12	Der Freyschütze
13	Amazilia*
14	Kätly / *Die Französinn und der Raja*
15	Semiramide*
16	Musikalische Akademie / *Die Fee und der Ritter*
17	Tancred (I) / *Die Französinn und der Raja*
18	Zum Vortheile des Herrn Kapellmeisters Giov. Pacini. Zum ersten Male: L'ultimo giorno di Pompei*
19	Tancred (I) / *Der Fasching in Venedig*
20	Der Maurer und der Schlosser
21	Semiramide*
22	Der Maurer und der Schlosser
23	Die Schweizer-Familie
24	L'ultimo giorno di Pompei*
25	Zum Vortheile der Dlle. Brugnoli: Zwey Worte, oder: Die Nacht im Walde / *Der Blaubart*
26	Die Schweizer-Familie
27	L'ultimo giorno di Pompei*
28	Kätly / *Der Blaubart*
29	Der Maurer und der Schlosser
30	Il barbiere di Siviglia (A.35)*
31	Der gebesserte Lorenz / *Der Blaubart*

AUGUST 1827

01	Il barbiere di Siviglia (A.35)*
02	Die erste Zusammenkunft / *Die Französinn und der Raja*
03	L'ultimo giorno di Pompei*
04	Tancred (I) / *Der Fasching in Venedig*
05	Das Geheimniß / *Der Blaubart*
06	Il barbiere di Siviglia (A.35)*
07	Zum Vortheile des Herrn A. Forti. Zum ersten Male: Faust
08	L'ultimo giorno di Pompei*
09	Faust
10	Il barbiere di Siviglia (A.35)*
11	Faust
12	Der Maurer und der Schlosser
13	Il barbiere di Siviglia (A.35)*
14	Kätly / *Der Fasching in Venedig*
15	Auf Verlangen: Il barbiere di Siviglia (A.35)*
16	Zum Vortheile des Herrn Guerra: L'inganno felice* / Zum ersten Male: *Der erste Schiffer*

17	L'inganno felice* / *Der erste Schiffer*
18	Faust
19	Faust
20	L'Italiana in Algeri*
21	Die Gefangene / *Der Blaubart*
22	Faust
23	Musikalische Akademie / *Die Französinn und der Raja*
24	Der Maurer und der Schlosser
25	Der gebesserte Lorenz / *Der Blaubart*
26	Faust
27	Zum goldenen Löwen / *Der Blaubart*
28	Der Freyschütze
29	Das Geheimniß / Zum ersten Male: *Der Zögling der Natur*
30	Die Gefangene / *Der Zögling der Natur*
31	L'Italiana in Algeri*

SEPTEMBER 1827

01	Johann von Paris (I) / *Der Zögling der Natur*
02	Johann von Paris (I) / *Der Zögling der Natur*
03	L'Italiana in Algeri*
04	Das Geheimniß / *Der Zögling der Natur*
05	Der gebesserte Lorenz / *Die Französinn und der Raja*
06	Der Freyschütze
07	Zum goldenen Löwen / *Der Blaubart*
08	geschlossen
09	Don Juan
10	Zum Vortheile des Komikers Anton Hasenhut. Zum ersten Male: Die verkaufte Bärenhaut / *Der Fasching in Venedig*
11	Don Juan
12	Die verkaufte Bärenhaut / *Der Fasching in Venedig*
13	Faust
14	Tancred (I) / *Der Blaubart*
15	Neu in Scene gesetzt: La Cenerentola*
16	Don Juan
17	La Cenerentola*
18	Musikalische Akademie / *Der Blaubart*
19	La Cenerentola*
20	Johann von Paris (I) / *Der Blaubart*
21	Der Klausner auf dem wüsten Berge
22	L'Italiana in Algeri* (I) / *Der Fasching in Venedig*
23	Faust
24	Johann von Paris (I) / *Der Blaubart*
25	Der Maurer und der Schlosser
26	Tancred (I) / *Der Zögling der Natur*
27	Der Freyschütze
28	Der gebesserte Lorenz / *Der Zögling der Natur*
29	Der Maurer und der Schlosser
30	Der gebesserte Lorenz / *Danina, oder: Joko, der brasilianische Affe*

OKTOBER 1827

01 Der Freyschütze
02 Tancred (I) / *Danina, oder: Joko, der brasilianische Affe*
03 Bey Beleuchtung des äußeren Schauplatzes. [Neu einstudirt:] Gulistan, oder: Der Hulla von Samarcanda
04 Cordelia / *Der Zögling der Natur*
05 Gulistan, oder: Der Hulla von Samarcanda
06 Der gebesserte Lorenz / *Danina, oder: Joko, der brasilianische Affe*
07 Die Zauberflöte
08 Johann von Paris (I) / *Danina, oder: Joko, der brasilianische Affe*
09 Gulistan, oder: Der Hulla von Samarcanda
10 Die erste Zusammenkunft / *Die Fee und der Ritter*
11 L'Italiana in Algeri*
12 Musikalische Akademie / *Die Fee und der Ritter*
13 Die Zauberflöte
14 L'Italiana in Algeri* (I) / *Danina, oder: Joko, der brasilianische Affe*
15 Die Zauberflöte
16 L'Italiana in Algeri* (II) / *Die Fee und der Ritter*
17 Tancred (I) / *Danina, oder: Joko, der brasilianische Affe*
18 geschlossen
19 Musikalische Akademie / *Der Blaubart*
20 Zum ersten Male: Anatolie
21 Musikalische Akademie / *Der Blaubart*
22 Gulistan, oder: Der Hulla von Samarcanda
23 Cordelia / *Der Zögling der Natur*
24 L'Italiana in Algeri*
25 Cordelia / *Danina, oder: Joko, der brasilianische Affe*
26 Das Geheimniß / *Der Zögling der Natur*
27 Der Maurer und der Schlosser
28 Tancred (I) / *Der Blaubart*
29 Der Freyschütze
30 L'Italiana in Algeri* (I) / *Die Französinn und der Raja*
31 Musikalische Akademie / *Danina, oder: Joko, der brasilianische Affe*

NOVEMBER 1827

01 Die Zauberflöte
02 Der Klausner auf dem wüsten Berge
03 Bey Beleuchtung des äußeren Schauplatzes: Musikalische Akademie / *Die Französinn und der Raja*
04 Don Juan
05 Zum Vortheile des Herrn L. Maurer, königl. großbrittanisch-hannöverschen Concertmeisters: Musikalische Akademie / *Der Zögling der Natur*
06 Der Freyschütze
07 Das Geheimniß / Zum ersten Male: *Ottavio Pinelli, oder: Schimpf und Rache*
08 Die Gefangene / *Ottavio Pinelli, oder: Schimpf und Rache*
09 Don Juan
10 Marie, oder: Verborgene Liebe
11 Johann von Paris (I) / *Der Zögling der Natur*

12	Gulistan, oder: Der Hulla von Samarcanda
13	Marie, oder: Verborgene Liebe
14	Zum Vortheile des Herrn Paul Samengo: L'Italiana in Algeri* (I) / *Ottavio Pinelli, oder: Schimpf und Rache*
15–16	geschlossen
17	L'Italiana in Algeri* (II) / *Ottavio Pinelli, oder: Schimpf und Rache*
18	Zum Vortheile der öffentlichen Wohlthätigkeits-Anstalten: Faust
19	geschlossen
20	Der Maurer und der Schlosser
21	Zum goldenen Löwen / *Ottavio Pinelli, oder: Schimpf und Rache*
22	Don Juan
23	Die erste Zusammenkunft / *Ottavio Pinelli, oder: Schimpf und Rache*
24	Die Zauberflöte
25	Zwey Worte, oder: Die Nacht im Walde / *Ottavio Pinelli, oder: Schimpf und Rache*
26	Der Freyschütze
27	Johann von Paris (I) / *Ottavio Pinelli, oder: Schimpf und Rache*
28	Don Juan
29	Zwey Worte, oder: Die Nacht im Walde / *Ottavio Pinelli, oder: Schimpf und Rache*
30	Die Zauberflöte

DEZEMBER 1827

01	Tancred (I) / *Ottavio Pinelli, oder: Schimpf und Rache*
02	Musikalische Akademie / *Der Zögling der Natur*
03	Die weiße Frau
04	L'Italiana in Algeri* (II) / *Ottavio Pinelli, oder: Schimpf und Rache*
05	Die weiße Frau
06	L'Italiana in Algeri* (I) / *Ottavio Pinelli, oder: Schimpf und Rache*
07	Zum Vortheile des Herrn A. Forti: Die Vestalinn
08	L'Italiana in Algeri* (II) / *Ottavio Pinelli, oder: Schimpf und Rache*
09	Die Vestalinn
10	Musikalische Akademie / *Danina, oder: Joko, der brasilianische Affe*
11	Die weiße Frau
12	Zwey Worte, oder: Die Nacht im Walde / *Ottavio Pinelli, oder: Schimpf und Rache*
13	Anatolie
14	Musikalische Akademie / *Der Zögling der Natur*
15	Die weiße Frau
16	Der gebesserte Lorenz / *Danina, oder: Joko, der brasilianische Affe*
17	Zwey Worte, oder: Die Nacht im Walde / *Ottavio Pinelli, oder: Schimpf und Rache*
18	Die Zauberflöte
19	Zum Vortheile des Herrn A. Gyrowetz. Zum ersten Male: Der blinde Harfner / *Ottavio Pinelli, oder: Schimpf und Rache*
20	La donna del lago*
21	Der blinde Harfner / *Ottavio Pinelli, oder: Schimpf und Rache*
22–25	geschlossen
26	Il barbiere di Siviglia (A.35)*
27	Der blinde Harfner / *Ottavio Pinelli, oder: Schimpf und Rache*
28	Il barbiere di Siviglia (A.35)*
29	Die erste Zusammenkunft / *Ottavio Pinelli, oder: Schimpf und Rache*

30   Il barbiere di Siviglia (A.35)*
31   Der blinde Harfner / *Der Blaubart*

JÄNNER 1828

01   Il barbiere di Siviglia (A.35)*
02   Der blinde Harfner / *Die Französinn und der Raja*
03   La donna del lago*
04   Zwey Worte, oder: Die Nacht im Walde / *Die Fee und der Ritter*
05   Die weiße Frau
06   Il barbiere di Siviglia (A.35)*
07   Der gebesserte Lorenz / *Die Fee und der Ritter*
08   Il barbiere di Siviglia (A.35)*
09   Zwey Worte, oder: Die Nacht im Walde / *Ottavio Pinelli, oder: Schimpf und Rache*
10   Il barbiere di Siviglia (A.35)*
11   Das Geheimniß / *Ottavio Pinelli, oder: Schimpf und Rache*
12   La Cenerentola*
13   La Cenerentola*
14   Der blinde Harfner / *Ottavio Pinelli, oder: Schimpf und Rache*
15   La Cenerentola*
16   Die erste Zusammenkunft / *Ottavio Pinelli, oder: Schimpf und Rache*
17   Il barbiere di Siviglia (A.35)*
18   Johann von Paris (I) / *Der Blaubart*
19   Zum Vortheile des Herrn Ludwig Cramolini: Joseph und seine Brüder
20   L'Italiana in Algeri*
21   L'Italiana in Algeri*
22   Der blinde Harfner / *Der aus Liebe vermummte Neffe*
23   Joseph und seine Brüder
24   Il barbiere di Siviglia (A.35)*
25   L'Italiana in Algeri*
26   Joseph und seine Brüder
27   La Cenerentola*
28   Zwey Worte, oder: Die Nacht im Walde / *Der aus Liebe vermummte Neffe*
29   Il barbiere di Siviglia (A.35)*
30   Der blinde Harfner / *Der aus Liebe vermummte Neffe*
31   La Cenerentola*

FEBRUAR 1828

01   Mosè in Egitto*
02   Joseph und seine Brüder
03   Il barbiere di Siviglia (A.35)*
04   L'Italiana in Algeri*
05   Musikalische Akademie / *Der aus Liebe vermummte Neffe*
06   La Cenerentola*
07   geschlossen
08   La Cenerentola*
09   Der Maurer und der Schlosser
10   Der gebesserte Lorenz / *Der aus Liebe vermummte Neffe*

11	Bey Beleuchtung des äußern Schauplatzes. [Zum ersten Male:] Der Geburtstag / Il barbiere di Siviglia (A.35)*
12	Der Geburtstag / *Die Fee und der Ritter*
13	La Cenerentola*
14	Der Freyschütze / [Zum ersten Male]: *Aminthas und Lydia*
15	Il barbiere di Siviglia (A.35)*
16	L'Italiana in Algeri*
17	Die Zauberflöte
18	La Cenerentola*
19	Il barbiere di Siviglia (A.35)*
20	geschlossen
21	La Cenerentola*
22	geschlossen
23	Musikalische Akademie / *Der aus Liebe vermummte Neffe*
24	Joseph und seine Brüder
25	Zum ersten Male: Il Pirata*
26	Il Pirata*
27	Il Pirata*
28	Zum Vortheile des Herrn Berettoni: Große musikalische Akademie / *Ottavio Pinelli, oder: Schimpf und Rache*

MÄRZ 1828

01	Il Pirata*
02	Il Pirata*
03	Große musikalische Akademie / *Ottavio Pinelli, oder: Schimpf und Rache*
04	La Cenerentola*
05	Il barbiere di Siviglia (A.35)*
06	Die weiße Frau
07	L'Italiana in Algeri*
08	Il barbiere di Siviglia (A.35)*
09	Zum Vortheile der Dlle. Magdalene Roser: Die Tage der Gefahr
10	Il Pirata*
11	Il Pirata*
12	Große musikalische Akademie / *Der aus Liebe vermummte Neffe*
13	L'Italiana in Algeri*
14	Musikalische Akademie / *Ottavio Pinelli, oder: Schimpf und Rache*
15	Zum Vortheile des Herrn Tamburini: La Cenerentola*
16	Musikalische Akademie / *Der Blaubart*
17	Der Freyschütze
18	Zwey Worte, oder: Die Nacht im Walde / *Ottavio Pinelli, oder: Schimpf und Rache*
19	Il barbiere di Siviglia (A.35)*
20	Musikalische Akademie / *Ottavio Pinelli, oder: Schimpf und Rache*
21	Der Freyschütze
22	Das Geheimniß / *Der Blaubart*
23	Die Tage der Gefahr
24	Zwey Worte, oder: Die Nacht im Walde / *Der Blaubart*
25	geschlossen
26	Die Tage der Gefahr

27	Zum Vortheile des Herrn J. Mayseder: Musikalische Akademie / *Ottavio Pinelli, oder: Schimpf und Rache*
28	geschlossen
29	Joseph und seine Brüder
30–31	geschlossen

APRIL 1828

01–06	geschlossen
07	Das Geheimniß / *Ottavio Pinelli, oder: Schimpf und Rache*
08	Die Tage der Gefahr
09	Die Gefangene / *Ottavio Pinelli, oder: Schimpf und Rache*
10	Der Freyschütze
11	Zum goldenen Löwen / *Der aus Liebe vermummte Neffe*
12	L'ultimo giorno di Pompei*
13	L'ultimo giorno di Pompei*
14	geschlossen
15	La Cenerentola*
16	La Cenerentola*
17	Zum Vortheile des Herrn Samengo: Zwey Worte, oder: Die Nacht im Walde / Zum ersten Male: *Das befreite Jerusalem*
18	L'ultimo giorno di Pompei*
19	Zum Vortheile der Madame Rozier: Zum goldenen Löwen / *Das befreite Jerusalem*
20	Zum letzten Mahle: Die weiße Frau
21	Zum Vortheile des Herrn Pacini. Zum letzten Mahle: Il barbiere di Siviglia (A.35)*
22	Zum Vortheile der Dlle. Pierson: Zwey Worte, oder: Die Nacht im Walde / *Das befreite Jerusalem*
23	Zum Vortheile der Madame Comelli-Rubini. Zum letzten Mahle: Il Pirata*
24	Zum Vortheile des Herrn Hasenhut: Der gebesserte Lorenz / *Das befreite Jerusalem*
25	Zum Vortheile des Herrn Rubini: La gazza ladra*
26	Zum Vortheile der Madame Brugnoli-Samengo: La Cenerentola (II)* / Zum letzten Mahle: *Ottavio Pinelli, oder: Schimpf und Rache*
27	Zum Vortheile der Dllen. Therese und Fanny Elßler: La Cenerentola (I)* / *Das befreite Jerusalem*
28	Zum Vortheile der Signora Favelli. Zum letzten Mahle: L'ultimo giorno di Pompei*
29	Euryanthe
30	Letzte Vorstellung. Zum Vortheile sämmtlicher Individuen des Opern- und Ballet-Chors und des Orchesters: Il Pirata (I)* / La gazza ladra (I)* / *Das befreite Jerusalem*

MAI 1828

01–28	geschlossen
29	Grosses Concert der Zöglinge des vaterländischen Musik-Conservatoriums
30–31	geschlossen

JUNI 1828

01–02	geschlossen
03	Grosses Concert der Zöglinge des vaterländischen Musik-Conservatoriums
04–05	geschlossen

06	Concert des Ritters Nicolo Paganini
07–11	geschlossen
12	Zum Vortheile der Signora Bianchi: Concert des Ritters Nicolo Paganini
13–23	geschlossen
24	Concert des Ritters Nicolo Paganini
25–26	geschlossen
27	Concert des Ritters Nicolo Paganini
28–29	geschlossen
30	Concert des Ritters Nicolo Paganini

JULI 1828

01–09	geschlossen
10	Concert der Dem Bertrand
11–21	geschlossen
22	Concert der Dem. Bertrand
23–31	geschlossen

AUGUST 1828

geschlossen

SEPTEMBER 1828

01–03	geschlossen
04	Concert des Hrn. Hindle
05–30	geschlossen

OKTOBER 1828

01–25	geschlossen
26	Concert der Dem. Bertrand
27–31	geschlossen

NOVEMBER 1828

geschlossen

DEZEMBER 1828

01–06	geschlossen
07	Concert des Königl. Sächs. Kammermusikus A. B. Fürstenau
08–10	geschlossen
11	Concert der Herrn Ferdinando Sebastiani
12–31	geschlossen

JÄNNER 1829

01–05	geschlossen

06	Zum ersten Male: Das geheime Fenster / Zum ersten Male: *Mathilde, Herzoginn von Spoleto*
07	Das geheime Fenster / *Mathilde, Herzoginn von Spoleto*
08	geschlossen
09	Das geheime Fenster / *Mathilde, Herzoginn von Spoleto*
10	Libussa
11	Libussa
12	Zum ersten Male: Der dreyzehnte Mantel / *Mathilde, Herzoginn von Spoleto*
13	Der dreyzehnte Mantel / *Mathilde, Herzoginn von Spoleto*
14	Der dreyzehnte Mantel / *Mathilde, Herzoginn von Spoleto*
15	geschlossen
16	Musikalische Akademie / *Mathilde, Herzoginn von Spoleto*
17	Zum ersten Male nach dem Originale: Der Freyschütze
18	Der Freyschütze
19	Der Freyschütze
20	Der dreyzehnte Mantel / *Mathilde, Herzoginn von Spoleto*
21	Libussa
22	geschlossen
23	Der Freyschütze
24	Der Freyschütze
25	Der dreyzehnte Mantel / *Mathilde, Herzoginn von Spoleto*
26	Libussa
27	Das geheime Fenster / Zum ersten Male: *Panurge auf der Laternen-Insel*
28	Das geheime Fenster / *Panurge auf der Laternen-Insel*
29	geschlossen
30	Der dreyzehnte Mantel / *Panurge auf der Laternen-Insel*
31	Der Freyschütze

FEBRUAR 1829

01	Musikalische Akademie / *Panurge auf der Laternen-Insel*
02	Der Freyschütze
03	Das geheime Fenster / *Panurge auf der Laternen-Insel*
04	Zum ersten Male: Oberon, König der Elfen
05	Oberon, König der Elfen
06	Der dreyzehnte Mantel / *Mathilde, Herzoginn von Spoleto*
07	Bey Beleuchtung des äußern Schauplatzes: Der Barbier von Sevilla
08	Der Barbier von Sevilla
09	Der Freyschütze
10	Der Barbier von Sevilla
11	Bey Beleuchtung des äußern Schauplatzes. Zum ersten Male: Die Insulanerinnen / Zum ersten Male: *Zephyr und Flora (B.159)*
12	Die Insulanerinnen / *Panurge auf der Laternen-Insel*
13	Der Barbier von Sevilla
14	Der dreyzehnte Mantel / *Mathilde, Herzoginn von Spoleto*
15	Oberon, König der Elfen
16	Oberon, König der Elfen
17	Der Freyschütze
18	Musikalische Akademie / *Zephyr und Flora (B.159)*
19	geschlossen

20	Der Barbier von Sevilla
21	Die beyden Ehen / *Panurge auf der Laternen-Insel*
22	Oberon, König der Elfen
23	Erste Gastvorstellung der Madame Pasta: [Musikalische Akademie] / Giulietta e Romeo (II/Szenen, III)*
24	Oberon, König der Elfen
25	Zweyte Gastvorstellung der Madame Pasta: [Musikalische Akademie] / Giulietta e Romeo (II/Szenen, III)*
26	Der Barbier von Sevilla
27	geschlossen
28	Oberon, König der Elfen

MÄRZ 1829

01	Dritte Gastvorstellung der Madame Pasta: [Musikalische Akademie] / Otello (II/Szenen, III)*
02	Der Freyschütze
03	Der dreyzehnte Mantel / *Panurge auf der Laternen-Insel*
04	geschlossen
05	Die beyden Ehen / *Mathilde, Herzoginn von Spoleto*
06	Vierte Gastvorstellung der Madame Pasta: [Musikalische Akademie] / Tancredi*
07	Der Barbier von Sevilla
08	Fünfte Gastvorstellung der Madame Pasta: Tancredi*
09	Sechste Gastvorstellung der Madame Pasta. Auf Verlangen: Tancredi*
10	Das geheime Fenster / *Mathilde, Herzoginn von Spoleto*
11	Außerordentliche Gastvorstellung der Madame Pasta: [Musikalische Akademie] / Otello (II/Szenen, III)*
12	Libussa (I) / *Zephyr und Flora (B.159)*
13	Der Barbier von Sevilla
14	Achte Gastvorstellung der Madame Pasta: Otello (II/Szenen, III)* / *Zephyr und Flora (B.159)* / [Musikalische Akademie]
15	Oberon, König der Elfen
16	Die beyden Ehen / *Mathilde, Herzoginn von Spoleto*
17	Zum Vortheile der hiesigen öffentlichen Wohlthätigkeits-Anstalten: [Musikalische Akademie] / *Panurge auf der Laternen-Insel* (III) / Otello (II/Szenen, III)*
18	Neunte Gastvorstellung der Madame Pasta: Semiramide*
19	Zehnte Gastvorstellung der Madame Pasta, erste Kammer-Sängerinn Sr. Maj. des Kaisers von Oesterreich: Semiramide*
20	Der Freyschütze
21	Gastvorstellung der Mdme. Pasta, erste Kammer-Sängerinn Sr. Maj. des Kaisers von Oesterreich. Zum letzten Mahle: Tancredi*
22	Der dreyzehnte Mantel / *Mathilde, Herzoginn von Spoleto*
23	Letzte Gastvorstellung der Mdme. Pasta, erste Kammer-Sängerinn Sr. Maj. des Kaisers von Oesterreich, zu ihrem Benefice: Semiramide*
24	Libussa (I) / *Panurge auf der Laternen-Insel*
25	geschlossen
26	Libussa (I) / *Mathilde, Herzoginn von Spoleto*
27	Der Barbier von Sevilla
28	Musikalische Akademie / *Panurge auf der Laternen-Insel*
29	Der Freyschütze

30   Die Insulanerinnen / Zum ersten Male: *Der Masken-Ball*
31   Die Insulanerinnen / *Der Masken-Ball*

APRIL 1829

01   Don Juan
02   Musikalische Akademie / *Der Masken-Ball*
03   Der Barbier von Sevilla
04   Die Entführung aus dem Serail
05   Zum Vortheile der Mdme. Ernst, Sängerinn am k. ständischen Theater in Prag: Don Juan
06   geschlossen
07   Der Freyschütze
08   Die Entführung aus dem Serail
09   Der dreyzehnte Mantel / Zum ersten Male: *Cäsar in Egypten*
10   Das geheime Fenster / *Cäsar in Egypten*
11   Die beyden Ehen / *Cäsar in Egypten*
12–19   geschlossen
20   Das geheime Fenster / *Cäsar in Egypten*
21   Der Freyschütze
22   Der dreyzehnte Mantel / *Cäsar in Egypten*
23   Don Juan
24   Die Insulanerinnen / *Cäsar in Egypten*
25   Die Entführung aus dem Serail
26   Zum ersten Male: Uniform und Schlafrock / *Cäsar in Egypten*
27   geschlossen
28   Uniform und Schlafrock / *Cäsar in Egypten*
29   Zum Vortheile des Fräuleins von Belleville, Pianoforte-Spielerinn von München: Musikalische Akademie / *Der Masken-Ball*
30   Don Juan

MAI 1829

01   Uniform und Schlafrock / *Der Masken-Ball*
02   Zum ersten Male: Das Mayfest
03   Das Mayfest
04   Musikalische Akademie / *Cäsar in Egypten*
05   Das Mayfest
06   Oberon, König der Elfen
07   Die Entführung aus dem Serail (I) / *Der Masken-Ball*
08   Das Mayfest
09   Der dreyzehnte Mantel / Neu in Scene gesetzt: *Ottavio Pinelli, oder: Schimpf und Rache*
10   Die beyden Ehen / *Ottavio Pinelli, oder: Schimpf und Rache*
11   Don Juan
12   Musikalische Akademie / *Ottavio Pinelli, oder: Schimpf und Rache*
13   Das Mayfest
14   geschlossen
15   Zweytes Concert des Herrn Pechatscheck, Concertmeister am Großherzoglich Baden'schen Hofe / *Cäsar in Egypten*
16   Die weiße Frau

17	Der Dorfbarbier / *Ottavio Pinelli, oder: Schimpf und Rache*
18	Die weiße Frau
19	Die beyden Ehen / *Cäsar in Egypten*
20	Der Freyschütze
21	Oberon, König der Elfen
22	Letztes Concert des Herrn Pechatscheck, Concertmeister am Großherzoglich Baden'schen Hofe / *Der Masken-Ball*
23	Don Juan
24	Zum ersten Male: Der Kreuzritter in Egypten
25	Die Insulanerinnen / *Cäsar in Egypten*
26	Die weiße Frau
27	Der Dorfbarbier / *Der Masken-Ball*
28	Oberon, König der Elfen
29	Musikalische Akademie / *Ottavio Pinelli, oder: Schimpf und Rache*
30	Der Kreuzritter in Egypten
31	Der Freyschütze

JUNI 1829

01	Der Kreuzritter in Egypten
02	Die weiße Frau
03	Zum Vortheile des Herrn Vetter, Großherzoglich Hessischen Hofsängers: Die Zauberflöte
04	Die beyden Ehen / Neu in Scene gesetzt: *Danina, oder: Joko, der brasilianische Affe*
05	Der Kreuzritter in Egypten
06	Das geheime Fenster / *Cäsar in Egypten*
07	geschlossen
08	Die Zauberflöte
09	Der Kreuzritter in Egypten
10	Der Freyschütze
11	Musikalische Akademie / *Ottavio Pinelli, oder: Schimpf und Rache*
12	Der Barbier von Sevilla
13	Zwey Worte, oder: Die Nacht im Walde / *Cäsar in Egypten*
14	Die Zauberflöte
15	Zwey Worte, oder: Die Nacht im Walde / *Ottavio Pinelli, oder: Schimpf und Rache*
16	Die weiße Frau
17	Der Dorfbarbier / *Der Masken-Ball*
18	geschlossen
19	Der dreyzehnte Mantel / *Cäsar in Egypten*
20	Der Kreuzritter in Egypten
21	Zwey Worte, oder: Die Nacht im Walde / *Ottavio Pinelli, oder: Schimpf und Rache*
22	Der Kreuzritter in Egypten
23	Der dreyzehnte Mantel / *Danina, oder: Joko, der brasilianische Affe*
24	Othello, der Mohr von Venedig
25	Othello, der Mohr von Venedig
26	Das geheime Fenster / *Der Masken-Ball*
27	Joseph und seine Brüder
28	Zum ersten Male: Der Angriffs-Plan / *Danina, oder: Joko, der brasilianische Affe*
29	Die weiße Frau
30	Der Angriffs-Plan / *Cäsar in Egypten*

JULI 1829

01 Don Juan
02 Der Angriffs-Plan / *Ottavio Pinelli, oder: Schimpf und Rache*
03 Othello, der Mohr von Venedig
04 Joseph und seine Brüder
05 Zwey Worte, oder: Die Nacht im Walde / *Danina, oder: Joko, der brasilianische Affe*
06 Zum Vortheile des Herrn Wild, Mitglied des Churfürstlichen Hoftheaters in Cassel: Der Barbier von Sevilla
07 Der Barbier von Sevilla
08 Der Angriffs-Plan / *Mathilde, Herzoginn von Spoleto*
09 Zum ersten Male: Aloisia
10 Der Kreuzritter in Egypten
11 Joseph und seine Brüder
12 Der Freyschütze
13 Zwey Worte, oder: Die Nacht im Walde / *Cäsar in Egypten*
14 Der Kreuzritter in Egypten
15 Othello, der Mohr von Venedig
16 Der Tausch / *Mathilde, Herzoginn von Spoleto*
17 Der Barbier von Sevilla
18 Semiramide*
19 Der Tausch / *Danina, oder: Joko, der brasilianische Affe*
20 Die Zauberflöte
21 Semiramide*
22 Der Tausch / *Ottavio Pinelli, oder: Schimpf und Rache*
23 Oberon, König der Elfen
24 Zwey Worte, oder: Die Nacht im Walde / *Cäsar in Egypten*
25 Don Juan
26 Der Tausch / *Danina, oder: Joko, der brasilianische Affe*
27 Zum Vortheile der Mdme. Kraus-Wranitzky: Der Barbier von Sevilla
28 Der Angriffs-Plan / *Cäsar in Egypten*
29 Die Zauberflöte
30 Der Angriffs-Plan / *Ottavio Pinelli, oder: Schimpf und Rache*
31 Die weiße Frau

AUGUST 1829

01 Aschenbrödel
02 Aschenbrödel
03 Musikalische Akademie / *Der Masken-Ball*
04 Aschenbrödel
05 Der Tausch / *Cäsar in Egypten*
06 Der Kreuzritter in Egypten
07 Zum Vortheile der Sigra. Bourgeois-Schiroli: Musikalische Akademie
08 Joseph und seine Brüder
09 Zwey Worte, oder: Die Nacht im Walde / *Ottavio Pinelli, oder: Schimpf und Rache*
10 Der Freyschütze
11 Musikalische Akademie / *Der Masken-Ball*
12 Die weiße Frau
13 Der Angriffs-Plan / *Cäsar in Egypten*

14	Neu in Scene gesetzt: Die umgeworfenen Kutschen
15	Die umgeworfenen Kutschen
16	Der Tausch / *Danina, oder: Joko, der brasilianische Affe*
17	Die umgeworfenen Kutschen
18	Musikalische Akademie / *Cäsar in Egypten*
19	Der Barbier von Sevilla
20	Joseph und seine Brüder
21	Das geheime Fenster / *Der Masken-Ball*
22	Die Schweizer-Familie
23	Der Angriffs-Plan / *Ottavio Pinelli, oder: Schimpf und Rache*
24	Der Kreuzritter in Egypten
25	Die Schweizer-Familie
26	Das geheime Fenster / Zum ersten Male: *St. Clair, oder Der Verbannte auf die Insel Mull*
27	Der Angriffs-Plan / *St. Clair, oder Der Verbannte auf die Insel Mull*
28	Die weiße Frau
29	Zwey Worte, oder: Die Nacht im Walde / *St. Clair, oder Der Verbannte auf die Insel Mull*
30	Die Schweizer-Familie
31	Der Angriffs-Plan / *St. Clair, oder Der Verbannte auf die Insel Mull*

SEPTEMBER 1829

01	Zum ersten Male: Der Vampyr
02	Der Vampyr
03	Zwey Worte, oder: Die Nacht im Walde / *St. Clair, oder Der Verbannte auf die Insel Mull*
04	Die Schweizer-Familie
05	Der Tausch / *St. Clair, oder Der Verbannte auf die Insel Mull*
06	Der Vampyr
07	Der Angriffs-Plan / *Ottavio Pinelli, oder: Schimpf und Rache*
08	geschlossen
09	Der Freyschütze
10	Aschenbrödel
11	Die umgeworfenen Kutschen
12	Zum ersten Male: Der Ochsen-Menuet / Mit dem hierzu gehörenden Divertissement: *Das Winzerfest*
13	Der Ochsen-Menuet / *Das Winzerfest*
14	Der Kreuzritter in Egypten
15	Der Ochsen-Menuet / *Das Winzerfest*
16	Zwey Worte, oder: Die Nacht im Walde / *St. Clair, oder Der Verbannte auf die Insel Mull*
17	Der Freyschütze
18	Der dreyzehnte Mantel / *Cäsar in Egypten*
19	Der Vampyr
20	Der Ochsen-Menuet / *Das Winzerfest*
21	Der Kreuzritter in Egypten
22	Der Angriffs-Plan / *Danina, oder: Joko, der brasilianische Affe*
23	Der Vampyr
24	Der Freyschütze
25	Die Schweizer-Familie
26	Der Ochsen-Menuet / *Das Winzerfest*
27	Der dreyzehnte Mantel / *Danina, oder: Joko, der brasilianische Affe*
28	Aschenbrödel

29	Zum Vortheile des Herrn L. Astolfi: Der Tausch / Zum ersten Male: *Gabriele von Vergy*
30	Musikalische Akademie / *Gabriele von Vergy*

OKTOBER 1829

01	Der Vampyr
02	Der Angriffs-Plan / *Gabriele von Vergy*
03	Bey Beleuchtung des äußern Schauplatzes. Zum ersten Male: Das Mädchen von Montfermeuil
04	Das Mädchen von Montfermeuil
05	Der Dorfbarbier / *Gabriele von Vergy*
06	Das Mädchen von Montfermeuil
07	Der Ochsen-Menuet / *Das Winzerfest*
08	Neu in Scene gesetzt: Marie, oder: Verborgene Liebe
09	Marie, oder: Verborgene Liebe
10	Das Mädchen von Montfermeuil
11	Der Ochsen-Menuet / *Das Winzerfest*
12	Der Ochsen-Menuet / *Das Winzerfest*
13	Der Tausch / *Gabriele von Vergy*
14	Der Vampyr
15	Der Ochsen-Menuet / *Das Winzerfest*
16	Semiramide*
17	Die umgeworfenen Kutschen
18	Die Zauberflöte
19	M: Mit hoher Bewilligung: Johann Faugier aus Paris, Bauchredner A: Der dreyzehnte Mantel / *Ottavio Pinelli, oder: Schimpf und Rache*
20	Semiramide*
21	Marie, oder: Verborgene Liebe
22	Der Kreuzritter in Egypten
23	Der Angriffs-Plan / *Gabriele von Vergy*
24	Die Schweizer-Familie
25	Der Dorfbarbier / *Ottavio Pinelli, oder: Schimpf und Rache*
26	Der Vampyr
27	Darstellung des Herrn Johann Faugier aus Paris / Der Ochsen-Menuet / *Das Winzerfest*
28	Das Mädchen von Montfermeuil
29	Der Tausch / *Gabriele von Vergy*
30	Der Barbier von Sevilla
31	Zwey Worte, oder: Die Nacht im Walde / *Die Fee und der Ritter*

NOVEMBER 1829

01	Darstellung des Herrn Johann Faugier aus Paris / Der Ochsen-Menuet / *Das Winzerfest*
02	Der Freyschütze
03	Bey Beleuchtung des äußeren Schauplatzes. Zum ersten Male: Graf Ory
04	Graf Ory
05	Der Angriffs-Plan / *Der Masken-Ball*
06	Marie, oder: Verborgene Liebe
07	Der Tausch / *Danina, oder: Joko, der brasilianische Affe*

08	Graf Ory
09	Der Ochsen-Menuet / *Das Winzerfest*
10	Der Vampyr
11	Graf Ory
12	Uniform und Schlafrock / *Der Masken-Ball*
13	Marie, oder: Verborgene Liebe
14	Zwey Worte, oder: Die Nacht im Walde / *Ottavio Pinelli, oder: Schimpf und Rache*
15	geschlossen
16	Graf Ory
17–18	geschlossen
19	Uniform und Schlafrock / Zum ersten Male: *Die Statue der Venus*
20	Uniform und Schlafrock / *Die Statue der Venus*
21	Oberon, König der Elfen
22	Vorstellung des Herrn Johann Faugier aus Paris / *Die Statue der Venus*
23	Neu in Scene gesetzt: Maurer und Schlosser
24	Maurer und Schlosser
25	Der dreyzehnte Mantel / *Die Fee und der Ritter*
26	Uniform und Schlafrock / *Die Fee und der Ritter*
27	Der Freyschütze
28	Zum ersten Male: Das Hochzeit-Concert / *Die Statue der Venus*
29	Das Hochzeit-Concert / *Die Fee und der Ritter*
30	Der Kreuzritter in Egypten

DEZEMBER 1829

01	Maurer und Schlosser
02	Das Hochzeit-Concert / *Die Statue der Venus*
03	Zum Vortheile der Dlle. Hardmeier: Tancredi*
04	Tancredi*
05	Der Angriffs-Plan / Zum ersten Male: *Der Berggeist*
06	Der dreyzehnte Mantel / *Der Berggeist*
07	Der Vampyr
08	Das Hochzeit-Concert / *Die Fee und der Ritter*
09	Das Mayfest
10	Zum Vortheile der Hrn. Fr. Horschelt, Balletmeister am k. Hoftheater in München, und dessen Gattin: Uniform und Schlafrock / *Der Berggeist*
11	Marie, oder: Verborgene Liebe
12	Tancredi* (I) / *Die Fee und der Ritter*
13	Tancredi* (II) / *Die Fee und der Ritter*
14	Maurer und Schlosser
15	Zwey Worte, oder: Die Nacht im Walde / *Der Berggeist*
16	Die Schweizer-Familie
17	Uniform und Schlafrock / *Der Berggeist*
18	Der Freyschütze
19	Das Mayfest (I) / *Der Berggeist*
20	Neu in Scene gesetzt: Die Hochzeit des Figaro
21	Das Hochzeit-Concert / *Die Fee und der Ritter*
22–25	geschlossen
26	Uniform und Schlafrock / *Der Berggeist*
27	Die Hochzeit des Figaro

28	Zum Vortheile des Hrn. Mosé Tarquinio: Musikalische Akademie / *Die Fee und der Ritter*
29	Maurer und Schlosser
30	Musikalische Akademie / *Der Berggeist*
31	geschlossen

JÄNNER 1830

01	Die Vestalinn
02	Die Hochzeit des Figaro
03	Der Angriffs-Plan / *Der Berggeist*
04	Der Barbier von Sevilla
05	Der dreyzehnte Mantel / *Die Fee und der Ritter*
06	Die Zauberflöte
07	Musikalische Akademie / Der Ochsen-Menuet / *Das Winzerfest*
08	Die weiße Frau
09	Graf Ory
10	Die Vestalinn
11	Der Kreuzritter in Egypten
12	Musikalische Akademie / *Der Berggeist*
13	Die weiße Frau
14	Das Mayfest (I) / *Die Fee und der Ritter*
15	Der Freyschütze
16	Das Hochzeit-Concert / *Der Masken-Ball*
17	Don Juan
18	Der Ochsen-Menuet / *Das Winzerfest*
19	Graf Ory
20	Zum Vortheile der Dlle. Fanny Elßler. Zum ersten Male: Baron Luft / *Ottavio Pinelli, oder: Schimpf und Rache*
21	Der Barbier von Sevilla
22	Baron Luft / *Ottavio Pinelli, oder: Schimpf und Rache*
23	Die Hochzeit des Figaro
24	Oberon, König der Elfen
25	Baron Luft / *Ottavio Pinelli, oder: Schimpf und Rache*
26	Der Barbier von Sevilla
27	Der Angriffs-Plan / *Gabriele von Vergy*
28	Die Zauberflöte
29	Der Vampyr
30	Uniform und Schlafrock / Zum ersten Male: *Die Nachtwandlerinn (B.95)*
31	Das Hochzeit-Concert / *Die Nachtwandlerinn (B.95)*

FEBRUAR 1830

01	Oberon, König der Elfen
02	Baron Luft / *Die Nachtwandlerinn (B.95)*
03	Maurer und Schlosser
04	Die Schweizer-Familie
05	Der Tausch / *Die Nachtwandlerinn (B.95)*
06	Die weiße Frau
07	Das Hochzeit-Concert / Zum ersten Male: *Daphnis und Cephise*

08	Baron Luft / *Daphnis und Cephise*
09	geschlossen
10	Die weiße Frau
11	Bey Beleuchtung des äußeren Schauplatzes: Zwey Worte, oder: Die Nacht im Walde / *Die Nachtwandlerinn (B.95)*
12	Zum ersten Male: Die Stumme von Portici
13	Die Stumme von Portici
14	Die Stumme von Portici
15	Baron Luft / *Die Fee und der Ritter*
16	Die umgeworfenen Kutschen
17	Die Stumme von Portici
18	Baron Luft / *Die Nachtwandlerinn (B.95)*
19	geschlossen
20	Zum Vortheile des Herrn Binder: Die Stumme von Portici
21	Die Zauberflöte
22	Der Dorfbarbier / *Die Nachtwandlerinn (B.95)*
23	[Musikalische Akademie] / *Der Ochsen-Menuet* / *Das Winzerfest*
24	geschlossen
25	Die Stumme von Portici
26	geschlossen
27	Tancredi* (I) / *Daphnis und Cephise*
28	Die Stumme von Portici

MÄRZ 1830

01	Der Tausch / *Ottavio Pinelli, oder: Schimpf und Rache*
02	Die Schweizer-Familie
03	[Musikalische Akademie] / *Der Berggeist*
04	Die Stumme von Portici
05	Joseph und seine Brüder
06	Musikalische Akademie / *Die Nachtwandlerinn (B.95)*
07	Die Stumme von Portici
08	Der Tausch / *Der Berggeist*
09	Die umgeworfenen Kutschen
10	Die Stumme von Portici
11	Das Hochzeit-Concert / *Die Nachtwandlerinn (B.95)*
12	Die weiße Frau
13	Uniform und Schlafrock / Zum ersten Male: *Die Heirath aus Vernunft*
14	Der Angriffs-Plan / *Die Heirath aus Vernunft*
15	Die Stumme von Portici
16	Maurer und Schlosser
17	Baron Luft / *Die Heirath aus Vernunft*
18	Zum Vortheile sämmtlicher Mitglieder des Opern-Chores: Der Schnee
19	Die Stumme von Portici
20	Der dreyzehnte Mantel / *Die Nachtwandlerinn (B.95)*
21	Die Stumme von Portici
22	Zum Vortheile der Leopoldine Blahetka: [Musikalische Akademie] / Zum ersten Male: Die Räuber und der Sänger / *Daphnis und Cephise*
23	Der Freyschütze
24	Die umgeworfenen Kutschen (II) / *Die Nachtwandlerinn (B.95)*

25	geschlossen
26	Die Stumme von Portici
27	Die weiße Frau
28	Der Tausch / *Die Nachtwandlerinn (B.95)*
29	Die Stumme von Portici
30	Oberon, König der Elfen
31	Musikalische Akademie / *Ottavio Pinelli, oder: Schimpf und Rache*

APRIL 1830

01	Die Stumme von Portici
02	geschlossen
03	Letzte Gastvorstellung des Herrn Binder, ersten Tenorsängers am k. ständischen Theater in Prag: Die Stumme von Portici
04–11	geschlossen
12	Die umgeworfenen Kutschen (II) / *Die Nachtwandlerinn (B.95)*
13	Die weiße Frau
14	Zum Vortheile des Fräuleins v. Belleville: Musikalische Akademie / *Die Nachtwandlerinn (B.95)*
15	Der Freyschütze
16	Uniform und Schlafrock / *Daphnis und Cephise*
17	Otello*
18	Otello*
19	geschlossen
20	Das Hochzeit-Concert / *Die Heirath aus Vernunft*
21	Otello*
22	Die Stumme von Portici
23	Der dreyzehnte Mantel / *Die Nachtwandlerinn (B.95)*
24	Nina, o: La pazza per amore*
25	Nina, o: La pazza per amore*
26	Uniform und Schlafrock / *Die Nachtwandlerinn (B.95)*
27	Otello*
28	Joseph und seine Brüder
29	Uniform und Schlafrock / Zum ersten Male: *Der Zauberring*
30	Das Hochzeit-Concert / *Der Zauberring*

MAI 1830

01	Giulietta e Romeo*
02	Der Freyschütze
03	Giulietta e Romeo*
04	Zwey Worte, oder: Die Nacht im Walde / *Ottavio Pinelli, oder: Schimpf und Rache*
05	Giulietta e Romeo*
06	Die Stumme von Portici
07	Semiramide*
08	Uniform und Schlafrock / *Die Fee und der Ritter*
09	Zum Vortheile der Dlle. Mimi Dupuy: Die Stumme von Portici
10	Giulietta e Romeo*
11	Die Stumme von Portici
12	Uniform und Schlafrock / *Die Fee und der Ritter*

13	Das Hochzeit-Concert / *Die Nachtwandlerinn (B.95)*
14	geschlossen
15	Die Stumme von Portici
16–23	geschlossen
24	Otello*
25	Zwey Worte, oder: Die Nacht im Walde / *Ottavio Pinelli, oder: Schimpf und Rache*
26	Zum Vortheile der Madame Pasta: Tancredi*
27	Giulietta e Romeo*
28	Die Zauberflöte
29	Die Stumme von Portici
30	geschlossen
31	Das Hochzeit-Concert / *Die Statue der Venus*

JUNI 1830

01	Tancredi*
02	Die Stumme von Portici
03	Nina, la pazza per amore / Semiramide (II)*
04	Uniform und Schlafrock / *Die Nachtwandlerinn (B.95)*
05	Tancredi*
06	Don Juan
07	Die weiße Frau
08	Zum Vortheile des Herrn Rubini, k. k. Kammersängers: Il Pirata*
09	Il Pirata*
10	geschlossen
11	Il Pirata*
12	Il Pirata*
13	Der dreyzehnte Mantel / *Die Nachtwandlerinn (B.95)*
14	Il Pirata*
15	Der Barbier von Sevilla
16	Außerordentliche Vorstellung im Jahres-Abonnement: Il Pirata*
17	Die weiße Frau
18	Die Stumme von Portici
19	Zwey Worte, oder: Die Nacht im Walde / *Die Nachtwandlerinn (B.95)*
20	Der Freyschütze
21	Musikalische Akademie / *Die Fee und der Ritter*
22	Die weiße Frau
23	Zwey Worte, oder: Die Nacht im Walde / *Ottavio Pinelli, oder: Schimpf und Rache*
24	Uniform und Schlafrock / *Die Statue der Venus*
25	Zum ersten Male: Wilhelm Tell. 1. Abtheilung
26	Wilhelm Tell. 1. Abtheilung
27	Joseph und seine Brüder
28	Die Stumme von Portici
29	Musikalische Akademie / *Die Nachtwandlerinn (B.95)*
30	Wilhelm Tell. 1. Abtheilung

JULI 1830

01	Musikalische Akademie / *Der Zauberring*
02	Die weiße Frau

03	Die Vestalinn
04	Der Angriffs-Plan / *Der Zauberring*
05	Die Stumme von Portici
06	Der Kreuzritter in Egypten
07	Der dreyzehnte Mantel / *Der Berggeist*
08	Letzte Gastvorstellung des Herrn Wild, Mitglied des Churfürstlichen Hoftheaters in Cassel: Othello, der Mohr von Venedig
09	Der Angriffs-Plan / *Die Fee und der Ritter*
10	Marie, oder: Verborgene Liebe
11	Zwey Worte, oder: Die Nacht im Walde / *Danina, oder: Joko, der brasilianische Affe*
12	Der Freyschütze
13	Der Gutsherr / Neu in Scene gesetzt: *Der Fasching in Venedig*
14	Die Stumme von Portici
15	Der Gutsherr / *Der Fasching in Venedig*
16	Marie, oder: Verborgene Liebe
17	Der Barbier von Sevilla
18	Zwey Worte, oder: Die Nacht im Walde / Neu in Scene gesetzt: *Der Blaubart*
19	Die Stumme von Portici
20	Der Gutsherr / *Der Blaubart*
21	Der Dorfbarbier / *Danina, oder: Joko, der brasilianische Affe*
22	Zum ersten Male: Wilhelm Tell. 2. Abteilung
23	Wilhelm Tell. 2. Abteilung
24	Der Dorfbarbier / *Gabriele von Vergy*
25	Wilhelm Tell. 2. Abteilung
26	Der Gutsherr / *Der Fasching in Venedig*
27	Wilhelm Tell. 2. Abteilung
28	Zum ersten Male: Der Sänger und der Schneider / *Die Fee und der Ritter*
29	Graf Ory
30	Der Dorfbarbier / *Der Blaubart*
31	Die Stumme von Portici

AUGUST 1830

01	Der Freyschütze
02	Beyde Abtheilungen zu einer Darstellung eingerichtet: Wilhelm Tell
03	Der Gutsherr / *Der Blaubart*
04	Wilhelm Tell
05	Zwey Worte, oder: Die Nacht im Walde / *Ottavio Pinelli, oder: Schimpf und Rache*
06	Der Barbier von Sevilla
07	Das Lotterieloos / Neu in Scene gesetzt: *Der vermummte Neffe*
08	Die Stumme von Portici
09	Wilhelm Tell
10	Das Lotterieloos / *Der vermummte Neffe*
11	Die diebische Aelster
12	Der Gutsherr / *Der Fasching in Venedig*
13	Graf Ory
14	Zwey Worte, oder: Die Nacht im Walde / *Der Blaubart*
15	Wilhelm Tell
16	Der Gutsherr / *Die Fee und der Ritter*
17	Die Stumme von Portici

18	Das Lotterieloos / *Der Fasching in Venedig*
19	Wilhelm Tell
20	Die diebische Aelster
21	Zum ersten Male: Der hölzerne Säbel / [Zum ersten Male:] *Das Lagerfest*
22	Der hölzerne Säbel / *Das Lagerfest*
23	Die Stumme von Portici
24	Der hölzerne Säbel / *Das Lagerfest*
25	Marie, oder: Verborgene Liebe
26	Musikalische Akademie / *Der Blaubart*
27	Wilhelm Tell
28	Der hölzerne Säbel / *Cäsar in Egypten*
29	Die Stumme von Portici
30	Der hölzerne Säbel / *Der Fasching in Venedig*
31	Wilhelm Tell

SEPTEMBER 1830

01	Der Gutsherr / *Der Blaubart*
02	Maurer und Schlosser
03	Das Lotterielos / *Die Fee und der Ritter*
04	Wilhelm Tell
05	Wilhelm Tell
06	Die Stumme von Portici
07	Der Gutsherr / *Der Blaubart*
08	geschlossen
09	Die Stumme von Portici
10	Die weiße Frau
11	Musikalische Akademie / *Der Berggeist*
12	Wilhelm Tell
13	Die Stumme von Portici
14	Musikalische Akademie / *Ottavio Pinelli, oder: Schimpf und Rache*
15	Wilhelm Tell
16	Zwey Worte, oder: Die Nacht im Walde / *Der Fasching in Venedig*
17	Musikalische Akademie / *Der Blaubart*
18	Zum ersten Male: Fra Diavolo, oder: Die Räuber in Terracina
19	Fra Diavolo, oder: Die Räuber in Terracina
20	Fra Diavolo, oder: Die Räuber in Terracina
21	Die Vestalinn
22	Fra Diavolo, oder: Die Räuber in Terracina
23	Die Stumme von Portici
24	Zwey Worte, oder: Die Nacht im Walde / *Der Zauberring*
25	Marie, oder: Verborgene Liebe
26	Fra Diavolo, oder: Die Räuber in Terracina
27	Die Stumme von Portici
28	Alle fürchten sich / *Die Fee und der Ritter*
29	Die Stumme von Portici
30	Die Vestalinn

OKTOBER 1830

01 Fra Diavolo, oder: Die Räuber in Terracina
02 Der Barbier von Sevilla
03 Bey Beleuchtung des äußeren Schauplatzes: Die Stumme von Portici
04 Musikalische Akademie / *Die Nachtwandlerinn (B.95)*
05 Fra Diavolo, oder: Die Räuber in Terracina
06 Alle fürchten sich / *Die Nachtwandlerinn (B.95)*
07 Der Gutsherr / *Die Nachtwandlerinn (B.95)*
08 Fra Diavolo, oder: Die Räuber in Terracina
09 Alle fürchten sich / *Die Fee und der Ritter*
10 Die Stumme von Portici
11 Zum ersten Male: Der Soldat allein / *Die Nachtwandlerinn (B.95)*
12 Fra Diavolo, oder: Die Räuber in Terracina
13 Musikalische Akademie / Neu in Scene gesetzt: *Das übelgehüthete Mädchen*
14 Die Stumme von Portici
15 Fra Diavolo, oder: Die Räuber in Terracina
16 Das Geheimniß / *Das übelgehüthete Mädchen*
17 Die Stumme von Portici
18 Zum Vortheile des Herrn Hoffmann, k. preußischen Hofsängers, und dessen Gattinn, gebornen Greis: Der Freyschütze
19 Das Geheimniß / *Das übelgehüthete Mädchen*
20 Maurer und Schlosser
21 Beethoven: Sinfonia eroica / Zum ersten Male: *Childerich, König der Franken*
22 Fra Diavolo, oder: Die Räuber in Terracina
23 Beethoven: Sinfonia eroica / *Childerich, König der Franken*
24 Die Stumme von Portici
25 Beethoven: Sinfonia eroica / *Childerich, König der Franken*
26 Fra Diavolo, oder: Die Räuber in Terracina
27 Alle fürchten sich / *Childerich, König der Franken*
28 Die Stumme von Portici
29 Musikalische Akademie / *Childerich, König der Franken*
30 Fra Diavolo, oder: Die Räuber in Terracina
31 Die Stumme von Portici

NOVEMBER 1830

01 Othello, der Mohr von Venedig
02 Der Gutsherr / *Die Nachtwandlerinn (B.95)*
03 Bey Beleuchtung des äußeren Schauplatzes: Othello, der Mohr von Venedig
04 Zum Vortheile des Herrn Binder: Wilhelm Tell
05 Uniform und Schlafrock / *Childerich, König der Franken*
06 Othello, der Mohr von Venedig
07 Die Stumme von Portici
08 Der Gutsherr / *Das übelgehüthete Mädchen*
09 Die Vestalinn
10 Wilhelm Tell
11 Othello, der Mohr von Venedig
12 Der Angriffs-Plan / *Die Fee und der Ritter*
13 Der Barbier von Sevilla

14	Wilhelm Tell
15	geschlossen
16	Der Barbier von Sevilla
17	Fra Diavolo, oder: Die Räuber in Terracina
18	Othello, der Mohr von Venedig
19	Die Stumme von Portici
20	Die Vestalinn
21	Zum Vortheile des Herrn Franz Crombé: [Musikalische Akademie] / Alle fürchten sich / Zum ersten Male: *Der Nußbaum von Benevent, oder: Die Zauberschwestern*
22	geschlossen
23	Othello, der Mohr von Venedig
24	Der Angriffs-Plan / *Der Nußbaum von Benevent, oder: Die Zauberschwestern*
25	Der Barbier von Sevilla
26	Das Geheimniß / *Der Nußbaum von Benevent, oder: Die Zauberschwestern*
27	Zum Vortheile der Dlle. Sabine Heinefetter, ersten Sängerinn der italienischen Oper in Paris: Titus der Gütige
28	Mit herabgesetzten Preisen: Die Stumme von Portici
29	Titus der Gütige
30	Fra Diavolo, oder: Die Räuber in Terracina

DEZEMBER 1830

01	Wilhelm Tell
02	Othello, der Mohr von Venedig
03	Musikalische Akademie / *Die Nachtwandlerinn (B.95)*
04	Fra Diavolo, oder: Die Räuber in Terracina
05	Mit herabgesetzten Preisen: Die Stumme von Portici
06	Titus der Gütige
07	Musikalische Akademie / *Der Nußbaum von Benevent, oder: Die Zauberschwestern*
08	Mit herabgesetzten Preisen: Die Stumme von Portici
09	Zum Vortheile des Herrn Wild: Der Kreuzritter in Egypten
10	Der Gutsherr / *Das übelgehüthete Mädchen*
11	Der Kreuzritter in Egypten
12	Wilhelm Tell
13	Die Stumme von Portici
14	Zum ersten Male: Der Kammerdiener / *Die Nachtwandlerinn (B.95)*
15	Der Kreuzritter in Egypten
16	Fra Diavolo, oder: Die Räuber in Terracina
17	Othello, der Mohr von Venedig
18	Wilhelm Tell
19	Die Stumme von Portici
20	Der Kammerdiener / *Ottavio Pinelli, oder: Schimpf und Rache*
21	Der Kreuzritter in Egypten
22–25	geschlossen
26	Die Stumme von Portici
27	Der Kammerdiener / *Ottavio Pinelli, oder: Schimpf und Rache*
28	Die diebische Aelster
29	Der Kammerdiener / *Die Fee und der Ritter*
30	Fra Diavolo, oder: Die Räuber in Terracina
31	Der Gutsherr / *Die Fee und der Ritter*

JÄNNER 1831

01 Don Juan
02 Don Juan
03 Die diebische Aelster
04 Die erste Zusammenkunft / *Ottavio Pinelli, oder: Schimpf und Rache*
05 Othello, der Mohr von Venedig
06 Die Stumme von Portici
07 Alle fürchten sich / *Die Fee und der Ritter*
08 Der Barbier von Sevilla
09 Die Stumme von Portici
10 Der Barbier von Sevilla
11 Fra Diavolo, oder: Die Räuber in Terracina
12 Der Kreuzritter in Egypten
13 Der Gutsherr / *Die Nachtwandlerinn (B.95)*
14 Die weiße Frau
15 Joseph und seine Brüder
16 Der Freyschütze
17 Musikalische Akademie / *Ottavio Pinelli, oder: Schimpf und Rache*
18 Maurer und Schlosser
19 Zum Vortheile der Dlle. Sabine Heinefetter: Die Hochzeit des Figaro
20 Wilhelm Tell
21 Die Hochzeit des Figaro
22 Joseph und seine Brüder
23 Der Freyschütze
24 Die Stumme von Portici
25 Fra Diavolo, oder: Die Räuber in Terracina
26 Don Juan
27 Der Barbier von Sevilla
28 Zum Vortheile der Mdme. Fischer, geb. Achten: Joconde, oder: Die Abenteurer
29 Der Kammerdiener / *Die Fee und der Ritter*
30 Joconde, oder: Die Abenteurer
31 Die erste Zusammenkunft / *Ottavio Pinelli, oder: Schimpf und Rache*

FEBRUAR 1831

01 Die Stumme von Portici
02 Die Stumme von Portici
03 [Musikalische Akademie] / Das Geheimniß / *Die Nachtwandlerinn (B.95)*
04 Zum Vortheile der Dlle. Fanny Elßler. Zum ersten Male: Wahnsinn / *Das Schweizer-Milchmädchen*
05 Joseph und seine Brüder
06 Die erste Zusammenkunft / *Das Schweizer-Milchmädchen*
07 Bey Beleuchtung des äußeren Schauplatzes: Othello, der Mohr von Venedig
08 Das Geheimniß / *Das Schweizer-Milchmädchen*
09 Joconde, oder: Die Abenteurer
10 Fra Diavolo, oder: Die Räuber in Terracina
11 Bey Beleuchtung des äußeren Schauplatzes: Die Stumme von Portici
12 [Zum ersten Male in deutscher Sprache:] Semiramis (A.257)
13 Die Stumme von Portici

14	Der Dorfbarbier / *Der Nußbaum von Benevent, oder: Die Zauberschwestern*
15	Der Dorfbarbier / *Das Schweizer-Milchmädchen*
16	geschlossen
17	Joconde, oder: Die Abenteurer
18	Der Gutsherr / *Der Nußbaum von Benevent, oder: Die Zauberschwestern*
19	Joconde, oder: Die Abenteurer
20	Der Freyschütze
21	geschlossen
22	Der Kammerdiener / *Das Schweizer-Milchmädchen*
23	Zum Vortheile des Herrn Ludwig Cramolini: Die Tage der Gefahr
24	Die Tage der Gefahr
25	Der Barbier von Sevilla
26	Joconde, oder: Die Abenteurer
27	Der Dorfbarbier / *Lise und Colin*
28	geschlossen

MÄRZ 1831

01	Othello, der Mohr von Venedig
02	Fra Diavolo, oder: Die Räuber in Terracina
03	Die diebische Aelster
04	Die Tage der Gefahr
05	Zum Vortheile der Dlle. Marie Henkel. Zum ersten Male: Fiorella
06	Fiorella
07	Fiorella
08	Bey Beleuchtung des äußeren Schauplatzes: Othello, der Mohr von Venedig (I, II) / *Tanz-Divertissement*
09	Die erste Zusammenkunft / *Das Schweizer-Milchmädchen*
10	Fiorella
11	Joconde, oder: Die Abenteurer
12	Semiramis (A.257)
13	Die Stumme von Portici
14	Die Tage der Gefahr
15	[Musikalische Akademie] / *Lise und Colin*
16	Fra Diavolo, oder: Die Räuber in Terracina
17	Der Kammerdiener / Neu in Scene gesetzt: *Das befreite Jerusalem*
18	Joconde, oder: Die Abenteurer
19	Der Gutsherr / *Das befreite Jerusalem*
20	Die Stumme von Portici
21	Die erste Zusammenkunft / *Das befreite Jerusalem*
22	Zum Vortheile des Herrn Binder: Fidelio
23	Fidelio
24	Der Kammerdiener / *Das befreite Jerusalem*
25	geschlossen
26	Der Gutsherr / *Das befreite Jerusalem*
27–31	geschlossen

APRIL 1831

01–03	geschlossen
04	Der Dorfbarbier / *Das befreite Jerusalem*
05	Die Tage der Gefahr
06	Das Geheimniß / *Das befreite Jerusalem*
07	Die weiße Frau
08	Der Gutsherr / *Das Schweizer-Milchmädchen*
09	Die Hochzeit des Figaro
10	Die Stumme von Portici
11	Zum Vortheile der Dlle. Therese Elßler: Der Kammerdiener / *Der Blaubart*
12	geschlossen
13	Die erste Zusammenkunft / *Der Blaubart*
14	Zum Vortheile der Dlle. Sabine Heinefetter: Don Juan
15	Fra Diavolo, oder: Die Räuber in Terracina
16	Der Barbier von Sevilla
17	Die Stumme von Portici
18	Das Geheimniß / *Das befreite Jerusalem*
19	Musikalische Akademie / *Das Schweizer-Milchmädchen*
20	geschlossen
21	Zum Vortheile des Herrn Wild. Zum ersten Male: Die Braut
22	Das Geheimniß / *Das befreite Jerusalem*
23	Die Braut
24	Die Stumme von Portici
25	Die Braut
26	Der Angriffs-Plan / *Der Blaubart*
27	Die Braut
28	Zum Vortheile der Dlle. Mimi Dupuy: [Musikalische Akademie] / *Der Fasching in Venedig*
29	Die Braut
30	Don Juan

MAI 1831

01	Der Freyschütze
02	Die weiße Frau
03	Das Geheimniß / *Der Blaubart*
04	geschlossen
05	Zum Vortheile der Madme. Brugnoli-Samengo: Der Barbier von Sevilla (I) / *Die Fee und der Ritter*
06	Fra Diavolo, oder: Die Räuber in Terracina
07	Der Angriffs-Plan / *Das befreite Jerusalem*
08	Die Zauberflöte
09	Der Freyschütze
10	Der Gutsherr / *Das Schweizer-Milchmädchen*
11	Die Braut
12	Die Zauberflöte
13	geschlossen
14	Der blinde Harfner / *Ottavio Pinelli, oder: Schimpf und Rache*
15	Die Stumme von Portici
16	Der Gutsherr / *Die Nachtwandlerinn (B.95)*

17	Die Tage der Gefahr
18	Musikalische Akademie / *Ottavio Pinelli, oder: Schimpf und Rache*
19	Die Schweizer-Familie
20	Alle fürchten sich / *Die Fee und der Ritter*
21	Der Barbier von Sevilla
22	geschlossen
23	Die Stumme von Portici
24	Alle fürchten sich / *Die Nachtwandlerinn (B.95)*
25	Der Freyschütze
26	Das Geheimniß / *Das Schweizer-Milchmädchen*
27	Der Barbier von Sevilla
28	Musikalische Akademie / *Die Fee und der Ritter*
29	Der Freyschütze
30	Die Hochzeit des Figaro
31	Das Geheimniß / *Das befreite Jerusalem*

JUNI 1831

01	Zum Vortheile des Herrn Forti. Zum ersten Male: Moses
02	geschlossen
03	Moses
04	Moses
05	Alle fürchten sich / *Das befreite Jerusalem*
06	Fra Diavolo, oder: Die Räuber in Terracina
07	Alle fürchten sich / *Das befreite Jerusalem*
08	Moses
09	Die umgeworfenen Kutschen
10	Moses
11	Zum Vortheile des Herrn D. Mattis. Musikalische Akademie / Zum ersten Male: *Theodosia*
12	Die Stumme von Portici
13	Der Gutsherr / *Theodosia*
14	Die umgeworfenen Kutschen
15	Alle fürchten sich / *Theodosia*
16	Moses
17	Musikalische Akademie / *Theodosia*
18	Die Braut
19	Die Stumme von Portici
20	Der Tausch / *Theodosia*
21	Die Braut
22	Der Tausch / *Theodosia*
23	Moses
24	Der Gutsherr / *Das befreite Jerusalem*
25	Zum Vortheile des Herrn Franz Siebert, und zu dessen letztem Auftritte: Othello, der Mohr von Venedig
26	Die Stumme von Portici
27	Die Braut
28	Der Tausch / *Theodosia*
29	Joconde, oder: Die Abenteurer
30	Der Barbier von Sevilla

JULI 1831

01   Das Geheimniß / *Theodosia*
02   Joconde, oder: Die Abenteurer
03   Alle fürchten sich / *Theodosia*
04   Zum ersten Male: Die Bestürmung von Corinth
05   Das Lotterielos / *Der Blaubart*
06   Die Bestürmung von Corinth
07   Das Lotterielos / *Theodosia*
08   Die Bestürmung von Corinth
09   Der Tausch / *Das Schweizer-Milchmädchen*
10   Die Bestürmung von Corinth
11   Fra Diavolo, oder: Die Räuber in Terracina
12   Der Gutsherr / *Der Blaubart*
13   Die Bestürmung von Corinth
14   Die Schweizer-Familie
15   Musikalische Akademie / *Theodosia*
16   Die Braut
17   Die Stumme von Portici
18   Zum Vortheile der Dlle. Pauline Péan: Die Schweizer-Familie (I) / *Danina, oder: Joko, der brasilianische Affe*
19   Joconde, oder: Die Abenteurer
20   Semiramis (A.257)
21   Das Geheimniß / *Theodosia*
22   Moses
23   Die Bestürmung von Corinth
24   Die Schweizer-Familie (I) / *Danina, oder: Joko, der brasilianische Affe*
25   Fra Diavolo, oder: Die Räuber in Terracina
26–27 geschlossen
28   Othello, der Mohr von Venedig
29   Das Geheimniß / *Das Schweizer-Milchmädchen*
30   Zum Vortheile der Dlle. Sabine Heinefetter: Fidelio
31   Die Stumme von Portici

AUGUST 1831

01   Das Lotterielos / *Das befreite Jerusalem*
02   Die Bestürmung von Corinth
03   Der Tausch / *Das befreite Jerusalem*
04   Fidelio
05   Der Barbier von Sevilla
06   Fidelio
07   Zum Vortheile der hiesigen öffentlichen k. k. Wohlthätigkeits-Anstalten: Der Dorfbarbier / *Danina, oder: Joko, der brasilianische Affe*
08   Die Bestürmung von Corinth
09   Alle fürchten sich / *Theodosia*
10   Zum Vortheile des Herrn Adalbert Gyrowetz. Zum ersten Male: Felix und Adele
11   Musikalische Akademie / *Theodosia*
12   Felix und Adele
13   Das Geheimniß / *Das Schweizer-Milchmädchen*

14	Die Zauberflöte
15	Die Stumme von Portici
16	Der Kammerdiener / *Das befreite Jerusalem*
17	Felix und Adele
18	Moses
19	Der Kammerdiener / *Die Nachtwandlerinn (B.95)*
20	Die Bestürmung von Corinth
21	Zum Besten der durch die gegenwärtigen verhängnißvollen Verhältnisse Bedrängten und Hilfsbedürftigen dieser Haupt- und Residenzstadt: Prolog / Moses (I) / *Theodosia*
22	Der Freyschütze
23	Alle fürchten sich / *Theodosia*
24	Zum Vortheile der Madame Ernst: Iphigenia auf Tauris
25	Der Kammerdiener / *Die Nachtwandlerinn (B.95)*
26	Iphigenia auf Tauris
27	Zum goldnen Löwen / *Das Schweizer-Milchmädchen*
28	Felix und Adele
29	Iphigenia auf Tauris
30	Zum goldnen Löwen / *Die Nachtwandlerinn (B.95)*
31	Zum Vortheile des Herrn Hauser, und zu dessen letztem Auftritte: Fra Diavolo, oder: Die Räuber in Terracina

SEPTEMBER 1831

01	Die Bestürmung von Corinth
02	Der Tausch / *Theodosia*
03	Moses
04	Die Stumme von Portici
05	Maurer und Schlosser
06	Iphigenia auf Tauris
07	Das Lotterielos / *Das Schweizer-Milchmädchen*
08	geschlossen
09	Fidelio
10	Zum Vortheile der Dllen. Therese und Fanny Elßler: Der Gutsherr / Zum ersten Male: *Orpheus und Eurydice*
11	Die Stumme von Portici
12	Das Hausgesinde / *Orpheus und Eurydice*
13	Die weiße Frau
14	Das Hausgesinde / *Orpheus und Eurydice*
15	Iphigenia auf Tauris
16	Zum goldnen Löwen / *Orpheus und Eurydice*
17	Maurer und Schlosser
18	Don Juan
19	Die erste Zusammenkunft / *Die Nachtwandlerinn (B.95)*
20	Moses
21	Die erste Zusammenkunft / *Orpheus und Eurydice*
22	Fidelio
23	Alle fürchten sich / *Orpheus und Eurydice*
24	Die diebische Aelster
25	Don Juan

26	Das Hausgesinde / *Das Schweizer-Milchmädchen*
27	Die diebische Aelster
28	Die Braut
29	Zum goldnen Löwen / *Orpheus und Eurydice*
30	Die Braut

OKTOBER 1831

01	Das Geheimniß / *Orpheus und Eurydice*
02	Die Stumme von Portici
03	Bey Beleuchtung des äußeren Schauplatzes: Die Braut
04	Die erste Zusammenkunft / *Orpheus und Eurydice*
05	Iphigenia auf Tauris
06	Das Hausgesinde / *Das Schweizer-Milchmädchen*
07	Die weiße Frau
08	Die Braut
09	Der Wasserträger, oder: Die Tage der Gefahr
10	Zum goldnen Löwen / *Orpheus und Eurydice*
11	Die diebische Aelster
12	Das Geheimniß / *Orpheus und Eurydice*
13	Neu in Scene gesetzt: Die beyden Füchse
14	Die beyden Füchse
15	Die Stumme von Portici
16	Die beyden Füchse, oder: Die Vetter aus Schwaben
17	Alle fürchten sich / *Orpheus und Eurydice*
18	Die Braut
19	Zum Vortheile des Herrn Anton Hasenhut: Der gebesserte Lorenz, oder: Dießmahl fehlt immer der Herr / *Theodosia*
20	Die umgeworfenen Kutschen
21	Der gebesserte Lorenz, oder: Dießmahl fehlt immer der Herr / *Theodosia*
22	Die umgeworfenen Kutschen
23	Die beyden Füchse, oder: Die Vetter aus Schwaben
24	Die beyden Füchse, oder: Die Vetter aus Schwaben
25	Zum goldnen Löwen / *Orpheus und Eurydice*
26	Die Braut
27	Die beyden Füchse, oder: Die Vetter aus Schwaben
28	Die umgeworfenen Kutschen
29	Die Bestürmung von Corinth
30	Zum Vortheile des Herrn Binder: Der lustige Schuster, oder: Die Weibercur
31	Der lustige Schuster, oder: Die Weibercur

NOVEMBER 1831

01	Der lustige Schuster, oder: Die Weibercur
02	Don Juan
03	Bey Beleuchtung des äußeren Schauplatzes: *Das befreite Jerusalem*
04	Die Bestürmung von Corinth
05	Alle fürchten sich / *Das befreite Jerusalem*
06	Der Freyschütze
07	Die Stumme von Portici

08	Der Schatzgräber / *Theodosia*
09	Der Barbier von Sevilla
10	Der Schatzgräber / *Die Fee und der Ritter*
11	Joconde, oder: Die Abenteurer
12	Zum Vortheile des Herrn Crombé: Der Gutsherr / *Der Blaubart*
13	Der lustige Schuster, oder: Die Weibercur
14	Die beyden Füchse, oder: Die Vetter aus Schwaben
15	geschlossen
16	Die Braut
17	Der Schatzgräber / *Das Schweizer-Milchmädchen*
18	Fra Diavolo, oder: Die Räuber in Terracina
19	Fra Diavolo, oder: Die Räuber in Terracina
20	Die Stumme von Portici
21	Fra Diavolo, oder: Die Räuber in Terracina
22	Der Schatzgräber / *Das Schweizer-Milchmädchen*
23	Die beyden Füchse, oder: Die Vetter aus Schwaben
24	Zum Vortheile des Herrn Wild. Zum ersten Male: Die Unbekannte (La straniera)
25	Zum goldnen Löwen / *Orpheus und Eurydice*
26	Die Unbekannte (La straniera)
27	Die Stumme von Portici
28	Die Unbekannte (La straniera)
29	Die erste Zusammenkunft / *Orpheus und Eurydice*
30	Die Unbekannte (La straniera)

DEZEMBER 1831

01	Maurer und Schlosser
02	Die Unbekannte (La straniera)
03	Die weiße Frau
04	Die Unbekannte (La straniera)
05	Die beyden Füchse, oder: Die Vetter aus Schwaben
06	Das Geheimniß / *Gabriele von Vergy*
07	Die Unbekannte (La straniera)
08	Die Zauberflöte
09	Die Unbekannte (La straniera)
10	Der dreyzehnte Mantel / *Gabriele von Vergy*
11	Die Zauberflöte
12	Die Braut
13	Musikalische Akademie / *Das Schweizer-Milchmädchen*
14	Die Unbekannte (La straniera)
15	Fra Diavolo, oder: Die Räuber in Terracina
16	Die Unbekannte (La straniera)
17	Der dreyzehnte Mantel / *Die Nachtwandlerinn (B.95)*
18	Don Juan
19	Der Freyschütze
20	Die Unbekannte (La straniera)
21	Zum Vortheile des Herrn Ludwig Cramolini. Neu in Scene gesetzt: Die vornehmen Wirthe
22–25	geschlossen
26	Die Stumme von Portici

27   Die vornehmen Wirthe
28   Die Unbekannte (La straniera)
29   Der dreyzehnte Mantel / *Danina, oder: Joko, der brasilianische Affe*
30   Die Unbekannte (La straniera)
31   Die vornehmen Wirthe

JÄNNER 1832

01   Don Juan
02   Der Dorfbarbier / *Danina, oder: Joko, der brasilianische Affe*
03   Die Unbekannte (La straniera)
04   Maurer und Schlosser
05   Zum Vortheile des Herrn Mattis: Der dreyzehnte Mantel / Zum ersten Male: *Adelheid von Frankreich*
06   Der dreyzehnte Mantel / *Adelheid von Frankreich*
07   Zum goldnen Löwen / *Adelheid von Frankreich*
08   Die Stumme von Portici
09   Der Dorfbarbier / *Adelheid von Frankreich*
10   Die Unbekannte (La straniera)
11   Der Schatzgräber / *Adelheid von Frankreich*
12   Die erste Zusammenkunft / *Adelheid von Frankreich*
13   Die Braut
14   Der dreyzehnte Mantel / *Adelheid von Frankreich*
15   Der Dorfbarbier / *Adelheid von Frankreich*
16   Don Juan
17   Der Schatzgräber / *Adelheid von Frankreich*
18   Die Unbekannte (La straniera)
19   Die Zauberflöte
20   Die beyden Füchse, oder: Die Vetter aus Schwaben
21   Der dreyzehnte Mantel / *Adelheid von Frankreich*
22   Die Stumme von Portici
23   Der Dorfbarbier / *Adelheid von Frankreich*
24   Joconde, oder: Die Abenteurer
25   Das Geheimniß / *Adelheid von Frankreich*
26   Fra Diavolo, oder: Die Räuber in Terracina
27   Die Unbekannte (La straniera)
28   Musikalische Akademie / *Adelheid von Frankreich*
29   Der Dorfbarbier / *Adelheid von Frankreich*
30   Der Wasserträger, oder: Die Tage der Gefahr
31   Der Schatzgräber / *Adelheid von Frankreich*

FEBRUAR 1832

01   Die Braut
02   Das Hausgesinde / *Adelheid von Frankreich*
03   Zum Vortheile des Herrn Forti, k. k. pens. Hof-Opernsängers. Zum ersten Male: Brama und die Bayadere
04   Der dreyzehnte Mantel / *Adelheid von Frankreich*
05   Die Stumme von Portici
06   Brama und die Bayadere

07	Bey Beleuchtung des äußern Schauplatzes: Die Braut
08	Brama und die Bayadere
09	Der Gutsherr / *Adelheid von Frankreich*
10	Brama und die Bayadere
11	Bey Beleuchtung des äußern Schauplatzes: Fidelio
12	Die Zauberflöte
13	Die Unbekannte (La straniera)
14	Brama und die Bayadere
15	Fidelio
16	Fra Diavolo, oder: Die Räuber in Terracina
17	geschlossen
18	Zum Vortheile und zum letzten Auftritte der Mdme. Robert Mees St. Romain: Der dreyzehnte Mantel / *Die Fee und der Ritter*
19	Don Juan
20	Der Freyschütze
21	Die Unbekannte (La straniera)
22	Maurer und Schlosser
23	Das Geheimniß / [Zum ersten Male:] *Die Maskerade im Theater*
24	Der gebesserte Lorenz, oder: Dießmahl fehlt immer der Herr / *Die Maskerade im Theater*
25	Das Hausgesinde / *Die Maskerade im Theater*
26	Alle fürchten sich / *Die Maskerade im Theater*
27	Zum goldnen Löwen / *Die Maskerade im Theater*
28	Der gebesserte Lorenz, oder: Dießmahl fehlt immer der Herr / *Die Maskerade im Theater*
29	Das Geheimniß / *Die Maskerade im Theater*

MÄRZ 1832

01	Alle fürchten sich / *Die Maskerade im Theater*
02	geschlossen
03	Der gebesserte Lorenz, oder: Dießmahl fehlt immer der Herr / *Die Maskerade im Theater*
04	Der Dorfbarbier / *Die Maskerade im Theater*
05	Das Hausgesinde / *Die Maskerade im Theater*
06	Zum goldnen Löwen / *Die Maskerade im Theater*
07	geschlossen
08	Zum Vortheile des Madame Ernst: Die Bestürmung von Corinth
09	Die Bestürmung von Corinth
10	Das Geheimniß / *Die Maskerade im Theater*
11	Alle fürchten sich / *Die Maskerade im Theater*
12	Der Gutsherr / *Die Maskerade im Theater*
13	Moses
14	Das Geheimniß / *Adelheid von Frankreich*
15	Iphigenia auf Tauris
16	Der Tausch / *Adelheid von Frankreich*
17	Die Unbekannte (La straniera)
18	Der Dorfbarbier / *Die Maskerade im Theater*
19	Alle fürchten sich / *Die Maskerade im Theater*
20	Die Unbekannte (La straniera)

21		Zum Vortheile des Mdme. Mattis geb. Hasenhut: Der Tausch / *Die Fee und der Ritter*
22		Die Unbekannte (La straniera)
23		Die diebische Aelster
24		Joconde, oder: Die Abenteurer
25		geschlossen
26		Zum Vortheile des Mdme. Fischer, geb. Achten: Fidelio
27		Alle fürchten sich / *Die Fee und der Ritter*
28		Fidelio
29		Das Geheimniß / *Die Nachtwandlerinn (B.95)*
30		Die Unbekannte (La straniera)
31		Zum goldnen Löwen / *Die Maskerade im Theater*

APRIL 1832

01 Der Dorfbarbier / *Die Maskerade im Theater*
02 Das Hausgesinde / *Die Maskerade im Theater*
03 [Zum ersten Male:] Der Liebestrank
04 Der Liebestrank
05 Der gebesserte Lorenz, oder: Dießmahl fehlt immer der Herr / *Die Nachtwandlerinn (B.95)*
06 geschlossen
07 Alle fürchten sich / *Die Maskerade im Theater*
08 Der Gutsherr / *Die Maskerade im Theater*
09 geschlossen
10 Der Liebestrank
11 Zum Vortheile des Herrn Wild: Die Stumme von Portici
12 geschlossen
13 Der Liebestrank
14 Die Stumme von Portici
15–22 geschlossen
23 Der Liebestrank (I) / *Die Maskerade im Theater*
24 Die Braut
25 Zum Vortheile des Herrn L. Henry, Balletmeister an diesem k. k. Hoftheater: Musikalische Akademie / *Orpheus und Eurydice*
26 Die Unbekannte (La straniera)
27 [Zum ersten Male:] Des Herzens Wahl / *Orpheus und Eurydice*
28 Moses
29 Die Stumme von Portici
30 Fra Diavolo, oder: Die Räuber in Terracina

MAI 1832

01 Der Freyschütze
02 Des Herzens Wahl / *Orpheus und Eurydice*
03 Zum ersten Male: Zampa, oder: Die Marmorbraut
04 Zampa, oder: Die Marmorbraut
05 Des Herzens Wahl / *Die Fee und der Ritter*
06 Zampa, oder: Die Marmorbraut
07 Zampa, oder: Die Marmorbraut

08	Zum Vortheile der Dlle. Marie Henkel: Brama und die Bayadere
09	Zampa, oder: Die Marmorbraut
10	Zampa, oder: Die Marmorbraut
11	geschlossen
12	Zampa, oder: Die Marmorbraut
13	Alle fürchten sich / *Die Maskerade im Theater*
14	Zampa, oder: Die Marmorbraut
15	Zum Vortheile des Herrn Crombé: Zum goldnen Löwen / *Der Fasching in Venedig*
16	Zampa, oder: Die Marmorbraut
17	Das Geheimniß / *Der Fasching in Venedig*
18	Fra Diavolo, oder: Die Räuber in Terracina
19	Zampa, oder: Die Marmorbraut
20	Der Dorfbarbier / *Die Maskerade im Theater*
21	Zampa, oder: Die Marmorbraut
22	Der Schatzgräber / *Der Fasching in Venedig*
23	Die Braut
24	Zum Vortheile des Herrn Binder: Medea
25	Zampa, oder: Die Marmorbraut
26	Der Schatzgräber / *Der Fasching in Venedig*
27	Zampa, oder: Die Marmorbraut
28	geschlossen
29	Zum Vortheile der Madame Schodel, und zu Herrn Wild's letztem Auftritte vor seiner Kunstreise: Die Unbekannte (La straniera)
30	Zum Vortheile des Herrn Conradin Kreutzer, Kapellmeister an diesem k. k. Hoftheater: Musikalische Akademie / *Die Nachtwandlerinn (B.95)*
31	Die Stumme von Portici

JUNI 1832

01	Erste Gastvorstellung des Herrn Breiting, k. preußischen Hofsängers: Die weiße Frau
02	Des Herzens Wahl / *Die Nachtwandlerinn (B.95)*
03	Die weiße Frau
04	Die Zauberflöte
05	Medea
06	Zum Vortheile der Dlle. Therese Elßler: Der Schatzgräber / *Adelheid von Frankreich*
07	Die Stumme von Portici
08	Des Herzens Wahl / *Adelheid von Frankreich*
09	Die Stumme von Portici
10	geschlossen
11	Die Stumme von Portici
12	Erste Gastvorstellung des Herrn Börner, Sänger vom Großherzoglichen Hoftheater in Carlsruhe. Zum ersten Male: Das Fest der Handwerker / *Adelheid von Frankreich*
13	Der Liebestrank (I) / *Das Fest der Handwerker*
14	Das Fest der Handwerker / *Der Fasching in Venedig*
15	Zur sechsten und letzten Gastvorstellung des Herrn Breiting, k. preußischen Hofsängers, und zum Vortheile des Herrn Staudigel: Die Vestalinn
16	Das Fest der Handwerker / *Die Fee und der Ritter*
17	Der lustige Schuster, oder: Die Weibercur
18	Das Fest der Handwerker / *Der Fasching in Venedig*

19	Die weiße Frau
20	Das Fest der Handwerker / *Die Nachtwandlerinn (B.95)*
21	geschlossen
22	Brama und die Bayadere
23	Das Fest der Handwerker / *Der Fasching in Venedig*
24	Der lustige Schuster, oder: Die Weibercur / Das Fest der Handwerker
25	Das Fest der Handwerker / *Adelheid von Frankreich*
26	Die weiße Frau
27	Die Müllerinn / *Die Fee und der Ritter*
28	Die Müllerinn / *Die Nachtwandlerinn (B.95)*
29	Das Fest der Handwerker / *Der Fasching in Venedig*
30	Johann von Paris

JULI 1832

01	Das Fest der Handwerker / *Adelheid von Frankreich*
02	Das Fest der Handwerker / *Die Fee und der Ritter*
03	Der Barbier von Sevilla
04	Das Fest der Handwerker / *Adelheid von Frankreich*
05	Zampa, oder: Die Marmorbraut
06	Das Fest der Handwerker / Neu in Scene gesetzt, Zum ersten Male: *Das befreite Jerusalem*
07	Zampa, oder: Die Marmorbraut
08	Die Müllerinn / *Das befreite Jerusalem*
09	Zampa, oder: Die Marmorbraut
10	Das Fest der Handwerker / *Der Fasching in Venedig*
11	Die Unbekannte (La straniera)
12	Das Fest der Handwerker / *Das befreite Jerusalem*
13	Die Braut
14	Die diebische Aelster
15	Fra Diavolo, oder: Die Räuber in Terracina
16	Zampa, oder: Die Marmorbraut
17	Das Fest der Handwerker / *Das befreite Jerusalem*
18	Die Unbekannte (La straniera)
19	Das Fest der Handwerker / *Die Fee und der Ritter*
20	Zampa, oder: Die Marmorbraut
21	Das Fest der Handwerker / *Orpheus und Eurydice*
22	Der Freyschütze
23	Die Stumme von Portici
24–25	geschlossen
26	Zum Vortheile des Herrn Ludwig Cramolini: Das Fest der Handwerker/ *Die Maskerade im Theater*
27	Das Fest der Handwerker / *Die Maskerade im Theater*
28	Das Fest der Handwerker / *Die Maskerade im Theater*
29	Der Dorfbarbier / *Die Maskerade im Theater*
30	Zum Vortheile des Herrn Breiting: Zampa, oder: Die Marmorbraut
31	Das Fest der Handwerker / *Die Maskerade im Theater*

AUGUST 1832

01	Zampa, oder: Die Marmorbraut
02	Zum ersten Male: Paris in Pommern, oder: Die seltsame Testaments-Klausel / *Die Fee und der Ritter*
03	Zum ersten Male: Acht Monathe in zwey Stunden, oder: Die Macht der kindlichen Liebe
04	Paris in Pommern, oder: Die seltsame Testaments-Klausel / *Orpheus und Eurydice*
05	Acht Monathe in zwey Stunden, oder: Die Macht der kindlichen Liebe
06	Das Geheimniß / *Orpheus und Eurydice*
07	Acht Monathe in zwey Stunden, oder: Die Macht der kindlichen Liebe
08	Paris in Pommern, oder: Die seltsame Testaments-Klausel (zum zweyten Mahle!) / *Das befreite Jerusalem*
09	Acht Monathe in zwey Stunden, oder: Die Macht der kindlichen Liebe
10	Paris in Pommern, oder: Die seltsame Testaments-Klausel / *Die Nachtwandlerinn (B.95)*
11	Zum ersten Male: Der lustige Felix, oder: Der geprellte Förster / *Das befreite Jerusalem*
12	Acht Monathe in zwey Stunden, oder: Die Macht der kindlichen Liebe
13	Der lustige Felix, oder: Der geprellte Förster / *Die Fee und der Ritter*
14	Zum ersten Male: Liebesproben
15	Acht Monathe in zwey Stunden, oder: Die Macht der kindlichen Liebe
16	Liebesproben
17	Der lustige Felix, oder: Der geprellte Förster / *Das befreite Jerusalem*
18	Acht Monathe in zwey Stunden, oder: Die Macht der kindlichen Liebe
19	Liebesproben
20	Das Fest der Handwerker / *Die Fee und der Ritter*
21	Die Zauberflöte
22	Der Freyschütze
23	Zum Vortheile des Herrn Börner: Der lustige Felix, oder: Der geprellte Förster / Zum ersten Male: Die Gastfreundschaft, oder: Der Chorist in Equipage / Das Fest der Handwerker
24	Acht Monathe in zwey Stunden, oder: Die Macht der kindlichen Liebe
25	Die Gastfreundschaft, oder: Der Chorist in Equipage / Der lustige Felix, oder: Der geprellte Förster / Das Fest der Handwerker
26	Die Stumme von Portici
27	Der lustige Felix, oder: Der geprellte Förster / Die Gastfreundschaft, oder: Der Chorist in Equipage / Das Fest der Handwerker
28	Paris in Pommern, oder: Die seltsame Testaments-Klausel / *Das befreite Jerusalem*
29	Fra Diavolo, oder: Die Räuber in Terracina
30	Acht Monathe in zwey Stunden, oder: Die Macht der kindlichen Liebe
31	Das Fest der Handwerker / *Das befreite Jerusalem*

SEPTEMBER 1832

01	Maurer und Schlosser
02	Die Stumme von Portici
03	Das Fest der Handwerker / *Das befreite Jerusalem*
04	Liebesproben
05	Der lustige Felix, oder: Der geprellte Förster / *Die Fee und der Ritter*
06	Iphigenia auf Tauris
07	Die Braut

08	geschlossen
09	Die Stumme von Portici
10	Die Unbekannte (La straniera)
11	Der lustige Felix, oder: Der geprellte Förster / *Die Nachtwandlerinn (B.95)*
12	Zum Vortheile des Regisseurs Hrn. Gottdank: Zampa, oder: Die Marmorbraut
13	Acht Monathe in zwey Stunden, oder: Die Macht der kindlichen Liebe
14	Zampa, oder: Die Marmorbraut
15	Joseph und seine Brüder
16	Zampa, oder: Die Marmorbraut
17	Der Schatzgräber / *Das befreite Jerusalem*
18	Zampa, oder: Die Marmorbraut
19	Zum Vortheile des Dlle. Fanny Rabel: Der lustige Felix, oder: Der geprellte Förster / *Theodosia*
20	Acht Monathe in zwey Stunden, oder: Die Macht der kindlichen Liebe
21	Zampa, oder: Die Marmorbraut
22	Zum Vortheile der Dlle. Fanny Elßler. Zum ersten Male: List und Phlegma / *Der Blaubart*
23	Zampa, oder: Die Marmorbraut
24	Die Stumme von Portici
25	List und Phlegma / *Theodosia*
26	Erste Gastvorstellung der Dlle. Sabine Heinefetter. Zum Vortheile des Hrn. Wild: Othello, der Mohr von Venedig
27	Musikalische Akademie / *Die Nachtwandlerinn (B.95)*
28	Othello, der Mohr von Venedig
29	Joseph und seine Brüder
30	Die Stumme von Portici

OKTOBER 1832

01	Zampa, oder: Die Marmorbraut
02	List und Phlegma / *Das befreite Jerusalem*
03	Bey Beleuchtung des äußeren Schauplatzes: Othello, der Mohr von Venedig
04	Der lustige Felix, oder: Der geprellte Förster / *Die Nachtwandlerinn (B.95)*
05	Die Braut
06	Der Barbier von Sevilla
07	Zampa, oder: Die Marmorbraut
08	Die Stumme von Portici
09	Die Unbekannte (La straniera)
10	Der Schatzgräber / *Theodosia*
11	Zum Vortheile des Herrn Eduard Weiß: Fra Diavolo, oder: Die Räuber in Terracina
12	Alle fürchten sich / *Adelheid von Frankreich*
13	Der Barbier von Sevilla
14	Zampa, oder: Die Marmorbraut
15	Die Stumme von Portici
16	Fra Diavolo, oder: Die Räuber in Terracina
17	Das Fest der Handwerker / *Adelheid von Frankreich*
18	Othello, der Mohr von Venedig
19	Das Fest der Handwerker / *Adelheid von Frankreich*
20	Die diebische Aelster
21	Das Fest der Handwerker / *Adelheid von Frankreich*

22	Zampa, oder: Die Marmorbraut
23	Zum ersten Male: *Die Brigittenau, oder: Der todt geglaubte Soldat*
24	*Die Brigittenau, oder: Der todt geglaubte Soldat*
25	Othello, der Mohr von Venedig
26	*Die Brigittenau, oder: Der todt geglaubte Soldat*
27	Die Braut
28	Das Fest der Handwerker / *Die Brigittenau, oder: Der todt geglaubte Soldat*
29	Das Fest der Handwerker / *Die Brigittenau, oder: Der todt geglaubte Soldat*
30	Die Unbekannte (La straniera)
31	Semiramis (A.257)

NOVEMBER 1832

01	Zum Vortheile des Herrn Binder: Don Juan
02	Das Fest der Handwerker / *Die Brigittenau, oder: Der todt geglaubte Soldat*
03	Bey Beleuchtung des äußeren Schauplatzes: Die Bestürmung von Corinth
04	Das Fest der Handwerker / *Die Brigittenau, oder: Der todt geglaubte Soldat*
05	Die Stumme von Portici
06	Zampa, oder: Die Marmorbraut
07	Der lustige Felix, oder: Der geprellte Förster / *Das Schweizer-Milchmädchen*
08	Zampa, oder: Die Marmorbraut
09	Das Fest der Handwerker / *Das Schweizer-Milchmädchen*
10	Die Bestürmung von Corinth
11	Das Fest der Handwerker / *Die Brigittenau, oder: Der todt geglaubte Soldat*
12	Die Stumme von Portici
13	Alle fürchten sich / *Adelheid von Frankreich*
14	Die Braut
15	geschlossen
16	Johann von Paris
17	Das Fest der Handwerker / *Adelheid von Frankreich*
18	Die Stumme von Portici
19	Das Fest der Handwerker / *Der Blaubart*
20	Zampa, oder: Die Marmorbraut
21	Der Schatzgräber / *Der Blaubart*
22	Zum Vortheile des Dlle. Marie Henkel: Rothkäppchen
23	Die Gastfreundschaft, oder: Der Chorist in Equipage / Alle fürchten sich / Das Fest der Handwerker
24	Rothkäppchen
25	Die Stumme von Portici
26	Zampa, oder: Die Marmorbraut
27	Der Schatzgräber / *Adelheid von Frankreich*
28	Zampa, oder: Die Marmorbraut
29	Die weiße Frau
30	Alle fürchten sich / *Der Blaubart*

DEZEMBER 1832

01	Zum Vortheile des Dlle. Sabine Heinefetter. Zum ersten Male: Die Montecchi und Capuleti
02	Don Juan

667

03	Die Montecchi und Capuleti
04	Zum ersten Male: Die Unzertrennlichen, oder: Die besten Freunde / *Der Blaubart*
05	Die Montecchi und Capuleti
06	Der Freyschütze
07	Die Montecchi und Capuleti
08	Don Juan
09	Der Dorfbarbier / *Die Brigittenau, oder: Der todt geglaubte Soldat*
10	Zum Vortheile der Dlle. Sophie Löwe: Die Montecchi und Capuleti
11	Fra Diavolo, oder: Die Räuber in Terracina
12	Die Unbekannte (La straniera)
13	Die Montecchi und Capuleti
14	Zampa, oder: Die Marmorbraut
15	Die Unzertrennlichen, oder: Die besten Freunde / *Adelheid von Frankreich*
16	Zampa, oder: Die Marmorbraut
17	Die Stumme von Portici
18	Die diebische Aelster
19	Zum Vortheile des k. k. p. Hof-Opernsängers Herrn Anton Forti: Die Montecchi und Capuleti
20	Alle fürchten sich / *Das befreite Jerusalem*
21	Die Montecchi und Capuleti
22–28	geschlossen
29	Zum Vortheile der hiesigen öffentlichen k. k. Wohlthätigkeits-Anstalten: Fra Diavolo, oder: Die Räuber in Terracina
30	Zampa, oder: Die Marmorbraut
31	Der Schatzgräber / *Die Nachtwandlerinn (B.95)*

JÄNNER 1833

01	Die Montecchi und Capuleti
02	Die weiße Frau
03	Die Montecchi und Capuleti
04	Zum ersten Male: Das Küchen-Regiment / *Das befreite Jerusalem*
05	Zum Vortheile der Dlle. Mimi Dupuy: Musikalische Akademie / *Orpheus und Eurydice*
06	Zampa, oder: Die Marmorbraut
07	Das Fest der Handwerker / *Orpheus und Eurydice*
08	Fidelio
09	Das Küchen-Regiment / *Das befreite Jerusalem*
10	Die Montecchi und Capuleti
11	Die Stumme von Portici
12	Die Gastfreundschaft, oder: Der Chorist in Equipage / *Orpheus und Eurydice*
13	Die Montecchi und Capuleti
14	Zum Vortheile des Herrn Mattis: Das Fest der Handwerker / *Die Maskerade im Theater*
15	Das Fest der Handwerker / *Die Maskerade im Theater*
16	Die Bestürmung von Corinth
17	Johann von Paris
18	Das Fest der Handwerker / *Die Maskerade im Theater*
19	Zampa, oder: Die Marmorbraut
20	Das Fest der Handwerker / *Die Maskerade im Theater*
21	Das Fest der Handwerker / *Die Maskerade im Theater*

22	Die Montecchi und Capuleti
23	Der gebesserte Lorenz, oder: Dießmahl fehlt immer der Herr / *Die Nachtwandlerinn (B.95)*
24	Joconde, oder: Die Abenteurer
25	Das Fest der Handwerker / *Die Maskerade im Theater*
26	Die Zauberflöte
27	Das Fest der Handwerker / *Die Maskerade im Theater*
28	Das Fest der Handwerker / *Die Maskerade im Theater*
29	Don Juan
30	Der Gutsherr / *Adelheid von Frankreich*
31	Die weiße Frau

FEBRUAR 1833

01	Alle fürchten sich / *Die Fee und der Ritter*
02	Das Fest der Handwerker / *Die Maskerade im Theater*
03	Das Fest der Handwerker / *Die Maskerade im Theater*
04	Die Zauberflöte
05	Zum ersten Male: Der Amtmann in der Klemme / *Die Fee und der Ritter*
06	Die Bestürmung von Corinth
07	Bey Beleuchtung des äußern Schauplatzes: Der Amtmann in der Klemme / *Adelheid von Frankreich*
08	Zampa, oder: Die Marmorbraut
09	Les ruses de Nicolas** / *Die Fee und der Ritter*
10	Das Fest der Handwerker / *Die Maskerade im Theater*
11	Bey Beleuchtung des äußern Schauplatzes: Zampa, oder: Die Marmorbraut
12	Johann von Paris
13	Les ruses de Nicolas** / *Das befreite Jerusalem*
14	Das Fest der Handwerker / *Die Maskerade im Theater*
15	Zum Vortheile des Herrn Breiting: Ferdinand Cortez, oder: Die Eroberung von Mexico
16	Les ruses de Nicolas** / *Adelheid von Frankreich*
17	Ferdinand Cortez, oder: Die Eroberung von Mexico
18	Das Fest der Handwerker / *Die Maskerade im Theater*
19	Das Fest der Handwerker / *Die Maskerade im Theater*
20	geschlossen
21	Zum Vortheile des Herrn Alexandre: Le paquebot, ou Sept pour un** / *Das befreite Jerusalem*
22	geschlossen
23	Le paquebot, ou Seul pour sept** / *Adelheid von Frankreich*
24	Ferdinand Cortez, oder: Die Eroberung von Mexico
25	Musikalische Akademie / *Die Fee und der Ritter*
26	Zum Vortheile der Madame Ernst. Zum ersten Male: Anna Boleyn
27	Le paquebot, ou Seul pour sept** / *Die Nachtwandlerinn (B.95)*
28	geschlossen

MÄRZ 1833

01	Anna Boleyn
02	Anna Boleyn

03	Zampa, oder: Die Marmorbraut
04	Der Gutsherr / Symphonie von L. van Beethoven A-dur / Le paquebot, ou Seul pour sept**
05	Zum Vortheile der Mad. Robert Mees St. Romain: Zum goldnen Löwen / Neu in die Szene gesetzt: *Aline, Königinn von Golkonda*
06	Der Gutsherr / Adagio e Scherzo der Sinfonia eroica von L. van Beethoven / Le paquebot, ou Seul our sept**
07	Der Schatzgräber / *Aline, Königinn von Golkonda*
08	Zum Vortheile des Herrn Alexandre: Anna Boleyn (I) / Les ruses de Nicolas**
09	Musikalische Akademie / *Aline, Königinn von Golkonda*
10	Zampa, oder: Die Marmorbraut
11	Les ruses de Nicolas** / *Das befreite Jerusalem*
12	Ferdinand Cortez, oder: Die Eroberung von Mexico
13	Les ruses de Nicolas** / *Aline, Königinn von Golkonda*
14	Musikalische Akademie / *Die Nachtwandlerinn (B.95)*
15	Le paquebot, ou Seul pour sept** / *Theodosia*
16	Musikalische Akademie / *Aline, Königinn von Golkonda*
17	Anna Boleyn (I) / Le paquebot, ou Seul pour sept**
18	Die Braut
19	Das Fest der Handwerker / *Theodosia*
20	Zum Vortheile des Herrn Alexandre: Zum ersten Male: Le diable boiteux** / Anna Boleyn (I)
21	Die Unbekannte (La straniera)
22	Le diable boiteux** / *Das befreite Jerusalem*
23	Johann von Paris
24	Zampa, oder: Die Marmorbraut
25	geschlossen
26	Der Gutsherr / *Aline, Königinn von Golkonda*
27	Die Schweizer-Familie
28	Die Montecchi und Capuleti
29	geschlossen
30	Musikalische Akademie / *Aline, Königinn von Golkonda*
31	geschlossen

APRIL 1833

01–07	geschlossen
08	Zampa, oder: Die Marmorbraut
09	Der Gutsherr / Les ruses de Nicolas**
10	Zum Vortheile des Herrn Rozier: Der lustige Felix, oder: Der geprellte Förster / *Die Fee und der Ritter*
11	Die Gastfreundschaft, oder: Der Chorist in Equipage / Le paquebot, ou Seul pour sept**
12	Der Gutsherr / *Das Schweizer-Milchmädchen*
13	Musikalische Akademie / *Das Schweizer-Milchmädchen*
14	Don Juan
15	geschlossen
16	Die Montecchi und Capuleti
17	Das Fest der Handwerker / *Das befreite Jerusalem*
18	Die Stumme von Portici

19	Musikalische Akademie / *Die Nachtwandlerinn (B.95)*
20	Maurer und Schlosser
21	Zampa, oder: Die Marmorbraut
22	Der gebesserte Lorenz, oder: Dießmahl fehlt immer der Herr / *Die Nachtwandlerinn (B.95)*
23	Joconde, oder: Die Abenteurer
24	Der Gutsherr / Alle fürchten sich
25	Das Hausgesinde / Le diable boiteux**
26	Die Schweizer-Familie
27	Der Gutsherr / Le diable boiteux**
28	Zampa, oder: Die Marmorbraut
29	Der Freyschütze
30	Die Unbekannte (La straniera)

MAI 1833

01	Der Dorfbarbier / Die lustigen Streiche des Nicolas
02	Zampa, oder: Die Marmorbraut
03	Musikalische Akademie / *Theodosia*
04	Die Schweizer-Familie
05	Die Stumme von Portici
06	Maurer und Schlosser
07	Die Unbekannte (La straniera)
08	Johann von Paris
09	Der Schatzgräber / *Die Nachtwandlerinn (B.95)*
10	Der Freyschütze
11	Zum ersten Male: Norma
12	Die Stumme von Portici
13	geschlossen
14	Norma
15	Alle fürchten sich / *Theodosia*
16	Norma
17	Zum Vortheile des neubegründeten Hauses der barmherzigen Schwestern in Gumpendorf: Musikalische Akademie / Le paquebot, ou Seul pour sept**
18	Norma
19	Joconde, oder: Die Abenteurer
20	Zum goldnen Löwen / *Aline, Königinn von Golkonda*
21	Norma
22	Concert des Herrn Lafont / *Aline, Königinn von Golkonda*
23	Norma
24	Concert des Herrn Lafont / *Theodosia*
25	Norma
26	geschlossen
27	Zampa, oder: Die Marmorbraut
28	Alle fürchten sich / *Aline, Königinn von Golkonda*
29	Norma
30	Concert des Herrn Lafont / Die weiße Frau (I, II)
31	Norma

JUNI 1833

01 Deutsche Improvisation von Langenschwarz / *Theodosia*
02 Fra Diavolo, oder: Die Räuber in Terracina
03 Der Gutsherr / *Aline, Königinn von Golkonda*
04 Die Montecchi und Capuleti
05 Concert des Herrn Lafont / *Das Schweizer-Milchmädchen*
06 geschlossen
07 Zum goldnen Löwen / [Zum ersten Male:] *Wilhelm Tell*
08 Alle fürchten sich / *Wilhelm Tell*
09 Die Stumme von Portici
10 Der Schatzgräber / *Wilhelm Tell*
11 Concert des Herrn Lafont / *Joconde, oder: Die Abenteurer*
12 Der dreyzehnte Mantel / *Wilhelm Tell*
13 Der dreyzehnte Mantel / *Wilhelm Tell*
14 Zum Vortheile des Herrn Ludwig Cramolini. Zum ersten Male: Des Adlers Horst
15 Des Adlers Horst
16 Des Adlers Horst
17 Der Schatzgräber / *Wilhelm Tell*
18 Don Juan
19 Der dreyzehnte Mantel / *Wilhelm Tell*
20 Fra Diavolo, oder: Die Räuber in Terracina
21 Der Gutsherr / *Wilhelm Tell*
22 Die Montecchi und Capuleti
23 Der Freyschütze
24 Der Vampyr
25 Der dreyzehnte Mantel / *Wilhelm Tell*
26 Der Vampyr
27 Der Vampyr
28 Die Montecchi und Capuleti
29 Zampa, oder: Die Marmorbraut
30 Des Adlers Horst

JULI 1833

01 Der Diener aller Welt / *Das befreite Jerusalem*
02 Zum Vortheile des Herrn August Fischer: Die Unbekannte (La straniera)
03 Die Stumme von Portici
04 Die Unbekannte (La straniera)
05 Die weiße Frau
06 Der Vampyr
07 Die Zauberflöte
08 Zampa, oder: Die Marmorbraut
09 Der Barbier von Sevilla
10 Johann von Paris
11 Der Vampyr
12 Das Fest der Handwerker / *Das Schweizer-Milchmädchen*
13 Zampa, oder: Die Marmorbraut
14 Das Fest der Handwerker / *Das Schweizer-Milchmädchen*
15 Der Vampyr

16	Fidelio
17	Der Diener aller Welt / *Wilhelm Tell*
18	Die Unbekannte (La straniera)
19	Das Fest der Handwerker / *Das Schweizer-Milchmädchen*
20	Joseph und seine Brüder
21	Der Vampyr
22	Das Fest der Handwerker / *Adelheid von Frankreich*
23	Zampa, oder: Die Marmorbraut
24	Norma
25	Das Fest der Handwerker / *Wilhelm Tell*
26	Zampa, oder: Die Marmorbraut
27	Norma
28	Der Vampyr
29	Zum ersten Male: Die beiden Hofmeister / *Adelheid von Frankreich*
30	Norma
31	Die beiden Hofmeister / *Das befreite Jerusalem*

AUGUST 1833

01	Norma
02	Zum ersten Male: Der Lügner und sein Sohn / *Wilhelm Tell*
03	Die Unbekannte (La straniera)
04	Der Lügner und sein Sohn / *Das Schweizer-Milchmädchen* / Das Fest der Handwerker
05	Zum Vortheile der Madme. Mattis: Don Juan
06	Die beiden Hofmeister / *Adelheid von Frankreich*
07	Norma
08	Der Lügner und sein Sohn / *Aline, Königinn von Golkonda*
09	Die Montecchi und Capuleti
10	Die beiden Hofmeister / *Aline, Königinn von Golkonda*
11	Der Vampyr
12	Das Fest der Handwerker / *Adelheid von Frankreich*
13	Norma
14	Die beiden Hofmeister / *Das befreite Jerusalem*
15	Die Stumme von Portici
16	Der Freyschütze
17	Der Barbier von Sevilla
18	Der Lügner und sein Sohn / *Das Schweizer-Milchmädchen* / Das Fest der Handwerker
19	Norma
20	Fra Diavolo, oder: Die Räuber in Terracina
21	Zum ersten Male: Der todte Neffe / *Die Nachtwandlerinn (B.95)*
22	Norma
23	Der todte Neffe / *Die Nachtwandlerinn (B.95)*
24	Zampa, oder: Die Marmorbraut
25	Der todte Neffe / *Das Schweizer-Milchmädchen* / Das Fest der Handwerker
26	Der Freyschütze
27	Der Lügner und sein Sohn / *Wilhelm Tell*
28	Die Unbekannte (La straniera)
29	Die beiden Hofmeister / *Wilhelm Tell*
30	Der Barbier von Sevilla
31	Zum ersten Male: Robert, der Teufel

SEPTEMBER 1833

01 Der todte Neffe / *Das Schweizer-Milchmädchen* / Das Fest der Handwerker
02 Robert, der Teufel
03 Zampa, oder: Die Marmorbraut
04 Robert, der Teufel
05 Die Braut
06 Zum Vortheile des Herrn Staudigel: Robert, der Teufel
07 Joconde, oder: Die Abenteurer
08 geschlossen
09 Robert, der Teufel
10 Fra Diavolo, oder: Die Räuber in Terracina
11 Norma
12 Der Lügner und sein Sohn / *Das befreite Jerusalem*
13 Norma
14 Die Stumme von Portici
15 Zum ersten Male: Der Bär und der Pascha / *Das Schweizer-Milchmädchen* / Das Fest der Handwerker
16 Norma
17 Der Bär und der Pascha / *Wilhelm Tell*
18 Norma
19 Der todte Neffe / *Aline, Königinn von Golkonda*
20 Die Unbekannte (La straniera)
21 Der Lügner und sein Sohn / *Das befreite Jerusalem*
22 Zampa, oder: Die Marmorbraut
23 Der todte Neffe / *Wilhelm Tell* / Der Bär und der Pascha
24 Norma
25 Zum Vortheile des Herrn L. Henry: Die beiden Hofmeister / Zum ersten Male: *Agnes und Fitz-Henri*
26 Die Montecchi und Capuleti
27 Der Lügner und sein Sohn / *Agnes und Fitz-Henri*
28 Zum Vortheile des Herrn Wild: Othello, der Mohr von Venedig
29 Der Bär und der Pascha / *Wilhelm Tell* / Das Fest der Handwerker
30 Norma

OKTOBER 1833

01 Fra Diavolo, oder: Die Räuber in Terracina
02 Zum Vortheile der Dlle. Clara Heinefetter. Neu in Scene gesetzt: Raul, der Blaubart
03 Bey Beleuchtung des äußeren Schauplatzes: Othello, der Mohr von Venedig
04 Zum ersten Male: Die Gunst der Kleinen, oder: Die Hintertreppe / *Agnes und Fitz-Henri*
05 Norma
06 Die Stumme von Portici
07 Zum Vortheile des Herrn Forti: Zampa, oder: Die Marmorbraut
08 Fra Diavolo, oder: Die Räuber in Terracina
09 Die Unbekannte (La straniera)
10 Die Gunst der Kleinen, oder: Die Hintertreppe / *Wilhelm Tell*
11 Die Bestürmung von Corinth
12 Raul, der Blaubart

13	Die Gunst der Kleinen, oder: Die Hintertreppe / *Wilhelm Tell* / Der Bär und der Pascha
14	Zum Vortheile der Madme. Ernst: Norma
15	Zampa, oder: Die Marmorbraut
16	Zum ersten Male: Die reisende Sängerinn / *Agnes und Fitz-Henri*
17	Zum Vortheile des Herrn Binder: Robert, der Teufel
18	Die reisende Sängerinn / *Adelheid von Frankreich*
19	Robert, der Teufel
20	Die Gunst der Kleinen, oder: Die Hintertreppe / *Adelheid von Frankreich* / Die reisende Sängerinn
21	Zampa, oder: Die Marmorbraut
22	Zum Vortheile des Herrn Campilli: Das Fest der Handwerker / Zum ersten Male: *Das unbewohnte Haus, oder: Der Poet in Aengsten* / Die reisende Sängerinn
23	Zum Vortheile des Herrn Breiting: Robert, der Teufel
24	geschlossen
25	Der Lügner und sein Sohn / *Das unbewohnte Haus, oder: Der Poet in Aengsten* / Die beiden Hofmeister
26	Zampa, oder: Die Marmorbraut
27	Der Bär und der Pascha / *Das unbewohnte Haus, oder: Der Poet in Aengsten* / Das Fest der Handwerker
28	Robert, der Teufel
29	Der todte Neffe / *Adelheid von Frankreich*
30	Robert, der Teufel
31	Zum Vortheile der Dlle. Lutzer: Die Montecchi und Capuleti

NOVEMBER 1833

01	Robert, der Teufel
02	Der Vampyr
03	Bey Beleuchtung des äußeren Schauplatzes: Die Montecchi und Capuleti
04	Norma
05	Robert, der Teufel
06	Zum ersten Male: Der Weiberfeind in der Klemme, oder: Der Hofmeister in tausend Aengsten / *Adelheid von Frankreich*
07	Die Stumme von Portici
08	Der Weiberfeind in der Klemme, oder: Der Hofmeister in tausend Aengsten / *Das unbewohnte Haus, oder: Der Poet in Aengsten*
09	Robert, der Teufel
10	Das Fest der Handwerker / *Das Schweizer-Milchmädchen* / Der Bär und der Pascha
11	Robert, der Teufel
12	Norma
13	Zampa, oder: Die Marmorbraut
14	Norma
15	geschlossen
16	Zum Vortheile des Herrn Mattis: Die beiden Hofmeister / *Die Maskerade im Theater*
17	Der Weiberfeind in der Klemme, oder: Der Hofmeister in tausend Aengsten / *Die Maskerade im Theater*
18	Der Freyschütze
19	Die Gunst der Kleinen, oder: Die Hintertreppe / *Die Maskerade im Theater* / Das Fest der Handwerker

20	Norma
21	Robert, der Teufel
22	Die Unbekannte (La straniera)
23	Robert, der Teufel
24	Das Fest der Handwerker / *Die Maskerade im Theater* / Der Lügner und sein Sohn
25	Robert, der Teufel
26	Der Weiberfeind in der Klemme, oder: Der Hofmeister in tausend Aengsten / *Das befreite Jerusalem*
27	Robert, der Teufel
28	Die beiden Hofmeister / *Theodosia*
29	Zum Vortheile der Dlle. Löwe: Robert, der Teufel
30	Die Unbekannte (La straniera)

DEZEMBER 1833

01	Das Fest der Handwerker / *Die Maskerade im Theater* / Die Gunst der Kleinen, oder: Die Hintertreppe
02	Robert, der Teufel
03	Norma
04	Fra Diavolo, oder: Die Räuber in Terracina
05	Robert, der Teufel
06	Der Lügner und sein Sohn / *Die Fee und der Ritter*
07	Norma
08	Die Zauberflöte
09	Robert, der Teufel
10	Zum ersten Male: Der Räuberhauptmann / *Die Fee und der Ritter*
11	Norma
12	Robert, der Teufel
13	Fidelio
14	Die Gunst der Kleinen, oder: Die Hintertreppe / *Die Fee und der Ritter*
15	Robert, der Teufel
16	Zampa, oder: Die Marmorbraut
17	Norma
18	Robert, der Teufel
19	Das Fest der Handwerker / *Die Fee und der Ritter*
20	Norma
21	Robert, der Teufel
22–25	geschlossen
26	Robert, der Teufel
27	Fra Diavolo, oder: Die Räuber in Terracina
28	Norma
29	Robert, der Teufel
30	Die Zauberflöte
31	Die beiden Hofmeister / Der Räuberhauptmann / Der Lügner und sein Sohn

JÄNNER 1834

01	Zum Vortheile des Herrn Breiting: Robert, der Teufel
02	Musikalische Akademie / *Die Fee und der Ritter*
03	Norma

04	Zampa, oder: Die Marmorbraut
05	Robert, der Teufel
06	Die Zauberflöte
07	Robert, der Teufel
08	Musikalische Akademie / *Theodosia*
09	Fra Diavolo, oder: Die Räuber in Terracina
10	Robert, der Teufel
11	Musikalische Akademie / *Theodosia*
12	Die Gunst der Kleinen, oder: Die Hintertreppe / *Die Maskerade im Theater* / Der Weiberfeind in der Klemme, oder: Der Hofmeister in tausend Aengsten
13	Das Fest der Handwerker / *Die Maskerade im Theater*
14	Robert, der Teufel
15	Musikalische Akademie / *Adelheid von Frankreich*
16	Musikalische Unterhaltung / *Adelheid von Frankreich*
17	Robert, der Teufel
18	Musikalische Akademie / *Die Maskerade im Theater*
19	Das Fest der Handwerker / *Die Maskerade im Theater* / Der Bär und der Pascha
20	Die Stumme von Portici
21	Der Freyschütze
22	Die Montecchi und Capuleti
23	Der lustige Schuster, oder: Die Weiberkur / *Die Fee und der Ritter*
24	Zum Vortheile des Hrn. Ludwig Cramolini: Norma
25	Zampa, oder: Die Marmorbraut
26	Der lustige Schuster, oder: Die Weiberkur / *Die Maskerade im Theater*
27	Robert, der Teufel
28	Zum Vortheile der hiesigen öffentlichen k. k. Wohlthätigkeits-Anstalten: Die beiden Hofmeister / *Adelheid von Frankreich*
29	Der Lügner und sein Sohn / Die beiden Füchse, oder: Die Vetter aus Schwaben
30	Robert, der Teufel
31	Norma

FEBRUAR 1834

01	Der Weiberfeind in der Klemme, oder: Der Hofmeister in tausend Aengsten / *Adelheid von Frankreich*
02	Die beiden Füchse, oder: Die Vetter aus Schwaben / *Die Maskerade im Theater*
03	Der lustige Schuster, oder: Die Weiberkur / *Die Maskerade im Theater*
04	Die Montecchi und Capuleti
05	Die Braut
06	Der Dorfbarbier / *Adelheid von Frankreich*
07	Bey Beleuchtung des äußeren Schauplatzes: Norma
08	Robert, der Teufel
09	Die beiden Füchse, oder: Die Vetter aus Schwaben / *Die Maskerade im Theater*
10	Die Gunst der Kleinen, oder: Die Hintertreppe / Das Fest der Handwerker / Der Lügner und sein Sohn
11	Bey Beleuchtung des äußeren Schauplatzes: Der lustige Schuster, oder: Die Weiberkur / *Die Maskerade im Theater*
12	geschlossen
13	Norma
14	Zampa, oder: Die Marmorbraut

15		Die beiden Hofmeister / Neu in Scene gesetzt: *Die Rose, oder: Der verkleidete Gutsherr* / Der Lügner und sein Sohn
16		Der Dorfbarbier / *Die Rose, oder: Der verkleidete Gutsherr* / Der Bär und der Pascha
17		Robert, der Teufel
18		Die beiden Füchse, oder: Die Vetter aus Schwaben / *Die Rose, oder: Der verkleidete Gutsherr*
19		geschlossen
20		Zampa, oder: Die Marmorbraut
21		Die Montecchi und Capuleti
22		Der Räuberhauptmann / *Die Fee und der Ritter*
23		Die Stumme von Portici
24		Das Fest der Handwerker / *Die Fee und der Ritter*
25		Fra Diavolo, oder: Die Räuber in Terracina
26		Robert, der Teufel
27		Der todte Neffe / *Adelheid von Frankreich*
28		geschlossen

MÄRZ 1834

01   Robert, der Teufel
02   Zampa, oder: Die Marmorbraut
03   Der lustige Schuster, oder: Die Weiberkur / *Adelheid von Frankreich*
04   Robert, der Teufel
05   Musikalische Akademie / *Theodosia*
06   Zum ersten Male: Die Schreiber-Wiese bey Paris, oder: Der Zweykampf
07   Die Schreiber-Wiese bey Paris, oder: Der Zweykampf
08   Musikalische Akademie / *Die Fee und der Ritter*
09   Robert, der Teufel
10   Die Schreiber-Wiese bey Paris, oder: Der Zweykampf
11   Musikalische Akademie / *Die Rose, oder: Der verkleidete Gutsherr*
12   Die Schreiber-Wiese bey Paris, oder: Der Zweykampf
13   Robert, der Teufel
14   Musikalische Akademie / *Die Fee und der Ritter*
15   Die beiden Hofmeister / *Die Nachtwandlerinn (B.95)*
16   Die Schreiber-Wiese bey Paris, oder: Der Zweykampf
17   Semiramis (A.257)
18   Musikalische Unterhaltung / *Das befreite Jerusalem*
19   Die Schreiber-Wiese bey Paris, oder: Der Zweykampf
20   Robert, der Teufel
21   Zum ersten Male: Irrsinn und Irrthum / *Die Nachtwandlerinn (B.95)*
22   Die Schreiber-Wiese bey Paris, oder: Der Zweykampf
23–30 geschlossen
31   Die Schreiber-Wiese bey Paris, oder: Der Zweykampf

APRIL 1834

01   Irrsinn und Irrthum / *Das befreite Jerusalem*
02   Norma
03   Der Weiberfeind in der Klemme, oder: Der Hofmeister in tausend Aengsten / *Die Maskerade im Theater*

04	Robert, der Teufel
05	Musikalische Unterhaltung / *Die Fee und der Ritter*
06	Robert, der Teufel
07	geschlossen
08	Die Montecchi und Capuleti
09	Semiramis (A.257)
10	Die Gunst der Kleinen, oder: Die Hintertreppe / *Die Nachtwandlerinn (B.95)*
11	Norma
12	Zampa, oder: Die Marmorbraut
13	Zum Vortheile der Dlle. Marie Henkel: Don Juan
14	geschlossen
15	Die Schreiber-Wiese bey Paris, oder: Der Zweykampf
16	Semiramis (A.257)
17	Die Schreiber-Wiese bey Paris, oder: Der Zweykampf
18	Robert, der Teufel
19	Die Gunst der Kleinen, oder: Die Hintertreppe / Zum ersten Male: *Liebe, stärker als Zaubermacht*
20	Don Juan
21	Der Weiberfeind in der Klemme, oder: Der Hofmeister in tausend Aengsten / *Liebe, stärker als Zaubermacht*
22	Norma
23	Der Lügner und sein Sohn / *Liebe, stärker als Zaubermacht*
24	Die Schreiber-Wiese bey Paris, oder: Der Zweykampf
25	Der todte Neffe / *Liebe, stärker als Zaubermacht*
26	Die Schreiber-Wiese bey Paris, oder: Der Zweykampf
27	Das Fest der Handwerker / *Die Maskerade im Theater*
28	Die beiden Hofmeister / *Liebe, stärker als Zaubermacht*
29	Robert, der Teufel
30	Musikalische Akademie / *Liebe, stärker als Zaubermacht*

MAI 1834

01	Norma
02	Der Lügner und sein Sohn / *Liebe, stärker als Zaubermacht*
03	Robert, der Teufel
04	Zum Vortheile des Hrn. und der Mad. Mattis: Das Fest der Handwerker / *Liebe, stärker als Zaubermacht*
05	Der Freyschütze
06	Die Stumme von Portici
07	Der Weiberfeind in der Klemme, oder: Der Hofmeister in tausend Aengsten / *Die Fee und der Ritter*
08	Die Schreiber-Wiese bey Paris, oder: Der Zweykampf
09	Musikalische Akademie / *Theodosia*
10	Semiramis (A.257)
11	Robert, der Teufel
12	Der Lügner und sein Sohn / Musikalische Akademie / Die Gunst der Kleinen, oder: Die Hintertreppe
13	geschlossen
14	Norma
15	Die Braut

16	Die Montecchi und Capuleti
17	Zum Vortheile des Herrn Cramolini. Zum ersten Male: Die beiden Nächte
18	geschlossen
19	Die beiden Nächte
20	Die beiden Nächte
21	Zum Vortheile des Herrn Binder: Robert, der Teufel
22	Die Stumme von Portici
23	Das Fest der Handwerker / *Liebe, stärker als Zaubermacht*
24	Norma
25	Die Zauberflöte
26	Robert, der Teufel
27	Der Dorfbarbier / *Lise und Colin, oder: Das übelgehüthete Mädchen*
28	Der Barbier von Sevilla
29	geschlossen
30	Robert, der Teufel
31	Musikalische Akademie / *Lise und Colin, oder: Das übelgehüthete Mädchen*

JUNI 1834

01	Der Freyschütze
02	Die Stumme von Portici
03	Der Lügner und sein Sohn / *Liebe, stärker als Zaubermacht*
04	Robert, der Teufel
05	Maurer und Schlosser
06	Norma
07	Die weiße Frau
08	Die Zauberflöte
09	Zum ersten Male: Der Herzog von gestern / *Liebe, stärker als Zaubermacht*
10	Robert, der Teufel
11	Fra Diavolo, oder: Die Räuber in Terracina
12	Der Herzog von gestern / *Die Nachtwandlerinn (B.95)*
13	Die Stumme von Portici
14	Der Weiberfeind in der Klemme, oder: Der Hofmeister in tausend Aengsten / *Lise und Colin, oder: Das übelgehüthete Mädchen*
15	Der Freyschütze
16	Die Zauberflöte
17	Die Gunst der Kleinen, oder: Die Hintertreppe / *Die Nachtwandlerinn (B.95)*
18	Der Lügner und sein Sohn / Norma
19	Robert, der Teufel
20	Die beiden Hofmeister / *Lise und Colin, oder: Das übelgehüthete Mädchen*
21	Die Stumme von Portici
22	Das Fest der Handwerker / *Lise und Colin, oder: Das übelgehüthete Mädchen* / Der Bär und der Pascha
23	Fidelio
24	Zampa, oder: Die Marmorbraut
25	Don Juan
26	Die Gunst der Kleinen, oder: Die Hintertreppe / *Die Nachtwandlerinn (B.95)*
27	Die Schreiber-Wiese bey Paris, oder: Der Zweykampf
28	Der Lügner und sein Sohn / *Die Fee und der Ritter*

29 Robert, der Teufel
30 Norma

JULI 1834

01 Der Weiberfeind in der Klemme, oder: Der Hofmeister in tausend Aengsten / *Liebe, stärker als Zaubermacht*
02 Die Vestalinn
03 Die Schreiber-Wiese bey Paris, oder: Der Zweykampf
04 Der Barbier von Sevilla
05 Fidelio
06 Don Juan
07 Norma
08 Die Gunst der Kleinen, oder: Die Hintertreppe / *Die Nachtwandlerinn (B.95)*
09 Semiramis (A.257)
10 Die Schreiber-Wiese bey Paris, oder: Der Zweykampf
11 Der Freyschütze
12 Zampa, oder: Die Marmorbraut
13 Zum Vortheile der Madame Fischer: Die Zauberflöte
14 Norma
15 Auf Verlangen: Fidelio
16 Robert, der Teufel
17 Der Weiberfeind in der Klemme, oder: Der Hofmeister in tausend Aengsten / *Das Schweizer-Milchmädchen*
18 Die weiße Frau
19 Fra Diavolo, oder: Die Räuber in Terracina
20 Der Lügner und sein Sohn / *Das Schweizer-Milchmädchen* / *Das Fest der Handwerker*
21 Der Barbier von Sevilla
22 Zum ersten Male: Clara von Rosenberg
23 Robert, der Teufel
24 Die Gunst der Kleinen, oder: Die Hintertreppe / *Liebe, stärker als Zaubermacht*
25 Norma
26 Robert, der Teufel
27 Fra Diavolo, oder: Die Räuber in Terracina
28 Der Lügner und sein Sohn / *Die Nachtwandlerinn (B.95)*
29 Zampa, oder: Die Marmorbraut
30 Clara von Rosenberg
31 Der Vampyr

AUGUST 1834

01 Die Schreiber-Wiese bey Paris, oder: Der Zweykampf
02 Der Herzog von gestern / *Die Fee und der Ritter*
03 Der Freyschütze
04 Das Fest der Handwerker / *Liebe, stärker als Zaubermacht*
05 Fra Diavolo, oder: Die Räuber in Terracina
06 Zum ersten Male: Die Drillinge / *Adelheid von Frankreich*
07 Die Montecchi und Capuleti
08 Die Drillinge / *Das Schweizer-Milchmädchen*
09 Der Freyschütze

10	Die Stumme von Portici
11	Das Fest der Handwerker / *Liebe, stärker als Zaubermacht*
12	Zum Vortheile der Madame Ernst: Norma
13	Zampa, oder: Die Marmorbraut
14	Clara von Rosenberg
15	Die Zauberflöte
16	Das Fest der Handwerker / *Liebe, stärker als Zaubermacht*
17	Die Stumme von Portici
18	Die Gunst der Kleinen, oder: Die Hintertreppe / *Das Schweizer-Milchmädchen* / Der Lügner und sein Sohn
19	Zampa, oder: Die Marmorbraut
20	Die beiden Hofmeister / *Liebe, stärker als Zaubermacht*
21	Zum Vortheile des Herrn Staudigel: Robert, der Teufel
22	Tancred (I) / *Die Fee und der Ritter*
23	Die Schreiber-Wiese bey Paris, oder: Der Zweykampf
24	Der Freyschütze
25	Das Fest der Handwerker / *Adelheid von Frankreich*
26	Die Stumme von Portici
27	Zum Vortheile der Dlle. Mazza-Auregio. Zum ersten Male: Gelegenheit macht Diebe / *Aline, Königinn von Golkonda*
28	Robert, der Teufel
29	Gelegenheit macht Diebe / *Aline, Königinn von Golkonda*
30	Zum Vortheile der hiesigen öffentlichen k. k. Wohlthätigkeits-Anstalten: Der Freyschütze
31	Die Stumme von Portici

SEPTEMBER 1834

01	Das Fest der Handwerker / *Aline, Königinn von Golkonda*
02	Maurer und Schlosser
03	Gelegenheit macht Diebe / *Die Nachtwandlerinn (B.95)*
04	Die Montecchi und Capuleti
05	Tancred (I) / *Lise und Colin, oder: Das übelgehüthete Mädchen*
06	Der Barbier von Sevilla
07	Das Fest der Handwerker / *Adelheid von Frankreich*
08	geschlossen
09	Die Stumme von Portici
10	Der Weiberfeind in der Klemme, oder: Der Hofmeister in tausend Aengsten / *Aline, Königinn von Golkonda*
11	Norma
12	Gelegenheit macht Diebe / *Die Nachtwandlerinn (B.95)*
13	Fra Diavolo, oder: Die Räuber in Terracina
14	Die Zauberflöte
15	Das Fest der Handwerker / *Die Fee und der Ritter*
16	Clara von Rosenberg
17	Zum Vortheile der Dlle. Clara Heinefetter: Zampa, oder: Die Marmorbraut
18	Die Gunst der Kleinen, oder: Die Hintertreppe / *Liebe, stärker als Zaubermacht*
19	Die weiße Frau (I) / *Adelheid von Frankreich*
20	Norma
21	Die weiße Frau (I) / *Aline, Königinn von Golkonda*

22	Die Schreiber-Wiese bey Paris, oder: Der Zweykampf
23	Zum Vortheile der Madame Ernst: Die Unbekannte
24	Musikalische Akademie / *Die Nachtwandlerinn (B.95)*
25	Zum Vortheile des Herrn Binder: Robert, der Teufel
26	Musikalische Akademie / *Lise und Colin, oder: Das übelgehüthete Mädchen*
27	Die Unbekannte
28	Musikalische Akademie / *Adelheid von Frankreich*
29	Die Stumme von Portici
30	Norma

OKTOBER 1834

01	Fra Diavolo, oder: Die Räuber in Terracina
02	Zum ersten Male: Der Bräutigam aus Canada / *Adelheid von Frankreich*
03	Bey Beleuchtung des äußern Schauplatzes: Norma
04	Der Barbier von Sevilla
05	Robert, der Teufel
06	Zampa, oder: Die Marmorbraut
07	Der Bräutigam aus Canada / *Liebe, stärker als Zaubermacht*
08	Zum ersten Male: Rafael
09	Robert, der Teufel
10	Don Juan
11	Rafael
12	Robert, der Teufel
13	Rafael
14	Die Braut
15	Die Stumme von Portici
16	geschlossen
17	Norma
18	Zum Vortheile der Madame Lasina-Muratori: Die beiden Hofmeister / Zum ersten Male: *Die beiden Sergeanten*
19	Robert, der Teufel
20	Zum Vortheile des Herrn Eduard Weiß: Don Juan
21	Der Weiberfeind in der Klemme, oder: Der Hofmeister in tausend Aengsten / *Die beiden Sergeanten*
22	Die Braut
23	Die Stumme von Portici
24	Die beiden Hofmeister / *Die beiden Sergeanten*
25	Zum Vortheile der Dlle. Marie Henkel: Fidelio
26	Robert, der Teufel
27	Die Montecchi und Capuleti
28	Die Schreiber-Wiese bey Paris, oder: Der Zweykampf
29	Zum Vortheile des Herrn Breiting. Zum ersten Male: Der Schwur, oder: Die Falschmünzer
30	Auf Verlangen: Norma
31	Der Schwur, oder: Die Falschmünzer

NOVEMBER 1834

01 Don Juan
02 Der Schwur, oder: Die Falschmünzer
03 Bey Beleuchtung des äußeren Schauplatzes: Fidelio
04 Der Schwur, oder: Die Falschmünzer
05 Das Fest der Handwerker / *Die beiden Sergeanten*
06 Zum Vortheile der Dlle. Sophie Löwe: Othello, der Mohr von Venedig
07 Der Schwur, oder: Die Falschmünzer
08 Die Montecchi und Capuleti
09 Die Stumme von Portici
10 Zum Vortheile des Herrn Staudigel: Robert, der Teufel
11 Zum ersten Male: Der Cadet / *Die beiden Sergeanten*
12 Der Schwur, oder: Die Falschmünzer
13 Othello, der Mohr von Venedig
14 Zampa, oder: Die Marmorbraut
15 geschlossen
16 Robert, der Teufel
17 Der Barbier von Sevilla
18 Die Schreiber-Wiese bey Paris, oder: Der Zweykampf
19 Norma
20 Der Schwur, oder: Die Falschmünzer
21 Die Unbekannte
22 Der Weiberfeind in der Klemme, oder: Der Hofmeister in tausend Aengsten / *Die beiden Sergeanten*
23 Robert, der Teufel
24 Die Zauberflöte
25 Der Freyschütze
26 Zum Vortheile des Hrn. und der Mad. Masina: Die Gunst der Kleinen, oder: Die Hintertreppe / Zum ersten Male: *Heinrich des Vierten Fahrt über die Marne* / Der Lügner und sein Sohn
27 Norma
28 Der Weiberfeind in der Klemme, oder: Der Hofmeister in tausend Aengsten / *Heinrich des Vierten Fahrt über die Marne*
29 Die Schreiber-Wiese bey Paris, oder: Der Zweykampf
30 Der Freyschütze

DEZEMBER 1834

01 Das Fest der Handwerker / *Heinrich des Vierten Fahrt über die Marne*
02 Fra Diavolo, oder: Die Räuber in Terracina
03 Fanchon, das Leyermädchen
04 Die beiden Hofmeister / *Heinrich des Vierten Fahrt über die Marne*
05 Norma
06 Zum Vortheile der Dlle. Schlanzofsky: Fanchon, das Leyermädchen / *Die Fee und der Ritter* (II–IV)
07 Zampa, oder: Die Marmorbraut
08 Die Stumme von Portici
09 Die Unbekannte

10	Die Gunst der Kleinen, oder: Die Hintertreppe / Zum ersten Male: *Bianca's Wahl, oder: Amor's siegreiche Waffen*
11	Der Lügner und sein Sohn / *Bianca's Wahl, oder: Amor's siegreiche Waffen*
12	Die Braut
13	Der todte Neffe / *Bianca's Wahl, oder: Amor's siegreiche Waffen*
14	Zum Vortheile des Herrn Forti: Don Juan
15	Die Schreiber-Wiese bey Paris, oder: Der Zweykampf
16	Der Weiberfeind in der Klemme, oder: Der Hofmeister in tausend Aengsten / *Bianca's Wahl, oder: Amor's siegreiche Waffen*
17	Iphigenia auf Tauris
18	Fanchon, das Leyermädchen / *Heinrich des Vierten Fahrt über die Marne*
19	Joconde, oder: Die Abenteurer
20	Zum Vortheile des Herrn Hermann Breiting: Robert, der Teufel
21	Don Juan
22–25	geschlossen
26	Robert, der Teufel
27	Iphigenia auf Tauris
28	Die Stumme von Portici
29	Zampa, oder: Die Marmorbraut
30	Zum Vortheile der Dlle. Aline Dorsey: Die Gunst der Kleinen, oder: Die Hintertreppe / *Der Fasching in Venedig*
31	Der Freyschütze

JÄNNER 1835

01	Don Juan
02	Zum ersten Male: Die Quäker-Familie / *Der Fasching in Venedig*
03	Fra Diavolo, oder: Die Räuber in Terracina
04	Die Quäker-Familie / *Der Fasching in Venedig*
05	Iphigenia auf Tauris
06	Die Quäker-Familie / *Der Fasching in Venedig*
07	Die Schreiber-Wiese bey Paris, oder: Der Zweykampf
08	Zum Vortheile des Herrn Wild: Robert, der Teufel
09	Die beiden Hofmeister / *Der Fasching in Venedig*
10	Die Quäker-Familie / Fanchon, das Leyermädchen
11	Robert, der Teufel
12	Die Stumme von Portici
13	Clara von Rosenberg
14	Die Unbekannte
15	Robert, der Teufel
16	Zum Vortheile des Herrn Ludwig Cramolini: Norma
17	Die Quäker-Familie / *Das Schweizer-Milchmädchen*
18	Robert, der Teufel
19	Die Unbekannte
20	Zum ersten Male: Die Wette / *Das Schweizer-Milchmädchen*
21	Zampa, oder: Die Marmorbraut
22	Die Montecchi und Capuleti
23	Norma
24	Der lustige Felix, oder: Der geprellte Förster / *Das unbewohnte Haus, oder: Der Poet in Aengsten*

25	Don Juan
26	Die Zauberflöte
27	Fra Diavolo, oder: Die Räuber in Terracina
28	Zum Vortheile des Herrn Cormbé: Die Quäker-Familie / *Der Fasching in Venedig*
29	Zum ersten Male: Der Wahnsinnige auf der Insel San Domingo
30	Der lustige Felix, oder: Der geprellte Förster / *Der Fasching in Venedig*
31	Der Wahnsinnige auf der Insel San Domingo

FEBRUAR 1835

01	Das Fest der Handwerker / *Der Fasching in Venedig*
02	Der Wahnsinnige auf der Insel San Domingo
03	Die Schreiber-Wiese bey Paris, oder: Der Zweykampf
04	Der Wahnsinnige auf der Insel San Domingo
05	Die Quäker-Familie / *Die Nachtwandlerinn (B.95)*
06	Der Wahnsinnige auf der Insel San Domingo
07	Bey Beleuchtung des äußeren Schauplatzes: Norma
08	Der Freyschütze
09	Das Fest der Handwerker / *Der Fasching in Venedig*
10	Der Wahnsinnige auf der Insel San Domingo
11	Bey Beleuchtung des äußeren Schauplatzes: Die Montecchi und Capuleti
12	Zampa, oder: Die Marmorbraut
13	Erste Vorstellung der spanischen Tänzer-Gesellschaft: Der Lügner und sein Sohn / *Der Fasching in Venedig*
14	Norma
15	Zweyte Vorstellung der spanischen Tänzer-Gesellschaft: Der Bär und der Pascha / *Das unbewohnte Haus, oder: Der Poet in Aengsten*
16	Don Juan
17	3te Vorstellung der spanischen Tänzer-Gesellschaft: Die Stumme von Portici
18	4te Vorstellung der spanischen Tänzer-Gesellschaft: Der Weiberfeind in der Klemme, oder: Der Hofmeister in tausend Aengsten / *Der Fasching in Venedig*
19	geschlossen
20	Zum Vortheile des Herrn Binder: Robert, der Teufel
21	Vorletzte Vorstellung der spanischen Tänzer-Gesellschaft: Alle fürchten sich / *Das unbewohnte Haus, oder: Der Poet in Aengsten*
22	Die Zauberflöte
23	Letzte Vorstellung der spanischen Tänzer-Gesellschaft: Die Stumme von Portici
24	Zum Vortheile der Demoiselle Aimée Gauthier: Die beiden Füchse, oder: Die Vetter aus Schwaben / *Die Maskerade im Theater*
25	Das Fest der Handwerker / *Die Maskerade im Theater*
26	Der Dorfbarbier / *Die Maskerade im Theater*
27–28	geschlossen

MÄRZ 1835

01–22	geschlossen
23	Die Stumme von Portici
24	Die beiden Hofmeister / *Bianca's Wahl, oder: Amor's siegreiche Waffen*
25	geschlossen
26	Robert, der Teufel

27	Der Weiberfeind in der Klemme, oder: Der Hofmeister in tausend Aengsten / Neu in Scene gesetzt: *Die Pagen des Herzogs v. Vendome*
28	Romeo e Giulietta (III)* / *Bianca's Wahl, oder: Amor's siegreiche Waffen*
29	Robert, der Teufel
30	Das Fest der Handwerker / *Die Pagen des Herzogs v. Vendome*
31	Der Barbier von Sevilla / *Die Nachtwandlerinn (B.95)*

APRIL 1835

01	Die Schreiber-Wiese bey Paris, oder: Der Zweykampf
02	Alle fürchten sich / *Das Schweizer-Milchmädchen*
03	geschlossen
04	[Zum ersten Male in italienischer Sprache:] Anna Bolena*
05	Anna Bolena*
06–07	geschlossen
08	Anna Bolena*
09	[Zum ersten Male:] L'elisir d'amore*
10	geschlossen
11	L'elisir d'amore*
12–19	geschlossen
20	Anna Bolena*
21	L'elisir d'amore*
22	[Zum ersten Male in italienischer Sprache:] Il furioso nell'isola di S. Domingo*
23	Il furioso nell'isola di S. Domingo*
24	Zum Vortheile des Sigr. Poggi: Anna Bolena*
25	L'elisir d'amore*
26	Anna Bolena*
27	geschlossen
28	Il furioso nell'isola di S. Domingo*
29	Zum Vortheile des Sigra. Schütz-Oldosi. [Zum ersten Male in italienischer Sprache:] Norma*
30	Norma*

MAI 1835

01	L'elisir d'amore*
02	Norma*
03	Norma*
04	L'elisir d'amore*
05	Anna Bolena*
06	Zum Vortheile des Sigr. Cartagenova: Il furioso nell'isola di S. Domingo*
07	L'elisir d'amore*
08	Norma*
09	L'elisir d'amore*
10	Anna Bolena*
11	Il furioso nell'isola di S. Domingo*
12	L'elisir d'amore*
13	Norma*
14	Il furioso nell'isola di S. Domingo*
15	Zum Vortheile der Sigra. Strepponi: [Zum ersten Male:] La Sonnambula*

16	La Sonnambula*
17	L'elisir d'amore*
18	La Sonnambula*
19	L'elisir d'amore*
20	Zum Vortheile des Sigra. Tadolini. [Zum ersten Male in italienischer Sprache:] La Straniera*
21	La Sonnambula*
22	L'elisir d'amore*
23	Anna Bolena*
24	Il furioso nell'isola di S. Domingo*
25	La Sonnambula*
26	L'elisir d'amore*
27	Norma*
28	L'elisir d'amore*
29	Bey Beleuchtung des äußeren Schauplatzes: Anna Bolena*
30	L'elisir d'amore*
31	Zum Vortheile des Chorpersonal's: [Musikalische Akademie] / Anna Bolena (I)* / L'elisir d'amore (II)*

JUNI 1835

01	Der Weiberfeind in der Klemme, oder: Der Hofmeister in tausend Aengsten / *Liebe, stärker als Zaubermacht*
02	L'elisir d'amore*
03	Musikalische Akademie / *Die Fee und der Ritter*
04	La Sonnambula*
05	La Sonnambula*
06	L'elisir d'amore*
07	geschlossen
08	La Sonnambula*
09	Il furioso nell'isola di S. Domingo*
10	Zum Vortheile des Sigr. Frezzolini. Zum ersten Male: Un'avventura di Scaramuccia*
11	Un'avventura di Scaramuccia*
12	L'elisir d'amore*
13	Der Lügner und sein Sohn / *Liebe, stärker als Zaubermacht*
14	La Sonnambula*
15	La Sonnambula (II)* / L'elisir d'amore (I)*
16	L'elisir d'amore (II)* / Il furioso nell'isola di S. Domingo* (I, Finale) / La Sonnambula (I)*/
17	Die Gunst der Kleinen, oder: Die Hintertreppe / Zum ersten Male: *Die abgeschafften Bachanalien*
18	geschlossen
19	Die beiden Hofmeister / *Die abgeschafften Bachanalien*
20	Norma
21	Das Fest der Handwerker / *Die abgeschafften Bachanalien*
22	Zampa, oder: Die Marmorbraut
23	Der todte Neffe / *Die abgeschafften Bachanalien*
24	Die Braut
25	Der Herzog von gestern / *Die Pagen des Herzogs v. Vendome*

26	Norma
27	Der Weiberfeind in der Klemme, oder: Der Hofmeister in tausend Aengsten / *Die abgeschafften Bachanalien*
28	Der Freyschütze
29	Zum Vortheile des Herrn Wild: Robert, der Teufel
30	Zum ersten Male: Das Ehepaar aus der alten Zeit / *Die Pagen des Herzogs v. Vendome*

JULI 1835

01	Robert, der Teufel
02	Die Schreiber-Wiese bey Paris, oder: Der Zweykampf
03	Das Ehepaar aus der alten Zeit / *Die abgeschafften Bachanalien*
04	Zum Vortheile des k. k. p. Hof-Opernsängers Herrn Forti: Don Juan
05	Die Zauberflöte
06	Die Stumme von Portici
07	Das Ehepaar aus der alten Zeit / *Lise und Colin, oder: Das übelgehüthete Mädchen*
08	Die Schreiber-Wiese bey Paris, oder: Der Zweykampf
09	Die Unbekannte
10	Der Weiberfeind in der Klemme, oder: Der Hofmeister in tausend Aengsten / *Heinrich des Vierten Fahrt über die Marne*
11	Fra Diavolo, oder: Die Räuber in Terracina
12	Don Juan
13	Das Fest der Handwerker / *Lise und Colin, oder: Das übelgehüthete Mädchen*
14	Die Schreiber-Wiese bey Paris, oder: Der Zweykampf
15	Der Räuberhauptmann / *Heinrich des Vierten Fahrt über die Marne*
16	Zum Vortheile der Mad. Schodel: Die Vestalinn
17	Der Räuberhauptmann / *Die abgeschafften Bachanalien*
18	Fra Diavolo, oder: Die Räuber in Terracina
19	Die Stumme von Portici
20	Der Herzog von gestern / *Die beiden Sergeanten*
21	Die Vestalinn
22	Zum goldnen Löwen / *Die beiden Sergeanten*
23	Zampa, oder: Die Marmorbraut
24	Zum Vortheile des Dlle. Hermine Elßler: Alle fürchten sich / *Die abgeschafften Bachanalien*
25	Norma
26	Der Freyschütze
27	Zum Vortheile des Herrn Oberhoffer: Iphigenia auf Tauris
28	Die Gunst der Kleinen, oder: Die Hintertreppe / *Das Schweizer-Milchmädchen*
29	Fidelio
30	Die Schreiber-Wiese bey Paris, oder: Der Zweykampf
31	Zum Vortheile des Herrn Schäffer: Robert, der Teufel

AUGUST 1835

01	Die beiden Hofmeister / *Die beiden Sergeanten*
02	Die Stumme von Portici
03	Das Fest der Handwerker / *Die abgeschafften Bachanalien*
04	Robert, der Teufel
05	Der Schatzgräber / *Liebe, stärker als Zaubermacht*

06	Zampa, oder: Die Marmorbraut
07	Norma
08	Musikalische Akademie / *Liebe, stärker als Zaubermacht*
09	Zum Vortheile des Herrn Binder: Robert, der Teufel
10	Die Schreiber-Wiese bey Paris, oder: Der Zweykampf
11	Musikalische Akademie / *Die abgeschafften Bachanalien*
12	Die Unbekannte
13	Musikalische Akademie / *Die Fee und der Ritter*
14	Fra Diavolo, oder: Die Räuber in Terracina
15	Don Juan
16	Der Freyschütze
17	Die Stumme von Portici
18	Musikalische Akademie / *Liebe, stärker als Zaubermacht*
19	Die Schreiber-Wiese bey Paris, oder: Der Zweykampf
20	Zum ersten Male: Das blaue Barrett / *Das Schweizer-Milchmädchen*
21	Die Unbekannte
22	Das blaue Barrett / *Die beiden Sergeanten*
23	Zampa, oder: Die Marmorbraut
24	Der Schatzgräber / *Die abgeschafften Bachanalien*
25	Norma
26	Zum Vortheile des Herrn Cramolini. Neu in Scene gesetzt: Oberon, König der Elfen
27	Oberon, König der Elfen
28	Der Weiberfeind in der Klemme, oder: Der Hofmeister in tausend Aengsten / *Das Schweizer-Milchmädchen*
29	Zum Vortheile der hiesigen öffentlichen k. k. Wohlthätigkeits-Anstalten: Fra Diavolo, oder: Die Räuber in Terracina
30	Oberon, König der Elfen
31	Der Freyschütze

SEPTEMBER 1835

01	Robert, der Teufel
02	Oberon, König der Elfen
03	Zum ersten Male: Der Nachtwächter / *Die abgeschafften Bachanalien*
04	Oberon, König der Elfen
05	Musikalische Akademie / *Die Nachtwandlerinn (B.95)*
06	Oberon, König der Elfen
07	Robert, der Teufel
08	geschlossen
09	Rafael
10	Oberon, König der Elfen
11	Der Lügner und sein Sohn / *Der Blaubart*
12	Robert, der Teufel
13	Das Fest der Handwerker / *Der Blaubart*
14	Oberon, König der Elfen
15	Zampa, oder: Die Marmorbraut
16	Der Gutsherr / *Der Blaubart*
17	Oberon, König der Elfen
18	Robert, der Teufel

19	Der Gutsherr / *Der Blaubart*
20	Zum Vortheile des Herrn Weiß: Die Zauberflöte
21	Das blaue Barrett / *Die Nachtwandlerinn (B.95)*
22	Fra Diavolo, oder: Die Räuber in Terracina
23	Das blaue Barrett / *Der Blaubart*
24	Oberon, König der Elfen
25	Der Gutsherr / *Die Fee und der Ritter*
26	Zum ersten Male: Die Ballnacht
27	Das Fest der Handwerker / *Der Blaubart*
28	Die Ballnacht
29	Der Gutsherr / *Heinrich des Vierten Fahrt über die Marne*
30	Zum Vortheile des Hrn. Staudigel: Die Ballnacht

OKTOBER 1835

01	Norma
02	Die Ballnacht
03	Fra Diavolo, oder: Die Räuber in Terracina
04	Oberon, König der Elfen
05	Zum Vortheile der Dlle. Marie Henkel: Die Ballnacht
06	Der Schatzgräber / *Der Blaubart*
07	Die Ballnacht
08	Zum goldenen Löwen / [Musikalische Akademie] / *Heinrich des Vierten Fahrt über die Marne*
09	Die Ballnacht
10	Zum Vortheile der Dlle. Ehnes: Die Montecchi und Capuleti
11	Anna Boleyn
12	Norma
13	Der Schatzgräber / *Der Blaubart*
14	Die Ballnacht
15	Oberon, König der Elfen
16	Tancred / *Lise und Colin, oder: Das übelgehüthete Mädchen*
17	Die Ballnacht
18	Das Fest der Handwerker / *Der Blaubart*
19	Die Ballnacht
20	Zum ersten Male: Emma, oder Die Uebereilung
21	Zum ersten Male: Die ausgeborgten Frauen / *Liebe, stärker als Zaubermacht*
22	Die Ballnacht
23	Johann von Paris
24	Die ausgeborgten Frauen / *Das befreite Jerusalem*
25	Zum Vortheile des Herrn Breiting: Die Ballnacht
26	Das Fest der Handwerker / *Das befreite Jerusalem*
27	Die Ballnacht
28	Die ausgeborgten Frauen / *Die Nachtwandlerinn (B.95)*
29	Oberon, König der Elfen
30	Robert, der Teufel
31	Lachner: Symphonie Nr. 4 / *Liebe, stärker als Zaubermacht*

NOVEMBER 1835

01 Fra Diavolo, oder: Die Räuber in Terracina
02 Don Juan
03 Die ausgeborgten Frauen / [Musikalische Akademie] / *Das befreite Jerusalem*
04 Die Unbekannte
05 Der Herzog von gestern / *Die Fee und der Ritter*
06 Die Schreiber-Wiese bey Paris, oder: Der Zweykampf
07 Musikalische Akademie / *Das Schweizer-Milchmädchen*
08 Robert, der Teufel
09 Die Ballnacht
10 Die weiße Frau
11 Der Räuberhauptmann / *Die Pagen des Herzogs von Vendome*
12 Die Ballnacht
13 Johann von Paris
14 Die Schreiber-Wiese bey Paris, oder: Der Zweykampf
15 geschlossen
16 Die Ballnacht
17 Die ausgeborgten Frauen / Zum ersten Male: *Acht Monathe in zwei Stunden, oder: Lohn kindlicher Liebe*
18 Der Schatzgräber / *Acht Monathe in zwei Stunden, oder: Lohn kindlicher Liebe*
19 *Acht Monathe in zwei Stunden, oder: Lohn kindlicher Liebe* / Alle fürchten sich
20 Die Ballnacht
21 Die Stumme von Portici
22 Die Ballnacht
23 Das Fest der Handwerker / *Lise und Colin, oder: Das übelgehüthete Mädchen*
24 Die Stumme von Portici
25 Die Ballnacht
26 Zum Vortheile der Dlle. Aline Dorsey: *Adelheid von Frankreich* / Die ausgeborgten Frauen
27 Der Weiberfeind in der Klemme, oder: Der Hofmeister in tausend Aengsten / *Acht Monathe in zwei Stunden, oder: Lohn kindlicher Liebe*
28 Fra Diavolo, oder: Die Räuber in Terracina
29 Die Ballnacht
30 *Acht Monathe in zwei Stunden, oder: Lohn kindlicher Liebe* / Alle fürchten sich

DEZEMBER 1835

01 Norma
02 Die Ballnacht
03 Oberon, König der Elfen
04 Die Schreiber-Wiese bey Paris, oder: Der Zweykampf
05 *Acht Monathe in zwei Stunden, oder: Lohn kindlicher Liebe* / Der Weiberfeind in der Klemme, oder: Der Hofmeister in tausend Aengsten
06 Die Ballnacht
07 Die Montecchi und Capuleti
08 Norma
09 *Liebe, stärker als Zaubermacht* / Zum ersten Male: *Das Doppel-Duell*
10 Die Montecchi und Capuleti
11 Die Ballnacht

12	Das Doppel-Duell / *Der Blaubart*
13	Der Freyschütze
14	Zum Vortheile des Herrn Crombé: Die Ballnacht
15	Musikalische Akademie / *Adelheid von Frankreich*
16	Der Herzog von gestern / *Acht Monathe in zwei Stunden, oder: Lohn kindlicher Liebe*
17	Zum Vortheile des Herrn Weinkopf Sohn: Die Unbekannte
18	Die Ballnacht
19	Die Montecchi und Capuleti
20	Zum Vortheile der Dlle. Helene Schlanzofsky: Die Ballnacht
21	Fidelio
22–25	geschlossen
26	Das Fest der Handwerker / *Der Blaubart*
27	Fra Diavolo, oder: Die Räuber in Terracina
28	Fidelio
29	Die ausgeborgten Frauen / *Der Fasching in Venedig*
30	Norma
31	Der Freyschütze

JÄNNER 1836

01	Das Fest der Handwerker / *Der Fasching in Venedig*
02	Die Montecchi und Capuleti
03	Die Ballnacht
04	Der Bär und der Pascha / *Der Fasching in Venedig*
05	Zum Vortheile der Dlle. Sophie Lutzer. Zum ersten Male: Das Pferd von Erz
06	Die Ballnacht
07	Der Räuberhauptmann / *Der Blaubart*
08	Die Stumme von Portici
09	Musikalische Akademie / *Der Fasching in Venedig*
10	Der Dorfbarbier / *Der Fasching in Venedig*
11	Der Freyschütze
12	Der Dorfbarbier / *Acht Monathe in zwei Stunden, oder: Lohn kindlicher Liebe*
13	Das Pferd von Erz
14	Das Pferd von Erz
15	Der Lügner und sein Sohn / *Adelheid von Frankreich*
16	Das Pferd von Erz
17	Das Fest der Handwerker / *Der Fasching in Venedig*
18	Das Pferd von Erz
19	Der Schatzgräber / *Theodosia*
20	Das Pferd von Erz
21	Der Lügner und sein Sohn / *Die Pagen des Herzogs v. Vendome*
22	Zum Vortheile der Dlle. Clara Heinefetter: Die Ballnacht
23	Der Gutsherr / *Theodosia*
24	Das Pferd von Erz
25	Zum Vortheile der Dlle. Aimée Gauthier: *Die Maskerade im Theater* / Der Gutsherr
26	Die Ballnacht
27	Die Schweizer-Familie
28	Alle fürchten sich / *Die Maskerade im Theater*
29	Die Montecchi und Capuleti

30	Die Ballnacht
31	Der Dorfbarbier / *Die Maskerade im Theater*

FEBRUAR 1836

01	Zum Vortheile der Mad. Schröder-Devrient: Norma
02	Das Fest der Handwerker / *Die Maskerade im Theater*
03	Norma
04	Die Ballnacht
05	Zum Vortheile der Dlle. Mimi Dupuy: Alle fürchten sich / Zum ersten Male: *Sylphide*
06	Norma
07	Zum Vortheile der Madame Schodel: Robert, der Teufel
08	Die Schweizer-Familie
09	Der Schatzgräber / *Sylphide*
10	Fidelio
11	Zum Vortheile des k. k. p. Hofopernsängers Hrn. Forti: Das Pferd von Erz
12	geschlossen
13	Die Montecchi und Capuleti
14	Das Pferd von Erz
15	Don Juan
16	Der Bär und der Pascha / *Die Maskerade im Theater* / Zum ersten Male: Der Domestiquen-Ball
17	geschlossen
18	Der Lügner und sein Sohn / *Sylphide*
19	Zum Vortheile der Madame Ernst: Robert, der Teufel
20	Der Räuberhauptmann / *Sylphide*
21	Don Juan / Die Montecchi und Capuleti (IV)
22	Der Dorfbarbier / *Sylphide*
23	Musikalische Akademie / *Der Fasching in Venedig*
24	Das Pferd von Erz
25	Die ausgeborgten Frauen / *Sylphide*
26	Der Gutsherr / *Die Maskerade im Theater*
27	Das Pferd von Erz
28	Der Dorfbarbier / *Die Maskerade im Theater*
29	Zum Vortheile der Dlle. Botgorscheck: Die Ballnacht

MÄRZ 1836

01	geschlossen
02	Der Gutsherr / *Sylphide*
03	Zum Vortheile des Herrn Breiting. Zum ersten Male: Die Jüdinn
04	Die ausgeborgten Frauen / *Die Maskerade im Theater*
05	Die Jüdinn
06	Das Fest der Handwerker / *Die Maskerade im Theater*
07	Zum Vortheile des Herrn Binder: Die Jüdinn
08	Der Gutsherr / Zum letzten Mahle: *Die Fee und der Ritter*
09	Die Zauberflöte
10	Die Jüdinn
11	Der Gutsherr / Zum letzten Mahle: *Das befreite Jerusalem*

12	Zum Vortheile der Dlle. Clara Heinefetter: Die Jüdinn
13	Die beiden Füchse, oder: Die Vetter aus Schwaben / *Die Maskerade im Theater*
14	Zum Vortheile des Herrn Forti. Zum letzten Mahle: Das Pferd von Erz
15	Die Jüdinn
16	Zum Vortheile der Dlle. Hermine Elßler: Die beiden Füchse, oder: Die Vetter aus Schwaben / *Der Fasching in Venedig*
17	Zum letzten Mahle: Iphigenia auf Tauris
18	Zum Vortheile der Dlle. Löwe. Zum letzten Mahle: Robert, der Teufel
19	Zum letzten Mahle: Die Stumme von Portici
20	Die Jüdinn
21	Zum letzten Mahle: Das Fest der Handwerker / Zum letzten Mahle: *Der Fasching in Venedig*
22	geschlossen
23	Zum Vortheile der Dlle. Helene Schlanzofsky: Die Ballnacht
24	Zum Vortheile der Herrn Cramolini: Die beiden Füchse, oder: Die Vetter aus Schwaben / Das Fest der Handwerker
25	geschlossen
26	Zum Vortheile des Hrn. Crombé. Zur letzten Vorstellung: Die Ballnacht
27–31	geschlossen

AUSGEWÄHLTE LITERATUR

Allgemeine musikalische Zeitung. Leipzig.
Allgemeine musikalische Zeitung mit besonderer Rücksicht auf den österreichischen Kaiserstaat. Wien.
Allgemeine Theaterzeitung, Originalblatt für Kunst, Literatur, Musik und Mode und geselliges Leben. (auch *Theaterzeitung*). Wien.
Ernest Bartolo, *Die Wiener Oper. Die aufregenden Jahre seit 1625.* Wien 1992.
Anton Bauer, *Opern und Operetten in Wien. Verzeichnis ihrer Erstaufführungen in der Zeit von 1629 bis zur Gegenwart.* (Wiener musikwissenschaftliche Beiträge 2). Graz–Köln 1955.
Anton Bauer, *Das Theater in der Josephstadt zu Wien.* Wien–München 1957.
Karl-Peter Brecht, *Conradin Kreutzer. Biographie und Werkverzeichnis.* Meßkirch 1980.
Ignaz Franz Castelli, *Memoiren meines Lebens.* Linz o. J.
Ludwig Eisenberg, *Großes Biographisches Lexikon der Deutschen Bühne im XIX. Jahrhundert.* Leipzig 1903.
Franz Farga, *Die Wiener Oper. Von ihren Anfängen bis 1938.* Wien 1947.
Rudolf Flotzinger/Gernot Gruber (Hg.), *Musikgeschichte Österreichs.* 3 Bde. Wien–Köln–Weimar 1995.
Max Graf, *Die Wiener Oper.* Wien–Frankfurt/Main 1955.
Joseph Gregor, *Kulturgeschichte des Balletts. Seine Gestaltung und Wirksamkeit in der Geschichte und unter den Künsten.* Zürich o. J.
Robert Haas, *Die Wiener Oper.* Wien–Budapest 1926.
Franz Hadamowsky, *Die Wiener Hoftheater (Staatstheater). Ein Verzeichnis der aufgeführten und eingereichten Stücke mit Bestandsnachweisen und Aufführungsdaten. Teil 2. Die Wiener Hofoper (Staatsoper) 1811–1974.* (Museion. Veröffentlichungen der Österreichischen Nationalbibliothek. Neue Folge I/4). Wien 1975.
Franz Hadamowsky, *Wien. Theatergeschichte. Von den Anfängen bis zum Ende des ersten Weltkriegs.* (Geschichte der Stadt Wien 3). Wien–München 1988.
Eduard Hanslick, *Geschichte des Concertwesens in Wien.* Wien 1869.
Alice Hanson, *Die zensurierte Muse. Musikleben im Wiener Biedermeier.* (Wiener musikwissenschaftliche Beiträge 15). Wien–Graz–Köln 1987.
Clemens Hellsberg, *Demokratie der Könige. Die Geschichte der Wiener Philharmoniker.* Zürich–Wien–Mainz 1992.
Eugen Hellsberg, *Joseph Mayseder (Wien 1789 bis 1863).* Diss. Wien 1956.
Clemens Höslinger, *Henriette Sontags Wiener Opernjahre 1822–1825*, in: Michael Jahn (Hg.), *Primadonnen, Premieren, Parodien.* Schriften zur Wiener Operngeschichte 2. (Veröffentlichungen des rism-österreich B/3). Wien 2006, S. 45–54.
Michael Jahn, *Aspekte der Rezeption von Cherubinis Opern im Wien des 19. Jahrhunderts*, in: Michael Jahn/Angela Pachovsky (Hg.), *Festschrift Leopold M. Kantner zum 70. Geburtstag.* (Studien zur Musikwissenschaft 49). Tutzing 2002, S. 213–244.
Michael Jahn, *Die Wiener Hofoper von 1836 bis 1848. Die Ära Balochino/Merelli.* (Veröffentlichungen des rism-österreich B/1). Wien 2004.

Michael Jahn, *Die Wiener Hofoper von 1848 bis 1870. Personal – Aufführungen – Spielplan*. (Publikationen des Instituts für Österreichische Musikdokumentation 27). Tutzing 2002.

Michael Jahn, *Di tanti palpiti … Italiener in Wien*. Schriften zur Wiener Operngeschichte 3. (Veröffentlichungen des rism-österreich B/4). Wien 2006.

Michael Jahn, *Metamorphosen der Opern der Académie Royale (Impériale) de Musique im Teatro di Corte in Wien*. Diss. Wien 1992.

Victor Junk, *Handbuch des Tanzes*. Stuttgart 1930. Nachdruck Hildesheim–New York 1977.

Leopold M. Kantner/Michael Jahn, *Il viaggio a Vienna*, in: Mauro Bucarelli (Hg.), *Rossini 1792–1992. Mostra storico-documentaria*. Perugia 1992, S. 197–204.

Emerich Kastner, *Das „Nationaltheater nächst der Burg" und das „Kärntnerthortheater" in Wien. Deutsche, französische und italienische Opern-Novitäten der letzten 100 Jahre bis zur Eröffnung des neuen k.k. Hofopernhauses*, in: *Musikalische Chronik 1887. Beilage zur Wiener Musikalischen Zeitung*. Wien 1886/87.

Katalog der Portrait-Sammlung der k. u. k. General-Intendanz der k. k. Hoftheater. Zugleich ein biographisches Hilfsbuch auf dem Gebiet von Theater und Musik. 2 Bde. Wien 1892.

Heinrich Kralik, *Die Wiener Oper*. Wien 1962.

Karl J. Kutsch/Leo Riemens, *Großes Sängerlexikon*. 3. Aufl. Bern–München 1997ff.

Hermann Mendel, *Musikalisches Conversations-Lexikon*. Berlin 1870.

Otto Michtner, *Das alte Burgtheater als Opernbühne. Von der Einführung des deutschen Singspiels (1778) bis zum Tod Kaiser Leopolds II. (1792)*. (Theatergeschichte Österreichs III/1). Wien–Köln–Weimar 1970.

Ignaz Franz von Mosel, *Die Tonkunst in Wien während der letzten fünf Dezennien*, in: *Allgemeine Wiener Musik-Zeitung* 1843, S. 521–610.

Wilhelm Nemecek, *Moritz I. Graf von Dietrichstein (1775–1864), Hofbibliothekspräfekt (1826–1845)*. Diss. Wien 1953.

Paul Nettl, *Tanz und Tanzmusik. Tausend Jahre beschwingter Kunst*. Freiburg–Basel–Wien 1962.

Carl Nödl, *Liebling des Publikums: Der Singschauspieler Ludwig Cramolini*, in: Michael Jahn (Hg.), *Primadonnen, Premieren, Parodien*. Schriften zur Wiener Operngeschichte 2. (Veröffentlichungen des rism-österreich B/3). Wien 2006, S. 9–44.

Österreichisches Biographisches Lexikon 1815–1950. Graz–Köln 1957ff.

Emil Pirchan, *Henriette Sontag. Die Sängerin des Biedermeier*. Wien 1946.

Emil Pirchan/Alexander Witeschnik/Otto Fritz, *300 Jahre Wiener Operntheater. Werk und Werden*. Wien 1953.

Alois Przistaupinsky, *Das kaiserliche Hof-Operntheater in Wien*. Wien 1894.

Riki Raab, *Biographischer Index des Wiener Opernballetts von 1631 bis zur Gegenwart*. Wien 1994.

Francesco Regli, *Dizionario biografico dei più illustri poeti e artisti melodrammatici*. Torino 1860.

Elvira Ruziczka, *Das Wiener Opernballett*. Diss. Wien 1948.

Sammler, Der. Ein Unterhaltungsblatt für alle Stände. Wien.

Gudrun Schobel, *Beiträge zur Wiener Theaterkritik im Vormärz unter besonderer Berücksichtigung von Bäuerles „Theaterzeitung"*. Diss. Wien 1951.

Ferdinand Ritter von Seyfried, *Rückschau in das Theaterleben Wiens seit den letzten fünfzig Jahren*. Wien 1864.
Paul Stefan, *Die Wiener Oper*. Wien–Leipzig 1932.
Julius Stern, *Das Hof-Operntheater*. Wien–Magdeburg o. J.
Richard Wallaschek, *Das K.K. Hofoperntheater*. Wien 1909. (Die Theater Wiens 4).
Alexander von Weilen, *Geschichte des Wiener Theaterwesens von den ältesten Zeiten bis zu den Anfängen der Hoftheater*. (Die Theater Wiens 1). Wien 1899.
Wiener Zeitung. Wien.
Franz Wild, *Autobiographie*, in: *Recensionen und Mittheilungen über Theater und Musik* 1860, S. 19–174.
Alexander Witeschnik, *Wiener Opernkunst. Von den Anfängen bis zu Karajan*. Wien 1959.
Constant von Wurzbach, *Biographisches Lexikon des Kaiserthums Oesterreich*. 60 Bde. Wien 1856–1891.
Gustav Zechmeister, *Die Wiener Theater nächst der Burg und nächst dem Kärntnerthor von 1747 bis 1776*. (Theatergeschichte Österreichs III/2). Wien 1971.

PERSONEN

Kursiv gesetzte Zahlen verweisen auf den Text der Seiten 11 bis 231, die laufenden Nummern auf die Statistiken

A. B. *138*
Abegg, Louise (Abeck, Abek, recte: Weiss) B.25, 32, 48, 50, 68, 75, 116, 156
Abfänger, Dlle., Sängerin A.306
Achille → Dartois de Bournonville, Louis-Charles-Achille
Achten → Fischer-Achten
Adam, Adolphe *59, 72*
Adamberger, Antonie A.297
Adelmann → Elmann
Adolf, Hr., Sänger A.12, 282
Aiblinger, Johann Kaspar *79, 174*
Aichinger, Carl (Aichinger d. j., Aichinger Sohn) *86,* B.2, 5, 6, 10, 11, 25, 25–27, 32, 39, 45, 48, 65, 68, 75, 79, 82, 84, 90, 94, 102, 108, 109, 117, 136, 141, 145, 147, 151, 152, 161, D.9, 11, 22, 26
Aichinger, Franz Kilian (Aichinger d. ä., Aichinger Vater) *86,* B.9–11, 25, 26, 31, 43–45, 49, 54, 56–58, 62, 64, 72, 75–77, 81, 82, 84, 85, 91, 101, 102, 109, 110, 113–115, 120, 122–125, 127, 128, 135, 136, 140, 142, 145, 146, 149, 150, 153, 155, 161, 163
Aigner, Engelbert *180,* A.19, 125, 147
Aimee → Petit-Duport
Albert, Elise B.33
Albert, François (recte: Decombe) B.33, 154
Albert, Hr., Sänger A.114, G.80–82
Albrechtsberger, Johann Georg *20, 36*
Alexandre (Fuchs) E.23, F.1–4
Alphons, Hr., Tänzer *204,* B.21, 48, 50, 106, 127
Altenburger, Katharina *61, 136,* A.43, 55, 73, 79, 152, 159, 179, 199, 208, 226, 237, 243, 246, 253, 268, 270, 294, 295, 306
Altmütter, Matthias (Mathias) *38, 39*
Ambrogi, Antonio *64, 153, 154, 156, 157, 166–168, 172, 173,* A.22, 35, 48, 59, 65, 84, 88, 118, 120, 193, 201, 212, 213, 219, 225, 227, 255, 308, G.132, 133
Ambrosch-Becker, Minna (Becker) A.93, 159, 306
Anders, August A.64, 93, 100, 109, 131, 134, 152, 230, 247, 276
Andrieux, François-Guillaume-Jean-Stanislas E.24
Anelli, Angelo A.23
Anfossi, Pasquale *56*

Angely, Louis *14, 33, 72, 206,* A.37, 85, 106, 182, 186, 222, D.23
Anger, Johann A.239, 266
Angioletta → Mayer, Angioletta
Angiolini, Niccolò (Nicolo) *86,* B.6, 42, 62, 74, 77, 110, 118, 125, 128, 137, 148, 150, 162
Angiolini, Pasquale *86,* B.4, 6, 42, 49, 62, 74, 110, 118, 128, 135, 137, 148, 150, 162, 163
Angiolini, Pietro B.42, 162, D.10
Anschütz, Alexander A.253
Anschütz, Heinrich C.66
Antoni, de A.68
Antonin, Hr., Tänzer B.39, 75, 93, 101, 128, 136, 158
Anzengruber, Ludwig *69*
Arendt, Johann Sigismund A.231
Arrigoni, Anton *46,* A.30, 68, 100, 104, 108, 112, 136, 159, 162, 183, 228, 281, 306, B.4, 47, 93, 110, 136
Aßmayer, Ignaz G.80
Astolfi, Louis (Ludwig) *13, 84, 87, 180, 184,* B.28, 59, 87, 90, 111, 132
Astolfi, Mdme., Tänzerin B.28, 132
Au, Dlle., Sängerin A.37, 50, 54, 73, 140, 158–160, 185, 234, 306
Auber, Daniel François Esprit *13, 14, 26, 32, 33, 47, 53, 58, 60, 68, 72, 73, 75, 79, 85, 87, 189, 193, 195, 202, 203, 205, 220, 221,* A.18, 32, 51, 52, 69, 92, 110, 111, 177, 181, 194, 223, 251, 254, 266, G.200, 242, 247, 261, 263, 266, 278, 279, 298, 300
Auenheim-Czejka (recte: Auernhammer), Marianna von *52,* A.2, 58, 64, 137, 217, 228, 230, 238, 247, 253, 290
Auernhammer, Josepha von *52*
Auernhammer, Marianna von → Auenheim
Aumer, Jean Pierre *11, 12, 37, 83, 94, 131, 142, 143* A.10, 104, 105, 152, 241, 256, B.2, 10–12, 16, 20, 41, 44, 45, 53, 56, 67, 68, 72, 75, 82, 85, 93, 95, 101, 102, 107, 109, 115, 121, 123, 126, 129, 136, 139, 145, 155, 158, 161, 163, D.11, G.40a, 76, H.11
Aumer, Julie *85, 142, 143,* A.9, 167, B.2, 10, 11, 16, 20, 39, 44, 45, 53, 56, 68, 72, 75, 85, 93, 109, 115, 123, 128, 155, 158, 161, 163
Aumer, Theodore Alexandrine → Rozier, Theodore
Aumüller, Eduard G.141

699

Babnigg, Anton (Babbnigg) *61, 69, 139,* A.42, 47, 75, 159, 160, 179, 190, 220, 237, 243, 268, 290, 306
Babo, Josef Marius C.67, 77
Baccini, Hr., Tänzer (Paccini) B.94, 156
Baillot, Pierre Marie François de Sales G.96
Balducci G.179f
Balfe, Michael William *69*
Ball, Dlle., Sängerin A.146, 160, 232
Balocchi, Giuseppe Luigi A.40
Balochino, Carlo *24, 86, 97, 224*
Balothe, Stephan B.48, 94
Balothe, Vinzenzia B.57, 76, 94, 147
Band, Ignaz *38, 39*
Bandini, Marianne B.6
Baptist, Johann Baptist (Baptiste, recte: Duport) B.1, 3, 5, 21, 22, 27, 109, 138
Barbaja, Domenico *12, 13, 20–27, 31, 32, 41, 46, 62, 63, 64, 66, 68, 69, 84, 90, 219*
Bärmann, Carl G.29, 126
Bärmann, Heinrich G.11
Barta, Hr. *38*
Barth, Gustav G.57, 72, 76, 96
Bartl, Dlle., Sängerin A.306
Bartolemi, Hr., Sänger A.13, 19, 72, 79, 80, 114, 146, 160, 178, 188, 215, 279, 282, 286, 290, 300–302
Barton, Johann *38, 39*
Bartuscheck, Hr., Sänger A.306
Baseg, Eleonore (Basseg) *85,* A.266, B.5, 7, 22, 25, 48, 50, 80, 95, 127
Bassi, Calisto A.213, 225
Bassi, Luigi *155*
Bassi, Nicola (Nicolo) *55, 64, 151, 154, 156, 171, 172,* A.4, 7, 34, 56, 59, 65, 120, 137, 150, 154, 176, 212, 225, 238, 248
Bassompierre, Charles-Augustin de A.169, E.11, 33, 63, C.5
Bauer, Hr. *40,* G.211
Bäuerle, Adolph *91,* D.1, 7, 27
Baumann, Friedrich *57, 58,* A.46, 70, 79, 91, 101, 107, 197, 218
Bayard, Jean François Alfred E.8
Bayer, Georg *89,* G.1, 26b
Beaumarchais, Pierre-Augustin-Caron de B.56
Beck, Karl A.76, 114, 120, 139, 154, 160, 290, 298, 306
Beck, Mad. → Brunner
Beer, Hr., Sänger A.18, 159
Beethoven, Ludwig van *11, 12, 16, 20, 30, 32, 37, 50, 58, 67–69, 77, 89, 90, 122, 123, 163, 169, 171,* A.86, 108, 120, 141, G.2, 5, 6, 7, 11, 12, 14, 18, 23, 26, 29, 33, 35a, 35b, 38, 45, 52a, 54, 54a, 58, 64, 68, 79, 80, 83, 91, 92, 99, 103, 109, 110a, 117, 119a, 120, 122, 123, 125, 126, 129, 130, 132, 134, 134a–c, 137, 140, 142, 156, 165, 170, 173, 179, 179d, 179e, 179g, 183, 189, 190, 192, 196, 202, 205, 210, 213, 219, 224–226, 246, 250–252, 255, 262, 264, 271, 276–278, 295, 296, 302
Beils, Karl A.114, 159, 268, 306
Beisteiner, Elise (Pohl-Beisteiner) *68,* A.33, 65, 180, 187, 203, 227, G.129
Belcke, Friedrich G.228
Belleville-Oury, Anne Caroline G.57, 192, 197, 214, 281
Bellini, Vincenzo *13, 14, 21, 25, 26, 32, 33, 59, 62, 65–67, 71, 74, 79, 178, 191, 200, 206, 209, 216, 218,* A.20, 159, 200, 210, 211, 224, 262, 264, 270, 280, G.204, 215, 248, 290
Bellonci, Kamillo (Bellonoy, Bellungi) *38, 39,* G.54
Belolli, Luigi G.126
Benda A.39
Benda, Georg C.59
Bendel, Magdalena G.134a, 134b
Benedict, Julius G.132
Benesch, Friederike G.191
Benesch, Johann Franz A.79, 194, 241, 273
Benesch, Joseph G.93, 191
Benetti, Antonio G.92
Berbiguier, Benoît Tranquille G.61a, 158
Bercher, Jean *117, 195,* B.56, 81, 82, 141
Berettoni, Arcangelo *178,* A.8, 35, 59, 76, 120, 128, 150, 154, 201, 224, G.165, 173
Berg, Isak Albert G.161
Berg, Josepha A.33, 36, 40, 50, 52, 79, 99, 106, 142, 159, 163, 174, 194, 232, 237, 251, 266, 286, 304, 306, G.80
Berger, Dlle., Tänzerin B.95, 106
Bergmann, Johann Gottfried A.160, 298, 306
Bergmann, Louis A.12, 29, 37, 43, 52, 79, 208, 234, 239, 270, 298, 306
Bergonzi, Benedetto G.96
Bériot, Charles Auguste de (Beriot) A.147, G.204, 214, 240, 274–277, 281, 300, 304, 305, 307
Berling, Theodor A.125
Bernard, Joseph Carl *39, 164,* A.99, 178, G.64
Bernardelli, Fortunato *83, 86,* B.40, 60, 70, 83, 92, 96, 119, 141, 158
Berretoni, Arcangelo *66*
Berton, Henri-Montan *33, 70,* A.26, 282, 288, 292, E.18
Bertrand, Dem. G.179h, 179i, 179k
Bezdĕk, F. W. G.173
Biagioli-Herdlizka, Carolina (Biagioli) A.201
Bianchi, Antonia *90, 179,* G.179c–g
Bido, Peter B.62, 150

Biedenfeld, Ferdinand Leopold Karl Freiherr von   A.24
Bieling, Hr., Sänger   A.32, 152
Bigottini, Emilia   *85, 124, 204,* B.85, 93, 101, 128, 136, 158
Bilally, Marie   G.181
Binder, Sebastian Josef   *13, 70, 73, 80, 97, 189, 192–195, 196–199, 202, 211, 213, 222, 223,* A.3, 21, 33, 38, 40, 51, 52, 72, 75, 97, 102, 108, 110, 111, 114, 135, 152, 159, 161, 174, 181, 187, 192, 194, 196, 202, 215, 220, 223, 233, 239, 251, 252, 266, 268, 286, 291, 293, 298, 300–302, 305, 306, G.213, 277
Birnbaum, Karl   A.114
Bischof, Dlle., Sängerin   A.196, 294
Bischof, Eduard   G.179b
Blacho, Dlle., Sängerin (recte: Blahack)   A.186, 268
Blahetka, Leopoldine   A.233, G.134, 212
Blangini, Felice Giuseppe Marco Maria Cavaliere   A.33, 207, G.34, 119a
Blondin, Baptist   H.4
Blondin, Cornelia   H.4
Blondin, Dlle., Tänzerin   H.1–7
Blondin, Hr., Pantomime   *93,* H.1–7
Blondin, Johann   H.4
Blum, Carl Ludwig   B.2, 11, G.181
Bochsa, Robert Nicolas Charles   A.130, 295, E.39, G.54a, 60, 156, 179i, 308
Böck, August   G.210
Bocklet, Carl Maria von   G.80, 114
Bognar, Ignaz (Bogna)   A.38, 239
Bogner, Ferdinand   G.26a
Böhler-Devrient, Doris (Böhler)   A.75, 208
Böhm, Franz   G.134
Böhm, Hr.   *39*
Böhm, Joseph Michael   G.49, 52a, 54a, 64, 101a, 109, 127, 163, 164, 166, 167
Böhm, Leopold   G.134a, 134b, 179a, 179b, 239
Böhm, Theobald   G.83, 84, 310
Bohrer, Anton   G.99, 100
Bohrer, Max   G.99, 100
Boieldieu, François Adrien (Boyeldieu)   *11–13, 25, 30, 32, 33, 56, 57, 59, 67, 69, 79, 91, 173–175,* A.38, 159, 167, 169, 179, 208, 214, 241, 279, 298, E.41, 55, G.44a, 76, 134c, 139, 143, 146, 173, 179l, 283
Bondra d. Ä.   → Treml
Bondra, Anna (Nanette, d. J.)   *53, 74, 123, 125, 136, 138, 174, 189, 192, 193, 206, 218,* A.3, 5–8, 11, 12, 15, 24–26, 30, 33, 36, 39, 42, 44, 46, 50, 52, 59, 60, 63, 71, 72, 75, 77, 79–81, 85, 86, 93–95, 97, 99, 101–104, 106, 107, 111, 113, 115, 119, 124, 126, 129, 131, 134–136, 144, 146, 148, 152, 156, 158–160, 162, 163, 165, 170, 172, 178, 180, 183, 184, 186, 188, 191, 192, 194, 196, 197, 199, 201–204, 207, 210, 211, 215, 216, 218, 220, 229, 231, 234, 235, 241, 249, 250, 253, 256, 262, 265, 267–269, 273, 274, 279, 290–292, 294, 295, 298, 300–302, 306, 311, 313, B.41, G.22, 28, 33, 34, 40a, 42, 44a
Bondra, Bartholomäus   *53*
Bondra, Hr.   A.45
Bonfichi, Paolo (Bonfighi)   G.187
Borda, Hr., Sänger   A.290
Borgondio, Gentile   *60, 127–129,* A.154, 271, G.136
Börner, Bernhard (recte: Mortier)   *72, 206,* A.17, 106, 119, 222, 275, 298
Borschitzky, Franz (Borschitzki, Porzitzky)   *69, 197,* A.22, 59, 72, 75, 108, 114, 120, 133, 159, 170, 220, 251, 255, 266, 268, 270, 274, 278, 280, 290, 298, 302, 306, G.80, 82, 151, 155, 171, 179j
Botgorscheck(-Feuchères), Karoline   *72,* A.21, 32, 158, 215, 220, 257, 270, G.305
Botticelli, Pio   *64, 153, 154, 156, 157, 171, 172,* A.4, 7, 65, 78, 120, 150, 154, 176, 219, 227, 277, 308
Boucher, Aléxandre-Jean   *79,* G.92, 94, 95
Boucher, Celestine   *79,* G.92, 94, 95
Bouilly, Jean-Nicolas   A.38, 43, 97, 134, 162, 268, E.29, 42
Bourgeois-Schiroli, [Juliette?], Sängerin   A.255, G.201
Boutet de Monvel, Jacques-Marie   E.3
Boyeldieu   → Boieldieu
Brandstätter, Dlle., Sängerin   A.274
Braun, Carl Freiherr von   *207, 208,* A.21, 92, 195, G.249
Braun, Peter Baron von   *11, 16, 18, 45*
Brazier, Nicolas   E.6, 11, 63
Breimann, Anton (Breymann)   *38, 39*
Breiting, Hermann   *73, 97, 208, 211–213, 221, 222,* A.21, 32, 104, 111, 114, 159, 161, 239, 254, 266, 286, 290, 298, 305
Breitkopf & Härtel   *132*
Bretèl, Jeannette (Bretel, Bretell)   *85, 143,* A.78, 122, 150, 213, B.2, 10, 44, 50, 53, 75, 82, 86, 97, 98, 117, 127, 145, 146, 155, 163
Bretèl, Pierre (Bretel)   B.10, 11, 13, 31, 44, 53, 63, 64, 69, 71, 75, 82, 84, 86, 91, 99, 112, 113, 127, 145, 155, 163
Brice, [Joséphine-Victorine-Aspasie?], Sängerin   *175,* E.2, 3, 10, 18, 19, 33, 39–41, 45, 55, 62
Brice, Hyacinth (Price)   *25, 91, 103, 175,* E.2, 10, 18, 19, 33, 39–41, 45, 55, 62
Brichta, Hr., Sänger   A.79
Briol, Jean   *86, 176,* B.32, 48, 76, 82, 94, 156
Briol, Kleiner, Tanzschüler   B.32

Brizzi, Antonio Giovanni Maria *55, 56, 114, 132,* A.2
Broch, Philipp G.179b
Brock, Hr., Sänger A.253, 306
Brocken, C. M. von G.246
Brod, F. G.305
Brod, Heinrich G.305
Brömel, Wilhelm Heinrich C.88
Bruckner, Marie A.12, 75, 77, 79, 92, 97, 106, 108, 111, 114, 146, 158, 159, 168, 184, 186, 187, 194, 196, 206, 208, 222, 249, 273, 286, 298, 305, 306, 311
Brugnoli-Samengo, Amalie (Brugnoli) *85,* A.122, 213, B.8, 9, 15, 21, 25, 43, 50, 58, 108, 117, 140, 144
Brulay, Hr. E.28
Brunner (geb. Beck), Mad., Sängerin A.270
Brunswic → Lhérie, Léon Lévy
Buch, Hr., Sänger A.106
Buchinger, Hr. *39*
Buchwieser, Kathinka *49, 50, 52, 95, 96, 112–114, 196,* A.10, 45, 55, 64, 112, 126, 146, 187, 274, 290, 294, 297, G.26a, 30, 34
Buonavoglia, Luigi Agnese A.248
Burghard, Dlle. (Mad.), Sängerin (Burkhart) A.17, 29, 37, 60, 80, 106, 114, 119, 140, 144, 153, 186, 222, 235, 284, 296, 306
Burgkhart, Carl G.179a
Bury, Fulgence-Joseph-Desiré E.20,51
Buschmann, Friedrich Ludwig G.298
Buschmann, Mad. G.298
Bußmayer, Hr., Sänger A.3, 17, 40, 180, 266, 284, 305
Byron, George Urel Gordon Lord A.286
C. B. *204*
C. F. W. → Walther, C. F.
Caché, Josef *58,* A.10, 43, 73, 97, 129, 175, 208, 249, 269, 273, 311
Calvarola, Hr., Tänzer B.69, 120, 146
Camel, Mr., Sänger E.2, 3, 10, 18, 40, 45, 62
Campi, Antonia *54, 63, 113, 114, 130, 135,* A.2, 58, 75, 93, 108, 131, 146, 246, 270, 274, 306, G.7, 35, 35b, 38, 40, 41, 49, 57, 58, 60, 62
Campi, Gaetano *54,* A.58
Campilli, Mad., Tänzerin B.5, 133, 143
Campilli, Pietro *14, 85,* B.5, 7, 11, 21, 24, 27, 32, 59, 65, 80, 127, 133, 138, 143, 151
Canongia, Joseph G.69
Canova, Antonio G.124
Canzi, Catharina G. 61a, 63, 66, 76
Carafa de Colobrano, Michele (Caraffa) *12, 32,* A.1, 33, 118, 168, 170, B.13, G. 80, 105, 119, 170, 196
Carey, Gustav (Garay) *86,* A.122, B.15, 48
Carl, Carl G.6a

Carl, Henriette *73,* A.21, 159, 270, 280, G.302
Carmouche, Pierre-Frédéric-Adolphe E.17, 26
Carpani, Giuseppe *79,* A.55, 281
Cartagenova, Giovanni Orazio *74, 214, 215, 218, 219,* A.20, 117, 262, 264, G.290
Cartellieri, Casimir Antonio *116,* G.2, 21, 35
Casati, D., Tänzer B.1
Casati, Giovanni (Casatti, Johann) *86,* B.1, 22, 65
Casati, T. (wahrscheinlich Giovanni) B.3
Casche → Caché
Casimir, Mme. (Alphonsine-Virginie-Marie Dubois, Dame Compan) E.19
Casimir, Mr., Sänger E.3, 19, 55, 62
Castel, René-Louis A.10
Castelli, Ignaz Franz *118, 173,* A.9, 12, 30, 38, 42, 104, 105, 110, 112, 116, 130, 156, 159, 169, 173, 177, 184, 192, 208, 244, 251, 253, 256, 260, 273, 282, 298, C.22, 66, D.28, G.23
Catalani, Angelica G.54
Catalano, Giuseppe *74, 214, 216,* A.20, 27, 117, 264, G.292
Catel, Charles Simon *11, 30, 49, 50, 51, 54, 146,* A.30, 256, G.53a, 102, 109, 132, 179a, 179f, 179m, 191, 201, 218, 223
Catrufo, Giuseppe A.73
Cera, Antonio *31, 60*
Cervantes Saavedra, Miguel de A.293
César, Mr., Sänger *175,* E.2, 3, 18, 33, 39, 41, 55, 62
Cesari, Filippo *85*
Cesari-Gioja, Amalie (Cesari) *85,* B.4, 6, 10, 26, 31, 47, 54, 73, 74, 77, 84, 88, 113, 124, 130, 135, 137, 142, 145, 153, 157
Chanselay, Hr. *93,* H.1–5, 7
Chanselay, Mad. H.1–7
Charles (Charles Edward Stacey) B.50, 143
Charles → Livry, Charles de
Charles, Hr., Tänzer B.50, 143
Cherubini, Luigi (Chérubini) *11, 16, 24, 29, 30, 42, 46, 49–52, 54, 57, 58, 61, 115, 132, 139, 144, 169, 183, 197, 205,* A.98, 124, 134, 183, 196, 226, 231, 268, G.3, 9b, 13, 16, 34, 35, 37, 40a, 41, 43a, 46, 49, 52a, 59, 63, 66, 67, 73–76, 78, 80, 81, 84–86, 89, 96, 100, 104, 119a, 121, 129, 134, 134c, 179a, 179f, 179h, 179m, 182, 185, 186, 188, 195, 201, 206–208, 254, 265
Chevigny, Dlle., Tänzerin (Chevigni) B.101
Chézy, Helmina von *169,* A.96
Chladni, Ernst Florens Friedrich G.105
Chopin, Frédéric (Friedrich) G.202, 203, 238, 297

Ciccimarra, Giuseppe (Ciccimara, Cicimara) *65, 71, 72, 74, 97, 166, 167, 172, 173, 178,* A.76, 150, 201, 212, 213, 219, 224, 255, 277, 278, 290, G.132, 179h
Cimarosa, Domenico *31, 54– 56,* A.193, 217, G.29, 205
Clement, Franz G.109
Clement, Hr. *39*
Coccia, Carlo A.23, G.74, 99
Coda, Dem., Sängerin G.53a
Colbran-Rossini, Isabella *12, 21, 55, 64, 78, 151, 153, 155, 157, 158,* A.89, 236, 308
Collin, Henrich von C.17
Colloredo, Franz Graf *16*
Comelli-Rubini, Adelaide *66, 171, 172, 178, 191,* A.35, 59, 76, 89, 120, 154, 193, 213, 224, 255, G.132
Concone, Giuseppe G.105
Contessa, C. W. C.68
Conti, Carolina G.143
Conti, Hr., Sänger A.298
Coralli, Jean (Corally) *13, 83, 84, 195,* A.266, 290, 300–302, B.30, 66, 95, 113, 114, 131
Cori-Paltoni, Fanny A.35, 59, 154
Cosentini, Dlle., Tänzerin (Cossentini) A.309, B.99
Costenoble, Karl Ludwig C.26
Courcy, Frédéric de E.7, 31, 66, 69
Courtin, Alexandrine Marie *85,* B.31, 64, 86, 99, 102, 113
Cramer, Johann Baptist A.147
Cramolini, Ludwig (Kramolini) *68, 69, 79, 174, 177, 189, 194, 197, 205–207, 222,* A.5, 17, 18, 33, 38, 43, 50, 52, 60, 92, 94, 96, 97, 99, 102, 106, 110, 111, 114, 122, 135, 139, 147, 158, 160, 162, 165, 168, 170, 177, 182, 184, 188, 192, 194, 200, 208, 210, 215, 219, 223, 229, 232, 242, 251–253, 266, 268, 279, 280, 282, 291, 292, 298, 305, 313
Cremont G.246
Crescentini, Girolamo *64*
Creuzé de Lesser, Auguste (Creuse de Lesser) E.67
Crombé, François (d. Ä.) *86,* A.40, 75, B.11, 21, 23–25, 27, 30, 33, 48, 50, 66, 80, 82, 87, 90, 95, 103, 106, 108, 111, 127, 131 – 133, 154, 159
Crombé, Joseph (d. J.) *86,* B.21, 103, 127
Crombé, Mad., Tänzerin B.95, 159
Czalay, Joseph von G.114
Czeika, Hr. G.35
Czernin zu Chudenitz, Johann Rudolf Graf zu *12*
Czerny, Carl *89, 116,* G.2, 107, 167, 168, 180, 187, 196, 201, 237, 263, 273, 274
Czerwenka, Franz G.35, 64
Czerwenka, Joseph *38, 39*

Cziharz, Hr. *38*
D'Alayrac → Dalayrac
D'Arlincourt, Vicomte Charles-Victor Prévôt A.170
D'Artois → Dartois
D'Auberval (Dauberval) → Bercher, Jean
D'Harleville, Collin C.55
Da Ponte, Lorenzo *76*
Dalayrac, Nicolas (D'Alayrac, D'alayrac, D'Allayrac, Dallayrac) *51, 58,* A.11, 46, 71, 116, 139, 313, E.2, 43, G.35a, 49, 92
Dall'Occa, Anton Ritter G.168
Damaj, Joseph B.94
Damé, Joseph jun. (wahrscheinlich identisch mit Damaj, Joseph) B.48
Damé, Joseph sen. (Damè) B.71, 72
Danhorn, Anton G.236
Dardanelli, Girolama *66, 172, 173, 176,* A.4, 22, 57, 65, 84, 88, 89, 118, 128, 154, 176, 193, 201, 212, 213, 227, 308, G.132, 133
Darondeau, Henri B.115, 122
Dartois de Bournonville, François-Victor-Armand A.273, D.28, E.4, 5, 31, 58
Dartois de Bournonville, Louis-Charles-Achille A.273, D.28
Dauchy, Antoine-Titus (Titus) *86,* B.55, 73, 91, 100
David, Antonio A.35, 65, 201, 308
David, Giovanni *12, 21, 23, 25, 64, 151, 153–158, 166, 173, 176,* A.1, 16, 22, 59, 65, 76, 89, 118, 120, 128, 150, 193, 201, 213, 219, 225, 236, 255, 278, 308, G.95, 97, 132
De Caro → Decaro
De Costa, Onorato G.80
De Franco → Difranco
De Grecis, Nicola (Nicolo) *60, 129,* A.23, 82, 138, 154
De Pian, Antonio (Depian, Pian) *46, 47,* A.22, 28, 30, 33, 45, 62, 67, 68, 75, 89, 97, 98, 104, 105, 114, 143, 149, 156, 160, 162, 169, 170, 174, 179, 183, 190, 191, 196, 201, 207, 220, 232, 237, 241, 244, 255, 266, 267, 274, 278, 290, 291, 300–302, 306–308, 313, B.2, 8–11, 13, 14, 16, 18, 21, 23, 25, 28, 29, 31, 32, 41, 45, 47, 50, 54, 56, 63, 69, 72, 84, 86, 90, 93, 102, 104, 107, 108, 111, 116, 117, 120, 127, 129, 132, 140, 147, 154–156, 161
De Vecchi, Francesco *61, 129,* A.4, 61, 150, 154, 287, G.47
Deabis, Franz *38, 39*
Debiasy, Hr. G.209
Decaro, Francesca (De Caro) *85,* B.6, 19, 20, 26, 49, 54, 62, 75, 77, 100, 114, 115, 123–125, 128, 130, 135–137, 150, 157, 158
Decaro, Magdalena → Treitschke de Caro
Decombe → Albert, François

703

Degiorgi, Domenico (De Giorgi)   *86,* B.6, 62, 100, 114, 124, 150, 162
Deicher   G.208
Deinhardstein, Johann Ludwig   C.75, 89
Delavigne, Casimir-Jean-François   A.251, E.14, 17, 22, 30, 70, 72
Delavigne, Germain   *210,* A.194, 239, 266
Della Maria, Pierre-Antoine-Dominique   A.15, 123, 258
Demar, Johann Sebastian (Demhardt)   G.53a
Demhardt → Demar, Johann Sebastian
Demling, Dlle., Sängerin   A.188, 195, 215
Demmer minore   A.58
Demmer, Betty (Elisabeth, d. Ä.)   A.294
Demmer, Carl (d. Ä.)   *53,* A.6, 41, 44, 45, 71, 73, 79, 91, 97, 141, 159, 160, 162, 179, 183, 208, 228, 253, 281, 285, 291, 294, 310, 312
Demmer, Christian (d. J., Vater)   *53, 120, 130,* A.6, 25, 39, 44–46, 55, 66, 70, 72, 75, 79, 86, 91, 93, 97, 98, 101, 107, 112, 123, 130, 141, 143, 146, 157–160, 162–164, 167, 171, 184, 208, 226, 228, 241, 243–245, 253, 265, 268, 281, 291, 294, 303, 306, G.64, 73
Demmer, Dlle. (Mlle.)   A.6, G.1
Demmer, Friedrich (Sohn)   *22, 47, 53, 189, 192,* A.12, 14, 15, 36, 54, 70, 72, 97, 126, 147, 148, 160, 188, 192, 194, 203, 208, 215, 216, 221, 229, 231, 246, 260, 266, 268, 270, 282, 300–302
Demmer, Johanna (Jeannette, d. J.)   *53,* A.39, 45, 56, 68, 70, 126, 146, 294, 306, B.158
Demmer, Josepha   *53,* A.98, 159, 187
Demmer, Kleine   A.196
Demmer, Kleiner   A.196
Demmer, Pauline   A.188
Demmer-Kneisel, Thekla (Kneisel, Thecla)   *53, 134, 136, 149, 163,* A.11, 12, 28, 39, 55, 73, 87, 97, 108, 113, 114, 121, 142, 146, 158, 159, 167, 169, 171, 173, 179, 191, 198, 203, 208, 221, 241, 243, 249, 259, 263, 268, 270, 273, 283, 294, 295, 304, 306, 307, 311
Depian → De Pian
Dermer, Elise   *68, 151,* A.15, 24, 79, 124, 155
Désaugiers, Marc-Antoine-Madeleine (Desaugiers)   A.153, E.58
Deshayes, André Jean-Jaques   *86,* B.85, 93, 101, 128, 158
Dessauer, Joseph   G.193
Destefani, Gaetano   *86,* B.2, 6, 9–11, 13, 16, 20, 21, 25, 26, 29, 31, 43, 48, 56, 57, 62–64, 71–73, 82, 84–86, 94, 101, 102, 104, 107, 109, 110, 112, 113, 115, 116, 119, 122, 123, 127, 128, 135, 136, 140, 141, 147, 149, 150, 155, 160, 161, 163
Detroit, Eduard   A.26, 29, 77, 81, 106, 140, 145, 153, 185, 234, 235, 275, 296

Detroit, Mad. (geb. Wohlbrück)   A.85
De-Vechi, Sigra., Sängerin (De Vecchi, De-Vecchi, De-Vechj, geb. Cannabich)   A.154, 255, 308, G.157, 162
Deville, Hr., Sänger   A.290
Diabelli, [Nicolaus?]   A.291
Didier, Dlle.   B.45
Didier, Louise (Didiè, Didie, Didié)   B.2, 53, 68, 75, 109
Didier, Nina (Didiè, Didie, Didié)   B.2, 53, 68, 109, 155
Diemar, Pauline   A.12, 52, 75, 79, 93, 114, 146, 147, 184, 192, 195, 208, 242, 268, 273, 282, 286, 306
Dietrichstein, Moritz (Moriz) Graf von   *20, 21,* A.116, G.66
Dietz, Ernst Friedrich   A.166
Dietze, Gustav   G.67, 68
Dieulafoy, Michel (Dieulafoi)   A.199
Difranco, Sigr., Sänger   A.35, 59, 88, 120, 154, 225, 227, 277
Dilg, Matthias   C.48
Dimattia, Hr., Tänzer   B.21, 25, 108, 160
Dingelstedt, Franz von   *72*
Dingler, Sidonia   B.32, 50
Dirzka, Caroline   A.12, 15, 79, 124, 142, 194, 255, G.74
Dirzka, Hr., Pianist   G.257
Dirzka, Ignaz Carl   *61, 147,* A.33, 35, 41, 55, 72, 93, 97, 114, 134, 146, 157, 171, 173, 187, 197, 243, 263, 274, 279, 285, G.64, 73
Discant, Anton Karl (Diskant)   *72, 205,* A.13, 29, 37, 43, 73, 81, 97, 104, 106, 119, 140, 145, 153, 175, 180, 186, 206, 208, 235, 249, 253, 275, 296, 298, 305, 311
Dittersdorf, Carl Ditters von   *36, 52*
Diwald, Fanny   G.119a
Dizi, François-Joseph   G.171
Dobihal, Dlle., Sängerin   A.283, 306
Dobihall, Joseph (Dobihal)   *38, 39*
Dobler, Josef Alois (Dobbler)   A.55, 313
Döhler, Theodor   G.237, 239, 241, 263, 265, 277
Dollischel, Hr.   B.155
Donizetti, Gaetano   *13, 14, 21, 25–27, 32, 33, 58, 62, 65– 67, 71–74, 207, 214, 215,* A.3, 8, 20, 21, 90, 117, 293, G.291, 292
Dont, Jacob   G.179a
Dont, Joseph Valentin   *38, 39,* G.27
Donua, Hr., Sänger   A.40, 51, 106, 152, 202, 203, 249, 273, 311
Donzelli, Domenico   *65, 80, 166–168, 172,* A.1, 35, 48, 76, 78, 84, 88, 89, 118, 201, 212, 213, 219, 227, 308, G.132, 133
Dorach, Hr.,Sänger   A.235
Dorsey, Aline   *85,* B.22, 48, 50, 80, 95, 109

Dorvigny, Louis-Archambault (Dorvigni) C.71
Dorville, Mr., Sänger 175, E.39–41, 45
Dotti, Fanny A.22, 154, 271
Dotti, Nina A.65, 120, 128, 193, 201, 224, 271, 274, 278, 279, G.146
Dotzauer, Friedrich G.268
Drechsler, Joseph 38, A.101, 116, G.21
Dreßler, Raphael (Dressler) 38, G.1a, 7, 15, 20, 26a, 61a
Drouet, Louis G.98, 119a, 175, 219, 246
Drska, Hr., Sänger 98, A.266, 306
Dubois, Jean Baptiste C.22
Dudzinsky, Adam B.48
Dumenois → Pinel
Dumersan, Théophile A.259, E.6
Dumoustier, Léon (Dumoutier) E.25
Dunst, Franz Xaver A.25, 70, 136, 156, 183, 187, 208, 228, 253, 265
Dupaty, Emmanuel Mercier A.71, 279, 312, C.21, 85, E.56, 59, 62
Dupeuty, Charles-Désiré E.38, 52
Dupin, Henri E.47, 49
Duport → Baptist
Duport, Louis Antoine 13, 20, 21, 22, 24–27, 33, 41, 46, 54, 68, 70–73, 83–86, 97, 98, 107, 117, 118, 196, 198, 221, A.218, B.4, 26, 47, 54, 61, 77, 81, 88, 98, 130, 137, 142, 157
Duport, Nicolas-Paul A.165, E.36
Duport, P. B.4
Duport, Therese → Neumann-Duport
Dupuy, Mimi (Dupuj, Dupui) 84, 85, 189, 195, 223, A.32, 266, B.24, 25, 27, 66, 82, 95, 103, 106, 109, 133, 154
Durazzo, Giacomo Graf 15
Dussek, Johann Ludwig (Dusech, Dußek) G.9b, 30, 149, 151
Duval, Alexandre A.15, 47, 123, 160, 269, C.10, E.35, 43
Duvert, Félix-Auguste E.36
Duveyrier, Anne-Honoré-Joseph A.177, 305, E.8, 14, 15, 21, 26, 27, 48, 52, 57, 60, 68
Dworzak, Hr., Sänger G.204
Eberl, Therese B.26, 123, 136, 158
Eck, Johann Friedrich G.200, 201
Eckerlin, Fanny (Ekerlin) 64, 79, 153, 154, 156–158, A.65, 78, 88, 120, 213, 236, 308, G.96, 132
Eckert, Carl Anton Florian 76
Eckmayer, Theresia B.53
Eder, Josephine A.147, G.201, 220, 247
Egner, Hr., Sänger A.306
Ehlers, Christine 57, A.91, 134, 294
Ehlers, Emmy A.221
Ehlers, Louise A.221

Ehlers, Wilhelm 57, A.6, 43, 70, 75, 91, 107, 116, 134, 141, 152, 157, 159, 160, 184, 208, 265, 310, G.1, 1a, 26
Ehnes, Marie 72, 74, A.33, 43, 49, 53, 75, 92, 111, 114, 117, 127, 152, 200, 210, 229, 231, 240, 252, 270, 280, 293, 306, G.179h, 179i, 271, 276
Ehrlich, Dlle., Sängerin A.306
Eichberger, Joseph 69, 174, A.69, 72, 177, 192, 194, 279, 298, G.155
Eichhorn, Eduard G.229, 230, 232
Eichhorn, Ernst G.229, 230, 232
Eisele, Anna B.45, 109
Eisler, Leopold G.134a, 134b, 179b
Ekerlin → Eckerlin
Elmann, Dlle., Sängerin A.186
Elßler B.2, 75, 99, 145
Elßler, Anna 85, B.5, 50, 103, 132
Elßler, Fanny (Franziska, Fanni) (Elssler, Essler d. J.) 12, 26, 84, 87, 88, 180, 203, 204, A.51, 122, 241, 266, 313, B.21, 23, 25, 28, 33, 43, 48, 50, 53, 68, 87, 90, 95, 106, 108, 109, 112, 127, 132, 138, 154, 155, 159, G.179h
Elßler, Hermine 85, 204, A.313, B.5, 15, 23, 33, 48, 50, 95, 103, 127, 131, 140
Elßler, Johann 87
Elßler, Kleine [Josepha?] B.50
Elßler, Nina B.108, 147, 160
Elßler, Therese (Elssler, Essler d. Ä.) 26, 87, 203, 204, A.51, 122, 241, B.15, 32, 50, 53, 64, 68, 87, 95, 97, 108, 112, 117, 127, 154, 159, G.179h
Elzner, Hr., Sänger A.12, 72, 133, 142, 146, 203, 208, 249, 270, 304
Emmering, Marie (Emering) A.203, 257, G.134a, 134b, 179h, 179k
Emminger, Josef (Eminger) A.12, 306, G.238
Engbert, Hr. D.8
Engel, Johann Jakob C.24
Engelström, Graf von G.272
Erl, Josef 74, A.29, 33, 37, 38, 52, 79, 140, 210, 222, 232, 234, 239, 266, 275, 298, 306
Erlanger, Max A.147
Ernst, Heinrich G.134a, 134b
Ernst, Marianne Katharina 70, 191, 194, 196–200, 207–213, 222, A.21, 33, 38, 40, 72, 75, 93, 104, 108, 110, 111, 114, 124, 146, 152, 158, 159, 168, 174, 184, 187, 194, 196, 202, 206, 210, 215, 220, 223, 239, 251, 253, 254, 257, 266, 268, 271, 274, 279, 280, 286, 290, 293, 298, 302, 305, 306, G.197, 216–218, 247, 256, 263, 266, 300
Escudero, Hr. G.96
Eßlauer, Johann 86, B.5, 21, 27–29, 59, 122, 132

Essler d. Ä. → Elßler, Therese
Essler d. J. → Elßler, Fanny
Esterházy, Nikolaus Fürst 16
Esterházy, Paul Fürst (Eßterhazy) G.142, 143
Étienne, Charles-Guillaume (Etienne) A.42, 139, 156, 158, 205, E.34
Étienne, Victor-Joseph A.30, 199, 290, 291, 300–302
Etz, Georg A.306
F. K. *133*
Fackel, Hr. *38*
Fahrbach, Joseph G.179j
Faistenberger, Johann D.10
Faltis G.44
Farinelli, Giuseppe *56*
Farkas, Josef B.48, 89
Faubel, Hr. G.233
Faugier, Johann *94,* H.19–22
Favart, Charles Simon A.261
Favelli, Stefania A.120, 278
Felder, Dlle., Sängerin A.215
Felsner G.284
Fenzl, [Johann?] B.31
Ferdinand I., Kaiser von Österreich *14, 27*
Ferdinand, Hr., Tänzer B.48, 76, 82
Ferlendis, Alessandro A.58
Ferlendis-Barbieri, Camilla A.58
Ferling, Franz Wilhelm G.254
Ferranti, Ruggiero G.139
Ferretti, Giacopo A.293
Field, John *90, 219, 220,* G.293–296
Fink, Mad., Sängerin *117,* A.63, 75, 99, 114, 159, 298, 306, G.156
Fioravanti, Valentino *31, 54, 55,* A.57, 58, 243, G.132
Fischer, Anton A.44, 142, 232, 250, 259
Fischer, August *68, 78, 188, 192,* A.5, 13, 33, 48, 75, 114, 133, 146, 160, 188, 195, 208, 233, 251, 253, 266, 279, 280, 282, 286, 290, 295, 300, 306
Fischer, Ferdinand *69, 194,* A.111, 178, 188, 255
Fischer, Friedrich *68, 69, 180, 184,* A.13, 19, 24, 75, 79, 80, 93, 114, 125, 146, 147, 151, 194, 195, 215, 220, 233, 257, 266, 273, 282, 298, 300–302, 306
Fischer, Hr. *39*
Fischer, Hr., Sänger A.37, 50, 52, 94, 102, 106, 111, 126, 144, 158, 175, 194, 222, 253, 292, 298, G.247
Fischer, Joseph A.146, 243, 268, G.63
Fischer, Ludwig *50,* G.44
Fischer, Marie A.106, 186, 306
Fischer, Therese Wilhelmine *49, 50, 112, 114, 115,* A.230, 247, 253, 276, 290

Fischer-Achten, Caroline *68, 69, 97, 180–182, 187, 188, 192–194, 196, 198, 205,* A.13, 36, 42, 60, 75, 80, 96, 102, 108, 111, 114, 122, 125, 148, 151, 158, 160, 194, 195, 202, 215, 216, 233, 253, 266, 268, 280, 286, 292, 298–302, 305, 306, G.210, 213, 242
Fischer-Schwarzböck, Beatrix *68,* A.75, 108, 114, 139, 165, 194, 215, 216, 219, 290, 306
Flet, Albin C.45, D.13
Fleury, Hr., Tänzer *86,* B.5, 29, 32, 48, 76, 94, 116, 147, 156
Fligre, Mad., Tänzerin B.75
Flotow, Friedrich von *74*
Fodor-Mainvielle, Joséphine (Fodor-Maiville) *65, 80, 81, 101, 166, 167, 172, 173, 183, 196,* A.1, 7, 35, 89, 120, 150, 193, 201, 212, 213, 219, 225, 255, 277, 308, G.132
Fontana, Sigra., Sängerin A.154
Forner, Hr., Sänger A.114
Forti, Franz Anton *58, 59, 78, 122, 126, 130–132, 134–137, 139, 147, 149–151, 161, 163, 165, 169, 174, 177, 196–200, 202, 205, 222,* A.5, 9, 10, 18, 24, 28, 33, 38, 40, 45, 51, 52, 55, 60, 62, 67, 71, 72, 75, 83, 86, 87, 92, 95–99, 105, 108, 111, 113, 114, 122, 139, 143, 146, 152, 156, 158–160, 162, 164, 169, 172, 178, 179, 181, 187, 189–191, 200, 202, 207, 220, 223, 231, 232, 237, 241, 251–254, 261, 267, 268, 270–272, 274, 279, 280, 286, 288, 290, 291, 293, 297, 298, 305, 306, 309, G.30, 33, 44a, 46, 73, 76
Forti, Henriette (geb. Teimer) *59, 130, 132,* A.6, 43, 71, 75, 98, 107, 124, 134, 137, 143, 146, 158, 159, 169, 172, 179, 187, 249, 274, 288, 291, 294, 311, G.40a
Fradelle, Mr., Sänger E.3, 18, 19, 33, 55, 62
Francesko, Hr., Tänzer A.152, B.25, 106, 138
Franchetti, Louise A.35
Franchetti-Walzel, Fortunata (Franchetti) *69,* A.7, 16, 35, 59, 65, 75, 76, 114, 120, 128, 133, 154, 193, 194, 201, 255, 270, 271, 274, 278, 279, G.136, 138, 142, 146
Franchini, Carolina *73, 108, 214, 215, 219,* A.20, 27, 264
Franul von Weissenthurn, Johanna A.102, 297, C.6
Franz II. (I.), Kaiser von Österreich *11, 15, 17, 18, 19, 20, 23, 27, 36, 45, 179,* G.40, 179f, 179g, 179k, 236
Franz, Stephan G.160
Franzky, Franz Joseph Theodor C.71
Fränzl, Ferdinand (Fraenzl) G.30, 62
Fränzl, Joseph G.132
Freisinger, Balthasar B.113, 161
Frezzolini, Giuseppe *74, 108, 216, 219,* A.27, 90, 117, G.291

Frezzolini-Poggi, Erminia *61, 74*
Friedlovsky, Anton (Friedlowsky) G.35, 60
Friedrichs, Mad., geb. von Holst G.308
Frigo, Dlle. G.26a, 33
Frimann → Frühmann
Frisch, Hr., Sänger A.33
Frisch, Mad., Sängerin A.33
Fritze, Hr., Sänger A.97
Fröhlich, Josephine A.93, 155, 164, 171, 204, 218, 221, 232, 283
Frontini, Karoline *72, 90, 185, 186, 210, 213,* A.24, 40, 72, 132, 158, 174, 178, 188, 202, 210, 215, 219, 220, 224, 271, 274, 279, 286, 306, G.179i, 179j, 180, 250
Frühmann, Therese (Frimann) B.6, 124
Frühwald, Joseph *61, 138, 147,* A.28, 30, 33, 34, 56, 70, 100, 104, 105, 108, 134, 137, 149, 152, 160, 162, 191, 196, 197, 208, 217, 220, 228, 237, 245–248, 253, 270, 274, 281, 285, 306, 310, G.40a, 64, 72, 73
Fulgence → Bury
Fuljod, Claudius Ritter von *11, 17, 18*
Funk, Friedrich G.102
Fürst, Dlle., Sängerin G.267
Fürst, Georg A.75, 114, 162, G.150
Fürstenau, Anton Bernhard G.179l
Fürth, Marie *183,* G.185, 223, 229
Fux, Fanny (Francesca) A.29, 53, 127, 186, 215, 229, 249
Fux, Mad., Sängerin A.79
Fux, Marie *74,* A.27, 90, 186, 215, 229
Fux, Peter *38, 39*
Gabriel → Lurieu
Gail, Johann *46,* A.1, 14, 28, 59, 62, 65, 87, 95, 96, 113, 114, 178, 191, 201, 251, 255, 272, 307, 308, 309, B.8–10, 13, 14, 18, 25, 31, 44, 50, 56, 63, 69, 84, 86, 97, 98, 104, 117, 122, 140, 144, 149
Gail, Matthias *46,* A.2, 149, 192, 220, 237, 241, B.68, 72, 107, 127
Gallenberg, Wenzel Robert Graf von *13, 20–22, 25, 26, 32, 41, 69–71, 84, 87, 90, 142, 164, 184, 189, 200,* A.9, 105, 159, 167, 309, B.5, 7, 10, 21, 23, 24, 28, 31, 48, 50, 63, 64, 69, 72, 80, 84, 86, 87, 90, 106, 108, 109, 117, 122, 127, 129, 131, 138, 147, 152, 154, G.212
Gallet, Sebastien *83,* B.52
Ganz, Leopold G.292
Ganz, Moritz G.292
Garay → Carey
Gardel 86
Gardel, Marie H.1, 2
Gardel, Pierre Gabriel B.16, 124, 135, 136
Gardi, Francesco *29*
Gärntner, Carl von G.128, 134
Gärtner, Hr., Tänzer B.53, 85, 161

Gaßmann, Anna Maria *53,* A.79, 238, 248
Gaßmann, Florian Leopold *53*
Gaßmann, Maria Theresia → Rosenbaum
Gaugiran-Nanteuil, P.-Charles (Gaugiran-Nanteul) A.288, E.40
Gauthier, Aimée A.266, B.48, 50, 65, 82, 95, 109, 127, 133, 143
Gaveaux, Pierre A.265, E.10
Gebauer, Joseph G.26
Gebhard, Hr. *39*
Geißler, Heinrich G.240
Generali, Pietro *31,* A.4, 61, 176, 304, G.61a, 76
Gentil de Chavagnac, Michel-Joseph E.58
Gentiluomo → Spatzer-Gentiluomo
Gerke G.9b
Gerl, Johannes A.114, 298
Gerstäcker, Samuel Friedrich *61,* A.93, 97, 108, 152, 159, 160, 246, 253, 283, 306
Gey, Traugott A.33, 75
Gioja, Ferdinando *84, 85,* B.4, 6, 9, 13, 14, 25, 26, 51, 54, 69, 74, 77, 86, 102, 109, 117, 120, 124, 125, 130, 135, 137, 140, 149, 153
Gioja, Gaetano *84,* B.1, 149, D.22
Gioja, Marietta B.8, 13, 18, 25, 84, 102, 109, 112, 117, 122, 140, 149
Giordani (Giordaniello) A.34
Giosué → Josué
Giovanola, Luigi (Giovannola) A.4, 23, 61, 82, 138, 154, 271, 287
Giucciardi, Giuditta Gräfin *20*
Giuliani, Mauro G.114, 134c, 268
Gläser, Franz *91,* A.5, D.3–6, 12, 15, 19, 21, 23–25
Gley, Dlle., Sängerin A.114
Glöggl, Joseph A.268
Gluck, Christoph Willibald *11, 24, 29, 49–52, 54, 57, 61, 131, 138, 139,* A.152, 255, G.61a, 180
Gned, Georg A.10, 55, 69, 99, 121, 142, 155, 165, 170
Godard d'Aucourt de Saint-Juste A.159, 167
Godefritz, Ferdinand (Gottfried) B.11, 155
Goethe, Johann Wolfgang von (Göthe) A.157, C.50, 79, G.72, 289
Goldoni, Carlo C.61
Göpfert, Carl Andreas C.91
Gottdank, Joseph *22, 61, 80, 125, 134, 136, 147, 149, 161, 194, 206,* A.10, 12, 19, 26, 29, 32, 33, 36–38, 43, 45, 50, 66, 71, 72, 75, 77, 79, 81, 92–94, 98, 98, 102, 106, 110, 111, 114, 119, 121–124, 126, 129, 130, 134, 140, 143–148, 153, 156, 158, 160, 162, 167, 172, 182, 185, 186, 192, 194, 204–206, 208, 215, 218, 222, 226, 231, 234, 243, 249, 253, 259, 261, 267–269, 273, 275, 279, 283, 291, 299, 306, 307, 313, 314, G.35, 64, 73

Gottdank, Josephine B.16
Gottfried → Godefritz
Götz, Joseph A.33, 66, 72, G.43a, 57, 72, 76
Gouffé, Armand E.10, 22
Gradner, Hr., Sänger A.313
Grams, Anton *38, 39*
Grassini, Giuseppina G.92
Grassl, Franz *95*
Graßl, Franz *95,* G.278, 279
Grausgruber, Dlle., Sängerin A.12, 29, 106, 186, 268, 311
Graziani, Vincenzo *60, 129,* A.4, 150, 154
Grazioli, Sigr., Sänger A.23, 62, 271, 287
Graziosi *46,* A.230
Greiner, Josepha B.5, 95, 127, 133
Greis → Krainz-Hoffmann
Grétry, André-Ernest-Modeste (Gretry) A.44, 232
Griebel, Hr., Sänger A.30, 93, 134
Grill, Johann A.114, 160, 178, 208, 270, 306
Grillparzer, Franz C.1
Grisi, Giuditta *66,* A.48, G.133
Grisi, Giulia *66*
Gritti, Alois B.6
Gritti, Franz B.6
Gritti, Maria *124,* A.45, B.2, 6, 26, 45, 68, 75
Groll, Carolina A.84
Groll, Louise *85,* A.63, B.5, 15, 32, 33, 46, 48, 50, 86, 95, 109, 127, 159
Groß, Karl Friedrich G.74, 134c
Großmann, Gustav Wilhelm A.75
Groswald, Hr. (d. J.), Sänger A.306
Groswald, Ignaz (Großwald, d. Ä.) A.30, 35, 55, 65, 70, 72, 75, 79, 105, 114, 120, 126, 173, 178, 183, 221, 232, 246, 256, 261, 263, 268, 283, 291, 306, 313
Gruber, Hr. (d. J.), Sänger A.111
Grünbaum, Caroline (Carolina) *70, 192, 193,* A.114, 146, 147, 192, 209, 251, 253, 300–302, 306
Grünbaum, Johann Christoph *59,* A.53, 72, 73, 103, 105, 113, 133, 159, 167, 184, 190, 191, 220, 237, 249, 270, 283, 295, 304, 306
Grünbaum, Therese *59, 70, 80, 134, 137, 139, 147, 169–171,* A.14, 28, 33, 62, 66, 75, 88, 96, 104, 105, 113, 146, 154, 158, 159, 166, 184, 189–191, 220, 237, 243, 246, 253, 268, 270, 274, 290, 306, G.54a, 57, 63, 66, 74, 76, 83, 122, 123, 126, 129, 179k
Grünberg, Mad, Sängerin A.70, 146, 152, 294, 306, 312
Grund, Eduard G.84
Grünthal, Caroline A.97, 169, 267, 297
Grutsch, Franz Xaver *42,* A.206, G.239
Gschlenk, Hr., Sänger A.79, 306
Guerra, Antonio *86,* B.29, 46, 48, 50, 58, 76

Guglielmi, Pietro Carlo *31, 56, 117,* A.138, 180, 248, 287, G.2, 41
Guillard, Nicolas François A.152
Guschl, Carl A.147
Gyrowetz, Adalbert *11, 14, 17, 29–31, 35–37, 49, 52, 56, 57, 83, 84, 121, 126, 148,* A.6, 9, 25, 41, 50, 80, 86, 91, 100, 102, 116, 122, 129, 141, 143, 164, 166, 228, 245, 263, 303, 209, B.14, 20, 22, 27, 29, 30, 45, 46, 50, 56, 58, 62, 64, 68, 71, 73, 84, 90, 91, 94, 109, 120, 127, 132, 144, 147, 150, 155, 156, 161, 163, D.22, G.1a, 9a, 11, 23, 25, 26, 34, 40, 40a, 46, 49, 58, 60, 72, 134a, 134b, 179a
Habern, Carl Joseph G.204, 245
Häckel, Anton G.80
Hagemann, Friedrich Gustav C.51
Hähnel, Amalie *70, 183–185, 189, 191,* A.24, 33, 132, 135, 174, 188, 215, 219, 255, 271, 279, G.134c, 211, 214, 215
Haim → Heim
Haindl → Heindl
Haizinger, Amalie *68*
Haizinger, Anton (Haitzinger) *68, 90, 163, 165, 169–171,* A.62, 72, 75, 87, 96, 108, 113, 133, 155, 178, 237, 251, 270, 272, G.80, 82, 85, 100, 101a, 109, 110a, 113, 114, 117, 119a, 121, 122, 129, 130
Halévy, Jacques Fromental (Halevy) *14, 26, 33, 71–73, 75, 221, 222,* A.161
Halfinger, Fanny A.19, 80, 135, 273, 279, 298, 306
Hällmayer, Franz (Höllmayer) *38, 39*
Halm, Anton G.52a, 198
Hammermeister, Heinrich A.75, 159, 231, 298
Händel → Heindl
Händel, Georg Friedrich *20,* A.86, G.70, 88, 179b
Handl, Joseph A.10, 30, 34, 39, 43, 46, 56, 79, 104, 123, 134, 136, 159, 160, 228, 288
Hanff, Dlle., Sängerin A.69, 75, 114, 192, 203, 273, 298
Hanotscheck, Hr., Sänger (Hanuschek) A.12, 19, 148, 174, 208, 215, 306
Hardmaier, Dlle., Sängerin (Hardmayer) *70, 182, 185, 189,* A.135, 174, 178, 188, 192, 194, 215, 271, 279, 306, G.190, 201, 211
Harlas, Helene *56,* A.100, 217, 247, 274
Harny, Dlle., Sängerin A.294
Hartinger, Josef *40,* G.222, 293
Hartl von Luchsenstein, Joseph Edler *17*
Hasenhut, Anton *68,* A.12, 15, 43, 79, 121, 124, 126, 142, 187, 198, 253, 263, 265, 289, 311
Hasenhut, Leopoldine A.215, B.32
Hasenhut-Mattis, Pauline Martina *85,* A.75, 266, 308, B.5, 7, 11, 21, 25, 30, 32, 33, 46,

48, 50, 59, 66, 86, 95, 97, 99, 108, 109, 111, 112, 127, 131, 143, 149, 152, 154, 156, 159, G.179h
Hassaureck, Franz Joseph A.160
Haupt, Theodor von A.300–302
Hauser, Franz *69, 78, 184, 187, 189, 191–194, 196,* A.13, 24, 33, 72, 75, 110, 111, 135, 146, 148, 160, 168, 194, 209, 215, 219, 220, 224, 253, 255, 257, 266, 271, 290, 301, 302, 306, G.242
Haydn, Dlle. G.227
Haydn, Joseph *35, 36, 50, 87,* A.216, B.8, G.11, 19, 52a, 179d
Heberle, Therese *85, 87, 156,* A.159, 167, B.10, 43, 45, 48, 50, 53, 63, 68, 69, 71, 72, 75, 77, 97–99, 102, 112, 127, G.76
Hechenthaler, Dlle., Sängerin *69, 177,* A.75, 99, 114, 253
Heckermann, Fanny (Hekermann) *69, 174,* A.75, 163, 170, 177, 192, 205, 279, 298, D.4, G.140
Heigel, Cäsar Max *188,* A.246, 286, C.49
Heilingmayer, Carl (Heilingmeyer) G.87, 136, 171
Heim, Franz (Haim) A.29, 33, 79, 121, 160, 180, 210, 232, 266, 268, 275, 284, 291, 306
Heindl, Dlle., Sängerin (Händel, Haindl) A.306
Heinefetter, Clara (Stöckl-Heinefetter) *65, 71, 86, 97, 197, 207, 208, 222, 223,* A.21, 32, 75, 114, 159, 161, 180, 194, 196, 200, 220, 232, 252, 266, 279, 280, 305, 306, G.250, 257, 277
Heinefetter, Fatime A.54, 106, 114, 145, 229, 296
Heinefetter, Sabine *65, 71, 195–197, 199, 207,* A.33, 40, 52, 72, 75, 108, 114, 146, 174, 200, 220, 253, 257, 274, 279
Hekermann → Heckermann
Heldenreich, Dlle., Sängerin A.251
Hell, Theodor A.179, 215
Hellmesberger, Georg (Helmesberger) *40,* A.147, G.57, 59, 76, 82, 86, 105, 110a, 111, 134, 134a, 134b, 163, 164, 166, 167, 187, 192, 197, 273
Henkel, Friedrich A.19, 126, 144, 203, 273, 279
Henkel, Henriette A.158, 208
Henkel, Marie (d. J.) *72, 194, 196, 197, 202, 206, 221, 222,* A.5, 19, 32, 33, 38, 43, 49, 51, 52, 75, 92, 94, 97, 106, 108, 110, 111, 114, 146, 152, 158, 159, 168, 182, 186, 187, 192, 194, 223, 231, 239, 241, 252, 257, 268, 274, 286, 291, 298, 306
Henry, Louis *14, 84, 163, 189, 201, 202,* A.78, 150, B.5, 7, 13–15, 18, 27, 51, 63, 69, 89, 106, 112, 122, 140, 144, 151

Henry, Marie B.18, 63, 122, 140
Hensler, Carl Friedrich *13, 23, 90, 91*
Herbst, Friederike A.306
Herbst, Michael G.109
Hérold, Louis-Joseph Ferdinand (Herold) *14, 26, 32, 33, 205,* A.179, 192, 252, 273, 305, 307, D.28, G.70, 72, 87, 95, 302
Herold, Ottilie B.5, 7, 11, 32, 50, 106, 151
Herz, Ferdinand Leo G.237, 240
Herz, Henri G.152, 153, 173, 176, 178, 179j, 179k, 184, 192, 194, 198, 206, 215, 220, 234, 239, 254, 258, 259, 265, 277, 281, 302
Heurt, Hr., Sänger A.19
Heurteur, Sophie A.134
Heym, Dlle., Sängerin A.6, 41, 218, 258, 274
Hildebrand, Johann *40,* G.114, 129, 132, 179i, 179j
Hillebrand, Joseph *70, 181,* A.75, 114, 215, 282, 290
Hillebrand, Nanette *70, 181,* A.114, 151, 215, 306
Himmel, Friedrich Heinrich A.97
Hindle, Johann G.103, 150, 151, 179j
Hirsch, Alois (Aloys) G.74, 179a
Hirsch, Leopold *38, 39*
Hochfelner, Dlle., Sängerin A.26, 106
Hofbauer, Dlle., Schauspielerin A.215
Höfer, [August?] A.298
Hofer, Fanny A.126, 158, 194, 266, 292, 298, G.219
Hoffmann → Krainz-Hoffmann
Hoffmann, Hr., Sänger A.54, 79, 81, 97, 106, 185, 208, 215, 222, 231, 234, 241, 284, 296
Hoffmann, Johann *69,* A.69, 114, 170, 192, 266, 274, 290, G.155, 165
Hofmann, Georg Edler von *126*
Hofmann, Hr., Sänger (Hoffmann) A.55, G.9b
Holbein von Holbeinsberg, Franz Edler von *23,* A.13, C.84
Holberg, Ludwig C.23
Holtey, Carl von A.5
Hölzel, Gustav (d. J.) *69, 72,* A.73, 185
Hölzel, Hr. (Hölzl) *210,* A.12, 13, 21, 26, 29, 32, 36, 38, 40, 42, 43, 51, 54, 72, 73, 77, 79, 80, 85, 92, 106, 108, 114, 132, 140, 145, 147, 148, 152, 160, 161, 178, 185, 194, 202, 206, 208, 210, 215, 216, 220, 222, 235, 241, 249, 257, 266, 268, 279, 280, 284, 291, 292, 296, 298, 302, 306, 311, 313, G.248
Hölzel, Nicolaus Alois (d. Ä.) *69, 72, 180, 182,* A.73, 125, 185, 215
Hölzel, Therese A.49, 152, 210, 215, 231, 266, 296, 306
Hölzel-Umlauf, Elisabeth (Umlauf) *72,* A.55, 134

Holzmiller, Eduard (Holzmüller) *70, 181, 182,* A.19, 36, 79, 114, 147, 151, 188, 215, 216, 266, 279, 306
Hönig, Josepha *61,* A.43, 55, 75, 103, 108, 124, 146, 172, 241, 249, 256, 269, 288, 290, 294, 295
Hopp, Friedrich D.29
Hornick, Johanna (d. J., Hornik) *63,* A.152, 160, 294
Hornick-Pistrich, Caroline (d. Ä., Hornik) *63, 165,* A.6, 39, 55, 75, 79, 97, 114, 123, 152, 155, 159, 160, 171, 178, 199, 203, 208, 246, 256, 294, 306, G.87, 95
Hornung, Anton B.114, 124, 150
Horny, Amalie A.253
Horschelt, Babette (Betti) B.23, 32, 108
Horschelt, Barbara *85*
Horschelt, Barbara (Babette, Btti, d. J.) B.2, 10, 16, 19, 20, 23, 32, 39, 45, 48, 53, 68, 72, 75, 108, 109, 114, 124, 145, 161
Horschelt, Friedrich *86,* A.45, B.20, 23, 75, 87, 128, G.57
Horschelt, Katharina (geb. Koberwein) *85,* B.6, 10, 42, 56, 75, 109, 114, 142, 145, 153, 161–163
Horschelt-Kopmann, Caroline (d. Ä.) *85,* B.16, 20, 39, 53, 68, 75, 109, 155, 163
Horzalka, Johann G.111
Huber, Catharina G.248
Huber, Franz Xaver A.228, 261
Huber, Hr. *39*
Hudler, Anton (d. Ä.) *38, 39, 40*
Hullin, Jean Baptist *86,* A.78, 150, 213, B.50, 51, 140
Hummel, Johann Nepomuk *56, 165,* A.86, 116, 141, 147, G.11, 33, 34, 35a, 74, 87, 88, 92, 101, 103, 114, 119a, 140, 141, 148, 153, 154, 157, 159, 160, 194, 197, 222, 241, 257
Huray, Hr., Sänger A.85
Hürt, Theodor (Hürth) *40,* G.126, 129, 194
Huß, Franz A.51, 52, 72, 93, 110, 111, 146, 160, 188, 194, 202, 208, 266, 279, 280, 291, 298, 300, 302, 306, G.171
Hüttenbrenner, Anselm G.72
Ianitsch → Janitz
Iffland, August Wilhelm C.14
Ihlée, Johann Jakob A.198
Illner, Ignatz A.33, 108, 298
Indianer, Der berühmte *94,* H.11–17
Institoris *46, 47,* A.16, 22, 99, 170, 174, 266, 278, 286, B.21, 23, 28, 29, 32, 58, 59, 90, 108, 111, 116, 132, 147, 156, 160
Isotta, Vittorio *61,* A.4
Isouard, Nicolo *11, 30, 59, 68, 89, 91,* A.10, 12, 42, 156, 158, 184, 197, D.17, E.40, 62, G.1
J. M....r G.59

Jäger, Franz *63, 137, 151, 156, 161, 162,* A.24, 33, 62, 72, 86, 95, 113, 114, 133, 155, 159, 203, 306, G.60, 63, 64, 66, 80, 82, 99, 101a
Jäll, Eduard G.218
Jamin, Mlle., Sängerin E.18, 39, 40, 55
Janatka, Johann *40,* G.116
Janatka, Mad., Sängerin A.121, 142, 159, 270
Janitz, Johann (Janitsch, Ianitsch) *46, 114,* A.1, 14, 24, 28, 30, 33, 39, 45, 59, 62, 65, 67, 71, 75, 76, 86, 87, 89, 95–98, 104, 105, 113, 114, 143, 149, 156, 158, 160, 169, 178, 179, 183, 190, 191, 196, 201, 207, 220, 225, 230, 232, 237, 238, 241, 251, 255, 259, 267, 272, 274, 290, 291, 306–309, 313, B.2, 8–11, 13, 14, 16, 18, 25, 31, 41, 44, 45, 50, 53, 54, 56, 63, 69, 72, 84, 86, 100, 104, 107, 115, 117, 127, 129, 140, 144, 149, 150, 155, 161, 163
Janosch, Michael G.132
Jansa, Leopold A.147, G.61a, 129, 142, 160, 167
Jany, Joseph A.147
Jekel, Hr. *39*
Johannis, Hr. *40,* G.200, 201, 214
Joseph II. Kaiser von Österreich *15, 22, 45, 83*
Josuè, Hr., Tänzer (Giosuè, Giosué, Josué) B.9, 28, 109, 132, 140, 152
Joui → Jouy
Jouy, de → Étienne, Victor-Joseph
Jung, Aloisia B.5, 27
Jungwirth, Kleine, Tanzschülerin A.308, B.32
Just, Carl Wilhelm *72,* A.3, 5, 17, 21, 32, 38, 49, 53, 54, 60, 72, 75, 80, 85, 106, 108, 111, 114, 119, 140, 144, 145, 158, 185, 187, 194, 196, 200, 208, 215, 232, 234, 235, 239, 252, 254, 257, 266, 280, 286, 290, 298, 306
K. M. *181*
Kaan, Raimund G.53a
Kail, Hr. *39*
Kaiser, Josephine A.199
Kalkbrenner, Friedrich *182,* G.134c, 158, 171, 174, 182, 185, 192, 204, 230, 240, 243, 244, 281
Kalliwoda, Johann Wenzel G.234, 269, 270
Kanne, Friedrich August *208, 210, 213, 214,* A.141, G.26b
Kantzler, Anton *100, 102, 105*
Karl, Anna A.25, 39, 50, 79, 123, 130, 152, 162, 221, 228, 253, 281, 288, 291, 306, G.30
Kässmayer, Hr. (Keesmayer) *38, 39*
Kastner, Joseph A.44, 105, 124, 226, 311
Katschirek, Hr. (Katschireck) *39,* G.35a, 44a, 57

Katter, Joseph (Kater) *37,* G.76, 96
Kees, Franz D.10
Keil, Josephine G.60, 129
Keller G.54a
Khayll, Alois (Khayl, Aloys) *39,* G.42, 49, 54, 58, 59, 70, 109, 119a, 129
Khayll, Anton (Khayl) *38–40,* G.40, 43, 49, 54, 58, 59
Khayll, Joseph d. Ä. (Khail, Khayl) *38, 39,* G.49, 54, 58, 59, 70, 109, 110, 110a
Khayll, Joseph d. J. (Khail) G.110, 115, 142, 143, 154, 160, 186, 203
Kiker, Katharina A.39, 46, 56, 100, 109, 137, 152, 196, 228, 247, 248, 276, 306
Kinderfreund, Carl Joseph G.147
Kinsky, Joseph (Kinski) *40, 94,* A.198, B.44, 45, 53, 67, 75, 104, 107, 129, 145, D.11
Kinzel, Hr., Sänger A.306
Kisling, Joseph A.6, 46, 79, 134, 159, 160, 170, 178, 199, 232, 258, 306
Kleczinsky, Johann (Kletschinsky, Klitschinsky) *38,* G.64, 66, 76, 80
Klein, Georg *40, 207,* G.184, 190
Klieber, Therese G.9, 29, 43a
Klitschinsky → Kleczinsky
Klotz, Matthias G.32
Knecht, H. F. G.297
Kneisel → Demmer-Kneisel
Koberwein, Betty A.196
Kobler, Franz *83, 86,* B.40, 45, 60, 70, 83, 92, 96, 119, 141, 158, 163
Kobler, Johanna (Jeannette) *83,* B.16, 40, 45, 53, 60, 70, 75, 83, 92, 96, 119, 141
Kobler, Nanette *83,* B.40, 60, 70, 83, 92, 96, 119, 141
Koch, Carl G.208
Kohlenberg, Angelika Maria → Rozier-Kohlenberg
Kohlenberg, Anton (Kohlnberg) B.10
Kohlenberg, Hr. (Kohlnberg, Kolenberg) A.152, B.1, 2, 3, 5, 7, 9–11, 21, 22, 24, 25, 28, 30, 32, 51, 53, 59, 63–66, 72, 75, 80, 90, 95, 103, 106, 108, 112, 116, 117, 127, 132, 138, 143, 145, 147, 151, 154, 160
Kohlenberg, Josef (Kohlnberg, Kolenberg) *86,* B.2, 10, 45, 68, 75, 98, 109, 145
Köhler, Hr., Sänger A.12, 126, 194
Kölla, Brüder G.280
Kollmann, Ignaz *147,* A.33
Koloschanzky, Hr., Tänzer (Koloschantzki, Koloschansky) B.21, 28, 48, 57, 116, 132
Kontski, Anton von G.258–260, 273
Kontski, Apollinar von G.260
Kontski, Carl von G.259
Köpf, J. A.306
Korn, Maximilian *89,* G.1a, 59
Korn, Wilhelmine *89,* G.1a, 59

Körner, Theodor C.34, 86
Korntheuer, Wilhelmine A.253
Koslowf *95,* G.283, 284
Kotzebue, August von *201,* A.97, 103, 107, 245, 310, C.2, 3, 9, 16, 18–20, 23, 27, 30, 32, 33, 35, 39–41, 43, 44, 56, 60, 62, 69, 74, 76, 78, 81, 90
Kowalofsky, Johann (Kovalovsky) *38, 39*
Kraft, Nikolaus *38,* G.26a, 28, 30, 56
Krähmer, Caroline G.101a
Krähmer, Ernst (Krämer) *39,* G.62, 76, 101a
Krainz-Hoffmann, Katharina (Greis, Hoffmann) A.33, 75, 150, 160, 170, 178, 192, 298
Kramář, František Vincenc (Krommer) G.40a, 42, 179b, 194
Kramolini → Cramolini
Kratter, Dichter C.57
Krause, J. H. G.134a, 134b
Kraus-Wranitzky, Anna Katharina (Wranizky, Nanette) *59, 130, 133–135, 139, 142, 187,* A.9, 33, 72, 75, 146, 149, 158, 159, 169, 179, 189, 196, 205, 215, 220, 241, 255, 267, 270, 291, 298, 306, G.35a, 46, 53a, 54, 58, 59, 62, 63
Kreutzer, Cäcilie (Kreuzer) A.306
Kreutzer, Conradin *12, 32, 33, 40, 41, 68, 79, 164, 181, 189,* A.14, 36, 63, 103, 151, 157, 178, 188, 192, 272, 291, B.93, G.109, 110a, 119a, 126, 129, 134, 247
Kreutzer, Rodolphe (Kreuzer) B.31, 48, 115, E.33, G.28, 43a, 79, 127, 148, 150, 179e, 215, 232
Krommer → Kramář
Kröpfel, Angioletta (Kröpfl) B.1, 3, 24, 80, 127, 133, 143
Kröpsch, Wilhelm G.179a
Krüger, Carl A.45, 291
Krüger-Aschenbrenner, Auguste A.33, 146, 220, 243, 253, 270
Kühnel, Dlle., Sängerin A.46, 196
Kummer, Friedrich August G.67, 68, 134a, 134b
Kunert, Dlle., Sängerin A.13
Kunert, Hr., Sänger A.306
Kunstmann, Dlle., Sängerin A.294
Kupelwieser, Joseph *22,* A.279
Kupfer, Louise A.11, 163
Kurländer, Franz August von C.85
Labarre, Theodore G.179k
Labassée, Dlle., Tänzerin B.6, 42, 75, 100, 150, 162
Lablache, Luigi *12, 21, 65–67, 167, 168, 172, 173, 197,* A.1, 7, 8, 16, 35, 57, 59, 76, 78, 88, 120, 150, 176, 193, 201, 212, 213, 219, 225, 255, 277, 278, 308, G.132, 152, 153
Lablache-Pinotti, Teresa *66,* A.193

Lachner, Anna B.18
Lachner, Franz *41, 42, 79, 177, 194, 212, 214, 221,* G.235, 242–244, 246, 249, 253, 256, 257, 277, 299
Lachner, Ignaz G.210
Lachner, Vincenz *42,* G.293, 296, 306
Lafargue, Peter B.26, 54, 77, 81, 110, 125, 137
Lafont, Charles Philippe G.76, 80, 86, 216, 233, 261–263, 265, 266, 277
Lafontaine, Jean de A.205, E.17, 52
Lalande → Méric-Lalande
Laloue, Ferdinand E.4
Lammer, Josepha B.44
Lang, Franz A.147
Langenschwarz G.264
Langer, Frl., Sängerin G.114
Lanner, Joseph *201,* G.204
Lannoy, Eduard Freiherr von A.165, G.95, 179b
Laroche, Julius A.162, 265
La-Roche, Mad., Sängerin A.174, 255
Lasina, Hr. B.1, 3, 25
Lasina, Johann Baptist (d. Ä.) *85,* B.22, 65
Lasina, Josef (d. J.) B.22, 65
Lasina-Muratori, Cajetana Maria Josefa (Muratori) *85,* A.266, B.1, 3, 5, 7, 11, 22, 25, 27, 50, 80, 138, 151
Lassale, Adrien Nicolas E.17
Laucher, Antonie (d. Ä.) *53, 120, 132, 136, 156,* A.6, 11, 25, 30, 68, 71–73, 91, 107, 115, 134, 137, 152, 156–159, 164, 179, 184, 196, 197, 199, 214, 218, 228, 237, 244, 245, 253, 261, 267, 273, 274, 281, 285, 294, 295, 297, 306, 310–313, B.41, G.1a, 26, 40a
Laucher, Caecilia (Cicilia, d. J.) *53,* A.6, 131, 134, 152, 199, 276, 310
Launer, Cesarine B.2, 53, 68, 155
Laure, Dlle., Tänzerin B.20, 53, 93, 115, 123, 158
Lavaquerie, Eloise *175,* E.33, 41, 45, 62
Lavaquerie, Mme., Schauspielerin E.19
Laville, Hr., Tänzer *204,* A.152, B.5, 7, 21, 33, 48, 50, 103, 127
Lazarus, Josepha B.98
Lebesnier, Hr. *94,* H.18
Lebrun, Carl (Lebrün) A.275
Lebrun, Louis-Sebastién A.221
Lechleithner, Pauline Cornelia G.109
Ledoux, Paul E.22
Leeb, Hr., Sänger A.45, 172, 187
Leeb, Ignaz G.134a, 134b
Lefevre, Babette A.97
Léger, François-Pierre-Auguste E.9
Legnani, Luigi G.102, 103, 106, 107
Leidesdorf, Maximilian Joseph A.9, G.33, 54, 58, 146

Leinsler, Josepha B.5, 95
Leißring, [Antonie?] A.12, 18, 94, 159, 170, 194, 273, 289, 306
Leitner, [Eduard?] A.215, G.248
Leitner, Franz *39*
Leitner, Karl *38, 39*
Leittner, J. N. von G.268
Lembert, Caroline Wilhelmine *61, 131, 132, 141,* A.55, 67, 75, 149, 152, 196, 243, 253, 256, 274, 283
Lembert, Wenzel Josef (eigentl. Tremler) A.103, C.21
Lemélé, Mr., Sänger E.3
Lemoch, Vincenz G.92
Léon → Théaulon
Leopold II., Kaiser von Österreich *15, 16, 22, 45, 83, 133*
Leppen, J. *40,* A.147, G.204, 220
Leschen, Friedrich G.275
Leser, Robert G.134
Leuven → Ribbing
Lewy, Carl (Sohn) G.306
Lewy, Carl (Vater) *40,* G.146, 192, 306
Lewy, Eduard *207, 214*
Lewy, Eduard *40, 207, 214,* G.146, 192, 197, 235, 242, 246, 257
Lewy, Hr. G.126, 129, 134, 277, 294
Lewy, Melanie G.306
Lewy, Richard Eduard G.306
Lhérie, Léon Lévy (Lherie) A.229, 299
Liber, Hr., Sänger A.184
Lichtenstein, Karl August Freiherr von A.51
Lickl, Georg G.114
Liechtenstein, Friedrich Fürst von *72*
Limmer, Franz G.179a
Lind, Jenny *70*
Lindenheim, Dlle., Sängerin *70, 180,* A.125, 215, 273, G.192, 193
Lindner, Dlle., Tänzerin B.135
Lindpaintner, Peter Joseph von *13, 33, 176, 188,* A.286, B.9, 32, G.197, 198, 203, 209, 257, 259, 289
Link, Hr. G.171
Linke, Josef (Lincke) G.35b, 60
Lipiński, Karol (Lipinsky) G.155, 235, 243, 244
Liszt, Franz *12, 90, 165,* G.102, 103, 107
Liverati, Giovanni A.68, 131, B.74
Livry, Charles de A.74
Lobkowitz, Anton Isidor Fürst *17*
Lobkowitz, Franz Joseph Fürst *16–18, 37, 38*
Loewe, Carl *71*
Löffler, Josephine A.37, 54, 73, 79, 81, 85, 97, 140, 145, 159, 175, 185–187, 208, 229, 241, 275, 296, 299

Löhle, Franz Xaver A.55, 159, 160, 243, 246, 253, 274, 283, 306
Longchamps, Charles de (Long-champs) E.41
Lortzing, Gustav Albert 72
Lotz, Georg D.2
Louise → Spatzer-Gentiluomo
Löwe, Sophie *14, 65, 71, 72, 97, 207, 209, 212, 213, 221–223,* A.3, 5, 32, 60, 92, 97, 159, 161, 200, 210, 215, 220, 223, 239, 252, 253, 266, 306
Ludwig, Rosa A.147, G.184, 196, 206, 234
Lugano, Peter G.9b, 109
Luppi, Louise Barbara B.75
Lurieu, Jules-Joseph-Gabriel de E.57
Lutzer, Eugenie G.241
Lutzer, Jenny *65, 71, 72, 213,* A.40, 111, 200, 266, 305
M. K. *180*
Mager, Vincenz *61, 133,* A.75, 105, 256, 274
Mahir, Marie G.101a, 104
Mahler, Hr., Tänzer A.126, B.82, 163
Maier → Mayer, Angioletta
Malibran, Maria *55*
Maria Theresia, Kaiserin von Österreich *15*
Marosowf, Alexander *95,* G.283–285
Marra, Minna G.179j, 231
Marschner, Heinrich *33*
Marsollier des Vivetières, Benoît-Joseph A.83, 204, 313
Martainville, Alphonse-Louis-Dieudonné E.53, 58
Martignoni-Rainoldi, Angioletta von B.6, 42, 62, 74, 110, 125, 137
Massini, Federico *86, 180,* A.152, B.21, 25, 28, 30, 32, 59, 66, 90, 95, 103, 106, 108, 127, 132, 138
Massini, Mad., Tänzerin B.95, 108, 111, 127, 154, 159
Mattis, Dominik *85, 86, 180, 203, 204,* A.75, B.11, 23, 25, 30, 32, 33, 48, 50, 59, 87, 95, 106, 108, 111, 127, 131, 143, 147, 152, 154, 159
Mattis, Pauline Martina → Hasenhut-Mattis
Maurer, Ludwig Heinrich A.13, 147, G.30, 61a, 64, 77, 162–167, 179b, 220, 273
Mayer → Mayr
Mayer Angioletta (Maier, Angiolina) *85,* A.266, B.4, 48, 53, 68, 75, 115, 123, 136, 137, 155, 158
Mayer, Friedrich G.307
Mayer, Hr., Sänger A.126, 253
Mayer, Karoline (Meyer) A.186, 306
Mayer, Lorenzina G.219
Mayer, Matthias *39*
Mayerbeer → Meyerbeer

Mayerhofer, Dlle., Sängerin (Meyerhofer) A.306
Mayr, Giovanni Simone (Mayer) *16, 31, 49, 50, 54, 55, 61, 63, 79, 116, 133,* A.34, 62, 131, 308, G.1a, 2, 9b, 10, 26b, 30, 34, 45, 47, 53a, 58, 63, 97, 109, 132, 188, 198, 285
Mayseder, Joseph (Maiseder) *38, 40, 156, 170,* A.9, 147, B.5, 8, 9, 23, 99, 106, 122, G.2, 3, 5, 10, 13, 17, 22, 24, 26, 26a, 28, 29, 31, 35, 39, 43, 45, 48a, 53, 53a, 58, 66, 70, 81, 85, 104, 106, 111, 112, 114, 118, 119a, 122–125, 128, 134a–c, 137, 144, 145, 154, 179, 192, 196, 201, 203, 207, 220, 232, 245, 259, 271, 274–277, 280, 282, 287, 301
Mazas, Jacques-Féréol G.9, 140, 141, 240
Mazères, Édouard-Joseph-Ennemond E.37, 71
Mazza-Auregio, Luigia *85,* B.7, 11
Mees St. Romain, Angelica (Robert Mees St. Romain, Meß St. Romain, Meß) *85, 202,* A.51, B.11, 48, 50, 127, 156
Mehlig, Franz (Mehlich) A.12, 42, 126, 164, 178, 198, 204, 259
Méhul, Étienne Nicolas *11, 24, 30, 50, 58, 125, 144,* A.43, 47, 160, 249, 267, 285, G.31, 35a, 40, 40a, 42, 48a, 52a, 179f, 179i, 284
Meier A.294
Meier, Dlle., Sängerin G.1
Meier, Friedrich Sebastian (Mayer, Meyer) *61,* A.9–12, 43, 44, 47, 50, 73, 75, 93, 103, 115, 121, 124, 126, 142, 146, 158, 162, 171, 172, 179, 187, 204, 205, 220, 226, 241, 243, 246, 249, 250, 267, 269, 273, 291, 295, 304, 306, 307, 311, 314, G.1
Meiller, Ferdinand (Meiler) B.7, 11
Meisl, Carl *90,* D.3–5, 8, 15, 21, 24
Melchior, Kaspar *46, 111, 114,* A.2, 100, 104, 112, 136, 159, 196, 197, 217, 230, 274, 281, 290, 306, B.62, 110, 118, 125, 150
Mélesville (Melesville) → Duveyrier
Mendl, Hr., Gitarrist G.114
Menzel, J. *38, 39*
Mercadante, Saverio *12, 13, 32, 55, 62, 65, 67, 73, 74,* A.76, 78, 88, 213, 225, B.8, 57, G.66, 101a, 129, 132, 134, 134c, 139, 165, 173, 179e, 179i, 197, 218, 282, 308
Merelli, Bartolomeo *14, 27, 73, 87, 108, 224*
Méric-Lalande, Henriette Clémentine (Meric-Lalande, Meric Lalande, Lalande) *66, 176, 178, 200,* A.7, 8, 16, 22, 201, 255, 308, G.159
Merk, Joseph *39, 40, 207,* B.8, G.35a, 40, 41, 44a, 47, 49, 52a, 64, 66, 74, 134a–c, 197, 211, 222, 247, 249, 297
Merkusch, Wenzel *39*
Merle, Jean-Toussaint E.17

713

Meß → Mees St. Romain
Messe G.168
Metastasio, Pietro A.67, 151, 274
Metzger-Vespermann, Klara A.33, 146
Meyer → Mayer
Meyer, Mlle., Sängerin E.39, 62
Meyerbeer, Giacomo *11, 13, 14, 26, 27, 33, 47, 50, 55, 58, 66, 70, 71, 73, 74, 77, 87, 124, 185, 186, 210, 222,* A.45, 174, 239, G.62, 184
Meyerhofer → Mayerhofer
Micheler, Zelia (Michäler) *85,* B.1, 5, 14, 18, 25, 27, 29, 30, 50, 57, 58, 69, 95, 103, 106, 108, 109, 112, 117, 127, 147, 156, 160
Mikan, Johann Christian A.166
Milder, Johanna A.294, 306
Milder-Hauptmann, Anna Pauline *50–52, 57, 69, 73, 115, 120, 123,* A.43, 68, 108, 146, 152, 159, 162, 183, 196, 244, 253, 256, 290, 294, 297, 306, G.26a, 26b, 30
Miller, Friedrich Sebastian *61, 135,* A.67, 159, 160, 179, 256, 267, 306
Millière, Antonie (Milliere, Milliére) *85, 87, 143, 156,* A.9, 75, 159, 167, B.2, 10, 11, 44, 45, 50, 53, 68, 71, 72, 75, 84, 91, 97–99, 107, 127, 129, 145, 155, 163, G.76
Millitz, Karl (Militz) *46, 47,* A.13, 32, 51, 111, 161, 239, 280, 286, 300–302, B.5, 11, 23, 27, 30, 59, 66, 89, 95, 103, 133, 151, 154
Milon, Louis-Jacques-Jesse (Millon) *11, 13, 84, 124,* B.31, 38, 76, 101, 102
Minetti, Dlle. G.1a
Minetti, Joseph *86,* B.2, 6, 9, 20, 39, 45, 53, 62, 68, 72, 75, 100, 102, 116, 124, 145, 150, 162, 163
Mink A.294
Mittag, Hr. *39,* G.62
Mogyer, Antonie (Mogir, Mogyr) *85,* B.32, 64, 109
Mohrhardt, Otto *57, 121,* A.6, 39, 101, 104, 116, 152, 159, 184, 197, 214, 228, 281, 303, 306
Molique, Bernard G.233, 270
Mollitor, Dlle., Tänzerin B.104
Moltke, Carl Melchior Jakob A.93, 160, 220, 283, 306
Mölzer, Joseph (Metzer) *38, 39*
Mombelli, Domenico *64*
Mombelli, Ester *64, 154, 156, 157,* A.66, 89, 120
Monelli, Raffaele *66,* A.7, 8, 35, 59, 150, 154, 193, G.164, 170
Monsigny, Pierre Alexandre A.70
Monvel → Boutet de Monvel
Morandi G.215, 216

Moreau, Juliane A.6, 25, 30, 44–46, 71, 97, 115, 126, 152, 179, 184, 196, 249, 306, 313
Morlacchi, Francesco *182,* G.57, 183, 201
Mortier → Börner
Mosca, Giuseppe A.227, G.132
Mosch, Hr. *39*
Moscheles, Ignaz *90, 170,* A.116, G.11, 26a, 26b, 34, 43a, 49, 54a, 57, 70, 74, 101a, 104, 109, 120–124, 142, 143, 159, 160, 207, 229, 234, 270, 275, 280
Mosel, Caecilie von G.9a, 9b, 34
Mosel, Ignaz Franz Edler von *11, 12, 20, 49, 142,* A.67, 107, 116, 244, G.26b, 134a, 134b
Mosewius, Johann Theodor A.75, 114, 146, 159, 268
Mozart, Wolfgang Amadeus *11, 12, 24, 29, 32, 35–37, 49, 50, 52–59, 61–63, 65, 75, 76, 78–80, 84, 89, 113, 119, 130, 132, 133, 135, 138, 139, 142, 144, 149, 161, 172, 179, 205,* A.75, 93, 141, 146, 148, 149, 189, 212, 274, 306, G.1, 3, 6, 17, 20, 26b, 44, 52a, 60, 72, 88, 91, 96, 98, 101a, 108, 111, 113, 117, 118, 134a, 134b, 138, 141, 157, 173, 176, 179a, 179c, 179g, 202, 203, 284, 285, 298
Mozatti, Adolph G.134a–c, 179i
Muck, Dlle., Sängerin A.270
Müller G.285
Müller, Adolph *69,* A.8, 12, 72, 75, 94, 96, 99, 124, 126, 160, 162, 165, 192, 194, 203, 251, 253, 279, 304, 311, 313
Müller, August Eberhard G.26
Müller, Carl G.269–271, 273
Müller, Georg G.269–271, 273
Müller, Gustav G.273
Müller, Iwan G. 169, 170
Müller, Jakob A.73, 75, 184, 208, 253, 267
Müller, Louise A.71, 98, 136, 208, 261
Müller, Wenzel *59, 91,* D.1, 8, 27, G.247
Müller-Wilhelm, Charlotte A.55, 75, 97, 124, 152, 159, 196, 199, 208, 246, 249, 291, 311
Müllner, Adolph C.11, 72, 91
Müllner, Mad. G.9a
Muratori → Lasina-Muratori
Mussati, Sigr., Sänger *71, 190, 191,* A.219, 224, 255
Muzzarelli, Adelheid (Kleine) *85,* A.12, 126, 255, 257, 308, B.44, 50, 51, 86, 104, 140, 149, G.188
Muzzarelli, Amalie → Cesari-Gioja
Muzzarelli, Antonio (Muzzarelli) *83, 85,* B.62
Muzzarelli, Therese Josepha Franziska B.31, 64, 68, 109, 127, 152
Napoleon I. Bonaparte, Kaiser von Frankreich *18*
Nasolini, Sebastiano G.11, 35, 35b
Naumann, Johann Gottlieb G.48a

Nejebse, Wenzel Josef   G.72, 76, 92, 96
Nemetz, Hr.   G.119a
Nestroy, Johann   *12, 67, 69, 162, 163, 166,*
    A.79, 108, 113, 163, 219, 232, 242, 246,
    263, 265, 306, G.96
Neubruck (Neubruk) → Zahlhas, Karl Ritter
    von
Neukirchner, Wenzel   G.199, 200
Neumann, Anna Maria → Sessi-Neumann
Neumann, Anton   *54, 120,* A.39, 41, 79, 93,
    134, 136, 183, 199, 214, 258, 281, 306, 312
Neumann, Friederike Theophile   A.294
Neumann, Leonore   G.215, 216
Neumann-Duport, Therese (Mad. Duport)
    54, 85, 118, A.218, B.4, 6, 26, 47, 49, 54,
    61, 62, 81, 114, 130, 142, 148, 150, 157,
    162
Neuwirth, Katharina   *85,* B.2, 6, 20, 31, 42,
    45, 53, 56, 64, 68, 75, 84, 85, 93, 102, 109,
    115, 119, 123, 127, 136, 145, 150, 155, 158,
    162
Nevie, Dlle., Sängerin   A.29, 106, 186, 305
Nicolai, Otto   *65*
Nicolini, Giuseppe (Niccolini)   *11, 31, 46, 49,*
    50, 55, 114, 115, 143, A.64, 230, 276,
    G.26a, 35a, 44a, 54a, 64, 201, 211, 214,
    231, 302
Nicolo → Isouard
Nieser, Joseph   A.55, 93, 159, 274, 290, 306
Nipperdey   D.1, 3, 4, 6, 10, 12, 14, 15, 19, 21,
    27, 29
Noisten, Kleine   A.87
Nonne, Hr., Sänger   A.106
Nottes, J.   *40,* A.147, G.245, 305
Nourrit, Adolphe   *21*
Nowack, Dlle., Sängerin   A.159
Nozzari, Andrea   *12, 21, 64, 151, 153, 155,*
    157, A.89, 236, 308
Oberhoffer, Karl Joseph   *72,* A.3, 17, 21, 33,
    40, 53, 60, 72, 102, 104, 108, 152, 160, 187,
    196, 200, 202, 280, 286, 298, G.241
Occioni, Fernando   *86,* D.1, 3, 4, 6, 8, 10, 12,
    14, 15, 21, 24, 27, 29
Ochsenheimer, Ferdinand   C.13
Oehlenschläger, Adam Gottlob   C.4
Oeller, Georg (Ehler, Oehler)   *38–40*
Ogiński, Fürst Michał Kleofas (Oginski)
    G.179i
Onslow, Georges   G.179h, 179i
Opfermann, Franz   A.152, B.103
Ortner, Hr.   *38*
Oster, Karl   *38, 39*
Ott, Georg   *200,* A.3, 60, 280
Ottavo, Therese   G.300, 301, 303, 304
Otter, Ludwig (Louis)   *38, 39* G.51
Ottinger, Philipp   B.11, 48
Oury, Antonio James   G.281

Pacini, Giovanni (Paccini)   *13, 25, 32, 54, 62,*
    66, 74, 176, 183, A.16, 22, 128, 154, 278,
    B.50, 90, G.63, 124, 125, 153, 179i, 185,
    187, 190, 192, 217, 221, 256, 260, 290, 302
Pacini, Luigi (Paccini)   *66,* A.7, 35, 59, 65,
    120, 128, 154, 224
Padewieth, Hr., Sänger (Podevich)   A.12,
    142, 298
Paër, Ferdinando (Paer, Pär)   *13, 16, 24, 31,*
    46, 49, 50, 52, 54–56, 60, 95, 114, A.2, 7,
    55, 56, 137, 187, 246, 247, E.45, G.1a, 9b,
    11, 28, 29, 33–35, 35a, 35b, 43a, 46, 49,
    53a, 54, 59, 61a, 74, 76, 88, 101, 110a, 112,
    142, 161, 166, 179d, 182, 193
Paesiello → Paisiello
Paganini, Niccolò   *13, 25, 90, 179,* G.179c–g,
    180, 268, 280, 303
Pahl, Hr.   G.165
Pain, Joseph   A.214
Paisiello, Giovanni   *49, 54, 55, 63, 190,* A.34,
    172, 203, 209, G.177
Pálffy, Ferdinand Graf   *16–19, 21, 23*
Panurge   B.130
Pär → Paër
Parish Alvars, Elias   G.309
Parravicini, Mad.   G.148, 150, 159
Parsch, Dlle., Sängerin   A.294
Passanti, Giuseppe   *61,* A.138
Pasta, Giuditta   *13, 25, 68, 70, 71, 79, 90,*
    182–184, 187, 190, 191, 195, A.132, 209,
    219, 224, 255, 271, G.183–185, 187–189
Paul, Apollonia   G.254
Paulin → Duport, Nicolas-Paul
Pavesi, Stefano   *31, 33,* A.34, 109, 195, G.92,
    101a, 106, 134b, 136, 179f, 201
Payer, Hieronymus   G.204, G.60, 80, 127,
    129
Péan, Pauline   *85, 204,* B.32, 48, 95, 106, 131,
    138, 154
Pechaczek, Hr., Cellist   G.72
Pechatscheck, Franz Xaver (Pechatschech,
    Pechatschek, Pehatschek)   A.147, G.26b,
    34, 44a, 60, 103, 170, 193, 195, 196, 206,
    218, 234
Pecori, Antonio Francesco   *15*
Peratoner, Joseph   G.287
Perceval, Dlle., Tänzerin   A.159, B.13, 50,
    97, 102, 117
Peregeon, Rosalie (Pérechon)   A.114, G.253
Perrault, Charles   D.14
Perschl, Dlle., Sängerin   A.306
Perschl, Joseph   A.6, 39, 46, 66, 79, 97, 98,
    123, 130, 134, 136, 141, 143, 156, 159, 160,
    172, 173, 199, 232, 261, 268, 269, 291, 303,
    306, 312, 313
Persuis, Louis-Luc Loiseau de (Persui)   B.41,
    76, 101, 102, 155, D.11, G.44a, 47, 61a

Perthaler, Caroline G.198
Pesadori, Hr., Sänger G.282
Pescatori, Sigra., Sängerin A.61, 82, 154, 271, 287
Petit, Dr. A.254
Petit, Jean Baptist Marie *84, 86,* B.31, 48, 58, 71, 76, 86, 98, 99, 147
Petit-Duport, Aimée Apoline *85,* B.75, 85, 93, 98, 101, 128, 136, 158
Pezold, Gustav F. A.33, 75, 280, 286
Pfeifer, Hr., Sänger A.298
Pfeiffer, Antonie B.93, 109, 136
Pfeiffer, Dlle., Sängerin A.12
Pfeiffer, Dlle., Sängerin (Pfeifer) A.25, 159, 253, 274, 290
Pfuhl, Minna von A.114, G.166
Pian → De Pian
Piazza, Lucca A.308, B.31, 85
Picard, Louis-Benoît E.1, 12, 37, 44, 46
Pichler, Barbara (Babette, d. Ä.) B.53, 68, 155
Pichler, Josephine (d. J.) B.68, 102, 109
Piehl-Flache, Wilhelmine A.75, 298
Pierson, Louise Ludovika *85,* A.122, 266, B.15, 32, 33, 48, 50, 76, 82, 95, 116, 127, 147, 154, 156
Piggatti, F. G.47
Pinel, Philippe-François A.299
Pistrich → Hornick-Pistrich
Pitrot, Dominik (Pitro, Pitrò, Pittrò) *86,* A.152, B.2, 3, 5, 9–11, 13, 18, 21, 22, 24, 25, 28, 29, 31, 32, 44, 45, 48, 56–59, 65, 68, 72, 76, 82, 84, 94, 95, 103, 106–109, 111, 112, 116, 117, 122, 127, 132, 138, 147, 149, 151, 152, 154–156, 160, 163
Pitschmann, Hr. G.161
Pixis, Francilla *73,* A.33, 240
Pixis, Johann Peter G.92, 109, 161, 197, 207, 214, 227
Planard, François-Antoine-Eugène de A.92, 170, 192, 252, 295, E.39, 55
Planché, James Robinson A.215
Plank, Hr., Sänger A.79, 199
Pleyel, Ignaz Joseph G.284
Plock, Franz *38, 39*
Podevich → Padewieth
Poggi, Antonio *74, 108, 214–219,* A.20, 211, 262, 264, G.292
Pohl-Beisteiner → Beisteiner
Poirson, Charles-Gaspard E.54
Pollack, Hr. *39*
Polledro, Giovanni Battista G.35b, 59, 159
Pollet, Marie-Nicole G.87
Poppel, Hr. *39*
Portes, Hr., Tänzer H.1–7
Portugal, Marcos António da Fonseca (Portogallo) *56,* G.10

Porzitzky → Borschitzky
Posser, Johann *38, 39*
Pössinger, Franz Alexander (Pösinger) *38, 39,* G.55, 61
Pötschacker, Alexander G. 134a, 134b, 179a, 179b
Pott, August G.282
Pratte, Gustav *95,* G.272
Pratte, Johann *95,* G.272
Pratte, Oscar *95,* G.272
Pratte, Ulrike *95,* G.272
Präzel, Karl Gottlieb A.144
Preindl, Joseph G.134a, 134b
Preisinger, Joseph *68, 174, 177,* A.4, 7, 8, 16, 18, 35, 50, 59, 65, 69, 72, 75, 76, 78, 88, 94, 99, 114, 121, 133, 139, 154, 159, 162, 166, 170, 177, 187, 192, 194, 203, 205, 251, 253, 255, 271, 272, 279, 289, 298, 306, 308, G.54
Prinz, Hr., Sänger A.33, 35, 42, 43, 55, 72, 75, 93, 97–99, 105, 113, 114, 120, 121, 139, 142, 143, 156, 159, 160, 167, 170, 177, 194, 204, 207, 220, 237, 251, 261, 267, 270, 279, 283, 298, 306, 311, 313
Priora, Hr., Tänzer B.15, 21
Proch, Heinrich G.236, 258, 294
Pucitta, Vincenzo (Puccitta, Puccita) A.82, D.4
Pugny, Cesare (Pugni) *201,* B.3, 5, 151
Puk, Dlle., Sängerin A.114, 253
Purebl, Franz G.223
Purebl, Joseph (Pürebl) *38, 39*
Purzbichler, Eduard B.21
Purzbichler, Joseph B.21, 48
Putz, [Maria Regina?] A.186, 229, 270, 306
Quaglio, Domenico A.13
Raab, Hr. *39*
Raab, Johann B.48
Rabel, Fanny *85,* A.40, 75, B.5, 7, 15, 32, 33, 48, 50, 59, 95, 103, 106, 109, 112, 127, 131
Rabensteiner, Anton *86,* B.5, 11, 22, 48, 106
Radet, Jean Baptiste E.44, 54
Radetzky, Friedrich (Hradezky, Radezky) *38, 39,* G.21, 41, 44, 60
Radicchi, Giulio (Radichi, Radicchy) *54, 123, 130, 131, 137,* A.2, 7, 16, 22, 30, 55, 58, 65, 67, 75, 76, 104, 105, 108, 109, 120, 137, 150, 152, 172, 196, 220, 238, 246–248, 255, 271, 278, 290, 306, G.26b, 35
Raimondi, Pietro B.9, G.132, 143, 179e, 206, 241
Rainoldi, Mad. → Martignogi-Rainoldi
Rainoldi, Paolo *86, 119,* B.4, 7, 26, 42, 49, 62, 74, 77, 81, 85, 110, 114, 118, 125, 135, 137, 142, 150, 153, 162
Ramacini, Annunciata *86*
Ramacini, Annunciata (d. J.) *86,* B.32, 116

Ramacini, Giuditta (d. Ä.) *86,* A.75, 78, 150, 213, B.10, 14, 29, 48, 50, 58, 76, 91, 97–99, 109, 117, 127, 149
Ramacini, Simon B.64, 73, 109
Rambach, Friedrich C.36
Ranke, Karl C.35
Rast, Hr. *39*
Rathmayer, Hr., Sänger A.313
Ratter, Hr., Sänger A.313
Rauscher, Jakob Wilhelm *67, 154, 163, 166, 171–173,* A.12, 15, 35, 48, 57, 65, 75, 76, 78, 84, 87–89, 95, 96, 108, 114, 118, 120, 124, 126, 154, 176, 178, 190, 198, 201, 203, 212, 219, 227, 236, 237, 243, 246, 251, 255, 268, 270, 277, 295, 298, 304, 308, 311, G.80, 82, 99, 100, 101a, 110a, 113, 114, 119a, 129
Rebeck, J. A.306
Rebenstein, Lebrecht Gottlieb A.160
Rechberg, Graf von G.32
Reiberger, Franz (Reiperger, Reyberger, d. Ä.) *86,* B.2, 5, 7, 9–11, 16, 20, 21, 25, 28–32, 43, 44, 48, 59, 68, 72, 75, 91, 102, 104, 106–109, 115, 116, 127, 132, 140, 145, 147, 155, 160, 161
Reiberger, Michael Cajetan (d. J.) *86,* B.21, 28, 29, 48, 116, 147
Reichel, Joseph (Reichl) A.72, 75, 178, 306
Reil, Johann Anton Friedrich Adam *89, 121,* A.39, G.1, H.10
Reisky, Leopoldine G.215
Reissert, Hr. *39*
Reißiger, Karl Gottlieb (Reisiger) G.88
Rellstab, Ludwig G.235, 242, 246
Rennal → Lanner
Rereni, Karl B.20, 85, 115, 123, 128
Reuling, Wilhelm *33, 41, 42, 208, 210,* A.17, 54, 77, 140, 144, 153, 229, 284, 296, G.174
Révéroni Saint-Cyr, Baron Jacques-Antoine de (Reveroni, Réveroni) A.292, E.18
Rhode → Rode
Ribbing, Conte Adolphe de A.229
Ricci, Luigi *14, 218, 219,* A.27, 60, G.291
Richli, Hr., Tänzer B.28, 90
Riegelbauer, Dlle., Sängerin A.253
Riegler, F., Tänzer B.48
Ries, Ferdinand A.147, G.63, 102, 179
Ries, Hubert G.217
Rifaut, Victor G.124, 125
Righini, Vincenzo G.14, 35, 60, 63, 101a, 110a
Rigola, Luigi *74, 214, 218,* A.20, 27, 211, 262, 264, G.292
Riotte, Philipp Jakob A.95, B.23, 30, D.20, G.35, 146
Ritter, F. A. A.52, 11, 266

Robert Mees St. Romain → Mees St. Romain, Angelica
Röckel, Elisabeth (Betty) *56, 58,* A.25, 46, 112, 196, 199, 253, 271, 274, 303, 306
Röckel, Joseph August *57,* A.9, 15, 33, 43, 99, 124, 126, 133, 134, 160, 178, 190, 194, 198, 199, 208, 222, 253, 265, 279, 305, 306
Rode, Pierre (Rhode) A.33, G.13, 17, 26a, 29, 52, 53, 54a, 57, 94, 139, 148, 168, 179f, 216, 228, 230, 265, 276
Roiter, Anna (Roitter) B.2, 20, 45, 53, 68, 75, 85, 93, 109, 128, 158
Roland, Dlle., Tänzerin B.9, 48, 76, 156
Roller, Andreas D.1, 3, 4, 6, 10, 12, 14, 15, 19, 27, 29
Romanelli, Luigi A.128, 191, 238
Romani, Felice *200, 209,* A.200, 210, 211, 262, 280
Romani, Pietro B.23, 50, 80, 117, 126, G.76, 179d
Romberg, Anton *38,* G.4, 7, 10, 16, 26a, 28, 29
Romberg, Bernhard *182,* G.15, 26a, 28, 30, 35a, 35b, 40, 41, 47, 56, 60, 68, 72, 90, 102, 132, 172, 174, 175, 177, 179h, 179j, 183, 250, 253, 257, 297
Romberg, Bernhardine G.90
Romberg, Carl G.90
Rosenbaum, Joseph Carl *53*
Rosenbaum, Maria Theresia *52, 53,* 120, A.306
Rosenberg, Dlle., Sängerin A.12, 37, 60, 81, 102, 106, 119, 121, 140, 152, 182, 186, 187, 203, 222, 231, 249, 273, 284, 299, 305, 306, 311
Rosenfeld, Elise A.186
Rosenfeld, Viktor *57, 126, 138, 145,* A.6, 25, 28, 39, 42, 47, 71, 73, 83, 98, 103, 104, 115, 123, 129, 130, 143, 156, 158–160, 164, 167, 169, 171, 184, 189, 199, 204, 220, 237, 241, 243, 246, 250, 253, 256, 268, 273, 290, 291, 294, 295, 306, 309, 314, G.44a
Rosenthal, M. G.288
Roser, Franz de Paula *69*
Roser, Magdalene (Lina) *69,* A.18, 59, 114, 194, 268, 290, 306
Rosier → Rozier
Rösner, Anton *57, 58,* A.46, 70, 79, 131, 134, 152, 183, 228, 285, 306, 312
Rösner, Felicitas A.79, 93, 134
Rosner, Franz *61, 147, 149–151,* A.14, 33, 66, 72, 93, 105, 113, 114, 158, 163, 173, 187, 220, 237, 243, 263, 306, 307, 309, G.74, 80, 81, 92
Rossi, Anna A.4, 23, 61, 82, 287
Rossi, Giovanni B.10, 31, 42, 49, 54, 56, 64, 72, 102, 114, 122, 161, 163

717

Rossi, Giuseppe *114,* A.100, 131, 230
Rossini, Gioachino *11–14, 21, 24, 26, 31–33, 36, 46, 53–55, 58–68, 71, 74, 75, 77–80, 94, 127–129, 136, 137, 147, 151, 152, 154, 156–160, 166–168, 171, 173, 176, 178, 179, 183, 184, 186, 188, 191, 192, 195, 198, 205, 213,* A.24, 33, 35, 40, 48, 52, 53, 59, 65, 72, 76, 84, 89, 113, 120, 127, 133, 135, 150, 154, 155, 159, 190, 201, 202, 219, 220, 225, 236, 237, 255, 257, 270, 271, 277, 300–302, 308, B.13, 50, 90, 117, 151, G.42, 57–60, 61a, 62–66, 71, 72, 74, 76, 80–83, 85–87, 90, 94–96, 101, 101a, 104, 105, 107–109, 110a, 111, 114, 119a, 120–124, 126, 129, 132–134, 134a–c, 136, 137, 140, 141, 144–146, 151–153, 155, 156, 160–162, 166, 169, 172, 173, 178, 179g–i, 179k, 179m, 183, 184, 189, 191, 196, 197, 200, 202, 205, 213, 214, 216, 217, 223, 241, 243, 244, 250, 253, 254, 258, 260–262, 267, 276, 282, 285, 302, 306, H.17
Rößler, Joseph G.10
Roth, Mathias A.306
Rothmüller, Charlotte B.51
Rotter, Adalbert G.109
Rotter, Dlle., Tänzerin B.40, 119
Rottmüller, Lotte A.221
Rousseau, Mad. G.158
Rovelli, Pietro G.46, 48
Rozier, Jean François (Rosier) *86, 143,* A.9, 159, 167, B.2, 8, 10, 11, 13, 16, 18, 20, 25, 26, 31, 43–45, 48, 50, 53, 56, 64, 68, 71–73, 75, 82, 84, 86, 97, 99, 102, 107, 115, 120, 122, 127, 140, 146, 155, 161, 163, G.76
Rozier, Theodor B.104
Rozier, Theodore Alexandrine (Aumer, Mad. Rozier) *85, 143,* A.9, 167, B.2, 10, 11, 13, 15, 16, 20, 31, 32, 39, 44, 48, 50, 53, 56, 64, 68, 71–73, 75, 76, 82, 84, 91, 93, 94, 99, 101, 102, 107–109, 113, 115, 120, 122, 123, 127, 128, 136, 145, 146, 155, 158, 160, 161, 163, G.76, 79, 101
Rozier-Kohlenberg, Angelika Maria (Kohlenberg, Kohlnberg, Kolenberg) *86,* B.2, 10, 16, 31, 44, 45, 53, 56, 64, 68, 72, 75, 99, 102, 112, 127, 145, 155, 161
Rubini, Giovanni Battista *12, 21, 25, 66, 79, 80, 171, 178, 190, 191, 200,* A.4, 7, 35, 57, 59, 76, 78, 89, 120, 132, 150, 154, 176, 193, 201, 209, 213, 219, 224, 225, 271, 278, B.9, G.132, 173, 176, 178
Ruczizka, Hr. *39*
Rudersdorf, Johann G.52
Rudolph, Erzherzog von Österreich *116*
Ruprecht, Hr., Sänger (Rupprecht) A.33, 72, 79, 114, 119a, 160, 177, 187, 215, 266, 268, 291, 300–302, 306, G.99, 100, 110a, 113, 114, 129, 155

Rustia, Therese A.196, B.2, 68, 75, 145, 153, 157
Ruttinger, Hr. *39*
Rzehaczek, Nina (Rzehaczeck) G.134c, 179k, 182
Saal, Franz A.2, 58, 230, 312
Saal, Ignaz *49, 50, 58, 112–123,* A.25, 30, 39, 41, 45, 56, 56, 64, 68, 70, 93, 97, 100, 101, 104, 108, 109, 123, 131, 134, 136, 137, 141, 149, 152, 160, 162, 164, 169, 183, 214, 217, 218, 228, 238, 244, 246, 247, 253, 256, 258, 268, 281, 285, 290, 294, 307, 310
Sacchetti, Lorenzo *46,* A.2, 196, 230
Saint Lubin, Léon de (St. Lubin) B.33, D.14, 29, G.72, 163, 164, 166, 167, 181, 182, 192, 260
Saint Victor, Jacques Maximilian-Benjamin Bins de (St. Victor) A.285
Saint-Hilaire, Amable Villain de (Saint-hilaire, St. Hilaire) E.38, 50
Salieri, Antonio *16, 35, 52, 53, 68,* G.61a
Salieri, Girolamo G.248
Sallamon, Fanny G.179
Salomon, Johann Peter *36*
Salvati, Ludwig G.168
Samengo, Paolo *13, 14, 84, 85,* A.9, 75, 122, 159, 213, B.5, 8, 14, 15, 21, 25, 43, 48, 50, 58, 63, 86, 91, 108, 112, 117, 138, 144, 147, 149
Sampieri, Francesco A.271
Santi, Giacomo *74, 108, 216, 219,* A.27, 90, 117, G.291
Santini, Vincenzo Felice A.150
Saphir, Moritz G.294
Sarda, Mme., Sängerin E.3, 18, 33, 40, 41
Sarrazin, Adrien de A.9
Sarti, Giuseppe *56,* G.43a, 44
Schadt, Demoisellen G.72
Schäffel, Wilhelmine *86, 204,* B.5, 15, 23, 25, 32, 48, 50, 95, 103, 127, 131
Schäffer, Hr., Sänger *72, 207,* A.5, 17, 32, 38, 43, 60, 75, 92, 97, 104, 111, 114, 160, 187, 194, 200, 210, 215, 220, 223, 231, 239, 241, 257, 266, 270, 286, 305, 306
Schalk, Franz G.131
Schall, Carl C.80
Scharhan, Wenzel (Scharrhan) *46, 47,* A.30, 32, 51, 99, 100, 104, 108, 109, 158, 161, 174, 239, 266, 278, 280, 286, 306, B.5, 11, 21, 23, 27, 28, 59, 66, 89, 90, 95, 108, 110, 111, 125, 132, 133, 151, 154, 160
Schechner-Waagen, Anna (Nanette) *69, 174,* A.72, 75, 150, 170, 177, 253, 255, 279, 298, G.146
Scheibel, Joseph G.85, 86, 149
Schelble, Johann Nepomuk A.39, 45, 55, 136, 187, G.29, 30

Schellenberger, Venantius Johann Baptist B.5, 28, 48, 65, 82
Schenk, Johann Baptist 30, 52, A.79
Scheyrer, Franz (Scheuerer) 46, 111, A.290
Schier, Joseph B.1, 3, 5, 11, 22, 24, 32, 65, 106, 109, 131, 143
Schier, Kleine, Tanzschülerin B.22, 24, 50
Schikaneder, Emanuel A.306
Schilcher, Jakob B.53
Schiller, Friedrich von 75, B.72, G.130
Schimak, Hr. 39
Schindler, Marie A.114, 253, 282, 298
Schink, Johann Friedrich D.16
Schlager, Dlle., Sängerin A.26, 106, 186, 215, 231
Schlanzofsky, Helene (Schlanzovsky) 86, 97, 202, A.51, B.5, 21, 22, 48, 50, 80, 122, 127
Schlegel, Johann (Schlegl, Schlögl) 46, 47, A.32, 51, 111, 161, 239, 300–302, B.5, 11, 27, 30, 89, 103, 134, 151, 154
Schleicher, Caroline G.91
Schletter, Friedrich C.54
Schlögl → Schlegel
Schmidt, Dlle., Sängerin A.253, 306
Schmidt, Ernst G.300
Schmidt, Fanny G.270, 274, 280
Schmidt, Friedrich Ludwig C.61
Schmidt, Giovanni A.16
Schmidt, Hr. 39
Schmidt, Hr. B.110
Schmidt, M. G.208, 254
Schmidt, Sohn G.254
Schmidtmann, Karl A.43
Schmieder, Heinrich Gottlieb A.46, 232
Schmitt, Alois G.231
Schmitzhoffer → Schneitzhoeffer
Schmölzer, Jakob G.286
Schmütz, Joseph A.306
Schneider, Joseph B.78
Schneider, Maschinká A.34, 11, 298, G.282
Schneitzhoeffer, Jean Madeleine (Schneitzhoffer, Schmitzhoffer) 223, B.133
Schnitt, Dlle., Sängerin (Schnidt) A.69, 75, 114, 152, 154, 159, 192, 196, 266, 306, G.141, 144, 145, 148, 160, 169, 172, 177
Schoberlechner dall'Occa, Sophie G.152, 153
Schoberlechner, Franz A.163, G.1a, 71, 96, 100, 110a, 138, 144, 145, 152, 153, 256
Schoberlechner, Johann Carl G.109, 134a, 134b, 134c
Schodel, Róza 72, 205, 208, A.3, 21, 52, 75, 92, 152, 158, 181, 200, 239, 252, 266, 279, 280, 290, 291, 305, 306, G.247
Schödelberger, Johann Nepomuk 47, A.266
Scholl, Carl (Karl) 38–40, G.74, 85, 86, 149, 197

Scholz, Wenzel 58, A.43
Schönberger-Marconi, Marianna 51, 52, 120, 121, 132, A.93, 274, 306, G.11
Schorsch, Hr. 40, A.147, G.200, 201, 206, 220
Schreiber, Anton 38–40
Schreiber, Bernhard G.179b
Schreyvogel, Joseph 18, 19
Schröder, Alexander A.196
Schröder, Auguste A.196
Schröder, Betty 69, A.94, 162, 177, 192, 194, 251, 298, B.75, G.155
Schröder, Ernst Friedrich A.86, 136, 156, 160
Schröder, Friedrich Ludwig C.25
Schröder-Devrient, Wilhelmine 12, 62, 73, 149, 150, 163, A.63, 75, 83, 87, 96, 108, 114, 158, 200, 210, 232, 253, 298, 306, 307, 309, G.72, 101a, 134c
Schubert, Franz 12, 41, 49, 62, 68, 144, 145, A.307, 314, G.72, 76, 79, 92, 96, 100, 146, 179a, 234
Schülcher → Schilcher
Schultz, Carl John G.156
Schultz, Hr. G.209
Schunke, Carl G.63, 79
Schuppanzigh, Ignaz 40, 90, 171, G.130
Schuster, Anton A.79, 188, 268, 282, 306
Schuster, Ignaz D.7
Schuster, Matthias 68, 177, 180–182, 184–186, 188, A.24, 33, 42, 75, 93, 99, 114, 125, 133, 174, 178, 192, 194, 195, 203, 215, 219, 220, 255, 266, 270, 271, 273, 286, 290, 304, 306, B.132, G.171, 200
Schütz, Joseph Carl 63, A.9, 11, 87
Schütze, Stephan A.145
Schütz-Oldosi, Amalie (Schütz) 63, 73, 108, 151, 214, 216–218, A.20, 24, 33, 63, 113, 155, 178, 203, 211, 262, 263, 270, 306, G.66, 80, 82, 84, 86, 92, 100, 101a, 104, 108, 110a, 290
Schwarz, Julie G.46
Schwarzböck, Ludwig A.155, 208, 290, G.114, 119a
Schwarzenberg, Joseph Johann Nepomuk Fürst 17
Schweigel, Hr. 39
Scott, Sir Walter 174
Scribani, Amalie B.24
Scribe, Eugène 69, 173, 210, A.18, 29, 32, 38, 51, 52, 69, 80, 94, 110, 111, 161, 168, 177, 181, 194, 223, 239, 251, 254, 266, 298, B.95, E.7, 8, 13–16, 23, 27, 28, 30–32, 47–50, 54, 57, 61, 64, 68–72
Sebastiani, Ferdinando G.179m
Sechter, Simon 41
Sedaine, Michel-Jean A.70, C.83

Sedini, Karoline *86,* B.2, 6, 20, 42, 45, 53, 62, 68, 75, 93, 115, 128, 137, 145, 150, 162
Sedlaczek, Johann (Sedlazeck) G.61a, 134
Sedlak, Nina G.222, 269
Sedlnitzky, Joseph Graf *20*
Seegner, Anton (Sohn) *38, 39*
Seegner, Vater *38, 39*
Segatta, Rupert *86,* A.10, 43, 160, B.71, 72, 85, 101, 120
Ségur, Alexandre-Joseph-Pierre Vicomte de E.56
Seher, Mad., Sängerin A.75, 270
Seidel, Hr., Sänger A.306
Seidl, Johann Gabriel A.194, G.255
Seidler-Wranitzky, Karoline *59, 67, 126, 127, 162,* A.6, 25, 33, 86, 114, 143, 146, 152, 156, 158, 159, 184, 246, 261, 270, 290, 306, G.35a, 35b, 40a
Seipelt, Joseph *63, 90, 151, 156, 161, 169, 171, 212,* A.3, 24, 32, 33, 62, 72, 75, 96, 102, 104, 108, 114, 120, 127, 155, 158, 159, 161, 178, 187, 202, 203, 205, 232, 239, 252–254, 257, 270, 274, 280, 290, 293, 306, G.80, 82, 99, 100, 110a, 113, 114, 119a, 121, 129, 130, 134
Sellner, Joseph G.50, 52a, 53a, 134a, 134b
Semlizka, Susanne B.75
Serwacziński, Stanislaus (Serwaczinski) G.234, 235, 246
Sessi, Maria Teresia *56, 116, 117,* A.34, 56, 238, 247, 248, 290, G.2, 10, 26b
Sessi, Marianna *56,* A.31, 217
Sessi, Viktoria *56*
Sessi-Neumann, Anna Maria *55, 56, 119,* A.25, 31, 64, 100, 104, 109, 137, 159, 217, 247, 253, 290
Setz, Hr., Tänzer B.31
Severin (Sevrin, Sewrin) → Bassompierre, Charles-Augustin de
Seyfried, Ferdinand Ritter von *97*
Seyfried, Ignaz (Ignatz) Ritter von *22, 41,* A.45, 86, 116, 148, 216, 311, C.40, G.26b, 60, 80, 82, 114, 134, 179a
Seyfried, Joseph Ritter von *111, 209,* A.10, 43, 87, 158, 159, 172, 202, 207, 210, 221, 249, 252, 269, 290, 291, 305
Shakespeare, William *164,* C.63, D.16
Siboni, Giuseppe *17, 36, 49, 55, 78, 112, 113, 115–117, 119,* A.30, 34, 56, 64, 68, 100, 104, 131, 137, 183, 196, 217, 230, 238, 244, 247, 274, 276, 290, G.1a, 2, 23
Sieber, Carl *68, 167,* A.35, 59, 72, 75, 133, 155, 190, 306, G.101a, 105, 110a, 118
Siebert, Clara (Klara) A.75, 93, 114, 282, 298, 306, G.81, 181, 182, 191, 196, 198
Siebert, Franz *61, 70, 135, 137, 185, 186, 188, 189, 192, 196,* A.9, 13, 24, 28, 33, 55, 66, 72, 75, 79, 93, 105, 114, 135, 146, 149, 159, 174, 178, 195, 220, 243, 246, 256, 266, 283, 286, 290, 300, 302, 306, 307, G.54a, 60, 80, 81
Sigl-Vespermann, Catharina *67, 162,* A.75, 246, 270, 306
Sigora, Edler von Eulenstein A.121
Simonin, Antoine-Jean-Baptiste E.31
Sitzenstätter, Joseph A.306
Slama, Anton G.197
Slawik, Joseph G.155, 171
Solier, Jean-Pierre (Solie, Solié) *57,* A.126
Söllner, Hr. G.209
Sommer, Hr., Sänger A.114
Sonnleithner, Joseph *16, 76,* A.6, 41, 91, 297, 311
Sontag, Henriette (Sonntag) *12, 52, 67, 90, 160, 169–172,* A.34, 48, 57, 75, 76, 95, 96, 120, 146, 158, 205, 251, 270, 272, G.119a, 121–125, 128, 129, 130, 133, 134
Soumet, Alexandre A.40
Sowinski, Adalbert G.140
Spada, Filippo *60,* A.4, 23, 61, 82, 287
Spada, Luigia → Valsovani-Spada
Späth, Andreas G.254
Spatzer-Gentiluomo, Louise (Gentiluomo, Spatzer) *72,* A.12, 186, 223, 229
Spies, Mad., Sängerin A.12, 29, 106
Spieß, Christian Heinrich C.29
Spiri, Maria Anna A.146, 187, 294
Spitzeder, Joseph *63,* A.75, 155, 203, 221, 259, 306, G.82
Spitzeder-Schüler, Henriette *63, 151,* A.24, 75, 146, 155, 159, 203, 208, 306
Spohr, Louis *13, 32, 58, 63, 68, 79, 176,* A.98, 309, G.9b, 10, 13, 14, 57, 72, 84, 200, 217, 218, 221, 277, 282
Spontini, Gaspare *11, 12, 17, 24, 30, 36, 42, 49, 51, 52, 54, 56, 58, 59, 83, 111, 118, 119,* A.104, 105, 199, 290, G.23, 35a, 64, 65, 73, 101a, 105, 106, 109, 160, 168, 176, 181, 184, 187, 194, 200, 222, 273
Springer, Heinrich B.5, 28, 48, 76, 106
Springer, Mad., Sängerin A.186
Sprinz, Katharina G.30, 153, 174, 176, 179j, 181, 207, 243, 244
St. Hilaire → Saint-Hilaire
St. Just → Godard d'Aucourt de Saint-Juste
St. Lubin → Saint Lubin
St. Victor → Saint Victor
Stadler, Franz G.247
Stadler, Maximilian G.52a, 59, 61a, 179a
Stark, Hr. G.209
Starke, Friedrich *38*
Staudigl, Henriette (Staudigel) A.306
Staudigl, Joseph (Staudigel) *13, 65, 70, 71, 97, 197–199, 204, 208, 209, 211–213, 221–*

223, A.3, 5, 19, 21, 32, 40, 60, 72, 75, 79, 104, 108, 111, 114, 152, 161, 180, 181, 187, 195, 200, 202, 210, 220, 223, 239, 241, 254, 257, 266, 268, 280, 282, 286, 290, 291, 302, 306, G.238, 247, 260, 290, 294, 307
Stauffer, Franz   G.87, 119a
Stegmayer, Ferdinand   G.80
Stegmayer, Matthias (Matthäus)   *19, 61, 130,* A.45, 71, 75, 126, 187, 291, 312
Steinacker   G.298
Stempfel, Josef (Stempfl)   *86,* B.5, 21, 22, 32, 82, 163
Stetter, Karoline (Stetner)   *74,* A.159
Stiaßny, Gottlieb (Stiaßni)   B.68, 72, 75, 145
Stichay, Joseph   *38, 39*
Stöber, Carl   *182,* G.148, 167, 168, 173, 178, 183
Stöckl, Franz Xaver (Stöckel)   *86,* A.32, B.3, 5, 7, 11, 22, 24, 25, 65, 106, 138, 143, 151
Stöckl-Heinefetter → Heinefetter, Clara
Stöger, Johann August   *27,* A.136, 159, 253
Stoll, Franz   G.134c
Stolte, Hr., Sänger   A.54
Stoß, Hr., Sänger   A.298
Stotz, Hr., Sänger   A.13, 36, 72, 79, 80, 93, 146–148, 160, 174, 184, 188, 192, 194, 195, 208, 215, 242, 253, 266, 273, 279, 282, 286, 298, 300–302, 306, 313
Stranitzky, Joseph Anton   *15*
Stranitzky, Maria Monica   *15*
Straßmayer, Marie   G.163, 187
Strauß, Hr., Sänger   A.160, 306
Strauß, Johann Vater (Strauss)   *201*
Strebinger, Matthias   *40,* B.23, 79, G.105, 114, 144, 145, 178, 190
Streit, Luise   G.157
Strepponi, Giuseppina   *73, 214, 215, 217,* A.20, 117, 211, 262, G.290
Strohmayer, Hr.   *39*
Strohmeyer, Marie (Strohmayer)   B.10
Stubenrauch, Philipp von   *45–47, 210,* A.1, 16, 28, 30, 32, 39, 51, 62, 65, 67, 68, 87, 89, 96, 98, 104, 105, 109, 111–114, 143, 149, 159, 170, 174, 178, 179, 191, 220, 225, 237, 239, 241, 244, 255, 266, 267, 270, 278, 286, 300–302, 306–309, B.2, 5, 8–11, 13, 14, 18, 21, 23, 25, 27–32, 44, 50, 56, 68, 59, 63, 66, 69, 72, 84, 86, 89, 90, 95, 98, 103, 107, 109, 111, 116, 117, 127, 132, 133, 140, 144, 151, 154–156, 160, G.12, 34, 44a, 46, 63, 64, 72, 76, 80
Stuck, Marie   G.137
Stullmüller, Anna (Stulmüller)   B.112, 117
Stullmüller, Anton (Stulmüller)   *86,* B.32, 112, 117, 155, 156
Stürmer, Heinrich   A.93, 152, 160, 256, 268, 306

Stummer, Dlle., Sängerin   A.6, 25, 39, 253
Stuntz, Joseph Hartmann (Stunz)   G.46, 233
Süßmayr, Franz Xaver (Süßmayer, Süßmeyer)   *16,* A.261, B.103
Swoboda, Joseph Wilhelm   A.49, 208
Sydow, Theodor Freiherr von   G.25
Szalay, Joseph von   G.35a
Taborsky, Johann   G.186
Tacchinardi, Niccolò   *61, 128,* A.23, 82, 271, G.45
Tacchinardi-Persiani, Fanny   *61*
Tadolini, Giovanni   *73,* G.159
Tadolini-Savonari, Eugenia   *73, 108, 215, 216, 219,* A.27, 90, 117, 262, 264, G.291
Taeglichsbeck, Thomas   G.249
Taglioni, Adélaide   B.57
Taglioni, Filippo (Philipp)   *12–14, 84, 87, 143, 147, 155, 176, 223,* A.9, 75, 96, 167, 272, 309, B.9–11, 31, 32, 38, 43, 44, 48, 50, 51, 56, 57, 64, 69, 71, 72, 75, 82, 84, 86, 91, 94, 97, 99, 112, 113, 117, 120, 126, 127, 133, 140, 145, 146, 149, 155, 156, 163, G.76, 104
Taglioni, Maria (Marie)   *12, 86, 87, 155,* A.75, B.9, 18, 50, 51, 76, 97, 99, 112, 117, 120, 140, 146, 156, G.104
Taglioni, Paul Nikola   *86,* B.9, 32
Taglioni, Salvatore   *37, 84,* B.29, 116
Tamburini, Antonio   *66, 67, 178, 200,* A.35, 59, 154, 201, 224, G. 173, 176
Tamburini, Marietta   A.76
Tarchi, Angelo (Tarchy)   A.312
Tarquinio, Mosé   G.205, 206
Tasso, Torquato   B.21
Tausig, Alois (Taußig)   G.194, 302
Tayber → Teyber
Tedesko, Ignaz   G.230
Teimer, Barbara (d. J.)   *68,* A.12, 126, 173, 199, 232, 237, 256, 283, 306
Teimer, Caroline (d. Ä.)   *68, 172,* A.62, 84, 96, 107, 142, 146, 155, 178, 187, 212, 246, 270, 295, 311
Teimer, Henriette → Forti, Henriette
Teimer, Philipp   A.146
Telle, Friedrich Wilhelm   *42, 44,* A.231
Teller, Dlle., Tänzerin   B.31
Terzi, Alexander   *93,* H.8, 9
Terziani, Pietro   G.57
Tewils, Amalie   G.134a, 134b
Teyber, Anton   *60*
Teyber, Elisabeth (Tayber)   *60,* A.158, 246, 271, 290, B.41, G.43a, 44, 44a
Teyber, Franz   *54*
Thalberg, Sigismund   G.306
Théaulon de Lambert, Marie-Emmanuel-Guillaume-Marguerite (Theaulon)   A.241, 307, E.4, 5, 31

721

Thum, [Franz?] A.294
Thurner, Eugen G.38
Tichatscheck, Joseph Alois *65, 74,* A.38, 53, 108, 127, 160, 208, 239, 257, 306, G.238, 247
Tietze, Ludwig (Titze) G.92, 96, 109, 134c
Titus → Dauchy
Told, Franz Xaver D.6
Tomanik, L. A.306
Tomaselli, Ignaz *74,* A.27, 32, 38, 53, 54, 79, 97, 140, 215, 232, 234, 239, 254, 266, 290, 298
Tomasini, Luigi G.33
Töpfer, Carl A.43, 71, 97, 116, 129, 184, 313, C.12, G.49
Töpfermann, Mad., Sängerin A.16, 162, 194, 251, 270, 304, 306
Torelli, Antonia *86,* A.9, 75, B.8, 9, 25, 43, 48, 50, 76, 86, 109, 117, 127
Tosi, Adelaide *66,* A.278
Tottola, Andrea Leone *152*
Treichlinger, Joseph *40,* G.170, 180, 243, 244
Treitschke de Caro, Magdalena (Decaro, Maddalena) *85, 124,* A.45, B.26, 42, 49, 55, 100, 114, 148, 150
Treitschke, Georg Friedrich *13, 16, 19, 26, 33, 76, 85, 122, 139,* A.83, 86, 134, 141, 149, 162, 164, 196, 199, 205, 218, 241, 258, 259, 268, 281, 307, 312, C.40
Treml, Friedrich *46, 53,* A.39, B.41, 53, 68, 102, G.34, 46
Treml, Therese (Bondra d. ä.) *53, 58, 120, 121,* A.25, 30, 39, 41, 46, 68, 70, 79, 86, 93, 103, 107, 108, 112, 116, 130, 136, 141, 146, 152, 156, 158, 159, 184, 187, 196, 197, 208, 218, 245, 253, 365, 306, 310, G.23, 25, 26, 28, 34
Troger, Hr., Sänger A.136
Tulou, Jean-Louis (Toulou) G.129, 158
Tuttowitz, Karl (Tuttowitsch) *38, 39*
Uetz, Anna *69,* A.114, 166, 194, 251, 273, 304
Uhlmann, Jacob *208,* G.134a, 134b, 197
Umlauf, Dlle. → Hölzel-Umlauf
Umlauf, Ignaz *37*
Umlauf, Johann Karl (Umlauff) G.72, 76
Umlauf, Michael (Umlauff) *35, 37, 90, 147, 148, 171,* A.116, 136, B.6, 49, 84, 113, 114, G.4, 10, 15, 33, 57, 96, 114, 130
Unger-Sabatier, Karoline *12, 25, 62, 90, 155, 156, 165–167, 171–173,* A.1, 4, 7, 35, 57, 59, 65, 66, 72, 76, 83, 84, 88, 89, 114, 118, 120, 154, 158, 176, 178, 189, 190, 193, 199, 201, 205, 212, 219, 225, 227, 232, 236, 237, 251, 270, 272, 274, 277, 306, 308, 309, G.72, 74, 88, 91, 94, 99, 101, 107, 109, 110a, 111, 119a, 120, 124, 125, 129, 130, 132, 157
Urban, Hr., Sänger A.155
Urzwimmer, Rudolph A.79, 273, 306
Vaccaj, Nicola A.240, G.201, 202
Valsovani-Spada, Luigia *60, 128,* A.4, 23, 61, 82, 138, 150, 271, 287, G.47
Valtelina, Sigr., Sänger *74, 216–219,* A.27, 90, 211
Valville, Bernard A.41, 221
Van der Berg, Nicolaus (Van der Bergh, Vanderberg) *86,* B.45, 68, 82, 161, 163
Vanier, Angelika Rosa (Vanié) *86,* B.4, 26, 47, 88
Vaquemoulin, Elise A.78, 150, 213, B.51, 109, 140, 144
Varner, Antoine-François E.47
Velluti, Giovanni Battista *31, 55, 114, 115,* A.64, 100, 109, 131, 230, 276
Veltheim, Charlotte A.33, 114, 200, 202
Vente, Aurelie B.159
Venturini, Filippo B.77
Venus, Dlle., Sängerin A.294, 306
Verdi, Giuseppe *72–75*
Verri, Lodovico *55,* A.2, 34, 56, 58, 64, 109, 131, 137, 217, 230, 238, 247, 248, 276
Vestris, Armand *84, 203,* A:213, A.8, 9, 25, 43, 50, 71, 117
Vestris, Carl B.6
Vetter, Franz Xaver *70,* A.75, 108, 114, 159, 160, 215, 266, 280, 298, 306
Vieuxtemps, Henry *90, 95,* G.274–277
Viganò, Ernest Eduard Julius (Vigano) B.135
Viganò, Giulio Cäsar (Vigano) *83, 111,* A.290, B.6, 20, 42, 52, 62, 77, 100, 101, 123, 124, 130, 135–137, 142, 150, 162
Viganò, Marianne (Vigano) *86,* B.6, 20, B.49, 62, 100, 123, 130, 136, 137, 142, 150, 162
Viganò, Salvatore (Vigano) *64, 83,* B.103
Villeneuve, Théodore-Ferdinand Vallon de A.74, E.17, 38, 52, 59
Villiers, Pierre-Antoine-Jean-Baptiste E.10
Vimercati, Gasparo *183,* G.63, 135, 137, 138, 149, 151, 185
Vio, Betty *61, 139, 145,* A.9, 14, 42, 47, 72, 75, 97, 114, 133, 146, 158, 159, 167, 171, 173, 187, 189, 205, 226, 241, 243, 249, 265, 274, 283, 304, 306, 307, 309, 314, G.74
Viotti, Giovanni Battista G.179g, 237
Vogel, Dlle., Sängerin A.306
Vogel, Johann Christoph G.4, 114
Vogel, Katharina *61, 147, 172,* A.33, 47, 48, 72, 87, 146, 163, 167, 171, 179, 212, 241, 253, 306, 307, 309, 313
Vogel, Wilhelm C.46, 52

Vogl, Johann Michael (Vogel)   *19, 49–51, 57, 62, 112, 119, 122, 123, 125–127, 131, 134, 138, 141, 145, 149, 187,* A.2, 6, 25, 28, 30, 34, 39, 66–68, 79, 98, 100, 104, 105, 107, 108, 112, 114, 136, 143, 146, 149, 152, 160, 173, 183, 191, 196, 199, 207, 218, 220, 232, 241, 244, 246, 247, 253, 256, 268, 270, 281, 283, 285, 290, 294, 297, 303, 307, 312, 314, B.41, G.22, 23, 25, 40a, 59, 62, 72, 74, 79
Vogl, Johann Nepomuk   D.29
Volange, Hr., Tänzer   B.20, 39, 53, 68, 75, 123, 128, 136
Voříšek, Jan Hugo (Worzischek, Worzischeck, Worzizek)   G.46, 72, 163
Voß, Julius von   C.82
Wächter, Johann Michael   A.75, 114, 146
Wächter-Wittmann, Therese   A.75, 114, 146, 152, 160, 191, 196, 256
Wafflard, Alexis-Jacques-Marie   E.20, 51
Wagner, Hr.   G.179k
Wagner, Richard   *62, 69, 72, 74*
Wagner, Sebastian   A.75, 80, 215
Waldmüller, Ferdinand   *60*
Waldmüller, Katharina   *60, 79, 132, 139, 182, 221,* A.32, 67, 72, 149, 191, 205, 215, 232, 237, 257, 270, 274, 294, G.54, 76
Wallascheck, Hr., Sänger (Wallaschek)   A.79, 134
Walser, Peter   A.162, 177
Walther, C. F.   A.206
Walther, Hr., Sänger   *194,* A.17, 37, 38, 43, 50, 73, 77, 79, 81, 94, 97, 102, 106, 111, 114, 119, 121, 127, 146, 158–160, 175, 184, 186, 194, 206, 222, 231, 234, 249, 266, 268, 279, 282, 284, 291, 292, 298, 302, 311, G.223
Walzel, Camillo   *69*
Wanderer, Hr., Sänger   A.19, 42, 75, 125, 147, 151, 188, 251, 266, 279, 286, 313
Watzinger, Hr., Sänger   A.114, 298
Weber von Webersfeld, Eduard (Webersfeld)   B.22
Weber, Carl Maria von   *12, 13, 21, 30–32, 36, 42, 52, 57–59, 62, 77, 148–150, 169, 178, 181, 205,* A.86, 96, 114, 215, G.11, 60, 64, 94, 114, 119a, 132, 144–146, 148–154, 159, 161–164, 166, 167, 169–172, 175, 178, 179g, 179k, 179l, 211, 212, 215, 216, 220, 221, 227, 229, 230, 233–235, 237, 238, 240, 248, 249, 258, 269, 270, 274, 275, 279–282, 284, 294, 297, 302, 305, 308
Weber, Louise   A.146
Weber-Lange, Aloysia   *61*
Wehle, Leopold   G.175, 195
Wehle, Moritz   G.134c
Weidinger, Anton   G.34
Weidmann, F. C.   *203, 218*

Weigl, Joseph   *11, 12, 16, 19, 22, 24, 29–31, 35–37, 49–52, 55, 60, 62, 63, 78, 121, 133, 138, 150,* A.28, 39, 62, 66, 83, 86, 87, 112, 141, 162, 173, 191, 205, 218, 238, 253, 281, 294, 297, B.41, G.22, 38, 40a, 60, 62–64, 66, 74, 76, 80, 101a, 129, 132
Weigl, Joseph Franz   *35*
Weinkopf, Franz   A.33, 75, 77, 127, 152, 280
Weinkopf, Johann Michael   *61, 130, 154, 184,* A.7, 10, 24, 28, 33, 44, 55, 72, 75, 76, 95, 104, 105, 113, 121, 133, 134, 146, 152, 155, 158, 160, 164, 172, 173, 178, 187, 191, 208, 219, 220, 232, 237, 241, 246, 255–257, 259, 267, 268, 270, 271, 279, 283, 290, 306–308, 313, G.35, 72, 73, 80, 82, 92
Weinmüller, Carl Friedrich Clemens (Weinmüller)   *52, 112, 119–123, 126, 127, 130, 134, 136, 139, 149, 163, 165, 196,* A.6, 11, 14, 25, 39, 43, 45, 67, 70, 71, 75, 79, 83, 86, 87, 93, 95, 103, 104, 108, 112, 114, 129, 130, 134, 136, 141, 143, 146, 152, 159, 162, 164, 169, 173, 178, 189, 191, 199, 205, 221, 228, 245, 253, 268, 281, 294, 303, 306, 310, 312, G.22, 26
Weiß, Dlle., Tänzerin   B.32, 132
Weiß, Eduard   *69,* A.3, 12, 29, 37, 38, 49, 73, 53, 97, 80, 97, 111, 121, 124, 126, 140, 153, 180, 185, 187, 194, 203, 241, 252, 253, 273, 275, 279, 284, 286, 291, 296, 299, 305, 306
Weiß, Franz (Weiss)   G.26a, 49, 54, 59
Weiß, Mad., Tänzerin   B.5, 109, 122
Weiß, Maria Mathilde   A.215
Weiss → Abegg
Weissenbach, Alois   C.31
Weissenberger, Hr., Tänzer   B.28
Weissenböck, Anton   *86,* B.5, 7, 11, 21, 28, 29, 57, 58, 65, 90, 116, 122, 151
Weissenthurn → Franul von Weissenthurn
Weixelbaum, Georg   *57,* A.6, 75, 93, 152, 290, 306, G.64
Weixelbaum-Marchetti, Josephine   *57,* A.274, G.64
Wendt, Joseph   A.104
Wexschall, Frederik Thorkildson   G.77
Wild, Franz   *11, 52, 58, 59, 70, 71, 73, 80, 97, 125, 146, 187, 188, 190, 195–197, 199, 200, 203, 205, 207, 209, 210, 213,* A.6, 10, 13, 33, 40, 43, 52, 55, 75, 86, 104, 108, 111, 114, 152, 156, 158–160, 172, 174, 200, 207, 210, 220, 239, 241, 256, 266, 268, 274, 280, 288, 290, 293, 297, 298, 305, 306, G.33, 35b, 235, 242, 246, 247, 249
Willfurth, Andreas   B.21
Willfurth, Georg (Willfurt)   B.5, 21
Willmann, Caroline   A.253, 274
Winkelbach, Joseph   A.306
Winter, Bernardo   A.308

Winter, Eleonore A.39
Winter, Peter von *16, 58, 89,* A.283, G.1, 4, 6, 43, 62, 80, 84, 119a, 305
Wirdisch, Katharina B.10
Wittmann, Carl *182,* G.183
Wittmann, Dlle., Tänzerin B.104
Wittmann, Therese → Wächter-Wittmann
Wittrer, Dlle., Tänzerin B.16, 53, 75, 155
Wohlbrück, Wilhelm August *124,* A.45
Wolf G.283
Wolf, Alexius C.15
Wolff, Eduard G.136, 138, 297
Wolff, Heinrich G.207, 208
Wolff, Pius Alexander A.63
Wolfram, Josef Maria G.179b, 241
Wörlitzer, Friedrich G.158–160
Worzischek → Voříšek
Wranitzky, Anton (Sohn) (Wranizky) *39,* G.36, 43a, 54, 62
Wranitzky, Anton (Vater) (Wranizky) *37, 38, 59,* G.11, 33, 35b, 44a, 46, 57, 61a, 63, 143
Wranitzky, Friedrich (Wranizky) *39,* G.54, 62
Wranitzky, Paul *29,* G.4
Wrbna-Freudenthal, Rudolf Graf *11, 16, 20*
Wschiansky, Hr. *39*
Wurda, Josef A.111, 114
Würfel, Wenzel Wilhelm *40,* G.136, 213

Xavier, Boniface A.29
Zäch, Joseph G.114
Zahlhas, Karl Ritter von *63,* A.79
Zambelli, Pietro *61,* A.138, 150
Zapf, Mad., Sängerin A.142
Zeltner, Leopold *52, 163,* A.12, 14, 30, 47, 68, 72, 75, 79, 87, 94–96, 99, 101, 104, 105, 108, 114, 120, 126, 133, 158, 159, 163–165, 173, 177, 178, 183, 194, 204, 208, 218, 226, 228, 232, 237, 241, 246, 251, 253, 259, 263, 265, 268, 274, 288, 304, 306, 307
Zenker, Hr. G.40a
Zichy, Stephan Graf *16*
Ziegelhauser, Hr. *39*
Ziegler, Friedrich Wilhelm C.37, 53, 64
Ziegler, Hr., Sänger A.99, 306
Ziehrer, Franz (Zierer) *40,* G.221
Zimmermann, Hr., Sänger A.160
Zingarelli, Niccolò Antonio *55, 56, 79, 182,* A.31, 132, G.92, 206
Zocca, Gaetano G.139
Zöhrer, Dlle., Sängerin A.298
Zöhrer, Hr., Sänger A.306
Zucchelli, Carlo *60,* A.138, 150
Zuccoli, Goffredo Luigi *71, 190, 191,* A.132, 209, 219, 224, 255

rism
österreich

rism-österreich
forschungsförderungsverein für das quellenlexikon der musik

Die erste Adresse für Wiener Operngeschichte
und musikalische Quellenkunde

Der gemeinnützige Verein bezweckt die Förderung auf den Gebieten der musikalischen Quellenkunde sowie der österreichischen Musikgeschichte mit dem Schwerpunkt Wiener Oper. Der Verein hat die Aufgabe, in Österreich Inventarisierungen und andere musik-bibliographische Erhebungen durchzuführen, deren Ergebnisse zu sammeln und zu publizieren.

Der Forschungsförderungsverein spricht also gleichermaßen Opernfreunde, Musikliebhaber, Musikschaffende und Forscher an. Hunderte öffentliche und private Institutionen, Kirchen, Klöster, Bibliotheken und Privatsammlungen verwahren handschriftliches und gedrucktes Notenmaterial, das nun erstmals durch die Publikationen von *rism-österreich* für die interessierte Öffentlichkeit erschlossen und zugänglich gemacht wird.

rism-österreich unterstützt und fördert:
- Forschungen auf dem Gebiet der musikalischen Quellenkunde
- Forschungen zur österreichischen Musikgeschichte mit dem Schwerpunkt Wiener Oper
- Veröffentlichungen der Forschungsergebnisse

rism-österreich, Minoritenplatz 2, A-1010 Wien, Österreich

Veröffentlichungen des *rism-österreich* im Verlag der Apfel, Wien

A/1: Michael Jahn, *Die Musikhandschriften des Domarchivs St. Stephan in Wien*
Einleitung von Melitta Ebenbauer. 112 Seiten, 5 Abb. s/w, broschiert. ISBN 978-3-85450-192-3

A/2a: Andreas Lindner / Michael Jahn, *Die Musikhandschriften des Augustiner-Chorherrenstifts St. Florian*. Teilband 1: Die weltlichen Werke
217 Seiten, 3 Abb. s/w, broschiert. ISBN 978-3-85450-193-0

A/2a: Andreas Lindner / Michael Jahn, *Die Musikhandschriften des Augustiner-Chorherrenstifts St. Florian*. Teilband 2: Die geistlichen Werke
325 Seiten, 3 Abb. s/w, broschiert. ISBN 978-3-85450-233-3

A/3: Erich Benedikt / Michael Jahn, *Die Musikhandschriften des Pfarrarchivs Wien-Lichtental*
117 Seiten, 3 Abb. s/w, broschiert. ISBN 978-3-85450-222-7

A/4: Michael Jahn / Angela Pachovsky (Hg.), *Figaro là – Figaro quà. Gedenkschrift Leopold M. Kantner*. Inklusive: *Die Musikhandschriften des Pfarrarchivs St. Peter und Paul in Wien*
394 Seiten, 22 Abb. s/w, broschiert. ISBN 978-3-85450-230-2

A/5: Ikarus Kaiser / Michael Jahn, *Das historische Notenarchiv der Pfarrkirche Weyer an der Enns*
202 Seiten, 9 Abb. s/w, broschiert. ISBN 978-3-85450-204-3

A/6: Ikarus Kaiser / Michael Jahn, *Das historische Notenarchiv der Pfarrkirche Altmünster am Traunsee*. 91 Seiten, 6 Abb. s/w, broschiert. ISBN 978-3-85450-232-6

A/7: Erich Benedikt / Michael Jahn, *Die Musikhandschriften der Klosterkirche der Barmherzigen Brüder in Wien*. 99 Seiten, 4 Abb. s/w, broschiert. ISBN 978-3-85450-232-6

B/1: Michael Jahn, *Die Wiener Hofoper von 1836 bis 1848. Die Ära Balochino/Merelli*
488 Seiten, 22 Abb. s/w, Ganzleinen mit Schutzumschlag, fadengeheftet.
ISBN 978-3-85450-148-0

B/2: Michael Jahn (Hg.), *Von Martha (1847) bis Daphne (1940)*
Schriften zur Wiener Operngeschichte 1. Vorwort von Ioan Holender. 252 Seiten,
12 Abb. s/w, Ganzleinen mit Schutzumschlag, fadengeheftet. ISBN 978-3-85450-194-7

B/3: Michael Jahn (Hg.), *Primadonnen, Premieren, Parodien*
Schriften zur Wiener Operngeschichte 2. 176 Seiten, 22 Abb. s/w, Ganzleinen mit Schutzumschlag, fadengeheftet. ISBN 978-3-85450-206-7

B/4: Michael Jahn, *Di tanti palpiti ... Italiener in Wien*
Schriften zur Wiener Operngeschichte 3. 309 Seiten, 12 Abb. s/w, Ganzleinen mit Schutzumschlag, fadengeheftet. ISBN 978-3-85450-196-1

B/5: Michael Jahn (Hg.), *„Was denken Sie von Wagner?". Mit Eduard Hanslick in der Wiener Hofoper. Kritiken und Schilderungen*. Schriften zur Wiener Operngeschichte 4. 305 Seiten,
8 Abb. s/w, Ganzleinen mit Schutzumschlag, fadengeheftet. ISBN 978-3-85450-223-4

VORSCHAU AUF KOMMENDE PUBLIKATIONEN

Die Wiener Hofoper von 1794 bis 1810

Die Wiener Hofoper von 1836 bis 1848. Teilband 2: Besetzungen

Die Wiener Hofoper von 1881 bis 1897. Die Ära Wilhelm Jahn

Die Wiener Hofoper von 1897 bis 1907. Die Ära Gustav Mahler

Die Wiener Staatsoper von 1938 bis 1944

„Svanholm war wieder himmlisch". Schriften zur Wiener Operngeschichte

Gaetano Donizetti in Wien. Schriften zur Wiener Operngeschichte

Giacomo Meyerbeer in Wien. Schriften zur Wiener Operngeschichte

Giuseppe Verdi in Wien. Schriften zur Wiener Operngeschichte

Richard Wagner in Wien. Schriften zur Wiener Operngeschichte

www.verlagderapfel.at

FÖRDERER UND SPONSOREN DES RISM-ÖSTERREICH 2007

OMV AKTIENGESELLSCHAFT
ÖSTERREICHISCHE KONTROLLBANK
RAIFFEISEN ZENTRALBANK
WIENER PHILHARMONIKER
DR. ERICH BENEDIKT
KS ROBERT HOLL
DOROTHEA HUNGER
DR. ULRICH KANTNER
IRENE JAHN
PETER JAHN
DR. MARIA SCHAUMAYER
LEOPOLDINE STRAUSS
DR. KARL WEISS
FRITZ ZINK